U0532615

2025年版

法律法规全书系列

中华人民共和国
治安管理法律法规全书

LAWS AND REGULATIONS ON PUBLIC SECURITY
ADMINISTRATION PENALTIES

法律出版社法规中心 编

北京

图书在版编目（CIP）数据

中华人民共和国治安管理法律法规全书 / 法律出版社法规中心编. -- 北京：法律出版社，2025. -- （法律法规全书系列）. -- ISBN 978 - 7 - 5197 - 9768 - 3

I. D922.149

中国国家版本馆 CIP 数据核字第 2025BR8869 号

中华人民共和国治安管理法律法规全书 ZHONGHUA RENMIN GONGHEGUO ZHIAN GUANLI FALÜ FAGUI QUANSHU	法律出版社法规中心 编	责任编辑 李争春 装帧设计 臧晓飞

出版发行 法律出版社　　　　　　　　开本 787 毫米 × 960 毫米　1/16
编辑统筹 法规出版分社　　　　　　　印张 34　　字数 1030 千
责任校对 张红蕊　　　　　　　　　　版本 2025 年 7 月第 1 版
责任印制 耿润瑜　　　　　　　　　　印次 2025 年 7 月第 1 次印刷
经　　销 新华书店　　　　　　　　　印刷 固安华明印业有限公司

地址:北京市丰台区莲花池西里 7 号(100073)
网址:www.lawpress.com.cn　　　　　　销售电话:010 - 83938349
投稿邮箱:info@ lawpress.com.cn　　　　客服电话:010 - 83938350
举报盗版邮箱:jbwq@ lawpress.com.cn　　咨询电话:010 - 63939796
版权所有·侵权必究

书号:ISBN 978 - 7 - 5197 - 9768 - 3　　　　　定价:88.00 元
凡购买本社图书,如有印装错误,我社负责退换。电话:010 - 83938349

编辑出版说明

治安管理处罚法作为我国社会治安管理的基础性法律,直接关系广大人民群众的切身利益。在维护社会治安秩序,保障公共安全,保护公民、法人和其他组织的合法权益等方面发挥着重要作用。为方便广大公安干警学法、守法、用法,方便广大公民了解、学习治安管理的规章制度,我们精心编辑出版了这本《中华人民共和国治安管理法律法规全书》。本书具有以下特点:

一、收录全面,编排合理,查询方便

收录改革开放以来至 2025 年 6 月期间公布的现行有效的与治安管理相关的法律、公安部规章,重要的行政法规、司法解释、相关政策规定。内容包括综合、公共秩序管理、危险物品管理、安保工作管理、社会治安管理、禁毒工作、边防治安管理、警察队伍建设、警务执法监督,覆盖治安管理工作的方方面面。本书具有体例清晰、查询方便的特点。

二、法律文本标准,特设条旨,权威实用

作为专业法律出版机构,多年来,我社积淀了丰富的标准法律文本资源,并根据立法进度及时更新相关内容,有能力向公民传播权威的法律信息。全书对重点法律附加条旨,可指引读者迅速找到自己需要的条文,实用性强。

三、特色服务,动态增补

为保持本书与新法的同步更新,避免读者在一定周期内重复购书,特结合法律出版社法规中心的资源优势提供动态增补服务。(1)为方便读者一次性获取版本更新后的全部增补文件,本书特设封底增补材料二维码,供读者扫描查看、下载版本更新后的全部法律文件增补材料。(2)鉴于本书出版后至下一版本出版前不免有新文件发布或失效文件更新,为了方便广大读者及时获取该领域的新法律文件,本书创新推出动态增补服务,读者可扫描侧边动态增补二维码,查看、阅读本书出版后一段时间内更新的或新发布的法律文件。

动态增补二维码

由于编者水平有限,还望读者在使用过程中不吝赐教,提出您的宝贵意见(邮箱地址:faguizhongxin@163.com),以便本书继续修订完善。谢谢!

法律出版社法规中心
2025 年 6 月

总 目 录

一、综合 …………………………………（ 1 ）
二、公共秩序管理 ………………………（123）
三、危险物品管理 ………………………（159）
四、安保工作管理 ………………………（225）
五、社会治安管理 ………………………（249）
六、禁毒工作 ……………………………（305）
七、边防治安管理 ………………………（341）
八、警察队伍建设 ………………………（361）
九、警务执法监督 ………………………（415）

附录一 ……………………………………（502）
附录二 ……………………………………（534）
附录三 ……………………………………（536）

目　录

一、综　合

中华人民共和国治安管理处罚法(2005.8.28)
(2025.6.27修订)①……………………（ 3 ）
中华人民共和国行政处罚法(1996.3.17)(2021.
1.22修订)……………………………（ 17 ）
中华人民共和国行政强制法(2011.6.30)………（ 24 ）
中华人民共和国刑法（节录）(1979.7.1)(2023.
12.29修正)……………………………（ 30 ）
拘留所条例(2012.2.23)………………………（ 31 ）
拘留所条例实施办法(2012.12.14)……………（ 33 ）
中华人民共和国人民警察使用警械和武器条例
(1996.1.16)……………………………（ 38 ）
公安机关适用继续盘问规定(2004.7.12)(2020.
8.6修正)………………………………（ 40 ）
公安机关办理行政案件程序规定(2012.12.
19)(2020.8.6修正)……………………（ 44 ）
健全落实社会治安综合治理领导责任制规定
(2016.2.27)……………………………（ 66 ）
公安机关治安调解工作规范(2007.12.8)………（ 68 ）
公安机关执行《中华人民共和国治安管理处罚
法》有关问题的解释(2006.1.23)………（ 69 ）
公安机关执行《中华人民共和国治安管理处罚
法》有关问题的解释（二）(2007.1.8)……（ 72 ）
公安机关对部分违反治安管理行为实施处罚的
裁量指导意见(2018.6.5)………………（ 73 ）
违反公安行政管理行为的名称及其适用意见
(2020.8.6修订)…………………………（ 90 ）
公安部关于如何执行《治安管理处罚法》第十
八条规定问题的批复(2010.8.3)………（120）
公安部关于森林公安机关执行《中华人民共和
国治安管理处罚法》有关问题的批复(2008.
1.10)……………………………………（121）

二、公共秩序管理

中华人民共和国突发事件应对法(2007.8.30)
(2024.6.28修订)………………………（125）
中华人民共和国集会游行示威法(1989.10.
31)(2009.8.27修正)…………………（134）
中华人民共和国戒严法(1996.3.1)……………（137）
公共安全视频图像信息系统管理条例(2025.1.
13)………………………………………（139）
无人驾驶航空器飞行管理暂行条例(2023.5.
31)………………………………………（142）
中华人民共和国集会游行示威法实施条例(1992.
6.16)(2011.1.8修订)…………………（149）
大型群众性活动安全管理条例(2007.9.14)……（152）
禁止传销条例(2005.8.23)……………………（154）
公共安全视频图像信息系统监督管理工作规定
(2025.5.21)……………………………（156）
公安部关于公民申请个人集会游行示威如何处
置的批复(2007.12.14)…………………（158）
公安部关于对多次以同一理由递交数份申请书
申请游行示威如何处理问题的批复(2003.
12.30)…………………………………（158）

三、危险物品管理

中华人民共和国枪支管理法(1996.7.5)(2015.
4.24修正)………………………………（161）
放射性同位素与射线装置安全和防护条例(2005.
9.14)(2019.3.2修订)…………………（165）
烟花爆竹安全管理条例(2006.1.21)(2016.2.

———
　①　目录中对有修改的文件，将其第一次公布的时间和最近一次修改的时间一并列出，在正文中收录的是最新修改后的文本。特此说明。

6修订)…………………………………………(171)
民用爆炸物品安全管理条例(2006.5.10)(2014.7.29修订)…………………………(175)
危险化学品安全管理条例(2011.3.2)(2013.12.7修订)…………………………(180)
中华人民共和国监控化学品管理条例(1995.12.27)(2011.1.8修订)……………(192)
放射性物品运输安全管理条例(2009.9.14)……(194)
专职守护押运人员枪支使用管理条例(2002.7.27)…………………………………(200)
易制爆危险化学品治安管理办法(2019.7.26)…(202)
危险废物经营许可证管理办法(2004.5.30)(2016.2.6修订)……………………(205)
剧毒化学品购买和公路运输许可证件管理办法(2005.5.25)………………………(208)
公安机关涉案枪支弹药鉴定工作规定(2019.12.9修订)…………………………(211)
禁止寄递物品管理规定(2016.11.7)…………(212)
互联网危险物品信息发布管理规定(2015.2.5)…………………………………………(214)
寄递渠道治安检查工作规定(2012.3.14)……(216)
核反应堆乏燃料道路运输管理暂行规定(2003.6.18)……………………………(218)
仿真枪认定标准(2008.2.22)…………………(221)
管制刀具认定标准(2007.1.14)………………(221)
公安部关于对空包弹管理有关问题的批复(2011.9.22)…………………………(222)
公安部关于仿真枪认定标准有关问题的批复(2011.1.8)…………………………(222)
公安部关于将陶瓷类刀具纳入管制刀具管理问题的批复(2010.4.7)……………(222)
公安部关于对民用爆炸物品生产销售企业许可行为认定有关问题的批复(2008.3.26)…(223)
公安部关于对办理涉及硝酸铵案件有关问题的批复(2008.1.10)…………………(223)
公安部关于涉弩违法犯罪行为的处理及性能鉴定问题的批复(2006.5.25)………(223)
公安部关于对核发剧毒化学品购买凭证有关问题的批复(2005.12.19)……………(223)
公安部关于对少数民族人员佩带刀具乘坐火车如何处理问题的批复(2001.4.28)…(224)
公安部关于划定猎区、牧区严格猎枪配置管理的批复(1997.1.22)………………(224)

四、安保工作管理

保安服务管理条例(2009.10.13)(2022.3.29修订)…………………………(227)
企业事业单位内部治安保卫条例(2004.9.27)…………………………………………(231)
中华人民共和国民用航空安全保卫条例(1996.7.6)(2011.1.8修订)……………(233)
公安机关实施保安服务管理条例办法(2010.2.3)(2016.1.14修正)……………(235)
保安培训机构管理办法(2005.12.31)(2016.1.14修正)…………………………(240)
公安机关监督检查企业事业单位内部治安保卫工作规定(2007.6.16)……………(243)
金融机构营业场所和金库安全防范设施建设许可实施办法(2005.12.31)…………(245)
公安机关执行保安服务管理条例若干问题的解释(2010.9.16)……………………(247)
公安部关于保安技防服务管理有关问题的批复(2012.8.16)………………………(248)

五、社会治安管理

全国人民代表大会常务委员会关于严禁卖淫嫖娼的决定(1991.9.4)(2009.8.27修订)……(251)
全国人民代表大会常务委员会关于取缔邪教组织、防范和惩治邪教活动的决定(1999.10.30)……………………………………(252)
互联网上网服务营业场所管理条例(2002.9.29)(2024.12.6修订)………………(252)
网络数据安全管理条例(2024.9.24)…………(256)
未成年人网络保护条例(2023.10.16)…………(261)
娱乐场所管理条例(2006.1.29)(2020.11.29修订)…………………………………(266)
营业性演出管理条例(2005.7.7)(2020.11.29修订)…………………………………(270)
废旧金属收购业治安管理办法(1994.1.25)(2023.7.20修订)……………………(276)
旅馆业治安管理办法(1987.11.10)(2022.3.29修订)…………………………………(277)

娱乐场所治安管理办法(2008.6.3) …… (278)
典当管理办法(2005.2.9) …… (280)
机动车修理业、报废机动车回收业治安管理办法(1999.3.25) …… (286)
公安机关警戒带使用管理办法(1998.3.11) …… (287)
网络暴力信息治理规定(2024.6.12) …… (288)
民办非企业单位印章管理规定(2000.1.19)(2010.12.27 修订) …… (291)
公安派出所实行公共娱乐服务场所治安管理责任制暂行规定(1998.11.3) …… (292)
租赁房屋治安管理规定(1995.3.6) …… (292)
最高人民法院关于人民法院参与社会治安综合治理中心运行工作的指导意见(2025.2.22) …… (293)
关于加强社会治安防控体系建设的意见(2015.4.13) …… (294)
国务院办公厅转发中央社会治安综合治理委员会等部门关于深化学校治安综合治理工作意见的通知(2000.7.13) …… (298)
公安部关于对出售带有淫秽内容的文物的行为可否予以治安管理处罚问题的批复(2010.5.22) …… (300)
公安部关于对同性之间以钱财为媒介的性行为定性处理问题的批复(2001.2.28) …… (300)
公安部关于以钱财为媒介尚未发生性行为或发生性行为尚未给付钱财如何定性问题的批复(2003.9.24) …… (300)
最高人民法院、最高人民检察院关于办理组织、强迫、引诱、容留、介绍卖淫刑事案件适用法律若干问题的解释(2017.7.21) …… (301)
公安部关于对跨行政区收购生产性废旧金属问题的批复(2002.9.6) …… (303)
公安部对《关于鉴定淫秽物品有关问题的请示》的批复(1998.11.27) …… (303)

六、禁 毒 工 作

中华人民共和国禁毒法(2007.12.29) …… (307)
易制毒化学品管理条例(2005.8.26)(2018.9.18 修订) …… (312)
戒毒条例(2011.6.26)(2018.9.18 修订) …… (317)
易制毒化学品购销和运输管理办法(2006.8.22) …… (320)
公安机关强制隔离戒毒所管理办法(2011.9.28) …… (324)
吸毒成瘾认定办法（2011.1.30）(2016.12.29 修正) …… (329)
吸毒检测程序规定（2009.9.27）(2016.12.16 修正) …… (330)
毒品违法犯罪举报奖励办法(2018.8) …… (331)
办理毒品犯罪案件毒品提取、扣押、称量、取样和送检程序若干问题的规定(2016.5.24) …… (334)
最高人民法院、最高人民检察院、公安部关于办理制毒物品犯罪案件适用法律若干问题的意见(2009.6.23) …… (337)
最高人民法院、最高人民检察院、公安部关于办理走私、非法买卖麻黄碱类复方制剂等刑事案件适用法律若干问题的意见(2012.6.18) …… (338)
公安部关于对查获异地吸毒人员处理问题的批复(2008.5.4) …… (340)
公安部关于执行《中华人民共和国禁毒法》有关问题的批复(2008.12.23) …… (340)
公安部关于未满十六周岁人员强制隔离戒毒问题的批复(2014.1.8) …… (340)

七、边防治安管理

中华人民共和国出境入境管理法(2012.6.30) …… (343)
中华人民共和国出境入境边防检查条例(1995.7.20) …… (351)
台湾渔船停泊点边防治安管理办法(2001.12.11)(2014.6.29 修正) …… (354)
中华人民共和国边境管理区通行证管理办法(1999.9.4)(2014.6.29 修正) …… (356)
沿海船舶边防治安管理规定(2000.2.15) …… (358)

八、警察队伍建设

中华人民共和国海警法(2021.1.22) …… (363)
中华人民共和国人民武装警察法(2009.8.27)(2020.6.20 修订) …… (369)
中华人民共和国人民警察法(1995.2.28)(2012.

10.26修正)……………………(373)
公安机关人民警察内务条令(2021.10.28)……(377)
公安机关人民警察奖励条令(2015.10.19)……(391)
公安机关人民警察训练条令(2014.11.29修订)
………………………………(394)
公安机关人民警察纪律条令(2010.4.21)……(397)
公安机关组织管理条例(2006.11.13)………(400)
警车管理规定(2006.11.29修订)……………(402)
公路巡逻民警队警务工作规范(2011.4.9)…(404)
人民警察抚恤优待办法(2014.4.30)…………(408)
公安机关人民警察辞退办法(1996.8.15)……(411)
公安部关于公安机关执行《人民警察法》有关问题的解释(1995.7.15)…………(412)

九、警务执法监督

中华人民共和国行政复议法（1999.4.29）(2023.9.1修订)…………………(417)
国务院办公厅关于推行行政执法责任制的若干意见(2005.7.9)………………(425)
中华人民共和国行政诉讼法（1989.4.4）(2017.6.27修正)………………(428)
中华人民共和国国家赔偿法（1994.5.12）(2012.10.26修正)…………………(436)
公安机关督察条例(1997.6.20)(2011.8.31修订)……………………(440)
公安机关信访工作规定(2023.5.19)…………(442)
最高人民法院关于审理行政赔偿案件若干问题的规定(2022.3.20)……………(448)
公安机关内部执法监督工作规定(1999.6.11)(2020.8.6修正)…………………(450)
公安机关维护民警执法权威工作规定(2018.12.19)………………………(452)
公安机关执法公开规定(2018.8.23修订)……(454)

公安机关办理国家赔偿案件程序规定(2018.9.1修订)………………………(457)
公安机关现场执法视音频记录工作规定(2016.6.14)……………………(462)
公安机关执法质量考核评议规定(2016.1.14修订)…………………………(464)
公安机关人民警察执法过错责任追究规定(2016.1.14修订)………………(467)
公安机关涉案财物管理若干规定(2015.7.22修订)…………………………(469)
公安机关公务用枪管理规定(2015.1.16)……(472)
公安机关窗口单位服务规定(2003.2.17)……(477)
公安机关警务督察队工作规定(1997.9.10)…(478)
城市人民警察巡逻规定(1994.2.24)…………(479)
公安机关人民警察佩带使用枪支规范(2015.1.16)……………………………(479)
交通警察道路执勤执法工作规范(2008.11.15)……………………………(482)
公安派出所执法执勤工作规范(2002.3.11)……(490)
公安机关督察条例实施办法(2001.1.2)………(497)
最高人民法院关于适用《中华人民共和国国家赔偿法》若干问题的解释(一)(2011.2.28)……(500)
最高人民法院关于行政机关工作人员执行职务致人伤亡构成犯罪的赔偿诉讼程序问题的批复(2002.8.23)…………………(501)

附录一

《中华人民共和国治安管理处罚法》新旧条文对照表……………………………(502)

附录二

公安机关治安调解工作流程图 …………(534)
公安机关办理治安案件流程图 …………(535)

附录三

公安机关法律文书式样 …………………(536)

一、综合

资料补充栏

中华人民共和国治安管理处罚法

1. 2005年8月28日第十届全国人民代表大会常务委员会第十七次会议通过
2. 根据2012年10月26日第十一届全国人民代表大会常务委员会第二十九次会议《关于修改〈中华人民共和国治安管理处罚法〉的决定》修正
3. 2025年6月27日第十四届全国人民代表大会常务委员会第十六次会议修订

目 录

第一章 总 则
第二章 处罚的种类和适用
第三章 违反治安管理的行为和处罚
　第一节 扰乱公共秩序的行为和处罚
　第二节 妨害公共安全的行为和处罚
　第三节 侵犯人身权利、财产权利的行为和处罚
　第四节 妨害社会管理的行为和处罚
第四章 处罚程序
　第一节 调 查
　第二节 决 定
　第三节 执 行
第五章 执法监督
第六章 附 则

第一章 总 则

第一条 【立法目的】[1] 为了维护社会治安秩序,保障公共安全,保护公民、法人和其他组织的合法权益,规范和保障公安机关及其人民警察依法履行治安管理职责,根据宪法,制定本法。

第二条 【党的领导与综合治理】治安管理工作坚持中国共产党的领导,坚持综合治理。

各级人民政府应当加强社会治安综合治理,采取有效措施,预防和化解社会矛盾纠纷,增进社会和谐,维护社会稳定。

第三条 【适用情形与法律依据】扰乱公共秩序,妨害公共安全,侵犯人身权利、财产权利,妨害社会管理,具有社会危害性,依照《中华人民共和国刑法》的规定构成犯罪的,依法追究刑事责任;尚不够刑事处罚的,由公安机关依照本法给予治安管理处罚。

第四条 【程序适用规则】治安管理处罚的程序,适用本法的规定;本法没有规定的,适用《中华人民共和国行政处罚法》、《中华人民共和国行政强制法》的有关规定。

第五条 【适用范围】在中华人民共和国领域内发生的违反治安管理行为,除法律有特别规定的外,适用本法。

在中华人民共和国船舶和航空器内发生的违反治安管理行为,除法律有特别规定的外,适用本法。

在外国船舶和航空器内发生的违反治安管理行为,依照中华人民共和国缔结或者参加的国际条约,中华人民共和国行使管辖权的,适用本法。

第六条 【基本原则】治安管理处罚必须以事实为依据,与违反治安管理的事实、性质、情节以及社会危害程度相当。

实施治安管理处罚,应当公开、公正,尊重和保障人权,保护公民的人格尊严。

办理治安案件应当坚持教育与处罚相结合的原则,充分释法说理,教育公民、法人或者其他组织自觉守法。

第七条 【主管与管辖】国务院公安部门负责全国的治安管理工作。县级以上地方各级人民政府公安机关负责本行政区域内的治安管理工作。

治安案件的管辖由国务院公安部门规定。

第八条 【民事责任与刑事责任的适用】违反治安管理行为对他人造成损害的,除依照本法给予治安管理处罚外,行为人或者其监护人还应当依法承担民事责任。

违反治安管理行为构成犯罪,应当依法追究刑事责任的,不得以治安管理处罚代替刑事处罚。

第九条 【调解处理原则】对于因民间纠纷引起的打架斗殴或者损毁他人财物等违反治安管理行为,情节较轻的,公安机关可以调解处理。

调解处理治安案件,应当查明事实,并遵循合法、公正、自愿、及时的原则,注重教育和疏导,促进化解矛盾纠纷。

经公安机关调解,当事人达成协议的,不予处罚。经调解未达成协议或者达成协议后不履行的,公安机关应当依照本法的规定对违反治安管理行为作出处理,并告知当事人可以就民事争议依法向人民法院提起民事诉讼。

对属于第一款规定的调解范围的治安案件,公安机关作出处理决定前,当事人自行和解或者经人民调解委员会调解达成协议并履行,书面申请经公安机关

---

[1] 条文主旨为编者所加,下同。

认可的,不予处罚。

第二章 处罚的种类和适用

第十条 【处罚种类】治安管理处罚的种类分为:
（一）警告;
（二）罚款;
（三）行政拘留;
（四）吊销公安机关发放的许可证件。
对违反治安管理的外国人,可以附加适用限期出境或者驱逐出境。

第十一条 【涉案物品及违法所得财物的处理】办理治安案件所查获的毒品、淫秽物品等违禁品、赌具、赌资、吸食、注射毒品的用具以及直接用于实施违反治安管理行为的本人所有的工具,应当收缴,按照规定处理。
违反治安管理所得的财物,追缴退还被侵害人;没有被侵害人的,登记造册,公开拍卖或者按照国家有关规定处理,所得款项上缴国库。

第十二条 【未成年人违反治安管理的处罚规则】已满十四周岁不满十八周岁的人违反治安管理的,从轻或者减轻处罚;不满十四周岁的人违反治安管理的,不予处罚,但是应当责令其监护人严加管教。

第十三条 【精神病人、智力残疾人违反治安管理的责任认定】精神病人、智力残疾人在不能辨认或者不能控制自己行为的时候违反治安管理的,不予处罚,但是应当责令其监护人加强看护管理和治疗。间歇性的精神病人在精神正常的时候违反治安管理的,应当给予处罚。尚未完全丧失辨认或者控制自己行为能力的精神病人、智力残疾人违反治安管理的,应当给予处罚,但是可以从轻或者减轻处罚。

第十四条 【盲人或又聋又哑的人违反治安管理的处罚规则】盲人或者又聋又哑的人违反治安管理的,可以从轻、减轻或者不予处罚。

第十五条 【醉酒状态下的治安责任与处置措施】醉酒的人违反治安管理的,应当给予处罚。
醉酒的人在醉酒状态中,对本人有危险或者对他人的人身、财产或者公共安全有威胁的,应当对其采取保护性措施约束至酒醒。

第十六条 【数种治安违法行为的并罚规则】有两种以上违反治安管理行为的,分别决定,合并执行处罚。行政拘留处罚合并执行的,最长不超过二十日。

第十七条 【共同违反治安管理的责任划分与特殊行为处罚】共同违反治安管理的,根据行为人在违反治安管理行为中所起的作用,分别处罚。
教唆、胁迫、诱骗他人违反治安管理的,按照其教唆、胁迫、诱骗的行为处罚。

第十八条 【单位违反治安管理行为的处罚】单位违反治安管理的,对其直接负责的主管人员和其他直接责任人员依照本法的规定处罚。其他法律、行政法规对同一行为规定给予单位处罚的,依照其规定处罚。

第十九条 【正当防卫的认定与过当责任】为了免受正在进行的不法侵害而采取的制止行为,造成损害的,不属于违反治安管理行为,不受处罚;制止行为明显超过必要限度,造成较大损害的,依法给予处罚,但是应当减轻处罚;情节较轻的,不予处罚。

第二十条 【从轻、减轻或者不予处罚情形】违反治安管理有下列情形之一的,从轻、减轻或者不予处罚:
（一）情节轻微的;
（二）主动消除或者减轻违法后果的;
（三）取得被侵害人谅解的;
（四）出于他人胁迫或者诱骗的;
（五）主动投案,向公安机关如实陈述自己的违法行为的;
（六）有立功表现的。

第二十一条 【自愿认罚从宽制度】违反治安管理行为人自愿向公安机关如实陈述自己的违法行为,承认违法事实,愿意接受处罚的,可以依法从宽处理。

第二十二条 【从重处罚情形】违反治安管理有下列情形之一的,从重处罚:
（一）有较严重后果的;
（二）教唆、胁迫、诱骗他人违反治安管理的;
（三）对报案人、控告人、举报人、证人打击报复的;
（四）一年以内曾受过治安管理处罚的。

第二十三条 【行政拘留的免除执行及例外规定】违反治安管理行为人有下列情形之一,依照本法应当给予行政拘留处罚的,不执行行政拘留处罚:
（一）已满十四周岁不满十六周岁的;
（二）已满十六周岁不满十八周岁,初次违反治安管理的;
（三）七十周岁以上的;
（四）怀孕或者哺乳自己不满一周岁婴儿的。
前款第一项、第二项、第三项规定的行为人违反治安管理情节严重、影响恶劣的,或者第一项、第三项规定的行为人在一年以内二次以上违反治安管理的,不受前款规定的限制。

第二十四条 【矫治教育措施】对依照本法第十二条规定不予处罚或者依照本法第二十三条规定不执行行政

拘留处罚的未成年人,公安机关依照《中华人民共和国预防未成年人犯罪法》的规定采取相应矫治教育等措施。

第二十五条 【追责时效及计算标准】违反治安管理行为在六个月以内没有被公安机关发现的,不再处罚。

前款规定的期限,从违反治安管理行为发生之日起计算;违反治安管理行为有连续或者继续状态的,从行为终了之日起计算。

第三章 违反治安管理的行为和处罚

第一节 扰乱公共秩序的行为和处罚

第二十六条 【对扰乱单位、公共场所、公共交通和选举秩序行为的处罚】有下列行为之一的,处警告或者五百元以下罚款;情节较重的,处五日以上十日以下拘留,可以并处一千元以下罚款:

(一)扰乱机关、团体、企业、事业单位秩序,致使工作、生产、营业、医疗、教学、科研不能正常进行,尚未造成严重损失的;

(二)扰乱车站、港口、码头、机场、商场、公园、展览馆或者其他公共场所秩序的;

(三)扰乱公共汽车、电车、城市轨道交通车辆、火车、船舶、航空器或者其他公共交通工具上的秩序的;

(四)非法拦截或者强登、扒乘机动车、船舶、航空器以及其他交通工具,影响交通工具正常行驶的;

(五)破坏依法进行的选举秩序的。

聚众实施前款行为的,对首要分子处十日以上十五日以下拘留,可以并处二千元以下罚款。

第二十七条 【对扰乱考试秩序行为的处罚】在法律、行政法规规定的国家考试中,有下列行为之一,扰乱考试秩序的,处违法所得一倍以上五倍以下罚款,没有违法所得或者违法所得不足一千元的,处一千元以上三千元以下罚款;情节较重的,处五日以上十五日以下拘留:

(一)组织作弊的;

(二)为他人组织作弊提供作弊器材或者其他帮助的;

(三)为实施考试作弊行为,向他人非法出售、提供考试试题、答案的;

(四)代替他人或者让他人代替自己参加考试的。

第二十八条 【对扰乱体育、文化等大型群众性活动秩序行为的处罚】有下列行为之一,扰乱体育、文化等大型群众性活动秩序的,处警告或者五百元以下罚款;情节严重的,处五日以上十日以下拘留,可以并处一千元以下罚款:

(一)强行进入场内的;

(二)违反规定,在场内燃放烟花爆竹或者其他物品的;

(三)展示侮辱性标语、条幅等物品的;

(四)围攻裁判员、运动员或者其他工作人员的;

(五)向场内投掷杂物,不听制止的;

(六)扰乱大型群众性活动秩序的其他行为。

因扰乱体育比赛、文艺演出活动秩序被处以拘留处罚的,可以同时责令其六个月至一年以内不得进入体育场馆、演出场馆观看同类比赛、演出;违反规定进入体育场馆、演出场馆的,强行带离现场,可以处五日以下拘留或者一千元以下罚款。

第二十九条 【对故意散布谣言等扰乱公共秩序行为的处罚】有下列行为之一的,处五日以上十日以下拘留,可以并处一千元以下罚款;情节较轻的,处五日以下拘留或者一千元以下罚款:

(一)故意散布谣言,谎报险情、疫情、灾情、警情或者以其他方法故意扰乱公共秩序的;

(二)投放虚假的爆炸性、毒害性、放射性、腐蚀性物质或者传染病病原体等危险物质扰乱公共秩序的;

(三)扬言实施放火、爆炸、投放危险物质等危害公共安全犯罪行为扰乱公共秩序的。

第三十条 【对寻衅滋事行为的处罚】有下列行为之一的,处五日以上十日以下拘留或者一千元以下罚款;情节较重的,处十日以上十五日以下拘留,可以并处二千元以下罚款:

(一)结伙斗殴或者随意殴打他人的;

(二)追逐、拦截他人的;

(三)强拿硬要或者任意损毁、占用公私财物的;

(四)其他无故侵扰他人、扰乱社会秩序的寻衅滋事行为。

第三十一条 【利用邪教、会道门、封建迷信进行非法活动的处罚】有下列行为之一的,处十日以上十五日以下拘留,可以并处二千元以下罚款;情节较轻的,处五日以上十日以下拘留,可以并处一千元以下罚款:

(一)组织、教唆、胁迫、诱骗、煽动他人从事邪教活动、会道门活动、非法的宗教活动或者利用邪教组织、会道门、迷信活动,扰乱社会秩序、损害他人身体健康的;

(二)冒用宗教、气功名义进行扰乱社会秩序、损害他人身体健康活动的;

(三)制作、传播宣扬邪教、会道门内容的物品、信息、资料的。

第三十二条 【对干扰无线电通讯秩序行为的处罚】违反国家规定,有下列行为之一的,处五日以上十日以下拘留;情节严重的,处十日以上十五日以下拘留:

(一)故意干扰无线电业务正常进行的;

(二)对正常运行的无线电台(站)产生有害干扰,经有关主管部门指出后,拒不采取有效措施消除的;

(三)未经批准设置无线电广播电台、通信基站等无线电台(站)的,或者非法使用、占用无线电频率,从事违法活动的。

第三十三条 【对侵害计算机信息系统安全行为的处罚】有下列行为之一,造成危害的,处五日以下拘留;情节较重的,处五日以上十五日以下拘留:

(一)违反国家规定,侵入计算机信息系统或者采用其他技术手段,获取计算机信息系统中存储、处理或者传输的数据,或者对计算机信息系统实施非法控制的;

(二)违反国家规定,对计算机信息系统功能进行删除、修改、增加、干扰的;

(三)违反国家规定,对计算机信息系统中存储、处理、传输的数据和应用程序进行删除、修改、增加的;

(四)故意制作、传播计算机病毒等破坏性程序的;

(五)提供专门用于侵入、非法控制计算机信息系统的程序、工具,或者明知他人实施侵入、非法控制计算机信息系统的违法犯罪行为而为其提供程序、工具的。

第三十四条 【对传销行为的处罚】组织、领导传销活动的,处十日以上十五日以下拘留;情节较轻的,处五日以上十日以下拘留。

胁迫、诱骗他人参加传销活动的,处五日以上十日以下拘留;情节较重的,处十日以上十五日以下拘留。

第三十五条 【对扰乱重要活动秩序、有辱英烈及历史尊严行为的处罚】有下列行为之一的,处五日以上十日以下拘留或者一千元以上三千元以下罚款;情节较重的,处十日以上十五日以下拘留,可以并处五千元以下罚款:

(一)在国家举行庆祝、纪念、缅怀、公祭等重要活动的场所及周边管控区域,故意从事与活动主题和氛围相违背的行为,不听劝阻,造成不良社会影响的;

(二)在英雄烈士纪念设施保护范围内从事有损纪念英雄烈士环境和氛围的活动,不听劝阻的,或者侵占、破坏、污损英雄烈士纪念设施的;

(三)以侮辱、诽谤或者其他方式侵害英雄烈士的姓名、肖像、名誉、荣誉,损害社会公共利益的;

(四)亵渎、否定英雄烈士事迹和精神,或者制作、传播、散布宣扬、美化侵略战争、侵略行为的言论或者图片、音视频等物品,扰乱公共秩序的;

(五)在公共场所或者强制他人在公共场所穿着、佩戴宣扬、美化侵略战争、侵略行为的服饰、标志,不听劝阻,造成不良社会影响的。

第二节 妨害公共安全的行为和处罚

第三十六条 【对违反危险物质管理规定行为的处罚】违反国家规定,制造、买卖、储存、运输、邮寄、携带、使用、提供、处置爆炸性、毒害性、放射性、腐蚀性物质或者传染病病原体等危险物质的,处十日以上十五日以下拘留;情节较轻的,处五日以上十日以下拘留。

第三十七条 【对危险物质被盗、被抢、丢失不报行为的处罚】爆炸性、毒害性、放射性、腐蚀性物质或者传染病病原体等危险物质被盗、被抢或者丢失,未按规定报告的,处五日以下拘留;故意隐瞒不报的,处五日以上十日以下拘留。

第三十八条 【对非法携带枪支、弹药、管制器具行为的处罚】非法携带枪支、弹药或者弩、匕首等国家规定的管制器具的,处五日以下拘留,可以并处一千元以下罚款;情节较轻的,处警告或者五百元以下罚款。

非法携带枪支、弹药或者弩、匕首等国家规定的管制器具进入公共场所或者公共交通工具的,处五日以上十日以下拘留,可以并处一千元以下罚款。

第三十九条 【对盗窃、损毁公共设施行为的处罚】有下列行为之一的,处十日以上十五日以下拘留;情节较轻的,处五日以下拘留:

(一)盗窃、损毁油气管道设施、电力电信设施、广播电视设施、水利工程设施、公共供水设施、公路及附属设施或者水文监测、测量、气象测报、生态环境监测、地质监测、地震监测等公共设施,危及公共安全的;

(二)移动、损毁国家边境的界碑、界桩以及其他边境标志、边境设施或者领土、领海基点标志设施的;

(三)非法进行影响国(边)界线走向的活动或者修建有碍国(边)境管理的设施的。

第四十条 【对妨碍航空器飞行安全、妨碍公共交通安全的处罚】盗窃、损坏、擅自移动使用中的航空设施,或者强行进入航空器驾驶舱的,处十日以上十五日以下拘留。

在使用中的航空器上使用可能影响导航系统正常功能的器具、工具,不听劝阻,处五日以下拘留或者一千元以下罚款。

盗窃、损坏、擅自移动使用中的其他公共交通工具设施、设备，或者以抢控驾驶操纵装置、拉扯、殴打驾驶人员等方式，干扰公共交通工具正常行驶的，处五日以下拘留或者一千元以下罚款；情节较重的，处五日以上十日以下拘留。

第四十一条 【对破坏铁路、城市轨道交通设施行为的处罚】有下列行为之一的，处五日以上十日以下拘留，可以并处一千元以下罚款；情节较轻的，处五日以下拘留或者一千元以下罚款：

（一）盗窃、损毁、擅自移动铁路、城市轨道交通设施、设备、机车车辆配件或者安全标志的；

（二）在铁路、城市轨道交通线路上放置障碍物，或者故意向列车投掷物品的；

（三）在铁路、城市轨道交通线路、桥梁、隧道、涵洞处挖掘坑穴、采石取沙的；

（四）在铁路、城市轨道交通线路上私设道口或者平交过道的。

第四十二条 【对违规侵入轨道交通危险区域的处罚】擅自进入铁路、城市轨道交通防护网或者火车、城市轨道交通列车来临时在铁路、城市轨道交通线路上行走坐卧、抢越铁路、城市轨道，影响行车安全的，处警告或者五百元以下罚款。

第四十三条 【对违法安装、使用电网等危害公共安全行为的处罚】有下列行为之一的，处五日以下拘留或者一千元以下罚款；情节严重的，处十日以上十五日以下拘留，可以并处一千元以下罚款：

（一）未经批准，安装、使用电网的，或者安装、使用电网不符合安全规定的；

（二）在车辆、行人通行的地方施工，对沟井坎穴不设覆盖物、防围和警示标志，或者故意损毁、移动覆盖物、防围和警示标志的；

（三）盗窃、损毁路面井盖、照明等公共设施的；

（四）违反有关法律法规规定，升放携带明火的升空物体，有发生火灾事故危险，不听劝阻的；

（五）从建筑物或者其他高空抛掷物品，有危害他人人身安全、公私财产安全或者公共安全危险的。

第四十四条 【对违规举办大型群众性活动行为的处罚】举办体育、文化等大型群众性活动，违反有关规定，有发生安全事故危险，经公安机关责令改正而拒不改正或者无法改正的，责令停止活动，立即疏散；对其直接负责的主管人员和其他直接责任人员处五日以上十日以下拘留，并处一千元以上三千元以下罚款；情节较重的，处十日以上十五日以下拘留，并处三千元以上五千元以下罚款，可以同时责令六个月至一年以内不得举办大型群众性活动。

第四十五条 【对违反公众活动场所安全规定行为的处罚】旅馆、饭店、影剧院、娱乐场、体育场馆、展览馆或者其他供社会公众活动的场所违反安全规定，致使该场所有发生安全事故危险，经公安机关责令改正而拒不改正的，对其直接负责的主管人员和其他直接责任人员处五日以下拘留；情节较重的，处五日以上十日以下拘留。

第四十六条 【对违规操控升空物体行为的处罚】违反有关法律法规关于飞行空域管理规定，飞行民用无人驾驶航空器、航空运动器材，或者升放无人驾驶自由气球、系留气球等升空物体，情节较重的，处五日以上十日以下拘留。

飞行、升放前款规定的物体非法穿越国（边）境的，处十日以上十五日以下拘留。

第三节 侵犯人身权利、财产权利的行为和处罚

第四十七条 【对强迫性侵害人身自由行为的处罚】有下列行为之一的，处十日以上十五日以下拘留，并处一千元以上二千元以下罚款；情节较轻的，处五日以上十日以下拘留，并处一千元以下罚款：

（一）组织、胁迫、诱骗不满十六周岁的人或者残疾人进行恐怖、残忍表演的；

（二）以暴力、威胁或者其他手段强迫他人劳动的；

（三）非法限制他人人身自由、非法侵入他人住宅或者非法搜查他人身体的。

第四十八条 【对组织、胁迫未成年人有偿陪侍的处罚】组织、胁迫未成年人在不适宜未成年人活动的经营场所从事陪酒、陪唱等有偿陪侍活动的，处十日以上十五日以下拘留，并处五千元以下罚款；情节较轻的，处五日以上十日以下拘留或者五千元以下罚款。

第四十九条 【对违法乞讨行为的处罚】胁迫、诱骗或者利用他人乞讨的，处十日以上十五日以下拘留，可以并处二千元以下罚款。

反复纠缠、强行讨要或者以其他滋扰他人的方式乞讨的，处五日以下拘留或者警告。

第五十条 【对侵犯人身权利六项行为的处罚】有下列行为之一的，处五日以下拘留或者一千元以下罚款；情节较重的，处五日以上十日以下拘留，可以并处一千元

以下罚款：

（一）写恐吓信或者以其他方法威胁他人人身安全的；

（二）公然侮辱他人或者捏造事实诽谤他人的；

（三）捏造事实诬告陷害他人，企图使他人受到刑事追究或者受到治安管理处罚的；

（四）对证人及其近亲属进行威胁、侮辱、殴打或者打击报复的；

（五）多次发送淫秽、侮辱、恐吓等信息或者采取滋扰、纠缠、跟踪等方法，干扰他人正常生活的；

（六）偷窥、偷拍、窃听、散布他人隐私的。

有前款第五项规定的滋扰、纠缠、跟踪行为的，除依照前款规定给予处罚外，经公安机关负责人批准，可以责令其一定期限内禁止接触被侵害人。对违反禁止接触规定的，处五日以上十日以下拘留，可以并处一千元以下罚款。

第五十一条 【对殴打或故意伤害他人身体行为的处罚】殴打他人的，或者故意伤害他人身体的，处五日以上十日以下拘留，并处五百元以上一千元以下罚款；情节较轻的，处五日以下拘留或者一千元以下罚款。

有下列情形之一的，处十日以上十五日以下拘留，并处一千元以上二千元以下罚款：

（一）结伙殴打、伤害他人的；

（二）殴打、伤害残疾人、孕妇、不满十四周岁的人或者七十周岁以上的人的；

（三）多次殴打、伤害他人或者一次殴打、伤害多人的。

第五十二条 【对猥亵及在公共场所故意裸露身体隐私部位行为的处罚】猥亵他人的，处五日以上十日以下拘留；猥亵精神病人、智力残疾人、不满十四周岁的人或者有其他严重情节的，处十日以上十五日以下拘留。

在公共场所故意裸露身体隐私部位的，处警告或者五百元以下罚款；情节恶劣的，处五日以上十日以下拘留。

第五十三条 【对虐待家庭成员、监护对象及遗弃被扶养人行为的处罚】有下列行为之一的，处五日以下拘留或者警告；情节较重的，处五日以上十日以下拘留，可以并处一千元以下罚款：

（一）虐待家庭成员，被虐待人或者其监护人要求处理的；

（二）对未成年人、老年人、患病的人、残疾人等负有监护、看护职责的人虐待被监护、看护的人的；

（三）遗弃没有独立生活能力的被扶养人的。

第五十四条 【对强迫交易行为的处罚】强买强卖商品，强迫他人提供服务或者强迫他人接受服务的，处五日以上十日以下拘留，并处三千元以上五千元以下罚款；情节较轻的，处五日以下拘留或者一千元以下罚款。

第五十五条 【对煽动民族仇恨、民族歧视行为的处罚】煽动民族仇恨、民族歧视，或者在出版物、信息网络中刊载民族歧视、侮辱内容的，处十日以上十五日以下拘留，可以并处三千元以下罚款；情节较轻的，处五日以上十日以下拘留或者三千元以下罚款。

第五十六条 【对侵犯公民个人信息行为的处罚】违反国家有关规定，向他人出售或者提供个人信息的，处十日以上十五日以下拘留；情节较轻的，处五日以下拘留。

窃取或者以其他方法非法获取个人信息的，依照前款的规定处罚。

第五十七条 【对侵犯公民通信自由行为的处罚】冒领、隐匿、毁弃、倒卖、私自开拆或者非法检查他人邮件、快件的，处警告或者一千元以下罚款；情节较重的，处五日以下拘留。

第五十八条 【对盗窃、诈骗、哄抢、抢夺、敲诈勒索行为的处罚】盗窃、诈骗、哄抢、抢夺或者敲诈勒索的，处五日以上十日以下拘留或者二千元以下罚款；情节较重的，处十日以上十五日以下拘留，可以并处三千元以下罚款。

第五十九条 【对故意损毁公私财物行为的处罚】故意损毁公私财物的，处五日以下拘留或者一千元以下罚款；情节较重的，处五日以上十日以下拘留，可以并处三千元以下罚款。

第六十条 【学生欺凌行为的处罚及学校责任】以殴打、侮辱、恐吓等方式实施学生欺凌，违反治安管理的，公安机关应当依照本法、《中华人民共和国预防未成年人犯罪法》的规定，给予治安管理处罚、采取相应矫治教育等措施。

学校违反有关法律法规规定，明知发生严重的学生欺凌或者明知发生其他侵害未成年学生的犯罪，不按规定报告或者处置的，责令改正，对其直接负责的主管人员和其他直接责任人员，建议有关部门依法予以处分。

第四节 妨害社会管理的行为和处罚

第六十一条 【对拒不执行紧急状态决定、命令及阻碍执行公务行为的处罚】有下列行为之一的，处警告或者五百元以下罚款；情节严重的，处五日以上十日以下拘留，可以并处一千元以下罚款：

（一）拒不执行人民政府在紧急状态情况下依法发布的决定、命令的；

（二）阻碍国家机关工作人员依法执行职务的；

（三）阻碍执行紧急任务的消防车、救护车、工程抢险车、警车或者执行上述紧急任务的专用船舶通行的；

（四）强行冲闯公安机关设置的警戒带、警戒区或者检查点的。

阻碍人民警察依法执行职务的，从重处罚。

第六十二条 【对招摇撞骗行为的处罚】冒充国家机关工作人员招摇撞骗的，处十日以上十五日以下拘留，可以并处一千元以下罚款；情节较轻的，处五日以上十日以下拘留。

冒充军警人员招摇撞骗的，从重处罚。

盗用、冒用个人、组织的身份、名义或者以其他虚假身份招摇撞骗的，处五日以下拘留或者一千元以下罚款；情节较重的，处五日以上拘留，可以并处一千元以下罚款。

第六十三条 【对伪造、变造、出租、出借、买卖公文、证件、票证行为的处罚】有下列行为之一的，处十日以上十五日以下拘留，可以并处五千元以下罚款；情节较轻的，处五日以上十日以下拘留，可以并处三千元以下罚款：

（一）伪造、变造或者买卖国家机关、人民团体、企业、事业单位或者其他组织的公文、证件、证明文件、印章的；

（二）出租、出借国家机关、人民团体、企业、事业单位或者其他组织的公文、证件、证明文件、印章供他人非法使用的；

（三）买卖或者使用伪造、变造的国家机关、人民团体、企业、事业单位或者其他组织的公文、证件、证明文件、印章的；

（四）伪造、变造或者倒卖车票、船票、航空客票、文艺演出票、体育比赛入场券或者其他有价票证、凭证的；

（五）伪造、变造船舶户牌，买卖或者使用伪造、变造的船舶户牌，或者涂改船舶发动机号码的。

第六十四条 【对船舶擅进禁止、限入水域或岛屿行为的处罚】船舶擅自进入、停靠国家禁止、限制进入的水域或者岛屿的，对船舶负责人及有关责任人员处一千元以上二千元以下罚款；情节严重的，处五日以下拘留，可以并处二千元以下罚款。

第六十五条 【对非法社会组织活动及未获许可擅自经营行为的处罚】有下列行为之一的，处十日以上十五日以下拘留，可以并处五千元以下罚款；情节较轻的，处五日以上十日以下拘留或者一千元以上三千元以下罚款：

（一）违反国家规定，未经注册登记，以社会团体、基金会、社会服务机构等社会组织名义进行活动，被取缔后，仍进行活动的；

（二）被依法撤销登记或者吊销登记证书的社会团体、基金会、社会服务机构等社会组织，仍以原社会组织名义进行活动的；

（三）未经许可，擅自经营按照国家规定需要由公安机关许可的行业的。

有前款第三项行为的，予以取缔。被取缔一年以内又实施的，处十日以上十五日以下拘留，并处三千元以上五千元以下罚款。

取得公安机关许可的经营者，违反国家有关管理规定，情节严重的，公安机关可以吊销许可证件。

第六十六条 【对煽动、策划非法集会、游行、示威行为的处罚】煽动、策划非法集会、游行、示威，不听劝阻的，处十日以上十五日以下拘留。

第六十七条 【对旅馆业违反住宿登记管理及安全监管义务行为的处罚】从事旅馆业经营活动不按规定登记住宿人员姓名、有效身份证件种类和号码等信息的，或者为身份不明、拒绝登记身份信息的人提供住宿服务的，对其直接负责的主管人员和其他直接责任人员处五百元以上一千元以下罚款；情节较轻的，处警告或者五百元以下罚款。

实施前款行为，妨害反恐怖主义工作进行，违反《中华人民共和国反恐怖主义法》规定的，依照其规定处罚。

从事旅馆业经营活动有下列行为之一的，对其直接负责的主管人员和其他直接责任人员处一千元以上三千元以下罚款；情节严重的，处五日以下拘留，可以并处三千元以上五千元以下罚款：

（一）明知住宿人员违反规定将危险物质带入住宿区域，不予制止的；

（二）明知住宿人员是犯罪嫌疑人员或者被公安机关通缉的人员，不向公安机关报告的；

（三）明知住宿人员利用旅馆实施犯罪活动，不向公安机关报告的。

第六十八条 【对违法出租房屋行为的处罚】房屋出租人将房屋出租给身份不明、拒绝登记身份信息的人的，或者不按规定登记承租人姓名、有效身份证件种类和号码等信息的,处五百元以上一千元以下罚款;情节较轻的,处警告或者五百元以下罚款。

房屋出租人明知承租人利用出租房屋实施犯罪活动,不向公安机关报告的,处一千元以上三千元以下罚款;情节严重的,处五日以下拘留,可以并处三千元以上五千元以下罚款。

第六十九条 【对特定行业经营者不依法登记信息行为的处罚】娱乐场所和公章刻制、机动车修理、报废机动车回收行业经营者违反法律法规关于要求登记信息的规定,不登记信息的,处警告;拒不改正或者造成后果的,对其直接负责的主管人员和其他直接责任人员处五日以下拘留或者三千元以下罚款。

第七十条 【对非法安装、使用、提供窃听、窃照专用器材行为的处罚】非法安装、使用、提供窃听、窃照专用器材的,处五日以下拘留或者一千元以上三千元以下罚款;情节较重的,处五日以上十日以下拘留,并处三千元以上五千元以下罚款。

第七十一条 【对违法典当、收购行为的处罚】有下列行为之一的,处一千元以上三千元以下罚款;情节严重的,处五日以上十日以下拘留,并处一千元以上三千元以下罚款:

(一)典当业工作人员承接典当的物品,不查验有关证明、不履行登记手续的,或者违反国家规定对明知是违法犯罪嫌疑人、赃物而不向公安机关报告的;

(二)违反国家规定,收购铁路、油田、供电、电信、矿山、水利、测量和城市公用设施等废旧专用器材的;

(三)收购公安机关通报寻查的赃物或者有赃物嫌疑的物品的;

(四)收购国家禁止收购的其他物品的。

第七十二条 【对妨害行政执法及司法秩序行为的处罚】有下列行为之一的,处五日以上十日以下拘留,可以并处一千元以下罚款;情节较轻的,处警告或者一千元以下罚款:

(一)隐藏、转移、变卖、擅自使用或者损毁行政执法机关依法扣押、查封、冻结、扣留、先行登记保存的财物的;

(二)伪造、隐匿、毁灭证据或者提供虚假证言、谎报案情,影响行政执法机关依法办案的;

(三)明知是赃物而窝藏、转移或者代为销售的;

(四)被依法执行管制、剥夺政治权利或者在缓刑、暂予监外执行中的罪犯或者被依法采取刑事强制措施的人,有违反法律、行政法规或者国务院有关部门的监督管理规定的行为的。

第七十三条 【对违反禁止令等行为的处罚】有下列行为之一的,处警告或者一千元以下罚款;情节较重的,处五日以上十日以下拘留,可以并处一千元以下罚款:

(一)违反人民法院刑事判决中的禁止令或者职业禁止决定的;

(二)拒不执行公安机关依照《中华人民共和国反家庭暴力法》、《中华人民共和国妇女权益保障法》出具的禁止家庭暴力告诫书、禁止性骚扰告诫书的;

(三)违反监察机关在监察工作中、司法机关在刑事诉讼中依法采取的禁止接触证人、鉴定人、被害人及其近亲属保护措施的。

第七十四条 【对被关押违法行为人脱逃的处罚】依法被关押的违法行为人脱逃的,处十日以上十五日以下拘留;情节较轻的,处五日以上十日以下拘留。

第七十五条 【对妨害文物管理行为的处罚】有下列行为之一的,处警告或者五百元以下罚款;情节较重的,处五日以上十日以下拘留,并处五百元以上一千元以下罚款:

(一)刻划、涂污或者以其他方式故意损坏国家保护的文物、名胜古迹的;

(二)违反国家规定,在文物保护单位附近进行爆破、钻探、挖掘等活动,危及文物安全的。

第七十六条 【对非法驾驶交通工具行为的处罚】有下列行为之一的,处一千元以上二千元以下罚款;情节严重的,处十日以上十五日以下拘留,可以并处二千元以下罚款:

(一)偷开他人机动车的;

(二)未取得驾驶证驾驶或者偷开他人航空器、机动船舶的。

第七十七条 【对破坏他人坟墓、毁坏尸骨和非法停放尸体行为的处罚】有下列行为之一的,处五日以上十日以下拘留;情节严重的,处十日以上十五日以下拘留,可以并处二千元以下罚款:

(一)故意破坏、污损他人坟墓或者毁坏、丢弃他人尸骨、骨灰的;

(二)在公共场所停放尸体或者因停放尸体影响他人正常生活、工作秩序,不听劝阻的。

第七十八条 【对卖淫、嫖娼行为的处罚】卖淫、嫖娼的,处十日以上十五日以下拘留,可以并处五千元以下罚款;情节较轻的,处五日以下拘留或者一千元以下罚款。

在公共场所拉客招嫖的,处五日以下拘留或者一千元以下罚款。

第七十九条 【对引诱、容留、介绍他人卖淫行为的处罚】引诱、容留、介绍他人卖淫的,处十日以上十五日以下拘留,可以并处五千元以下罚款;情节较轻的,处五日以下拘留或者一千元以上二千元以下罚款。

第八十条 【对传播淫秽信息行为的处罚】制作、运输、复制、出售、出租淫秽的书刊、图片、影片、音像制品等淫秽物品或者利用信息网络、电话以及其他通讯工具传播淫秽信息的,处十日以上十五日以下拘留,可以并处五千元以下罚款;情节较轻的,处五日以下拘留或者一千元以上三千元以下罚款。

前款规定的淫秽物品或者淫秽信息中涉及未成年人的,从重处罚。

第八十一条 【对组织、参与淫秽活动行为的处罚】有下列行为之一的,处十日以上十五日以下拘留,并处一千元以上二千元以下罚款:

（一）组织播放淫秽音像的;
（二）组织或者进行淫秽表演的;
（三）参与聚众淫乱活动的。

明知他人从事前款活动,为其提供条件的,依照前款的规定处罚。

组织未成年人从事第一款活动的,从重处罚。

第八十二条 【对参与赌博行为的处罚】以营利为目的,为赌博提供条件的,或者参与赌博赌资较大的,处五日以下拘留或者一千元以下罚款;情节严重的,处十日以上十五日以下拘留,并处一千元以上五千元以下罚款。

第八十三条 【对涉及毒品原植物行为的处罚】有下列行为之一的,处十日以上十五日以下拘留,可以并处五千元以下罚款;情节较轻的,处五日以下拘留或者一千元以下罚款:

（一）非法种植罂粟不满五百株或者其他少量毒品原植物的;
（二）非法买卖、运输、携带、持有少量未经灭活的罂粟等毒品原植物种子或者幼苗的;
（三）非法运输、买卖、储存、使用少量罂粟壳的。

有前款第一项行为,在成熟前自行铲除的,不予处罚。

第八十四条 【对涉毒违法行为的处罚】有下列行为之一的,处十日以上十五日以下拘留,可以并处三千元以下罚款;情节较轻的,处五日以下拘留或者一千元以下罚款:

（一）非法持有鸦片不满二百克、海洛因或者甲基苯丙胺不满十克或者少量毒品的;
（二）向他人提供毒品的;
（三）吸食、注射毒品的;
（四）胁迫、欺骗医务人员开具麻醉药品、精神药品的。

聚众、组织吸食、注射毒品的,对首要分子、组织者依照前款的规定从重处罚。

吸食、注射毒品的,可以同时责令其六个月至一年以内不得进入娱乐场所,不得擅自接触涉及毒品违法犯罪人员。违反规定的,处五日以下拘留或者一千元以下罚款。

第八十五条 【对引诱、教唆、欺骗或强迫他人吸食、注射毒品行为的处罚】引诱、教唆、欺骗或者强迫他人吸食、注射毒品的,处十日以上十五日以下拘留,并处一千元以上五千元以下罚款。

容留他人吸食、注射毒品或者介绍买卖毒品的,处十日以上十五日以下拘留,可以并处三千元以下罚款;情节较轻的,处五日以下拘留或者一千元以下罚款。

第八十六条 【对非法生产、经营、购买、运输制毒原配料行为的处罚】违反国家规定,非法生产、经营、购买、运输用于制造毒品的原料、配剂的,处十日以上十五日以下拘留;情节较轻的,处五日以上十日以下拘留。

第八十七条 【对服务行业人员通风报信行为的处罚】旅馆业、饮食服务业、文化娱乐业、出租汽车业等单位的人员,在公安机关查处吸毒、赌博、卖淫、嫖娼活动时,为违法犯罪行为人通风报信的,或者以其他方式为上述活动提供条件的,处十日以上十五日以下拘留;情节较轻的,处五日以下拘留或者一千元以上二千元以下罚款。

第八十八条 【对生活噪声持续干扰他人行为的处罚】违反关于社会生活噪声污染防治的法律法规规定,产生社会生活噪声,经基层群众性自治组织、业主委员会、物业服务人、有关部门依法劝阻、调解和处理未能制止,继续干扰他人正常生活、工作和学习的,处五日以下拘留或者一千元以下罚款;情节严重的,处五日以上十日以下拘留,可以并处一千元以下罚款。

第八十九条 【对饲养动物违法行为的处罚】饲养动物,干扰他人正常生活的,处警告;警告后不改正的,或者放任动物恐吓他人的,处一千元以下罚款。

违反有关法律、法规、规章规定,出售、饲养烈性犬等危险动物的,处警告;警告后不改正的,或者致使动物伤害他人的,处五日以下拘留或者一千元以下罚款;情节较重的,处五日以上十日以下拘留。

未对动物采取安全措施,致使动物伤害他人的,处一千元以下罚款;情节较重的,处五日以上十日以下拘留。

驱使动物伤害他人的,依照本法第五十一条的规定处罚。

第四章 处罚程序
第一节 调 查

第九十条 【立案调查及处理程序】公安机关对报案、控告、举报或者违反治安管理行为人主动投案,以及其他国家机关移送的违反治安管理案件,应当立即立案并进行调查;认为不属于违反治安管理行为的,应当告知报案人、控告人、举报人、投案人,并说明理由。

第九十一条 【严禁非法取证】公安机关及其人民警察对治安案件的调查,应当依法进行。严禁刑讯逼供或者采用威胁、引诱、欺骗等非法手段收集证据。

以非法手段收集的证据不得作为处罚的根据。

第九十二条 【公安机关调查取证权及相关主体证据提供义务】公安机关办理治安案件,有权向有关单位和个人收集、调取证据。有关单位和个人应当如实提供证据。

公安机关向有关单位和个人收集、调取证据时,应当告知其必须如实提供证据,以及伪造、隐匿、毁灭证据或者提供虚假证言应当承担的法律责任。

第九十三条 【移送案件的证据使用】在办理刑事案件过程中以及其他执法办案机关在移送案件前依法收集的物证、书证、视听资料、电子数据等证据材料,可以作为治安案件的证据使用。

第九十四条 【保密义务】公安机关及其人民警察在办理治安案件时,对涉及的国家秘密、商业秘密、个人隐私或者个人信息,应当予以保密。

第九十五条 【回避】人民警察在办理治安案件过程中,遇有下列情形之一的,应当回避;违反治安管理行为人、被侵害人或者其法定代理人也有权要求他们回避:

(一)是本案当事人或者当事人的近亲属的;

(二)本人或者其近亲属与本案有利害关系的;

(三)与本案当事人有其他关系,可能影响案件公正处理的。

人民警察的回避,由其所属的公安机关决定;公安机关负责人的回避,由上一级公安机关决定。

第九十六条 【传唤程序及强制传唤】需要传唤违反治安管理行为人接受调查的,经公安机关办案部门负责人批准,使用传唤证传唤。对现场发现的违反治安管理行为人,人民警察经出示人民警察证,可以口头传唤,但应当在询问笔录中注明。

公安机关应当将传唤的原因和依据告知被传唤人。对无正当理由不接受传唤或者逃避传唤的人,经公安机关办案部门负责人批准,可以强制传唤。

第九十七条 【传唤后的询问查证要求】对违反治安管理行为人,公安机关传唤后应当及时询问查证,询问查证的时间不得超过八小时;涉案人数众多、违反治安管理行为人身份不明的,询问查证的时间不得超过十二小时;情况复杂,依照本法规定可能适用行政拘留处罚的,询问查证的时间不得超过二十四小时。在执法办案场所询问违反治安管理行为人,应当全程同步录音录像。

公安机关应当及时将传唤的原因和处所通知被传唤人家属。

询问查证期间,公安机关应当保证违反治安管理行为人的饮食、必要的休息时间等正当需求。

第九十八条 【询问笔录制作及询问不满18周岁行为人的特别规定】询问笔录应当交被询问人核对;对没有阅读能力的,应当向其宣读。记载有遗漏或者差错的,被询问人可以提出补充或者更正。被询问人确认笔录无误后,应当签名、盖章或者按指印,询问的人民警察也应当在笔录上签名。

被询问人要求就被询问事项自行提供书面材料的,应当准许;必要时,人民警察也可以要求被询问人自行书写。

询问不满十八周岁的违反治安管理行为人,应当通知其父母或者其他监护人到场;其父母或者其他监护人不能到场的,也可以通知其他成年亲属,所在学校、单位、居住地基层组织或者未成年人保护组织的代表等合适成年人到场,并将有关情况记录在案。确实无法通知或者通知后未到场的,应当在笔录中注明。

第九十九条 【询问被侵害人及其他证人的程序规则】人民警察询问被侵害人或者其他证人,可以在现场进行,也可以到其所在单位、住处或者其提出的地点进行;必要时,也可以通知其到公安机关提供证言。

人民警察在公安机关以外询问被侵害人或者其他证人,应当出示人民警察证。

询问被侵害人或者其他证人,同时适用本法第九十八条的规定。

第一百条 【委托询问与远程视频询问】违反治安管理行为人、被侵害人或者其他证人在异地的,公安机关可以委托异地公安机关代为询问,也可以通过公安机关的视频系统远程询问。

通过远程视频方式询问的,应当向被询问人宣读询问笔录,被询问人确认笔录无误后,询问的人民警察应当在笔录上注明。询问和宣读过程应当全程同步录音录像。

第一百零一条 【询问的语言帮助】询问聋哑的违反治安管理行为人、被侵害人或者其他证人,应当有通晓手语等交流方式的人提供帮助,并在笔录上注明。

询问不通晓当地通用的语言文字的违反治安管理行为人、被侵害人或者其他证人,应当配备翻译人员,并在笔录上注明。

第一百零二条 【人身检查及生物样本采集规则】为了查明案件事实,确定违反治安管理行为人、被侵害人的某些特征、伤害情况或者生理状态,需要对其人身进行检查,提取或者采集肖像、指纹信息和血液、尿液等生物样本的,经公安机关办案部门负责人批准后进行。对已经提取、采集的信息或者样本,不得重复提取、采集。提取或者采集被侵害人的信息或者样本,应当征得被侵害人或者其监护人同意。

第一百零三条 【治安检查的权限与程序规则】公安机关对与违反治安管理行为有关的场所或者违反治安管理行为人的人身、物品可以进行检查。检查时,人民警察不得少于二人,并应当出示人民警察证。

对场所进行检查的,经县级以上人民政府公安机关负责人批准,使用检查证检查;对确有必要立即进行检查的,人民警察经出示人民警察证,可以当场检查,并应当全程同步录音录像。检查公民住所应当出示县级以上人民政府公安机关开具的检查证。

检查妇女的身体,应当由女性工作人员或者医师进行。

第一百零四条 【检查笔录的制作及签名】检查的情况应当制作检查笔录,由检查人、被检查人和见证人签名、盖章或者按指印;被检查人不在场或者被检查人、见证人拒绝签名的,人民警察应当在笔录上注明。

第一百零五条 【扣押的范围、程序及对扣押物品的处置】公安机关办理治安案件,对与案件有关的需要作为证据的物品,可以扣押;对被侵害人或者善意第三人合法占有的财产,不得扣押,应当予以登记,但是对其中与案件有关的必须鉴定的物品,可以扣押,鉴定后应当立即解除。对与案件无关的物品,不得扣押。

对扣押的物品,应当会同在场见证人和被扣押物品持有人查点清楚,当场开列清单一式二份,由调查人员、见证人和持有人签名或者盖章,一份交给持有人,另一份附卷备查。

实施扣押前应当报经公安机关负责人批准;因情况紧急或者物品价值不大,当场实施扣押的,人民警察应当及时向其所属公安机关负责人报告,并补办批准手续。公安机关负责人认为不应当扣押的,应当立即解除。当场实施扣押的,应当全程同步录音录像。

对扣押的物品,应当妥善保管,不得挪作他用;对不宜长期保存的物品,按照有关规定处理。经查明与案件无关或者经核实属于被侵害人或者他人合法财产的,应当登记后立即退还;满六个月无人对该财产主张权利或者无法查清权利人的,应当公开拍卖或者按照国家有关规定处理,所得款项上缴国库。

第一百零六条 【鉴定】为了查明案情,需要解决案件中有争议的专门性问题的,应当指派或者聘请具有专门知识的人员进行鉴定;鉴定人鉴定后,应当写出鉴定意见,并且签名。

第一百零七条 【治安案件辨认程序规则】为了查明案情,人民警察可以让违反治安管理行为人、被侵害人和其他证人对与违反治安管理行为有关的场所、物品进行辨认,也可以让被侵害人、其他证人对违反治安管理行为人进行辨认,或者让违反治安管理行为人对其他违反治安管理行为人进行辨认。

辨认应当制作辨认笔录,由人民警察和辨认人签名、盖章或者按指印。

第一百零八条 【公安机关调查取证工作规范】公安机关进行询问、辨认、勘验,实施行政强制措施等调查取证工作时,人民警察不得少于二人。

公安机关在规范设置、严格管理的执法办案场所进行询问、扣押、辨认的,或者进行调解的,可以由一名人民警察进行。

依照前款规定由一名人民警察进行询问、扣押、辨认、调解的,应当全程同步录音录像。未按规定全程同步录音录像或者录音录像资料损毁、丢失的,相关证据不能作为处罚的根据。

第二节 决 定

第一百零九条 【治安管理处罚的决定机关】治安管理处罚由县级以上地方人民政府公安机关决定;其中警告、一千元以下的罚款,可以由公安派出所决定。

第一百一十条 【限制自由时间的折抵】对决定给予行政拘留处罚的人,在处罚前已经采取强制措施限制人身自由的时间,应当折抵。限制人身自由一日,折抵行政拘留一日。

第一百一十一条 【证据运用标准】公安机关查处治安案件,对没有本人陈述,但其他证据能够证明案件事实的,可以作出治安管理处罚决定。但是,只有本人陈述,没有其他证据证明的,不能作出治安管理处罚决定。

第一百一十二条 【治安处罚告知与当事人的陈述、申辩权】公安机关作出治安管理处罚决定前,应当告知违反治安管理行为人拟作出治安管理处罚的内容及事实、理由、依据,并告知违反治安管理行为人依法享有的权利。

违反治安管理行为人有权陈述和申辩。公安机关必须充分听取违反治安管理行为人的意见,对违反治安管理行为人提出的事实、理由和证据,应当进行复核;违反治安管理行为人提出的事实、理由或者证据成立的,公安机关应当采纳。

违反治安管理行为人不满十八周岁的,还应当依照前两款的规定告知未成年人的父母或者其他监护人,充分听取其意见。

公安机关不得因违反治安管理行为人的陈述、申辩而加重其处罚。

第一百一十三条 【治安案件处理规则】治安案件调查结束后,公安机关应当根据不同情况,分别作出以下处理:

(一)确有依法应当给予治安管理处罚的违法行为的,根据情节轻重及具体情况,作出处罚决定;

(二)依法不予处罚的,或者违法事实不能成立的,作出不予处罚决定;

(三)违法行为已涉嫌犯罪的,移送有关主管机关依法追究刑事责任;

(四)发现违反治安管理行为人有其他违法行为的,在对违反治安管理行为作出处罚决定的同时,通知或者移送有关主管机关处理。

对情节复杂或者重大违法行为给予治安管理处罚,公安机关负责人应当集体讨论决定。

第一百一十四条 【法制审核情形及审核人员资格】有下列情形之一的,在公安机关作出治安管理处罚决定之前,应当由从事治安管理处罚决定法制审核的人员进行法制审核;未经法制审核或者审核未通过的,不得作出决定:

(一)涉及重大公共利益的;

(二)直接关系当事人或者第三人重大权益,经过听证程序的;

(三)案件情况疑难复杂、涉及多个法律关系的。

公安机关中初次从事治安管理处罚决定法制审核的人员,应当通过国家统一法律职业资格考试取得法律职业资格。

第一百一十五条 【治安处罚决定书的内容】公安机关作出治安管理处罚决定的,应当制作治安管理处罚决定书。决定书应当载明下列内容:

(一)被处罚人的姓名、性别、年龄、身份证件的名称和号码、住址;

(二)违法事实和证据;

(三)处罚的种类和依据;

(四)处罚的执行方式和期限;

(五)对处罚决定不服,申请行政复议、提起行政诉讼的途径和期限;

(六)作出处罚决定的公安机关的名称和作出决定的日期。

决定书应当由作出处罚决定的公安机关加盖印章。

第一百一十六条 【治安处罚决定书的宣告与送达】公安机关应当向被处罚人宣告治安管理处罚决定书,并当场交付被处罚人;无法当场向被处罚人宣告的,应当在二日以内送达被处罚人。决定给予行政拘留处罚的,应当及时通知被处罚人的家属。

有被侵害人的,公安机关应当将决定书送达被侵害人。

第一百一十七条 【听证的适用情形及程序要求】公安机关作出吊销许可证件、处四千元以上罚款的治安管理处罚决定或者采取责令停业整顿措施前,应当告知违反治安管理行为人有权要求举行听证;违反治安管理行为人要求听证的,公安机关应当及时依法举行听证。

对依照本法第二十三条第二款规定可能执行行政拘留的未成年人,公安机关应当告知未成年人和其监护人有权要求举行听证;未成年人和其监护人要求听证的,公安机关应当及时依法举行听证。对未成年人案件的听证不公开举行。

前两款规定以外的案情复杂或者具有重大社会影响的案件,违反治安管理行为人要求听证,公安机关认为必要的,应当及时依法举行听证。

公安机关不得因违反治安管理行为人要求听证而加重其处罚。

第一百一十八条 【办案期限】公安机关办理治安案件的期限,自立案之日起不得超过三十日;案情重大、复杂的,经上一级公安机关批准,可以延长三十日。期限延长以二次为限。公安派出所办理的案件需要延长期限的,由所属公安机关批准。

为了查明案情进行鉴定的期间、听证的期间,不计入办理治安案件的期限。

第一百一十九条 【当场处罚的条件】违反治安管理行

为事实清楚,证据确凿,处警告或者五百元以下罚款的,可以当场作出治安管理处罚决定。

第一百二十条 【当场处罚的程序要求】当场作出治安管理处罚决定的,人民警察应当向违反治安管理行为人出示人民警察证,并填写处罚决定书。处罚决定书应当当场交付被处罚人;有被侵害人的,并应当将决定书送达被侵害人。

前款规定的处罚决定书,应当载明被处罚人的姓名、违法行为、处罚依据、罚款数额、时间、地点以及公安机关名称,并由经办的人民警察签名或者盖章。

适用当场处罚,被处罚人对拟作出治安管理处罚的内容及事实、理由、依据没有异议的,可以由一名人民警察作出治安管理处罚决定,并应当全程同步录音录像。

当场作出治安管理处罚决定的,经办的人民警察应当在二十四小时以内报其所属公安机关备案。

第一百二十一条 【不服治安处罚的救济途径】被处罚人、被侵害人对公安机关依照本法规定作出的治安管理处罚决定,作出的收缴、追缴决定,或者采取的有关限制性、禁止性措施等不服的,可以依法申请行政复议或者提起行政诉讼。

第三节 执 行

第一百二十二条 【行政拘留处罚的执行及解除】对被决定给予行政拘留处罚的人,由作出决定的公安机关送拘留所执行;执行期满,拘留所应当按时解除拘留,发给解除拘留证明书。

被决定给予行政拘留处罚的人在异地被抓获或者有其他有必要在异地拘留所执行情形的,经异地拘留所主管公安机关批准,可以在异地执行。

第一百二十三条 【罚款处罚的执行与当场收缴规则】受到罚款处罚的人应当自收到处罚决定书之日起十五日以内,到指定的银行或者通过电子支付系统缴纳罚款。但是,有下列情形之一的,人民警察可以当场收缴罚款:

(一)被处二百元以下罚款,被处罚人对罚款无异议的;

(二)在边远、水上、交通不便地区,旅客列车上或者口岸,公安机关及其人民警察依照本法的规定作出罚款决定后,被处罚人到指定的银行或者通过电子支付系统缴纳罚款确有困难,经被处罚人提出的;

(三)被处罚人在当地没有固定住所,不当场收缴事后难以执行的。

第一百二十四条 【当场收缴罚款的交纳期限】人民警察当场收缴的罚款,应当自收缴罚款之日起二日以内,交至所属的公安机关;在水上、旅客列车上当场收缴的罚款,应当自抵岸或者到站之日起二日以内,交至所属的公安机关;公安机关应当自收到罚款之日起二日以内将罚款缴付指定的银行。

第一百二十五条 【当场收缴罚款的票据管理规则】人民警察当场收缴罚款的,应当向被处罚人出具省级以上人民政府财政部门统一制发的专用票据;不出具统一制发的专用票据的,被处罚人有权拒绝缴纳罚款。

第一百二十六条 【行政拘留暂缓执行的条件与程序】被处罚人不服行政拘留处罚决定,申请行政复议、提起行政诉讼的,遇有参加升学考试、子女出生或者近亲属病危、死亡等情形的,可以向公安机关提出暂缓执行行政拘留的申请。公安机关认为暂缓执行行政拘留不致发生社会危险的,由被处罚人或者其近亲属提出符合本法第一百二十七条规定条件的担保人,或者按每日行政拘留二百元的标准交纳保证金,行政拘留的处罚决定暂缓执行。

正在被执行行政拘留处罚的人遇有参加升学考试、子女出生或者近亲属病危、死亡等情形的,被拘留人或者其近亲属申请出所的,由公安机关依照前款规定执行。被拘留人出所的时间不计入拘留期限。

第一百二十七条 【暂缓执行行政拘留的担保人条件】担保人应当符合下列条件:

(一)与本案无牵连;

(二)享有政治权利,人身自由未受到限制;

(三)在当地有常住户口和固定住所;

(四)有能力履行担保义务。

第一百二十八条 【暂缓执行行政拘留的担保人的义务】担保人应当保证被担保人不逃避行政拘留处罚的执行。

担保人不履行担保义务,致使被担保人逃避行政拘留处罚的执行的,处三千元以下罚款。

第一百二十九条 【没收保证金】被决定给予行政拘留处罚的人交纳保证金,暂缓行政拘留或者出所后,逃避行政拘留处罚的执行的,保证金予以没收并上缴国库,已经作出的行政拘留决定仍应执行。

第一百三十条 【退还保证金】行政拘留的处罚决定被撤销,行政拘留处罚开始执行,或者出所后继续执行的,公安机关收取的保证金应当及时退还交纳人。

第五章 执法监督

第一百三十一条 【规范执法】公安机关及其人民警察应当依法、公正、严格、高效办理治安案件,文明执法,不得徇私舞弊、玩忽职守、滥用职权。

第一百三十二条 【禁止行为】公安机关及其人民警察办理治安案件,禁止对违反治安管理行为人打骂、虐待或者侮辱。

第一百三十三条 【执法监督与检举控告权】公安机关及其人民警察办理治安案件,应当自觉接受社会和公民的监督。

公安机关及其人民警察办理治安案件,不严格执法或者有违法违纪行为的,任何单位和个人都有权向公安机关或者人民检察院、监察机关检举、控告;收到检举、控告的机关,应当依据职责及时处理。

第一百三十四条 【公职人员涉案通报机制】公安机关作出治安管理处罚决定,发现被处罚人是公职人员,依照《中华人民共和国公职人员政务处分法》的规定需要给予政务处分的,应当依照有关规定及时通报监察机关等有关单位。

第一百三十五条 【罚款决定与收缴分离】公安机关依法实施罚款处罚,应当依照有关法律、行政法规的规定,实行罚款决定与罚款收缴分离;收缴的罚款应当全部上缴国库,不得返还、变相返还,不得与经费保障挂钩。

第一百三十六条 【治安违法记录封存与查询规定】违反治安管理的记录应当予以封存,不得向任何单位和个人提供或者公开,但有关国家机关为办案需要或者有关单位根据国家规定进行查询的除外。依法进行查询的单位,应当对被封存的违法记录的情况予以保密。

第一百三十七条 【同步录音录像设备运行保障义务】公安机关应当履行同步录音录像运行安全管理职责,完善技术措施,定期维护设施设备,保障录音录像设备运行连续、稳定、安全。

第一百三十八条 【个人信息保护与使用限制规则】公安机关及其人民警察不得将在办理治安案件过程中获得的个人信息,依法提取、采集的相关信息、样本用于与治安管理、查处犯罪无关的用途,不得出售、提供给其他单位或者个人。

第一百三十九条 【人民警察办理治安案件的违法情形与责任追究】人民警察办理治安案件,有下列行为之一的,依法给予处分;构成犯罪的,依法追究刑事责任:

(一)刑讯逼供、体罚、打骂、虐待、侮辱他人的;

(二)超过询问查证的时间限制人身自由的;

(三)不执行罚款决定与罚款收缴分离制度或者不按规定将罚没的财物上缴国库或者依法处理的;

(四)私分、侵占、挪用、故意损毁收缴、追缴、扣押的财物的;

(五)违反规定使用或者不及时返还被侵害人财物的;

(六)违反规定不及时退还保证金的;

(七)利用职务上的便利收受他人财物或者谋取其他利益的;

(八)当场收缴罚款不出具专用票据或者不如实填写罚款数额的;

(九)接到要求制止违反治安管理行为的报警后,不及时出警的;

(十)在查处违反治安管理活动时,为违法犯罪行为人通风报信的;

(十一)泄露办理治安案件过程中的工作秘密或者其他依法应当保密的信息的;

(十二)将在办理治安案件过程中获得的个人信息,依法提取、采集的相关信息、样本用于与治安管理、查处犯罪无关的用途,或者出售、提供给其他单位或者个人的;

(十三)剪接、删改、损毁、丢失办理治安案件的同步录音录像资料的;

(十四)有徇私舞弊、玩忽职守、滥用职权,不依法履行法定职责的其他情形的。

办理治安案件的公安机关有前款所列行为的,对负有责任的领导人员和直接责任人员,依法给予处分。

第一百四十条 【执法侵权赔偿】公安机关及其人民警察违法行使职权,侵犯公民、法人和其他组织合法权益的,应当赔礼道歉;造成损害的,应当依法承担赔偿责任。

第六章 附 则

第一百四十一条 【其他法律授权处罚的执行衔接】其他法律中规定由公安机关给予行政拘留处罚的,其处罚程序适用本法规定。

公安机关依照《中华人民共和国枪支管理法》、《民用爆炸物品安全管理条例》等直接关系公共安全和社会治安秩序的法律、行政法规实施处罚的,其处罚程序适用本法规定。

本法第三十二条、第三十四条、第四十六条、第五十六条规定给予行政拘留处罚,其他法律、行政法规同时规定给予罚款、没收违法所得、没收非法财物等其他行政处罚的行为,由相关主管部门依照相应规定处罚;需要给予行政拘留处罚的,由公安机关依照本法规定处理。

第一百四十二条 【海警机构的职权】海警机构履行海上治安管理职责,行使本法规定的公安机关的职权,但是法律另有规定的除外。

第一百四十三条 【"以上、以下、以内"的含义】本法所称以上、以下、以内,包括本数。

第一百四十四条 【施行日期】本法自2026年1月1日起施行。

中华人民共和国行政处罚法

1. 1996年3月17日第八届全国人民代表大会第四次会议通过
2. 根据2009年8月27日第十一届全国人民代表大会常务委员会第十次会议《关于修改部分法律的决定》第一次修正
3. 根据2017年9月1日第十二届全国人民代表大会常务委员会第二十九次会议《关于修改〈中华人民共和国法官法〉等八部法律的决定》第二次修正
4. 2021年1月22日第十三届全国人民代表大会常务委员会第二十五次会议修订

目 录

第一章 总 则
第二章 行政处罚的种类和设定
第三章 行政处罚的实施机关
第四章 行政处罚的管辖和适用
第五章 行政处罚的决定
　第一节 一般规定
　第二节 简易程序
　第三节 普通程序
　第四节 听证程序
第六章 行政处罚的执行
第七章 法律责任
第八章 附 则

第一章 总 则

第一条 【立法目的】为了规范行政处罚的设定和实施,保障和监督行政机关有效实施行政管理,维护公共利益和社会秩序,保护公民、法人或者其他组织的合法权益,根据宪法,制定本法。

第二条 【行政处罚的定义】行政处罚是指行政机关依法对违反行政管理秩序的公民、法人或者其他组织,以减损权益或者增加义务的方式予以惩戒的行为。

第三条 【适用范围】行政处罚的设定和实施,适用本法。

第四条 【处罚法定】公民、法人或者其他组织违反行政管理秩序的行为,应当给予行政处罚的,依照本法由法律、法规、规章规定,并由行政机关依照本法规定的程序实施。

第五条 【公正、公开原则和过罚相当原则】行政处罚遵循公正、公开的原则。

设定和实施行政处罚必须以事实为依据,与违法行为的事实、性质、情节以及社会危害程度相当。

对违法行为给予行政处罚的规定必须公布;未经公布的,不得作为行政处罚的依据。

第六条 【处罚与教育相结合原则】实施行政处罚,纠正违法行为,应当坚持处罚与教育相结合,教育公民、法人或者其他组织自觉守法。

第七条 【权利保障原则】公民、法人或者其他组织对行政机关所给予的行政处罚,享有陈述权、申辩权;对行政处罚不服的,有权依法申请行政复议或者提起行政诉讼。

公民、法人或者其他组织因行政机关违法给予行政处罚受到损害的,有权依法提出赔偿要求。

第八条 【民事责任与禁止以罚代刑】公民、法人或者其他组织因违法行为受到行政处罚,其违法行为对他人造成损害的,应当依法承担民事责任。

违法行为构成犯罪,应当依法追究刑事责任的,不得以行政处罚代替刑事处罚。

第二章 行政处罚的种类和设定

第九条 【行政处罚的种类】行政处罚的种类:
（一）警告、通报批评;
（二）罚款、没收违法所得、没收非法财物;
（三）暂扣许可证件、降低资质等级、吊销许可证件;
（四）限制开展生产经营活动、责令停产停业、责令关闭、限制从业;
（五）行政拘留;
（六）法律、行政法规规定的其他行政处罚。

第十条 【法律的行政处罚设定权】法律可以设定各种行政处罚。

限制人身自由的行政处罚,只能由法律设定。

第十一条 【行政法规的行政处罚设定权】行政法规可以设定除限制人身自由以外的行政处罚。

法律对违法行为已经作出行政处罚规定,行政法规需要作出具体规定的,必须在法律规定的给予行政处罚的行为、种类和幅度的范围内规定。

法律对违法行为未作出行政处罚规定,行政法规为实施法律,可以补充设定行政处罚。拟补充设定行政处罚的,应当通过听证会、论证会等形式广泛听取意见,并向制定机关作出书面说明。行政法规报送备案时,应当说明补充设定行政处罚的情况。

第十二条　【地方性法规的行政处罚设定权】地方性法规可以设定除限制人身自由、吊销营业执照以外的行政处罚。

法律、行政法规对违法行为已经作出行政处罚规定,地方性法规需要作出具体规定的,必须在法律、行政法规规定的给予行政处罚的行为、种类和幅度的范围内规定。

法律、行政法规对违法行为未作出行政处罚规定,地方性法规为实施法律、行政法规,可以补充设定行政处罚。拟补充设定行政处罚的,应当通过听证会、论证会等形式广泛听取意见,并向制定机关作出书面说明。地方性法规报送备案时,应当说明补充设定行政处罚的情况。

第十三条　【国务院部门规章的行政处罚设定权】国务院部门规章可以在法律、行政法规规定的给予行政处罚的行为、种类和幅度的范围内作出具体规定。

尚未制定法律、行政法规的,国务院部门规章对违反行政管理秩序的行为,可以设定警告、通报批评或者一定数额罚款的行政处罚。罚款的限额由国务院规定。

第十四条　【地方政府规章的行政处罚设定权】地方政府规章可以在法律、法规规定的给予行政处罚的行为、种类和幅度的范围内作出具体规定。

尚未制定法律、法规的,地方政府规章对违反行政管理秩序的行为,可以设定警告、通报批评或者一定数额罚款的行政处罚。罚款的限额由省、自治区、直辖市人民代表大会常务委员会规定。

第十五条　【行政处罚的评估】国务院部门和省、自治区、直辖市人民政府及其有关部门应当定期组织评估行政处罚的实施情况和必要性,对不适当的行政处罚事项及种类、罚款数额等,应当提出修改或者废止的建议。

第十六条　【其他规范性文件不得设定行政处罚】除法律、法规、规章外,其他规范性文件不得设定行政处罚。

第三章　行政处罚的实施机关

第十七条　【行政处罚的实施主体】行政处罚由具有行政处罚权的行政机关在法定职权范围内实施。

第十八条　【相对集中行政处罚权】国家在城市管理、市场监管、生态环境、文化市场、交通运输、应急管理、农业等领域推行建立综合行政执法制度,相对集中行政处罚权。

国务院或者省、自治区、直辖市人民政府可以决定一个行政机关行使有关行政机关的行政处罚权。

限制人身自由的行政处罚权只能由公安机关和法律规定的其他机关行使。

第十九条　【行政处罚的授权】法律、法规授权的具有管理公共事务职能的组织可以在法定授权范围内实施行政处罚。

第二十条　【行政处罚的委托】行政机关依照法律、法规、规章的规定,可以在其法定权限内书面委托符合本法第二十一条规定条件的组织实施行政处罚。行政机关不得委托其他组织或者个人实施行政处罚。

委托书应当载明委托的具体事项、权限、期限等内容。委托行政机关和受委托组织应当将委托书向社会公布。

委托行政机关对受委托组织实施行政处罚的行为应当负责监督,并对该行为的后果承担法律责任。

受委托组织在委托范围内,以委托行政机关名义实施行政处罚;不得再委托其他组织或者个人实施行政处罚。

第二十一条　【受委托组织的条件】受委托组织必须符合以下条件:

(一)依法成立并具有管理公共事务职能;

(二)有熟悉有关法律、法规、规章和业务并取得行政执法资格的工作人员;

(三)需要进行技术检查或者技术鉴定的,应当有条件组织进行相应的技术检查或者技术鉴定。

第四章　行政处罚的管辖和适用

第二十二条　【行政处罚的地域管辖】行政处罚由违法行为发生地的行政机关管辖。法律、行政法规、部门规章另有规定的,从其规定。

第二十三条　【行政处罚的级别管辖和职能管辖】行政处罚由县级以上地方人民政府具有行政处罚权的行政机关管辖。法律、行政法规另有规定的,从其规定。

第二十四条　【下放行政处罚权的条件与情形】省、自治区、直辖市根据当地实际情况,可以决定将基层管理迫切需要的县级人民政府部门的行政处罚权交由能够有效承接的乡镇人民政府、街道办事处行使,并定期组织评估。决定应当公布。

承接行政处罚权的乡镇人民政府、街道办事处应当加强执法能力建设,按照规定范围、依照法定程序实施行政处罚。

有关地方人民政府及其部门应当加强组织协调、业务指导、执法监督，建立健全行政处罚协调配合机制，完善评议、考核制度。

第二十五条　【行政处罚的管辖归属】两个以上行政机关都有管辖权的，由最先立案的行政机关管辖。

对管辖发生争议的，应当协商解决，协商不成的，报请共同的上一级行政机关指定管辖；也可以直接由共同的上一级行政机关指定管辖。

第二十六条　【行政处罚的协助实施请求权】行政机关因实施行政处罚的需要，可以向有关机关提出协助请求。协助事项属于被请求机关职权范围内的，应当依法予以协助。

第二十七条　【行政处罚案件的移送管辖】违法行为涉嫌犯罪的，行政机关应当及时将案件移送司法机关，依法追究刑事责任。对依法不需要追究刑事责任或者免予刑事处罚，但应当给予行政处罚的，司法机关应当及时将案件移送有关行政机关。

行政处罚实施机关与司法机关之间应当加强协调配合，建立健全案件移送制度，加强证据材料移交、接收衔接，完善案件处理信息通报机制。

第二十八条　【责令改正与没收违法所得】行政机关实施行政处罚时，应当责令当事人改正或者限期改正违法行为。

当事人有违法所得，除依法应当退赔的外，应当予以没收。违法所得是指实施违法行为所取得的款项。法律、行政法规、部门规章对违法所得的计算另有规定的，从其规定。

第二十九条　【一事不再罚】对当事人的同一个违法行为，不得给予两次以上罚款的行政处罚。同一个违法行为违反多个法律规范应当给予罚款处罚的，按照罚款数额高的规定处罚。

第三十条　【未成年人的行政处罚】不满十四周岁的未成年人有违法行为的，不予行政处罚，责令监护人加以管教；已满十四周岁不满十八周岁的未成年人有违法行为的，应当从轻或者减轻行政处罚。

第三十一条　【精神状况异常及智力低下的人的行政处罚】精神病人、智力残疾人在不能辨认或者不能控制自己行为时有违法行为的，不予行政处罚，但应当责令其监护人严加看管和治疗。间歇性精神病人在精神正常时有违法行为的，应当给予行政处罚。尚未完全丧失辨认或者控制自己行为能力的精神病人、智力残疾人有违法行为的，可以从轻或者减轻行政处罚。

第三十二条　【从轻或者减轻行政处罚】当事人有下列情形之一，应当从轻或者减轻行政处罚：

（一）主动消除或者减轻违法行为危害后果的；

（二）受他人胁迫或者诱骗实施违法行为的；

（三）主动供述行政机关尚未掌握的违法行为的；

（四）配合行政机关查处违法行为有立功表现的；

（五）法律、法规、规章规定其他应当从轻或者减轻行政处罚的。

第三十三条　【免予处罚】违法行为轻微并及时改正，没有造成危害后果的，不予行政处罚。初次违法且危害后果轻微并及时改正的，可以不予行政处罚。

当事人有证据足以证明没有主观过错的，不予行政处罚。法律、行政法规另有规定的，从其规定。

对当事人的违法行为依法不予行政处罚的，行政机关应当对当事人进行教育。

第三十四条　【裁量基准的制定】行政机关可以依法制定行政处罚裁量基准，规范行使行政处罚裁量权。行政处罚裁量基准应当向社会公布。

第三十五条　【刑罚的折抵】违法行为构成犯罪，人民法院判处拘役或者有期徒刑时，行政机关已经给予当事人行政拘留的，应当依法折抵相应刑期。

违法行为构成犯罪，人民法院判处罚金时，行政机关已经给予当事人罚款的，应当折抵相应罚金；行政机关尚未给予当事人罚款的，不再给予罚款。

第三十六条　【行政处罚追责时效】违法行为在二年内未被发现的，不再给予行政处罚；涉及公民生命健康安全、金融安全且有危害后果的，上述期限延长至五年。法律另有规定的除外。

前款规定的期限，从违法行为发生之日起计算；违法行为有连续或者继续状态的，从行为终了之日起计算。

第三十七条　【从旧兼从轻原则】实施行政处罚，适用违法行为发生时的法律、法规、规章的规定。但是，作出行政处罚决定时，法律、法规、规章已被修改或者废止，且新的规定处罚较轻或者不认为是违法的，适用新的规定。

第三十八条　【无效的行政处罚】行政处罚没有依据或者实施主体不具有行政主体资格的，行政处罚无效。

违反法定程序构成重大且明显违法的，行政处罚无效。

第五章　行政处罚的决定

第一节　一般规定

第三十九条　【行政处罚公示制度】行政处罚的实施机

关、立案依据、实施程序和救济渠道等信息应当公示。

第四十条 【行政处罚的前提条件】公民、法人或者其他组织违反行政管理秩序的行为，依法应当给予行政处罚的，行政机关必须查明事实；违法事实不清、证据不足的，不得给予行政处罚。

第四十一条 【电子监控设备的配置程序、内容审核、权利告知】行政机关依照法律、行政法规规定利用电子技术监控设备收集、固定违法事实的，应当经过法制和技术审核，确保电子技术监控设备符合标准、设置合理、标志明显，设置地点应当向社会公布。

电子技术监控设备记录违法事实应当真实、清晰、完整、准确。行政机关应当审核记录内容是否符合要求；未经审核或者经审核不符合要求的，不得作为行政处罚的证据。

行政机关应当及时告知当事人违法事实，并采取信息化手段或者其他措施，为当事人查询、陈述和申辩提供便利。不得限制或者变相限制当事人享有的陈述权、申辩权。

第四十二条 【对行政执法人员的执法要求】行政处罚应当由具有行政执法资格的执法人员实施。执法人员不得少于两人，法律另有规定的除外。

执法人员应当文明执法，尊重和保护当事人合法权益。

第四十三条 【行政执法人员回避制度】执法人员与案件有直接利害关系或者有其他关系可能影响公正执法的，应当回避。

当事人认为执法人员与案件有直接利害关系或者有其他关系可能影响公正执法的，有权申请回避。

当事人提出回避申请的，行政机关应当依法审查，由行政机关负责人决定。决定作出之前，不停止调查。

第四十四条 【行政机关的告知义务】行政机关在作出行政处罚决定之前，应当告知当事人拟作出的行政处罚内容及事实、理由、依据，并告知当事人依法享有的陈述、申辩、要求听证等权利。

第四十五条 【当事人的陈述权和申辩权】当事人有权进行陈述和申辩。行政机关必须充分听取当事人的意见，对当事人提出的事实、理由和证据，应当进行复核；当事人提出的事实、理由或者证据成立的，行政机关应当采纳。

行政机关不得因当事人陈述、申辩而给予更重的处罚。

第四十六条 【证据的种类及适用规则】证据包括：

（一）书证；

（二）物证；

（三）视听资料；

（四）电子数据；

（五）证人证言；

（六）当事人的陈述；

（七）鉴定意见；

（八）勘验笔录、现场笔录。

证据必须经查证属实，方可作为认定案件事实的根据。

以非法手段取得的证据，不得作为认定案件事实的根据。

第四十七条 【行政执法全过程记录制度】行政机关应当依法以文字、音像等形式，对行政处罚的启动、调查取证、审核、决定、送达、执行等进行全过程记录，归档保存。

第四十八条 【行政处罚决定信息公开】具有一定社会影响的行政处罚决定应当依法公开。

公开的行政处罚决定被依法变更、撤销、确认违法或者确认无效的，行政机关应当在三日内撤回行政处罚决定信息并公开说明理由。

第四十九条 【重大突发事件从快处理、从重处罚】发生重大传染病疫情等突发事件，为了控制、减轻和消除突发事件引起的社会危害，行政机关对违反突发事件应对措施的行为，依法快速、从重处罚。

第五十条 【保护国家秘密、商业秘密或者个人隐私义务】行政机关及其工作人员对实施行政处罚过程中知悉的国家秘密、商业秘密或者个人隐私，应当依法予以保密。

第二节 简易程序

第五十一条 【行政机关当场处罚】违法事实确凿并有法定依据，对公民处以二百元以下、对法人或者其他组织处以三千元以下罚款或者警告的行政处罚的，可以当场作出行政处罚决定。法律另有规定的，从其规定。

第五十二条 【行政机关当场处罚需履行法定手续】执法人员当场作出行政处罚决定的，应当向当事人出示执法证件，填写预定格式、编有号码的行政处罚决定书，并当场交付当事人。当事人拒绝签收的，应当在行政处罚决定书上注明。

前款规定的行政处罚决定书应当载明当事人的违法行为，行政处罚的种类和依据、罚款数额、时间、地点，申请行政复议、提起行政诉讼的途径和期限以及行政机关名称，并由执法人员签名或者盖章。

执法人员当场作出的行政处罚决定，应当报所属行政机关备案。

第五十三条 【行政机关当场处罚履行方式】对当场作出的行政处罚决定,当事人应当依照本法第六十七条至第六十九条的规定履行。

第三节 普通程序

第五十四条 【处罚前调查取证程序】除本法第五十一条规定的可以当场作出的行政处罚外,行政机关发现公民、法人或者其他组织有依法应当给予行政处罚的行为的,必须全面、客观、公正地调查,收集有关证据;必要时,依照法律、法规的规定,可以进行检查。

符合立案标准的,行政机关应当及时立案。

第五十五条 【执法人员调查中应出示证件及调查对象配合义务】执法人员在调查或者进行检查时,应当主动向当事人或者有关人员出示执法证件。当事人或者有关人员有权要求执法人员出示执法证件。执法人员不出示执法证件的,当事人或者有关人员有权拒绝接受调查或者检查。

当事人或者有关人员应当如实回答询问,并协助调查或者检查,不得拒绝或者阻挠。询问或者检查应当制作笔录。

第五十六条 【取证方法和程序】行政机关在收集证据时,可以采取抽样取证的方法;在证据可能灭失或者以后难以取得的情况下,经行政机关负责人批准,可以先行登记保存,并应当在七日内及时作出处理决定,在此期间,当事人或者有关人员不得销毁或者转移证据。

第五十七条 【处罚决定】调查终结,行政机关负责人应当对调查结果进行审查,根据不同情况,分别作出如下决定:

(一)确有应受行政处罚的违法行为的,根据情节轻重及具体情况,作出行政处罚决定;

(二)违法行为轻微,依法可以不予行政处罚的,不予行政处罚;

(三)违法事实不能成立的,不予行政处罚;

(四)违法行为涉嫌犯罪的,移送司法机关。

对情节复杂或者重大违法行为给予行政处罚,行政机关负责人应当集体讨论决定。

第五十八条 【特定事项法制审核制度】有下列情形之一,在行政机关负责人作出行政处罚的决定之前,应当由从事行政处罚决定法制审核的人员进行法制审核;未经法制审核或者审核未通过的,不得作出决定:

(一)涉及重大公共利益的;

(二)直接关系当事人或者第三人重大权益,经过听证程序的;

(三)案件情况疑难复杂、涉及多个法律关系的;

(四)法律、法规规定应当进行法制审核的其他情形。

行政机关中初次从事行政处罚决定法制审核的人员,应当通过国家统一法律职业资格考试取得法律职业资格。

第五十九条 【行政处罚决定书的制作和内容】行政机关依照本法第五十七条的规定给予行政处罚,应当制作行政处罚决定书。行政处罚决定书应当载明下列事项:

(一)当事人的姓名或者名称、地址;

(二)违反法律、法规、规章的事实和证据;

(三)行政处罚的种类和依据;

(四)行政处罚的履行方式和期限;

(五)申请行政复议、提起行政诉讼的途径和期限;

(六)作出行政处罚决定的行政机关名称和作出决定的日期。

行政处罚决定书必须盖有作出行政处罚决定的行政机关的印章。

第六十条 【行政处罚期限】行政机关应当自行政处罚案件立案之日起九十日内作出行政处罚决定。法律、法规、规章另有规定的,从其规定。

第六十一条 【行政处罚决定书的送达】行政处罚决定书应当在宣告后当场交付当事人;当事人不在场的,行政机关应当在七日内依照《中华人民共和国民事诉讼法》的有关规定,将行政处罚决定书送达当事人。

当事人同意并签订确认书的,行政机关可以采用传真、电子邮件等方式,将行政处罚决定书等送达当事人。

第六十二条 【不得做出行政处罚决定的情形】行政机关及其执法人员在作出行政处罚决定之前,未依照本法第四十四条、第四十五条的规定向当事人告知拟作出的行政处罚内容及事实、理由、依据,或者拒绝听取当事人的陈述、申辩,不得作出行政处罚决定;当事人明确放弃陈述或者申辩权利的除外。

第四节 听证程序

第六十三条 【行政处罚听证程序的适用范围】行政机关拟作出下列行政处罚决定,应当告知当事人有要求听证的权利,当事人要求听证的,行政机关应当组织听证:

(一)较大数额罚款;

(二)没收较大数额违法所得、没收较大价值非法

财物;

(三)降低资质等级、吊销许可证件;

(四)责令停产停业、责令关闭、限制从业;

(五)其他较重的行政处罚;

(六)法律、法规、规章规定的其他情形。

当事人不承担行政机关组织听证的费用。

第六十四条 【行政处罚的听证程序】听证应当依照以下程序组织:

(一)当事人要求听证的,应当在行政机关告知后五日内提出;

(二)行政机关应当在举行听证的七日前,通知当事人及有关人员听证的时间、地点;

(三)除涉及国家秘密、商业秘密或者个人隐私依法予以保密外,听证公开举行;

(四)听证由行政机关指定的非本案调查人员主持;当事人认为主持人与本案有直接利害关系的,有权申请回避;

(五)当事人可以亲自参加听证,也可以委托一至二人代理;

(六)当事人及其代理人无正当理由拒不出席听证或者未经许可中途退出听证的,视为放弃听证权利,行政机关终止听证;

(七)举行听证时,调查人员提出当事人违法的事实、证据和行政处罚建议,当事人进行申辩和质证;

(八)听证应当制作笔录。笔录应当交当事人或者其代理人核对无误后签字或者盖章。当事人或者其代理人拒绝签字或者盖章的,由听证主持人在笔录中注明。

第六十五条 【听证笔录及处罚决定】听证结束后,行政机关应当根据听证笔录,依照本法第五十七条的规定,作出决定。

第六章 行政处罚的执行

第六十六条 【履行期限】行政处罚决定依法作出后,当事人应当在行政处罚决定书载明的期限内,予以履行。

当事人确有经济困难,需要延期或者分期缴纳罚款的,经当事人申请和行政机关批准,可以暂缓或者分期缴纳。

第六十七条 【罚缴分离原则】作出罚款决定的行政机关应当与收缴罚款的机构分离。

除依照本法第六十八条、第六十九条的规定当场收缴的罚款外,作出行政处罚决定的行政机关及其执法人员不得自行收缴罚款。

当事人应当自收到行政处罚决定书之日起十五日内,到指定的银行或者通过电子支付系统缴纳罚款。银行应当收受罚款,并将罚款直接上缴国库。

第六十八条 【当场收缴罚款情形】依照本法第五十一条的规定当场作出行政处罚决定,有下列情形之一,执法人员可以当场收缴罚款:

(一)依法给予一百元以下罚款的;

(二)不当场收缴事后难以执行的。

第六十九条 【边远地区当场收缴罚款】在边远、水上、交通不便地区,行政机关及其执法人员依照本法第五十一条、第五十七条的规定作出罚款决定后,当事人到指定的银行或者通过电子支付系统缴纳罚款确有困难,经当事人提出,行政机关及其执法人员可以当场收缴罚款。

第七十条 【罚款收据】行政机关及其执法人员当场收缴罚款的,必须向当事人出具国务院财政部门或者省、自治区、直辖市人民政府财政部门统一制发的专用票据;不出具财政部门统一制发的专用票据的,当事人有权拒绝缴纳罚款。

第七十一条 【当场收缴罚款的上缴程序】执法人员当场收缴的罚款,应当自收缴罚款之日起二日内,交至行政机关;在水上当场收缴的罚款,应当自抵岸之日起二日内交至行政机关;行政机关应当在二日内将罚款缴付指定的银行。

第七十二条 【执行措施】当事人逾期不履行行政处罚决定的,作出行政处罚决定的行政机关可以采取下列措施:

(一)到期不缴纳罚款的,每日按罚款数额的百分之三加处罚款,加处罚款的数额不得超出罚款的数额;

(二)根据法律规定,将查封、扣押的财物拍卖、依法处理或者将冻结的存款、汇款划拨抵缴罚款;

(三)根据法律规定,采取其他行政强制执行方式;

(四)依照《中华人民共和国行政强制法》的规定申请人民法院强制执行。

行政机关批准延期、分期缴纳罚款的,申请人民法院强制执行的期限,自暂缓或者分期缴纳罚款期限结束之日起计算。

第七十三条 【复议、诉讼期间行政处罚不停止执行】当事人对行政处罚决定不服,申请行政复议或者提起行政诉讼的,行政处罚不停止执行,法律另有规定的除外。

当事人对限制人身自由的行政处罚决定不服,申请行政复议或者提起行政诉讼的,可以向作出决定的机关提出暂缓执行申请。符合法律规定情形的,应当暂缓执行。

当事人申请行政复议或者提起行政诉讼的,加处罚款的数额在行政复议或者行政诉讼期间不予计算。

第七十四条 【罚没非法财物的处理】除依法应当予以销毁的物品外,依法没收的非法财物必须按照国家规定公开拍卖或者按照国家有关规定处理。

罚款、没收的违法所得或者没收非法财物拍卖的款项,必须全部上缴国库,任何行政机关或者个人不得以任何形式截留、私分或者变相私分。

罚款、没收的违法所得或者没收非法财物拍卖的款项,不得同作出行政处罚决定的行政机关及其工作人员的考核、考评直接或者变相挂钩。除依法应当退还、退赔的外,财政部门不得以任何形式向作出行政处罚决定的行政机关返还罚款、没收的违法所得或者没收非法财物拍卖的款项。

第七十五条 【行政处罚监督制度】行政机关应当建立健全对行政处罚的监督制度。县级以上人民政府应当定期组织开展行政执法评议、考核,加强对行政处罚的监督检查,规范和保障行政处罚的实施。

行政机关实施行政处罚应当接受社会监督。公民、法人或者其他组织对行政机关实施行政处罚的行为,有权申诉或者检举;行政机关应当认真审查,发现有错误的,应主动改正。

第七章　法律责任

第七十六条 【违反行政处罚实施人员的法律责任】行政机关实施行政处罚,有下列情形之一,由上级行政机关或者有关机关责令改正,对直接负责的主管人员和其他直接责任人员依法给予处分:

（一）没有法定的行政处罚依据的;
（二）擅自改变行政处罚种类、幅度的;
（三）违反法定的行政处罚程序的;
（四）违反本法第二十条关于委托处罚的规定的;
（五）执法人员未取得执法证件的。

行政机关对符合立案标准的案件不及时立案的,依照前款规定予以处理。

第七十七条 【违法使用单据的法律责任】行政机关对当事人进行处罚不使用罚款、没收财物单据或者使用非法定部门制发的罚款、没收财物单据的,当事人有权拒绝,并有权予以检举,由上级行政机关或者有关机关对使用的非法单据予以收缴销毁,对直接负责的主管人员和其他直接责任人员依法给予处分。

第七十八条 【违反罚缴分离的法律责任】行政机关违反本法第六十七条的规定自行收缴罚款的,财政部门违反本法第七十四条的规定向行政机关返还罚款、没收的违法所得或者拍卖款项的,由上级行政机关或者有关机关责令改正,对直接负责的主管人员和其他直接责任人员依法给予处分。

第七十九条 【截留私分罚没款的法律责任】行政机关截留、私分或者变相私分罚款、没收的违法所得或者财物的,由财政部门或者有关机关予以追缴,对直接负责的主管人员和其他直接责任人员依法给予处分;情节严重构成犯罪的,依法追究刑事责任。

执法人员利用职务上的便利,索取或者收受他人财物,将收缴罚款据为己有,构成犯罪的,依法追究刑事责任;情节轻微不构成犯罪的,依法给予处分。

第八十条 【使用、损毁查封、扣押财物的法律责任】行政机关使用或者损毁查封、扣押的财物,对当事人造成损失的,应当依法予以赔偿,对直接负责的主管人员和其他直接责任人员依法给予处分。

第八十一条 【违法行政检查和违法行政强制执行的法律责任】行政机关违法实施检查措施或者执行措施,给公民人身或者财产造成损害、给法人或者其他组织造成损失的,应当依法予以赔偿,对直接负责的主管人员和其他直接责任人员依法给予处分;情节严重构成犯罪的,依法追究刑事责任。

第八十二条 【以罚代刑的法律责任】行政机关对应当依法移交司法机关追究刑事责任的案件不移交,以行政处罚代替刑事处罚,由上级行政机关或者有关机关责令改正,对直接负责的主管人员和其他直接责任人员依法给予处分;情节严重构成犯罪的,依法追究刑事责任。

第八十三条 【执法人员不作为致损应担责】行政机关对应当予以制止和处罚的违法行为不予制止、处罚,致使公民、法人或者其他组织的合法权益、公共利益和社会秩序遭受损害的,对直接负责的主管人员和其他直接责任人员依法给予处分;情节严重构成犯罪的,依法追究刑事责任。

第八章　附　　则

第八十四条 【法的对象效力范围】外国人、无国籍人、外国组织在中华人民共和国领域内有违法行为,应当给予行政处罚的,适用本法,法律另有规定的除外。

第八十五条 【期限】本法中"二日""三日""五日""七日"的规定是指工作日,不含法定节假日。

第八十六条 【施行日期】本法自2021年7月15日起施行。

中华人民共和国行政强制法

1. 2011年6月30日第十一届全国人民代表大会常务委员会第二十一次会议通过
2. 2011年6月30日中华人民共和国主席令第49号公布
3. 自2012年1月1日起施行

目　　录

第一章　总　　则
第二章　行政强制的种类和设定
第三章　行政强制措施实施程序
　第一节　一般规定
　第二节　查封、扣押
　第三节　冻　　结
第四章　行政机关强制执行程序
　第一节　一般规定
　第二节　金钱给付义务的执行
　第三节　代履行
第五章　申请人民法院强制执行
第六章　法律责任
第七章　附　　则

第一章　总　　则

第一条　【立法目的】为了规范行政强制的设定和实施,保障和监督行政机关依法履行职责,维护公共利益和社会秩序,保护公民、法人和其他组织的合法权益,根据宪法,制定本法。

第二条　【行政强制】本法所称行政强制,包括行政强制措施和行政强制执行。

行政强制措施,是指行政机关在行政管理过程中,为制止违法行为、防止证据损毁、避免危害发生、控制危险扩大等情形,依法对公民的人身自由实施暂时性限制,或者对公民、法人或者其他组织的财物实施暂时性控制的行为。

行政强制执行,是指行政机关或者行政机关申请人民法院,对不履行行政决定的公民、法人或者其他组织,依法强制履行义务的行为。

第三条　【适用范围】行政强制的设定和实施,适用本法。

发生或者即将发生自然灾害、事故灾难、公共卫生事件或者社会安全事件等突发事件,行政机关采取应急措施或者临时措施,依照有关法律、行政法规的规定执行。

行政机关采取金融业审慎监管措施、进出境货物强制性技术监控措施,依照有关法律、行政法规的规定执行。

第四条　【合法性原则】行政强制的设定和实施,应当依照法定的权限、范围、条件和程序。

第五条　【适当性原则】行政强制的设定和实施,应当适当。采用非强制手段可以达到行政管理目的的,不得设定和实施行政强制。

第六条　【教育与强制相结合原则】实施行政强制,应当坚持教育与强制相结合。

第七条　【不得利用行政强制权谋取利益】行政机关及其工作人员不得利用行政强制权为单位或者个人谋取利益。

第八条　【正当程序和权利救济】公民、法人或者其他组织对行政机关实施行政强制,享有陈述权、申辩权;有权依法申请行政复议或者提起行政诉讼;因行政机关违法实施行政强制受到损害的,有权依法要求赔偿。

公民、法人或者其他组织因人民法院在强制执行中有违法行为或者扩大强制执行范围受到损害的,有权依法要求赔偿。

第二章　行政强制的种类和设定

第九条　【行政强制措施的种类】行政强制措施的种类:
　(一)限制公民人身自由;
　(二)查封场所、设施或者财物;
　(三)扣押财物;
　(四)冻结存款、汇款;
　(五)其他行政强制措施。

第十条　【行政强制措施的设定权】行政强制措施由法律设定。

尚未制定法律,且属于国务院行政管理职权事项的,行政法规可以设定除本法第九条第一项、第四项和应当由法律规定的行政强制措施以外的其他行政强制措施。

尚未制定法律、行政法规,且属于地方性事务的,地方性法规可以设定本法第九条第二项、第三项的行政强制措施。

法律、法规以外的其他规范性文件不得设定行政强制措施。

第十一条　【行政法规、地方性法规的规定权】法律对行政强制措施的对象、条件、种类作了规定的,行政法规、地方性法规不得作出扩大规定。

法律中未设定行政强制措施的,行政法规、地方性法规不得设定行政强制措施。但是，法律规定特定事项由行政法规规定具体管理措施的，行政法规可以设定除本法第九条第一项、第四项和应当由法律规定的行政强制措施以外的其他行政强制措施。

第十二条 【行政强制执行的方式】行政强制执行的方式：

（一）加处罚款或者滞纳金；

（二）划拨存款、汇款；

（三）拍卖或者依法处理查封、扣押的场所、设施或者财物；

（四）排除妨碍、恢复原状；

（五）代履行；

（六）其他强制执行方式。

第十三条 【行政强制执行的设定权】行政强制执行由法律设定。

法律没有规定行政机关强制执行的，作出行政决定的行政机关应当申请人民法院强制执行。

第十四条 【设定行政强制应听取意见和说明必要性】起草法律草案、法规草案，拟设定行政强制的，起草单位应当采取听证会、论证会等形式听取意见，并向制定机关说明设定该行政强制的必要性、可能产生的影响以及听取和采纳意见的情况。

第十五条 【已设定行政强制的评价】行政强制的设定机关应当定期对其设定的行政强制进行评价，并对不适当的行政强制及时予以修改或者废止。

行政强制的实施机关可以对已设定的行政强制的实施情况及存在的必要性适时进行评价，并将意见报告该行政强制的设定机关。

公民、法人或者其他组织可以向行政强制的设定机关和实施机关就行政强制的设定和实施提出意见和建议。有关机关应当认真研究论证，并以适当方式予以反馈。

第三章 行政强制措施实施程序

第一节 一般规定

第十六条 【实施行政强制措施的条件】行政机关履行行政管理职责，依照法律、法规的规定，实施行政强制措施。

违法行为情节显著轻微或者没有明显社会危害的，可以不采取行政强制措施。

第十七条 【实施主体】行政强制措施由法律、法规规定的行政机关在法定职权范围内实施。行政强制措施权不得委托。

依据《中华人民共和国行政处罚法》的规定行使相对集中行政处罚权的行政机关，可以实施法律规定的与行政处罚权有关的行政强制措施。

行政强制措施应当由行政机关具备资格的行政执法人员实施，其他人员不得实施。

第十八条 【一般实施程序】行政机关实施行政强制措施应当遵守下列规定：

（一）实施前须向行政机关负责人报告并经批准；

（二）由两名以上行政执法人员实施；

（三）出示执法身份证件；

（四）通知当事人到场；

（五）当场告知当事人采取行政强制措施的理由、依据以及当事人依法享有的权利、救济途径；

（六）听取当事人的陈述和申辩；

（七）制作现场笔录；

（八）现场笔录由当事人和行政执法人员签名或者盖章，当事人拒绝的，在笔录中予以注明；

（九）当事人不到场的，邀请见证人到场，由见证人和行政执法人员在现场笔录上签名或者盖章；

（十）法律、法规规定的其他程序。

第十九条 【即时强制】情况紧急，需要当场实施行政强制措施的，行政执法人员应当在二十四小时内向行政机关负责人报告，并补办批准手续。行政机关负责人认为不应当采取行政强制措施的，应当立即解除。

第二十条 【限制人身自由的程序】依照法律规定实施限制公民人身自由的行政强制措施，除应当履行本法第十八条规定的程序外，还应当遵守下列规定：

（一）当场告知或者实施行政强制措施后立即通知当事人家属实施行政强制措施的行政机关、地点和期限；

（二）在紧急情况下当场实施行政强制措施的，在返回行政机关后，立即向行政机关负责人报告并补办批准手续；

（三）法律规定的其他程序。

实施限制人身自由的行政强制措施不得超过法定期限。实施行政强制措施的目的已经达到或者条件已经消失，应当立即解除。

第二十一条 【涉嫌犯罪应当移送司法机关】违法行为涉嫌犯罪应当移送司法机关的，行政机关应当将查封、扣押、冻结的财物一并移送，并书面告知当事人。

第二节 查封、扣押

第二十二条 【查封、扣押的实施主体】查封、扣押应当由法律、法规规定的行政机关实施，其他任何行政机关或者组织不得实施。

第二十三条 【查封、扣押的对象】查封、扣押限于涉案的场所、设施或者财物,不得查封、扣押与违法行为无关的场所、设施或者财物;不得查封、扣押公民个人及其所扶养家属的生活必需品。

当事人的场所、设施或者财物已被其他国家机关依法查封的,不得重复查封。

第二十四条 【查封、扣押实施程序】行政机关决定实施查封、扣押的,应当履行本法第十八条规定的程序,制作并当场交付查封、扣押决定书和清单。

查封、扣押决定书应当载明下列事项:

(一)当事人的姓名或者名称、地址;

(二)查封、扣押的理由、依据和期限;

(三)查封、扣押场所、设施或者财物的名称、数量等;

(四)申请行政复议或者提起行政诉讼的途径和期限;

(五)行政机关的名称、印章和日期。

查封、扣押清单一式二份,由当事人和行政机关分别保存。

第二十五条 【查封、扣押的期限和检测费用的承担】查封、扣押的期限不得超过三十日;情况复杂的,经行政机关负责人批准,可以延长,但是延长期限不得超过三十日。法律、行政法规另有规定的除外。

延长查封、扣押的决定应当及时书面告知当事人,并说明理由。

对物品需要进行检测、检验、检疫或者技术鉴定的,查封、扣押的期间不包括检测、检验、检疫或者技术鉴定的期间。检测、检验、检疫或者技术鉴定的期间应当明确,并书面告知当事人。检测、检验、检疫或者技术鉴定的费用由行政机关承担。

第二十六条 【查封、扣押财物的保管】对查封、扣押的场所、设施或者财物,行政机关应当妥善保管,不得使用或者损毁;造成损失的,应当承担赔偿责任。

对查封的场所、设施或者财物,行政机关可以委托第三人保管,第三人不得损毁或者擅自转移、处置。因第三人的原因造成的损失,行政机关先行赔付后,有权向第三人追偿。

因查封、扣押发生的保管费用由行政机关承担。

第二十七条 【查封、扣押财物的处理】行政机关采取查封、扣押措施后,应当及时查清事实,在本法第二十五条规定的期限内作出处理决定。对违法事实清楚,依法应当没收的非法财物予以没收;法律、行政法规规定应当销毁的,依法销毁;应当解除查封、扣押的,作出解除查封、扣押的决定。

第二十八条 【查封、扣押的解除】有下列情形之一的,行政机关应当及时作出解除查封、扣押决定:

(一)当事人没有违法行为;

(二)查封、扣押的场所、设施或者财物与违法行为无关;

(三)行政机关对违法行为已经作出处理决定,不再需要查封、扣押;

(四)查封、扣押期限已经届满;

(五)其他不再需要采取查封、扣押措施的情形。

解除查封、扣押应当立即退还财物;已将鲜活物品或者其他不易保管的财物拍卖或者变卖的,退还拍卖或者变卖所得款项。变卖价格明显低于市场价格,给当事人造成损失的,应当给予补偿。

第三节 冻 结

第二十九条 【冻结的实施主体与数额】冻结存款、汇款应当由法律规定的行政机关实施,不得委托给其他行政机关或者组织;其他任何行政机关或者组织不得冻结存款、汇款。

冻结存款、汇款的数额应当与违法行为涉及的金额相当;已被其他国家机关依法冻结的,不得重复冻结。

第三十条 【冻结的程序】行政机关依照法律规定决定实施冻结存款、汇款的,应当履行本法第十八条第一项、第二项、第三项、第七项规定的程序,并向金融机构交付冻结通知书。

金融机构接到行政机关依法作出的冻结通知书后,应当立即予以冻结,不得拖延,不得在冻结前向当事人泄露信息。

法律规定以外的行政机关或者组织要求冻结当事人存款、汇款的,金融机构应当拒绝。

第三十一条 【冻结决定书的内容和交付期限】依照法律规定冻结存款、汇款的,作出决定的行政机关应当在三日内向当事人交付冻结决定书。冻结决定书应当载明下列事项:

(一)当事人的姓名或者名称、地址;

(二)冻结的理由、依据和期限;

(三)冻结的账号和数额;

(四)申请行政复议或者提起行政诉讼的途径和期限;

(五)行政机关的名称、印章和日期。

第三十二条 【冻结的期限与延长】自冻结存款、汇款之日起三十日内,行政机关应当作出处理决定或者作出解除冻结决定;情况复杂的,经行政机关负责人批准,可以延长,但是延长期限不得超过三十日。法律另有规定的除外。

延长冻结的决定应当及时书面告知当事人,并说明理由。

第三十三条　【冻结的解除】有下列情形之一的,行政机关应当及时作出解除冻结决定:

(一)当事人没有违法行为;

(二)冻结的存款、汇款与违法行为无关;

(三)行政机关对违法行为已经作出处理决定,不再需要冻结;

(四)冻结期限已经届满;

(五)其他不再需要采取冻结措施的情形。

行政机关作出解除冻结决定的,应当及时通知金融机构和当事人。金融机构接到通知后,应当立即解除冻结。

行政机关逾期未作出处理决定或者解除冻结决定的,金融机构应当自冻结期满之日起解除冻结。

第四章　行政机关强制执行程序
第一节　一般规定

第三十四条　【行政机关强制执行】行政机关依法作出行政决定后,当事人在行政机关决定的期限内不履行义务的,具有行政强制执行权的行政机关依照本章规定强制执行。

第三十五条　【催告程序】行政机关作出强制执行决定前,应当事先催告当事人履行义务。催告应当以书面形式作出,并载明下列事项:

(一)履行义务的期限;

(二)履行义务的方式;

(三)涉及金钱给付的,应当有明确的金额和给付方式;

(四)当事人依法享有的陈述权和申辩权。

第三十六条　【当事人的陈述权、申辩权】当事人收到催告书后有权进行陈述和申辩。行政机关应当充分听取当事人的意见,对当事人提出的事实、理由和证据,应当进行记录、复核。当事人提出的事实、理由或者证据成立的,行政机关应当采纳。

第三十七条　【强制执行决定书】经催告,当事人逾期仍不履行行政决定,且无正当理由的,行政机关可以作出强制执行决定。

强制执行决定应当以书面形式作出,并载明下列事项:

(一)当事人的姓名或者名称、地址;

(二)强制执行的理由和依据;

(三)强制执行的方式和时间;

(四)申请行政复议或者提起行政诉讼的途径和期限;

(五)行政机关的名称、印章和日期。

在催告期间,对有证据证明有转移或者隐匿财物迹象的,行政机关可以作出立即强制执行决定。

第三十八条　【催告书、强制执行决定书的送达】催告书、行政强制执行决定书应当直接送达当事人。当事人拒绝接收或者无法直接送达当事人的,应当依照《中华人民共和国民事诉讼法》的有关规定送达。

第三十九条　【中止执行】有下列情形之一的,中止执行:

(一)当事人履行行政决定确有困难或者暂无履行能力的;

(二)第三人对执行标的主张权利,确有理由的;

(三)执行可能造成难以弥补的损失,且中止执行不损害公共利益的;

(四)行政机关认为需要中止执行的其他情形。

中止执行的情形消失后,行政机关应当恢复执行。对没有明显社会危害,当事人确无能力履行,中止执行满三年未恢复执行的,行政机关不再执行。

第四十条　【终结执行】有下列情形之一的,终结执行:

(一)公民死亡,无遗产可供执行,又无义务承受人的;

(二)法人或者其他组织终止,无财产可供执行,又无义务承受人的;

(三)执行标的灭失的;

(四)据以执行的行政决定被撤销的;

(五)行政机关认为需要终结执行的其他情形。

第四十一条　【执行回转】在执行中或者执行完毕后,据以执行的行政决定被撤销、变更,或者执行错误的,应当恢复原状或者退还财物;不能恢复原状或者退还财物的,依法给予赔偿。

第四十二条　【执行和解】实施行政强制执行,行政机关可以在不损害公共利益和他人合法权益的情况下,与当事人达成执行协议。执行协议可以约定分阶段履行;当事人采取补救措施的,可以减免加处的罚款或者滞纳金。

执行协议应当履行。当事人不履行执行协议的,行政机关应当恢复强制执行。

第四十三条 【文明执法】行政机关不得在夜间或者法定节假日实施行政强制执行。但是,情况紧急的除外。

行政机关不得对居民生活采取停止供水、供电、供热、供燃气等方式迫使当事人履行相关行政决定。

第四十四条 【违法建筑物、构筑物、设施强制的拆除】对违法的建筑物、构筑物、设施等需要强制拆除的,应当由行政机关予以公告,限期当事人自行拆除。当事人在法定期限内不申请行政复议或者提起行政诉讼,又不拆除的,行政机关可以依法强制拆除。

第二节 金钱给付义务的执行

第四十五条 【加处罚款或者滞纳金】行政机关依法作出金钱给付义务的行政决定,当事人逾期不履行的,行政机关可以依法加处罚款或者滞纳金。加处罚款或者滞纳金的标准应当告知当事人。

加处罚款或者滞纳金的数额不得超出金钱给付义务的数额。

第四十六条 【金钱给付义务的直接强制执行】行政机关依照本法第四十五条规定实施加处罚款或者滞纳金超过三十日,经催告当事人仍不履行的,具有行政强制执行权的行政机关可以强制执行。

行政机关实施强制执行前,需要采取查封、扣押、冻结措施的,依照本法第三章规定办理。

没有行政强制执行权的行政机关应当申请人民法院强制执行。但是,当事人在法定期限内不申请行政复议或者提起行政诉讼,经催告仍不履行的,在实施行政管理过程中已经采取查封、扣押措施的行政机关可以将查封、扣押的财物依法拍卖抵缴罚款。

第四十七条 【划拨存款、汇款】划拨存款、汇款应当由法律规定的行政机关决定,并书面通知金融机构。金融机构接到行政机关依法作出划拨存款、汇款的决定后,应当立即划拨。

法律规定以外的行政机关或者组织要求划拨当事人存款、汇款的,金融机构应当拒绝。

第四十八条 【委托拍卖】依法拍卖财物,由行政机关委托拍卖机构依照《中华人民共和国拍卖法》的规定办理。

第四十九条 【划拨存款、汇款的上缴】划拨的存款、汇款以及拍卖和依法处理所得的款项应当上缴国库或者划入财政专户。任何行政机关或者个人不得以任何形式截留、私分或者变相私分。

第三节 代履行

第五十条 【代履行】行政机关依法作出要求当事人履行排除妨碍、恢复原状等义务的行政决定,当事人逾期不履行,经催告仍不履行,其后果已经或者将危害交通安全、造成环境污染或者破坏自然资源的,行政机关可以代履行,或者委托没有利害关系的第三人代履行。

第五十一条 【代履行的实施程序、费用】代履行应当遵守下列规定:

(一)代履行前送达决定书,代履行决定书应当载明当事人的姓名或者名称、地址,代履行的理由和依据、方式和时间、标的、费用预算以及代履行人;

(二)代履行三日前,催告当事人履行,当事人履行的,停止代履行;

(三)代履行时,作出决定的行政机关应当派员到场监督;

(四)代履行完毕,行政机关到场监督的工作人员、代履行人和当事人或者见证人应当在执行文书上签名或者盖章。

代履行的费用按照成本合理确定,由当事人承担。但是,法律另有规定的除外。

代履行不得采取暴力、胁迫以及其他非法方式。

第五十二条 【立即代履行】需要立即清除道路、河道、航道或者公共场所的遗洒物、障碍物或者污染物,当事人不能清除的,行政机关可以决定立即实施代履行;当事人不在场的,行政机关应当在事后立即通知当事人,并依法作出处理。

第五章 申请人民法院强制执行

第五十三条 【申请法院强制执行】当事人在法定期限内不申请行政复议或者提起行政诉讼,又不履行行政决定的,没有行政强制执行权的行政机关可以自期限届满之日起三个月内,依照本章规定申请人民法院强制执行。

第五十四条 【催告与执行管辖】行政机关申请人民法院强制执行前,应当催告当事人履行义务。催告书送达十日后当事人仍未履行义务的,行政机关可以向所在地有管辖权的人民法院申请强制执行;执行对象是不动产的,向不动产所在地有管辖权的人民法院申请强制执行。

第五十五条 【申请强制执行提供的材料】行政机关向人民法院申请强制执行,应当提供下列材料:

(一)强制执行申请书;

(二)行政决定书及作出决定的事实、理由和依据;

(三)当事人的意见及行政机关催告情况;

(四)申请强制执行标的情况;

（五）法律、行政法规规定的其他材料。

强制执行申请书应当由行政机关负责人签名，加盖行政机关的印章，并注明日期。

第五十六条　【申请的受理】人民法院接到行政机关强制执行的申请，应当在五日内受理。

行政机关对人民法院不予受理的裁定有异议的，可以在十五日内向上一级人民法院申请复议，上一级人民法院应当自收到复议申请之日起十五日内作出是否受理的裁定。

第五十七条　【申请的书面审查】人民法院对行政机关强制执行的申请进行书面审查，对符合本法第五十五条规定，且行政决定具备法定执行效力的，除本法第五十八条规定的情形外，人民法院应当自受理之日起七日内作出执行裁定。

第五十八条　【申请的违法审查】人民法院发现有下列情形之一的，在作出裁定前可以听取被执行人和行政机关的意见：

（一）明显缺乏事实根据的；

（二）明显缺乏法律、法规依据的；

（三）其他明显违法并损害被执行人合法权益的。

人民法院应当自受理之日起三十日内作出是否执行的裁定。裁定不予执行的，应当说明理由，并在五日内将不予执行的裁定送达行政机关。

行政机关对人民法院不予执行的裁定有异议的，可以自收到裁定之日起十五日内向上一级人民法院申请复议，上一级人民法院应当自收到复议申请之日起三十日内作出是否执行的裁定。

第五十九条　【申请法院立即执行】因情况紧急，为保障公共安全，行政机关可以申请人民法院立即执行。经人民法院院长批准，人民法院应当自作出执行裁定之日起五日内执行。

第六十条　【执行费用】行政机关申请人民法院强制执行，不缴纳申请费。强制执行的费用由被执行人承担。

人民法院以划拨、拍卖方式强制执行的，可以在划拨、拍卖后将强制执行的费用扣除。

依法拍卖财物，由人民法院委托拍卖机构依照《中华人民共和国拍卖法》的规定办理。

划拨的存款、汇款以及拍卖和依法处理所得的款项应当上缴国库或者划入财政专户，不得以任何形式截留、私分或者变相私分。

第六章　法律责任

第六十一条　【违法实施行政强制的法律责任】行政机关实施行政强制，有下列情形之一的，由上级行政机关或者有关部门责令改正，对直接负责的主管人员和其他直接责任人员依法给予处分：

（一）没有法律、法规依据的；

（二）改变行政强制对象、条件、方式的；

（三）违反法定程序实施行政强制的；

（四）违反本法规定，在夜间或者法定节假日实施行政强制执行的；

（五）对居民生活采取停止供水、供电、供热、供燃气等方式迫使当事人履行相关行政决定的；

（六）有其他违法实施行政强制情形的。

第六十二条　【违法实施查封、扣押、冻结的法律责任】违反本法规定，行政机关有下列情形之一的，由上级行政机关或者有关部门责令改正，对直接负责的主管人员和其他直接责任人员依法给予处分：

（一）扩大查封、扣押、冻结范围的；

（二）使用或者损毁查封、扣押场所、设施或者财物的；

（三）在查封、扣押法定期间不作出处理决定或者未依法及时解除查封、扣押的；

（四）在冻结存款、汇款法定期间不作出处理决定或者未依法及时解除冻结的。

第六十三条　【截留、私分或变相私分和据为己有的法律责任】行政机关将查封、扣押的财物或者划拨的存款、汇款以及拍卖和依法处理所得的款项，截留、私分或者变相私分的，由财政部门或者有关部门予以追缴；对直接负责的主管人员和其他直接责任人员依法给予记大过、降级、撤职或者开除的处分。

行政机关工作人员利用职务上的便利，将查封、扣押的场所、设施或者财物据为己有的，由上级行政机关或者有关部门责令改正，依法给予记大过、降级、撤职或者开除的处分。

第六十四条　【利用行政强制权为单位或者个人谋取利益的法律责任】行政机关及其工作人员利用行政强制权为单位或者个人谋取利益的，由上级行政机关或者有关部门责令改正，对直接负责的主管人员和其他直接责任人员依法给予处分。

第六十五条　【金融机构违法冻结、划拨的法律责任】违反本法规定，金融机构有下列行为之一的，由金融业监督管理机构责令改正，对直接负责的主管人员和其他直接责任人员依法给予处分：

（一）在冻结前向当事人泄露信息的；

（二）对应当立即冻结、划拨的存款、汇款不冻结

或者不划拨,致使存款、汇款转移的;

(三)将不应当冻结、划拨的存款、汇款予以冻结或者划拨的;

(四)未及时解除冻结存款、汇款的。

第六十六条　【款项未划入规定账户的法律责任】违反本法规定,金融机构将款项划入国库或者财政专户以外的其他账户的,由金融业监督管理机构责令改正,并处以违法划拨款项二倍的罚款;对直接负责的主管人员和其他直接责任人员依法给予处分。

违反本法规定,行政机关、人民法院指令金融机构将款项划入国库或者财政专户以外的其他账户的,对直接负责的主管人员和其他直接责任人员依法给予处分。

第六十七条　【人民法院违法执行的法律责任】人民法院及其工作人员在强制执行中有违法行为或者扩大强制执行范围的,对直接负责的主管人员和其他直接责任人员依法给予处分。

第六十八条　【赔偿责任和刑事责任】违反本法规定,给公民、法人或者其他组织造成损失的,依法给予赔偿。

违反本法规定,构成犯罪的,依法追究刑事责任。

第七章　附　则

第六十九条　【期限的计算】本法中十日以内期限的规定是指工作日,不含法定节假日。

第七十条　【法律、行政法规授权的具有管理公共事务职能的组织的主体资格】法律、行政法规授权的具有管理公共事务职能的组织在法定授权范围内,以自己的名义实施行政强制,适用本法有关行政机关的规定。

第七十一条　【施行日期】本法自2012年1月1日起施行。

中华人民共和国刑法(节录)

1. 1979年7月1日第五届全国人民代表大会第二次会议通过
2. 1997年3月14日第八届全国人民代表大会第五次会议修订
3. 根据1998年12月29日第九届全国人民代表大会常务委员会第六次会议通过的《关于惩治骗购外汇、逃汇和非法买卖外汇犯罪的决定》、1999年12月25日第九届全国人民代表大会常务委员会第十三次会议通过的《中华人民共和国刑法修正案》、2001年8月31日第九届全国人民代表大会常务委员会第二十三次会议通过的《中华人民共和国刑法修正案(二)》、2001年12月29日第九届全国人民代表大会常务委员会第二十五次会议通过的《中华人民共和国刑法修正案(三)》、2002年12月28日第九届全国人民代表大会常务委员会第三十一次会议通过的《中华人民共和国刑法修正案(四)》、2005年2月28日第十届全国人民代表大会常务委员会第十四次会议通过的《中华人民共和国刑法修正案(五)》、2006年6月29日第十届全国人民代表大会常务委员会第二十二次会议通过的《中华人民共和国刑法修正案(六)》、2009年2月28日第十一届全国人民代表大会常务委员会第七次会议通过的《中华人民共和国刑法修正案(七)》、2009年8月27日第十一届全国人民代表大会常务委员会第十次会议通过的《关于修改部分法律的决定》、2011年2月25日第十一届全国人民代表大会常务委员会第十九次会议通过的《中华人民共和国刑法修正案(八)》、2015年8月29日第十二届全国人民代表大会常务委员会第十六次会议通过的《中华人民共和国刑法修正案(九)》、2017年11月4日第十二届全国人民代表大会常务委员会第三十次会议通过的《中华人民共和国刑法修正案(十)》、2020年12月26日第十三届全国人民代表大会常务委员会第二十四次会议通过的《中华人民共和国刑法修正案(十一)》和2023年12月29日第十四届全国人民代表大会常务委员会第七次会议通过的《中华人民共和国刑法修正案(十二)》修订[①]

第二章　犯　罪

第一节　犯罪和刑事责任

第十三条　【犯罪概念】一切危害国家主权、领土完整和安全,分裂国家、颠覆人民民主专政的政权和推翻社会主义制度,破坏社会秩序和经济秩序,侵犯国有财产或者劳动群众集体所有的财产,侵犯公民私人所有的财产,侵犯公民的人身权利、民主权利和其他权利,以及其他危害社会的行为,依照法律应当受刑罚处罚的,都是犯罪,但是情节显著轻微危害不大的,不认为是犯罪。

第十四条　【故意犯罪】明知自己的行为会发生危害社会的结果,并且希望或者放任这种结果发生,因而构成犯罪的,是故意犯罪。

故意犯罪,应当负刑事责任。

第十五条　【过失犯罪】应当预见自己的行为可能发生危害社会的结果,因为疏忽大意而没有预见,或者已经

---

① 刑法、历次刑法修正案、涉及修改刑法的决定的施行日期,分别依据各法律所规定的施行日期确定。

预见而轻信能够避免,以致发生这种结果的,是过失犯罪。

过失犯罪,法律有规定的才负刑事责任。

第十六条 【不可抗力和意外事件】行为在客观上虽然造成了损害结果,但是不是出于故意或者过失,而是由于不能抗拒或者不能预见的原因所引起的,不是犯罪。

第十七条 【刑事责任年龄】已满十六周岁的人犯罪,应当负刑事责任。

已满十四周岁不满十六周岁的人,犯故意杀人、故意伤害致人重伤或者死亡、强奸、抢劫、贩卖毒品、放火、爆炸、投放危险物质罪的,应当负刑事责任。

已满十二周岁不满十四周岁的人,犯故意杀人、故意伤害罪,致人死亡或者以特别残忍手段致人重伤造成严重残疾,情节恶劣,经最高人民检察院核准追诉的,应当负刑事责任。

对依照前三款规定追究刑事责任的不满十八周岁的人,应当从轻或者减轻处罚。

因不满十六周岁不予刑事处罚的,责令其父母或者其他监护人加以管教;在必要的时候,依法进行专门矫治教育。

第十七条之一 【已满七十五周岁的人犯罪的刑事责任】已满七十五周岁的人故意犯罪的,可以从轻或者减轻处罚;过失犯罪的,应当从轻或者减轻处罚。

第十八条 【精神病人与醉酒的人的刑事责任能力】精神病人在不能辨认或者不能控制自己行为的时候造成危害结果,经法定程序鉴定确认的,不负刑事责任,但是应当责令他的家属或者监护人严加看管和医疗;在必要的时候,由政府强制医疗。

间歇性的精神病人在精神正常的时候犯罪,应当负刑事责任。

尚未完全丧失辨认或者控制自己行为能力的精神病人犯罪,应当负刑事责任,但是可以从轻或者减轻处罚。

醉酒的人犯罪,应当负刑事责任。

第十九条 【又聋又哑的人或盲人犯罪的刑事责任】又聋又哑的人或者盲人犯罪,可以从轻、减轻或者免除处罚。

第二十条 【正当防卫】为了使国家、公共利益、本人或者他人的人身、财产和其他权利免受正在进行的不法侵害,而采取的制止不法侵害的行为,对不法侵害人造成损害的,属于正当防卫,不负刑事责任。

正当防卫明显超过必要限度造成重大损害的,应当负刑事责任,但是应当减轻或者免除处罚。

对正在进行行凶、杀人、抢劫、强奸、绑架以及其他严重危及人身安全的暴力犯罪,采取防卫行为,造成不法侵害人伤亡的,不属于防卫过当,不负刑事责任。

第二十一条 【紧急避险】为了使国家、公共利益、本人或者他人的人身、财产和其他权利免受正在发生的危险,不得已采取的紧急避险行为,造成损害的,不负刑事责任。

紧急避险超过必要限度造成不应有的损害的,应当负刑事责任,但是应当减轻或者免除处罚。

第一款中关于避免本人危险的规定,不适用于职务上、业务上负有特定责任的人。

拘留所条例

1. 2012年2月23日国务院令第614号公布
2. 自2012年4月1日起施行

第一章 总　　则

第一条 为了规范拘留所的设置和管理,惩戒和教育被拘留人,保护被拘留人的合法权益,根据有关法律的规定,制定本条例。

第二条 对下列人员的拘留在拘留所执行:

(一)被公安机关、国家安全机关依法给予拘留行政处罚的人;

(二)被人民法院依法决定拘留的人。

第三条 拘留所应当依法保障被拘留人的人身安全和合法权益,不得侮辱、体罚、虐待被拘留人或者指使、纵容他人侮辱、体罚、虐待被拘留人。

被拘留人应当遵守法律、行政法规和拘留所的管理规定,服从管理,接受教育。

第四条 国务院公安部门主管全国拘留所的管理工作。县级以上地方人民政府公安机关主管本行政区域拘留所的管理工作。

第二章 拘留所

第五条 县级以上地方人民政府根据需要设置拘留所。拘留所的设置和撤销,由县级以上地方人民政府公安机关提出意见,按照规定的权限和程序审批。

第六条 拘留所应当按照规定的建设标准,设置拘留区、行政办公区等功能区域。

第七条 拘留所依照规定配备武器、警械,配备交通、通讯、技术防范、医疗和消防等装备和设施。

第八条　拘留所所需经费列入本级人民政府财政预算。

第三章　拘　留

第九条　拘留所应当凭拘留决定机关的拘留决定文书及时收拘被拘留人。需要异地收拘的,拘留决定机关应当出具相关法律文书和需要异地收拘的书面说明,并经异地拘留所主管公安机关批准。

第十条　拘留所收拘被拘留人,应当告知被拘留人依法享有的权利和应当遵守的规定。

拘留所收拘被拘留人后,拘留决定机关应当及时通知被拘留人家属。

第十一条　拘留所收拘被拘留人,应当对被拘留人的人身和携带的物品进行检查。被拘留人的非生活必需品及现金由拘留所登记并统一保管。检查发现的违禁品和其他与案件有关的物品应当移交拘留决定机关依法处理。

对女性被拘留人的人身检查应当由女性人民警察进行。

第十二条　拘留所发现被拘留人可能被错误拘留的,应当通知拘留决定机关,拘留决定机关应当在24小时内作出处理决定;对依照《中华人民共和国治安管理处罚法》第二十一条的规定不应当被执行拘留的,拘留所不予收拘,并通知拘留决定机关。

第十三条　拘留所发现被拘留人吸食、注射毒品成瘾的,应当给予必要的戒毒治疗,并提请拘留所的主管公安机关对被拘留人依法作出社区戒毒或者强制隔离戒毒的决定。

第四章　管理教育

第十四条　拘留所应当建立值班巡视制度和突发事件应急机制。值班巡视人员应当严守岗位,发现问题及时报告并妥善处理。

拘留所应当安装监控录像设备,对被拘留人进行安全监控。

第十五条　拘留所应当根据被拘留人的性别、是否成年以及其他管理的需要,对被拘留人实行分别拘押和管理。

对女性被拘留人的直接管理应当由女性人民警察进行。

第十六条　拘留所应当建立被拘留人管理档案。

第十七条　拘留所应当按照规定的标准为被拘留人提供饮食,并尊重被拘留人的民族饮食习惯。

第十八条　拘留所应当建立医疗卫生防疫制度,做好防病、防疫、治疗工作。

拘留所对患病的被拘留人应当及时治疗。被拘留人患病需要出所治疗的,由拘留所所长批准,并派人民警察管理;被拘留人患有传染病需要隔离治疗的,拘留所应当采取隔离治疗措施。

被拘留人病情严重的,拘留所应当立即采取急救措施并通知被拘留人的亲属。

第十九条　拘留所发现被拘留人有下列情形之一的,应当建议拘留决定机关作出停止执行拘留的决定:

(一)患有精神病或者患有传染病需要隔离治疗的;

(二)病情严重可能危及生命安全的。

第二十条　为被拘留人提供的拘留期间生活必需品应当由拘留所检查登记后转交被拘留人。非生活必需品,拘留所不予接收。

第二十一条　拘留所应当对被拘留人进行法律、道德等教育,组织被拘留人开展适当的文体活动。

拘留所应当保证被拘留人每日不少于2小时的拘室外活动时间。

拘留所不得强迫被拘留人从事生产劳动。

第二十二条　被拘留人检举、揭发违法犯罪行为经查证属实或者被拘留人制止违法犯罪行为的,拘留所应当予以表扬。

第二十三条　被拘留人有下列违法行为之一的,拘留所可以予以训诫、责令具结悔过或者使用警械:

(一)哄闹、打架斗殴的;

(二)殴打、欺侮他人的;

(三)故意损毁拘留所财物或者他人财物的;

(四)预谋或者实施逃跑的;

(五)严重违反管理的其他行为。

拘留所人民警察对被拘留人使用警械应当经拘留所所长批准,并遵守有关法律、行政法规的规定。

第二十四条　被拘留人在拘留期间有新的违法犯罪嫌疑的,拘留所应当报告拘留所的主管公安机关处理;拘留所发现被拘留人收拘前有其他违法犯罪嫌疑的,应当通知拘留决定机关或者报告拘留所的主管公安机关处理。

第二十五条　拘留所保障被拘留人在拘留期间的通信权利,被拘留人与他人的来往信件不受检查和扣押。被拘留人应当遵守拘留所的通信管理规定。

第二十六条　拘留所保障被拘留人在拘留期间的会见权利。被拘留人应当遵守拘留所的会见管理规定。

会见被拘留人应当持有效身份证件按照规定的时间在拘留所的会见区进行。

被拘留人委托的律师会见被拘留人还应当持律师执业证书、律师事务所证明和委托书或者法律援助公函。

第二十七条 被拘留人遇有参加升学考试、子女出生或者近亲属病危、死亡等情形的,被拘留人或者其近亲属可以提出请假出所的申请。

请假出所的申请由拘留所提出审核意见,报拘留决定机关决定是否批准。拘留决定机关应当在被拘留人或者其近亲属提出申请的12小时内作出是否准予请假出所的决定。

被拘留人请假出所的时间不计入拘留期限。

第二十八条 被拘留人或者其近亲属提出请假出所申请的,应当向拘留决定机关提出担保人或者交纳保证金。有关担保人和保证金的管理按照《中华人民共和国治安管理处罚法》的有关规定执行。

被拘留人请假出所不归的,由拘留决定机关负责带回拘留所执行拘留。

第二十九条 被拘留人提出举报、控告,申请行政复议,提起行政诉讼或者申请暂缓执行拘留的,拘留所应当在24小时内将有关材料转送有关机关,不得检查或者扣押。

第五章 解除拘留

第三十条 被拘留人拘留期满,拘留所应当按时解除拘留,发给解除拘留证明书,并返还代为保管的财物。

第三十一条 被拘留人在解除拘留时有下列情形之一的,拘留所应当向有关机关或者单位移交被拘留人:

(一)依法被决定驱逐出境、遣送出境的;

(二)依法被决定执行刑事强制措施的;

(三)依法被决定社区戒毒、强制隔离戒毒的;

(四)依法被决定采取强制性教育矫治措施的。

第六章 附 则

第三十二条 执行拘留的时间以日为单位计算,从收拘当日到第2日为1日。

第三十三条 国家安全机关设置的拘留所,由国家安全机关依照本条例的规定进行管理。

第三十四条 被公安机关依法给予行政强制措施性质拘留的人在拘留所执行拘押,应当与本条例第二条规定的被拘留人分别拘押,具体管理办法由国务院公安部门参照本条例规定。

第三十五条 本条例自2012年4月1日起施行。

拘留所条例实施办法

2012年12月14日公安部令第126号公布施行

目 录

第一章 总 则
第二章 设置和保障
第三章 收 拘
第四章 管 理
第五章 生活卫生
第六章 通信、会见、询问
第七章 请假出所
第八章 教 育
第九章 解除拘留
第十章 附 则

第一章 总 则

第一条 为了规范拘留所的设置和管理,惩戒和教育被拘留人,保护被拘留人的合法权益,保障拘留的顺利执行,根据《拘留所条例》及有关法律、行政法规的规定,制定本办法。

第二条 公安部主管全国拘留所的管理工作。县级以上地方人民政府公安机关主管本行政区域拘留所的管理工作。铁路、交通、森林系统公安机关和公安边防部门主管本系统拘留所的管理工作。

第三条 拘留所应当坚持依法、科学、文明管理,依法保障被拘留人的人身安全和合法权益,尊重被拘留人的人格,不得侮辱、体罚、虐待被拘留人,或者指使、纵容他人侮辱、体罚、虐待被拘留人。

被拘留人应当服从管理,接受教育。

第四条 拘留所应当执法公开,接受社会监督。

第五条 对下列人员的拘留在拘留所执行:

(一)被公安机关、国家安全机关依法给予行政拘留处罚的人;

(二)被人民法院依法决定拘留的人;

(三)被公安机关依法给予现场行政强制措施性质拘留的人。

被公安机关依法决定拘留审查的人,以及被依法决定、判处驱逐出境或者被依法决定遣送出境但不能立即执行的人,可以在拘留所拘押。

第二章 设置和保障

第六条 拘留所由县级以上地方人民政府根据需要按照政府机构序列设置。

拘留所的设置或者撤销,由县级以上地方人民政府公安机关提出意见,经同级人民政府机构编制管理部门和财政部门审核,报同级人民政府批准,并逐级上报省级人民政府公安机关备案;铁路、交通、森林系统公安机关和公安边防部门根据需要设置或者撤销拘留所时,按照规定的权限和程序审批。

地市级以上人民政府公安机关可以根据需要建议同级人民政府设置若干拘留所,集中收拘所辖区、县、市、旗的被拘留人。

省级人民政府公安机关对所辖区域内不具备执法条件的拘留所可以责令其停止收拘被拘留人。

第七条 拘留所机构名称为××省(自治区、直辖市)、市(地区、州、盟)、县(市、区、旗)拘留所。铁路、交通、森林系统公安机关设置的拘留所名称为××铁路(交通、森林)公安局(处)拘留所,公安边防部门设置的拘留所名称为××公安边防总队(支队)××拘留所。

第八条 拘留所设所长1名,副所长2名以上,并按照有关规定设置政治委员或者教导员。

第九条 拘留所应当根据工作需要设置相应的内设机构,配备相应数量的收拘、管教、监控、巡视、技术、财会等民警,建立岗位责任制度。

公安机关可以聘用文职人员等参与、协助拘留所的综合文秘、教育培训、心理矫治、医疗卫生、监控技防、警务保障等非执法工作。

公安机关应当聘用一定数量的工勤人员从事拘留所勤杂工作。

第十条 拘留所的建设应当符合国家有关建设标准,建设方案应当经省级人民政府公安机关审核批准。

第十一条 拘留所应当依照有关规定配备武器、警械、交通、通信、信息、技术防范、教育、培训、文体活动、应急处置、心理矫治、生活卫生、医疗、消防等装备和设施。

第十二条 拘留所的基础建设经费、修缮费、日常运行公用经费、办案(业务)经费、装备经费、被拘留人给养经费等由公安机关提请本级人民政府列入财政预算予以足额保障。

县级以上地方人民政府公安机关应当会同本级财政部门每年对被拘留人伙食费、医疗费等给养经费标准进行核定。

第三章 收 拘

第十三条 拘留所应当凭作出拘留、拘留审查、遣送出境、驱逐出境决定或者判决的机关(以下统称拘留决定机关)出具的行政处罚决定书、人民法院拘留决定书、拘留审查决定书、恢复执行拘留决定书、遣送出境决定书、驱逐出境决定书或者判决书等法律文书收拘被拘留人。

异地收拘的,拘留所应当凭拘留决定机关的拘留决定文书、需要异地收拘的书面说明和拘留所主管公安机关的批准手续收拘被拘留人。

拘留所收拘异地办案机关临时寄押被拘留人的,应当经拘留所主管公安机关批准,凭拘留决定机关的法律文书或者其他相关寄押证明收拘。临时寄押的时间一般不超过3天。

铁路公安机关决定行政拘留的人交由铁路公安机关所辖拘留所执行确有困难的,可以凭拘留决定机关的法律文书就近交铁路沿线地方公安机关所辖拘留所执行。

第十四条 收拘时,拘留所应当查验送拘人员的工作证件和法律文书,核实被拘留人的身份。

第十五条 拘留所收拘被拘留人,应当对其人身和携带的物品进行检查,严禁将违禁品带入拘室。

被拘留人的非生活必需品及现金由拘留所登记并统一保管。拘留所民警应当与被拘留人当面清点、核对后填写被拘留人暂存物品、现金收据(一式三份,一份由被拘留人收执,一份连同物品、现金存保管室,一份拘留所留作存根),注明物品、现金的名称、规格、数量、重量、特征等,由拘留所民警和被拘留人共同签名确认。

发现被拘留人携带违禁品或者其他与案件有关的物品的,拘留所应当填写被拘留人违禁品、涉案物品移交清单(一式三份,被拘留人、拘留所和拘留决定机关各一份),由送拘人员、拘留所民警和被拘留人共同签名确认,经拘留所领导批准后移交拘留决定机关依法处理。

拘留所收拘被拘留人应当由2名以上民警进行。对女性被拘留人的人身检查,应当由女性民警进行。

第十六条 拘留所收拘被拘留人,应当由医生对其进行健康检查,并填写入所健康检查表。

发现被拘留人身体有伤或者情况异常的,拘留决定机关应当出具相关情况说明,拘留所详细登记伤情或者异常情况,并由送拘人员和被拘留人签名确认。

第十七条 发现被拘留人可能被错误拘留的,拘留所应当出具可能错误拘留通知书,通知拘留决定机关,拘留决定机关应当在24小时以内作出处理决定并通知拘留所。

第十八条 被拘留人有下列情形之一的,拘留所不予收拘,并出具不予收拘通知书,通知拘留决定机关:

(一)不满16周岁或者已满70周岁的;

(二)已满16周岁不满18周岁,初次违反治安管理的;

(三)怀孕或者哺乳自己不满一周岁婴儿的;

(四)被拘留审查的人患有严重疾病的;

(五)不宜适用拘留审查的其他情形。

收拘后发现被拘留人具有上述情形之一的,拘留所应当立即出具建议另行处理通知书,通知拘留决定机关。拘留决定机关应当立即处理并通知拘留所。

第十九条 收拘时或者收拘后,拘留所发现被拘留人有下列情形之一的,应当出具建议停止执行拘留通知书,建议拘留决定机关作出停止执行拘留的决定:

(一)患有精神病或者患有传染病需要隔离治疗的;

(二)病情严重可能危及生命安全的;

(三)生活不能自理的;

(四)因病出所治疗,短期内无法治愈的。

拘留决定机关应当立即作出是否停止执行拘留的决定并通知拘留所。

第二十条 发现被拘留人吸食、注射毒品成瘾的,拘留所应当提请拘留所的主管公安机关对被拘留人依法作出责令社区戒毒或者强制隔离戒毒的决定。

对被处以行政拘留的吸食、注射毒品成瘾人员,拘留所不具备戒毒治疗条件的,可以由公安机关管理的强制隔离戒毒所代为执行行政拘留。

第二十一条 收拘被拘留人后,拘留所应当向拘留决定机关出具收拘回执。

第二十二条 收拘被拘留人时,拘留所应当告知被拘留人在拘留期间依法享有的权利和应当遵守的规定。

收拘被拘留人后,拘留决定机关应当及时通知被拘留人家属。

第二十三条 拘留所收拘被拘留人,应当填写被拘留人登记表,采集被拘留人基本情况、照片等信息,并录入拘留所管理信息系统。

第四章 管　理

第二十四条 拘留所应当建立管理制度,落实各项管理措施。

第二十五条 拘留所应当安装并使用监控录像等技术防范设备对被拘留人进行实时全方位安全监控。监控录像资料至少保存15天。被拘留人在拘留期间死亡、身体受到伤害,可能提起国家赔偿要求的,拘留所应当将相关监控录像资料予以刻录留存。

第二十六条 拘留所应当建立出入所登记制度。非本所工作人员进入拘留区需经所领导批准,并由本所民警带领。

第二十七条 拘留所应当建立所领导带班、2名以上民警值班巡视制度。值班人员应当严守岗位,加强巡视监控,发现问题及时报告、妥善处理并做好值班记录,不得擅离职守。

第二十八条 拘留所应当建立交接班制度,交接班人员应当现场交清被拘留人数、押室管理动态及需要注意的事项,并在值班记录上签名。

第二十九条 拘留所应当根据被拘留人的性别、是否成年以及其他管理的需要,对被拘留人分别拘押和管理。

对被现场行政强制措施性质拘留、拘留审查、驱逐出境、遣送出境的人,应当与其他被拘留人分别拘押和管理。

对女性被拘留人的直接管理应当由女性民警进行。

第三十条 拘留所应当根据被拘留人拘留期间的具体情况,实行分级管理。

第三十一条 拘留所实行管教民警管理拘室责任制。每个拘室除配备主管民警外,还应当配备协管民警,承担对被拘留人管理、教育等工作。

管教民警应当熟知负责管理的被拘留人的基本情况、健康状况、简要案情、思想动态和所内表现。

第三十二条 拘留所应当建立并落实被拘留人管理规定和生活制度,规范被拘留人行为,合理安排被拘留人生活、学习、文体等活动,并由民警组织实施,现场监管。

第三十三条 拘留所应当建立被拘留人日常在所表现考核制度,考核结果作为对被拘留人奖励和惩罚的依据。

第三十四条 被拘留人有下列行为之一的,拘留所应当予以表扬或者奖励:

(一)遵守拘留所的管理规定表现突出的;

(二)检举、揭发违法犯罪行为经查证属实的;

(三)制止违法犯罪行为的。

表扬和奖励应当经拘留所领导批准,并记录在被拘留人管理档案。

第三十五条 被拘留人有下列行为之一的,拘留所应当根据不同情节依法分别予以训诫、责令具结悔过:

(一)起哄闹事,打架斗殴的;

（二）殴打、体罚、虐待、欺侮他人的；

（三）故意损毁拘留所财物或者侵犯他人财产权利的；

（四）预谋或者实施脱逃、行凶、自杀、自伤、自残、吞食异物以及隐藏违禁品的；

（五）传授违法犯罪方法或者教唆他人违法犯罪的；

（六）袭击民警及其他工作人员的；

（七）违反拘留所管理规定的其他行为。

对被拘留人的训诫和责令具结悔过，由管教民警决定并执行，并记录在被拘留人管理档案。

第三十六条　被拘留人有下列情形之一的，拘留所可以依法对其使用警械：

（一）因病出所治疗，可能脱逃、行凶、自杀、自残或者有其他危险行为的；

（二）有本办法第三十五条规定行为之一且情节严重的。

对被拘留人使用警械，由管教民警提出，填写使用警械审批表，由拘留所所长批准。使用警械应当遵守有关法律、行政法规的规定。安全危险消除或者被拘留人服从管理、接受教育后应当立即停止使用警械。

第三十七条　拘留所应当定期进行安全检查，及时发现和消除安全隐患。

拘室安全检查每日不少于1次，由主管或者协管拘室的民警负责。安全大检查每周不少于1次，由拘留所领导组织拘留所民警实施。

第三十八条　拘留所应当定期对被拘留人思想动态进行分析、研判，查找安全隐患，及时采取安全防范措施。

第三十九条　拘留所应当建立突发事件应急机制，制定处置预案并适时组织演练。遇有突发事件时，应当采取果断措施，及时依法处置。

第四十条　被拘留人提出举报、控告，申请行政复议，请求国家赔偿，提起行政诉讼或者申请暂缓执行行政拘留的，拘留所登记后应当在24小时以内将有关材料转送有关机关，不得检查或者扣押。

被行政拘留的人申请暂缓执行行政拘留的，拘留决定机关收到申请后应当立即进行审查。拘留决定机关批准被拘留人暂缓执行行政拘留的，应当制作暂缓执行决定书送达拘留所。

第四十一条　被拘留人在拘留期间有新的违法犯罪嫌疑的，拘留所应当报告主管公安机关处理。

拘留所发现被拘留人收拘前有其他违法犯罪嫌疑的，或者被拘留人检举、揭发他人违法犯罪嫌疑的，应当对获取的违法犯罪线索进行登记并制作违法犯罪线索转递函通知有关机关处理，案件主管机关应当及时查证并反馈拘留所。

第四十二条　拘留所应当建立被拘留人管理档案，并由专人保管。

被拘留人管理档案内容包括：入出所相关法律文书、被拘留人登记表、入所健康检查表、奖惩情况记录、财物保管记录等应当保存的资料。

查阅被拘留人管理档案应当经拘留所所长批准。

第五章　生活卫生

第四十三条　拘留所应当建立被拘留人财物管理制度，妥善保管被拘留人财物。为被拘留人代收、代管、代购物品应当做到明确登记、账目清楚。代购物品仅限于日常生活必需品和食品，物品价格不得高于当地市场价格。

拘留所对被拘留人亲友传送或者邮寄的财物应当进行检查、登记。生活必需品转交被拘留人，现金由拘留所统一保管，非生活必需品不予接收或者由拘留所统一保管。

第四十四条　拘留所应当按照规定的标准为被拘留人提供饮食，并尊重其民族饮食习惯。

第四十五条　拘留所应当保证被拘留人每天不少于2小时的拘室外活动时间。

第四十六条　拘留所应当建立医疗卫生防疫制度，做好防病、防疫、巡诊、治疗工作。

拘留所对患病的被拘留人应当及时治疗。对需要出所治疗的，应当经拘留所领导批准，并派民警监管。

被拘留人毒瘾发作或者出现精神障碍可能发生自伤、自残或者其他危险行为的，拘留所应当及时予以治疗，并视情可以采取保护性约束措施。

被拘留人病情严重的，拘留所应当立即采取急救措施，并报告主管公安机关，同时通知拘留决定机关和被拘留人的亲属。

第四十七条　被拘留人在拘留期间死亡的，拘留所应当立即报告主管公安机关并通知拘留决定机关、死者近亲属。拘留所的主管公安机关应当立即通知同级人民检察院，并做好被拘留人死因鉴定及善后处理等事宜。

第六章　通信、会见、询问

第四十八条　拘留所保障被拘留人在拘留期间的通信、会见权利。被拘留人应当遵守拘留所的通信、会见管理规定。

第四十九条　被现场行政强制措施性质拘留、拘留审查、驱逐出境、遣送出境的人与他人的通信、通话、会见,应当经拘留决定机关批准。拘留决定机关应当在接到申请后12个小时以内予以回复。

第五十条　被拘留人与他人的来往信件不受检查和扣押,由拘留所登记、收发。发现信件内有可能夹带违禁品的,拘留所民警可以责令被拘留人当面打开信件予以安全检查。

第五十一条　被拘留人需要打电话的,应当向民警提出申请,经批准后,使用拘留所内固定电话进行通话,通话费用原则上自理。被拘留人打电话应当遵守拘留所的管理规定,一般不超过3次,每次不超过10分钟。

第五十二条　会见被拘留人应当持有效身份证件。被拘留人委托的律师会见被拘留人还应当持律师执业证书、律师事务所证明和委托书或者法律援助公函。拘留所民警应当查验会见人员的有关证件、凭证,填写会见被拘留人登记表,及时予以安排。

　　会见被拘留人应当在拘留所规定的时间、区域进行,并遵守拘留所会见管理规定。被拘留人会见次数一般不超过2次,每次会见的人数不超过3人,会见时间不超过30分钟。有特殊情况要求在非会见日会见或者增加会见次数、人数和时间的,应当经拘留所领导批准。

　　被拘留人委托的律师会见被拘留人不受次数和时间的限制,但应当在正常工作时间进行。

　　对违反会见管理规定的,拘留所可以予以警告或者责令停止会见。

　　会见结束后,拘留所应当对被拘留人进行人身检查后送回拘室。

　　经被拘留人或者其亲友申请,有条件的拘留所可以安排被拘留人进行远程视频会见。

第五十三条　外国驻华使馆领事官员可以依照有关条约、公约会见本国籍被拘留人。

第五十四条　被拘留人书面明示拒绝会见的,拘留所应当同意并告知要求会见人。

第五十五条　办案人员询问被拘留人应当持办案单位的公函及办案人员的有效工作证件,填写询问被拘留人登记表,经拘留所领导批准后在所内询问室进行。

　　因侦查办案需要提解被拘留人出所的,提解人员应当持县级以上办案机关主要负责人的批准文书和提解人员的有效工作证件,经主管拘留所的公安机关批准后,填写提解被拘留人登记表,方可带出所外,并于当日送回。

　　询问、提解每名被拘留人,询问、提解人员不得少于2人。

　　询问、提解出所前以及询问、提解结束后,拘留所应当对被拘留人进行人身检查后带出或者送回拘室。拘留所发现被拘留人在询问、提解后情况异常的,应当要求办案单位作出说明。拘留所认为办案单位的说明与实际情况不符的,应当及时报告拘留所的主管公安机关进行调查。

第七章　请假出所

第五十六条　被拘留人遇有参加升学考试、子女出生或者近亲属病危、死亡等情形的,被拘留人或者其近亲属可以提出请假出所的申请,并提供相关证明材料。

　　拘留所接到被拘留人请假出所申请后,应当立即提出审核意见,填写被拘留人请假出所审批表,报拘留决定机关审批。拘留决定机关应当在被拘留人或者其近亲属提出申请的12小时以内作出是否准予请假出所的决定。

　　拘留决定机关批准请假出所的,拘留所发给被拘留人请假出所证明,安排被拘留人出所。

　　准假出所的时间一般不超过7天。被拘留人请假出所的时间不计入拘留期限。

第五十七条　被拘留人或者其近亲属提出请假出所申请的,应当向拘留决定机关提出担保人,或者按剩余拘留期限每日200元的标准交纳保证金。

　　担保人应当符合下列条件:
　　(一)与被拘留人案件无牵连;
　　(二)享有政治权利,人身自由未受到限制;
　　(三)在当地有常住户口和固定住所;
　　(四)有能力履行担保义务。

　　担保人应当保证被担保人请假出所后按时返回拘留所。担保人不履行担保义务、致使被担保人请假出所不归或者不按时回所的,由公安机关对其处3000元以下罚款。

　　被拘留人请假出所后按时返回的,拘留决定机关应当将收取的保证金及时退还交纳人;被拘留人请假出所不归或者不按时回所的,保证金予以没收并上缴国库。

第五十八条　被拘留人请假出所期满的,拘留所应当填写被拘留人请假出所期满通知书及时通知拘留决定机关。对请假出所不归的,由拘留决定机关负责将其带回拘留所继续执行拘留。

第八章　教　　育

第五十九条　拘留所应当建立教育制度,对被拘留人进行法律、道德、文化、时事、政策、所规、行为养成、技能培训、心理健康等教育。

第六十条 对被拘留人的教育，可以采取集体教育、分类教育、个别教育、心理矫治、亲友规劝、社会帮教、现身说法等形式进行。

拘留所应当在被拘留人入所24小时以内进行第一次谈话教育，在解除拘留前进行一次谈话教育。

对被拘留人的集体教育每周不少于10个课时。

第六十一条 拘留所应当每日组织被拘留人开展适当的文化、体育活动。

第六十二条 拘留所应当开展所内文化建设活动，营造有益于被拘留人身心健康，促进被拘留人知错、认错、改错的文化环境和氛围。

第六十三条 拘留所在确保安全和被拘留人自愿的前提下，可以组织被拘留人在所内开展适当的劳动教育或者职业技能培训。

拘留所不得强迫或者变相强迫被拘留人从事生产劳动。

第九章 解除拘留

第六十四条 被拘留人拘留期满，拘留决定机关决定对其停止执行拘留的，或者拘留决定机关决定对其暂缓执行行政拘留的，拘留所应当核实其身份，查验有关法律文书，发给解除拘留证明书，按时解除拘留。

第六十五条 被拘留人在解除拘留时有下列情形之一的，拘留所应当向办案单位移交被拘留人：

（一）依法被决定驱逐出境、遣送出境或者执行驱逐出境、遣送出境的；

（二）依法被决定执行刑事强制措施的；

（三）依法被决定社区戒毒、强制隔离戒毒的；

（四）依法被决定采取强制性教育矫治措施的。

移交时，拘留所民警应当核实被拘留人身份，查验办案单位工作人员的证件以及有关法律文书或者公函。办案单位工作人员应当在被拘留人基本情况登记表上注明被拘留人出所时间、原因、去向并签名后，拘留所移交被拘留人。

移交被拘留人应当在拘留所进行。

第六十六条 异地收拘的被拘留人，拘留决定机关要求带回原地执行的，拘留所凭拘留决定机关的法律文书或者公函，按照本办法第六十五条的规定向拘留决定机关移交被拘留人。

第六十七条 被拘留人解除拘留出所时，拘留所民警应当对其人身和随身携带的物品进行检查，并返还代为保管的财物。

拘留所民警在被拘留人登记表上登记被拘留人出所原因、时间及去向并签名，并录入拘留所管理信息系统。

第十章 附 则

第六十八条 执行拘留的时间以日为单位计算，从收拘当日到第2日为1日。

第六十九条 拘留所的执法和管理文书格式，由公安部统一制定。

第七十条 拘留所实行等级化管理，具体办法由公安部另行制定。

第七十一条 本办法所称以上、以下、以内，包括本数。

第七十二条 各省、自治区、直辖市公安厅、局和新疆生产建设兵团公安局可以根据本办法制定实施细则。

第七十三条 本办法自发布之日起施行。

中华人民共和国
人民警察使用警械和武器条例

1996年1月16日国务院令第191号发布施行

第一章 总 则

第一条 为了保障人民警察依法履行职责，正确使用警械和武器，及时有效地制止违法犯罪行为，维护公共安全和社会秩序，保护公民的人身安全和合法财产，保护公共财产，根据《中华人民共和国人民警察法》和其他有关法律的规定，制定本条例。

第二条 人民警察制止违法犯罪行为，可以采取强制手段；根据需要，可以依照本条例的规定使用警械；使用警械不能制止，或者不使用武器制止，可能发生严重危害后果的，可以依照本条例的规定使用武器。

第三条 本条例所称警械，是指人民警察按照规定装备的警棍、催泪弹、高压水枪、特种防暴枪、手铐、脚镣、警绳等警用器械；所称武器，是指人民警察按照规定装备的枪支、弹药等致命性警用武器。

第四条 人民警察使用警械和武器，应当以制止违法犯罪行为，尽量减少人员伤亡、财产损失为原则。

第五条 人民警察依法使用警械和武器的行为，受法律保护。

人民警察不得违反本条例的规定使用警械和武器。

第六条 人民警察使用警械和武器前，应当命令在场无关人员躲避；在场无关人员应当服从人民警察的命令，避免受到伤害或者其他损失。

第二章 警械的使用

第七条 人民警察遇有下列情形之一，经警告无效的，可以使用警棍、催泪弹、高压水枪、特种防暴枪等驱逐性、制服性警械：

（一）结伙斗殴、殴打他人、寻衅滋事、侮辱妇女或者进行其他流氓活动的；

（二）聚众扰乱车站、码头、民用航空站、运动场等公共场所秩序的；

（三）非法举行集会、游行、示威的；

（四）强行冲越人民警察为履行职责设置的警戒线的；

（五）以暴力方法抗拒或者阻碍人民警察依法履行职责的；

（六）袭击人民警察的；

（七）危害公共安全、社会秩序和公民人身安全的其他行为，需要当场制止的；

（八）法律、行政法规规定可以使用警械的其他情形。

人民警察依照前款规定使用警械，应当以制止违法犯罪行为为限度；当违法犯罪行为得到制止时，应当立即停止使用。

第八条 人民警察依法执行下列任务，遇有违法犯罪分子可能脱逃、行凶、自杀、自伤或者有其他危险行为的，可以使用手铐、脚镣、警绳等约束性警械：

（一）抓获违法犯罪分子或者犯罪重大嫌疑人的；

（二）执行逮捕、拘留、看押、押解、审讯、拘传、强制传唤的；

（三）法律、行政法规规定可以使用警械的其他情形。

人民警察依照前款规定使用警械，不得故意造成人身伤害。

第三章 武器的使用

第九条 人民警察判明有下列暴力犯罪行为的紧急情形之一，经警告无效的，可以使用武器：

（一）放火、决水、爆炸等严重危害公共安全的；

（二）劫持航空器、船舰、火车、机动车或者驾驶车、船等机动交通工具，故意危害公共安全的；

（三）抢夺、抢劫枪支弹药、爆炸、剧毒等危险物品，严重危害公共安全的；

（四）使用枪支、爆炸、剧毒等危险物品实施犯罪或者以使用枪支、爆炸、剧毒等危险物品相威胁实施犯罪的；

（五）破坏军事、通讯、交通、能源、防险等重要设施，足以对公共安全造成严重、紧迫危险的；

（六）实施凶杀、劫持人质等暴力行为，危及公民生命安全的；

（七）国家规定的警卫、守卫、警戒的对象和目标受到暴力袭击、破坏或者有受到暴力袭击、破坏的紧迫危险的；

（八）结伙抢劫或者持械抢劫公私财物的；

（九）聚众械斗、暴乱等严重破坏社会治安秩序，用其他方法不能制止的；

（十）以暴力方法抗拒或者阻碍人民警察依法履行职责或者暴力袭击人民警察，危及人民警察生命安全的；

（十一）在押人犯、罪犯聚众骚乱、暴乱、行凶或者脱逃的；

（十二）劫夺在押人犯、罪犯的；

（十三）实施放火、决水、爆炸、凶杀、抢劫或者其他严重暴力犯罪行为后拒捕、逃跑的；

（十四）犯罪分子携带枪支、爆炸、剧毒等危险物品拒捕、逃跑的；

（十五）法律、行政法规规定可以使用武器的其他情形。

人民警察依照前款规定使用武器，来不及警告或者警告后可能导致更为严重危害后果的，可以直接使用武器。

第十条 人民警察遇有下列情形之一的，不得使用武器：

（一）发现实施犯罪的人为怀孕妇女、儿童的，但是使用枪支、爆炸、剧毒等危险物品实施暴力犯罪的除外；

（二）犯罪分子处于群众聚集的场所或者存放大量易燃、易爆、剧毒、放射性等危险物品的场所的，但是不使用武器予以制止，将发生更为严重危害后果的除外。

第十一条 人民警察遇有下列情形之一的，应当立即停止使用武器：

（一）犯罪分子停止实施犯罪，服从人民警察命令的；

（二）犯罪分子失去继续实施犯罪能力的。

第十二条 人民警察使用武器造成犯罪分子或者无辜人员伤亡的，应当及时抢救受伤人员，保护现场，并立即向当地公安机关或者该人民警察所属机关报告。

当地公安机关或者该人民警察所属机关接到报告

后,应当及时进行勘验、调查,并及时通知当地人民检察院。

当地公安机关或者该人民警察所属机关应当将犯罪分子或者无辜人员的伤亡情况,及时通知其家属或者其所在单位。

第十三条 人民警察使用武器的,应当将使用武器的情况如实向所属机关书面报告。

第四章 法律责任

第十四条 人民警察违法使用警械、武器,造成不应有的人员伤亡、财产损失,构成犯罪的,依法追究刑事责任;尚不构成犯罪的,依法给予行政处分;对受到伤亡或者财产损失的人员,由该人民警察所属机关依照《中华人民共和国国家赔偿法》的有关规定给予赔偿。

第十五条 人民警察依法使用警械、武器,造成无辜人员伤亡或者财产损失的,由该人民警察所属机关参照《中华人民共和国国家赔偿法》的有关规定给予补偿。

第五章 附 则

第十六条 中国人民武装警察部队执行国家赋予的安全保卫任务时使用警械和武器,适用本条例的有关规定。

第十七条 本条例自发布之日起施行。1980年7月5日公布施行的同时废止。

公安机关适用继续盘问规定

1. 2004年7月12日公安部令第75号公布
2. 根据2020年8月6日公安部令第160号《关于废止和修改部分规章的决定》修正

第一章 总 则

第一条 为了规范继续盘问工作,保证公安机关依法履行职责和行使权限,维护社会治安秩序,保护公民的合法权益,根据《中华人民共和国人民警察法》,制定本规定。

第二条 本规定所称继续盘问,是指公安机关的人民警察为了维护社会治安秩序,对有违法犯罪嫌疑的人员当场盘问、检查后,发现具有法定情形而将其带至公安机关继续进行盘问的措施。

第三条 公安机关适用继续盘问,应当遵循依法、公正、及时、文明和确保安全的原则,做到适用对象准确、程序合法、处理适当。

第四条 继续盘问工作由公安机关主管公安派出所工作的部门负责业务指导和归口管理。

第五条 继续盘问工作由人民警察执行。严禁不具有人民警察身份的人员从事有关继续盘问的执法工作。

第六条 公安机关适用继续盘问,依法接受人民检察院、行政监察机关以及社会和公民的监督。

第二章 适用对象和时限

第七条 为维护社会治安秩序,公安机关的人民警察对有违法犯罪嫌疑的人员,经表明执法身份后,可以当场盘问、检查。

未穿着制式服装的人民警察在当场盘问、检查前,必须出示执法证件表明人民警察身份。

第八条 对有违法犯罪嫌疑的人员当场盘问、检查后,不能排除其违法犯罪嫌疑,且具有下列情形之一的,人民警察可以将其带至公安机关继续盘问:

(一)被害人、证人控告或者指认其有犯罪行为的;

(二)有正在实施违反治安管理或者犯罪行为嫌疑的;

(三)有违反治安管理或者犯罪嫌疑且身份不明的;

(四)携带的物品可能是违反治安管理或者犯罪的赃物的。

第九条 对具有下列情形之一的人员,不得适用继续盘问:

(一)有违反治安管理或者犯罪嫌疑,但未经当场盘问、检查的;

(二)经过当场盘问、检查,已经排除违反治安管理和犯罪嫌疑的;

(三)涉嫌违反治安管理行为的法定最高处罚为警告、罚款或者其他不限制人身自由的行政处罚的;

(四)从其住处、工作地点抓获以及其他应当依法直接适用传唤或者拘传的;

(五)已经到公安机关投案自首的;

(六)明知其所涉案件已经作为治安案件受理或者已经立为刑事案件的;

(七)不属于公安机关管辖的案件或者事件当事人的;

(八)患有精神病、急性传染病或者其他严重疾病的;

(九)其他不符合本规定第八条所列条件的。

第十条 对符合本规定第八条所列条件,同时具有下列情形之一的人员,可以适用继续盘问,但必须在带至公安机关之时起的四小时以内盘问完毕,且不得送入候问室:

（一）怀孕或者正在哺乳自己不满一周岁婴儿的妇女；

（二）不满十六周岁的未成年人；

（三）已满七十周岁的老年人。

对前款规定的人员在晚上九点至次日早上七点之间释放的，应当通知其家属或者监护人领回；对身份不明或者没有家属和监护人而无法通知的，应当护送至其住地。

第十一条 继续盘问的时限一般为十二小时；对在十二小时以内确实难以证实或者排除其违法犯罪嫌疑的，可以延长至二十四小时；对不讲真实姓名、住址、身份，且在二十四小时以内仍不能证实或者排除其违法犯罪嫌疑的，可以延长至四十八小时。

前款规定的时限自有违法犯罪嫌疑的人员被带至公安机关之时起，至被盘问人可以自由离开公安机关之时或者被决定刑事拘留、逮捕、行政拘留、强制戒毒而移交有关监管场所执行之时止，包括呈报和审批继续盘问、延长继续盘问时限、处理决定的时间。

第十二条 公安机关应当严格依照本规定的适用范围和时限适用继续盘问，禁止实施下列行为：

（一）超适用范围继续盘问；

（二）超时限继续盘问；

（三）适用继续盘问不履行审批、登记手续；

（四）以继续盘问代替处罚；

（五）将继续盘问作为催要罚款、收费的手段；

（六）批准继续盘问后不立即对有违法犯罪嫌疑的人员继续进行盘问；

（七）以连续继续盘问的方式变相拘禁他人。

第三章　审批和执行

第十三条 公安派出所的人民警察对符合本规定第八条所列条件，确有必要继续盘问的有违法犯罪嫌疑的人员，可以立即带回，并制作《当场盘问、检查笔录》、填写《继续盘问审批表》报公安派出所负责人审批决定继续盘问十二小时。对批准继续盘问的，应当将《继续盘问审批表》复印、传真或者通过计算机网络报所属县、市、旗公安局或者城市公安分局主管公安派出所工作的部门备案。

县、市、旗公安局或者城市公安分局其他办案部门和设区的市级以上公安机关及其内设机构的人民警察对有违法犯罪嫌疑的人员，应当依法直接适用传唤、拘传、刑事拘留、逮捕、取保候审或者监视居住，不得适用继续盘问；对符合本规定第八条所列条件，确有必要继续盘问的有违法犯罪嫌疑的人员，可以带至就近的公安派出所，按照本规定适用继续盘问。

第十四条 对有违法犯罪嫌疑的人员批准继续盘问的，公安派出所应当填写《继续盘问通知书》，送达被盘问人，并立即通知其家属或者单位；未批准继续盘问的，应当立即释放。

对被盘问人身份不明或者没有家属和单位而无法通知的，应当在《继续盘问通知书》上注明，并由被盘问人签名或者捺指印。但是，对因身份不明而无法通知的，在继续盘问期间查明身份后，应当依照前款的规定通知其家属或者单位。

第十五条 被盘问人的家属为老年人、残疾人、精神病人、不满十六周岁的未成年人或者其他没有独立生活能力的人，因公安机关实施继续盘问而使被盘问人的家属无人照顾的，公安机关应当通知其亲友予以照顾或者采取其他适当办法妥善安排，并将安排情况及时告知被盘问人。

第十六条 对有违法犯罪嫌疑的人员批准继续盘问后，应当立即结合当场盘问、检查的情况继续对其进行盘问，以证实或者排除其违法犯罪嫌疑。

对继续盘问的情况，应当制作《继续盘问笔录》，并载明被盘问人被带至公安机关的具体时间，由被盘问人核对无误后签名或者捺指印。对被盘问人拒绝签名和捺指印的，应当在笔录上注明。

第十七条 对符合本规定第十一条所列条件，确有必要将继续盘问时限延长至二十四小时的，公安派出所应当填写《延长继续盘问时限审批表》，报县、市、旗公安局或者城市公安分局的值班负责人审批；确有必要将继续盘问时限从二十四小时延长至四十八小时的，公安派出所应当填写《延长继续盘问时限审批表》，报县、市、旗公安局或者城市公安分局的主管负责人审批。

县、市、旗公安局或者城市公安分局的值班或者主管负责人应当在继续盘问时限届满前作出是否延长继续盘问时限的决定，但不得决定将继续盘问时限直接从十二小时延长至四十八小时。

第十八条 除具有《中华人民共和国人民警察使用警械和武器条例》规定的情形外，对被盘问人不得使用警械或者武器。

第十九条 对具有下列情形之一的，应当立即终止继续盘问，并立即释放被盘问人或者依法作出处理决定：

（一）继续盘问中发现具有本规定第九条所列情形之一的；

（二）已经证实有违法犯罪行为的；

(三)有证据证明有犯罪嫌疑的。

对经过继续盘问已经排除违法犯罪嫌疑,或者经过批准的继续盘问、延长继续盘问时限届满,尚不能证实其违法犯罪嫌疑的,应当立即释放被盘问人。

第二十条 对终止继续盘问或者释放被盘问人的,应当在《继续盘问登记表》上载明终止继续盘问或者释放的具体时间、原因和处理结果,由被盘问人核对无误后签名或者捺指印。被盘问人拒绝签名和捺指印的,应当在《继续盘问登记表》上注明。

第二十一条 在继续盘问期间对被盘问人依法作出刑事拘留、逮捕或者行政拘留、强制戒毒决定的,应当立即移交有关监管场所执行;依法作出取保候审、监视居住或者警告、罚款等行政处罚决定的,应当立即释放。

第二十二条 在继续盘问期间,公安机关及其人民警察应当依法保障被盘问人的合法权益,严禁实施下列行为:

(一)对被盘问人进行刑讯逼供;
(二)殴打、体罚、虐待、侮辱被盘问人;
(三)敲诈勒索或者索取、收受贿赂;
(四)侵吞、挪用、损毁被盘问人的财物;
(五)违反规定收费或者实施处罚;
(六)其他侵犯被盘问人合法权益的行为。

第二十三条 对在继续盘问期间突患疾病或者受伤的被盘问人,公安派出所应当立即采取措施予以救治,通知其家属或者单位,并向县、市、旗公安局或者城市公安分局负责人报告,做好详细记录。对被盘问人身份不明或者没有家属和单位而无法通知的,应当在《继续盘问登记表》上注明。

救治费由被盘问人或者其家属承担。但是,由于公安机关或者他人的过错导致被盘问人患病、受伤的,救治费由有过错的一方承担。

第二十四条 被盘问人在继续盘问期间死亡的,公安派出所应当做好以下工作:

(一)保护好现场,保管好尸体;
(二)立即报告所属县、市、旗公安局或者城市公安分局的主管负责人或者值班负责人、警务督察部门和主管公安派出所工作的部门;
(三)立即通知被盘问人的家属或者单位。

第二十五条 县、市、旗公安局或者城市公安分局接到被盘问人死亡的报告后,应当做好以下工作:

(一)立即通报同级人民检察院;
(二)在二十四小时以内委托具有鉴定资格的人员进行死因鉴定;

(三)在作出鉴定结论后三日以内将鉴定结论送达被盘问人的家属或者单位。对被盘问人身份不明或者没有家属和单位而无法通知的,应当在鉴定结论上注明。

被盘问人的家属或者单位对鉴定结论不服的,可以在收到鉴定结论后的七日以内向上一级公安机关申请重新鉴定。上一级公安机关接到申请后,应当在三日以内另行委托具有鉴定资格的人员进行重新鉴定。

第四章 候问室的设置和管理

第二十六条 县、市、旗公安局或者城市公安分局经报请设区的市级以上公安机关批准,可以在符合下列条件的公安派出所设置候问室:

(一)确有维护社会治安秩序的工作需要;
(二)警力配置上能够保证在使用候问室时由人民警察值班、看管和巡查。

县、市、旗公安局或者城市公安分局以上公安机关及其内设机构,不得设置候问室。

第二十七条 候问室的建设必须达到以下标准:

(一)房屋牢固、安全、通风、透光,单间使用面积不得少于六平方米,层高不低于二点五五米;
(二)室内应当配备固定的坐具,并保持清洁、卫生;
(三)室内不得有可能被直接用以行凶、自杀、自伤的物品;
(四)看管被盘问人的值班室与候问室相通,并采用栏杆分隔,以便于观察室内情况。

对有违法犯罪嫌疑的人员继续盘问十二小时以上的,应当为其提供必要的卧具。

候问室应当标明名称,并在明显位置公布有关继续盘问的规定、被盘问人依法享有的权利和候问室管理规定。

第二十八条 候问室必须经过设区的市级以上公安机关验收合格后,才能投入使用。

第二十九条 候问室应当建立以下日常管理制度,依法严格、文明管理:

(一)设立《继续盘问登记表》,载明被盘问人的姓名、性别、年龄、住址、单位,以及办案部门、承办人、批准人、继续盘问的原因、起止时间、处理结果等情况;
(二)建立值班、看管和巡查制度,明确值班岗位责任,候问室有被盘问人时,应当由人民警察值班、看管和巡查,如实记录有关情况,并做好交接工作;
(三)建立档案管理制度,对《继续盘问登记表》等有关资料按照档案管理的要求归案保存,以备查验。

第三十条　除本规定第十条所列情形外,在继续盘问间隙期间,应当将被盘问人送入候问室;未设置候问室的,应当由人民警察在讯问室、办公室看管,或者送入就近公安派出所的候问室。

禁止将被盘问人送入看守所、拘役所、拘留所、强制戒毒所或者其他监管场所关押,以及将不同性别的被盘问人送入同一个候问室。

第三十一条　被盘问人被送入候问室时,看管的人民警察应问清其身体状况,并做好记录;发现被盘问人有外伤、有严重疾病发作的明显症状的,或者具有本规定第十条所列情形之一的,应当立即报告县、市、旗公安局或者城市公安分局警务督察部门和主管公安派出所工作的部门,并做好详细记录。

第三十二条　将被盘问人送入候问室时,对其随身携带的物品,公安机关应当制作《暂存物品清单》,经被盘问人签名或者捺指印确认后妥为保管,不得侵吞、挪用或者损毁。

继续盘问结束后,被盘问人的物品中属于违法犯罪证据或者违禁品的,应当依法随案移交或者作出处理,并在《暂存物品清单》上注明;与案件无关的,应当立即返还被盘问人,并在《暂存物品清单》上注明,由被盘问人签名或者捺指印。

第三十三条　候问室没有厕所和卫生用具的,人民警察带领被盘问人离开候问室如厕时,必须严加看管,防止发生事故。

第三十四条　在继续盘问期间,公安机关应当为被盘问人提供基本的饮食。

第五章　执法监督

第三十五条　公安机关应当将适用继续盘问的情况纳入执法质量考核评议范围,建立和完善办案责任制度、执法过错责任追究制度及其他内部执法监督制度。

第三十六条　除本规定第二十四条、第三十一条所列情形外,发生被盘问人重伤、逃跑、自杀、自伤等事故以及继续盘问超过批准时限的,公安派出所必须立即将有关情况报告县、市、旗公安局或者城市公安分局警务督察部门和主管公安派出所工作的部门,并做好详细记录。

县、市、旗公安局或者城市公安分局警务督察部门应当在接到报告后立即进行现场督察。

第三十七条　警务督察部门负责对继续盘问的下列情况进行现场督察:

(一)程序是否合法,法律手续是否齐全;

(二)继续盘问是否符合法定的适用范围和时限;

(三)候问室的设置和管理是否违反本规定;

(四)有无刑讯逼供或者殴打、体罚、虐待、侮辱被盘问人的行为;

(五)有无违法使用警械、武器的行为;

(六)有无违反规定收费或者实施处罚的行为;

(七)有无其他违法违纪行为。

第三十八条　警务督察部门在现场督察时,发现办案部门或者人民警察在继续盘问中有违法违纪行为的,应当按照有关规定,采取当场制止、纠正、发督察法律文书、责令停止执行职务或者禁闭等督察措施进行处理;对需要给予处分或者追究刑事责任的,应当依法移送有关部门处理。

第三十九条　对在适用继续盘问中有下列情形之一的,公安机关应当依照《公安机关督察条例》、《公安机关人民警察执法过错责任追究规定》追究有关责任人员的执法过错责任,并依照《中华人民共和国人民警察法》、《国家公务员暂行条例》和其他有关规定给予处分;构成犯罪的,依法追究直接负责的主管人员和其他直接责任人员的刑事责任:

(一)违法使用警械、武器,或者实施本规定第十二条、第二十二条、第三十条第二款所列行为之一的;

(二)未经批准设置候问室,或者将被盘问人送入未经验收合格的候问室的;

(三)不按照本规定第十四条、第十五条的规定通知被盘问人家属或者单位,安排被盘问人无人照顾的家属的;

(四)不按照本规定第十九条、第二十一条的规定终止继续盘问,释放被盘问人的;

(五)不按照本规定第二十三条、第二十四条、第三十一条和第三十六条的规定报告情况的;

(六)因疏于管理导致发生被盘问人伤亡、逃跑、自杀、自伤等事故的;

(七)指派不具有人民警察身份的人员从事有关继续盘问的执法工作的;

(八)警务督察部门不按照规定进行现场督察、处理或者在现场督察中对违法违纪行为应当发现而没有发现的;

(九)有其他违反本规定或者违法违纪行为的。

因违法使用警械、武器或者疏于管理导致被盘问人在继续盘问期间自杀身亡、被殴打致死或者其他非正常死亡的,除依法追究有关责任人员的法律责任外,应当对负有直接责任的人民警察予以开除,对公安派出所的主要负责人予以撤职,对所属公安机关的分管负责人和主要负责人予以处分,并取消该公安派出所及其所属公安机关参加本年度评选先进的资格。

第四十条 被盘问人认为公安机关及其人民警察违法实施继续盘问侵犯其合法权益造成损害,依法向公安机关申请国家赔偿的,公安机关应当依照国家赔偿法的规定办理。

公安机关依法赔偿损失后,应当责令有故意或者重大过失的人民警察承担部分或者全部赔偿费用,并对有故意或者重大过失的责任人员,按照本规定第三十九条追究其相应的责任。

第六章 附 则

第四十一条 本规定所称"以上"、"以内",均包含本数或者本级。

第四十二条 本规定涉及的有关法律文书格式,由公安部统一制定。

第四十三条 各省、自治区、直辖市公安厅、局和新疆生产建设兵团公安局可以根据本规定,制定具体操作规程、候问室建设标准和管理规定,报公安部备案审查后施行。

第四十四条 本规定自2004年10月1日起施行。公安部以前制定的关于继续盘问或者留置的规定,凡与本规定不一致的同时废止。

公安机关办理行政案件程序规定

1. 2012年12月19日公安部令第125号修订发布
2. 根据2014年6月29日公安部令第132号《关于修改部分部门规章的决定》第一次修正
3. 根据2018年11月25日公安部令第149号《关于修改〈公安机关办理行政案件程序规定〉的决定》第二次修正
4. 根据2020年8月6日公安部令第160号《关于废止和修改部分规章的决定》第三次修正

第一章 总 则

第一条 为了规范公安机关办理行政案件程序,保障公安机关在办理行政案件中正确履行职责,保护公民、法人和其他组织的合法权益,根据《中华人民共和国行政处罚法》《中华人民共和国行政强制法》《中华人民共和国治安管理处罚法》等有关法律、行政法规,制定本规定。

第二条 本规定所称行政案件,是指公安机关依照法律、法规和规章的规定对违法行为人决定行政处罚以及强制隔离戒毒等处理措施的案件。

本规定所称公安机关,是指县级以上公安机关、公安派出所、依法具有独立执法主体资格的公安机关业务部门以及出入境边防检查站。

第三条 办理行政案件应当以事实为根据,以法律为准绳。

第四条 办理行政案件应当遵循合法、公正、公开、及时的原则,尊重和保障人权,保护公民的人格尊严。

第五条 办理行政案件应当坚持教育与处罚相结合的原则,教育公民、法人和其他组织自觉守法。

第六条 办理未成年人的行政案件,应当根据未成年人的身心特点,保障其合法权益。

第七条 办理行政案件,在少数民族聚居或者多民族共同居住的地区,应当使用当地通用的语言进行询问。对不通晓当地通用语言文字的当事人,应当为他们提供翻译。

第八条 公安机关及其人民警察在办理行政案件时,对涉及的国家秘密、商业秘密或者个人隐私,应当保密。

第九条 公安机关人民警察在办案中玩忽职守、徇私舞弊、滥用职权、索取或者收受他人财物的,依法给予处分;构成犯罪的,依法追究刑事责任。

第二章 管 辖

第十条 行政案件由违法行为地的公安机关管辖。由违法行为人居住地公安机关管辖更为适宜的,可以由违法行为人居住地公安机关管辖,但是涉及卖淫、嫖娼、赌博、毒品的案件除外。

违法行为地包括违法行为发生地和违法结果发生地。违法行为发生地,包括违法行为的实施地以及开始地、途经地、结束地等与违法行为有关的地点;违法行为有连续、持续或者继续状态的,违法行为连续、持续或者继续实施的地方都属于违法行为发生地。违法结果发生地,包括违法对象被侵害地、违法所得的实际取得地、藏匿地、转移地、使用地、销售地。

居住地包括户籍所在地、经常居住地。经常居住地是指公民离开户籍所在地最后连续居住一年以上的地方,但在医院住院就医的除外。

移交违法行为人居住地公安机关管辖的行政案件,违法行为地公安机关在移交前应当及时收集证据,并配合违法行为人居住地公安机关开展调查取证工作。

第十一条 针对或者利用网络实施的违法行为,用于实施违法行为的网站服务器所在地、网络接入地以及网站建立者或者管理者所在地,被侵害的网络及其运营者所在地,违法过程中违法行为人、被侵害人使用的网络及其运营者所在地,被侵害人被侵害时所在地,以及被侵害人财产遭受损失地公安机关可以管辖。

第十二条　行驶中的客车上发生的行政案件,由案发后客车最初停靠地公安机关管辖;必要时,始发地、途经地、到达地公安机关也可以管辖。

第十三条　行政案件由县级公安机关及其公安派出所、依法具有独立执法主体资格的公安机关业务部门以及出入境边防检查站按照法律、行政法规、规章授权和管辖分工办理,但法律、行政法规、规章规定由设区的市级以上公安机关办理的除外。

第十四条　几个公安机关都有权管辖的行政案件,由最初受理的公安机关管辖。必要时,可以由主要违法行为地公安机关管辖。

第十五条　对管辖权发生争议的,报请共同的上级公安机关指定管辖。

对于重大、复杂的案件,上级公安机关可以直接办理或者指定管辖。

上级公安机关直接办理或者指定管辖的,应当书面通知被指定管辖的公安机关和其他有关的公安机关。

原受理案件的公安机关自收到上级公安机关书面通知之日起不再行使管辖权,并立即将案卷材料移送被指定管辖的公安机关或者办理的上级公安机关,及时书面通知当事人。

第十六条　铁路公安机关管辖列车上、火车站工作区域内、铁路系统的机关、厂、段、所、队等单位内发生的行政案件,以及在铁路线上放置障碍物或者损毁、移动铁路设施等可能影响铁路运输安全、盗窃铁路设施的行政案件。对倒卖、伪造、变造火车票案件,由最初受理的铁路或者地方公安机关管辖。必要时,可以移送主要违法行为发生地的铁路或者地方公安机关管辖。

交通公安机关管辖港航管理机构管理的轮船上、港口、码头工作区域内和港航系统的机关、厂、所、队等单位内发生的行政案件。

民航公安机关管辖民航管理机构管理的机场工作区域以及民航系统的机关、厂、所、队等单位内和民航飞机上发生的行政案件。

国有林区的森林公安机关管辖林区内发生的行政案件。

海关缉私机构管辖阻碍海关缉私警察依法执行职务的治安案件。

第三章　回　避

第十七条　公安机关负责人、办案人民警察有下列情形之一的,应当自行提出回避申请,案件当事人及其法定代理人有权要求他们回避:

(一)是本案的当事人或者当事人近亲属的;

(二)本人或者其近亲属与本案有利害关系的;

(三)与本案当事人有其他关系,可能影响案件公正处理的。

第十八条　公安机关负责人、办案人民警察提出回避申请的,应当说明理由。

第十九条　办案人民警察的回避,由其所属的公安机关决定;公安机关负责人的回避,由上一级公安机关决定。

第二十条　当事人及其法定代理人要求公安机关负责人、办案人民警察回避的,应当提出申请,并说明理由。口头提出申请的,公安机关应当记录在案。

第二十一条　对当事人及其法定代理人提出的回避申请,公安机关应当在收到申请之日起二日内作出决定并通知申请人。

第二十二条　公安机关负责人、办案人民警察具有应当回避的情形之一,本人没有申请回避,当事人及其法定代理人也没有申请其回避的,有权决定其回避的公安机关可以指令其回避。

第二十三条　在行政案件调查过程中,鉴定人和翻译人员需要回避的,适用本章的规定。

鉴定人、翻译人员的回避,由指派或者聘请的公安机关决定。

第二十四条　在公安机关作出回避决定前,办案人民警察不得停止对行政案件的调查。

作出回避决定后,公安机关负责人、办案人民警察不得再参与该行政案件的调查和审核、审批工作。

第二十五条　被决定回避的公安机关负责人、办案人民警察、鉴定人和翻译人员,在回避决定作出前所进行的与案件有关的活动是否有效,由作出回避决定的公安机关根据是否影响案件依法公正处理等情况决定。

第四章　证　据

第二十六条　可以用于证明案件事实的材料,都是证据。

公安机关办理行政案件的证据包括:

(一)物证;

(二)书证;

(三)被侵害人陈述和其他证人证言;

(四)违法嫌疑人的陈述和申辩;

(五)鉴定意见;

(六)勘验、检查、辨认笔录,现场笔录;

(七)视听资料、电子数据。

证据必须经过查证属实,才能作为定案的根据。

第二十七条 公安机关必须依照法定程序,收集能够证实违法嫌疑人是否违法、违法情节轻重的证据。

严禁刑讯逼供和以威胁、欺骗等非法方法收集证据。采用刑讯逼供等非法方法收集的违法嫌疑人的陈述和申辩以及采用暴力、威胁等非法方法收集的被侵害人陈述、其他证人证言,不能作为定案的根据。收集物证、书证不符合法定程序,可能严重影响执法公正的,应当予以补正或者作出合理解释;不能补正或者作出合理解释的,不能作为定案的根据。

第二十八条 公安机关向有关单位和个人收集、调取证据时,应当告知其必须如实提供证据,并告知其伪造、隐匿、毁灭证据,提供虚假证词应当承担的法律责任。

需要向有关单位和个人调取证据的,经公安机关办案部门负责人批准,开具调取证据通知书,明确调取的证据和提供时限。被调取人应当在通知书上盖章或者签名,被调取人拒绝的,公安机关应当注明。必要时,公安机关应当采用录音、录像等方式固定证据内容及取证过程。

需要向有关单位紧急调取证据的,公安机关可以在电话告知人民警察身份的同时,将调取证据通知书连同办案人民警察的人民警察证复印件通过传真、互联网通讯工具等方式送达有关单位。

第二十九条 收集调取的物证应当是原物。在原物不便搬运、不易保存或者依法应当由有关部门保管、处理或者依法应当返还时,可以拍摄或者制作足以反映原物外形或者内容的照片、录像。

物证的照片、录像,经与原物核实无误或者经鉴定证明为真实的,可以作为证据使用。

第三十条 收集、调取的书证应当是原件。在取得原件确有困难时,可以使用副本或者复制件。

书证的副本、复制件,经与原件核实无误或者经鉴定证明为真实的,可以作为证据使用。书证有更改或者更改迹象不能作出合理解释的,或者书证的副本、复制件不能反映书证原本及其内容的,不能作为证据使用。

第三十一条 物证的照片、录像,书证的副本、复制件,视听资料的复制件,应当附有关制作过程及原件、原物存放处的文字说明,并由制作人和物品持有人或者持有单位有关人员签名。

第三十二条 收集电子数据,能够扣押电子数据原始存储介质的,应当扣押。

无法扣押原始存储介质的,可以提取电子数据。提取电子数据,应当制作笔录,并附电子数据清单,由办案人民警察、电子数据持有人签名。持有人无法或者拒绝签名的,应当在笔录中注明。

由于客观原因无法或者不宜依照前两款规定收集电子数据的,可以采取打印、拍照或者录像等方式固定相关证据,并附有关原因、过程等情况的文字说明,由办案人民警察、电子数据持有人签名。持有人无法或者拒绝签名的,应当注明情况。

第三十三条 刑事案件转为行政案件办理的,刑事案件办理过程中收集的证据材料,可以作为行政案件的证据使用。

第三十四条 凡知道案件情况的人,都有作证的义务。

生理上、精神上有缺陷或者年幼,不能辨别是非、不能正确表达的人,不能作为证人。

第五章 期间与送达

第三十五条 期间以时、日、月、年计算,期间开始之时或者日不计算在内。法律文书送达的期间不包括路途上的时间。期间的最后一日是节假日的,以节假日后的第一日为期满日期,但违法行为人被限制人身自由的期间,应当至期满之日为止,不得因节假日而延长。

第三十六条 送达法律文书,应当遵守下列规定:

(一)依照简易程序作出当场处罚决定的,应当将决定书当场交付被处罚人,并由被处罚人在备案的决定书上签名或者捺指印;被处罚人拒绝的,由办案人民警察在备案的决定书上注明;

(二)除本款第一项规定外,作出行政处罚决定和其他行政处理决定,应当在宣告后将决定书当场交付被处理人,并由被处理人在附卷的决定书上签名或者捺指印,即为送达;被处理人拒绝的,由办案人民警察在附卷的决定书上注明;被处理人不在场的,公安机关应当在作出决定的七日内将决定书送达被处理人,治安管理处罚决定应当在二日内送达。

送达法律文书应当首先采取直接送达方式,交给受送达人本人;受送达人不在的,可以交付其成年家属、所在单位的负责人员或者其居住地居(村)民委员会代收。受送达人本人或者代收人拒绝接收或者拒绝签名和捺指印的,送达人可以邀请其邻居或者其他见证人到场,说明情况,也可以对拒收情况进行录音录像,把文书留在受送达人处,在附卷的法律文书上注明拒绝的事由、送达日期,由送达人、见证人签名或者捺指印,即视为送达。

无法直接送达的,委托其他公安机关代为送达,或者邮寄送达。经受送达人同意,可以采用传真、互联网通讯工具等能够确认其收悉的方式送达。

经采取上述送达方式仍无法送达的,可以公告送达。公告的范围和方式应当便于公民知晓,公告期限不得少于六十日。

第六章 简易程序和快速办理

第一节 简易程序

第三十七条 违法事实确凿,且具有下列情形之一的,人民警察可以当场作出处罚决定,有违禁品的,可以当场收缴:

（一）对违反治安管理行为人或者道路交通违法行为人处二百元以下罚款或者警告的;

（二）出入境边防检查机关对违反出境入境管理行为人处五百元以下罚款或者警告的;

（三）对有其他违法行为的个人处五十元以下罚款或者警告、对单位处一千元以下罚款或者警告的;

（四）法律规定可以当场处罚的其他情形。

涉及卖淫、嫖娼、赌博、毒品的案件,不适用当场处罚。

第三十八条 当场处罚,应当按照下列程序实施:

（一）向违法行为人表明执法身份;

（二）收集证据;

（三）口头告知违法行为人拟作出行政处罚决定的事实、理由和依据,并告知违法行为人依法享有的陈述权和申辩权;

（四）充分听取违法行为人的陈述和申辩。违法行为人提出的事实、理由或者证据成立的,应当采纳;

（五）填写当场处罚决定书并当场交付被处罚人;

（六）当场收缴罚款的,同时填写罚款收据,交付被处罚人;未当场收缴罚款的,应当告知被处罚人在规定期限内到指定的银行缴纳罚款。

第三十九条 适用简易程序处罚的,可以由人民警察一人作出行政处罚决定。

人民警察当场作出行政处罚决定的,应当于作出决定后的二十四小时内将当场处罚决定书报所属公安机关备案,交通警察应当于作出决定后的二日内报所属公安机关交通管理部门备案。在旅客列车、民航飞机、水上作出行政处罚决定的,应当在返回后的二十四小时内报所属公安机关备案。

第二节 快速办理

第四十条 对不适用简易程序,但事实清楚、违法嫌疑人自愿认错认罚,且对违法事实和法律适用没有异议的行政案件,公安机关可以通过简化取证方式和审核审批手续等措施快速办理。

第四十一条 行政案件具有下列情形之一的,不适用快速办理:

（一）违法嫌疑人系盲、聋、哑人,未成年人或者疑似精神病人的;

（二）依法应当适用听证程序的;

（三）可能作出十日以上行政拘留处罚的;

（四）其他不宜快速办理的。

第四十二条 快速办理行政案件前,公安机关应当书面告知违法嫌疑人快速办理的相关规定,征得其同意,并由其签名确认。

第四十三条 对符合快速办理条件的行政案件,违法嫌疑人在自行书写材料或者询问笔录中承认违法事实、认错认罚,并有视音频记录、电子数据、检查笔录等关键证据能够相互印证的,公安机关可以不再开展其他调查取证工作。

第四十四条 对适用快速办理的行政案件,可以由专兼职法制员或者办案部门负责人审核后,报公安机关负责人审批。

第四十五条 对快速办理的行政案件,公安机关可以根据不同案件类型,使用简明扼要的格式询问笔录,尽量减少需要文字记录的内容。

被询问人自行书写材料的,办案单位可以提供样式供其参考。

使用执法记录仪等设备对询问过程录音录像的,可以替代书面询问笔录,必要时,对视听资料的关键内容和相应时间段等作文字说明。

第四十六条 对快速办理的行政案件,公安机关可以根据违法行为人认错悔改、纠正违法行为、赔偿损失以及被侵害人谅解情况等情节,依法对违法行为人从轻、减轻处罚或者不予行政处罚。

对快速办理的行政案件,公安机关可以采用口头方式履行处罚前告知程序,由办案人民警察在案卷材料中注明告知情况,并由被告知人签名确认。

第四十七条 对快速办理的行政案件,公安机关应当在违法嫌疑人到案后四十八小时内作出处理决定。

第四十八条 公安机关快速办理行政案件时,发现不适宜快速办理的,转为一般案件办理。快速办理阶段依法收集的证据,可以作为定案的根据。

第七章 调查取证

第一节 一般规定

第四十九条 对行政案件进行调查时,应当合法、及时、客观、全面地收集、调取证据材料,并予以审查、核实。

第五十条 需要调查的案件事实包括:
(一)违法嫌疑人的基本情况;
(二)违法行为是否存在;
(三)违法行为是否为违法嫌疑人实施;
(四)实施违法行为的时间、地点、手段、后果以及其他情节;
(五)违法嫌疑人有无法定从重、从轻、减轻以及不予行政处罚的情形;
(六)与案件有关的其他事实。

第五十一条 公安机关调查取证时,应当防止泄露工作秘密。

第五十二条 公安机关进行询问、辨认、检查、勘验,实施行政强制措施等调查取证工作时,人民警察不得少于二人,并表明执法身份。
接报案、受案登记、接受证据、信息采集、调解、送达文书等工作,可以由一名人民警察带领警务辅助人员进行,但应当全程录音录像。

第五十三条 对查获或者到案的违法嫌疑人应当进行安全检查,发现违禁品或者管制器具、武器、易燃易爆等危险品以及与案件有关的需要作为证据的物品,应当立即扣押;对违法嫌疑人随身携带的与案件无关的物品,应当按照有关规定予以登记、保管、退还。安全检查不需要开具检查证。
前款规定的扣押适用本规定第五十五条和第五十六条以及本章第七节的规定。

第五十四条 办理行政案件时,可以依法采取下列行政强制措施:
(一)对物品、设施、场所采取扣押、扣留、查封、先行登记保存、抽样取证、封存文件资料等强制措施,对恐怖活动嫌疑人的存款、汇款、债券、股票、基金份额等财产还可以采取冻结措施;
(二)对违法嫌疑人采取保护性约束措施、继续盘问、强制传唤、强制检测、拘留审查、限制活动范围,对恐怖活动嫌疑人采取约束措施等强制措施。

第五十五条 实施行政强制措施应当遵守下列规定:
(一)实施前须依法向公安机关负责人报告并经批准;
(二)通知当事人到场,当场告知当事人采取行政强制措施的理由、依据以及当事人依法享有的权利、救济途径。当事人不到场的,邀请见证人到场,并在现场笔录中注明;
(三)听取当事人的陈述和申辩;
(四)制作现场笔录,由当事人和办案人民警察签名或者盖章,当事人拒绝的,在笔录中注明。当事人不在场的,由见证人和办案人民警察在笔录上签名或者盖章;
(五)实施限制公民人身自由的行政强制措施的,应当当场告知当事人家属实施强制措施的公安机关、理由、地点和期限;无法当场告知的,应当在实施强制措施后立即通过电话、短信、传真等方式通知;身份不明、拒不提供家属联系方式或者因自然灾害等不可抗力导致无法通知的,可以不予通知。告知、通知家属情况或者无法通知家属的原因应当在询问笔录中注明;
(六)法律、法规规定的其他程序。
勘验、检查时实施行政强制措施,制作勘验、检查笔录的,不再制作现场笔录。
实施行政强制措施的全程录音录像,已经具备本条第一款第二项、第三项规定的实质要素的,可以替代书面现场笔录,但应当对视听资料的关键内容和相应时间段等作文字说明。

第五十六条 情况紧急,当场实施行政强制措施的,办案人民警察应当在二十四小时内依法向其所属的公安机关负责人报告,并补办批准手续。当场实施限制公民人身自由的行政强制措施的,办案人民警察应当在返回单位后立即报告,并补办批准手续。公安机关负责人认为不应当采取行政强制措施的,应当立即解除。

第五十七条 为维护社会秩序,人民警察对有违法嫌疑的人员,经表明执法身份后,可以当场盘问、检查。对当场盘问、检查后,不能排除其违法嫌疑,依法可以适用继续盘问的,可以将其带至公安机关,经公安派出所负责人批准,对其继续盘问。对违反出境入境管理的嫌疑人依法适用继续盘问的,应当经县级以上公安机关或者出入境边防检查机关负责人批准。
继续盘问的时限一般为十二小时;对在十二小时以内确实难以证实或者排除其违法犯罪嫌疑的,可以延长至二十四小时;对不讲真实姓名、住址、身份,且在二十四小时以内仍不能证实或者排除其违法犯罪嫌疑的,可以延长至四十八小时。

第五十八条 违法嫌疑人在醉酒状态中,对本人有危险或者对他人的人身、财产或者公共安全有威胁的,可以对其采取保护性措施约束至酒醒,也可以通知其家属、亲友或者所属单位将其领回看管,必要时,应当送医院醒酒。对行为举止失控的醉酒人,可以使用约束带或者警绳等进行约束,但是不得使用手铐、脚镣等警械。
约束过程中,应当指定专人严加看护。确认醉酒人酒醒后,应当立即解除约束,并进行询问。约束时间不计算在询问查证时间内。

第五十九条 对恐怖活动嫌疑人实施约束措施,应当遵守下列规定:

（一）实施前须经县级以上公安机关负责人批准;

（二）告知嫌疑人采取约束措施的理由、依据以及其依法享有的权利、救济途径;

（三）听取嫌疑人的陈述和申辩;

（四）出具决定书。

公安机关可以采取电子监控、不定期检查等方式对被约束人遵守约束措施的情况进行监督。

约束措施的期限不得超过三个月。对不需要继续采取约束措施的,应当及时解除并通知被约束人。

第二节 受　案

第六十条 县级公安机关及其公安派出所、依法具有独立执法主体资格的公安机关业务部门以及出入境边防检查站对报案、控告、举报、群众扭送或者违法嫌疑人投案,以及其他国家机关移送的案件,应当及时受理并按照规定进行网上接报案登记。对重复报案、案件正在办理或者已经办结的,应当向报案人、控告人、举报人、扭送人、投案人作出解释,不再登记。

第六十一条 公安机关应当对报案、控告、举报、群众扭送或者违法嫌疑人投案分别作出下列处理,并将处理情况在接报案登记中注明:

（一）对属于本单位管辖范围内的案件,应当立即调查处理,制作受案登记表和受案回执,并将受案回执交报案人、控告人、举报人、扭送人;

（二）对属于公安机关职责范围,但不属于本单位管辖的,应当在二十四小时内移送有管辖权的单位处理,并告知报案人、控告人、举报人、扭送人、投案人;

（三）对不属于公安机关职责范围的事项,在接报案时能够当场判断的,应当立即口头告知报案人、控告人、举报人、扭送人、投案人向其他主管机关报案或者投案,报案人、控告人、举报人、扭送人、投案人对口头告知内容有异议或者不能当场判断的,应当书面告知,但因没有联系方式、身份不明等客观原因无法书面告知的除外。

在日常执法执勤中发现的违法行为,适用前款规定。

第六十二条 属于公安机关职责范围但不属于本单位管辖的案件,具有下列情形之一的,受理案件或者发现案件的公安机关及其人民警察应当依法先行采取必要的强制措施或者其他处置措施,再移送有管辖权的单位处理:

（一）违法嫌疑人正在实施危害行为的;

（二）正在实施违法行为或者违法后即时被发现的现行犯被扭送至公安机关的;

（三）在逃的违法嫌疑人已被抓获或者被发现的;

（四）有人员伤亡,需要立即采取救治措施的;

（五）其他应当采取紧急措施的情形。

行政案件移送管辖的,询问查证时间和扣押等措施的期限重新计算。

第六十三条 报案人不愿意公开自己的姓名和报案行为的,公安机关应当在受案登记时注明,并为其保密。

第六十四条 对报案人、控告人、举报人、扭送人、投案人提供的有关证据材料、物品等应当登记,出具接受证据清单,并妥善保管。必要时,应当拍照、录音、录像。移送案件时,应当将有关证据材料和物品一并移交。

第六十五条 对发现或者受理的案件暂时无法确定为刑事案件或者行政案件的,可以按照行政案件的程序办理。在办理过程中,认为涉嫌构成犯罪的,应当按照《公安机关办理刑事案件程序规定》办理。

第三节 询　问

第六十六条 询问违法嫌疑人,可以到违法嫌疑人住处或者单位进行,也可以将违法嫌疑人传唤到其所在市、县内的指定地点进行。

第六十七条 需要传唤违法嫌疑人接受调查的,经公安派出所、县级以上公安机关办案部门或者出入境边防检查机关负责人批准,使用传唤证传唤。对现场发现的违法嫌疑人,人民警察经出示人民警察证,可以口头传唤,并在询问笔录中注明违法嫌疑人到案经过、到案时间和离开时间。

单位违反公安行政管理规定,需要传唤其直接负责的主管人员和其他直接责任人员的,适用前款规定。

对无正当理由不接受传唤或者逃避传唤的违反治安管理、出境入境管理的嫌疑人以及法律规定可以强制传唤的其他违法嫌疑人,经公安派出所、县级以上公安机关办案部门或者出入境边防检查机关负责人批准,可以强制传唤。强制传唤时,可以依法使用手铐、警绳等约束性警械。

公安机关应当将传唤的原因和依据告知被传唤人,并通知其家属。公安机关通知被传唤人家属适用本规定第五十五条第一款第五项的规定。

第六十八条 使用传唤证传唤的,违法嫌疑人被传唤到案后和询问查证结束后,应当由其在传唤证上填写到案和离开时间并签名。拒绝填写或者签名的,办案人民警察应当在传唤证上注明。

第六十九条　对被传唤的违法嫌疑人,应当及时询问查证,询问查证的时间不得超过八小时;案情复杂,违法行为依法可能适用行政拘留处罚的,询问查证的时间不得超过二十四小时。

不得以连续传唤的形式变相拘禁违法嫌疑人。

第七十条　对于投案自首或者群众扭送的违法嫌疑人,公安机关应当立即进行询问查证,并在询问笔录中记明违法嫌疑人到案经过、到案和离开时间。询问查证时间适用本规定第六十九条第一款的规定。

对于投案自首或者群众扭送的违法嫌疑人,公安机关应当适用本规定第五十五条第一款第五项的规定通知其家属。

第七十一条　在公安机关询问违法嫌疑人,应当在办案场所进行。

询问查证期间应当保证违法嫌疑人的饮食和必要的休息时间,并在询问笔录中注明。

在询问查证的间隙期间,可以将违法嫌疑人送入候问室,并按照候问室的管理规定执行。

第七十二条　询问违法嫌疑人、被侵害人或者其他证人,应当个别进行。

第七十三条　首次询问违法嫌疑人时,应当问明违法嫌疑人的姓名、出生日期、户籍所在地、现住址、身份证件种类及号码,是否为各级人民代表大会代表,是否受过刑事处罚或者行政拘留、强制隔离戒毒、社区戒毒、收容教养等情况。必要时,还应当问明其家庭主要成员、工作单位、文化程度、民族、身体状况等情况。

违法嫌疑人为外国人的,首次询问时还应当问明其国籍、出入境证件种类及号码、签证种类、入境时间、入境事由等情况。必要时,还应当问明其在华关系人等情况。

第七十四条　询问时,应当告知被询问人必须如实提供证据、证言和故意作伪证或者隐匿证据应负的法律责任,对与本案无关的问题有拒绝回答的权利。

第七十五条　询问未成年人时,应当通知其父母或者其他监护人到场,其父母或者其他监护人不能到场的,也可以通知未成年人的其他成年亲属,所在学校、单位、居住地基层组织或者未成年人保护组织的代表到场,并将有关情况记录在案。确实无法通知或者通知后未到场的,应当在询问笔录中注明。

第七十六条　询问聋哑人时,应当有通晓手语的人提供帮助,并在询问笔录中注明被询问人的聋哑情况以及翻译人员的姓名、住址、工作单位和联系方式。

对不通晓当地通用的语言文字的被询问人,应当为其配备翻译人员,并在询问笔录中注明翻译人员的姓名、住址、工作单位和联系方式。

第七十七条　询问笔录应当交被询问人核对,对没有阅读能力的,应当向其宣读。记录有误或者遗漏的,应当允许被询问人更正或者补充,并要求其在修改处捺指印。被询问人确认笔录无误后,应当在询问笔录上逐页签名或者捺指印。拒绝签名和捺指印的,办案人民警察应当在询问笔录中注明。

办案人民警察应当在询问笔录上签名,翻译人员应当在询问笔录的结尾处签名。

询问时,可以全程录音、录像,并保持录音、录像资料的完整性。

第七十八条　询问违法嫌疑人时,应当听取违法嫌疑人的陈述和申辩。对违法嫌疑人的陈述和申辩,应当核查。

第七十九条　询问被侵害人或者其他证人,可以在现场进行,也可以到其单位、学校、住所、其居住地居(村)民委员会或者其提出的地点进行。必要时,也可以书面、电话或者当场通知其到公安机关提供证言。

在现场询问的,办案人民警察应当出示人民警察证。

询问前,应当了解被询问人的身份以及其与被侵害人、其他证人、违法嫌疑人之间的关系。

第八十条　违法嫌疑人、被侵害人或者其他证人请求自行提供书面材料的,应当准许。必要时,办案人民警察也可以要求违法嫌疑人、被侵害人或者其他证人自行书写。违法嫌疑人、被侵害人或者其他证人应当在其提供的书面材料的结尾处签名或者捺指印。对打印的书面材料,违法嫌疑人、被侵害人或者其他证人应当逐页签名或者捺指印。办案人民警察收到书面材料后,应当在首页注明收到日期,并签名。

第四节　勘验、检查

第八十一条　对于违法行为案发现场,必要时应当进行勘验,提取与案件有关的证据材料,判断案件性质,确定调查方向和范围。

现场勘验参照刑事案件现场勘验的有关规定执行。

第八十二条　对与违法行为有关的场所、物品、人身可以进行检查。检查时,人民警察不得少于二人,并应当出示人民警察证和县级以上公安机关开具的检查证。对确有必要立即进行检查的,人民警察经出示人民警察证,可以当场检查;但检查公民住所的,必须有证据表明或者有群众报警公民住所内正在发生危害公共安全或者公民人身安全的案(事)件,或者违法存放危险物质,不立即检查可能会对公共安全或者公民人身、财产安全造成重大危害。

对机关、团体、企业、事业单位或者公共场所进行日常执法监督检查,依照有关法律、法规和规章执行,不适用前款规定。

第八十三条　对违法嫌疑人,可以依法提取或者采集肖像、指纹等人体生物识别信息;涉嫌酒后驾驶机动车、吸毒、从事恐怖活动等违法行为的,可以依照《中华人民共和国道路交通安全法》《中华人民共和国禁毒法》《中华人民共和国反恐怖主义法》等规定提取或者采集血液、尿液、毛发、脱落细胞等生物样本。人身安全检查和当场检查时已经提取、采集的信息,不再提取、采集。

第八十四条　对违法嫌疑人进行检查时,应当尊重被检查人的人格尊严,不得以有损人格尊严的方式进行检查。

检查妇女的身体,应当由女性工作人员进行。

依法对卖淫、嫖娼人员进行性病检查的,应当由医生进行。

第八十五条　检查场所或者物品时,应当注意避免对物品造成不必要的损坏。

检查场所时,应当有被检查人或者见证人在场。

第八十六条　检查情况应当制作检查笔录。检查笔录由检查人员、被检查人或者见证人签名;被检查人不在场或者拒绝签名的,办案人民警察应当在检查笔录中注明。

检查时的全程录音录像可以替代书面检查笔录,但应当对视听资料的关键内容和相应时间段等作文字说明。

第五节　鉴　　定

第八十七条　为了查明案情,需要对专门性技术问题进行鉴定的,应当指派或者聘请具有专门知识的人员进行。

需要聘请本公安机关以外的人进行鉴定的,应当经公安机关办案部门负责人批准后,制作鉴定聘请书。

第八十八条　公安机关应当为鉴定提供必要的条件,及时送交有关检材和比对样本等原始材料,介绍与鉴定有关的情况,并且明确提出要求鉴定解决的问题。

办案人民警察应当做好检材的保管和送检工作,并注明检材送检环节的责任人,确保检材在流转环节中的同一性和不被污染。

禁止强迫或者暗示鉴定人作出某种鉴定意见。

第八十九条　对人身伤害的鉴定由法医进行。

卫生行政主管部门许可的医疗机构具有执业资格的医生出具的诊断证明,可以作为公安机关认定人身伤害程度的依据,但具有本规定第九十条规定情形的除外。

对精神病的鉴定,由精神病鉴定资格的鉴定机构进行。

第九十条　人身伤害案件具有下列情形之一的,公安机关应当进行伤情鉴定:

(一)受伤程度较重,可能构成轻伤以上伤害程度的;

(二)被侵害人要求作伤情鉴定的;

(三)违法嫌疑人、被侵害人对伤害程度有争议的。

第九十一条　对需要进行伤情鉴定的案件,被侵害人拒绝提供诊断证明或者拒绝进行伤情鉴定的,公安机关应当将有关情况记录在案,并可以根据已认定的事实作出处理决定。

经公安机关通知,被侵害人无正当理由未在公安机关确定的时间内作伤情鉴定的,视为拒绝鉴定。

第九十二条　对电子数据涉及的专门性问题难以确定的,由司法鉴定机构出具鉴定意见,或者由公安部指定的机构出具报告。

第九十三条　涉案物品价值不明或者难以确定的,公安机关应当委托价格鉴定机构估价。

根据当事人提供的购买发票等票据能够认定价值的涉案物品,或者价值明显不够刑事立案标准的涉案物品,公安机关可以不进行价格鉴证。

第九十四条　对涉嫌吸毒的人员,应当进行吸毒检测,被检测人员应当配合;对拒绝接受检测的,经县级以上公安机关或者其派出机构负责人批准,可以强制检测。采集女性被检测人检测样本,应当由女性工作人员进行。

对涉嫌服用国家管制的精神药品、麻醉药品驾驶机动车的人员,可以对其进行体内国家管制的精神药品、麻醉药品含量检验。

第九十五条　对有酒后驾驶机动车嫌疑的人,应当对其进行呼气酒精测试,对具有下列情形之一的,应当立即提取血样,检验血液酒精含量:

(一)当事人对呼气酒精测试结果有异议的;

(二)当事人拒绝配合呼气酒精测试的;

(三)涉嫌醉酒驾驶机动车的;

（四）涉嫌饮酒后驾驶机动车发生交通事故的。

当事人对呼气酒精测试结果无异议的，应当签字确认。事后提出异议的，不予采纳。

第九十六条 鉴定人鉴定后，应当出具鉴定意见。鉴定意见应当载明委托人、委托鉴定的事项、提交鉴定的相关材料、鉴定的时间、依据和结论性意见等内容，并由鉴定人签名或者盖章。通过分析得出鉴定意见的，应当有分析过程的说明。鉴定意见应当附有鉴定机构和鉴定人的资质证明或者其他证明文件。

鉴定人对鉴定意见负责，不受任何机关、团体、企业、事业单位和个人的干涉。多人参加鉴定，对鉴定意见有不同意见的，应当注明。

鉴定人故意作虚假鉴定的，应当承担法律责任。

第九十七条 办案人民警察应当对鉴定意见进行审查。

对经审查作为证据使用的鉴定意见，公安机关应当在收到鉴定意见之日起五日内将鉴定意见复印件送达违法嫌疑人和被侵害人。

医疗机构出具的诊断证明作为公安机关认定人身伤害程度的依据的，应当将诊断证明结论书面告知违法嫌疑人和被侵害人。

违法嫌疑人或者被侵害人对鉴定意见有异议的，可以在收到鉴定意见复印件之日起三日内提出重新鉴定的申请，经县级以上公安机关批准后，进行重新鉴定。同一行政案件的同一事项重新鉴定以一次为限。

当事人是否申请重新鉴定，不影响案件的正常办理。

公安机关认为必要时，也可以直接决定重新鉴定。

第九十八条 具有下列情形之一的，应当进行重新鉴定：

（一）鉴定程序违法或者违反相关专业技术要求，可能影响鉴定意见正确性的；

（二）鉴定机构、鉴定人不具备鉴定资质和条件的；

（三）鉴定意见明显依据不足的；

（四）鉴定人故意作虚假鉴定的；

（五）鉴定人应当回避而没有回避的；

（六）检材虚假或者被损坏的；

（七）其他应当重新鉴定的。

不符合前款规定情形的，经县级以上公安机关负责人批准，作出不准予重新鉴定的决定，并在作出决定之日起的三日以内书面通知申请人。

第九十九条 重新鉴定，公安机关应当另行指派或者聘请鉴定人。

第一百条 鉴定费用由公安机关承担，但当事人自行鉴定的除外。

第六节 辨 认

第一百零一条 为了查明案情，办案人民警察可以让违法嫌疑人、被侵害人或者其他证人对与违法行为有关的物品、场所或者违法嫌疑人进行辨认。

第一百零二条 辨认由二名以上办案人民警察主持。

组织辨认前，应当向辨认人详细询问辨认对象的具体特征，并避免辨认人见到辨认对象。

第一百零三条 多名辨认人对同一辨认对象或者一名辨认人对多名辨认对象进行辨认时，应当个别进行。

第一百零四条 辨认时，应当将辨认对象混杂在特征相类似的其他对象中，不得给辨认人任何暗示。

辨认违法嫌疑人时，被辨认的人数不得少于七人；对违法嫌疑人照片进行辨认的，不得少于十人的照片。

辨认每一件物品时，混杂的同类物品不得少于五件。

同一辨认人对与同一案件有关的辨认对象进行多组辨认的，不得重复使用陪衬照片或者陪衬人。

第一百零五条 辨认人不愿意暴露身份的，对违法嫌疑人的辨认可以在不暴露辨认人的情况下进行，公安机关及其人民警察应当为其保守秘密。

第一百零六条 辨认经过和结果，应当制作辨认笔录，由办案人民警察和辨认人签名或者捺指印。必要时，应当对辨认过程进行录音、录像。

第七节 证据保全

第一百零七条 对下列物品，经公安机关负责人批准，可以依法扣押或者扣留：

（一）与治安案件、违反出境入境管理的案件有关的需要作为证据的物品；

（二）道路交通安全法律、法规规定适用扣留的车辆、机动车驾驶证；

（三）《中华人民共和国反恐怖主义法》等法律、法规规定适用扣押或者扣留的物品。

对下列物品，不得扣押或者扣留：

（一）与案件无关的物品；

（二）公民个人及其所扶养家属的生活必需品；

（三）被侵害人或者善意第三人合法占有的财产。

对具有本条第二款第二项、第三项情形的，应当予以登记，写明登记财物的名称、规格、数量、特征，并由占有人签名或者捺指印。必要时，可以进行拍照。但是，与案件有关必须鉴定的，可以依法扣押，结束后应当立即解除。

第一百零八条 办理下列行政案件时,对专门用于从事无证经营活动的场所、设施、物品,经公安机关负责人批准,可以依法查封。但对与违法行为无关的场所、设施,公民个人及其扶养家属的生活必需品不得查封:

(一)擅自经营按照国家规定需要由公安机关许可的行业的;

(二)依照《娱乐场所管理条例》可以由公安机关采取取缔措施的;

(三)《中华人民共和国反恐怖主义法》等法律、法规规定适用查封的其他公安行政案件。

场所、设施、物品已被其他国家机关依法查封的,不得重复查封。

第一百零九条 收集证据时,经公安机关办案部门负责人批准,可以采取抽样取证的方法。

抽样取证应当采取随机的方式,抽取样品的数量以能够认定本品的品质特征为限。

抽样取证时,应当对抽样取证的现场、被抽样物品及被抽取的样品进行拍照或者对抽样过程进行录像。

对抽取的样品应当及时进行检验。经检验,能够作为证据使用的,应当依法扣押、先行登记保存或者登记;不属于证据的,应当及时返还样品。样品有减损的,应当予以补偿。

第一百一十条 在证据可能灭失或者以后难以取得的情况下,经公安机关办案部门负责人批准,可以先行登记保存。

先行登记保存期间,证据持有人及其他人员不得损毁或者转移证据。

对先行登记保存的证据,应当在七日内作出处理决定。逾期不作出处理决定的,视为自动解除。

第一百一十一条 实施扣押、扣留、查封、抽样取证、先行登记保存等证据保全措施时,应当会同当事人查点清楚,制作并当场交付证据保全决定书。必要时,应当对采取证据保全措施的证据进行拍照或者对采取证据保全的过程进行录像。证据保全决定书应当载明下列事项:

(一)当事人的姓名或者名称、地址;

(二)抽样取证、先行登记保存、扣押、扣留、查封的理由、依据和期限;

(三)申请行政复议或者提起行政诉讼的途径和期限;

(四)作出决定的公安机关的名称、印章和日期。

证据保全决定书应当附清单,载明被采取证据保全的场所、设施、物品的名称、规格、数量、特征等,由办案人民警察和当事人签名后,一份交当事人,一份附卷。有见证人的,还应当由见证人签名。当事人或者见证人拒绝签名的,办案人民警察应当在证据保全清单上注明。

对可以作为证据使用的录音带、录像带,在扣押时应当予以检查,记明案由、内容以及录取和复制的时间、地点等,并妥为保管。

对扣押的电子数据原始存储介质,应当封存,保证在不解除封存状态的情况下,无法增加、删除、修改电子数据,并在证据保全清单中记录封存状态。

第一百一十二条 扣押、扣留、查封期限为三十日,情况复杂的,经县级以上公安机关负责人批准,可以延长三十日;法律、行政法规另有规定的除外。延长扣押、扣留、查封期限的,应当及时书面告知当事人,并说明理由。

对物品需要进行鉴定的,鉴定期间不计入扣押、扣留、查封期间,但应当将鉴定的期间书面告知当事人。

第一百一十三条 公安机关对恐怖活动嫌疑人的存款、汇款、债券、股票、基金份额等财产采取冻结措施的,应当经县级以上公安机关负责人批准,向金融机构交付冻结通知书。

作出冻结决定的公安机关应当在三日内向恐怖活动嫌疑人交付冻结决定书。冻结决定书应当载明下列事项:

(一)恐怖活动嫌疑人的姓名或者名称、地址;

(二)冻结的理由、依据和期限;

(三)冻结的账号和数额;

(四)申请行政复议或者提起行政诉讼的途径和期限;

(五)公安机关的名称、印章和日期。

第一百一十四条 自被冻结之日起二个月内,公安机关应当作出处理决定或者解除冻结;情况复杂的,经上一级公安机关负责人批准,可以延长一个月。

延长冻结的决定应当及时书面告知恐怖活动嫌疑人,并说明理由。

第一百一十五条 有下列情形之一的,公安机关应当立即退还财物,并由当事人签名确认;不涉及财物退还的,应当书面通知当事人解除证据保全:

(一)当事人没有违法行为的;

(二)被采取证据保全的场所、设施、物品、财产与违法行为无关的;

(三)已经作出处理决定,不再需要采取证据保全措施的;

（四）采取证据保全措施的期限已经届满的；
（五）其他不再需要采取证据保全措施的。
作出解除冻结决定的，应当及时通知金融机构。

第一百一十六条 行政案件变更管辖时，与案件有关的财物及其孳息应当随案移交，并书面告知当事人。移交时，由接收人、移交人当面查点清楚，并在交接单据上共同签名。

第八节 办案协作

第一百一十七条 办理行政案件需要异地公安机关协作的，应当制作办案协作函件。负责协作的公安机关接到请求协作的函件后，应当办理。

第一百一十八条 需要到异地执行传唤的，办案人民警察应当持传唤证、办案协作函件和人民警察证，与协作地公安机关联系，在协作地公安机关的协作下进行传唤。协作地公安机关应当协助将违法嫌疑人传唤到其所在市、县内的指定地点或者到其住处、单位进行询问。

第一百一十九条 需要异地办理检查、查询，查封、扣押或者冻结与案件有关的财物、文件的，应当持相关的法律文书、办案协作函件和人民警察证，与协作地公安机关联系，协作地公安机关应当协助执行。

在紧急情况下，可以将办案协作函件和相关的法律文书传真或者通过执法办案信息系统发送至协作地公安机关，协作地公安机关应当及时采取措施。办案地公安机关应当立即派员前往协作地办理。

第一百二十条 需要进行远程视频询问、处罚前告知的，应当由协作地公安机关事先核实被询问、告知人的身份。办案地公安机关应当制作询问、告知笔录并传输至协作地公安机关。询问、告知笔录经被询问、告知人确认并逐页签名或者捺指印后，由协作地公安机关协作人员签名或者盖章，并将原件或者电子签名笔录提供给办案地公安机关。办案地公安机关负责询问、告知的人民警察应当在首页注明收到日期，并签名或者盖章。询问、告知过程应当全程录音录像。

第一百二十一条 办案地公安机关可以委托异地公安机关代为询问、向有关单位和个人调取电子数据、接收自行书写材料、进行辨认、履行处罚前告知程序、送达法律文书等工作。

委托代为询问、辨认、处罚前告知的，办案地公安机关应当列出明确具体的询问、辨认、告知提纲，提供被辨认对象的照片和陪衬照片。

委托代为向有关单位和个人调取电子数据的，办案地公安机关应当将办案协作函件和相关法律文书传真或者通过执法办案信息系统发送至协作地公安机关，由协作地公安机关办案部门审核确认后办理。

第一百二十二条 协作地公安机关依照办案地公安机关的要求，依法履行办案协作职责所产生的法律责任，由办案地公安机关承担。

第八章 听证程序

第一节 一般规定

第一百二十三条 在作出下列行政处罚决定之前，应当告知违法嫌疑人有要求举行听证的权利：
（一）责令停产停业；
（二）吊销许可证或者执照；
（三）较大数额罚款；
（四）法律、法规和规章规定违法嫌疑人可以要求举行听证的其他情形。

前款第三项所称"较大数额罚款"，是指对个人处以二千元以上罚款，对单位处以一万元以上罚款，对违反边防出境入境管理法律、法规和规章的个人处以六千元以上罚款。对依据地方性法规或者地方政府规章作出的罚款处罚，适用听证的罚款数额按照地方规定执行。

第一百二十四条 听证由公安机关法制部门组织实施。
依法具有独立执法主体资格的公安机关业务部门以及出入境边防检查站依法作出行政处罚决定的，由其非本案调查人员组织听证。

第一百二十五条 公安机关不得因违法嫌疑人提出听证要求而加重处罚。

第一百二十六条 听证人员应当就行政案件的事实、证据、程序、适用法律等方面全面听取当事人陈述和申辩。

第二节 听证人员和听证参加人

第一百二十七条 听证设听证主持人一名，负责组织听证；记录员一名，负责制作听证笔录。必要时，可以设听证员一至二名，协助听证主持人进行听证。

本案调查人员不得担任听证主持人、听证员或者记录员。

第一百二十八条 听证主持人决定或者开展下列事项：
（一）举行听证的时间、地点；
（二）听证是否公开举行；
（三）要求听证参加人到场参加听证，提供或者补充证据；
（四）听证的延期、中止或者终止；
（五）主持听证，就案件的事实、理由、证据、程序、适用法律等组织质证和辩论；

（六）维持听证秩序，对违反听证纪律的行为予以制止；

（七）听证员、记录员的回避；

（八）其他有关事项。

第一百二十九条 听证参加人包括：

（一）当事人及其代理人；

（二）本案办案人民警察；

（三）证人、鉴定人、翻译人员；

（四）其他有关人员。

第一百三十条 当事人在听证活动中享有下列权利：

（一）申请回避；

（二）委托一至二人代理参加听证；

（三）进行陈述、申辩和质证；

（四）核对、补正听证笔录；

（五）依法享有的其他权利。

第一百三十一条 与听证案件处理结果有直接利害关系的其他公民、法人或者其他组织，作为第三人申请参加听证的，应当允许。为查明案情，必要时，听证主持人也可以通知其参加听证。

第三节 听证的告知、申请和受理

第一百三十二条 对适用听证程序的行政案件，办案部门在提出处罚意见后，应当告知违法嫌疑人拟作出的行政处罚和有要求举行听证的权利。

第一百三十三条 违法嫌疑人要求听证的，应当在公安机关告知后三日内提出申请。

第一百三十四条 违法嫌疑人放弃听证或者撤回听证要求后，处罚决定作出前，又提出听证要求的，只要在听证申请有效期限内，应当允许。

第一百三十五条 公安机关收到听证申请后，应当在二日内决定是否受理。认为听证申请人的要求不符合听证条件，决定不予受理的，应当制作不予受理听证通知书，告知听证申请人。逾期不通知听证申请人的，视为受理。

第一百三十六条 公安机关受理听证后，应当在举行听证的七日前将举行听证通知书送达听证申请人，并将举行听证的时间、地点通知其他听证参加人。

第四节 听证的举行

第一百三十七条 听证应当在公安机关收到听证申请之日起十日内举行。

除涉及国家秘密、商业秘密、个人隐私的行政案件外，听证应当公开举行。

第一百三十八条 听证申请人不能按期参加听证的，可以申请延期，是否准许，由听证主持人决定。

第一百三十九条 二个以上违法嫌疑人分别对同一行政案件提出听证要求的，可以合并举行。

第一百四十条 同一行政案件中有二个以上违法嫌疑人，其中部分违法嫌疑人提出听证申请的，应当在听证举行后一并作出处理决定。

第一百四十一条 听证开始时，听证主持人核对听证参加人；宣布案由；宣布听证员、记录员和翻译人员名单；告知当事人在听证中的权利和义务；询问当事人是否提出回避申请；对不公开听证的行政案件，宣布不公开听证的理由。

第一百四十二条 听证开始后，首先由办案人民警察提出听证申请人违法的事实、证据和法律依据及行政处罚意见。

第一百四十三条 办案人民警察提出证据时，应当向听证会出示。对证人证言、鉴定意见、勘验笔录和其他作为证据的文书，应当当场宣读。

第一百四十四条 听证申请人可以就办案人民警察提出的违法事实、证据和法律依据以及行政处罚意见进行陈述、申辩和质证，并可以提出新的证据。

第三人可以陈述事实，提出新的证据。

第一百四十五条 听证过程中，当事人及其代理人有权申请通知新的证人到会作证，调取新的证据。对上述申请，听证主持人应当当场作出是否同意的决定；申请重新鉴定的，按照本规定第七章第五节有关规定办理。

第一百四十六条 听证申请人、第三人和办案人民警察可以围绕案件的事实、证据、程序、适用法律、处罚种类和幅度等问题进行辩论。

第一百四十七条 辩论结束后，听证主持人应当听取听证申请人、第三人、办案人民警察各方最后陈述意见。

第一百四十八条 听证过程中，遇有下列情形之一，听证主持人可以中止听证：

（一）需要通知新的证人到会、调取新的证据或者需要重新鉴定或者勘验的；

（二）因回避致使听证不能继续进行的；

（三）其他需要中止听证的。

中止听证的情形消除后，听证主持人应当及时恢复听证。

第一百四十九条 听证过程中，遇有下列情形之一，应当终止听证：

（一）听证申请人撤回听证申请的；

（二）听证申请人及其代理人无正当理由拒不出席或者未经听证主持人许可中途退出听证的；

（三）听证申请人死亡或者作为听证申请人的法人或者其他组织被撤销、解散的；

（四）听证过程中，听证申请人或者其代理人扰乱听证秩序，不听劝阻，致使听证无法正常进行的；

（五）其他需要终止听证的。

第一百五十条　听证参加人和旁听人员应当遵守听证会场纪律。对违反听证会场纪律的，听证主持人应当警告制止；对不听制止，干扰听证正常进行的旁听人员，责令其退场。

第一百五十一条　记录员应当将举行听证的情况记入听证笔录。听证笔录应当载明下列内容：

（一）案由；

（二）听证的时间、地点和方式；

（三）听证人员和听证参加人的身份情况；

（四）办案人民警察陈述的事实、证据和法律依据以及行政处罚意见；

（五）听证申请人或者其代理人的陈述和申辩；

（六）第三人陈述的事实和理由；

（七）办案人民警察、听证申请人或者其代理人、第三人质证、辩论的内容；

（八）证人陈述的事实；

（九）听证申请人、第三人、办案人民警察的最后陈述意见；

（十）其他事项。

第一百五十二条　听证笔录应当交听证申请人阅读或者向其宣读。听证笔录中的证人陈述部分，应当交证人阅读或者向其宣读。听证申请人或者证人认为笔录有误的，可以请求补充或者改正。听证申请人或者证人审核无误后签名或者捺指印。听证申请人或者证人拒绝的，由记录员在听证笔录中记明情况。

听证笔录经听证主持人审阅后，由听证主持人、听证员和记录员签名。

第一百五十三条　听证结束后，听证主持人应当写出听证报告书，连同听证笔录一并报送公安机关负责人。

听证报告书应当包括下列内容：

（一）案由；

（二）听证人员和听证参加人的基本情况；

（三）听证的时间、地点和方式；

（四）听证会的基本情况；

（五）案件事实；

（六）处理意见和建议。

第九章　行政处理决定

第一节　行政处罚的适用

第一百五十四条　违反治安管理行为在六个月内没有被公安机关发现，其他违法行为在二年内没有被公安机关发现的，不再给予行政处罚。

前款规定的期限，从违法行为发生之日起计算，违法行为有连续、继续或者持续状态的，从行为终了之日起计算。

被侵害人在违法行为追究时效内向公安机关控告，公安机关应当受理而不受理的，不受本条第一款追究时效的限制。

第一百五十五条　实施行政处罚时，应当责令违法行为人当场或者限期改正违法行为。

第一百五十六条　对违法行为人的同一个违法行为，不得给予两次以上罚款的行政处罚。

第一百五十七条　不满十四周岁的人有违法行为的，不予行政处罚，但是应当责令其监护人严加管教，并在不予行政处罚决定书中载明。已满十四周岁不满十八周岁的人有违法行为的，从轻或者减轻行政处罚。

第一百五十八条　精神病人在不能辨认或者不能控制自己行为时有违法行为的，不予行政处罚，但应当责令其监护人严加看管和治疗，并在不予行政处罚决定书中载明。间歇性精神病人在精神正常时有违法行为的，应当给予行政处罚。尚未完全丧失辨认或者控制自己行为能力的精神病人有违法行为的，应当予以行政处罚，但可以从轻或者减轻行政处罚。

第一百五十九条　违法行为人有下列情形之一的，应当从轻、减轻处罚或者不予行政处罚：

（一）主动消除或者减轻违法行为危害后果，并取得被侵害人谅解的；

（二）受他人胁迫或者诱骗的；

（三）有立功表现的；

（四）主动投案，向公安机关如实陈述自己的违法行为的；

（五）其他依法应当从轻、减轻或者不予行政处罚的。

违法行为轻微并及时纠正，没有造成危害后果的，不予行政处罚。

盲人或者又聋又哑的人违反治安管理的，可以从轻、减轻或者不予行政处罚；醉酒的人违反治安管理的，应当给予处罚。

第一百六十条　违法行为人有下列情形之一的，应当从重处罚：

（一）有较严重后果的；
（二）教唆、胁迫、诱骗他人实施违法行为的；
（三）对报案人、控告人、举报人、证人等打击报复的；
（四）六个月内曾受过治安管理处罚或者一年内因同类违法行为受到两次以上公安行政处罚的；
（五）刑罚执行完毕三年内，或者在缓刑期间，违反治安管理的。

第一百六十一条 一人有两种以上违法行为的，分别决定，合并执行，可以制作一份决定书，分别写明对每种违法行为的处理内容和合并执行的内容。

一个案件有多个违法行为人的，分别决定，可以制作一式多份决定书，写明给予每个人的处理决定，分别送达每一个违法行为人。

第一百六十二条 行政拘留处罚合并执行的，最长不超过二十日。

行政拘留处罚执行完毕前，发现违法行为人有其他违法行为，公安机关依法作出行政拘留决定的，与正在执行的行政拘留合并执行。

第一百六十三条 对决定给予行政拘留处罚的人，在处罚前因同一行为已经被采取强制措施限制人身自由的时间应当折抵。限制人身自由一日，折抵执行行政拘留一日。询问查证、继续盘问和采取约束措施的时间不予折抵。

被采取强制措施限制人身自由的时间超过决定的行政拘留期限的，行政拘留决定不再执行。

第一百六十四条 违法行为人具有下列情形之一，依法应当给予行政拘留处罚的，应当作出处罚决定，但不送拘留所执行：
（一）已满十四周岁不满十六周岁的；
（二）已满十六周岁不满十八周岁，初次违反治安管理或者其他公安行政管理的。但是，曾被收容教养、被行政拘留依法不执行行政拘留或者曾因实施扰乱公共秩序，妨害公共安全，侵犯人身权利、财产权利，妨害社会管理的行为被人民法院判决有罪的除外；
（三）七十周岁以上的；
（四）孕妇或者正在哺乳自己婴儿的妇女。

第二节 行政处理的决定

第一百六十五条 公安机关办理治安案件的期限，自受理之日起不得超过三十日；案情重大、复杂的，经上一级公安机关批准，可以延长三十日。办理其他行政案件，有法定办案期限的，按照相关法律规定办理。

为了查明案情进行鉴定的期间，不计入办案期限。

对因违反治安管理行为人不明或者逃跑等客观原因造成案件在法定期限内无法作出行政处罚决定的，公安机关应当继续进行调查取证，并向被侵害人说明情况，及时依法作出处理决定。

第一百六十六条 违法嫌疑人不讲真实姓名、住址，身份不明，但只要违法事实清楚、证据确实充分的，可以按其自报的姓名并贴附照片作出处理决定，并在相关法律文书中注明。

第一百六十七条 在作出行政处罚决定前，应当告知违法嫌疑人拟作出行政处罚决定的事实、理由及依据，并告知违法嫌疑人依法享有陈述权和申辩权。单位违法的，应当告知其法定代表人、主要负责人或者其授权的人员。

适用一般程序作出行政处罚决定的，采用书面形式或者笔录形式告知。

依照本规定第一百七十二条第一款第三项作出不予行政处罚决定的，可以不履行本条第一款规定的告知程序。

第一百六十八条 对违法行为事实清楚，证据确实充分，依法应当予以行政处罚，因违法行为人逃跑等原因无法履行告知义务的，公安机关可以采取公告方式予以告知。自公告之日起七日内，违法嫌疑人未提出申辩的，可以依法作出行政处罚决定。

第一百六十九条 违法嫌疑人有权进行陈述和申辩。对违法嫌疑人提出的新的事实、理由和证据，公安机关应当进行复核。

公安机关不得因违法嫌疑人申辩而加重处罚。

第一百七十条 对行政案件进行审核、审批时，应当审查下列内容：
（一）违法嫌疑人的基本情况；
（二）案件事实是否清楚，证据是否确实充分；
（三）案件定性是否准确；
（四）适用法律、法规和规章是否正确；
（五）办案程序是否合法；
（六）拟作出的处理决定是否适当。

第一百七十一条 法制员或者办案部门指定的人员、办案部门负责人、法制部门的人员可以作为行政案件审核人员。

初次从事行政处罚决定审核的人员，应当通过国家统一法律职业资格考试取得法律职业资格。

第一百七十二条 公安机关根据行政案件的不同情况分别作出下列处理决定：
（一）确有违法行为，应当给予行政处罚的，根据

其情节和危害后果的轻重,作出行政处罚决定;

(二)确有违法行为,但有依法不予行政处罚情形的,作出不予行政处罚决定;有违法所得和非法财物、违禁品、管制器具的,应当予以追缴或者收缴;

(三)违法事实不能成立的,作出不予行政处罚决定;

(四)对需要给予社区戒毒、强制隔离戒毒、收容教养等处理的,依法作出决定;

(五)违法行为涉嫌构成犯罪的,转为刑事案件办理或者移送有权处理的主管机关、部门办理,无需撤销行政案件。公安机关已经作出行政处理决定的,应当附卷;

(六)发现违法行为人有其他违法行为的,在依法作出行政处理决定的同时,通知有关行政主管部门处理。

对已经依照前款第三项作出不予行政处罚决定的案件,又发现新的证据的,应当依法及时调查;违法行为能够认定的,依法重新作出处理决定,并撤销原不予行政处罚决定。

治安案件有被侵害人的,公安机关应当在作出不予行政处罚或者处罚决定之日起二日内将决定书复印件送达被侵害人。无法送达的,应当注明。

第一百七十三条　行政拘留处罚由县级以上公安机关或者出入境边防检查机关决定。依法应当对违法行为人予以行政拘留的,公安派出所、依法具有独立执法主体资格的公安机关业务部门应当报其所属的县级以上公安机关决定。

第一百七十四条　对县级以上的各级人民代表大会代表予以行政拘留的,作出处罚决定前应当经该级人民代表大会主席团或者人民代表大会常务委员会许可。

对乡、民族乡、镇的人民代表大会代表予以行政拘留的,作出决定的公安机关应当立即报告乡、民族乡、镇的人民代表大会。

第一百七十五条　作出行政处罚决定的,应当制作行政处罚决定书。决定书应当载明下列内容:

(一)被处罚人的姓名、性别、出生日期、身份证件种类及号码、户籍所在地、现住址、工作单位、违法经历以及被处罚单位的名称、地址和法定代表人;

(二)违法事实和证据以及从重、从轻、减轻等情节;

(三)处罚的种类、幅度和法律依据;

(四)处罚的执行方式和期限;

(五)对涉案财物的处理结果及对被处罚人的其他处理情况;

(六)对处罚决定不服,申请行政复议、提起行政诉讼的途径和期限;

(七)作出决定的公安机关的名称、印章和日期。

作出罚款处罚的,行政处罚决定书应当载明逾期不缴纳罚款依法加处罚款的标准和最高限额;对涉案财物作出处理的,行政处罚决定书应当附没收、收缴、追缴物品清单。

第一百七十六条　作出行政拘留处罚决定的,应当及时将处罚情况和执行场所或者依法不执行的情况通知被处罚人家属。

作出社区戒毒决定的,应当通知被决定人户籍所在地或者现居住地的城市街道办事处、乡镇人民政府。作出强制隔离戒毒、收容教养决定的,应当在法定期限内通知被决定人的家属、所在单位、户籍所在地公安派出所。

被处罚人拒不提供家属联系方式或者不讲真实姓名、住址,身份不明的,可以不予通知,但应当在附卷的决定书中注明。

第一百七十七条　公安机关办理的刑事案件,尚不够刑事处罚,依法应当给予公安行政处理的,经县级以上公安机关负责人批准,依照本章规定作出处理决定。

第十章　治安调解

第一百七十八条　对于因民间纠纷引起的殴打他人、故意伤害、侮辱、诽谤、诬告陷害、故意损毁财物、干扰他人正常生活、侵犯隐私、非法侵入住宅等违反治安管理行为,情节较轻,且具有下列情形之一的,可以调解处理:

(一)亲友、邻里、同事、在校学生之间因琐事发生纠纷引起的;

(二)行为人的侵害行为系由被侵害人事前的过错行为引起的;

(三)其他适用调解处理更易化解矛盾的。

对不构成违反治安管理行为的民间纠纷,应当告知当事人向人民法院或者人民调解组织申请处理。

对情节轻微、事实清楚、因果关系明确,不涉及医疗费用、物品损失或者双方当事人对医疗费用和物品损失的赔付无争议,符合治安调解条件,双方当事人同意当场调解并当场履行的治安案件,可以当场调解,并制作调解协议书。当事人基本情况、主要违法事实和协议内容在现场录音录像中明确记录的,不再制作调解协议书。

第一百七十九条　具有下列情形之一的,不适用调解处理:

（一）雇凶伤害他人的；
（二）结伙斗殴或者其他寻衅滋事的；
（三）多次实施违反治安管理行为的；
（四）当事人明确表示不愿意调解处理的；
（五）当事人在治安调解过程中又针对对方实施违反治安管理行为的；
（六）调解过程中，违法嫌疑人逃跑的；
（七）其他不宜调解处理的。

第一百八十条　调解处理案件，应当查明事实，收集证据，并遵循合法、公正、自愿、及时的原则，注重教育和疏导，化解矛盾。

第一百八十一条　当事人中有未成年人的，调解时应当通知其父母或者其他监护人到场。但是，当事人为年满十六周岁以上的未成年人，以自己的劳动收入为主要生活来源，本人同意不通知的，可以不通知。

被侵害人委托其他人参加调解的，应当向公安机关提交委托书，并写明委托权限。违法嫌疑人不得委托他人参加调解。

第一百八十二条　对因邻里纠纷引起的治安案件进行调解时，可以邀请当事人居住地的居（村）民委员会的人员或者双方当事人熟悉的人员参加帮助调解。

第一百八十三条　调解一般为一次。对一次调解不成，公安机关认为有必要或者当事人申请的，可以再次调解，并应当在第一次调解后的七个工作日内完成。

第一百八十四条　调解达成协议的，在公安机关主持下制作调解协议书，双方当事人应当在调解协议书上签名，并履行调解协议。

调解协议书应当包括调解机关名称、主持人、双方当事人和其他在场人员的基本情况，案件发生时间、地点、人员、起因、经过、情节、结果等情况、协议内容、履行期限和方式等内容。

对调解达成协议的，应当保存案件证据材料，与其他文书材料和调解协议书一并归入案卷。

第一百八十五条　调解达成协议并履行的，公安机关不再处罚。对调解未达成协议或者达成协议后不履行的，应当对违反治安管理行为人依法予以处罚；对违法行为造成的损害赔偿纠纷，公安机关可以进行调解，调解不成的，应当告知当事人向人民法院提起民事诉讼。

调解案件的办案期限从调解未达成协议或者调解达成协议不履行之日起开始计算。

第一百八十六条　对符合本规定第一百七十八条规定的治安案件，当事人申请人民调解或者自行和解，达成协议并履行后，双方当事人书面申请并经公安机关认可的，公安机关不予治安管理处罚，但公安机关已依法作出处理决定的除外。

第十一章　涉案财物的管理和处理

第一百八十七条　对于依法扣押、扣留、查封、抽样取证、追缴、收缴的财物以及由公安机关负责保管的先行登记保存的财物，公安机关应当妥善保管，不得使用、挪用、调换或者损毁。造成损失的，应当承担赔偿责任。

涉案财物的保管费用由作出决定的公安机关承担。

第一百八十八条　县级以上公安机关应当指定一个内设部门作为涉案财物管理部门，负责对涉案财物实行统一管理，并设立或者指定专门保管场所，对涉案财物进行集中保管。涉案财物集中保管的范围，由地方公安机关根据本地区实际情况确定。

对价值较低、易于保管，或者需要作为证据继续使用，以及需要先行返还被侵害人的涉案财物，可以由办案部门设置专门的场所进行保管。办案部门应当指定不承担办案工作的民警负责本部门涉案财物的接收、保管、移交等管理工作；严禁由办案人员自行保管涉案财物。

对查封的场所、设施、财物，可以委托第三人保管，第三人不得损毁或者擅自转移、处置。因第三人的原因造成的损失，公安机关先行赔付后，有权向第三人追偿。

第一百八十九条　公安机关涉案财物管理部门和办案部门应当建立电子台账，对涉案财物逐一编号登记，载明案由、来源、保管状态、场所和去向。

第一百九十条　办案人民警察应当在依法提取涉案财物后的二十四小时内将财物移交涉案财物管理人员，并办理移交手续。对查封、冻结、先行登记保存的涉案财物，应当在采取措施后的二十四小时内，将法律文书复印件及涉案财物的情况送交涉案财物管理人员予以登记。

在异地或者在偏远、交通不便地区提取涉案财物的，办案人民警察应当在返回单位后的二十四小时内移交。

对情况紧急，需要在提取涉案财物后的二十四小时内进行鉴定、辨认、检验、检查等工作的，经办案部门负责人批准，可以在完成上述工作后的二十四小时内移交。

在提取涉案财物后的二十四小时内已将涉案财物处理完毕的，不再移交，但应当将处理涉案财物的相关手续附卷保存。

因询问、鉴定、辨认、检验、检查等办案需要,经办案部门负责人批准,办案人民警察可以调用涉案财物,并及时归还。

第一百九十一条　对容易腐烂变质及其他不易保管的物品、危险物品,经公安机关负责人批准,在拍照或者录像后依法变卖或者拍卖,变卖或者拍卖的价款暂予保存,待结案后按有关规定处理。

对易燃、易爆、毒害性、放射性等危险物品应当存放在符合危险物品存放条件的专门场所。

对属于被侵害人或者善意第三人合法占有的财物,应当在登记、拍照或者录像、估价后及时返还,并在案卷中注明返还的理由,将原物照片、清单和领取手续存卷备查。

对不宜入卷的物证,应当拍照入卷,原物在结案后按照有关规定处理。

第一百九十二条　有关违法行为查证属实后,对有证据证明权属明确且无争议的被侵害人合法财物及其孳息,凡返还不损害其他被侵害人或者利害关系人的利益,不影响案件正常办理的,应当在登记、拍照或者录像和估价后,及时发还被侵害人。办案人民警察应当在案卷材料中注明返还的理由,并将原物照片、清单和被侵害人的领取手续附卷。

第一百九十三条　在作出行政处理决定时,应当对涉案财物一并作出处理。

第一百九十四条　对在办理行政案件中查获的下列物品应当依法收缴:

（一）毒品、淫秽物品等违禁品；

（二）赌具和赌资；

（三）吸食、注射毒品的用具；

（四）伪造、变造的公文、证件、证明文件、票证、印章等；

（五）倒卖的车船票、文艺演出票、体育比赛入场券等有价票证；

（六）主要用于实施违法行为的本人所有的工具以及直接用于实施毒品违法行为的资金；

（七）法律、法规规定可以收缴的其他非法财物。

前款第六项所列的工具,除非有证据表明属于他人合法所有,可以直接认定为违法行为人本人所有。对明显无价值的,可以不作出收缴决定,但应当在证据保全文书中注明处理情况。

违法所得应当依法予以追缴或者没收。

多名违法行为人共同实施违法行为,违法所得或者非法财物无法分清所有人的,作为共同违法所得或者非法财物予以处理。

第一百九十五条　收缴由县级以上公安机关决定。但是,违禁品,管制器具,吸食、注射毒品的用具以及非法财物价值在五百元以下且当事人对财物价值无异议的,公安派出所可以收缴。

追缴由县级以上公安机关决定。但是,追缴的财物应当退还被侵害人的,公安派出所可以追缴。

第一百九十六条　对收缴和追缴的财物,经原决定机关负责人批准,按照下列规定分别处理:

（一）属于被侵害人或者善意第三人的合法财物,应当及时返还；

（二）没有被侵害人的,登记造册,按照规定上缴国库或者依法变卖、拍卖后,将所得款项上缴国库；

（三）违禁品、没有价值的物品,或者价值轻微,无法变卖、拍卖的物品,统一登记造册后销毁；

（四）对无法变卖或者拍卖的危险物品,由县级以上公安机关主管部门组织销毁或者交有关厂家回收。

第一百九十七条　对应当退还原主或者当事人的财物,通知原主或者当事人在六个月内来领取；原主不明确的,应当采取公告方式告知原主认领。在通知原主、当事人或者公告后六个月内,无人认领的,按无主财物处理,登记后上缴国库,或者依法变卖或者拍卖后,将所得款项上缴国库。遇有特殊情况的,可酌情延期处理,延长期限最长不超过三个月。

第十二章　执　行
第一节　一般规定

第一百九十八条　公安机关依法作出行政处理决定后,被处理人应当在行政处理决定的期限内予以履行。逾期不履行的,作出行政处理决定的公安机关可以依法强制执行或者申请人民法院强制执行。

第一百九十九条　被处理人对行政处理决定不服申请行政复议或者提起行政诉讼的,行政处理决定不停止执行,但法律另有规定的除外。

第二百条　公安机关在依法作出强制执行决定或者申请人民法院强制执行前,应当事先催告被处理人履行行政处理决定。催告以书面形式作出,并直接送达被处理人。被处理人拒绝接受或者无法直接送达被处理人的,依照本规定第五章的有关规定送达。

催告书应当载明下列事项:

（一）履行行政处理决定的期限和方式；

（二）涉及金钱给付的,应当有明确的金额和给付方式；

（三）被处理人依法享有的陈述权和申辩权。

第二百零一条 被处理人收到催告书后有权进行陈述和申辩。公安机关应当充分听取并记录、复核。被处理人提出的事实、理由或者证据成立的，公安机关应当采纳。

第二百零二条 经催告，被处理人无正当理由逾期仍不履行行政处理决定，法律规定由公安机关强制执行的，公安机关可以依法作出强制执行决定。

在催告期间，对有证据证明有转移或者隐匿财物迹象的，公安机关可以作出立即强制执行决定。

强制执行决定应当以书面形式作出，并载明下列事项：

（一）被处理人的姓名或者名称、地址；

（二）强制执行的理由和依据；

（三）强制执行的方式和时间；

（四）申请行政复议或者提起行政诉讼的途径和期限；

（五）作出决定的公安机关名称、印章和日期。

第二百零三条 依法作出要求被处理人履行排除妨碍、恢复原状等义务的行政处理决定，被处理人逾期不履行，经催告仍不履行，其后果已经或者将危害交通安全的，公安机关可以代履行，或者委托没有利害关系的第三人代履行。

代履行应当遵守下列规定：

（一）代履行前送达决定书，代履行决定书应当载明当事人的姓名或者名称、地址，代履行的理由和依据、方式和时间、标的、费用预算及代履行人；

（二）代履行三日前，催告当事人履行，当事人履行的，停止代履行；

（三）代履行时，作出决定的公安机关应当派员到场监督；

（四）代履行完毕，公安机关到场监督人员、代履行人和当事人或者见证人应当在执行文书上签名或者盖章。

代履行的费用由当事人承担。但是，法律另有规定的除外。

第二百零四条 需要立即清理道路的障碍物，当事人不能清除的，或者有其他紧急情况需要立即履行的，公安机关可以决定立即实施代履行。当事人不在场的，公安机关应当在事后立即通知当事人，并依法作出处理。

第二百零五条 实施行政强制执行，公安机关可以在不损害公共利益和他人合法权益的情况下，与当事人达成执行协议。执行协议可以约定分阶段履行；当事人采取补救措施的，可以减免加处的罚款。

执行协议应当履行。被处罚人不履行执行协议的，公安机关应当恢复强制执行。

第二百零六条 当事人在法定期限内不申请行政复议或者提起行政诉讼，又不履行行政处理决定的，法律没有规定公安机关强制执行的，作出行政处理决定的公安机关可以自期限届满之日起三个月内，向所在地有管辖权的人民法院申请强制执行。因情况紧急，为保障公共安全，公安机关可以申请人民法院立即执行。

强制执行的费用由被执行人承担。

第二百零七条 申请人民法院强制执行前，公安机关应当催告被处理人履行义务，催告书送达十日后被处理人仍未履行义务的，公安机关可以向人民法院申请强制执行。

第二百零八条 公安机关向人民法院申请强制执行，应当提供下列材料：

（一）强制执行申请书；

（二）行政处理决定书及作出决定的事实、理由和依据；

（三）当事人的意见及公安机关催告情况；

（四）申请强制执行标的情况；

（五）法律、法规规定的其他材料。

强制执行申请书应当由作出处理决定的公安机关负责人签名，加盖公安机关印章，并注明日期。

第二百零九条 公安机关对人民法院不予受理强制执行申请、不予强制执行的裁定有异议的，可以在十五日内向上一级人民法院申请复议。

第二百一十条 具有下列情形之一的，中止强制执行：

（一）当事人暂无履行能力的；

（二）第三人对执行标的主张权利，确有理由的；

（三）执行可能对他人或者公共利益造成难以弥补的重大损失的；

（四）其他需要中止执行的。

中止执行的情形消失后，公安机关应当恢复执行。对没有明显社会危害，当事人确无能力履行，中止执行满三年未恢复执行的，不再执行。

第二百一十一条 具有下列情形之一的，终结强制执行：

（一）公民死亡，无遗产可供执行，又无义务承受人的；

（二）法人或者其他组织终止，无财产可供执行，又无义务承受人的；

（三）执行标的灭失的；

（四）据以执行的行政处理决定被撤销的；

（五）其他需要终结执行的。

第二百一十二条 在执行中或者执行完毕后，据以执行的行政处理决定被撤销、变更，或者执行错误，应当恢复原状或者退还财物；不能恢复原状或者退还财物的，依法给予赔偿。

第二百一十三条 除依法应当销毁的物品外，公安机关依法没收或者收缴、追缴的违法所得和非法财物，必须按照国家有关规定处理或者上缴国库。

罚款、没收或者收缴的违法所得和非法财物拍卖或者变卖的款项和没收的保证金，必须全部上缴国库，不得以任何形式截留、私分或者变相私分。

第二节 罚款的执行

第二百一十四条 公安机关作出罚款决定，被处罚人应当自收到行政处罚决定书之日起十五日内，到指定的银行缴纳罚款。具有下列情形之一的，公安机关及其办案人民警察可以当场收缴罚款，法律另有规定的，从其规定：

（一）对违反治安管理行为人处五十元以下罚款和对违反交通管理的行人、乘车人和非机动车驾驶人处罚款，被处罚人没有异议的；

（二）对违反治安管理、交通管理以外的违法行为人当场处二十元以下罚款的；

（三）在边远、水上、交通不便地区、旅客列车上或者口岸，被处罚人向指定银行缴纳罚款确有困难，经被处罚人提出的；

（四）被处罚人在当地没有固定住所，不当场收缴事后难以执行的。

对具有前款第一项和第三项情形之一的，办案人民警察应当要求被处罚人签名确认。

第二百一十五条 公安机关及其人民警察当场收缴罚款的，应当出具省级或者国家财政部门统一制发的罚款收据。对不出具省级或者国家财政部门统一制发的罚款收据的，被处罚人有权拒绝缴纳罚款。

第二百一十六条 人民警察应当自收缴罚款之日起二日内，将当场收缴的罚款交至其所属公安机关；在水上当场收缴的罚款，应当自抵岸之日起二日内将当场收缴的罚款交至其所属公安机关；在旅客列车上当场收缴的罚款，应当自返回之日起二日内将当场收缴的罚款交至其所属公安机关。

公安机关应当自收到罚款之日起二日内将罚款缴付指定的银行。

第二百一十七条 被处罚人确有经济困难，经被处罚人申请和作出处罚决定的公安机关批准，可以暂缓或者分期缴纳罚款。

第二百一十八条 被处罚人未在本规定第二百一十四条规定的期限内缴纳罚款的，作出行政处罚决定的公安机关可以采取下列措施：

（一）将依法查封、扣押的被处罚人的财物拍卖或者变卖抵缴罚款。拍卖或者变卖的价款超过罚款数额的，余额部分应当及时退还被处罚人；

（二）不能采取第一项措施的，每日按罚款数额的百分之三加处罚款，加处罚款总额不得超出罚款数额。

拍卖财物，由公安机关委托拍卖机构依法办理。

第二百一十九条 依法加处罚款超过三十日，经催告被处罚人仍不履行的，作出行政处罚决定的公安机关可以按照本规定第二百零六条的规定向所在地有管辖权的人民法院申请强制执行。

第三节 行政拘留的执行

第二百二十条 对被决定行政拘留的人，由作出决定的公安机关送达拘留所执行。对抗拒执行的，可以使用约束性警械。

对被决定行政拘留的人，在异地被抓获或者具有其他有必要在异地拘留所执行情形的，经异地拘留所主管公安机关批准，可以在异地执行。

第二百二十一条 对同时被决定行政拘留和社区戒毒或者强制隔离戒毒的人员，应当先执行行政拘留，由拘留所给予必要的戒毒治疗，强制隔离戒毒期限连续计算。

拘留所不具备戒毒治疗条件的，行政拘留决定机关可以直接将被行政拘留人送公安机关管理的强制隔离戒毒所代为执行行政拘留，强制隔离戒毒期限连续计算。

第二百二十二条 被处罚人不服行政拘留处罚决定，申请行政复议或者提起行政诉讼的，可以向作出行政拘留决定的公安机关提出暂缓执行行政拘留的申请；口头提出申请的，公安机关人民警察应当予以记录，并由申请人签名或者捺指印。

被处罚人在行政拘留执行期间，提出暂缓执行行政拘留申请的，拘留所应当立即将申请转交作出行政拘留决定的公安机关。

第二百二十三条 公安机关应当在收到被处罚人提出暂缓执行行政拘留申请之时起二十四小时内作出决定。

公安机关认为暂缓执行行政拘留不致发生社会危险，且被处罚人或者其近亲属提出符合条件的担保人，或者按每日行政拘留二百元的标准交纳保证金的，应当作出暂缓执行行政拘留的决定。

对同一被处罚人，不得同时责令其提出保证人和交纳保证金。

被处罚人已送达拘留所执行的,公安机关应当立即将暂缓执行行政拘留决定送达拘留所,拘留所应当立即释放被处罚人。

第二百二十四条 被处罚人具有下列情形之一的,应当作出不暂缓执行行政拘留的决定,并告知申请人:
（一）暂缓执行行政拘留后可能逃跑的;
（二）有其他违法犯罪嫌疑,正在被调查或者侦查的;
（三）不宜暂缓执行行政拘留的其他情形。

第二百二十五条 行政拘留并处罚款的,罚款不因暂缓执行行政拘留而暂缓执行。

第二百二十六条 在暂缓执行行政拘留期间,被处罚人应当遵守下列规定:
（一）未经决定机关批准不得离开所居住的市、县;
（二）住址、工作单位和联系方式发生变动的,在二十四小时以内向决定机关报告;
（三）在行政复议和行政诉讼中不得干扰证人作证、伪造证据或者串供;
（四）不得逃避、拒绝或阻碍处罚的执行。

在暂缓执行行政拘留期间,公安机关不得妨碍被处罚人依法行使行政复议和行政诉讼权利。

第二百二十七条 暂缓执行行政拘留的担保人应当符合下列条件:
（一）与本案无牵连;
（二）享有政治权利,人身自由未受到限制或者剥夺;
（三）在当地有常住户口和固定住所;
（四）有能力履行担保义务。

第二百二十八条 公安机关经过审查认为暂缓执行行政拘留的担保人符合条件的,由担保人出具保证书,并到公安机关将被担保人领回。

第二百二十九条 暂缓执行行政拘留的担保人应当履行下列义务:
（一）保证被担保人遵守本规定第二百二十六条的规定;
（二）发现被担保人伪造证据、串供或者逃跑的,及时向公安机关报告。

暂缓执行行政拘留的担保人不履行担保义务,致使被担保人逃避行政拘留处罚执行的,公安机关可以对担保人处以三千元以下罚款,并对被担保人恢复执行行政拘留。

暂缓执行行政拘留的担保人履行了担保义务,但被担保人仍逃避行政拘留处罚执行的,或者被处罚人逃跑后,担保人积极帮助公安机关抓获被处罚人的,可以从轻或者不予行政处罚。

第二百三十条 暂缓执行行政拘留的担保人在暂缓执行行政拘留期间,不愿继续担保或者丧失担保条件的,行政拘留的决定机关应当责令被处罚人重新提出担保人或者交纳保证金。不提出担保人又不交纳保证金的,行政拘留的决定机关应当将被处罚人送拘留所执行。

第二百三十一条 保证金应当由银行代收。在银行非营业时间,公安机关可以先行收取,并在收到保证金后的三日内存入指定的银行账户。

公安机关应当指定办案部门以外的法制、装备财务等部门负责管理保证金。严禁截留、坐支、挪用或者以其他任何形式侵吞保证金。

第二百三十二条 行政拘留处罚被撤销或者开始执行时,公安机关应当将保证金退还交纳人。

被决定行政拘留的人逃避行政拘留处罚执行的,由决定行政拘留的公安机关作出没收或者部分没收保证金的决定,行政拘留的决定机关应当将被处罚人送拘留所执行。

第二百三十三条 被处罚人对公安机关没收保证金的决定不服的,可以依法申请行政复议或者提起行政诉讼。

第四节 其他处理决定的执行

第二百三十四条 作出吊销公安机关发放的许可证或者执照处罚的,应当在被吊销的许可证或者执照上加盖吊销印章后收缴。被处罚人拒不缴销证件的,公安机关可以公告宣布作废。吊销许可证或者执照的机关不是发证机关的,作出决定的机关应当在处罚决定生效后及时通知发证机关。

第二百三十五条 作出取缔决定的,可以采取在经营场所张贴公告等方式予以公告,责令被取缔者立即停止经营活动;有违法所得的,依法予以没收或者追缴。拒不停止经营活动的,公安机关可以依法没收或者收缴其专门用于从事非法经营活动的工具、设备。已经取得营业执照的,公安机关应当通知工商行政管理部门依法撤销其营业执照。

第二百三十六条 对拒不执行公安机关依法作出的责令停产停业决定的,公安机关可以依法强制执行或者申请人民法院强制执行。

第二百三十七条 对被决定强制隔离戒毒、收容教养的人员,由作出决定的公安机关送强制隔离戒毒场所、收容教养场所执行。

对被决定社区戒毒的人员,公安机关应当责令其到户籍所在地接受社区戒毒,在户籍所在地以外的现居住地有固定住所的,可以责令其在现居住地接受社区戒毒。

第十三章 涉外行政案件的办理

第二百三十八条 办理涉外行政案件,应当维护国家主权和利益,坚持平等互利原则。

第二百三十九条 对外国人国籍的确认,以其入境时有效证件上所表明的国籍为准;国籍有疑问或者国籍不明的,由公安机关出入境管理部门协助查明。

对无法查明国籍、身份不明的外国人,按照其自报的国籍或者无国籍人对待。

第二百四十条 违法行为人为享有外交特权和豁免权的外国人的,办案公安机关应当将其身份、证件及违法行为等基本情况记录在案,保存有关证据,并尽快将有关情况层报省级公安机关,由省级公安机关商请同级人民政府外事部门通过外交途径处理。

对享有外交特权和豁免权的外国人,不得采取限制人身自由和查封、扣押的强制措施。

第二百四十一条 办理涉外行政案件,应当使用中华人民共和国通用的语言文字。对不通晓我国语言文字的,公安机关应当为其提供翻译;当事人通晓我国语言文字,不需要他人翻译的,应当出具书面声明。

经县级以上公安机关负责人批准,外国籍当事人可以自己聘请翻译,翻译费由其个人承担。

第二百四十二条 外国人具有下列情形之一,经当场盘问或者继续盘问后不能排除嫌疑,需要作进一步调查的,经县级以上公安机关或者出入境边防检查机关负责人批准,可以拘留审查:

(一)有非法出境入境嫌疑的;

(二)有协助他人非法出境入境嫌疑的;

(三)有非法居留、非法就业嫌疑的;

(四)有危害国家安全和利益,破坏社会公共秩序或者从事其他违法犯罪活动嫌疑的。

实施拘留审查,应当出示拘留审查决定书,并在二十四小时内进行询问。

拘留审查的期限不得超过三十日,案情复杂的,经上一级公安机关或者出入境边防检查机关批准可以延长至六十日。对国籍、身份不明的,拘留审查期限自查清其国籍、身份之日起计算。

第二百四十三条 具有下列情形之一的,应当解除拘留审查:

(一)被决定遣送出境、限期出境或者驱逐出境的;

(二)不应当拘留审查的;

(三)被采取限制活动范围措施的;

(四)案件移交其他部门处理的;

(五)其他应当解除拘留审查的。

第二百四十四条 外国人具有下列情形之一的,不适用拘留审查,经县级以上公安机关或者出入境边防检查机关负责人批准,可以限制其活动范围:

(一)患有严重疾病的;

(二)怀孕或者哺乳自己婴儿的;

(三)未满十六周岁或者已满七十周岁的;

(四)不宜适用拘留审查的其他情形。

被限制活动范围的外国人,应当按照要求接受审查,未经公安机关批准,不得离开限定的区域。限制活动范围的期限不得超过六十日。对国籍、身份不明的,限制活动范围期限自查清其国籍、身份之日起计算。

第二百四十五条 被限制活动范围的外国人应当遵守下列规定:

(一)未经决定机关批准,不得变更生活居所,超出指定的活动区域;

(二)在传唤的时候及时到案;

(三)不得以任何形式干扰证人作证;

(四)不得毁灭、伪造证据或者串供。

第二百四十六条 外国人具有下列情形之一的,经县级以上公安机关或者出入境边防检查机关负责人批准,可以遣送出境:

(一)被处限期出境,未在规定期限内离境的;

(二)有不准入境情形的;

(三)非法居留、非法就业的;

(四)违反法律、行政法规需要遣送出境的。

其他境外人员具有前款所列情形之一的,可以依法遣送出境。

被遣送出境的人员,自被遣送出境之日起一至五年内不准入境。

第二百四十七条 被遣送出境的外国人可以被遣送至下列国家或者地区:

(一)国籍国;

(二)入境前的居住国或者地区;

(三)出生地国或者地区;

(四)入境前的出境口岸的所属国或者地区;

(五)其他允许被遣送出境的外国人入境的国家或者地区。

第二百四十八条 具有下列情形之一的外国人,应当羁押在拘留所或者遣返场所:

（一）被拘留审查的；
（二）被决定遣送出境或者驱逐出境但因天气、交通运输工具班期、当事人健康状况等客观原因或者国籍、身份不明，不能立即执行的。

第二百四十九条 外国人对继续盘问、拘留审查、限制活动范围、遣送出境措施不服，可以依法申请行政复议，该行政复议决定为最终决定。

其他境外人员对遣送出境措施不服，申请行政复议的，适用前款规定。

第二百五十条 外国人具有下列情形之一的，经县级以上公安机关或者出入境边防检查机关决定，可以限期出境：
（一）违反治安管理的；
（二）从事与停留居留事由不相符的活动的；
（三）违反中国法律、法规规定，不适宜在中国境内继续停留居留的。

对外国人决定限期出境的，应当规定外国人离境的期限，注销其有效签证或者停留居留证件。限期出境的期限不得超过三十日。

第二百五十一条 外国人违反治安管理或者出境入境管理，情节严重，尚不构成犯罪的，承办的公安机关可以层报公安部处以驱逐出境。公安部作出的驱逐出境决定为最终决定，由承办机关宣布并执行。

被驱逐出境的外国人，自被驱逐出境之日起十年内不准入境。

第二百五十二条 对外国人处以罚款或者行政拘留并处限期出境或者驱逐出境的，应当于罚款或者行政拘留执行完毕后执行限期出境或者驱逐出境。

第二百五十三条 办理涉外行政案件，应当按照国家有关办理涉外案件的规定，严格执行请示报告、内部通报、对外通知等各项制度。

第二百五十四条 对外国人作出行政拘留、拘留审查或者其他限制人身自由以及限制活动范围的决定后，决定机关应当在四十八小时内将外国人的姓名、性别、入境时间、护照或者其他身份证件号码、案件发生的时间、地点及有关情况，违法的主要事实，已采取的措施及法律依据等情况报告省级公安机关；省级公安机关应当在规定期限内，将有关情况通知该外国人所属国家的驻华使馆、领馆，并通报同级人民政府外事部门。当事人要求不通知使馆、领馆，且我国与当事人国籍国未签署双边协议规定必须通知的，可以不通知，但应当由其本人提出书面请求。

第二百五十五条 外国人在被行政拘留、拘留审查或者其他限制人身自由以及限制活动范围期间死亡的，有关省级公安机关应当通知该外国人所属国家驻华使馆、领馆，同时报告公安部并通报同级人民政府外事部门。

第二百五十六条 外国人在被行政拘留、拘留审查或者其他限制人身自由以及限制活动范围期间，其所属国家驻华外交、领事官员要求探视的，决定机关应当及时安排。该外国人拒绝其所属国家驻华外交、领事官员探视的，公安机关可以不予安排，但应当由其本人出具书面声明。

第二百五十七条 办理涉外行政案件，本章未作规定的，适用其他各章的有关规定。

第十四章　案件终结

第二百五十八条 行政案件具有下列情形之一的，应当予以结案：
（一）作出不予行政处罚决定的；
（二）按照本规定第十章的规定达成调解、和解协议并已履行的；
（三）作出行政处罚等处理决定，且已执行的；
（四）违法行为涉嫌构成犯罪，转为刑事案件办理的；
（五）作出处理决定后，因执行对象灭失、死亡等客观原因导致无法执行或者无需执行的。

第二百五十九条 经过调查，发现行政案件具有下列情形之一的，经公安派出所、县级公安机关办案部门或者出入境边防检查机关以上负责人批准，终止调查：
（一）没有违法事实的；
（二）违法行为已过追究时效的；
（三）违法嫌疑人死亡的；
（四）其他需要终止调查的情形。

终止调查时，违法嫌疑人已被采取行政强制措施的，应当立即解除。

第二百六十条 对在办理行政案件过程中形成的文书材料，应当按照一案一卷原则建立案卷，并按照有关规定在结案或者终止案件调查后将案卷移交档案部门保管或者自行保管。

第二百六十一条 行政案件的案卷应当包括下列内容：
（一）受案登记表或者其他发现案件的记录；
（二）证据材料；
（三）决定文书；
（四）在办理案件中形成的其他法律文书。

第二百六十二条 行政案件的法律文书及定性依据材料应当齐全完整，不得损毁、伪造。

第十五章 附 则

第二百六十三条 省级公安机关应当建立并不断完善统一的执法办案信息系统。

办案部门应当按照有关规定将行政案件的受理、调查取证、采取强制措施、处理等情况以及相关文书材料录入执法办案信息系统，并进行网上审核审批。

公安机关可以使用电子签名、电子指纹捺印技术制作电子笔录等材料，可以使用电子印章制作法律文书。对案件当事人进行电子签名、电子指纹捺印的过程，公安机关应当同步录音录像。

第二百六十四条 执行本规定所需要的法律文书式样，由公安部制定。公安部没有制定式样，执法工作中需要的其他法律文书，省级公安机关可以制定式样。

第二百六十五条 本规定所称"以上"、"以下"、"内"皆包括本数或者本级。

第二百六十六条 本规定自 2013 年 1 月 1 日起施行，依照《中华人民共和国出境入境管理法》新设定的制度自 2013 年 7 月 1 日起施行。2006 年 8 月 24 日发布的《公安机关办理行政案件程序规定》同时废止。

公安部其他规章对办理行政案件程序有特别规定的，按照特别规定办理；没有特别规定的，按照本规定办理。

健全落实社会治安综合治理领导责任制规定

1. 2016 年 2 月 27 日中共中央批准
2. 2016 年 2 月 27 日中共中央办公厅、国务院办公厅发布

第一章 总 则

第一条 为深入推进社会治安综合治理，健全落实领导责任制，全面推进平安中国建设，确保人民安居乐业、社会安定有序、国家长治久安，制定本规定。

第二条 本规定适用于各级党的机关、人大机关、行政机关、政协机关、审判机关、检察机关及其领导班子、领导干部。

人民团体、事业单位、国有企业及其领导班子、领导干部、领导人员参照执行本规定。

第三条 健全落实社会治安综合治理领导责任制，应当坚持以邓小平理论、"三个代表"重要思想、科学发展观为指导，深入贯彻落实习近平总书记系列重要讲话精神，紧紧围绕全面建成小康社会、全面深化改革、全面依法治国、全面从严治党的战略布局，坚持问题导向、法治思维、改革创新，抓住"关键少数"，强化担当意识，落实领导责任，科学运用评估、督导、考核、激励、惩戒等措施，形成正确导向，一级抓一级，层层抓落实，使各级领导班子、领导干部切实担负起维护一方稳定、确保一方平安的重大政治责任，保证党中央、国务院关于社会治安综合治理决策部署的贯彻落实。

第二章 责任内容

第四条 严格落实属地管理和谁主管谁负责原则，构建党委领导、政府主导、综治协调、各部门齐抓共管、社会力量积极参与的社会治安综合治理工作格局。

第五条 各级党委和政府应当切实加强对社会治安综合治理的领导，列入重要议事日程，纳入经济社会发展总体规划，认真研究解决工作中的重要问题，从人力物力财力上保证社会治安综合治理工作的顺利开展。

各地党政主要负责同志是社会治安综合治理的第一责任人，社会治安综合治理的分管负责同志是直接责任人，领导班子其他成员承担分管工作范围内社会治安综合治理的责任。

第六条 各部门各单位应当各负其责，充分发挥职能作用，积极参与社会治安综合治理，主动承担好预防和减少违法犯罪、维护社会治安和社会稳定的责任，认真抓好本部门本单位的综合治理工作，与业务工作同规划、同部署、同检查、同落实。

第七条 各级社会治安综合治理委员会及其办公室应当在党委和政府的统一领导下，认真组织各有关单位参与社会治安综合治理工作，加强调查研究和督导检查，及时通报、分析社会治安形势，协调解决工作中遇到的突出问题，总结推广典型经验，统筹推进社会治安综合治理工作。

第三章 督促检查

第八条 各地区各部门各单位应当建立完善社会治安综合治理目标管理责任制，把社会治安综合治理各项任务分解为若干具体目标，制定易于执行检查的措施，建立严格的督促检查制度、定量考核制度、评价奖惩制度，自上而下层层签订社会治安综合治理责任书。

第九条 各级党委常委会应当将执行社会治安综合治理领导责任制的情况，作为向同级党的委员会全体会议报告工作的一项重要内容。

各级党政领导班子和有关领导干部应当将履行社会治安综合治理责任情况作为年度述职报告的重要内容。

第十条 社会治安综合治理委员会成员单位每年应当对

本单位本系统部署和开展社会治安综合治理、推进平安建设的有关情况进行总结,对下一年度的工作作出安排,并报同级社会治安综合治理委员会。

下一级社会治安综合治理委员会每年应当向上一级社会治安综合治理委员会报告工作。

第十一条　各级党委和政府应当将社会治安综合治理纳入工作督促检查范围,适时组织开展专项督促检查。

各级社会治安综合治理委员会及其办公室应当动员组织党员、群众有序参与,推动社会治安综合治理各项决策部署落到实处。

第十二条　各级党委和政府应当建立健全社会治安综合治理考核评价制度机制,制定完善考核评价标准和指标体系,明确考核评价的内容、方法、程序。

第十三条　各级党委和政府应当强化社会治安综合治理考核评价结果运用,把社会治安综合治理工作实绩作为对领导班子和领导干部综合考核评价的重要内容,与业绩评定、职务晋升、奖励惩处等挂钩。各级社会治安综合治理委员会及其办公室应当推动建立健全社会治安综合治理工作实绩档案。

各级组织人事部门在考察党政主要领导干部和社会治安综合治理分管领导干部实绩、进行提拔使用和晋职晋级时,应当了解和掌握相关领导干部抓社会治安综合治理工作的情况。

第十四条　县级以上社会治安综合治理委员会及其办公室应当按照中央有关规定,加强与同级纪检监察机关、组织人事部门的协调配合,协同做好有关奖惩工作。

第四章　表彰奖励

第十五条　对真抓实干、社会治安综合治理工作成绩突出的地方、部门和单位的党政主要领导干部和分管领导干部,应当按照有关规定给予表彰和嘉奖。对受到嘉奖的领导干部,应当将有关材料存入本人档案。

第十六条　中央社会治安综合治理委员会、中央组织部、人力资源社会保障部每四年开展一次全国社会治安综合治理先进集体、先进工作者评选表彰工作。

第十七条　对受到表彰的全国社会治安综合治理先进集体党政主要领导干部和分管领导干部应当进行嘉奖。对受到表彰的全国社会治安综合治理先进工作者,应当落实省部级先进工作者和劳动模范待遇。

第十八条　对连续三次以上受到表彰的全国社会治安综合治理先进集体,由中央社会治安综合治理委员会以适当形式予以表扬。

第十九条　地方各级社会治安综合治理委员会和组织人事部门要配合做好全国社会治安综合治理先进集体、先进工作者等的评选表彰工作。

第五章　责任督导和追究

第二十条　党政领导班子、领导干部违反本规定或者未能正确履行本规定所列职责,有下列情形之一的,应当进行责任督导和追究:

(一)不重视社会治安综合治理和平安建设,相关工作措施落实不力,本地区本系统本单位基层基础工作薄弱,治安秩序严重混乱的;

(二)本地区本系统本单位在较短时间内连续发生重大刑事案件、群体性事件、公共安全事件的;

(三)本地区本系统本单位发生特别重大刑事案件、群体性事件、公共安全事件的;

(四)本地区本单位社会治安综合治理工作(平安建设)考核评价不合格、不达标的;

(五)对群众反映强烈的社会治安重点地区和突出公共安全、治安问题等,没有采取有效措施或者出现反弹的;

(六)各级党委和政府及社会治安综合治理委员会认为需要查究的其他事项。

第二十一条　对党政领导班子、领导干部进行责任督导和追究的方式包括:通报、约谈、挂牌督办、实施一票否决权制、引咎辞职、责令辞职、免职等。因违纪违法应当承担责任的,给予党纪政纪处分;构成犯罪的,依法追究刑事责任。

第二十二条　对具有本规定第二十条所列情形的地区、单位,由相应县级以上社会治安综合治理委员会办公室以书面形式进行通报,必要时由社会治安综合治理委员会进行通报,限期进行整改。

第二十三条　对受到通报后仍未按期完成整改目标,或者具有本规定第二十条所列情形且危害严重或者影响重大的地区、单位,由相应的上一级社会治安综合治理委员会办公室主任对其党政主要领导干部、社会治安综合治理工作分管领导干部和负有责任的其他领导班子成员进行约谈,必要时由社会治安综合治理委员会主任、副主任约谈,帮助分析原因,督促限期整改。

第二十四条　对受到约谈后仍未按期完成整改目标,或者具有本规定第二十条所列情形且危害特别严重或者影响特别重大但尚不够实施一票否决权制的地区、单位,由相应的上一级社会治安综合治理委员会办公室挂牌督办,限期进行整改。必要时,可派驻工作组对挂牌督办地区、单位进行检查督办。

中央社会治安综合治理委员会办公室每年从公共

安全、治安问题相对突出的市(地、州、盟)中,确定若干作为挂牌督办的重点整治单位,加强监督管理。

对受到挂牌督办的地区、单位,在半年内取消该地区、单位评选综合性荣誉称号的资格和该地区、单位主要领导干部、主管领导干部、分管领导干部评先受奖、晋职晋级的资格。

第二十五条 对受到挂牌督办后仍未按期完成整改目标,或者有本规定第二十条所列情形且危害特别严重或者影响特别重大的地区、单位,由相应的上一级社会治安综合治理委员会按照中央有关规定,商有关部门共同研究决定实行一票否决权制。

第二十六条 对受到一票否决权制处理的地区、单位,在一年内,取消该地区、单位评选综合性荣誉称号的资格,由组织人事部门按照有关权限和程序办理;取消该地区、单位主要领导干部、主管领导干部、分管领导干部评先受奖、晋职晋级的资格,由组织人事部门按照干部管理权限和程序办理,并会同社会治安综合治理委员会办公室,按照中央有关规定向上级有关部门进行报告、备案。需要追究该地区、单位党政领导干部责任的,移送纪检监察机关依纪依法处理。

第二十七条 对中央驻地方单位需要实行一票否决权制的,由省级社会治安综合治理委员会向其主管单位和中央社会治安综合治理委员会提出书面建议。

第二十八条 党政领导干部具有本规定第二十条所列情形,按照《关于实行党政领导干部问责的暂行规定》应当采取引咎辞职、责令辞职、免职等方式问责的,由纪检监察机关、组织人事部门按照管理权限办理。

第二十九条 党政领导班子、领导干部具有本规定第二十条所列情形,并具有下列情节之一的,应当从重进行责任督导和追究:

(一)干扰、阻碍调查和责任追究的;

(二)弄虚作假、隐瞒事实真相、瞒报漏报重大情况的;

(三)对检举人、控告人等打击报复的;

(四)党内法规和国家法律法规规定的其他从重情节。

第三十条 党政领导班子、领导干部具有本规定第二十条所列情形,并具有下列情节之一的,可以从轻进行责任督导和追究:

(一)主动采取措施,有效避免损失、挽回影响的;

(二)积极配合调查,并且主动承担责任的;

(三)党内法规和国家法律法规规定的其他从轻情节。

第六章 附 则

第三十一条 各省、自治区、直辖市,新疆生产建设兵团,中央和国家机关各部门可以根据本规定制定实施办法。

第三十二条 本规定由中央社会治安综合治理委员会负责解释。

第三十三条 本规定自2016年2月27日起施行。

公安机关治安调解工作规范

1. 2007年12月8日公安部印发
2. 公通字[2007]81号

第一条 为进一步规范公安机关治安调解工作,最大限度地增加和谐因素,最大限度地减少不和谐因素,化解社会矛盾,促进社会稳定,根据《中华人民共和国治安管理处罚法》和《公安机关办理行政案件程序规定》等规定,制定本规范。

第二条 本规范所称治安调解,是指对于因民间纠纷引起的打架斗殴或者损毁他人财物等违反治安管理、情节较轻的治安案件,在公安机关的主持下,以国家法律、法规和规章为依据,在查清事实、分清责任的基础上,劝说、教育并促使双方交换意见,达成协议,对治安案件做出处理的活动。

第三条 对于因民间纠纷引起的殴打他人、故意伤害、侮辱、诽谤、诬告陷害、故意损毁财物、干扰他人正常生活、侵犯隐私等违反治安管理行为,情节较轻的,经双方当事人同意,公安机关可以治安调解。

民间纠纷是指公民之间、公民和单位之间,在生活、工作、生产经营等活动中产生的纠纷。对不构成违反治安管理行为的民间纠纷,应当告知当事人向人民法院或者人民调解组织申请处理。

第四条 违反治安管理行为有下列情形之一的,不适用治安调解:

(一)雇凶伤害他人的;

(二)结伙斗殴的;

(三)寻衅滋事的;

(四)多次实施违反治安管理行为的;

(五)当事人在治安调解过程中又挑起事端的;

(六)其他不宜治安调解的。

第五条 治安调解应当依法进行调查询问,收集证据,在查明事实的基础上实施。

第六条 治安调解应当遵循以下原则:

一、综　合　69

（一）合法原则。治安调解应当按照法律规定的程序进行，双方当事人达成的协议必须符合法律规定。

（二）公正原则。治安调解应当分清责任，实事求是地提出调解意见，不得偏袒一方。

（三）公开原则。治安调解应当公开进行，涉及国家机密、商业秘密或者个人隐私，以及双方当事人都要求不公开的除外。

（四）自愿原则。治安调解应当在当事人双方自愿的基础上进行。达成协议的内容，必须是双方当事人真实意思表示。

（五）及时原则。治安调解应当及时进行，使当事人尽快达成协议，解决纠纷。治安调解不成应当在法定的办案期限内及时依法处罚，不得久拖不决。

（六）教育原则。治安调解应当通过查清事实，讲明道理，指出当事人的错误和违法之处，教育当事人自觉守法并通过合法途径解决纠纷。

第七条　被侵害人可以亲自参加治安调解，也可以委托其他人参加治安调解。委托他人参加治安调解的，应当向公安机关提交委托书，并注明委托权限。

第八条　公安机关进行治安调解时，可以邀请当地居（村）民委员会的人员或者双方当事人熟悉的人员参加。

当事人中有不满十六周岁未成年人的，调解时应当通知其父母或者其他监护人到场。

第九条　治安调解一般为一次，必要时可以增加一次。

对明显不构成轻伤、不需要伤情鉴定以及损毁财物价值不大，不需要进行价值认定的治安案件，应当在受理案件后的3个工作日内完成调解；对需要伤情鉴定或者价值认定的治安案件，应当在伤情鉴定文书和价值认定结论出具后的3个工作日内完成调解。

对一次调解不成，有必要再次调解的，应当在第一次调解后的7个工作日内完成。

第十条　治安调解达成协议的，在公安机关主持下制作《治安调解协议书》（式样附后），双方当事人应当在协议书上签名，并履行协议。

第十一条　《治安调解协议书》应当包括以下内容：

（一）治安调解机关名称、主持人、双方当事人和其他在场人员的基本情况；

（二）案件发生时间、地点、人员、起因、经过、情节、结果等情况；

（三）协议内容、履行期限和方式；

（四）治安调解机关印章、主持人、双方当事人及其他参加人签名、印章（捺指印）。

《治安调解协议书》一式三份，双方当事人各执一份，治安调解机关留存一份备查。

第十二条　调解协议履行期满三日内，办案民警应当了解协议履行情况。对已经履行调解协议的，应当及时结案，对没有履行协议的，应当及时了解情况，查清原因。对无正当理由不履行协议的，依法对违反治安管理行为人予以处罚，并告知当事人可以就民事争议依法向人民法院提起民事诉讼。

第十三条　治安调解案件的办案期限从未达成协议或者达成协议不履行之日起开始计算。

第十四条　公安机关对情节轻微，事实清楚，因果关系明确、不涉及医疗费用、物品损失或者双方当事人对医疗费用和物品损失的赔付无争议，符合治安调解条件，双方当事人同意现场调解并当场履行的治安案件，可以进行现场调解。

现场调解达成协议的，应当制作《现场治安调解协议书》一式三联（式样附后），由双方当事人签名。

第十五条　经治安调解结案的治安案件应当纳入统计范围，并根据案卷装订要求建立卷宗。

现场治安调解结案的治安案件，可以不制作卷宗，但办案部门应当将《现场治安调解协议书》按编号装订存档。

第十六条　公安机关人民警察在治安调解过程中，有徇私舞弊、滥用职权、不依法履行法定职责等情形的，依法给予行政处分；构成犯罪的，依法追究刑事责任。

第十七条　本规范自下发之日起施行。

附：治安调解协议书（式样）（略）
　　现场治安调解协议书（式样）（略）

公安机关执行《中华人民共和国治安管理处罚法》有关问题的解释[①]

1. 2006年1月23日公安部发布
2. 公通字〔2006〕12号

根据全国人大常委会《关于加强法律解释工作的决议》的规定，现对公安机关执行《中华人民共和国治安管理处罚法》（以下简称《治安管理处罚法》）的有关问题解释如下：

一、关于治安案件的调解问题。根据《治安管理处罚法》

[①] 根据公安部于2020年7月21日下发的《公安部关于保留废止修改有关收容教育规范性文件的通知》（公法制〔2020〕818号），该文件中有关收容教育的内容废止。

第9条的规定,对因民间纠纷引起的打架斗殴或者损毁他人财物以及其他违反治安管理行为,情节较轻的,公安机关应当本着化解矛盾纠纷、维护社会稳定、构建和谐社会的要求,依法尽量予以调解处理。特别是对因家庭、邻里、同事之间纠纷引起的违反治安管理行为,情节较轻,双方当事人愿意和解的,如制造噪声、发送信息、饲养动物干扰他人正常生活,放任动物恐吓他人、侮辱、诽谤、诬告陷害、侵犯隐私、偷开机动车等治安案件,公安机关都可以调解处理。同时,为确保调解取得良好效果,调解前应当及时依法做深入细致的调查取证工作,以查明事实、收集证据、分清责任。调解达成协议的,应当制作调解书,交双方当事人签字。

二、关于涉外治安案件的办理问题。《治安管理处罚法》第10条第2款规定:"对违反治安管理的外国人可以附加适用限期出境、驱逐出境"。对外国人需要依法适用限期出境、驱逐出境处罚的,由承办案件的公安机关逐级上报公安部或者公安部授权的省级人民政府公安机关决定,由承办案件的公安机关执行。对外国人依法决定行政拘留的,由承办案件的县级以上(含县级,下同)公安机关决定,不再报上一级公安机关批准。对外国人依法决定警告、罚款、行政拘留,并附加适用限期出境、驱逐出境处罚的,应当在警告、罚款、行政拘留执行完毕后,再执行限期出境、驱逐出境。

三、关于不予处罚问题。《治安管理处罚法》第12条、第13条、第14条、第19条对不予处罚的情形作了明确规定,公安机关对依法不予处罚的违反治安管理行为人,有违法所得的,应当依法予以追缴;有非法财物的,应当依法予以收缴。

《治安管理处罚法》第22条对违反治安管理行为的追究时效作了明确规定,公安机关对超过追究时效的违反治安管理行为不再处罚,但有违禁品的,应当依法予以收缴。

四、关于对单位违反治安管理的处罚问题。《治安管理处罚法》第18条规定,"单位违反治安管理的,对其直接负责的主管人员和其他直接责任人员依照本法的规定处罚。其他法律、行政法规对同一行为规定给予单位处罚的,依照其规定处罚",并在第54条规定可以吊销公安机关发放的许可证。对单位实施《治安管理处罚法》第三章所规定的违反治安管理行为的,应当依法对其直接负责的主管人员和其他直接责任人员予以治安管理处罚;其他法律、行政法规对同一行为明确规定由公安机关给予单位警告、罚款、没收违法所得、没收非法财物等处罚,或者采取责令其限期停业整顿、停业整顿、取缔等强制措施的,应当依照其规定办理。对被依法吊销许可证的单位,应当同时依法收缴非法财物、追缴违法所得。参照刑法的规定,单位是指公司、企业、事业单位、机关、团体。

五、关于不执行行政拘留处罚问题。根据《治安管理处罚法》第21条的规定,对"已满十四周岁不满十六周岁的"、"已满十六周岁不满十八周岁,初次违反治安管理的"、"七十周岁以上的"、"怀孕或者哺乳自己不满一周岁婴儿的"违反治安管理行为人,可以依法作出行政拘留处罚决定,但不投送拘留所执行。被处罚人居住地公安派出所应当会同被处罚人所在单位、学校、家庭、居(村)民委员会、未成年人保护组织和有关社会团体进行帮教。上述未成年人、老年人的年龄、怀孕或者哺乳自己不满1周岁婴儿的妇女的情况,以其实施违反治安管理行为或者正要执行行政拘留时的实际情况确定,即违反治安管理行为人在实施违反治安管理行为时具有上述情形之一的,或者执行行政拘留时符合上述情形之一的,均不再投送拘留所执行行政拘留。

六、关于取缔问题。根据《治安管理处罚法》第54条的规定,对未经许可,擅自经营按照国家规定需要由公安机关许可的行业的,予以取缔。这里的"按照国家规定需要由公安机关许可的行业",是指按照有关法律、行政法规和国务院决定的有关规定,需要由公安机关许可的旅馆业、典当业、公章刻制业、保安培训业等行业。取缔应当由违反治安管理行为发生地的县级以上公安机关作出决定。按照《治安管理处罚法》的有关规定采取相应的措施,如责令停止相关经营活动、进入无证经营场所进行检查、扣押与案件有关的需要作为证据的物品等。在取缔的同时,应当依法收缴非法财物、追缴违法所得。

七、关于强制性教育措施问题。《治安管理处罚法》第76条规定,对有"引诱、容留、介绍他人卖淫","制作、运输、复制、出售、出租淫秽的书刊、图片、影片、音像制品等淫秽物品或者利用计算机信息网络、电话以及其他通讯工具传播淫秽信息","以营利为目的,为赌博提供条件的,或者参与赌博赌资较大的"行为,"屡教不改的,可以按照国家规定采取强制性教育措施"。这里的"强制性教育措施"目前是指劳动教养;"按照国家规定"是指按照《治安管理处罚法》和其他有关劳动教养的法律、行政法规的规定,"屡教不改"是指有上述行为被依法判处刑罚执行期满后五年内又实施前述行为之一的,或者被依法予以罚款、行政拘留、收容教育、劳动教养执行期满后三年内实施前述行为之一,情节较重,但尚不够刑事处罚的情形。

八、关于询问查证时间问题。《治安管理处罚法》第83条第1款规定,"对违反治安管理行为人,公安机关传唤后应当及时询问查证,询问查证的时间不得超过八小时;情况复杂,依照本法规定可能适用行政拘留处罚的,询问查证的时间不得超过二十四小时"。这里的"依照本法规定可能适用行政拘留处罚",是指本法第三章对行为人实施的违反治安管理行为设定了行政拘留处罚,且根据其行为的性质和情节轻重,可能依法对违反治安管理行为人决定予以行政拘留的案件。

根据《治安管理处罚法》第82条和第83条的规定,公安机关或者办案部门负责人在审批书面传唤时,可以一并审批询问查证时间。对经过询问查证,属于"情况复杂",且"依照本法规定可能适用行政拘留处罚"的案件,需要对违反治安管理行为人适用超过8小时询问查证时间的,需口头或者书面报经公安机关或者其办案部门负责人批准。对口头报批的,办案民警应当记录在案。

九、关于询问不满16周岁的未成年人问题。《治安管理处罚法》第84条、第85条规定,询问不满16周岁的违反治安管理行为人、被侵害人或者其他证人,应当通知其父母或者其他监护人到场。上述人员父母双亡,又没有其他监护人的,因种种原因无法找到其父母或者其他监护人的,以及其父母或者其他监护人收到通知后拒不到场或者不能及时到场的,办案民警应当将有关情况在笔录中注明。为保证询问的合法性和证据的有效性,在被询问人的父母或者其他监护人不能到场时,可以邀请办案地居(村)民委员会的人员,或者被询问人在办案地有完全行为能力的亲友,或者其所在学校的教师,或者其他见证人到场。询问笔录应当由办案民警、被询问人、见证人签名或者盖章。有条件的地方,还可以对询问过程进行录音、录像。

十、关于铁路、交通、民航、森林公安机关和海关侦查走私犯罪公安机构以及新疆生产建设兵团公安局的治安管理处罚权问题。《治安管理处罚法》第91条规定:"治安管理处罚由县级以上人民政府公安机关决定;其中警告、五百元以下罚款可以由公安派出所决定。"根据有关法律,铁路、交通、民航、森林公安机关依法负责其管辖范围内的治安管理工作,《中华人民共和国海关行政处罚实施条例》第6条赋予了海关侦查走私犯罪公安机构对阻碍海关缉私警察依法执行职务的治安案件的查处权。为有效维护社会治安,县级以上铁路、交通、民航、森林公安机关对其管辖的治安案件,可以依法作出治安管理处罚决定,铁路、交通、民航、森林公安派出所可以作出警告、500元以下罚款的治安管理处罚决定;海关系统相当于县级以上公安机关的侦查走私犯罪公安机构可以依法查处阻碍缉私警察依法执行职务的治安案件,并依法作出治安管理处罚决定。

新疆生产建设兵团系统的县级以上公安局应当视为"县级以上人民政府公安机关",可以依法作出治安管理处罚决定;其所属的公安派出所可以依法作出警告、500元以下罚款的治安管理处罚决定。

十一、关于限制人身自由的强制措施折抵行政拘留问题。《治安管理处罚法》第92条规定:"对决定给予行政拘留处罚的人,在处罚前已经采取强制措施限制人身自由的时间,应当折抵。限制人身自由一日,折抵行政拘留一日。"这里的"强制措施限制人身自由的时间",包括被行政拘留人在被行政拘留前因同一行为被依法刑事拘留、逮捕时间。如果被行政拘留人被刑事拘留、逮捕的时间已超过被行政拘留的时间的,则行政拘留不再执行,但办案部门必须将《治安管理处罚决定书》送达被处罚人。

十二、关于办理治安案件期限问题。《治安管理处罚法》第99条规定:"公安机关办理治安案件的期限,自受理之日起不得超过三十日;案情重大、复杂的,经上一级公安机关批准,可以延长三十日。为了查明案情进行鉴定的期间,不计入办理治安案件的期限。"这里的"鉴定期间",是指公安机关提交鉴定之日起至鉴定机构作出鉴定结论并送达公安机关的期间。公安机关应当切实提高办案效率,保证在法定期限内办结治安案件。对因违反治安管理行为人逃跑等客观原因造成案件不能在法定期限内办结的,公安机关应当继续进行调查取证,及时依法作出处理决定,不能因已超过法定办案期限就不再调查取证。因违法治安管理人在逃,导致无法查清案件事实,无法收集足够证据而结不了案的,公安机关应当向被侵害人说明原因。对调解未达成协议或者达成协议后不履行的治安案件的办案期限,应当从调解未达成协议或者达成协议后不履行之日起开始计算。

公安派出所承办的案情重大、复杂的案件,需要延长办案期限的,应当报所属县级以上公安机关负责人批准。

十三、关于将被拘留人送达拘留所执行问题。《治安管理处罚法》第103条规定:"对被决定给予行政拘留处罚的人,由作出决定的公安机关送达拘留所执行。"这里的"送达拘留所执行",是指作出行政拘留决定的公安机关将被决定行政拘留的人送到拘留所并交付执行,拘留所依法办理入所手续后即为送达。

十四、关于治安行政诉讼案件的出庭应诉问题。《治安管理处罚法》取消了行政复议前置程序。被处罚人对治安管理处罚决定不服的,既可以申请行政复议,也可以直接提起行政诉讼。对未经行政复议和经行政复议决定维持原处罚决定的行政诉讼案件,由作出处罚决定的公安机关负责人和原办案部门的承办民警出庭应诉;对经行政复议决定撤销、变更原处罚决定或者责令被申请人重新作出具体行政行为的行政诉讼案件,由行政复议机关负责人和行政复议机构的承办民警出庭应诉。

十五、关于《治安管理处罚法》的溯及力问题。按照《中华人民共和国立法法》第84条的规定,《治安管理处罚法》不溯及既往。《治安管理处罚法》施行后,对其施行前发生且尚未作出处罚决定的违反治安管理行为,适用《中华人民共和国治安管理处罚条例》;但是,如果《治安管理处罚法》不认为是违反治安管理行为或者处罚较轻的,适用《治安管理处罚法》。

公安机关执行《中华人民共和国治安管理处罚法》有关问题的解释(二)

1. 2007年1月8日公安部发布
2. 公通字〔2007〕1号

为正确、有效地执行《中华人民共和国治安管理处罚法》(以下简称《治安管理处罚法》),根据全国人民代表大会常务委员会《关于加强法律解释工作的决议》的规定,现对公安机关执行《治安管理处罚法》的有关问题解释如下:

一、关于制止违反治安管理行为的法律责任问题

为了免受正在进行的违反治安管理行为的侵害而采取的制止违法侵害行为,不属于违反治安管理行为。但对事先挑拨、故意挑逗他人对自己进行侵害,然后以制止违法侵害为名对他人加以侵害的行为,以及互相斗殴的行为,应当予以治安管理处罚。

二、关于未达目的违反治安管理行为的法律责任问题

行为人为实施违反治安管理行为准备工具、制造条件的,不予处罚。

行为人自动放弃实施违反治安管理行为或者自动有效地防止违反治安管理行为结果发生,没有造成损害的,不予处罚;造成损害的,应当减轻处罚。

行为人已经着手实施违反治安管理行为,但由于本人意志以外的原因而未得逞的,应当从轻处罚、减轻处罚或者不予处罚。

三、关于未达到刑事责任年龄不予刑事处罚的,能否予以治安管理处罚问题

对已满十四周岁不满十六周岁不予刑事处罚的,应当责令其家长或者监护人加以管教;必要时,可以依照《治安管理处罚法》的相关规定予以治安管理处罚,或者依照《中华人民共和国刑法》第十七条的规定予以收容教养。

四、关于减轻处罚的适用问题

违反治安管理行为人具有《治安管理处罚法》第十二条、第十四条、第十九条减轻处罚情节的,按下列规定适用:

(一)法定处罚种类只有一种,在该法定处罚种类的幅度以下减轻处罚;

(二)法定处罚种类只有一种,在该法定处罚种类的幅度以下无法再减轻处罚的,不予处罚;

(三)规定拘留并处罚款的,在法定处罚幅度以下单独或者同时减轻拘留和罚款,或者在法定处罚幅度内单处拘留;

(四)规定拘留可以并处罚款的,在拘留的法定处罚幅度以下减轻处罚;在拘留的法定处罚幅度以下无法再减轻处罚的,不予处罚。

五、关于"初次违反治安管理"的认定问题

《治安管理处罚法》第二十一条第二项规定的"初次违反治安管理",是指行为人的违反治安管理行为第一次被公安机关发现或者查处。但具有下列情形之一的,不属于"初次违反治安管理":

(一)曾违反治安管理,虽未被公安机关发现或者查处,但仍在法定追究时效内的;

(二)曾因不满十六周岁违反治安管理,不执行行政拘留的;

(三)曾违反治安管理,经公安机关调解结案的;

(四)曾被收容教养、劳动教养的;

(五)曾因实施扰乱公共秩序,妨害公共安全,侵犯人身权利、财产权利,妨害社会管理的行为被人民法院判处刑罚或者免除刑事处罚的。

六、关于扰乱居(村)民委员会秩序和破坏居(村)民委员会选举秩序行为的法律适用问题

对扰乱居(村)民委员会秩序的行为,应当根据其具体表现形式,如侮辱、诽谤、殴打他人、故意损毁财物等,依照《治安管理处罚法》的相关规定予

以处罚。

对破坏居(村)民委员会选举秩序的行为,应当依照《治安管理处罚法》第二十三条第一款第(五)项的规定予以处罚。

七、关于殴打、伤害特定对象的处罚问题

对违反《治安管理处罚法》第四十三条第二款第(二)项规定行为的处罚,不要求行为人主观上必须明知殴打、伤害的对象为残疾人、孕妇、不满十四周岁的人或者六十周岁以上的人。

八、关于"结伙"、"多次"、"多人"的认定问题

《治安管理处罚法》中规定的"结伙"是指两人(含两人)以上;"多次"是指三次(含三次)以上;"多人"是指三人(含三人)以上。

九、关于运送他人偷越国(边)境、偷越国(边)境和吸食、注射毒品行为的法律适用问题

对运送他人偷越国(边)境、偷越国(边)境和吸食、注射毒品行为的行政处罚,适用《治安管理处罚法》第六十一条、第六十二条第二款和第七十二条第(三)项的规定,不再适用全国人民代表大会常务委员会《关于严惩组织、运送他人偷越国(边)境犯罪的补充规定》和《关于禁毒的决定》的规定。

十、关于居住场所与经营场所合一的检查问题

违反治安管理行为人的居住场所与其在工商行政管理部门注册登记的经营场所合一的,在经营时间内对其检查时,应当按照检查经营场所办理相关手续;在非经营时间内对其检查时,应当按照检查公民住所办理相关手续。

十一、关于被侵害人是否有权申请行政复议问题

根据《中华人民共和国行政复议法》第二条的规定,治安案件的被侵害人认为公安机关依据《治安管理处罚法》作出的具体行政行为侵犯其合法权益的,可以依法申请行政复议。

公安机关对部分违反治安管理行为实施处罚的裁量指导意见

1. 2018年6月5日公安部印发
2. 公通字〔2018〕17号

为规范公安机关治安管理处罚裁量权,确保执法公平公正,根据《中华人民共和国治安管理处罚法》《中华人民共和国行政处罚法》,结合执法实践,制定本指导意见。

第一部分 一般适用规则

一、本指导意见适用于治安管理处罚法规定的尚不够刑事处罚且依法应当予以治安管理处罚的违反治安管理行为。本指导意见中的违反治安管理行为名称,依据《公安部关于印发〈违反公安行政管理行为的名称及其适用意见〉的通知》(公通字〔2015〕35号)确定。

二、实施治安管理处罚应当以事实为根据,以法律为准绳,根据违反治安管理行为的事实、性质、情节和社会危害性,作出过罚相当的处罚决定。

三、实施治安管理处罚应当宽严相济,做到该宽则宽、当严则严,确保法律效果和社会效果的统一。

四、实施治安管理处罚应当全面、客观把握不同时期不同地区的经济社会发展和治安形势变化,以有效发挥治安管理处罚对维护社会治安秩序的作用。但是,对同一地区同一时期案情相似的案件,所作出的治安管理处罚应当基本均衡。

五、实施治安管理处罚时,应当根据违反治安管理行为的基本事实和本指导意见规定的"情节较轻""情节较重""情节严重"的具体适用情形,先确定依法适用的处罚幅度,再综合考虑违反治安管理行为的对象、后果、数额、次数、行为人主观恶意程度,以及从重、从轻、减轻等法定裁量情节,作出具体的处罚决定。

六、违反治安管理具有下列情形之一的,属于"情节较重""情节严重":

(一)一年内因同种违法行为被治安管理处罚后又实施的;

(二)刑罚执行完毕六个月内,或者在缓刑、假释期间,实施违反治安管理行为的;

(三)组织、领导实施违反治安管理行为的,或者在共同违反治安管理行为中起主要作用的;

(四)被侵害人为精神病人、残疾人、老年人、未成年人、孕妇的;

(五)在突发事件和重大活动期间、突发事件和重大活动发生地、举行地实施违反治安管理行为的;

(六)达到刑事追诉标准,但因犯罪情节轻微,人民检察院作出不起诉决定或者人民法院判决免除刑事处罚的。

七、违反治安管理具有下列情形之一的,属于"情节较轻":

(一)实施违反治安管理行为危害较小,且积极配合公安机关查处的;

(二)在共同违反治安管理行为中起次要或者辅助作用的。

八、违反治安管理行为,既具有"情节较重"或者"情节严重"情节,又具有治安管理处罚法规定的"减轻处罚或者不予处罚"情节的,一般决定适用"减轻处罚"。

九、违反治安管理行为,具有两个以上"情节较重"或者"情节严重"情节,且无从轻、减轻或者不予处罚等法定裁量情节,治安管理处罚法规定"可以并处"罚款的,一般决定适用并处罚款。

十、对治安管理处罚法规定"处警告或者二百元以下罚款"的违反治安管理行为,具有从轻处罚情节,且无其他法定裁量情节的,依法决定适用警告;具有减轻处罚情节,且无其他法定裁量情节的,依法决定适用警告或者不予处罚。

十一、对治安管理处罚法规定"处五日以下拘留或者五百元以下罚款"的违反治安管理行为,行为人系初次违反治安管理且社会危害性不大,同时又无其他法定裁量情节的,一般决定适用五百元以下罚款;对治安管理处罚法规定"情节较轻的,处五日以下拘留或者五百元以下罚款"的违反治安管理行为,同时具有从轻处罚情节或者同时系初次违反治安管理,未造成危害后果和社会影响且无其他法定裁量情节的,一般决定适用五百元以下罚款。

十二、本指导意见没有规定的,依照《公安部关于实施公安行政处罚裁量基准制度的指导意见》(公通字〔2016〕17号)的有关规定处理。

第二部分　具体行为的裁量标准

一、扰乱单位秩序

扰乱公共场所秩序

【法律依据】

(《中华人民共和国治安管理处罚法》第23条第1款第1项、第2项)有下列行为之一的,处警告或者二百元以下罚款;情节较重的,处五日以上十日以下拘留,可以并处五百元以下罚款:

(一)扰乱机关、团体、企业、事业单位的秩序,致使工作、生产、营业、医疗、教学、科研不能正常进行,尚未造成严重损失的;

(二)扰乱车站、港口、码头、机场、商场、公园、展览馆或者其他公共场所秩序的;

【理解与适用】

有下列情形之一的,属于"情节较重":

(一)以暴力、威胁等方法扰乱单位、公共场所秩序的;

(二)扰乱单位、公共场所秩序,经执法人员劝阻拒不离开的;

(三)造成交通拥堵、人员受伤、财物损失等危害后果或者较大社会影响的;

(四)积极参与聚众扰乱单位、公共场所秩序的;

(五)持械扰乱单位、公共场所秩序的;

(六)其他情节较重的情形。

二、扰乱公共交通工具上的秩序

妨碍交通工具正常行驶

【法律依据】

(《中华人民共和国治安管理处罚法》第23条第1款第3项、第4项)有下列行为之一的,处警告或者二百元以下罚款;情节较重的,处五日以上十日以下拘留,可以并处五百元以下罚款:

(三)扰乱公共汽车、电车、火车、船舶、航空器或者其他公共交通工具上的秩序的;

(四)非法拦截或者强登、扒乘机动车、船舶、航空器以及其他交通工具,影响交通工具正常行驶的;

【理解与适用】

有下列情形之一的,属于"情节较重":

(一)在公共交通工具上无理取闹,严重影响公共交通工具运行秩序的;

(二)在非停靠站点强行下车,或者拉扯驾驶员、乘务员,致使公共交通工具减速或者停行的;

(三)造成交通拥堵、人员受伤、财物损失等危害后果或者较大社会影响的;

(四)积极参与聚众扰乱公共交通工具上的秩序的;

(五)积极参与聚众实施妨碍交通工具正常行驶行为的;

(六)其他情节较重的情形。

三、破坏选举秩序

【法律依据】

(《中华人民共和国治安管理处罚法》第23条第1款第5项)有下列行为之一的,处警告或者二百元以下罚款;情节较重的,处五日以上十日以下拘留,可以并处五百元以下罚款:

(五)破坏依法进行的选举秩序的。

【理解与适用】

有下列情形之一的,属于"情节较重":

(一)使用暴力、威胁等方法干扰他人选举的;

(二)采取撕毁他人选票、毁坏票箱或者破坏其他选举设备等行为干扰选举秩序的;

(三)伪造选举文件的;

(四)积极参与聚众破坏选举秩序的;

(五)其他情节较重的情形。

四、强行进入大型活动场内

【法律依据】

(《中华人民共和国治安管理处罚法》第24条第1款第1项)有下列行为之一,扰乱文化、体育等大型群众性活动秩序的,处警告或者二百元以下罚款;情节严重的,处五日以上十日以下拘留,可以并处五百元以下罚款:

(一)强行进入场内的;

【理解与适用】

有下列情形之一的,属于"情节严重":

(一)采取暴力、威胁等方法强行进入活动场内的;

(二)造成人员受伤、财物损失、秩序混乱等危害后果或者较大社会影响的;

(三)其他情节严重的情形。

五、违规在大型活动场内燃放物品

【法律依据】

(《中华人民共和国治安管理处罚法》第24条第1款第2项)有下列行为之一,扰乱文化、体育等大型群众性活动秩序的,处警告或者二百元以下罚款;情节严重的,处五日以上十日以下拘留,可以并处五百元以下罚款:

(二)违反规定,在场内燃放烟花爆竹或者其他物品的;

【理解与适用】

有下列情形之一的,属于"情节严重":

(一)不听现场安保人员或者工作人员制止的;

(二)造成人员受伤、财物损失、秩序混乱等危害后果或者较大社会影响的;

(三)严重影响活动正常进行的;

(四)其他情节严重的情形。

六、在大型活动场内展示侮辱性物品

【法律依据】

(《中华人民共和国治安管理处罚法》第24条第1款第3项)有下列行为之一,扰乱文化、体育等大型群众性活动秩序的,处警告或者二百元以下罚款;情节严重的,处五日以上十日以下拘留,可以并处五百元以下罚款:

(三)展示侮辱性标语、条幅等物品的;

【理解与适用】

有下列情形之一的,属于"情节严重":

(一)不听现场安保人员或者工作人员制止的;

(二)在大型文化、体育等活动中展示侮辱国家、民族尊严的标语、条幅、画像、服装等物品的;

(三)造成人员受伤、财物损失、秩序混乱等危害后果或者较大社会影响的;

(四)引发运动员、观众及场内其他人员冲突的;

(五)严重影响活动正常进行的;

(六)其他情节严重的情形。

七、围攻大型活动工作人员

【法律依据】

(《中华人民共和国治安管理处罚法》第24条第1款第4项)有下列行为之一,扰乱文化、体育等大型群众性活动秩序的,处警告或者二百元以下罚款;情节严重的,处五日以上十日以下拘留,可以并处五百元以下罚款:

(四)围攻裁判员、运动员或者其他工作人员的;

【理解与适用】

有下列情形之一的,属于"情节严重":

(一)不听现场安保人员或者工作人员制止的;

(二)造成人员受伤、财物损失、秩序混乱等危害后果或者较大社会影响的;

(三)引发运动员、观众及场内其他人员冲突的;

(四)严重影响活动正常进行的;

(五)其他情节严重的情形。

八、向大型活动场内投掷杂物

【法律依据】

(《中华人民共和国治安管理处罚法》第24条第1款第5项)有下列行为之一,扰乱文化、体育等大型群众性活动秩序的,处警告或者二百元以下罚款;情节严重的,处五日以上十日以下拘留,可以并处五百元以下罚款:

(五)向场内投掷杂物,不听制止的;

【理解与适用】

有下列情形之一的,属于"情节严重":

(一)造成人员受伤、财物损失、秩序混乱等危害后果或者较大社会影响的;

(二)引发运动员、观众及场内其他人员冲突的;

(三)严重影响活动正常进行的;

(四)其他情节严重的情形。

九、其他扰乱大型活动秩序的行为

【法律依据】

(《中华人民共和国治安管理处罚法》第24条第1款第6项)有下列行为之一,扰乱文化、体育等大型群众性活动秩序的,处警告或者二百元以下罚款;情节严重的,处五日以上十日以下拘留,可以并处五百元以下罚款；

（六）扰乱大型群众性活动秩序的其他行为。

【理解与适用】

有下列情形之一的，属于"情节严重"：

（一）不听现场安保人员或者工作人员制止的；

（二）造成人员受伤、财物损失、秩序混乱等危害后果或者较大社会影响的；

（三）引发运动员、观众及场内其他人员之间冲突的；

（四）严重影响活动正常进行的。

十、虚构事实扰乱公共秩序

投放虚假危险物质

扬言实施放火、爆炸、投放危险物质

【法律依据】

（《中华人民共和国治安管理处罚法》第25条）有下列行为之一的，处五日以上十日以下拘留，可以并处五百元以下罚款；情节较轻的，处五日以下拘留或者五百元以下罚款：

（一）散布谣言，谎报险情、疫情、警情或者以其他方法故意扰乱公共秩序的；

（二）投放虚假的爆炸性、毒害性、放射性、腐蚀性物质或者传染病病原体等危险物质扰乱公共秩序的；

（三）扬言实施放火、爆炸、投放危险物质扰乱公共秩序的。

【理解与适用】

有下列情形之一的，属于"情节较轻"：

（一）影响范围较小，未造成危害后果的；

（二）虽然造成轻微危害后果，但能及时采取措施，消除不良影响的；

（三）其他情节较轻的情形。

十一、寻衅滋事

【法律依据】

（《中华人民共和国治安管理处罚法》第26条）有下列行为之一的，处五日以上十日以下拘留，可以并处五百元以下罚款；情节较重的，处十日以上十五日以下拘留，可以并处一千元以下罚款：

（一）结伙斗殴的；

（二）追逐、拦截他人的；

（三）强拿硬要或者任意损毁、占用公私财物的；

（四）其他寻衅滋事行为。

【理解与适用】

有下列情形之一的，属于"情节较重"：

（一）纠集多人或者多次参加寻衅滋事的；

（二）持械寻衅滋事的；

（三）造成人员受伤、公共场所秩序混乱，或者造成较大社会影响的；

（四）追逐、拦截他人并有侮辱性语言、挑逗性动作或者以暴力相威胁的；

（五）驾驶机动车、非机动车、其他交通工具，或者持械追逐、拦截他人的；

（六）强拿硬要或者任意损毁、占用公私财物价值达到有关司法解释认定构成刑法第二百九十三条第一款第三项规定的"情节严重"标准的百分之五十以上的；

（七）在公共场所、公共交通工具上实施寻衅滋事行为，造成较大社会影响的；

（八）利用信息网络教唆、煽动实施扰乱公共秩序违法活动的；

（九）编造虚假信息，或者明知是编造的虚假信息，在信息网络上散布，或者组织、指使人员在信息网络上散布，起哄闹事的；

（十）一次实施两种以上寻衅滋事行为的；

（十一）其他情节较重的情形。

十二、组织、教唆、胁迫、诱骗、煽动从事邪教、会道门活动

利用邪教、会道门、迷信活动危害社会

冒用宗教、气功名义危害社会

【法律依据】

（《中华人民共和国治安管理处罚法》第27条）有下列行为之一的，处十日以上十五日以下拘留，可以并处一千元以下罚款；情节较轻的，处五日以上十日以下拘留，可以并处五百元以下罚款：

（一）组织、教唆、胁迫、诱骗、煽动他人从事邪教、会道门活动或者利用邪教、会道门、迷信活动，扰乱社会秩序、损害他人身体健康的；

（二）冒用宗教、气功名义进行扰乱社会秩序、损害他人身体健康活动的。

【理解与适用】

有下列情形之一的，属于"情节较轻"：

（一）危害后果较轻，并及时改正的；

（二）违法活动涉及数量或者数额未达到有关司法解释认定构成刑法第三百条第一款规定的"情节较轻"标准百分之十的；

（三）其他情节较轻的情形。

十三、故意干扰无线电业务正常进行

拒不消除对无线电台（站）的有害干扰

【法律依据】

(《中华人民共和国治安管理处罚法》第28条)违反国家规定,故意干扰无线电业务正常进行的,或者对正常运行的无线电台(站)产生有害干扰,经有关主管部门指出后,拒不采取有效措施消除的,处五日以上十日以下拘留;情节严重的,处十日以上十五日以下拘留。

【理解与适用】

有下列情形之一的,属于"情节严重":

(一)造成较重危害后果或者较大社会影响的;

(二)对事关国家安全、公共安全、国计民生的无线电业务、无线电台(站)进行干扰的;

(三)长时间故意干扰无线电业务正常进行,或者对正常运行的无线电台(站)产生有害干扰的;

(四)违法所得达到有关司法解释认定构成刑法第二百八十八条第一款规定的"情节严重"标准百分之五十以上的;

(五)其他情节严重的情形。

十四、非法侵入计算机信息系统

【法律依据】

(《中华人民共和国治安管理处罚法》第29条第1项)有下列行为之一的,处五日以下拘留;情节较重的,处五日以上十日以下拘留:

(一)违反国家规定,侵入计算机信息系统,造成危害的;

【理解与适用】

有下列情形之一的,属于"情节较重":

(一)造成被侵入系统单位的商业秘密、公民个人信息泄露、数据丢失等较大危害的;

(二)侵入国家机关、涉密单位、防范恐怖袭击重点目标单位或者治安保卫重点单位的计算机信息系统,造成危害的;

(三)其他情节较重的情形。

十五、非法改变计算机信息系统功能

【法律依据】

(《中华人民共和国治安管理处罚法》第29条第2项)有下列行为之一的,处五日以下拘留;情节较重的,处五日以上十日以下拘留:

(二)违反国家规定,对计算机信息系统功能进行删除、修改、增加、干扰,造成计算机信息系统不能正常运行的;

【理解与适用】

有下列情形之一的,属于"情节较重":

(一)违法所得或者造成经济损失达到有关司法解释认定构成刑法第二百八十六条第一款规定的"后果严重"标准的百分之五十以上的;

(二)破坏计算机信息系统功能,造成计算机信息系统主要软件或者硬件功能不能恢复的;

(三)虽未达到前两项规定之一的情形,但多次对计算机信息系统功能进行删除、修改、增加、干扰的;

(四)其他情节较重的情形。

十六、非法改变计算机信息系统数据和应用程序

【法律依据】

(《中华人民共和国治安管理处罚法》第29条第3项)有下列行为之一的,处五日以下拘留;情节较重的,处五日以上十日以下拘留:

(三)违反国家规定,对计算机信息系统中存储、处理、传输的数据和应用程序进行删除、修改、增加的;

【理解与适用】

有下列情形之一的,属于"情节较重":

(一)对五台以上计算机信息系统中存储、处理、传输的数据和应用程序进行删除、修改、增加的;

(二)违法所得或者造成经济损失达到有关司法解释认定构成刑法第二百八十六条第二款规定的"后果严重"标准的百分之五十以上的;

(三)虽未达到前两项规定之一的情形,但多次对数据和应用程序进行删除、修改、增加的;

(四)其他情节较重的情形。

十七、故意制作、传播计算机破坏性程序影响运行

【法律依据】

(《中华人民共和国治安管理处罚法》第29条第4项)有下列行为之一的,处五日以下拘留;情节较重的,处五日以上十日以下拘留:

(四)故意制作、传播计算机病毒等破坏性程序,影响计算机信息系统正常运行的。

【理解与适用】

有下列情形之一的,属于"情节较重":

(一)故意制作、传播计算机病毒等破坏性程序,造成五台以上计算机信息系统受感染的;

(二)违法所得或者造成经济损失达到有关司法解释认定构成刑法第二百八十六条第三款规定的"后果严重"标准的百分之五十以上的;

(三)虽未达到前两项规定之一的情形,但多次故意制作、传播计算机病毒的;

(四)其他情节较重的情形。

十八、非法制造、买卖、储存、运输、邮寄、携带、使用、提供、处置危险物质

【法律依据】

(《中华人民共和国治安管理处罚法》第30条)违反国家规定,制造、买卖、储存、运输、邮寄、携带、使用、提供、处置爆炸性、毒害性、放射性、腐蚀性物质或者传染病病原体等危险物质的,处十日以上十五日以下拘留;情节较轻的,处五日以上十日以下拘留。

【理解与适用】

有下列情形之一的,属于"情节较轻":

(一)违反国家规定,制造、买卖、储存、运输、携带危险物质数量较少或者未达到有关刑事立案追诉标准百分之十的;

(二)违反国家规定,制造、买卖、储存、运输危险物质造成直接经济损失未达到有关刑事立案追诉标准百分之十的;

(三)违反国家规定,处置危险物质数量未达到有关司法解释认定构成刑法第三百三十八条规定的"严重污染环境"标准百分之十的;

(四)违反国家规定,处置危险物质违法所得或者致使公私财产损失未达到有关司法解释认定构成刑法第三百三十八条规定的"严重污染环境"标准百分之十的;

(五)其他情节较轻的情形。

十九、非法携带枪支、弹药、管制器具

【法律依据】

(《中华人民共和国治安管理处罚法》第32条第1款)非法携带枪支、弹药或者弩、匕首等国家规定的管制器具的,处五日以下拘留,可以并处五百元以下罚款;情节较轻的,处警告或者二百元以下罚款。

【理解与适用】

有下列情形之一的,属于"情节较轻":

(一)非法携带弹药,经告知,主动交出的;

(二)以收藏、留念、赠送为目的,携带属于管制刀具的各类武术刀、工艺刀、礼品刀,未造成危害后果的;

(三)其他情节较轻的情形。

二十、盗窃、损毁、擅自移动铁路设施、设备、机车车辆配件、安全标志

【法律依据】

(《中华人民共和国治安管理处罚法》第35条第1项)有下列行为之一的,处五日以上十日以下拘留,可以并处五百元以下罚款;情节较轻的,处五日以下拘留或者五百元以下罚款:

(一)盗窃、损毁或者擅自移动铁路设施、设备、机车车辆配件或者安全标志的;

【理解与适用】

有下列情形之一的,属于"情节较轻":

(一)及时采取补救措施,尚未造成危害后果的;

(二)盗窃、损毁设施、设备的价值较小,且不足以造成危害后果的;

(三)其他情节较轻的情形。

二十一、在铁路线上放置障碍物

【法律依据】

(《中华人民共和国治安管理处罚法》第35条第2项)有下列行为之一的,处五日以上十日以下拘留,可以并处五百元以下罚款;情节较轻的,处五日以下拘留或者五百元以下罚款:

(二)在铁路线路上放置障碍物,或者故意向列车投掷物品的;

【理解与适用】

有下列情形之一的,属于"情节较轻":

(一)在火车到来前及时采取补救措施,危害后果没有发生的;

(二)不足以对行车安全和旅客人身安全造成影响的;

(三)其他情节较轻的情形。

二十二、故意向列车投掷物品

【法律依据】

(《中华人民共和国治安管理处罚法》第35条第2项)有下列行为之一的,处五日以上十日以下拘留,可以并处五百元以下罚款;情节较轻的,处五日以下拘留或者五百元以下罚款:

(二)在铁路线路上放置障碍物,或者故意向列车投掷物品的;

【理解与适用】

有下列情形之一的,属于"情节较轻":

(一)不足以对行车安全和旅客人身安全造成影响的;

(二)未造成机车车辆损坏、旅客人身伤害的;

(三)其他情节较轻的情形。

二十三、在铁路沿线非法挖掘坑穴、采石取沙

【法律依据】

(《中华人民共和国治安管理处罚法》第35条第3项)有下列行为之一的,处五日以上十日以下拘留,可以并处五百元以下罚款;情节较轻的,处五日以下拘留

或者五百元以下罚款：

（三）在铁路线路、桥梁、涵洞处挖掘坑穴、采石取沙的；

【理解与适用】

有下列情形之一的，属于"情节较轻"：

（一）及时采取补救措施，尚未造成危害后果的；

（二）不足以影响铁路路基稳定或者危害铁路桥梁、涵洞安全的；

（三）其他情节较轻的情形。

二十四、在铁路线路上私设道口、平交过道

【法律依据】

（《中华人民共和国治安管理处罚法》第35条第4项）有下列行为之一的，处五日以上十日以下拘留，可以并处五百元以下罚款；情节较轻的，处五日以下拘留或者五百元以下罚款：

（四）在铁路线路上私设道口或者平交过道的。

【理解与适用】

有下列情形之一的，属于"情节较轻"：

（一）及时采取补救措施，尚未造成危害后果的；

（二）不足以对行车安全造成影响的；

（三）其他情节较轻的情形。

二十五、擅自安装、使用电网

安装、使用电网不符合安全规定

【法律依据】

（《中华人民共和国治安管理处罚法》第37条第1项）有下列行为之一的，处五日以下拘留或者五百元以下罚款；情节严重的，处五日以上十日以下拘留，可以并处五百元以下罚款：

（一）未经批准，安装、使用电网的，或者安装、使用电网不符合安全规定的；

【理解与适用】

有下列情形之一的，属于"情节严重"：

（一）在人畜活动较多的区域或者存储易燃易爆危险物品的场所附近安装、使用电网的；

（二）造成人员受伤或者财物损失等危害后果的；

（三）其他情节严重的情形。

二十六、道路施工不设置安全防护设施

【法律依据】

（《中华人民共和国治安管理处罚法》第37条第2项）有下列行为之一的，处五日以下拘留或者五百元以下罚款；情节严重的，处五日以上十日以下拘留，可以并处五百元以下罚款：

（二）在车辆、行人通行的地方施工，对沟井坎穴不设覆盖物、防围和警示标志的，或者故意损毁、移动覆盖物、防围和警示标志的；

【理解与适用】

有下列情形之一的，属于"情节严重"：

（一）造成人员受伤或者财物损失等危害后果的；

（二）多次实施，或者对多个沟井坎穴不设覆盖物、防围和警示标志；

（三）其他情节严重的情形。

二十七、故意损毁、移动道路施工安全防护设施

【法律依据】

（《中华人民共和国治安管理处罚法》第37条第2项）有下列行为之一的，处五日以下拘留或者五百元以下罚款；情节严重的，处五日以上十日以下拘留，可以并处五百元以下罚款：

（二）在车辆、行人通行的地方施工，对沟井坎穴不设覆盖物、防围和警示标志的，或者故意损毁、移动覆盖物、防围和警示标志的；

【理解与适用】

有下列情形之一的，属于"情节严重"：

（一）造成人员受伤或者财物损失等危害后果的；

（二）损毁、移动多个设施、标志的；

（三）其他情节严重的情形。

二十八、盗窃、损毁路面公共设施

【法律依据】

（《中华人民共和国治安管理处罚法》第37条第3项）有下列行为之一的，处五日以下拘留或者五百元以下罚款；情节严重的，处五日以上十日以下拘留，可以并处五百元以下罚款：

（三）盗窃、损毁路面井盖、照明等公共设施的。

【理解与适用】

有下列情形之一的，属于"情节严重"：

（一）造成人员受伤或者财物损失等危害后果的；

（二）盗窃、损毁多个设施的；

（三）其他情节严重的情形。

二十九、违规举办大型活动

【法律依据】

（《中华人民共和国治安管理处罚法》第38条）举办文化、体育等大型群众性活动，违反有关规定，有发生安全事故危险的，责令停止活动，立即疏散；对组织者处五日以上十日以下拘留，并处二百元以上五百元以下罚款；情节较轻的，处五日以下拘留或者五百元以下罚款。

【理解与适用】

有下列情形之一的,属于"情节较轻":

(一)存在安全隐患,经公安机关指出及时采取措施消除的;

(二)发现安全隐患后,主动停止活动、积极组织疏散,未造成危害后果的;

(三)其他情节较轻的情形。

三十、组织、胁迫、诱骗进行恐怖、残忍表演

【法律依据】

(《中华人民共和国治安管理处罚法》第40条第1项)有下列行为之一的,处十日以上十五日以下拘留,并处五百元以上一千元以下罚款;情节较轻的,处五日以上十日以下拘留,并处二百元以上五百元以下罚款。

(一)组织、胁迫、诱骗不满十六周岁的人或者残疾人进行恐怖、残忍表演的;

【理解与适用】

有下列情形之一的,属于"情节较轻":

(一)未使用暴力方法,且对他人身心健康影响较小的,但将相关表演视频在信息网络上散布的除外;

(二)经被侵害人要求或者他人劝阻及时停止,且后果轻微的;

(三)其他情节较轻的情形。

三十一、强迫劳动

【法律依据】

(《中华人民共和国治安管理处罚法》第40条第2项)有下列行为之一的,处十日以上十五日以下拘留,并处五百元以上一千元以下罚款;情节较轻的,处五日以上十日以下拘留,并处二百元以上五百元以下罚款。

(二)以暴力、威胁或者其他手段强迫他人劳动的;

【理解与适用】

有下列情形之一的,属于"情节较轻":

(一)经被侵害人要求或者他人劝阻及时停止,且后果轻微的;

(二)强迫他人劳动系以劳务抵偿合法债务,且劳动强度较低的;

(三)其他情节较轻的情形。

三十二、非法限制人身自由

【法律依据】

(《中华人民共和国治安管理处罚法》第40条第3项)有下列行为之一的,处十日以上十五日以下拘留,并处五百元以上一千元以下罚款;情节较轻的,处五日以上十日以下拘留,并处二百元以上五百元以下罚款:

(三)非法限制他人人身自由、非法侵入他人住宅或者非法搜查他人身体的。

【理解与适用】

非法限制他人人身自由,未使用殴打、捆绑、侮辱等恶劣手段,且未造成人身伤害或者其他较重危害后果,取得被侵害人谅解的,属于"情节较轻"。

三十三、非法侵入住宅

【法律依据】

(《中华人民共和国治安管理处罚法》第40条第3项)有下列行为之一的,处十日以上十五日以下拘留,并处五百元以上一千元以下罚款;情节较轻的,处五日以上十日以下拘留,并处二百元以上五百元以下罚款:

(三)非法限制他人人身自由、非法侵入他人住宅或者非法搜查他人身体的。

【理解与适用】

有下列情形之一的,属于"情节较轻":

(一)因债务纠纷、邻里纠纷侵入他人住宅,经劝阻及时退出,且未造成危害后果的;

(二)非法侵入他人住宅,自行退出,且未造成危害后果的;

(三)其他情节较轻的情形。

三十四、非法搜查身体

【法律依据】

(《中华人民共和国治安管理处罚法》第40条第3项)有下列行为之一的,处十日以上十五日以下拘留,并处五百元以上一千元以下罚款;情节较轻的,处五日以上十日以下拘留,并处二百元以上五百元以下罚款:

(三)非法限制他人人身自由、非法侵入他人住宅或者非法搜查他人身体的。

【理解与适用】

有下列情形之一的,属于"情节较轻":

(一)经被侵害人要求或者他人劝阻及时停止,且未造成人身伤害或者其他危害后果的;

(二)未使用暴力或者未以暴力相威胁的;

(三)其他情节较轻的情形。

三十五、威胁人身安全

【法律依据】

(《中华人民共和国治安管理处罚法》第42条第1项)有下列行为之一的,处五日以下拘留或者五百元以下罚款;情节较重的,处五日以上十日以下拘留,可以并处五百元以下罚款:

(一)写恐吓信或者以其他方法威胁他人人身安全的;

【理解与适用】
有下列情形之一的,属于"情节较重":
(一)给他人正常工作、生活、身心健康造成较大影响的;
(二)经劝阻仍不停止的;
(三)针对多人实施的;
(四)采取多种方式和手段威胁他人人身安全的;
(五)其他情节较重的情形。

三十六、侮辱

诽谤

诬告陷害

【法律依据】

(《中华人民共和国治安管理处罚法》第 42 条第 2 项、第 3 项)有下列行为之一的,处五日以下拘留或者五百元以下罚款;情节较重的,处五日以上十日以下拘留,可以并处五百元以下罚款:

(二)公然侮辱他人或者捏造事实诽谤他人的;

(三)捏造事实诬告陷害他人,企图使他人受到刑事追究或者受到治安管理处罚的;

【理解与适用】

有下列情形之一的,属于"情节较重":

(一)使用恶劣手段、方式的;

(二)给他人正常工作、生活、身心健康、名誉造成较大影响的;

(三)经劝阻仍不停止的;

(四)利用信息网络公然侮辱、诽谤、诬告陷害他人的;

(五)针对多人实施的;

(六)其他情节较重的情形。

三十七、威胁、侮辱、殴打、打击报复证人及其近亲属

【法律依据】

(《中华人民共和国治安管理处罚法》第 42 条第 4 项)有下列行为之一的,处五日以下拘留或者五百元以下罚款;情节较重的,处五日以上十日以下拘留,可以并处五百元以下罚款:

(四)对证人及其近亲属进行威胁、侮辱、殴打或者打击报复的;

【理解与适用】

有下列情形之一的,属于"情节较重":

(一)使用恶劣手段、方式的;

(二)给他人正常工作、生活、身心健康、名誉造成较大影响的;

(三)造成人身伤害的;

(四)针对多人实施的;

(五)其他情节较重的情形。

三十八、发送信息干扰正常生活

【法律依据】

(《中华人民共和国治安管理处罚法》第 42 条第 5 项)有下列行为之一的,处五日以下拘留或者五百元以下罚款;情节较重的,处五日以上十日以下拘留,可以并处五百元以下罚款:

(五)多次发送淫秽、侮辱、恐吓或者其他信息,干扰他人正常生活的;

【理解与适用】

有下列情形之一的,属于"情节较重":

(一)给他人正常工作、生活、身心健康、名誉造成较大影响的;

(二)向多人发送的;

(三)经被侵害人制止仍不停止的;

(四)其他情节较重的情形。

三十九、侵犯隐私

【法律依据】

(《中华人民共和国治安管理处罚法》第 42 条第 6 项)有下列行为之一的,处五日以下拘留或者五百元以下罚款;情节较重的,处五日以上十日以下拘留,可以并处五百元以下罚款:

(六)偷窥、偷拍、窃听、散布他人隐私的。

【理解与适用】

有下列情形之一的,属于"情节较重":

(一)给他人正常工作、生活、身心健康、名誉造成较大影响的;

(二)利用信息网络散布他人隐私的;

(三)多次侵犯他人隐私或者侵犯多人隐私的;

(四)其他情节较重的情形。

四十、殴打他人

故意伤害

【法律依据】

(《中华人民共和国治安管理处罚法》第 43 条第 1 款)殴打他人的,或者故意伤害他人身体的,处五日以上十日以下拘留,并处二百元以上五百元以下罚款;情节较轻的,处五日以下拘留或者五百元以下罚款。

【理解与适用】

有下列情形之一的,属于"情节较轻":

(一)被侵害方有过错,且伤害后果较轻的;

(二)亲友、邻里或者同事之间因琐事发生纠纷,双方均有过错,且伤害后果较轻的;

（三）已满十四周岁未成年在校学生初次殴打他人、故意伤害他人身体，悔过态度较好且伤害后果较轻的；

（四）因民间纠纷引发且行为人主动赔偿合理费用，伤害后果较轻的；

（五）其他情节较轻的情形。

四十一、猥亵

【法律依据】

（《中华人民共和国治安管理处罚法》第44条）猥亵他人的，或者在公共场所故意裸露身体，情节恶劣的，处五日以上十日以下拘留；猥亵智力残疾人、精神病人、不满十四周岁的人或者有其他严重情节的，处十日以上十五日以下拘留。

【理解与适用】

有下列情形之一的，属于"有其他严重情节"：

（一）在公共场所猥亵他人的；

（二）猥亵多人的；

（三）其他情节严重的情形。

四十二、在公共场所故意裸露身体

【法律依据】

（《中华人民共和国治安管理处罚法》第44条）猥亵他人的，或者在公共场所故意裸露身体，情节恶劣的，处五日以上十日以下拘留；猥亵智力残疾人、精神病人、不满十四周岁的人或者有其他严重情节的，处十日以上十五日以下拘留。

【理解与适用】

有下列情形之一的，属于"情节恶劣"：

（一）造成现场秩序混乱等危害后果或者较大社会影响的；

（二）在有多名异性或者未成年人的公共场所故意裸露身体的；

（三）经制止拒不改正的；

（四）伴随挑逗性语言或者动作的；

（五）其他情节恶劣的情形。

四十三、强迫交易

【法律依据】

（《中华人民共和国治安管理处罚法》第46条）强买强卖商品，强迫他人提供服务或者强迫他人接受服务的，处五日以上十日以下拘留，并处二百元以上五百元以下罚款；情节较轻的，处五日以下拘留或者五百元以下罚款。

【理解与适用】

有下列情形之一的，属于"情节较轻"：

（一）强迫交易造成直接经济损失未达到有关刑事立案追诉标准百分之二十的；

（二）强迫交易数额或者违法所得未达到有关刑事立案追诉标准百分之二十的；

（三）强迫他人购买伪劣商品数额或者违法所得未达到有关刑事立案追诉标准百分之二十的；

（四）事后主动返还财物或者支付有关费用，取得被侵害人谅解的；

（五）其他情节较轻的情形。

四十四、盗窃

【法律依据】

（《中华人民共和国治安管理处罚法》第49条）盗窃、诈骗、哄抢、抢夺、敲诈勒索或者故意损毁公私财物的，处五日以上十日以下拘留，可以并处五百元以下罚款；情节较重的，处十日以上十五日以下拘留，可以并处一千元以下罚款。

【理解与适用】

有下列情形之一的，属于"情节较重"：

（一）盗窃财物价值达到有关司法解释认定构成刑法第二百六十四条规定的"数额较大"标准的百分之五十以上的；

（二）盗窃防灾、救灾、救济等特定财物的；

（三）在医院盗窃病人或者其亲友财物的；

（四）采用破坏性手段盗窃的；

（五）组织、控制未成年人、残疾人、孕妇或者哺乳期妇女盗窃的；

（六）其他情节较重的情形。

四十五、诈骗

【法律依据】

（《中华人民共和国治安管理处罚法》第49条）盗窃、诈骗、哄抢、抢夺、敲诈勒索或者故意损毁公私财物的，处五日以上十日以下拘留，可以并处五百元以下罚款；情节较重的，处十日以上十五日以下拘留，可以并处一千元以下罚款。

【理解与适用】

有下列情形之一的，属于"情节较重"：

（一）诈骗财物价值达到有关司法解释认定构成刑法第二百六十六条规定的"数额较大"标准的百分之五十以上的；

（二）诈骗防灾、救灾、救济等特定财物的；

（三）在公共场所或者公共交通工具上设局行骗的；

（四）以开展慈善活动名义实施诈骗的；

（五）其他情节较重的情形。

四十六、哄抢
【法律依据】

（《中华人民共和国治安管理处罚法》第49条）盗窃、诈骗、哄抢、抢夺、敲诈勒索或者故意损毁公私财物的，处五日以上十日以下拘留，可以并处五百元以下罚款；情节较重的，处十日以上十五日以下拘留，可以并处一千元以下罚款。

【理解与适用】

有下列情形之一的，属于"情节较重"：

（一）哄抢防灾、救灾、救济、军用等特定财物的；

（二）在自然灾害、交通事故等现场趁机哄抢，不听劝阻的；

（三）造成人员受伤或者财物损失较大的；

（四）其他情节较重的情形。

四十七、抢夺
【法律依据】

（《中华人民共和国治安管理处罚法》第49条）盗窃、诈骗、哄抢、抢夺、敲诈勒索或者故意损毁公私财物的，处五日以上十日以下拘留，可以并处五百元以下罚款；情节较重的，处十日以上十五日以下拘留，可以并处一千元以下罚款。

【理解与适用】

有下列情形之一的，属于"情节较重"：

（一）抢夺财物价值达到有关司法解释认定构成刑法第二百六十七条规定的"数额较大"标准的百分之五十以上的；

（二）抢夺防灾、救灾、救济等特定财物的；

（三）造成人员受伤或者财物损坏的；

（四）抢夺多人财物的；

（五）驾驶机动车、非机动车或者其他交通工具实施抢夺的；

（六）其他情节较重的情形。

四十八、敲诈勒索
【法律依据】

（《中华人民共和国治安管理处罚法》第49条）盗窃、诈骗、哄抢、抢夺、敲诈勒索或者故意损毁公私财物的，处五日以上十日以下拘留，可以并处五百元以下罚款；情节较重的，处十日以上十五日以下拘留，可以并处一千元以下罚款。

【理解与适用】

有下列情形之一的，属于"情节较重"：

（一）敲诈勒索数额达到有关司法解释认定构成刑法第二百七十四条规定的"数额较大"标准的百分之五十以上的；

（二）利用或者冒充国家机关工作人员、军人、新闻工作者等特殊身份敲诈勒索的；

（三）敲诈勒索多人的；

（四）其他情节较重的情形。

四十九、故意损毁财物
【法律依据】

（《中华人民共和国治安管理处罚法》第49条）盗窃、诈骗、哄抢、抢夺、敲诈勒索或故意损毁公私财物的，处五日以上十日以下拘留，可以并处五百元以下罚款；情节较重的，处十日以上十五日以下拘留，可以并处一千元以下罚款。

【理解与适用】

有下列情形之一的，属于"情节较重"：

（一）故意损毁财物价值达到有关刑事立案追诉标准百分之五十以上的；

（二）故意损毁防灾、救灾、救济等特定财物的；

（三）故意损毁财物，对被侵害人生产、生活影响较大的；

（四）损毁多人财物的；

（五）其他情节较重的情形。

五十、拒不执行紧急状态下的决定、命令
【法律依据】

（《中华人民共和国治安管理处罚法》第50条第1款第1项）有下列行为之一的，处警告或者二百元以下罚款；情节严重的，处五日以上十日以下拘留，可以并处五百元以下罚款：

（一）拒不执行人民政府在紧急状态情况下依法发布的决定、命令的；

【理解与适用】

有下列情形之一的，属于"情节严重"：

（一）不听执法人员劝阻的；

（二）造成人员受伤、财产损失等危害后果的；

（三）其他情节严重的情形。

五十一、阻碍执行职务
【法律依据】

（《中华人民共和国治安管理处罚法》第50条第1款第2项）有下列行为之一的，处警告或者二百元以下罚款；情节严重的，处五日以上十日以下拘留，可以并处五百元以下罚款：

（二）阻碍国家机关工作人员依法执行职务的；

【理解与适用】
有下列情形之一的,属于"情节严重":
(一)不听执法人员制止的;
(二)造成人员受伤、财物损失等危害后果的;
(三)在公共场所或者公共交通工具上阻碍执行职务的;
(四)以驾驶机动车冲闯检查卡点等危险方法阻碍执行任务的;
(五)其他情节严重的情形。

五十二、阻碍特种车辆通行
冲闯警戒带、警戒区
【法律依据】
(《中华人民共和国治安管理处罚法》第50条第1款第3项、第4项)有下列行为之一的,处警告或者二百元以下罚款;情节严重的,处五日以上十日以下拘留,可以并处五百元以下罚款:
(三)阻碍执行紧急任务的消防车、救护车、工程抢险车、警车等车辆通行的;
(四)强行冲闯公安机关设置的警戒带、警戒区的。
【理解与适用】
有下列情形之一的,属于"情节严重":
(一)不听执法人员制止的;
(二)造成人员受伤、财物损失等危害后果的;
(三)其他情节严重的情形。

五十三、招摇撞骗
【法律依据】
(《中华人民共和国治安管理处罚法》第51条第1款)冒充国家机关工作人员或者以其他虚假身份招摇撞骗的,处五日以上十日以下拘留,可以并处五百元以下罚款;情节较轻的,处五日以下拘留或者五百元以下罚款。
【理解与适用】
有下列情形之一的,属于"情节较轻":
(一)社会影响较小,未取得实际利益的;
(二)未造成当事人财物损失或者其他危害后果的;
(三)其他情节较轻的情形。

五十四、伪造、变造、买卖公文、证件、证明文件、印章
买卖、使用伪造、变造的公文、证件、证明文件
【法律依据】
(《中华人民共和国治安管理处罚法》第52条第1项、第2项)有下列行为之一的,处十日以上十五日以下拘留,可以并处一千元以下罚款;情节较轻的,处五日以上十日以下拘留,可以并处五百元以下罚款:
(一)伪造、变造或者买卖国家机关、人民团体、企业、事业单位或者其他组织的公文、证件、证明文件、印章;
(二)买卖或者使用伪造、变造的国家机关、人民团体、企业、事业单位或其他组织的公文、证件、证明文件的;
【理解与适用】
有下列情形之一的,属于"情节较轻":
(一)尚未造成危害后果,且获利较少的;
(二)尚未造成危害后果,且能够及时纠正或者弥补的;
(三)其他情节较轻的情形。

五十五、伪造、变造、倒卖有价票证、凭证
【法律依据】
(《中华人民共和国治安管理处罚法》第52条第3项)有下列行为之一的,处十日以上十五日以下拘留,可以并处一千元以下罚款;情节较轻的,处五日以上十日以下拘留,可以并处五百元以下罚款:
(三)伪造、变造、倒卖车票、船票、航空客票、文艺演出票、体育比赛入场券或者其他有价票证、凭证的;
【理解与适用】
有下列情形之一的,属于"情节较轻":
(一)伪造有价票证、凭证的票面数额、数量或者非法获利未达到有关刑事立案追诉标准百分之十的;
(二)倒卖车票、船票票面数额或者非法获利未达到有关刑事立案追诉标准百分之十的;
(三)其他情节较轻的情形。

五十六、伪造、变造船舶户牌
买卖、使用伪造、变造的船舶户牌
涂改船舶发动机号码
【法律依据】
(《中华人民共和国治安管理处罚法》第52条第4项)有下列行为之一的,处十日以上十五日以下拘留,可以并处一千元以下罚款;情节较轻的,处五日以上十日以下拘留,可以并处五百元以下罚款:
(四)伪造、变造船舶户牌,买卖或者使用伪造、变造的船舶户牌,或者涂改船舶发动机号码的。
【理解与适用】
有下列情形之一的,属于"情节较轻":
(一)伪造、变造船舶户牌数量较少,或者以营利为目的买卖伪造、变造的船舶户牌、涂改船舶发动机号

码,获利较少的;

(二)伪造、变造船舶户牌,或者涂改船舶发动机号码的船舶,尚未出售或者未投入使用的;

(三)因船舶户牌丢失,伪造、变造或者购买、使用伪造、变造的船舶户牌的;

(四)其他情节较轻的情形。

五十七、驾船擅自进入、停靠国家管制的水域、岛屿

【法律依据】

(《中华人民共和国治安管理处罚法》第53条)船舶擅自进入、停靠国家禁止、限制进入的水域或者岛屿的,对船舶负责人及有关责任人员处五百元以上一千元以下罚款;情节严重的,处五日以下拘留,并处五百元以上一千元以下罚款。

【理解与适用】

有下列情形之一的,属于"情节严重":

(一)不听制止,强行进入、停靠的;

(二)经责令离开而拒不驶离的;

(三)其他情节严重的情形。

五十八、非法以社团名义活动

以被撤销登记的社团名义活动

【法律依据】

(《中华人民共和国治安管理处罚法》第54条第1款第1项、第2项)有下列行为之一的,处十日以上十五日以下拘留,并处五百元以上一千元以下罚款;情节较轻的,处五日以下拘留或者五百元以下罚款:

(一)违反国家规定,未经注册登记,以社会团体名义进行活动,被取缔后,仍进行活动的;

(二)被依法撤销登记的社会团体,仍以社会团体名义进行活动的;

【理解与适用】

有下列情形之一的,属于"情节较轻":

(一)尚未造成危害后果或者较大社会影响的;

(二)以营利为目的,但获利较少的;

(三)其他情节较轻的情形。

五十九、未获公安许可擅自经营

【法律依据】

(《中华人民共和国治安管理处罚法》第54条第1款第3项、第3款)有下列行为之一的,处十日以上十五日以下拘留,并处五百元以上一千元以下罚款;情节较轻的,处五日以下拘留或者五百元以下罚款:

(三)未经许可,擅自经营按照国家规定需要由公安机关许可的行业的。

取得公安机关许可的经营者,违反国家有关管理规定,情节严重的,公安机关可以吊销许可证。

【理解与适用】

有下列情形之一的,属于"情节较轻":

(一)经营时间较短且规模较小的;

(二)主动停止经营且获利较少的;

(三)其他情节较轻的情形。

有下列情形之一的,属于"情节严重":

(一)造成较重危害后果或者较大社会影响的;

(二)多次违反国家有关管理规定的;

(三)其他情节严重的情形。

六十、明知住宿旅客是犯罪嫌疑人不报

【法律依据】

(《中华人民共和国治安管理处罚法》第56条第2款)旅馆业的工作人员明知住宿的旅客是犯罪嫌疑人员或者被公安机关通缉的人员,不向公安机关报告的,处二百元以上五百元以下罚款;情节严重的,处五日以下拘留,可以并处五百元以下罚款。

【理解与适用】

有下列情形之一的,属于"情节严重":

(一)发现多名犯罪嫌疑人、被通缉人不报告的;

(二)明知住宿旅客是严重暴力犯罪嫌疑人不报告的;

(三)阻挠他人报告或者在公安机关调查时故意隐瞒的;

(四)其他情节严重的情形。

六十一、明知承租人利用出租屋犯罪不报

【法律依据】

(《中华人民共和国治安管理处罚法》第57条第2款)房屋出租人明知承租人利用出租房屋进行犯罪活动,不向公安机关报告的,处二百元以上五百元以下罚款;情节严重的,处五日以下拘留,可以并处五百元以下罚款。

【理解与适用】

有下列情形之一的,属于"情节严重":

(一)房屋承租人利用出租房屋进行犯罪活动,造成较严重后果的;

(二)阻挠他人报告或者在公安机关调查时故意隐瞒的;

(三)其他情节严重的情形。

六十二、违法承接典当物品

【法律依据】

(《中华人民共和国治安管理处罚法》第59条第1项)有下列行为之一的,处五百元以上一千元以下罚

款;情节严重的,处五日以上十日以下拘留,并处五百元以上一千元以下罚款:

(一)典当业工作人员承接典当的物品,不查验有关证明、不履行登记手续,或者明知是违法犯罪嫌疑人、赃物,不向公安机关报告的;

【理解与适用】

有下列情形之一的,属于"情节严重":

(一)违法承接典当物品较多的;

(二)违法承接典当物品价值较大的;

(三)其他情节严重的情形。

六十三、典当发现违法犯罪嫌疑人、赃物不报

【法律依据】

(《中华人民共和国治安管理处罚法》第59条第1项)有下列行为之一的,处五百元以上一千元以下罚款;情节严重的,处五日以上十日以下拘留,并处五百元以上一千元以下罚款:

(一)典当业工作人员承接典当的物品,不查验有关证明、不履行登记手续,或者明知是违法犯罪嫌疑人、赃物,不向公安机关报告的;

【理解与适用】

有下列情形之一的,属于"情节严重":

(一)涉及赃物数量较多或者价值较大,不报告的;

(二)发现严重暴力犯罪嫌疑人不报告的;

(三)阻挠他人报告或者在公安机关调查时故意隐瞒的;

(四)其他情节严重的情形。

六十四、违法收购废旧专用器材

【法律依据】

(《中华人民共和国治安管理处罚法》第59条第2项)有下列行为之一的,处五百元以上一千元以下罚款;情节严重的,处五日以上十日以下拘留,并处五百元以上一千元以下罚款:

(二)违反国家规定,收购铁路、油田、供电、电信、矿山、水利、测量和城市公用设施等废旧专用器材的;

【理解与适用】

有下列情形之一的,属于"情节严重":

(一)违法收购数量较大或者价值较高的;

(二)造成较重危害后果的;

(三)其他情节严重的情形。

六十五、收购赃物、有赃物嫌疑的物品

【法律依据】

(《中华人民共和国治安管理处罚法》第59条第3项)有下列行为之一的,处五百元以上一千元以下罚款;情节严重的,处五日以上十日以下拘留,并处五百元以上一千元以下罚款:

(三)收购公安机关通报寻查的赃物或者有赃物嫌疑的物品的;

【理解与适用】

有下列情形之一的,属于"情节严重":

(一)收购赃物、有赃物嫌疑的物品价值达到有关司法解释认定构成刑法第三百一十二条第一款规定的掩饰、隐瞒犯罪所得罪定罪数额的百分之五十以上的;

(二)影响公安机关办案或者造成其他较重危害后果的;

(三)造成收购的赃物或者有赃物嫌疑的物品损毁、无法追回的;

(四)物品属于公共设施或者救灾、抢险、防汛等物资的;

(五)其他情节严重的情形。

六十六、收购国家禁止收购的其他物品

【法律依据】

(《中华人民共和国治安管理处罚法》第59条第4项)有下列行为之一的,处五百元以上一千元以下罚款;情节严重的,处五日以上十日以下拘留,并处五百元以上一千元以下罚款:

(四)收购国家禁止收购的其他物品。

【理解与适用】

有下列情形之一的,属于"情节严重":

(一)违法收购数量较大或者价值较高的;

(二)造成较重危害后果的;

(三)其他情节严重的情形。

六十七、故意损坏文物、名胜古迹

【法律依据】

(《中华人民共和国治安管理处罚法》第63条第1项)有下列行为之一的,处警告或者二百元以下罚款;情节较重的,处五日以上十日以下拘留,并处二百元以上五百元以下罚款:

(一)刻划、涂污或者以其他方式故意损坏国家保护的文物、名胜古迹的;

【理解与适用】

有下列情形之一的,属于"情节较重":

(一)拒不听从管理人员或者执法人员制止的;

(二)造成文物、名胜古迹较重损害后果的;

(三)两次以上损坏或者损坏两处以上文物、名胜古迹的;

(四)其他情节较重的情形。

一、综　合

六十八、违法实施危及文物安全的活动
【法律依据】
(《中华人民共和国治安管理处罚法》第63条第2项)有下列行为之一的,处警告或者二百元以下罚款;情节较重的,处五日以上十日以下拘留,并处二百元以上五百元以下罚款:
(二)违反国家规定,在文物保护单位附近进行爆破、挖掘等活动,危及文物安全的。
【理解与适用】
有下列情形之一的,属于"情节较重":
(一)不听管理人员或者执法人员制止的;
(二)造成文物、名胜古迹较重损害后果的;
(三)其他情节较重的情形。

六十九、偷开机动车
【法律依据】
(《中华人民共和国治安管理处罚法》第64条第1项)有下列行为之一的,处五百元以上一千元以下罚款;情节严重的,处十日以上十五日以下拘留,并处五百元以上一千元以下罚款:
(一)偷开他人机动车的;
【理解与适用】
有下列情形之一的,属于"情节严重":
(一)偷开特种车辆、军车的;
(二)偷开机动车从事违法活动的;
(三)发生安全事故或者造成机动车损坏、人员受伤的;
(四)对他人的工作生活造成较大影响的;
(五)其他情节严重的情形。

七十、无证驾驶、偷开航空器、机动船舶
【法律依据】
(《中华人民共和国治安管理处罚法》第64条第2项)有下列行为之一的,处五百元以上一千元以下罚款;情节严重的,处十日以上十五日以下拘留,并处五百元以上一千元以下罚款:
(二)未取得驾驶证驾驶或者偷开他人航空器、机动船舶的。
【理解与适用】
有下列情形之一的,属于"情节严重":
(一)偷开警用、军用航空器、机动船舶的;
(二)无证驾驶载有乘客、危险品的机动船舶或者驾驶机动船舶总吨位在五百吨位以上的;
(三)酒后无证驾驶或者偷开他人航空器、机动船舶的;
(四)发生安全事故或者造成航空器、机动船舶损坏、人员受伤的;
(五)对他人的工作生活造成较大影响的;
(六)其他情节严重的情形。

七十一、破坏、污损坟墓
【法律依据】
(《中华人民共和国治安管理处罚法》第65条第1项)有下列行为之一的,处五日以上十日以下拘留;情节严重的,处十日以上十五日以下拘留,可以并处一千元以下罚款:
(一)故意破坏、污损他人坟墓或者毁坏、丢弃他人尸骨、骨灰的;
【理解与适用】
有下列情形之一的,属于"情节严重":
(一)破坏、污损程度较严重的;
(二)破坏、污损英雄烈士坟墓或者具有公共教育、纪念意义的坟墓的;
(三)引发民族矛盾、宗教矛盾或者群体性事件的;
(四)其他情节严重的情形。

七十二、毁坏、丢弃尸骨、骨灰
【法律依据】
(《中华人民共和国治安管理处罚法》第65条第1项)有下列行为之一的,处五日以上十日以下拘留;情节严重的,处十日以上十五日以下拘留,可以并处一千元以下罚款:
(一)故意破坏、污损他人坟墓或者毁坏、丢弃他人尸骨、骨灰的;
【理解与适用】
有下列情形之一的,属于"情节严重":
(一)毁坏程度较重的;
(二)引发民族矛盾、宗教矛盾或者群体性事件的;
(三)其他情节严重的情形。

七十三、违法停放尸体
【法律依据】
(《中华人民共和国治安管理处罚法》第65条第2项)有下列行为之一的,处五日以上十日以下拘留;情节严重的,处十日以上十五日以下拘留,可以并处一千元以下罚款:
(二)在公共场所停放尸体或者因停放尸体影响他人正常生活、工作秩序,不听劝阻的。
【理解与适用】
有下列情形之一的,属于"情节严重":

（一）造成交通拥堵、秩序混乱等危害后果的；
（二）影响他人正常工作、生活持续时间较长的；
（三）造成较大社会影响的；
（四）其他情节严重的情形。

七十四、卖淫

嫖娼

【法律依据】

（《中华人民共和国治安管理处罚法》第66条第1款）卖淫、嫖娼的，处十日以上十五日以下拘留，可以并处五千元以下罚款；情节较轻的，处五日以下拘留或者五百元以下罚款。

【理解与适用】

有下列情形之一的，属于"情节较轻"：

（一）已经谈妥价格或者给付金钱等财物，尚未实施性行为的；
（二）以手淫等方式卖淫、嫖娼的；
（三）其他情节较轻的情形。

七十五、引诱、容留、介绍卖淫

【法律依据】

（《中华人民共和国治安管理处罚法》第67条）引诱、容留、介绍他人卖淫的，处十日以上十五日以下拘留，可以并处五千元以下罚款；情节较轻的，处五日以下拘留或者五百元以下罚款。

【理解与适用】

有下列情形之一的，属于"情节较轻"：

（一）容留、介绍一人次卖淫，且尚未发生性行为的；
（二）容留、介绍一人次以手淫等方式卖淫的；
（三）其他情节较轻的情形。

七十六、制作、运输、复制、出售、出租淫秽物品

传播淫秽信息

【法律依据】

（《中华人民共和国治安管理处罚法》第68条）制作、运输、复制、出售、出租淫秽的书刊、图片、影片、音像制品等淫秽物品或者利用计算机信息网络、电话以及其他通讯工具传播淫秽信息的，处十日以上十五日以下拘留，可以并处三千元以下罚款；情节较轻的，处五日以下拘留或者五百元以下罚款。

【理解与适用】

有下列情形之一的，属于"情节较轻"：

（一）制作、复制、出售淫秽书刊、图片、影片、音像制品，传播淫秽信息数量、获利未达到有关刑事立案追诉标准百分之十的；运输、出租淫秽物品的"情节较轻"数量基准参照上述规定执行；

（二）传播范围较小，且影响较小的；
（三）其他情节较轻的情形。

七十七、为赌博提供条件

【法律依据】

（《中华人民共和国治安管理处罚法》第70条）以营利为目的，为赌博提供条件的，或者参与赌博赌资较大的，处五日以下拘留或者五百元以下罚款；情节严重的，处十日以上十五日以下拘留，并处五百元以上三千元以下罚款。

【理解与适用】

有下列情形之一的，属于"情节严重"：

（一）设置赌博机的数量或者为他人提供场所放置的赌博机数量达到有关规范性文件认定构成开设赌场罪标准的百分之五十以上的；
（二）在公共场所或者公共交通工具上为赌博提供条件的；
（三）通过计算机信息网络平台为赌博提供条件的；
（四）为未成年人赌博提供条件的；
（五）国家工作人员为赌博提供条件的；
（六）明知他人从事赌博活动而向其销售赌博机的；
（七）发行、销售"六合彩"等其他私彩的；
（八）组织、协助他人出境赌博的；
（九）为赌场接送参赌人员、望风看场、发牌做庄、兑换筹码的；
（十）其他情节严重的情形。

七十八、赌博

【法律依据】

（《中华人民共和国治安管理处罚法》第70条）以营利为目的，为赌博提供条件的，或者参与赌博赌资较大的，处五日以下拘留或五百元以下罚款；情节严重的，处十日以上十五日以下拘留，并处五百元以上三千元以下罚款。

【理解与适用】

有下列情形之一的，属于"情节严重"：

（一）在公共场所或者公共交通工具上赌博的；
（二）利用互联网、移动终端设备等投注赌博的；
（三）国家工作人员参与赌博的；
（四）其他情节严重的情形。

七十九、非法种植毒品原植物

【法律依据】

（《中华人民共和国治安管理处罚法》第71条第1

款第1项)有下列行为之一的,处十日以上十五日以下拘留,可以并处三千元以下罚款;情节较轻的,处五日以下拘留或者五百元以下罚款:

（一）非法种植罂粟不满五百株或者其他少量毒品原植物的;

【理解与适用】

有下列情形之一的,属于"情节较轻":

（一）非法种植罂粟不满五十株、大麻不满五百株的;

（二）非法种植罂粟不满二十平方米、大麻不满二百平方米,尚未出苗的;

（三）其他情节较轻的情形。

八十、非法买卖、运输、携带、持有毒品原植物种苗

【法律依据】

(《中华人民共和国治安管理处罚法》第71条第1款第2项)有下列行为之一的,处十日以上十五日以下拘留,可以并处三千元以下罚款;情节较轻的,处五日以下拘留或者五百元以下罚款:

（二）非法买卖、运输、携带、持有少量未经灭活的罂粟等毒品原植物种子或者幼苗的;

【理解与适用】

有下列情形之一的,属于"情节较轻":

（一）非法买卖、运输、携带、持有未经灭活的罂粟种子不满五克、罂粟幼苗不满五百株的;

（二）非法买卖、运输、携带、持有未经灭活的大麻幼苗不满三千株、大麻种子不满五千克的;

（三）其他情节较轻的情形。

八十一、非法运输、买卖、储存、使用罂粟壳

【法律依据】

(《中华人民共和国治安管理处罚法》第71条第1款第3项)有下列行为之一的,处十日以上十五日以下拘留,可以并处三千元以下罚款;情节较轻的,处五日以下拘留或者五百元以下罚款:

（三）非法运输、买卖、储存、使用少量罂粟壳的。

【理解与适用】

非法运输、买卖、储存、使用罂粟壳不满五千克,或者其他社会危害性不大的,属于"情节较轻"。

八十二、非法持有毒品

【法律依据】

(《中华人民共和国治安管理处罚法》第72条第1项)有下列行为之一的,处十日以上十五日以下拘留,可以并处二千元以下罚款;情节较轻的,处五日以下拘留或者五百元以下罚款:

（一）非法持有鸦片不满二百克、海洛因或者甲基苯丙胺不满十克或者其他少量毒品的;

【理解与适用】

有下列情形之一的,属于"情节较轻":

（一）非法持有鸦片不满二十克的;

（二）非法持有海洛因、甲基苯丙胺不满一克或者其他毒品数量未达到有关刑事立案追诉标准百分之十的;

（三）其他情节较轻的情形。

八十三、提供毒品

吸毒

胁迫、欺骗开具麻醉药品、精神药品

【法律依据】

(《中华人民共和国治安管理处罚法》第72条第2项、第3项、第4项)有下列行为之一的,处十日以上十五日以下拘留,可以并处二千元以下罚款;情节较轻的,处五日以下拘留或者五百元以下罚款:

（二）向他人提供毒品的;

（三）吸食、注射毒品的;

（四）胁迫、欺骗医务人员开具麻醉药品、精神药品的。

【理解与适用】

向他人提供毒品后及时收回且未造成危害后果的,未成年人、在校学生吸食毒品且无吸毒史或者无戒断症状的,欺骗医务人员开具少量麻醉药品、精神药品尚未吸食、注射的,或者其他社会危害性不大的,属于"情节较轻"。

第三部分 相关规定

一、本指导意见下列用语的含义:

（一）违反国家规定,是指违反全国人民代表大会及其常务委员会制定的法律和决定,国务院制定的行政法规、规定的行政措施、发布的决定、命令,国务院部门制定的规章和为执行法律、行政法规而制定的对外公布的规范性文件。

（二）结伙,是指二人以上;多次(人、名),是指三次(人、名)以上。

（三）公共交通工具,是指从事旅客运输的各种公共汽车,大、中型出租车,火车,轨道交通,轮船,飞机等,不含小型出租车。对虽不具有营业执照,但实际从事旅客运输的大、中型交通工具,以及单位班车、校车等交通工具,可以认定为公共交通工具。

（四）依法进行的选举,是指依照《全国人民代表大会组织法》《全国人民代表大会和地方各级人民代

表大会选举法》《地方各级人民代表大会和地方各级人民政府组织法》《中华人民共和国村民委员会组织法》《中华人民共和国城市居民委员会组织法》等法律、法规进行的选举活动。

（五）大型群众性活动，是指法人或者其他组织面向社会公众举办的每场次预计参加人数达到1000人以上的体育比赛、演唱会、音乐会、展览、展销、游园、灯会、庙会、花会、焰火晚会、人才招聘会、彩票开奖等活动，不包含影剧院、音乐厅、公园、娱乐场所等在其日常业务范围内举办的活动。

（六）管制器具，是指弩、管制刀具、电击器以及使用火药为动力的射钉器、射网器等国家规定对社会治安秩序和公共安全构成危害，对公民合法权益和人身安全构成威胁，需要实施特别管理的物品。

（七）近亲属，包括配偶、父母、子女、兄弟姐妹、祖父母、外祖父母、孙子女、外孙子女和其他具有扶养、赡养关系的亲属。

（八）赌博机，是指具有退币、退分、退钢珠等赌博功能的电子游戏设施、设备。

二、本指导意见所称以上，包括本数。

三、各地公安机关可以根据本地实际制定实施细则。

四、本指导意见自印发之日起施行。

违反公安行政管理行为的名称及其适用意见

1. 2020年8月6日公安部修订发布
2. 公通字〔2020〕8号

为进一步加强执法规范化建设，统一规范违反公安行政管理行为的名称及其法律依据的适用，现对法律、行政法规和部门规章中涉及违反公安行政管理行为的名称及其适用规范如下：

一、境外非政府组织境内活动管理

（一）《中华人民共和国境外非政府组织境内活动管理法》（法律）

1. 未按规定办理涉境外非政府组织变更登记、备案相关事项（第45条第1款第1项）

2. 未按涉境外非政府组织登记、备案事项开展活动（第45条第1款第2项）

上述登记或者备案事项包括名称、业务范围、活动地域，相关违法行为名称可根据具体情形进行表述。例如，未按登记的名称开展活动的，违法行为名称表述为"未按涉境外非政府组织登记（名称）事项开展活动"。

3. 涉境外非政府组织在境内从事、资助营利性活动、募捐、违规发展会员（第45条第1款第3项）

4. 违反涉境外非政府组织规定取得使用资金、开立使用银行账户、进行会计核算（第45条第1款第4项）

5. 代表机构未按规定报送年度计划、报送公开年度报告（第45条第1款第5项）

6. 拒不接受、不按规定接受涉境外非政府组织监督检查（第45条第1款第6项）

7. 非法取得代表机构登记证书、临时活动备案（第45条第1、2款）

8. 伪造、变造、买卖、出租、出借代表机构登记证书、印章（第45条第1、2款）

《中华人民共和国境外非政府组织境内活动管理法》第45条第2款与《中华人民共和国治安管理处罚法》第52条第1项竞合。对境外非政府组织代表机构、开展临时活动的境外非政府组织或者中方合作单位有伪造、变造、买卖代表机构登记证书、印章行为的，对单位处罚的法律依据适用《中华人民共和国境外非政府组织境内活动管理法》第45条第1、2款，对其直接负责的主管人员和其他直接责任人员处罚的法律依据适用《中华人民共和国治安管理处罚法》第18条和第52条第1项。

9. 未经登记、备案以代表机构、境外非政府组织名义开展活动（第46条第1款第1项）

10. 被取消登记后以境外非政府组织代表机构名义开展活动（第46条第1款第2项）

11. 临时活动期限届满、被取缔后开展活动（第46条第1款第3项）

12. 非法委托、资助境内单位和个人开展活动（第46条第1款第4项）

13. 非法与境外非政府组织合作（第46条第1、2款）

14. 非法接受境外非政府组织委托、资助（第46条第1、2款）

15. 境外非政府组织、代表机构煽动抗拒法律法规实施（第47条第1款第1项）

16. 境外非政府组织、代表机构非法获取国家秘密（第47条第1款第2项）

17. 境外非政府组织、代表机构造谣诽谤、发表传播有害信息（第47条第1款第3项）

18.境外非政府组织、代表机构从事资助政治活动、非法从事资助宗教活动(第47条第1款第4项)

19.境外非政府组织、代表机构以其他方式危害国家安全、损害国家利益、损害社会公共利益(第47条第1款第5项)

20.境外非政府组织、代表机构实施危害国家安全犯罪行为(第47条第1、2款)

二、治安管理

(二)《中华人民共和国人民警察法》(法律)

21.非法制造、贩卖、持有、使用警用标志、制式服装、警械、证件(《中华人民共和国人民警察法》第36条、《人民警察制式服装及其标志管理规定》第14条、第15条、第16条、《公安机关警戒带使用管理办法》第10条)

对单位或者个人非法生产、销售人民警察制式服装及其标志的,违法行为名称表述为"非法制造、贩卖警用标志、制式服装",法律依据适用《中华人民共和国人民警察法》第36条和《人民警察制式服装及其标志管理规定》第14条。对指定生产企业违反规定,超计划生产或者擅自转让生产任务的,违法行为名称表述为"非法制造警用标志、制式服装",法律依据适用《中华人民共和国人民警察法》第36条和《人民警察制式服装及其标志管理规定》第14条、第15条。对单位或者个人非法持有、使用人民警察制式服装的,违法行为名称表述为"非法持有、使用警用标志、制式服装",法律依据适用《中华人民共和国人民警察法》第36条和《人民警察制式服装及其标志管理规定》第16条。

(三)《人民警察制式服装及其标志管理规定》(部门规章)

22.生产、销售仿制警用制式服装、标志(第17条)

23.穿着、佩带仿制警用制式服装、标志(第18条)

(四)《中华人民共和国治安管理处罚法》(法律)

24.扰乱单位秩序(第23条第1款第1项)

《中华人民共和国军事设施保护法》第43条规定援引《中华人民共和国治安管理处罚法》第23条处罚。对《中华人民共和国军事设施保护法》第43条规定的非法进入军事禁区、军事管理区,不听制止的;在军事禁区外围安全控制范围内,或者在没有划入军事禁区、军事管理区的军事设施一定距离内,进行危害军事设施安全和使用效能的活动,不听制止的;在军用机场净空保护区域内,进行影响飞行安全和机场助航设施使用效能的活动,不听制止的;对军事禁区、军事管理区非法进行摄影、摄像、录音、勘察、测量、描绘和记述,不听制止的;其他扰乱军事禁区、军事管理区管理秩序和危害军事设施安全的行为,情节轻微,尚不够刑事处罚的,违法行为名称表述为"扰乱单位秩序",法律依据适用《中华人民共和国治安管理处罚法》第23条第1款第1项。聚众实施上述行为的,违法行为名称表述为"聚众扰乱单位秩序",法律依据适用《中华人民共和国治安管理处罚法》第23条第1款第1项和第2款。

25.扰乱公共场所秩序(第23条第1款第2项)

26.扰乱公共交通工具上的秩序(第23条第1款第3项)

27.妨碍交通工具正常行驶(第23条第1款第4项)

28.破坏选举秩序(第23条第1款第5项)

29.聚众扰乱单位秩序(第23条第2款)

30.聚众扰乱公共场所秩序(第23条第2款)

31.聚众扰乱公共交通工具上的秩序(第23条第2款)

32.聚众妨碍交通工具正常行驶(第23条第2款)

33.聚众破坏选举秩序(第23条第2款)

34.强行进入大型活动场内(第24条第1款第1项)

35.违规在大型活动场内燃放物品(第24条第1款第2项)

36.在大型活动场内展示侮辱性物品(第24条第1款第3项)

37.围攻大型活动工作人员(第24条第1款第4项)

38.向大型活动场内投掷杂物(第24条第1款第5项)

39.其他扰乱大型活动秩序的行为(第24条第1款第6项)

40.虚构事实扰乱公共秩序(第25条第1项)

对《中华人民共和国消防法》第62条第3项规定的谎报火警,违法行为名称表述为"虚构事实扰乱公共秩序(谎报火警)",法律依据适用《中华人民共和国消防法》第62条第3项和《中华人民共和国治安管理处罚法》第25条第1项。

41.投放虚假危险物质(第25条第2项)

42.扬言实施放火、爆炸、投放危险物质(第25条第3项)

43. 寻衅滋事(第26条)

44. 组织、教唆、胁迫、诱骗、煽动从事邪教、会道门活动(第27条第1项)

45. 利用邪教、会道门、迷信活动危害社会(第27条第1项)

46. 冒用宗教、气功名义危害社会(第27条第2项)

47. 故意干扰无线电业务正常进行(第28条)

《中华人民共和国军事设施保护法》第44条规定援引《中华人民共和国治安管理处罚法》第28条处罚。对《中华人民共和国军事设施保护法》第44条规定的违反国家规定,故意干扰军用无线电设施正常工作的,违法行为名称表述为"故意干扰无线电业务正常进行",法律依据适用《中华人民共和国治安管理处罚法》第28条。

48. 拒不消除对无线电台(站)的有害干扰(第28条)

《中华人民共和国军事设施保护法》第44条规定援引《中华人民共和国治安管理处罚法》第28条处罚。对《中华人民共和国军事设施保护法》第44条规定的对军用无线电设施产生有害干扰,拒不按照有关主管部门的要求改正的,违法行为名称表述为"拒不消除对无线电台(站)的有害干扰",法律依据适用《中华人民共和国治安管理处罚法》第28条。

49. 非法侵入计算机信息系统(第29条第1项)

《计算机信息网络国际联网安全保护管理办法》第20条与《中华人民共和国治安管理处罚法》第29条第1项竞合。对单位未经允许,进入计算机信息网络或者使用计算机信息网络资源,构成违反治安管理行为的,违法行为名称表述为"非法侵入计算机信息系统"。对单位处罚的法律依据适用《计算机信息网络国际联网安全保护管理办法》第6条第1项和第20条,对其直接负责的主管人员和其他直接责任人员处罚的法律依据适用《中华人民共和国治安管理处罚法》第18条和第29条第1项。

50. 非法改变计算机信息系统功能(第29条第2项)

《计算机信息网络国际联网安全保护管理办法》第20条与《中华人民共和国治安管理处罚法》第29条第2项竞合。对单位未经允许,对计算机信息网络功能进行删除、修改或者增加,构成违反治安管理行为的,违法行为名称表述为"非法改变计算机信息系统功能"。对单位处罚的法律依据适用《计算机信息网络国际联网安全保护管理办法》第6条第2项和第20条,对其直接负责的主管人员和其他直接责任人员处罚的法律依据适用《中华人民共和国治安管理处罚法》第18条和第29条第2项。

51. 非法改变计算机信息系统数据和应用程序(第29条第3项)

《计算机信息网络国际联网安全保护管理办法》第20条与《中华人民共和国治安管理处罚法》第29条第3项竞合。对单位未经允许,对计算机信息网络中存储、处理或者传输的数据和应用程序进行删除、修改或者增加,构成违反治安管理行为的,违法行为名称表述为"非法改变计算机信息系统数据和应用程序"。对单位处罚的法律依据适用《计算机信息网络国际联网安全保护管理办法》第6条第3项和第20条,对其直接负责的主管人员和其他直接责任人员处罚的法律依据适用《中华人民共和国治安管理处罚法》第18条和第29条第3项。

52. 故意制作、传播计算机破坏性程序影响运行(第29条第4项)

《计算机信息网络国际联网安全保护管理办法》第20条与《中华人民共和国治安管理处罚法》第29条第4项竞合。对单位故意制作、传播计算机病毒等破坏性程序,构成违反治安管理行为的,违法行为名称表述为"故意制作、传播计算机破坏性程序影响运行"。对单位处罚的法律依据适用《计算机信息网络国际联网安全保护管理办法》第6条第4项和第20条,对其直接负责的主管人员和其他直接责任人员处罚的法律依据适用《中华人民共和国治安管理处罚法》第18条和第29条第4项。

53. 非法制造、买卖、储存、运输、邮寄、携带、使用、提供、处置危险物质(第30条)

《民用爆炸物品安全管理条例》第44条第4款与《中华人民共和国治安管理处罚法》第30条竞合。对未经许可购买、运输民用爆炸物品的,违法行为名称表述为"非法购买、运输危险物质(民用爆炸物品)"。对单位处罚的法律依据适用《民用爆炸物品安全管理条例》第44条第4款,对其直接负责的主管人员和其他直接责任人员处罚的法律依据适用《中华人民共和国治安管理处罚法》第18条和第30条。对个人未经许可购买、运输民用爆炸物品的,法律依据适用《中华人民共和国治安管理处罚法》第30条。

《民用爆炸物品安全管理条例》第49条第3项、第4项与《中华人民共和国治安管理处罚法》第30条竞合。对违规储存民用爆炸物品的，违法行为名称表述为"非法储存危险物质（民用爆炸物品）"。对单位处罚的法律依据适用《民用爆炸物品安全管理条例》第49条第3项或者第4项，对其直接负责的主管人员和其他直接责任人员处罚的法律依据适用《中华人民共和国治安管理处罚法》第18条和第30条。对个人非法储存民用爆炸物品的，法律依据适用《中华人民共和国治安管理处罚法》第30条。

《民用爆炸物品安全管理条例》第51条与《中华人民共和国治安管理处罚法》第30条竞合。对携带民用爆炸物品搭乘公共交通工具或者进入公共场所，邮寄或者在托运的货物、行李、包裹、邮件中夹带民用爆炸物品，违法行为名称表述为"非法携带、邮寄危险物质（民用爆炸物品）"，法律依据适用《中华人民共和国治安管理处罚法》第30条和《民用爆炸物品安全管理条例》第51条。

对《中华人民共和国消防法》第62条第1项规定的违反有关消防技术标准和管理规定生产、储存、运输、销售、使用、销毁易燃易爆危险品，违法行为名称表述为"非法制造、买卖、储存、运输、使用、处置危险物质（易燃易爆危险品）"，法律依据适用《中华人民共和国消防法》第62条第1项和《中华人民共和国治安管理处罚法》第30条。

对《中华人民共和国消防法》第62条第2项规定的非法携带易燃易爆危险品进入公共场所或者乘坐公共交通工具的，违法行为名称表述为"非法携带危险物质（易燃易爆危险品）"，法律依据适用《中华人民共和国消防法》第62条第2项和《中华人民共和国治安管理处罚法》第30条。

《烟花爆竹安全管理条例》第36条第2款与《中华人民共和国治安管理处罚法》第30条竞合。对未经许可经由道路运输烟花爆竹的，违法行为名称表述为"非法运输危险物质（烟花爆竹）"。对单位处罚的法律依据适用《烟花爆竹安全管理条例》第36条第2款，对其直接负责的主管人员和其他直接责任人员处罚的法律依据适用《中华人民共和国治安管理处罚法》第18条和第30条。对个人未经许可经由道路运输烟花爆竹的，法律依据适用《中华人民共和国治安管理处罚法》第30条。

《烟花爆竹安全管理条例》第41条和《中华人民共和国治安管理处罚法》第30条竞合。对携带烟花爆竹搭乘公共交通工具的，或者邮寄烟花爆竹以及在托运的行李、包裹、邮件中夹带烟花爆竹的，违法行为名称表述为"非法邮寄、携带危险物质（烟花爆竹）"。情节较轻的，法律依据适用《烟花爆竹安全管理条例》第41条；情节较重，构成违反治安管理的，法律依据适用《中华人民共和国治安管理处罚法》第30条。

《危险化学品安全管理条例》第88条第4项和《剧毒化学品购买和公路运输许可证件管理办法》第20条、第21条第3款与《中华人民共和国治安管理处罚法》第30条竞合。对未取得或者利用骗取的剧毒化学品道路运输通行证，通过道路运输剧毒化学品的，违法行为名称表述为"非法运输危险物质（剧毒化学品）"。对单位处罚的法律依据相应适用《危险化学品安全管理条例》第88条第4项和《剧毒化学品购买和公路运输许可证件管理办法》第20条，或者《危险化学品安全管理条例》第88条第4项和《剧毒化学品购买和公路运输许可证件管理办法》第21条第3款，对其直接负责的主管人员和其他直接责任人员处罚的法律依据适用《中华人民共和国治安管理处罚法》第18条和第30条。对个人未取得剧毒化学品道路运输通行证经由道路运输剧毒化学品的，法律依据适用《中华人民共和国治安管理处罚法》第30条。

《剧毒化学品购买和公路运输许可证件管理办法》第20条与《中华人民共和国治安管理处罚法》第30条竞合。对未申领剧毒化学品购买凭证〔《国务院关于第五批取消和下放管理层级行政审批项目的决定》（国发〔2010〕21号）已取消剧毒化学品准购证核发审批〕，擅自购买剧毒化学品的，违法行为名称表述为"非法购买危险物质（剧毒化学品）"。对单位处罚的法律依据适用《剧毒化学品购买和公路运输许可证件管理办法》第20条，对其直接负责的主管人员和其他直接责任人员处罚的法律依据适用《中华人民共和国治安管理处罚法》第18条和第30条。对个人非法购买剧毒化学品的，法律依据适用《中华人民共和国治安管理处罚法》第30条。

《放射性物品运输安全管理条例》第62条第1项与《中华人民共和国治安管理处罚法》第30条竞合。未经公安机关审批准通过道路运输放射性物品的，违法行为名称表述为"非法运输危险物质（放射性物品）"。对单位处罚的法律依据适用《放射性物品运输安全管理条例》第62条第1项，对其直接负责的主管人员和其他直接责任人员处罚的法律依据适用《中华人民共和国治安管理处罚法》第18条和第30条。对个人未经公安机关批准通过道路运输放射性物品的，法律依据适用《中华人民共和国治安管理处罚法》第30条。

54.危险物质被盗、被抢、丢失不报(第31条)

《民用爆炸物品安全管理条例》第50条第2项与《中华人民共和国治安管理处罚法》第31条竞合。对民用爆炸物品丢失、被盗、被抢不报的,违法行为名称表述为"危险物质(民用爆炸物品)被盗、被抢、丢失不报"。对单位处罚的法律依据适用《民用爆炸物品安全管理条例》第50条第2项,对其直接负责的主管人员和其他直接责任人员处罚的法律依据适用《中华人民共和国治安管理处罚法》第18条和第31条。

《烟花爆竹安全管理条例》第39条与《中华人民共和国治安管理处罚法》第31条竞合。对生产、经营、使用黑火药、烟火药、引火线的企业,丢失黑火药、烟火药、引火线未及时向当地安全生产监督管理部门和公安部门报告的,违法行为名称表述为"危险物质(烟花爆竹)丢失不报"。对企业主要负责人处罚的法律依据适用《烟花爆竹安全管理条例》第39条,对其直接负责的主管人员和其他直接责任人员处罚的法律依据适用《中华人民共和国治安管理处罚法》第18条和第31条。

《危险化学品安全管理条例》第81条第1款第2项与《中华人民共和国治安管理处罚法》第31条竞合。生产、储存、使用剧毒化学品、易制爆危险化学品的单位发现剧毒化学品、易制爆危险化学品丢失或者被盗,不立即向公安机关报告的,违法行为名称表述为"危险物质被盗、丢失不报"。对单位处罚的法律依据适用《危险化学品安全管理条例》第81条第1款第2项,对其直接负责的主管人员和其他直接责任人员处罚的法律依据适用《中华人民共和国治安管理处罚法》第18条和第31条。

55.非法携带枪支、弹药、管制器具(第32条)

《中华人民共和国枪支管理法》第44条第1款第2项与《中华人民共和国治安管理处罚法》第32条竞合。对《中华人民共和国枪支管理法》第44条第1款第2项规定的在禁止携带枪支的区域、场所携带枪支的,违法行为名称表述为"非法携带枪支",法律依据适用《中华人民共和国治安管理处罚法》第32条。

56.盗窃、损毁公共设施(第33条第1项)

《中华人民共和国军事设施保护法》第45条规定援引《中华人民共和国治安管理处罚法》第33条处罚。对《中华人民共和国军事设施保护法》第45条规定的毁坏边防、海防管控设施以及军事禁区、军事管理区的围墙、铁丝网、界线标志或者其他军事设施的,违法行为名称表述为"损毁公共设施",法律依据适用《中华人民共和国治安管理处罚法》第33条第1项。

57.移动、损毁边境、领土、领海标志设施(第33条第2项)

58.非法进行影响国(边)界线走向的活动(第33条第3项)

59.非法修建有碍国(边)境管理的设施(第33条第3项)

60.盗窃、损坏、擅自移动航空设施(第34条第1款)

61.强行进入航空器驾驶舱(第34条第1款)

62.在航空器上使用禁用物品(第34条第2款)

63.盗窃、损毁、擅自移动铁路设施、设备、机车车辆配件、安全标志(第35条第1项)

64.在铁路线路上放置障碍物(第35条第2项)

65.故意向列车投掷物品(第35条第2项)

66.在铁路沿线非法挖掘坑穴、采石取沙(第35条第3项)

67.在铁路线路上私设道口、平交过道(《中华人民共和国治安管理处罚法》第35条第4项和《中华人民共和国铁路法》第68条)

68.擅自进入铁路防护网(第36条)

69.违法在铁路线路上行走坐卧、抢越铁路(第36条)

70.擅自安装、使用电网(第37条第1项)

71.安装、使用电网不符合安全规定(第37条第1项)

72.道路施工不设置安全防护设施(第37条第2项)

73.故意损毁、移动道路施工安全防护设施(第37条第2项)

74.盗窃、损毁路面公共设施(第37条第3项)

75.违规举办大型活动(第38条)

76.公共场所经营管理人员违反安全规定(第39条)

77.组织、胁迫、诱骗进行恐怖、残忍表演(第40条第1项)

78.强迫劳动(第40条第2项)

《中华人民共和国劳动法》第96条第1项与《中华人民共和国治安管理处罚法》第40条第2项竞合。对用人单位以暴力、威胁或者非法限制人身自由的手段强迫劳动的,违法行为名称表述为"强迫劳动",法律依据适用《中华人民共和国治安管理处罚法》第40条第2项。

79.非法限制人身自由(第40条第3项)

《保安服务管理条例》第45条第1款第1项与《中华人民共和国治安管理处罚法》第40条第3项竞合。对保安员限制他人人身自由的,违法行为名称表述为"非法限制人身自由"。如果其行为依法应当予以治安管理处罚的,法律依据适用《中华人民共和国治安管理处罚法》第40条第3项。如果其行为情节严重,依法应当吊销保安员证,并应当依法予以治安管理处罚的,法律依据适用《中华人民共和国治安管理处罚法》第40条第3项和《保安服务管理条例》第45条第1款第1项。如果其行为情节轻微,不构成违反治安管理行为,仅应当予以训诫的,法律依据适用《保安服务管理条例》第45条第1款第1项。

《中华人民共和国劳动法》第96条第2项与《中华人民共和国治安管理处罚法》第40条第3项竞合。对用人单位拘禁劳动者的,违法行为名称表述为"非法限制人身自由",法律依据适用《中华人民共和国治安管理处罚法》第40条第3项。

80.非法侵入住宅(第40条第3项)

81.非法搜查身体(第40条第3项)

《保安服务管理条例》第45条第1款第1项与《中华人民共和国治安管理处罚法》第40条第3项竞合。对保安员搜查他人身体的,违法行为名称表述为"非法搜查身体"。如果其行为依法应当予以治安管理处罚的,法律依据适用《中华人民共和国治安管理处罚法》第40条第3项。如果其行为情节严重,依法应当吊销保安员证,并应当依法予以治安管理处罚的,法律依据适用《中华人民共和国治安管理处罚法》第40条第3项和《保安服务管理条例》第45条第1款第1项。如果其行为情节轻微,不构成违反治安管理行为,仅应当予以训诫的,法律依据适用《保安服务管理条例》第45条第1款第1项。

《中华人民共和国劳动法》第96条第2项与《中华人民共和国治安管理处罚法》第40条第3项竞合。对用人单位非法搜查劳动者的,违法行为名称表述为"非法搜查身体",法律依据适用《中华人民共和国治安管理处罚法》第40条第3项。

82.胁迫、诱骗、利用他人乞讨(第41条第1款)

83.以滋扰他人的方式乞讨(第41条第2款)

84.威胁人身安全(第42条第1项)

85.侮辱(第42条第2项)

《保安服务管理条例》第45条第1款第1项与《中华人民共和国治安管理处罚法》第42条第2项竞合。对保安员侮辱他人的,违法行为名称表述为"侮辱"。如果其行为依法应当予以治安管理处罚的,法律依据适用《中华人民共和国治安管理处罚法》第42条第2项。如果其行为情节严重,依法应当吊销保安员证,并应当依法予以治安管理处罚的,法律依据适用《中华人民共和国治安管理处罚法》第42条第2项和《保安服务管理条例》第45条第1款第1项。如果其行为情节轻微,不构成违反治安管理行为,仅应当予以训诫的,法律依据适用《保安服务管理条例》第45条第1款第1项。

《中华人民共和国劳动法》第96条第2项与《中华人民共和国治安管理处罚法》第42条第2项竞合。对用人单位侮辱劳动者的,违法行为名称表述为"侮辱",法律依据适用《中华人民共和国治安管理处罚法》第42条第2项。

86.诽谤(第42条第2项)

87.诬告陷害(第42条第3项)

88.威胁、侮辱、殴打、打击报复证人及其近亲属(第42条第4项)

89.发送信息干扰正常生活(第42条第5项)

90.侵犯隐私(第42条第6项)

《保安服务管理条例》第45条第1款第6项与《中华人民共和国治安管理处罚法》第42条第6项竞合。对保安员侵犯个人隐私的,违法行为名称表述为"侵犯隐私"。如果其行为依法应当予以治安管理处罚的,法律依据适用《中华人民共和国治安管理处罚法》第42条第6项。如果其行为情节严重,依法应当吊销保安员证,并应当依法予以治安管理处罚的,法律依据适用《中华人民共和国治安管理处罚法》第42条第6项和《保安服务管理条例》第45条第1款第6项。如果其行为情节轻微,不构成违反治安管理行为,仅应当予以训诫的,法律依据适用《保安服务管理条例》第45条第1款第6项。

91.殴打他人(第43条第1款)

《保安服务管理条例》第45条第1款第1项与《中华人民共和国治安管理处罚法》第43条第1款竞合。对保安员殴打他人的,违法行为名称表述为"殴打他人"。如果其行为依法应当予以治安管理处罚,法律依据适用《中华人民共和国治安管理处罚法》第43条第1款。如果其行为情节严重,依法应当吊销保安员证,并应当依法予以治安管理处罚的,法律依据适用《中华人民共和国治安管理处罚法》第43条第1款和《保安服务管理条例》第45条第1款第1项;有法定加重情节的,法律依据适用《中华人民共和国治安管理处罚法》第43条第2款和《保安服务管理条例》第45条第1款第1项。如果其行为情节轻微,不构成违反治安管理行为,仅应当予以训诫的,法律依据适用《保安服务管理条例》第45条第1款第1项。

《中华人民共和国劳动法》第96条第2项与《中华人民共和国治安管理处罚法》第43条第1款竞合。对用人单位体罚、殴打劳动者的,违法行为名称表述为"殴打他人",法律依据适用《中华人民共和国治安管理处罚法》第43条第1款。

92. 故意伤害(第43条第1款)
93. 猥亵(第44条)
94. 在公共场所故意裸露身体(第44条)
95. 虐待(第45条第1项)
96. 遗弃(第45条第2项)
97. 强迫交易(第46条)
98. 煽动民族仇恨、民族歧视(第47条)
99. 刊载民族歧视、侮辱内容(第47条)
100. 冒领、隐匿、毁弃、私自开拆、非法检查他人邮件(第48条)

对冒领、隐匿、毁弃、私自开拆、非法检查他人快件,尚不构成犯罪的,违法行为名称表述为"冒领、隐匿、毁弃、私自开拆、非法检查他人邮件",法律依据适用《快递暂行条例》第42条第1款和《中华人民共和国治安管理处罚法》第48条。

101. 盗窃(第49条)
102. 诈骗(第49条)
103. 哄抢(第49条)
104. 抢夺(第49条)
105. 敲诈勒索(第49条)
106. 故意损毁财物(第49条)
107. 拒不执行紧急状态下的决定、命令(第50条第1款第1项)
108. 阻碍执行职务(第50条第1款第2项)

《保安服务管理条例》第45条第1款第3项与《中华人民共和国治安管理处罚法》第50条第1款第2项竞合。对保安员阻碍依法执行公务,违法行为名称表述为"阻碍执行职务"。如果其行为依法应当予以治安管理处罚的,法律依据适用《中华人民共和国治安管理处罚法》第50条第1款第2项。如果其行为情节严重,依法应当吊销保安员证,并应当依予以治安管理处罚的,法律依据适用《中华人民共和国治安管理处罚法》第50条第1款第2项和《保安服务管理条例》第45条第1款第3项。如果其行为情节轻微,不构成违反治安管理行为,仅应当予以训诫的,法律依据适用《保安服务管理条例》第45条第1款第3项。

对阻碍消防救援机构的工作人员依法执行职务,尚不够刑事处罚的,违法行为名称表述为"阻碍执行职务",法律依据适用《中华人民共和国消防法》第62条第5项和《中华人民共和国治安管理处罚法》第50条第1款第2项。

对阻碍国家情报工作机构及其工作人员依法开展情报工作,尚不够刑事处罚的,违法行为名称及法律适用规范按照本意见第777条的规定执行。

109. 阻碍特种车辆通行(第50条第1款第3项)

对阻碍消防车、消防艇执行任务的,违法行为名称表述为"阻碍特种车辆通行(消防车、消防艇)",法律依据适用《中华人民共和国消防法》第62条第4项和《中华人民共和国治安管理处罚法》第50条第1款第3项。

110. 冲闯警戒带、警戒区(第50条第1款第4项)
111. 招摇撞骗(第51条第1款)
112. 伪造、变造、买卖公文、证件、证明文件、印章(第52条第1项)

《报废机动车回收管理办法》第20条第1款第1项与《中华人民共和国治安管理处罚法》第52条第1项竞合。对买卖、伪造、变造报废机动车回收证明的,违法行为名称表述为"伪造、变造、买卖证明文件(报废机动车回收证明)",处罚的法律依据适用《中华人民共和国治安管理处罚法》第52条第1项和《报废机动车回收管理办法》第20条第1款第1项。

113. 买卖、使用伪造、变造的公文、证件、证明文件(第52条第2项)
114. 伪造、变造、倒卖有价票证、凭证(第52条第3项)
115. 伪造、变造船舶户牌(第52条第4项)
116. 买卖、使用伪造、变造的船舶户牌(第52条第4项)
117. 涂改船舶发动机号码(第52条第4项)
118. 驾船擅自进入、停靠国家管制的水域、岛屿(第53条)

《沿海船舶边防治安管理规定》第28条第1项与《中华人民共和国治安管理处罚法》第53条竞合。对沿海船舶非法进入国家禁止或者限制进入的海域或者岛屿的,违法行为名称表述为"驾船擅自进入国家管制的水域、岛屿",法律依据适用《中华人民共和国治安管理处罚法》第53条。

119. 非法以社团名义活动（第54条第1款第1项）

120. 以被撤销登记的社团名义活动（第54条第1款第2项）

121. 未获公安许可擅自经营（第54条第1款第3项）

《旅馆业治安管理办法》第15条与《中华人民共和国治安管理处罚法》第54条第1款第3项、第2款竞合。对未经公安机关许可开办旅馆的，违法行为名称表述为"未获公安许可擅自经营（旅馆）"，法律依据适用《中华人民共和国治安管理处罚法》第54条第1款第3项、第2款和《旅馆业治安管理办法》第4条。

《保安服务管理条例》第41条与《中华人民共和国治安管理处罚法》第54条第1款第3项、第2款竞合。对未经许可从事保安服务的，违法行为名称表述为"未获公安许可擅自经营（保安服务）"，法律依据适用《中华人民共和国治安管理处罚法》第54条第1款第3项、第2款以及《保安服务管理条例》第9条和第41条。对未经许可从事保安培训的，违法行为名称表述为"未获公安许可擅自经营（保安培训）"，法律依据适用《中华人民共和国治安管理处罚法》第54条第1款第3项、第2款以及《保安服务管理条例》第33条和第41条。

122. 煽动、策划非法集会、游行、示威（第55条）

123. 不按规定登记住宿旅客信息（第56条第1款）

124. 不制止住宿旅客带入危险物质（第56条第1款）

125. 明知住宿旅客是犯罪嫌疑人不报（第56条第2款）

126. 将房屋出租给无身份证件人居住（第57条第1款）

127. 不按规定登记承租人信息（第57条第1款）

128. 明知承租人利用出租屋犯罪不报（第57条第2款）

129. 制造噪声干扰正常生活（第58条）

130. 违法承接典当物品（第59条第1项）

131. 典当发现违法犯罪嫌疑人、赃物不报（第59条第1项）

《典当管理办法》第66条第1款与《中华人民共和国治安管理处罚法》第59条第1项竞合。对典当行发现公安机关通报协查的人员或者赃物不向公安机关报告的，违法行为名称表述为"典当发现违法犯罪嫌疑人、赃物不报"。对典当行处罚的法律依据适用《典当管理办法》第27条和第52条及第66条第1款，对其直接负责的主管人员和其他直接责任人员处罚的法律依据适用《中华人民共和国治安管理处罚法》第18条和第59条第1项。对典当行工作人员发现违法犯罪嫌疑人、赃物不向公安机关报告的，法律依据适用《中华人民共和国治安管理处罚法》第59条第1项。

132. 违法收购废旧专用器材（第59条第2项）

133. 收购赃物、有赃物嫌疑的物品（第59条第3项）

134. 收购国家禁止收购的其他物品（第59条第4项）

135. 隐藏、转移、变卖、损毁依法扣押、查封、冻结的财物（第60条第1项）

136. 伪造、隐匿、毁灭证据（第60条第2项）

137. 提供虚假证言（第60条第2项）

138. 谎报案情（第60条第2项）

139. 窝藏、转移、代销赃物（第60条第3项）

对机动车修理企业和个体工商户明知是盗窃、抢劫所得机动车而予以拆解、改装、拼装、倒卖的，对其直接负责的主管人员和其他直接责任人员处罚的法律依据适用《中华人民共和国治安管理处罚法》第18条和第60条第3项以及《机动车修理业、报废机动车回收业治安管理办法》第15条。

对报废机动车回收企业明知或者应当知道回收的机动车为赃物或者用于盗窃、抢劫等犯罪活动的犯罪工具，未向公安机关报告，擅自拆解、改装、拼装、倒卖该机动车的，对其直接负责的主管人员和其他直接责任人员处罚的法律依据适用《中华人民共和国治安管理处罚法》第18条和第60条第3项以及《报废机动车回收管理办法》第20条第1款第2项。

140. 违反监督管理规定（第60条第4项）

141. 协助组织、运送他人偷越国（边）境（第61条）

142. 为偷越国（边）境人员提供条件（第62条第1款）

143. 偷越国（边）境（第62条第2款）

144. 故意损坏文物、名胜古迹（第63条第1项）

145. 违法实施危及文物安全的活动（第63条第2项）

146. 偷开机动车（第64条第1项）

147. 无证驾驶、偷开航空器、机动船舶（第64条

2项)

《沿海船舶边防治安管理规定》第29条第2项规定的"偷开他人船舶",与《中华人民共和国治安管理处罚法》第64条第2项规定的"偷开机动船舶"竞合。对偷开他人船舶的,法律依据适用《中华人民共和国治安管理处罚法》第64条第2项。

148. 破坏、污损坟墓(第65条第1项)

149. 毁坏、丢弃尸骨、骨灰(第65条第1项)

150. 违法停放尸体(第65条第2项)

151. 卖淫(第66条第1款)

152. 嫖娼(第66条第1款)

153. 拉客招嫖(第66条第2款)

154. 引诱、容留、介绍卖淫(第67条)

155. 制作、运输、复制、出售、出租淫秽物品(第68条)

156. 传播淫秽信息(第68条)

157. 组织播放淫秽音像(第69条第1款第1项)

158. 组织淫秽表演(第69条第1款第2项)

159. 进行淫秽表演(第69条第1款第2项)

160. 参与聚众淫乱(第69条第1款第3项)

161. 为淫秽活动提供条件(第69条第2款)

162. 为赌博提供条件(第70条)

163. 赌博(第70条)

164. 非法种植毒品原植物(第71条第1款第1项)

165. 非法买卖、运输、携带、持有毒品原植物种苗(第71条第1款第2项)

166. 非法运输、买卖、储存、使用罂粟壳(第71条第1款第3项)

167. 非法持有毒品(第72条第1项)

168. 提供毒品(第72条第2项)

169. 吸毒(第72条第3项)

170. 胁迫、欺骗开具麻醉药品、精神药品(第72条第4项)

171. 教唆、引诱、欺骗吸毒(第73条)

172. 为吸毒、赌博、卖淫、嫖娼人员通风报信(第74条)

173. 饲养动物干扰正常生活(第75条第1款)

174. 放任动物恐吓他人(第75条第1款)

175. 担保人不履行担保义务(第109条第2款)

(五)《中华人民共和国国旗法》(法律)

176. 侮辱国旗(第19条)

(六)《中华人民共和国国徽法》(法律)

177. 侮辱国徽(第13条)

(七)《中华人民共和国国歌法》(法律)

178. 侮辱国歌(第15条)

(八)《全国人民代表大会常务委员会关于惩治破坏金融秩序犯罪的决定》(法律)

179. 出售、购买、运输假币(第2条第1款和第21条)

对"出售、运输伪造、变造的人民币"的,法律依据适用《中华人民共和国中国人民银行法》第42条。

180. 金融工作人员购买假币、以假币换取货币(第2条第2款和第21条)

181. 持有、使用假币(第4条和第21条)

对"购买、持有、使用伪造、变造的人民币"的,法律依据适用《中华人民共和国中国人民银行法》第43条。

182. 变造货币(第5条和第21条)

对"变造人民币"的,法律依据适用《中华人民共和国中国人民银行法》第42条。

183. 伪造、变造金融票证(第11条和第21条)

184. 金融票据诈骗(第12条和第21条)

185. 信用卡诈骗(第14条和第21条)

186. 保险诈骗(第16条和第21条)

(九)《中华人民共和国中国人民银行法》(法律)

187. 伪造人民币(第42条)

188. 变造人民币(第42条)

189. 出售、运输伪造、变造的人民币(第42条)

190. 购买、持有、使用伪造、变造的人民币(第43条)

(十)《中华人民共和国人民币管理条例》(行政法规)

191. 故意毁损人民币(第42条)

(十一)《全国人民代表大会常务委员会关于惩治虚开、伪造和非法出售增值税专用发票犯罪的决定》(法律)

192. 伪造、出售伪造的增值税专用发票(第2条第1款和第11条)

193. 非法出售增值税专用发票(第3条和第11条)

194. 非法购买增值税专用发票(第4条第1款和第11条)

195. 购买伪造的增值税专用发票(第4条第1款和第11条)

196. 非法制造、出售非法制造的可以用于骗取出

口退税、抵扣税款的其他发票(第6条第1款和第11条)

197.非法制造、出售非法制造的发票(第6条第2款和第11条)

198.非法出售可以用于骗取出口退税、抵扣税款的其他发票(第6条第3款和第11条)

199.非法出售发票(第6条第4款和第11条)

"非法制造、出售非法制造的发票""非法出售发票"中的"发票",是指用于骗取出口退税、抵扣税款的发票以外的发票。

(十二)《全国人民代表大会常务委员会关于严禁卖淫嫖娼的决定》(法律)

200.放任卖淫、嫖娼活动(第7条)

(十三)《中华人民共和国集会游行示威法》(法律)

201.非法集会、游行、示威(第28条第2款第1项、第2项)

202.破坏集会、游行、示威(第30条)

(十四)《中华人民共和国居民身份证法》(法律)

203.骗领居民身份证(第16条第1项)

204.出租、出借、转让居民身份证(第16条第2项)

205.非法扣押居民身份证(第16条第3项)

对保安员扣押他人居民身份证的,违法行为名称表述为"非法扣押居民身份证",法律依据适用《保安服务管理条例》第45条第1款第2项。

206.冒用居民身份证(第17条第1款第1项)

207.使用骗领的居民身份证(第17条第1款第1项)

208.购买、出售、使用伪造、变造的居民身份证(第17条第1款第2项)

209.泄露公民个人信息(第19条第1、2款)

对国家机关或者金融、电信、交通、教育、医疗等单位的工作人员泄露公民个人信息的,法律依据适用《中华人民共和国居民身份证法》第19条第1款;对单位泄露公民个人信息的,对其直接负责的主管人员和其他直接责任人员的处罚,法律依据适用《中华人民共和国居民身份证法》第19条第2款。

(十五)《居住证暂行条例》(行政法规)

210.使用虚假证明材料骗领居住证(第18条第1项)

211.出租、出借、转让居住证(第18条第2项)

212.非法扣押他人居住证(第18条第3项)

213.冒用他人居住证(第19条第1款第1项)

214.使用骗领的居住证(第19条第1款第1项)

215.购买、出售、使用伪造、变造的居住证(第19条第1款第2项)

(十六)《中华人民共和国枪支管理法》(法律)

216.违规制造、销(配)售枪支(第40条)

对"超过限额或者不按照规定的品种制造枪支"的,违法行为名称表述为"违规制造枪支",法律依据适用《中华人民共和国枪支管理法》第40条第1项;对"制造无号、重号、假号的枪支"的,违法行为名称表述为"违规制造枪支",法律依据适用《中华人民共和国枪支管理法》第40条第2项。

对"超过限额或者不按照规定的品种配售枪支"的,违法行为名称表述为"违规配售枪支",法律依据适用《中华人民共和国枪支管理法》第40条第1项;对"私自销售枪支""在境内销售为出口制造的枪支"的,违法行为名称表述为"违规销售枪支",法律依据适用《中华人民共和国枪支管理法》第40条第3项。

217.违规运输枪支(第42条)

218.非法出租、出借枪支(第43条第5款)

219.未按规定标准制造民用枪支(第44条第1款第1项和第2款)

《中华人民共和国枪支管理法》第44条第1款第2项规定的在禁止携带枪支的区域、场所携带枪支的,违法行为名称及法律适用规范按照本意见第55条的规定执行。

220.不上缴报废枪支(第44条第1款第3项和第2款)

221.丢失枪支不报(第44条第1款第4项)

222.制造、销售仿真枪(第44条第1款第5项和第2款)

(十七)《中华人民共和国教育法》(法律)

223.组织作弊(第80条第1项)

224.为作弊提供帮助、便利(第80条第2项)

225.代替他人参加考试(第80条第3项)

226.泄露、传播考试试题、答案(第80条第4项)

227.其他扰乱考试秩序的行为(第80条第5项)

(十八)《民用爆炸物品安全管理条例》(行政法规)

228.未经许可从事爆破作业(第44条第4款)

对《民用爆炸物品安全管理条例》第44条第4款规定的未经许可购买、运输民用爆炸物品的,违法行为名称及法律适用规范按照本意见第53条的规定执行。

229.未按规定对民用爆炸物品做出警示、登记标识(第46条第1项)

230.未按规定对雷管编码打号(第46条第1项)

231.超出许可购买民用爆炸物品(第46条第2项)

232.使用现金、实物交易民用爆炸物品(第46条第3项)

233.销售民用爆炸物品未按规定保存交易证明材料(第46条第4项)

234.销售、购买、进出口民用爆炸物品未按规定备案(第46条第5项)

235.未按规定建立民用爆炸物品登记制度(第46条第6项、第48条第1款第3项、第49条第2项)

对未如实将本单位生产、销售、购买、运输、储存、使用民用爆炸物品的品种、数量和流向信息输入计算机系统的,违法行为名称表述为"未按规定建立民用爆炸物品登记制度",法律依据适用《民用爆炸物品安全管理条例》第46条第6项;对爆破作业单位未按规定建立民用爆炸物品领取登记制度、保存领取登记记录的,违法行为名称表述为"未按规定建立民用爆炸物品登记制度",法律依据适用《民用爆炸物品安全管理条例》第48条第1款第3项;对未按规定建立出入库检查、登记制度或者收存和发放民用爆炸物品,致使账物不符的,违法行为名称表述为"未按规定建立民用爆炸物品登记制度",法律依据适用《民用爆炸物品安全管理条例》第49条第2项。

236.未按规定核销民用爆炸物品运输许可证(第46条第7项)

237.违反许可事项运输民用爆炸物品(第47条第1项)

238.未携带许可证运输民用爆炸物品(第47条第2项)

239.违规混装民用爆炸物品(第47条第3项)

240.民用爆炸物品运输车辆未按规定悬挂、安装警示标志(第47条第4项)

241.违反行驶、停靠规定运输民用爆炸物品(第47条第5项)

242.装载民用爆炸物品的车厢载人(第47条第6项)

243.运输民用爆炸物品发生危险未处置、不报告(第47条第7项)

244.未按资质等级从事爆破作业(第48条第1款第1项)

245.营业性爆破作业单位跨区域作业未报告(第48条第1款第2项)

246.违反标准实施爆破作业(第48条第1款第4项)

对爆破作业人员违反国家有关标准和规范的规定实施爆破作业,情节严重,依法应当吊销爆破作业人员许可证的,违法行为名称表述为"违反标准实施爆破作业",法律依据适用《民用爆炸物品安全管理条例》第48条第1款第4项和第2款。

247.未按规定设置民用爆炸物品专用仓库技术防范设施(第49条第1项)

对《民用爆炸物品安全管理条例》第49条第3项、第4项规定的超量储存、在非专用仓库储存或者违反储存标准和规范储存民用爆炸物品以及其他违反规定储存民用爆炸物品的,违法行为名称及法律适用规范按照本意见第53条的规定执行。

248.违反制度致使民用爆炸物品丢失、被盗、被抢(第50条第1项)

对《民用爆炸物品安全管理条例》第50条第2项规定的民用爆炸物品丢失、被盗、被抢不报的,违法行为名称及法律适用规范按照本意见第54条的规定执行。

249.非法转让、出借、转借、抵押、赠送民用爆炸物品(第50条第3项)

对《民用爆炸物品安全管理条例》第51条规定的携带民用爆炸物品搭乘公共交通工具或者进入公共场所,邮寄或者在托运的货物、行李、包裹、邮件中夹带民用爆炸物品,尚不构成犯罪的,违法行为名称及法律适用规范按照本意见第53条的规定执行。

250.未履行民用爆炸物品安全管理责任(第52条)

(十九)《烟花爆竹安全管理条例》(行政法规)

对《烟花爆竹安全管理条例》第36条第2款规定的未经许可经由道路运输烟花爆竹的,违法行为名称及法律适用规范按照本意见第53条的规定执行。

对《烟花爆竹安全管理条例》第39条规定的生产、经营、使用黑火药、烟火药、引火线的企业,丢失黑火药、烟火药、引火线未及时报告的,违法行为名称及法律适用规范按照本意见第54条的规定执行。

251.违反许可事项经道路运输烟花爆竹(第40条第1项)

252.未携带许可证经道路运输烟花爆竹(第40条第2项)

一、综　合　101

253.烟花爆竹道路运输车辆未按规定悬挂、安装警示标志(第40条第3项)

254.未按规定装载烟花爆竹(第40条第4项)

255.装载烟花爆竹的车厢载人(第40条第5项)

256.烟花爆竹运输车辆超速行驶(第40条第6项)

257.烟花爆竹运输车辆经停无人看守(第40条第7项)

258.未按规定核销烟花爆竹道路运输许可证(第40条第8项)

对《烟花爆竹安全管理条例》第41条规定的携带烟花爆竹搭乘公共交通工具，或者邮寄烟花爆竹以及在托运的行李、包裹、邮件中夹带烟花爆竹的，违法行为名称及法律适用规范按照本意见第53条的规定执行。

259.非法举办大型焰火燃放活动(第42条第1款)

260.违规从事燃放作业(第42条第1款)

261.违规燃放烟花爆竹(第42条第2款)

(二十)《危险化学品安全管理条例》(行政法规)

262.剧毒化学品、易制爆危险化学品专用仓库未按规定设置技术防范设施(第78条第2款)

263.未如实记录剧毒化学品、易制爆危险化学品数量、流向(第81条第1款第1项)

对《危险化学品安全管理条例》第81条第1款第2项规定的发现剧毒化学品、易制爆危险化学品丢失或者被盗，不立即向公安机关报告的，违法行为名称及法律适用规范按照本意见第54条的规定执行。

264.储存剧毒化学品未备案(第81条第1款第3项)

265.未如实记录剧毒化学品、易制爆危险化学品购买信息(《危险化学品安全管理条例》第81条第1款第4项和《剧毒化学品购买和公路运输许可证件管理办法》第23条第2款)

266.未按规定期限保存剧毒化学品、易制爆危险化学品销售记录、材料(第81条第1款第4项)

267.未按规定期限备案剧毒化学品、易制爆化学品销售、购买信息(第81条第1款第5项)

268.转让剧毒化学品、易制爆危险化学品不报(第81条第1款第6项)

269.转产、停产、停业、解散未备案处置方案(第82条第2款)

270.单位未经许可购买剧毒化学品、易制爆危险化学品(第84条第2款)

271.个人非法购买剧毒化学品、易制爆危险化学品(第84条第2款)

272.单位非法出借、转让剧毒化学品、易制爆危险化学品(第84条第3款)

273.违反核定载质量运输危险化学品(第88条第1项)

274.使用不符合安全标准车辆运输危险化学品(第88条第2项)

275.道路运输危险化学品擅自进入限制通行区域(第88条第3项)

《危险化学品安全管理条例》第88条第4项规定的非法运输剧毒化学品的违法行为名称及法律适用规范按照本意见第53条的规定执行。

276.未按规定悬挂、喷涂危险化学品警示标志(第89条第1项)

277.不配备危险化学品押运人员(第89条第2项)

278.道路运输剧毒化学品、易制爆危险化学品长时间停车不报(第89条第3项)

279.剧毒化学品、易制爆危险化学品运输途中丢失、被盗、被抢、流散、泄露未采取有效警示和安全措施(第89条第4项)

280.剧毒化学品、易制爆危险化学品运输途中流散、泄露不报(第89条第4项)

281.伪造、变造、出租、出借、转让剧毒化学品许可证件(第93条第2款)

282.使用伪造、变造的剧毒化学品许可证件(第93条第2款)

《危险化学品安全管理条例》第93条第2款与《中华人民共和国治安管理处罚法》第52条第1项、第2项竞合。对单位伪造、变造剧毒化学品许可证件或者使用伪造、变造的剧毒化学品许可证件的，法律依据适用《危险化学品安全管理条例》第93条第2款，对其直接负责的主管人员和其他直接责任人员处罚的，法律依据适用《中华人民共和国治安管理处罚法》第18条和第52条第1项、第2项。对个人伪造、变造剧毒化学品许可证件或者使用伪造、变造的剧毒化学品许可证件的，法律依据适用《中华人民共和国治安管理处罚法》第52条第1项、第2项。

(二十一)《剧毒化学品购买和公路运输许可证件管理办法》(部门规章)

《剧毒化学品购买和公路运输许可证件管理办

法》第20条规定的未经许可购买、通过公路运输剧毒化学品的,违法行为名称及法律适用规范按照本意见第53条的规定执行。

283. 非法获取剧毒化学品购买、公路运输许可证件(第21条第1款)

284. 未按规定更正剧毒化学品购买许可证件回执填写错误(第23条第1款)

285. 未携带许可证经公路运输剧毒化学品(第24条第1款)

286. 违反许可事项经公路运输剧毒化学品(第24条第2款)

对违反许可事项通过公路运输剧毒化学品,尚未造成严重后果的,对单位处罚的法律依据适用《剧毒化学品购买和公路运输许可证件管理办法》第24条第2款,对其直接负责的主管人员和其他直接责任人员处罚的法律依据适用《中华人民共和国治安管理处罚法》第18条和第30条。

287. 未按规定缴交剧毒化学品购买证件回执(第25条第1项)

288. 未按规定缴交剧毒化学品公路运输通行证件(第25条第2项)

289. 未按规定缴交剧毒化学品购买凭证、凭证存根(第25条第3项)

290. 未按规定作废、缴交填写错误的剧毒化学品购买凭证(第25条第4项)

(二十二)《易制爆危险化学品治安管理办法》(部门规章)

291. 未按规定建立易制爆危险化学品信息系统(第6条第1款和第36条)

292. 违反在互联网发布易制爆危险化学品信息(第23条、第24条和第42条)

(二十三)《危险货物道路运输安全管理办法》(部门规章)

293. 未携带许可证明经道路运输放射性物品(第71条第4项)

(二十四)《放射性物品运输安全管理条例》(行政法规)

《放射性物品运输安全管理条例》第62条第1项规定的未经许可通过道路运输放射性物品的违法行为名称及法律适用规范按照本意见第53条的规定执行。

294. 放射性物品运输车辆违反行驶规定(第62条第2项)

295. 放射性物品运输车辆未悬挂警示标志(第62条第2项)

296. 道路运输放射性物品未配备押运人员(第62条第3项)

297. 道路运输放射性物品脱离押运人员监管(第62条第3项)

(二十五)《中华人民共和国民用航空安全保卫条例》(行政法规)

298. 装载未采取安全措施的物品(第24条第4项和第35条第1项)

299. 违法交运、捎带他人货物(第24条第3项和第35条第2项)

300. 托运人伪报品名托运(第30条第2款和第35条第3项)

301. 托运人在托运货物中夹带危险物品(第30条第2款和第35条第3项)

302. 携带、交运禁运物品(第32条和第35条第3项)

303. 违反警卫制度致使航空器失控(第15条和第36条第1项)

304. 违规出售客票(第17条和第36条第2项)

305. 承运时未核对乘机人和行李(第18条和第36条第3项)

306. 承运人未核对登机旅客人数(第19条第1款和第36条第4项)

307. 将未登机人员的行李装入、滞留航空器内(第19条第2款、第3款和第36条第4项)

308. 承运人未全程监管承运物品(第20条和第36条第5项)

309. 配制、装载单位未对供应品采取安全措施(第21条和第36条第5项)

310. 未对承运货物采取安全措施(第30条第1款和第36条第5项)

311. 未对航空邮件安检(第31条和第36条第5项)

(二十六)《铁路安全管理条例》(行政法规)

312. 毁坏铁路设施设备、防护设施(第51条和第95条)

313. 危及铁路通信、信号设施安全(第52条和第95条)

314. 危害电气化铁路设施(第53条和第95条)

法律适用规范同本意见第315条。

315. 危害铁路安全(第77条和第95条)

对具有《铁路安全管理条例》第77条规定的危

铁路安全行为之一,但未构成违反治安管理行为的,违法行为名称表述为"危害铁路安全",法律依据适用《铁路安全管理条例》第77条和第95条。如果行为人实施了《铁路安全管理条例》第77条规定的危害铁路安全行为之一,该行为同时又构成违反治安管理行为的,违法行为名称表述为《中华人民共和国治安管理处罚法》中的相应违法行为名称,对单位处罚的法律依据适用《铁路安全管理条例》第77条和第95条,对其直接负责的主管人员和其他直接责任人员处罚的法律依据适用《中华人民共和国治安管理处罚法》的相关规定;违法行为人为自然人的,法律依据适用《中华人民共和国治安管理处罚法》的相关规定。

316.运输危险货物不按规定配备押运人员(第98条)

317.发生危险货物泄漏不报(第98条)

《铁路安全管理条例》第98条与《中华人民共和国治安管理处罚法》第31条竞合。铁路运输托运人运输危险货物发生危险货物被盗、丢失不按照规定及时报告的,违法行为名称表述为"危险物质被盗、丢失不报",对单位处罚的法律依据适用《铁路安全管理条例》第98条,对其直接负责的主管人员和其他直接责任人员处罚的法律依据适用《中华人民共和国治安管理处罚法》第18条和第31条。

(二十七)《娱乐场所管理条例》(行政法规)

318.娱乐场所从事毒品违法犯罪活动(第14条和第43条)

对娱乐场所从业人员实施《娱乐场所管理条例》第14条规定的禁止行为的,按照相关法律、法规确定违法行为名称,并适用相关法律、法规。

319.娱乐场所为毒品违法犯罪活动提供条件(第14条和第43条)

320.娱乐场所组织、强迫、引诱、容留、介绍他人卖淫、嫖娼(第14条和第43条)

《娱乐场所管理条例》第43条与《中华人民共和国治安管理处罚法》第67条竞合。对娱乐场所引诱、容留、介绍他人卖淫的,法律依据适用《娱乐场所管理条例》第43条。

321.娱乐场所组织、强迫、引诱、容留、介绍他人卖淫、嫖娼提供条件(第14条和第43条)

322.娱乐场所制作、贩卖、传播淫秽物品(第14条和第43条)

《娱乐场所管理条例》第43条与《中华人民共和国治安管理处罚法》第68条竞合。对娱乐场所制作、贩卖、传播淫秽物品的,法律依据适用《娱乐场所管理条例》第43条。

323.娱乐场所为制作、贩卖、传播淫秽物品提供条件(第14条和第43条)

324.娱乐场所提供营利性陪侍(第14条和第43条)

325.娱乐场所从业人员从事营利性陪侍(第14条和第43条)

326.娱乐场所为提供、从事营利性陪侍提供条件(第14条和第43条)

327.娱乐场所赌博(第14条和第43条)

《娱乐场所管理条例》第43条与《中华人民共和国治安管理处罚法》第70条竞合。对娱乐场所赌博的,法律依据适用《娱乐场所管理条例》第43条。

328.娱乐场所为赌博提供条件(第14条和第43条)

《娱乐场所管理条例》第43条与《中华人民共和国治安管理处罚法》第70条竞合。对娱乐场所为赌博提供条件的,法律依据适用《娱乐场所管理条例》第43条。

329.娱乐场所从事邪教、迷信活动(第14条和第43条)

330.娱乐场所为从事邪教、迷信活动提供条件(第14条和第43条)

331.娱乐场所设施不符合规定(第44条第1项)

332.未按规定安装、使用娱乐场所闭路电视监控设备(第44条第2项)

333.删改、未按规定留存娱乐场所监控录像资料(第44条第3项)

《娱乐场所管理条例》第44条第3项"删改娱乐场所监控录像资料"的规定和《中华人民共和国治安管理处罚法》第29条第3项"非法改变计算机信息系统数据"的规定竞合。对删改娱乐场所监控录像资料的,违法行为名称表述为"删改娱乐场所监控录像资料",对娱乐场所处罚的法律依据适用《娱乐场所管理条例》第44条第3项的规定,对其直接负责的主管人员和其他直接责任人员处罚的法律依据适用《中华人民共和国治安管理处罚法》第18条和第29条第3项。

334.未按规定配备娱乐场所安全检查设备(第44条第4项)

335.未对进入娱乐场所人员进行安全检查(第44条第4项)

对因未配备娱乐场所安全检查设备而未对进入营

业场所人员进行安全检查的,违法行为名称表述为"未按规定配备娱乐场所安全检查设备"。

336.未按规定配备娱乐场所保安人员(第44条第5项)

337.设置具有赌博功能的游戏设施设备(第45条第1项)

338.以现金、有价证券作为娱乐奖品(第45条第2项)

339.非法回购娱乐奖品(第45条第2项)

对以现金、有价证券作为娱乐奖品,并回购娱乐奖品的,违法行为名称表述为"非法回购娱乐奖品"。

340.指使、纵容娱乐场所从业人员侵害消费者人身权利(第46条)

341.未按规定备案娱乐场所营业执照(第47条)

342.未按规定建立娱乐场所从业人员名簿、营业日志(第50条)

343.娱乐场所内发现违法犯罪行为不报(第50条)

344.未按规定悬挂娱乐场所警示标志(第51条)

(二十八)《娱乐场所治安管理办法》(部门规章)

345.拒不补齐娱乐场所备案项目(第41条第1款)

346.未按规定进行娱乐场所备案变更(第7条和第41条第2款)

347.要求娱乐场所保安人员从事非职务活动(第29条和第43条第1款)

348.未按规定通报娱乐场所保安人员工作情况(第29条和第43条第1款)

349.未按规定建立、使用娱乐场所治安管理信息系统(第26条和第44条)

(二十九)《营业性演出管理条例》(行政法规)

350.未制止有非法内容的营业性演出(第25条和第46条第2款)

351.发现有非法内容的营业性演出不报(第26条和第46条第2款)

352.超过核准数量印制、出售营业性演出门票(第51条第2款)

353.印制、出售观众区域以外的营业性演出门票(第51条第2款)

(三十)《印刷业管理条例》(行政法规)

354.印刷非法印刷品(第3条和第38条)

355.印刷经营中发现违法犯罪行为未报(第39条第1款第2项)

(三十一)《旅馆业治安管理办法》(行政法规)

356.旅馆变更登记未备案(第4条第2款和第15条)

《旅馆业治安管理办法》第15条规定的未经许可开办旅馆的违法行为名称及法律适用规范按照本意见第121条的规定执行。

(三十二)《租赁房屋治安管理规定》(部门规章)

357.不履行出租房屋治安责任(第9条第3项)

对房屋出租人明知承租人利用出租房屋进行犯罪活动,不向公安机关报告的,违法行为名称表述为"明知承租人利用出租屋犯罪不报",法律依据适用《中华人民共和国治安管理处罚法》第57条第2款。对房屋出租人不履行治安责任,出租房屋发生案件、治安灾害事故的,违法行为名称表述为"不履行出租房屋治安责任",法律依据适用《租赁房屋治安管理规定》第9条第3项。但是,如果并处罚款的,其罚款数额不得超过《国务院关于贯彻实施〈中华人民共和国行政处罚法〉的通知》(国发〔1996〕13号)第2条中"国务院各部门制定的规章对非经营活动中的违法行为设定罚款不得超过1000元;对经营活动中的违法行为,有违法所得的,设定罚款不得超过违法所得的3倍,但是最高不得超过30000元,没有违法所得的,设定罚款不得超过10000元;超过上述限额的,应当报国务院批准"的规定。

358.转租、转借承租房屋未按规定报告(第9条第4项)

359.利用出租房屋非法生产、储存、经营危险物品(第9条第5项)

依照《租赁房屋治安管理规定》第9条第5项的规定"处月租金十倍以下罚款"的,其罚款数额不得超过《国务院关于贯彻实施〈中华人民共和国行政处罚法〉的通知》(国发〔1996〕13号)第2条中"国务院各部门制定的规章对非经营活动中的违法行为设定罚款不得超过1000元;对经营活动中的违法行为,有违法所得的,设定罚款不得超过违法所得的3倍,但是最高不得超过30000元,没有违法所得的,设定罚款不得超过10000元;超过上述限额的,应当报国务院批准"的规定。

(三十三)《废旧金属收购业治安管理办法》(行政法规)

360.非法设点收购废旧金属(第7条和第13条第1款第4项)

361.收购生产性废旧金属未如实登记(第8条和

第13条第1款第5项)

对再生资源回收企业收购生产性废旧金属未如实登记的,违法行为名称表述为"收购生产性废旧金属未如实登记",法律依据适用《再生资源回收管理办法》第23条和《废旧金属收购业治安管理办法》第13条第1款第5项。

362. 收购国家禁止收购的金属物品(第9条和第13条第1款第6项)

对单位违反《废旧金属收购业治安管理办法》第9条的规定,收购国家禁止收购的金属物品的,法律依据适用《废旧金属收购业治安管理办法》第9条和第13条第1款第6项,对其直接负责的主管人员和其他直接责任人员处罚的法律依据适用《中华人民共和国治安管理处罚法》第18条和第59条第2项、第3项或者第4项。对个人收购国家禁止收购的金属物品的,法律依据适用《中华人民共和国治安管理处罚法》第59条第2项、第3项或者第4项。

(三十四)《机动车修理业、报废机动车回收业治安管理办法》(部门规章)

363. 承修机动车不如实登记(第14条)

364. 回收报废机动车不如实登记(《机动车修理业、报废机动车回收业治安管理办法》第14条和《废旧金属收购业治安管理办法》第13条第1款第5项)

365. 承修非法改装机动车(第16条)

366. 承修交通肇事逃逸车辆不报(第16条)

367. 回收无报废证明的机动车(第16条)

368. 更改机动车发动机号码、车架号码(第17条)

369. 非法拼(组)装汽车、摩托车(《机动车修理业、报废机动车回收业治安管理办法》第19条和《关于禁止非法拼(组)装汽车、摩托车的通告》(行政法规1996年8月21日起施行)第5条)

对机动车修理企业和个体工商户、报废机动车回收企业实施本意见第363条至第369条规定的违法行为,情节严重或者屡次不改,依法应当吊销有关证照的,法律依据除适用上述各条的法律依据外,还应当适用《机动车修理业、报废机动车回收业治安管理办法》第20条。

(三十五)《沿海船舶边防治安管理规定》(部门规章)

370. 擅自容留非出海人员作业、住宿(第26条第4项)

371. 拒不编刷船名、船号(第27条第3项)

372. 擅自拆换、遮盖、涂改船名、船号(第27条第

3项)

373. 悬挂活动船牌号(第27条第3项)

374. 私自载运非出海人员出海(第27条第4项)

375. 擅自引航境外船舶进入未开放港口、锚地(第28条第2项)

《沿海船舶边防治安管理规定》第28条第1项规定的非法进入国家禁止或者限制进入的海域、岛屿的违法行为名称及法律适用规范按照本意见第118条的规定执行。

376. 擅自搭靠境外船舶(第28条第3项)

377. 被迫搭靠境外船舶不及时报告(第28条第3项)

378. 擅自在非指定港口停泊、上下人员、装卸货物(第28条第4项)

379. 携带、隐匿、留用、擅自处理违禁物品(第29条第1项)

380. 非法拦截、强行靠登、冲撞他人船舶(第29条第2项)

《沿海船舶边防治安管理规定》第29条第2项规定的偷开他人船舶的违法行为名称及法律适用规范按照本意见第147条的规定执行。

381. 非法扣押他人船舶、船上物品(第29条第3项)

382. "三无"船舶擅自出海作业(第30条)

(三十六)《典当管理办法》(部门规章)

383. 收当禁当财物(第27条和第63条)

384. 未按规定查验证明文件(第35条第3款和第65条)

对典当业工作人员承接典当物品,不查验有关证明、不履行登记手续的,违法行为名称表述为"违法承接典当物品",法律依据适用《中华人民共和国治安管理处罚法》第59条第1项。

385. 未按规定记录、统计、报送典当信息(第51条和第65条)

386. 发现禁当财物不报(第27条和第52条及第66条第1款)

《典当管理办法》第52条和第66条第1款规定的典当行发现公安机关通报协查的人员或者赃物不向公安机关报告的违法行为名称及法律适用规范按照本意见第131条的规定执行。

(三十七)《再生资源回收管理办法》(部门规章)

387. 未按规定进行再生资源回收从业备案(第8条和第22条)

388.未按规定保存回收生产性废旧金属登记资料（第10条第3款和第24条）

389.再生资源回收经营中发现赃物、有赃物嫌疑物品不报（第11条和第25条）

（三十八）《大型群众性活动安全管理条例》（行政法规）

390.擅自变更大型活动时间、地点、内容、举办规模（第20条第1款）

对承办者擅自变更大型群众性活动的时间、地点、内容或者擅自扩大大型群众性活动的举办规模，对大型群众性活动承办单位的处罚，法律依据适用《大型群众性活动安全管理条例》第20条第1款，对有发生安全事故危险的，对其直接负责的主管人员和其他直接责任人员的处罚，法律依据适用《中华人民共和国治安管理处罚法》第18条和第38条。

391.未经许可举办大型活动（第20条第2款）

392.举办大型活动发生安全事故（第21条）

对举办大型群众性活动发生安全事故的，对大型群众性活动承办单位或者大型群众性活动场所管理单位的处罚，法律依据适用《大型群众性活动安全管理条例》第21条，对安全责任人和其他直接责任人员的处罚，法律依据适用《中华人民共和国治安管理处罚法》第18条和第38条以及《大型群众性活动安全管理条例》第21条。

393.大型活动发生安全事故不处置（第22条）

394.大型活动发生安全事故不报（第22条）

（三十九）《长江三峡水利枢纽安全保卫条例》（行政法规）

395.非法运输危险物品进入陆域安全保卫区（第13条和第35条第1项）

396.扰乱陆域安全保卫区管理秩序（第14条第1至4项和第35条第2项）

397.危害陆域安全保卫区设施安全（第14条第3、4项和第35条第2项）

398.非法进入陆域安全保卫区（第15条和第35条第3项）

399.人员非法进入禁航区（第19条和第35条第4项）

400.非法进行升放活动（第23条和第35条第5项）

（四十）《企业事业单位内部治安保卫条例》（行政法规）

401.不落实单位内部治安保卫措施（《企业事业单位内部治安保卫条例》第19条，《公安机关监督检查企业事业单位内部治安保卫工作规定》第8条、第11条或者第12条，《金融机构营业场所和金库安全防范设施建设许可实施办法》第15条，《易制爆危险化学品治安管理办法》第25条、第27条、第43条）

对金融机构安全防范设施建设、使用存在治安隐患的，违法行为名称表述为"不落实单位内部治安保卫措施"，法律依据适用《企业事业单位内部治安保卫条例》第19条和《金融机构营业场所和金库安全防范设施建设许可实施办法》第15条。

对企业事业单位具有《公安机关监督检查企业事业单位内部治安保卫工作规定》第11条或者第12条规定情形的，违法行为名称表述为"不落实单位内部治安保卫措施"，法律依据适用《企业事业单位内部治安保卫条例》第19条和《公安机关监督检查企业事业单位内部治安保卫工作规定》第8条、第11条或者第12条。

（四十一）《保安服务管理条例》（行政法规）

《保安服务管理条例》第41条规定的未经许可从事保安服务、保安培训的违法行为名称及法律适用规范按照本意见第121条的规定执行。

402.未经审核变更保安服务公司法定代表人（第42条第1款第1项）

403.未按规定进行自招保安员备案（第42条第1款第2项）

404.未按规定撤销自招保安员备案（第42条第1款第2项）

405.超范围开展保安服务（第42条第1款第3项）

406.违反规定条件招用保安员（第42条第1款第4项）

407.未按规定核查保安服务合法性（第42条第1款第5项）

408.未报告违法保安服务要求（第42条第1款第5项）

409.未按规定签订、留存保安服务合同（第42条第1款第6项）

410.未按规定留存保安服务监控影像资料、报警记录（第42条第1款第7项及第2款）

411.泄露保密信息（第43条第1款第1项）

412.使用监控设备侵犯他人合法权益、个人隐私（第43条第1款第2项）

413.删改、扩散保安服务监控影像资料、报警记录(第43条第1款第3项及第2款)

414.指使、纵容保安员实施违法犯罪行为(第43条第1款第4项)

415.疏于管理导致发生保安员违法犯罪案件(第43条第1款第5项)

416.保安员扣押、没收他人证件、财物(第45条第1款第2项)

417.保安员参与追索债务(第45条第1款第4项)

418.保安员采用暴力、以暴力相威胁处置纠纷(第45条第1款第4项)

419.保安员删改、扩散保安服务监控影像资料、报警记录(第45条第1款第5项)

420.保安员侵犯个人隐私、泄露保密信息(第45条第1款第6项)

421.未按规定进行保安员培训(第47条)

(四十二)《保安培训机构管理办法》(部门规章)

422.非法获取保安培训许可证(第32条第2款)

423.未按规定办理保安培训机构变更手续(第9条和第33条第1款)

424.未按规定时间安排保安学员实习(第14条第1款和第33条第1款)

425.非法提供保安服务(第14条第2款和第33条第1款)

426.未按规定签订保安培训合同(第19条和第33条第1款)

427.未按规定备案保安培训合同式样(第19条和第33条第1款)

428.发布虚假招生广告(第21条和第33条第2款)

429.非法传授侦察技术手段(第15条第2款和第34条第2款)

430.未按规定内容、计划进行保安培训(第13条和第35条)

431.未按规定颁发保安培训结业证书(第16条和第35条)

432.未按规定建立保安学员档案管理制度(第17条第1款和第35条)

433.未按规定保存保安学员文书档案(第17条第1款和第35条)

对保安培训机构因未按规定建立保安学员档案管理制度而未按规定保存保安学员文书档案的,违法行为名称表述为"未按规定建立保安学员档案管理制度"。

434.未按规定备案保安学员、师资人员档案(第17条第2款和第35条)

435.违规收取保安培训费用(第18条和第35条)

436.转包、违规委托保安培训业务(第20条和第35条)

(四十三)《金融机构营业场所和金库安全防范设施建设许可实施办法》(部门规章)

437.安全防范设施建设方案未经许可施工(第16条)

438.安全防范设施建设工程未经验收投入使用(第17条)

(四十四)《中华人民共和国安全生产法》(法律)

439.发生生产安全事故逃匿(第106条第1款)

(四十五)《中华人民共和国收养法》(法律)

440.出卖亲生子女(第31条第3款)

(四十六)《拘留所条例实施办法》(部门规章)

441.担保人不履行担保义务(第57条第3款)

三、反恐怖主义

(四十七)《中华人民共和国反恐怖主义法》(法律)

442.宣扬恐怖主义、极端主义(第80条第1项)

443.煽动实施恐怖活动、极端主义活动(第80条第1项)

444.制作、传播、非法持有宣扬恐怖主义、极端主义物品(第80条第2项)

445.强制穿戴宣扬恐怖主义、极端主义服饰、标志(第80条第3项)

446.帮助恐怖活动、极端主义活动(第80条第4项)

447.利用极端主义破坏法律实施(第81条)

具体适用时,应当在违法行为名称中注明本条有关项规定的具体违法行为。例如,"利用极端主义破坏法律实施(强迫他人参加宗教活动)",其法律依据适用第81条第1项。

448.窝藏、包庇恐怖活动、极端主义犯罪人员(第82条)

449.拒绝提供恐怖活动、极端主义犯罪证据(第82条)

450.未立即冻结涉恐资产(第83条)

451.未按规定提供反恐网络执法协助(第84条第1项,限于公安机关要求提供技术接口和解密等技术

支持和协助的）

452. 未按要求处置恐怖主义、极端主义信息（第84条第2项，限于公安机关要求停止传输、删除相关信息，保存相关记录，关闭相关网站或者关停相关服务，以及其他部门管辖依法应当予以行政拘留的）

453. 未落实网络安全措施造成恐怖主义、极端主义信息传播（第84条第3项，限于公安机关监管范围，以及其他部门管辖依法应当予以行政拘留的）

454. 未按规定执行互联网服务实名制（第86条第1款，限于公安机关监管范围的）

455. 未按规定执行住宿实名制（第86条第2款）

456. 未按规定对危险物品作出电子追踪标识（第87条第1项）

具体适用时，应当在违法行为名称中注明本项规定的危险物品种类。例如，"未按规定对危险物品（管制器具）作出电子追踪标识"。

457. 未按规定对民爆物品添加安检示踪标识物（第87条第1项）

458. 违反危险物品管制、限制交易措施（第87条第4项，限于违反公安部或者省级人民政府规定的属于公安机关职权的管制、限制交易措施）

具体适用时，应当在违法行为名称中注明本项规定的危险物品种类。例如，"违反危险物品（管制器具）管制、限制交易措施"。

459. 未落实重点目标反恐防范应对措施（第88条第1款）

具体适用时，应当在违法行为名称中注明本款有关项规定的具体违法行为。例如，"未落实重点目标反恐防范应对措施（未建立经费保障制度）"，其法律依据适用第88条第1款第2项。

460. 未按规定安全检查（第88条第2款）

461. 违反反恐约束措施（第89条）

462. 编造、传播虚假恐怖事件信息（第90条）

对单位及其责任人员实施行政处罚适用第90条第1款，对个人实施行政处罚适用第90条第2款。

463. 违规报道、传播、发布恐怖事件信息（第90条）

对单位及其责任人员实施行政处罚适用第90条第1款，对个人实施行政处罚适用第90条第2款。

464. 未经批准报道、传播反恐应对处置现场情况（第90条）

对单位及其责任人员实施行政处罚适用第90条第1款，对个人实施行政处罚适用第90条第2款。

465. 拒不配合反恐工作（第91条，限于不配合公安机关开展反恐怖主义工作，以及不配合其他部门开展反恐怖主义工作依法应当予以行政拘留的）

对个人实施行政处罚适用第91条第1款，对单位及其责任人员实施行政处罚适用第91条第1款和第2款。

466. 阻碍反恐工作（第92条）

对个人实施行政处罚适用第92条第1款，对单位及其责任人员实施行政处罚适用第92条第1款和第2款，对阻碍人民警察、人民解放军、人民武装警察依法执行职务从重处罚的同时适用第92条第3款。

相关行为同时违反《中华人民共和国反恐怖主义法》和其他法律规定的，可以适用《中华人民共和国反恐怖主义法》予以处理。

对《中华人民共和国反恐怖主义法》规定予以责令改正，拒不改正的，予以罚款或者行政拘留的违法行为，公安机关第一次发现的，应当依法书面责令改正，不得直接适用罚款或者行政拘留；对拒不改正包括改正后再实施相同违法行为的，应当依法予以罚款或者行政拘留。

四、食品药品和环境安全

（四十八）《中华人民共和国环境保护法》（法律）

本意见第467条至第470条的规定仅限于公安机关根据《中华人民共和国环境保护法》第63规定对相关违法人员作出行政拘留处罚的情形。

467. 拒不停建未依法环评项目（第63条第1项）

468. 拒不停止无证排污（第63条第2项）

469. 逃避监管违法排污（第63条第3项）

470. 生产、使用违禁农药拒不改正（第63条第4项）

（四十九）《中华人民共和国食品安全法》（法律）

本意见第471条至第481条的规定仅限于公安机关根据《中华人民共和国食品安全法》第123条规定对相关违法人员作出行政拘留处罚的情形。

471. 生产、经营用非食品原料的食品（第123条第1款第1项）

472. 生产、经营回收食品作为原料的食品（第123条第1款第1项）

473. 在食品中添加可能危害人体健康的物质、经营添加可能危害人体健康物质的食品（第123条第1款第1项）

474. 生产、经营营养成分不符合安全标准的专供特定人群的食品（第123条第1款第2项）

475.经营病死、毒死或者死因不明的动物肉类(第123条第1款第3项)

476.生产、经营病死、毒死或者死因不明的动物肉类制品(第123条第1款第3项)

477.经营未按规定检疫或者检疫不合格的肉类(第123条第1款第4项)

478.生产、经营未经检验或者检验不合格的肉类制品(第123条第1款第4项)

479.生产、经营国家为特殊需要禁止生产经营的食品(第123条第1款第5项)

480.生产、经营添加药品的食品(第123条第1款第6项)

481.违法使用剧毒、高毒农药(第123条第3款)

(五十)《中华人民共和国中医药法》(法律)

本意见第482条的规定仅限于公安机关根据《中华人民共和国中医药法》第58条规定对相关违法人员作出行政拘留处罚的情形。

482.种植中药材使用剧毒、高毒农药(第58条)

(五十一)《中华人民共和国土壤污染防治法》(法律)

本意见第483条至第485条的规定仅限于公安机关根据《中华人民共和国土壤污染防治法》第87条、第94条规定对相关违法人员作出行政拘留处罚的情形。

483.非法向农用地排放土壤污染物(第87条)

484.未按规定采取土壤污染风险管控措施(第94条第1款第3项和第2款)

485.未按规定实施土壤污染修复(第94条第1款第4项和第2款)

(五十二)《中华人民共和国疫苗管理法》(法律)

本意见第486条至第493条的规定仅限于公安机关根据《中华人民共和国疫苗管理法》第80条、第81条规定对相关违法人员作出行政拘留处罚的情形。

486.生产、销售属于假药、劣药的疫苗(第80条第3款)

487.以欺骗方式申请疫苗临床试验、注册、批签发(第81条第1项)

488.编造疫苗生产、检验记录(第81条第2项)

489.更改疫苗产品批号(第81条第2项)

490.非疾病预防控制机构向接种单位供应疫苗(第81条第3项)

491.未经批准委托生产疫苗(第81条第4项)

492.未经批准变更疫苗生产工艺、生产场地、关键设备等(第81条第5项)

493.未经批准更新疫苗说明书、标签(第81条第6项)

(五十三)《中华人民共和国药品管理法》(法律)

本意见第494条至第503条的规定仅限于公安机关根据《中华人民共和国药品管理法》第118条、第122条至第124条规定对相关违法人员作出行政拘留处罚的情形。

494.生产、销售假药、劣药(第118条第1款)

495.伪造、变造、出租、出借、非法买卖许可证、药品批准证明文件(第122条)

496.骗取涉药品许可(第123条)

上述涉药品许可包括临床试验许可、药品生产许可、药品经营许可、医疗机构制剂许可和药品注册等许可,相关违法行为名称可根据具体情形进行表述。例如,骗取临床试验许可的,违法行为名称表述为"骗取涉药品许可(临床试验许可)"。

497.未取得药品批准证明文件生产、进口药品(第124条第1款第1项)

498.使用骗取的药品批准证明文件生产、进口药品(第124条第1款第2项)

499.使用未经审评审批的原料药生产药品(第124条第1款第3项)

500.未经检验销售应检验药品(第124条第1款第4项)

501.生产、销售禁用药品(第124条第1款第5项)

502.编造药品生产、检验记录(第124条第1款第6项)

503.未经批准在药品生产过程中进行重大变更(第124条第1款第7项)

(五十四)《中华人民共和国固体废物污染环境防治法》(法律)

本意见第504条至第509条的规定仅限于公安机关根据《中华人民共和国固体废物污染环境防治法》第120条规定对相关违法人员作出行政拘留处罚的情形。

504.擅自倾倒、堆放、丢弃、遗撒固体废物(第120条第1项)

505.在特别保护区域内建设工业固体废物、危险废物设施场所、生活垃圾填埋场(第120条第2项)

506.将危险废物提供、委托给无证经营者堆放、利用、处置(第120条第3项)

507. 无许可证、未按许可规定从事危险废物经营活动(第120条第4项)

508. 未经批准擅自转移危险废物(第120条第5项)

509. 未采取防范措施造成危险废物扬散、流失、渗漏、其他严重后果(第120条第6项)

五、计算机和网络安全

(五十五)《中华人民共和国网络安全法》(法律)

510. 网络运营者不履行网络安全保护义务(第21条、第25条和第59条第1款)

511. 关键信息基础设施运营者不履行网络安全保护义务(第33条、第34条、第36条、第38条和第59条第2款)

512. 设置恶意程序(第22条第1款、第48条第1款和第60条第1项)

513. 未按规定告知、报告安全风险(第22条第1款和第60条第2项)

514. 网络运营者不履行身份信息核验义务(第24条第1款和第61条)

515. 未按规定开展网络安全检测、风险评估等活动(第26条和第62条)

516. 违法发布网络安全信息(第26条和第62条)

517. 从事危害网络安全活动(第27条和第63条)

518. 提供危害网络安全活动专门程序、工具(第27条和第63条)

519. 为危害网络安全活动提供帮助(第27条和第63条)

520. 网络运营者、网络产品或者服务提供者不履行个人信息保护义务(第22条第3款、第41条至第43条和第64条第1款)

521. 非法获取、出售、向他人提供个人信息(第44条和第64条第2款)

522. 非法利用信息网络(第46条和第67条)

523. 网络运营者不履行网络信息安全管理义务(第47条和第68条第1款)

524. 电子信息发送、应用软件下载服务提供者不履行网络信息安全管理义务(第48条第2款和第68条第2款)

525. 网络运营者不按公安机关要求处置违法信息(第69条第1项)

526. 网络运营者拒绝、阻碍公安机关监督检查(第69条第2项)

527. 网络运营者拒不向公安机关提供技术支持和协助(第69条第3项)

528. 发布、传输违法信息(第12条第2款和第70条)

对上述违法行为,除《中华人民共和国网络安全法》明确规定由公安机关实施行政处罚的之外,公安机关实施行政处罚限于公安机关监管范围。

(五十六)《中华人民共和国计算机信息系统安全保护条例》(行政法规)

529. 违反计算机信息系统安全等级保护制度(第20条第1项)

530. 违反计算机信息系统国际联网备案制度(第20条第2项)

531. 计算机信息系统发生案件不报(第20条第3项)

532. 拒不改进计算机信息系统安全状况(第20条第4项)

533. 故意输入计算机病毒、有害数据(《中华人民共和国计算机信息系统安全保护条例》第23条,《计算机病毒防治管理办法》第6条第1项和第16条第3款,《计算机信息系统安全专用产品检测和销售许可证管理办法》第22条)

534. 未经许可出售计算机信息系统安全专用产品(《中华人民共和国计算机信息系统安全保护条例》第23条和《计算机信息系统安全专用产品检测和销售许可证管理办法》第20条)

(五十七)《中华人民共和国计算机信息网络国际联网管理暂行规定》(行政法规)、《中华人民共和国计算机信息网络国际联网管理暂行规定实施办法》(行政法规)

535. 擅自建立、使用非法定信道进行国际联网(《中华人民共和国计算机信息网络国际联网管理暂行规定》第6条和第14条,《中华人民共和国计算机信息网络国际联网管理暂行规定实施办法》第7条和第22条第1款)

536. 接入网络未通过互联网络接入国际联网(《中华人民共和国计算机信息网络国际联网管理暂行规定》第8条第1款和第14条)

537. 未经许可从事国际联网经营业务(《中华人民共和国计算机信息网络国际联网管理暂行规定》第8条第2款和第14条以及《中华人民共和国计算机信息网络国际联网管理暂行规定实施办法》第11条和第22条第2款)

538. 未经批准擅自进行国际联网(《中华人民共

和国计算机信息网络国际联网管理暂行规定》第 8 条第 3 款和第 14 条)

539. 未通过接入网络进行国际联网(《中华人民共和国计算机信息网络国际联网管理暂行规定》第 10 条和第 14 条,《中华人民共和国计算机信息网络国际联网管理暂行规定实施办法》第 12 条和第 22 条第 3 款)

540. 未经接入单位同意接入接入网络(《中华人民共和国计算机信息网络国际联网管理暂行规定》第 10 条和第 14 条)

541. 未办理登记手续接入接入网络(《中华人民共和国计算机信息网络国际联网管理暂行规定》第 10 条和第 14 条)

542. 违规经营国际互联网络业务(《中华人民共和国计算机信息网络国际联网管理暂行规定实施办法》第 21 条第 1 款和第 22 条第 5 款)

(五十八)《互联网上网服务营业场所管理条例》(行政法规)

543. 利用上网服务营业场所制作、下载、复制、查阅、发布、传播、使用违法信息(第 30 条)

《互联网上网服务营业场所管理条例》第 30 条第 2 款规定,上网消费者有第 30 条第 1 款行为,尚不够刑事处罚的,由公安机关依照《中华人民共和国治安管理处罚法》的规定给予处罚。对上网消费者利用上网服务营业场所制作、下载、复制、查阅、发布、传播、使用违法信息,尚不够刑事处罚的,依照《中华人民共和国治安管理处罚法》中界定的相关违法行为名称表述,法律依据适用《中华人民共和国治安管理处罚法》的相关条款。

544. 向上网消费者提供直接接入互联网的计算机(第 32 条第 1 项)

545. 未建立上网服务营业场所巡查制度(第 32 条第 2 项)

546. 不制止、不举报上网消费者违法行为(第 32 条第 2 项)

547. 未按规定核对、登记上网消费者有效身份证件(第 32 条第 3 项)

548. 未按规定记录上网信息(第 32 条第 3 项)

549. 未按规定保存上网消费者登记内容、记录备份(第 32 条第 4 项)

550. 擅自修改、删除上网消费者登记内容、记录备份(第 32 条第 4 项)

551. 上网服务经营单位未依法办理变更登记注册事项、终止经营手续、备案(第 32 条第 5 项)

552. 上网服务营业场所内利用明火照明(第 33 条第 1 项)

553. 上网服务营业场所内不制止吸烟行为(第 33 条第 1 项)

554. 上网服务营业场所未悬挂禁烟标志(第 33 条第 1 项)

555. 上网服务营业场所允许带入、存放易燃易爆物品(第 33 条第 2 项)

556. 上网服务营业场所安装固定封闭门窗栅栏(第 33 条第 3 项)

557. 上网服务营业场所营业期间封堵、锁闭门窗、安全疏散通道、安全出口(第 33 条第 4 项)

558. 上网服务营业场所擅自停止实施安全技术措施(第 33 条第 5 项)

(五十九)《计算机信息网络国际联网安全保护管理办法》(行政法规)

559. 利用国际联网制作、复制、查阅、传播违法信息(第 5 条和第 20 条)

560. 擅自进入计算机信息网络(第 6 条第 1 项和第 20 条)

561. 擅自使用计算机信息网络资源(第 6 条第 1 项和第 20 条)

562. 擅自改变计算机信息网络功能(第 6 条第 2 项和第 20 条)

563. 擅自改变计算机信息网络数据、应用程序(第 6 条第 3 项和第 20 条)

564. 故意制作、传播计算机破坏性程序(第 6 条第 4 项和第 20 条)

根据《计算机信息网络国际联网安全保护管理办法》第 20 条的规定,对实施本意见第 560 条至第 564 条的行为,构成违反治安管理行为的,违法行为名称及法律适用规范按照本意见第 49 条至第 52 条的规定执行。

565. 未建立国际联网安全保护管理制度(第 21 条第 1 项)

566. 未采取国际联网安全技术保护措施(《计算机信息网络国际联网安全保护管理办法》第 21 条第 2 项和《互联网安全保护技术措施规定》第 15 条)

567. 未对网络用户进行安全教育、培训(第 21 条第 3 项)

568. 未按规定提供安全保护管理相关信息、资料、数据文件(第 21 条第 4 项)

569. 未依法审核网络发布信息内容(第 21 条第

570.未依法登记网络信息委托发布单位和个人信息(第21条第5项)

571.未建立电子公告系统的用户登记、信息管理制度(第21条第6项)

572.未按规定删除网络地址、目录(第21条第7项)

573.未按规定关闭网络服务器(第21条第7项)

574.未建立公用账号使用登记制度(第21条第8项)

575.违法转借、转让用户账号(第21条第9项)

576.不履行国际联网备案职责(第11条、第12条和第23条)

(六十)《计算机病毒防治管理办法》(部门规章)

577.制作、传播计算机病毒(第5条、第6条第2、3、4项和第16条第1、2款)

制作、传播计算机病毒,尚未影响计算机信息系统正常运行,即尚未构成违反治安管理行为的,违法行为名称表述为"制作、传播计算机病毒",法律依据适用《计算机病毒防治管理办法》第5条、第6条第2、3、4项和第16条第1、2款。制作、传播计算机病毒,构成违反治安管理行为的,违法行为名称表述为"故意制作、传播计算机破坏性程序影响运行",法律依据适用《中华人民共和国治安管理处罚法》第29条第4项。单位"故意制作、传播计算机破坏性程序影响运行",对单位处罚的法律依据适用《计算机病毒防治管理办法》第5条、第6条第2、3、4项和第16条第2款,对其直接负责的主管人员和其他直接责任人员处罚的法律依据适用《中华人民共和国治安管理处罚法》第18条和第29条第4项。

578.发布虚假计算机病毒疫情(第7条和第17条)

579.未按规定提交计算机病毒样本(第8条和第17条)

580.未按规定上报计算机病毒分析结果(第9条和第18条)

581.未建立计算机病毒防治管理制度(第19条第1项)

582.未采取计算机病毒安全技术防治措施(第19条第2项)

583.未进行计算机病毒防治教育、培训(第19条第3项)

584.未及时检测、清除计算机病毒(第19条第4项)

585.未按规定使用具有销售许可证的计算机病毒防治产品(第19条第5项)

586.未按规定检测、清除计算机病毒(第14条和第20条)

587.未依法保存计算机病毒检测、清除记录(第14条和第20条)

六、交通管理

(六十一)《中华人民共和国道路交通安全法》(法律)

588.行人、乘车人、非机动车驾驶人违反道路通行规定(相关条款和第89条)

589.机动车驾驶人违反道路通行规定(相关条款和第90条)

本意见第588条和第589条中的"相关条款"是指设定行为规范的条款。

对机动车驾驶人驾驶排放检验不合格的机动车上道路行驶的,违法行为名称表述为"驾驶排放检验不合格的机动车上道路行驶",法律依据适用《中华人民共和国大气污染防治法》第113条和《中华人民共和国道路交通安全法》第90条。

对驾驶临时入境的机动车超出行驶区域或者路线的,违法行为名称表述为"机动车驾驶人违反道路通行规定",法律依据适用《中华人民共和国道路交通安全法》第90条和《临时入境机动车和驾驶人管理规定》第19条第3项。

590.(再次)饮酒后驾驶机动车(第91条第1、5款)

591.醉酒驾驶机动车(第91条第2、5款)

592.饮酒后驾驶营运机动车(第91条第3、5款)

593.醉酒驾驶营运机动车(第91条第4、5款)

594.公路客运车辆超员载客(第92条第1、3、4款)

595.公路客运车辆违规载货(第92条第1、3、4款)

596.货运机动车超载(第92条第2、3、4款)

597.货运机动车违规载客(第92条第2、3、4款)

598.违规停放机动车(第93条第1、2款)

599.出具虚假机动车安全技术检验结果(第94条第2款)

600.未悬挂机动车号牌(第95条第1款和第90条)

对驾驶未取得临时入境机动车号牌的机动车,或者驾驶临时入境机动车号牌超过有效期的机动车的,违法行为名称表述为"未悬挂机动车号牌",法律依据适用《中华人民共和国道路交通安全法》第95条第1款和第90条及《临时入境机动车和驾驶人管理规定》第19条第2项。

601. 未放置机动车检验合格标志、保险标志(《中华人民共和国道路交通安全法》第95条第1款和第90条,《机动车交通事故责任强制保险条例》第39条第1款)

《中华人民共和国道路交通安全法》第95条第1款和第90条,《机动车交通事故责任强制保险条例》第39条第1款对"未放置机动车保险标志"设定了相同的法律责任,法律依据可以适用《中华人民共和国道路交通安全法》第95条第1款和第90条,也可以适用《机动车交通事故责任强制保险条例》第39条第1款。

602. 未随车携带行驶证、驾驶证(第95条第1款和第90条)

对驾驶未取得临时入境机动车行驶证的机动车,或者驾驶临时入境机动车行驶证超过有效期的机动车的,违法行为名称表述为"未随车携带行驶证",法律依据适用《中华人民共和国道路交通安全法》第95条第1款和第90条及《临时入境机动车和驾驶人管理规定》第19条第2项。

603. 故意遮挡、污损机动车号牌(第95条第2款和第90条)

604. 未按规定安装机动车号牌(第95条第2款和第90条)

605. 伪造、变造或者使用伪造、变造的机动车登记证书、号牌、行驶证、驾驶证(第96条第1款)

606. 伪造、变造或者使用伪造、变造的检验合格标志、保险标志(第96条第2款)

607. 使用其他车辆的机动车登记证书、号牌、行驶证、检验合格标志、保险标志(第96条第3款)

《机动车交通事故责任强制保险条例》第40条第1款关于"伪造、变造或者使用伪造、变造的保险标志,或者使用其他机动车的保险标志"的法律责任与《中华人民共和国道路交通安全法》第96条第2款、第3款的规定不一致,应适用后者。

608. 非法安装警报器、标志灯具(第97条)

609. 未投保机动车交通事故责任强制保险(《中华人民共和国道路交通安全法》第98条第1款,《机动车交通事故责任强制保险条例》第38条第1款)

《中华人民共和国道路交通安全法》第98条第1款和《机动车交通事故责任强制保险条例》第38条第1款对"未投保机动车交通事故责任强制保险"的法律责任作了相同的规定,法律依据可以适用《中华人民共和国道路交通安全法》第98条第1款,也可以适用《机动车交通事故责任强制保险条例》第38条第1款。

610. 无有效机动车驾驶证驾驶机动车(第99条第1款第1项、第2款)

对未取得临时机动车驾驶许可驾驶机动车,或者临时机动车驾驶许可超过有效期驾驶机动车的,违法行为名称表述为"无有效机动车驾驶证驾驶机动车",法律依据适用《中华人民共和国道路交通安全法》第99条第1款第1项、第2款和《临时入境机动车和驾驶人管理规定》第19条第1项。对未取得机动车驾驶证驾驶机动车、机动车驾驶证被吊销期间驾驶机动车、机动车驾驶证被暂扣期间驾驶机动车、驾驶机动车与准驾车型不符、机动车驾驶证被公告停止使用期间驾驶机动车的,违法行为名称表述为"无有效机动车驾驶证驾驶机动车",法律依据适用《中华人民共和国道路交通安全法》第99条第1款第1项、第2款。

611. 将机动车交由无有效机动车驾驶证人员驾驶(第99条第1款第2项、第2款)

将机动车交由未取得机动车驾驶证或者机动车驾驶证被吊销、暂扣的人驾驶的,违法行为名称表述为"将机动车交由无有效机动车驾驶证人员驾驶",法律依据适用《中华人民共和国道路交通安全法》第99条第1款第2项、第2款。

612. 交通肇事逃逸(第99条第1款第3项、第2款、第101条第2款)

613. 机动车行驶超速50%以上(第99条第1款第4项、第2款)

614. 强迫机动车驾驶人违规驾驶机动车造成交通事故(第99条第1款第5项、第2款)

615. 违反交通管制强行通行(第99条第1款第6项、第2款)

616. 故意损毁、移动、涂改交通设施(第99条第1款第7项、第2款)

617. 非法拦截、扣留机动车(第99条第1款第8项、第2款)

对非法拦截或者强登、扒乘机动车,影响交通工具正常行驶的,违法行为名称表述为"妨碍交通工具正常行驶",法律依据适用《中华人民共和国治安管理处罚法》第23条第1款第4项。

618. 驾驶拼装机动车(第100条第1款和第2款)

619. 驾驶报废机动车(第100条第1款和第2款)

对使用拼装机动车或者已达到报废标准的机动车接送学生的,违法行为名称表述为"使用拼装、报废机动车接送学生",法律依据适用《校车安全管理条例》第44条。

620.出售报废机动车(第100条第1款和第3款)

对报废机动车回收企业出售回收的报废机动车整车的,法律依据适用《中华人民共和国道路交通安全法》第100条第1款和第3款以及《报废机动车回收管理办法》第22条第2款。

621.种植物、设施物妨碍交通安全(第106条)

(六十二)《中华人民共和国道路交通安全法实施条例》(行政法规)

622.以不正当手段取得机动车登记、驾驶许可(第103条)

(六十三)《校车安全管理条例》(行政法规)

623.使用拼装、报废机动车接送学生(第44条)

624.使用未取得校车标牌的车辆(第45条第1款)

625.使用未取得校车驾驶资格的人员(第45条第1款)

对取得道路运输经营许可的企业或者个体经营者,使用未取得校车标牌的车辆提供校车服务或者使用未取得校车驾驶资格的人员驾驶校车的,违法行为名称相应表述为"使用未取得校车标牌的车辆""使用未取得校车驾驶资格的人员",法律依据为第45条第1款和第2款。

626.伪造、变造或者使用伪造、变造的校车标牌(第45条第3款)

627.不按规定配备校车安全设备(第46条)

628.不按规定安全维护校车(第46条)

629.未取得校车驾驶资格驾驶校车(第47条)

630.不按规定放置校车标牌、开启校车标志灯(第48条第1款第1项)

631.未按审定的校车线路行驶(第48条第1款第1项)

632.上下学生未按规定停靠校车(第48条第1款第2项)

633.未运载学生使用校车标牌、校车标志灯、停车指示标志(第48条第1款第3项)

634.上路前未检查校车车况(第48条第1款第4项)

635.驾驶存在安全隐患的校车(第48条第1款第4项)

636.校车载有学生时加油(第48条第1款第5项)

637.校车发动机引擎熄灭前离开驾驶座(第48条第1款第5项)

对《校车安全管理条例》第50条规定的"校车载人超过核定人数的",违法行为名称适用本意见第594条,从重处罚,法律依据适用《中华人民共和国道路交通安全法》第92条第1款、第3款和《校车安全管理条例》第50条。

638.不避让校车(第52条)

639.未按规定指派照管人员(第53条第1款)

(六十四)《机动车驾驶证申领和使用规定》(部门规章)

640.未按规定随身携带学习驾驶证明(第39条和第90条)

641.未按指定路线、时间学习驾驶(第91条第1项)

642.未按规定放置、粘贴学车专用标识(第91条第2项)

643.未使用符合规定的机动车学习驾驶(第92条第1项)

644.自学用车搭载非随车指导人员(第92条第2项)

645.补领后继续使用原机动车驾驶证(第94条第1款第1项和第2款)

646.实习期内未按规定驾驶机动车(第75条和第94条第1款第2项)

647.未按规定粘贴、悬挂实习标志、残疾人机动车专用标志(第94条第1款第3项)

648.未按规定申报变更驾驶人信息(第80条和第94条第1款第4项)

649.机动车驾驶证被扣期间采用隐瞒、欺骗手段补领(第95条第1款第1项和第2款)

本违法行为不属于《机动车驾驶证申领和使用规定》第88条规定的情形,不适用该条的规定处理。

650.身体条件不适合仍驾驶机动车(第95条第1款第2项和第2款)

651.逾期不参加审验仍驾驶机动车(第95条第1款第3项)

《机动车驾驶证申领和使用规定》第96条与《中华人民共和国道路交通安全法》第96条第1款规定的违法行为相同,违法行为名称表述为"伪造、变造或者使用伪造、变造的机动车驾驶证",法律依据适用《中

一、综　合　　115

华人民共和国道路交通安全法》第96条第1款。

(六十五)《机动车登记规定》(部门规章)

652. 未按规定喷涂机动车放大牌号(第56条第1项)

653. 机动车放大牌号喷涂不清晰(第56条第1项)

654. 机动车喷涂、粘贴影响安全驾驶的标识、车身广告(第56条第2项)

655. 未按规定安装防护装置、粘贴反光标识(第56条第3项)

656. 机动车未按期进行安全技术检验(第56条第4项)

657. 未按期办理机动车变更登记(第10条、第56条第5项)

658. 未按期办理机动车转移登记(第18条、第56条第6项)

659. 未按期申请机动车转入(第13条、第56条第7项)

660. 擅自改变机动车外形、已登记的技术数据(第57条)

661. 以不正当手段办理补、换领机动车登记证书、号牌、行驶证、检验合格标志业务(第58条第2款)

七、禁毒

(六十六)《中华人民共和国禁毒法》(法律)

662. 容留吸毒(第61条)

663. 介绍买卖毒品(第61条)

(六十七)《易制毒化学品管理条例》(行政法规)

664. 未经许可、备案购买、运输易制毒化学品(《易制毒化学品管理条例》第38条第1款,《易制毒化学品购销和运输管理办法》第30条第1项、第32条第1项、第34条第2款)

《易制毒化学品管理条例》第38条第1款和《易制毒化学品购销和运输管理办法》第30条第1项、第32条第1项,对"未经许可、备案购买易制毒化学品""未经许可、备案运输易制毒化学品"的法律责任作了相同规定,法律依据适用《易制毒化学品管理条例》第38条第1款,《易制毒化学品购销和运输管理办法》第30条第1项、第32条第1项和第34条第2款。

对使用以伪造的申请材料骗取的易制毒化学品购买、运输许可证、备案证明购买、运输的,违法行为名称表述为"未经许可、备案购买、运输易制毒化学品",法律依据适用《易制毒化学品管理条例》第38条第1款,《易制毒化学品购销和运输管理办法》第30条第1项、第32条第1项和第34条第2款。

665. 骗取易制毒化学品购买、运输许可证、备案证明(《易制毒化学品管理条例》第38条第1款和《易制毒化学品购销和运输管理办法》第34条第1款)

对伪造申请材料骗取易制毒化学品购买、运输许可证或者备案证明的,法律依据适用《易制毒化学品管理条例》第38条第1款和《易制毒化学品购销和运输管理办法》第34条第1款,并按照《易制毒化学品购销和运输管理办法》第34条第1款予以处理。

666. 使用他人的许可证、备案证明购买、运输易制毒化学品(第38条第1款)

667. 使用伪造、变造、失效的许可证、备案证明购买、运输易制毒化学品(第38条第1款)

668. 易制毒化学品购买、运输单位未按规定建立安全管理制度(第40条第1款第1项)

669. 转借易制毒化学品购买、运输许可证、备案证明(《易制毒化学品管理条例》第40条第1款第2项,《易制毒化学品购销和运输管理办法》第36条第1项)

《易制毒化学品管理条例》第40条第1款第2项和《易制毒化学品购销和运输管理办法》第36条第1项对"转借易制毒化学品购买、运输许可证、备案证明"的法律责任作了相同规定,《易制毒化学品购销和运输管理办法》第36条第1项对违法行为的界定更为明确,法律依据可以适用《易制毒化学品管理条例》第40条第1款第2项,也可以适用《易制毒化学品购销和运输管理办法》第36条第1项。

670. 超出购买许可、备案范围购买易制毒化学品(《易制毒化学品管理条例》第40条第1款第3项,《易制毒化学品购销和运输管理办法》第36条第2项)

法律依据适用原则同本意见第669条。

671. 未按规定记录、保存、备案易制毒化学品交易情况(《易制毒化学品管理条例》第40条第1款第4项,《易制毒化学品购销和运输管理办法》第36条第3项)

法律依据适用原则同本意见第669条。

672. 易制毒化学品丢失、被盗、被抢不报(《易制毒化学品管理条例》第40条第1款第5项,《易制毒化学品购销和运输管理办法》第36条第4项)

法律依据适用原则同本意见第669条。

673. 使用现金、实物交易易制毒化学品(《易制毒化学品管理条例》第40条第1款第6项,《易制毒化学品购销和运输管理办法》第36条第5项)

法律依据适用原则同本意见第669条。

674. 未按规定报告易制毒化学品年度经销、库存情况(《易制毒化学品管理条例》第40条第1款第8项,

《易制毒化学品购销和运输管理办法》第36条第6项）

法律依据适用原则同本意见669条。

675.运输易制毒化学品货证不符（第41条第1款）

676.运输易制毒化学品未携带许可证、备案证明（第41条第1款）

677.违规携带易制毒化学品（第41条第2款）

678.拒不接受易制毒化学品监督检查（《易制毒化学品管理条例》第42条，《易制毒化学品购销和运输管理办法》第37条）

《易制毒化学品管理条例》第42条和《易制毒化学品购销和运输管理办法》第37条对"拒不接受易制毒化学品监督检查"的法律责任作了相同规定，《易制毒化学品购销和运输管理办法》第37条对违法行为的界定更为明确，法律依据可以适用《易制毒化学品管理条例》第42条，也可以适用《易制毒化学品购销和运输管理办法》第37条。

（六十八）《易制毒化学品购销和运输管理办法》（部门规章）

679.向无购买许可证、备案证明的单位、个人销售易制毒化学品（第31条第1项）

680.超出购买许可、备案范围销售易制毒化学品（第31条第2项）

（六十九）《麻醉药品和精神药品管理条例》（行政法规）

681.麻醉药品、精神药品流入非法渠道（第82条第1款）

八、移民和出入境管理

（七十）《中华人民共和国出境入境管理法》（法律）

682.持用伪造、变造、骗取的证件出境、入境（第71条第1项）

中国公民持用伪造、变造的护照、出入境通行证出境、入境的，按照本条执行，法律依据适用第71条第1项，不援引《中华人民共和国护照法》第19条、《中华人民共和国普通护照和出入境通行证签发管理办法》第29条。

对伪造、变造、骗取或者被证件签发机关宣布作废的证件按照第67条第2款、第3款的规定予以注销或者收缴。

683.冒用证件出境、入境（第71条第2项）

中国公民冒用护照、出入境通行证出境、入境的，按照本条执行，法律依据适用第71条第2项，不援引《中华人民共和国护照法》第19条、《中华人民共和国普通护照和出入境通行证签发管理办法》第29条。

对冒用的证件按照第67条第3款的规定予以注销或者收缴。

684.逃避边防检查（第71条第3项）

685.以其他方式非法出境、入境（第71条第4项）

686.协助非法出境、入境（第72条）

687.骗取签证、停留居留证件等出入境证件（第73条）

本条所指的"出境入境证件"，是指除中国护照之外的出境入境证件。对骗取签证、停留居留证件或者其他出境入境证件的，违法行为名称相应表述为"骗取签证"、"骗取停留居留证件"或者"骗取其他出入境证件"。

骗取护照的，违法行为名称及法律适用规范按照本意见第721条的规定执行。

688.违反规定为外国人出具申请材料（第74条）

689.（中国公民）出境后非法前往其他国家或者地区被遣返（第75条）

690.拒不接受查验出入境证件（第76条第1款第1项）

691.拒不交验居留证件（第76条第1款第2项）

692.未按规定办理出生登记（第76条第1款第3项）

693.未按规定办理死亡申报（第76条第1款第3项）

694.未按规定办理居留证件登记事项变更（第76条第1款第4项）

695.外国人冒用他人出境入境证件（第76条第1款第5项）

696.违反外国人住宿登记规定（第39条第2款、第76条第1款第6项）

697.未按规定报送外国人住宿登记信息（第76条第2款）

698.擅自进入限制区域（第77条第1款）

699.拒不执行限期迁离决定（第77条第2款）

700.非法居留（第78条第1款）

701.未尽监护义务致使未满十六周岁的外国人非法居留（第78条第2款）

702.容留、藏匿非法入境、非法居留的外国人（第79条）

703.协助非法入境、非法居留的外国人逃避检查（第79条）

704.为非法居留的外国人违法提供出境入境证件（第79条）

705. 非法就业(第 80 条第 1 款)
706. 介绍外国人非法就业(第 80 条第 2 款)
707. 非法聘用外国人(第 80 条第 3 款)
708. 从事与停留居留事由不相符的活动(第 81 条第 1 款)

对外国人违反中国法律、法规规定,不适宜在中国境内继续停留居留的,违法行为名称根据其违反的法律、法规规定确定。

709. 扰乱口岸限定区域管理秩序(第 82 条第 1 款第 1 项、第 2 款)
710. 未办理临时入境手续登陆(第 82 条第 1 款第 2 项)
711. 未办理登轮证件上下外国船舶(第 82 条第 1 款第 3 项)
712. 交通运输工具擅自出境、入境(第 83 条第 1 款第 1 项)
713. 交通运输工具擅自改变出境、入境口岸(第 83 条第 1 款第 1 项)
714. 交通运输工具未按规定申报(第 83 条第 1 款第 2 项)

航空器负责人或者代理单位未按规定预报信息的,违法行为名称及法律适用规范按照本意见第 736 条至第 740 条的规定执行。

715. 交通运输工具拒绝协助边防检查(第 83 条第 1 款第 2 项)
716. 交通运输工具违反规定上下人员、装卸货物或者物品(第 83 条第 1 款第 3 项)
717. 交通运输工具载运不准出境入境人员出境、入境(第 83 条第 2 款)

航空器负责人或者代理单位未按规定载运旅客的,违法行为名称及法律适用规范按照本意见第 741 条的规定执行。

718. (中国或者外国船舶)未经批准擅自搭靠外国船舶(第 84 条第 1 项)
719. (外国船舶、航空器)未按规定路线、航线行驶(第 84 条第 2 项)
720. (出境入境的船舶、航空器)违反规定驶入对外开放口岸以外地区(第 84 条第 3 项)

(七十一)《中华人民共和国护照法》(法律)、《中华人民共和国普通护照和出入境通行证签发管理办法》(部门规章)

721. 骗取护照(《中华人民共和国护照法》第 17 条)
722. 提供伪造、变造的护照、出入境通行证(《中华人民共和国护照法》第 18 条,《中华人民共和国普通护照和出入境通行证签发管理办法》第 29 条)

对提供伪造、变造的护照的,违法行为名称表述为"提供伪造、变造的护照",法律依据适用《中华人民共和国护照法》第 18 条。对提供伪造、变造的出入境通行证的,违法行为名称表述为"提供伪造、变造的出入境通行证",法律依据适用《中华人民共和国护照法》第 18 条和《中华人民共和国普通护照和出入境通行证签发管理办法》第 29 条。

723. 出售护照、出入境通行证(《中华人民共和国护照法》第 18 条,《中华人民共和国普通护照和出入境通行证签发管理办法》第 29 条)

法律依据适用原则同本意见第 722 条。

对《中华人民共和国护照法》第 19 条规定的持用伪造或者变造的护照或者冒用他人护照出入境的,违法行为名称及法律适用规范按照本意见第 682 条、第 683 条的规定执行。

(七十二)《中华人民共和国出境入境边防检查条例》(行政法规)

第 32 条不再适用,对有关违法行为相应适用《中华人民共和国出境入境管理法》第 71 条。

第 33 条不再适用,对有关违法行为相应适用《中华人民共和国出境入境管理法》第 72 条。

724. 未经批准携带、托运枪支、弹药出境、入境(第 34 条)

第 35 条第 1 项、第 2 项不再适用,对有关违法行为相应适用《中华人民共和国出境入境管理法》第 82 条第 1 款第 1 项、第 2 款。

725. 未经批准登陆(第 35 条第 3 项)

《关于进一步放宽境外船员登陆住宿限制等有关问题的通知》(公境〔2005〕770 号)已取消船员住宿证。

对港澳台船员及其随行家属,有未经批准登陆的违法行为,违法行为名称仍表述为"未经批准登陆",法律依据适用《中华人民共和国出境入境边防检查条例》第 35 条第 3 项。

对外国船员及其随行家属未经批准登陆的,违法行为名称表述为"未办理临时入境手续登陆",法律依据适用《中华人民共和国出境入境管理法》第 82 条第 1 款第 2 项。

726. 未按规定登陆(第 35 条第 3 项)

对港澳台船员及其随行家属,经批准登陆后没有在规定的时间返回船舶的,违法行为名称表述为"未按规定登陆",法律依据适用《中华人民共和国出境入境边防检查条例》第35条第3项。

对外国船员及其随行家属办理临时入境手续后，超过临时入境许可的期限在中国境内停留居留的，违法行为名称表述为"非法居留"，法律依据适用《中华人民共和国出境入境管理法》第78条第1款。

第36条不再适用，有关违法行为相应适用《中华人民共和国出境入境管理法》第83条。

第37条不再适用，有关违法行为相应适用《中华人民共和国出境入境管理法》第83条。

第38条不再适用，有关违法行为相应适用《中华人民共和国出境入境管理法》第84条。

727. 交通运输工具驶入对外开放口岸以外地区未按规定报告、驶离（第39条）

（七十三）《中国公民往来台湾地区管理办法》（行政法规）

第30条不再适用，有关违法行为相应适用《中华人民共和国出境入境管理法》第71条第1项、第2项。

728. 伪造、涂改、转让、倒卖旅行证件（第31条）

729. 非法获取往来台湾旅行证件（第32条）

非法获取往来台湾旅行证件，是指以行贿等手段获取往来台湾旅行证件的行为。对《中国公民往来台湾地区管理办法》第32条规定的通过"编造情况，提供假证明"的方式获取往来台湾旅行证件的，违法行为名称及法律适用规范按照本意见第687条的规定执行。

730. 协助骗取往来台湾旅行证件（第33条）

731. 台湾居民未按规定办理暂住登记（第16条和第34条）

732. 台湾居民非法居留（第18条和第35条）

（七十四）《中国公民因私事往来香港地区或者澳门地区的暂行管理办法》（行政法规）

第26条不再适用，有关违法行为相应适用《中华人民共和国出境入境管理法》第71条第1项、第2项。

733. 伪造、涂改、转让往来港澳旅行证件（第27条）

734. 非法获取往来港澳旅行证件（第28条）

非法获取往来港澳旅行证件，是指以行贿等手段获取往来港澳旅行证件的行为。对《中国公民因私事往来香港地区或者澳门地区的暂行管理办法》第28条规定的以"编造情况，提供假证明"的方式获取往来港澳旅行证件的，违法行为名称及法律适用规范按照本意见第687条的规定执行。

（七十五）《中国公民出国旅游管理办法》（行政法规）

735. 因滞留不归被遣返回国（第22条和第32条第2款）

（七十六）《出境入境航空器载运人员信息预报预检实施办法》（部门规章）

736. 未按时限报送航空旅客订座记录（《出境入境航空器载运人员信息预报预检实施办法》第4条、第8条第1款第1项和《中华人民共和国出境入境管理法》第83条第1款第2项）

737. 未按时限报送航空登机人员信息（《出境入境航空器载运人员信息预报预检实施办法》第5条、第8条第1款第2项和《中华人民共和国出境入境管理法》第83条第1款第2项）

738. 报送航空登机人员信息不准确（《出境入境航空器载运人员信息预报预检实施办法》第5条、第8条第1款第3项和《中华人民共和国出境入境管理法》第83条第1款第2项）

739. 漏报、多报航空登机人员信息（《出境入境航空器载运人员信息预报预检实施办法》第5条、第8条第1款第4项和《中华人民共和国出境入境管理法》第83条第1款第2项）

740. 未报送航空登机人员信息（《出境入境航空器载运人员信息预报预检实施办法》第5条、第8条第1款第5项和《中华人民共和国出境入境管理法》第83条第1款第2项）

根据《出境入境航空器载运人员信息预报预检实施办法》第8条第2款规定，航空器负责人或者代理单位未能按规定预报信息，有证据证明因网络故障等客观原因造成的，不予处罚；情节特别轻微的，可以不予处罚，但应当责令其改正。

741. 载运不准登机航空旅客（《出境入境航空器载运人员信息预报预检实施办法》第6条第2款、第9条和《中华人民共和国出境入境管理法》第83条第2款）

（七十七）《中华人民共和国边境管理区通行证管理办法》（部门规章）

742. 持用伪造、涂改、过期、失效的边境管理区通行证（第24条）

743. 冒用他人边境管理区通行证（第24条）

744. 伪造、涂改、盗窃、贩卖边境管理区通行证（第25条）

（七十八）《台湾渔船停泊点边防治安管理办法》（部门规章）

745. 未在指定停泊点登、离台湾渔船（第21条第3项）

746.大陆劳务人员携带违禁物品、国家机密资料(第21条第4项)

747.擅自启用电台(第22条第1项)

748.台湾渔船播放非法广播(第22条第2项)

749.台湾渔船悬挂、显示非法标志(第22条第3项)

750.台湾渔船从事有损两岸关系其他活动(第22条第4项)

751.擅自引带大陆居民登船(第23条第1项)

752.台湾居民擅自上岸(第23条第2项)

753.涂改、转让台湾居民登陆证件(第23条第3项)

754.登陆人员未按规定返回、活动(第23条第4项)

755.传播、散发非法物品(第23条第5项)

756.台湾居民携带违禁物品上岸(第23条第5项)

757.体罚、殴打台湾渔船大陆劳务人员(第23条第6项)

758.扰乱台湾渔船停泊点管理秩序(第23条第7项)

759.未按规定办理台湾渔船进出港手续(第24条第1项)

760.台湾渔船擅自搭靠其他船舶(第24条第2项)

761.擅自雇用大陆居民登船作业(第24条第3项)

762.擅自将大陆劳务人员带至境外登陆(第24条第4项)

763.台湾渔船未经检查擅自离港(第24条第5项)

764.台湾渔船无故滞留(第24条第6项)

765.台湾渔船未在指定地点停泊(第25条)

九、其他

(七十九)《中华人民共和国消防法》(法律)

《中华人民共和国消防法》第62条第1项规定的违反有关消防技术标准和管理规定生产、储存、运输、销售、使用、销毁易燃易爆危险品,以及第62条第2项规定的非法携带易燃易爆危险品进入公共场所或者乘坐公共交通工具的违法行为名称及法律适用规范按照本意见第53条的规定执行。

《中华人民共和国消防法》第62条第3项规定的谎报火警的违法行为名称及法律适用规范按照本意见第40条的规定执行。

《中华人民共和国消防法》第62条第4项规定的阻碍消防车、消防艇执行任务的违法行为名称及法律适用规范按照本意见第109条的规定执行。

《中华人民共和国消防法》第62条第5项规定的阻碍消防救援机构的工作人员依法执行职务的违法行为名称及法律适用规范按照本意见第108条的规定执行。

本意见第766条至第776条的规定仅限于公安机关根据《中华人民共和国消防法》第63条、第64条、第68条规定对相关违法人员作出行政拘留处罚的情形。

766.违规进入生产、储存易燃易爆危险品场所(第63条第1项)

767.违规使用明火作业(第63条第2项)

768.在具有火灾、爆炸危险的场所吸烟、使用明火(第63条第2项)

769.指使、强令他人冒险作业(第64条第1项)

770.过失引起火灾(第64条第2项)

771.阻拦、不及时报告火警(第64条第3项)

772.扰乱火灾现场秩序(第64条第4项)

773.拒不执行火灾现场指挥员指挥(第64条第4项)

774.故意破坏、伪造火灾现场(第64条第5项)

775.擅自拆封、使用被查封场所、部位(第64条第6项)

776.不履行组织、引导在场人员疏散义务(第68条)

(八十)《中华人民共和国国家情报法》(法律)

777.阻碍情报工作(第28条)

778.泄露与国家情报工作有关的国家秘密(第29条)

《中华人民共和国国家情报法》第30条规定的冒充国家情报工作机构工作人员或者其他相关人员实施招摇撞骗、诈骗、敲诈勒索的违法行为名称及法律适用规范分别按照本意见第111条、第102条、第105条的规定执行。

(八十一)《中华人民共和国森林法》(法律)

公安机关按照国家有关规定,可以依法行使《中华人民共和国森林法》第74条第1款、第76条、第77条、第78条规定的行政处罚权。

779.毁坏林木、林地(第74条第1款)

780.盗伐林木(第76条第1款)

781.滥伐林木(第76条第2款)

782.伪造、变造、买卖、租借采伐许可证(第77条)

783.收购、加工、运输明知是非法来源的林木(第78条)

十、其他适用规范

（一）本意见违法行为名称中列举多个行为的，可以根据违法行为人具体实施的行为，选择一种或者一种以上行为进行表述。例如，本意见第4条中的"违反涉境外非政府组织规定取得使用资金""违反涉境外非政府组织规定开立使用银行账户"，第5条中的"代表机构未按规定报送公开年度报告"，第17条中的"境外非政府组织、代表机构造谣诽谤""境外非政府组织、代表机构发表传播有害信息"，第18条中的"境外非政府组织、代表机构从事资助政治活动""境外非政府组织、代表机构非法从事资助宗教活动"等违法行为名称中列举的多个行为属于选择性行为，可以根据违法行为人具体实施的行为，选择一种或者一种以上行为进行表述。行为人仅实施了违反涉境外非政府组织规定取得资金行为的，违法行为名称可表述为"违反涉境外非政府组织规定取得资金"；行为人既实施了违反涉境外非政府组织规定开立银行账户行为，又实施了违反涉境外非政府组织规定使用银行账户行为的，则违法行为名称可表述为"违反涉境外非政府组织规定开立使用银行账户"。境外非政府组织仅实施了非法从事宗教活动行为的，违法行为名称可表述为"境外非政府组织非法从事宗教活动"；境外非政府组织既实施了非法从事宗教活动行为，又实施了非法资助宗教活动行为的，则违法行为名称可表述为"境外非政府组织非法从事资助宗教活动"。

（二）本意见违法行为名称中列举多个行为对象的，在具体表述时可以根据违法行为的具体对象，选择一种或者一种以上对象进行表述。例如，行为人实施了买卖公文行为的，违法行为名称可表述为"买卖公文"；行为人既实施了买卖公文行为，又实施了买卖证件行为的，则违法行为名称可表述为"买卖公文、证件"。

（三）本意见违法行为名称后括号中列举的为该行为的适用法律依据，其中适用"和"和"及"的，是指在制作相关法律文书时应当同时援引相关法律依据。例如，本意见第179条规定"出售、购买、运输假币（第2条第1款和第21条）"，对出售、购买、运输假币的，法律依据应当同时援引《全国人民代表大会常务委员会关于惩治破坏金融秩序犯罪的决定》第2条第1款和第21条。

（四）公安法律文书引用法律依据时，应当准确完整写明规范性法律文件的名称、条款序号，需要引用具体条文的，应当整条引用。需要并列引用多个规范性法律文件的，引用顺序如下：法律和法律解释、行政法规、地方性法规、自治条例或者单行条例、司法解释。同时引用两部以上法律的，应当先引用基本法律，后引用其他法律。引用包括实体法和程序法的，先引用实体法，后引用程序法。

（五）对同一违法行为，上位法和下位法均有规定，且下位法与上位法的行为表述和处罚都一致的，引用法律依据时，应当引用上位法。如果下位法行为表述或者处罚幅度是对上位法进一步细化的，引用法律依据时，应当同时引用上位法和下位法。

（六）对同一条文既规定了个人违法行为，又设专款规定单位违法情形的，引用法律依据时，对个人处罚时引用规定个人违法行为的条款，对单位处罚时应当同时引用两个条款。例如，《中华人民共和国出境入境管理法》第73条第1款规定了弄虚作假骗取签证、停留居留证件等出境入境证件的处罚；第2款规定了单位有第1款行为的处罚。对个人弄虚作假骗取签证、停留居留证件等出境入境证件的，处罚时引用第73条第1款；对单位弄虚作假骗取签证、停留居留证件等出境入境证件的，处罚时应当引用第73条第1款和第2款。

（七）法律责任部分对违法行为的行为规范未作表述，仅表明违反本法（条例、办法等）规定的，对这一违法行为作出处罚决定时，法律依据应当同时援引设定行为规范的条款和设定法律责任的条款。

（八）公安部以前制定的规定，凡与本意见不一致的，以本意见为准。公安部2015年印发的《违反公安行政管理行为的名称及其适用意见》废止。

公安部关于如何执行《治安管理处罚法》第十八条规定问题的批复

1. 2010年8月3日
2. 公复字〔2010〕4号

浙江省公安厅：

你厅《关于〈治安管理处罚法〉第十八条适用问题的请示》（浙公请〔2010〕106号）收悉。现批复如下：

单位违反治安管理，其他法律、行政法规对同一行为没有规定给予单位处罚的，不对单位处罚，但应当依照《治安管理处罚法》的规定，对其直接负责的主管人员和其他直接责任人员予以处罚。

公安部关于森林公安机关执行《中华人民共和国治安管理处罚法》有关问题的批复

1. 2008 年 1 月 10 日
2. 公法〔2008〕18 号

国家林业局森林公安局：

你局《关于森林公安机关执行〈治安管理处罚法〉有关问题的请示》（林公治〔2007〕45 号）收悉。现批复如下：

一、关于"县级以上森林公安机关"的确定问题

《公安机关执行〈中华人民共和国治安管理处罚法〉有关问题的解释》（公通字〔2006〕12 号）第十条规定，县级以上森林公安机关对其管辖的治安案件，可以依法作出治安管理处罚决定。这里的"县级以上森林公安机关"，是指相当于县级以上人民政府公安机关的行政级别，并有权以自己的名义办理案件、作出决定和制作法律文书的森林公安机关。

二、关于森林公安机关与地方公安机关办理治安案件的管辖分工问题

鉴于我国地域辽阔、地区差异性较大，各地林区公安机关的设置情况不一，有关森林公安机关与地方公安机关办理治安案件的管辖分工，可以由各级人民政府公安机关根据当地实际情况确定。

二、公共秩序管理

资料补充栏

中华人民共和国突发事件应对法

1. 2007年8月30日第十届全国人民代表大会常务委员会第二十九次会议通过
2. 2024年6月28日第十四届全国人民代表大会常务委员会第十次会议修订
3. 自2024年11月1日起施行

目　录

第一章　总　则
第二章　管理与指挥体制
第三章　预防与应急准备
第四章　监测与预警
第五章　应急处置与救援
第六章　事后恢复与重建
第七章　法律责任
第八章　附　则

第一章　总　则

第一条　【立法目的】为了预防和减少突发事件的发生，控制、减轻和消除突发事件引起的严重社会危害，提高突发事件预防和应对能力，规范突发事件应对活动，保护人民生命财产安全，维护国家安全、公共安全、生态环境安全和社会秩序，根据宪法，制定本法。

第二条　【突发事件定义、调整范围及法律适用】本法所称突发事件，是指突然发生，造成或者可能造成严重社会危害，需要采取应急处置措施予以应对的自然灾害、事故灾难、公共卫生事件和社会安全事件。

突发事件的预防与应急准备、监测与预警、应急处置与救援、事后恢复与重建等应对活动，适用本法。

《中华人民共和国传染病防治法》等有关法律对突发公共卫生事件应对作出规定的，适用其规定。有关法律没有规定的，适用本法。

第三条　【突发事件分级和分级标准的制定】按照社会危害程度、影响范围等因素，突发自然灾害、事故灾难、公共卫生事件分为特别重大、重大、较大和一般四级。法律、行政法规或者国务院另有规定的，从其规定。

突发事件的分级标准由国务院或者国务院确定的部门制定。

第四条　【指导思想、领导体制和治理体系】突发事件应对工作坚持中国共产党的领导，坚持以马克思列宁主义、毛泽东思想、邓小平理论、"三个代表"重要思想、科学发展观、习近平新时代中国特色社会主义思想为指导，建立健全集中统一、高效权威的中国特色突发事件应对工作领导体制，完善党委领导、政府负责、部门联动、军地联合、社会协同、公众参与、科技支撑、法治保障的治理体系。

第五条　【应对工作原则】突发事件应对工作应当坚持总体国家安全观，统筹发展与安全；坚持人民至上、生命至上；坚持依法科学应对，尊重和保障人权；坚持预防为主，预防与应急相结合。

第六条　【社会动员机制】国家建立有效的社会动员机制，组织动员企业事业单位、社会组织、志愿者等各方力量依法有序参与突发事件应对工作，增强全民的公共安全和防范风险的意识，提高全社会的避险救助能力。

第七条　【信息发布制度】国家建立健全突发事件信息发布制度。有关人民政府和部门应当及时向社会公布突发事件相关信息和有关突发事件应对的决定、命令、措施等信息。

任何单位和个人不得编造、故意传播有关突发事件的虚假信息。有关人民政府和部门发现影响或者可能影响社会稳定、扰乱社会和经济管理秩序的虚假或者不完整信息的，应当及时发布准确的信息予以澄清。

第八条　【新闻采访报道制度和公益宣传】国家建立健全突发事件新闻采访报道制度。有关人民政府和部门应当做好新闻媒体服务引导工作，支持新闻媒体开展采访报道和舆论监督。

新闻媒体采访报道突发事件应当及时、准确、客观、公正。

新闻媒体应当开展突发事件应对法律法规、预防与应急、自救与互救知识等的公益宣传。

第九条　【投诉、举报制度】国家建立突发事件应对工作投诉、举报制度，公布统一的投诉、举报方式。

对于不履行或者不正确履行突发事件应对工作职责的行为，任何单位和个人有权向有关人民政府和部门投诉、举报。

接到投诉、举报的人民政府和部门应当依照规定立即组织调查处理，并将调查处理结果以适当方式告知投诉人、举报人；投诉、举报事项不属于其职责的，应当及时移送有关机关处理。

有关人民政府和部门对投诉人、举报人的相关信息应当予以保密，保护投诉人、举报人的合法权益。

第十条　【应对措施合理性原则】突发事件应对措施应当与突发事件可能造成的社会危害的性质、程度和范围相适应;有多种措施可供选择的,应当选择有利于最大程度地保护公民、法人和其他组织权益,且对他人权益损害和生态环境影响较小的措施,并根据情况变化及时调整,做到科学、精准、有效。

第十一条 【特殊群体优先保护】国家在突发事件应对工作中,应当对未成年人、老年人、残疾人、孕产期和哺乳期的妇女、需要及时就医的伤病人员等群体给予特殊、优先保护。

第十二条 【应急征用与补偿】县级以上人民政府及其部门为应对突发事件的紧急需要,可以征用单位和个人的设备、设施、场地、交通工具等财产。被征用的财产在使用完毕或者突发事件应急处置工作结束后,应当及时返还。财产被征用或者征用后毁损、灭失的,应当给予公平、合理的补偿。

第十三条 【时效中止、程序中止】因依法采取突发事件应对措施,致使诉讼、监察调查、行政复议、仲裁、国家赔偿等活动不能正常进行的,适用有关时效中止和程序中止的规定,法律另有规定的除外。

第十四条 【国际合作与交流】中华人民共和国政府在突发事件的预防与应急准备、监测与预警、应急处置与救援、事后恢复与重建等方面,同外国政府和有关国际组织开展合作与交流。

第十五条 【表彰、奖励】对在突发事件应对工作中做出突出贡献的单位和个人,按照国家有关规定给予表彰、奖励。

第二章 管理与指挥体制

第十六条 【应急管理体制和工作体系】国家建立统一指挥、专常兼备、反应灵敏、上下联动的应急管理体制和综合协调、分类管理、分级负责、属地管理为主的工作体系。

第十七条 【突发事件应对管理工作的属地管辖】县级人民政府对本行政区域内突发事件的应对管理工作负责。突发事件发生后,发生地县级人民政府应当立即采取措施控制事态发展,组织开展应急救援和处置工作,并立即向上一级人民政府报告,必要时可以越级上报,具备条件的,应当进行网络直报或者自动速报。

突发事件发生地县级人民政府不能消除或者不能有效控制突发事件引起的严重社会危害的,应当及时向上级人民政府报告。上级人民政府应当及时采取措施,统一领导应急处置工作。

法律、行政法规规定由国务院有关部门对突发事件应对管理工作负责的,从其规定;地方人民政府应当积极配合并提供必要的支持。

第十八条 【涉及两个以上行政区域的突发事件管辖】突发事件涉及两个以上行政区域的,其应对管理工作由有关行政区域共同的上一级人民政府负责,或者由各有关行政区域的上一级人民政府共同负责。共同负责的人民政府应当按照国家有关规定,建立信息共享和协调配合机制。根据共同应对突发事件的需要,地方人民政府之间可以建立协同应对机制。

第十九条 【行政领导机关与应急指挥机构】县级以上人民政府是突发事件应对管理工作的行政领导机关。

国务院在总理领导下研究、决定和部署特别重大突发事件的应对工作;根据实际需要,设立国家突发事件应急指挥机构,负责突发事件应对工作;必要时,国务院可以派出工作组指导有关工作。

县级以上地方人民政府设立由本级人民政府主要负责人、相关部门负责人、国家综合性消防救援队伍和驻当地中国人民解放军、中国人民武装警察部队有关负责人等组成的突发事件应急指挥机构,统一领导、协调本级人民政府各有关部门和下级人民政府开展突发事件应对工作;根据实际需要,设立相关类别突发事件应急指挥机构,组织、协调、指挥突发事件应对工作。

第二十条 【应急指挥机构发布决定、命令、措施】突发事件应急指挥机构在突发事件应对过程中可以依法发布有关突发事件应对的决定、命令、措施。突发事件应急指挥机构发布的决定、命令、措施与设立它的人民政府发布的决定、命令、措施具有同等效力,法律责任由设立它的人民政府承担。

第二十一条 【应对管理职责分工】县级以上人民政府应急管理部门和卫生健康、公安等有关部门应当在各自职责范围内做好有关突发事件应对管理工作,并指导、协助下级人民政府及其相应部门做好有关突发事件的应对管理工作。

第二十二条 【乡镇街道、基层群众性自治组织的职责】乡级人民政府、街道办事处应当明确专门工作力量,负责突发事件应对有关工作。

居民委员会、村民委员会依法协助人民政府和有关部门做好突发事件应对工作。

第二十三条 【公众参与】公民、法人和其他组织有义务参与突发事件应对工作。

第二十四条 【武装力量参加突发事件应急救援和处置】中国人民解放军、中国人民武装警察部队和民兵组织依照本法和其他有关法律、行政法规、军事法规的规定以及国务院、中央军事委员会的命令,参加突发事件的应急救援和处置工作。

第二十五条 【人大常委会对突发事件应对工作的监督】县级以上人民政府及其设立的突发事件应急指挥机构发布的有关突发事件应对的决定、命令、措施,应当及时报本级人民代表大会常务委员会备案;突发事件应急处置工作结束后,应当向本级人民代表大会常务委员会作出专项工作报告。

第三章 预防与应急准备

第二十六条 【突发事件应急预案体系】国家建立健全突发事件应急预案体系。

国务院制定国家突发事件总体应急预案,组织制定国家突发事件专项应急预案;国务院有关部门根据各自的职责和国务院相关应急预案,制定国家突发事件部门应急预案并报国务院备案。

地方各级人民政府和县级以上地方人民政府有关部门根据有关法律、法规、规章、上级人民政府及其有关部门的应急预案以及本地区、本部门的实际情况,制定相应的突发事件应急预案并按国务院有关规定备案。

第二十七条 【应急管理部门指导应急预案体系建设】县级以上人民政府应急管理部门指导突发事件应急预案体系建设,综合协调应急预案衔接工作,增强有关应急预案的衔接性和实效性。

第二十八条 【应急预案的制定与修订】应急预案应当根据本法和其他有关法律、法规的规定,针对突发事件的性质、特点和可能造成的社会危害,具体规定突发事件应对管理工作的组织指挥体系与职责和突发事件的预防与预警机制、处置程序、应急保障措施以及事后恢复与重建措施等内容。

应急预案制定机关应当广泛听取有关部门、单位、专家和社会各方面意见,增强应急预案的针对性和可操作性,并根据实际需要、情势变化、应急演练中发现的问题等及时对应急预案作出修订。

应急预案的制定、修订、备案等工作程序和管理办法由国务院规定。

第二十九条 【纳入、制定相关规划】县级以上人民政府应当将突发事件应对工作纳入国民经济和社会发展规划。县级以上人民政府有关部门应当制定突发事件应急体系建设规划。

第三十条 【国土空间规划符合预防、处置突发事件的需要】国土空间规划等规划应当符合预防、处置突发事件的需要,统筹安排突发事件应对工作所必需的设备和基础设施建设,合理确定应急避难、封闭隔离、紧急医疗救治等场所,实现日常使用和应急使用的相互转换。

第三十一条 【应急避难场所的规划、建设和管理】国务院应急管理部门会同卫生健康、自然资源、住房城乡建设等部门统筹、指导全国应急避难场所的建设和管理工作,建立健全应急避难场所标准体系。县级以上地方人民政府负责本行政区域内应急避难场所的规划、建设和管理工作。

第三十二条 【突发事件风险评估体系】国家建立健全突发事件风险评估体系,对可能发生的突发事件进行综合性评估,有针对性地采取有效防范措施,减少突发事件的发生,最大限度减轻突发事件的影响。

第三十三条 【危险源、危险区域的调查、登记与风险评估】县级人民政府应当对本行政区域内容易引发自然灾害、事故灾难和公共卫生事件的危险源、危险区域进行调查、登记、风险评估,定期进行检查、监控,并责令有关单位采取安全防范措施。

省和设区的市级人民政府应当对本行政区域内容易引发特别重大、重大突发事件的危险源、危险区域进行调查、登记、风险评估,组织进行检查、监控,并责令有关单位采取安全防范措施。

县级以上地方人民政府应当根据情况变化,及时调整危险源、危险区域的登记。登记的危险源、危险区域及其基础信息,应当按照国家有关规定接入突发事件信息系统,并及时向社会公布。

第三十四条 【及时调解处理矛盾纠纷】县级人民政府及其有关部门、乡级人民政府、街道办事处、居民委员会、村民委员会应当及时调解处理可能引发社会安全事件的矛盾纠纷。

第三十五条 【单位安全管理制度】所有单位应当建立健全安全管理制度,定期开展危险源辨识评估,制定安全防范措施;定期检查本单位各项安全防范措施的落实情况,及时消除事故隐患;掌握并及时处理本单位存在的可能引发社会安全事件的问题,防止矛盾激化和事态扩大;对本单位可能发生的突发事件和采取安全防范措施的情况,应当按照规定及时向所在地人民政府或者有关部门报告。

第三十六条 【高危行业单位的突发事件预防义务】矿山、金属冶炼、建筑施工单位和易燃易爆物品、危险化学品、放射性物品等危险物品的生产、经营、运输、储存、使用单位,应当制定具体应急预案,配备必要的应急救援器材、设备和物资,并对生产经营场所、有危险物品的建筑物、构筑物及周边环境开展隐患排查,及时采取措施管控风险和消除隐患,防止发生突发事件。

第三十七条 【人员密集场所的经营或者管理单位的预防义务】公共交通工具、公共场所和其他人员密集场所的经营单位或者管理单位应当制定具体应急预案,为交通工具和有关场所配备报警装置和必要的应急救援设备、设施,注明其使用方法,并显著标明安全撤离的通道、路线,保证安全通道、出口的畅通。

有关单位应当定期检测、维护其报警装置和应急救援设备、设施,使其处于良好状态,确保正常使用。

第三十八条 【培训制度】县级以上人民政府应当建立健全突发事件应对管理培训制度,对人民政府及其有关部门负有突发事件应对管理职责的工作人员以及居民委员会、村民委员会有关人员定期进行培训。

第三十九条 【应急救援队伍】国家综合性消防救援队伍是应急救援的综合性常备骨干力量,按照国家有关规定执行综合应急救援任务。县级以上人民政府有关部门可以根据实际需要设立专业应急救援队伍。

县级以上人民政府及其有关部门可以建立由成年志愿者组成的应急救援队伍。乡级人民政府、街道办事处和有条件的居民委员会、村民委员会可以建立基层应急救援队伍,及时、就近开展应急救援。单位应当建立由本单位职工组成的专职或者兼职应急救援队伍。

国家鼓励和支持社会力量建立提供社会化应急救援服务的应急救援队伍。社会力量建立的应急救援队伍参与突发事件应对工作应当服从履行统一领导职责或者组织处置突发事件的人民政府、突发事件应急指挥机构的统一指挥。

县级以上人民政府应当推动专业应急救援队伍与非专业应急救援队伍联合培训、联合演练,提高合成应急、协同应急的能力。

第四十条 【应急救援人员保险与职业资格】地方各级人民政府、县级以上人民政府有关部门、有关单位应当为其组建的应急救援队伍购买人身意外伤害保险,配备必要的防护装备和器材,防范和减少应急救援人员的人身伤害风险。

专业应急救援人员应当具备相应的身体条件、专业技能和心理素质,取得国家规定的应急救援职业资格,具体办法由国务院应急管理部门会同国务院有关部门制定。

第四十一条 【武装力量应急救援专门训练】中国人民解放军、中国人民武装警察部队和民兵组织应当有计划地组织开展应急救援的专门训练。

第四十二条 【应急知识宣传普及和应急演练】县级人民政府及其有关部门、乡级人民政府、街道办事处应当组织开展面向社会公众的应急知识宣传普及活动和必要的应急演练。

居民委员会、村民委员会、企业事业单位、社会组织应当根据所在地人民政府的要求,结合各自的实际情况,开展面向居民、村民、职工等的应急知识宣传普及活动和必要的应急演练。

第四十三条 【学校应急知识教育和应急演练】各级各类学校应当把应急教育纳入教育教学计划,对学生及教职工开展应急知识教育和应急演练,培养安全意识,提高自救与互救能力。

教育主管部门应当对学校开展应急教育进行指导和监督,应急管理等部门应当给予支持。

第四十四条 【经费保障与资金管理】各级人民政府应当将突发事件应对工作所需经费纳入本级预算,并加强资金管理,提高资金使用绩效。

第四十五条 【国家应急物资储备保障制度】国家按照集中管理、统一调拨、平时服务、灾时应急、采储结合、节约高效的原则,建立健全应急物资储备保障制度,动态更新应急物资储备品种目录,完善重要应急物资的监管、生产、采购、储备、调拨和紧急配送体系,促进安全应急产业发展,优化产业布局。

国家储备物资品种目录、总体发展规划,由国务院发展改革部门会同国务院有关部门拟订。国务院应急管理等部门依据职责制定应急物资储备规划、品种目录,并组织实施。应急物资储备规划应当纳入国家储备总体发展规划。

第四十六条 【地方应急物资储备保障制度】设区的市级以上人民政府和突发事件易发、多发地区的县级人民政府应当建立应急救援物资、生活必需品和应急处置装备的储备保障制度。

县级以上地方人民政府应当根据本地区的实际情况和突发事件应对工作的需要,依法与有条件的企业签订协议,保障应急救援物资、生活必需品和应急处置装备的生产、供给。有关企业应当根据协议,按照县级以上地方人民政府要求,进行应急救援物资、生活必需品和应急处置装备的生产、供给,并确保符合国家有关产品质量的标准和要求。

国家鼓励公民、法人和其他组织储备基本的应急自救物资和生活必需品。有关部门可以向社会公布相关物资、物品的储备指南和建议清单。

第四十七条 【应急运输保障体系】国家建立健全应急运输保障体系,统筹铁路、公路、水运、民航、邮政、快递等运输和服务方式，制定应急运输保障方案，保障应急物资、装备和人员及时运输。

县级以上地方人民政府和有关主管部门应当根据国家应急运输保障方案，结合本地区实际做好应急调度和运力保障，确保运输通道和客货运枢纽畅通。

国家发挥社会力量在应急运输保障中的积极作用。社会力量参与突发事件应急运输保障，应当服从突发事件应急指挥机构的统一指挥。

第四十八条　【能源应急保障体系】国家建立健全能源应急保障体系，提高能源安全保障能力，确保受突发事件影响地区的能源供应。

第四十九条　【应急通信、应急广播保障体系】国家建立健全应急通信、应急广播保障体系，加强应急通信系统、应急广播系统建设，确保突发事件应对工作的通信、广播安全畅通。

第五十条　【突发事件卫生应急体系】国家建立健全突发事件卫生应急体系，组织开展突发事件中的医疗救治、卫生学调查处置和心理援助等卫生应急工作，有效控制和消除危害。

第五十一条　【急救医疗服务网络】县级以上人民政府应当加强急救医疗服务网络的建设，配备相应的医疗救治物资、设施设备和人员，提高医疗卫生机构应对各类突发事件的救治能力。

第五十二条　【社会力量支持】国家鼓励公民、法人和其他组织为突发事件应对工作提供物资、资金、技术支持和捐赠。

接受捐赠的单位应当及时公开接受捐赠的情况和受赠财产的使用、管理情况，接受社会监督。

第五十三条　【红十字会与慈善组织的职责】红十字会在突发事件中，应当对伤病人员和其他受害者提供紧急救援和人道救助，并协助人民政府开展与其职责相关的其他人道主义服务活动。有关人民政府应当给予红十字会支持和资助，保障其依法参与应对突发事件。

慈善组织在发生重大突发事件时开展募捐和救助活动，应当在有关人民政府的统筹协调、有序引导下依法进行。有关人民政府应当通过提供必要的需求信息、政府购买服务等方式，对慈善组织参与应对突发事件、开展应急慈善活动予以支持。

第五十四条　【应急救援资金、物资的管理】有关单位应当加强应急救援资金、物资的管理，提高使用效率。

任何单位和个人不得截留、挪用、私分或者变相私分应急救援资金、物资。

第五十五条　【巨灾风险保险体系】国家发展保险事业，建立政府支持、社会力量参与、市场化运作的巨灾风险保险体系，并鼓励单位和个人参加保险。

第五十六条　【人才培养和科技赋能】国家加强应急管理基础科学、重点行业领域关键核心技术的研究，加强互联网、云计算、大数据、人工智能等现代技术手段在突发事件应对工作中的应用，鼓励、扶持有条件的教学科研机构、企业培养应急管理人才和科技人才，研发、推广新技术、新材料、新设备和新工具，提高突发事件应对能力。

第五十七条　【专家咨询论证制度】县级以上人民政府及其有关部门应当建立健全突发事件专家咨询论证制度，发挥专业人员在突发事件应对工作中的作用。

第四章　监测与预警

第五十八条　【突发事件监测制度】国家建立健全突发事件监测制度。

县级以上人民政府及其有关部门应当根据自然灾害、事故灾难和公共卫生事件的种类和特点，建立健全基础信息数据库，完善监测网络，划分监测区域，确定监测点，明确监测项目，提供必要的设备、设施，配备专职或者兼职人员，对可能发生的突发事件进行监测。

第五十九条　【突发事件信息系统】国务院建立全国统一的突发事件信息系统。

县级以上地方人民政府应当建立或者确定本地区统一的突发事件信息系统，汇集、储存、分析、传输有关突发事件的信息，并与上级人民政府及其有关部门、下级人民政府及其有关部门、专业机构、监测网点和重点企业的突发事件信息系统实现互联互通，加强跨部门、跨地区的信息共享与情报合作。

第六十条　【信息收集与报告制度】县级以上人民政府及其有关部门、专业机构应当通过多种途径收集突发事件信息。

县级人民政府应当在居民委员会、村民委员会和有关单位建立专职或者兼职信息报告员制度。

公民、法人或者其他组织发现发生突发事件，或者发现可能发生突发事件的异常情况，应当立即向所在地人民政府、有关主管部门或者指定的专业机构报告。接到报告的单位应当按照规定立即核实处理，对于不属于其职责的，应当立即移送相关单位核实处理。

第六十一条　【信息报送制度】地方各级人民政府应当按照国家有关规定向上级人民政府报送突发事件信息。县级以上人民政府有关主管部门应当向本级人民政府相关部门通报突发事件信息，并报告上级人民政府主管部门。专业机构、监测网点和信息报告员应当及时向所在地人民政府及其有关主管部门报告突发事件信息。

有关单位和人员报送、报告突发事件信息,应当做到及时、客观、真实,不得迟报、谎报、瞒报、漏报,不得授意他人迟报、谎报、瞒报,不得阻碍他人报告。

第六十二条 【突发事件隐患和监测信息的分析评估】县级以上地方人民政府应当及时汇总分析突发事件隐患和监测信息,必要时组织相关部门、专业技术人员、专家学者进行会商,对发生突发事件的可能性及其可能造成的影响进行评估;认为可能发生重大或者特别重大突发事件的,应当立即向上级人民政府报告,并向上级人民政府有关部门、当地驻军和可能受到危害的毗邻或者相关地区的人民政府通报,及时采取预防措施。

第六十三条 【突发事件预警制度】国家建立健全突发事件预警制度。

可以预警的自然灾害、事故灾难和公共卫生事件的预警级别,按照突发事件发生的紧急程度、发展势态和可能造成的危害程度分为一级、二级、三级和四级,分别用红色、橙色、黄色和蓝色标示,一级为最高级别。

预警级别的划分标准由国务院或者国务院确定的部门制定。

第六十四条 【警报信息发布、报告及明确的内容】可以预警的自然灾害、事故灾难或者公共卫生事件即将发生或发生的可能性增大时,县级以上地方人民政府应当根据有关法律、行政法规和国务院规定的权限和程序,发布相应级别的警报,决定并宣布有关地区进入预警期,同时向上一级人民政府报告,必要时可以越级上报;具备条件的,应当进行网络直报或者自动速报;同时向当地驻军和可能受到危害的毗邻或者相关地区的人民政府通报。

发布警报应当明确预警类别、级别、起始时间、可能影响的范围、警示事项、应当采取的措施、发布单位和发布时间等。

第六十五条 【预警发布平台及预警信息的传播】国家建立健全突发事件预警发布平台,按照有关规定及时、准确向社会发布突发事件预警信息。

广播、电视、报刊以及网络服务提供者、电信运营商应当按照国家有关规定,建立突发事件预警信息快速发布通道,及时、准确、无偿播发或者刊载突发事件预警信息。

公共场所和其他人员密集场所,应当指定专门人员负责突发事件预警信息接收和传播工作,做好相关设备、设施维护,确保突发事件预警信息及时、准确接收和传播。

第六十六条 【三级、四级预警的应对措施】发布三级、四级警报,宣布进入预警期后,县级以上地方人民政府应当根据即将发生的突发事件的特点和可能造成的危害,采取下列措施:

(一)启动应急预案;

(二)责令有关部门、专业机构、监测网点和负有特定职责的人员及时收集、报告有关信息,向社会公布反映突发事件信息的渠道,加强对突发事件发生、发展情况的监测、预报和预警工作;

(三)组织有关部门和机构、专业技术人员、有关专家学者,随时对突发事件信息进行分析评估,预测发生突发事件可能性的大小、影响范围和强度以及可能发生的突发事件的级别;

(四)定时向社会发布与公众有关的突发事件预测信息和分析评估结果,并对相关信息的报道工作进行管理;

(五)及时按照有关规定向社会发布可能受到突发事件危害的警告,宣传避免、减轻危害的常识,公布咨询或者求助电话等联络方式和渠道。

第六十七条 【一级、二级预警的应对措施】发布一级、二级警报,宣布进入预警期后,县级以上地方人民政府除采取本法第六十六条规定的措施外,还应当针对即将发生的突发事件的特点和可能造成的危害,采取下列一项或者多项措施:

(一)责令应急救援队伍、负有特定职责的人员进入待命状态,并动员后备人员做好参加应急救援和处置工作的准备;

(二)调集应急救援所需物资、设备、工具,准备应急设施和应急避难、封闭隔离、紧急医疗救治等场所,并确保其处于良好状态、随时可以投入正常使用;

(三)加强对重点单位、重要部位和重要基础设施的安全保卫,维护社会治安秩序;

(四)采取必要措施,确保交通、通信、供水、排水、供电、供气、供热、医疗卫生、广播电视、气象等公共设施的安全和正常运行;

(五)及时向社会发布有关采取特定措施避免或者减轻危害的建议、劝告;

(六)转移、疏散或者撤离易受突发事件危害的人员并予以妥善安置,转移重要财产;

(七)关闭或者限制使用易受突发事件危害的场所,控制或者限制容易导致危害扩大的公共场所的活动；

（八）法律、法规、规章规定的其他必要的防范性、保护性措施。

第六十八条　【预警期内对重要商品和服务市场情况的监测】发布警报，宣布进入预警期后，县级以上人民政府应当对重要商品和服务市场情况加强监测，根据实际需要及时保障供应、稳定市场。必要时，国务院和省、自治区、直辖市人民政府可以按照《中华人民共和国价格法》等有关法律规定采取相应措施。

第六十九条　【社会安全事件报告制度】对即将发生或者已经发生的社会安全事件，县级以上地方人民政府及其有关主管部门应当按照规定向上一级人民政府及其有关主管部门报告，必要时可以越级上报，具备条件的，应当进行网络直报或者自动速报。

第七十条　【预警调整和解除】发布突发事件警报的人民政府应当根据事态的发展，按照有关规定适时调整预警级别并重新发布。

有事实证明不可能发生突发事件或者危险已经解除的，发布警报的人民政府应当立即宣布解除警报，终止预警期，并解除已经采取的有关措施。

第五章　应急处置与救援

第七十一条　【应急响应制度】国家建立健全突发事件应急响应制度。

突发事件的应急响应级别，按照突发事件的性质、特点、可能造成的危害程度和影响范围等因素分为一级、二级、三级和四级，一级为最高级别。

突发事件应急响应级别划分标准由国务院或者国务院确定的部门制定。县级以上人民政府及其有关部门应当在突发事件应急预案中确定应急响应级别。

第七十二条　【采取应急处置措施的要求】突发事件发生后，履行统一领导职责或者组织处置突发事件的人民政府应当针对其性质、特点、危害程度和影响范围等，立即启动应急响应，组织有关部门，调动应急救援队伍和社会力量，依照法律、法规、规章和应急预案的规定，采取应急处置措施，并向上级人民政府报告；必要时，可以设立现场指挥部，负责现场应急处置与救援，统一指挥进入突发事件现场的单位和个人。

启动应急响应，应当明确响应事项、级别、预计期限、应急处置措施等。

履行统一领导职责或者组织处置突发事件的人民政府，应当建立协调机制，提供需求信息，引导志愿服务组织和志愿者等社会力量及时有序参与应急处置与救援工作。

第七十三条　【自然灾害、事故灾难或者公共卫生事件的应急处置措施】自然灾害、事故灾难或者公共卫生事件发生后，履行统一领导职责的人民政府应当采取下列一项或者多项应急处置措施：

（一）组织营救和救治受害人员，转移、疏散、撤离并妥善安置受到威胁的人员以及采取其他救助措施；

（二）迅速控制危险源，标明危险区域，封锁危险场所，划定警戒区，实行交通管制、限制人员流动、封闭管理以及其他控制措施；

（三）立即抢修被损坏的交通、通信、供水、排水、供电、供气、供热、医疗卫生、广播电视、气象等公共设施，向受到危害的人员提供避难场所和生活必需品，实施医疗救护和卫生防疫以及其他保障措施；

（四）禁止或者限制使用有关设备、设施，关闭或者限制使用有关场所，中止人员密集的活动或者可能导致危害扩大的生产经营活动以及采取其他保护措施；

（五）启用本级人民政府设置的财政预备费和储备的应急救援物资，必要时调用其他急需物资、设备、设施、工具；

（六）组织公民、法人和其他组织参加应急救援和处置工作，要求具有特定专长的人员提供服务；

（七）保障食品、饮用水、药品、燃料等基本生活必需品的供应；

（八）依法从严惩处囤积居奇、哄抬价格、牟取暴利、制假售假等扰乱市场秩序的行为，维护市场秩序；

（九）依法从严惩处哄抢财物、干扰破坏应急处置工作等扰乱社会秩序的行为，维护社会治安；

（十）开展生态环境应急监测，保护集中式饮用水水源地等环境敏感目标，控制和处置污染物；

（十一）采取防止发生次生、衍生事件的必要措施。

第七十四条　【社会安全事件的应急处置措施】社会安全事件发生后，组织处置工作的人民政府应当立即启动应急响应，组织有关部门针对事件的性质和特点，依照有关法律、行政法规和国家其他有关规定，采取下列一项或者多项应急处置措施：

（一）强制隔离使用器械相互对抗或者以暴力行为参与冲突的当事人，妥善解决现场纠纷和争端，控制事态发展；

（二）对特定区域内的建筑物、交通工具、设备、设施以及燃料、燃气、电力、水的供应进行控制；

（三）封锁有关场所、道路，查验现场人员的身份

证件,限制有关公共场所内的活动;

(四)加强对易受冲击的核心机关和单位的警卫,在国家机关、军事机关、国家通讯社、广播电台、电视台、外国驻华使领馆等单位附近设置临时警戒线;

(五)法律、行政法规和国务院规定的其他必要措施。

第七十五条 【突发事件严重影响国民经济正常运行的应急措施】发生突发事件,严重影响国民经济正常运行时,国务院或者国务院授权的有关主管部门可以采取保障、控制等必要的应急措施,保障人民群众的基本生活需要,最大限度地减轻突发事件的影响。

第七十六条 【应急协作机制】履行统一领导职责或者组织处置突发事件的人民政府及其有关部门,必要时可以向单位和个人征用应急救援所需设备、设施、场地、交通工具和其他物资,请求其他地方人民政府及其有关部门提供人力、物力、财力或者技术支援,要求生产、供应生活必需品和应急救援物资的企业组织生产、保证供给,要求提供医疗、交通等公共服务的组织提供相应的服务。

履行统一领导职责或者组织处置突发事件的人民政府和有关主管部门,应当组织协调运输经营单位,优先运送处置突发事件所需物资、设备、工具、应急救援人员和受到突发事件危害的人员。

履行统一领导职责或者组织处置突发事件的人民政府及其有关部门,应当为受突发事件影响无人照料的无民事行为能力人、限制民事行为能力人提供及时有效帮助;建立健全联系帮扶应急救援人员家庭制度,帮助解决实际困难。

第七十七条 【基层群众性自治组织应急救援职责】突发事件发生地的居民委员会、村民委员会和其他组织应当按照当地人民政府的决定、命令,进行宣传动员,组织群众开展自救与互救,协助维护社会秩序;情况紧急的,应当立即组织群众开展自救与互救等先期处置工作。

第七十八条 【突发事件发生地有关单位的应急救援职责】受到自然灾害危害或者发生事故灾难、公共卫生事件的单位,应当立即组织本单位应急救援队伍和工作人员营救受害人员,疏散、撤离、安置受到威胁的人员,控制危险源,标明危险区域,封锁危险场所,并采取其他防止危害扩大的必要措施,同时向所在地县级人民政府报告;对因本单位的问题引发的或者主体是本单位人员的社会安全事件,有关单位应当按照规定上报情况,并迅速派出负责人赶赴现场开展劝解、疏导工作。

突发事件发生地的其他单位应当服从人民政府发布的决定、命令,配合人民政府采取的应急处置措施,做好本单位的应急救援工作,并积极组织人员参加所在地的应急救援和处置工作。

第七十九条 【突发事件发生地个人的义务】突发事件发生地的个人应当依法服从人民政府、居民委员会、村民委员会或者所属单位的指挥和安排,配合人民政府采取的应急处置措施,积极参加应急救援工作,协助维护社会秩序。

第八十条 【城乡社区应急工作机制】国家支持城乡社区组织健全应急工作机制,强化城乡社区综合服务设施和信息平台应急功能,加强与突发事件信息系统数据共享,增强突发事件应急处置中保障群众基本生活和服务群众能力。

第八十一条 【心理援助工作】国家采取措施,加强心理健康服务体系和人才队伍建设,支持引导心理健康服务人员和社会工作者对受突发事件影响的各类人群开展心理健康教育、心理评估、心理疏导、心理危机干预、心理行为问题诊治等心理援助工作。

第八十二条 【遗体处置及遗物保管】对于突发事件遇难人员的遗体,应当按照法律和国家有关规定,科学规范处置,加强卫生防疫,维护逝者尊严。对于逝者的遗物应当妥善保管。

第八十三条 【信息收集与个人信息保护】县级以上人民政府及其有关部门根据突发事件应对工作需要,在履行法定职责所必需的范围和限度内,可以要求公民、法人和其他组织提供应急处置与救援需要的信息。公民、法人和其他组织应当予以提供,法律另有规定的除外。县级以上人民政府及其有关部门对获取的相关信息,应当严格保密,并依法保护公民的通信自由和通信秘密。

第八十四条 【有关单位和个人获取他人个人信息的要求及限制】在突发事件应急处置中,有关单位和个人因依照本法规定配合突发事件应对工作或者履行相关义务,需要获取他人个人信息的,应当依照法律规定的程序和方式取得并确保信息安全,不得非法收集、使用、加工、传输他人个人信息,不得非法买卖、提供或者公开他人个人信息。

第八十五条 【个人信息的用途限制和销毁要求】因依法履行突发事件应对工作职责或者义务获取的个人信息,只能用于突发事件应对,并在突发事件应对工作结束后予以销毁。确因依法作为证据使用或者调查评估需要留存或者延期销毁的,应当按照规定进行合法性、必要性、安全性评估,并采取相应保护和处理措施,严格依法使用。

第六章 事后恢复与重建

第八十六条 【解除应急响应、停止执行应急处置措施】 突发事件的威胁和危害得到控制或者消除后,履行统一领导职责或者组织处置突发事件的人民政府应当宣布解除应急响应,停止执行依照本法规定采取的应急处置措施,同时采取或者继续实施必要措施,防止发生自然灾害、事故灾难、公共卫生事件的次生、衍生事件或者重新引发社会安全事件,组织受影响地区尽快恢复社会秩序。

第八十七条 【突发事件影响和损失的调查评估】 突发事件应急处置工作结束后,履行统一领导职责的人民政府应当立即组织对突发事件造成的影响和损失进行调查评估,制定恢复重建计划,并向上一级人民政府报告。

受突发事件影响地区的人民政府应当及时组织和协调应急管理、卫生健康、公安、交通、铁路、民航、邮政、电信、建设、生态环境、水利、能源、广播电视等有关部门恢复社会秩序,尽快修复被损坏的交通、通信、供水、排水、供电、供气、供热、医疗卫生、水利、广播电视等公共设施。

第八十八条 【恢复重建的支持与指导】 受突发事件影响地区的人民政府开展恢复重建工作需要上一级人民政府支持的,可以向上一级人民政府提出请求。上一级人民政府应当根据受影响地区遭受的损失和实际情况,提供资金、物资支持和技术指导,组织协调其他地区和有关方面提供资金、物资和人力支援。

第八十九条 【善后工作】 国务院根据受突发事件影响地区遭受损失的情况,制定扶持该地区有关行业发展的优惠政策。

受突发事件影响地区的人民政府应当根据本地区遭受的损失和采取应急处置措施的情况,制定救助、补偿、抚慰、抚恤、安置等善后工作计划并组织实施,妥善解决因处置突发事件引发的矛盾纠纷。

第九十条 【公民参加应急工作的权益保障】 公民参加应急救援工作或者协助维护社会秩序期间,其所在单位应当保证其工资待遇和福利不变,并可以按照规定给予相应补助。

第九十一条 【伤亡人员的待遇保障与致病人员的救治】 县级以上人民政府对在应急救援工作中伤亡的人员依法落实工伤待遇、抚恤或者其他保障政策,并组织做好应急救援工作中致病人员的医疗救治工作。

第九十二条 【突发事件情况和应急处置工作报告】 履行统一领导职责的人民政府在突发事件应对工作结束后,应当及时查明突发事件的发生经过和原因,总结突发事件应急处置工作的经验教训,制定改进措施,并向上一级人民政府提出报告。

第九十三条 【审计监督】 突发事件应对工作中有关资金、物资的筹集、管理、分配、拨付和使用等情况,应当依法接受审计机关的审计监督。

第九十四条 【档案管理】 国家档案主管部门应当建立健全突发事件应对工作相关档案收集、整理、保护、利用工作机制。突发事件应对工作中形成的材料,应当按照国家规定归档,并向相关档案馆移交。

第七章 法律责任

第九十五条 【政府及有关部门不履行或不正确履行法定职责的法律责任】 地方各级人民政府和县级以上人民政府有关部门违反本法规定,不履行或者不正确履行法定职责的,由其上级行政机关责令改正;有下列情形之一,由有关机关综合考虑突发事件发生的原因、后果、应对处置情况、行为人过错等因素,对负有责任的领导人员和直接责任人员依法给予处分:

(一)未按照规定采取预防措施,导致发生突发事件,或者未采取必要的防范措施,导致发生次生、衍生事件的;

(二)迟报、谎报、瞒报、漏报或者授意他人迟报、谎报、瞒报以及阻碍他人报告有关突发事件的信息,或者通报、报送、公布虚假信息,造成后果的;

(三)未按照规定及时发布突发事件警报、采取预警期的措施,导致损害发生的;

(四)未按照规定及时采取措施处置突发事件或者处置不当,造成后果的;

(五)违反法律规定采取应对措施,侵犯公民生命健康权益的;

(六)不服从上级人民政府对突发事件应急处置工作的统一领导、指挥和协调的;

(七)未及时组织开展生产自救、恢复重建等善后工作的;

(八)截留、挪用、私分或者变相私分应急救援资金、物资的;

(九)不及时归还征用的单位和个人的财产,或者对被征用财产的单位和个人不按照规定给予补偿的。

第九十六条 【有关单位的法律责任】 有关单位有下列情形之一,由所在地履行统一领导职责的人民政府有关部门责令停产停业，暂扣或者吊销许可证件，并处五万元以上二十万元以下的罚款；情节特别严重的，并处二十万元以上一百万元以下的罚款：

（一）未按照规定采取预防措施，导致发生较大以上突发事件的；

（二）未及时消除已发现的可能引发突发事件的隐患，导致发生较大以上突发事件的；

（三）未做好应急物资储备和应急设备、设施日常维护、检测工作，导致发生较大以上突发事件或者突发事件危害扩大的；

（四）突发事件发生后，不及时组织开展应急救援工作，造成严重后果的。

其他法律对前款行为规定了处罚的，依照较重的规定处罚。

第九十七条【编造、传播虚假信息的法律责任】违反本法规定，编造并传播有关突发事件的虚假信息，或者明知是有关突发事件的虚假信息而进行传播的，责令改正，给予警告；造成严重后果的，依法暂停其业务活动或者吊销其许可证件；负有直接责任的人员是公职人员的，还应当依法给予处分。

第九十八条【不服从决定、命令或不配合的法律责任】单位或者个人违反本法规定，不服从所在地人民政府及其有关部门依法发布的决定、命令或者不配合其依法采取的措施的，责令改正；造成严重后果的，依法给予行政处罚；负有直接责任的人员是公职人员的，还应当依法给予处分。

第九十九条【违反个人信息保护规定的责任】单位或者个人违反本法第八十四条、第八十五条关于个人信息保护规定的，由主管部门依照有关法律规定给予处罚。

第一百条【民事责任】单位或者个人违反本法规定，导致突发事件发生或者危害扩大，造成人身、财产或者其他损害的，应当依法承担民事责任。

第一百零一条【紧急避险的适用】为了使本人或者他人的人身、财产免受正在发生的危险而采取避险措施的，依照《中华人民共和国民法典》、《中华人民共和国刑法》等法律关于紧急避险的规定处理。

第一百零二条【行政与刑事责任】违反本法规定，构成违反治安管理行为的，依法给予治安管理处罚；构成犯罪的，依法追究刑事责任。

第八章 附 则

第一百零三条【紧急状态】发生特别重大突发事件，对人民生命财产安全、国家安全、公共安全、生态环境安全或者社会秩序构成重大威胁，采取本法和其他有关法律、法规、规章规定的应急处置措施不能消除或者有效控制、减轻其严重社会危害，需要进入紧急状态的，由全国人民代表大会常务委员会或者国务院依照宪法和其他有关法律规定的权限和程序决定。

紧急状态期间采取的非常措施，依照有关法律规定执行或者由全国人民代表大会常务委员会另行规定。

第一百零四条【保护管辖】中华人民共和国领域外发生突发事件，造成或者可能造成中华人民共和国公民、法人和其他组织人身伤亡、财产损失的，由国务院外交部门会同国务院其他有关部门、有关地方人民政府，按照国家有关规定做好应对工作。

第一百零五条【外国人、无国籍人的属地管辖】在中华人民共和国境内的外国人、无国籍人应当遵守本法，服从所在地人民政府及其有关部门依法发布的决定、命令，并配合其依法采取的措施。

第一百零六条【施行日期】本法自2024年11月1日起施行。

中华人民共和国集会游行示威法

1. 1989年10月31日第七届全国人民代表大会常务委员会第十次会议通过
2. 根据2009年8月27日第十一届全国人民代表大会常务委员会第十次会议《关于修改部分法律的决定》修正

目 录

第一章 总 则
第二章 集会游行示威的申请和许可
第三章 集会游行示威的举行
第四章 法律责任
第五章 附 则

第一章 总 则

第一条【立法目的】为了保障公民依法行使集会、游行、示威的权利，维护社会安定和公共秩序，根据宪法，制定本法。

第二条【本法适用范围】在中华人民共和国境内举行集会、游行、示威，均适用本法。

本法所称集会，是指聚集于露天公共场所，发表意见、表达意愿的活动。

本法所称游行，是指在公共道路、露天公共场所列队行进、表达共同意愿的活动。

本法所称示威,是指在露天公共场所或者公共道路上以集会、游行、静坐等方式,表达要求、抗议或者支持、声援等共同意愿的活动。

文娱、体育活动,正常的宗教活动,传统的民间习俗活动,不适用本法。

第三条 【政府对公民自由的保障】公民行使集会、游行、示威的权利,各级人民政府应当依照本法规定,予以保障。

第四条 【自由权利行使的限制】公民在行使集会、游行、示威的权利的时候,必须遵守宪法和法律,不得反对宪法所确定的基本原则,不得损害国家的、社会的、集体的利益和其他公民的合法的自由和权利。

第五条 【集会、游行和示威的方式】集会、游行、示威应当和平地进行,不得携带武器、管制刀具和爆炸物,不得使用暴力或者煽动使用暴力。

第六条 【主管机关】集会、游行、示威的主管机关,是集会、游行、示威举行地的市、县公安局、城市公安分局;游行、示威路线经过两个以上区、县的,主管机关为所经过区、县的公安机关的共同上一级公安机关。

第二章 集会游行示威的申请和许可

第七条 【申请与许可】举行集会、游行、示威,必须依照本法规定向主管机关提出申请并获得许可。

下列活动不需申请:

(一)国家举行或者根据国家决定举行的庆祝、纪念等活动;

(二)国家机关、政党、社会团体、企业事业组织依照法律、组织章程举行的集会。

第八条 【集会、游行与示威的负责人】举行集会、游行、示威,必须有负责人。

依照本法规定需要申请的集会、游行、示威,其负责人必须在举行日期的五日前向主管机关递交书面申请。申请书中应当载明集会、游行、示威的目的、方式、标语、口号、人数、车辆数、使用音响设备的种类与数量、起止时间、地点(包括集合地和解散地)、路线和负责人的姓名、职业、住址。

第九条 【申请的批准】主管机关接到集会、游行、示威申请书后,应当在申请举行日期的二日前,将许可或者不许可的决定书面通知其负责人。不许可的,应当说明理由。逾期不通知的,视为许可。

确因突然发生的事件临时要求举行集会、游行、示威的,必须立即报告主管机关;主管机关接到报告后,应当立即审查决定许可或者不许可。

第十条 【协商解决问题】申请举行集会、游行、示威要求解决具体问题的,主管机关接到申请书后,可以通知有关机关或者单位同集会、游行、示威的负责人协商解决问题,并可以将申请举行的时间推迟五日。

第十一条 【申请内容的变更】主管机关认为按照申请的时间、地点、路线举行集会、游行、示威,将对交通秩序和社会秩序造成严重影响的,在决定许可时或者决定许可后,可以变更举行集会、游行、示威的时间、地点、路线,并及时通知其负责人。

第十二条 【不批准申请】申请举行的集会、游行、示威,有下列情形之一的,不予许可:

(一)反对宪法所确定的基本原则的;

(二)危害国家统一、主权和领土完整的;

(三)煽动民族分裂的;

(四)有充分根据认定申请举行的集会、游行、示威将直接危害公共安全或者严重破坏社会秩序的。

第十三条 【申请复议】集会、游行、示威的负责人对主管机关不许可的决定不服的,可以在接到决定通知之日起三日内,向同级人民政府申请复议,人民政府应当自接到申请复议书之日起三日内作出决定。

第十四条 【申请的撤回】集会、游行、示威的负责人在提出申请后接到主管机关通知前,可以撤回申请;接到主管机关许可的通知后,决定不举行集会、游行、示威的,应当及时告知主管机关,参加人已经集合的,应当负责解散。

第十五条 【居住地之限制】公民不得在其居住地以外的城市发动、组织、参加当地公民的集会、游行、示威。

第十六条 【机关工作人员的限制】国家机关工作人员不得组织或者参加违背有关法律、法规规定的国家机关工作人员职责、义务的集会、游行、示威。

第十七条 【单位负责人批准】以国家机关、社会团体、企业事业组织的名义组织或者参加集会、游行、示威,必须经本单位负责人批准。

第三章 集会游行示威的举行

第十八条 【人民警察的协助】对于依法举行的集会、游行、示威,主管机关应当派出人民警察维持交通秩序和社会秩序,保障集会、游行、示威的顺利进行。

第十九条 【不得破坏集会、游行和示威】依法举行的集会、游行、示威,任何人不得以暴力、胁迫或者其他非法手段进行扰乱、冲击和破坏。

第二十条 【变通执行交通规则】为了保障依法举行的游行的行进,负责维持交通秩序的人民警察可以临时变通执行交通规则的有关规定。

第二十一条　【改变游行路线】游行在行进中遇有不可预料的情况,不能按照许可的路线行进时,人民警察现场负责人有权改变游行队伍的行进路线。

第二十二条　【设置警戒线】集会、游行、示威在国家机关、军事机关、广播电台、电视台、外国驻华使馆领馆等单位所在地举行或者经过的,主管机关为了维持秩序,可以在附近设置临时警戒线,未经人民警察许可,不得逾越。

第二十三条　【周边距离的规定】在下列场所周边距离十米至三百米内,不得举行集会、游行、示威,经国务院或者省、自治区、直辖市的人民政府批准的除外:
　　(一)全国人民代表大会常务委员会、国务院、中央军事委员会、最高人民法院、最高人民检察院的所在地;
　　(二)国宾下榻处;
　　(三)重要军事设施;
　　(四)航空港、火车站和港口。
　　前款所列场所的具体周边距离,由省、自治区、直辖市的人民政府规定。

第二十四条　【游行时间】举行集会、游行、示威的时间限于早六时至晚十时,经当地人民政府决定或者批准的除外。

第二十五条　【集会、游行、示威的具体施行】集会、游行、示威应当按照许可的目的、方式、标语、口号、起止时间、地点、路线及其他事项进行。
　　集会、游行、示威的负责人必须负责维持集会、游行、示威的秩序,并严格防止其他人加入。
　　集会、游行、示威的负责人在必要时,应当指定专人协助人民警察维持秩序。负责维持秩序的人员应当佩戴标志。

第二十六条　【不得有违法犯罪行为】举行集会、游行、示威,不得违反治安管理法规,不得进行犯罪活动或者煽动犯罪。

第二十七条　【警察应予制止的情形】举行集会、游行、示威,有下列情形之一的,人民警察应当予以制止:
　　(一)未依照本法规定申请或者申请未获许可的;
　　(二)未按照主管机关许可的目的、方式、标语、口号、起止时间、地点、路线进行的;
　　(三)在进行中出现危害公共安全或者严重破坏社会秩序情况的。
　　有前款所列情形之一,不听制止的,人民警察现场负责人有权命令解散;拒不解散的,人民警察现场负责人有权依照国家有关规定决定采取必要手段强行驱散,并对拒不服从的人员强行带离现场或者立即予以拘留。
　　参加集会、游行、示威的人员越过依照本法第二十二条规定设置的临时警戒线、进入本法第二十三条所列不得举行集会、游行、示威的特定场所周边一定范围或者有其他违法犯罪行为的,人民警察可以将其强行带离现场或者立即予以拘留。

第四章　法律责任

第二十八条　【按治安条例处罚】举行集会、游行、示威,有违反治安管理行为的,依照治安管理处罚法有关规定予以处罚。
　　举行集会、游行、示威,有下列情形之一的,公安机关可以对其负责人和直接责任人员处以警告或者十五日以下拘留:
　　(一)未依照本法规定申请或者申请未获许可的;
　　(二)未按照主管机关许可的目的、方式、标语、口号、起止时间、地点、路线进行,不听制止的。

第二十九条　【对犯罪行为的追究】举行集会、游行、示威,有犯罪行为的,依照刑法有关规定追究刑事责任。
　　携带武器、管制刀具或者爆炸物的,依照刑法有关规定追究刑事责任。
　　未依照本法规定申请或者申请未获许可,或者未按照主管机关许可的起止时间、地点、路线进行,又拒不服从解散命令,严重破坏社会秩序的,对集会、游行、示威的负责人和直接责任人员依照刑法有关规定追究刑事责任。
　　包围、冲击国家机关,致使国家机关的公务活动或者国事活动不能正常进行的,对集会、游行、示威的负责人和直接责任人员依照刑法有关规定追究刑事责任。
　　占领公共场所、拦截车辆行人或者聚众堵塞交通,严重破坏公共场所秩序、交通秩序的,对集会、游行、示威的负责人和直接责任人员依照刑法有关规定追究刑事责任。

第三十条　【对破坏集会、游行和示威的处理】扰乱、冲击或者以其他方法破坏依法举行的集会、游行、示威的,公安机关可以处以警告或者十五日以下拘留;情节严重,构成犯罪的,依照刑法有关规定追究刑事责任。

第三十一条　【申诉与起诉】当事人对公安机关依照本法第二十八条第二款或者第三十条的规定给予的拘留处罚决定不服的,可以自接到处罚决定通知之日起五日内,向上一级公安机关提出申诉,上一级公安机关应当自接到申诉之日起五日内作出裁决;对上一级公安机关裁决不服的,可以自接到裁决通知之日起五日内,向人民法院提起诉讼。

第三十二条　【赔偿责任】在举行集会、游行、示威过程中,破坏公私财物或者侵害他人身体造成伤亡的,除依照刑法或者治安管理处罚法的有关规定可以予以处罚外,还应当依法承担赔偿责任。

第三十三条　【外地居民的处理】公民在本人居住地以外的城市发动、组织当地公民的集会、游行、示威的,公安机关有权予以拘留或者强行遣回原地。

第五章　附　则

第三十四条　【外国人集会、游行、示威的批准】外国人在中国境内举行集会、游行、示威,适用本法规定。

外国人在中国境内未经主管机关批准不得参加中国公民举行的集会、游行、示威。

第三十五条　【实施条例与办法】国务院公安部门可以根据本法制定实施条例,报国务院批准施行。

省、自治区、直辖市的人民代表大会常务委员会可以根据本法制定实施办法。

第三十六条　【施行日期】本法自公布之日起施行。

中华人民共和国戒严法

1. 1996年3月1日第八届全国人民代表大会常务委员会第十八次会议通过
2. 1996年3月1日中华人民共和国主席令第61号公布
3. 自1996年3月1日起施行

目　录

第一章　总　则
第二章　戒严的实施
第三章　实施戒严的措施
第四章　戒严执勤人员的职责
第五章　附　则

第一章　总　则

第一条　【立法根据】根据中华人民共和国宪法,制定本法。

第二条　【戒严条件】在发生严重危及国家的统一、安全或者社会公共安全的动乱、暴乱或者严重骚乱,不采取非常措施不足以维护社会秩序、保护人民的生命和财产安全的紧急状态时,国家可以决定实行戒严。

第三条　【戒严决定的程序】全国或者个别省、自治区、直辖市的戒严,由国务院提请全国人民代表大会常务委员会决定;中华人民共和国主席根据全国人民代表大会常务委员会的决定,发布戒严令。

省、自治区、直辖市的范围内部分地区的戒严,由国务院决定,国务院总理发布戒严令。

第四条　【戒严期内对公民权利的限制】戒严期间,为保证戒严的实施和维护社会治安秩序,国家可以依照本法在戒严地区内,对宪法、法律规定的公民权利和自由的行使作出特别规定。

第五条　【戒严区内人民政府的职责】戒严地区内的人民政府应当依照本法采取必要的措施,尽快恢复正常社会秩序,保障人民的生命和财产安全以及基本生活必需品的供应。

第六条　【戒严区内组织和个人的义务】戒严地区内的一切组织和个人,必须严格遵守戒严令和实施戒严令的规定,积极协助人民政府恢复正常社会秩序。

第七条　【国家保护有关主体的合法权益】国家对遵守戒严令和实施戒严令的规定的组织和个人,采取有效措施保护其合法权益不受侵犯。

第八条　【执行戒严任务的主体】戒严任务由人民警察、人民武装警察执行;必要时,国务院可以向中央军事委员会提出,由中央军事委员会决定派出人民解放军协助执行戒严任务。

第二章　戒严的实施

第九条　【戒严实施机关】全国或者个别省、自治区、直辖市的戒严,由国务院组织实施。

省、自治区、直辖市的范围内部分地区的戒严,由省、自治区、直辖市人民政府组织实施;必要时,国务院可以直接组织实施。

组织实施戒严的机关称为戒严实施机关。

第十条　【戒严指挥机构】戒严实施机关建立戒严指挥机构,由戒严指挥机构协调执行戒严任务的有关方面的行动,统一部署和实施戒严措施。

执行戒严任务的人民解放军,在戒严指挥机构的统一部署下,由中央军事委员会指定的军事机关实施指挥。

第十一条　【戒严令的内容】戒严令应当规定戒严的地域范围、起始时间、实施机关等事项。

第十二条　【解除戒严的条件和程序】根据本法第二条规定实行戒严的紧急状态消除后,应当及时解除戒严。

解除戒严的程序与决定戒严的程序相同。

第三章　实施戒严的措施

第十三条　【戒严措施】戒严期间,戒严实施机关可以决

定在戒严地区采取下列措施,并可以制定具体实施办法:

（一）禁止或者限制集会、游行、示威、街头讲演以及其他聚众活动；

（二）禁止罢工、罢市、罢课；

（三）实行新闻管制；

（四）实行通讯、邮政、电信管制；

（五）实行出境入境管制；

（六）禁止任何反对戒严的活动。

第十四条　【戒严期间的交通管制】戒严期间,戒严实施机关可以决定在戒严地区采取交通管制措施,限制人员进出交通管制区域,并对进出交通管制区域人员的证件、车辆、物品进行检查。

第十五条　【戒严期间的宵禁措施】戒严期间,戒严实施机关可以决定在戒严地区采取宵禁措施。宵禁期间,在实行宵禁地区的街道或者其他公共场所通行,必须持有本人身份证件和戒严实施机关制发的特别通行证。

第十六条　【戒严期间特殊物品的管理】戒严期间,戒严实施机关或者戒严指挥机构可以在戒严地区对下列物品采取特别管理措施：

（一）武器、弹药；

（二）管制刀具；

（三）易燃易爆物品；

（四）化学危险物品、放射性物品、剧毒物品等。

第十七条　【戒严期间的政府征用】根据执行戒严任务的需要,戒严地区的县级以上人民政府可以临时征用国家机关、企业事业组织、社会团体以及公民个人的房屋、场所、设施、运输工具、工程机械等。在非常紧急的情况下,执行戒严任务的人民警察、人民武装警察、人民解放军的现场指挥员可以直接决定临时征用,地方人民政府应当给予协助。实施征用应当开具征用单据。

前款规定的临时征用物,在使用完毕或者戒严解除后应当及时归还；因征用造成损坏的,由县级以上人民政府按照国家有关规定给予相应补偿。

第十八条　【戒严期内需加强警卫的单位、场所】戒严期间,对戒严地区的下列单位、场所,采取措施,加强警卫：

（一）首脑机关；

（二）军事机关和重要军事设施；

（三）外国驻华使领馆、国际组织驻华代表机构和国宾下榻处；

（四）广播电台、电视台、国家通讯社等重要新闻单位及其重要设施；

（五）与国计民生有重大关系的公用企业和公共设施；

（六）机场、火车站和港口；

（七）监狱、劳教场所、看守所；

（八）其他需要加强警卫的单位和场所。

第十九条　【戒严地区生活必需品的特别管理】为保障戒严地区内的人民基本生活必需品的供应,戒严实施机关可以对基本生活必需品的生产、运输、供应、价格,采取特别管理措施。

第二十条　【戒严措施的公布与停止】戒严实施机关依照本法采取的实施戒严令的措施和办法,需要公众遵守的,应当公布；在实施过程中,根据情况,对于不需要继续实施的措施和办法,应当及时公布停止实施。

第四章　戒严执勤人员的职责

第二十一条　【戒严执勤人员】执行戒严任务的人民警察、人民武装警察和人民解放军是戒严执勤人员。

戒严执勤人员执行戒严任务时,应当佩带由戒严实施机关统一规定的标志。

第二十二条　【戒严执勤人员的检查权】戒严执勤人员依照戒严实施机关的规定,有权对戒严地区公共道路上或者其他公共场所内的人员的证件、车辆、物品进行检查。

第二十三条　【戒严执勤人员的扣留权、搜查权】戒严执勤人员依照戒严实施机关的规定,有权对违反宵禁规定的人予以扣留,直至清晨宵禁结束；并有权对被扣留者的人身进行搜查,对其携带的物品进行检查。

第二十四条　【戒严执勤人员的拘留权】戒严执勤人员依照戒严实施机关的规定,有权对下列人员立即予以拘留：

（一）正在实施危害国家安全、破坏社会秩序的犯罪或者有重大嫌疑的；

（二）阻挠或者抗拒戒严执勤人员执行戒严任务的；

（三）抗拒交通管制或者宵禁规定的；

（四）从事其他抗拒戒严令的活动的。

第二十五条　【戒严执勤人员搜查权】戒严执勤人员依照戒严实施机关的规定,有权对被拘留的人员的人身进行搜查,有权对犯罪嫌疑分子的住所和涉嫌藏匿犯罪分子、犯罪嫌疑分子或者武器、弹药等危险物品的场所进行搜查。

第二十六条　【违法聚众的处理程序】在戒严地区有下列聚众情形之一,阻止无效的,戒严执勤人员根据有关

规定,可以使用警械强行制止或者驱散,并将其组织者和拒不服从的人员强行带离现场或者立即予以拘留:

（一）非法进行集会、游行、示威以及其他聚众活动的;

（二）非法占据公共场所或者在公共场所煽动进行破坏活动的;

（三）冲击国家机关或者其他重要单位、场所的;

（四）扰乱交通秩序或者故意堵塞交通的;

（五）哄抢或者破坏机关、团体、企业事业组织和公民个人的财产的。

第二十七条　【戒严执勤人员拘留逮捕的特殊规定】戒严执勤人员对于依照本法规定予以拘留的人员,应当及时登记和讯问,发现不需要继续拘留的,应当立即释放。

戒严期间拘留、逮捕的程序和期限可以不受中华人民共和国刑事诉讼法有关规定的限制,但逮捕须经人民检察院批准或者决定。

第二十八条　【戒严执勤人员的枪械使用】在戒严地区遇有下列特别紧急情形之一,使用警械无法制止时,戒严执勤人员可以使用枪支等武器:

（一）公民或者戒严执勤人员的生命安全受到暴力危害时;

（二）拘留、逮捕、押解人犯,遇有暴力抗拒、行凶或者脱逃时;

（三）遇暴力抢夺武器、弹药时;

（四）警卫的重要对象、目标受到暴力袭击,或者有受到暴力袭击的紧迫危险时;

（五）在执行消防、抢险、救护作业以及其他重大紧急任务中,受到严重暴力阻挠时;

（六）法律、行政法规规定可以使用枪支等武器的其他情形。

戒严执勤人员必须严格遵守使用枪支等武器的规定。

第二十九条　【戒严执勤人员的职责】戒严执勤人员应当遵守法律、法规和执勤规则,服从命令,履行职责,尊重当地民族风俗习惯,不得侵犯和损害公民的合法权益。

第三十条　【戒严执勤人员的法律保护和责任】戒严执勤人员依法执行任务的行为受法律保护。

戒严执勤人员违反本法规定,滥用职权,侵犯和损害公民合法权益的,依法追究法律责任。

第五章　附　　则

第三十一条　【对局部骚乱的处理】在个别县、市的局部范围内突然发生严重骚乱,严重危及国家安全、社会公共安全和人民的生命财产安全,国家没有作出戒严决定时,当地省级人民政府报经国务院批准,可以决定并组织人民警察、人民武装警察实施交通管制和现场管制,限制人员进出管制区域,对进出管制区域人员的证件、车辆、物品进行检查,对参与骚乱的人可以强行予以驱散、强行带离现场、搜查,对组织者和拒不服从的人员可以立即予以拘留;在人民警察、人民武装警察力量还不足以维护社会秩序时,可以报请国务院向中央军事委员会提出,由中央军事委员会决定派出人民解放军协助当地人民政府恢复和维持正常社会秩序。

第三十二条　【施行日期】本法自公布之日起施行。

公共安全视频图像信息系统管理条例

1. 2025年1月13日国务院令第799号公布
2. 自2025年4月1日起施行

第一条　为了规范公共安全视频图像信息系统管理,维护公共安全,保护个人隐私和个人信息权益,根据有关法律,制定本条例。

第二条　本条例所称公共安全视频图像信息系统(以下简称公共安全视频系统),是指通过在公共场所安装图像采集设备及相关设施,对涉及公共安全的区域进行视频图像信息收集、传输、显示、存储的系统。

第三条　公共安全视频系统管理工作坚持中国共产党的领导,贯彻党和国家路线方针政策和决策部署。

建设、使用公共安全视频系统,应当遵守法律法规,坚持统筹规划、合理适度、标准引领、安全可控,不得危害国家安全、公共利益,不得损害个人、组织的合法权益。

第四条　国家鼓励和支持视频图像领域的技术创新与发展,建立和完善相关标准体系,支持有关行业组织依法加强行业自律,提高公共安全保障能力和个人信息保护水平。

第五条　国务院公安部门负责全国公共安全视频系统建设、使用的指导和监督管理工作。国务院其他有关部门在各自职责范围内负责公共安全视频系统建设、使用的相关管理工作。

县级以上地方人民政府公安机关负责本行政区域内公共安全视频系统建设、使用的指导和监督管理工作。县级以上地方人民政府其他有关部门在各自职责范围内负责公共安全视频系统建设、使用的相关管理工作。

第六条 县级以上地方人民政府应当加强对公共安全视频系统建设的统筹规划，充分利用现有资源，避免重复建设。

第七条 城乡主要路段、行政区域道路边界、桥梁、隧道、地下通道、广场、治安保卫重点单位周边区域等公共场所的公共安全视频系统，由县级以上地方人民政府按照建设规划组织有关部门建设，纳入公共基础设施管理，建设、维护经费列入本级政府预算。

下列公共场所涉及公共安全区域的公共安全视频系统，由对相应场所负有经营管理责任的单位按照相关标准建设，安装图像采集设备的重点部位由县级以上地方人民政府各有关部门按照职责分工指导确定：

（一）商贸中心、会展中心、旅游景区、文化体育娱乐场所、教育机构、医疗机构、政务服务大厅、公园、公共停车场等人员聚集场所；

（二）出境入境口岸（通道）、机场、港口客运站、通航建筑物、铁路客运站、汽车客运站、城市轨道交通站等交通枢纽；

（三）客运列车、营运载客汽车、城市轨道交通车辆、客运船舶等大中型公共交通工具；

（四）高速公路、普通国省干线的服务区。

在前两款规定的场所、区域内安装图像采集设备及相关设施，应当为维护公共安全所必需，除前两款规定的政府有关部门、负有经营管理责任的单位（以下统称公共安全视频系统管理单位）外，其他任何单位或者个人不得安装。

第八条 禁止在公共场所的下列区域、部位安装图像采集设备及相关设施：

（一）旅馆、饭店、宾馆、招待所、民宿等经营接待食宿场所的客房或者包间内部；

（二）学生宿舍的房间内部，或者单位为内部人员提供住宿、休息服务的房间内部；

（三）公共的浴室、卫生间、更衣室、哺乳室、试衣间的内部；

（四）安装图像采集设备后能够拍摄、窥视、窃听他人隐私的其他区域、部位。

对上述区域、部位负有经营管理责任的单位或者个人，应当加强日常管理和检查，发现在前款所列区域、部位安装图像采集设备及相关设施的，应当立即报告所在地公安机关处理。

第九条 在本条例第七条规定之外的其他公共场所安装图像采集设备及相关设施，应当为维护公共安全所必需，仅限于对该场所负有安全防范义务的单位或者个人安装，其他任何单位或者个人不得安装。

依照前款规定安装图像采集设备及相关设施的，应当遵守本条例除第十一条、第十四条、第十五条、第十六条第二款、第十七条规定的强制性要求之外的其他各项规定。

第十条 依照本条例安装图像采集设备及相关设施，位于军事禁区、军事管理区以及国家机关等涉密单位周边的，应当事先征得相关涉密单位的同意。

第十一条 公共安全视频系统管理单位应当按照相关标准建设公共安全视频系统，开展设计、施工、检验、验收等工作，并依法保存、管理相关档案资料。

第十二条 公共安全视频系统采用的产品、服务应当符合国家标准的强制性要求。产品、服务的提供者不得设置恶意程序；发现其产品、服务存在安全缺陷、漏洞等风险时，应当立即采取补救措施，按照规定及时告知用户并向有关主管部门报告。

第十三条 公共安全视频系统管理单位应当按照维护公共安全所必需、注重保护个人隐私和个人信息权益的要求，合理确定图像采集设备的安装位置、角度和采集范围，并设置显著的提示标识。未设置显著提示标识的，由公安机关责令改正。

第十四条 公共安全视频系统管理单位应当在系统投入使用之日起30日内，将单位基本情况、公共安全视频系统建设位置、图像采集设备数量及类型、视频图像信息存储期限等基本信息，向所在地县级人民政府公安机关备案。本条例施行前已经启用的，应当在本条例施行之日起90日内备案。公共安全视频系统备案事项发生变化的，应当及时办理备案变更。

公共安全视频系统管理单位应当对备案信息的真实性负责。

公安机关应当加强信息化建设，为公共安全视频系统管理单位办理备案提供便利，能够通过部门间信息共享获得的备案信息，不要求当事人提供。

第十五条 公共安全视频系统管理单位应当履行系统运行安全管理职责，履行网络安全、数据安全和个人信息保护义务，建立健全管理制度，完善防攻击、防入侵、防病毒、防篡改、防泄露等安全技术措施，定期维护设备设施，保障系统连续、稳定、安全运行，确保视频图像信息的原始完整。

公共安全视频系统管理单位委托他人运营的，应当通过签订安全保密协议等方式，约定前款规定的网络安全、数据安全和个人信息保护义务并监督受托方履行。

第十六条 公共安全视频系统管理单位使用视频图像信息，应当遵守法律法规，依法保护国家秘密、商业秘密、个人隐私和个人信息，不得滥用、泄露。

公共安全视频系统管理单位应当采取下列措施，防止滥用、泄露视频图像信息：

（一）建立系统监看、管理等重要岗位人员的入职审查、保密教育、岗位培训等管理制度；

（二）采取授权管理、访问控制等技术措施，严格规范内部人员对视频图像信息的查阅、处理；

（三）建立信息调用登记制度，如实记录查阅、调取视频图像信息的事由、内容及调用人员的单位、姓名等信息；

（四）其他防止滥用、泄露视频图像信息的措施。

第十七条 公共安全视频系统收集的视频图像信息应当保存不少于30日；30日后，对已经实现处理目的的视频图像信息，应当予以删除。法律、行政法规对视频图像信息保存期限另有规定的，从其规定。

第十八条 为公共安全视频系统提供网络传输服务的电信业务经营者，应当加强对视频图像信息传输的安全管理，依照法律、行政法规的规定和国家标准的强制性要求，采取技术措施和其他必要措施，保障网络安全、稳定运行，维护数据的完整性、保密性和可用性。

第十九条 接受委托承担公共安全视频系统设计、施工、检验、验收、维护等工作的单位及其工作人员，应当对接触到的视频图像信息和相关档案资料予以保密，不得用于与受托工作无关的活动，不得擅自留存、加工、泄露或者向他人提供。

第二十条 国家机关为履行执法办案、处置突发事件等法定职责，查阅、调取公共安全视频系统收集的视频图像信息，应当依照法律、行政法规规定的权限、程序进行，并严格遵守保密规定，不得超出履行法定职责所必需的范围和限度。

第二十一条 为了保护自然人的生命健康、财产安全，经公共安全视频系统管理单位同意，本人、近亲属或者其他负有监护、看护、代管责任的人可以查阅关联的视频图像信息；对获悉的涉及公共安全、个人隐私和个人信息的视频图像信息，不得非法对外提供或公开传播。

第二十二条 公共安全视频系统收集的视频图像信息被依法用于公开传播，可能损害个人、组织合法权益的，应当对涉及的人脸、机动车号牌等敏感个人信息，以及法人、非法人组织的名称、营业执照等信息采取严格保护措施。

第二十三条 任何单位或者个人不得实施下列行为：

（一）违反法律法规规定，对外提供或者公开传播公共安全视频系统收集的视频图像信息；

（二）擅自改动、迁移、拆除依据本条例第七条规定安装的图像采集设备及相关设施，或者以喷涂、遮挡等方式妨碍其正常运行；

（三）非法侵入、控制公共安全视频系统；

（四）非法获取公共安全视频系统中的数据；

（五）非法删除、隐匿、修改、增加公共安全视频系统中的数据或者应用程序；

（六）其他妨碍公共安全视频系统正常运行，危害网络安全、数据安全、个人信息安全的行为。

第二十四条 公安机关对公共安全视频系统的建设、使用情况实施监督检查，有关单位或者个人应当予以协助、配合。

有关单位或者个人发现有违反本条例第七条第三款、第八条第一款、第九条第一款规定安装图像采集设备及相关设施的，可以向公安机关举报。公安机关应当依法及时处理。

第二十五条 公安机关应当严格执行内部监督制度，对其工作人员履行公共安全视频系统建设、使用职责情况进行监督。

公安机关及其工作人员在履行公共安全视频系统建设、使用、监督管理职责过程中，有违反本条例规定，或者其他滥用职权、玩忽职守、徇私舞弊行为的，任何单位或者个人有权检举、控告。

第二十六条 违反本条例第七条第三款、第九条第一款规定安装图像采集设备及相关设施的，由公安机关责令限期改正，并删除所收集的视频图像信息；拒不改正的，没收相关设备设施，对违法个人并处5000元以下罚款，对违法单位并处2万元以下罚款，对其直接负责的主管人员和其他直接责任人员处5000元以下罚款。

第二十七条 违反本条例第八条第一款规定安装图像采集设备及相关设施的，由公安机关没收相关设备设施，删除所收集的视频图像信息，对违法个人并处5000元以上1万元以下罚款，对违法单位并处1万元以上2万元以下罚款，对其直接负责的主管人员和其他直接责任人员处5000元以上1万元以下罚款；偷窥、偷拍、窃听他人隐私，构成违反治安管理行为的，依法给予治安管理处罚；构成犯罪的，依法追究刑事责任。

对相应区域、部位负有经营管理责任的单位或者个人未履行本条例第八条第二款规定的日常管理和检查义务的，由公安机关责令改正；拒不改正或者造成严重后果的，对违法个人处5000元以上1万元以下罚款，对违法单位处1万元以上2万元以下罚款，对其直接负责的主管人员和其他直接责任人员处5000元以上1万元以下罚款，并通报有关主管部门根据情节轻重责令暂停相关业务或者停业整顿、吊销相关业务许可或者吊销营业执照。

第二十八条 未依照本条例第十条规定征得相关涉密单位同意安装图像采集设备及相关设施的，由公安机关没收相关设备设施，删除所收集的视频图像信息，对违法个人并处5000元以上1万元以下罚款，对违法单位并处1万元以上2万元以下罚款，对其直接负责的主管人员和其他直接责任人员处5000元以上1万元以下罚款；非法获取国家秘密、军事秘密的，依照有关法律的规定给予处罚；构成犯罪的，依法追究刑事责任。

第二十九条 未依照本条例第十四条规定备案或者提供虚假备案信息的，由公安机关责令限期改正；拒不改正的，处1万元以下罚款。

第三十条 违反本条例第二十三条第二项规定擅自改动、迁移、拆除图像采集设备及相关设施的，由公安机关责令改正，给予警告；拒不改正或者造成严重后果的，对违法个人处5000元以下罚款，对违法单位处5000元以上1万元以下罚款，对其直接负责的主管人员和其他直接责任人员处5000元以下罚款。

第三十一条 违反本条例规定，未履行网络安全、数据安全和个人信息保护义务，或者非法对外提供、公开传播视频图像信息的，依照《中华人民共和国网络安全法》、《中华人民共和国数据安全法》、《中华人民共和国个人信息保护法》的规定给予处罚；构成违反治安管理行为的，依法给予治安管理处罚；构成犯罪的，依法追究刑事责任。

第三十二条 公安机关及其工作人员在履行公共安全视频系统建设、使用、监督管理职责过程中，违反本条例规定，或者有其他滥用职权、玩忽职守、徇私舞弊行为的，由上级公安机关或者有关主管部门责令改正，对负有责任的领导人员和直接责任人员依法给予处分；构成犯罪的，依法追究刑事责任。

其他国家机关及其工作人员在履行公共安全视频系统建设、使用、相关管理职责过程中，违反本条例规定，或者在依照本条例第二十条规定查阅、调取视频图像信息过程中，有滥用职权、玩忽职守、徇私舞弊行为的，由其上级机关或者有关主管部门责令改正，对负有责任的领导人员和直接责任人员依法给予处分；构成

犯罪的，依法追究刑事责任。

第三十三条 在非公共场所安装图像采集设备及相关设施，不得危害公共安全或者侵犯他人的合法权益，对收集到的涉及公共安全、个人隐私和个人信息的视频图像信息，不得非法对外提供或者公开传播。

违反前款规定的，依照本条例第三十一条规定给予处罚。

第三十四条 本条例自2025年4月1日起施行。

无人驾驶航空器飞行管理暂行条例

1. 2023年5月31日国务院、中央军委令第761号公布
2. 自2024年1月1日起施行

第一章 总　　则

第一条 为了规范无人驾驶航空器飞行以及有关活动，促进无人驾驶航空器产业健康有序发展，维护航空安全、公共安全、国家安全，制定本条例。

第二条 在中华人民共和国境内从事无人驾驶航空器飞行以及有关活动，应当遵守本条例。

本条例所称无人驾驶航空器，是指没有机载驾驶员、自备动力系统的航空器。

无人驾驶航空器按照性能指标分为微型、轻型、小型、中型和大型。

第三条 无人驾驶航空器飞行管理工作应当坚持和加强党的领导，坚持总体国家安全观，坚持安全第一、服务发展、分类管理、协同监管的原则。

第四条 国家空中交通管理领导机构统一领导全国无人驾驶航空器飞行管理工作，组织协调解决无人驾驶航空器管理工作中的重大问题。

国务院民用航空、公安、工业和信息化、市场监督管理等部门按照职责分工负责全国无人驾驶航空器有关管理工作。

县级以上地方人民政府及其有关部门按照职责分工负责本行政区域内无人驾驶航空器有关管理工作。

各级空中交通管理机构按照职责分工负责本责任区内无人驾驶航空器飞行管理工作。

第五条 国家鼓励无人驾驶航空器科研创新及其成果的推广应用，促进无人驾驶航空器与大数据、人工智能等新技术融合创新。县级以上人民政府及其有关部门应当为无人驾驶航空器科研创新及其成果的推广应用提供支持。

国家在确保安全的前提下积极创新空域供给和使

用机制,完善无人驾驶航空器飞行配套基础设施和服务体系。

第六条 无人驾驶航空器有关行业协会应当通过制定、实施团体标准等方式加强行业自律,宣传无人驾驶航空器管理法律法规及有关知识,增强有关单位和人员依法开展无人驾驶航空器飞行以及有关活动的意识。

第二章 民用无人驾驶航空器及操控员管理

第七条 国务院标准化行政主管部门和国务院其他有关部门按照职责分工组织制定民用无人驾驶航空器系统的设计、生产和使用的国家标准、行业标准。

第八条 从事中型、大型民用无人驾驶航空器系统的设计、生产、进口、飞行和维修活动,应当依法向国务院民用航空主管部门申请取得适航许可。

从事微型、轻型、小型民用无人驾驶航空器系统的设计、生产、进口、飞行、维修以及组装、拼装活动,无需取得适航许可,但相关产品应当符合产品质量法律法规的有关规定以及有关强制性国家标准。

从事民用无人驾驶航空器系统的设计、生产、使用活动,应当符合国家有关实名登记激活、飞行区域限制、应急处置、网络信息安全等规定,并采取有效措施减少大气污染物和噪声排放。

第九条 民用无人驾驶航空器系统生产者应当按照国务院工业和信息化主管部门的规定为其生产的无人驾驶航空器设置唯一产品识别码。

微型、轻型、小型民用无人驾驶航空器系统的生产者应当在无人驾驶航空器机体标注产品类型以及唯一产品识别码等信息,在产品外包装显著位置标明守法运行要求和风险警示。

第十条 民用无人驾驶航空器所有者应当依法进行实名登记,具体办法由国务院民用航空主管部门会同有关部门制定。

涉及境外飞行的民用无人驾驶航空器,应当依法进行国籍登记。

第十一条 使用除微型以外的民用无人驾驶航空器从事飞行活动的单位应当具备下列条件,并向国务院民用航空主管部门或者地区民用航空管理机构(以下统称民用航空管理部门)申请取得民用无人驾驶航空器运营合格证(以下简称运营合格证):

(一)有实施安全运营所需的管理机构、管理人员和符合本条例规定的操控员;

(二)有符合安全运营要求的无人驾驶航空器及有关设施、设备;

(三)有实施安全运营所需的管理制度和操作规程,保证持续具备按照制度和规程实施安全运营的能力;

(四)从事经营性活动的单位,还应当为营利法人。

民用航空管理部门收到申请后,应当进行运营安全评估,根据评估结果依法作出许可或者不予许可的决定。予以许可的,颁发运营合格证;不予许可的,书面通知申请人并说明理由。

使用最大起飞重量不超过150千克的农用无人驾驶航空器在农林牧渔区域上方的适飞空域内从事农林牧渔作业飞行活动(以下称常规农用无人驾驶航空器作业飞行活动),无需取得运营合格证。

取得运营合格证后从事经营性通用航空飞行活动,以及从事常规农用无人驾驶航空器作业飞行活动,无需取得通用航空经营许可证和运行合格证。

第十二条 使用民用无人驾驶航空器从事经营性飞行活动,以及使用小型、中型、大型民用无人驾驶航空器从事非经营性飞行活动,应当依法投保责任保险。

第十三条 微型、轻型、小型民用无人驾驶航空器系统投放市场后,发现存在缺陷的,其生产者、进口商应当停止生产、销售,召回缺陷产品,并通知有关经营者、使用者停止销售、使用。生产者、进口商未依法实施召回的,由国务院市场监督管理部门依法责令召回。

中型、大型民用无人驾驶航空器系统不能持续处于适航状态的,由国务院民用航空主管部门依照有关适航管理的规定处理。

第十四条 对已经取得适航许可的民用无人驾驶航空器系统进行重大设计更改并拟将其用于飞行活动的,应当重新申请取得适航许可。

对微型、轻型、小型民用无人驾驶航空器系统进行改装的,应当符合有关强制性国家标准。民用无人驾驶航空器系统的空域保持能力、可靠被监视能力、速度或者高度等出厂性能以及参数发生改变的,其所有者应当及时在无人驾驶航空器一体化综合监管服务平台更新性能、参数信息。

改装民用无人驾驶航空器的,应当遵守改装后所属类别的管理规定。

第十五条 生产、维修、使用民用无人驾驶航空器系统,应当遵守无线电管理法律法规以及国家有关规定。但是,民用无人驾驶航空器系统使用国家无线电管理机构确定的特定无线电频率,且有关无线电发射设备取得无线电发射设备型号核准的,无需取得无线电频率使用许可和无线电台执照。

第十六条 操控小型、中型、大型民用无人驾驶航空器飞行的人员应当具备下列条件，并向国务院民用航空主管部门申请取得相应民用无人驾驶航空器操控员（以下简称操控员）执照：

（一）具备完全民事行为能力；

（二）接受安全操控培训，并经民用航空管理部门考核合格；

（三）无可能影响民用无人驾驶航空器操控行为的疾病病史，无吸毒行为记录；

（四）近5年内无因危害国家安全、公共安全或者侵犯公民人身权利、扰乱公共秩序的故意犯罪受到刑事处罚的记录。

从事常规农用无人驾驶航空器作业飞行活动的人员无需取得操控员执照，但应当由农用无人驾驶航空器系统生产者按照国务院民用航空、农业农村主管部门规定的内容进行培训和考核，合格后取得操作证书。

第十七条 操控微型、轻型民用无人驾驶航空器飞行的人员，无需取得操控员执照，但应当熟练掌握有关机型操作方法，了解风险警示信息和有关管理制度。

无民事行为能力人只能操控微型民用无人驾驶航空器飞行，限制民事行为能力人只能操控微型、轻型民用无人驾驶航空器飞行。无民事行为能力人操控微型民用无人驾驶航空器飞行或者限制民事行为能力人操控轻型民用无人驾驶航空器飞行，应当由符合前款规定条件的完全民事行为能力人现场指导。

操控轻型民用无人驾驶航空器在无人驾驶航空器管制空域内飞行的人员，应当具有完全民事行为能力，并按照国务院民用航空主管部门的规定经培训合格。

第三章 空域和飞行活动管理

第十八条 划设无人驾驶航空器飞行空域应当遵循统筹配置、安全高效原则，以隔离飞行为主，兼顾融合飞行需求，充分考虑飞行安全和公众利益。

划设无人驾驶航空器飞行空域应当明确水平、垂直范围和使用时间。

空中交通管理机构应当为无人驾驶航空器执行军事、警察、海关、应急管理飞行任务优先划设空域。

第十九条 国家根据需要划设无人驾驶航空器管制空域（以下简称管制空域）。

真高120米以上空域、空中禁区、空中限制区以及周边空域，军用航空超低空飞行区，以及下列区域上方的空域应当划设为管制空域：

（一）机场以及周边一定范围的区域；

（二）国界线、实际控制线、边境线向我方一侧一定范围的区域；

（三）军事禁区、军事管理区、监管场所等涉密单位以及周边一定范围的区域；

（四）重要军工设施保护区域、核设施控制区域、易燃易爆等危险品的生产和仓储区域，以及可燃重要物资的大型仓储区域；

（五）发电厂、变电站、加油（气）站、供水厂、公共交通枢纽、航电枢纽、重大水利设施、港口、高速公路、铁路电气化线路等公共基础设施以及周边一定范围的区域和饮用水水源保护区；

（六）射电天文台、卫星测控（导航）站、航空无线电导航台、雷达站等需要电磁环境特殊保护的设施以及周边一定范围的区域；

（七）重要革命纪念地、重要不可移动文物以及周边一定范围的区域；

（八）国家空中交通管理领导机构规定的其他区域。

管制空域的具体范围由各级空中交通管理机构按照国家空中交通管理领导机构的规定确定，由设区的市级以上人民政府公布，民用航空管理部门和承担相应职责的单位发布航行情报。

未经空中交通管理机构批准，不得在管制空域内实施无人驾驶航空器飞行活动。

管制空域范围以外的空域为微型、轻型、小型无人驾驶航空器的适飞空域（以下简称适飞空域）。

第二十条 遇有特殊情况，可以临时增加管制空域，由空中交通管理机构按照国家有关规定确定有关空域的水平、垂直范围和使用时间。

保障国家重大活动以及其他大型活动的，在临时增加的管制空域生效24小时前，由设区的市级以上地方人民政府发布公告，民用航空管理部门和承担相应职责的单位发布航行情报。

保障执行军事任务或者反恐维稳、抢险救灾、医疗救护等其他紧急任务的，在临时增加的管制空域生效30分钟前，由设区的市级以上地方人民政府发布紧急公告，民用航空管理部门和承担相应职责的单位发布航行情报。

第二十一条 按照国家空中交通管理领导机构的规定需要设置管制空域的地面警示标志的，设区的市级人民政府应当组织设置并加强日常巡查。

第二十二条 无人驾驶航空器通常应当与有人驾驶航空器隔离飞行。

属于下列情形之一的,经空中交通管理机构批准,可以进行融合飞行:

(一)根据任务或者飞行课目需要,警察、海关、应急管理部门辖有的无人驾驶航空器与本部门、本单位使用的有人驾驶航空器在同一空域或者同一机场区域的飞行;

(二)取得适航许可的大型无人驾驶航空器的飞行;

(三)取得适航许可的中型无人驾驶航空器不超过真高 300 米的飞行;

(四)小型无人驾驶航空器不超过真高 300 米的飞行;

(五)轻型无人驾驶航空器在适飞空域上方不超过真高 300 米的飞行。

属于下列情形之一的,进行融合飞行无需经空中交通管理机构批准:

(一)微型、轻型无人驾驶航空器在适飞空域内的飞行;

(二)常规农用无人驾驶航空器作业飞行活动。

第二十三条　国家空中交通管理领导机构统筹建设无人驾驶航空器一体化综合监管服务平台,对全国无人驾驶航空器实施动态监管与服务。

空中交通管理机构和民用航空、公安、工业和信息化等部门、单位按照职责分工采集无人驾驶航空器生产、登记、使用的有关信息,依托无人驾驶航空器一体化综合监管服务平台共享,并采取相应措施保障信息安全。

第二十四条　除微型以外的无人驾驶航空器实施飞行活动,操控人员应当确保无人驾驶航空器能够按照国家有关规定向无人驾驶航空器一体化综合监管服务平台报送识别信息。

微型、轻型、小型无人驾驶航空器在飞行过程中应当广播式自动发送识别信息。

第二十五条　组织无人驾驶航空器飞行活动的单位或者个人应当遵守有关法律法规和规章制度,主动采取事故预防措施,对飞行安全承担主体责任。

第二十六条　除本条例第三十一条另有规定外,组织无人驾驶航空器飞行活动的单位或者个人应当在拟飞行前 1 日 12 时前向空中交通管理机构提出飞行活动申请。空中交通管理机构应当在飞行前 1 日 21 时前作出批准或者不予批准的决定。

按照国家空中交通管理领导机构的规定在固定空域内实施常态飞行活动的,可以提出长期飞行活动申请,经批准后实施,并应当在拟飞行前 1 日 12 时前将飞行计划报空中交通管理机构备案。

第二十七条　无人驾驶航空器飞行活动申请应当包括下列内容:

(一)组织飞行活动的单位或者个人、操控人员信息以及有关资质证书;

(二)无人驾驶航空器的类型、数量、主要性能指标和登记管理信息;

(三)飞行任务性质和飞行方式,执行国家规定的特殊通用航空飞行任务的还应当提供有效的任务批准文件;

(四)起飞、降落和备降机场(场地);

(五)通信联络方法;

(六)预计飞行开始、结束时刻;

(七)飞行航线、高度、速度和空域范围,进出空域方法;

(八)指挥控制链路无线电频率以及占用带宽;

(九)通信、导航和被监视能力;

(十)安装二次雷达应答机或者有关自动监视设备的,应当注明代码申请;

(十一)应急处置程序;

(十二)特殊飞行保障需求;

(十三)国家空中交通管理领导机构规定的与空域使用和飞行安全有关的其他必要信息。

第二十八条　无人驾驶航空器飞行活动申请按照下列权限批准:

(一)在飞行管制分区内飞行的,由负责该飞行管制分区的空中交通管理机构批准;

(二)超出飞行管制分区在飞行管制区内飞行的,由负责该飞行管制区的空中交通管理机构批准;

(三)超出飞行管制区飞行的,由国家空中交通管理领导机构授权的空中交通管理机构批准。

第二十九条　使用无人驾驶航空器执行反恐维稳、抢险救灾、医疗救护等紧急任务的,应当在计划起飞 30 分钟前向空中交通管理机构提出飞行活动申请。空中交通管理机构应当在起飞 10 分钟前作出批准或者不予批准的决定。执行特别紧急任务的,使用单位可以随时提出飞行活动申请。

第三十条　飞行活动已获得批准的单位或者个人组织无人驾驶航空器飞行活动的,应当在计划起飞 1 小时前向空中交通管理机构报告预计起飞时刻和准备情况,经空中交通管理机构确认后方可起飞。

第三十一条　组织无人驾驶航空器实施下列飞行活动,

无需向空中交通管理机构提出飞行活动申请：

（一）微型、轻型、小型无人驾驶航空器在适飞空域内的飞行活动；

（二）常规农用无人驾驶航空器作业飞行活动；

（三）警察、海关、应急管理部门辖有的无人驾驶航空器，在其驻地、地面（水面）训练场、靶场等上方不超过真高120米的空域内的飞行活动；但是，需在计划起飞1小时前经空中交通管理机构确认后方可起飞；

（四）民用无人驾驶航空器在民用运输机场管制地带内执行巡检、勘察、校验等飞行任务；但是，需定期报空中交通管理机构备案，并在计划起飞1小时前经空中交通管理机构确认后方可起飞。

前款规定的飞行活动存在下列情形之一的，应当依照本条例第二十六条的规定提出飞行活动申请：

（一）通过通信基站或者互联网进行无人驾驶航空器中继飞行；

（二）运载危险品或者投放物品（常规农用无人驾驶航空器作业飞行活动除外）；

（三）飞越集会人群上空；

（四）在移动的交通工具上操控无人驾驶航空器；

（五）实施分布式操作或者集群飞行。

微型、轻型无人驾驶航空器在适飞空域内飞行的，无需取得特殊通用航空飞行任务批准文件。

第三十二条 操控无人驾驶航空器实施飞行活动，应当遵守下列行为规范：

（一）依法取得有关许可证书、证件，并在实施飞行活动时随身携带备查；

（二）实施飞行活动前做好安全飞行准备，检查无人驾驶航空器状态，并及时更新电子围栏等信息；

（三）实时掌握无人驾驶航空器飞行动态，实施需经批准的飞行活动应当与空中交通管理机构保持通信联络畅通，服从空中交通管理，飞行结束后及时报告；

（四）按照国家空中交通管理领导机构的规定保持必要的安全间隔；

（五）操控微型无人驾驶航空器的，应当保持视距内飞行；

（六）操控小型无人驾驶航空器在适飞空域内飞行的，应当遵守国家空中交通管理领导机构关于限速、通信、导航等方面的规定；

（七）在夜间或者低能见度气象条件下飞行的，应当开启灯光系统并确保其处于良好工作状态；

（八）实施超视距飞行的，应当掌握飞行空域内其他航空器的飞行动态，采取避免相撞的措施；

（九）受到酒精类饮料、麻醉剂或者其他药物影响时，不得操控无人驾驶航空器；

（十）国家空中交通管理领导机构规定的其他飞行活动行为规范。

第三十三条 操控无人驾驶航空器实施飞行活动，应当遵守下列避让规则：

（一）避让有人驾驶航空器、无动力装置的航空器以及地面、水上交通工具；

（二）单架飞行避让集群飞行；

（三）微型无人驾驶航空器避让其他无人驾驶航空器；

（四）国家空中交通管理领导机构规定的其他避让规则。

第三十四条 禁止利用无人驾驶航空器实施下列行为：

（一）违法拍摄军事设施、军工设施或者其他涉密场所；

（二）扰乱机关、团体、企业、事业单位工作秩序或者公共场所秩序；

（三）妨碍国家机关工作人员依法执行职务；

（四）投放含有违反法律法规规定内容的宣传品或者其他物品；

（五）危及公共设施、单位或者个人财产安全；

（六）危及他人生命健康，非法采集信息，或者侵犯他人其他人身权益；

（七）非法获取、泄露国家秘密，或者违法向境外提供数据信息；

（八）法律法规禁止的其他行为。

第三十五条 使用民用无人驾驶航空器从事测绘活动的单位依法取得测绘资质证书后，方可从事测绘活动。

外国无人驾驶航空器或者由外国人员操控的无人驾驶航空器不得在我国境内实施测绘、电波参数测试等飞行活动。

第三十六条 模型航空器应当在空中交通管理机构为航空飞行营地划定的空域内飞行，但国家空中交通管理领导机构另有规定的除外。

第四章 监督管理和应急处置

第三十七条 国家空中交通管理领导机构应当组织有关部门、单位在无人驾驶航空器一体化综合监管服务平台上向社会公布审批事项、申请办理流程、受理单位、联系方式、举报受理方式等信息并及时更新。

第三十八条 任何单位或者个人发现违反本条例规定行为的，可以向空中交通管理机构、民用航空管理部门或者当地公安机关举报。收到举报的部门、单位应当及时依法作出处理;不属于本部门、本单位职责的,应当及时移送有权处理的部门、单位。

第三十九条 空中交通管理机构、民用航空管理部门以及县级以上公安机关应当制定有关无人驾驶航空器飞行安全管理的应急预案,定期演练,提高应急处置能力。

县级以上地方人民政府应当将无人驾驶航空器安全应急管理纳入突发事件应急管理体系,健全信息互通、协同配合的应急处置工作机制。

无人驾驶航空器系统的设计者、生产者,应当确保无人驾驶航空器具备紧急避让、降落等应急处置功能,避免或者减轻无人驾驶航空器发生事故时对生命财产的损害。

使用无人驾驶航空器的单位或者个人应当按照有关规定,制定飞行紧急情况处置预案,落实风险防范措施,及时消除安全隐患。

第四十条 无人驾驶航空器飞行发生异常情况时,组织飞行活动的单位或者个人应当及时处置,服从空中交通管理机构的指令;导致发生飞行安全问题的,组织飞行活动的单位或者个人还应当在无人驾驶航空器降落后24小时内向空中交通管理机构报告有关情况。

第四十一条 对空中不明情况和无人驾驶航空器违规飞行,公安机关在条件有利时可以对低空目标实施先期处置,并负责违规飞行无人驾驶航空器落地后的现场处置。有关军事机关、公安机关、国家安全机关等单位按职责分工组织查证处置,民用航空管理等其他有关部门应当予以配合。

第四十二条 无人驾驶航空器违反飞行管理规定、扰乱公共秩序或者危及公共安全的,空中交通管理机构、民用航空管理部门和公安机关可以依法采取必要技术防控、扣押有关物品、责令停止飞行、查封违法活动场所等紧急处置措施。

第四十三条 军队、警察以及按照国家反恐怖主义工作领导机构有关规定由公安机关授权的高风险反恐怖重点目标管理单位,可以依法配备无人驾驶航空器反制设备,在公安机关或者有关军事机关的指导监督下从严控制设置和使用。

无人驾驶航空器反制设备配备、设置、使用以及授权管理办法,由国务院工业和信息化、公安、国家安全、市场监督管理部门会同国务院有关部门、有关军事机关制定。

任何单位或者个人不得非法拥有、使用无人驾驶航空器反制设备。

第五章 法律责任

第四十四条 违反本条例规定,从事中型、大型民用无人驾驶航空器系统的设计、生产、进口、飞行和维修活动,未依法取得适航许可的,由民用航空管理部门责令停止有关活动,没收违法所得,并处无人驾驶航空器系统货值金额1倍以上5倍以下的罚款;情节严重的,责令停业整顿。

第四十五条 违反本条例规定,民用无人驾驶航空器系统生产者未按照国务院工业和信息化主管部门的规定为其生产的无人驾驶航空器设置唯一产品识别码的,由县级以上人民政府工业和信息化主管部门责令改正,没收违法所得,并处3万元以上30万元以下的罚款;拒不改正的,责令停业整顿。

第四十六条 违反本条例规定,对已经取得适航许可的民用无人驾驶航空器系统进行重大设计更改,未重新申请取得适航许可并将其用于飞行活动的,由民用航空管理部门责令改正,处无人驾驶航空器系统货值金额1倍以上5倍以下的罚款。

违反本条例规定,改变微型、轻型、小型民用无人驾驶航空器系统的空域保持能力、可靠被监视能力、速度或者高度等出厂性能以及参数,未及时在无人驾驶航空器一体化综合监管服务平台更新性能、参数信息的,由民用航空管理部门责令改正;拒不改正的,处2000元以上2万元以下的罚款。

第四十七条 违反本条例规定,民用无人驾驶航空器未经实名登记实施飞行活动的,由公安机关责令改正,可以处200元以下的罚款;情节严重的,处2000元以上2万元以下的罚款。

违反本条例规定,涉及境外飞行的民用无人驾驶航空器未依法进行国籍登记的,由民用航空管理部门责令改正,处1万元以上10万元以下的罚款。

第四十八条 违反本条例规定,民用无人驾驶航空器未依法投保责任保险的,由民用航空管理部门责令改正,处2000元以上2万元以下的罚款;情节严重的,责令从事飞行活动的单位停业整顿直至吊销其运营合格证。

第四十九条 违反本条例规定,未取得运营合格证或者违反运营合格证的要求实施飞行活动的,由民用航空管理部门责令改正,处5万元以上50万元以下的罚款;情节严重的,责令停业整顿直至吊销其运营合格证。

第五十条 无民事行为能力人、限制民事行为能力人违反本条例规定操控民用无人驾驶航空器飞行的,由公安机关对其监护人处 500 元以上 5000 元以下的罚款；情节严重的，没收实施违规飞行的无人驾驶航空器。

违反本条例规定，未取得操控员执照操控民用无人驾驶航空器飞行的，由民用航空管理部门处 5000 元以上 5 万元以下的罚款；情节严重的，处 1 万元以上 10 万元以下的罚款。

违反本条例规定，超出操控员执照载明范围操控民用无人驾驶航空器飞行的，由民用航空管理部门处 2000 元以上 2 万元以下的罚款，并处暂扣操控员执照 6 个月至 12 个月；情节严重的，吊销其操控员执照，2 年内不受理其操控员执照申请。

违反本条例规定，未取得操作证书从事常规农用无人驾驶航空器作业飞行活动的，由县级以上地方人民政府农业农村主管部门责令停止作业，并处 1000 元以上 1 万元以下的罚款。

第五十一条 组织飞行活动的单位或者个人违反本条例第三十二条、第三十三条规定的，由民用航空管理部门责令改正，可以处 1 万元以下的罚款；拒不改正的，处 1 万元以上 5 万元以下的罚款，并处暂扣运营合格证、操控员执照 1 个月至 3 个月；情节严重的，由空中交通管理机构责令停止飞行 6 个月至 12 个月，由民用航空管理部门处 5 万元以上 10 万元以下的罚款，并可以吊销相应许可证件，2 年内不受理其相应许可申请。

违反本条例规定，未经批准操控微型、轻型、小型民用无人驾驶航空器在管制空域内飞行，或者操控模型航空器在空中交通管理机构划定的空域外飞行的，由公安机关责令停止飞行，可以处 500 元以下的罚款；情节严重的，没收实施违规飞行的无人驾驶航空器，并处 1000 元以上 1 万元以下的罚款。

第五十二条 违反本条例规定，非法拥有、使用无人驾驶航空器反制设备的，由无线电管理机构、公安机关按照职责分工予以没收，可以处 5 万元以下的罚款；情节严重的，处 5 万元以上 20 万元以下的罚款。

第五十三条 违反本条例规定，外国无人驾驶航空器或者由外国人员操控的无人驾驶航空器在我国境内实施测绘飞行活动的，由县级以上人民政府测绘地理信息主管部门责令停止违法行为，没收违法所得、测绘成果和实施违规飞行的无人驾驶航空器，并处 10 万元以上 50 万元以下的罚款；情节严重的，并处 50 万元以上 100 万元以下的罚款，由公安机关、国家安全机关按照职责分工决定限期出境或者驱逐出境。

第五十四条 生产、改装、组装、拼装、销售和召回微型、轻型、小型民用无人驾驶航空器系统，违反产品质量或者标准化管理等有关法律法规的，由县级以上人民政府市场监督管理部门依法处罚。

除根据本条例第十五条的规定无需取得无线电频率使用许可和无线电台执照的情形以外，生产、维修、使用民用无人驾驶航空器系统，违反无线电管理法律法规以及国家有关规定的，由无线电管理机构依法处罚。

无人驾驶航空器飞行活动违反军事设施保护法律法规的，依照有关法律法规的规定执行。

第五十五条 违反本条例规定，有关部门、单位及其工作人员在无人驾驶航空器飞行以及有关活动的管理工作中滥用职权、玩忽职守、徇私舞弊或者有其他违法行为的，依法给予处分。

第五十六条 违反本条例规定，构成违反治安管理行为的，由公安机关依法给予治安管理处罚；构成犯罪的，依法追究刑事责任；造成人身、财产或者其他损害的，依法承担民事责任。

第六章 附 则

第五十七条 在我国管辖的其他空域内实施无人驾驶航空器飞行活动，应当遵守本条例的有关规定。

无人驾驶航空器在室内飞行不适用本条例。

自备动力系统的飞行玩具适用本条例的有关规定，具体办法由国务院工业和信息化主管部门、有关空中交通管理机构会同国务院公安、民用航空主管部门制定。

第五十八条 无人驾驶航空器飞行以及有关活动，本条例没有规定的，适用《中华人民共和国民用航空法》、《中华人民共和国飞行基本规则》、《通用航空飞行管制条例》以及有关法律、行政法规。

第五十九条 军用无人驾驶航空器的管理，国务院、中央军事委员会另有规定的，适用其规定。

警察、海关、应急管理部门辖有的无人驾驶航空器的适航、登记、操控员等事项的管理办法，由国务院有关部门另行制定。

第六十条 模型航空器的分类、生产、登记、操控人员、航空飞行营地等事项的管理办法，由国务院体育主管部门会同有关空中交通管理机构，国务院工业和信息化、公安、民用航空主管部门另行制定。

第六十一条 本条例施行前生产的民用无人驾驶航空器不能按照国家有关规定自动向无人驾驶航空器一体化综合监管服务平台报送识别信息的，实施飞行活动应当依照本条例的规定向空中交通管理机构提出飞行活动申请，经批准后方可飞行。

第六十二条　本条例下列用语的含义：

（一）空中交通管理机构，是指军队和民用航空管理部门内负责有关责任区空中交通管理的机构。

（二）微型无人驾驶航空器，是指空机重量小于0.25千克，最大飞行真高不超过50米，最大平飞速度不超过40千米/小时，无线电发射设备符合微功率短距离技术要求，全程可以随时人工介入操控的无人驾驶航空器。

（三）轻型无人驾驶航空器，是指空机重量不超过4千克且最大起飞重量不超过7千克，最大平飞速度不超过100千米/小时，具备符合空域管理要求的空域保持能力和可靠被监视能力，全程可以随时人工介入操控的无人驾驶航空器，但不包括微型无人驾驶航空器。

（四）小型无人驾驶航空器，是指空机重量不超过15千克且最大起飞重量不超过25千克，具备符合空域管理要求的空域保持能力和可靠被监视能力，全程可以随时人工介入操控的无人驾驶航空器，但不包括微型、轻型无人驾驶航空器。

（五）中型无人驾驶航空器，是指最大起飞重量不超过150千克的无人驾驶航空器，但不包括微型、轻型、小型无人驾驶航空器。

（六）大型无人驾驶航空器，是指最大起飞重量超过150千克的无人驾驶航空器。

（七）无人驾驶航空器系统，是指无人驾驶航空器以及与其有关的遥控台（站）、任务载荷和控制链路等组成的系统。其中，遥控台（站）是指遥控无人驾驶航空器的各种操控设备（手段）以及有关系统组成的整体。

（八）农用无人驾驶航空器，是指最大飞行真高不超过30米，最大平飞速度不超过50千米/小时，最大飞行半径不超过2000米，具备空域保持能力和可靠被监视能力，专门用于植保、播种、投饵等农林牧渔作业，全程可以随时人工介入操控的无人驾驶航空器。

（九）隔离飞行，是指无人驾驶航空器与有人驾驶航空器不同时在同一空域内的飞行。

（十）融合飞行，是指无人驾驶航空器与有人驾驶航空器同时在同一空域内的飞行。

（十一）分布式操作，是指把无人驾驶航空器系统操作分解为多个子业务，部署在多个站点或者终端进行协同操作的模式。

（十二）集群，是指采用具备多台无人驾驶航空器操控能力的同一系统或者平台，为了处理同一任务，以各无人驾驶航空器操控数据互联协同处理为特征，在同一时间内并行操控多台无人驾驶航空器以相对物理集中的方式进行飞行的无人驾驶航空器运行模式。

（十三）模型航空器，也称航空模型，是指有尺寸和重量限制，不能载人，不具有高度保持和位置保持飞行功能的无人驾驶航空器，包括自由飞、线控、直接目视视距内人工不间断遥控、借助第一视角人工不间断遥控的模型航空器等。

（十四）无人驾驶航空器反制设备，是指专门用于防控无人驾驶航空器违规飞行，具有干扰、截控、捕获、摧毁等功能的设备。

（十五）空域保持能力，是指通过电子围栏等技术措施控制无人驾驶航空器的高度与水平范围的能力。

第六十三条　本条例自2024年1月1日起施行。

中华人民共和国
集会游行示威法实施条例

1. 1992年6月16日公安部令第8号发布
2. 根据2011年1月8日国务院令第588号《关于废止和修改部分行政法规的决定》修订

第一章　总　　则

第一条　根据《中华人民共和国集会游行示威法》（以下简称《集会游行示威法》），制定本条例。

第二条　各级人民政府应当依法保障公民行使集会、游行、示威的权利，维护社会安定和公共秩序，保障依法举行的集会、游行、示威不受任何人以暴力、胁迫或者其他非法手段进行扰乱、冲击和破坏。

第三条　《集会游行示威法》第二条所称露天公共场所是指公众可以自由出入的或者凭票可以进入的室外公共场所，不包括机关、团体、企业事业组织管理的内部露天场所；公共道路是指除机关、团体、企业事业组织内部的专用道路以外的道路和水路。

第四条　文娱、体育活动，正常的宗教活动，传统的民间习俗活动，由各级人民政府或者有关主管部门依照有关的法律、法规和国家其他有关规定进行管理。

第五条　《集会游行示威法》第五条所称武器是指各种枪支、弹药以及其他可用于伤害人身的器械；管制刀具是指匕首、三棱刀、弹簧刀以及其他依法管制的刀具；爆炸物是指具有爆发力和破坏性能，瞬间可以造成人员伤亡、物品毁损的一切爆炸物品。

前款所列武器、管制刀具、爆炸物，在集会、游行、示威中不得携带,也不得运往集会、游行、示威的举行地。

第六条 依照《集会游行示威法》第七条第二款的规定,举行不需要申请的活动,应当维护交通秩序和社会秩序。

第七条 集会、游行、示威由举行地的市、县公安局、城市公安分局主管。

游行、示威路线在同一直辖市、省辖市、自治区辖市或者省、自治区人民政府派出机关所在地区经过两个以上区、县的,由该市公安局或者省、自治区人民政府派出机关的公安处主管;在同一省、自治区行政区域内经过两个以上省辖市、自治区辖市或者省、自治区人民政府派出机关所在地区的,由所在省、自治区公安厅主管;经过两个以上省、自治区、直辖市的,由公安部主管,或者由公安部授权的省、自治区、直辖市公安机关主管。

第二章 集会游行示威的申请和许可

第八条 举行集会、游行、示威,必须有负责人。

下列人员不得担任集会、游行、示威的负责人:
(一)无行为能力人或者限制行为能力人;
(二)被判处刑罚尚未执行完毕的;
(三)正在被劳动教养的;
(四)正在被依法采取刑事强制措施或者法律规定的其他限制人身自由措施的。

第九条 举行集会、游行、示威,必须由其负责人向本条例第七条规定的主管公安机关亲自递交书面申请;不是由负责人亲自递交书面申请的,主管公安机关不予受理。

集会、游行、示威的负责人在递交书面申请时,应当出示本人的居民身份证或者其他有效证件,并如实填写申请登记表。

第十条 主管公安机关接到集会、游行、示威的申请书后,应当及时审查,在法定期限内作出许可或者不许可的书面决定;决定书应当载明许可的内容,或者不许可的理由。

决定书应当在申请举行集会、游行、示威日的二日前送达其负责人,由负责人在送达通知书上签字。负责人拒绝签收的,送达人应当邀请其所在地基层组织的代表或者其他人作为见证人到场说明情况,在送达通知书上写明拒收的事由和日期,由见证人、送达人签名,将决定书留在负责人的住处,即视为已经送达。

事先约定送达的具体时间、地点,集会、游行、示威的负责人不在约定的时间、地点等候而无法送达的,视为自行撤销申请;主管公安机关未按约定的时间、地点送达的,视为许可。

第十一条 申请举行集会、游行、示威要求解决具体问题的,主管公安机关应当自接到申请书之日起二日内将《协商解决具体问题通知书》分别送交集会、游行、示威的负责人和有关机关或者单位,必要时可以同时送交有关机关或者单位的上级主管部门。有关机关或者单位和申请集会、游行、示威的负责人,应当自接到公安机关的《协商解决具体问题通知书》的次日起二日内进行协商。达成协议的,协议书经双方负责人签字后,由有关机关或者单位及时送交主管公安机关;未达成协议或者自接到《协商解决具体问题通知书》的次日起二日内未进行协商,申请人坚持举行集会、游行、示威的,有关机关或者单位应当及时通知主管公安机关,主管公安机关应当依照本条例第十条规定的程序及时作出许可或者不许可的决定。

主管公安机关通知协商解决具体问题的一方或者双方在外地的,《协商解决具体问题通知书》、双方协商达成的协议书或者未达成协议的通知,送交的开始日和在路途上的时间不计算在法定期间内。

第十二条 依照《集会游行示威法》第十五条的规定,公民不得在其居住地以外的城市发动、组织、参加当地公民的集会、游行、示威。本条所称居住地,是指公民常住户口所在地或者向暂住地户口登记机关办理了暂住登记并持续居住半年以上的地方。

第十三条 主管公安机关接到举行集会、游行、示威的申请书后,在决定许可时,有下列情形之一的,可以变更举行集会、游行、示威的时间、地点、路线,并及时通知其负责人:
(一)举行时间在交通高峰期,可能造成交通较长时间严重堵塞的;
(二)举行地或者行经路线正在施工,不能通行的;
(三)举行地为渡口、铁路道口或者是毗邻国(边)境的;
(四)所使用的机动车辆不符合道路养护规定的;
(五)在申请举行集会、游行、示威的同一时间、地点有重大国事活动的;
(六)在申请举行集会、游行、示威的同一时间、地点、路线已经许可他人举行集会、游行、示威的。

主管公安机关在决定许可时,认为需要变更举行集会、游行、示威的时间、地点、路线的,应当在许可决定书中写明。

在决定许可后,申请举行集会、游行、示威的地点、经过的路段发生自然灾害事故、治安灾害事故,尚在进行抢险救灾,举行日前不能恢复正常秩序的,主管公安机关可以变更举行集会、游行、示威的时间、地点、路线,但是应当将《集会游行示威事项变更决定书》于申请举行之日前送达集会、游行、示威的负责人。

第十四条　集会、游行、示威的负责人对主管公安机关不许可的决定不服的,可以自接到不许可决定书之日起三日内向同级人民政府申请复议。人民政府应当自接到复议申请书之日起三日内作出维持或者撤销主管公安机关原决定的复议决定,并将《集会游行示威复议决定书》送达集会、游行、示威的负责人,同时将副本送作出原决定的主管公安机关。人民政府作出的复议决定,主管公安机关和集会、游行、示威的负责人必须执行。

第十五条　集会、游行、示威的负责人在提出申请后接到主管公安机关的通知前,撤回申请的,应当及时到受理申请的主管公安机关办理撤回手续。

集会、游行、示威的负责人接到主管公安机关许可的通知或者人民政府许可的复议决定后,决定不举行集会、游行、示威的,应当在原定举行集会、游行、示威的时间前到原受理的主管公安机关或者人民政府交回许可决定书或者复议决定书。

第十六条　以国家机关、社会团体、企业事业组织的名义组织或者参加集会、游行、示威的,其负责人在递交申请书时,必须同时递交该国家机关、社会团体、企业事业组织负责人签署并加盖公章的证明文件。

第三章　集会游行示威的举行

第十七条　对依法举行的集会,公安机关应当根据实际需要,派出人民警察维持秩序,保障集会的顺利举行。

对依法举行的游行、示威,负责维持秩序的人民警察应当在主管公安机关许可举行游行、示威的路线或者地点疏导交通,防止他人扰乱、破坏游行、示威秩序,必要时还可以临时变通执行交通规则的有关规定,保障游行、示威的顺利进行。

第十八条　负责维持交通秩序和社会秩序的人民警察,由主管公安机关指派的现场负责人统一指挥。人民警察现场负责人应当同集会、游行、示威的负责人保持联系。

第十九条　游行队伍在行进中遇有前方路段临时发生自然灾害事故、交通事故及其他治安灾害事故,或者游行队伍之间、游行队伍与围观群众之间发生严重冲突和混乱,以及突然发生其他不可预料的情况,致使游行队伍不能按照许可的路线行进时,人民警察现场负责人有权临时决定改变游行队伍的行进路线。

第二十条　主管公安机关临时设置的警戒线,应当有明显的标志,必要时还可以设置障碍物。

第二十一条　《集会游行示威法》第二十三条所列不得举行集会、游行、示威的场所的周边距离,是指自上述场所的建筑物周围向外扩展的距离;有围墙或者栅栏的,从围墙或者栅栏的周边开始计算。不得举行集会、游行、示威的场所具体周边距离,由省、自治区、直辖市人民政府规定并予以公布。

省、自治区、直辖市人民政府规定不得举行集会、游行、示威的场所具体周边距离,应当有利于保护上述场所的安全和秩序,同时便于合法的集会、游行、示威的举行。

第二十二条　集会、游行、示威的负责人必须负责维持集会、游行、示威的秩序,遇有其他人加入集会、游行、示威队伍的,应当进行劝阻;对不听劝阻的,应当立即报告现场维持秩序的人民警察。人民警察接到报告后,应当予以制止。

集会、游行、示威的负责人指定协助人民警察维持秩序的人员所佩戴的标志,应当在举行日前将式样报主管公安机关备案。

第二十三条　依照《集会游行示威法》第二十七条的规定,对非法举行集会、游行、示威或者在集会、游行、示威进行中出现危害公共安全或者严重破坏社会秩序情况的,人民警察有权立即予以制止。对不听制止,需要命令解散的,应当通过广播、喊话等明确方式告知在场人员在限定时间内按照指定通道离开现场。对在限定时间内拒不离去的,人民警察现场负责人有权依照国家有关规定,命令使用警械或者采取其他警用手段强行驱散;对继续滞留现场的人员,可以强行带离现场或者立即予以拘留。

第四章　法　律　责　任

第二十四条　拒绝、阻碍人民警察依法执行维持交通秩序和社会秩序职务,应当给予治安管理处罚的,依照治安管理处罚法的规定予以处罚;构成犯罪的,依法追究刑事责任。

违反本条例第五条的规定,尚不构成犯罪的,依照治安管理处罚法的规定予以处罚。

第二十五条　依照《集会游行示威法》第二十九条、第三十条的规定,需要依法追究刑事责任的,由举行地主管公安机关依照刑事诉讼法规定的程序办理。

第二十六条　依照《集会游行示威法》第三十三条的规

定予以拘留的,公安机关应当在二十四小时内进行讯问;需要强行遣回原地的,由行为地的主管公安机关制作《强行遣送决定书》,并派人民警察执行。负责执行的人民警察应当将被遣送人送回其居住地,连同《强行遣送决定书》交给被遣送人居住地公安机关,由居住地公安机关依法处理。

第二十七条 依照《集会游行示威法》第二十八条、第三十条以及本条例第二十四条的规定,对当事人给予治安管理处罚的,依照治安管理处罚法规定的程序,由行为地公安机关决定和执行。被处罚人对处罚决定不服的,可以申请复议;对上一级公安机关的复议决定不服的,可以依照法律规定向人民法院提起诉讼。

第二十八条 对于依照《集会游行示威法》第二十七条的规定被强行带离现场或者立即予以拘留的,公安机关应当在二十四小时以内进行讯问。不需要追究法律责任的,可以令其具结悔过后释放;需要追究法律责任的,依照有关法律规定办理。

第二十九条 在举行集会、游行、示威的过程中,破坏公私财物或者侵害他人身体造成伤亡,应当依法承担赔偿责任。

第五章 附 则

第三十条 外国人在中国境内举行集会、游行、示威,适用本条例的规定。

外国人在中国境内要求参加中国公民举行的集会、游行、示威的,集会、游行、示威的负责人在申请书中应当载明;未经主管公安机关批准,不得参加。

第三十一条 省、自治区、直辖市的人民代表大会常务委员会根据《集会游行示威法》制定的实施办法适用于本行政区域;与本条例相抵触的,以本条例为准。

第三十二条 本条例具体应用中的问题由公安部负责解释。

第三十三条 本条例自发布之日起施行。

大型群众性活动安全管理条例

1. 2007年9月14日国务院令第505号公布
2. 自2007年10月1日起施行

第一章 总 则

第一条 为了加强对大型群众性活动的安全管理,保护公民生命和财产安全,维护社会治安秩序和公共安全,制定本条例。

第二条 本条例所称大型群众性活动,是指法人或者其他组织面向社会公众举办的每场次预计参加人数达到1000人以上的下列活动:

(一)体育比赛活动;
(二)演唱会、音乐会等文艺演出活动;
(三)展览、展销等活动;
(四)游园、灯会、庙会、花会、焰火晚会等活动;
(五)人才招聘会、现场开奖的彩票销售等活动。

影剧院、音乐厅、公园、娱乐场所等在其日常业务范围内举办的活动,不适用本条例的规定。

第三条 大型群众性活动的安全管理应当遵循安全第一、预防为主的方针,坚持承办者负责、政府监管的原则。

第四条 县级以上人民政府公安机关负责大型群众性活动的安全管理工作。

县级以上人民政府其他有关主管部门按照各自的职责,负责大型群众性活动的有关安全工作。

第二章 安全责任

第五条 大型群众性活动的承办者(以下简称承办者)对其承办活动的安全负责,承办者的主要负责人为大型群众性活动的安全责任人。

第六条 举办大型群众性活动,承办者应当制订大型群众性活动安全工作方案。

大型群众性活动安全工作方案包括下列内容:

(一)活动的时间、地点、内容及组织方式;
(二)安全工作人员的数量、任务分配和识别标志;
(三)活动场所消防安全措施;
(四)活动场所可容纳的人员数量以及活动预计参加人数;
(五)治安缓冲区域的设定及其标识;
(六)入场人员的票证查验和安全检查措施;
(七)车辆停放、疏导措施;
(八)现场秩序维护、人员疏导措施;
(九)应急救援预案。

第七条 承办者具体负责下列安全事项:

(一)落实大型群众性活动安全工作方案和安全责任制度,明确安全措施、安全工作人员岗位职责,开展大型群众性活动安全宣传教育;
(二)保障临时搭建的设施、建筑物的安全,消除安全隐患;
(三)按照负责许可的公安机关的要求,配备必要的安全检查设备,对参加大型群众性活动的人员进行

安全检查,对拒不接受安全检查的,承办者有权拒绝其进入;

(四)按照核准的活动场所容纳人员数量、划定的区域发放或者出售门票;

(五)落实医疗救护、灭火、应急疏散等应急救援措施并组织演练;

(六)对妨碍大型群众性活动安全的行为及时予以制止,发现违法犯罪行为及时向公安机关报告;

(七)配备与大型群众性活动安全工作需要相适应的专业保安人员以及其他安全工作人员;

(八)为大型群众性活动的安全工作提供必要的保障。

第八条 大型群众性活动的场所管理者具体负责下列安全事项:

(一)保障活动场所、设施符合国家安全标准和安全规定;

(二)保障疏散通道、安全出口、消防车通道、应急广播、应急照明、疏散指示标志符合法律、法规、技术标准的规定;

(三)保障监控设备和消防设施、器材配置齐全、完好有效;

(四)提供必要的停车场地,并维护安全秩序。

第九条 参加大型群众性活动的人员应当遵守下列规定:

(一)遵守法律、法规和社会公德,不得妨碍社会治安、影响社会秩序;

(二)遵守大型群众性活动场所治安、消防等管理制度,接受安全检查,不得携带爆炸性、易燃性、放射性、毒害性、腐蚀性等危险物质或者非法携带枪支、弹药、管制器具;

(三)服从安全管理,不得展示侮辱性标语、条幅等物品,不得围攻裁判员、运动员或者其他工作人员,不得投掷杂物。

第十条 公安机关应当履行下列职责:

(一)审核承办者提交的大型群众性活动申请材料,实施安全许可;

(二)制订大型群众性活动安全监督方案和突发事件处置预案;

(三)指导对安全工作人员的教育培训;

(四)在大型群众性活动举办前,对活动场所组织安全检查,发现安全隐患及时责令改正;

(五)在大型群众性活动举办过程中,对安全工作的落实情况实施监督检查,发现安全隐患及时责令改正;

(六)依法查处大型群众性活动中的违法犯罪行为,处置危害公共安全的突发事件。

第三章 安 全 管 理

第十一条 公安机关对大型群众性活动实行安全许可制度。《营业性演出管理条例》对演出活动的安全管理另有规定的,从其规定。

举办大型群众性活动应当符合下列条件:

(一)承办者是依照法定程序成立的法人或者其他组织;

(二)大型群众性活动的内容不得违反宪法、法律、法规的规定,不得违反社会公德;

(三)具有符合本条例规定的安全工作方案,安全责任明确、措施有效;

(四)活动场所、设施符合安全要求。

第十二条 大型群众性活动的预计参加人数在1000人以上5000人以下的,由活动所在地县级人民政府公安机关实施安全许可;预计参加人数在5000人以上的,由活动所在地设区的市级人民政府公安机关或者直辖市人民政府公安机关实施安全许可;跨省、自治区、直辖市举办大型群众性活动的,由国务院公安部门实施安全许可。

第十三条 承办者应当在活动举办日的20日前提出安全许可申请,申请时,应当提交下列材料:

(一)承办者合法成立的证明以及安全责任人的身份证明;

(二)大型群众性活动方案及其说明,2个或者2个以上承办者共同承办大型群众性活动的,还应当提交联合承办的协议;

(三)大型群众性活动安全工作方案;

(四)活动场所管理者同意提供活动场所的证明。

依照法律、行政法规的规定,有关主管部门对大型群众性活动的承办者有资质、资格要求的,还应当提交有关资质、资格证明。

第十四条 公安机关收到申请材料应当依法做出受理或者不予受理的决定。对受理的申请,应当自受理之日起7日内进行审查,对活动场所进行查验,对符合安全条件的,做出许可的决定;对不符合安全条件的,做出不予许可的决定,并书面说明理由。

第十五条 对经安全许可的大型群众性活动,承办者不得擅自变更活动的时间、地点、内容或者扩大大型群众性活动的举办规模。

承办者变更大型群众性活动时间的,应当在原定举办活动时间之前向做出许可决定的公安机关申请变更,经公安机关同意方可变更。

承办者变更大型群众性活动地点、内容以及扩大大型群众性活动举办规模的,应当依照本条例的规定重新申请安全许可。

承办者取消举办大型群众性活动的,应当在原定举办活动时间之前书面告知做出安全许可决定的公安机关,并交回公安机关颁发的准予举办大型群众性活动的安全许可证件。

第十六条 对经安全许可的大型群众性活动,公安机关根据安全需要组织相应警力,维持活动现场周边的治安、交通秩序,预防和处置突发治安事件,查处违法犯罪活动。

第十七条 在大型群众性活动现场负责执行安全管理任务的公安机关工作人员,凭值勤证件进入大型群众性活动现场,依法履行安全管理职责。

公安机关和其他有关主管部门及其工作人员不得向承办者索取门票。

第十八条 承办者发现进入活动场所的人员达到核准数量时,应当立即停止验票;发现持有划定区域以外的门票或者持假票的人员,应当拒绝其入场并向活动现场的公安机关工作人员报告。

第十九条 在大型群众性活动举办过程中发生公共安全事故、治安案件的,安全责任人应当立即启动应急救援预案,并立即报告公安机关。

第四章 法律责任

第二十条 承办者擅自变更大型群众性活动的时间、地点、内容或者擅自扩大大型群众性活动的举办规模的,由公安机关处1万元以上5万元以下罚款;有违法所得的,没收违法所得。

未经公安机关安全许可的大型群众性活动由公安机关予以取缔,对承办者处10万元以上30万元以下罚款。

第二十一条 承办者或者大型群众性活动场所管理者违反本条例规定致使发生重大伤亡事故、治安案件或者造成其他严重后果构成犯罪的,依法追究刑事责任;尚不构成犯罪的,对安全责任人和其他直接责任人员依法给予处分、治安管理处罚,对单位处1万元以上5万元以下罚款。

第二十二条 在大型群众性活动举办过程中发生公共安全事故,安全责任人不立即启动应急救援预案或者不立即向公安机关报告的,由公安机关对安全责任人和其他直接责任人员处5000元以上5万元以下罚款。

第二十三条 参加大型群众性活动的人员有违反本条例第九条规定行为的,由公安机关给予批评教育;有危害社会治安秩序、威胁公共安全行为的,公安机关可以将其强行带离现场,依法给予治安管理处罚;构成犯罪的,依法追究刑事责任。

第二十四条 有关主管部门的工作人员和直接负责的主管人员在履行大型群众性活动安全管理职责中,有滥用职权、玩忽职守、徇私舞弊行为的,依法给予处分;构成犯罪的,依法追究刑事责任。

第五章 附　则

第二十五条 县级以上各级人民政府、国务院部门直接举办的大型群众性活动的安全保卫工作,由举办活动的人民政府、国务院部门负责,不实行安全许可制度,但应当按照本条例的有关规定,责成或者会同有关公安机关制订更加严格的安全保卫工作方案,并组织实施。

第二十六条 本条例自2007年10月1日起施行。

禁止传销条例

1. 2005年8月23日国务院令第444号公布
2. 自2005年11月1日起施行

第一章 总　则

第一条 为了防止欺诈,保护公民、法人和其他组织的合法权益,维护社会主义市场经济秩序,保持社会稳定,制定本条例。

第二条 本条例所称传销,是指组织者或者经营者发展人员,通过对被发展人员以其直接或者间接发展的人员数量或者销售业绩为依据计算和给付报酬,或者要求被发展人员以交纳一定费用为条件取得加入资格等方式牟取非法利益,扰乱经济秩序,影响社会稳定的行为。

第三条 县级以上地方人民政府应当加强对查处传销工作的领导,支持、督促各有关部门依法履行监督管理职责。

县级以上地方人民政府应当根据需要,建立查处传销工作的协调机制,对查处传销工作中的重大问题及时予以协调、解决。

第四条 工商行政管理部门、公安机关应当依照本条例的规定,在各自的职责范围内查处传销行为。

第五条 工商行政管理部门、公安机关依法查处传销行为,应当坚持教育与处罚相结合的原则,教育公民、法人或者其他组织自觉守法。

第六条 任何单位和个人有权向工商行政管理部门、公安机关举报传销行为。工商行政管理部门、公安机关接到举报后,应当立即调查核实,依法查处,并为举报人保密;经调查属实的,依照国家有关规定对举报人给予奖励。

第二章 传销行为的种类与查处机关

第七条 下列行为,属于传销行为:

(一)组织者或者经营者通过发展人员,要求被发展人员发展其他人员加入,对发展的人员以其直接或者间接滚动发展的人员数量为依据计算和给付报酬(包括物质奖励和其他经济利益,下同),牟取非法利益的;

(二)组织者或者经营者通过发展人员,要求被发展人员交纳费用或者以认购商品等方式变相交纳费用,取得加入或者发展其他人员加入的资格,牟取非法利益的;

(三)组织者或者经营者通过发展人员,要求被发展人员发展其他人员加入,形成上下线关系,并以下线的销售业绩为依据计算和给付上线报酬,牟取非法利益的。

第八条 工商行政管理部门依照本条例的规定,负责查处本条例第七条规定的传销行为。

第九条 利用互联网等媒体发布含有本条例第七条规定的传销信息的,由工商行政管理部门会同电信等有关部门依照本条例的规定查处。

第十条 在传销中以介绍工作、从事经营活动等名义欺骗他人离开居所地非法聚集并限制其人身自由的,由公安机关会同工商行政管理部门依法查处。

第十一条 商务、教育、民政、财政、劳动保障、电信、税务等有关部门和单位,应当依照各自职责和有关法律、行政法规的规定配合工商行政管理部门、公安机关查处传销行为。

第十二条 农村村民委员会、城市居民委员会等基层组织,应当在当地人民政府指导下,协助有关部门查处传销行为。

第十三条 工商行政管理部门查处传销行为,对涉嫌犯罪的,应当依法移送公安机关立案侦查;公安机关立案侦查传销案件,对经侦查不构成犯罪的,应当依法移交工商行政管理部门查处。

第三章 查处措施和程序

第十四条 县级以上工商行政管理部门对涉嫌传销行为进行查处时,可以采取下列措施:

(一)责令停止相关活动;

(二)向涉嫌传销的组织者、经营者和个人调查、了解有关情况;

(三)进入涉嫌传销的经营场所和培训、集会等活动场所,实施现场检查;

(四)查阅、复制、查封、扣押涉嫌传销的有关合同、票据、账簿等资料;

(五)查封、扣押涉嫌专门用于传销的产品(商品)、工具、设备、原材料等财物;

(六)查封涉嫌传销的经营场所;

(七)查询涉嫌传销的组织者或者经营者的账户及与存款有关的会计凭证、账簿、对账单等;

(八)对有证据证明转移或者隐匿违法资金的,可以申请司法机关予以冻结。

工商行政管理部门采取前款规定的措施,应当向县级以上工商行政管理部门主要负责人书面或者口头报告并经批准。遇有紧急情况需要当场采取前款规定措施的,应当在事后立即报告并补办相关手续;其中,实施前款规定的查封、扣押,以及第(七)项、第(八)项规定的措施,应当事先经县级以上工商行政管理部门主要负责人书面批准。

第十五条 工商行政管理部门对涉嫌传销行为进行查处时,执法人员不得少于2人。

执法人员与当事人有直接利害关系的,应当回避。

第十六条 工商行政管理部门的执法人员对涉嫌传销行为进行查处时,应当向当事人或者有关人员出示证件。

第十七条 工商行政管理部门实施查封、扣押,应当向当事人当场交付查封、扣押决定书和查封、扣押财物及资料清单。

在交通不便地区或者不及时实施查封、扣押可能影响案件查处的,可以先行实施查封、扣押,并应当在24小时内补办查封、扣押决定书,送达当事人。

第十八条 工商行政管理部门实施查封、扣押的期限不得超过30日;案件情况复杂的,经县级以上工商行政管理部门主要负责人批准,可以延长15日。

对被查封、扣押的财物,工商行政管理部门应当妥善保管,不得使用或者损毁;造成损失的,应当承担赔偿责任。但是,因不可抗力造成的损失除外。

第十九条 工商行政管理部门实施查封、扣押,应及时查清事实,在查封、扣押期间作出处理决定。

对于经调查核实属于传销行为的,应当依法没收被查封、扣押的非法财物;对于经调查核实没有传销行为或者不再需要查封、扣押的,应当在作出处理决定后立即解除查封，退还被扣押的财物。

工商行政管理部门逾期未作出处理决定的，被查封的物品视为解除查封，被扣押的财物应当予以退还。拒不退还的，当事人可以向人民法院提起行政诉讼。

第二十条 工商行政管理部门及其工作人员违反本条例的规定使用或者损毁被查封、扣押的财物，造成当事人经济损失的，应当承担赔偿责任。

第二十一条 工商行政管理部门对涉嫌传销行为进行查处时，当事人有权陈述和申辩。

第二十二条 工商行政管理部门对涉嫌传销行为进行查处时，应当制作现场笔录。

现场笔录和查封、扣押清单由当事人、见证人和执法人员签名或者盖章，当事人不在现场或者当事人、见证人拒绝签名或者盖章的，执法人员应当在现场笔录中予以注明。

第二十三条 对于经查证属于传销行为的，工商行政管理部门、公安机关可以向社会公开发布警示、提示。

向社会公开发布警示、提示应当经县级以上工商行政管理部门主要负责人或者公安机关主要负责人批准。

第四章 法律责任

第二十四条 有本条例第七条规定的行为，组织策划传销的，由工商行政管理部门没收非法财物，没收违法所得，处50万元以上200万元以下的罚款；构成犯罪的，依法追究刑事责任。

有本条例第七条规定的行为，介绍、诱骗、胁迫他人参加传销的，由工商行政管理部门责令停止违法行为，没收非法财物，没收违法所得，处10万元以上50万元以下的罚款；构成犯罪的，依法追究刑事责任。

有本条例第七条规定的行为，参加传销的，由工商行政管理部门责令停止违法行为，可以处2000元以下的罚款。

第二十五条 工商行政管理部门依照本条例第二十四条的规定进行处罚时，可以依照有关法律、行政法规的规定，责令停业整顿或者吊销营业执照。

第二十六条 为本条例第七条规定的传销行为提供经营场所、培训场所、货源、保管、仓储等条件的，由工商行政管理部门责令停止违法行为，没收违法所得，处5万元以上50万元以下的罚款。

为本条例第七条规定的传销行为提供互联网信息服务的，由工商行政管理部门责令停止违法行为，并通知有关部门依照《互联网信息服务管理办法》予以处罚。

第二十七条 当事人擅自动用、调换、转移、损毁被查封、扣押财物的，由工商行政管理部门责令停止违法行为，处被动用、调换、转移、损毁财物价值5%以上20%以下的罚款；拒不改正的，处被动用、调换、转移、损毁财物价值1倍以上3倍以下的罚款。

第二十八条 有本条例第十条规定的行为或者拒绝、阻碍工商行政管理部门的执法人员依法查处传销行为，构成违反治安管理行为的，由公安机关依照治安管理的法律、行政法规规定处罚；构成犯罪的，依法追究刑事责任。

第二十九条 工商行政管理部门、公安机关及其工作人员滥用职权、玩忽职守、徇私舞弊，未依照本条例规定的职责和程序查处传销行为，或者发现传销行为不予查处，或者支持、包庇、纵容传销行为，构成犯罪的，对直接负责的主管人员和其他直接责任人员，依法追究刑事责任；尚不构成犯罪的，依法给予行政处分。

第五章 附 则

第三十条 本条例自2005年11月1日起施行。

公共安全视频图像信息系统监督管理工作规定

1. 2025年5月21日公安部印发

2. 公通字〔2025〕11号

第一条 为了保障《公共安全视频图像信息系统管理条例》（以下简称《条例》）的贯彻实施，规范公安机关对公共安全视频图像信息系统（以下简称"公共安全视频系统"）建设、使用的监督管理，制定本规定。

第二条 公安机关依照《条例》规定，对建设、使用公共安全视频系统实施监督管理，适用本规定。

第三条 公安机关开展公共安全视频系统监督管理工作，应当遵循依法依规、分工负责、分类监管、便捷高效的原则。

第四条 公安机关科技信息化部门统筹负责公共安全视频系统建设、使用的监督管理工作。

公安机关治安管理、反恐怖、网络安全保卫部门在各自职责范围内，负责公共安全视频系统建设、使用的监督管理工作。

铁路、民航等行业公安机关和移民管理机构在各自管辖范围内，负责公共安全视频系统建设、使用的监督管理工作。

第五条 公共安全视频系统管理单位可以通过线上或者

线下方式办理《条例》第十四条规定的备案。

公安机关统一建设部署公共安全视频图像信息系统备案平台，支持通过线上方式办理备案。

第六条 公共安全视频系统管理单位办理备案时，应当提供经办人身份证件和加盖单位公章的委托办理备案授权书，并如实填写以下备案信息或者提交备案材料：

（一）公共安全视频系统管理单位基本信息，包括单位名称、类型、统一社会信用代码等；

（二）公共安全视频系统基本信息，包括系统建设位置（含图像采集设备相关信息）、数量及功能类型、视频图像信息存储期限等。

第七条 申请人通过线上方式备案的，县级公安机关应当在申请提交之日起5个工作日内，对备案信息齐全的，予以备案；对备案信息不齐全的，一次性告知申请人需要补正的信息。

第八条 申请人通过线下方式备案的，县级公安机关应当在政务服务大厅公安窗口或者公安机关办事窗口接收备案申请材料。备案材料齐全的，由窗口工作人员录入公共安全视频图像信息系统备案平台，予以备案；备案材料不齐全的，应当当场一次性告知申请人需要补正的材料。

对窗口接收的备案材料，应当在一个月内转交至县级公安机关科技信息化部门归档。

第九条 公共安全视频系统管理单位办理备案变更的，县级公安机关应当按照第七条、第八条的规定及时受理备案变更信息。

第十条 公安机关依法对公共安全视频系统的建设、使用情况开展监督检查。检查内容包括：

（一）建设安装主体是否符合《条例》规定；

（二）是否设置显著的提示标识；

（三）是否拍摄涉密单位信息；

（四）是否备案以及备案信息是否真实；

（五）系统是否正常运行；

（六）是否建立系统监看、管理等重要岗位人员的入职审查、保密教育、岗位培训，以及信息调用登记等管理制度；

（七）视频图像信息的保存期限是否符合《条例》规定；

（八）是否按照相关标准开展公共安全视频系统建设，并妥善保管设计、施工、检验、验收等工作的档案资料；

（九）图像采集设备的安装位置、拍摄角度和数据采集范围是否符合《条例》和强制性标准规定；

（十）公共安全视频系统采用的产品、服务是否符合国家标准的强制性要求；

（十一）是否采用完善的防攻击、防入侵、防病毒、防篡改、防泄露等安全技术措施；

（十二）是否定期维护设备设施；

（十三）是否采取规范内部人员查阅处理视频图像信息的授权管理、访问控制等技术措施。

第十一条 公安机关根据工作需要，通过一般检查和专业检查方式，对公共安全视频系统的建设使用情况依法开展监督检查。

一般检查主要由公安派出所实施，重点检查本规定第十条第一项至第七项内容。专业检查由公安机关科技信息化部门组织实施，重点检查本规定第十条第八项至第十三项内容。

第十二条 公安机关对《条例》第七条规定以外的其他公共场所开展监督检查，应当遵守《条例》第九条规定，重点检查本规定第十条第一项至第三项内容。

第十三条 公安机关开展公共安全视频系统监督检查应当制作检查笔录，使用执法记录仪记录检查情况。

第十四条 监督检查中发现违反《条例》规定的情形，公安机关应当依法责令改正、责令限期改正或者作出行政处罚决定；构成犯罪的，依法追究刑事责任。

第十五条 公安机关应当在责令改正作出之日或者责令限期改正期满之日起3个工作日内，对整改情况进行复查。复查情况应当如实记录。

第十六条 有关单位或者个人根据《条例》第二十四条规定向公安机关举报的，公安机关应当及时核查。

第十七条 公安机关应当建立完善公共安全视频系统监督检查工作机制，加强信息共享和协作配合，防止多头检查、重复检查。

第十八条 县级以上公安机关应当配备与公共安全视频系统监督管理工作相适应的专职民警。

第十九条 公安机关科技信息化部门应当加强对系统备案和监督检查工作的指导培训和技术支持。

第二十条 公安机关及其工作人员在履行监督管理职责中，玩忽职守、滥用职权、徇私舞弊的，依法给予处分；构成犯罪的，依法追究刑事责任。

第二十一条 各省级公安机关和铁路、民航等行业公安机关可以依据本规定制定实施细则。

第二十二条 本规定自印发之日起施行。

公安部关于公民申请
个人集会游行示威如何处置的批复

1. 2007年12月14日
2. 公复字〔2007〕7号

天津市公安局：

　　你局《关于公民申请个人集会游行示威如何处置的请示》（津公治〔2007〕630号）收悉。现批复如下：

　　《中华人民共和国集会游行示威法》中的集会游行示威，是指公民表达共同意愿的活动。公民申请个人举行集会游行示威的，公安机关依法不予受理。

公安部关于对多次以同一理由递交数份
申请书申请游行示威如何处理问题的批复

1. 2003年12月30日
2. 公复字〔2003〕7号

上海市公安局：

　　你局《关于多次以同一理由一次递交数份申请书申请游行示威的情况如何处理的请示》（沪公〔2003〕517号）收悉，现批复如下：

　　对在公安机关审批的法定时间内多次以同一理由递交数份申请书申请游行示威的，只要申请主体不变，不论每次递交多少次申请书，公安机关可视为一个申请合并受理，作出一个是否许可的决定。

三、危险物品管理

资料补充栏

中华人民共和国枪支管理法

1. 1996年7月5日第八届全国人民代表大会常务委员会第二十次会议通过
2. 根据2009年8月27日第十一届全国人民代表大会常务委员会第十次会议《关于修改部分法律的决定》第一次修正
3. 根据2015年4月24日第十二届全国人民代表大会常务委员会第十四次会议《关于修改〈中华人民共和国港口法〉等七部法律的决定》第二次修正

目 录

第一章 总 则
第二章 枪支的配备和配置
第三章 枪支的制造和民用枪支的配售
第四章 枪支的日常管理
第五章 枪支的运输
第六章 枪支的入境和出境
第七章 法律责任
第八章 附 则

第一章 总 则

第一条 【立法目的】为了加强枪支管理,维护社会治安秩序,保障公共安全,制定本法。

第二条 【适用范围】中华人民共和国境内的枪支管理,适用本法。

对中国人民解放军、中国人民武装警察部队和民兵装备枪支的管理,国务院、中央军事委员会另有规定的,适用有关规定。

第三条 【严格管制枪支】国家严格管制枪支。禁止任何单位或者个人违反法律规定持有、制造(包括变造、装配)、买卖、运输、出租、出借枪支。

国家严厉惩处违反枪支管理的违法犯罪行为。任何单位和个人对违反枪支管理的行为有检举的义务。国家对检举人给予保护,对检举违反枪支管理犯罪活动有功的人员,给予奖励。

第四条 【枪支管理工作的主管机构】国务院公安部门主管全国的枪支管理工作。县级以上地方各级人民政府公安机关主管本行政区域内的枪支管理工作。上级人民政府公安机关监督下级人民政府公安机关的枪支管理工作。

第二章 枪支的配备和配置

第五条 【配备公务用枪的范围】公安机关、国家安全机关、监狱、劳动教养机关的人民警察,人民法院的司法警察,人民检察院的司法警察和担负案件侦查任务的检察人员,海关的缉私人员,在依法履行职责时确有必要使用枪支的,可以配备公务用枪。

国家重要的军工、金融、仓储、科研等单位的专职守护、押运人员在执行守护、押运任务时确有必要使用枪支的,可以配备公务用枪。

配备公务用枪的具体办法,由国务院公安部门会同其他有关国家机关按照严格控制的原则制定,报国务院批准后施行。

第六条 【配置民用枪支的范围】下列单位可以配置民用枪支:

(一)经省级人民政府体育行政主管部门批准专门从事射击竞技体育运动的单位、经省级人民政府公安机关批准的营业性射击场,可以配置射击运动枪支;

(二)经省级以上人民政府林业行政主管部门批准的狩猎场,可以配置猎枪;

(三)野生动物保护、饲养、科研单位因业务需要,可以配置猎枪、麻醉注射枪。

猎民在猎区、牧民在牧区,可以申请配置猎枪。猎区和牧区的区域由省级人民政府划定。

配置民用枪支的具体办法,由国务院公安部门按照严格控制的原则制定,报国务院批准后施行。

第七条 【配备公务用枪的审批与证件发放】配备公务用枪,由国务院公安部门或者省级人民政府公安机关审批。

配备公务用枪时,由国务院公安部门或省级人民政府公安机关发给公务用枪持枪证件。

第八条 【配置射击运动枪支】专门从事射击竞技体育运动的单位配置射击运动枪支,由国务院体育行政主管部门提出,由国务院公安部门审批。营业性射击场配置射击运动枪支,由省级人民政府公安机关报国务院公安部门批准。

配置射击运动枪支时,由省级人民政府公安机关发给民用枪支持枪证件。

第九条 【狩猎场配置猎枪】狩猎场配置猎枪,凭省级以上人民政府林业行政主管部门的批准文件,报省级以上人民政府公安机关审批,由设区的市级人民政府公安机关核发民用枪支配购证件。

第十条 【野生动物保护、饲养、科研单位与猎民、牧民配置猎枪、麻醉注射枪】野生动物保护、饲养、科研单位申请配置猎枪、麻醉注射枪的,应当凭其所在地的县级人民政府野生动物行政主管部门核发的狩猎证或者特许猎捕证和单位营业执照,向所在地的县级人民政府公安机关提出;猎民申请配置猎枪的,应当凭其所在地的县级人民政府野生动物行政主管部门核发的狩猎证和个人身份证件,向所在地的县级人民政府公安机关提出;牧民申请配置猎枪的,应当凭个人身份证件,向所在地的县级人民政府公安机关提出。

受理申请的公安机关审查批准后,应当报请设区的市级人民政府公安机关核发民用枪支配购证件。

第十一条　【申请领取民用枪支持枪证件】配购猎枪、麻醉注射枪的单位和个人,必须在配购枪支后三十日内向核发民用枪支配购证件的公安机关申请领取民用枪支持枪证件。

第十二条　【禁止携带出场、区】营业性射击场、狩猎场配置的民用枪支不得携带出营业性射击场、狩猎场。

猎民、牧民配置的猎枪不得携带出猎区、牧区。

第三章　枪支的制造和民用枪支的配售

第十三条　【特别许可制度】国家对枪支的制造、配售实行特别许可制度。未经许可,任何单位或者个人不得制造、买卖枪支。

第十四条　【公务用枪的制造】公务用枪,由国家指定的企业制造。

第十五条　【民用枪支的制造、配售】制造民用枪支的企业,由国务院有关主管部门提出,由国务院公安部门确定。

配售民用枪支的企业,由省级人民政府公安机关确定。

制造民用枪支的企业,由国务院公安部门核发民用枪支制造许可证件。配售民用枪支的企业,由省级人民政府公安机关核发民用枪支配售许可证件。

民用枪支制造许可证件、配售许可证件的有效期为三年;有效期届满,需要继续制造、配售民用枪支的,应当重新申请领取许可证件。

第十六条　【制造、配售民用枪支的限额管理】国家对制造、配售民用枪支的数量,实行限额管理。

制造民用枪支的年度限额,由国务院林业、体育等有关主管部门、省级人民政府公安机关提出,由国务院公安部门确定并统一编制民用枪支序号,下达到民用枪支制造企业。

配售民用枪支的年度限额,由国务院林业、体育等有关主管部门、省级人民政府公安机关提出,由国务院公安部门确定并下达到民用枪支配售企业。

第十七条　【不得自行销售与配售限额内配售】制造民用枪支的企业不得超过限额制造民用枪支,所制造的民用枪支必须全部交由指定的民用枪支配售企业配售,不得自行销售。配售民用枪支的企业应当在配售限额内,配售指定的企业制造的民用枪支。

第十八条　【制造民用枪支的要求】制造民用枪支的企业,必须严格按照国家规定的技术标准制造民用枪支,不得改变民用枪支的性能和结构;必须在民用枪支指定部位铸印制造厂的厂名、枪种代码和国务院公安部门统一编制的枪支序号,不得制造无号、重号、假号的民用枪支。

制造民用枪支的企业必须实行封闭式管理,采取必要的安全保卫措施,防止民用枪支以及民用枪支零部件丢失。

第十九条　【配售民用枪支的要求】配售民用枪支,必须核对配购证件,严格按照配购证件载明的品种、型号和数量配售;配售弹药,必须核对持枪证件。民用枪支配售企业必须按照国务院公安部门的规定建立配售帐册,长期保管备查。

第二十条　【定期检查】公安机关对制造、配售民用枪支的企业制造、配售、储存和帐册登记等情况,必须进行定期检查;必要时,可以派专人驻厂对制造企业进行监督、检查。

第二十一条　【民用枪支的研制和定型】民用枪支的研制和定型,由国务院有关业务主管部门会同国务院公安部门组织实施。

第二十二条　【禁止制造、销售仿真枪】禁止制造、销售仿真枪。

第四章　枪支的日常管理

第二十三条　【妥善保管枪支】配备、配置枪支的单位和个人必须妥善保管枪支,确保枪支安全。

配备、配置枪支的单位,必须明确枪支管理责任,指定专人负责,应当有牢固的专用保管设施,枪支、弹药应当分开存放。对交由个人使用的枪支,必须建立严格的枪支登记、交接、检查、保养等管理制度,使用完毕,及时收回。

配备、配置给个人使用的枪支,必须采取有效措施,严防被盗、被抢、丢失或者发生其他事故。

第二十四条　【合法、安全使用枪支】使用枪支的人员,必须掌握枪支的性能,遵守使用枪支的有关规定,保证枪支的合法、安全使用。使用公务用枪的人员,必须经过专门培训。

第二十五条 【必须遵守的规定】配备、配置枪支的单位和个人必须遵守下列规定：

（一）携带枪支必须同时携带持枪证件，未携带持枪证件的，由公安机关扣留枪支；

（二）不得在禁止携带枪支的区域、场所携带枪支；

（三）枪支被盗、被抢或者丢失的，立即报告公安机关。

第二十六条 【收回或上缴枪支和持枪证件】配备公务用枪的人员不再符合持枪条件时，由所在单位收回枪支和持枪证件。

配置民用枪支的单位和个人不再符合持枪条件时，必须及时将枪支连同持枪证件上缴核发持枪证件的公安机关；未及时上缴的，由公安机关收缴。

第二十七条 【枪支的报废与销毁】不符合国家技术标准、不能安全使用的枪支，应当报废。配备、持有枪支的单位和个人应当将报废的枪支连同持枪证件上缴核发持枪证件的公安机关；未及时上缴的，由公安机关收缴。报废的枪支应当及时销毁。

销毁枪支，由省级人民政府公安机关负责组织实施。

第二十八条 【查验制度】国家对枪支实行查验制度。持有枪支的单位和个人，应当在公安机关指定的时间、地点接受查验。公安机关在查验时，必须严格审查持枪单位和个人是否符合本法规定的条件，检查枪支状况及使用情况；对违法使用枪支、不符合持枪条件或者枪支应当报废的，必须收缴枪支和持枪证件。拒不接受查验的，枪支和持枪证件由公安机关收缴。

第二十九条 【特别管制措施】为了维护社会治安秩序的特殊需要，经国务院公安部门批准，县级以上地方各级人民政府公安机关可以对局部地区合法配备、配置的枪支采取集中保管等特别管制措施。

第五章 枪支的运输

第三十条 【运输枪支的许可】任何单位或者个人未经许可，不得运输枪支。需要运输枪支的，必须向公安机关如实申报运输枪支的品种、数量和运输的路线、方式，领取枪支运输许可证件。在本省、自治区、直辖市内运输的，向运往地设区的市级人民政府公安机关申请领取枪支运输许可证件；跨省、自治区、直辖市运输的，向运往地省级人民政府公安机关申请领取枪支运输许可证件。

没有枪支运输许可证件的，任何单位和个人都不得承运，并应当立即报告所在地公安机关。

公安机关对没有枪支运输许可证件或者没有按照枪支运输许可证件的规定运输枪支的，应当扣留运输的枪支。

第三十一条 【运输枪支的要求】运输枪支必须依照规定使用安全可靠的封闭式运输设备，由专人押运；途中停留住宿的，必须报告当地公安机关。

运输枪支、弹药必须依照规定分开运输。

第三十二条 【严禁邮寄枪支】严禁邮寄枪支，或者在邮寄的物品中夹带枪支。

第六章 枪支的入境和出境

第三十三条 【不得私自携带枪支入出境】国家严格管理枪支的入境和出境。任何单位或者个人未经许可，不得私自携带枪支入境、出境。

第三十四条 【外交代表机构、领事机构的人员携带枪支入出境】外国驻华外交代表机构、领事机构的人员携带枪支入境，必须事先报经中华人民共和国外交部批准；携带枪支出境，应当事先照会中华人民共和国外交部，办理有关手续。

依照前款规定携带入境的枪支，不得携带出所在的驻华机构。

第三十五条 【体育代表团携带射击运动枪支入出境】外国体育代表团入境参加射击竞技体育活动，或者中国体育代表团出境参加射击竞技体育活动，需要携带射击运动枪支入境、出境的，必须经国务院体育行政主管部门批准。

第三十六条 【其他人员携带枪支入出境的批准】本法第三十四条、第三十五条规定以外的其他人员携带枪支入境、出境，应当事先经国务院公安部门批准。

第三十七条 【经批准携带枪支入出境】经批准携带枪支入境的，入境时，应当凭批准文件在入境地边防检查站办理枪支登记，申请领取枪支携运许可证件，向海关申报，海关凭枪支携运许可证件放行；到达目的地后，凭枪支携运许可证件向设区的市级人民政府公安机关申请换发持枪证件。

经批准携带枪支出境的，出境时，应当凭批准文件向出境地海关申报，边防检查站凭批准文件放行。

第三十八条 【外国交通运输工具携带枪支入过境】外国交通运输工具携带枪支入境或者过境的，交通运输工具负责人必须向边防检查站申报，由边防检查站加封，交通运输工具出境时予以启封。

第七章 法律责任

第三十九条 【对未经许可制造、买卖、运输枪支的处罚】违反本法规定,未经许可制造、买卖或者运输枪支的,依照刑法有关规定追究刑事责任。

单位有前款行为的,对单位判处罚金,并对其直接负责的主管人员和其他直接责任人员依照刑法有关规定追究刑事责任。

第四十条 【枪支制造、销售企业违法的处罚】依法被指定、确定的枪支制造企业、销售企业,违反本法规定,有下列行为之一的,对单位判处罚金,并对其直接负责的主管人员和其他直接责任人员依照刑法有关规定追究刑事责任;公安机关可以责令其停业整顿或者吊销其枪支制造许可证件、枪支配售许可证件:

(一)超过限额或者不按照规定的品种制造、配售枪支的;

(二)制造无号、重号、假号的枪支的;

(三)私自销售枪支或者在境内销售为出口制造的枪支的。

第四十一条 【对非法持有、私藏、运输、携带枪支的处罚】违反本法规定,非法持有、私藏枪支的,非法运输、携带枪支入境、出境的,依照刑法有关规定追究刑事责任。

第四十二条 【对违法运输枪支的处罚】违反本法规定,运输枪支未使用安全可靠的运输设备、不设专人押运、枪支弹药未分开运输或者运输途中停留住宿不报告公安机关,情节严重的,依照刑法有关规定追究刑事责任;未构成犯罪的,由公安机关对直接责任人员处十五日以下拘留。

第四十三条 【对违法出租、出借枪支的处罚】违反枪支管理规定,出租、出借公务用枪的,依照刑法有关规定处罚。

单位有前款行为的,对其直接负责的主管人员和其他直接责任人员依照前款规定处罚。

配置民用枪支的单位,违反枪支管理规定,出租、出借枪支,造成严重后果或者有其他严重情节的,对其直接负责的主管人员和其他直接责任人员依照刑法有关规定处罚。

配置民用枪支的个人,违反枪支管理规定,出租、出借枪支,造成严重后果的,依照刑法有关规定处罚。

违反枪支管理规定,出租、出借枪支,情节轻微未构成犯罪的,由公安机关对个人或者单位负有直接责任的主管人员和其他直接责任人员处十五日以下拘留,可以并处五千元以下罚款;对出租、出借的枪支,应当予以没收。

第四十四条 【其他处罚情形】违反本法规定,有下列行为之一的,由公安机关对个人或者单位负有直接责任的主管人员和其他直接责任人员处警告或者十五日以下拘留;构成犯罪的,依法追究刑事责任:

(一)未按照规定的技术标准制造民用枪支的;

(二)在禁止携带枪支的区域、场所携带枪支的;

(三)不上缴报废枪支的;

(四)枪支被盗、被抢或者丢失,不及时报告的;

(五)制造、销售仿真枪的。

有前款第(一)项至第(三)项所列行为的,没收其枪支,可以并处五千元以下罚款;有前款第(五)项所列行为的,由公安机关、工商行政管理部门按照各自职责范围没收其仿真枪,可以并处制造、销售金额五倍以下的罚款,情节严重的,由工商行政管理部门吊销营业执照。

第四十五条 【对公安机关工作人员的处罚】公安机关工作人员有下列行为之一的,依法追究刑事责任;未构成犯罪的,依法给予行政处分:

(一)向本法第五条、第六条规定以外的单位和个人配备、配置枪支的;

(二)违法发给枪支管理证件的;

(三)将没收的枪支据为己有的;

(四)不履行枪支管理职责,造成后果的。

第八章 附 则

第四十六条 【枪支】本法所称枪支,是指以火药或者压缩气体等为动力,利用管状器具发射金属弹丸或者其他物质,足以致人伤亡或者丧失知觉的各种枪支。

第四十七条 【气步枪、道具枪支、保存或展览枪支的管理办法】单位和个人为开展游艺活动,可以配置口径不超过4.5毫米的气步枪。具体管理办法由国务院公安部门制定。

制作影视剧使用的道具枪支的管理办法,由国务院公安部门会同国务院广播电影电视行政主管部门制定。

博物馆、纪念馆、展览馆保存或者展览枪支的管理办法,由国务院公安部门会同国务院有关行政主管部门制定。

第四十八条 【主要零部件和弹药的管理】制造、配售、运输枪支的主要零部件和用于枪支的弹药,适用本法的有关规定。

第四十九条 【枪支管理证件的制定】枪支管理证件由国务院公安部门制定。

第五十条 【施行日期】本法自1996年10月1日起施行。

放射性同位素与射线装置安全和防护条例

1. 2005年9月14日国务院令第449号公布
2. 根据2014年7月29日国务院令第653号《关于修改部分行政法规的决定》第一次修订
3. 根据2019年3月2日国务院令第709号《关于修改部分行政法规的决定》第二次修订

第一章 总 则

第一条 为了加强对放射性同位素、射线装置安全和防护的监督管理，促进放射性同位素、射线装置的安全应用，保障人体健康，保护环境，制定本条例。

第二条 在中华人民共和国境内生产、销售、使用放射性同位素和射线装置，以及转让、进出口放射性同位素的，应当遵守本条例。

本条例所称放射性同位素包括放射源和非密封放射性物质。

第三条 国务院生态环境主管部门对全国放射性同位素、射线装置的安全和防护工作实施统一监督管理。

国务院公安、卫生等部门按照职责分工和本条例的规定，对有关放射性同位素、射线装置的安全和防护工作实施监督管理。

县级以上地方人民政府生态环境主管部门和其他有关部门，按照职责分工和本条例的规定，对本行政区域内放射性同位素、射线装置的安全和防护工作实施监督管理。

第四条 国家对放射源和射线装置实行分类管理。根据放射源、射线装置对人体健康和环境的潜在危害程度，从高到低将放射源分为Ⅰ类、Ⅱ类、Ⅲ类、Ⅳ类、Ⅴ类，具体分类办法由国务院生态环境主管部门制定；将射线装置分为Ⅰ类、Ⅱ类、Ⅲ类，具体分类办法由国务院生态环境主管部门商国务院卫生主管部门制定。

第二章 许可和备案

第五条 生产、销售、使用放射性同位素和射线装置的单位，应当依照本章规定取得许可证。

第六条 除医疗使用Ⅰ类放射源、制备正电子发射计算机断层扫描用放射性药物自用的单位外，生产放射性同位素、销售和使用Ⅰ类放射源、销售和使用Ⅰ类射线装置的单位的许可证，由国务院生态环境主管部门审批颁发。

除国务院生态环境主管部门审批颁发的许可证外，其他单位的许可证，由省、自治区、直辖市人民政府生态环境主管部门审批颁发。

国务院生态环境主管部门向生产放射性同位素的单位颁发许可证前，应当将申请材料印送其行业主管部门征求意见。

生态环境主管部门应当将审批颁发许可证的情况通报同级公安部门、卫生主管部门。

第七条 生产、销售、使用放射性同位素和射线装置的单位申请领取许可证，应当具备下列条件：

（一）有与所从事的生产、销售、使用活动规模相适应的，具备相应专业知识和防护知识及健康条件的专业技术人员；

（二）有符合国家环境保护标准、职业卫生标准和安全防护要求的场所、设施和设备；

（三）有专门的安全和防护管理机构或者专职、兼职安全和防护管理人员，并配备必要的防护用品和监测仪器；

（四）有健全的安全和防护管理规章制度、辐射事故应急措施；

（五）产生放射性废气、废液、固体废物的，具有确保放射性废气、废液、固体废物达标排放的处理能力或者可行的处理方案。

第八条 生产、销售、使用放射性同位素和射线装置的单位，应当事先向有审批权的生态环境主管部门提出许可申请，并提交符合本条例第七条规定条件的证明材料。

使用放射性同位素和射线装置进行放射诊疗的医疗卫生机构，还应当获得放射源诊疗技术和医用辐射机构许可。

第九条 生态环境主管部门应当自受理申请之日起20个工作日内完成审查，符合条件的，颁发许可证，并予以公告；不符合条件的，书面通知申请单位并说明理由。

第十条 许可证包括下列主要内容：

（一）单位的名称、地址、法定代表人；

（二）所从事活动的种类和范围；

（三）有效期限；

（四）发证日期和证书编号。

第十一条 持证单位变更单位名称、地址、法定代表人的，应当自变更登记之日起20日内，向原发证机关申请办理许可证变更手续。

第十二条 有下列情形之一的，持证单位应当按照原申

请程序,重新申请领取许可证:

(一)改变所从事活动的种类或者范围的;

(二)新建或者改建、扩建生产、销售、使用设施或者场所的。

第十三条 许可证有效期为5年。有效期届满,需要延续的,持证单位应当于许可证有效期届满30日前,向原发证机关提出延续申请。原发证机关应当自受理延续申请之日起,在许可证有效期届满前完成审查,符合条件的,予以延续;不符合条件的,书面通知申请单位并说明理由。

第十四条 持证单位部分终止或者全部终止生产、销售、使用放射性同位素和射线装置活动的,应当向原发证机关提出部分变更或者注销许可证申请,由原发证机关核查合格后,予以变更或者注销许可证。

第十五条 禁止无许可证或者不按照许可证规定的种类和范围从事放射性同位素和射线装置的生产、销售、使用活动。

禁止伪造、变造、转让许可证。

第十六条 国务院对外贸易主管部门会同国务院生态环境主管部门、海关总署和生产放射性同位素的单位的行业主管部门制定并公布限制进出口放射性同位素目录和禁止进出口放射性同位素目录。

进口列入限制进出口目录的放射性同位素,应当在国务院生态环境主管部门审查批准后,由国务院对外贸易主管部门依据国家对外贸易的有关规定签发进口许可证。进口限制进出口目录和禁止进出口目录之外的放射性同位素,依据国家对外贸易的有关规定办理进口手续。

第十七条 申请进口列入限制进出口目录的放射性同位素,应当符合下列要求:

(一)进口单位已经取得与所从事活动相符的许可证;

(二)进口单位具有进口放射性同位素使用期满后的处理方案,其中,进口Ⅰ类、Ⅱ类、Ⅲ类放射源的,应当具有原出口方负责回收的承诺文件;

(三)进口的放射源应当有明确标号和必要说明文件,其中,Ⅰ类、Ⅱ类、Ⅲ类放射源的标号应当刻制在放射源本体或者密封包壳体上,Ⅳ类、Ⅴ类放射源的标号应当记录在相应说明文件中;

(四)将进口的放射性同位素销售给其他单位使用的,还应当具有与使用单位签订的书面协议以及使用单位取得的许可证复印件。

第十八条 进口列入限制进出口目录的放射性同位素的单位,应当向国务院生态环境主管部门提出进口申请,并提交符合本条例第十七条规定要求的证明材料。

国务院生态环境主管部门应当自受理申请之日起10个工作日内完成审查,符合条件的,予以批准;不符合条件的,书面通知申请单位并说明理由。

海关验凭放射性同位素进口许可证办理有关进口手续。进口放射性同位素的包装材料依法需要实施检疫的,依照国家有关检疫法律、法规的规定执行。

对进口的放射源,国务院生态环境主管部门还应当同时确定与其标号相对应的放射源编码。

第十九条 申请转让放射性同位素,应当符合下列要求:

(一)转出、转入单位持有与所从事活动相符的许可证;

(二)转入单位具有放射性同位素使用期满后的处理方案;

(三)转让双方已经签订书面转让协议。

第二十条 转让放射性同位素,由转入单位向其所在地省、自治区、直辖市人民政府生态环境主管部门提出申请,并提交符合本条例第十九条规定要求的证明材料。

省、自治区、直辖市人民政府生态环境主管部门应当自受理申请之日起15个工作日内完成审查,符合条件的,予以批准;不符合条件的,书面通知申请单位并说明理由。

第二十一条 放射性同位素的转出、转入单位应当在转让活动完成之日起20日内,分别向其所在地省、自治区、直辖市人民政府生态环境主管部门备案。

第二十二条 生产放射性同位素的单位,应当建立放射性同位素产品台账,并按照国务院生态环境主管部门制定的编码规则,对生产的放射源统一编码。放射性同位素产品台账和放射源编码清单应当报国务院生态环境主管部门备案。

生产的放射源应当有明确标号和必要说明文件。其中,Ⅰ类、Ⅱ类、Ⅲ类放射源的标号应当刻制在放射源本体或者密封包壳体上,Ⅳ类、Ⅴ类放射源的标号应当记录在相应说明文件中。

国务院生态环境主管部门负责建立放射性同位素备案信息管理系统,与有关部门实行信息共享。

未列入产品台账的放射性同位素和未编码的放射源,不得出厂和销售。

第二十三条 持有放射源的单位将废旧放射源交回生产单位、返回原出口方或者送交放射性废物集中贮存单位贮存的,应当在该活动完成之日起20日内向其所在地省、自治区、直辖市人民政府生态环境主管部门备案。

第二十四条 本条例施行前生产和进口的放射性同位素,由放射性同位素持有单位在本条例施行之日起6个月内,到其所在地省、自治区、直辖市人民政府生态环境主管部门办理备案手续,省、自治区、直辖市人民政府生态环境主管部门应当对放射源进行统一编码。

第二十五条 使用放射性同位素的单位需要将放射性同位素转移到外省、自治区、直辖市使用的,应当持许可证复印件向使用地省、自治区、直辖市人民政府生态环境主管部门备案,并接受当地生态环境主管部门的监督管理。

第二十六条 出口列入限制进出口目录的放射性同位素,应当提供进口方可以合法持有放射性同位素的证明材料,并由国务院生态环境主管部门依照有关法律和我国缔结或者参加的国际条约、协定的规定,办理有关手续。

出口放射性同位素应当遵守国家对外贸易的有关规定。

第三章 安全和防护

第二十七条 生产、销售、使用放射性同位素和射线装置的单位,应当对本单位的放射性同位素、射线装置的安全和防护工作负责,并依法对其造成的放射性危害承担责任。

生产放射性同位素的单位的行业主管部门,应当加强对生产单位安全和防护工作的管理,并定期对其执行法律、法规和国家标准的情况进行监督检查。

第二十八条 生产、销售、使用放射性同位素和射线装置的单位,应当对直接从事生产、销售、使用活动的工作人员进行安全和防护知识教育培训,并进行考核;考核不合格的,不得上岗。

辐射安全关键岗位应当由注册核安全工程师担任。辐射安全关键岗位名录由国务院生态环境主管部门商国务院有关部门制定并公布。

第二十九条 生产、销售、使用放射性同位素和射线装置的单位,应当严格按照国家关于个人剂量监测和健康管理的规定,对直接从事生产、销售、使用活动的工作人员进行个人剂量监测和职业健康检查,建立个人剂量档案和职业健康监护档案。

第三十条 生产、销售、使用放射性同位素和射线装置的单位,应当对本单位的放射性同位素、射线装置的安全和防护状况进行年度评估。发现安全隐患的,应当立即进行整改。

第三十一条 生产、销售、使用放射性同位素和射线装置的单位需要终止的,应当事先对本单位的放射性同位素和放射性废物进行清理登记,作出妥善处理,不得留有安全隐患。生产、销售、使用放射性同位素和射线装置的单位发生变更的,由变更后的单位承担处理责任。变更前当事人对此另有约定的,从其约定;但是,约定中不得免除当事人的处理义务。

在本条例施行前已经终止的生产、销售、使用放射性同位素和射线装置的单位,其未安全处理的废旧放射源和放射性废物,由所在地省、自治区、直辖市人民政府生态环境主管部门提出处理方案,及时进行处理。所需经费由省级以上人民政府承担。

第三十二条 生产、进口放射源的单位销售Ⅰ类、Ⅱ类、Ⅲ类放射源给其他单位使用的,应当与使用放射源的单位签订废旧放射源返回协议;使用放射源的单位应当按照废旧放射源返回协议规定将废旧放射源交回生产单位或者返回原出口方。确实无法交回生产单位或者返回原出口方的,送交有相应资质的放射性废物集中贮存单位贮存。

使用放射源的单位应当按照国务院生态环境主管部门的规定,将Ⅳ类、Ⅴ类废旧放射源进行包装整备后送交有相应资质的放射性废物集中贮存单位贮存。

第三十三条 使用Ⅰ类、Ⅱ类、Ⅲ类放射源的场所和生产放射性同位素的场所,以及终结运行后产生放射性污染的射线装置,应当依法实施退役。

第三十四条 生产、销售、使用、贮存放射性同位素和射线装置的场所,应当按照国家有关规定设置明显的放射性标志,其入口处应当按照国家有关安全和防护标准的要求,设置安全和防护设施以及必要的防护安全联锁、报警装置或者工作信号。射线装置的生产调试和使用场所,应当具有防止误操作、防止工作人员和公众受到意外照射的安全措施。

放射性同位素的包装容器、含放射性同位素的设备和射线装置,应当设置明显的放射性标识和中文警示说明;放射源上能够设置放射性标识的,应当一并设置。运输放射性同位素和含放射源的射线装置的工具,应当按照国家有关规定设置明显的放射性标志或者显示危险信号。

第三十五条 放射性同位素应当单独存放,不得与易燃、易爆、腐蚀性物品等一起存放,并指定专人负责保管。贮存、领取、使用、归还放射性同位素时,应当进行登记、检查,做到账物相符。对放射性同位素贮存场所应当采取防火、防水、防盗、防丢失、防破坏、防射线泄漏的安全措施。

对放射源还应当根据其潜在危害的大小,建立相应的多层防护和安全措施,并对可移动的放射源定期进行盘存,确保其处于指定位置,具有可靠的安全保障。

第三十六条 在室外、野外使用放射性同位素和射线装置的,应当按照国家安全和防护标准的要求划出安全防护区域,设置明显的放射性标志,必要时设专人警戒。

在野外进行放射性同位素示踪试验的,应当经省级以上人民政府生态环境主管部门商同级有关部门批准方可进行。

第三十七条 辐射防护器材、含放射性同位素的设备和射线装置,以及含有放射性物质的产品和伴有产生 X 射线的电器产品,应当符合辐射防护要求。不合格的产品不得出厂和销售。

第三十八条 使用放射性同位素和射线装置进行放射诊疗的医疗卫生机构,应当依据国务院卫生主管部门有关规定和国家标准,制定与本单位从事的诊疗项目相适应的质量保证方案,遵守质量保证监测规范,按照医疗照射正当化和辐射防护最优化的原则,避免一切不必要的照射,并事先告知患者和受检者辐射对健康的潜在影响。

第三十九条 金属冶炼厂回收冶炼废旧金属时,应当采取必要的监测措施,防止放射性物质熔入产品中。监测中发现问题的,应当及时通知所在地设区的市级以上人民政府生态环境主管部门。

第四章 辐射事故应急处理

第四十条 根据辐射事故的性质、严重程度、可控性和影响范围等因素,从重到轻将辐射事故分为特别重大辐射事故、重大辐射事故、较大辐射事故和一般辐射事故四个等级。

特别重大辐射事故,是指Ⅰ类、Ⅱ类放射源丢失、被盗、失控造成大范围严重辐射污染后果,或者放射性同位素和射线装置失控导致3人以上(含3人)急性死亡。

重大辐射事故,是指Ⅰ类、Ⅱ类放射源丢失、被盗、失控,或者放射性同位素和射线装置失控导致2人以下(含2人)急性死亡或者10人以上(含10人)急性重度放射病、局部器官残疾。

较大辐射事故,是指Ⅲ类放射源丢失、被盗、失控,或者放射性同位素和射线装置失控导致9人以下(含9人)急性重度放射病、局部器官残疾。

一般辐射事故,是指Ⅳ类、Ⅴ类放射源丢失、被盗、失控,或者放射性同位素和射线装置失控导致人员受到超过年剂量限值的照射。

第四十一条 县级以上人民政府生态环境主管部门应当会同同级公安、卫生、财政等部门编制辐射事故应急预案,报本级人民政府批准。辐射事故应急预案应当包括下列内容:

(一)应急机构和职责分工;

(二)应急人员的组织、培训以及应急和救助的装备、资金、物资准备;

(三)辐射事故分级与应急响应措施;

(四)辐射事故调查、报告和处理程序。

生产、销售、使用放射性同位素和射线装置的单位,应当根据可能发生的辐射事故的风险,制定本单位的应急方案,做好应急准备。

第四十二条 发生辐射事故时,生产、销售、使用放射性同位素和射线装置的单位应当立即启动本单位的应急方案,采取应急措施,并立即向当地生态环境主管部门、公安部门、卫生主管部门报告。

生态环境主管部门、公安部门、卫生主管部门接到辐射事故报告后,应当立即派人赶赴现场,进行现场调查,采取有效措施,控制并消除事故影响,同时将辐射事故信息报告本级人民政府和上级人民政府生态环境主管部门、公安部门、卫生主管部门。

县级以上地方人民政府及其有关部门接到辐射事故报告后,应当按照事故分级报告的规定及时将辐射事故信息报告上级人民政府及其有关部门。发生特别重大辐射事故和重大辐射事故后,事故发生地省、自治区、直辖市人民政府和国务院有关部门应当在4小时内报告国务院;特殊情况下,事故发生地人民政府及其有关部门可以直接向国务院报告,并同时报告上级人民政府及其有关部门。

禁止缓报、瞒报、谎报或者漏报辐射事故。

第四十三条 在发生辐射事故或者有证据证明辐射事故可能发生时,县级以上人民政府生态环境主管部门有权采取下列临时控制措施:

(一)责令停止导致或者可能导致辐射事故的作业;

(二)组织控制事故现场。

第四十四条 辐射事故发生后,有关县级以上人民政府应当按照辐射事故的等级,启动并组织实施相应的应急预案。

县级以上人民政府生态环境主管部门、公安部门、卫生主管部门,按照职责分工做好相应的辐射事故应急工作：

（一）生态环境主管部门负责辐射事故的应急响应、调查处理和定性定级工作，协助公安部门监控追缴丢失、被盗的放射源；

（二）公安部门负责丢失、被盗放射源的立案侦查和追缴；

（三）卫生主管部门负责辐射事故的医疗应急。

生态环境主管部门、公安部门、卫生主管部门应当及时相互通报辐射事故应急响应、调查处理、定性定级、立案侦查和医疗应急情况。国务院指定的部门根据生态环境主管部门确定的辐射事故的性质和级别，负责有关国际信息通报工作。

第四十五条 发生辐射事故的单位应当立即将可能受到辐射伤害的人员送至当地卫生主管部门指定的医院或者有条件救治辐射损伤病人的医院，进行检查和治疗，或者请求医院立即派人赶赴事故现场，采取救治措施。

第五章 监督检查

第四十六条 县级以上人民政府生态环境主管部门和其他有关部门应当按照各自职责对生产、销售、使用放射性同位素和射线装置的单位进行监督检查。

被检查单位应当予以配合，如实反映情况，提供必要的资料，不得拒绝和阻碍。

第四十七条 县级以上人民政府生态环境主管部门应当配备辐射防护安全监督员。辐射防护安全监督员由从事辐射防护工作，具有辐射防护安全知识并经省级以上人民政府生态环境主管部门认可的专业人员担任。辐射防护安全监督员应当定期接受专业知识培训和考核。

第四十八条 县级以上人民政府生态环境主管部门在监督检查中发现生产、销售、使用放射性同位素和射线装置的单位有不符合原发证条件的情形的，应当责令其限期整改。

监督检查人员依法进行监督检查时，应当出示证件，并为被检查单位保守技术秘密和业务秘密。

第四十九条 任何单位和个人对违反本条例的行为，有权向生态环境主管部门和其他有关部门检举；对生态环境主管部门和其他有关部门未依法履行监督管理职责的行为，有权向本级人民政府、上级人民政府有关部门检举。接到举报的有关人民政府、生态环境主管部门和其他有关部门对有关举报应当及时核实、处理。

第六章 法律责任

第五十条 违反本条例规定，县级以上人民政府生态环境主管部门有下列行为之一的，对直接负责的主管人员和其他直接责任人员，依法给予行政处分；构成犯罪的，依法追究刑事责任：

（一）向不符合本条例规定条件的单位颁发许可证或者批准不符合本条例规定条件的单位进口、转让放射性同位素的；

（二）发现未依法取得许可证的单位擅自生产、销售、使用放射性同位素和射线装置，不予查处或者接到举报后不依法处理的；

（三）发现未经依法批准擅自进口、转让放射性同位素，不予查处或者接到举报后不依法处理的；

（四）对依法取得许可证的单位不履行监督管理职责或者发现违反本条例规定的行为不予查处的；

（五）在放射性同位素、射线装置安全和防护监督管理工作中有其他渎职行为的。

第五十一条 违反本条例规定，县级以上人民政府生态环境主管部门和其他有关部门有下列行为之一的，对直接负责的主管人员和其他直接责任人员，依法给予行政处分；构成犯罪的，依法追究刑事责任：

（一）缓报、瞒报、谎报或者漏报辐射事故的；

（二）未按照规定编制辐射事故应急预案或者不依法履行辐射事故应急职责的。

第五十二条 违反本条例规定，生产、销售、使用放射性同位素和射线装置的单位有下列行为之一的，由县级以上人民政府生态环境主管部门责令停止违法行为，限期改正；逾期不改正的，责令停产停业或者由原发证机关吊销许可证；有违法所得的，没收违法所得；违法所得10万元以上的，并处违法所得1倍以上5倍以下的罚款；没有违法所得或者违法所得不足10万元的，并处1万元以上10万元以下的罚款：

（一）无许可证从事放射性同位素和射线装置生产、销售、使用活动的；

（二）未按照许可证的规定从事放射性同位素和射线装置生产、销售、使用活动的；

（三）改变所从事活动的种类或者范围以及新建、改建或者扩建生产、销售、使用设施或者场所，未按照规定重新申请领取许可证的；

（四）许可证有效期届满，需要延续而未按照规定办理延续手续的；

（五）未经批准，擅自进口或者转让放射性同位素的。

第五十三条　违反本条例规定,生产、销售、使用放射性同位素和射线装置的单位变更单位名称、地址、法定代表人,未依法办理许可证变更手续的,由县级以上人民政府生态环境主管部门责令限期改正,给予警告;逾期不改正的,由原发证机关暂扣或者吊销许可证。

第五十四条　违反本条例规定,生产、销售、使用放射性同位素和射线装置的单位部分终止或者全部终止生产、销售、使用活动,未按照规定办理许可证变更或者注销手续的,由县级以上人民政府生态环境主管部门责令停止违法行为,限期改正;逾期不改正的,处1万元以上10万元以下的罚款;造成辐射事故,构成犯罪的,依法追究刑事责任。

第五十五条　违反本条例规定,伪造、变造、转让许可证的,由县级以上人民政府生态环境主管部门收缴伪造、变造的许可证或者由原发证机关吊销许可证,并处5万元以上10万元以下的罚款;构成犯罪的,依法追究刑事责任。

违反本条例规定,伪造、变造、转让放射性同位素进口和转让批准文件的,由县级以上人民政府生态环境主管部门收缴伪造、变造的批准文件或者由原批准机关撤销批准文件,并处5万元以上10万元以下的罚款;情节严重的,可以由原发证机关吊销许可证;构成犯罪的,依法追究刑事责任。

第五十六条　违反本条例规定,生产、销售、使用放射性同位素的单位有下列行为之一的,由县级以上人民政府生态环境主管部门责令限期改正,给予警告;逾期不改正的,由原发证机关暂扣或者吊销许可证:

（一）转入、转出放射性同位素未按照规定备案的;

（二）将放射性同位素转移到外省、自治区、直辖市使用,未按照规定备案的;

（三）将废旧放射源交回生产单位、返回原出口方或者送交放射性废物集中贮存单位贮存,未按照规定备案的。

第五十七条　违反本条例规定,生产、销售、使用放射性同位素和射线装置的单位有下列行为之一的,由县级以上人民政府生态环境主管部门责令停止违法行为,限期改正;逾期不改正的,处1万元以上10万元以下的罚款:

（一）在室外、野外使用放射性同位素和射线装置,未按照国家有关安全和防护标准的要求划出安全防护区域和设置明显的放射性标志的;

（二）未经批准擅自在野外进行放射性同位素踪试验的。

第五十八条　违反本条例规定,生产放射性同位素的单位有下列行为之一的,由县级以上人民政府生态环境主管部门责令限期改正,给予警告;逾期不改正的,依法收缴其未备案的放射性同位素和未编码的放射源,处5万元以上10万元以下的罚款,并可以由原发证机关暂扣或者吊销许可证:

（一）未建立放射性同位素产品台账的;

（二）未按照国务院生态环境主管部门制定的编码规则,对生产的放射源进行统一编码的;

（三）未将放射性同位素产品台账和放射源编码清单报国务院生态环境主管部门备案的;

（四）出厂或者销售未列入产品台账的放射性同位素和未编码的放射源的。

第五十九条　违反本条例规定,生产、销售、使用放射性同位素和射线装置的单位有下列行为之一的,由县级以上人民政府生态环境主管部门责令停止违法行为,限期改正;逾期不改正的,由原发证机关指定有处理能力的单位代为处理或者实施退役,费用由生产、销售、使用放射性同位素和射线装置的单位承担,并处1万元以上10万元以下的罚款:

（一）未按照规定对废旧放射源进行处理的;

（二）未按照规定对使用Ⅰ类、Ⅱ类、Ⅲ类放射源的场所和生产放射性同位素的场所,以及终结运行后产生放射性污染的射线装置实施退役的。

第六十条　违反本条例规定,生产、销售、使用放射性同位素和射线装置的单位有下列行为之一的,由县级以上人民政府生态环境主管部门责令停止违法行为,限期改正;逾期不改正的,责令停产停业,并处2万元以上20万元以下的罚款;构成犯罪的,依法追究刑事责任:

（一）未按照规定对本单位的放射性同位素、射线装置安全和防护状况进行评估或者发现安全隐患不及时整改的;

（二）生产、销售、使用、贮存放射性同位素和射线装置的场所未按照规定设置安全和防护设施以及放射性标志的。

第六十一条　违反本条例规定,造成辐射事故的,由原发证机关责令限期改正,并处5万元以上20万元以下的罚款;情节严重的,由原发证机关吊销许可证;构成违反治安管理行为的,由公安机关依法予以治安处罚;构成犯罪的,依法追究刑事责任。

因辐射事故造成他人损害的,依法承担民事责任。

第六十二条　生产、销售、使用放射性同位素和射线装置的单位被责令限期整改，逾期不整改或者经整改仍不符合原发证条件的，由原发证机关暂扣或者吊销许可证。

第六十三条　违反本条例规定，被依法吊销许可证的单位或者伪造、变造许可证的单位，5 年内不得申请领取许可证。

第六十四条　县级以上地方人民政府生态环境主管部门的行政处罚权限的划分，由省、自治区、直辖市人民政府确定。

第七章　附　　则

第六十五条　军用放射性同位素、射线装置安全和防护的监督管理，依照《中华人民共和国放射性污染防治法》第六十条的规定执行。

第六十六条　劳动者在职业活动中接触放射性同位素和射线装置造成的职业病的防治，依照《中华人民共和国职业病防治法》和国务院有关规定执行。

第六十七条　放射性同位素的运输，放射性同位素和射线装置生产、销售、使用过程中产生的放射性废物的处置，依照国务院有关规定执行。

第六十八条　本条例中下列用语的含义：

放射性同位素，是指某种发生放射性衰变的元素中具有相同原子序数但质量不同的核素。

放射源，是指除研究堆和动力堆核燃料循环范畴的材料以外，永久密封在容器中或者有严密包层并呈固态的放射性材料。

射线装置，是指 X 线机、加速器、中子发生器以及含放射源的装置。

非密封放射性物质，是指非永久密封在包壳里或者紧密地固结在覆盖层里的放射性物质。

转让，是指除进出口、回收活动之外，放射性同位素所有权或者使用权在不同持有者之间的转移。

伴有产生 X 射线的电器产品，是指不以产生 X 射线为目的，但在生产或者使用过程中产生 X 射线的电器产品。

辐射事故，是指放射源丢失、被盗、失控，或者放射性同位素和射线装置失控导致人员受到意外的异常照射。

第六十九条　本条例自 2005 年 12 月 1 日起施行。1989 年 10 月 24 日国务院发布的《放射性同位素与射线装置放射防护条例》同时废止。

烟花爆竹安全管理条例

1. 2006 年 1 月 21 日国务院令第 455 号公布
2. 根据 2016 年 2 月 6 日国务院令第 666 号《关于修改部分行政法规的决定》修订

第一章　总　　则

第一条　为了加强烟花爆竹安全管理，预防爆炸事故发生，保障公共安全和人身、财产的安全，制定本条例。

第二条　烟花爆竹的生产、经营、运输和燃放，适用本条例。

本条例所称烟花爆竹，是指烟花爆竹制品和用于生产烟花爆竹的民用黑火药、烟火药、引火线等物品。

第三条　国家对烟花爆竹的生产、经营、运输和举办焰火晚会以及其他大型焰火燃放活动，实行许可证制度。

未经许可，任何单位或者个人不得生产、经营、运输烟花爆竹，不得举办焰火晚会以及其他大型焰火燃放活动。

第四条　安全生产监督管理部门负责烟花爆竹的安全生产监督管理；公安部门负责烟花爆竹的公共安全管理；质量监督检验部门负责烟花爆竹的质量监督和进出口检验。

第五条　公安部门、安全生产监督管理部门、质量监督检验部门、工商行政管理部门应当按照职责分工，组织查处非法生产、经营、储存、运输、邮寄烟花爆竹以及非法燃放烟花爆竹的行为。

第六条　烟花爆竹生产、经营、运输企业和焰火晚会以及其他大型焰火燃放活动主办单位的主要负责人，对本单位的烟花爆竹安全工作负责。

烟花爆竹生产、经营、运输企业和焰火晚会以及其他大型焰火燃放活动主办单位应当建立健全安全责任制，制定各项安全管理制度和操作规程，并对从业人员定期进行安全教育、法制教育和岗位技术培训。

中华全国供销合作总社应当加强对本系统企业烟花爆竹经营活动的管理。

第七条　国家鼓励烟花爆竹生产企业采用提高安全程度和提升行业整体水平的新工艺、新配方和新技术。

第二章　生产安全

第八条　生产烟花爆竹的企业，应当具备下列条件：

（一）符合当地产业结构规划；

（二）基本建设项目经过批准；

（三）选址符合城乡规划，并与周边建筑、设施保持必要的安全距离；

（四）厂房和仓库的设计、结构和材料以及防火、防爆、防雷、防静电等安全设备、设施符合国家有关标准和规范；

（五）生产设备、工艺符合安全标准；

（六）产品品种、规格、质量符合国家标准；

（七）有健全的安全生产责任制；

（八）有安全生产管理机构和专职安全生产管理人员；

（九）依法进行了安全评价；

（十）有事故应急救援预案、应急救援组织和人员，并配备必要的应急救援器材、设备；

（十一）法律、法规规定的其他条件。

第九条　生产烟花爆竹的企业，应当在投入生产前向所在地设区的市人民政府安全生产监督管理部门提出安全审查申请，并提交能够证明符合本条例第八条规定条件的有关材料。设区的市人民政府安全生产监督管理部门应当自收到材料之日起20日内提出安全审查初步意见，报省、自治区、直辖市人民政府安全生产监督管理部门审查。省、自治区、直辖市人民政府安全生产监督管理部门应当自受理申请之日起45日内进行安全审查，对符合条件的，核发《烟花爆竹安全生产许可证》；对不符合条件的，应当说明理由。

第十条　生产烟花爆竹的企业为扩大生产能力进行基本建设或者技术改造的，应当依照本条例的规定申请办理安全生产许可证。

生产烟花爆竹的企业，持《烟花爆竹安全生产许可证》到工商行政管理部门办理登记手续后，方可从事烟花爆竹生产活动。

第十一条　生产烟花爆竹的企业，应当按照安全生产许可证核定的产品种类进行生产，生产工序和生产作业应当执行有关国家标准和行业标准。

第十二条　生产烟花爆竹的企业，应当对生产作业人员进行安全生产知识教育，对从事药物混合、造粒、筛选、装药、筑药、压药、切引、搬运等危险工序的作业人员进行专业技术培训。从事危险工序的作业人员经设区的市人民政府安全生产监督管理部门考核合格，方可上岗作业。

第十三条　生产烟花爆竹使用的原料，应当符合国家标准的规定。生产烟花爆竹使用的原料，国家标准有用量限制的，不得超过规定的用量。不得使用国家标准规定禁止使用或者禁忌配伍的物质生产烟花爆竹。

第十四条　生产烟花爆竹的企业，应当按照国家标准的规定，在烟花爆竹产品上标注燃放说明，并在烟花爆竹包装物上印制易燃易爆危险物品警示标志。

第十五条　生产烟花爆竹的企业，应当对黑火药、烟火药、引火线的保管采取必要的安全技术措施，建立购买、领用、销售登记制度，防止黑火药、烟火药、引火线丢失。黑火药、烟火药、引火线丢失的，企业应当立即向当地安全生产监督管理部门和公安部门报告。

第三章　经营安全

第十六条　烟花爆竹的经营分为批发和零售。

从事烟花爆竹批发的企业和零售经营者的经营布点，应当经安全生产监督管理部门审批。

禁止在城市市区布设烟花爆竹批发场所；城市市区的烟花爆竹零售网点，应当按照严格控制的原则合理布设。

第十七条　从事烟花爆竹批发的企业，应当具备下列条件：

（一）具有企业法人条件；

（二）经营场所与周边建筑、设施保持必要的安全距离；

（三）有符合国家标准的经营场所和储存仓库；

（四）有保管员、仓库守护员；

（五）依法进行了安全评价；

（六）有事故应急救援预案、应急救援组织和人员，并配备必要的应急救援器材、设备；

（七）法律、法规规定的其他条件。

第十八条　烟花爆竹零售经营者，应当具备下列条件：

（一）主要负责人经过安全知识教育；

（二）实行专店或者专柜销售，设专人负责安全管理；

（三）经营场所配备必要的消防器材，张贴明显的安全警示标志；

（四）法律、法规规定的其他条件。

第十九条　申请从事烟花爆竹批发的企业，应当向所在地设区的市人民政府安全生产监督管理部门提出申请，并提供能够证明符合本条例第十七条规定条件的有关材料。受理申请的安全生产监督管理部门应当自受理申请之日起30日内对提交的有关材料和经营场所进行审查，对符合条件的，核发《烟花爆竹经营（批发）许可证》；对不符合条件的，应当说明理由。

申请从事烟花爆竹零售的经营者，应当向所在地县级人民政府安全生产监督管理部门提出申请，并提供能够证明符合本条例第十八条规定条件的有关材料。受理申请的安全生产监督管理部门应当自受理申请之日起 20 日内对提交的有关材料和经营场所进行审查,对符合条件的,核发《烟花爆竹经营(零售)许可证》;对不符合条件的,应当说明理由。

《烟花爆竹经营(零售)许可证》,应当载明经营负责人、经营场所地址、经营期限、烟花爆竹种类和限制存放量。

第二十条 从事烟花爆竹批发的企业,应当向生产烟花爆竹的企业采购烟花爆竹,向从事烟花爆竹零售的经营者供应烟花爆竹。从事烟花爆竹零售的经营者,应当向从事烟花爆竹批发的企业采购烟花爆竹。

从事烟花爆竹批发的企业、零售经营者不得采购和销售非法生产、经营的烟花爆竹。

从事烟花爆竹批发的企业,不得向从事烟花爆竹零售的经营者供应按照国家标准规定应由专业燃放人员燃放的烟花爆竹。从事烟花爆竹零售的经营者,不得销售按照国家标准规定应由专业燃放人员燃放的烟花爆竹。

第二十一条 生产、经营黑火药、烟火药、引火线的企业,不得向未取得烟花爆竹安全生产许可的任何单位或者个人销售黑火药、烟火药和引火线。

第四章 运 输 安 全

第二十二条 经由道路运输烟花爆竹的,应当经公安部门许可。

经由铁路、水路、航空运输烟花爆竹的,依照铁路、水路、航空运输安全管理的有关法律、法规、规章的规定执行。

第二十三条 经由道路运输烟花爆竹的,托运人应当向运达地县级人民政府公安部门提出申请,并提交下列有关材料:

(一)承运人从事危险货物运输的资质证明;
(二)驾驶员、押运员从事危险货物运输的资格证明;
(三)危险货物运输车辆的道路运输证明;
(四)托运人从事烟花爆竹生产、经营的资质证明;
(五)烟花爆竹的购销合同及运输烟花爆竹的种类、规格、数量;
(六)烟花爆竹的产品质量和包装合格证明;
(七)运输车辆牌号、运输时间、起始地点、行驶路线、经停地点。

第二十四条 受理申请的公安部门应当自受理申请之日起 3 日内对提交的有关材料进行审查,对符合条件的,核发《烟花爆竹道路运输许可证》;对不符合条件的,应当说明理由。

《烟花爆竹道路运输许可证》应当载明托运人、承运人、一次性运输有效期限、起始地点、行驶路线、经停地点、烟花爆竹的种类、规格和数量。

第二十五条 经由道路运输烟花爆竹的,除应当遵守《中华人民共和国道路交通安全法》外,还应当遵守下列规定:

(一)随车携带《烟花爆竹道路运输许可证》;
(二)不得违反运输许可事项;
(三)运输车辆悬挂或者安装符合国家标准的易燃易爆危险物品警示标志;
(四)烟花爆竹的装载符合国家有关标准和规范;
(五)装载烟花爆竹的车厢不得载人;
(六)运输车辆限速行驶,途中经停必须有专人看守;
(七)出现危险情况立即采取必要的措施,并报告当地公安部门。

第二十六条 烟花爆竹运达目的地后,收货人应当在 3 日内将《烟花爆竹道路运输许可证》交回发证机关核销。

第二十七条 禁止携带烟花爆竹搭乘公共交通工具。

禁止邮寄烟花爆竹,禁止在托运的行李、包裹、邮件中夹带烟花爆竹。

第五章 燃 放 安 全

第二十八条 燃放烟花爆竹,应当遵守有关法律、法规和规章的规定。县级以上地方人民政府可以根据本行政区域的实际情况,确定限制或者禁止燃放烟花爆竹的时间、地点和种类。

第二十九条 各级人民政府和政府有关部门应当开展社会宣传活动,教育公民遵守有关法律、法规和规章,安全燃放烟花爆竹。

广播、电视、报刊等新闻媒体,应当做好安全燃放烟花爆竹的宣传、教育工作。

未成年人的监护人应当对未成年人进行安全燃放烟花爆竹的教育。

第三十条 禁止在下列地点燃放烟花爆竹:

(一)文物保护单位;
(二)车站、码头、飞机场等交通枢纽以及铁路线路安全保护区内;
(三)易燃易爆物品生产、储存单位;
(四)输变电设施安全保护区内;
(五)医疗机构、幼儿园、中小学校、敬老院;
(六)山林、草原等重点防火区;

（七）县级以上地方人民政府规定的禁止燃放烟花爆竹的其他地点。

第三十一条 燃放烟花爆竹，应当按照燃放说明燃放，不得以危害公共安全和人身、财产安全的方式燃放烟花爆竹。

第三十二条 举办焰火晚会以及其他大型焰火燃放活动，应当按照举办的时间、地点、环境、活动性质、规模以及燃放烟花爆竹的种类、规格和数量，确定危险等级，实行分级管理。分级管理的具体办法，由国务院公安部门规定。

第三十三条 申请举办焰火晚会以及其他大型焰火燃放活动，主办单位应当按照分级管理的规定，向有关人民政府公安部门提出申请，并提交下列有关材料：

（一）举办焰火晚会以及其他大型焰火燃放活动的时间、地点、环境、活动性质、规模；

（二）燃放烟花爆竹的种类、规格、数量；

（三）燃放作业方案；

（四）燃放作业单位、作业人员符合行业标准规定条件的证明。

受理申请的公安部门应当自受理申请之日起20日内对提交的有关材料进行审查，对符合条件的，核发《焰火燃放许可证》；对不符合条件的，应当说明理由。

第三十四条 焰火晚会以及其他大型焰火燃放活动燃放作业单位和作业人员，应当按照焰火燃放安全规程和经许可的燃放作业方案进行燃放作业。

第三十五条 公安部门应当加强对危险等级较高的焰火晚会以及其他大型焰火燃放活动的监督检查。

第六章 法律责任

第三十六条 对未经许可生产、经营烟花爆竹制品，或者向未取得烟花爆竹安全生产许可的单位或者个人销售黑火药、烟火药、引火线的，由安全生产监督管理部门责令停止非法生产、经营活动，处2万元以上10万元以下的罚款，并没收非法生产、经营的物品及违法所得。

对未经许可经由道路运输烟花爆竹的，由公安部门责令停止非法运输活动，处1万元以上5万元以下的罚款，并没收非法运输的物品及违法所得。

非法生产、经营、运输烟花爆竹，构成违反治安管理行为的，依法给予治安管理处罚；构成犯罪的，依法追究刑事责任。

第三十七条 生产烟花爆竹的企业有下列行为之一的，由安全生产监督管理部门责令限期改正，处1万元以上5万元以下的罚款，逾期不改正的，责令停产停业整顿，情节严重的，吊销安全生产许可证：

（一）未按照安全生产许可证核定的产品种类进行生产的；

（二）生产工序或者生产作业不符合有关国家标准、行业标准的；

（三）雇佣未经设区的市人民政府安全生产监督管理部门考核合格的人员从事危险工序作业的；

（四）生产烟花爆竹使用的原料不符合国家标准规定的，或者使用的原料超过国家标准规定的用量限制的；

（五）使用按照国家标准规定禁止使用或者禁忌配伍的物质生产烟花爆竹的；

（六）未按照国家标准的规定在烟花爆竹产品上标注燃放说明，或者未在烟花爆竹的包装物上印制易燃易爆危险物品警示标志的。

第三十八条 从事烟花爆竹批发的企业向从事烟花爆竹零售的经营者供应非法生产、经营的烟花爆竹，或者供应按照国家标准规定应由专业燃放人员燃放的烟花爆竹的，由安全生产监督管理部门责令停止违法行为，处2万元以上10万元以下的罚款，并没收非法经营的物品及违法所得；情节严重的，吊销烟花爆竹经营许可证。

从事烟花爆竹零售的经营者销售非法生产、经营的烟花爆竹，或者销售按照国家标准规定应由专业燃放人员燃放的烟花爆竹的，由安全生产监督管理部门责令停止违法行为，处1000元以上5000元以下的罚款，并没收非法经营的物品及违法所得；情节严重的，吊销烟花爆竹经营许可证。

第三十九条 生产、经营、使用黑火药、烟火药、引火线的企业，丢失黑火药、烟火药、引火线未及时向当地安全生产监督管理部门和公安部门报告的，由公安部门对企业主要负责人处5000元以上2万元以下的罚款，对丢失的物品予以追缴。

第四十条 经由道路运输烟花爆竹，有下列行为之一的，由公安部门责令改正，处200元以上2000元以下的罚款：

（一）违反运输许可事项的；

（二）未随车携带《烟花爆竹道路运输许可证》的；

（三）运输车辆没有悬挂或者安装符合国家标准的易燃易爆危险物品警示标志的；

（四）烟花爆竹的装载不符合国家有关标准和规范的；

（五）装载烟花爆竹的车厢载人的；

（六）超过危险物品运输车辆规定时速行驶的；
（七）运输车辆途中经停没有专人看守的；
（八）运达目的地后，未按规定时间将《烟花爆竹道路运输许可证》交回发证机关核销的。

第四十一条 对携带烟花爆竹搭乘公共交通工具，或者邮寄烟花爆竹以及在托运的行李、包裹、邮件中夹带烟花爆竹的，由公安部门没收非法携带、邮寄、夹带的烟花爆竹，可以并处200元以上1000元以下的罚款。

第四十二条 对未经许可举办焰火晚会以及其他大型焰火燃放活动，或者焰火晚会以及其他大型焰火燃放活动燃放作业单位和作业人员违反焰火燃放安全规程、燃放作业方案进行燃放作业的，由公安部门责令停止燃放，对责任单位处1万元以上5万元以下的罚款。

在禁止燃放烟花爆竹的时间、地点燃放烟花爆竹，或者以危害公共安全和人身、财产安全的方式燃放烟花爆竹的，由公安部门责令停止燃放，处100元以上500元以下的罚款；构成违反治安管理行为的，依法给予治安管理处罚。

第四十三条 对没收的非法烟花爆竹以及生产、经营企业弃置的废旧烟花爆竹，应当就地封存，并由公安部门组织销毁、处置。

第四十四条 安全生产监督管理部门、公安部门、质量监督检验部门、工商行政管理部门的工作人员，在烟花爆竹安全监管工作中滥用职权、玩忽职守、徇私舞弊，构成犯罪的，依法追究刑事责任；尚不构成犯罪的，依法给予行政处分。

第七章 附 则

第四十五条 《烟花爆竹安全生产许可证》、《烟花爆竹经营（批发）许可证》、《烟花爆竹经营（零售）许可证》，由国务院安全生产监督管理部门规定式样；《烟花爆竹道路运输许可证》、《焰火燃放许可证》，由国务院公安部门规定式样。

第四十六条 本条例自公布之日起施行。

民用爆炸物品安全管理条例

1. 2006年5月10日国务院令第466号公布
2. 根据2014年7月29日国务院令第653号《关于修改部分行政法规的决定》修订

第一章 总 则

第一条 为了加强对民用爆炸物品的安全管理，预防爆炸事故发生，保障公民生命、财产安全和公共安全，制定本条例。

第二条 民用爆炸物品的生产、销售、购买、进出口、运输、爆破作业和储存以及硝酸铵的销售、购买，适用本条例。

本条例所称民用爆炸物品，是指用于非军事目的、列入民用爆炸物品品名表的各类火药、炸药及其制品和雷管、导火索等点火、起爆器材。

民用爆炸物品品名表，由国务院民用爆炸物品行业主管部门会同国务院公安部门制订、公布。

第三条 国家对民用爆炸物品的生产、销售、购买、运输和爆破作业实行许可证制度。

未经许可，任何单位或者个人不得生产、销售、购买、运输民用爆炸物品，不得从事爆破作业。

严禁转让、出借、转借、抵押、赠送、私藏或者非法持有民用爆炸物品。

第四条 民用爆炸物品行业主管部门负责民用爆炸物品生产、销售的安全监督管理。

公安机关负责民用爆炸物品公共安全管理和民用爆炸物品购买、运输、爆破作业的安全监督管理，监控民用爆炸物品流向。

安全生产监督、铁路、交通、民用航空主管部门依照法律、行政法规的规定，负责做好民用爆炸物品的有关安全监督管理工作。

民用爆炸物品行业主管部门、公安机关、工商行政管理部门按照职责分工，负责组织查处非法生产、销售、购买、储存、运输、邮寄、使用民用爆炸物品的行为。

第五条 民用爆炸物品生产、销售、购买、运输和爆破作业单位（以下称民用爆炸物品从业单位）的主要负责人是本单位民用爆炸物品安全管理责任人，对本单位的民用爆炸物品安全管理工作全面负责。

民用爆炸物品从业单位是治安保卫工作的重点单位，应当依法设置治安保卫机构或者配备治安保卫人员，设置技术防范设施，防止民用爆炸物品丢失、被盗、被抢。

民用爆炸物品从业单位应当建立安全管理制度、岗位安全责任制度，制订安全防范措施和事故应急预案，设置安全管理机构或者配备专职安全管理人员。

第六条 无民事行为能力人、限制民事行为能力人或者曾因犯罪受过刑事处罚的人，不得从事民用爆炸物品的生产、销售、购买、运输和爆破作业。

民用爆炸物品从业单位应当加强对本单位从业人员的安全教育、法制教育和岗位技术培训，从业人员经考核合格的，方可上岗作业；对有资格要求的岗位，应当配备具有相应资格的人员。

第七条 国家建立民用爆炸物品信息管理系统,对民用爆炸物品实行标识管理,监控民用爆炸物品流向。

民用爆炸物品生产企业、销售企业和爆破作业单位应当建立民用爆炸物品登记制度,如实将本单位生产、销售、购买、运输、储存、使用民用爆炸物品的品种、数量和流向信息输入计算机系统。

第八条 任何单位或者个人都有权举报违反民用爆炸物品安全管理规定的行为;接到举报的主管部门、公安机关应当立即查处,并为举报人员保密,对举报有功人员给予奖励。

第九条 国家鼓励民用爆炸物品从业单位采用提高民用爆炸物品安全性能的新技术,鼓励发展民用爆炸物品生产、配送、爆破作业一体化的经营模式。

第二章　生　　产

第十条 设立民用爆炸物品生产企业,应当遵循统筹规划、合理布局的原则。

第十一条 申请从事民用爆炸物品生产的企业,应当具备下列条件:

(一)符合国家产业结构规划和产业技术标准;

(二)厂房和专用仓库的设计、结构、建筑材料、安全距离以及防火、防爆、防雷、防静电等安全设备、设施符合国家有关标准和规范;

(三)生产设备、工艺符合有关安全生产的技术标准和规程;

(四)有具备相应资格的专业技术人员、安全生产管理人员和生产岗位人员;

(五)有健全的安全管理制度、岗位安全责任制度;

(六)法律、行政法规规定的其他条件。

第十二条 申请从事民用爆炸物品生产的企业,应当向国务院民用爆炸物品行业主管部门提交申请书、可行性研究报告以及能够证明其符合本条例第十一条规定条件的有关材料。国务院民用爆炸物品行业主管部门应当自受理申请之日起45日内进行审查,对符合条件的,核发《民用爆炸物品生产许可证》;对不符合条件的,不予核发《民用爆炸物品生产许可证》,书面向申请人说明理由。

民用爆炸物品生产企业为调整生产能力及品种进行改建、扩建的,应当依照前款规定申请办理《民用爆炸物品生产许可证》。

民用爆炸物品生产企业持《民用爆炸物品生产许可证》到工商行政管理部门办理工商登记,并在办理工商登记后3日内,向所在地县级人民政府公安机关备案。

第十三条 取得《民用爆炸物品生产许可证》的企业应当在基本建设完成后,向省、自治区、直辖市人民政府民用爆炸物品行业主管部门申请安全生产许可。省、自治区、直辖市人民政府民用爆炸物品行业主管部门应当依照《安全生产许可证条例》的规定对其进行查验,对符合条件的,核发《民用爆炸物品安全生产许可证》。民用爆炸物品生产企业取得《民用爆炸物品安全生产许可证》后,方可生产民用爆炸物品。

第十四条 民用爆炸物品生产企业应当严格按照《民用爆炸物品生产许可证》核定的品种和产量进行生产,生产作业应当严格执行安全技术规程的规定。

第十五条 民用爆炸物品生产企业应当对民用爆炸物品做出警示标识、登记标识,对雷管编码打号。民用爆炸物品警示标识、登记标识和雷管编码规则,由国务院公安部门会同国务院民用爆炸物品行业主管部门规定。

第十六条 民用爆炸物品生产企业应当建立健全产品检验制度,保证民用爆炸物品的质量符合相关标准。民用爆炸物品的包装,应当符合法律、行政法规的规定以及相关标准。

第十七条 试验或者试制民用爆炸物品,必须在专门场地或者专门的试验室进行。严禁在生产车间或者仓库内试验或者试制民用爆炸物品。

第三章　销售和购买

第十八条 申请从事民用爆炸物品销售的企业,应当具备下列条件:

(一)符合对民用爆炸物品销售企业规划的要求;

(二)销售场所和专用仓库符合国家有关标准和规范;

(三)有具备相应资格的安全管理人员、仓库管理人员;

(四)有健全的安全管理制度、岗位安全责任制度;

(五)法律、行政法规规定的其他条件。

第十九条 申请从事民用爆炸物品销售的企业,应当向所在地省、自治区、直辖市人民政府民用爆炸物品行业主管部门提交申请书、可行性研究报告以及能够证明其符合本条例第十八条规定条件的有关材料。省、自治区、直辖市人民政府民用爆炸物品行业主管部门应当自受理申请之日起30日内进行审查,并对申请单位的销售场所和专用仓库等经营设施进行查验,对符合条件的,核发《民用爆炸物品销售许可证》;对不符合条件的,不予核发《民用爆炸物品销售许可证》,书面向申请人说明理由。

民用爆炸物品销售企业持《民用爆炸物品销售许可证》到工商行政管理部门办理工商登记后,方可销售民用爆炸物品。

民用爆炸物品销售企业应当在办理工商登记后3日内,向所在地县级人民政府公安机关备案。

第二十条 民用爆炸物品生产企业凭《民用爆炸物品生产许可证》,可以销售本企业生产的民用爆炸物品。

民用爆炸物品生产企业销售本企业生产的民用爆炸物品,不得超出核定的品种、产量。

第二十一条 民用爆炸物品使用单位申请购买民用爆炸物品的,应当向所在地县级人民政府公安机关提出购买申请,并提交下列有关材料:

（一）工商营业执照或者事业单位法人证书;

（二）《爆破作业单位许可证》或者其他合法使用的证明;

（三）购买单位的名称、地址、银行账户;

（四）购买的品种、数量和用途说明。

受理申请的公安机关应当自受理申请之日起5日内对提交的有关材料进行审查,对符合条件的,核发《民用爆炸物品购买许可证》;对不符合条件的,不予核发《民用爆炸物品购买许可证》,书面向申请人说明理由。

《民用爆炸物品购买许可证》应当载明许可购买的品种、数量、购买单位以及许可的有效期限。

第二十二条 民用爆炸物品生产企业凭《民用爆炸物品生产许可证》购买属于民用爆炸物品的原料,民用爆炸物品销售企业凭《民用爆炸物品销售许可证》向民用爆炸物品生产企业购买民用爆炸物品,民用爆炸物品使用单位凭《民用爆炸物品购买许可证》购买民用爆炸物品,还应当提供经办人的身份证明。

销售民用爆炸物品的企业,应当查验前款规定的许可证和经办人的身份证明;对持《民用爆炸物品购买许可证》购买的,应当按照许可的品种、数量销售。

第二十三条 销售、购买民用爆炸物品,应当通过银行账户进行交易,不得使用现金或者实物进行交易。

销售民用爆炸物品的企业,应当将购买单位的许可证、银行账户转账凭证、经办人的身份证明复印件保存2年备查。

第二十四条 销售民用爆炸物品的企业,应当自民用爆炸物品买卖成交之日起3日内,将销售的品种、数量和购买单位向所在地省、自治区、直辖市人民政府民用爆炸物品行业主管部门和所在地县级人民政府公安机关备案。

购买民用爆炸物品的单位,应当自民用爆炸物品买卖成交之日起3日内,将购买的品种、数量向所在地县级人民政府公安机关备案。

第二十五条 进出口民用爆炸物品,应当经国务院民用爆炸物品行业主管部门审批。进出口民用爆炸物品审批办法,由国务院民用爆炸物品行业主管部门会同国务院公安部门、海关总署规定。

进出口单位应当将进出口的民用爆炸物品的品种、数量向收货地或者出境口岸所在地县级人民政府公安机关备案。

第四章 运　　输

第二十六条 运输民用爆炸物品,收货单位应当向运达地县级人民政府公安机关提出申请,并提交包括下列内容的材料:

（一）民用爆炸物品生产企业、销售企业、使用单位以及进出口单位分别提供的《民用爆炸物品生产许可证》《民用爆炸物品销售许可证》《民用爆炸物品购买许可证》或者进出口批准证明;

（二）运输民用爆炸物品的品种、数量、包装材料和包装方式;

（三）运输民用爆炸物品的特性、出现险情的应急处置方法;

（四）运输时间、起始地点、运输路线、经停地点。

受理申请的公安机关应当自受理申请之日起3日内对提交的有关材料进行审查,对符合条件的,核发《民用爆炸物品运输许可证》;对不符合条件的,不予核发《民用爆炸物品运输许可证》,书面向申请人说明理由。

《民用爆炸物品运输许可证》应当载明收货单位、销售企业、承运人、一次性运输有效期限、起始地点、运输路线、经停地点,民用爆炸物品的品种、数量。

第二十七条 运输民用爆炸物品的,应当凭《民用爆炸物品运输许可证》,按照许可的品种、数量运输。

第二十八条 经由道路运输民用爆炸物品的,应当遵守下列规定:

（一）携带《民用爆炸物品运输许可证》;

（二）民用爆炸物品的装载符合国家有关标准和规范,车厢内不得载人;

（三）运输车辆安全技术状况应当符合国家有关安全技术标准的要求,并按照规定悬挂或者安装符合国家标准的易燃易爆危险物品警示标志;

（四）运输民用爆炸物品的车辆应当保持安全车速；

（五）按照规定的路线行驶，途中经停应当有专人看守，并远离建筑设施和人口稠密的地方，不得在许可以外的地点经停；

（六）按照安全操作规程装卸民用爆炸物品，并在装卸现场设置警戒，禁止无关人员进入；

（七）出现危险情况立即采取必要的应急处置措施，并报告当地公安机关。

第二十九条 民用爆炸物品运达目的地，收货单位应当进行验收后在《民用爆炸物品运输许可证》上签注，并在3日内将《民用爆炸物品运输许可证》交回发证机关核销。

第三十条 禁止携带民用爆炸物品搭乘公共交通工具或者进入公共场所。

禁止邮寄民用爆炸物品，禁止在托运的货物、行李、包裹、邮件中夹带民用爆炸物品。

第五章 爆破作业

第三十一条 申请从事爆破作业的单位，应当具备下列条件：

（一）爆破作业属于合法的生产活动；

（二）有符合国家有关标准和规范的民用爆炸物品专用仓库；

（三）有具备相应资格的安全管理人员、仓库管理人员和具备国家规定执业资格的爆破作业人员；

（四）有健全的安全管理制度、岗位安全责任制度；

（五）有符合国家标准、行业标准的爆破作业专用设备；

（六）法律、行政法规规定的其他条件。

第三十二条 申请从事爆破作业的单位，应当按照国务院公安部门的规定，向有关人民政府公安机关提出申请，并提供能够证明其符合本条例第三十一条规定条件的有关材料。受理申请的公安机关应当自受理申请之日起20日内进行审查，对符合条件的，核发《爆破作业单位许可证》；对不符合条件的，不予核发《爆破作业单位许可证》，书面向申请人说明理由。

营业性爆破作业单位持《爆破作业单位许可证》到工商行政管理部门办理工商登记后，方可从事营业性爆破作业活动。

爆破作业单位应当在办理工商登记后3日内，向所在地县级人民政府公安机关备案。

第三十三条 爆破作业单位应当对本单位的爆破作业人员、安全管理人员、仓库管理人员进行专业技术培训。爆破作业人员应当经设区的市级人民政府公安机关考核合格，取得《爆破作业人员许可证》后，方可从事爆破作业。

第三十四条 爆破作业单位应当按照其资质等级承接爆破作业项目，爆破作业人员应当按照其资格等级从事爆破作业。爆破作业的分级管理办法由国务院公安部门规定。

第三十五条 在城市、风景名胜区和重要工程设施附近实施爆破作业的，应当向爆破作业所在地设区的市级人民政府公安机关提出申请，提交《爆破作业单位许可证》和具有相应资质的安全评估企业出具的爆破设计、施工方案评估报告。受理申请的公安机关应当自受理申请之日起20日内对提交的有关材料进行审查，对符合条件的，作出批准的决定；对不符合条件的，作出不予批准的决定，并书面向申请人说明理由。

实施前款规定的爆破作业，应当由具有相应资质的安全监理企业进行监理，由爆破作业所在地县级人民政府公安机关负责组织实施安全警戒。

第三十六条 爆破作业单位跨省、自治区、直辖市行政区域从事爆破作业的，应当事先将爆破作业项目的有关情况向爆破作业所在地县级人民政府公安机关报告。

第三十七条 爆破作业单位应当如实记载领取、发放民用爆炸物品的品种、数量、编号以及领取、发放人员姓名。领取民用爆炸物品的数量不得超过当班用量，作业后剩余的民用爆炸物品必须当班清退回库。

爆破作业单位应当将领取、发放民用爆炸物品的原始记录保存2年备查。

第三十八条 实施爆破作业，应当遵守国家有关标准和规范，在安全距离以外设置警示标志并安排警戒人员，防止无关人员进入；爆破作业结束后应当及时检查、排除未引爆的民用爆炸物品。

第三十九条 爆破作业单位不再使用民用爆炸物品时，应当将剩余的民用爆炸物品登记造册，报所在地县级人民政府公安机关组织监督销毁。

发现、拣拾无主民用爆炸物品的，应当立即报告当地公安机关。

第六章 储　存

第四十条 民用爆炸物品应当储存在专用仓库内，并按照国家规定设置技术防范设施。

第四十一条 储存民用爆炸物品应当遵守下列规定：

（一）建立出入库检查、登记制度，收存和发放民用爆炸物品必须进行登记，做到账目清楚，账物相符；

(二)储存的民用爆炸物品数量不得超过储存设计容量,对性质相抵触的民用爆炸物品必须分库储存,严禁在库房内存放其他物品;

(三)专用仓库应当指定专人管理、看护,严禁无关人员进入仓库区内,严禁在仓库区内吸烟和用火,严禁把其他容易引起燃烧、爆炸的物品带入仓库区内,严禁在库房内住宿和进行其他活动;

(四)民用爆炸物品丢失、被盗、被抢,应当立即报告当地公安机关。

第四十二条 在爆破作业现场临时存放民用爆炸物品的,应当具备临时存放民用爆炸物品的条件,并设专人管理、看护,不得在不具备安全存放条件的场所存放民用爆炸物品。

第四十三条 民用爆炸物品变质和过期失效的,应当及时清理出库,并予以销毁。销毁前应当登记造册,提出销毁实施方案,报省、自治区、直辖市人民政府民用爆炸物品行业主管部门、所在地县级人民政府公安机关组织监督销毁。

第七章 法律责任

第四十四条 非法制造、买卖、运输、储存民用爆炸物品,构成犯罪的,依法追究刑事责任;尚不构成犯罪,有违反治安管理行为的,依法给予治安管理处罚。

违反本条例规定,在生产、储存、运输、使用民用爆炸物品中发生重大事故,造成严重后果或者后果特别严重,构成犯罪的,依法追究刑事责任。

违反本条例规定,未经许可生产、销售民用爆炸物品的,由民用爆炸物品行业主管部门责令停止非法生产、销售活动,处10万元以上50万元以下的罚款,并没收非法生产、销售的民用爆炸物品及其违法所得。

违反本条例规定,未经许可购买、运输民用爆炸物品或者从事爆破作业的,由公安机关责令停止非法购买、运输、爆破作业活动,处5万元以上20万元以下的罚款,并没收非法购买、运输以及从事爆破作业使用的民用爆炸物品及其违法所得。

民用爆炸物品行业主管部门、公安机关对没收的非法民用爆炸物品,应当组织销毁。

第四十五条 违反本条例规定,生产、销售民用爆炸物品的企业有下列行为之一的,由民用爆炸物品行业主管部门责令限期改正,处10万元以上50万元以下的罚款;逾期不改正的,责令停产停业整顿;情节严重的,吊销《民用爆炸物品生产许可证》或者《民用爆炸物品销售许可证》:

(一)超出生产许可的品种、产量进行生产、销售的;

(二)违反安全技术规程生产作业的;

(三)民用爆炸物品的质量不符合相关标准的;

(四)民用爆炸物品的包装不符合法律、行政法规的规定以及相关标准的;

(五)超出购买许可的品种、数量销售民用爆炸物品的;

(六)向没有《民用爆炸物品生产许可证》、《民用爆炸物品销售许可证》、《民用爆炸物品购买许可证》的单位销售民用爆炸物品的;

(七)民用爆炸物品生产企业销售本企业生产的民用爆炸物品未按照规定向民用爆炸物品行业主管部门备案的;

(八)未经审批进出口民用爆炸物品的。

第四十六条 违反本条例规定,有下列情形之一的,由公安机关责令限期改正,处5万元以上20万元以下的罚款;逾期不改正的,责令停产停业整顿:

(一)未按照规定对民用爆炸物品做出警示标识、登记标识或者未对雷管编码打号的;

(二)超出购买许可的品种、数量购买民用爆炸物品的;

(三)使用现金或者实物进行民用爆炸物品交易的;

(四)未按照规定保存购买单位的许可证、银行账户转账凭证、经办人的身份证明复印件的;

(五)销售、购买、进出口民用爆炸物品,未按照规定向公安机关备案的;

(六)未按照规定建立民用爆炸物品登记制度,如实将本单位生产、销售、购买、运输、储存、使用民用爆炸物品的品种、数量和流向信息输入计算机系统的;

(七)未按照规定将《民用爆炸物品运输许可证》交回发证机关核销的。

第四十七条 违反本条例规定,经由道路运输民用爆炸物品,有下列情形之一的,由公安机关责令改正,处5万元以上20万元以下的罚款:

(一)违反运输许可事项的;

(二)未携带《民用爆炸物品运输许可证》的;

(三)违反有关标准和规范混装民用爆炸物品的;

(四)运输车辆未按照规定悬挂或者安装符合国家标准的易燃易爆危险物品警示标志的;

(五)未按照规定的路线行驶,途中经停没有专人看守或者在许可以外的地点经停的;

(六)装载民用爆炸物品的车厢载人的;

(七)出现危险情况未立即采取必要的应急处置措施、报告当地公安机关的。

第四十八条 违反本条例规定,从事爆破作业的单位有下列情形之一的,由公安机关责令停止违法行为或者限期改正,处10万元以上50万元以下的罚款;逾期不改正的,责令停产停业整顿;情节严重的,吊销《爆破作业单位许可证》:

(一)爆破作业单位未按照其资质等级从事爆破作业的;

(二)营业性爆破作业单位跨省、自治区、直辖市行政区域实施爆破作业,未按照规定事先向爆破作业所在地的县级人民政府公安机关报告的;

(三)爆破作业单位未按照规定建立民用爆炸物品领取登记制度、保存领取登记记录的;

(四)违反国家有关标准和规范实施爆破作业的。

爆破作业人员违反国家有关标准和规范的规定实施爆破作业的,由公安机关责令限期改正,情节严重的,吊销《爆破作业人员许可证》。

第四十九条 违反本条例规定,有下列情形之一的,由民用爆炸物品行业主管部门、公安机关按照职责责令限期改正,可以并处5万元以上20万元以下的罚款;逾期不改正的,责令停产停业整顿;情节严重的,吊销许可证:

(一)未按照规定在专用仓库设置技术防范设施的;

(二)未按照规定建立出入库检查、登记制度或者收存和发放民用爆炸物品,致使账物不符的;

(三)超量储存、在非专用仓库储存或者违反储存标准和规范储存民用爆炸物品的;

(四)有本条例规定的其他违反民用爆炸物品储存管理规定行为的。

第五十条 违反本条例规定,民用爆炸物品从业单位有下列情形之一的,由公安机关处2万元以上10万元以下的罚款;情节严重的,吊销其许可证;有违反治安管理行为的,依法给予治安管理处罚:

(一)违反安全管理制度,致使民用爆炸物品丢失、被盗、被抢的;

(二)民用爆炸物品丢失、被盗、被抢,未按照规定向当地公安机关报告或者故意隐瞒不报的;

(三)转让、出借、转借、抵押、赠送民用爆炸物品的。

第五十一条 违反本条例规定,携带民用爆炸物品搭乘公共交通工具或者进入公共场所,邮寄或者在托运的货物、行李、包裹、邮件中夹带民用爆炸物品,构成犯罪的,依法追究刑事责任;尚不构成犯罪的,由公安机关依法给予治安管理处罚,没收非法的民用爆炸物品,处1000元以上1万元以下的罚款。

第五十二条 民用爆炸物品从业单位的主要负责人未履行本条例规定的安全管理责任,导致发生重大伤亡事故或者造成其他严重后果,构成犯罪的,依法追究刑事责任;尚不构成犯罪的,对主要负责人给予撤职处分,对个人经营的投资人处2万元以上20万元以下的罚款。

第五十三条 民用爆炸物品行业主管部门、公安机关、工商行政管理部门的工作人员,在民用爆炸物品安全监督管理工作中滥用职权、玩忽职守或者徇私舞弊,构成犯罪的,依法追究刑事责任;尚不构成犯罪的,依法给予行政处分。

第八章 附 则

第五十四条 《民用爆炸物品生产许可证》、《民用爆炸物品销售许可证》,由国务院民用爆炸物品行业主管部门规定式样;《民用爆炸物品购买许可证》、《民用爆炸物品运输许可证》、《爆破作业单位许可证》、《爆破作业人员许可证》,由国务院公安部门规定式样。

第五十五条 本条例自2006年9月1日起施行。1984年1月6日国务院发布的《中华人民共和国民用爆炸物品管理条例》同时废止。

危险化学品安全管理条例

1. 2011年3月2日国务院令第591号修订公布
2. 根据2013年12月7日国务院令第645号《关于修改部分行政法规的决定》修订

第一章 总 则

第一条 为了加强危险化学品的安全管理,预防和减少危险化学品事故,保障人民群众生命财产安全,保护环境,制定本条例。

第二条 危险化学品生产、储存、使用、经营和运输的安全管理,适用本条例。

废弃危险化学品的处置,依照有关环境保护的法律、行政法规和国家有关规定执行。

第三条 本条例所称危险化学品,是指具有毒害、腐蚀、爆炸、燃烧、助燃等性质,对人体、设施、环境具有危害的剧毒化学品和其他化学品。

危险化学品目录,由国务院安全生产监督管理部门会同国务院工业和信息化、公安、环境保护、卫生、质量监督检验检疫、交通运输、铁路、民用航空、农业主管部门,根据化学品危险特性的鉴别和分类标准确定、公布,并适时调整。

第四条 危险化学品安全管理,应当坚持安全第一、预防为主、综合治理的方针,强化和落实企业的主体责任。

生产、储存、使用、经营、运输危险化学品的单位(以下统称危险化学品单位)的主要负责人对本单位的危险化学品安全管理工作全面负责。

危险化学品单位应当具备法律、行政法规规定和国家标准、行业标准要求的安全条件,建立、健全安全管理规章制度和岗位安全责任制度,对从业人员进行安全教育、法制教育和岗位技术培训。从业人员应当接受教育和培训,考核合格后上岗作业;对有资格要求的岗位,应当配备依法取得相应资格的人员。

第五条 任何单位和个人不得生产、经营、使用国家禁止生产、经营、使用的危险化学品。

国家对危险化学品的使用有限制性规定的,任何单位和个人不得违反限制性规定使用危险化学品。

第六条 对危险化学品的生产、储存、使用、经营、运输实施安全监督管理的有关部门(以下统称负有危险化学品安全监督管理职责的部门),依照下列规定履行职责:

(一)安全生产监督管理部门负责危险化学品安全监督管理综合工作,组织确定、公布、调整危险化学品目录,对新建、改建、扩建生产、储存危险化学品(包括使用长输管道输送危险化学品,下同)的建设项目进行安全条件审查,核发危险化学品安全生产许可证、危险化学品安全使用许可证和危险化学品经营许可证,并负责危险化学品登记工作。

(二)公安机关负责危险化学品的公共安全管理,核发剧毒化学品购买许可证、剧毒化学品道路运输通行证,并负责危险化学品运输车辆的道路交通安全管理。

(三)质量监督检验检疫部门负责核发危险化学品及其包装物、容器(不包括储存危险化学品的固定式大型储罐,下同)生产企业的工业产品生产许可证,并依法对其产品质量实施监督,负责对进出口危险化学品及其包装实施检验。

(四)环境保护主管部门负责废弃危险化学品处置的监督管理,组织危险化学品的环境危害性鉴定和环境风险程度评估,确定实施重点环境管理的危险化学品,负责危险化学品环境管理登记和新化学物质环境管理登记;依照职责分工调查相关危险化学品环境污染事故和生态破坏事件,负责危险化学品事故现场的应急环境监测。

(五)交通运输主管部门负责危险化学品道路运输、水路运输的许可以及运输工具的安全管理,对危险化学品水路运输安全实施监督,负责危险化学品道路运输企业、水路运输企业驾驶人员、船员、装卸管理人员、押运人员、申报人员、集装箱装箱现场检查员的资格认定。铁路监管部门负责危险化学品铁路运输及其运输工具的安全管理。民用航空主管部门负责危险化学品航空运输以及航空运输企业及其运输工具的安全管理。

(六)卫生主管部门负责危险化学品毒性鉴定的管理,负责组织、协调危险化学品事故受伤人员的医疗卫生救援工作。

(七)工商行政管理部门依据有关部门的许可证件,核发危险化学品生产、储存、经营、运输企业营业执照,查处危险化学品经营企业违法采购危险化学品的行为。

(八)邮政管理部门负责依法查处寄递危险化学品的行为。

第七条 负有危险化学品安全监督管理职责的部门依法进行监督检查,可以采取下列措施:

(一)进入危险化学品作业场所实施现场检查,向有关单位和人员了解情况,查阅、复制有关文件、资料;

(二)发现危险化学品事故隐患,责令立即消除或者限期消除;

(三)对不符合法律、行政法规、规章规定或者国家标准、行业标准要求的设施、设备、装置、器材、运输工具,责令立即停止使用;

(四)经本部门主要负责人批准,查封违法生产、储存、使用、经营危险化学品的场所,扣押违法生产、储存、使用、经营、运输的危险化学品以及用于违法生产、使用、运输危险化学品的原材料、设备、运输工具;

(五)发现影响危险化学品安全的违法行为,当场予以纠正或者责令限期改正。

负有危险化学品安全监督管理职责的部门依法进行监督检查,监督检查人员不得少于2人,并应当出示执法证件;有关单位和个人对依法进行的监督检查应当予以配合,不得拒绝、阻碍。

第八条 县级以上人民政府应当建立危险化学品安全监督管理工作协调机制,支持、督促负有危险化学品安全监督管理职责的部门依法履行职责,协调、解决危险化学品安全监督管理工作中的重大问题。

负有危险化学品安全监督管理职责的部门应当相互配合、密切协作,依法加强对危险化学品的安全监督管理。

第九条 任何单位和个人对违反本条例规定的行为,有权向负有危险化学品安全监督管理职责的部门举报。负有危险化学品安全监督管理职责的部门接到举报,应当及时依法处理;对不属于本部门职责的,应当及时移送有关部门处理。

第十条 国家鼓励危险化学品生产企业和使用危险化学品从事生产的企业采用有利于提高安全保障水平的先进技术、工艺、设备以及自动控制系统,鼓励对危险化学品实行专门储存、统一配送、集中销售。

第二章 生产、储存安全

第十一条 国家对危险化学品的生产、储存实行统筹规划、合理布局。

国务院工业和信息化主管部门以及国务院其他有关部门依据各自职责,负责危险化学品生产、储存的行业规划和布局。

地方人民政府组织编制城乡规划,应当根据本地区的实际情况,按照确保安全的原则,规划适当区域专门用于危险化学品的生产、储存。

第十二条 新建、改建、扩建生产、储存危险化学品的建设项目(以下简称建设项目),应当由安全生产监督管理部门进行安全条件审查。

建设单位应当对建设项目进行安全条件论证,委托具备国家规定的资质条件的机构对建设项目进行安全评价,并将安全条件论证和安全评价的情况报告报建设项目所在地设区的市级以上人民政府安全生产监督管理部门;安全生产监督管理部门应当自收到报告之日起 45 日内作出审查决定,并书面通知建设单位。具体办法由国务院安全生产监督管理部门制定。

新建、改建、扩建储存、装卸危险化学品的港口建设项目,由港口行政管理部门按照国务院交通运输主管部门的规定进行安全条件审查。

第十三条 生产、储存危险化学品的单位,应当对其铺设的危险化学品管道设置明显标志,并对危险化学品管道定期检查、检测。

进行可能危及危险化学品管道安全的施工作业,施工单位应当在开工的 7 日前书面通知管道所属单位,并与管道所属单位共同制定应急预案,采取相应的安全防护措施。管道所属单位应当指派专门人员到现场进行管道安全保护指导。

第十四条 危险化学品生产企业进行生产前,应当依照《安全生产许可证条例》的规定,取得危险化学品安全生产许可证。

生产列入国家实行生产许可证制度的工业产品目录的危险化学品的企业,应当依照《中华人民共和国工业产品生产许可证管理条例》的规定,取得工业产品生产许可证。

负责颁发危险化学品安全生产许可证、工业产品生产许可证的部门,应当将其颁发许可证的情况及时向同级工业和信息化主管部门、环境保护主管部门和公安机关通报。

第十五条 危险化学品生产企业应当提供与其生产的危险化学品相符的化学品安全技术说明书,并在危险化学品包装(包括外包装件)上粘贴或者拴挂与包装内危险化学品相符的化学品安全标签。化学品安全技术说明书和化学品安全标签所载明的内容应当符合国家标准的要求。

危险化学品生产企业发现其生产的危险化学品有新的危险特性的,应当立即公告,并及时修订其化学品安全技术说明书和化学品安全标签。

第十六条 生产实施重点环境管理的危险化学品的企业,应当按照国务院环境保护主管部门的规定,将该危险化学品向环境中释放等相关信息向环境保护主管部门报告。环境保护主管部门可以根据情况采取相应的环境风险控制措施。

第十七条 危险化学品的包装应当符合法律、行政法规、规章的规定以及国家标准、行业标准的要求。

危险化学品包装物、容器的材质以及危险化学品包装的型式、规格、方法和单件质量(重量),应当与所包装的危险化学品的性质和用途相适应。

第十八条 生产列入国家实行生产许可证制度的工业产品目录的危险化学品包装物、容器的企业,应当依照《中华人民共和国工业产品生产许可证管理条例》的规定,取得工业产品生产许可证;其生产的危险化学品包装物、容器经国务院质量监督检验检疫部门认定的检验机构检验合格,方可出厂销售。

运输危险化学品的船舶及其配载的容器,应当按照国家船舶检验规范进行生产,并经海事管理机构认定的船舶检验机构检验合格,方可投入使用。

对重复使用的危险化学品包装物、容器,使用单位在重复使用前应当进行检查;发现存在安全隐患的,应当维修或者更换。使用单位应当对检查情况作出记录,记录的保存期限不得少于 2 年。

第十九条 危险化学品生产装置或者储存数量构成重大危险源的危险化学品储存设施(运输工具加油站、加气站除外),与下列场所、设施、区域的距离应当符合国家有关规定:

(一)居住区以及商业中心、公园等人员密集场所;

(二)学校、医院、影剧院、体育场(馆)等公共设施;

(三)饮用水源、水厂以及水源保护区;

(四)车站、码头(依法经许可从事危险化学品装卸作业的除外)、机场以及通信干线、通信枢纽、铁路线路、道路交通干线、水路交通干线、地铁风亭以及地铁站出入口;

(五)基本农田保护区、基本草原、畜禽遗传资源保护区、畜禽规模化养殖场(养殖小区)、渔业水域以及种子、畜禽、水产苗种生产基地;

(六)河流、湖泊、风景名胜区、自然保护区;

(七)军事禁区、军事管理区;

(八)法律、行政法规规定的其他场所、设施、区域。

已建的危险化学品生产装置或者储存数量构成重大危险源的危险化学品储存设施不符合前款规定的,由所在地设区的市级人民政府安全生产监督管理部门会同有关部门监督其所属单位在规定期限内进行整改;需要转产、停产、搬迁、关闭的,由本级人民政府决定并组织实施。

储存数量构成重大危险源的危险化学品储存设施的选址,应当避开地震活动断层和容易发生洪灾、地质灾害的区域。

本条例所称重大危险源,是指生产、储存、使用或者搬运危险化学品,且危险化学品的数量等于或者超过临界量的单元(包括场所和设施)。

第二十条 生产、储存危险化学品的单位,应当根据其生产、储存的危险化学品的种类和危险特性,在作业场所设置相应的监测、监控、通风、防晒、调温、防火、灭火、防爆、泄压、防毒、中和、防潮、防雷、防静电、防腐、防泄漏以及防护围堤或者隔离操作等安全设施、设备,并按照国家标准、行业标准或者国家有关规定对安全设施、设备进行经常性维护、保养,保证安全设施、设备的正常使用。

生产、储存危险化学品的单位,应当在其作业场所和安全设施、设备上设置明显的安全警示标志。

第二十一条 生产、储存危险化学品的单位,应当在其作业场所设置通信、报警装置,并保证处于适用状态。

第二十二条 生产、储存危险化学品的企业,应当委托具备国家规定的资质条件的机构,对本企业的安全生产条件每3年进行一次安全评价,提出安全评价报告。安全评价报告的内容应当包括对安全生产条件存在的问题进行整改的方案。

生产、储存危险化学品的企业,应当将安全评价报告以及整改方案的落实情况报所在地县级人民政府安全生产监督管理部门备案。在港区内储存危险化学品的企业,应当将安全评价报告以及整改方案的落实情况报港口行政管理部门备案。

第二十三条 生产、储存剧毒化学品或者国务院公安部门规定的可用于制造爆炸物品的危险化学品(以下简称易制爆危险化学品)的单位,应当如实记录其生产、储存的剧毒化学品、易制爆危险化学品的数量、流向,并采取必要的安全防范措施,防止剧毒化学品、易制爆危险化学品丢失或者被盗;发现剧毒化学品、易制爆危险化学品丢失或者被盗的,应当立即向当地公安机关报告。

生产、储存剧毒化学品、易制爆危险化学品的单位,应当设置治安保卫机构,配备专职治安保卫人员。

第二十四条 危险化学品应当储存在专用仓库、专用场地或者专用储存室(以下统称专用仓库)内,并由专人负责管理;剧毒化学品以及储存数量构成重大危险源的其他危险化学品,应当在专用仓库内单独存放,并实行双人收发、双人保管制度。

危险化学品的储存方式、方法以及储存数量应当符合国家标准或者国家有关规定。

第二十五条 储存危险化学品的单位应当建立危险化学品出入库核查、登记制度。

对剧毒化学品以及储存数量构成重大危险源的其他危险化学品,储存单位应当将其储存数量、储存地点以及管理人员的情况,报所在地县级人民政府安全生产监督管理部门(在港区内储存的,报港口行政管理部门)和公安机关备案。

第二十六条 危险化学品专用仓库应当符合国家标准、行业标准的要求,并设置明显的标志。储存剧毒化学品、易制爆危险化学品的专用仓库,应当按照国家有关规定设置相应的技术防范设施。

储存危险化学品的单位应当对其危险化学品专用仓库的安全设施、设备定期进行检测、检验。

第二十七条 生产、储存危险化学品的单位转产、停产、停业或者解散的,应当采取有效措施,及时、妥善处置其危险化学品生产装置、储存设施以及库存的危险化学品,不得丢弃危险化学品;处置方案应当报所在地县级人民政府安全生产监督管理部门、工业和信息化主管部门、环境保护主管部门和公安机关备案。安全生产监督管理部门应当会同环境保护主管部门和公安机关对处置情况进行监督检查,发现未依照规定处置的,应当责令其立即处置。

第三章 使用安全

第二十八条 使用危险化学品的单位,其使用条件(包括工艺)应当符合法律、行政法规的规定和国家标准、行业标准的要求,并根据所使用的危险化学品的种类、危险特性以及使用量和使用方式,建立、健全使用危险化学品的安全管理规章制度和安全操作规程,保证危险化学品的安全使用。

第二十九条 使用危险化学品从事生产并且使用量达到规定数量的化工企业(属于危险化学品生产企业的除外,下同),应当依照本条例的规定取得危险化学品安全使用许可证。

前款规定的危险化学品使用量的数量标准,由国务院安全生产监督管理部门会同国务院公安部门、农业主管部门确定并公布。

第三十条 申请危险化学品安全使用许可证的化工企业,除应当符合本条例第二十八条的规定外,还应当具备下列条件:

(一)有与所使用的危险化学品相适应的专业技术人员;

(二)有安全管理机构和专职安全管理人员;

(三)有符合国家规定的危险化学品事故应急预案和必要的应急救援器材、设备;

(四)依法进行了安全评价。

第三十一条 申请危险化学品安全使用许可证的化工企业,应当向所在地设区的市级人民政府安全生产监督管理部门提出申请,并提交其符合本条例第三十条规定条件的证明材料。设区的市级人民政府安全生产监督管理部门应当依法进行审查,自收到证明材料之日起45日内作出批准或者不予批准的决定。予以批准的,颁发危险化学品安全使用许可证;不予批准的,书面通知申请人并说明理由。

安全生产监督管理部门应当将其颁发危险化学品安全使用许可证的情况及时向同级环境保护主管部门和公安机关通报。

第三十二条 本条例第十六条关于生产实施重点环境管理的危险化学品的企业的规定,适用于使用实施重点环境管理的危险化学品从事生产的企业;第二十条、第二十一条、第二十三条第一款、第二十七条关于生产、储存危险化学品的单位的规定,适用于使用危险化学品的单位;第二十二条关于生产、储存危险化学品的企业的规定,适用于使用危险化学品从事生产的企业。

第四章 经营安全

第三十三条 国家对危险化学品经营(包括仓储经营,下同)实行许可制度。未经许可,任何单位和个人不得经营危险化学品。

依法设立的危险化学品生产企业在其厂区范围内销售本企业生产的危险化学品,不需要取得危险化学品经营许可。

依照《中华人民共和国港口法》的规定取得港口经营许可证的港口经营人,在港区内从事危险化学品仓储经营,不需要取得危险化学品经营许可。

第三十四条 从事危险化学品经营的企业应当具备下列条件:

(一)有符合国家标准、行业标准的经营场所,储存危险化学品的,还应当有符合国家标准、行业标准的储存设施;

(二)从业人员经过专业技术培训并经考核合格;

(三)有健全的安全管理规章制度;

(四)有专职安全管理人员;

(五)有符合国家规定的危险化学品事故应急预案和必要的应急救援器材、设备;

(六)法律、法规规定的其他条件。

第三十五条 从事剧毒化学品、易制爆危险化学品经营的企业,应当向所在地设区的市级人民政府安全生产监督管理部门提出申请,从事其他危险化学品经营的企业,应当向所在地县级人民政府安全生产监督管理部门提出申请(有储存设施的,应当向所在地设区的市级人民政府安全生产监督管理部门提出申请)。申请人应当提交其符合本条例第三十四条规定条件的证明材料。设区的市级人民政府安全生产监督管理部门或者县级人民政府安全生产监督管理部门应当依法进行审查,并对申请人的经营场所、储存设施进行现场核查,自收到证明材料之日起30日内作出批准或者不予批准的决定。予以批准的,颁发危险化学品经营许可证;不予批准的,书面通知申请人并说明理由。

设区的市级人民政府安全生产监督管理部门和县级人民政府安全生产监督管理部门应当将其颁发危险化学品经营许可证的情况及时向同级环境保护主管部门和公安机关通报。

申请人持危险化学品经营许可证向工商行政管理部门办理登记手续后，方可从事危险化学品经营活动。法律、行政法规或者国务院规定经营危险化学品还需要经其他有关部门许可的，申请人向工商行政管理部门办理登记手续时还应当持相应的许可证件。

第三十六条 危险化学品经营企业储存危险化学品的，应当遵守本条例第二章关于储存危险化学品的规定。危险化学品商店内只能存放民用小包装的危险化学品。

第三十七条 危险化学品经营企业不得向未经许可从事危险化学品生产、经营活动的企业采购危险化学品，不得经营没有化学品安全技术说明书或者化学品安全标签的危险化学品。

第三十八条 依法取得危险化学品安全生产许可证、危险化学品安全使用许可证、危险化学品经营许可证的企业，凭相应的许可证件购买剧毒化学品、易制爆危险化学品。民用爆炸物品生产企业凭民用爆炸物品生产许可证购买易制爆危险化学品。

前款规定以外的单位购买剧毒化学品的，应当向所在地县级人民政府公安机关申请取得剧毒化学品购买许可证；购买易制爆危险化学品的，应当持本单位出具的合法用途说明。

个人不得购买剧毒化学品（属于剧毒化学品的农药除外）和易制爆危险化学品。

第三十九条 申请取得剧毒化学品购买许可证，申请人应当向所在地县级人民政府公安机关提交下列材料：

（一）营业执照或者法人证书（登记证书）的复印件；

（二）拟购买的剧毒化学品品种、数量的说明；

（三）购买剧毒化学品用途的说明；

（四）经办人的身份证明。

县级人民政府公安机关应当自收到前款规定的材料之日起 3 日内，作出批准或者不予批准的决定。予以批准的，颁发剧毒化学品购买许可证；不予批准的，书面通知申请人并说明理由。

剧毒化学品购买许可证管理办法由国务院公安部门制定。

第四十条 危险化学品生产企业、经营企业销售剧毒化学品、易制爆危险化学品，应当查验本条例第三十八条第一款、第二款规定的相关许可证件或者证明文件，不得向不具有相关许可证件或者证明文件的单位销售剧毒化学品、易制爆危险化学品。对持剧毒化学品购买许可证购买剧毒化学品的，应当按照许可证载明的品种、数量销售。

禁止向个人销售剧毒化学品（属于剧毒化学品的农药除外）和易制爆危险化学品。

第四十一条 危险化学品生产企业、经营企业销售剧毒化学品、易制爆危险化学品，应当如实记录购买单位的名称、地址、经办人的姓名、身份证号码以及所购买的剧毒化学品、易制爆危险化学品的品种、数量、用途。销售记录以及经办人的身份证明复印件、相关许可证件复印件或者证明文件的保存期限不得少于 1 年。

剧毒化学品、易制爆危险化学品的销售企业、购买单位应当在销售、购买后 5 日内，将所销售、购买的剧毒化学品、易制爆危险化学品的品种、数量以及流向信息报所在地县级人民政府公安机关备案，并输入计算机系统。

第四十二条 使用剧毒化学品、易制爆危险化学品的单位不得出借、转让其购买的剧毒化学品、易制爆危险化学品；因转产、停产、搬迁、关闭等确需转让的，应当向具有本条例第三十八条第一款、第二款规定的相关许可证件或者证明文件的单位转让，并在转让后将有关情况及时向所在地县级人民政府公安机关报告。

第五章　运输安全

第四十三条 从事危险化学品道路运输、水路运输的，应当分别依照有关道路运输、水路运输的法律、行政法规的规定，取得危险货物道路运输许可、危险货物水路运输许可，并向工商行政管理部门办理登记手续。

危险化学品道路运输企业、水路运输企业应当配备专职安全管理人员。

第四十四条 危险化学品道路运输企业、水路运输企业的驾驶人员、船员、装卸管理人员、押运人员、申报人员、集装箱装箱现场检查员应当经交通运输主管部门考核合格，取得从业资格。具体办法由国务院交通运输主管部门制定。

危险化学品的装卸作业应当遵守安全作业标准、规程和制度，并在装卸管理人员的现场指挥或者监控下进行。水路运输危险化学品的集装箱装箱作业应当在集装箱装箱现场检查员的指挥或者监控下进行，并符合积载、隔离的规范和要求；装箱作业完毕后，集装箱装箱现场检查员应当签署装箱证明书。

第四十五条 运输危险化学品，应当根据危险化学品的危险特性采取相应的安全防护措施，并配备必要的防护用品和应急救援器材。

用于运输危险化学品的槽罐以及其他容器应当封口严密，能够防止危险化学品在运输过程中因温度、湿度或者压力的变化发生渗漏、洒漏;槽罐以及其他容器的溢流和泄压装置应当设置准确、起闭灵活。

运输危险化学品的驾驶人员、船员、装卸管理人员、押运人员、申报人员、集装箱装箱现场检查员,应当了解所运输的危险化学品的危险特性及其包装物、容器的使用要求和出现危险情况时的应急处置方法。

第四十六条 通过道路运输危险化学品的,托运人应当委托依法取得危险货物道路运输许可的企业承运。

第四十七条 通过道路运输危险化学品的,应当按照运输车辆的核定载质量装载危险化学品,不得超载。

危险化学品运输车辆应当符合国家标准要求的安全技术条件,并按照国家有关规定定期进行安全技术检验。

危险化学品运输车辆应当悬挂或者喷涂符合国家标准要求的警示标志。

第四十八条 通过道路运输危险化学品的,应当配备押运人员,并保证所运输的危险化学品处于押运人员的监控之下。

运输危险化学品途中因住宿或者发生影响正常运输的情况,需要较长时间停车的,驾驶人员、押运人员应当采取相应的安全防范措施;运输剧毒化学品或者易制爆危险化学品的,还应当向当地公安机关报告。

第四十九条 未经公安机关批准,运输危险化学品的车辆不得进入危险化学品运输车辆限制通行的区域。危险化学品运输车辆限制通行的区域由县级人民政府公安机关划定,并设置明显的标志。

第五十条 通过道路运输剧毒化学品的,托运人应当向运输始发地或者目的地县级人民政府公安机关申请剧毒化学品道路运输通行证。

申请剧毒化学品道路运输通行证,托运人应当向县级人民政府公安机关提交下列材料:

(一)拟运输的剧毒化学品品种、数量的说明;

(二)运输始发地、目的地、运输时间和运输路线的说明;

(三)承运人取得危险货物道路运输许可、运输车辆取得营运证以及驾驶人员、押运人员取得上岗资格的证明文件;

(四)本条例第三十八条第一款、第二款规定的购买剧毒化学品的相关许可证件,或者海关出具的进出口证明文件。

县级人民政府公安机关应当自收到前款规定的材料之日起7日内,作出批准或者不予批准的决定。予以批准的,颁发剧毒化学品道路运输通行证;不予批准的,书面通知申请人并说明理由。

剧毒化学品道路运输通行证管理办法由国务院公安部门制定。

第五十一条 剧毒化学品、易制爆危险化学品在道路运输途中丢失、被盗、被抢或者出现流散、泄漏等情况的,驾驶人员、押运人员应当立即采取相应的警示措施和安全措施,并向当地公安机关报告。公安机关接到报告后,应当根据实际情况立即向安全生产监督管理部门、环境保护主管部门、卫生主管部门通报。有关部门应当采取必要的应急处置措施。

第五十二条 通过水路运输危险化学品的,应当遵守法律、行政法规以及国务院交通运输主管部门关于危险货物水路运输安全的规定。

第五十三条 海事管理机构应当根据危险化学品的种类和危险特性,确定船舶运输危险化学品的相关安全运输条件。

拟交付船舶运输的化学品的相关安全运输条件不明确的,货物所有人或者代理人应当委托相关技术机构进行评估,明确相关安全运输条件并经海事管理机构确认后,方可交付船舶运输。

第五十四条 禁止通过内河封闭水域运输剧毒化学品以及国家规定禁止通过内河运输的其他危险化学品。

前款规定以外的内河水域,禁止运输国家规定禁止通过内河运输的剧毒化学品以及其他危险化学品。

禁止通过内河运输的剧毒化学品以及其他危险化学品的范围,由国务院交通运输主管部门会同国务院环境保护主管部门、工业和信息化主管部门、安全生产监督管理部门,根据危险化学品的危险特性、危险化学品对人体和水环境的危害程度以及消除危害后果的难易程度等因素规定并公布。

第五十五条 国务院交通运输主管部门应当根据危险化学品的危险特性,对通过内河运输本条例第五十四条规定以外的危险化学品(以下简称通过内河运输危险化学品)实行分类管理,对各类危险化学品的运输方式、包装规范和安全防护措施等分别作出规定并监督实施。

第五十六条 通过内河运输危险化学品,应当依法取得危险货物水路运输许可的水路运输企业承运,其他单位和个人不得承运。托运人应当委托依法取得危险货物水路运输许可的水路运输企业承运,不得委托其他单位和个人承运。

第五十七条 通过内河运输危险化学品,应当使用依法取得危险货物适装证书的运输船舶。水路运输企业应当针对所运输的危险化学品的危险特性,制定运输船舶危险化学品事故应急救援预案,并为运输船舶配备充足、有效的应急救援器材和设备。

通过内河运输危险化学品的船舶,其所有人或者经营人应当取得船舶污染损害责任保险证书或者财务担保证明。船舶污染损害责任保险证书或者财务担保证明的副本应当随船携带。

第五十八条 通过内河运输危险化学品,危险化学品包装物的材质、型式、强度以及包装方法应当符合水路运输危险化学品包装规范的要求。国务院交通运输主管部门对单船运输的危险化学品数量有限制性规定的,承运人应当按照规定安排运输数量。

第五十九条 用于危险化学品运输作业的内河码头、泊位应当符合国家有关安全规范,与饮用水取水口保持国家规定的距离。有关管理单位应当制定码头、泊位危险化学品事故应急预案,并为码头、泊位配备充足、有效的应急救援器材和设备。

用于危险化学品运输作业的内河码头、泊位,经交通运输主管部门按照国家有关规定验收合格后方可投入使用。

第六十条 船舶载运危险化学品进出内河港口,应当将危险化学品的名称、危险特性、包装以及进出港时间等事项,事先报告海事管理机构。海事管理机构接到报告后,应当在国务院交通运输主管部门规定的时间内作出是否同意的决定,通知报告人,同时通报港口行政管理部门。定船舶、定航线、定货种的船舶可以定期报告。

在内河港口内进行危险化学品的装卸、过驳作业,应当将危险化学品的名称、危险特性、包装和作业的时间、地点等事项报告港口行政管理部门。港口行政管理部门接到报告后,应当在国务院交通运输主管部门规定的时间内作出是否同意的决定,通知报告人,同时通报海事管理机构。

载运危险化学品的船舶在内河航行,通过过船建筑物的,应当提前向交通运输主管部门申报,并接受交通运输主管部门的管理。

第六十一条 载运危险化学品的船舶在内河航行、装卸或者停泊,应当悬挂专用的警示标志,按照规定显示专用信号。

载运危险化学品的船舶在内河航行,按照国务院交通运输主管部门的规定需要引航的,应当申请引航。

第六十二条 载运危险化学品的船舶在内河航行,应当遵守法律、行政法规和国家其他有关饮用水水源保护的规定。内河航道发展规划应当与依法经批准的饮用水水源保护区划定方案相协调。

第六十三条 托运危险化学品的,托运人应当向承运人说明所托运的危险化学品的种类、数量、危险特性以及发生危险情况的应急处置措施,并按照国家有关规定对所托运的危险化学品妥善包装,在外包装上设置相应的标志。

运输危险化学品需要添加抑制剂或者稳定剂的,托运人应当添加,并将有关情况告知承运人。

第六十四条 托运人不得在托运的普通货物中夹带危险化学品,不得将危险化学品匿报或者谎报为普通货物托运。

任何单位和个人不得交寄危险化学品或者在邮件、快件内夹带危险化学品,不得将危险化学品匿报或者谎报为普通物品交寄。邮政企业、快递企业不得收寄危险化学品。

对涉嫌违反本条第一款、第二款规定的,交通运输主管部门、邮政管理部门可以依法开拆查验。

第六十五条 通过铁路、航空运输危险化学品的安全管理,依照有关铁路、航空运输的法律、行政法规、规章的规定执行。

第六章 危险化学品登记与事故应急救援

第六十六条 国家实行危险化学品登记制度,为危险化学品安全管理以及危险化学品事故预防和应急救援提供技术、信息支持。

第六十七条 危险化学品生产企业、进口企业,应当向国务院安全生产监督管理部门负责危险化学品登记的机构(以下简称危险化学品登记机构)办理危险化学品登记。

危险化学品登记包括下列内容:
(一)分类和标签信息;
(二)物理、化学性质;
(三)主要用途;
(四)危险特性;
(五)储存、使用、运输的安全要求;
(六)出现危险情况的应急处置措施。

对同一企业生产、进口的同一品种的危险化学品,不进行重复登记。危险化学品生产企业、进口企业发现其生产、进口的危险化学品有新的危险特性的,应当及时向危险化学品登记机构办理登记内容变更手续。

危险化学品登记的具体办法由国务院安全生产监

督管理部门制定。

第六十八条 危险化学品登记机构应当定期向工业和信息化、环境保护、公安、卫生、交通运输、铁路、质量监督检验检疫等部门提供危险化学品登记的有关信息和资料。

第六十九条 县级以上地方人民政府安全生产监督管理部门应当会同工业和信息化、环境保护、公安、卫生、交通运输、铁路、质量监督检验检疫等部门，根据本地区实际情况，制定危险化学品事故应急预案，报本级人民政府批准。

第七十条 危险化学品单位应当制定本单位危险化学品事故应急预案，配备应急救援人员和必要的应急救援器材、设备，并定期组织应急救援演练。

危险化学品单位应当将其危险化学品事故应急预案报所在地设区的市级人民政府安全生产监督管理部门备案。

第七十一条 发生危险化学品事故，事故单位主要负责人应当立即按照本单位危险化学品应急预案组织救援，并向当地安全生产监督管理部门和环境保护、公安、卫生主管部门报告；道路运输、水路运输过程中发生危险化学品事故的，驾驶人员、船员或者押运人员还应当向事故发生地交通运输主管部门报告。

第七十二条 发生危险化学品事故，有关地方人民政府应当立即组织安全生产监督管理、环境保护、公安、卫生、交通运输等有关部门，按照本地区危险化学品事故应急预案组织实施救援，不得拖延、推诿。

有关地方人民政府及其有关部门应当按照下列规定，采取必要的应急处置措施，减少事故损失，防止事故蔓延、扩大：

（一）立即组织营救和救治受害人员，疏散、撤离或者采取其他措施保护危害区域内的其他人员；

（二）迅速控制危害源，测定危险化学品的性质、事故的危害区域及危害程度；

（三）针对事故对人体、动植物、土壤、水源、大气造成的现实危害和可能产生的危害，迅速采取封闭、隔离、洗消等措施；

（四）对危险化学品事故造成的环境污染和生态破坏状况进行监测、评估，并采取相应的环境污染治理和生态修复措施。

第七十三条 有关危险化学品单位应当为危险化学品事故应急救援提供技术指导和必要的协助。

第七十四条 危险化学品事故造成环境污染的，由设区的市级以上人民政府环境保护主管部门统一发布有关信息。

第七章 法律责任

第七十五条 生产、经营、使用国家禁止生产、经营、使用的危险化学品的，由安全生产监督管理部门责令停止生产、经营、使用活动，处20万元以上50万元以下的罚款，有违法所得的，没收违法所得；构成犯罪的，依法追究刑事责任。

有前款规定行为的，安全生产监督管理部门还应当责令其对所生产、经营、使用的危险化学品进行无害化处理。

违反国家关于危险化学品使用的限制性规定使用危险化学品的，依照本条第一款的规定处理。

第七十六条 未经安全条件审查，新建、改建、扩建生产、储存危险化学品的建设项目的，由安全生产监督管理部门责令停止建设，限期改正；逾期不改正的，处50万元以上100万元以下的罚款；构成犯罪的，依法追究刑事责任。

未经安全条件审查，新建、改建、扩建储存、装卸危险化学品的港口建设项目的，由港口行政管理部门依照前款规定予以处罚。

第七十七条 未依法取得危险化学品安全生产许可证从事危险化学品生产，或者未依法取得工业产品生产许可证从事危险化学品及其包装物、容器生产的，分别依照《安全生产许可证条例》《中华人民共和国工业产品生产许可证管理条例》的规定处罚。

违反本条例规定，化工企业未取得危险化学品安全使用许可证，使用危险化学品从事生产的，由安全生产监督管理部门责令限期改正，处10万元以上20万元以下的罚款；逾期不改正的，责令停产整顿。

违反本条例规定，未取得危险化学品经营许可证从事危险化学品经营的，由安全生产监督管理部门责令停止经营活动，没收违法经营的危险化学品以及违法所得，并处10万元以上20万元以下的罚款；构成犯罪的，依法追究刑事责任。

第七十八条 有下列情形之一的，由安全生产监督管理部门责令改正，可以处5万元以下的罚款；拒不改正的，处5万元以上10万元以下的罚款；情节严重的，责令停产停业整顿：

（一）生产、储存危险化学品的单位未对其铺设的危险化学品管道设置明显的标志，或者未对危险化学品管道定期检查、检测的；

（二）进行可能危及危险化学品管道安全的施工作业，施工单位未按照规定书面通知管道所属单位，或者未与管道所属单位共同制定应急预案、采取相应的安全防护措施,或者管道所属单位未指派专门人员到现场进行管道安全保护指导的;

(三)危险化学品生产企业未提供化学品安全技术说明书,或者未在包装(包括外包装件)上粘贴、拴挂化学品安全标签的;

(四)危险化学品生产企业提供的化学品安全技术说明书与其生产的危险化学品不相符,或者在包装(包括外包装件)粘贴、拴挂的化学品安全标签与包装内危险化学品不相符,或者化学品安全技术说明书、化学品安全标签所载明的内容不符合国家标准要求的;

(五)危险化学品生产企业发现其生产的危险化学品有新的危险特性不立即公告,或者不及时修订其化学品安全技术说明书和化学品安全标签的;

(六)危险化学品经营企业经营没有化学品安全技术说明书和化学品安全标签的危险化学品的;

(七)危险化学品包装物、容器的材质以及包装的型式、规格、方法和单件质量(重量)与所包装的危险化学品的性质和用途不相适应的;

(八)生产、储存危险化学品的单位未在作业场所和安全设施、设备上设置明显的安全警示标志,或者未在作业场所设置通信、报警装置的;

(九)危险化学品专用仓库未设专人负责管理,或者对储存的剧毒化学品以及储存数量构成重大危险源的其他危险化学品未实行双人收发、双人保管制度的;

(十)储存危险化学品的单位未建立危险化学品出入库核查、登记制度的;

(十一)危险化学品专用仓库未设置明显标志的;

(十二)危险化学品生产企业、进口企业不办理危险化学品登记,或者发现其生产、进口的危险化学品有新的危险特性不办理危险化学品登记内容变更手续的;

从事危险化学品仓储经营的港口经营人有前款规定情形的,由港口行政管理部门依照前款规定予以处罚。储存剧毒化学品、易制爆危险化学品的专用仓库未按照国家有关规定设置相应的技术防范设施的,由公安机关依照前款规定予以处罚。

生产、储存剧毒化学品、易制爆危险化学品的单位未设置治安保卫机构、配备专职治安保卫人员的,依照《企业事业单位内部治安保卫条例》的规定处罚。

第七十九条 危险化学品包装物、容器生产企业销售未经检验或者经检验不合格的危险化学品包装物、容器的,由质量监督检验检疫部门责令改正,处 10 万元以上 20 万元以下的罚款,有违法所得的,没收违法所得;拒不改正的,责令停产停业整顿;构成犯罪的,依法追究刑事责任。

将未经检验合格的运输危险化学品的船舶及其配载的容器投入使用的,由海事管理机构依照前款规定予以处罚。

第八十条 生产、储存、使用危险化学品的单位有下列情形之一的,由安全生产监督管理部门责令改正,处 5 万元以上 10 万元以下的罚款;拒不改正的,责令停产停业整顿直至由原发证机关吊销其相关许可证件,并由工商行政管理部门责令其办理经营范围变更登记或者吊销其营业执照;有关责任人员构成犯罪的,依法追究刑事责任:

(一)对重复使用的危险化学品包装物、容器,在重复使用前不进行检查的;

(二)未根据其生产、储存的危险化学品的种类和危险特性,在作业场所设置相关安全设施、设备,或者未按照国家标准、行业标准或者国家有关规定对安全设施、设备进行经常性维护、保养的;

(三)未依照本条例规定对其安全生产条件定期进行安全评价的;

(四)未将危险化学品储存在专用仓库内,或者未将剧毒化学品以及储存数量构成重大危险源的其他危险化学品在专用仓库内单独存放的;

(五)危险化学品的储存方式、方法或者储存数量不符合国家标准或者国家有关规定的;

(六)危险化学品专用仓库不符合国家标准、行业标准的要求的;

(七)未对危险化学品专用仓库的安全设施、设备定期进行检测、检验的。

从事危险化学品仓储经营的港口经营人有前款规定情形的,由港口行政管理部门依照前款规定予以处罚。

第八十一条 有下列情形之一的,由公安机关责令改正,可以处 1 万元以下的罚款;拒不改正的,处 1 万元以上 5 万元以下的罚款:

(一)生产、储存、使用剧毒化学品、易制爆危险化学品的单位不如实记录生产、储存、使用的剧毒化学品、易制爆危险化学品的数量、流向的;

(二)生产、储存、使用剧毒化学品、易制爆危险化学品的单位发现剧毒化学品、易制爆危险化学品丢失或者被盗,不立即向公安机关报告的;

(三)储存剧毒化学品的单位未将剧毒化学品的

储存数量、储存地点以及管理人员的情况报所在地县级人民政府公安机关备案的;

(四)危险化学品生产企业、经营企业不如实记录剧毒化学品、易制爆危险化学品购买单位的名称、地址、经办人的姓名、身份证号码以及所购买的剧毒化学品、易制爆危险化学品的品种、数量、用途,或者保存销售记录和相关材料的时间少于1年的;

(五)剧毒化学品、易制爆危险化学品的销售企业、购买单位未在规定的时限内将所销售、购买的剧毒化学品、易制爆危险化学品的品种、数量以及流向信息报所在地县级人民政府公安机关备案的;

(六)使用剧毒化学品、易制爆危险化学品的单位依照本条例规定转让其购买的剧毒化学品、易制爆危险化学品,未将有关情况向所在地县级人民政府公安机关报告的。

生产、储存危险化学品的企业或者使用危险化学品从事生产的企业未按照本条例规定将安全评价报告以及整改方案的落实情况报安全生产监督管理部门或者港口行政管理部门备案,或者储存危险化学品的单位未将其剧毒化学品以及储存数量构成重大危险源的其他危险化学品的储存数量、储存地点以及管理人员的情况报安全生产监督管理部门或者港口行政管理部门备案的,分别由安全生产监督管理部门或者港口行政管理部门依照前款规定予以处罚。

生产实施重点环境管理的危险化学品的企业或者使用实施重点环境管理的危险化学品从事生产的企业未按照规定将相关信息向环境保护主管部门报告的,由环境保护主管部门依照本条第一款的规定予以处罚。

第八十二条 生产、储存、使用危险化学品的单位转产、停产、停业或者解散,未采取有效措施及时、妥善处置其危险化学品生产装置、储存设施以及库存的危险化学品,或者丢弃危险化学品的,由安全生产监督管理部门责令改正,处5万元以上10万元以下的罚款;构成犯罪的,依法追究刑事责任。

生产、储存、使用危险化学品的单位转产、停产、停业或者解散,未依照本条例规定将其危险化学品生产装置、储存设施以及库存危险化学品的处置方案报有关部门备案的,分别由有关部门责令改正,可以处1万元以下的罚款;拒不改正的,处1万元以上5万元以下的罚款。

第八十三条 危险化学品经营企业向未经许可违法从事危险化学品生产、经营活动的企业采购危险化学品的,由工商行政管理部门责令改正,处10万元以上20万元以下的罚款;拒不改正的,责令停业整顿直至由原发证机关吊销其危险化学品经营许可证,并由工商行政管理部门责令其办理经营范围变更登记或者吊销其营业执照。

第八十四条 危险化学品生产企业、经营企业有下列情形之一的,由安全生产监督管理部门责令改正,没收违法所得,并处10万元以上20万元以下的罚款;拒不改正的,责令停产停业整顿直至吊销其危险化学品安全生产许可证、危险化学品经营许可证,并由工商行政管理部门责令其办理经营范围变更登记或者吊销其营业执照:

(一)向不具有本条例第三十八条第一款、第二款规定的相关许可证件或者证明文件的单位销售剧毒化学品、易制爆危险化学品的;

(二)不按照剧毒化学品购买许可证载明的品种、数量销售剧毒化学品的;

(三)向个人销售剧毒化学品(属于剧毒化学品的农药除外)、易制爆危险化学品的。

不具有本条例第三十八条第一款、第二款规定的相关许可证件或者证明文件的单位购买剧毒化学品、易制爆危险化学品,或者个人购买剧毒化学品(属于剧毒化学品的农药除外)、易制爆危险化学品的,由公安机关没收所购买的剧毒化学品、易制爆危险化学品,可以并处5000元以下的罚款。

使用剧毒化学品、易制爆危险化学品的单位出借或者向不具有本条例第三十八条第一款、第二款规定的相关许可证件的单位转让其购买的剧毒化学品、易制爆危险化学品,或者向个人转让其购买的剧毒化学品(属于剧毒化学品的农药除外)、易制爆危险化学品的,由公安机关责令改正,处10万元以上20万元以下的罚款;拒不改正的,责令停产停业整顿。

第八十五条 未依法取得危险货物道路运输许可、危险货物水路运输许可,从事危险化学品道路运输、水路运输的,分别依照有关道路运输、水路运输的法律、行政法规的规定处罚。

第八十六条 有下列情形之一的,由交通运输主管部门责令改正,处5万元以上10万元以下的罚款;拒不改正的,责令停产停业整顿;构成犯罪的,依法追究刑事责任:

(一)危险化学品道路运输企业、水路运输企业的驾驶人员、船员、装卸管理人员、押运人员、申报人员、集装箱装箱现场检查员未取得从业资格上岗作业的;

（二）运输危险化学品,未根据危险化学品的危险特性采取相应的安全防护措施,或者未配备必要的防护用品和应急救援器材的;

（三）使用未依法取得危险货物适装证书的船舶,通过内河运输危险化学品的;

（四）通过内河运输危险化学品的承运人违反国务院交通运输主管部门对单船运输的危险化学品数量的限制性规定运输危险化学品的;

（五）用于危险化学品运输作业的内河码头、泊位不符合国家有关安全规范,或者未与饮用水取水口保持国家规定的安全距离,或者未经交通运输主管部门验收合格投入使用的;

（六）托运人不向承运人说明所托运的危险化学品的种类、数量、危险特性以及发生危险情况的应急处置措施,或者未按照国家有关规定对所托运的危险化学品妥善包装并在外包装上设置相应标志的;

（七）运输危险化学品需要添加抑制剂或者稳定剂,托运人未添加或者未将有关情况告知承运人的。

第八十七条 有下列情形之一的,由交通运输主管部门责令改正,处10万元以上20万元以下的罚款,有违法所得的,没收违法所得;拒不改正的,责令停产停业整顿;构成犯罪的,依法追究刑事责任:

（一）委托未依法取得危险货物道路运输许可、危险货物水路运输许可的企业承运危险化学品的;

（二）通过内河封闭水域运输剧毒化学品以及国家规定禁止通过内河运输的其他危险化学品的;

（三）通过内河运输国家规定禁止通过内河运输的剧毒化学品以及其他危险化学品的;

（四）在托运的普通货物中夹带危险化学品,或者将危险化学品谎报或者匿报为普通货物托运的。

在邮件、快件内夹带危险化学品,或者将危险化学品谎报为普通物品交寄的,依法给予治安管理处罚;构成犯罪的,依法追究刑事责任。

邮政企业、快递企业收寄危险化学品的,依照《中华人民共和国邮政法》的规定处罚。

第八十八条 有下列情形之一的,由公安机关责令改正,处5万元以上10万元以下的罚款;构成违反治安管理行为的,依法给予治安管理处罚;构成犯罪的,依法追究刑事责任:

（一）超过运输车辆的核定载质量装载危险化学品的;

（二）使用安全技术条件不符合国家标准要求的车辆运输危险化学品的;

（三）运输危险化学品的车辆未经公安机关批准进入危险化学品运输车辆限制通行的区域的;

（四）未取得剧毒化学品道路运输通行证,通过道路运输剧毒化学品的。

第八十九条 有下列情形之一的,由公安机关责令改正,处1万元以上5万元以下的罚款;构成违反治安管理行为的,依法给予治安管理处罚:

（一）危险化学品运输车辆未悬挂或者喷涂警示标志,或者悬挂或者喷涂的警示标志不符合国家标准要求的;

（二）通过道路运输危险化学品,不配备押运人员的;

（三）运输剧毒化学品或者易制爆危险化学品途中需要较长时间停车,驾驶人员、押运人员不向当地公安机关报告的;

（四）剧毒化学品、易制爆危险化学品在道路运输途中丢失、被盗、被抢或者发生流散、泄露等情况,驾驶人员、押运人员不采取必要的警示措施和安全措施,或者不向当地公安机关报告的。

第九十条 对发生交通事故负有全部责任或者主要责任的危险化学品道路运输企业,由公安机关责令消除安全隐患,未消除安全隐患的危险化学品运输车辆,禁止上道路行驶。

第九十一条 有下列情形之一的,由交通运输主管部门责令改正,可以处1万元以下的罚款;拒不改正的,处1万元以上5万元以下的罚款:

（一）危险化学品道路运输企业、水路运输企业未配备专职安全管理人员的;

（二）用于危险化学品运输作业的内河码头、泊位的管理单位未制定码头、泊位危险化学品事故应急救援预案,或者未为码头、泊位配备充足、有效的应急救援器材和设备的。

第九十二条 有下列情形之一的,依照《中华人民共和国内河交通安全管理条例》的规定处罚:

（一）通过内河运输危险化学品的水路运输企业未制定运输船舶危险化学品事故应急救援预案,或者未为运输船舶配备充足、有效的应急救援器材和设备的;

（二）通过内河运输危险化学品的船舶的所有人或者经营人未取得船舶污染损害责任保险证书或者财务担保证明的;

（三）船舶载运危险化学品进出内河港口,未将有关事项先报告海事管理机构并经其同意的;

（四）载运危险化学品的船舶在内河航行、装卸或者停泊，未悬挂专用的警示标志，或者未按照规定显示专用信号，或者未按照规定申请引航的。

未向港口行政管理部门报告并经其同意，在港口内进行危险化学品的装卸、过驳作业的，依照《中华人民共和国港口法》的规定处罚。

第九十三条 伪造、变造或者出租、出借、转让危险化学品安全生产许可证、工业产品生产许可证，或者使用伪造、变造的危险化学品安全生产许可证、工业产品生产许可证的，分别依照《安全生产许可证条例》《中华人民共和国工业产品生产许可证管理条例》的规定处罚。

伪造、变造或者出租、出借、转让本条例规定的其他许可证，或者使用伪造、变造的本条例规定的其他许可证的，分别由相关许可证的颁发管理机关处10万元以上20万元以下的罚款，有违法所得的，没收违法所得；构成违反治安管理行为的，依法给予治安管理处罚；构成犯罪的，依法追究刑事责任。

第九十四条 危险化学品单位发生危险化学品事故，其主要负责人不立即组织救援或者不立即向有关部门报告的，依照《生产安全事故报告和调查处理条例》的规定处罚。

危险化学品单位发生危险化学品事故，造成他人人身伤害或者财产损失的，依法承担赔偿责任。

第九十五条 发生危险化学品事故，有关地方人民政府及其有关部门不立即组织实施救援，或者不采取必要的应急处置措施减少事故损失，防止事故蔓延、扩大的，对直接负责的主管人员和其他直接责任人员依法给予处分；构成犯罪的，依法追究刑事责任。

第九十六条 负有危险化学品安全监督管理职责的部门的工作人员，在危险化学品安全监督管理工作中滥用职权、玩忽职守、徇私舞弊，构成犯罪的，依法追究刑事责任；尚不构成犯罪的，依法给予处分。

第八章 附 则

第九十七条 监控化学品、属于危险化学品的药品和农药的安全管理，依照本条例的规定执行；法律、行政法规另有规定的，依照其规定。

民用爆炸物品、烟花爆竹、放射性物品、核能物质以及用于国防科研生产的危险化学品的安全管理，不适用本条例。

法律、行政法规对燃气的安全管理另有规定的，依照其规定。

危险化学品容器属于特种设备的，其安全管理依照有关特种设备安全的法律、行政法规的规定执行。

第九十八条 危险化学品的进出口管理，依照有关对外贸易的法律、行政法规、规章的规定执行；进口的危险化学品的储存、使用、经营、运输的安全管理，依照本条例的规定执行。

危险化学品环境管理登记和新化学物质环境管理登记，依照有关环境保护的法律、行政法规、规章的规定执行。危险化学品环境管理登记，按照国家有关规定收取费用。

第九十九条 公众发现、捡拾的无主危险化学品，由公安机关接收。公安机关接收或者有关部门依法没收的危险化学品，需要进行无害化处理的，交由环境保护主管部门组织其认定的专业单位进行处理，或者交由有关危险化学品生产企业进行处理。处理所需费用由国家财政负担。

第一百条 化学品的危险特性尚未确定的，由国务院安全生产监督管理部门、国务院环境保护主管部门、国务院卫生主管部门分别负责组织对该化学品的物理危险性、环境危害性、毒理特性进行鉴定。根据鉴定结果，需要调整危险化学品目录的，依照本条例第三条第二款的规定办理。

第一百零一条 本条例施行前已经使用危险化学品从事生产的化工企业，依照本条例规定需要取得危险化学品安全使用许可证的，应当在国务院安全生产监督管理部门规定的期限内，申请取得危险化学品安全使用许可证。

第一百零二条 本条例自2011年12月1日起施行。

中华人民共和国
监控化学品管理条例

1. 1995年12月27日国务院令第190号发布
2. 根据2011年1月8日国务院令第588号《关于废止和修改部分行政法规的决定》修订

第一条 为了加强对监控化学品的管理，保障公民的人身安全和保护环境，制定本条例。

第二条 在中华人民共和国境内从事监控化学品的生产、经营和使用活动，必须遵守本条例。

第三条 本条例所称监控化学品，是指下列各类化学品：

第一类：可作为化学武器的化学品；

第二类：可作为生产化学武器前体的化学品；

第三类：可作为生产化学武器主要原料的化学品；

第四类:除炸药和纯碳氢化合物外的特定有机化学品。

前款各类监控化学品的名录由国务院化学工业主管部门提出,报国务院批准后公布。

第四条 国务院化学工业主管部门负责全国监控化学品的管理工作。省、自治区、直辖市人民政府化学工业主管部门负责本行政区域内监控化学品的管理工作。

第五条 生产、经营或者使用监控化学品的,应当依照本条例和国家有关规定向国务院化学工业主管部门或者省、自治区、直辖市人民政府化学工业主管部门申报生产、经营或者使用监控化学品的有关资料、数据和使用目的,接受化学工业主管部门的检查监督。

第六条 国家严格控制第一类监控化学品的生产。

为科研、医疗、制造药物或者防护目的需要生产第一类监控化学品的,应当报国务院化学工业主管部门批准,并在国务院化学工业主管部门指定的小型设施中生产。

严禁在未经国务院化学工业主管部门指定的设施中生产第一类监控化学品。

第七条 国家对第二类、第三类监控化学品和第四类监控化学品中含磷、硫、氟的特定有机化学品的生产,实行特别许可制度;未经特别许可的,任何单位和个人均不得生产。特别许可办法,由国务院化学工业主管部门制定。

第八条 新建、扩建或者改建用于生产第二类、第三类监控化学品和第四类监控化学品中含磷、硫、氟的特定有机化学品的设施,应当向所在地省、自治区、直辖市人民政府化学工业主管部门提出申请,经省、自治区、直辖市人民政府化学工业主管部门审查签署意见,报国务院化学工业主管部门批准后,方可开工建设;工程竣工后,经所在地省、自治区、直辖市人民政府化学工业主管部门验收合格,并报国务院化学工业主管部门批准后,方可投产使用。

新建、扩建或者改建用于生产第四类监控化学品中不含磷、硫、氟的特定有机化学品的设施,应当在开工生产前向所在地省、自治区、直辖市人民政府化学工业主管部门备案。

第九条 监控化学品应当在专用的化工仓库中储存,并设专人管理。监控化学品的储存条件应当符合国家有关规定。

第十条 储存监控化学品的单位,应当建立严格的出库、入库检查制度和登记制度;发现丢失、被盗时,应当立即报告当地公安机关和所在地省、自治区、直辖市人民政府化学工业主管部门;省、自治区、直辖市人民政府化学工业主管部门应当积极配合公安机关进行查处。

第十一条 对变质或者过期失效的监控化学品,应当及时处理。处理方案报所在地省、自治区、直辖市人民政府化学工业主管部门批准后实施。

第十二条 为科研、医疗、制造药物或者防护目的需要使用第一类监控化学品的,应当向国务院化学工业主管部门提出申请,经国务院化学工业主管部门审查批准后,凭批准文件同国务院化学工业主管部门指定的生产单位签订合同,并将合同副本报送国务院化学工业主管部门备案。

第十三条 需要使用第二类监控化学品的,应当向所在地省、自治区、直辖市人民政府化学工业主管部门提出申请,经省、自治区、直辖市人民政府化学工业主管部门审查批准后,凭批准文件同国务院化学工业主管部门指定的经销单位签订合同,并将合同副本报送所在地省、自治区、直辖市人民政府化学工业主管部门备案。

第十四条 国务院化学工业主管部门会同国务院对外经济贸易主管部门指定的单位(以下简称被指定单位),可以从事第一类监控化学品和第二类、第三类监控化学品及其生产技术、专用设备的进出口业务。

需要进口或者出口第一类监控化学品和第二类、第三类监控化学品及其生产技术、专用设备的,应当委托被指定单位代理进口或者出口。除被指定单位外,任何单位和个人均不得从事这类进出口业务。

第十五条 国家严格控制第一类监控化学品的进口和出口。非为科研、医疗、制造药物或者防护目的,不得进口第一类监控化学品。

接受委托进口第一类监控化学品的被指定单位,应当向国务院化学工业主管部门提出申请,并提交产品最终用途的说明和证明;经国务院化学工业主管部门审查签署意见后,报国务院审查批准。被指定单位凭国务院的批准文件向国务院对外经济贸易主管部门申请领取进口许可证。

第十六条 接受委托进口第二类、第三类监控化学品及其生产技术、专用设备的被指定单位,应当向国务院化学工业主管部门提出申请,并提交所进口的化学品、生产技术或者专用设备最终用途的说明和证明;经国务院化学工业主管部门审查批准后,被指定单位凭国务院化学工业主管部门的批准文件向国务院对外经济贸易主管部门申请领取进口许可证。

第十七条 接受委托出口第一类监控化学品的被指定单

位,应当向国务院化学工业主管部门提出申请,并提交进口国政府或者政府委托机构出具的所进口的化学品仅用于科研、医疗、制造药物或者防护目的和不转口第三国的保证书;经国务院化学工业主管部门审查签署意见后,报国务院审查批准。被指定单位凭国务院的批准文件向国务院对外经济贸易主管部门申请领取出口许可证。

第十八条 接受委托出口第二类、第三类监控化学品及其生产技术、专用设备的被指定单位,应当向国务院化学工业主管部门提出申请,并提交进口国政府或者政府委托机构出具的所进口的化学品、生产技术、专用设备不用于生产化学武器和不转口第三国的保证书;经国务院化学工业主管部门审查批准后,被指定单位凭国务院化学工业主管部门的批准文件向国务院对外经济贸易主管部门申请领取出口许可证。

第十九条 使用监控化学品的,应当与其申报的使用目的相一致;需要改变使用目的的,应当报原审批机关批准。

第二十条 使用第一类、第二类监控化学品的,应当按照国家有关规定,定期向所在地省、自治区、直辖市人民政府化学工业主管部门报告消耗此类监控化学品的数量和使用此类监控化学品生产最终产品的数量。

第二十一条 违反本条例规定,生产监控化学品的,由省、自治区、直辖市人民政府化学工业主管部门责令限期改正,逾期不改正的,可以处20万元以下的罚款;情节严重的,可以提请省、自治区、直辖市人民政府责令停产整顿。

第二十二条 违反本条例规定,使用监控化学品的,由省、自治区、直辖市人民政府化学工业主管部门责令限期改正,逾期不改正的,可以处5万元以下的罚款。

第二十三条 违反本条例规定,经营监控化学品的,由省、自治区、直辖市人民政府化学工业主管部门没收其违法经营的监控化学品和违法所得,可以并处违法经营额1倍以上2倍以下的罚款。

第二十四条 违反本条例规定,隐瞒、拒报有关监控化学品的资料、数据,或者妨碍、阻挠化学工业主管部门依照本条例的规定履行检查监督职责的,由省、自治区、直辖市人民政府化学工业主管部门处以5万元以下的罚款。

第二十五条 违反本条例规定,构成违反治安管理行为的,依照《中华人民共和国治安管理处罚法》的有关规定处罚;构成犯罪的,依法追究刑事责任。

第二十六条 在本条例施行前已经从事生产、经营或者使用监控化学品的,应当依照本条例的规定,办理有关手续。

第二十七条 本条例自发布之日起施行。

放射性物品运输安全管理条例

1. 2009年9月14日国务院令第562号公布
2. 自2010年1月1日起施行

第一章 总 则

第一条 为了加强对放射性物品运输的安全管理,保障人体健康,保护环境,促进核能、核技术的开发与和平利用,根据《中华人民共和国放射性污染防治法》,制定本条例。

第二条 放射性物品的运输和放射性物品运输容器的设计、制造等活动,适用本条例。

本条例所称放射性物品,是指含有放射性核素,并且其活度和比活度均高于国家规定的豁免值的物品。

第三条 根据放射性物品的特性及其对人体健康和环境的潜在危害程度,将放射性物品分为一类、二类和三类。

一类放射性物品,是指Ⅰ类放射源、高水平放射性废物、乏燃料等释放到环境后对人体健康和环境产生重大辐射影响的放射性物品。

二类放射性物品,是指Ⅱ类和Ⅲ类放射源、中等水平放射性废物等释放到环境后对人体健康和环境产生一般辐射影响的放射性物品。

三类放射性物品,是指Ⅳ类和Ⅴ类放射源、低水平放射性废物、放射性药品等释放到环境后对人体健康和环境产生较小辐射影响的放射性物品。

放射性物品的具体分类和名录,由国务院核安全监管部门会同国务院公安、卫生、海关、交通运输、铁路、民航、核工业行业主管部门制定。

第四条 国务院核安全监管部门对放射性物品运输的核与辐射安全实施监督管理。

国务院公安、交通运输、铁路、民航等有关主管部门依照本条例规定和各自的职责,负责放射性物品运输安全的有关监督管理工作。

县级以上地方人民政府环境保护主管部门和公安、交通运输等有关主管部门,依照本条例规定和各自的职责,负责本行政区域放射性物品运输安全的监督管理工作。

第五条 运输放射性物品,应当使用专用的放射性物品运输包装容器(以下简称运输容器)。

放射性物品的运输和放射性物品运输容器的设计、制造,应当符合国家放射性物品运输安全标准。

国家放射性物品运输安全标准,由国务院核安全监管部门制定,由国务院核安全监管部门和国务院标准化主管部门联合发布。国务院核安全监管部门制定国家放射性物品运输安全标准,应当征求国务院公安、卫生、交通运输、铁路、民航、核工业行业主管部门的意见。

第六条 放射性物品运输容器的设计、制造单位应当建立健全责任制度,加强质量管理,并对所从事的放射性物品运输容器的设计、制造活动负责。

放射性物品的托运人(以下简称托运人)应当制定核与辐射事故应急方案,在放射性物品运输中采取有效的辐射防护和安全保卫措施,并对放射性物品运输中的核与辐射安全负责。

第七条 任何单位和个人对违反本条例规定的行为,有权向国务院核安全监管部门或者其他依法履行放射性物品运输安全监督管理职责的部门举报。

接到举报的部门应当依法调查处理,并为举报人保密。

第二章 放射性物品运输容器的设计

第八条 放射性物品运输容器设计单位应当建立健全和有效实施质量保证体系,按照国家放射性物品运输安全标准进行设计,并通过试验验证或者分析论证等方式,对设计的放射性物品运输容器的安全性能进行评价。

第九条 放射性物品运输容器设计单位应当建立健全档案制度,按照质量保证体系的要求,如实记录放射性物品运输容器的设计和安全性能评价过程。

进行一类放射性物品运输容器设计,应当编制设计安全评价报告书;进行二类放射性物品运输容器设计,应当编制设计安全评价报告表。

第十条 一类放射性物品运输容器的设计,应当在首次用于制造前报国务院核安全监管部门审查批准。

申请批准一类放射性物品运输容器的设计,设计单位应当向国务院核安全监管部门提出书面申请,并提交下列材料:

(一)设计总图及其设计说明书;

(二)设计安全评价报告书;

(三)质量保证大纲。

第十一条 国务院核安全监管部门应当自受理申请之日起45个工作日内完成审查,对符合国家放射性物品运输安全标准的,颁发一类放射性物品运输容器设计批准书,并公告批准文号;对不符合国家放射性物品运输安全标准的,书面通知申请单位并说明理由。

第十二条 设计单位修改已批准的一类放射性物品运输容器设计中有关安全内容的,应当按照原申请程序向国务院核安全监管部门重新申请领取一类放射性物品运输容器设计批准书。

第十三条 二类放射性物品运输容器的设计,设计单位应当在首次用于制造前,将设计总图及其设计说明书、设计安全评价报告表报国务院核安全监管部门备案。

第十四条 三类放射性物品运输容器的设计,设计单位应当编制设计符合国家放射性物品运输安全标准的证明文件并存档备查。

第三章 放射性物品运输容器的制造与使用

第十五条 放射性物品运输容器制造单位,应当按照设计要求和国家放射性物品运输安全标准,对制造的放射性物品运输容器进行质量检验,编制质量检验报告。

未经质量检验或者经检验不合格的放射性物品运输容器,不得交付使用。

第十六条 从事一类放射性物品运输容器制造活动的单位,应当具备下列条件:

(一)有与所从事的制造活动相适应的专业技术人员;

(二)有与所从事的制造活动相适应的生产条件和检测手段;

(三)有健全的管理制度和完善的质量保证体系。

第十七条 从事一类放射性物品运输容器制造活动的单位,应当申请领取一类放射性物品运输容器制造许可证(以下简称制造许可证)。

申请领取制造许可证的单位,应当向国务院核安全监管部门提出书面申请,并提交其符合本条例第十六条规定条件的证明材料和申请制造的运输容器型号。

禁止无制造许可证或者超出制造许可证规定的范围从事一类放射性物品运输容器的制造活动。

第十八条 国务院核安全监管部门应当自受理申请之日起45个工作日内完成审查,对符合条件的,颁发制造许可证,并予以公告;对不符合条件的,书面通知申请单位并说明理由。

第十九条 制造许可证应当载明下列内容:

(一)制造单位名称、住所和法定代表人;

(二)许可制造的运输容器的型号；

(三)有效期限；

(四)发证机关、发证日期和证书编号。

第二十条 一类放射性物品运输容器制造单位变更单位名称、住所或者法定代表人的，应当自工商变更登记之日起20日内，向国务院核安全监管部门办理制造许可证变更手续。

一类放射性物品运输容器制造单位变更制造的运输容器型号的，应当按照原申请程序向国务院核安全监管部门重新申请领取制造许可证。

第二十一条 制造许可证有效期为5年。

制造许可证有效期届满，需要延续的，一类放射性物品运输容器制造单位应当于制造许可证有效期届满6个月前，向国务院核安全监管部门提出延续申请。

国务院核安全监管部门应当在制造许可证有效期届满前作出是否准予延续的决定。

第二十二条 从事二类放射性物品运输容器制造活动的单位，应当在首次制造活动开始30日前，将其具备与所从事的制造活动相适应的专业技术人员、生产条件、检测手段，以及具有健全的管理制度和完善的质量保证体系的证明材料，报国务院核安全监管部门备案。

第二十三条 一类、二类放射性物品运输容器制造单位，应当按照国务院核安全监管部门制定的编码规则，对其制造的一类、二类放射性物品运输容器统一编码，并于每年1月31日前将上一年度的运输容器编码清单报国务院核安全监管部门备案。

第二十四条 从事三类放射性物品运输容器制造活动的单位，应当于每年1月31日前将上一年度制造的运输容器的型号和数量报国务院核安全监管部门备案。

第二十五条 放射性物品运输容器使用单位应当对其使用的放射性物品运输容器定期进行保养和维护，并建立保养和维护档案；放射性物品运输容器达到设计使用年限，或者发现放射性物品运输容器存在安全隐患的，应当停止使用，进行处理。

一类放射性物品运输容器使用单位还应当对其使用的一类放射性物品运输容器每两年进行一次安全性能评价，并将评价结果报国务院核安全监管部门备案。

第二十六条 使用境外单位制造的一类放射性物品运输容器的，应当在首次使用前报国务院核安全监管部门审查批准。

申请使用境外单位制造的一类放射性物品运输容器的单位，应当向国务院核安全监管部门提出书面申请，并提交下列材料：

(一)设计单位所在国核安全监管部门颁发的设计批准文件的复印件；

(二)设计安全评价报告书；

(三)制造单位相关业绩的证明材料；

(四)质量合格证明；

(五)符合中华人民共和国法律、行政法规规定，以及国家放射性物品运输安全标准或者经国务院核安全监管部门认可的标准的说明材料。

国务院核安全监管部门应当自受理申请之日起45个工作日内完成审查，对符合国家放射性物品运输安全标准的，颁发使用批准书；对不符合国家放射性物品运输安全标准的，书面通知申请单位并说明理由。

第二十七条 使用境外单位制造的二类放射性物品运输容器的，应当在首次使用前将运输容器质量合格证明和符合中华人民共和国法律、行政法规规定，以及国家放射性物品运输安全标准或者经国务院核安全监管部门认可的标准的说明材料，报国务院核安全监管部门备案。

第二十八条 国务院核安全监管部门办理使用境外单位制造的一类、二类放射性物品运输容器审查批准和备案手续，应当同时为运输容器确定编码。

第四章 放射性物品的运输

第二十九条 托运放射性物品的，托运人应当持有生产、销售、使用或者处置放射性物品的有效证明，使用与所托运的放射性物品类别相适应的运输容器进行包装，配备必要的辐射监测设备、防护用品和防盗、防破坏设备，并编制运输说明书、核与辐射事故应急响应指南、装卸作业方法、安全防护指南。

运输说明书应当包括放射性物品的品名、数量、物理化学形态、危害风险等内容。

第三十条 托运一类放射性物品的，托运人应当委托有资质的辐射监测机构对其表面污染和辐射水平实施监测，辐射监测机构应当出具辐射监测报告。

托运二类、三类放射性物品的，托运人应当对其表面污染和辐射水平实施监测，并编制辐射监测报告。

监测结果不符合国家放射性物品运输安全标准的，不得托运。

第三十一条 承运放射性物品应当取得国家规定的运输资质。承运人的资质管理，依照有关法律、行政法规和国务院交通运输、铁路、民航、邮政主管部门的规定执行。

第三十二条 托运人和承运人应当对直接从事放射性物品运输的工作人员进行运输安全和应急响应知识的培

训,并进行考核;考核不合格的,不得从事相关工作。

托运人和承运人应当按照国家放射性物品运输安全标准和国家有关规定,在放射性物品运输容器和运输工具上设置警示标志。

国家利用卫星定位系统对一类、二类放射性物品运输工具的运输过程实行在线监控。具体办法由国务院核安全监管部门会同国务院有关部门制定。

第三十三条 托运人和承运人应当按照国家职业病防治的有关规定,对直接从事放射性物品运输的工作人员进行个人剂量监测,建立个人剂量档案和职业健康监护档案。

第三十四条 托运人应当向承运人提交运输说明书、辐射监测报告、核与辐射事故应急响应指南、装卸作业方法、安全防护指南,承运人应当查验、收存。托运人提交文件不齐全的,承运人不得承运。

第三十五条 托运一类放射性物品的,托运人应当编制放射性物品运输的核与辐射安全分析报告书,报国务院核安全监管部门审查批准。

放射性物品运输的核与辐射安全分析报告书应当包括放射性物品的品名、数量、运输容器型号、运输方式、辐射防护措施、应急措施等内容。

国务院核安全监管部门应当自受理申请之日起45个工作日内完成审查,对符合国家放射性物品运输安全标准的,颁发核与辐射安全分析报告批准书;对不符合国家放射性物品运输安全标准的,书面通知申请单位并说明理由。

第三十六条 放射性物品运输的核与辐射安全分析报告批准书应当载明下列主要内容:

(一)托运人的名称、地址、法定代表人;

(二)运输放射性物品的品名、数量;

(三)运输放射性物品的运输容器型号和运输方式;

(四)批准日期和有效期限。

第三十七条 一类放射性物品启运前,托运人应当将放射性物品运输的核与辐射安全分析报告批准书、辐射监测报告,报启运地的省、自治区、直辖市人民政府环境保护主管部门备案。

收到备案材料的环境保护主管部门应当及时将有关情况通报放射性物品运输的途经地和抵达地的省、自治区、直辖市人民政府环境保护主管部门。

第三十八条 通过道路运输放射性物品的,应当经公安机关批准,按照指定的时间、路线、速度行驶,并悬挂警示标志,配备押运人员,使放射性物品处于押运人员的监管之下。

通过道路运输核反应堆乏燃料的,托运人应当报国务院公安部门批准。通过道路运输其他放射性物品的,托运人应当报启运地县级以上人民政府公安机关批准。具体办法由国务院公安部门商国务院核安全监管部门制定。

第三十九条 通过水路运输放射性物品的,按照水路危险货物运输的法律、行政法规和规章的有关规定执行。

通过铁路、航空运输放射性物品的,按照国务院铁路、民航主管部门的有关规定执行。

禁止邮寄一类、二类放射性物品。邮寄三类放射性物品的,按照国务院邮政管理部门的有关规定执行。

第四十条 生产、销售、使用或者处置放射性物品的单位,可以依照《中华人民共和国道路运输条例》的规定,向设区的市级人民政府道路运输管理机构申请非营业性道路危险货物运输资质,运输本单位的放射性物品,并承担本条例规定的托运人和承运人的义务。

申请放射性物品非营业性道路危险货物运输资质的单位,应当具备下列条件:

(一)持有生产、销售、使用或者处置放射性物品的有效证明;

(二)有符合本条例规定要求的放射性物品运输容器;

(三)有具备辐射防护与安全防护知识的专业技术人员和经考试合格的驾驶人员;

(四)有符合放射性物品运输安全防护要求,并经检测合格的运输工具、设施和设备;

(五)配备必要的防护用品和依法经定期检定合格的监测仪器;

(六)有运输安全和辐射防护管理规章制度以及核与辐射事故应急措施。

放射性物品非营业性道路危险货物运输资质的具体条件,由国务院交通运输主管部门会同国务院核安全监管部门制定。

第四十一条 一类放射性物品从境外运抵中华人民共和国境内,或者途经中华人民共和国境内运输的,托运人应当编制放射性物品运输的核与辐射安全分析报告书,报国务院核安全监管部门审查批准。审查批准程序依照本条例第三十五条第三款的规定执行。

二类、三类放射性物品从境外运抵中华人民共和国境内,或者途经中华人民共和国境内运输的,托运人应当编制放射性物品运输的辐射监测报告,报国务院核安全监管部门备案。

托运人、承运人或者其代理人向海关办理有关手续,应当提交国务院核安全监管部门颁发的放射性物品运输的核与辐射安全分析报告批准书或者放射性物品运输的辐射监测报告备案证明。

第四十二条 县级以上人民政府组织编制的突发环境事件应急预案,应当包括放射性物品运输中可能发生的核与辐射事故应急响应的内容。

第四十三条 放射性物品运输中发生核与辐射事故的,承运人、托运人应当按照核与辐射事故应急响应指南的要求,做好事故应急工作,并立即报告事故发生地的县级以上人民政府环境保护主管部门。接到报告的环境保护主管部门应当立即派人赶赴现场,进行现场调查,采取有效措施控制事故影响,并及时向本级人民政府报告,通报同级公安、卫生、交通运输等有关主管部门。

接到报告的县级以上人民政府及其有关主管部门应当按照应急预案做好应急工作,并按照国家突发事件分级报告的规定及时上报核与辐射事故信息。

核反应堆乏燃料运输的核事故应急准备与响应,还应当遵守国家核应急的有关规定。

第五章 监督检查

第四十四条 国务院核安全监管部门和其他依法履行放射性物品运输安全监督管理职责的部门,应当依据各自职责对放射性物品运输安全实施监督检查。

国务院核安全监管部门应当将其已批准或者备案的一类、二类、三类放射性物品运输容器的设计、制造情况和放射性物品运输情况通报设计、制造单位所在地和运输途经地的省、自治区、直辖市人民政府环境保护主管部门。省、自治区、直辖市人民政府环境保护主管部门应当加强对本行政区域放射性物品运输安全的监督检查和监督性监测。

被检查单位应当予以配合,如实反映情况,提供必要的资料,不得拒绝和阻碍。

第四十五条 国务院核安全监管部门和省、自治区、直辖市人民政府环境保护主管部门以及其他依法履行放射性物品运输安全监督管理职责的部门进行监督检查,监督检查人员不得少于2人,并应当出示有效的行政执法证件。

国务院核安全监管部门和省、自治区、直辖市人民政府环境保护主管部门以及其他依法履行放射性物品运输安全监督管理职责的部门的工作人员,对监督检查中知悉的商业秘密负有保密义务。

第四十六条 监督检查中发现经批准的一类放射性物品运输容器设计确有重大设计安全缺陷的,由国务院核安全监管部门责令停止该型号运输容器的制造或者使用,撤销一类放射性物品运输容器设计批准书。

第四十七条 监督检查中发现放射性物品运输活动有不符合国家放射性物品运输安全标准情形的,或者一类放射性物品运输容器制造单位有不符合制造许可证规定条件情形的,应当责令限期整改;发现放射性物品运输活动可能对人体健康和环境造成核与辐射危害的,应当责令停止运输。

第四十八条 国务院核安全监管部门和省、自治区、直辖市人民政府环境保护主管部门以及其他依法履行放射性物品运输安全监督管理职责的部门,对放射性物品运输活动实施监测,不得收取监测费用。

国务院核安全监管部门和省、自治区、直辖市人民政府环境保护主管部门以及其他依法履行放射性物品运输安全监督管理职责的部门,应当加强对监督管理人员辐射防护与安全防护知识的培训。

第六章 法律责任

第四十九条 国务院核安全监管部门和省、自治区、直辖市人民政府环境保护主管部门或者其他依法履行放射性物品运输安全监督管理职责的部门有下列行为之一的,对直接负责的主管人员和其他直接责任人员依法给予处分;直接负责的主管人员和其他直接责任人员构成犯罪的,依法追究刑事责任:

(一)未依照本条例规定作出行政许可或者办理批准文件的;

(二)发现违反本条例规定的行为不予查处,或者接到举报不依法处理的;

(三)未依法履行放射性物品运输核与辐射事故应急职责的;

(四)对放射性物品运输活动实施监测收取监测费用的;

(五)其他不依法履行监督管理职责的行为。

第五十条 放射性物品运输容器设计、制造单位有下列行为之一的,由国务院核安全监管部门责令停止违法行为,处50万元以上100万元以下的罚款;有违法所得的,没收违法所得:

(一)将未取得设计批准书的一类放射性物品运输容器设计用于制造的;

(二)修改已批准的一类放射性物品运输容器设计中有关安全内容,未重新取得设计批准书即用于制造的。

第五十一条 放射性物品运输容器设计、制造单位有下

列行为之一的,由国务院核安全监管部门责令停止违法行为,处5万元以上10万元以下的罚款;有违法所得的,没收违法所得:

（一）将不符合国家放射性物品运输安全标准的二类、三类放射性物品运输容器设计用于制造的;

（二）将未备案的二类放射性物品运输容器设计用于制造的。

第五十二条 放射性物品运输容器设计单位有下列行为之一的,由国务院核安全监管部门责令限期改正;逾期不改正的,处1万元以上5万元以下的罚款:

（一）未对二类、三类放射性物品运输容器的设计进行安全性能评价的;

（二）未如实记录二类、三类放射性物品运输容器设计和安全性能评价过程的;

（三）未编制三类放射性物品运输容器设计符合国家放射性物品运输安全标准的证明文件并存档备查的。

第五十三条 放射性物品运输容器制造单位有下列行为之一的,由国务院核安全监管部门责令停止违法行为,处50万元以上100万元以下的罚款;有违法所得的,没收违法所得:

（一）未取得制造许可证从事一类放射性物品运输容器制造活动的;

（二）制造许可证有效期届满,未按照规定办理延续手续,继续从事一类放射性物品运输容器制造活动的;

（三）超出制造许可证规定的范围从事一类放射性物品运输容器制造活动的;

（四）变更制造的一类放射性物品运输容器型号,未按照规定重新领取制造许可证的;

（五）将未经质量检验或者经检验不合格的一类放射性物品运输容器交付使用的。

有前款第（三）项、第（四）项和第（五）项行为之一,情节严重的,吊销制造许可证。

第五十四条 一类放射性物品运输容器制造单位变更单位名称、住所或者法定代表人,未依法办理制造许可证变更手续的,由国务院核安全监管部门责令限期改正;逾期不改正的,处2万元的罚款。

第五十五条 放射性物品运输容器制造单位有下列行为之一的,由国务院核安全监管部门责令停止违法行为,处5万元以上10万元以下的罚款;有违法所得的,没收违法所得:

（一）在二类放射性物品运输容器首次制造活动开始前,未按照规定将有关证明材料报国务院核安全监管部门备案的;

（二）将未经质量检验或者经检验不合格的二类、三类放射性物品运输容器交付使用的。

第五十六条 放射性物品运输容器制造单位有下列行为之一的,由国务院核安全监管部门责令限期改正;逾期不改正的,处1万元以上5万元以下的罚款:

（一）未按照规定对制造的一类、二类放射性物品运输容器统一编码的;

（二）未按照规定将制造的一类、二类放射性物品运输容器编码清单报国务院核安全监管部门备案的;

（三）未按照规定将制造的三类放射性物品运输容器的型号和数量报国务院核安全监管部门备案的。

第五十七条 放射性物品运输容器使用单位未按照规定对使用的一类放射性物品运输容器进行安全性能评价,或者未将评价结果报国务院核安全监管部门备案的,由国务院核安全监管部门责令限期改正;逾期不改正的,处1万元以上5万元以下的罚款。

第五十八条 未按照规定取得使用批准书使用境外单位制造的一类放射性物品运输容器的,由国务院核安全监管部门责令停止违法行为,处50万元以上100万元以下的罚款。

未按照规定办理备案手续使用境外单位制造的二类放射性物品运输容器的,由国务院核安全监管部门责令停止违法行为,处5万元以上10万元以下的罚款。

第五十九条 托运人未按照规定编制放射性物品运输说明书、核与辐射事故应急响应指南、装卸作业方法、安全防护指南的,由国务院核安全监管部门责令限期改正;逾期不改正的,处1万元以上5万元以下的罚款。

托运人未按照规定将放射性物品运输的核与辐射安全分析报告批准书、辐射监测报告备案的,由启运地的省、自治区、直辖市人民政府环境保护主管部门责令限期改正;逾期不改正的,处1万元以上5万元以下的罚款。

第六十条 托运人或者承运人在放射性物品运输活动中,有违反有关法律、行政法规关于危险货物运输管理规定行为的,由交通运输、铁路、民航等有关主管部门依法予以处罚。

违反有关法律、行政法规规定邮寄放射性物品的,由公安机关和邮政管理部门依法予以处罚。在邮寄进境物品中发现放射性物品的,由海关依照有关法律、行政法规的规定处理。

第六十一条　托运人未取得放射性物品运输的核与辐射安全分析报告批准书托运一类放射性物品的，由国务院核安全监管部门责令停止违法行为，处 50 万元以上 100 万元以下的罚款。

第六十二条　通过道路运输放射性物品，有下列行为之一的，由公安机关责令限期改正，处 2 万元以上 10 万元以下的罚款；构成犯罪的，依法追究刑事责任：

（一）未经公安机关批准通过道路运输放射性物品的；

（二）运输车辆未按照指定的时间、路线、速度行驶或者未悬挂警示标志的；

（三）未配备押运人员或者放射性物品脱离押运人员监管的。

第六十三条　托运人有下列行为之一的，由启运地的省、自治区、直辖市人民政府环境保护主管部门责令停止违法行为，处 5 万元以上 20 万元以下的罚款：

（一）未按照规定对托运的放射性物品表面污染和辐射水平实施监测的；

（二）将经监测不符合国家放射性物品运输安全标准的放射性物品交付托运的；

（三）出具虚假辐射监测报告的。

第六十四条　未取得放射性物品运输的核与辐射安全分析报告批准书或者放射性物品运输的辐射监测报告备案证明，将境外的放射性物品运抵中华人民共和国境内，或者途经中华人民共和国境内运输的，由海关责令托运人退运该放射性物品，并依照海关法律、行政法规给予处罚；构成犯罪的，依法追究刑事责任。托运人不明的，由承运人承担退运该放射性物品的责任，或者承担该放射性物品的处置费用。

第六十五条　违反本条例规定，在放射性物品运输中造成核与辐射事故的，由县级以上地方人民政府环境保护主管部门处以罚款，罚款数额按照核与辐射事故造成的直接损失的 20% 计算；构成犯罪的，依法追究刑事责任。

托运人、承运人未按照核与辐射事故应急响应指南的要求，做好事故应急工作并报告事故的，由县级以上地方人民政府环境保护主管部门处 5 万元以上 20 万元以下的罚款。

因核与辐射事故造成他人损害的，依法承担民事责任。

第六十六条　拒绝、阻碍国务院核安全监管部门或者其他依法履行放射性物品运输安全监督管理职责的部门进行监督检查，或者在接受监督检查时弄虚作假，由监督检查部门责令改正，处 1 万元以上 2 万元以下的罚款；构成违反治安管理行为的，由公安机关依法给予治安管理处罚；构成犯罪的，依法追究刑事责任。

第七章　附　则

第六十七条　军用放射性物品运输安全的监督管理，依照《中华人民共和国放射性污染防治法》第六十条的规定执行。

第六十八条　本条例自 2010 年 1 月 1 日起施行。

专职守护押运人员枪支使用管理条例

2002 年 7 月 27 日国务院令第 356 号公布施行

第一条　为了加强对守护、押运公务用枪的管理，保障专职守护、押运人员正确使用枪支，根据《中华人民共和国枪支管理法》(以下简称枪支管理法)，并参照《中华人民共和国人民警察使用警械和武器条例》，制定本条例。

第二条　本条例所称专职守护、押运人员，是指依法配备公务用枪的军工、金融、国家重要仓储、大型水利、电力、通讯工程、机要交通系统的专职守护、押运人员以及经省、自治区、直辖市人民政府公安机关批准从事武装守护、押运服务的保安服务公司的专职守护、押运人员。

第三条　配备公务用枪的专职守护、押运人员必须符合下列条件：

（一）年满 20 周岁的中国公民，身心健康，品行良好；

（二）没有精神病等不能控制自己行为能力的疾病病史；

（三）没有行政拘留、收容教育、强制戒毒、收容教养、劳动教养和刑事处罚记录；

（四）经过专业培训，熟悉有关枪支使用、管理法律法规和规章的规定；

（五）熟练掌握枪支使用、保养技能。

配备公务用枪的专职守护、押运人员，必须严格依照前款规定的条件，由所在单位审查后，报所在地设区的市级人民政府公安机关审查、考核；审查、考核合格的，依照枪支管理法的规定，报省、自治区、直辖市人民政府公安机关审查批准，由省、自治区、直辖市人民政府公安机关发给持枪证件。

第四条 专职守护、押运人员执行守护、押运任务时,方可依照本条例的规定携带、使用枪支。

专职守护、押运人员依法携带、使用枪支的行为,受法律保护;违法携带、使用枪支的,依法承担法律责任。

第五条 专职守护、押运人员执行守护、押运任务时,能够以其他手段保护守护目标、押运物品安全的,不得使用枪支;确有必要使用枪支的,应当以保护守护目标、押运物品不被侵害为目的,并尽量避免或者减少人员伤亡、财产损失。

第六条 专职守护、押运人员执行守护、押运任务时,遇有下列紧急情形之一,不使用枪支不足以制止暴力犯罪行为的,可以使用枪支:

(一)守护目标、押运物品受到暴力袭击或者有受到暴力袭击的紧迫危险的;

(二)专职守护、押运人员受到暴力袭击危及生命安全或者所携带的枪支弹药受到抢夺、抢劫的。

第七条 专职守护、押运人员在存放大量易燃、易爆、剧毒、放射性等危险物品的场所,不得使用枪支;但是,不使用枪支制止犯罪行为将会直接导致严重危害后果发生的除外。

第八条 专职守护、押运人员遇有下列情形之一,应当立即停止使用枪支:

(一)有关行为人停止实施暴力犯罪行为的;

(二)有关行为人失去继续实施暴力犯罪行为能力的。

第九条 专职守护、押运人员使用枪支后,应当立即向所在单位和案发地公安机关报告;所在单位和案发地公安机关接到报告后,应当立即派人抵达现场。

专职守护、押运人员的所在单位接到专职守护、押运人员使用枪支的报告后,应当立即报告所在地公安机关,并在事后向所在地公安机关报送枪支使用情况的书面报告。

第十条 依法配备守护、押运公务用枪的单位,应当建立、健全持枪人员管理责任制度,枪支弹药保管、领用制度和枪支安全责任制度;对依照本条例第三条的规定批准的持枪人员加强法制和安全教育,定期组织培训,经常检查枪支的保管和使用情况。

第十一条 依法配备守护、押运公务用枪的单位应当设立专门的枪支保管库(室)或者使用专用保险柜,将配备的枪支、弹药集中统一保管。枪支与弹药必须分开存放,实行双人双锁,并且24小时有人值班。存放枪支、弹药的库(室)门窗必须坚固并安装防盗报警设施。

第十二条 专职守护、押运人员执行任务携带枪支、弹药,必须妥善保管,严防丢失、被盗、被抢或者发生其他事故;任务执行完毕,必须立即将枪支、弹药交还。

严禁非执行守护、押运任务时携带枪支、弹药,严禁携带枪支、弹药饮酒或者酒后携带枪支、弹药。

第十三条 公安机关应当对其管辖范围内依法配备守护、押运公务用枪的单位建立、执行枪支管理制度的情况,定期进行检查、监督。

第十四条 专职守护、押运人员有下列情形之一的,所在单位应当停止其执行武装守护、押运任务,收回其持枪证件,并及时将持枪证件上缴公安机关:

(一)拟调离专职守护、押运工作岗位的;

(二)理论和实弹射击考核不合格的;

(三)因刑事案件或者其他违法违纪案件被立案侦查、调查的;

(四)擅自改动枪支、更换枪支零部件的;

(五)违反规定携带、使用枪支或者将枪支交给他人,对枪支失去控制的;

(六)丢失枪支或者在枪支被盗、被抢事故中负有责任的。

专职守护、押运人员有前款第(四)项、第(五)项、第(六)项行为,造成严重后果的,依照刑法关于非法持有私藏枪支弹药罪、非法携带枪支弹药危及公共安全罪、非法出租出借枪支罪或者丢失枪支不报罪的规定,依法追究刑事责任;尚不够刑事处罚的,依照枪支管理法的规定,给予行政处罚。

第十五条 依法配备守护、押运公务用枪的单位违反枪支管理规定,有下列情形之一的,对直接负责的主管人员和其他直接责任人员依法给予记大过、降级或者撤职的行政处分或者相应的纪律处分;造成严重后果的,依照刑法关于玩忽职守罪、滥用职权罪、丢失枪支不报罪或者其他罪的规定,依法追究刑事责任:

(一)未建立或者未能有效执行持枪人员管理责任制度的;

(二)将不符合法定条件的专职守护、押运人员报送公安机关审批或者允许没有持枪证件的人员携带、使用枪支的;

(三)使用枪支后,不报告公安机关的;

(四)未建立或者未能有效执行枪支、弹药管理制度,造成枪支、弹药被盗、被抢或者丢失的;

(五)枪支、弹药被盗、被抢或者丢失,未及时报告公安机关的;

（六）不按照规定审验枪支的；
（七）不上缴报废枪支的；
（八）发生其他涉枪违法违纪案件的。

第十六条 专职守护、押运人员依照本条例的规定使用枪支，造成无辜人员伤亡或者财产损失的，由其所在单位依法补偿受害人的损失。

专职守护、押运人员违反本条例的规定使用枪支，造成人员伤亡或者财产损失的，除依法受到刑事处罚或者行政处罚外，还应当依法承担赔偿责任。

第十七条 公安机关有下列行为之一，造成严重后果的，对直接负责的主管人员和其他直接责任人员依照刑法关于滥用职权罪、玩忽职守罪的规定，依法追究刑事责任；尚不够刑事处罚的，依法给予记大过、降级或者撤职的行政处分：

（一）超出法定范围批准有关单位配备守护、押运公务用枪的；
（二）为不符合法定条件的人员发放守护、押运公务用枪持枪证件的；
（三）不履行本条例规定的监督管理职责，造成后果的。

第十八条 本条例自公布之日起施行。

易制爆危险化学品治安管理办法

1. 2019年7月6日公安部令第154号公布
2. 自2019年8月10日起施行

第一章 总 则

第一条 为加强易制爆危险化学品的治安管理，有效防范易制爆危险化学品治安风险，保障人民群众生命财产安全和公共安全，根据《中华人民共和国反恐怖主义法》《危险化学品安全管理条例》《企业事业单位内部治安保卫条例》等有关法律法规的规定，制定本办法。

第二条 易制爆危险化学品生产、经营、储存、使用、运输和处置的治安管理，适用本办法。

第三条 本办法所称易制爆危险化学品，是指列入公安部确定、公布的易制爆危险化学品名录，可用于制造爆炸物品的化学品。

第四条 本办法所称易制爆危险化学品从业单位，是指生产、经营、储存、使用、运输及处置易制爆危险化学品的单位。

第五条 易制爆危险化学品治安管理，应当坚持安全第一、预防为主、依法治理、系统治理的原则，强化和落实从业单位的主体责任。

易制爆危险化学品从业单位的主要负责人是治安管理第一责任人，对本单位易制爆危险化学品治安管理工作全面负责。

第六条 易制爆危险化学品从业单位应当建立易制爆危险化学品信息系统，并实现与公安机关的信息系统互联互通。

公安机关和易制爆危险化学品从业单位应当对易制爆危险化学品实行电子追踪标识管理，监控记录易制爆危险化学品流向、流量。

第七条 任何单位和个人都有权举报违反易制爆危险化学品治安管理规定的行为；接到举报的公安机关应当依法及时查处，并为举报人员保密，对举报有功人员给予奖励。

第八条 易制爆危险化学品从业单位应当加强对治安管理工作的检查、考核和奖惩，及时发现、整改治安隐患，并保存检查、整改记录。

第二章 销售、购买和流向登记

第九条 公安机关接收同级应急管理部门通报的颁发危险化学品安全生产许可证、危险化学品安全使用许可证、危险化学品经营许可证、烟花爆竹安全生产许可证情况后，对属于易制爆危险化学品从业单位的，应当督促其建立信息系统。

第十条 依法取得危险化学品安全生产许可证、危险化学品安全使用许可证、危险化学品经营许可证的企业，凭相应的许可证件购买易制爆危险化学品。民用爆炸物品生产企业凭民用爆炸物品生产许可证购买易制爆危险化学品。

第十一条 本办法第十条以外的其他单位购买易制爆危险化学品的，应当向销售单位出具以下材料：

（一）本单位《工商营业执照》《事业单位法人证书》等合法证明复印件、经办人身份证明复印件；
（二）易制爆危险化学品合法用途说明，说明应当包含具体用途、品种、数量等内容。

严禁个人购买易制爆危险化学品。

第十二条 危险化学品生产企业、经营企业销售易制爆危险化学品，应当查验本办法第十条或者第十一条规定的相关许可证件或者证明文件，不得向不具有相关许可证件或者证明文件的单位及任何个人销售易制爆危险化学品。

第十三条 销售、购买、转让易制爆危险化学品应当通过本企业银行账户或者电子账户进行交易，不得使用现金或者实物进行交易。

第十四条 危险化学品生产企业、经营企业销售易制爆危险化学品,应当如实记录购买单位的名称、地址、经办人姓名、身份证号码以及所购买的易制爆危险化学品的品种、数量、用途。销售记录以及相关许可证件复印件或者证明文件、经办人的身份证明复印件的保存期限不得少于一年。

易制爆危险化学品销售、购买单位应当在销售、购买后五日内,通过易制爆危险化学品信息系统,将所销售、购买的易制爆危险化学品的品种、数量以及流向信息报所在地县级公安机关备案。

第十五条 易制爆危险化学品生产、进口和分装单位应当按照国家有关标准和规范要求,对易制爆危险化学品作出电子追踪标识,识读电子追踪标识可显示相应易制爆危险化学品品种、数量以及流向信息。

第十六条 易制爆危险化学品从业单位应当如实登记易制爆危险化学品销售、购买、出入库、领取、使用、归还、处置等信息,并录入易制爆危险化学品信息系统。

第三章 处置、使用、运输和信息发布

第十七条 易制爆危险化学品从业单位转产、停产、停业或者解散,应当将生产装置、储存设施以及库存易制爆危险化学品的处置方案报主管部门和所在地县级公安机关备案。

第十八条 易制爆危险化学品使用单位不得出借、转让其购买的易制爆危险化学品;因转产、停产、搬迁、关闭等确需转让的,应当向具有本办法第十条或者第十一条规定的相关许可证件或者证明文件的单位转让。

双方应当在转让后五日内,将有关情况报告所在地县级公安机关。

第十九条 运输易制爆危险化学品途中因住宿或者发生影响正常运输的情况,需要较长时间停车的,驾驶人员、押运人员应当采取相应的安全防范措施,并向公安机关报告。

第二十条 易制爆危险化学品在道路运输途中丢失、被盗、被抢或者出现流散、泄漏等情况的,驾驶人员、押运人员应当立即采取相应的警示措施和安全措施,并向公安机关报告。公安机关接到报告后,应当根据实际情况立即向同级应急管理、生态环境、卫生健康等部门通报,采取必要的应急处置措施。

第二十一条 任何单位和个人不得交寄易制爆危险化学品或者在邮件、快递内夹带易制爆危险化学品,不得将易制爆危险化学品匿报或者谎报为普通物品交寄,不得将易制爆危险化学品交给不具有相应危险货物运输资质的企业托运。邮政企业、快递企业不得收寄易制爆危险化学品。运输企业、物流企业不得违反危险货物运输管理规定承运易制爆危险化学品。邮政企业、快递企业、运输企业、物流企业发现违反规定交寄或者托运易制爆危险化学品的,应当立即将有关情况报告公安机关和主管部门。

第二十二条 易制爆危险化学品从业单位依法办理非经营性互联网信息服务备案手续后,可以在本单位网站发布易制爆危险化学品信息。

易制爆危险化学品从业单位应当在本单位网站主页显著位置标明可供查询的互联网信息服务备案编号。

第二十三条 易制爆危险化学品从业单位不得在本单位网站以外的互联网应用服务中发布易制爆危险化学品信息及建立相关链接。

禁止易制爆危险化学品从业单位以外的其他单位在互联网发布易制爆危险化学品信息及建立相关链接。

第二十四条 禁止个人在互联网上发布易制爆危险化学品生产、买卖、储存、使用信息。

禁止任何单位和个人在互联网上发布利用易制爆危险化学品制造爆炸物品方法的信息。

第四章 治安防范

第二十五条 易制爆危险化学品从业单位应当设置治安保卫机构,建立健全治安保卫制度,配备专职治安保卫人员负责易制爆危险化学品治安保卫工作,并将治安保卫机构的设置和人员的配备情况报所在地县级公安机关备案。治安保卫人员应当符合国家有关标准和规范要求,经培训后上岗。

第二十六条 易制爆危险化学品应当按照国家有关标准和规范要求,储存在封闭式、半封闭式或者露天式危险化学品专用储存场所内,并根据危险品性能分区、分类、分库储存。

教学、科研、医疗、测试等易制爆危险化学品使用单位,可使用储存室或者储存柜储存易制爆危险化学品,单个储存室或者储存柜储量应当在50公斤以下。

第二十七条 易制爆危险化学品储存场所应当按照国家有关标准和规范要求,设置相应的人力防范、实体防范、技术防范等治安防范设施,防止易制爆危险化学品丢失、被盗、被抢。

第二十八条 易制爆危险化学品从业单位应当建立易制爆危险化学品出入库检查、登记制度,定期核对易制爆

危险化学品存放情况。

易制爆危险化学品丢失、被盗、被抢的，应当立即报告公安机关。

第二十九条 易制爆危险化学品储存场所（储存室、储存柜除外）治安防范状况应当纳入单位安全评价的内容，经安全评价合格后方可使用。

第三十条 构成重大危险源的易制爆危险化学品，应当在专用仓库内单独存放，并实行双人收发、双人保管制度。

第五章 监督检查

第三十一条 公安机关根据本地区工作实际，定期组织易制爆危险化学品从业单位监督检查；在重大节日、重大活动前或者期间组织监督抽查。

公安机关人民警察进行监督检查时应当出示人民警察证，表明执法身份，不得从事与职务无关的活动。

第三十二条 监督检查内容包括：

（一）易制爆危险化学品从业单位持有相关许可证件情况；

（二）销售、购买、处置、使用、运输易制爆危险化学品是否符合有关规定；

（三）易制爆危险化学品信息发布是否符合有关规定；

（四）易制爆危险化学品流向登记是否符合有关规定；

（五）易制爆危险化学品从业单位治安保卫机构、制度建设是否符合有关规定；

（六）易制爆危险化学品从业单位及其储存场所治安防范设施是否符合有关规定；

（七）法律、法规、规范和标准规定的其他内容。

第三十三条 监督检查应当记录在案，归档管理。监督检查记录包括：

（一）执行监督检查任务的人员姓名、单位、职务、警号；

（二）监督检查的时间、地点、单位名称、检查事项；

（三）发现的隐患问题及处理结果。

第三十四条 监督检查记录一式两份，由监督检查人员、被检查单位管理人员签字确认；被检查单位管理人员对检查记录有异议或者拒绝签名的，检查人员应当在检查记录中注明。

第三十五条 公安机关应当建立易制爆危险化学品从业单位风险评估、分级预警机制和与有关部门信息共享通报机制。

第六章 法律责任

第三十六条 违反本办法第六条第一款规定的，由公安机关责令限期改正，可以处一万元以下罚款；逾期不改正的，处违法所得三倍以下且不超过三万元罚款，没有违法所得的，处一万元以下罚款。

第三十七条 违反本办法第十条、第十一条、第十八条第一款规定的，由公安机关依照《危险化学品安全管理条例》第八十四条第二款、第三款的规定处罚。

第三十八条 违反本办法第十三条、第十五条规定的，由公安机关依照《中华人民共和国反恐怖主义法》第八十七条的规定处罚。

第三十九条 违反本办法第十四条、第十六条、第十八条第二款、第二十八条第二款规定的，由公安机关依照《危险化学品安全管理条例》第八十一条的规定处罚。

第四十条 违反本办法第十七条规定的，由公安机关依照《危险化学品安全管理条例》第八十二条第二款的规定处罚。

第四十一条 违反本办法第十九条、第二十条规定的，由公安机关依照《危险化学品安全管理条例》第八十九条第三项、第四项的规定处罚。

第四十二条 违反本办法第二十三条、第二十四条规定的，由公安机关责令改正，给予警告，对非经营活动处一千元以下罚款，对经营活动处违法所得三倍以下且不超过三万元罚款，没有违法所得的，处一万元以下罚款。

第四十三条 违反本办法第二十五条、第二十七条关于人力防范、实体防范规定，存在治安隐患的，由公安机关依照《企业事业单位内部治安保卫条例》第十九条的规定处罚。

第四十四条 违反本办法第二十七条关于技术防范设施设置要求规定的，由公安机关依照《危险化学品安全管理条例》第七十八条第二款的规定处罚。

第四十五条 任何单位和个人违反本办法规定，构成违反治安管理行为的，依照《中华人民共和国治安管理处罚法》的规定予以处罚；构成犯罪的，依法追究刑事责任。

第四十六条 公安机关发现涉及其他主管部门的易制爆危险化学品违法违规行为，应当书面通报其他主管部门依法查处。

第四十七条 公安机关人民警察在易制爆危险化学品治安管理中滥用职权、玩忽职守或者徇私舞弊，构成犯罪的，依法追究刑事责任；尚不构成犯罪的，依法给予行政处分。

第七章 附　则

第四十八条 含有易制爆危险化学品的食品添加剂、药品、兽药、消毒剂等生活用品，其生产单位按照易制爆危险化学品使用单位管理，其成品的生产、销售、购买（含个人购买）、储存、使用、运输和处置等不适用本办法，分别执行《中华人民共和国食品安全法》《中华人民共和国药品管理法》《兽药管理条例》《消毒管理办法》等有关规定。

第四十九条 易制爆危险化学品从业单位和相关场所、活动、设施等确定为防范恐怖袭击重点目标的，应当执行《中华人民共和国反恐怖主义法》的有关规定。

第五十条 易制爆危险化学品的进出口管理，依照有关对外贸易的法律、行政法规、规章的规定执行；进口的易制爆危险化学品的储存、使用、经营、运输、处置的安全管理，依照本办法的规定执行。

第五十一条 本办法所称"以下"均包括本数。

第五十二条 本办法自2019年8月10日起施行。

危险废物经营许可证管理办法

1. 2004年5月30日国务院令第408号公布
2. 根据2013年12月7日国务院令第645号《关于修改部分行政法规的决定》第一次修订
3. 根据2016年2月6日国务院令第666号《关于修改部分行政法规的决定》第二次修订

第一章 总　则

第一条 为了加强对危险废物收集、贮存和处置经营活动的监督管理，防治危险废物污染环境，根据《中华人民共和国固体废物污染环境防治法》，制定本办法。

第二条 在中华人民共和国境内从事危险废物收集、贮存、处置经营活动的单位，应当依照本办法的规定，领取危险废物经营许可证。

第三条 危险废物经营许可证按照经营方式，分为危险废物收集、贮存、处置综合经营许可证和危险废物收集经营许可证。

领取危险废物综合经营许可证的单位，可以从事各类别危险废物的收集、贮存、处置经营活动；领取危险废物收集经营许可证的单位，只能从事机动车维修活动中产生的废矿物油和居民日常生活中产生的废镉镍电池的危险废物收集经营活动。

第四条 县级以上人民政府环境保护主管部门依照本办法的规定，负责危险废物经营许可证的审批颁发与监督管理工作。

第二章　申请领取危险废物经营许可证的条件

第五条 申请领取危险废物收集、贮存、处置综合经营许可证，应当具备下列条件：

（一）有3名以上环境工程专业或者相关专业中级以上职称，并有3年以上固体废物污染治理经历的技术人员；

（二）有符合国务院交通主管部门有关危险货物运输安全要求的运输工具；

（三）有符合国家或者地方环境保护标准和安全要求的包装工具，中转和临时存放设施、设备以及经验收合格的贮存设施、设备；

（四）有符合国家或者省、自治区、直辖市危险废物处置设施建设规划，符合国家或者地方环境保护标准和安全要求的处置设施、设备和配套的污染防治设施；其中，医疗废物集中处置设施，还应当符合国家有关医疗废物处置的卫生标准和要求；

（五）有与所经营的危险废物类别相适应的处置技术和工艺；

（六）有保证危险废物经营安全的规章制度、污染防治措施和事故应急救援措施；

（七）以填埋方式处置危险废物的，应当依法取得填埋场所的土地使用权。

第六条 申请领取危险废物收集经营许可证，应当具备下列条件：

（一）有防雨、防渗的运输工具；

（二）有符合国家或者地方环境保护标准和安全要求的包装工具，中转和临时存放设施、设备；

（三）有保证危险废物经营安全的规章制度、污染防治措施和事故应急救援措施。

第三章　申请领取危险废物经营许可证的程序

第七条 国家对危险废物经营许可证实行分级审批颁发。

医疗废物集中处置单位的危险废物经营许可证，由医疗废物集中处置设施所在地设区的市级人民政府环境保护主管部门审批颁发。

危险废物收集经营许可证，由县级人民政府环境保护主管部门审批颁发。

本条第二款、第三款规定之外的危险废物经营许可证，由省、自治区、直辖市人民政府环境保护主管部门审批颁发。

第八条 申请领取危险废物经营许可证的单位,应当在从事危险废物经营活动前向发证机关提出申请,并附具本办法第五条或者第六条规定条件的证明材料。

第九条 发证机关应当自受理申请之日起20个工作日内,对申请单位提交的证明材料进行审查,并对申请单位的经营设施进行现场核查。符合条件的,颁发危险废物经营许可证,并予以公告;不符合条件的,书面通知申请单位并说明理由。

发证机关在颁发危险废物经营许可证前,可以根据实际需要征求卫生、城乡规划等有关主管部门和专家的意见。

第十条 危险废物经营许可证包括下列主要内容:

(一)法人名称、法定代表人、住所;

(二)危险废物经营方式;

(三)危险废物类别;

(四)年经营规模;

(五)有效期限;

(六)发证日期和证书编号。

危险废物综合经营许可证的内容,还应当包括贮存、处置设施的地址。

第十一条 危险废物经营单位变更法人名称、法定代表人和住所的,应当自工商变更登记之日起15个工作日内,向原发证机关申请办理危险废物经营许可证变更手续。

第十二条 有下列情形之一的,危险废物经营单位应当按照原申请程序,重新申请领取危险废物经营许可证:

(一)改变危险废物经营方式的;

(二)增加危险废物类别的;

(三)新建或者改建、扩建原有危险废物经营设施的;

(四)经营危险废物超过原批准年经营规模20%以上的。

第十三条 危险废物综合经营许可证有效期为5年;危险废物收集经营许可证有效期为3年。

危险废物经营许可证有效期届满,危险废物经营单位继续从事危险废物经营活动的,应当于危险废物经营许可证有效期届满30个工作日前向原发证机关提出换证申请。原发证机关应当自受理换证申请之日起20个工作日内进行审查,符合条件的,予以换证;不符合条件的,书面通知申请单位并说明理由。

第十四条 危险废物经营单位终止从事收集、贮存、处置危险废物经营活动的,应当对经营设施、场所采取污染防治措施,并对未处置的危险废物作出妥善处理。

危险废物经营单位应当在采取前款规定措施之日起20个工作日内向原发证机关提出注销申请,由原发证机关进行现场核查合格后注销危险废物经营许可证。

第十五条 禁止无经营许可证或者不按照经营许可证规定从事危险废物收集、贮存、处置经营活动。

禁止从中华人民共和国境外进口或者经中华人民共和国过境转移电子类危险废物。

禁止将危险废物提供或者委托给无经营许可证的单位从事收集、贮存、处置经营活动。

禁止伪造、变造、转让危险废物经营许可证。

第四章 监督管理

第十六条 县级以上地方人民政府环境保护主管部门应当于每年3月31日前将上一年度危险废物经营许可证颁发情况报上一级人民政府环境保护主管部门备案。

上级环境保护主管部门应当加强对下级环境保护主管部门审批颁发危险废物经营许可证情况的监督检查,及时纠正下级环境保护主管部门审批颁发危险废物经营许可证过程中的违法行为。

第十七条 县级以上人民政府环境保护主管部门应当通过书面核查和实地检查等方式,加强对危险废物经营单位的监督检查,并将监督检查情况和处理结果予以记录,由监督检查人员签字后归档。

公众有权查阅县级以上人民政府环境保护主管部门的监督检查记录。

县级以上人民政府环境保护主管部门发现危险废物经营单位在经营活动中有不符合原发证条件的情形的,应当责令其限期整改。

第十八条 县级以上人民政府环境保护主管部门有权要求危险废物经营单位定期报告危险废物经营活动情况。危险废物经营单位应当建立危险废物经营情况记录簿,如实记载收集、贮存、处置危险废物的类别、来源、去向和有无事故等事项。

危险废物经营单位应当将危险废物经营情况记录簿保存10年以上,以填埋方式处置危险废物的经营情况记录簿应当永久保存。终止经营活动的,应当将危险废物经营情况记录簿移交所在地县级以上地方人民政府环境保护主管部门存档管理。

第十九条 县级以上人民政府环境保护主管部门应当建立、健全危险废物经营许可证的档案管理制度,并定期向社会公布审批颁发危险废物经营许可证的情况。

第二十条 领取危险废物收集经营许可证的单位,应当与处置单位签订接收合同,并将收集的废矿油和废镉镍电池在90个工作日内提供或者委托给处置单位进行处置。

第二十一条 危险废物的经营设施在废弃或者改作其他用途前,应当进行无害化处理。

填埋危险废物的经营设施服役期届满后,危险废物经营单位应当按照有关规定对填埋过危险废物的土地采取封闭措施,并在划定的封闭区域设置永久性标记。

第五章 法律责任

第二十二条 违反本办法第十一条规定的,由县级以上地方人民政府环境保护主管部门责令限期改正,给予警告;逾期不改正的,由原发证机关暂扣危险废物经营许可证。

第二十三条 违反本办法第十二条、第十三条第二款规定的,由县级以上地方人民政府环境保护主管部门责令停止违法行为;有违法所得的,没收违法所得;违法所得超过10万元的,并处违法所得1倍以上2倍以下的罚款;没有违法所得或者违法所得不足10万元的,处5万元以上10万元以下的罚款。

第二十四条 违反本办法第十四条第一款、第二十一条规定的,由县级以上地方人民政府环境保护主管部门责令限期改正;逾期不改正的,处5万元以上10万元以下的罚款;造成污染事故,构成犯罪的,依法追究刑事责任。

第二十五条 违反本办法第十五条第一款、第二款、第三款规定的,依照《中华人民共和国固体废物污染环境防治法》的规定予以处罚。

违反本办法第十五条第四款规定的,由县级以上地方人民政府环境保护主管部门收缴危险废物经营许可证或者由原发证机关吊销危险废物经营许可证,并处5万元以上10万元以下的罚款;构成犯罪的,依法追究刑事责任。

第二十六条 违反本办法第十八条规定的,由县级以上地方人民政府环境保护主管部门责令限期改正,给予警告;逾期不改正的,由原发证机关暂扣或吊销危险废物经营许可证。

第二十七条 违反本办法第二十条规定的,由县级以上地方人民政府环境保护主管部门责令限期改正,给予警告;逾期不改正的,处1万元以上5万元以下的罚款,并可以由原发证机关暂扣或吊销危险废物经营许可证。

第二十八条 危险废物经营单位被责令限期整改,逾期不整改或者经整改仍不符合原发证条件的,由原发证机关暂扣或者吊销危险废物经营许可证。

第二十九条 被依法吊销或者收缴危险废物经营许可证的单位,5年内不得再申请领取危险废物经营许可证。

第三十条 县级以上人民政府环境保护主管部门的工作人员,有下列行为之一的,依法给予行政处分;构成犯罪的,依法追究刑事责任:

(一)向不符合本办法规定条件的单位颁发危险废物经营许可证的;

(二)发现未依法取得危险废物经营许可证的单位和个人擅自从事危险废物经营活动不予查处或者接到举报后不依法处理的;

(三)对依法取得危险废物经营许可证的单位不履行监督管理职责或者发现违反本办法规定的行为不予查处的;

(四)在危险废物经营许可证管理工作中有其他渎职行为的。

第六章 附 则

第三十一条 本办法下列用语的含义:

(一)危险废物,是指列入国家危险废物名录或者根据国家规定的危险废物鉴别标准和鉴别方法认定的具有危险性的废物。

(二)收集,是指危险废物经营单位将分散的危险废物进行集中的活动。

(三)贮存,是指危险废物经营单位在危险废物处置前,将其放置在符合环境保护标准的场所或者设施中,以及为了将分散的危险废物进行集中,在自备的临时设施或者场所每批放置重量超过5000千克或者置放时间超过90个工作日的活动。

(四)处置,是指危险废物经营单位将危险废物焚烧、煅烧、熔融、烧结、裂解、中和、消毒、蒸馏、萃取、沉淀、过滤、拆解以及用其他改变危险废物物理、化学、生物特性的方法,达到减少危险废物数量、缩小危险废物体积、减少或者消除其危险成分的活动,或者将危险废物最终置于符合环境保护规定要求的场所或者设施并不再回取的活动。

第三十二条 本办法施行前,依照地方性法规、规章或者其他文件的规定已经取得危险废物经营许可证的单位,应当在原危险废物经营许可证有效期届满30个工作日前,依照本办法的规定重新申请领取危险废物经营许可证。逾期不办理的,不得继续从事危险废物经营活动。

第三十三条 本办法自2004年7月1日起施行。

剧毒化学品购买和公路运输
许可证件管理办法

1. 2005年5月25日公安部令第77号公布
2. 自2005年8月1日起施行

第一条 为加强对剧毒化学品购买和公路运输的监督管理，保障国家财产和公民生命财产安全，根据《中华人民共和国道路交通安全法》《危险化学品安全管理条例》等法律、法规的规定，制定本办法。

第二条 除个人购买农药、灭鼠药、灭虫药以外，在中华人民共和国境内购买和通过公路运输剧毒化学品的，应当遵守本办法。

本办法所称剧毒化学品，按照国务院安全生产监督管理部门会同国务院公安、环保、卫生、质检、交通部门确定并公布的剧毒化学品目录执行。

第三条 国家对购买和通过公路运输剧毒化学品行为实行许可管理制度。购买和通过公路运输剧毒化学品，应当依照本办法申请取得《剧毒化学品购买凭证》《剧毒化学品准购证》和《剧毒化学品公路运输通行证》。未取得上述许可证件，任何单位和个人不得购买、通过公路运输剧毒化学品。

任何单位或者个人不得伪造、变造、买卖、出借或者以其他方式转让《剧毒化学品购买凭证》《剧毒化学品准购证》和《剧毒化学品公路运输通行证》，不得使用作废的上述许可证件。

第四条 公安机关应当坚持公开、公平、公正的原则，严格依照本办法审查核发剧毒化学品购买和公路运输许可证件，建立健全审查核发许可证件的管理档案，公开办理许可证件的公安机关主管部门的通信地址、联系电话、传真号码和电子信箱，并监督指导从业单位严格执行剧毒化学品购买和公路运输许可管理规定。

省级公安机关对核发的剧毒化学品购买凭证、准购证和公路运输通行证应当建立计算机数据库，包括证件编号、购买企业、运输企业、运输车辆、驾驶人、押运人员、剧毒化学品品名和数量、目的地、始发地、行驶路线等内容。数据库的项目和数据的格式应当全国统一。治安管理、交通管理部门应当建立信息共享或者通报制度。

第五条 经常需要购买、使用剧毒化学品的，应当持销售单位生产或者经营剧毒化学品资质证明复印件，向购买单位所在地设区的市级人民政府公安机关治安管理部门提出申请。符合要求的，由设区的市级人民政府公安机关负责人审批后，将盖有公安机关印章的《剧毒化学品购买凭证》成册发给购买或者使用单位保管、填写。

（一）生产危险化学品的企业申领《剧毒化学品购买凭证》时，应当如实填写《剧毒化学品购买凭证申请表》，并提交危险化学品生产企业安全生产许可证或者批准书的复印件。

（二）经营剧毒化学品的企业申领《剧毒化学品购买凭证》时，应当如实填写《剧毒化学品购买凭证申请表》，并提交危险化学品经营许可证（甲种）的复印件。

（三）其他生产、科研、医疗等经常需要使用剧毒化学品的单位申领《剧毒化学品购买凭证》时，应当如实填写《剧毒化学品购买凭证申请表》，并提交使用、接触剧毒化学品从业人员的上岗资格证的复印件。使用剧毒化学品从事生产的单位还应当提交危险化学品使用许可证、批准书或者其他相应的从业许可证明。

第六条 临时需要购买、使用剧毒化学品的，应当持销售单位生产或者经营剧毒化学品资质证明复印件，向购买单位所在地设区的市级人民政府公安机关治安管理部门提出申请。符合要求的，由设区的市级人民政府公安机关负责人审批签发《剧毒化学品准购证》。

申领《剧毒化学品准购证》时，应当如实填写《剧毒化学品准购证申请表》，并提交注明品名、数量、用途的单位证明。

第七条 对需要通过公路运输剧毒化学品的，以及单车运输气态、液态剧毒化学品超过五吨的，由签发《剧毒化学品购买凭证》《剧毒化学品准购证》的公安机关治安管理部门将证件编号、发证机关、剧毒化学品品名、数量等有关信息，向运输目的地县级人民政府公安机关交通管理部门通报并录入剧毒化学品公路运输安全管理数据库。具体通报办法由省级人民政府公安机关制定。

第八条 需要通过公路运输剧毒化学品的，应当向运输目的地县级人民政府公安机关交通管理部门申领《剧毒化学品公路运输通行证》。申领时，托运人应当如实填写《剧毒化学品公路运输通行证申请表》，同时提交下列证明文件和资料，并接受公安机关交通管理部门对运输车辆和驾驶人、押运人员的查验、审核：

（一）《剧毒化学品购买凭证》或者《剧毒化学品准购证》。

运输进口或者出口剧毒化学品的，应当提交危险化学品进口或者出口登记证。

(二)承运单位从事危险货物道路运输的经营(运输)许可证(复印件)、机动车行驶证、运输车辆从事危险货物道路运输的道路运输证。

运输剧毒化学品的车辆必须设置安装剧毒化学品道路运输专用标识和安全标示牌。安全标示牌应当标明剧毒化学品品名、种类、罐体容积、载质量、施救方法、运输企业联系电话。

(三)驾驶人的机动车驾驶证,驾驶人、押运人员的身份证件以及从事危险货物道路运输的上岗资格证。

(四)随《剧毒化学品公路运输通行证申请表》附运输企业对每辆运输车辆制作的运输路线图和运行时间表,每辆车拟运输的载质量。

承运单位不在目的地的,可以向运输目的地县级人民政府公安机关交通管理部门提出申请,委托运输始发地县级人民政府公安机关交通管理部门受理核发《剧毒化学品公路运输通行证》,但不得跨省(自治区、直辖市)委托。具体委托办法由省级人民政府公安机关制定。

第九条 公安机关交通管理部门受理申请后,应当及时审核和查验以下事项:

(一)审核证明文件的真实性,并与省级人民政府公安机关建立的剧毒化学品公路运输安全管理数据库进行比对,审核证明文件与运输单位、运输车辆、驾驶人和押运人员的同一性。

(二)审核驾驶人在一个记分周期内是否有交通违法记分满12分,或者有两次以上驾驶剧毒化学品运输车辆超载、超速记录。

(三)审核申请的通行路线和时间是否可能对公共安全构成威胁。

(四)查验运输车辆是否设置安装了剧毒化学品道路运输专用标识和安全标示牌,是否配备了主管部门规定的应急处理器材和防护用品,是否有非法改装行为,轮胎花纹深度是否符合国家标准,车辆定期检验周期的时间是否在有效期内。

(五)审核单车运输的数量是否超过行驶证核定载质量。

第十条 公安机关交通管理部门经过审核和查验后,应当按照下列情况分别处理:

(一)对证明文件真实有效,运输单位、运输车辆、驾驶人和押运人员符合规定,通行路线和时间对公共安全不构成威胁的,报本级公安机关负责人批准签发《剧毒化学品公路运输通行证》,每次运输一车一证,

有效期不超过15天。

(二)对其他申请条件符合要求,但通行路线和时间有可能对公共安全构成威胁的,由公安机关交通管理部门变更通行路线和时间后,再予批准签发《剧毒化学品公路运输通行证》。

(三)对车辆定期检验合格标志已超过有效期或者在运输过程中将超过有效期的,没有设置专用标识、安全标示牌的,或者没有配备应急处理器材和防护用品,应当经过检验合格,补充有关设置,配齐有关器材和用品后,重新受理申请。

(四)对证明文件过期或者失效的,证明文件与计算机数据库记录比对结果不一致或者没有记录的,承运单位不具备运输危险化学品资质的,驾驶人、押运人员不具备上岗资格的,驾驶人交通违法记录不符合本办法要求的,或者车辆有非法改装行为或者安全状况不符合国家安全技术标准的,不予批准。

行驶路线跨越本县(市、区、旗)的,应当由县级人民政府公安机关交通管理部门报送上一级公安机关交通管理部门核准;行驶路线跨越本地(市、州、盟)或者跨省(自治区、直辖市)的,应当逐级上报到省级人民政府公安机关交通管理部门核准。由县级人民政府公安机关交通管理部门按照核准后的路线指定。对跨省(自治区、直辖市)行驶路线的指定,应当由所在地省级人民政府公安机关交通管理部门征得途径地省级人民政府公安机关交通管理部门同意。

第十一条 签发通行证后,发证的公安机关交通管理部门应当及时将发证信息发送到省级人民政府公安机关建立的剧毒化学品公路运输安全管理数据库,并通过书面或者信息系统通报沿线公安机关交通管理部门。跨县(市、区、旗)运输的,由设区的市级人民政府公安机关交通管理部门通报,跨地(市、州、盟)和跨省(自治区、直辖市)运输的,由省级人民政府公安机关交通管理部门通报。

对气态、液态剧毒化学品单车运输超过五吨的,签发通行证的公安机关交通管理部门应当报上一级公安机关交通管理部门备案。

具体通报和备案办法由省级人民政府公安机关制定。

第十二条 目的地、始发地和途径地公安机关交通管理部门应当通过信息系统或者采取其他方式及时了解剧毒化学品运输信息,加强对剧毒化学品运输车辆、驾驶人遵守道路交通安全法律规定情况的监督检查。

第十三条 申领《剧毒化学品购买凭证》《剧毒化学品准

购证》的申请人或者申请人委托的代理人可以直接到公安机关提出书面申请,也可以通过信函、传真、电子邮件等形式提出申请。

第十四条 公安机关对申领单位提交的申请材料,应当按照下列规定分别处理:

（一）对符合申领条件的,应当当场受理并出具书面凭证。

（二）对申请材料不齐全或者不符合法定形式的,应当当场一次性告知需要补正的全部内容;申请材料存在的错误,可以当场更正的,应当允许申请人当场更正。

（三）对不属于本机关职权范围或者本办法所规定的许可事项的,应当即时作出不予受理的决定并出具书面凭证。

第十五条 对已经受理的申请,公安机关应当及时进行审查,并在三个工作日内作出批准或者不予批准的决定;对申请跨省(自治区、直辖市)运输需要勘察核定行驶线路的,应当在十个工作日内作出批准或者不予批准的决定。对批准的,应当即时填发剧毒化学品购买和公路运输许可证件,并于当日送达或者通知申请人领取;对不予批准的,应当告知申请人不予批准的理由,并出具不予批准的书面凭证。

第十六条 《剧毒化学品购买凭证》由发证公安机关成册核发给购买或者使用单位的,由该单位负责人按照制度规定审核签批使用。持证单位用完后应当及时将购买凭证的存根交回原发证公安机关核查存档。

已经领取《剧毒化学品购买凭证》的单位,应当建立规范的购买凭证保管、填写、审核、签批、使用制度,严格管理。因故不再需要使用时,应当及时将尚未使用的购买凭证连同已经使用的购买凭证的存根交回原发证公安机关核查存档。

第十七条 销售单位销售剧毒化学品时,应当收验《剧毒化学品购买凭证》或者《剧毒化学品准购证》,按照购买凭证或者准购证许可的品名、数量销售,并如实填写《剧毒化学品购买凭证》或者《剧毒化学品准购证》回执第一联和回执第二联,由购买经办人签字确认。

回执第一联由购买单位带回,并在保管人员签注接收情况后的七日内交原发证公安机关核查存档;回执第二联由销售单位在销售后的七日内交所在地县级人民政府公安机关治安管理部门核查存档。

第十八条 通过公路运输剧毒化学品的,应当遵守《中华人民共和国道路交通安全法》《危险化学品安全管理条例》等法律、法规对剧毒化学品运输安全的管理规定,悬挂警示标志,采取必要的安全措施,并按照《剧毒化学品公路运输通行证》载明的运输车辆、驾驶人、押运人员、装载数量、有效期限、指定的路线、时间和速度运输,禁止超载、超速行驶;押运人员应当随车携带《剧毒化学品公路运输通行证》,以备查验。

运输车辆行驶速度在不超过限速标志的前提下,在高速公路上不低于每小时 70 公里、不高于每小时 90 公里,在其他道路上不超过每小时 60 公里。

剧毒化学品运达目的地后,收货单位应当在《剧毒化学品公路运输通行证》上签注接收情况,并在收到货物后的七日内将《剧毒化学品公路运输通行证》送目的地县级人民政府公安机关治安管理部门备案存查。

第十九条 填写《剧毒化学品购买凭证》《剧毒化学品准购证》或者《剧毒化学品公路运输通行证》发生错误时,应当注明作废并保留存档备查,不得涂改;填写错误的《剧毒化学品购买凭证》,由持证单位负责交回原发证公安机关核查存档。

填写《剧毒化学品购买凭证》或者《剧毒化学品准购证》回执第一联、回执第二联发生错误确需涂改的,应当在涂改处加盖销售单位印章予以确认。

第二十条 未申领《剧毒化学品购买凭证》《剧毒化学品准购证》《剧毒化学品公路运输通行证》,擅自购买、通过公路运输剧毒化学品的,由公安机关依法采取措施予以制止,处以一万元以上三万元以下罚款;对已经购买了剧毒化学品的,责令退回原销售单位;对已经实施运输的,扣留运输车辆,责令购买、使用和承运单位共同派员接受处理;对发生重大事故,造成严重后果的,依法追究刑事责任。

第二十一条 提供虚假证明文件、采取其他欺骗手段或者贿赂等不正当手段,取得《剧毒化学品购买凭证》《剧毒化学品准购证》《剧毒化学品公路运输通行证》的,由发证的公安机关依法撤销许可证件,处以 1000 元以上一万元以下罚款。

对利用骗取的许可证件购买了剧毒化学品的,责令退回原销售单位。

利用骗取的许可证件通过公路运输剧毒化学品的,由公安机关依照《危险化学品安全管理条例》第六十七条第(一)项的规定予以处罚。

第二十二条 伪造、变造、买卖、出借或者以其他方式转让《剧毒化学品购买凭证》《剧毒化学品准购证》和《剧毒化学品公路运输通行证》,或者使用作废的上述许可证件的,由公安机关依照《危险化学品安全管理条例》第六十四条的规定予以处罚。

第二十三条 《剧毒化学品购买凭证》或者《剧毒化学品准购证》回执第一联、回执第二联填写错误时,未按规定在涂改处加盖销售单位印章予以确认的,由公安机关责令改正,处以500元以上1000元以下罚款。

未按规定填写《剧毒化学品购买凭证》和《剧毒化学品准购证》回执记录剧毒化学品销售、购买信息的,由公安机关依照《危险化学品安全管理条例》第六十一条的规定予以处罚。

第二十四条 通过公路运输剧毒化学品未随车携带《剧毒化学品公路运输通行证》的,由公安机关责令提供已依法领取《剧毒化学品公路运输通行证》的证明,处以500元以上1000元以下罚款。

除不可抗力外,未按《剧毒化学品公路运输通行证》核准载明的运输车辆、驾驶人、押运人员、装载数量、有效期限、指定的路线、时间和速度运输剧毒化学品的,尚未造成严重后果的,由公安机关对单位处以1000元以上一万元以下罚款,对直接责任人员依法给予治安处罚;构成犯罪的,依法追究刑事责任。

第二十五条 违反本办法的规定,有下列行为之一的,由原发证公安机关责令改正,处以500元以上1000元以下罚款:

(一)除不可抗力外,未在规定时限内将《剧毒化学品购买凭证》《剧毒化学品准购证》的回执交原发证公安机关或者销售单位所在地县级人民政府公安机关核查存档的;

(二)除不可抗力外,未在规定时限内将《剧毒化学品公路运输通行证》交目的地县级人民政府公安机关备案存查的;

(三)未按规定将已经使用的《剧毒化学品购买凭证》的存根或者因故不再需要使用的《剧毒化学品购买凭证》交回原发证公安机关核查存档的;

(四)未按规定将填写错误的《剧毒化学品购买凭证》注明作废并保留交回原发证公安机关核查存档的。

第二十六条 当事人对公安机关依照本办法作出的具体行政行为不服的,可以依法申请行政复议或者提起行政诉讼。

第二十七条 公安机关及其人民警察在工作中,有下列行为之一的,对直接负责的主管人员和其他直接责任人员依法给予行政处分;构成犯罪的,依法追究刑事责任:

(一)为不符合申领条件的单位发证的;

(二)除不可抗力外,不按本办法规定的时限办理许可证件的;

(三)索取、收受当事人贿赂或者谋取其他利益的;

(四)对违反本办法的行为不依法追究法律责任的;

(五)违反法律、法规、本办法的规定实施处罚或者收取费用的;

(六)其他滥用职权、玩忽职守、徇私舞弊的。

第二十八条 本办法规定的《剧毒化学品购买凭证》《剧毒化学品准购证》和《剧毒化学品公路运输通行证》由公安部统一印制;其他法律文书式样由公安部制定,各发证公安机关自行印制;各类申请书式样由公安部制定,申领单位根据需要自行印制。

第二十九条 在中华人民共和国境内通过城市道路运输剧毒化学品的,参照本办法关于通过公路运输剧毒化学品的规定执行。

第三十条 本办法自2005年8月1日起施行。

公安机关涉案枪支弹药鉴定工作规定

1. 2019年12月9日公安部修订发布
2. 公通字〔2019〕30号

为规范涉案枪支、弹药的鉴定工作,确保鉴定意见合法、准确、公正,根据《中华人民共和国刑事诉讼法》《中华人民共和国枪支管理法》和有关法律法规,制定本规定。

一、鉴定范围

公安机关在依法办理案件中需要鉴定涉案枪支、弹药及其散件的,适用本规定。

本规定所称枪支,是指符合《中华人民共和国枪支管理法》第四十六条之规定,以火药或者压缩气体等为动力,利用管状器具发射金属弹丸或者其他物质,足以致人伤亡或者丧失知觉的各种枪支。枪支一般应具备枪身、枪管、击发机构、发射机构等。

本规定所称弹药,一般应具备弹头(弹丸)、弹壳、底火、发射药四部分结构。气枪弹虽不具备上述结构,但属于本规定所称弹药。

本规定所称枪支散件,是指专门用于组成枪支的主要零部件。

本规定所称弹药散件,是指组成弹药的弹头、弹壳、底火等。

本规定所称制式枪支、弹药，是指按照国家标准或者公安部、军队下达的战术技术指标要求，经国家有关部门或者军队批准定型，由合法企业生产的各类枪支、弹药，以及境外合法企业制造的枪支、弹药和历史遗留的各类旧杂式枪支、弹药。

本规定所称非制式枪支、弹药，是指未经有关部门批准定型或者不符合国家标准的各类枪支、弹药，包括自制、改制的枪支、弹药和枪支、弹药生产企业研制工作中的中间产品。

二、鉴定机关

涉案枪支、弹药的鉴定工作由地(市)级及以上公安机关鉴定机构负责。

三、鉴定标准

(一)制式枪支、弹药及其散件的鉴定标准

与制式枪支、弹药及其散件的实物或者资料相符，或者具备制式枪支、弹药及其散件特征的，应认定为枪支、弹药及其散件。

制式枪支、弹药，无论能否击发，均应认定为枪支、弹药。

(二)非制式枪支、弹药及其散件的鉴定标准

1. 以火药为动力的非制式枪支、弹药的鉴定标准

对以火药为动力的非制式枪支，能发射制式或者非制式弹药的，应认定为枪支。对火铳类枪支，其枪管、传火孔贯通，且能实现发射功能的，应认定为枪支。

对以火药为动力的非制式枪支，因缺少个别零件或者锈蚀不能完成击发动作，经加装相关零件或者除锈后具备发射功能的，应认定为枪支。

对以火药为动力的非制式弹药，具备弹药组成结构，且各部分具备相应功能或者能够发射的，应认定为弹药。

2. 以压缩气体等为动力的非制式枪支、弹药的鉴定标准

对以压缩气体等为动力的非制式枪支，所发射弹丸的枪口比动能大于等于1.8焦耳/平方厘米的，应认定为枪支。因缺少个别零件或者锈蚀不能完成击发动作，经加装相关零件或者除锈后具备发射功能，且枪口比动能大于等于1.8焦耳/平方厘米的，应认定为枪支。

对非制式气枪弹，与境内外生产的制式气枪弹外形、规格相符或者相近的，应认定为气枪弹。

3. 非制式枪支、弹药散件的鉴定标准

对非制式枪支散件，与制式或者非制式枪支散件的实物、资料相符或相近，或者具备枪支散件相同功能的，应认定为枪支散件。

对非制式弹药散件，与制式弹药散件的实物、资料相符或者相近的，应认定为弹药散件。

四、附则

(一)对同一类型的枪支、弹药及其散件，因数量较大等原因无法进行全部检验的，可按照有关规定进行抽样检验。

(二)涉案枪支、弹药的鉴定程序，按照《公安机关鉴定规则》执行。

禁止寄递物品管理规定

1. 2016年11月7日国家邮政局、公安部、国家安全部发布
2. 国邮发[2016]107号

第一条 为加强邮政行业安全管理，防止禁止寄递物品进入寄递渠道，妥善处置进入寄递渠道的违禁物品，维护寄递渠道安全畅通，促进邮政业健康发展，依据《中华人民共和国邮政法》《中华人民共和国反恐怖主义法》以及《邮政行业安全监督管理办法》等法律、行政法规和相关规定，制定本规定。

第二条 在中华人民共和国境内提供和使用寄递服务活动，以及相关监督管理工作适用本规定。

法律、行政法规以及国务院和国务院有关部门对禁止进出境物品另有规定的，适用其规定。

第三条 本规定所称禁止寄递物品(以下简称禁寄物品)，主要包括：

(一)危害国家安全、扰乱社会秩序、破坏社会稳定的各类物品；

(二)危及寄递安全的爆炸性、易燃性、腐蚀性、毒害性、感染性、放射性等各类物品；

(三)法律、行政法规以及国务院和国务院有关部门规定禁止寄递的其他物品。

具体禁寄物品详见附录《禁止寄递物品指导目录》。

第四条 邮政管理部门应当监督指导提供寄递服务的企业(以下简称寄递企业)落实收寄验视制度，督促企业加强寄递安全管理；监督指导寄递企业加强对从业人员的安全教育和培训；依法对寄递企业实施安全监督检查，查处违法收寄禁寄物品行为。

第五条 用户交寄邮件、快件应当遵守法律、行政法规以及国务院和国务院有关部门关于禁寄物品的规定，不得交寄禁寄物品，不得在邮件、快件内夹带禁寄物品，

不得将禁寄物品匿报或者谎报为其他物品交寄。

第六条 寄递企业应当在其营业场所公示并以其他方式向社会公布本规定及相关指导目录。

第七条 寄递企业应当建立健全安全教育培训制度,强化从业人员对禁寄物品的防范意识、辨识知识和处置能力。未经安全教育和培训的从业人员不得上岗作业。

第八条 寄递企业应当严格执行收寄验视制度,依法当场验视用户交寄的物品是否属于禁寄物品,以及物品的名称、性质、数量等是否与寄递详情单所填写的内容一致,防止禁寄物品进入寄递渠道。

第九条 寄递企业应当建立健全安全检查制度,配备符合国家标准或者行业标准的安全检查设备,安排具备专业技术和技能的人员对邮件、快件进行安全检查。

第十条 寄递企业应当制定禁寄物品处置预案,根据情况变化及时修订,并向邮政管理部门备案。寄递过程中发现禁寄物品的,应当按照预案规定妥善处置。

第十一条 寄递企业完成收寄后发现禁寄物品或者疑似禁寄物品的,应当停止发运,立即报告事发地邮政管理部门,并按下列规定处理:

(一)发现各类枪支(含仿制品、主要零部件)、弹药、管制器具等物品的,应当立即报告公安机关;

(二)发现各类毒品、易制毒化学品的,应当立即报告公安机关;

(三)发现各类爆炸品、易燃易爆等危险物品的,应当立即疏散人员、隔离现场,同时报告公安机关;

(四)发现各类放射性、毒害性、腐蚀性、感染性等危险物品的,应当立即疏散人员、隔离现场,同时视情况报告公安、环境保护、卫生防疫、安全生产监督管理等部门;

(五)发现各类危害国家安全和社会稳定的非法出版物、印刷品、音像制品等宣传品的,应当及时报告国家安全、公安、新闻出版等部门;

(六)发现各类伪造或者变造的货币、证件、印章以及假冒侵权等物品的,应当及时报告公安、工商行政管理等部门;

(七)发现各类禁止寄递的珍贵、濒危野生动物及其制品的,应当及时报告公安、野生动物行政主管等部门;

(八)发现各类禁止进出境物品的,应当及时报告海关、国家安全、出入境检验检疫等部门;

(九)发现使用非机要渠道寄递涉及国家秘密的文件、资料及其他物品的,应当及时报告国家安全机关;

(十)发现各类间谍专用器材或者疑似间谍专用器材的,应当及时报告国家安全机关;

(十一)发现其他禁寄物品或者疑似禁寄物品的,应当依法报告相关政府部门处理。

第十二条 邮政管理部门接到寄递企业发现禁寄物品的报告后,应当按规定向上级部门报告,并视情况联合公安、国家安全、卫生防疫、海关、检验检疫、新闻出版、工商行政管理、安全生产监督管理、野生动物行政主管等部门相互配合、依法处置。

第十三条 禁寄物品指导目录由国务院邮政管理部门会同有关部门确定、公布,并适时调整。

第十四条 对及时发现、报告禁寄物品,维护国家安全、公共安全和人民生命财产安全,或者有效避免、减少寄递安全事故的单位和个人,邮政管理等部门可依法给予表彰。

第十五条 寄递企业违法收寄禁寄物品的,邮政管理部门依照《中华人民共和国邮政法》《中华人民共和国反恐怖主义法》等法律、行政法规的规定予以处罚。

第十六条 用户违反本规定,在邮件、快件内夹带禁寄物品,将禁寄物品匿报或者谎报为其他物品交寄,造成人身伤害或者财产损失的,依法承担赔偿责任;构成犯罪的,依法追究刑事责任;尚不构成犯罪的,依照《中华人民共和国治安管理处罚法》及有关法律、行政法规的规定处罚。

第十七条 本规定自发布之日起施行。国家邮政局2007年11月6日发布的《禁寄物品指导目录及处理办法(试行)》(国邮发〔2007〕152号)同时废止。

附录

禁止寄递物品指导目录

一、枪支(含仿制品、主要零部件)弹药

1. 枪支(含仿制品、主要零部件):如手枪、步枪、冲锋枪、防暴枪、气枪、猎枪、运动枪、麻醉注射枪、钢珠枪、催泪枪等。

2. 弹药(含仿制品):如子弹、炸弹、手榴弹、火箭弹、照明弹、燃烧弹、烟幕(雾)弹、信号弹、催泪弹、毒气弹、地雷、手雷、炮弹、火药等。

二、管制器具

1. 管制刀具:如匕首、三棱刮刀、带有自锁装置的弹簧刀(跳刀)、其他相类似的单刃、双刃、三棱尖刀等。

2. 其他：如弩、催泪器、催泪枪、电击器等。

三、爆炸物品

1. 爆破器材：如炸药、雷管、导火索、导爆索、爆破剂等。

2. 烟花爆竹：如烟花、鞭炮、摔炮、拉炮、砸炮、彩药弹等烟花爆竹及黑火药、烟火药、发令纸、引火线等。

3. 其他：如推进剂、发射药、硝化棉、电点火头等。

四、压缩和液化气体及其容器

1. 易燃气体：如氢气、甲烷、乙烷、丁烷、天然气、液化石油气、乙烯、丙烯、乙炔、打火机等。

2. 有毒气体：如一氧化碳、一氧化氮、氯气等。

3. 易爆或者窒息、助燃气体：如压缩氧气、氮气、氦气、氖气、气雾剂等。

五、易燃液体

如汽油、柴油、煤油、桐油、丙酮、乙醚、油漆、生漆、苯、酒精、松香油等。

六、易燃固体、自燃物质、遇水易燃物质

1. 易燃固体：如红磷、硫磺、铝粉、闪光粉、固体酒精、火柴、活性炭等。

2. 自燃物质：如黄磷、白磷、硝化纤维（含胶片）、钛粉等。

3. 遇水易燃物质：如金属钠、钾、锂、锌粉、镁粉、碳化钙（电石）、氰化钠、氰化钾等。

七、氧化剂和过氧化物

如高锰酸盐、高氯酸盐、氧化氢、过氧化钠、过氧化钾、过氧化铅、氯酸盐、溴酸盐、硝酸盐、双氧水等。

八、毒性物质

如砷、砒霜、汞化物、铊化物、氰化物、硒粉、苯酚、汞、剧毒农药等。

九、生化制品、传染性、感染性物质

如病菌、炭疽、寄生虫、排泄物、医疗废弃物、尸骨、动物器官、肢体、未经制品的兽皮、未经药制的兽骨等。

十、放射性物质

如铀、钴、镭、钚等。

十一、腐蚀性物质

如硫酸、硝酸、盐酸、蓄电池、氢氧化钠、氢氧化钾等。

十二、毒品及吸毒工具、非正当用途麻醉药品和精神药品、非正当用途的易制毒化学品

1. 毒品、麻醉药品和精神药品：如鸦片（包括罂粟壳、花、苞、叶）、吗啡、海洛因、可卡因、大麻、甲基苯丙胺（冰毒）、氯胺酮、甲卡西酮、苯丙胺、安钠咖等。

2. 易制毒化学品：如胡椒醛、黄樟素、黄樟油、麻黄素、伪麻黄素、羟亚胺、邻酮、苯乙酸、溴代苯丙酮、醋酸酐、甲苯、丙酮等。

3. 吸毒工具：如冰壶等。

十三、非法出版物、印刷品、音像制品等宣传品

如含有反动、煽动民族仇恨、破坏国家统一、破坏社会稳定、宣扬邪教、宗教极端思想、淫秽等内容的图书、刊物、图片、照片、音像制品等。

十四、间谍专用器材

如暗藏式窃听器材、窃照器材、突发式收发报机、一次性密码本、密写工具、用于获取情报的电子监听和截收器材等。

十五、非法伪造物品

如伪造或者变造的货币、证件、公章等。

十六、侵犯知识产权和假冒伪劣物品

1. 侵犯知识产权：如侵犯专利权、商标权、著作权的图书、音像制品等。

2. 假冒伪劣：如假冒伪劣的食品、药品、儿童用品、电子产品、化妆品、纺织品等。

十七、濒危野生动物及其制品

如象牙、虎骨、犀牛角及其制品等。

十八、禁止进出境物品

如有碍人畜健康的、来自疫区的以及其他能传播疾病的食品、药品或者其他物品；内容涉及国家秘密的文件、资料及其他物品。

十九、其他物品

《危险化学品目录》《民用爆炸物品品名表》《易制爆危险化学品名录》《易制毒化学品的分类和品种目录》《中华人民共和国禁止进出境物品表》载明的物品和《人间传染的病原微生物名录》载明的第一、二类病原微生物等，以及法律、行政法规、国务院和国务院有关部门规定禁止寄递的其他物品。

互联网危险物品信息发布管理规定

1. 2015年2月5日公安部、国家互联网信息办公室、工业和信息化部、环境保护部、国家工商行政管理总局、国家安全生产监督管理总局发布
2. 公通字〔2015〕5号
3. 自2015年3月1日起施行

第一条　为进一步加强对互联网危险物品信息的管理，规范危险物品从业单位信息发布行为，依法查处、打击涉及危险物品的违法犯罪活动，净化网络环境，保障公

共安全,根据《全国人大常委会关于加强网络信息保护的决定》、《全国人大常委会关于维护互联网安全的决定》、《广告法》、《枪支管理法》、《放射性污染防治法》和《民用爆炸物品安全管理条例》、《烟花爆竹安全管理条例》、《危险化学品安全管理条例》、《放射性同位素与射线装置安全和防护条例》、《核材料管制条例》、《互联网信息服务管理办法》等法律、法规和规章,制定本规定。

第二条 本规定所称危险物品,是指枪支弹药、爆炸物品、剧毒化学品、易制爆危险化学品和其他危险化学品、放射性物品、核材料、管制器具等能够危及人身安全和财产安全的物品。

第三条 本规定所称危险物品从业单位,是指依法取得危险物品生产、经营、使用资质的单位以及从事危险物品相关工作的教学、科研、社会团体、中介机构等单位。具体包括:

(一)经公安机关核发《民用枪支(弹药)制造许可证》、《民用枪支(弹药)配售许可证》的民用枪支、弹药制造、配售企业;

(二)经民用爆炸物品行业主管部门核发《民用爆炸物品生产许可证》、《民用爆炸物品销售许可证》的民用爆炸物品生产、销售企业,经公安机关核发《爆破作业单位许可证》的爆破作业单位;

(三)经安全生产监督管理部门核发《烟花爆竹安全生产许可证》、《烟花爆竹经营(批发)许可证》、《烟花爆竹经营(零售)许可证》的烟花爆竹生产、经营单位;

(四)经安全生产监督管理部门核发《危险化学品安全生产许可证》、《危险化学品经营许可证》、《危险化学品安全使用许可证》的危险化学品生产、经营、使用单位;

(五)经环境保护主管部门核发《辐射安全许可证》的生产、销售、使用放射性同位素和射线装置单位;

(六)经国务院核材料管理部门核发《核材料许可证》的核材料持有、使用、生产、储存、运输和处置单位;

(七)经公安机关批准的弩制造企业、营业性射击场,经公安机关登记备案的管制刀具制造、销售单位;

(八)从事危险物品教学、科研、服务的高等院校、科研院所、社会团体、中介机构和技术服务企业;

(九)法律、法规规定的其他危险物品从业单位。

第四条 本规定所称危险物品信息,是指在互联网上发布的危险物品生产、经营、储存、使用信息,包括危险物品种类、性能、用途和危险物品专业服务等相关信息。

第五条 危险物品从业单位从事互联网信息服务的,应当按照《互联网信息服务管理办法》规定,向电信主管部门申请办理互联网信息服务增值电信业务经营许可或者办理非经营性互联网信息服务备案手续,并按照《计算机信息网络国际联网安全保护管理办法》规定,持从事危险物品活动的合法资质材料到所在地县级以上人民政府公安机关接受网站安全检查。

第六条 危险物品从业单位依法取得互联网信息服务增值电信业务经营许可或者办理非经营性互联网信息服务备案手续后,可以在本单位网站发布危险物品信息。

禁止个人在互联网上发布危险物品信息。

第七条 接入服务提供者应当与危险物品从业单位签订协议或者确认提供服务,不得为未取得增值电信业务许可或者未办理非经营性互联网信息服务备案手续的危险物品从业单位提供接入服务。

接入服务提供者不得为危险物品从业单位以外的任何单位或者个人提供危险物品信息发布网站接入服务。

第八条 危险物品从业单位应当在本单位网站主页显著位置标明可供查询的互联网信息服务经营许可证编号或者备案编号、从事危险物品活动的合法资质和营业执照等材料。

第九条 危险物品从业单位应当在本单位网站网页显著位置标明单位、个人购买相关危险物品应当具备的资质、资格条件:

(一)购买民用枪支、弹药应当持有省级或者设区的市级人民政府公安机关核发的《民用枪支(弹药)配购证》。

(二)购买民用爆炸物品应当持有国务院民用爆炸物品行业主管部门核发的《民用爆炸物品生产许可证》,或者省级人民政府民用爆炸物品行业主管部门核发的《民用爆炸物品销售许可证》,或者所在地县级人民政府公安机关核发的《民用爆炸物品购买许可证》。

(三)购买烟花爆竹的,批发企业应当持有安全生产监督管理部门核发的《烟花爆竹经营(批发)许可证》;零售单位应当持有安全生产监督管理部门核发的《烟花爆竹经营(零售)许可证》;举办焰火晚会以及其他大型焰火燃放活动的应当持有公安机关核发的《焰火燃放许可证》;个人消费者应当向持有安全生产监督管理部门核发的《烟花爆竹经营(零售)许可证》

的零售单位购买。批发企业向烟花爆竹生产企业采购烟花爆竹；零售经营者向烟花爆竹批发企业采购烟花爆竹。严禁零售单位和个人购买专业燃放类烟花爆竹。

（四）购买剧毒化学品应当持有安全生产监督管理部门核发的《危险化学品安全生产许可证》，或者设区的市级人民政府安全生产监督管理部门核发的《危险化学品经营许可证》或者《危险化学品安全使用许可证》，或者县级人民政府公安机关核发的《剧毒化学品购买许可证》。

购买易制爆危险化学品应当持有安全生产监督管理部门核发的《危险化学品安全生产许可证》，或者工业和信息化部核发的《民用爆炸物品生产许可证》，或者设区的市级人民政府安全生产监督管理部门核发的《危险化学品经营许可证》或者《危险化学品安全使用许可证》，或者本单位出具的合法用途证明。

（五）购买放射性同位素的单位应当持有环境保护主管部门核发的《辐射安全许可证》。

（六）购买核材料的单位应当持有国务院核材料管理部门核发的《核材料许可证》。

（七）购买弩应当持有省级人民政府公安机关批准使用的许可文件。

（八）购买匕首、三棱刮刀应当持有所在单位的批准文件或者证明，且匕首仅限于军人、警察、专业狩猎人员和地质、勘探等野外作业人员购买，三棱刮刀仅限于机械加工单位购买。

（九）法律、法规和相关管理部门的其他规定。

第十条 禁止危险物品从业单位在本单位网站以外的互联网应用服务中发布危险物品信息及建立相关链接。

危险物品从业单位发布的危险物品信息不得包含诱导非法购销危险物品行为的内容。

第十一条 禁止任何单位和个人在互联网上发布危险物品制造方法的信息。

第十二条 网络服务提供者应当加强对接入网站及用户发布信息的管理，定期对发布信息进行巡查，对法律、法规和本规定禁止发布或者传输的危险物品信息，应当立即停止传输，采取消除等处置措施，保存有关记录，并向公安机关等主管部门报告。

第十三条 各级公安、网信、工业和信息化、电信主管、环境保护、工商行政管理、安全监管等部门在各自的职责范围内依法履行职责，完善危险物品从业单位许可、登记备案、信息情况通报和信息发布机制，加强协作配合，共同防范危险物品信息发布的违法犯罪行为。

第十四条 违反规定制作、复制、发布、传播含有危险物品内容的信息，或者故意为制作、复制、发布、传播违法违规危险物品信息提供服务的，依法给予停止联网、停机整顿、吊销许可证或者取消备案、暂时关闭网站直至关闭网站等处罚；构成违反治安管理行为的，依法给予治安管理处罚；构成犯罪的，依法追究刑事责任。

第十五条 任何组织和个人对在互联网上违法违规发布危险物品信息和利用互联网从事走私、贩卖危险物品的违法犯罪行为，有权向有关主管部门举报。接到举报的部门应当依法及时处理，并对举报有功人员予以奖励。

第十六条 本规定自2015年3月1日起执行。

寄递渠道治安检查工作规定

1. 2012年3月14日国家邮政局、公安部、国家安全部印发
2. 国邮发〔2012〕42号

第一条 为规范寄递渠道治安检查工作，及时发现和依法打击通过寄递渠道贩运枪支弹药、管制刀具和毒品、爆炸物品、危险化学品、放射性物品、传染性病原体等禁寄物品违法犯罪活动，维护寄递渠道安全畅通，根据《中华人民共和国邮政法》、《中华人民共和国治安管理处罚法》、《邮政行业安全监督管理办法》、《企业事业单位内部治安保卫条例》、《公安机关监督检查企业事业单位内部治安保卫工作规定》等法律、行政法规和规章，制定本规定。

第二条 本规定所称寄递渠道，是指基于邮政企业、快递企业寄递服务活动形成的信息和实物传递渠道。

禁寄物品，是指国家有关规定明确不得交寄的物品。

邮政企业，是指中国邮政集团公司及其提供邮政服务的全资企业、控股企业。

快递企业，是指依法取得快递业务经营许可的企业。

第三条 邮政管理部门依据《中华人民共和国邮政法》、《邮政行业安全监督管理办法》等法律规定，负责检查邮政企业、快递企业日常安全管理工作。

公安机关依据《企业事业单位内部治安保卫条例》、《公安机关监督检查企事业单位内部治安保卫工作规定》等法规，负责检查邮政企业、快递企业治安防范等工作。

第四条 省级邮政管理部门、公安机关、国家安全机关应

当联合成立寄递渠道治安管理协调小组,由邮政管理部门分管领导任协调小组负责人,国家安全机关发挥职能优势,支持、协助公安机关开展寄递渠道治安检查工作。

协调小组每半年召开一次例会,相互通报寄递渠道治安管理情况。邮政管理部门、公安机关应当明确专人为联络员,负责收集掌握本部门寄递渠道治安管理工作情况,协调组织相关案(事)件查处和联合执法检查等工作。

省级以下邮政监管机构可以参照省级寄递渠道治安管理协调小组的做法,与当地公安机关、国家安全机关联合成立寄递渠道治安管理协调小组,开展相关工作。

第五条 邮政管理部门负责检查以下事项:

(一)邮政企业、快递企业是否开展全员安全教育培训,教育培训活动是否有记录;邮政企业、快递企业特种作业人员是否依法取得相应的资格证书,是否熟悉《禁寄物品指导目录及处理办法(试行)》《仿真枪认定标准》《管制刀具认定标准》等,是否掌握禁寄物品的形状、性能及辨识要领。

(二)邮政企业、快递企业是否执行收寄验视制度,寄件人填写的寄递详情单是否完整规范,实际寄递的物品与寄递详情单所填写的名称、数量等是否一致;是否配备专门人员、安检设备对邮件、快件实施安全检查,发现禁寄物品是否按规定处理。

(三)邮政企业、快递企业是否安装监控设备,监控设备是否覆盖收寄、分拣、储存等生产场所,是否确保监控设备全天二十四小时运转,且监控记录保存时间是否达到三十天;寄递业务流程是否实行计算机管理,是否为邮政管理部门预留数据接口。

(四)邮政企业、快递企业生产场所是否配备与场所面积相适应的消防设施,是否确保消防设施始终处于正常状态;配备的消防、监控、安检等安全设备是否符合国家标准或者行业标准。

第六条 公安机关负责检查以下事项:

(一)邮政企业、快递企业是否建立并执行治安保卫制度;是否设置治安保卫机构、配备专职治安保卫人员或者确定专人负责治安保卫工作;是否配备值守人员。

(二)邮政企业、快递企业营业网点(包括邮政储蓄业务和非邮政储蓄业务)、邮件处理中心、数据中心、快件分拨中心、金库、邮资票品库等治安保卫重点部位的治安保卫措施是否符合有关标准和规定;邮政企业、快递企业生产场所是否封闭作业,是否安装门禁系统并严格执行人员进出管理制度。

(三)邮政企业、快递企业是否制定治安突发事件处置预案并组织演练;从业人员发现寄递枪支弹药、管制刀具和毒品、爆炸物品、危险化学品、放射性物品、传染性病原体等禁寄物品的可疑情况线索,是否立即报告公安机关和邮政管理部门。

第七条 邮政管理部门、公安机关对寄递渠道实施治安检查,可以采取听取汇报、查阅档案、实地查看(包括查看收寄、分拣、储存场所监控录像)、模拟演练等方法,以及定期检查、随机抽查、专项检查、调查核实等方式进行。国家安全机关按照现行工作机制,与邮政管理部门、公安机关相互配合,落实寄递物品安全监管工作要求。

凡发现寄递渠道涉嫌收寄禁寄物品的,邮政管理部门、公安机关应当逐件溯源查实具体企业及其收寄人员。

第八条 邮政管理部门、公安机关开展治安检查,应当由2名以上工作人员进行;检查时应当出示执法证件或者工作证件,并向被检查企业告知检查事由和依据。

检查人员应当制作《检查笔录》,记录检查的时间、地点、内容、发现的问题及其处理情况,由被检查企业的负责人或者陪同检查人员共同核对并签名。被检查企业的负责人或者陪同检查人员对笔录有异议,应当允许其作出说明并记录在案;拒绝签名的,检查人员应当在《检查笔录》上注明。

检查人员对检查知悉的国家秘密、商业秘密和个人隐私,应当予以保密。

第九条 省级邮政管理部门对本行政区域内邮政企业、快递企业的安全管理工作,应当定期组织安全检查;对检查发现的问题,每月在全行业通报一次,督导企业落实安全管理措施。

县级公安机关和属地公安派出所对本行政区域内邮政企业、快递企业的治安保卫工作,应当至少分别每半月、每周抽查一次,督导企业落实治安保卫措施。

中国邮政集团公司和其他快递公司对其所属全资企业、控股企业、分支机构,应当定期组织安全检查,督促基层单位及时整改治安隐患。

第十条 对下列情况,公安机关应当立即组织调查核实:

(一)不法分子向邮政企业、快递企业交寄枪支弹药、管制刀具和毒品、爆炸物品、危险化学品、放射性物品、传染性病原体等禁寄物品的;

(二)邮政企业、快递企业明知交寄物品为枪支弹药、管制刀具和毒品、爆炸物品、危险化学品、放射性物品、传染性病原体等禁寄物品仍收寄的;

(三)邮政企业、快递企业发生盗窃、非法扣押、冒领、隐匿、毁弃、私拆邮件、快件的；

（四）扰乱邮政企业、快递企业正常生产经营秩序，危害寄递渠道安全畅通的；

（五）其他违反治安管理的情形。

第十一条 经公安机关调查核实，凡属于公安机关查处打击的违法犯罪问题，公安机关应当依法查处；属于国家安全机关依法查处打击的违法犯罪问题，国家安全机关应当依法查处；属于邮政管理、工商等部门依法处理的违法违规问题，公安机关应当及时通报同级邮政管理、工商等部门查处，并建档留存通报材料。

国家安全机关工作中发现危害社会治安秩序的情况和线索，应当及时通报公安机关进行处置；对安全管理问题和隐患较大的企业，应当及时通报邮政管理部门，由邮政管理部门依法处理。

第十二条 邮政企业、快递企业不执行收寄验视制度，或者违反国家有关规定收寄邮件、快件的，邮政管理部门应当依照《中华人民共和国邮政法》，对邮政企业直接负责的主管人员和其他直接责任人员给予处分，对快递企业责令停业整顿直至吊销快递业务经营许可证。

邮政企业、快递企业从业人员取得法定从业资格的人员比例不足，由邮政管理部门依照《快递业务经营许可管理办法》督促其补足。邮政企业、快递企业未按照国家有关规定配备安检人员和设备、未安装监控和消防等安全设备或者安装的安检、监控和消防等安全设备不能正常运行使用，以及未按照国家有关规定对寄递业务流程实行计算机管理并向邮政管理部门预留数据接口的，由邮政管理部门责令限期改正，并依照《邮政行业安全监督管理办法》规定处罚。

第十三条 邮政企业、快递企业存在治安隐患的，由公安机关责令限期整改并处警告；企业逾期不整改，严重威胁公民人身安全、公私财产安全或者公共安全的，公安机关应当依照《企业事业单位内部治安保卫条例》第十九条的规定，对邮政企业、快递企业及其相关人员予以处罚。

第十四条 邮政管理部门、公安机关应当建立违规寄递禁寄物品责任倒查追究制度。对违规收寄禁寄物品的邮政企业、快递企业及其主要负责人，邮政管理部门应当依法予以行政处罚；邮政企业、快递企业从业人员因未执行验视制度而收寄禁寄物品或明知是禁寄物品仍收寄，构成违反治安管理的，公安机关应当依法予以治安处罚；构成犯罪的，应依法追究刑事责任。

第十五条 邮政管理部门、公安机关对寄递渠道治安检查工作应当建立考核奖惩制度。

省级寄递渠道治安管理协调小组应当每年度考核寄递渠道治安管理工作。对措施得力、成绩突出的，上级机关应当予以表彰奖励；对因工作措施不到位造成寄递渠道禁寄物品问题突出的，上级机关应当对负有直接检查职责的下级机关进行通报批评，并取消年度评优评先资格；直接负责的主管人员和其他直接负责人员涉嫌失职渎职的，应当依法追究责任。

第十六条 本规定由国家邮政局、公安部、国家安全部负责解释。

第十七条 本规定自公布之日起施行。

核反应堆乏燃料
道路运输管理暂行规定

1. 2003年6月18日国防科学技术工业委员会、公安部、交通部、卫生部印发
2. 科工法〔2003〕520号

第一章 总　　则

第一条 为加强核反应堆乏燃料（以下简称乏燃料）道路运输管理，保障乏燃料运输安全，促进我国核能事业的发展，依据国家有关法律、法规，制定本规定。

第二条 本规定适用于核反应堆（包括核电站、研究堆和其他类型核反应堆）乏燃料国内道路运输的管理。

第三条 乏燃料托运人是具有核材料持有资质，对其托运的乏燃料运输所引起的核损害承担民事责任的营运单位。

乏燃料托运人可以委托代理人代为办理乏燃料托运，乏燃料托运代理人应具有核材料托运代理资质。

第四条 乏燃料承运人是承接乏燃料运输委托，实施乏燃料运输作业的单位。乏燃料承运人应当具有道路危险货物运输资质，对乏燃料运输作业的安全承担相应的责任。

第五条 托运人或托运代理人和承运人应当遵守本规定和国家其他有关乏燃料安全运输的法规、标准，加强乏燃料运输的安全管理，建立健全安全运输责任制度，完善安全运输条件，确保乏燃料安全运输。

第六条 乏燃料的道路运输是国家管制的核活动，国防科工委、公安部、交通部和卫生部，按照下列职责分工进行管理和监督：

（一）国防科工委负责协调乏燃料运输管理活动，审查核发乏燃料转移批准文件和装运批准文件，审查乏燃料运输事故应急预案，监督有关保密措施。

（二）公安部负责乏燃料道路运输的公共安全管理，审查核发乏燃料道路运输通行证件，对乏燃料道路运输的实物保护实施监督，指挥、协调地方公安机关查处危及乏燃料安全运输的案（事）件。

（三）交通部负责乏燃料道路运输承运人资质认可的管理和承运人驾驶人员及其他运输作业人员资格认可的管理，协调乏燃料公路超限运输车辆行驶道路的管理工作。

（四）卫生部负责乏燃料运输工作人员的健康监护和辐射防护监督，组织提供乏燃料运输事故应急医学支援。

第二章 运输的申请与审批

第七条 托运人或托运代理人在实施乏燃料运输前应向国防科工委申请办理乏燃料转移审批手续。申请办理乏燃料转移审批手续时，应提交《乏燃料转移申请审批表》（格式见附件1）、有关拟转移申请的详细资料、乏燃料运输中核损害民事责任的说明、拟委托承运人的资质证明和其他必要的文件。

国防科工委应在接到申请文件之日起30个工作日内完成审查，经审查合格后颁发乏燃料转移批准文件。

第八条 托运人或托运代理人使用的乏燃料货包设计必须获得有关部门的批准，未获得批准的乏燃料货包不得交付运输。

第九条 承运人从事乏燃料道路运输，应当按照《道路危险货物运输管理规定》的要求，事先获得国家交通主管部门对其从事道路危险货物运输的资质认可。不具有道路危险货物运输资质的单位，不得承接乏燃料运输业务。

第十条 托运人或托运代理人委托的乏燃料道路运输属于超限运输的，托运人或托运代理人应当按照《超限运输车辆行驶公路管理规定》的要求，事先申请办理超限运输车辆行驶公路手续。

省、自治区、直辖市公路管理机构应在接到申请材料之日起15个工作日内完成审查，经审查合格后颁发《超限运输车辆通行证》。

第十一条 托运人或托运代理人实施乏燃料道路运输前应当向公安部申请办理乏燃料道路运输通行手续。申请办理乏燃料道路运输通行手续时，应当提交《乏燃料道路运输通行申请审批表》（格式见附件2）和有关乏燃料的数量、运输过程实物保护、运输路线和备用运输路线等详细资料，同时提交本规定第八条、第九条、第十条所规定的批准文件的复印件。行车时间与路线的选择，应当避开天气恶劣时段和人口稠密、自然灾害多发、治安状况复杂地段。

公安部应在接到申请资料之日起10个工作日内完成审查，经审查合格后出具通行批准证件。

第十二条 托运人或托运代理人在首次进行乏燃料运输前应将乏燃料运输事故应急预案及主要执行程序提交国家核事故应急办公室（以下简称国家核应急办）审查（运输事故应急预案应当包括的内容见《国家核应急计划执行程序——核反应堆乏燃料道路运输事故应急准备与响应管理程序》的规定）。

国家核应急办应在接到申请文件之日起30个工作日内完成审查，经审查合格后颁发乏燃料运输事故应急预案批准文件。

第十三条 托运人或托运代理人应在启运乏燃料前向国防科工委申请办理乏燃料启运批准文件。申请办理乏燃料启运批准文件时应当提交国家标准GB 11806《放射性物质安全运输规定》所规定的资料和运输过程的实物保护及保密措施等资料，并附以根据第八条至第十三条的规定所申领的各项批准文件的复印件。

国防科工委应在接到申请材料之日起15个工作日内完成审查，经审查合格后颁发乏燃料启运批准文件，并抄送公安部、交通部、卫生部和其他相关主管部门。

对于相同乏燃料货包后续运输的启运申请，可只提供待启运乏燃料的类型与数量、启运时间，以及上述其余各项变更情况的说明等资料。

第十四条 乏燃料道路运输的申请内容发生重要变化（如乏燃料货包设计变更、运输路线改变等）或已申领的批准文件失效，申请人应当重新办理相应的申请。

第三章 运输的实施与管理

第十五条 托运人或托运代理人只能委托具有道路危险货物运输资质的单位承运乏燃料。托运人或托运代理人与承运人应当按照合同法的规定，签订书面协议，确定双方的权利义务关系，明确双方的责任。

第十六条 托运人或托运代理人应当向承运人出示根据本规定第二章的规定所申领的各项批准文件，并应当提供所托运乏燃料的类型、数量、危险特性等资料，说明运输过程中应采取的安全防护与保密措施，以及发生运输事故时应执行的应急程序和应采取的应急措施。

承运人不得承接不具备有关批准文件的乏燃料运输业务。

第十七条 托运人或托运代理人和承运人应当按照所申领的各项批准文件的要求实施乏燃料的运输，并保证其运输活动符合国家放射性物质安全运输标准及其他有关标准的要求。

第十八条　托运人或托运代理人应选派熟悉乏燃料性质及有关安全措施的押运人员,并配备所需仪表设备与装备,承担乏燃料运输过程中的核材料管理、实物保护与保密、辐射监测等方面的工作。

第十九条　托运人或托运代理人和承运人应当按照双方的约定,确保乏燃料运输容器与其它包装物、运输车辆、装卸设备,以及运输用的通信设备、辐射监测仪表和其他装备与器材等处于良好状态,并作好警示标志。每次运输前应加以检查,必要时予以维修,确保所有设备、装备与器材重复使用时符合有关要求与技术规范。

第二十条　承运人应当保证其实施乏燃料运输的驾驶人员、装卸人员和管理人员具有相应资格,掌握乏燃料运输安全知识,以及发生运输事故时应采取的应急措施。

第二十一条　承运人应当依照国家有关法规与标准的要求和乏燃料运输的安全特点,采取必要的安全防范措施,执行严格的管理制度与安全操作规程,确保其运输乏燃料的安全,预防运输事故的发生。

第二十二条　承运人应当按照有关法规、标准的规定,安排乏燃料运输工作人员作相应的健康检查,并在运输作业过程中,对有关工作人员进行个人剂量监测。

第二十三条　乏燃料启运前,托运人或托运代理人应当向有检测资质的国家或省级卫生检测机构提出对其乏燃料货包外表的辐射水平和表面放射性污染水平进行检测的申请;经检测符合国家标准的规定,由检测机构出具书面证明文件,并经卫生行政部门核准后,乏燃料货包方可启运(证明文件的格式见附表3)。

第二十四条　托运人或托运代理人应当将乏燃料的准确启运时间和预计到达目的地的时间报告国防科工委、公安部。

第二十五条　乏燃料运输途中,押运人员应当对乏燃料货包实施严密的监管和守护,发生交通事故应当立即报告当地公安部门;遇到无法按原计划正常运输的情况时,应当立即通过托运人或托运代理人报告国防科工委和公安部;若需要临时改变运输路线,应当向公安部门和交通部门提出使用备用运输路线的申请,获得认可或批准后方可实施。

第二十六条　运输过程中如发生核事故时,承运人和托运人或托运代理人应当立即按照《国家核应急计划执行程序——核反应堆乏燃料道路运输事故应急准备与响应管理程序》的规定和批准的应急预案进行事故报告和应急响应,并执行国家有关事故调查与处理的决定。

第二十七条　乏燃料运输结束后,托运人或托运代理人应当在30个工作日内向国防科工委提交运输结果与情况简报,并抄报公安部、交通部、卫生部和其他相关主管部门。

第四章　奖励与处罚

第二十八条　在乏燃料运输工作中有下列事迹之一的单位或个人,由有关主管部门或者其所在单位给予表彰或者奖励:

(一)严格执行本规定及国家其它有关法规和标准,安全、按时完成乏燃料运输任务的;

(二)运输过程中遇到意外紧急情况,能够及时恰当处置,有效保护工作人员和公众健康与安全,保护乏燃料不受损失的;

(三)对乏燃料的运输有其他特殊贡献的。

第二十九条　托运人或托运代理人及承运人违反本规定,有下列行为之一的,由主管部门或者监督部门予以警告、责令立即或限期改正;逾期不改的,由原发证部门吊销其托运人或托运代理人或承运人资质;触犯刑律的,依法追究刑事责任:

(一)未按照规定申请各项批准文件或者批准文件不完备,擅自从事乏燃料运输的;

(二)未按照有关批准文件的规定及有关国家标准的要求从事乏燃料运输的;

(三)伪造、变造批准文件或者使用过期或失效批准文件从事乏燃料运输的;

(四)运输过程中未配备合格押运人员和良好押运装备,造成乏燃料货包失去有效监管,引起人员受照射或其他不良后果的;

(五)使用不具备相应资格的驾驶人员、装卸人员、押运人员和管理人员上岗作业的;

(六)乏燃料包装物、运输车辆和运输用的设备及装备不符合有关要求与技术规范而继续使用的;

(七)乏燃料货包外辐射水平和表面污染水平未经检测机构测定符合国家标准的规定,擅自启运的;

(八)未安排有关工作人员进行健康检查,运输作业期间工作人员未进行个人剂量监测的;

(九)乏燃料运输过程中发生或者遭遇意外紧急情况未及时报告,造成重大不良后果或者损失的。

第三十条　乏燃料运输监督管理有关部门工作人员有下列行为之一的,依照规定给予行政处分;触犯刑律的,依法追究刑事责任:

(一)利用职务上的便利收受他人财物或其他好处,对不符合规定的事项予以批准或认可的;

(二)发现未依照本规定取得批准的单位和个人

擅自进行乏燃料运输活动或者接到举报,不依据本规定予以处理的;

(三)对托运人或托运代理人和承运人不履行监督管理职责,发现其不具备本规定所要求的资质而不予以处理的或发现违反本规定的行为不予以查处的。

第五章 附 则

第三十一条 本规定所使用的一些主要术语的定义如下。

(一)乏燃料是指在核反应堆内使用(辐照)达到计划的卸料比燃耗后,自堆内卸出的、不再在原核反应堆中使用的核燃料。

(二)乏燃料货包是指乏燃料与其专用运输容器及其它包装物所构成的整体。

第三十二条 本规定由国防科工委会同公安部、交通部、卫生部负责解释。

第三十三条 本规定自颁布之日起施行。

附件:(略)

仿真枪认定标准

1. 2008年2月22日公安部发布
2. 公通字〔2008〕8号

一、凡符合以下条件之一的,可以认定为仿真枪:

1. 符合《中华人民共和国枪支管理法》规定的枪支构成要件,所发射金属弹丸或其他物质的枪口比动能小于1.8焦耳/平方厘米(不含本数)、大于0.16焦耳/平方厘米(不含本数)的;

2. 具备枪支外形特征,并且具有与制式枪支材质和功能相似的枪管、枪机、枪匣或者击发等机构之一的;

3. 外形、颜色与制式枪支相同或者近似,并且外形长度尺寸介于相应制式枪支全枪长度尺寸的二分之一与一倍之间的。

二、枪口比动能的计算,按照《枪支致伤力的法庭科学鉴定判据》规定的计算方法执行。

三、术语解释

1. 制式枪支:国内制造的制式枪支是指已完成定型试验,并且经军队或国家有关主管部门批准投入装备、使用(含外贸出口)的各类枪支。国外制造的制式枪支是指制造商已完成定型试验,并且装备、使用或投入市场销售的各类枪支。

2. 全枪长:是指从枪管口部至枪托或枪机框(适用于无枪托的枪支)底部的长度。

管制刀具认定标准

1. 2007年1月14日公安部印发
2. 公通字〔2007〕2号

一、凡符合下列标准之一的,可以认定为管制刀具:

1. 匕首:带有刀柄、刀格和血槽,刀尖角度小于60度的单刃、双刃或多刃尖刀(见图一)。

图一

2. 三棱刮刀:具有三个刀刃的机械加工用刀具(见图二)。

图二

3. 带有自锁装置的弹簧刀(跳刀):刀身展开或弹出后,可被刀柄内的弹簧或卡锁固定自锁的折叠刀具(见图三)。

图三

4. 其他相类似的单刃、双刃、三棱尖刀:刀尖角度小于60度,刀身长度超过150毫米的各类单刃、双刃和多刃刀具(见图四)。

图四

5. 其他刀尖角度大于60度,刀身长度超过220毫米的各类单刃、双刃和多刃刀具(见图五)。

图五

二、未开刀刃且刀尖倒角半径R大于2.5毫米的各类武术、工艺、礼品等刀具不属于管制刀具范畴。

三、少数民族使用的藏刀、腰刀、靴刀、马刀等刀具的管制范围认定标准,由少数民族自治区(自治州、自治县)

人民政府公安机关参照本标准制定。
四、述语说明：
  1. 刀柄：是指刀上被用来握持的部分（见图六）。
  2. 刀格（挡手）：是指刀上用来隔离刀柄与刀身的部分（见图六）。
  3. 刀身：是指刀上用来完成切、削、刺等功能的部分（见图六）。
  4. 血槽：是指刀身上的专用刻槽（见图六）。
  5. 刀尖角度：是指刀刃与刀背（或另一侧刀刃）上距离刀尖顶点10毫米的点与刀尖顶点形成的角度（见图六）。
  6. 刀刃（刃口）：是指刀身上用来切、削、砍的一边，一般情况下刃口厚度小于0.5毫米（见图六）。

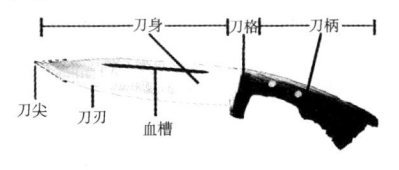

图六

  7. 刀尖倒角：是指刀尖部所具有的圆弧度（见图七）。

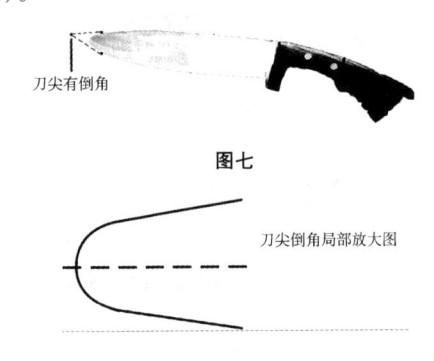

图七

公安部关于对空包弹管理
有关问题的批复

1. 2011年9月22日
2. 公复字〔2011〕3号

北京市公安局：
  你局《关于将空包弹纳入治安管理的请示》（京公治字〔2011〕235号）收悉。现批复如下：
  空包弹是一种能够被枪支击发的无弹头特种枪弹。鉴于空包弹易被犯罪分子改制成枪弹，并且发射时其枪口冲击波在一定距离内，仍能够对人员造成伤害。因此，应当依据《中华人民共和国枪支管理法》将空包弹纳入枪支弹药管理范畴。其中，对中国人民解放军、武装警察部队需要配备使用的各类空包弹，纳入军队、武警部队装备枪支弹药管理范畴予以管理；对公务用枪配备单位需要使用的各类空包弹，纳入公务用枪管理范畴予以管理；对民用枪支配置、影视制作等单位需要配置使用的各类空包弹，纳入民用枪支弹药管理范畴予以管理。
  对于射钉弹、发令弹的口径与制式枪支口径相同的，应当作为民用枪支弹药进行管理；口径与制式枪支口径不同的，对制造企业应当作为民用爆炸物品使用单位进行管理，其销售、购买应当实行实名登记管理。

公安部关于仿真枪认定标准
有关问题的批复

1. 2011年1月8日
2. 公复字〔2011〕1号

北京市公安局：
  你局《关于仿真枪认定标准有关问题的请示》（京公治字〔2010〕）收悉。现批复如下：
一、关于仿真枪与制式枪支的比例问题
  公安部《仿真枪认定标准》第一条第三项规定的"外形长度尺寸介于相应制式枪支全枪长度尺寸的二分之一与一倍之间"，其中的"一倍"是指比相应制式枪支全枪长度尺寸长出一倍；其中的二分之一与一倍均不包含本数。
二、关于仿真枪仿制式枪支年代问题
  鉴于转轮手枪等一些手动、半自动枪械均属于第一次世界大战以前就已问世的产品。因此，制式枪支的概念不能以第一次世界大战来划定，仍应当按照《仿真枪认定标准》的有关规定执行。但绳枪、燧发枪等古代前装枪不属于制式枪支的范畴。

公安部关于将陶瓷类刀具
纳入管制刀具管理问题的批复

1. 2010年4月7日
2. 公复字〔2010〕1号

北京市公安局：
  你局《关于将陶瓷类刀具纳入管制刀具管理范围的

请示》(京公治字〔2010〕282号)收悉。现批复如下：

陶瓷类刀具具有超高硬度、超高耐磨、刃口锋利等特点，其技术特性已达到或超过了部分金属刀具的性能，对符合《管制刀具认定标准》(公通字〔2007〕2号)规定的刀具类型、刀刃长度和刀尖角度等条件的陶瓷类刀具，应当作为管制刀具管理。

公安部关于对民用爆炸物品生产销售企业许可行为认定有关问题的批复

1. 2008年3月26日
2. 公复字〔2008〕2号

云南省公安厅：

你厅《关于对民用爆炸物品生产销售企业许可行为认定有关问题的请示》(云公请〔2008〕9号)收悉。现批复如下：

一、《民用爆炸物品生产许可证》、《民用爆炸物品销售许可证》是民用爆炸物品生产、销售企业的法定许可证件，公安机关凭《民用爆炸物品生产许可证》、《民用爆炸物品销售许可证》依法受理民用爆炸物品生产、销售企业的备案申请，依法核发《民用爆炸物品运输许可证》。凡凭《民用爆炸物品销售网点》等非法定证件申请备案、办理民用爆炸物品运输许可的，公安机关应依法告知申请人提交相应的法定证件，申请人不提交的，公安机关依法不予受理或者不予核发《民用爆炸物品运输许可证》。

二、对民用爆炸物品生产、销售企业违反安全管理制度致使民用爆炸物品丢失、被盗、被抢，以及未按有关规定备案的，公安机关应严格依照《民用爆炸物品安全管理条例》进行查处。

公安部关于对办理涉及硝酸铵案件有关问题的批复

1. 2008年1月10日
2. 公复字〔2008〕1号

广东省公安厅：

你厅《关于"9·4硝酸铵"专案涉案单位处理问题的请示》(粤公请字〔2007〕183号)收悉，现批复如下：

对非法销售、购买未达到抗爆性能指标的农用硝酸铵、硝酸铵复混肥的，应当依照《民用爆炸物品安全管理条例》第四十四条的规定处理。对没收的硝酸铵和未达到抗爆性能指标的农用硝酸铵、硝酸铵复混肥，根据《国务院办公厅关于进一步加强民用爆炸物品安全管理的通知》(国办发〔2002〕52号)精神，可以转让有关生产企业回收利用。

公安部关于涉弩违法犯罪行为的处理及性能鉴定问题的批复

1. 2006年5月25日
2. 公复字〔2006〕2号

天津市公安局：

你局《关于对弩的法律适用及性能鉴定问题的请示》(津公法指〔2006〕14号)收悉。现批复如下：

一、弩是一种具有一定杀伤能力的运动器材，但其结构和性能不符合《中华人民共和国枪支管理法》对枪支的定义，不属于枪支范畴。因此，不能按照《最高人民法院关于审理非法制造、买卖、运输枪支、弹药、爆炸物等刑事案件具体应用法律若干问题的解释》(法释〔2001〕15号)追究刑事责任，仍应按照《公安部、国家工商行政管理局关于加强弩管理的通知》(公治〔1999〕1646号)的规定，对非法制造、销售、运输、持有弩的登记收缴，消除社会治安隐患。

二、对弩的鉴定工作，不能参照公安部《公安机关涉案枪支弹药性能鉴定工作规定》(公通字〔2001〕68号)进行。鉴于目前社会上非法制造、销售、运输、持有的弩均为制式产品，不存在非制式弩的情况，因此不需要进行技术鉴定。

公安部关于对核发剧毒化学品购买凭证有关问题的批复

1. 2005年12月19日
2. 公复字〔2005〕5号

福建省公安厅：

你厅《关于核发剧毒化学品购买凭证有关问题的请示》(闽公综〔2005〕620号)收悉。现批复如下：

一、关于剧毒化学品从业人员上岗资格证。国家安全生产监督管理总局规定，危险化学品(含剧毒化学品)从业人员属于特种作业人员，其上岗资格证由省级人民政府安全生产监督管理部门考核签发。

二、关于危险化学品使用许可证、批准书或者其他相应的从业许可证明。目前,国家尚未明确负责核发危险化学品使用许可证、批准书的行政管理部门。危险化学品使用单位的工商营业执照以及地方人民政府、有关行政管理部门对涉及危险化学品项目的批复等,可视为其他相应的从业许可证明。

三、关于品种限制。凡列入《剧毒化学品目录》2002年版、修正版的剧毒化学品,均可凭《剧毒化学品购买凭证》购买。

公安部关于对少数民族人员佩带刀具乘坐火车如何处理问题的批复

1. 2001年4月28日
2. 公复字〔2001〕6号

四川省公安厅:

你厅《关于少数民族佩带刀具乘坐火车如何处理的请示》(川公明发〔2001〕323号)收悉。现批复如下:

根据国务院批准、公安部发布的《对部分刀具实行管制的暂行规定》、(〔83〕公发(治)31号)的规定,管制刀具是指匕首、三棱刀(包括机械加工用的三棱刮刀)、带有自锁装置的弹簧刀(跳刀)以及其他相类似的单刃、双刃、三棱尖刀。任何人不得非法制造、销售、携带和私自保存管制刀具。少数民族人员只能在民族自治地区佩带、销售和使用藏刀、腰刀、靴刀等民族刀具;在非民族自治地区,只要少数民族人员所携带的刀具属于管制刀具范围,公安机关就应当严格按照相应规定予以管理。凡公安工作中涉及的此类有关少数民族的政策、法律规定,各级公安机关应当积极采取多种形式广泛宣传,特别是要加大在车站等人员稠密的公共场所及公共交通工具上的宣传力度。

少数民族人员违反《中华人民共和国铁路法》和《铁路运输安全保护条例》携带管制刀具进入车站、乘坐火车的,由公安机关依法予以没收,但在本少数民族自治地区携带具有特别纪念意义或者比较珍贵的民族刀具进入车站的,可以由携带人交其亲友带回或者交由车站派出所暂时保存并出具相应手续,携带人返回时领回;对不服从管理,构成违反治安管理行为的,依法予以治安处罚;构成犯罪的,依法追究其刑事责任。

公安部关于划定猎区、牧区严格猎枪配置管理的批复

1. 1997年1月22日
2. 公复字〔1997〕1号

江苏、辽宁省公安厅:

你们关于划定猎区和牧区有关问题的请示收悉。现批复如下:

按照《枪支管理法》的规定,猎民在猎区、牧民在牧区,可以申请配置猎枪,猎区和牧区的区域由省级人民政府划定。经与林业部、农业部协商,猎区应当是以狩猎为生的猎民居住的区域;牧区应当是自然形成的、以牧业为主的区域,最大可以划定到乡、镇一级。对猎民配置猎枪,要根据保护野生动物的需要,严格加以限制。牧民(牧业收入应占全部生活收入的50%以上)确因护牧需要可以按规定配置猎枪,牧区中非牧民不得配置猎枪。对部分大山区、偏僻林区农民为保护生产防止兽、禽侵害,确需保留一部分猎枪的,可以由乡、镇政府或当地公安机关集中管理,按季节性需要发给农民使用。保留的猎枪要经过省级人民政府公安机关批准,报公安部备案。请你们通过调查研究,主动与有关部门协商,积极向省政府提出意见,严格猎枪配置的管理。

四、安保工作管理

资料补充栏

保安服务管理条例

1. 2009年10月13日国务院令第564号公布
2. 根据2020年11月29日国务院令第732号《关于修改和废止部分行政法规的决定》第一次修订
3. 根据2022年3月29日国务院令第752号《关于修改和废止部分行政法规的决定》第二次修订

第一章 总 则

第一条 为了规范保安服务活动,加强对从事保安服务的单位和保安员的管理,保护人身安全和财产安全,维护社会治安,制定本条例。

第二条 本条例所称保安服务是指:

（一）保安服务公司根据保安服务合同,派出保安员为客户单位提供的门卫、巡逻、守护、押运、随身护卫、安全检查以及安全技术防范、安全风险评估等服务；

（二）机关、团体、企业、事业单位招用人员从事的本单位门卫、巡逻、守护等安全防范工作；

（三）物业服务企业招用人员在物业管理区域内开展的门卫、巡逻、秩序维护等服务。

前款第（二）项、第（三）项中的机关、团体、企业、事业单位和物业服务企业,统称自行招用保安员的单位。

第三条 国务院公安部门负责全国保安服务活动的监督管理工作。县级以上地方人民政府公安机关负责本行政区域内保安服务活动的监督管理工作。

保安服务行业协会在公安机关的指导下,依法开展保安服务行业自律活动。

第四条 保安服务公司和自行招用保安员的单位（以下统称保安从业单位）应当建立健全保安服务管理制度、岗位责任制度和保安员管理制度,加强对保安员的管理、教育和培训,提高保安员的职业道德水平、业务素质和责任意识。

第五条 保安从业单位应当依法保障保安员在社会保险、劳动用工、劳动保护、工资福利、教育培训等方面的合法权益。

第六条 保安服务活动应当文明、合法,不得损害社会公共利益或者侵犯他人合法权益。

保安员依法从事保安服务活动,受法律保护。

第七条 对在保护公共财产和人民群众生命财产安全、预防和制止违法犯罪活动中有突出贡献的保安从业单位和保安员,公安机关和其他有关部门应当给予表彰、奖励。

第二章 保安服务公司

第八条 保安服务公司应当具备下列条件:

（一）有不低于人民币100万元的注册资本；

（二）拟任的保安服务公司法定代表人和主要管理人员应当具备任职所需的专业知识和有关业务工作经验,无被刑事处罚、劳动教养、收容教育、强制隔离戒毒或者被开除公职、开除军籍等不良记录；

（三）有与所提供的保安服务相适应的专业技术人员,其中法律、行政法规有资格要求的专业技术人员,应当取得相应的资格；

（四）有住所和提供保安服务所需的设施、装备；

（五）有健全的组织机构和保安服务管理制度、岗位责任制度、保安员管理制度。

第九条 申请设立保安服务公司,应当向所在地设区的市级人民政府公安机关提交申请书以及能够证明其符合本条例第八条规定条件的材料。

受理的公安机关应当自收到申请材料之日起15日内进行审核,并将审核意见报所在地的省、自治区、直辖市人民政府公安机关。省、自治区、直辖市人民政府公安机关应当自收到审核意见之日起15日内作出决定,对符合条件的,核发保安服务许可证；对不符合条件的,书面通知申请人并说明理由。

第十条 从事武装守护押运服务的保安服务公司,应当符合国务院公安部门对武装守护押运服务的规划、布局要求,具备本条例第八条规定的条件,并符合下列条件:

（一）有不低于人民币1000万元的注册资本；

（二）国有独资或者国有资本占注册资本总额的51%以上；

（三）有符合《专职守护押运人员枪支使用管理条例》规定条件的守护押运人员；

（四）有符合国家标准或者行业标准的专用运输车辆以及通信、报警设备。

第十一条 申请设立从事武装守护押运服务的保安服务公司,应当向所在地设区的市级人民政府公安机关提交申请书以及能够证明其符合本条例第八条、第十条规定条件的材料。保安服务公司申请增设武装守护押运业务的,无需再次提交证明其符合本条例第八条规定条件的材料。

受理的公安机关应当自收到申请材料之日起15日内进行审核,并将审核意见报所在地的省、自治区、直辖市人民政府公安机关。省、自治区、直辖市人民政府公安机关应当自收到审核意见之日起15日内作出决定,对符合条件的,核发从事武装守护押运业务的保安服务许可证或者在已有的保安服务许可证上增注武装守护押运服务;对不符合条件的,书面通知申请人并说明理由。

第十二条　取得保安服务许可证的申请人,凭保安服务许可证到工商行政管理机关办理工商登记。取得保安服务许可证后超过6个月未办理工商登记的,取得的保安服务许可证失效。

保安服务公司设立分公司的,应当向分公司所在地设区的市级人民政府公安机关备案。备案应当提供总公司的保安服务许可证和工商营业执照、总公司法定代表人、分公司负责人和保安员的基本情况。

保安服务公司的法定代表人变更的,应当经原审批公安机关审核,持审核文件到工商行政管理机关办理变更登记。

第三章　自行招用保安员的单位

第十三条　自行招用保安员的单位应当具有法人资格,有符合本条例规定条件的保安员,有健全的保安服务管理制度、岗位责任制度和保安员管理制度。

娱乐场所应当依照《娱乐场所管理条例》的规定,从保安服务公司聘用保安员,不得自行招用保安员。

第十四条　自行招用保安员的单位,应当自开始保安服务之日起30日内向所在地设区的市级人民政府公安机关备案,备案应当提供下列材料:

（一）法人资格证明;

（二）法定代表人（主要负责人）、分管负责人和保安员的基本情况;

（三）保安服务区域的基本情况;

（四）建立保安服务管理制度、岗位责任制度、保安员管理制度的情况。

自行招用保安员的单位不再招用保安员进行保安服务的,应当自停止保安服务之日起30日内到备案的公安机关撤销备案。

第十五条　自行招用保安员的单位不得在本单位以外或者物业管理区域以外提供保安服务。

第四章　保　安　员

第十六条　年满18周岁,身体健康,品行良好,具有初中以上学历的中国公民可以申领保安员证,从事保安服务工作。申请人经设区的市级人民政府公安机关考试、审查合格并留存指纹等人体生物信息的,发给保安员证。

提取、留存保安员指纹等人体生物信息的具体办法,由国务院公安部门规定。

第十七条　有下列情形之一的,不得担任保安员:

（一）曾被收容教育、强制隔离戒毒、劳动教养或者3次以上行政拘留的;

（二）曾因故意犯罪被刑事处罚的;

（三）被吊销保安员证未满3年的;

（四）曾两次被吊销保安员证的。

第十八条　保安从业单位应当招用符合保安员条件的人员担任保安员,并与被招用的保安员依法签订劳动合同。保安从业单位及其保安员应当依法参加社会保险。

保安从业单位应当根据保安服务岗位需要定期对保安员进行法律、保安专业知识和技能培训。

第十九条　保安从业单位应当定期对保安员进行考核,发现保安员不合格或者严重违反管理制度,需要解除劳动合同的,应当依法办理。

第二十条　保安从业单位应当根据保安服务岗位的风险程度为保安员投保意外伤害保险。

保安员因工伤亡的,依照国家有关工伤保险的规定享受工伤保险待遇;保安员牺牲被批准为烈士的,依照国家有关烈士褒扬的规定享受抚恤优待。

第五章　保　安　服　务

第二十一条　保安服务公司提供保安服务应当与客户单位签订保安服务合同,明确规定服务的项目、内容以及双方的权利义务。保安服务合同终止后,保安服务公司应当将保安服务合同至少留存2年备查。

保安服务公司应当对客户单位要求提供的保安服务的合法性进行核查,对违法的保安服务要求应当拒绝,并向公安机关报告。

第二十二条　设区的市级以上地方人民政府确定的关系国家安全、涉及国家秘密等治安保卫重点单位不得聘请外商投资的保安服务公司提供保安服务。

第二十三条　保安服务公司派出保安员跨省、自治区、直辖市为客户单位提供保安服务的,应当向服务所在地设区的市级人民政府公安机关备案。备案应当提供保安服务公司的保安服务许可证和工商营业执照、保安服务合同、服务项目负责人和保安员的基本情况。

第二十四条　保安服务公司应当按照保安服务业服务标准提供规范的保安服务,保安服务公司派出的保安员应当遵守客户单位的有关规章制度。客户单位应当为保安员从事保安服务提供必要的条件和保障。

第二十五条　保安服务中使用的技术防范产品,应当符合有关的产品质量要求。保安服务中安装监控设备应当遵守国家有关技术规范,使用监控设备不得侵犯他人合法权益或者个人隐私。

保安服务中形成的监控影像资料、报警记录,应当至少留存30日备查,保安从业单位和客户单位不得删改或者扩散。

第二十六条　保安从业单位对保安服务中获知的国家秘密、商业秘密以及客户单位明确要求保密的信息,应当予以保密。

保安从业单位不得指使、纵容保安员阻碍依法执行公务、参与追索债务、采用暴力或者以暴力相威胁的手段处置纠纷。

第二十七条　保安员上岗应当着保安员服装,佩带全国统一的保安服务标志。保安员服装和保安服务标志应当与人民解放军、人民武装警察和人民警察、工商税务等行政执法机关以及人民法院、人民检察院工作人员的制式服装、标志服饰有明显区别。

保安员服装由全国保安服务行业协会推荐式样,由保安服务从业单位在推荐式样范围内选用。保安服务标志式样由全国保安服务行业协会确定。

第二十八条　保安从业单位应当根据保安服务岗位的需要为保安员配备所需的装备。保安服务岗位装备配备标准由国务院公安部门规定。

第二十九条　在保安服务中,为履行保安服务职责,保安员可以采取下列措施:

（一）查验出入服务区域的人员的证件,登记出入的车辆和物品;

（二）在服务区域内进行巡逻、守护、安全检查、报警监控;

（三）在机场、车站、码头等公共场所对人员及其所携带的物品进行安全检查,维护公共秩序;

（四）执行武装守护押运任务,可以根据任务需要设立临时隔离区,但应当尽可能减少对公民正常活动的妨碍。

保安员应当及时制止发生在服务区域内的违法犯罪行为,对制止无效的违法犯罪行为应当立即报警,同时采取措施保护现场。

从事武装守护押运服务的保安员执行武装守护押运任务使用枪支,依照《专职守护押运人员枪支使用管理条例》的规定执行。

第三十条　保安员不得有下列行为:

（一）限制他人人身自由、搜查他人身体或者侮辱、殴打他人;

（二）扣押、没收他人证件、财物;

（三）阻碍依法执行公务;

（四）参与追索债务、采用暴力或者以暴力相威胁的手段处置纠纷;

（五）删改或者扩散保安服务中形成的监控影像资料、报警记录;

（六）侵犯个人隐私或者泄露在保安服务中获知的国家秘密、商业秘密以及客户单位明确要求保密的信息;

（七）违反法律、行政法规的其他行为。

第三十一条　保安员有权拒绝执行保安从业单位或者客户单位的违法指令。保安从业单位不得因保安员不执行违法指令而解除与保安员的劳动合同,降低其劳动报酬和其他待遇,或者停缴、少缴依法应当为其缴纳的社会保险费。

第六章　保安培训单位

第三十二条　保安培训单位应当具备下列条件:

（一）是依法设立的具有法人资格的学校、职业培训机构;

（二）有保安培训所需的专兼职师资力量;

（三）有保安培训所需的场所、设施等教学条件。

第三十三条　从事保安培训的单位,应当自开展保安培训之日起30日内向所在地设区的市级人民政府公安机关备案,提交能够证明其符合本条例第三十二条规定条件的材料。

保安培训单位出资人、法定代表人（主要负责人）、住所、名称发生变化的,应当到原备案公安机关办理变更。

保安培训单位终止培训的,应当自终止培训之日起30日内到原备案公安机关撤销备案。

第三十四条　从事武装守护押运服务的保安员的枪支使用培训,应当由人民警察院校、人民警察培训机构负责。承担培训工作的人民警察院校、人民警察培训机构应当向所在地的省、自治区、直辖市人民政府公安机关备案。

第三十五条　保安培训单位应当按照保安员培训教学大纲制订教学计划,对接受培训的人员进行法律、保安专业知识和技能培训以及职业道德教育。

保安员培训教学大纲由国务院公安部门审定。

第七章　监督管理

第三十六条　公安机关应当指导保安从业单位建立健

保安服务管理制度、岗位责任制度、保安员管理制度和紧急情况应急预案,督促保安从业单位落实相关管理制度。

保安从业单位、保安培训单位和保安员应当接受公安机关的监督检查。

第三十七条 公安机关建立保安服务监督管理信息系统,记录保安从业单位、保安培训单位和保安员的相关信息。

公安机关应当对提取、留存的保安员指纹等人体生物信息予以保密。

第三十八条 公安机关的人民警察对保安从业单位、保安培训单位实施监督检查应当出示证件,对监督检查中发现的问题,应当督促其整改。监督检查的情况和处理结果应当如实记录,并由公安机关的监督检查人员和保安从业单位、保安培训单位的有关负责人签字。

第三十九条 县级以上人民政府公安机关应当公布投诉方式,受理社会公众对保安从业单位、保安培训单位和保安员的投诉。接到投诉的公安机关应当及时调查处理,并反馈查处结果。

第四十条 国家机关及其工作人员不得设立保安服务公司,不得参与或者变相参与保安服务公司的经营活动。

第八章 法律责任

第四十一条 任何组织或者个人未经许可,擅自从事保安服务的,依法给予治安管理处罚,并没收违法所得;构成犯罪的,依法追究刑事责任。

第四十二条 保安从业单位有下列情形之一的,责令限期改正,给予警告;情节严重的,并处1万元以上5万元以下的罚款;有违法所得的,没收违法所得:

(一)保安服务公司法定代表人变更未经公安机关审核的;

(二)未按照本条例的规定进行备案或者撤销备案的;

(三)自行招用保安员的单位在本单位以外或者物业管理区域以外开展保安服务的;

(四)招用不符合本条例规定条件的人员担任保安员的;

(五)保安服务公司未对客户单位要求提供的保安服务的合法性进行核查的,或者未将违法的保安服务要求向公安机关报告的;

(六)保安服务公司未按照本条例的规定签订、留存保安服务合同的;

(七)未按照本条例的规定留存保安服务中形成的监控影像资料、报警记录的。

客户单位未按照本条例的规定留存保安服务中形成的监控影像资料、报警记录的,依照前款规定处罚。

第四十三条 保安从业单位有下列情形之一的,责令限期改正,处2万元以上10万元以下的罚款;违反治安管理的,依法给予治安管理处罚;构成犯罪的,依法追究直接负责的主管人员和其他直接责任人员的刑事责任:

(一)泄露在保安服务中获知的国家秘密、商业秘密以及客户单位明确要求保密的信息的;

(二)使用监控设备侵犯他人合法权益或者个人隐私的;

(三)删改或者扩散保安服务中形成的监控影像资料、报警记录的;

(四)指使、纵容保安员阻碍依法执行公务、参与追索债务、采用暴力或者以暴力相威胁的手段处置纠纷的;

(五)对保安员疏于管理、教育和培训,发生保安员违法犯罪案件,造成严重后果的。

客户单位删改或者扩散保安服务中形成的监控影像资料、报警记录的,依照前款规定处罚。

第四十四条 保安从业单位因保安员不执行违法指令而解除与保安员的劳动合同,降低其劳动报酬和其他待遇,或者停缴、少缴依法应当为其缴纳的社会保险费的,对保安从业单位的处罚和对保安员的赔偿依照有关劳动合同和社会保险的法律、行政法规的规定执行。

第四十五条 保安员有下列行为之一的,由公安机关予以训诫;情节严重的,吊销其保安员证;违反治安管理的,依法给予治安管理处罚;构成犯罪的,依法追究刑事责任:

(一)限制他人人身自由、搜查他人身体或者侮辱、殴打他人的;

(二)扣押、没收他人证件、财物的;

(三)阻碍依法执行公务的;

(四)参与追索债务、采用暴力或者以暴力相威胁的手段处置纠纷的;

(五)删改或者扩散保安服务中形成的监控影像资料、报警记录的;

(六)侵犯个人隐私或者泄露在保安服务中获知的国家秘密、商业秘密以及客户单位明确要求保密的信息的;

(七)有违反法律、行政法规的其他行为的。

从事武装守护押运的保安员违反规定使用枪支的,依照《专职守护押运人员枪支使用管理条例》的规定处罚。

第四十六条 保安员在保安服务中造成他人人身伤亡、财产损失的,由保安从业单位赔付;保安员有故意或者重大过失的,保安从业单位可以依法向保安员追偿。

第四十七条 从事保安培训的单位有下列情形之一的,责令限期改正,给予警告;情节严重的,并处1万元以上5万元以下的罚款:

(一)未按照本条例的规定进行备案或者办理变更的;

(二)不符合本条例规定条件的;

(三)隐瞒有关情况、提供虚假材料或者拒绝提供反映其活动情况的真实材料的;

(四)未按照本条例规定开展保安培训的。

以保安培训为名进行诈骗活动的,依法给予治安管理处罚;构成犯罪的,依法追究刑事责任。

第四十八条 国家机关及其工作人员设立保安服务公司,参与或者变相参与保安服务公司经营活动的,对直接负责的主管人员和其他直接责任人员依法给予处分。

第四十九条 公安机关的人民警察在保安服务活动监督管理工作中滥用职权、玩忽职守、徇私舞弊的,依法给予处分;构成犯罪的,依法追究刑事责任。

第九章 附 则

第五十条 保安服务许可证、保安员证的式样由国务院公安部门规定。

第五十一条 本条例施行前已经设立的保安服务公司,应当自本条例施行之日起6个月内重新申请保安服务许可证。本条例施行前自行招用保安员的单位,应当自本条例施行之日起3个月内向公安机关备案。

本条例施行前已经从事保安服务的保安员,自本条例施行之日起1年内由保安员所在单位组织培训,经设区的市级人民政府公安机关考试、审查合格并留存指纹等人体生物信息的,发给保安员证。

第五十二条 本条例自2010年1月1日起施行。

企业事业单位内部治安保卫条例

1. 2004年9月27日国务院令第421号公布
2. 自2004年12月1日起施行

第一条 为了规范企业、事业单位(以下简称单位)内部治安保卫工作,保护公民人身、财产安全和公共财产安全,维护单位的工作、生产、经营、教学和科研秩序,制定本条例。

第二条 单位内部治安保卫工作贯彻预防为主、单位负责、突出重点、保障安全的方针。

单位内部治安保卫工作应当突出保护单位内人员的人身安全,单位不得以经济效益、财产安全或者其他任何借口忽视人身安全。

第三条 国务院公安部门指导、监督全国的单位内部治安保卫工作,对行业、系统有监管职责的国务院有关部门指导、检查本行业、本系统的单位内部治安保卫工作;县级以上地方各级人民政府公安机关指导、监督本行政区域内的单位内部治安保卫工作,对行业、系统有监管职责的县级以上地方各级人民政府有关部门指导、检查本行政区域内的本行业、本系统的单位内部治安保卫工作,及时解决单位内部治安保卫工作中的突出问题。

第四条 县级以上地方各级人民政府应当加强对本行政区域内的单位内部治安保卫工作的领导,督促公安机关和有关部门依法履行职责,并及时协调解决单位内部治安保卫工作中的重大问题。

第五条 单位的主要负责人对本单位的内部治安保卫工作负责。

第六条 单位应当根据内部治安保卫工作需要,设置治安保卫机构或者配备专职、兼职治安保卫人员。

治安保卫重点单位应当设置与治安保卫任务相适应的治安保卫机构,配备专职治安保卫人员,并将治安保卫机构的设置和人员的配备情况报主管公安机关备案。

第七条 单位内部治安保卫工作的要求是:

(一)有适应单位具体情况的内部治安保卫制度、措施和必要的治安防范设施;

(二)单位范围内的治安保卫情况有人检查,重要部位得到重点保护,治安隐患及时得到排查;

(三)单位范围内的治安隐患和问题及时得到处理,发生治安案件、涉嫌刑事犯罪的案件及时得到处置。

第八条 单位制定的内部治安保卫制度应当包括下列内容:

(一)门卫、值班、巡查制度;

(二)工作、生产、经营、教学、科研等场所的安全管理制度;

(三)现金、票据、印鉴、有价证券等重要物品使用、保管、储存、运输的安全管理制度;

(四)单位内部的消防、交通安全管理制度;

（五）治安防范教育培训制度；

（六）单位内部发生治安案件、涉嫌刑事犯罪案件的报告制度；

（七）治安保卫工作检查、考核及奖惩制度；

（八）存放有爆炸性、易燃性、放射性、毒害性、传染性、腐蚀性等危险物品和传染性菌种、毒种以及武器弹药的单位，还应当有相应的安全管理制度；

（九）其他有关的治安保卫制度。

单位制定的内部治安保卫制度不得与法律、法规、规章的规定相抵触。

第九条 单位内部治安保卫人员应当接受有关法律知识和治安保卫业务、技能以及相关专业知识的培训、考核。

第十条 单位内部治安保卫人员应当依法、文明履行职责，不得侵犯他人合法权益。治安保卫人员依法履行职责的行为受法律保护。

第十一条 单位内部治安保卫机构、治安保卫人员应当履行下列职责：

（一）开展治安防范宣传教育，并落实本单位的内部治安保卫制度和治安防范措施；

（二）根据需要，检查进入本单位人员的证件，登记出入的物品和车辆；

（三）在单位范围内进行治安防范巡逻和检查，建立巡逻、检查和治安隐患整改记录；

（四）维护单位内部的治安秩序，制止发生在本单位的违法行为，对难以制止的违法行为以及发生的治安案件、涉嫌刑事犯罪案件应当立即报警，并采取措施保护现场，配合公安机关的侦查、处置工作；

（五）督促落实单位内部治安防范设施的建设和维护。

第十二条 在单位管理范围内的人员，应当遵守单位的内部治安保卫制度。

第十三条 关系全国或者所在地区国计民生、国家安全和公共安全的单位是治安保卫重点单位。治安保卫重点单位由县级以上地方各级人民政府公安机关按照下列范围提出，报本级人民政府确定：

（一）广播电台、电视台、通讯社等重要新闻单位；

（二）机场、港口、大型车站等重要交通枢纽；

（三）国防科技工业重要产品的研制、生产单位；

（四）电信、邮政、金融单位；

（五）大型能源动力设施、水利设施和城市水、电、燃气、热力供应设施；

（六）大型物资储备单位和大型商贸中心；

（七）教育、科研、医疗单位和大型文化、体育场所；

（八）博物馆、档案馆和重点文物保护单位；

（九）研制、生产、销售、储存危险物品或者实验、保藏传染性菌种、毒种的单位；

（十）国家重点建设工程单位；

（十一）其他需要列为治安保卫重点的单位。

治安保卫重点单位应当遵守本条例对单位治安保卫工作的一般规定和对治安保卫重点单位的特别规定。

第十四条 治安保卫重点单位应当确定本单位的治安保卫重要部位，按照有关国家标准对重要部位设置必要的技术防范设施，并实施重点保护。

第十五条 治安保卫重点单位应当在公安机关指导下制定单位内部治安突发事件处置预案，并定期演练。

第十六条 公安机关对本行政区域内的单位内部治安保卫工作履行下列职责：

（一）指导单位制定、完善内部治安保卫制度，落实治安防范措施，指导治安保卫人员队伍建设和治安保卫重点单位的治安保卫机构建设；

（二）检查、指导单位的内部治安保卫工作，发现单位有违反本条例规定的行为或者治安隐患，及时下达整改通知书，责令限期整改；

（三）接到单位内部发生治安案件、涉嫌刑事犯罪案件的报警，及时出警，依法处置。

第十七条 对认真落实治安防范措施，严格执行治安保卫工作制度，在单位内部治安保卫工作中取得显著成绩的单位和个人，有关人民政府、公安机关和有关部门应当给予表彰、奖励。

第十八条 单位治安保卫人员因履行治安保卫职责伤残或者死亡的，依照国家有关工伤保险、评定伤残、批准烈士的规定给予相应的待遇。

第十九条 单位违反本条例的规定，存在治安隐患的，公安机关应当责令限期整改，并处警告；单位逾期不整改，造成公民人身伤害、公私财产损失，或者严重威胁公民人身安全、公私财产安全或者公共安全的，对单位处1万元以上10万元以下的罚款，对单位主要负责人和其他直接责任人员处500元以上5000元以下的罚款，并可以建议有关组织对单位主要负责人和其他直接责任人员依法给予处分；情节严重，构成犯罪的，依法追究刑事责任。

第二十条 单位治安保卫人员在履行职责时侵害他人合法权益的，应当赔礼道歉，给他人造成损害的，单位应当承担赔偿责任。单位赔偿后,有权责令因故意或者重大过失造成侵权的治安保卫人员承担部分或者全部赔偿的费用;对故意或者重大过失造成侵权的治安保卫人员,单位应当依法给予处分。治安保卫人员侵害他人合法权益的行为属于受单位负责人指使、胁迫的,对单位负责人依法给予处分,并由其承担赔偿责任;情节严重,构成犯罪的,依法追究刑事责任。

第二十一条 公安机关接到单位报警后不依法履行职责,致使公民人身、财产和公共财产遭受损失,或者有其他玩忽职守、滥用职权行为的,对直接负责的主管人员和其他直接责任人员依法给予行政处分;情节严重,构成犯罪的,依法追究刑事责任。

对行业、系统有监管职责的人民政府有关部门在指导、检查本行业、本系统的单位内部治安保卫工作过程中有玩忽职守、滥用职权行为的,参照前款规定处罚。

第二十二条 机关、团体的内部治安保卫工作参照本条例的有关规定执行。

高等学校治安保卫工作的具体规定由国务院另行制定。

第二十三条 本条例自 2004 年 12 月 1 日起施行。

中华人民共和国
民用航空安全保卫条例

1. 1996 年 7 月 6 日国务院令第 201 号发布
2. 根据 2011 年 1 月 8 日国务院令第 588 号《关于废止和修改部分行政法规的决定》修订

第一章 总 则

第一条 为了防止对民用航空活动的非法干扰,维护民用航空秩序,保障民用航空安全,制定本条例。

第二条 本条例适用于在中华人民共和国领域内的一切民用航空活动以及与民用航空活动有关的单位和个人。

在中华人民共和国领域外从事民用航空活动的具有中华人民共和国国籍的民用航空器适用本条例;但是,中华人民共和国缔结或者参加的国际条约另有规定的除外。

第三条 民用航空安全保卫工作实行统一管理、分工负责的原则。

民用航空公安机关(以下简称民航公安机关)负责对民用航空安全保卫工作实施统一管理、检查和监督。

第四条 有关地方人民政府与民用航空单位应当密切配合,共同维护民用航空安全。

第五条 旅客、货物托运人和收货人以及其他进入机场的人员,应当遵守民用航空安全管理的法律、法规和规章。

第六条 民用机场经营人和民用航空器经营人应当履行下列职责:

(一)制定本单位民用航空安全保卫方案,并报国务院民用航空主管部门备案;

(二)严格实行有关民用航空安全保卫的措施;

(三)定期进行民用航空安全保卫训练,及时消除危及民用航空安全的隐患。

与中华人民共和国通航的外国民用航空企业,应当向国务院民用航空主管部门报送民用航空安全保卫方案。

第七条 公民有权向民航公安机关举报预谋劫持、破坏民用航空器或者其他危害民用航空安全的行为。

第八条 对维护民用航空安全做出突出贡献的单位或者个人,由有关人民政府或者国务院民用航空主管部门给予奖励。

第二章 民用机场的安全保卫

第九条 民用机场(包括军民合用机场中的民用部分,下同)的新建、改建或者扩建,应当符合国务院民用航空主管部门关于民用机场安全保卫设施建设的规定。

第十条 民用机场开放使用,应当具备下列安全保卫条件:

(一)设有机场控制区并配备专职警卫人员;

(二)设有符合标准的防护围栏和巡逻通道;

(三)设有安全保卫机构并配备相应的人员和装备;

(四)设有安全检查机构并配备与机场运输量相适应的人员和检查设备;

(五)设有专职消防组织并按照机场消防等级配备人员和设备;

(六)订有应急处置方案并配备必要的应急援救设备。

第十一条 机场控制区应当根据安全保卫的需要,划定为候机隔离区、行李分检装卸区、航空器活动区和维修区、货物存放区等,并分别设置安全防护设施和明显标志。

第十二条 机场控制区应当有严密的安全保卫措施,实行封闭式分区管理。具体管理办法由国务院民用航空主管部门制定。

第十三条　人员与车辆进入机场控制区,必须佩带机场控制区通行证并接受警卫人员的检查。

机场控制区通行证,由民航公安机关按照国务院民用航空主管部门的有关规定制发和管理。

第十四条　在航空器活动区和维修区内的人员、车辆必须按照规定路线行进,车辆、设备必须在指定位置停放,一切人员、车辆必须避让航空器。

第十五条　停放在机场的民用航空器必须有专人警卫;各有关部门及其工作人员必须严格执行航空器警卫交接制度。

第十六条　机场内禁止下列行为:

（一）攀（钻）越、损毁机场防护围栏及其他安全防护设施;

（二）在机场控制区内狩猎、放牧、晾晒谷物、教练驾驶车辆;

（三）无机场控制区通行证进入机场控制区;

（四）随意穿越航空器跑道、滑行道;

（五）强行登、占航空器;

（六）谎报险情,制造混乱;

（七）扰乱机场秩序的其他行为。

第三章　民用航空营运的安全保卫

第十七条　承运人及其代理人出售客票,必须符合国务院民用航空主管部门的有关规定;对不符合规定的,不得售予客票。

第十八条　承运人办理承运手续时,必须核对乘机人和行李。

第十九条　旅客登机时,承运人必须核对旅客人数。

对已经办理登机手续而未登机的旅客的行李,不得装入或者留在航空器内。

旅客在航空器飞行中途中止旅行时,必须将其行李卸下。

第二十条　承运人对承运的行李、货物,在地面存储和运输期间,必须有专人监管。

第二十一条　配制、装载供应品的单位对装入航空器的供应品,必须保证其安全性。

第二十二条　航空器在飞行中的安全保卫工作由机长统一负责。

航空安全员在机长领导下,承担安全保卫的具体工作。

机长、航空安全员和机组其他成员,应当严格履行职责,保护民用航空器及其所载人员和财产的安全。

第二十三条　机长在执行职务时,可以行使下列权力:

（一）在航空器起飞前,发现有关方面对航空器未采取本条例规定的安全措施的,拒绝起飞;

（二）在航空器飞行中,对扰乱航空器内秩序,干扰机组人员正常工作而不听劝阻的人,采取必要的管束措施;

（三）在航空器飞行中,对劫持、破坏航空器或者其他危及安全的行为,采取必要的措施;

（四）在航空器飞行中遇到特殊情况时,对航空器的处置作最后决定。

第二十四条　禁止下列扰乱民用航空营运秩序的行为:

（一）倒卖购票证件、客票和航空运输企业的有效订座凭证;

（二）冒用他人身份证件购票、登机;

（三）利用客票交运或者捎带非旅客本人的行李物品;

（四）将未经安全检查或者采取其他安全措施的物品装入航空器。

第二十五条　航空器内禁止下列行为:

（一）在禁烟区吸烟;

（二）抢占座位、行李舱（架）;

（三）打架、酗酒、寻衅滋事;

（四）盗窃、故意损坏或者擅自移动救生物品和设备;

（五）危及飞行安全和扰乱航空器内秩序的其他行为。

第四章　安全检查

第二十六条　乘坐民用航空器的旅客和其他人员及其携带的行李物品,必须接受安全检查;但是,国务院规定免检的除外。

拒绝接受安全检查的,不准登机,损失自行承担。

第二十七条　安全检查人员应当查验旅客客票、身份证件和登机牌,使用仪器或者手工对旅客及其行李物品进行安全检查,必要时可以从严检查。

已经安全检查的旅客应当在候机隔离区等待登机。

第二十八条　进入候机隔离区的工作人员（包括机组人员）及其携带的物品,应当接受安全检查。

接送旅客的人员和其他人员不得进入候机隔离区。

第二十九条　外交邮袋免予安全检查。外交信使及其随身携带的其他物品应当接受安全检查;但是,中华人民共和国缔结或者参加的国际条约另有规定的除外。

第三十条　空运的货物必须经过安全检查或者对其采取

的其他安全措施。

货物托运人不得伪报品名托运或者在货物中夹带危险物品。

第三十一条　航空邮件必须经过安全检查。发现可疑邮件时,安全检查部门应当会同邮政部门开包查验处理。

第三十二条　除国务院另有规定的外,乘坐民用航空器的,禁止随身携带或者交运下列物品:

（一）枪支、弹药、军械、警械；

（二）管制刀具；

（三）易燃、易爆、有毒、腐蚀性、放射性物品；

（四）国家规定的其他禁运物品。

第三十三条　除本条例第三十二条规定的物品外,其他可以用于危害航空安全的物品,旅客不得随身携带,但是可以作为行李交运或者按照国务院民用航空主管部门的有关规定由机组人员带到目的地后交还。

对含有易燃物质的生活用品实行限量携带。限量携带的物品及其数量,由国务院民用航空主管部门规定。

第五章　罚　则

第三十四条　违反本条例第十四条的规定或者有本条例第十六条、第二十四条第一项、第二十五条所列行为,构成违反治安管理行为的,由民航公安机关依照《中华人民共和国治安管理处罚法》有关规定予以处罚；有本条例第二十四条第二项所列行为的,由民航公安机关依照《中华人民共和国居民身份证法》有关规定予以处罚。

第三十五条　违反本条例的有关规定,由民航公安机关按照下列规定予以处罚:

（一）有本条例第二十四条第四项所列行为的,可以处以警告或者3000元以下的罚款；

（二）有本条例第二十四条第三项所列行为的,可以处以警告、没收非法所得或者5000元以下罚款；

（三）违反本条例第三十条第二款、第三十二条的规定,尚未构成犯罪的,可以处以5000元以下罚款、没收或者扣留非法携带的物品。

第三十六条　违反本条例的规定,有下列情形之一的,民用航空主管部门可以对有关单位处以警告、停业整顿或者5万元以下的罚款；民航公安机关可以对直接责任人员处以警告或者500元以下的罚款:

（一）违反本条例第十五条的规定,造成航空器失控的；

（二）违反本条例第十七条的规定,出售客票的；

（三）违反本条例第十八条的规定,承运人办理承运手续时,不核对乘机人和行李的；

（四）违反本条例第十九条的规定的；

（五）违反本条例第二十条、第二十一条、第三十条第一款、第三十一条的规定,对收运、装入航空器的物品不采取安全措施的。

第三十七条　违反本条例的有关规定,构成犯罪的,依法追究刑事责任。

第三十八条　违反本条例规定的,除依照本章的规定予以处罚外,给单位或者个人造成财产损失的,应当依法承担赔偿责任。

第六章　附　则

第三十九条　本条例下列用语的含义:

"机场控制区",是指根据安全需要在机场内划定的进出受到限制的区域。

"候机隔离区",是指根据安全需要在候机楼（室）内划定的供已经安全检查的出港旅客等待登机的区域及登机通道、摆渡车。

"航空器活动区",是指机场内用于航空器起飞、着陆以及与此有关的地面活动区域,包括跑道、滑行道、联络道、客机坪。

第四十条　本条例自发布之日起施行。

公安机关实施保安服务管理条例办法

1. 2010年2月3日公安部令第112号发布
2. 根据2016年1月14日公安部令第136号《关于修改部分部门规章的决定》修正

第一章　总　则

第一条　为了规范公安机关对保安服务的监督管理工作,根据《保安服务管理条例》（以下简称《条例》）和有关法律、行政法规规定,制定本办法。

第二条　公安部负责全国保安服务活动的监督管理工作。地方各级公安机关应当按照属地管理、分级负责的原则,对保安服务活动依法进行监督管理。

第三条　省级公安机关负责下列保安服务监督管理工作:

（一）指导本省（自治区）公安机关对保安从业单位、保安培训单位、保安员和保安服务活动进行监督管理；

（二）核发、吊销保安服务公司的保安服务许可证、保安培训单位的保安培训许可证；

（三）审核保安服务公司法定代表人的变更情况；

（四）接受承担保安员枪支使用培训工作的人民警察院校、人民警察培训机构的备案；

（五）依法进行其他保安服务监督管理工作。

直辖市公安机关除行使省级公安机关的保安服务监督管理职能外，还可以直接受理设立保安服务公司或者保安培训单位的申请，核发保安员证，接受保安服务公司跨省、自治区、直辖市提供保安服务的备案。

第四条 设区市的公安机关负责下列保安服务监督管理工作：

（一）受理、审核设立保安服务公司、保安培训单位的申请材料；

（二）接受保安服务公司设立分公司和跨省、自治区、直辖市开展保安服务活动，以及自行招用保安员单位的备案；

（三）组织开展保安员考试，核发、吊销保安员证；

（四）对保安服务活动进行监督检查；

（五）依法进行其他保安服务监督管理工作。

第五条 县级公安机关负责下列保安服务监督管理工作：

（一）对保安服务活动进行监督检查；

（二）协助进行自行招用保安员单位备案管理工作；

（三）受理保安员考试报名、采集保安员指纹；

（四）依法进行其他保安服务监督管理工作。

公安派出所负责对自行招用保安员单位保安服务活动的日常监督检查。

第六条 各级公安机关应当明确保安服务主管机构，归口负责保安服务监督管理工作。

铁路、交通、民航公安机关和森林公安机关负责对其管辖范围内的保安服务进行日常监督检查。

新疆生产建设兵团公安机关负责对其管辖范围内的保安服务进行监督管理。

第七条 保安服务行业协会在公安机关指导下依法开展提供服务、规范行为、反映诉求等保安服务行业自律工作。

全国性保安服务行业协会在公安部指导下开展推荐保安员服装式样、设计全国统一的保安服务标志、制定保安服务标准、开展保安服务企业资质认证以及协助组织保安员考试等工作。

第八条 公安机关对在保护公共财产和人民群众生命财产安全、预防和制止违法犯罪活动中有突出贡献的保安从业单位和保安员，应当按照国家有关规定给予表彰奖励。

保安员因工伤亡的，依照国家有关工伤保险的规定享受工伤保险待遇，公安机关应当协助落实工伤保险待遇；保安员因公牺牲的，公安机关应当按照国家有关规定，做好烈士推荐工作。

第二章 保安从业单位许可与备案

第九条 申请设立保安服务公司，应当向设区市的公安机关提交下列材料：

（一）设立申请书（应当载明拟设立保安服务公司的名称、住所、注册资本、股东及出资额、经营范围等内容）；

（二）拟任的保安服务公司法定代表人和总经理、副总经理等主要管理人员的有效身份证件、简历，保安师资格证书复印件，5年以上军队、公安、安全、审判、检察、司法行政或者治安保卫、保安经营管理工作经验证明，县级公安机关开具的无被刑事处罚、劳动教养、收容教育、强制隔离戒毒证明；

（三）拟设保安服务公司住所的所有权或者使用权的有效证明文件和提供保安服务所需的有关设备、交通工具等材料；

（四）专业技术人员名单和法律、行政法规有资格要求的资格证明；

（五）组织机构和保安服务管理制度、岗位责任制度、保安员管理制度材料；

（六）工商行政管理部门核发的企业名称预先核准通知书。

第十条 申请设立提供武装守护押运服务的保安服务公司，除向设区市的公安机关提交本办法第九条规定的材料外，还应当提交下列材料：

（一）出资属国有独资或者国有资本占注册资本总额51%以上的有效证明文件；

（二）符合《专职守护押运人员枪支使用管理条例》规定条件的守护押运人员的材料；

（三）符合国家或者行业标准的专用运输车辆以及通信、报警设备的材料；

（四）枪支安全管理制度和保管设施情况的材料。

保安服务公司申请增设武装守护押运业务的，无需提交本办法第九条规定的材料。

第十一条 申请设立中外合资经营、中外合作经营或者外资独资经营的保安服务公司（以下统称外资保安服务公司），除了向公安机关提交本办法第九条、第十条规定的材料外，还应当提交下列材料：

（一）中外合资、中外合作合同；

（二）外方的资信证明和注册登记文件；

（三）拟任的保安服务公司法定代表人和总经理、副总经理等主要管理人员为外国人的，须提供在所属国家或者地区无被刑事处罚记录证明（原居住地警察机构出具并经公证机关公证）、5年以上保安经营管理工作经验证明、在华取得的保安师资格证书复印件。

本办法施行前已经设立的保安服务公司重新申请保安服务许可证，拟任的法定代表人和总经理、副总经理等主要管理人员为外国人的，除需提交前款第三项规定的材料外，还应当提交外国人就业证复印件。

第十二条　省级公安机关应当按照严格控制、防止垄断、适度竞争、确保安全的原则，提出武装守护押运服务公司的规划、布局方案，报公安部批准。

第十三条　设区市的公安机关应当自收到设立保安服务公司申请材料之日起15个工作日内，对申请人提交的材料的真实性进行审核，确认是否属实，并将审核意见报所在地省级公安机关。对设立提供武装守护押运和安全技术防范报警监控运营服务的申请，应当对经营场所、设施建设等情况进行现场考察。

省级公安机关收到设立保安服务公司的申请材料和设区市的公安机关的审核意见后，应当在15个工作日内作出决定：

（一）符合《条例》第八条、第十条和本办法第十二条规定的，决定核发保安服务许可证，或者在已有的保安服务许可证上增注武装守护押运服务；

（二）不符合《条例》第八条、第十条和本办法第十二条规定的，应当作出不予许可的决定，书面通知申请人并说明理由。

第十四条　取得保安服务许可证的申请人应当在办理工商登记后30个工作日内将工商营业执照复印件报送核发保安服务许可证的省级公安机关。

取得保安服务许可证后超过6个月未办理工商登记的，保安服务许可证失效，发证公安机关应当收回保安服务许可证。

第十五条　保安服务公司设立分公司的，应当自分公司设立之日起15个工作日内，向分公司所在地设区市的公安机关备案，并接受备案地公安机关监督管理。备案应当提交下列材料：

（一）保安服务许可证、工商营业执照复印件；

（二）保安服务公司法定代表人、分公司负责人和保安员基本情况；

（三）拟开展的保安服务项目。

第十六条　保安服务公司拟变更法定代表人的，应当向所在地设区市的公安机关提出申请。设区市的公安机关应当在收到申请后15个工作日内进行审核并报所在地省级公安机关。省级公安机关应当在收到申报材料后15个工作日内审核并予以回复。

第十七条　省级公安机关许可设立提供武装守护押运服务的保安服务公司以及中外合资、合作或者外商独资经营的保安服务公司的，应当报公安部备案。

第十八条　自行招用保安员从事本单位安全防范工作的机关、团体、企业、事业单位以及在物业管理区域内开展秩序维护等服务的物业服务企业，应当自开始保安服务之日起30个工作日内向所在地设区市的公安机关备案。备案应当提交下列材料：

（一）单位法人资格证明；

（二）法定代表人（主要负责人）、保安服务分管负责人和保安员的基本情况；

（三）保安服务区域的基本情况；

（四）建立保安服务管理制度、岗位责任制度、保安员管理制度的情况；

（五）保安员在岗培训法律、保安专业知识和技能的情况。

第三章　保安员证申领与保安员招用

第十九条　申领保安员证应当符合下列条件：

（一）年满18周岁的中国公民；

（二）身体健康，品行良好；

（三）初中以上学历；

（四）参加保安员考试，成绩合格；

（五）没有《条例》第十七条规定的情形。

第二十条　参加保安员考试，由本人或者保安从业单位、保安培训单位组织到现住地县级公安机关报名，填报报名表（可以到当地公安机关政府网站上下载），并按照国家有关规定交纳考试费。报名应当提交下列材料：

（一）有效身份证件；

（二）县级以上医院出具的体检证明；

（三）初中以上学历证明。

县级公安机关应当在接受报名时留取考试申请人的指纹，采集数码照片，并现场告知领取准考证时间。

第二十一条　县级公安机关对申请人的报名材料进行审核，符合本办法第十九条第一项、第二项、第三项、第五项规定的，上报设区市的公安机关发给准考证，通知申请人领取。

第二十二条　设区市的公安机关应当根据本地报考人数和保安服务市场需要，合理规划设置考点，提前公布考试方式（机考或者卷考）和时间，每年考试不得少于2次。

考试题目从公安部保安员考试题库中随机抽取。考生凭准考证和有效身份证件参加考试。

第二十三条 申请人考试成绩合格的,设区市的公安机关核发保安员证,由县级公安机关通知申请人领取。

第二十四条 保安从业单位直接从事保安服务的人员应当持有保安员证。

保安从业单位应当招用持有保安员证的人员从事保安服务工作,并与被招用的保安员依法签订劳动合同。

第四章 保 安 服 务

第二十五条 保安服务公司签订保安服务合同前,应当按照《条例》第二十一条的规定,对下列事项进行核查:

（一）客户单位是否依法设立；

（二）被保护财物是否合法；

（三）被保护人员的活动是否合法；

（四）要求提供保安服务的活动依法需经批准的,是否已经批准；

（五）维护秩序的区域是否经业主或者所属单位明确授权；

（六）其他应当核查的事项。

第二十六条 保安服务公司派出保安员提供保安服务,保安服务合同履行地与保安服务公司所在地不在同一省、自治区、直辖市的,应当依照《条例》第二十三条的规定,在开始提供保安服务之前 30 个工作日内向保安服务合同履行地设区市的公安机关备案,并接受备案地公安机关监督管理。备案应当提交下列材料:

（一）保安服务许可证和工商营业执照复印件；

（二）保安服务公司法定代表人、服务项目负责人有效身份证件和保安员的基本情况；

（三）跨区域经营服务的保安服务合同；

（四）其他需要提供的材料。

第二十七条 经设区的市级以上地方人民政府确定的关系国家安全、涉及国家秘密等治安保卫重点单位不得聘请外资保安服务公司提供保安服务。

为上述单位提供保安服务的保安服务公司不得招用境外人员。

第二十八条 保安服务中使用的技术防范产品,应当符合国家或者行业质量标准。

保安服务中安装报警监控设备应当遵守国家有关安全技术规范。

第二十九条 保安员上岗服务应当穿着全国性保安服务行业协会推荐样式的保安员服装,佩带全国统一的保安服务标志。

提供随身护卫、安全技术防范和安全风险评估服务的保安员上岗服务可以穿着便服,但应当佩带全国统一的保安服务标志。

第三十条 保安从业单位应当根据保安服务和保安员安全需要,为保安员配备保安服务岗位所需的防护、救生等器材和交通、通讯等装备。

保安服务岗位装备配备标准由公安部另行制定。

第五章 保安培训单位许可与备案

第三十一条 申请设立保安培训单位,应当向设区市的公安机关提交下列材料:

（一）设立申请书（应当载明申请人基本情况、拟设立培训单位名称、培训目标、培训规模、培训内容、培训条件和内部管理制度等）；

（二）符合《条例》第三十二条规定条件的证明文件；

（三）申请人、法定代表人的有效身份证件,主要管理人员和师资人员的相关资格证明文件。

第三十二条 公安机关应当自收到申请材料之日起 15 个工作日内,对申请人提交的材料的真实性进行审核,对培训所需场所、设施等教学条件进行现场考察,并将审核意见报所在地省级公安机关。

省级公安机关收到申请材料和设区市的公安机关的审核意见后,应当在 15 个工作日内作出决定:

（一）符合《条例》第三十二条规定的,核发保安培训许可证；

（二）不符合《条例》第三十二条规定的,应当作出不予许可的决定,书面通知申请人并说明理由。

第三十三条 人民警察院校、人民警察培训机构对从事武装守护押运服务保安员进行枪支使用培训的,应当在开展培训工作前 30 个工作日内,向所在地省级公安机关备案。备案应当提交下列材料:

（一）法人资格证明或者批准成立文件；

（二）法定代表人、分管负责人的基本情况；

（三）与培训规模相适应的师资和教学设施情况；

（四）枪支安全管理制度和保管设施建设情况。

第三十四条 保安培训单位应当按照公安部审定的保安员培训教学大纲进行培训。

保安培训单位不得对外提供或者变相提供保安服务。

第六章 监 督 检 查

第三十五条 公安机关应当加强对保安从业单位、保安培训单位的日常监督检查,督促落实各项管理制度。

第三十六条 公安机关应当根据《条例》规定,建立保安服务监督管理信息系统和保安员指纹等人体生物信息管理制度。

保安服务监督管理信息系统建设标准由公安部另行制定。

第三十七条 公安机关对保安服务公司应当检查下列内容:

(一)保安服务公司基本情况;

(二)设立分公司和跨省、自治区、直辖市开展保安服务经营活动情况;

(三)保安服务合同和监控影像资料、报警记录留存制度落实情况;

(四)保安服务中涉及的安全技术防范产品、设备安装、变更、使用情况;

(五)保安服务管理制度、岗位责任制度、保安员管理制度和紧急情况应急预案建立落实情况;

(六)从事武装守护押运服务的保安服务公司公务用枪安全管理制度和保管设施建设情况;

(七)保安员及其服装、保安服务标志与装备管理情况;

(八)保安员在岗培训和权益保障工作落实情况;

(九)被投诉举报事项纠正情况;

(十)其他需要检查的事项。

第三十八条 公安机关对自行招用保安员单位应当检查下列内容:

(一)备案情况;

(二)监控影像资料、报警记录留存制度落实情况;

(三)保安服务中涉及的安全技术防范产品、设备安装、变更、使用情况;

(四)保安服务管理制度、岗位责任制度、保安员管理制度和紧急情况应急预案建立落实情况;

(五)依法配备的公务用枪安全管理制度和保管设施建设情况;

(六)自行招用的保安员及其服装、保安服务标志与装备管理情况;

(七)保安员在岗培训和权益保障工作落实情况;

(八)被投诉举报事项纠正情况;

(九)其他需要检查的事项。

第三十九条 公安机关对保安培训单位应当检查下列内容:

(一)保安培训单位基本情况;

(二)保安培训教学情况;

(三)枪支使用培训单位备案情况和枪支安全管理制度与保管设施建设管理情况;

(四)其他需要检查的事项。

第四十条 公安机关有关工作人员对保安从业单位和保安培训单位实施监督检查时不得少于2人,并应当出示执法身份证件。

对监督检查情况和处理意见应当如实记录,并由公安机关检查人员和被检查单位的有关负责人签字;被检查单位负责人不在场或者拒绝签字的,公安机关工作人员应当在检查记录上注明。

第四十一条 公安机关在监督检查时,发现依法应当责令限期改正的违法行为,应当制作责令限期改正通知书,送达被检查单位。责令限期改正通知书中应当注明改正期限。

公安机关应当在责令改正期限届满或者收到当事人的复查申请之日起3个工作日内进行复查。对逾期不改正的,依法予以行政处罚。

第四十二条 公安机关应当在办公场所和政府网站上公布下列信息:

(一)保安服务监督管理有关法律、行政法规、部门规章和地方性法规、政府规章等规范性文件;

(二)保安服务许可证、保安培训许可证、保安员证的申领条件和程序;

(三)保安服务公司设立分公司与跨省、自治区、直辖市经营服务、自行招用保安员单位、从事武装守护押运服务保安员枪支使用培训单位的备案材料和程序;

(四)保安服务监督检查工作要求和程序;

(五)举报投诉方式;

(六)其他应当公开的信息。

第四十三条 以欺骗、贿赂等不正当手段取得保安服务或者保安培训许可,公安机关及其工作人员滥用职权、玩忽职守、违反法定程序准予保安服务或者保安培训许可,或者对不具备申请资格、不符合法定条件的申请人准予保安服务或者保安培训许可的,发证公安机关经查证属实,应当撤销行政许可。撤销保安服务、保安培训许可的,应当按照下列程序实施:

(一)经省、自治区、直辖市人民政府公安机关批准,制作撤销决定书送达当事人;

(二)收缴许可证书;

(三)公告许可证书作废。

第四十四条 保安服务公司、保安培训单位依法破产、解散、终止的,发证公安机关应当依法及时办理许可注销手续,收回许可证件。

第七章 法律责任

第四十五条 保安服务公司有下列情形之一,造成严重后果的,除依照《条例》第四十三条规定处罚外,发证公安机关可以依据《中华人民共和国治安管理处罚法》第五十四条第三款的规定,吊销保安服务许可证:

（一）泄露在保安服务中获知的国家秘密;

（二）指使、纵容保安员阻碍依法执行公务、参与追索债务、采用暴力或者以暴力相威胁的手段处置纠纷;

（三）其他严重违法犯罪行为。

保安培训单位以培训为名进行诈骗等违法犯罪活动,情节严重的,公安机关可以依前款规定,吊销保安培训许可证。

第四十六条 设区的市级以上人民政府确定的关系国家安全、涉及国家秘密等治安保卫重点单位违反《条例》第二十二条规定的,依照《企业事业单位内部治安保卫条例》第十九条的规定处罚。

保安服务公司违反本办法第二十七条第二款规定的,依照前款规定处罚。

第四十七条 保安培训单位以实习为名,派出学员变相开展保安服务的,依照《条例》第四十一条规定,依法给予治安管理处罚,并没收违法所得;构成犯罪的,依法追究刑事责任。

第四十八条 公安机关工作人员在保安服务监督管理中有下列情形的,对直接负责的主管人员和其他直接责任人员依法给予处分;构成犯罪的,依法追究刑事责任:

（一）明知不符合设立保安服务公司、保安培训单位的设立条件却许可的;符合《条例》和本办法规定,应当许可却不予许可的;

（二）违反《条例》规定,应当接受保安从业单位、保安培训单位的备案而拒绝接受的;

（三）接到举报投诉,不依法查处的;

（四）发现保安从业单位和保安培训单位违反《条例》规定,不依法查处的;

（五）利用职权指定安全技术防范产品的生产厂家、销售单位或者指定保安服务提供企业的;

（六）接受被检查单位、个人财物或者其他不正当利益的;

（七）参与或者变相参与保安服务公司经营活动的;

（八）其他滥用职权、玩忽职守、徇私舞弊的行为。

第八章 附　则

第四十九条 保安服务许可证和保安培训许可证包括正本和副本,正本应当悬挂在保安服务公司或者保安培训单位主要办公场所的醒目位置。

保安服务许可证、保安培训许可证、保安员证式样由公安部规定,省级公安机关制作;其他文书式样由省级公安机关自行制定。

第五十条 对香港特别行政区、澳门特别行政区和台湾地区投资者设立合资、合作或者独资经营的保安服务公司的管理,参照适用外资保安服务公司的相关规定。

第五十一条 本办法自发布之日起施行。

附件:1. 保安服务许可证(略)
　　　2. 保安培训许可证(略)
　　　3. 中华人民共和国保安员证(略)

保安培训机构管理办法

1. 2005年12月31日公安部令第85号公布
2. 根据2016年1月14日公安部令第136号《关于修改部分部门规章的决定》修正

第一章 总　则

第一条 为规范公安机关对保安培训机构的管理,维护保安培训市场秩序,根据《中华人民共和国行政许可法》和《国务院对确需保留的行政审批项目设定行政许可的决定》等有关法律法规规定,制定本办法。

第二条 在中华人民共和国境内设立保安培训机构,应当遵守本办法。

本办法所称保安培训机构,是指对正在从事或者准备从事保安服务职业的人员进行保安法律、安全防范等知识、技能培训的组织。

第三条 保安培训应当遵循诚实信用、公平竞争和规范管理、自愿有偿的原则。

第二章 保安培训机构设立

第四条 设立保安培训机构,应当具备下列条件:

（一）设立保安培训机构的组织应当具有法人资格,设立保安培训机构的个人应当具有完全民事行为能力;

（二）具有与培训规模相适应的校园、校舍;

（三）具有与培训内容相匹配、满足培训要求的训练场馆、图书馆、阅览室、实验、实习设施和仪器设备;

（四）具有与培训内容、培训规模相适应的专兼职师资人员，其中保安专业师资人员必须具有大专以上学历和五年以上治安保卫或者保安工作经历；

（五）申请人、投资人、法定代表人、管理人员及师资人员没有故意犯罪记录和精神病史；

（六）主要负责人应当具有政法机关、军队或者教育培训的工作经历。

第五条　申请设立保安培训机构，应当填写《保安培训机构设立申请表》，并提供下列资料，报所在地设区的市级人民政府公安机关审查：

（一）设立报告，内容包括申请人、培训机构名称、培养目标、培训规模、培训层次、培训内容、培训条件和内部管理制度等；

（二）资产来源、资金数额及有效证明文件，并载明产权归属；

（三）申请人、法定代表人、管理人员和师资人员的相关资格证明文件。

第六条　设区的市级人民政府公安机关收到上述申请资料后，应当分别依照下列规定处理：

（一）对申请材料符合要求的，出具收到申请资料的书面凭证；

（二）对申请材料不齐全或者不符合法定形式的，应当当场一次性告知需要补正的全部内容；

（三）对申请材料存在错误的，应当允许申请人当场更正。

设区的市级人民政府公安机关应当在收到申请资料七日内审查完毕，将初步审查意见和全部申请材料直接报送省级人民政府公安机关审查。省级人民政府公安机关不得要求申请人重复提供申请材料。

第七条　省级人民政府公安机关收到申请材料和设区的市级人民政府公安机关的审查意见后，应当分别依照下列规定处理：

（一）符合申请条件的，应当受理，并出具书面凭证；

（二）对不属于本机关职权范围或者本办法规定的许可事项的，应当即时作出不予受理的决定，并出具书面凭证。

第八条　对已经受理的申请，省级人民政府公安机关应当对申请人提交的下列资料进行可行性和真实性审查，并对培训机构的校园、设施建设等情况进行现场考察：

（一）保安培训机构设立申请表；

（二）保安培训机构设立报告书；

（三）校园、校舍、资金等有关证明文件；

（四）相关人员的资格证明文件。

省级人民政府公安机关应当自受理申请之日起二十日内，以书面形式作出许可或者不予许可的决定。对许可设立保安培训机构的，应当同时发给《保安培训许可证》，并报公安部备案；对不予许可的，应当出具不予许可的书面凭证，告知申请人并说明理由。

第九条　保安培训机构成立后，需要变更名称、住所、法定代表人、校长（院长）、投资主体或者培训类型的，应当在变更后的二十日内到发放《保安培训许可证》的公安机关办理变更手续。

第十条　《保安培训许可证》的有效期五年。有效期满需要延期的，保安培训机构应当在期满前三个月内到发证机关办理许可证延期手续。发证机关应当按照本办法进行审查，对符合条件的，予以延期；对不符合条件的，不予延期，并说明理由。

第十一条　依法设立的教育、职业培训机构（包括武术学校）开展保安培训的，按照本办法执行。

第三章　日　常　管　理

第十二条　保安培训机构招录的学员必须符合下列条件：

（一）十八周岁至五十周岁的中国公民；

（二）男性身高不低于一百六十厘米，女性身高不低于一百五十五厘米；

（三）身体健康，没有精神病等不能控制自己行为能力的疾病病史；

（四）初中以上文化程度；

（五）没有故意犯罪记录。

第十三条　保安培训机构应当根据培训内容和培训计划，对学员进行两个月以上且不少于二百六十四课时的培训。

第十四条　保安培训机构学员实习时间不得超过培训时间的三分之一。

保安培训机构不得向社会提供保安服务或者以实习等名义变相提供保安服务。

第十五条　保安培训机构应当根据法律、法规和公安部制定的保安员培训大纲、保安员国家职业标准，制定培训内容和培训计划，并报所在地省级人民政府公安机关备案。

保安培训机构不得传授依法由公安机关、国家安全机关、检察机关专有的侦察技术、手段。枪支使用培训由省级人民政府公安机关指定的培训机构进行。法律、法规对培训内容和学员有其他特殊要求的，按照有关规定执行。

第十六条　保安培训机构对完成培训计划、内容和课时且考核合格的学员,应当颁发结业证书。

第十七条　保安培训机构应当建立健全学员档案管理制度,对学员成绩、考核鉴定等基本信息实行计算机管理。学员文书档案应当保存至学员毕业离校后的第五年年底。

保安培训机构应当将学员、师资人员文书档案及电子文档报所在地设区的市级人民政府公安机关备案。

第十八条　保安培训机构收取培训费标准,由省级人民政府公安机关商同级价格主管部门核准,并向社会公布。

第十九条　保安培训机构应当在学员入学时与学员签订规范的培训合同,明确双方权利义务,如实告知可能存在的就业风险。保安培训合同式样应当报保安培训机构所在地设区的市级人民政府公安机关备案。

第二十条　保安培训机构不得以转包形式开展保安培训业务,不得委托未经公安机关依法许可的保安培训机构或者个人开展保安培训业务。

第二十一条　保安培训机构应当依法发布招生广告,不得夸大事实或者以安排工作等名义诱骗学员入学。

第四章　保障金制度

第二十二条　保安培训机构应当按照学员培训费的一定比例,设置学员权益保障金。培训规模在五百人以下的,保障金总额不少于三十万元;培训规模在五百人以上的,保障金总额不少于五十万元。

保障金用于因培训机构欺诈或者不履行合同时的学员权益保障。

第二十三条　保安培训机构应当与机构所在地设区的市级人民政府公安机关签订《委托监管保障金协议》,并按照协议将保障金存入指定银行账户。

保障金及其利息由设区的市级人民政府公安机关按照《委托监管保障金协议》实行监管。

第二十四条　保障金及其利息归保安培训机构所有,但不得用于本办法第二十三条第二款规定以外的用途。保安培训机构解散、破产、合并或者分立时,保障金及其利息作为该培训机构资产的一部分,按照有关法律规定处理。

第二十五条　保安培训机构无力执行仲裁机构裁决或者人民法院的判决,或者无力支付对学员的赔偿时,可以书面形式向委托监管的公安机关提出动用保障金及其利息的申请,但所申请的数额不得超过保障金总额的百分之五十,并应当在六十日内补足保障金。

第二十六条　保安培训机构被撤销《保安培训许可证》或者终止保安培训业务的,应当在公安机关指定的省级新闻媒体上发布公告,如在九十日内未发生针对该机构的投诉或者诉讼,可以凭委托监管的公安机关开具的证明,到开户银行领取保障金及其利息。

第五章　监督检查

第二十七条　设区的市级人民政府公安机关应当建立健全监督制度,加强对保安培训机构从事行政许可事项活动情况的检查、监督,及时纠正、查处保安培训中的违法行为。

设区的市级人民政府公安机关依法对保安培训机构从事行政许可事项的活动进行监督检查时,应当将监督检查的情况和处理结果予以记录,由监督检查人员签字后归档。公众有权查阅监督检查记录。

第二十八条　设区的市级人民政府公安机关实施监督检查,不得妨碍保安培训机构正常的经营活动,不得索取或者收受保安培训机构的财物,不得谋取其他利益。

第二十九条　个人和组织发现保安培训机构违法从事行政许可事项的活动,有权向公安机关举报,设区的市级人民政府公安机关应当及时核实、依法处理。

第三十条　设区的市级人民政府公安机关在监督检查中发现保安培训机构以欺骗、贿赂等不正当手段取得《保安培训许可证》的,应当将核查的有关材料报送作出许可决定的省级人民政府公安机关,并由省级人民政府公安机关撤销《保安培训许可证》。

保安培训机构因采取欺骗、贿赂等不正当手段而被撤销《保安培训许可证》的,其法定代表人和负责人五年内不得从事保安培训工作。

第三十一条　对有下列情形之一的,省级人民政府公安机关应当依法办理《保安培训许可证》的注销手续:

(一)《保安培训许可证》有效期届满未延续的;

(二)保安培训机构依法终止的;

(三)《保安培训许可证》依法被撤销、撤回的。

第六章　罚　　则

第三十二条　未经省级人民政府公安机关批准,擅自设立保安培训机构,开展保安培训业务的,由设区的市级人民政府公安机关依照《中华人民共和国治安管理处罚法》第五十四条的规定予以取缔和处罚。

以欺骗、贿赂等不正当手段取得《保安培训许可证》的,由设区的市级人民政府公安机关对该保安培训机构处以一万元以上三万元以下罚款,对其直接负责的主管人员和其他直接责任人员处以二百元以上一千元以下罚款,并由发证的公安机关撤销《保安培训许可证》。

第三十三条 保安培训机构违反本办法第十条、第十五条或者第二十条规定的,由设区的市级人民政府公安机关处以五千元以上三万元以下罚款,并责令限期改正。

保安培训机构违反本办法第二十二条规定的,由设区的市级人民政府公安机关处以五千元以上三万元以下罚款,并责令退还学员全部学费;构成违反治安管理行为的,依法予以治安管理处罚;构成犯罪的,依法追究刑事责任。

第三十四条 保安培训机构违反本办法第十三条或者第十六条第一款规定的,由设区的市级人民政府公安机关责令限期改正。

保安培训机构违反本办法第十六条第二款规定的,由设区的市级人民政府公安机关责令保安培训机构取消教员授课资格,并对保安培训机构处以二千元以上一万元以下罚款。

第三十五条 保安培训机构违反本办法第十四条、第十七条、第十八条、第十九条或者第二十一规定的,由设区的市级人民政府公安机关责令保安培训机构限期改正;逾期不改正的,处以二千元以上一万元以下罚款。

第三十六条 保安培训机构因违反本办法被公安机关给予两次罚款处罚后,又违反本办法的,由发证的公安机关依照《中华人民共和国治安管理处罚法》第五十四条的规定吊销《保安培训许可证》。

第三十七条 公民、法人或者其他组织对公安机关不予许可的决定不服,以及保安培训机构或者个人对公安机关的处罚决定不服,可以依法申请行政复议或者提起行政诉讼。

第三十八条 公安机关及其人民警察在工作中,有下列行为之一的,对直接负责的主管人员和其他直接责任人员依法给予行政处分;构成犯罪的,依法追究刑事责任:

(一)对不符合设立条件的申请人发放《保安培训许可证》的;

(二)对符合设立条件的申请人不予许可或者不按本办法规定的时限作出许可决定的;

(三)索取、收受当事人贿赂或者谋取其他利益的;

(四)对违反本办法的行为不依法追究法律责任的;

(五)违反法律、法规和本办法的规定实施处罚或者收取费用的;

(六)其他滥用职权、玩忽职守、徇私舞弊的。

第七章 附　　则

第三十九条 《保安培训许可证》和其他法律文书式样由公安部制定,各省、自治区、直辖市公安厅、局自行印制。

第四十条 本办法自2006年3月1日起施行。

公安机关监督检查企业事业单位内部治安保卫工作规定

1. 2007年6月16日公安部令第93号公布
2. 自2007年10月1日起施行

第一条 为规范公安机关监督检查企业事业单位(以下简称单位)内部治安保卫工作行为,依据《企业事业单位内部治安保卫条例》(以下简称《条例》),制定本规定。

第二条 县级以上公安机关单位内部治安保卫工作主管部门和单位所在地公安派出所按照分工履行监督检查单位内部治安保卫工作职责。

铁路、交通、民航公安机关和国有林区森林公安机关负责监督检查本行业、本系统所属单位内部治安保卫工作。公安消防、交通管理部门依照有关规定,对单位内部消防、交通安全管理进行监督检查。

第三条 公安机关监督检查单位内部治安保卫工作应当严格执行国家有关规定。对监督检查中涉及的国家秘密、商业秘密,应当予以保密。

第四条 公安机关对单位内部治安保卫工作的下列事项进行监督检查:

(一)单位按照《条例》规定制定和落实内部治安保卫制度情况;

(二)单位主要负责人落实内部治安保卫工作责任制情况;

(三)单位设置治安保卫机构和配备专职、兼职治安保卫人员情况;

(四)单位落实出入登记、守卫看护、巡逻检查、重要部位重点保护、治安隐患排查处理等内部治安保卫措施情况;

(五)单位治安防范设施的建设、使用和维护情况;

(六)单位内部治安保卫机构、治安保卫人员依法履行职责情况;

(七)单位管理范围内的人员遵守单位内部治安保卫制度情况;

(八)单位内部治安保卫人员接受有关法律知识和治安保卫业务、技能以及相关专业知识培训、考核情况;

(九)其他依法应当监督检查的内容。

第五条 公安机关监督检查治安保卫重点单位,除执行本规定第四条规定外,还应当对下列事项进行监督检查:

(一)治安保卫机构设置和人员配备报主管公安机关备案情况;

(二)治安保卫重要部位确定情况;

(三)按照国家有关标准对治安保卫重要部位设置必要的安全技术防范设施,并实施重点保护情况;

(四)制定单位内部治安突发事件处置预案及组织演练情况;

(五)其他依法应当监督检查的内容。

第六条 公安机关监督检查单位内部治安保卫工作,可以采取以下方法:

(一)要求单位治安保卫工作负责人和其他工作人员对检查事项作出说明;

(二)查阅、调取、复制与治安保卫工作有关的文件、资料;

(三)实地查看单位治安保卫制度、措施的制定和落实情况,查看单位物防、技防等治安防范设施的设置和运行情况;

(四)利用监控设备检查单位内部治安保卫工作的落实情况;

(五)根据需要采取的其他监督检查方法。

监督检查可以采取定期检查、临时检查、专项检查、随机抽查等方式进行,检查民警不得少于两人,并应当向被检查单位负责人或者其他有关人员出示工作证件。

第七条 监督检查应当制作《检查笔录》,如实记录监督检查情况和发现的治安隐患,并交被检查单位负责人或者陪同检查人员核对签名。被检查单位负责人或者陪同检查人员对记录有异议的,应当允许其说明;拒绝签名的,检查民警应当在《检查笔录》上注明。

第八条 单位违反《条例》规定,存在治安隐患的,公安机关应当责令限期整改,并处警告。

责令单位限期整改治安隐患时,应当制作《责令限期整改治安隐患通知书》,详细列明具体隐患及相应整改期限,整改期限最长不超过二个月。《责令限期整改治安隐患通知书》应当自检查完毕之日起三个工作日内送达被检查单位。

单位在整改治安隐患期间应当采取必要的防范措施,确保安全。

第九条 单位认为有正当理由不能在整改期限内将治安隐患整改完毕的,应当在整改期限届满前向发出《责令限期整改治安隐患通知书》的公安机关提出书面延期整改申请。

公安机关应当自受理申请之日起三个工作日内对延期申请进行审查,作出是否同意延期的决定并送达《同意/不同意延期整改治安隐患通知书》。延期整改期限最长不超过一个月。

第十条 对责令限期整改或者同意延期整改治安隐患的,公安机关应当自责令整改期限或者延期整改期限届满次日起三个工作日内对治安隐患整改情况进行复查,自复查之日起三个工作日内制作并送达《复查意见告知书》。

单位在规定整改期限届满前,认为已将公安机关责令限期整改或者同意延期整改的治安隐患提前整改完毕的,可以向公安机关提出提前复查治安隐患整改情况的申请,公安机关应当自收到单位申请次日起三个工作日内对整改情况进行复查,自复查之日起三个工作日内制作并送达《复查意见告知书》。

经复查,由于客观原因致使治安隐患整改情况难以达到规定要求,并严重威胁公民人身安全、公私财产安全或者公共安全的,公安机关应当及时报告当地人民政府或者通报单位上一级主管部门协调解决。对无正当理由致使整改情况未达到规定要求的,公安机关应当按逾期不整改治安隐患依法处理,并可根据需要在一定范围内予以通报,督促单位落实整改措施。

第十一条 单位违反《条例》规定,存在下列治安隐患情形之一,经公安机关责令限期整改后逾期不整改,严重威胁公民人身安全、公私财产安全或者公共安全的,公安机关应当依据《条例》第十九条的规定,对单位处一万元以上二万元以下罚款,对单位主要负责人和其他直接责任人员分别处五百元以上一千元以下罚款;造成公民人身伤害、公私财产损失的,对单位处二万元以上五万元以下罚款,对单位主要负责人和其他直接责任人员分别处一千元以上三千元以下罚款:

(一)未建立和落实主要负责人治安保卫工作责任制的;

（二）未制定和落实内部治安保卫制度的；
（三）未设置必要的治安防范设施的；
（四）未根据单位内部治安保卫工作需要配备专职或者兼职治安保卫人员的；
（五）内部治安保卫人员未接受有关法律知识和治安保卫业务、技能以及相关专业知识培训、考核的；
（六）内部治安保卫机构、治安保卫人员未履行《条例》第十一条规定职责的。

第十二条　单位违反《条例》规定，存在下列治安隐患情形之一，经公安机关责令限期整改后逾期不整改，严重威胁公民人身安全、公私财产安全或者公共安全的，公安机关应当依据《条例》第十九条的规定，对单位处二万元以上五万元以下罚款，对单位主要负责人和其他直接责任人员分别处一千元以上三千元以下罚款；造成公民人身伤害、公私财产损失的，对单位处五万元以上十万元以下罚款，对单位主要负责人和其他直接责任人员分别处三千元以上五千元以下罚款：
（一）未制定和落实内部治安保卫措施的；
（二）治安保卫重点单位未设置与治安保卫任务相适应的治安保卫机构、未配备专职治安保卫人员的；
（三）治安保卫重点单位未确定本单位治安保卫重要部位，未按照国家有关标准对治安保卫重要部位设置必要的技术防范设施并实施重点保护的；
（四）治安保卫重点单位未制定单位内部治安突发事件处置预案或者未定期组织演练的；
（五）管理措施不落实，致使在单位管理范围内的人员违反内部治安保卫制度情况严重，治安问题突出的。

第十三条　单位违反《条例》规定，存在本规定第十一条、第十二条所列治安隐患情形之一，经公安机关责令限期整改后逾期不整改，造成公民人身伤害、公私财产损失，或者严重威胁公民人身安全、公私财产安全或者公共安全的，除依据各该条规定给予处罚外，还可建议有关组织对单位主要负责人和其他直接责任人员依法给予行政处分；情节严重，构成犯罪的，依法追究刑事责任。

第十四条　公安机关及其人民警察在监督检查工作中，有下列行为之一的，对直接负责的主管人员和其他直接责任人员，依法给予处分；情节严重，构成犯罪的，依法追究刑事责任：
（一）不按规定制作、送达法律文书，超过规定的时限复查单位整改情况和核查群众举报、投诉，或者有其他不依法履行监督检查职责的行为，经指出不改正，

造成严重后果的；
（二）对责令限期整改治安隐患的单位，未经复查或者经复查治安隐患未整改，作出复查合格决定，造成公民人身伤害、公私财产损失的；
（三）对单位或者当事人故意刁难的；
（四）在监督检查工作中弄虚作假的；
（五）违法违规实施处罚的；
（六）故意泄漏监督检查中涉及的国家秘密和单位商业秘密的；
（七）有其他渎职行为的。

第十五条　公安机关对机关、团体内部治安保卫工作的监督检查，参照本规定执行。

第十六条　本规定自 2007 年 10 月 1 日起施行。

金融机构营业场所和金库安全防范设施建设许可实施办法

1. 2005 年 12 月 31 日公安部令第 86 号公布
2. 自 2006 年 2 月 1 日起施行

第一条　为了保障银行和其他金融机构营业场所、金库的安全，规范公安机关的相关许可工作，根据《中华人民共和国行政许可法》、《国务院对确需保留的行政审批项目设定行政许可的决定》等有关法律、行政法规的规定，制定本办法。

第二条　在中华人民共和国境内新建、改建金融机构营业场所、金库的，实行安全防范设施建设许可制度。
本办法所称金融机构营业场所，是指银行和其他金融机构办理现金出纳、有价证券、会计结算等业务的物理区域，包括自助服务银行营业场所和自动柜员机。
本办法所称金库，是指银行和其他金融机构存放现金、有价证券、重要凭证、金银等贵重物品的库房，包括保安押运公司自建金库。

第三条　各级人民政府公安机关治安管理部门具体负责组织实施本办法。

第四条　金融机构营业场所、金库安全防范设施建设方案审批和工程验收实行"属地管理、分级审批"的原则，由县级以上人民政府公安机关负责实施。
各省、自治区、直辖市人民政府公安厅、局可以根据金融机构营业场所、金库的风险等级和防护级别等情况，结合本地区实际，确定本行政区域具体负责实施的公安机关，报公安部备案，并向社会公布。

第五条　公安机关治安管理部门应当组织专家组，依据

《银行营业场所风险等级和防护级别的规定》(GA 38 - 2004)、《银行金库》(JR/T 0003 - 2000)、《安全技术规范》(GB 50348 - 2004)、《安全工程程序与要求》(GA/T 75)等标准开展审批和验收工作。

各省、自治区、直辖市公安厅、局治安管理部门应当建立由公安机关治安、内保、科技民警和金融机构的保卫、业务干部以及安全防范技术、计算机、电子等行业具有国家认可的专业资格的专家组成的专家库,参与本地区公安机关实施的审批和验收工作。

专家组应当由5名或者7名专家组成,组长由公安机关治安管理部门指定。专家组成员对所提出的审批验收意见负责。

第六条 申请金融机构营业场所、金库安全防范设施建设许可的,应当向公安机关书面提出。申请人可以到公安机关提出申请,也可以通过信函、传真、电子邮件等形式提出申请。

具体负责审批的公安机关应当公布申请渠道,为申请人领取或者下载申请金融机构营业场所、金库安全防范设施建设许可的审批表格提供方便条件。

第七条 新建、改建金融机构营业场所、金库前,申请人应当填写《新建、改建金融机构营业场所/金库安全防范设施建设方案审批表》,并附以下材料:

(一)金融监管机构和金融机构上级主管部门有关金融机构营业场所、金库建设的批准文件;

(二)安全防范设施建设工程设计方案或者任务书;

(三)技防设施安装平面图、管线敷设图、监控室布置图、物防设施设计结构图;

(四)安全防范工程设计施工单位营业执照和相关资质证明;

(五)安全产品检验报告、国家强制性产品认证证书或者安全技术产品生产登记批准书;

(六)金库、保管箱库设计、施工人员身份证件复印件及其所从事工种的说明;

(七)运钞车停靠位置和营业场所、金库周边环境平面图;

(八)房产租赁或者产权合同复印件和租赁双方签订的安全协议书复印件。

第八条 公安机关治安管理部门应当在收到申请后的10个工作日内组织专家组,对安全防范设施建设方案进行论证和审查,确定风险等级和相应的防护级别。

专家组应当按照少数服从多数的原则提出意见,并由参与论证和审查的专家签名后,报公安机关治安管理部门审核。

公安机关治安管理部门应当在收到专家组意见后的5日内提出审核意见,报本级公安机关负责人审批。本级公安机关负责人应当在5日内提出审批意见。

第九条 公安机关对符合条件的,应当批准,并书面通知申请人准予施工;对不符合条件的,不予批准,并书面向申请人说明理由。

对不予批准的,申请人整改后,可以按照本办法重新提出申请。

第十条 新建、改建金融机构营业场所、金库工程竣工后,申请人应当向原审批安全防范设施建设方案的公安机关书面提出验收申请,填写《金融机构营业场所/金库安全防范设施建设工程验收审批表》。

第十一条 公安机关治安管理部门应当在收到验收申请后的10个工作日内组织专家组完成验收工作。专家组应当按照少数服从多数的原则提出意见,并由参与验收的专家签名后,报公安机关治安管理部门审核。

公安机关治安管理部门应当在收到专家组意见后的5日内提出审核意见,报本级公安机关负责人审批。本级公安机关负责人应当在5日内提出审批意见。

第十二条 公安机关对验收合格的,应当批准,并发给《安全防范设施合格证》;对验收不合格的,不予批准,并书面向申请人说明理由。

对验收不合格的,申请人整改后,可以按照本办法重新申请验收。

第十三条 公安机关应当坚持公开、公平、公正的原则,严格依照本办法的规定,对金融机构营业场所、金库的安全防范设施建设方案进行审批和工程验收,并建立审批和发证管理档案。

第十四条 公安机关应当监督、指导金融机构严格执行安全防范设施建设的有关规定,督促金融机构营业场所、金库安全防范设施的建设和使用单位建立相应的自检制度。

第十五条 公安机关应当加强对金融机构安全防范设施的日常安全检查工作,发现金融机构安全防范设施建设、使用存在治安隐患的,应当立即责令限期整改,并依照《企业事业单位内部治安保卫条例》第十九条的规定予以处罚。

第十六条 违反本办法的规定,金融机构营业场所、金库安全防范设施建设方案未经批准而擅自施工的,公安机关应当责令其停止施工并按本办法报批,同时对单位处5000元以上2万元以下罚款,对直接负责的主管人员和其他直接责任人员处200元以上1000元以下罚款。

第十七条　违反本办法的规定,在金融机构营业场所、金库安全防范设施建设工程未经验收即投入使用的,公安机关应当责令金融机构按照本办法报批,并对单位处1万元以上3万元以下罚款,对直接负责的主管人员和其他直接责任人员处200元以上1000元以下罚款。同时,可以建议其上级主管部门对直接负责的主管人员和其他直接责任人员依法给予处分;构成犯罪的,依法追究刑事责任。

第十八条　公安机关及其人民警察在办理审批和验收工作中,有下列行为之一的,对直接负责的主管人员和其他直接责任人员,依法给予行政处分;构成犯罪的,依法追究刑事责任:

（一）对明知是不符合标准的金融机构营业场所、金库安全防范设施建设方案予以批准,或者擅自发放《安全防范设施合格证》的;

（二）除不可抗力外,不按照本办法规定的时限办理审批和验收的;

（三）利用职权故意刁难申请人、施工单位,索取、收受贿赂或者谋取其他利益的;

（四）实施其他滥用职权、玩忽职守、徇私舞弊行为的。

第十九条　本办法规定的《安全防范设施合格证》和其他文书式样由公安部制定,各省、自治区、直辖市公安厅、局自行印制。

《安全防范设施合格证》分为牌匾和纸质证书两种。牌匾应当悬挂在金融机构营业场所显著位置,纸质证书由金融机构保存。

第二十条　本办法自2006年2月1日起施行。

公安机关执行保安服务管理条例若干问题的解释

1. 2010年9月16日公安部发布
2. 公通字〔2010〕43号

根据《保安服务管理条例》（以下简称《条例》）和《公安机关实施保安服务管理条例办法》（以下简称《办法》）规定及保安服务监管工作需要,现对公安机关执行《保安服务管理条例》的若干问题解释如下:

一、关于保安服务公司主要管理人员范围问题。《条例》第八条第二项规定,拟任的保安服务公司法定代表人和主要管理人员应当具备任职所需的专业知识和有关业务工作经验。这里的"主要管理人员"是指拟任的保安服务公司总经理、副总经理。

二、关于保安服务公司法定代表人和主要管理人员保安师资格证问题。《条例》第八条第二项规定,拟任保安服务公司法定代表人和主要管理人员应当具备任职所需的专业知识。《办法》第九条进一步明确规定,拟任保安服务公司法定代表人和总经理、副总经理等主要管理人员应当具有保安师资格。在全国保安职业技能鉴定工作开始后,将对在任的保安服务公司的法定代表人和总经理、副总经理等主要管理人员进行全国统一的职业技能鉴定,核发保安师资格证书。

三、关于拟任保安服务公司法定代表人和主要管理人员治安保卫或者保安经营管理经验问题。《条例》第八条第二项规定,拟任的保安服务公司法定代表人和主要管理人员应当具备有关业务工作经验。《办法》第九条规定,拟任的保安服务公司法定代表人和主要管理人员应当具有5年以上军队、公安、安全、审判、检察、司法行政或者治安保卫、保安经营管理工作经验。这里的"治安保卫"工作经验是指曾在县级以上人民政府确定的治安保卫重点单位从事治安保卫管理工作经历;"保安经营管理"工作经验是指在保安服务公司中曾担任经营管理领导职务的工作经历。

四、关于直辖市公安机关直接受理设立保安服务公司或者保安培训单位申请的审核审批时间问题。根据《行政许可法》第四十二条、《条例》第九条和《办法》第三条规定,直辖市公安机关直接受理设立保安服务公司或者保安培训单位申请的,应当在20日内审核完毕并作出决定;在20日内不能作出决定的,经本行政机关负责人批准,可以延长10日,并应将延长期限的理由告知申请人。

五、关于提供武装守护押运服务的保安服务公司国有投资主体数量问题。《条例》第十条规定,提供武装守护押运服务的保安服务公司应当由国有资本独资设立,或者国有资本占注册资本总额51%以上。这里所称的国有资本可以由多个国有投资主体持有,但其中一个国有投资主体持有的股份应当占该公司注册资本总额的51%以上。

六、关于公安机关所属院校、社团和现役部队设立保安服务公司问题。根据1998年中央对军队、武警和政法机关进行清商的文件精神和公安部有关规定要求,公安机关所属院校、社团和现役部队不得设立保安服务公司,不得参与或者变相参与保安服务公司的经营活动。

七、关于自行招用保安员单位跨区域开展保安服务活动的备案问题。《条例》第十四条第一款规定,自行招用保安员的单位,应当向所在地设区的市级人民政府公安机关备案。自行招用保安员的单位因本单位生产经营工作的需要而跨市(地、州、盟)开展保安服务活动的,应当将保安服务情况向当地市(地、州、盟)公安机关备案,当地公安机关应当接受备案,并纳入监管。

八、关于单位自行招用保安员的备案范围问题。根据《条例》第十四条规定,对具有法人资格的单位自行招用的直接从事本单位门卫、巡逻、守护和秩序维护等安全防范工作并与本单位签订劳动合同或用工协议的人员,应当纳入公安机关备案范围。

九、关于达到法定退休年龄人员申领保安员证问题。根据《劳动法》等法律、法规规定和保安服务工作要求,对于达到法定退休年龄的人员不再发给保安员证。

十、关于安全技术防范服务认定问题。根据《条例》第二条规定,保安服务包括安全技术防范服务。这里的"安全技术防范服务"主要是指利用安全技术防范设备和技术手段,为公民、法人和其他组织提供入侵报警、视频监控,以及报警运营等服务。

公安部关于保安技防服务管理有关问题的批复

1. 2012年8月16日
2. 公复字〔2012〕2号

辽宁省公安厅:

你厅《关于提供技防服务业务的企业是否应纳入保安监管等有关问题的请示》(辽公通〔2012〕53号)收悉。现批复如下:

一、关于《保安服务管理条例》(以下简称《条例》)颁布前成立的各类开展技防服务的企业是否纳入保安监管范畴的问题。安全技术防范包括安全技术防范系统工程的设计、施工、维护以及报警运营服务等多个环节,其中报警运营服务是人力防范与技术防范的有机结合,是客户单位应用技术手段实现加强治安防范、预防和打击犯罪的关键环节,是保安服务的重要内容。因此,根据《条例》的有关规定,凡是开展报警运营服务的企业,均应纳入保安服务监管,并依法取得《保安服务许可证》。自行负责内部报警运营服务的企事业单位,应到公安机关保安监管部门备案。从事安全技术防范系统工程的设计、施工、维护等业务的企业,公安机关应按照有关法规和规章管理。

二、关于有关人员是否纳入保安员管理的问题。在开展报警运营服务的企业中从事人工值守和现场处置工作的人员,应当依据《条例》和《公安机关实施保安服务管理条例办法》的有关规定纳入保安员管理。

五、社会治安管理

资料补充栏

全国人民代表大会常务委员会
关于严禁卖淫嫖娼的决定①

1. 1991年9月4日第七届全国人民代表大会常务委员会第21次会议通过
2. 根据2009年8月27日第十一届全国人民代表大会常务委员会第十次会议《关于修改部分法律的决定》修正

为了严禁卖淫、嫖娼,严惩组织、强迫、引诱、容留、介绍他人卖淫的犯罪分子,维护社会治安秩序和良好的社会风气,对刑法有关规定作如下补充修改:

一、组织他人卖淫的,处十年以上有期徒刑或者无期徒刑,并处一万元以下罚金或者没收财产;情节特别严重的,处死刑,并处没收财产。

协助组织他人卖淫的,处三年以上十年以下有期徒刑,并处一万元以下罚金;情节严重的,处十年以上有期徒刑,并处一万元以下罚金或者没收财产。

二、强迫他人卖淫的,处五年以上十年以下有期徒刑,并处一万元以下罚金;有下列情形之一的,处十年以上有期徒刑或者无期徒刑,并处一万元以下罚金或者没收财产;情节特别严重的,处死刑,并处没收财产:

（一）强迫不满十四岁的幼女卖淫的;
（二）强迫多人卖淫或者多次强迫他人卖淫的;
（三）强奸后迫使卖淫的;
（四）造成被强迫卖淫的人重伤、死亡或者其他严重后果的。

三、引诱、容留、介绍他人卖淫的,处五年以下有期徒刑或者拘役,并处五千元以下罚金;情节严重的,处五年以上有期徒刑,并处一万元以下罚金;情节较轻的,依照治安管理处罚法第三十条的规定处罚。

引诱不满十四岁的幼女卖淫的,依照本决定第二条关于强迫不满十四岁的幼女卖淫的规定处罚。

四、卖淫、嫖娼的,依照治安管理处罚法第三十条的规定处罚。

对卖淫、嫖娼的,可以由公安机关会同有关部门强制集中进行法律、道德教育和生产劳动,使之改掉恶习。期限为六个月至二年。具体办法由国务院规定。

因卖淫、嫖娼被公安机关处理后又卖淫、嫖娼的,实行劳动教养,并由公安机关处五千元以下罚款。

对卖淫、嫖娼的,一律强制进行性病检查。对患有性病的,进行强制治疗。

五、明知自己患有梅毒、淋病等严重性病卖淫、嫖娼的,处五年以下有期徒刑、拘役或者管制,并处五千元以下罚金。

嫖宿不满十四岁的幼女的,依照刑法关于强奸罪的规定处罚。

六、旅馆业、饮食服务业、文化娱乐业、出租汽车业等单位的人员,利用本单位的条件,组织、强迫、引诱、容留、介绍他人卖淫的,依照本决定第一条、第二条、第三条的规定处罚。

前款所列单位的主要负责人,有前款规定的行为的,从重处罚。

七、旅馆业、饮食服务业、文化娱乐业、出租汽车业等单位,对发生在本单位的卖淫、嫖娼活动,放任不管、不采取措施制止的,由公安机关处一万元以上十万元以下罚款,并可以责令其限期整顿、停业整顿,经整顿仍不改正的,由工商行政主管部门吊销营业执照;对直接负责的主管人员和其他直接责任人员,由本单位或者上级主管部门予以行政处分,由公安机关处一千元以下罚款。

八、旅馆业、饮食服务业、文化娱乐业、出租汽车业等单位的负责人和职工,在公安机关查处卖淫、嫖娼活动时,隐瞒情况或者为违法犯罪分子通风报信的,依照刑法第一百六十二条的规定处罚。

九、有查禁卖淫、嫖娼活动职责的国家工作人员,为使违法犯罪分子逃避处罚,向其通风报信、提供便利的,依照刑法第一百八十八条的规定处罚。

犯前款罪,事前与犯罪分子通谋的,以共同犯罪论处。

十、组织、强迫、引诱、容留、介绍他人卖淫以及卖淫的非法所得以没收。

罚没收入一律上缴国库。

十一、本决定自公布之日起施行。

————————

① 本决定第四条第二款、第四款已被《全国人民代表大会常务委员会关于废止有关收容教育法律规定和制度的决定》(2019年12月28日)废止。

全国人民代表大会常务委员会
关于取缔邪教组织、防范
和惩治邪教活动的决定

1999年10月30日第九届全国人民代表大会常务委员会第十二次会议通过

为了维护社会稳定,保护人民利益,保障改革开放和社会主义现代化建设的顺利进行,必须取缔邪教组织、防范和惩治邪教活动。根据宪法和有关法律,特作如下决定:

一、坚决依法取缔邪教组织,严厉惩治邪教组织的各种犯罪活动。邪教组织冒用宗教、气功或者其他名义,采用各种手段扰乱社会秩序,危害人民群众生命财产安全和经济发展,必须依法取缔,坚决惩治。人民法院、人民检察院和公安、国家安全、司法行政机关要各司其职,共同做好这项工作。对组织和利用邪教组织破坏国家法律、行政法规实施,聚众闹事,扰乱社会秩序,以迷信邪说蒙骗他人,致人死亡,或者奸淫妇女、诈骗财物等犯罪活动,依法予以严惩。

二、坚持教育与惩罚相结合,团结、教育绝大多数被蒙骗的群众,依法严惩极少数犯罪分子。在依法处理邪教组织的工作中,要把不明真相参与邪教活动的人同组织和利用邪教组织进行非法活动、蓄意破坏社会稳定的犯罪分子区别开来。对受蒙骗的群众不予追究。对构成犯罪的组织者、策划者、指挥者和骨干分子,坚决依法追究刑事责任;对于自首或者有立功表现的,可以依法从轻、减轻或者免除处罚。

三、在全体公民中深入持久地开展宪法和法律的宣传教育,普及科学文化知识。依法取缔邪教组织,惩治邪教活动,有利于保护正常的宗教活动和公民的宗教信仰自由。要使广大人民群众充分认识邪教组织严重危害人类、危害社会的实质,自觉反对和抵制邪教组织的影响,进一步增强法制观念,遵守国家法律。

四、防范和惩治邪教活动,要动员和组织全社会的力量,进行综合治理。各级人民政府和司法机关应当认真落实责任制,把严防邪教组织的滋生和蔓延,防范和惩治邪教活动作为一项重要任务长期坚持下去,维护社会稳定。

互联网上网服务营业场所管理条例

1. 2002年9月29日国务院令第363号公布
2. 根据2011年1月8日国务院令第588号《关于废止和修改部分行政法规的决定》第一次修订
3. 根据2016年2月6日国务院令第666号《关于修改部分行政法规的决定》第二次修订
4. 根据2019年3月24日国务院令第710号《关于修改部分行政法规的决定》第三次修订
5. 根据2022年3月29日国务院令第752号《关于修改和废止部分行政法规的决定》第四次修订
6. 根据2024年12月6日国务院令第797号《关于修改和废止部分行政法规的决定》第五次修订

第一章 总 则

第一条 为了加强对互联网上网服务营业场所的管理,规范经营者的经营行为,维护公众和经营者的合法权益,保障互联网上网服务经营活动健康发展,促进社会主义精神文明建设,制定本条例。

第二条 本条例所称互联网上网服务营业场所,是指通过计算机等装置向公众提供互联网上网服务的网吧、电脑休闲室等营业性场所。

学校、图书馆等单位内部附设的为特定对象获取资料、信息提供上网服务的场所,应当遵守有关法律、法规,不适用本条例。

第三条 互联网上网服务营业场所经营单位应当遵守有关法律、法规的规定,加强行业自律,自觉接受政府有关部门依法实施的监督管理,为上网消费者提供良好的服务。

互联网上网服务营业场所的上网消费者,应当遵守有关法律、法规的规定,遵守社会公德,开展文明、健康的上网活动。

第四条 县级以上人民政府文化行政部门负责互联网上网服务营业场所经营单位的设立审批,并负责对依法设立的互联网上网服务营业场所经营单位经营活动的监督管理;公安机关负责对互联网上网服务营业场所经营单位的信息网络安全、治安及消防安全的监督管理;工商行政管理部门负责对互联网上网服务营业场所经营单位登记注册和营业执照的管理,并依法查处无照经营活动;电信管理等其他有关部门在各自职责范围内,依照本条例和有关法律、行政法规的规定,对互联网上网服务营业场所经营单位分别实施有关监督管理。

第五条 文化行政部门、公安机关、工商行政管理部门和其他有关部门及其工作人员不得从事或者变相从事互联网上网服务经营活动,也不得参与或者变相参与互联网上网服务营业场所经营单位的经营活动。

第六条 国家鼓励公民、法人和其他组织对互联网上网服务营业场所经营单位的经营活动进行监督,并对有突出贡献的给予奖励。

第二章 设 立

第七条 国家对互联网上网服务营业场所经营单位的经营活动实行许可制度。未经许可,任何组织和个人不得从事互联网上网服务经营活动。

第八条 互联网上网服务营业场所经营单位从事互联网上网服务经营活动,应当具备下列条件:

（一）有企业的名称、住所、组织机构和章程；

（二）有与其经营活动相适应的资金；

（三）有与其经营活动相适应并符合国家规定的消防安全条件的营业场所；

（四）有健全、完善的信息网络安全管理制度和安全技术措施；

（五）有固定的网络地址和与其经营活动相适应的计算机等装置及附属设备；

（六）有与其经营活动相适应并取得从业资格的安全管理人员、经营管理人员、专业技术人员；

（七）法律、行政法规和国务院有关部门规定的其他条件。

互联网上网服务营业场所的最低营业面积、计算机等装置及附属设备数量、单机面积的标准,由国务院文化行政部门规定。

审批从事互联网上网服务经营活动,除依照本条第一款、第二款规定的条件外,还应当符合国务院文化行政部门和省、自治区、直辖市人民政府文化行政部门规定的互联网上网服务营业场所经营单位的总量和布局要求。

第九条 中学、小学校园周围200米范围内和居民住宅楼（院）内不得设立互联网上网服务营业场所。

第十条 互联网上网服务营业场所经营单位申请从事互联网上网服务经营活动,应当向县级以上地方人民政府文化行政部门提出申请,并提交下列文件:

（一）企业营业执照和章程；

（二）法定代表人或者主要负责人的身份证明材料；

（三）资金信用证明；

（四）营业场所产权证明或者租赁意向书；

（五）依法需要提交的其他文件。

第十一条 文化行政部门应当自收到申请之日起20个工作日内作出决定;经审查,符合条件的,发给同意筹建的批准文件。

申请人还应当依照有关消防管理法律法规的规定办理审批手续。

申请人取得消防安全批准文件后,向文化行政部门申请最终审核。文化行政部门应当自收到申请之日起15个工作日内依据本条例第八条的规定作出决定;经实地检查并审核合格的,发给《网络文化经营许可证》。

对申请人的申请,有关部门经审查不符合条件的,或者经审核不合格的,应当分别向申请人书面说明理由。

文化行政部门发放《网络文化经营许可证》的情况或互联网上网服务营业场所经营单位拟开展经营活动的情况,应当及时向同级公安机关通报或报备。

第十二条 互联网上网服务营业场所经营单位不得涂改、出租、出借或者以其他方式转让《网络文化经营许可证》。

第十三条 互联网上网服务营业场所经营单位变更营业场所地址或者对营业场所进行改建、扩建,变更计算机数量或者其他重要事项的,应当经原审核机关同意。

互联网上网服务营业场所经营单位变更名称、住所、法定代表人或者主要负责人、注册资本、网络地址或者终止经营活动的,应当依法到工商行政管理部门办理变更登记或者注销登记,并到文化行政部门、公安机关办理有关手续或者备案。

第三章 经 营

第十四条 互联网上网服务营业场所经营单位和上网消费者不得利用互联网上网服务营业场所制作、下载、复制、查阅、发布、传播或者以其他方式使用含有下列内容的信息:

（一）反对宪法确定的基本原则的；

（二）危害国家统一、主权和领土完整的；

（三）泄露国家秘密,危害国家安全或者损害国家荣誉和利益的；

（四）煽动民族仇恨、民族歧视,破坏民族团结,或者侵害民族风俗、习惯的；

（五）破坏国家宗教政策,宣扬邪教、迷信的；

（六）散布谣言,扰乱社会秩序,破坏社会稳定的；

（七）宣传淫秽、赌博、暴力或者教唆犯罪的；

(八)侮辱或者诽谤他人,侵害他人合法权益的;
(九)危害社会公德或者民族优秀文化传统的;
(十)含有法律、行政法规禁止的其他内容的。

第十五条　互联网上网服务营业场所经营单位和上网消费者不得进行下列危害信息网络安全的活动:
(一)故意制作或者传播计算机病毒以及其他破坏性程序的;
(二)非法侵入计算机信息系统或者破坏计算机信息系统功能、数据和应用程序的;
(三)进行法律、行政法规禁止的其他活动的。

第十六条　互联网上网服务营业场所经营单位应当通过依法取得经营许可证的互联网接入服务提供者接入互联网,不得采取其他方式接入互联网。
互联网上网服务营业场所经营单位提供上网消费者使用的计算机必须通过局域网的方式接入互联网,不得直接接入互联网。

第十七条　互联网上网服务营业场所经营单位不得经营非网络游戏。

第十八条　互联网上网服务营业场所经营单位和上网消费者不得利用网络游戏或者其他方式进行赌博或者变相赌博活动。

第十九条　互联网上网服务营业场所经营单位应当实施经营管理技术措施,建立场内巡查制度,发现上网消费者有本条例第十四条、第十五条、第十八条所列行为或者有其他违法行为的,应当立即予以制止并向文化行政部门、公安机关举报。

第二十条　互联网上网服务营业场所经营单位应当在营业场所的显著位置悬挂《网络文化经营许可证》和营业执照。

第二十一条　互联网上网服务营业场所经营单位不得接纳未成年人进入营业场所。
互联网上网服务营业场所经营单位应当在营业场所入口处的显著位置悬挂未成年人禁入标志。

第二十二条　互联网上网服务营业场所每日营业时间限于8时至24时。

第二十三条　互联网上网服务营业场所经营单位应当对上网消费者的身份证等有效证件进行核对、登记,并记录有关上网信息。登记内容和记录备份保存时间不得少于60日,并在文化行政部门、公安机关依法查询时予以提供。登记内容和记录备份在保存期内不得修改或者删除。

第二十四条　互联网上网服务营业场所经营单位应当依法履行信息网络安全、治安和消防安全职责,并遵守下列规定:
(一)禁止明火照明和吸烟并悬挂禁止吸烟标志;
(二)禁止带入和存放易燃、易爆物品;
(三)不得安装固定的封闭门窗栅栏;
(四)营业期间禁止封堵或者锁闭门窗、安全疏散通道和安全出口;
(五)不得擅自停止实施安全技术措施。

第四章　罚　则

第二十五条　文化行政部门、公安机关、工商行政管理部门或者其他有关部门及其工作人员,利用职务上的便利收受他人财物或者其他好处,违法批准不符合法定设立条件的互联网上网服务营业场所经营单位,或者不依法履行监督职责,或者发现违法行为不予依法查处,触犯刑律的,对直接负责的主管人员和其他直接责任人员依照刑法关于受贿罪、滥用职权罪、玩忽职守罪或者其他罪的规定,依法追究刑事责任;尚不够刑事处罚的,依法给予降级、撤职或者开除的行政处分。

第二十六条　文化行政部门、公安机关、工商行政管理部门或者其他有关部门的工作人员,从事或者变相从事互联网上网服务经营活动的,参与或者变相参与互联网上网服务营业场所经营单位的经营活动的,依法给予降级、撤职或者开除的行政处分。
文化行政部门、公安机关、工商行政管理部门或者其他有关部门有前款所列行为的,对直接负责的主管人员和其他直接责任人员依照前款规定依法给予行政处分。

第二十七条　违反本条例的规定,擅自从事互联网上网服务经营活动的,由文化行政部门或者由文化行政部门会同公安机关依法予以取缔,查封其从事违法经营活动的场所,扣押从事违法经营活动的专用工具、设备;触犯刑律的,依照刑法关于非法经营罪的规定,依法追究刑事责任;尚不够刑事处罚的,由文化行政部门没收违法所得及其从事违法经营活动的专用工具、设备;违法经营额1万元以上的,并处违法经营额5倍以上10倍以下的罚款;违法经营额不足1万元的,并处1万元以上5万元以下的罚款。

第二十八条　文化行政部门应当建立互联网上网服务营业场所经营单位的经营活动信用监管制度,建立健全信用约束机制,并及时公布行政处罚信息。

第二十九条　互联网上网服务营业场所经营单位违反本条例的规定,涂改、出租、出借或者以其他方式转让《网络文化经营许可证》,触犯刑律的,依照刑法关于伪造、变造、买卖国家机关公文、证件、印章罪的规定,依法追究刑事责任;尚不够刑事处罚的,由文化行政部门吊销《网络文化经营许可证》,没收违法所得;违法经营额 5000 元以上的,并处违法经营额 2 倍以上 5 倍以下的罚款;违法经营额不足 5000 元的,并处 5000 元以上 1 万元以下的罚款。

第三十条　互联网上网服务营业场所经营单位违反本条例的规定,利用营业场所制作、下载、复制、查阅、发布、传播或者以其他方式使用含有本条例第十四条规定禁止含有的内容的信息,触犯刑律的,依法追究刑事责任;尚不够刑事处罚的,由公安机关给予警告,没收违法所得;违法经营额 1 万元以上的,并处违法经营额 2 倍以上 5 倍以下的罚款;违法经营额不足 1 万元的,并处 1 万元以上 2 万元以下的罚款;情节严重的,责令停业整顿,直至由文化行政部门吊销《网络文化经营许可证》。

上网消费者有前款违法行为,触犯刑律的,依法追究刑事责任;尚不够刑事处罚的,由公安机关依照治安管理处罚法的规定给予处罚。

第三十一条　互联网上网服务营业场所经营单位违反本条例的规定,有下列行为之一的,由文化行政部门给予警告,可以并处 15000 元以下的罚款;情节严重的,责令停业整顿,直至吊销《网络文化经营许可证》:

（一）在规定的营业时间以外营业的;
（二）接纳未成年人进入营业场所的;
（三）经营非网络游戏的;
（四）擅自停止实施经营管理技术措施的;
（五）未悬挂《网络文化经营许可证》或者未成年人禁入标志的。

第三十二条　公安机关应当自互联网上网服务营业场所经营单位正式开展经营活动 20 个工作日内,对其依法履行信息网络安全职责情况进行实地检查。检查发现互联网上网服务营业场所经营单位未履行信息网络安全责任的,由公安机关给予警告,可以并处 15000 元以下罚款;情节严重的,责令停业整顿,直至由文化行政部门吊销《网络文化经营许可证》。

第三十三条　互联网上网服务营业场所经营单位违反本条例的规定,有下列行为之一的,由文化行政部门、公安机关依据各自职权给予警告,可以并处 15000 元以下的罚款;情节严重的,责令停业整顿,直至由文化行政部门吊销《网络文化经营许可证》:

（一）向上网消费者提供的计算机未通过局域网的方式接入互联网的;
（二）未建立场内巡查制度,或者发现上网消费者的违法行为未予制止并向文化行政部门、公安机关举报的;
（三）未按规定核对、登记上网消费者的有效身份证件或者记录有关上网信息的;
（四）未按规定时间保存登记内容、记录备份,或者在保存期内修改、删除登记内容、记录备份的;
（五）变更名称、住所、法定代表人或者主要负责人、注册资本、网络地址或者终止经营活动,未向文化行政部门、公安机关办理有关手续或者备案的。

第三十四条　互联网上网服务营业场所经营单位违反本条例的规定,有下列行为之一的,由公安机关给予警告,可以并处 15000 元以下的罚款;情节严重的,责令停业整顿,直至由文化行政部门吊销《网络文化经营许可证》:

（一）利用明火照明或者发现吸烟不予制止,或者未悬挂禁止吸烟标志的;
（二）允许带入或者存放易燃、易爆物品的;
（三）在营业场所安装固定的封闭门窗栅栏的;
（四）营业期间封堵或者锁闭门窗、安全疏散通道或者安全出口的;
（五）擅自停止实施安全技术措施的。

第三十五条　违反国家有关信息网络安全、治安管理、消防管理、工商行政管理、电信管理等规定,触犯刑律的,依法追究刑事责任;尚不够刑事处罚的,由公安机关、工商行政管理部门、电信管理机构依法给予处罚;情节严重的,由原发证机关吊销许可证件。

第三十六条　互联网上网服务营业场所经营单位违反本条例的规定,被吊销《网络文化经营许可证》的,自被吊销《网络文化经营许可证》之日起 5 年内,其法定代表人或者主要负责人不得担任互联网上网服务营业场所经营单位的法定代表人或者主要负责人。

擅自设立的互联网上网服务营业场所经营单位被依法取缔的,自被取缔之日起 5 年内,其主要负责人不得担任互联网上网服务营业场所经营单位的法定代表人或者主要负责人。

第三十七条　依照本条例的规定实施罚款的行政处罚,应当依照有关法律、行政法规的规定,实行罚款决定与罚款收缴分离;收缴的罚款和违法所得必须全部上缴国库。

第五章　附　　则

第三十八条　本条例自 2002 年 11 月 15 日起施行。2001 年 4 月 3 日信息产业部、公安部、文化部、国家工商行政管理局发布的《互联网上网服务营业场所管理办法》同时废止。

网络数据安全管理条例

1. 2024年9月24日国务院令第790号公布
2. 自2025年1月1日起施行

第一章 总 则

第一条 为了规范网络数据处理活动，保障网络数据安全，促进网络数据依法合理有效利用，保护个人、组织的合法权益，维护国家安全和公共利益，根据《中华人民共和国网络安全法》、《中华人民共和国数据安全法》、《中华人民共和国个人信息保护法》等法律，制定本条例。

第二条 在中华人民共和国境内开展网络数据处理活动及其安全监督管理，适用本条例。

在中华人民共和国境外处理中华人民共和国境内自然人个人信息的活动，符合《中华人民共和国个人信息保护法》第三条第二款规定情形的，也适用本条例。

在中华人民共和国境外开展网络数据处理活动，损害中华人民共和国国家安全、公共利益或者公民、组织合法权益的，依法追究法律责任。

第三条 网络数据安全管理工作坚持中国共产党的领导，贯彻总体国家安全观，统筹促进网络数据开发利用与保障网络数据安全。

第四条 国家鼓励网络数据在各行业、各领域的创新应用，加强网络数据安全防护能力建设，支持网络数据相关技术、产品、服务创新，开展网络数据安全宣传教育和人才培养，促进网络数据开发利用和产业发展。

第五条 国家根据网络数据在经济社会发展中的重要程度，以及一旦遭到篡改、破坏、泄露或者非法获取、非法利用，对国家安全、公共利益或者个人、组织合法权益造成的危害程度，对网络数据实行分类分级保护。

第六条 国家积极参与网络数据安全相关国际规则和标准的制定，促进国际交流与合作。

第七条 国家支持相关行业组织按照章程，制定网络数据安全行为规范，加强行业自律，指导会员加强网络数据安全保护，提高网络数据安全保护水平，促进行业健康发展。

第二章 一般规定

第八条 任何个人、组织不得利用网络数据从事非法活动，不得从事窃取或者以其他非法方式获取网络数据、非法出售或者非法向他人提供网络数据等非法网络数据处理活动。

任何个人、组织不得提供专门用于从事前款非法活动的程序、工具；明知他人从事前款非法活动的，不得为其提供互联网接入、服务器托管、网络存储、通讯传输等技术支持，或者提供广告推广、支付结算等帮助。

第九条 网络数据处理者应当依照法律、行政法规的规定和国家标准的强制性要求，在网络安全等级保护的基础上，加强网络数据安全防护，建立健全网络数据安全管理制度，采取加密、备份、访问控制、安全认证等技术措施和其他必要措施，保护网络数据免遭篡改、破坏、泄露或者非法获取、非法利用，处置网络数据安全事件，防范针对和利用网络数据实施的违法犯罪活动，并对所处理网络数据的安全承担主体责任。

第十条 网络数据处理者提供的网络产品、服务应当符合相关国家标准的强制性要求；发现网络产品、服务存在安全缺陷、漏洞等风险时，应当立即采取补救措施，按照规定及时告知用户并向有关主管部门报告；涉及危害国家安全、公共利益的，网络数据处理者还应当在24小时内向有关主管部门报告。

第十一条 网络数据处理者应当建立健全网络数据安全事件应急预案，发生网络数据安全事件时，应当立即启动预案，采取措施防止危害扩大，消除安全隐患，并按照规定向有关主管部门报告。

网络数据安全事件对个人、组织合法权益造成危害的，网络数据处理者应当及时将安全事件和风险情况、危害后果、已经采取的补救措施等，以电话、短信、即时通信工具、电子邮件或者公告等方式通知利害关系人；法律、行政法规规定可以不通知的，从其规定。网络数据处理者在处置网络数据安全事件过程中发现涉嫌违法犯罪线索的，应当按照规定向公安机关、国家安全机关报案，并配合开展侦查、调查和处置工作。

第十二条 网络数据处理者向其他网络数据处理者提供、委托处理个人信息和重要数据的，应当通过合同等与网络数据接收方约定处理目的、方式、范围以及安全保护义务等，并对网络数据接收方履行义务的情况进行监督。向其他网络数据处理者提供、委托处理个人信息和重要数据的处理情况记录，应当至少保存3年。

网络数据接收方应当履行网络数据安全保护义务，并按照约定的目的、方式、范围等处理个人信息和重要数据。

两个以上的网络数据处理者共同决定个人信息和

重要数据的处理目的和处理方式的,应当约定各自的权利和义务。

第十三条 网络数据处理者开展网络数据处理活动,影响或者可能影响国家安全的,应当按照国家有关规定进行国家安全审查。

第十四条 网络数据处理者因合并、分立、解散、破产等原因需要转移网络数据的,网络数据接收方应当继续履行网络数据安全保护义务。

第十五条 国家机关委托他人建设、运行、维护电子政务系统,存储、加工政务数据,应当按照国家有关规定经过严格的批准程序,明确受托方的网络数据处理权限、保护责任等,监督受托方履行网络数据安全保护义务。

第十六条 网络数据处理者为国家机关、关键信息基础设施运营者提供服务,或者参与其他公共基础设施、公共服务系统建设、运行、维护的,应当依照法律、法规的规定和合同约定履行网络数据安全保护义务,提供安全、稳定、持续的服务。

前款规定的网络数据处理者未经委托方同意,不得访问、获取、留存、使用、泄露或者向他人提供网络数据,不得对网络数据进行关联分析。

第十七条 为国家机关提供服务的信息系统应当参照电子政务系统的管理要求加强网络数据安全管理,保障网络数据安全。

第十八条 网络数据处理者使用自动化工具访问、收集网络数据,应当评估对网络服务带来的影响,不得非法侵入他人网络,不得干扰网络服务正常运行。

第十九条 提供生成式人工智能服务的网络数据处理者应当加强对训练数据和训练数据处理活动的安全管理,采取有效措施防范和处置网络数据安全风险。

第二十条 面向社会提供产品、服务的网络数据处理者应当接受社会监督,建立便捷的网络数据安全投诉、举报渠道,公布投诉、举报方式等信息,及时受理并处理网络数据安全投诉、举报。

第三章 个人信息保护

第二十一条 网络数据处理者在处理个人信息前,通过制定个人信息处理规则的方式依法向个人告知的,个人信息处理规则应当集中公开展示、易于访问并置于醒目位置,内容明确具体、清晰易懂,包括但不限于下列内容:

(一)网络数据处理者的名称或者姓名和联系方式;

(二)处理个人信息的目的、方式、种类,处理敏感个人信息的必要性以及对个人权益的影响;

(三)个人信息保存期限到期后的处理方式,保存期限难以确定的,应当明确保存期限的确定方法;

(四)个人查阅、复制、转移、更正、补充、删除、限制处理个人信息以及注销账号、撤回同意的方法和途径等。

网络数据处理者按照前款规定向个人告知收集和向其他网络数据处理者提供个人信息的目的、方式、种类以及网络数据接收方信息的,应当以清单等形式予以列明。网络数据处理者处理不满十四周岁未成年人个人信息的,还应当制定专门的个人信息处理规则。

第二十二条 网络数据处理者基于个人同意处理个人信息的,应当遵守下列规定:

(一)收集个人信息为提供产品或者服务所必需,不得超范围收集个人信息,不得通过误导、欺诈、胁迫等方式取得个人同意;

(二)处理生物识别、宗教信仰、特定身份、医疗健康、金融账户、行踪轨迹等敏感个人信息的,应当取得个人的单独同意;

(三)处理不满十四周岁未成年人个人信息的,应当取得未成年人的父母或者其他监护人的同意;

(四)不得超出个人同意的个人信息处理目的、方式、种类、保存期限处理个人信息;

(五)不得在个人明确表示不同意处理其个人信息后,频繁征求同意;

(六)个人信息的处理目的、方式、种类发生变更的,应当重新取得个人同意。

法律、行政法规规定处理敏感个人信息应当取得书面同意的,从其规定。

第二十三条 个人请求查阅、复制、更正、补充、删除、限制处理其个人信息,或者个人注销账号、撤回同意的,网络数据处理者应当及时受理,并提供便捷的支持个人行使权利的方法和途径,不得设置不合理条件限制个人的合理请求。

第二十四条 因使用自动化采集技术等无法避免采集到非必要个人信息或者未依法取得个人同意的个人信息,以及个人注销账号的,网络数据处理者应当删除个人信息或者进行匿名化处理。法律、行政法规规定的保存期限未届满,或者删除、匿名化处理个人信息从技术上难以实现的,网络数据处理者应当停止除存储和采取必要的安全保护措施之外的处理。

第二十五条 对符合下列条件的个人信息转移请求,网络数据处理者应当为个人指定的其他网络数据处理者访问、获取有关个人信息提供途径:

（一）能够验证请求人的真实身份；

（二）请求转移的是本人同意提供的或者基于合同收集的个人信息；

（三）转移个人信息具备技术可行性；

（四）转移个人信息不损害他人合法权益。

请求转移个人信息次数等明显超出合理范围的，网络数据处理者可以根据转移个人信息的成本收取必要费用。

第二十六条 中华人民共和国境外网络数据处理者处理境内自然人个人信息，依照《中华人民共和国个人信息保护法》第五十三条规定在境内设立专门机构或者指定代表的，应当将有关机构的名称或者代表的姓名、联系方式等报送所在地设区的市级网信部门；网信部门应当及时通报同级有关主管部门。

第二十七条 网络数据处理者应当定期自行或者委托专业机构对其处理个人信息遵守法律、行政法规的情况进行合规审计。

第二十八条 网络数据处理者处理1000万人以上个人信息的，还应当遵守本条例第三十条、第三十二条对处理重要数据的网络数据处理者（以下简称重要数据的处理者）作出的规定。

第四章　重要数据安全

第二十九条 国家数据安全工作协调机制统筹协调有关部门制定重要数据目录，加强对重要数据的保护。各地区、各部门应当按照数据分类分级保护制度，确定本地区、本部门以及相关行业、领域的重要数据具体目录，对列入目录的网络数据进行重点保护。

网络数据处理者应当按照国家有关规定识别、申报重要数据。对确认为重要数据的，相关地区、部门应当及时向网络数据处理者告知或者公开发布。网络数据处理者应当履行网络数据安全保护责任。

国家鼓励网络数据处理者使用数据标签标识等技术和产品，提高重要数据安全管理水平。

第三十条 重要数据的处理者应当明确网络数据安全负责人和网络数据安全管理机构。网络数据安全管理机构应当履行下列网络数据安全保护责任：

（一）制定实施网络数据安全管理制度、操作规程和网络数据安全事件应急预案；

（二）定期组织开展网络数据安全风险监测、风险评估、应急演练、宣传教育培训等活动，及时处置网络数据安全风险和事件；

（三）受理并处理网络数据安全投诉、举报。

网络数据安全负责人应当具备网络数据安全专业知识和相关管理工作经历，由网络数据处理者管理层成员担任，有权直接向有关主管部门报告网络数据安全情况。

掌握有关主管部门规定的特定种类、规模的重要数据的网络数据处理者，应当对网络数据安全负责人和关键岗位的人员进行安全背景审查，加强相关人员培训。审查时，可以申请公安机关、国家安全机关协助。

第三十一条 重要数据的处理者提供、委托处理、共同处理重要数据前，应当进行风险评估，但是属于履行法定职责或者法定义务的除外。

风险评估应当重点评估下列内容：

（一）提供、委托处理、共同处理网络数据，以及网络数据接收方处理网络数据的目的、方式、范围等是否合法、正当、必要；

（二）提供、委托处理、共同处理的网络数据遭到篡改、破坏、泄露或者非法获取、非法利用的风险，以及对国家安全、公共利益或者个人、组织合法权益带来的风险；

（三）网络数据接收方的诚信、守法等情况；

（四）与网络数据接收方订立或者拟订立的相关合同中关于网络数据安全的要求能否有效约束网络数据接收方履行网络数据安全保护义务；

（五）采取或者拟采取的技术和管理措施等能否有效防范网络数据遭到篡改、破坏、泄露或者非法获取、非法利用等风险；

（六）有关主管部门规定的其他评估内容。

第三十二条 重要数据的处理者因合并、分立、解散、破产等可能影响重要数据安全的，应当采取措施保障网络数据安全，并向省级以上有关主管部门报告重要数据处置方案、接收方的名称或者姓名和联系方式等；主管部门不明确的，应当向省级以上数据安全工作协调机制报告。

第三十三条 重要数据的处理者应当每年度对其网络数据处理活动开展风险评估，并向省级以上有关主管部门报送风险评估报告，有关主管部门应当及时通报同级网信部门、公安机关。

风险评估报告应当包括下列内容：

（一）网络数据处理者基本信息、网络数据安全管理机构信息、网络数据安全负责人姓名和联系方式等；

（二）处理重要数据的目的、种类、数量、方式、范围、存储期限、存储地点等，开展网络数据处理活动的情况，不包括网络数据内容本身；

（三）网络数据安全管理制度及实施情况，加密、备份、标签标识、访问控制、安全认证等技术措施和其他必要措施及其有效性；

（四）发现的网络数据安全风险，发生的网络数据安全事件及处置情况；

（五）提供、委托处理、共同处理重要数据的风险评估情况；

（六）网络数据出境情况；

（七）有关主管部门规定的其他报告内容。

处理重要数据的大型网络平台服务提供者报送的风险评估报告，除包括前款规定的内容外，还应当充分说明关键业务和供应链网络数据安全等情况。

重要数据的处理者存在可能危害国家安全的重要数据处理活动的，省级以上有关主管部门应当责令其采取整改或者停止处理重要数据等措施。重要数据的处理者应当按照有关要求立即采取措施。

第五章　网络数据跨境安全管理

第三十四条　国家网信部门统筹协调有关部门建立国家数据出境安全管理专项工作机制，研究制定国家网络数据出境安全管理相关政策，协调处理网络数据出境安全重大事项。

第三十五条　符合下列条件之一的，网络数据处理者可以向境外提供个人信息：

（一）通过国家网信部门组织的数据出境安全评估；

（二）按照国家网信部门的规定经专业机构进行个人信息保护认证；

（三）符合国家网信部门制定的关于个人信息出境标准合同的规定；

（四）为订立、履行个人作为一方当事人的合同，确需向境外提供个人信息；

（五）按照依法制定的劳动规章制度和依法签订的集体合同实施跨境人力资源管理，确需向境外提供员工个人信息；

（六）为履行法定职责或者法定义务，确需向境外提供个人信息；

（七）紧急情况下为保护自然人的生命健康和财产安全，确需向境外提供个人信息；

（八）法律、行政法规或者国家网信部门规定的其他条件。

第三十六条　中华人民共和国缔结或者参加的国际条约、协定对向中华人民共和国境外提供个人信息的条件等有规定的，可以按照其规定执行。

第三十七条　网络数据处理者在中华人民共和国境内运营中收集和产生的重要数据确需向境外提供的，应当通过国家网信部门组织的数据出境安全评估。网络数据处理者按照国家有关规定识别、申报重要数据，但未被相关地区、部门告知或者公开发布为重要数据的，不需要将其作为重要数据申报数据出境安全评估。

第三十八条　通过数据出境安全评估后，网络数据处理者向境外提供个人信息和重要数据的，不得超出评估时明确的数据出境目的、方式、范围和种类、规模等。

第三十九条　国家采取措施，防范、处置网络数据跨境安全风险和威胁。任何个人、组织不得提供专门用于破坏、避开技术措施的程序、工具等；明知他人从事破坏、避开技术措施等活动的，不得为其提供技术支持或者帮助。

第六章　网络平台服务提供者义务

第四十条　网络平台服务提供者应当通过平台规则或者合同等明确接入其平台的第三方产品和服务提供者的网络数据安全保护义务，督促第三方产品和服务提供者加强网络数据安全管理。

预装应用程序的智能终端等设备生产者，适用前款规定。

第三方产品和服务提供者违反法律、行政法规的规定或者平台规则、合同约定开展网络数据处理活动，对用户造成损害的，网络平台服务提供者、第三方产品和服务提供者、预装应用程序的智能终端等设备生产者应当依法承担相应责任。

国家鼓励保险公司开发网络数据损害赔偿责任险种，鼓励网络平台服务提供者、预装应用程序的智能终端等设备生产者投保。

第四十一条　提供应用程序分发服务的网络平台服务提供者，应当建立应用程序核验规则并开展网络数据安全相关核验。发现待分发或者已分发的应用程序不符合法律、行政法规的规定或者国家标准的强制性要求的，应当采取警示、不予分发、暂停分发或者终止分发等措施。

第四十二条　网络平台服务提供者通过自动化决策方式向个人进行信息推送的，应当设置易于理解、便于访问和操作的个性化推荐关闭选项，为用户提供拒绝接收推送信息、删除针对其个人特征的用户标签等功能。

第四十三条　国家推进网络身份认证公共服务建设，按照政府引导、用户自愿原则进行推广应用。

鼓励网络平台服务提供者支持用户使用国家网络身份认证公共服务登记、核验真实身份信息。

第四十四条 大型网络平台服务提供者应当每年度发布个人信息保护社会责任报告,报告内容包括但不限于个人信息保护措施和成效、个人行使权利的申请受理情况、主要由外部成员组成的个人信息保护监督机构履行职责情况等。

第四十五条 大型网络平台服务提供者跨境提供网络数据,应当遵守国家数据跨境安全管理要求,健全相关技术和管理措施,防范网络数据跨境安全风险。

第四十六条 大型网络平台服务提供者不得利用网络数据、算法以及平台规则等从事下列活动:

（一）通过误导、欺诈、胁迫等方式处理用户在平台上产生的网络数据;

（二）无正当理由限制用户访问、使用其在平台上产生的网络数据;

（三）对用户实施不合理的差别待遇,损害用户合法权益;

（四）法律、行政法规禁止的其他活动。

第七章 监督管理

第四十七条 国家网信部门负责统筹协调网络数据安全和相关监督管理工作。

公安机关、国家安全机关依照有关法律、行政法规和本条例的规定,在各自职责范围内承担网络数据安全监督管理职责,依法防范和打击危害网络数据安全的违法犯罪活动。

国家数据管理部门在具体承担数据管理工作中履行相应的网络数据安全职责。

各地区、各部门对本地区、本部门工作中收集和产生的网络数据及网络数据安全负责。

第四十八条 各有关主管部门承担本行业、本领域网络数据安全监督管理职责,应当明确本行业、本领域网络数据安全保护工作机构,统筹制定并组织实施本行业、本领域网络数据安全事件应急预案,定期组织开展本行业、本领域网络数据安全风险评估,对网络数据处理者履行网络数据安全保护义务情况进行监督检查,指导督促网络数据处理者及时对存在的风险隐患进行整改。

第四十九条 国家网信部门统筹协调有关主管部门及时汇总、研判、共享、发布网络数据安全风险相关信息,加强网络数据安全信息共享、网络数据安全风险和威胁监测预警以及网络数据安全事件应急处置工作。

第五十条 有关主管部门可以采取下列措施对网络数据安全进行监督检查:

（一）要求网络数据处理者及其相关人员就监督检查事项作出说明;

（二）查阅、复制与网络数据安全有关的文件、记录;

（三）检查网络数据安全措施运行情况;

（四）检查与网络数据处理活动有关的设备、物品;

（五）法律、行政法规规定的其他必要措施。

网络数据处理者应当对有关主管部门依法开展的网络数据安全监督检查予以配合。

第五十一条 有关主管部门开展网络数据安全监督检查,应当客观公正,不得向被检查单位收取费用。

有关主管部门在网络数据安全监督检查中不得访问、收集与网络数据安全无关的业务信息,获取的信息只能用于维护网络数据安全的需要,不得用于其他用途。

有关主管部门发现网络数据处理者的网络数据处理活动存在较大安全风险的,可以按照规定的权限和程序要求网络数据处理者暂停相关服务、修改平台规则、完善技术措施等,消除网络数据安全隐患。

第五十二条 有关主管部门在开展网络数据安全监督检查时,应当加强协同配合、信息沟通,合理确定检查频次和检查方式,避免不必要的检查和交叉重复检查。

个人信息保护合规审计、重要数据风险评估、重要数据出境安全评估等应当加强衔接,避免重复评估、审计。重要数据风险评估和网络安全等级测评的内容重合的,相关结果可以互相采信。

第五十三条 有关主管部门及其工作人员对在履行职责中知悉的个人隐私、个人信息、商业秘密、保密商务信息等网络数据应当依法予以保密,不得泄露或者非法向他人提供。

第五十四条 境外的组织、个人从事危害中华人民共和国国家安全、公共利益,或者侵害中华人民共和国公民的个人信息权益的网络数据处理活动的,国家网信部门会同有关主管部门可以依法采取相应的必要措施。

第八章 法律责任

第五十五条 违反本条例第十二条、第十六条至第二十条、第二十二条、第四十条第一款和第二款、第四十一条、第四十二条规定的,由网信、电信、公安等主管部门依据各自职责责令改正,给予警告,没收违法所得;拒不改正或者情节严重的,处100万元以下罚款,并可以责令暂停相关业务、停业整顿、吊销相关业务许可证或者吊销营业执照,对直接负责的主管人员和其他直接责任人员可以处1万元以上10万元以下罚款。

第五十六条　违反本条例第十三条规定的,由网信、电信、公安、国家安全等主管部门依据各自职责责令改正,给予警告,可以并处 10 万元以上 100 万元以下罚款,对直接负责的主管人员和其他直接责任人员可以处 1 万元以上 10 万元以下罚款;拒不改正或者情节严重的,处 100 万元以上 1000 万元以下罚款,并可以责令暂停相关业务、停业整顿、吊销相关业务许可证或者吊销营业执照,对直接负责的主管人员和其他直接责任人员处 10 万元以上 100 万元以下罚款。

第五十七条　违反本条例第二十九条第二款、第三十条第二款和第三款、第三十一条、第三十二条规定的,由网信、电信、公安等主管部门依据各自职责责令改正,给予警告,可以并处 5 万元以上 50 万元以下罚款,对直接负责的主管人员和其他直接责任人员可以处 1 万元以上 10 万元以下罚款;拒不改正或者造成大量数据泄露等严重后果的,处 50 万元以上 200 万元以下罚款,并可以责令暂停相关业务、停业整顿、吊销相关业务许可证或者吊销营业执照,对直接负责的主管人员和其他直接责任人员处 5 万元以上 20 万元以下罚款。

第五十八条　违反本条例其他有关规定的,由有关主管部门依照《中华人民共和国网络安全法》《中华人民共和国数据安全法》《中华人民共和国个人信息保护法》等法律的有关规定追究法律责任。

第五十九条　网络数据处理者存在主动消除或者减轻违法行为危害后果、违法行为轻微并及时改正且没有造成危害后果或者初次违法且危害后果轻微并及时改正等情形的,依照《中华人民共和国行政处罚法》的规定从轻、减轻或者不予行政处罚。

第六十条　国家机关不履行本条例规定的网络数据安全保护义务的,由其上级机关或者有关主管部门责令改正;对直接负责的主管人员和其他直接责任人员依法给予处分。

第六十一条　违反本条例规定,给他人造成损害的,依法承担民事责任;构成违反治安管理行为的,依法给予治安管理处罚;构成犯罪的,依法追究刑事责任。

第九章　附　　则

第六十二条　本条例下列用语的含义:

(一)网络数据,是指通过网络处理和产生的各种电子数据。

(二)网络数据处理活动,是指网络数据的收集、存储、使用、加工、传输、提供、公开、删除等活动。

(三)网络数据处理者,是指在网络数据处理活动中自主决定处理目的和处理方式的个人、组织。

(四)重要数据,是指特定领域、特定群体、特定区域或者达到一定精度和规模,一旦遭到篡改、破坏、泄露或者非法获取、非法利用,可能直接危害国家安全、经济运行、社会稳定、公共健康和安全的数据。

(五)委托处理,是指网络数据处理者委托个人、组织按照约定的目的和方式开展网络数据处理活动。

(六)共同处理,是指两个以上的网络数据处理者共同决定网络数据的处理目的和处理方式的网络数据处理活动。

(七)单独同意,是指个人针对其个人信息进行特定处理而专门作出具体、明确的同意。

(八)大型网络平台,是指注册用户 5000 万以上或者月活跃用户 1000 万以上,业务类型复杂,网络数据处理活动对国家安全、经济运行、国计民生等具有重要影响的网络平台。

第六十三条　开展核心数据的网络数据处理活动,按照国家有关规定执行。

自然人因个人或者家庭事务处理个人信息的,不适用本条例。

开展涉及国家秘密、工作秘密的网络数据处理活动,适用《中华人民共和国保守国家秘密法》等法律、行政法规的规定。

第六十四条　本条例自 2025 年 1 月 1 日起施行。

未成年人网络保护条例

1. 2023 年 10 月 16 日国务院令第 766 号公布
2. 自 2024 年 1 月 1 日起施行

第一章　总　　则

第一条　为了营造有利于未成年人身心健康的网络环境,保障未成年人合法权益,根据《中华人民共和国未成年人保护法》《中华人民共和国网络安全法》《中华人民共和国个人信息保护法》等法律,制定本条例。

第二条　未成年人网络保护工作应当坚持中国共产党的领导,坚持以社会主义核心价值观为引领,坚持最有利于未成年人的原则,适应未成年人身心健康发展和网络空间的规律和特点,实行社会共治。

第三条　国家网信部门负责统筹协调未成年人网络保护工作,并依据职责做好未成年人网络保护工作。

国家新闻出版、电影部门和国务院教育、电信、公安、民政、文化和旅游、卫生健康、市场监督管理、广播电视等有关部门依据各自职责做好未成年人网络保护工作。

县级以上地方人民政府及其有关部门依据各自职责做好未成年人网络保护工作。

第四条 共产主义青年团、妇女联合会、工会、残疾人联合会、关心下一代工作委员会、青年联合会、学生联合会、少年先锋队以及其他人民团体、有关社会组织、基层群众性自治组织，协助有关部门做好未成年人网络保护工作，维护未成年人合法权益。

第五条 学校、家庭应当教育引导未成年人参加有益身心健康的活动，科学、文明、安全、合理使用网络，预防和干预未成年人沉迷网络。

第六条 网络产品和服务提供者、个人信息处理者、智能终端产品制造者和销售者应当遵守法律、行政法规和国家有关规定，尊重社会公德，遵守商业道德，诚实信用，履行未成年人网络保护义务，承担社会责任。

第七条 网络产品和服务提供者、个人信息处理者、智能终端产品制造者和销售者应当接受政府和社会的监督，配合有关部门依法实施涉及未成年人网络保护工作的监督检查，建立便捷、合理、有效的投诉、举报渠道，通过显著方式公布投诉、举报途径和方法，及时受理并处理公众投诉、举报。

第八条 任何组织和个人发现违反本条例规定的，可以向网信、新闻出版、电影、教育、电信、公安、民政、文化和旅游、卫生健康、市场监督管理、广播电视等有关部门投诉、举报。收到投诉、举报的部门应当及时依法作出处理；不属于本部门职责的，应当及时移送有权处理的部门。

第九条 网络相关行业组织应当加强行业自律，制定未成年人网络保护相关行业规范，指导会员履行未成年人网络保护义务，加强对未成年人的网络保护。

第十条 新闻媒体应当通过新闻报道、专题栏目（节目）、公益广告等方式，开展未成年人网络保护法律法规、政策措施、典型案例和有关知识的宣传，对侵犯未成年人合法权益的行为进行舆论监督，引导全社会共同参与未成年人网络保护。

第十一条 国家鼓励和支持在未成年人网络保护领域加强科学研究和人才培养，开展国际交流与合作。

第十二条 对在未成年人网络保护工作中作出突出贡献的组织和个人，按照国家有关规定给予表彰和奖励。

第二章 网络素养促进

第十三条 国务院教育部门应当将网络素养教育纳入学校素质教育内容，并会同国家网信部门制定未成年人网络素养测评指标。

教育部门应当指导、支持学校开展未成年人网络素养教育，围绕网络道德意识形成、网络法治观念培养、网络使用能力建设、人身财产安全保护等，培育未成年人网络安全意识、文明素养、行为习惯和防护技能。

第十四条 县级以上人民政府应当科学规划、合理布局，促进公益性上网服务均衡协调发展，加强提供公益性上网服务的公共文化设施建设，改善未成年人上网条件。

县级以上地方人民政府应当通过为中小学校配备具有相应专业能力的指导教师、政府购买服务或者鼓励中小学校自行采购相关服务等方式，为学生提供优质的网络素养教育课程。

第十五条 学校、社区、图书馆、文化馆、青少年宫等场所为未成年人提供互联网上网服务设施的，应当通过安排专业人员、招募志愿者等方式，以及安装未成年人网络保护软件或者采取其他安全保护技术措施，为未成年人提供上网指导和安全、健康的上网环境。

第十六条 学校应当将提高学生网络素养等内容纳入教育教学活动，并合理使用网络开展教学活动，建立健全学生在校期间上网的管理制度，依法规范管理未成年学生带入学校的智能终端产品，帮助学生养成良好上网习惯，培养学生网络安全和网络法治意识，增强学生对网络信息的获取和分析判断能力。

第十七条 未成年人的监护人应当加强家庭家教家风建设，提高自身网络素养，规范自身使用网络的行为，加强对未成年人使用网络行为的教育、示范、引导和监督。

第十八条 国家鼓励和支持研发、生产和使用专门以未成年人为服务对象、适应未成年人身心健康发展规律和特点的网络保护软件、智能终端产品和未成年人模式、未成年人专区等网络技术、产品、服务，加强网络无障碍环境建设和改造，促进未成年人开阔眼界、陶冶情操、提高素质。

第十九条 未成年人网络保护软件、专门供未成年人使用的智能终端产品应当具有有效识别违法信息和可能影响未成年人身心健康的信息、保护未成年人个人信息权益、预防未成年人沉迷网络、便于监护人履行监护职责等功能。

国家网信部门会同国务院有关部门根据未成年人网络保护工作的需要，明确未成年人网络保护软件、专门供未成年人使用的智能终端产品的相关技术标准或者要求,指导监督网络相关行业组织按照有关技术标准和要求对未成年人网络保护软件、专门供未成年人使用的智能终端产品的使用效果进行评估。

智能终端产品制造者应当在产品出厂前安装未成年人网络保护软件,或者采用显著方式告知用户安装渠道和方法。智能终端产品销售者在产品销售前应当采用显著方式告知用户安装未成年人网络保护软件的情况以及安装渠道和方法。

未成年人的监护人应当合理使用并指导未成年人使用网络保护软件、智能终端产品等,创造良好的网络使用家庭环境。

第二十条 未成年人用户数量巨大或者对未成年人群体具有显著影响的网络平台服务提供者,应当履行下列义务:

(一)在网络平台服务的设计、研发、运营等阶段,充分考虑未成年人身心健康发展特点,定期开展未成年人网络保护影响评估;

(二)提供未成年人模式或者未成年人专区等,便利未成年人获取有益身心健康的平台内产品或者服务;

(三)按照国家规定建立健全未成年人网络保护合规制度体系,成立主要由外部成员组成的独立机构,对未成年人网络保护情况进行监督;

(四)遵循公开、公平、公正的原则,制定专门的平台规则,明确平台内产品或者服务提供者的未成年人网络保护义务,并以显著方式提示未成年人用户依法享有的网络保护权利和遭受网络侵害的救济途径;

(五)对违反法律、行政法规严重侵害未成年人身心健康或者侵犯未成年人其他合法权益的平台内产品或者服务提供者,停止提供服务;

(六)每年发布专门的未成年人网络保护社会责任报告,并接受社会监督。

前款所称的未成年人用户数量巨大或者对未成年人群体具有显著影响的网络平台服务提供者的具体认定办法,由国家网信部门会同有关部门另行制定。

第三章 网络信息内容规范

第二十一条 国家鼓励和支持制作、复制、发布、传播弘扬社会主义核心价值观和社会主义先进文化、革命文化、中华优秀传统文化,铸牢中华民族共同体意识,培养未成年人家国情怀和良好品德,引导未成年人养成良好生活习惯和行为习惯等的网络信息,营造有利于未成年人健康成长的清朗网络空间和良好网络生态。

第二十二条 任何组织和个人不得制作、复制、发布、传播含有宣扬淫秽、色情、暴力、邪教、迷信、赌博、引诱自残自杀、恐怖主义、分裂主义、极端主义等危害未成年人身心健康内容的网络信息。

任何组织和个人不得制作、复制、发布、传播或者持有有关未成年人的淫秽色情网络信息。

第二十三条 网络产品和服务中含有可能引发或者诱导未成年人模仿不安全行为、实施违反社会公德行为、产生极端情绪、养成不良嗜好等可能影响未成年人身心健康的信息的,制作、复制、发布、传播该信息的组织和个人应当在信息展示前予以显著提示。

国家网信部门会同国家新闻出版、电影部门和国务院教育、电信、公安、文化和旅游、广播电视等部门,在前款规定基础上确定可能影响未成年人身心健康的信息的具体种类、范围、判断标准和提示办法。

第二十四条 任何组织和个人不得在专门以未成年人为服务对象的网络产品和服务中制作、复制、发布、传播本条例第二十三条第一款规定的可能影响未成年人身心健康的信息。

网络产品和服务提供者不得在首页首屏、弹窗、热搜等处于产品或者服务醒目位置、易引起用户关注的重点环节呈现本条例第二十三条第一款规定的可能影响未成年人身心健康的信息。

网络产品和服务提供者不得通过自动化决策方式向未成年人进行商业营销。

第二十五条 任何组织和个人不得向未成年人发送、推送或者诱骗、强迫未成年人接触含有危害或者可能影响未成年人身心健康内容的网络信息。

第二十六条 任何组织和个人不得通过网络以文字、图片、音视频等形式,对未成年人实施侮辱、诽谤、威胁或者恶意损害形象等网络欺凌行为。

网络产品和服务提供者应当建立健全网络欺凌行为的预警预防、识别监测和处置机制,设置便利未成年人及其监护人保存遭受网络欺凌记录、行使通知权利的功能、渠道,提供便利未成年人设置屏蔽陌生用户、本人发布信息可见范围、禁止转载或者评论本人发布信息、禁止向本人发送信息等网络欺凌信息防护选项。

网络产品和服务提供者应当建立健全网络欺凌信息特征库,优化相关算法模型,采用人工智能、大数据等技术手段和人工审核相结合的方式加强对网络欺凌信息的识别监测。

第二十七条 任何组织和个人不得通过网络以文字、图片、音视频等形式,组织、教唆、胁迫、引诱、欺骗、帮助未成年人实施违法犯罪行为。

第二十八条 以未成年人为服务对象的在线教育网络产品和服务提供者,应当按照法律、行政法规和国家有关规定,根据不同年龄阶段未成年人身心发展特点和认知能力提供相应的产品和服务。

第二十九条 网络产品和服务提供者应当加强对用户发布信息的管理,采取有效措施防止制作、复制、发布、传播违反本条例第二十二条、第二十四条、第二十五条、第二十六条第一款、第二十七条规定的信息,发现违反上述条款规定的信息的,应当立即停止传输相关信息,采取删除、屏蔽、断开链接等处置措施,防止信息扩散,保存有关记录,向网信、公安等部门报告,并对制作、复制、发布、传播上述信息的用户采取警示、限制功能、暂停服务、关闭账号等处置措施。

网络产品和服务提供者发现用户发布、传播本条例第二十三条第一款规定的信息未予显著提示的,应当作出提示或者通知用户予以提示;未作出提示的,不得传输该信息。

第三十条 国家网信、新闻出版、电影部门和国务院教育、电信、公安、文化和旅游、广播电视等部门发现违反本条例第二十二条、第二十四条、第二十五条、第二十六条第一款、第二十七条规定的信息的,或者发现本条例第二十三条第一款规定的信息未予显著提示的,应当要求网络产品和服务提供者按照本条例第二十九条的规定予以处理;对来源于境外的上述信息,应当依法通知有关机构采取技术措施和其他必要措施阻断传播。

第四章 个人信息网络保护

第三十一条 网络服务提供者为未成年人提供信息发布、即时通讯等服务的,应当依法要求未成年人或者其监护人提供未成年人真实身份信息。未成年人或者其监护人不提供未成年人真实身份信息的,网络服务提供者不得为未成年人提供相关服务。

网络直播服务提供者应当建立网络直播发布者真实身份信息动态核验机制,不得向不符合法律规定情形的未成年人用户提供网络直播发布服务。

第三十二条 个人信息处理者应当严格遵守国家网信部门和有关部门关于网络产品和服务必要个人信息范围的规定,不得强制要求未成年人或者其监护人同意非必要的个人信息处理行为,不得因为未成年人或者其监护人不同意处理未成年人非必要个人信息或者撤回同意,拒绝未成年人使用其基本功能服务。

第三十三条 未成年人的监护人应当教育引导未成年人增强个人信息保护意识和能力,掌握个人信息范围、了解个人信息安全风险,指导未成年人行使其在个人信息处理活动中的查阅、复制、更正、补充、删除等权利,保护未成年人个人信息权益。

第三十四条 未成年人或者其监护人依法请求查阅、复制、更正、补充、删除未成年人个人信息的,个人信息处理者应当遵守以下规定:

(一)提供便捷的支持未成年人或者其监护人查阅未成年人个人信息种类、数量等的方法和途径,不得对未成年人或者其监护人的合理请求进行限制;

(二)提供便捷的支持未成年人或者其监护人复制、更正、补充、删除未成年人个人信息的功能,不得设置不合理条件;

(三)及时受理并处理未成年人或者其监护人查阅、复制、更正、补充、删除未成年人个人信息的申请,拒绝未成年人或者其监护人行使权利的请求的,应当书面告知申请人并说明理由。

对未成年人或者其监护人依法提出的转移未成年人个人信息的请求,符合国家网信部门规定条件的,个人信息处理者应当提供转移的途径。

第三十五条 发生或者可能发生未成年人个人信息泄露、篡改、丢失的,个人信息处理者应当立即启动个人信息安全事件应急预案,采取补救措施,及时向网信等部门报告,并按照国家有关规定将事件情况以邮件、信函、电话、信息推送等方式告知受影响的未成年人及其监护人。

个人信息处理者难以逐一告知的,应当采取合理、有效的方式及时发布相关警示信息,法律、行政法规另有规定的除外。

第三十六条 个人信息处理者对其工作人员应当以最小授权为原则,严格设定信息访问权限,控制未成年人个人信息知悉范围。工作人员访问未成年人个人信息的,应当经过相关负责人或者其授权的管理人员审批,记录访问情况,并采取技术措施,避免违法处理未成年人个人信息。

第三十七条 个人信息处理者应当自行或者委托专业机构每年对其处理未成年人个人信息遵守法律、行政法规的情况进行合规审计,并将审计情况及时报告网信等部门。

第三十八条 网络服务提供者发现未成年人私密信息或者未成年人通过网络发布的个人信息中涉及私密信息的,应当及时提示,并采取停止传输等必要保护措施,防止信息扩散。

网络服务提供者通过未成年人私密信息发现未成

年人可能遭受侵害的,应当立即采取必要措施保存有关记录,并向公安机关报告。

第五章 网络沉迷防治

第三十九条 对未成年人沉迷网络进行预防和干预,应当遵守法律、行政法规和国家有关规定。

教育、卫生健康、市场监督管理等部门依据各自职责对从事未成年人沉迷网络预防和干预活动的机构实施监督管理。

第四十条 学校应当加强对教师的指导和培训,提高教师对未成年学生沉迷网络的早期识别和干预能力。对于有沉迷网络倾向的未成年学生,学校应当及时告知其监护人,共同对未成年学生进行教育和引导,帮助其恢复正常的学习生活。

第四十一条 未成年人的监护人应当指导未成年人安全合理使用网络,关注未成年人上网情况以及相关生理状况、心理状况、行为习惯,防范未成年人接触危害或者可能影响其身心健康的网络信息,合理安排未成年人使用网络的时间,预防和干预未成年人沉迷网络。

第四十二条 网络产品和服务提供者应当建立健全防沉迷制度,不得向未成年人提供诱导其沉迷的产品和服务,及时修改可能造成未成年人沉迷的内容、功能和规则,并每年向社会公布防沉迷工作情况,接受社会监督。

第四十三条 网络游戏、网络直播、网络音视频、网络社交等网络服务提供者应当针对不同年龄阶段未成年人使用其服务的特点,坚持融合、友好、实用、有效的原则,设置未成年人模式,在使用时段、时长、功能和内容等方面按照国家有关规定和标准提供相应的服务,并以醒目便捷的方式为监护人履行监护职责提供时间管理、权限管理、消费管理等功能。

第四十四条 网络游戏、网络直播、网络音视频、网络社交等网络服务提供者应当采取措施,合理限制不同年龄阶段未成年人在使用其服务中的单次消费数额和单日累计消费数额,不得向未成年人提供与其民事行为能力不符的付费服务。

第四十五条 网络游戏、网络直播、网络音视频、网络社交等网络服务提供者应当采取措施,防范和抵制流量至上等不良价值倾向,不得设置以应援集资、投票打榜、刷量控评等为主题的网络社区、群组、话题,不得诱导未成年人参与应援集资、投票打榜、刷量控评等网络活动,并预防和制止其用户诱导未成年人实施上述行为。

第四十六条 网络游戏服务提供者应当通过统一的未成年人网络游戏电子身份认证系统等必要手段验证未成年人用户真实身份信息。

网络产品和服务提供者不得为未成年人提供游戏账号租售服务。

第四十七条 网络游戏服务提供者应当建立、完善预防未成年人沉迷网络的游戏规则,避免未成年人接触可能影响其身心健康的游戏内容或者游戏功能。

网络游戏服务提供者应当落实适龄提示要求,根据不同年龄阶段未成年人身心发展特点和认知能力,通过评估游戏产品的类型、内容与功能等要素,对游戏产品进行分类,明确游戏产品适合的未成年人用户年龄阶段,并在用户下载、注册、登录界面等位置予以显著提示。

第四十八条 新闻出版、教育、卫生健康、文化和旅游、广播电视、网信等部门应当定期开展预防未成年人沉迷网络的宣传教育,监督检查网络产品和服务提供者履行预防未成年人沉迷网络义务的情况,指导家庭、学校、社会组织互相配合,采取科学、合理的方式对未成年人沉迷网络进行预防和干预。

国家新闻出版部门牵头组织开展未成年人沉迷网络游戏防治工作,会同有关部门制定关于向未成年人提供网络游戏服务的时段、时长、消费上限等管理规定。

卫生健康、教育等部门依据各自职责指导有关医疗卫生机构、高等学校等,开展未成年人沉迷网络所致精神障碍和心理行为问题的基础研究和筛查评估、诊断、预防、干预等应用研究。

第四十九条 严禁任何组织和个人以虐待、胁迫等侵害未成年人身心健康的方式干预未成年人沉迷网络、侵犯未成年人合法权益。

第六章 法律责任

第五十条 地方各级人民政府和县级以上有关部门违反本条例规定,不履行未成年人网络保护职责的,由其上级机关责令改正;拒不改正或者情节严重的,对负有责任的领导人员和直接责任人员依法给予处分。

第五十一条 学校、社区、图书馆、文化馆、青少年宫等违反本条例规定,不履行未成年人网络保护职责的,由教育、文化和旅游等部门依据各自职责责令改正;拒不改正或者情节严重的,对负有责任的领导人员和直接责任人员依法给予处分。

第五十二条 未成年人的监护人不履行本条例规定的监护职责或者侵犯未成年人合法权益的,由未成年人居住地的居民委员会、村民委员会、妇女联合会、监护人所在单位、中小学校、幼儿园等有关密切接触未成年人的单位依法予以批评教育、劝诫制止、督促其接受家庭教育指导等。

第五十三条 违反本条例第七条、第十九条第三款、第三十八条第二款规定的,由网信、新闻出版、电影、教育、电信、公安、民政、文化和旅游、市场监督管理、广播电视等部门依据各自职责责令改正;拒不改正或者情节严重的,处5万元以上50万元以下罚款,对直接负责的主管人员和其他直接责任人员处1万元以上10万元以下罚款。

第五十四条 违反本条例第二十条第一款规定的,由网信、新闻出版、电信、公安、文化和旅游、广播电视等部门依据各自职责责令改正,给予警告,没收违法所得;拒不改正的,并处100万元以下罚款,对直接负责的主管人员和其他直接责任人员处1万元以上10万元以下罚款。

违反本条例第二十条第一款第一项和第五项规定,情节严重的,由省级以上网信、新闻出版、电信、公安、文化和旅游、广播电视等部门依据各自职责责令改正,没收违法所得,并处5000万元以下或者上一年度营业额百分之五以下罚款,并可以责令暂停相关业务或者停业整顿,通报有关部门依法吊销相关业务许可证或者吊销营业执照;对直接负责的主管人员和其他直接责任人员处10万元以上100万元以下罚款,并可以决定禁止其在一定期限内担任相关企业的董事、监事、高级管理人员和未成年人保护负责人。

第五十五条 违反本条例第二十四条、第二十五条规定的,由网信、新闻出版、电影、电信、公安、文化和旅游、市场监督管理、广播电视等部门依据各自职责责令限期改正,给予警告,没收违法所得,可以并处10万元以下罚款;拒不改正或者情节严重的,责令暂停相关业务、停产停业或者吊销相关业务许可证、吊销营业执照,违法所得100万元以上的,并处违法所得1倍以上10倍以下罚款,没有违法所得或者违法所得不足100万元的,并处10万元以上100万元以下罚款。

第五十六条 违反本条例第二十六条第二款和第三款、第二十八条、第二十九条第一款、第三十一条第二款、第三十六条、第三十八条第一款、第四十二条至第四十五条、第四十六条第二款、第四十七条规定的,由网信、新闻出版、电影、教育、电信、公安、文化和旅游、广播电视等部门依据各自职责责令改正,给予警告,没收违法所得,违法所得100万元以上的,并处违法所得1倍以上10倍以下罚款,没有违法所得或者违法所得不足100万元的,并处10万元以上100万元以下罚款,对直接负责的主管人员和其他直接责任人员处1万元以上10万元以下罚款;拒不改正或者情节严重的,并可以责令暂停相关业务、停业整顿、关闭网站、吊销相关业务许可证或者吊销营业执照。

第五十七条 网络产品和服务提供者违反本条例规定,受到关闭网站、吊销相关业务许可证或者吊销营业执照处罚的,5年内不得重新申请相关许可,其直接负责的主管人员和其他直接责任人员5年内不得从事同类网络产品和服务业务。

第五十八条 违反本条例规定,侵犯未成年人合法权益,给未成年人造成损害的,依法承担民事责任;构成违反治安管理行为的,依法给予治安管理处罚;构成犯罪的,依法追究刑事责任。

第七章 附 则

第五十九条 本条例所称智能终端产品,是指可以接入网络、具有操作系统、能够由用户自行安装应用软件的手机、计算机等网络终端产品。

第六十条 本条例自2024年1月1日起施行。

娱乐场所管理条例

1. 2006年1月29日国务院令第458号公布
2. 根据2016年2月6日国务院令第666号《关于修改部分行政法规的决定》第一次修订
3. 根据2020年11月29日国务院令第732号《关于修改和废止部分行政法规的决定》第二次修订

第一章 总 则

第一条 为了加强对娱乐场所的管理,保障娱乐场所的健康发展,制定本条例。

第二条 本条例所称娱乐场所,是指以营利为目的,并向公众开放、消费者自娱自乐的歌舞、游艺等场所。

第三条 县级以上人民政府文化主管部门负责对娱乐场所日常经营活动的监督管理;县级以上公安部门负责对娱乐场所消防、治安状况的监督管理。

第四条 国家机关及其工作人员不得开办娱乐场所,不得参与或者变相参与娱乐场所的经营活动。

与文化主管部门、公安部门的工作人员有夫妻关系、直系血亲关系、三代以内旁系血亲关系以及近姻亲关系的亲属,不得开办娱乐场所,不得参与或者变相参与娱乐场所的经营活动。

第二章 设 立

第五条 有下列情形之一的人员,不得开办娱乐场所或者在娱乐场所内从业:

(一)曾犯有组织、强迫、引诱、容留、介绍卖淫罪,制作、贩卖、传播淫秽物品罪,走私、贩卖、运输、制造毒品罪,强奸罪,强制猥亵、侮辱妇女罪,赌博罪,洗钱罪,组织、领导、参加黑社会性质组织罪的;

(二)因犯罪曾被剥夺政治权利的;

(三)因吸食、注射毒品曾被强制戒毒的;

(四)因卖淫、嫖娼曾被处以行政拘留的。

第六条 外国投资者可以依法在中国境内设立娱乐场所。

第七条 娱乐场所不得设在下列地点:

(一)居民楼、博物馆、图书馆和被核定为文物保护单位的建筑物内;

(二)居民住宅区和学校、医院、机关周围;

(三)车站、机场等人群密集的场所;

(四)建筑物地下一层以下;

(五)与危险化学品仓库毗连的区域。

娱乐场所的边界噪声,应当符合国家规定的环境噪声标准。

第八条 娱乐场所的使用面积,不得低于国务院文化主管部门规定的最低标准;设立含有电子游戏机的游艺娱乐场所,应当符合国务院文化主管部门关于总量和布局的要求。

第九条 娱乐场所申请从事娱乐场所经营活动,应当向所在地县级人民政府文化主管部门提出申请;外商投资的娱乐场所申请从事娱乐场所经营活动,应当向所在地省、自治区、直辖市人民政府文化主管部门提出申请。

娱乐场所申请从事娱乐场所经营活动,应当提交投资人员、拟任的法定代表人和其他负责人没有本条例第五条规定情形的书面声明。申请人应当对书面声明内容的真实性负责。

受理申请的文化主管部门应当就书面声明向公安部门或者其他有关单位核查,公安部门或者其他有关单位应当予以配合;经核查属实的,文化主管部门应当依据本条例第七条、第八条的规定进行实地检查,作出决定。予以批准的,颁发娱乐经营许可证,并根据国务院文化主管部门的规定核定娱乐场所容纳的消费者数量;不予批准的,应当书面通知申请人并说明理由。

有关法律、行政法规规定需要办理消防、卫生、环境保护等审批手续的,从其规定。

第十条 文化主管部门审批娱乐场所应当举行听证。有关听证的程序,依照《中华人民共和国行政许可法》的规定执行。

第十一条 娱乐场所依法取得营业执照和相关批准文件、许可证后,应当在15日内向所在地县级公安部门备案。

第十二条 娱乐场所改建、扩建营业场所或者变更场地、主要设施设备、投资人员,或者变更娱乐经营许可证载明的事项的,应当向原发证机关申请重新核发娱乐经营许可证,并向公安部门备案;需要办理变更登记的,应当依法向工商行政管理部门办理变更登记。

第三章 经 营

第十三条 国家倡导弘扬民族优秀文化,禁止娱乐场所内的娱乐活动含有下列内容:

(一)违反宪法确定的基本原则的;

(二)危害国家统一、主权或者领土完整的;

(三)危害国家安全,或者损害国家荣誉、利益的;

(四)煽动民族仇恨、民族歧视,伤害民族感情或者侵害民族风俗、习惯,破坏民族团结的;

(五)违反国家宗教政策,宣扬邪教、迷信的;

(六)宣扬淫秽、赌博、暴力以及与毒品有关的违法犯罪活动,或者教唆犯罪的;

(七)违背社会公德或者民族优秀文化传统的;

(八)侮辱、诽谤他人,侵害他人合法权益的;

(九)法律、行政法规禁止的其他内容。

第十四条 娱乐场所及其从业人员不得实施下列行为,不得为进入娱乐场所的人员实施下列行为提供条件:

(一)贩卖、提供毒品,或者组织、强迫、教唆、引诱、欺骗、容留他人吸食、注射毒品;

(二)组织、强迫、引诱、容留、介绍他人卖淫、嫖娼;

(三)制作、贩卖、传播淫秽物品;

(四)提供或者从事以营利为目的的陪侍;

(五)赌博;

(六)从事邪教、迷信活动;

(七)其他违法犯罪行为。

娱乐场所的从业人员不得吸食、注射毒品,不得卖淫、嫖娼;娱乐场所及其从业人员不得为进入娱乐场所的人员实施上述行为提供条件。

第十五条 歌舞娱乐场所应当按照国务院公安部门的规定在营业场所的出入口、主要通道安装闭路电视监控设备,并应当保证闭路电视监控设备在营业期间正常运行,不得中断。

歌舞娱乐场所应当将闭路电视监控录像资料留存30日备查，不得删改或者挪作他用。

第十六条 歌舞娱乐场所的包厢、包间内不得设置隔断，并应当安装展现室内整体环境的透明门窗。包厢、包间的门不得有内锁装置。

第十七条 营业期间，歌舞娱乐场所内亮度不得低于国家规定的标准。

第十八条 娱乐场所使用的音像制品或者电子游戏应当是依法出版、生产或者进口的产品。

歌舞娱乐场所播放的曲目和屏幕画面以及游艺娱乐场所的电子游戏机内的游戏项目，不得含有本条例第十三条禁止的内容；歌舞娱乐场所使用的歌曲点播系统不得与境外的曲库联接。

第十九条 游艺娱乐场所不得设置具有赌博功能的电子游戏机机型、机种、电路板等游戏设施设备，不得以现金或者有价证券作为奖品，不得回购奖品。

第二十条 娱乐场所的法定代表人或者主要负责人应当对娱乐场所的消防安全和其他安全负责。

娱乐场所应当确保其建筑、设施符合国家安全标准和消防技术规范，定期检查消防设施状况，并及时维护、更新。

娱乐场所应当制定安全工作方案和应急疏散预案。

第二十一条 营业期间，娱乐场所应当保证疏散通道和安全出口畅通，不得封堵、锁闭疏散通道和安全出口，不得在疏散通道和安全出口设置栅栏等影响疏散的障碍物。

娱乐场所应当在疏散通道和安全出口设置明显指示标志，不得遮挡、覆盖指示标志。

第二十二条 任何人不得非法携带枪支、弹药、管制器具或者携带爆炸性、易燃性、毒害性、放射性、腐蚀性等危险物品和传染病病原体进入娱乐场所。

迪斯科舞厅应当配备安全检查设备，对进入营业场所的人员进行安全检查。

第二十三条 歌舞娱乐场所不得接纳未成年人。除国家法定节假日外，游艺娱乐场所设置的电子游戏机不得向未成年人提供。

第二十四条 娱乐场所不得招用未成年人；招用外国人的，应当按照国家有关规定为其办理外国人就业许可证。

第二十五条 娱乐场所应当与从业人员签订文明服务责任书，并建立从业人员名簿；从业人员名簿应当包括从业人员的真实姓名、居民身份证复印件、外国人就业许可证复印件等内容。

娱乐场所应当建立营业日志，记载营业期间从业人员的工作职责、工作时间、工作地点；营业日志不得删改，并应当留存60日备查。

第二十六条 娱乐场所应当与保安服务企业签订保安服务合同，配备专业保安人员；不得聘用其他人员从事保安工作。

第二十七条 营业期间，娱乐场所的从业人员应当统一着工作服，佩带工作标志并携带居民身份证或者外国人就业许可证。

从业人员应当遵守职业道德和卫生规范，诚实守信，礼貌待人，不得侵害消费者的人身和财产权利。

第二十八条 每日凌晨2时至上午8时，娱乐场所不得营业。

第二十九条 娱乐场所提供娱乐服务项目和出售商品，应当明码标价，并向消费者出示价目表；不得强迫、欺骗消费者接受服务、购买商品。

第三十条 娱乐场所应当在营业场所的大厅、包厢、包间内的显著位置悬挂含有禁毒、禁赌、禁止卖淫嫖娼等内容的警示标志，未成年人禁入或者限入标志。标志应当注明公安部门、文化主管部门的举报电话。

第三十一条 娱乐场所应当建立巡查制度，发现娱乐场所内有违法犯罪活动的，应当立即向所在地县级公安部门、县级人民政府文化主管部门报告。

第四章 监督管理

第三十二条 文化主管部门、公安部门和其他有关部门的工作人员依法履行监督检查职责时，有权进入娱乐场所。娱乐场所应当予以配合，不得拒绝、阻挠。

文化主管部门、公安部门和其他有关部门的工作人员依法履行监督检查职责时，需要查阅闭路电视监控录像资料、从业人员名簿、营业日志等资料的，娱乐场所应当及时提供。

第三十三条 文化主管部门、公安部门和其他有关部门应当记录监督检查的情况和处理结果。监督检查记录由监督检查人员签字归档。公众有权查阅监督检查记录。

第三十四条 文化主管部门、公安部门和其他有关部门应当建立娱乐场所违法行为警示记录系统；对列入警示记录的娱乐场所，应当及时向社会公布，并加大监督检查力度。

第三十五条 文化主管部门应当建立娱乐场所的经营活动信用监管制度，建立健全信用约束机制，并及时公布行政处罚信息。

第三十六条　文化主管部门、公安部门和其他有关部门应当建立相互间的信息通报制度,及时通报监督检查情况和处理结果。

第三十七条　任何单位或者个人发现娱乐场所内有违反本条例行为的,有权向文化主管部门、公安部门等有关部门举报。

文化主管部门、公安部门等有关部门接到举报,应当记录,并及时依法调查、处理;对不属于本部门职责范围的,应当及时移送有关部门。

第三十八条　上级人民政府文化主管部门、公安部门在必要时,可以依照本条例的规定调查、处理由下级人民政府文化主管部门、公安部门调查、处理的案件。

下级人民政府文化主管部门、公安部门认为案件重大、复杂的,可以请求移送上级人民政府文化主管部门、公安部门调查、处理。

第三十九条　文化主管部门、公安部门和其他有关部门及其工作人员违反本条例规定的,任何单位或者个人可以向依法有权处理的本级或者上一级机关举报。接到举报的机关应当依法及时调查、处理。

第四十条　娱乐场所行业协会应当按照章程的规定,制定行业自律规范,加强对会员经营活动的指导、监督。

第五章　法律责任

第四十一条　违反本条例规定,擅自从事娱乐场所经营活动的,由文化主管部门依法予以取缔;公安部门在查处治安、刑事案件时,发现擅自从事娱乐场所经营活动的,应当依法予以取缔。

第四十二条　违反本条例规定,以欺骗等不正当手段取得娱乐经营许可证的,由原发证机关撤销娱乐经营许可证。

第四十三条　娱乐场所实施本条例第十四条禁止行为的,由县级公安部门没收违法所得和非法财物,责令停业整顿3个月至6个月;情节严重的,由原发证机关吊销娱乐经营许可证,对直接负责的主管人员和其他直接责任人员处1万元以上2万元以下的罚款。

第四十四条　娱乐场所违反本条例规定,有下列情形之一的,由县级公安部门责令改正,给予警告;情节严重的,责令停业整顿1个月至3个月:

(一)照明设施、包厢、包间的设置以及门窗的使用不符合本条例规定的;

(二)未按照本条例规定安装闭路电视监控设备或者中断使用的;

(三)未按照本条例规定留存监控录像资料或者删改监控录像资料的;

(四)未按照本条例规定配备安全检查设备或者未对进入营业场所的人员进行安全检查的;

(五)未按照本条例规定配备保安人员的。

第四十五条　娱乐场所违反本条例规定,有下列情形之一的,由县级公安部门没收违法所得和非法财物,并处违法所得2倍以上5倍以下的罚款;没有违法所得或者违法所得不足1万元的,并处2万元以上5万元以下的罚款;情节严重的,责令停业整顿1个月至3个月:

(一)设置具有赌博功能的电子游戏机机型、机种、电路板等游戏设施设备的;

(二)以现金、有价证券作为奖品,或者回购奖品的。

第四十六条　娱乐场所指使、纵容从业人员侵害消费者人身权利的,应当依法承担民事责任,并由县级公安部门责令停业整顿1个月至3个月;造成严重后果的,由原发证机关吊销娱乐经营许可证。

第四十七条　娱乐场所取得营业执照后,未按照本条例规定向公安部门备案的,由县级公安部门责令改正,给予警告。

第四十八条　违反本条例规定,有下列情形之一的,由县级人民政府文化主管部门没收违法所得和非法财物,并处违法所得1倍以上3倍以下的罚款;没有违法所得或者违法所得不足1万元的,并处1万元以上3万元以下的罚款;情节严重的,责令停业整顿1个月至6个月:

(一)歌舞娱乐场所的歌曲点播系统与境外的曲库联接的;

(二)歌舞娱乐场所播放的曲目、屏幕画面或者游艺娱乐场所电子游戏机内的游戏项目含有本条例第十三条禁止内容的;

(三)歌舞娱乐场所接纳未成年人的;

(四)游艺娱乐场所设置的电子游戏机在国家法定节假日外向未成年人提供的;

(五)娱乐场所容纳的消费者超过核定人数的。

第四十九条　娱乐场所违反本条例规定,有下列情形之一的,由县级人民政府文化主管部门责令改正,给予警告;情节严重的,责令停业整顿1个月至3个月:

(一)变更有关事项,未按照本条例规定申请重新核发娱乐经营许可证的;

(二)在本条例规定的禁止营业时间内营业的;

(三)从业人员在营业期间未统一着装并佩带工作标志的。

第五十条 娱乐场所未按照本条例规定建立从业人员名簿、营业日志，或者发现违法犯罪行为未按照本条例规定报告的，由县级人民政府文化主管部门、县级公安部门依据法定职权责令改正，给予警告；情节严重的，责令停业整顿1个月至3个月。

第五十一条 娱乐场所未按照本条例规定悬挂警示标志、未成年人禁入或者限入标志的，由县级人民政府文化主管部门、县级公安部门依据法定职权责令改正，给予警告。

第五十二条 娱乐场所招用未成年人的，由劳动保障行政部门责令改正，并按照每招用一名未成年人每月处5000元罚款的标准给予处罚。

第五十三条 因擅自从事娱乐场所经营活动被依法取缔的，其投资人员和负责人终身不得投资开办娱乐场所或者担任娱乐场所的法定代表人、负责人。

娱乐场所因违反本条例规定，被吊销或者撤销娱乐经营许可证的，自被吊销或者撤销之日起，其法定代表人、负责人5年内不得担任娱乐场所的法定代表人、负责人。

娱乐场所因违反本条例规定，2年内被处以3次警告或者罚款又有违反本条例的行为应受行政处罚的，由县级人民政府文化主管部门、县级公安部门依据法定职权责令停业整顿3个月至6个月；2年内被2次责令停业整顿又有违反本条例的行为应受行政处罚的，由原发证机关吊销娱乐经营许可证。

第五十四条 娱乐场所违反有关治安管理或者消防管理法律、行政法规规定的，由公安部门依法予以处罚；构成犯罪的，依法追究刑事责任。

娱乐场所违反有关卫生、环境保护、价格、劳动等法律、行政法规规定的，由有关部门依法予以处罚；构成犯罪的，依法追究刑事责任。

娱乐场所及其从业人员与消费者发生争议的，应当依照消费者权益保护的法律规定解决；造成消费者人身、财产损害的，由娱乐场所依法予以赔偿。

第五十五条 国家机关及其工作人员开办娱乐场所，参与或者变相参与娱乐场所经营活动的，对直接负责的主管人员和其他直接责任人员依法给予撤职或者开除的行政处分。

文化主管部门、公安部门的工作人员明知其亲属开办娱乐场所或者发现其亲属参与、变相参与娱乐场所的经营活动，不予制止或者制止不力的，依法给予行政处分；情节严重的，依法给予撤职或者开除的行政处分。

第五十六条 文化主管部门、公安部门、工商行政管理部门和其他有关部门的工作人员有下列行为之一的，对直接负责的主管人员和其他直接责任人员依法给予行政处分；构成犯罪的，依法追究刑事责任：

（一）向不符合法定设立条件的单位颁发许可证、批准文件、营业执照的；

（二）不履行监督管理职责，或者发现擅自从事娱乐场所经营活动不依法取缔，或者发现违法行为不依法查处的；

（三）接到对违法行为的举报、通报后不依法查处的；

（四）利用职务之便，索取、收受他人财物或者谋取其他利益的；

（五）利用职务之便，参与、包庇违法行为，或者向有关单位、个人通风报信的；

（六）有其他滥用职权、玩忽职守、徇私舞弊行为的。

第六章 附 则

第五十七条 本条例所称从业人员，包括娱乐场所的管理人员、服务人员、保安人员和在娱乐场所工作的其他人员。

第五十八条 本条例自2006年3月1日起施行。1999年3月26日国务院发布的《娱乐场所管理条例》同时废止。

营业性演出管理条例

1. 2005年7月7日国务院令第439号公布
2. 根据2008年7月22日国务院令第528号《关于修改〈营业性演出管理条例〉的决定》第一次修订
3. 根据2013年7月18日国务院令第638号《关于废止和修改部分行政法规的决定》第二次修订
4. 根据2016年2月6日国务院令第666号《关于修改部分行政法规的决定》第三次修订
5. 根据2020年11月29日国务院令第732号《关于修改和废止部分行政法规的决定》第四次修订

第一章 总 则

第一条 为了加强对营业性演出的管理，促进文化产业的发展，繁荣社会主义文艺事业，满足人民群众文化生活的需要，促进社会主义精神文明建设，制定本条例。

第二条 本条例所称营业性演出，是指以营利为目的为公众举办的现场文艺表演活动。

第三条 营业性演出必须坚持为人民服务、为社会主义服务的方向,把社会效益放在首位,实现社会效益和经济效益的统一,丰富人民群众的文化生活。

第四条 国家鼓励文艺表演团体、演员创作和演出思想性艺术性统一、体现民族优秀文化传统、受人民群众欢迎的优秀节目,鼓励到农村、工矿企业演出和为少年儿童提供免费或者优惠的演出。

第五条 国务院文化主管部门主管全国营业性演出的监督管理工作。国务院公安部门、工商行政管理部门在各自职责范围内,主管营业性演出的监督管理工作。

县级以上地方人民政府文化主管部门负责本行政区域内营业性演出的监督管理工作。县级以上地方人民政府公安部门、工商行政管理部门在各自职责范围内,负责本行政区域内营业性演出的监督管理工作。

第二章 营业性演出经营主体的设立

第六条 文艺表演团体申请从事营业性演出活动,应当有与其业务相适应的专职演员和器材设备,并向县级人民政府文化主管部门提出申请;演出经纪机构申请从事营业性演出经营活动,应当有3名以上专职演出经纪人员和与其业务相适应的资金,并向省、自治区、直辖市人民政府文化主管部门提出申请。文化主管部门应当自受理申请之日起20日内作出决定。批准的,颁发营业性演出许可证;不批准的,应当书面通知申请人并说明理由。

第七条 设立演出场所经营单位,应当依法到工商行政管理部门办理注册登记,领取营业执照,并依照有关消防、卫生管理等法律、行政法规的规定办理审批手续。

演出场所经营单位应当自领取营业执照之日起20日内向所在地县级人民政府文化主管部门备案。

第八条 文艺表演团体变更名称、住所、法定代表人或者主要负责人、营业性演出经营项目,应当向原发证机关申请换发营业性演出许可证,并依法到工商行政管理部门办理变更登记。

演出场所经营单位变更名称、住所、法定代表人或者主要负责人,应当依法到工商行政管理部门办理变更登记,并向原备案机关重新备案。

第九条 以从事营业性演出为职业的个体演员(以下简称个体演员)和以从事营业性演出的居间、代理活动为职业的个体演出经纪人(以下简称个体演出经纪人),应当依法到工商行政管理部门办理注册登记,领取营业执照。

个体演员、个体演出经纪人应当自领取营业执照之日起20日内向所在地县级人民政府文化主管部门备案。

第十条 外国投资者可以依法在中国境内设立演出经纪机构、演出场所经营单位;不得设立文艺表演团体。

外商投资的演出经纪机构申请从事营业性演出经营活动、外商投资的演出场所经营单位申请从事演出场所经营活动,应当向国务院文化主管部门提出申请。国务院文化主管部门应当自收到申请之日起20日内作出决定。批准的,颁发营业性演出许可证;不批准的,应当书面通知申请人并说明理由。

第十一条 香港特别行政区、澳门特别行政区的投资者可以在内地投资设立演出经纪机构、演出场所经营单位以及由内地方控股的文艺表演团体;香港特别行政区、澳门特别行政区的演出经纪机构可以在内地设立分支机构。

台湾地区的投资者可以在大陆投资设立演出经纪机构、演出场所经营单位,不得设立文艺表演团体。

依照本条规定设立的演出经纪机构、文艺表演团体申请从事营业性演出活动,依照本条规定设立的演出场所经营单位申请从事演出场所经营活动,应当向省、自治区、直辖市人民政府文化主管部门提出申请。省、自治区、直辖市人民政府文化主管部门应当自收到申请之日起20日内作出决定。批准的,颁发营业性演出许可证;不批准的,应当书面通知申请人并说明理由。

依照本条规定设立演出经纪机构、演出场所经营单位的,还应当遵守我国其他法律、法规的规定。

第三章 营业性演出规范

第十二条 文艺表演团体、个体演员可以自行举办营业性演出,也可以参加营业性组台演出。

营业性组台演出应当由演出经纪机构举办;但是,演出场所经营单位可以在本单位经营的场所内举办营业性组台演出。

演出经纪机构可以从事营业性演出的居间、代理、行纪活动;个体演出经纪人只能从事营业性演出的居间、代理活动。

第十三条 举办营业性演出,应当向演出所在地县级人民政府文化主管部门提出申请。县级人民政府文化主管部门应当自受理申请之日起3日内作出决定。对符合本条例第二十五条规定的,发给批准文件;对不符合本条例第二十五条规定的,不予批准,书面通知申请人并说明理由。

第十四条 除演出经纪机构外,其他任何单位或者个人不得举办外国的或者香港特别行政区、澳门特别行政区、台湾地区的文艺表演团体、个人参加的营业性演出。但是,文艺表演团体自行举办营业性演出,可以邀请外国的或者香港特别行政区、澳门特别行政区、台湾地区的文艺表演团体、个人参加。

举办外国的或者香港特别行政区、澳门特别行政区、台湾地区的文艺表演团体、个人参加的营业性演出,应当符合下列条件:

（一）有与其举办的营业性演出相适应的资金;

（二）有2年以上举办营业性演出的经历;

（三）举办营业性演出前2年内无违反本条例规定的记录。

第十五条 举办外国的文艺表演团体、个人参加的营业性演出,演出举办单位应当向演出所在地省、自治区、直辖市人民政府文化主管部门提出申请。

举办香港特别行政区、澳门特别行政区的文艺表演团体、个人参加的营业性演出,演出举办单位应当向演出所在地省、自治区、直辖市人民政府文化主管部门提出申请;举办台湾地区的文艺表演团体、个人参加的营业性演出,演出举办单位应当向国务院文化主管部门会同国务院有关部门规定的审批机关提出申请。

国务院文化主管部门或者省、自治区、直辖市人民政府文化主管部门应当自受理申请之日起20日内作出决定。对符合本条例第二十五条规定的,发给批准文件;对不符合本条例第二十五条规定的,不予批准,书面通知申请人并说明理由。

第十六条 申请举办营业性演出,提交的申请材料应当包括下列内容:

（一）演出名称、演出举办单位和参加演出的文艺表演团体、演员;

（二）演出时间、地点、场次;

（三）节目及其视听资料。

申请举办营业性组台演出,还应当提交文艺表演团体、演员同意参加演出的书面函件。

营业性演出需要变更申请材料所列事项的,应当分别依照本条例第十三条、第十五条规定重新报批。

第十七条 演出场所经营单位提供演出场地,应当核验演出举办单位取得的批准文件;不得为未经批准的营业性演出提供演出场地。

第十八条 演出场所经营单位应当确保演出场所的建筑、设施符合国家安全标准和消防安全规范,定期检查消防安全设施状况,并及时维护、更新。

演出场所经营单位应当制定安全保卫工作方案和灭火、应急疏散预案。

演出举办单位在演出场所进行营业性演出,应当核验演出场所经营单位的消防安全设施检查记录、安全保卫工作方案和灭火、应急疏散预案,并与演出场所经营单位就演出活动中突发安全事件的防范、处理等事项签订安全责任协议。

第十九条 在公共场所举办营业性演出,演出举办单位应当依照有关安全、消防的法律、行政法规和国家有关规定办理审批手续,并制定安全保卫工作方案和灭火、应急疏散预案。演出场所应当配备应急广播、照明设施,在安全出入口设置明显标识,保证安全出入口畅通;需要临时搭建舞台、看台的,演出举办单位应当按照国家有关安全标准搭建舞台、看台,确保安全。

第二十条 审批临时搭建舞台、看台的营业性演出时,文化主管部门应当核验演出举办单位的下列文件:

（一）依法验收后取得的演出场所合格证明;

（二）安全保卫工作方案和灭火、应急疏散预案;

（三）依法取得的安全、消防批准文件。

第二十一条 演出场所容纳的观众数量应当报公安部门核准;观众区域与缓冲区域应当由公安部门划定,缓冲区域应当有明显标识。

演出举办单位应当按照公安部门核准的观众数量、划定的观众区域印制和出售门票。

验票时,发现进入演出场所的观众达到核准数量仍有观众等待入场的,应当立即终止验票并同时向演出所在地县级人民政府公安部门报告;发现观众持有观众区域以外的门票或者假票的,应当拒绝其入场并同时向演出所在地县级人民政府公安部门报告。

第二十二条 任何人不得携带传染病病原体和爆炸性、易燃性、放射性、腐蚀性等危险物质或者非法携带枪支、弹药、管制器具进入营业性演出现场。

演出场所经营单位应当根据公安部门的要求,配备安全检查设施,并对进入营业性演出现场的观众进行必要的安全检查;观众不接受安全检查或者有前款禁止行为的,演出场所经营单位有权拒绝其进入。

第二十三条 演出举办单位应当组织人员落实营业性演出时的安全、消防措施,维护营业性演出现场秩序。

演出举办单位和演出场所经营单位发现营业性演出现场秩序混乱,应当立即采取措施并同时向演出所在地县级人民政府公安部门报告。

第二十四条 演出举办单位不得以政府或者政府部门的名义举办营业性演出。

营业性演出不得冠以"中国"、"中华"、"全国"、"国际"等字样。

营业性演出广告内容必须真实、合法，不得误导、欺骗公众。

第二十五条 营业性演出不得有下列情形：

（一）反对宪法确定的基本原则的；

（二）危害国家统一、主权和领土完整，危害国家安全，或者损害国家荣誉和利益的；

（三）煽动民族仇恨、民族歧视，侵害民族风俗习惯，伤害民族感情，破坏民族团结，违反宗教政策的；

（四）扰乱社会秩序，破坏社会稳定的；

（五）危害社会公德或者民族优秀文化传统的；

（六）宣扬淫秽、色情、邪教、迷信或者渲染暴力的；

（七）侮辱或者诽谤他人，侵害他人合法权益的；

（八）表演方式恐怖、残忍，摧残演员身心健康的；

（九）利用人体缺陷或者以展示人体变异等方式招徕观众的；

（十）法律、行政法规禁止的其他情形。

第二十六条 演出场所经营单位、演出举办单位发现营业性演出有本条例第二十五条禁止情形的，应当立即采取措施予以制止并同时向演出所在地县级人民政府文化主管部门、公安部门报告。

第二十七条 参加营业性演出的文艺表演团体、主要演员或者主要节目内容等发生变更的，演出举办单位应当及时告知观众并说明理由。观众有权退票。

演出过程中，除因不可抗力不能演出的外，演出举办单位不得中止或者停止演出，演员不得退出演出。

第二十八条 演员不得以假唱欺骗观众，演出举办单位不得组织演员假唱。任何单位或者个人不得为假唱提供条件。

演出举办单位应当派专人对演出进行监督，防止假唱行为的发生。

第二十九条 营业性演出经营主体应当对其营业性演出的经营收入依法纳税。

演出举办单位在支付演员、职员的演出报酬时应当依法履行税款代扣代缴义务。

第三十条 募捐义演的演出收入，除必要的成本开支外，必须全部交付受捐单位；演出举办单位、参加演出的文艺表演团体和演员、职员，不得获取经济利益。

第三十一条 任何单位或者个人不得伪造、变造、出租、出借或者买卖营业性演出许可证、批准文件或者营业执照，不得伪造、变造营业性演出门票或者倒卖伪造、变造的营业性演出门票。

第四章 监督管理

第三十二条 除文化主管部门依照国家有关规定对体现民族特色和国家水准的演出给予补助外，各级人民政府和政府部门不得资助、赞助或者变相资助、赞助营业性演出，不得用公款购买营业性演出门票用于个人消费。

第三十三条 文化主管部门应当加强对营业性演出的监督管理。

演出所在地县级人民政府文化主管部门对外国的或者香港特别行政区、澳门特别行政区、台湾地区的文艺表演团体、个人参加的营业性演出和临时搭建舞台、看台的营业性演出，应当进行实地检查；对其他营业性演出，应当进行实地抽样检查。

第三十四条 县级以上地方人民政府文化主管部门应当充分发挥文化执法机构的作用，并可以聘请社会义务监督员对营业性演出进行监督。

任何单位或者个人可以采取电话、手机短信等方式举报违反本条例规定的行为。县级以上地方人民政府文化主管部门应当向社会公布举报电话，并保证随时有人接听。

县级以上地方人民政府文化主管部门接到社会义务监督员的报告或者公众的举报，应当作出记录，立即赶赴现场进行调查、处理，并自处理完毕之日起7日内公布结果。

县级以上地方人民政府文化主管部门对作出突出贡献的社会义务监督员应当给予表彰；公众举报经调查核实的，应当对举报人给予奖励。

第三十五条 文化主管部门应当建立营业性演出经营主体的经营活动信用监管制度，建立健全信用约束机制，并及时公布行政处罚信息。

第三十六条 公安部门对其依照有关法律、行政法规和国家有关规定批准的营业性演出，应当在演出举办前对营业性演出现场的安全状况进行实地检查；发现安全隐患的，在消除安全隐患后方可允许进行营业性演出。

公安部门可以对进入营业性演出现场的观众进行必要的安全检查；发现观众有本条例第二十二条第一款禁止行为的，在消除安全隐患后方可允许其进入。

公安部门可以组织警力协助演出举办单位维持营业性演出现场秩序。

第三十七条 公安部门接到观众达到核准数量仍有观众等待入场或演出秩序混乱的报告后，应当立即组织采取措施消除安全隐患。

第三十八条 承担现场管理检查任务的公安部门和文化主管部门的工作人员进入营业性演出现场，应当出示值勤证件。

第三十九条 文化主管部门依法对营业性演出进行监督检查时,应当将监督检查的情况和处理结果予以记录,由监督检查人员签字后归档。公众有权查阅监督检查记录。

第四十条 文化主管部门、公安部门和其他有关部门及其工作人员不得向演出举办单位、演出场所经营单位索取演出门票。

第四十一条 国务院文化主管部门和省、自治区、直辖市人民政府文化主管部门,对在农村、工矿企业进行演出以及为少年儿童提供免费或者优惠演出表现突出的文艺表演团体、演员,应当给予表彰,并采取多种形式予以宣传。

国务院文化主管部门对适合在农村、工矿企业演出的节目,可以在依法取得著作权人许可后,提供给文艺表演团体、演员在农村、工矿企业演出时使用。

文化主管部门实施文艺评奖,应当适当考虑参评对象在农村、工矿企业的演出场次。

县级以上地方人民政府应当对在农村、工矿企业演出的文艺表演团体、演员给予支持。

第四十二条 演出行业协会应当依照章程的规定,制定行业自律规范,指导、监督会员的经营活动,促进公平竞争。

第五章 法 律 责 任

第四十三条 有下列行为之一的,由县级人民政府文化主管部门予以取缔,没收演出器材和违法所得,并处违法所得8倍以上10倍以下的罚款;没有违法所得或者违法所得不足1万元的,并处5万元以上10万元以下的罚款;构成犯罪的,依法追究刑事责任:

(一)违反本条例第六条、第十条、第十一条规定,擅自从事营业性演出经营活动的;

(二)违反本条例第十二条、第十四条规定,超范围从事营业性演出经营活动的;

(三)违反本条例第八条第一款规定,变更营业性演出经营项目未向原发证机关申请换发营业性演出许可证的。

违反本条例第七条、第九条规定,擅自设立演出场所经营单位或者擅自从事营业性演出经营活动的,由工商行政管理部门依法予以取缔、处罚;构成犯罪的,依法追究刑事责任。

第四十四条 违反本条例第十三条、第十五条规定,未经批准举办营业性演出的,由县级人民政府文化主管部门责令停止演出,没收违法所得,并处违法所得8倍以上10倍以下的罚款;没有违法所得或者违法所得不足1万元的,并处5万元以上10万元以下的罚款;情节严重的,由原发证机关吊销营业性演出许可证。

违反本条例第十六条第三款规定,变更演出举办单位、参加演出的文艺表演团体、演员或者节目未重新报批的,依照前款规定处罚;变更演出的名称、时间、地点、场次未重新报批的,由县级人民政府文化主管部门责令改正,给予警告,可以并处3万元以下的罚款。

演出场所经营单位为未经批准的营业性演出提供场地的,由县级人民政府文化主管部门责令改正,没收违法所得,并处违法所得3倍以上5倍以下的罚款;没有违法所得或者违法所得不足1万元的,并处3万元以上5万元以下的罚款。

第四十五条 违反本条例第三十一条规定,伪造、变造、出租、出借、买卖营业性演出许可证、批准文件,或者以非法手段取得营业性演出许可证、批准文件的,由县级人民政府文化主管部门没收违法所得,并处违法所得8倍以上10倍以下的罚款;没有违法所得或者违法所得不足1万元的,并处5万元以上10万元以下的罚款;对原取得的营业性演出许可证、批准文件,予以吊销、撤销;构成犯罪的,依法追究刑事责任。

第四十六条 营业性演出有本条例第二十五条禁止情形的,由县级人民政府文化主管部门责令停止演出,没收违法所得,并处违法所得8倍以上10倍以下的罚款;没有违法所得或者违法所得不足1万元的,并处5万元以上10万元以下的罚款;情节严重的,由原发证机关吊销营业性演出许可证;违反治安管理规定的,由公安部门依法予以处罚;构成犯罪的,依法追究刑事责任。

演出场所经营单位、演出举办单位发现营业性演出有本条例第二十五条禁止情形未采取措施予以制止的,由县级人民政府文化主管部门、公安部门依据法定职权给予警告,并处5万元以上10万元以下的罚款;未依照本条例第二十六条规定报告的,由县级人民政府文化主管部门、公安部门依据法定职权给予警告,并处5000元以上1万元以下的罚款。

第四十七条 有下列行为之一的,对演出举办单位、文艺表演团体、演员,由国务院文化主管部门或者省、自治区、直辖市人民政府文化主管部门向社会公布;演出举办单位、文艺表演团体在2年内再次被公布的,由原发证机关吊销营业性演出许可证;个体演员在2年内再次被公布的,由工商行政管理部门吊销营业执照:

(一)非因不可抗力中止、停止或者退出演出的;

（二）文艺表演团体、主要演员或者主要节目内容等发生变更未及时告知观众的；

（三）以假唱欺骗观众的；

（四）为演员假唱提供条件的。

有前款第（一）项、第（二）项和第（三）项所列行为之一的，观众有权在退场后依照有关消费者权益保护的法律规定要求演出举办单位赔偿损失；演出举办单位可以依法向负有责任的文艺表演团体、演员追偿。

有本条第一款第（一）项、第（二）项和第（三）项所列行为之一的，由县级人民政府文化主管部门处 5 万元以上 10 万元以下的罚款；有本条第一款第（四）项所列行为的，由县级人民政府文化主管部门处 5000 元以上 1 万元以下的罚款。

第四十八条 以政府或者政府部门的名义举办营业性演出，或者营业性演出冠以"中国"、"中华"、"全国"、"国际"等字样的，由县级人民政府文化主管部门责令改正，没收违法所得，并处违法所得 3 倍以上 5 倍以下的罚款；没有违法所得或者违法所得不足 1 万元的，并处 3 万元以上 5 万元以下的罚款；拒不改正或者造成严重后果的，由原发证机关吊销营业性演出许可证。

营业性演出广告的内容误导、欺骗公众或者含有其他违法内容的，由工商行政管理部门责令停止发布，并依法予以处罚。

第四十九条 演出举办单位或者其法定代表人、主要负责人及其他直接责任人员在募捐义演中获取经济利益的，由县级以上人民政府文化主管部门依据各自职权责令其退回并交付受捐单位；构成犯罪的，依法追究刑事责任；尚不构成犯罪的，由县级以上人民政府文化主管部门依据各自职权处违法所得 3 倍以上 5 倍以下的罚款，并由国务院文化主管部门或者省、自治区、直辖市人民政府文化主管部门向社会公布违法行为人的名称或者姓名，直至由原发证机关吊销演出举办单位的营业性演出许可证。

文艺表演团体或者演员、职员在募捐义演中获取经济利益的，由县级以上人民政府文化主管部门依据各自职权责令其退回并交付受捐单位。

第五十条 违反本条例第八条第一款规定，变更名称、住所、法定代表人或者主要负责人未向原发证机关申请换发营业性演出许可证的，由县级人民政府文化主管部门责令改正，给予警告，并处 1 万元以上 3 万元以下的罚款。

违反本条例第七条第二款、第八条第二款、第九条第二款规定，未办理备案手续的，由县级人民政府文化主管部门责令改正，给予警告，并处 5000 元以上 1 万元以下的罚款。

第五十一条 有下列行为之一的，由公安部门或者公安消防机构依据法定职权依法予以处罚；构成犯罪的，依法追究刑事责任：

（一）违反本条例安全、消防管理规定的；

（二）伪造、变造营业性演出门票或者倒卖伪造、变造的营业性演出门票的。

演出举办单位印制、出售超过核准观众数量的或者观众区域以外的营业性演出门票的，由县级以上人民政府公安部门依据各自职责责令改正，没收违法所得，并处违法所得 3 倍以上 5 倍以下的罚款；没有违法所得或者违法所得不足 1 万元的，并处 3 万元以上 5 万元以下的罚款；造成严重后果的，由原发证机关吊销营业性演出许可证；构成犯罪的，依法追究刑事责任。

第五十二条 演出场所经营单位、个体演出经纪人、个体演员违反本条例规定，情节严重的，由县级以上人民政府文化主管部门依据各自职权责令其停止营业性演出经营活动，并通知工商行政管理部门，由工商行政管理部门依法吊销营业执照。其中，演出场所经营单位有其他经营业务的，由工商行政管理部门责令其办理变更登记，逾期不办理的，吊销营业执照。

第五十三条 因违反本条例规定被文化主管部门吊销营业性演出许可证，或者被工商行政管理部门吊销营业执照或者责令变更登记的，自受到行政处罚之日起，当事人为单位的，其法定代表人、主要负责人 5 年内不得担任文艺表演团体、演出经纪机构或者演出场所经营单位的法定代表人、主要负责人；当事人为个人的，个体演员 1 年内不得从事营业性演出，个体演出经纪人 5 年内不得从事营业性演出的居间、代理活动。

因营业性演出有本条例第二十五条禁止情形被文化主管部门吊销营业性演出许可证，或者被工商行政管理部门吊销营业执照或者责令变更登记的，不得再次从事营业性演出或者营业性演出的居间、代理、行纪活动。

因违反本条例规定 2 年内 2 次受到行政处罚又有应受本条例处罚的违法行为的，应当从重处罚。

第五十四条 各级人民政府或者政府部门非法资助、赞助，或者非法变相资助、赞助营业性演出，或者用公款购买营业性演出门票用于个人消费的，依照有关财政违法行为处罚处分的行政法规的规定责令改正。对单位给予警告或者通报批评。对直接负责的主管人员和其他直接责任人员给予记大过处分；情节较重的，给予降级或者撤职处分;情节严重的,给予开除处分。

第五十五条　文化主管部门、公安部门、工商行政管理部门的工作人员滥用职权、玩忽职守、徇私舞弊或者未依照本条例规定履行职责的,依法给予行政处分;构成犯罪的,依法追究刑事责任。

第六章　附　　则

第五十六条　民间游散艺人的营业性演出,省、自治区、直辖市人民政府可以参照本条例的规定制定具体管理办法。

第五十七条　本条例自2005年9月1日起施行。1997年8月11日国务院发布的《营业性演出管理条例》同时废止。

废旧金属收购业治安管理办法

1. 1994年1月5日国务院批准
2. 1994年1月25日公安部令第16号发布
3. 根据2023年7月20日国务院令第764号《关于修改和废止部分行政法规的决定》修订

第一条　为了加强对废旧金属收购业的治安管理,保护合法经营,预防和打击违法犯罪活动,制定本办法。

第二条　本办法所称废旧金属,是指生产性废旧金属和非生产性废旧金属。生产性废旧金属和非生产性废旧金属的具体分类由公安部会同有关部门规定。

第三条　生产性废旧金属,按照国务院有关规定由有权经营生产性废旧金属收购业的企业收购。收购废旧金属的其他企业和个体工商户只能收购非生产性废旧金属,不得收购生产性废旧金属。

第四条　收购废旧金属的企业和个体工商户,应当在取得营业执照后15日内向所在地县级人民政府公安机关备案。

备案事项发生变更的,收购废旧金属的企业和个体工商户应当自变更之日起15日内(属于工商登记事项的自工商登记变更之日起15日内)向县级人民政府公安机关办理变更手续。

公安机关可以通过网络等方式,便利企业和个体工商户备案。

第五条　收购废旧金属的企业应当有固定的经营场所。收购废旧金属的个体工商户应当有所在地常住户口或者暂住户口。

第六条　在铁路、矿区、油田、港口、机场、施工工地、军事禁区和金属冶炼加工企业附近,不得设点收购废旧金属。

第七条　收购废旧金属的企业在收购生产性废旧金属时,应当查验出售单位开具的证明,对出售单位的名称和经办人的姓名、住址、身份证号码以及物品的名称、数量、规格、新旧程度等如实进行登记。

第八条　收购废旧金属的企业和个体工商户不得收购下列金属物品:

(一)枪支、弹药和爆炸物品;

(二)剧毒、放射性物品及其容器;

(三)铁路、油田、供电、电信通讯、矿山、水利、测量和城市公用设施等专用器材;

(四)公安机关通报寻查的赃物或者有赃物嫌疑的物品。

第九条　收购废旧金属的企业和个体工商户发现有出售公安机关通报寻查的赃物或者有赃物嫌疑的物品的,应当立即报告公安机关。

公安机关对赃物或者有赃物嫌疑的物品应当予以扣留,并开付收据。有赃物嫌疑的物品经查明不是赃物的,应当及时退还;赃物或者有赃物嫌疑的物品经查明确属赃物的,依照国家有关规定处理。

第十条　公安机关应当对收购废旧金属的企业和个体工商户进行治安业务指导和检查。收购企业和个体工商户应当协助公安人员查处违法犯罪分子,据实反映情况,不得知情不报或者隐瞒包庇。

第十一条　有下列情形之一的,由公安机关给予相应处罚:

(一)违反本办法第四条第一款规定,未履行备案手续收购生产性废旧金属的,予以警告,责令限期改正,逾期拒不改正的,视情节轻重,处以500元以上2000元以下的罚款;未履行备案手续收购非生产性废旧金属的,予以警告或者处以500元以下的罚款;

(二)违反本办法第四条第二款规定,未向公安机关办理变更手续的,予以警告或者处以200元以下的罚款;

(三)违反本办法第六条规定,非法设点收购废旧金属的,予以取缔,没收非法收购的物品及非法所得,可以并处5000元以上10000元以下的罚款;

(四)违反本办法第七条规定,收购生产性废旧金属时未如实登记的,视情节轻重,处以2000元以上5000元以下的罚款或者责令停业整顿;

(五)违反本办法第八条规定,收购禁止收购的金属物品的,视情节轻重,处以2000元以上10000元以下的罚款或者责令停业整顿。

有前款所列第（一）、（三）、（四）、（五）项情形之一，构成犯罪的，依法追究刑事责任。

第十二条 当事人对公安机关作出的具体行政行为不服的，可以自得知该具体行政行为之日起15日内向上一级公安机关申请复议；对复议决定不服的，可以自接到复议决定通知之日起15日内向人民法院提起诉讼。

第十三条 对严格执行本办法，协助公安机关查获违法犯罪分子，作出显著成绩的单位和个人，由公安机关给予表彰或者奖励。

第十四条 本办法自发布之日起施行。

旅馆业治安管理办法

1. 1987年9月23日国务院批准
2. 1987年11月10日公安部发布
3. 根据2011年1月8日国务院令第588号《关于废止和修改部分行政法规的决定》第一次修订
4. 根据2020年11月29日国务院令第732号《关于修改和废止部分行政法规的决定》第二次修订
5. 根据2022年3月29日国务院令第752号《关于修改和废止部分行政法规的决定》第三次修订

第一条 为了保障旅馆业的正常经营和旅客的生命财产安全，维护社会治安，制定本办法。

第二条 凡经营接待旅客住宿的旅馆、饭店、宾馆、招待所、客货栈、车马店、浴池等（以下统称旅馆），不论是国营、集体经营，还是合伙经营、个体经营、外商投资经营，不论是专营还是兼营，不论是常年经营，还是季节性经营，都必须遵守本办法。

第三条 开办旅馆，要具备必要的防盗等安全设施。

第四条 申请开办旅馆，应取得市场监管部门核发的营业执照，向当地公安机关申领特种行业许可证后，方准开业。

经批准开业的旅馆，如有歇业、转业、合并、迁移、改变名称等情况，应当在市场监管部门办理变更登记后三日内，向当地的县、市公安局、公安分局备案。

第五条 经营旅馆，必须遵守国家的法律，建立各项安全管理制度，设置治安保卫组织或者指定安全保卫人员。

第六条 旅馆接待旅客住宿必须登记。登记时，应当查验旅客的身份证件，按规定的项目如实登记。

接待境外旅客住宿，还应当在二十四小时内向当地公安机关报送住宿登记表。

第七条 旅馆应当设置旅客财物保管箱、柜或者保管室、保险柜，指定专人负责保管工作。对旅客寄存的财物，要建立登记、领取和交接制度。

第八条 旅馆对旅客遗留的物品，应当妥为保管，设法归还原主或揭示招领；经招领三个月后无人认领的，要登记造册，送当地公安机关按拾遗物品处理。对违禁物品和可疑物品，应当及时报告公安机关处理。

第九条 旅馆工作人员发现违法犯罪分子、行迹可疑的人员和被公安机关通缉的罪犯，应当立即向当地公安机关报告，不得知情不报或隐瞒包庇。

第十条 在旅馆内开办舞厅、音乐茶座等娱乐、服务场所的，除执行本办法有关规定外，还应当按照国家和当地政府的有关规定管理。

第十一条 严禁旅客将易燃、易爆、剧毒、腐蚀性和放射性等危险物品带入旅馆。

第十二条 旅馆内，严禁卖淫、嫖宿、赌博、吸毒、传播淫秽物品等违法犯罪活动。

第十三条 旅馆内，不得酗酒滋事、大声喧哗，影响他人休息，旅客不得私自留客住宿或者转让床位。

第十四条 公安机关对旅馆治安管理的职责是，指导、监督旅馆建立各项安全管理制度和落实安全防范措施，协助旅馆对工作人员进行安全业务知识的培训，依法惩办侵犯旅馆和旅客合法权益的违法犯罪分子。

公安人员到旅馆执行公务时，应当出示证件，严格依法办事，要文明礼貌待人，维护旅馆的正常经营和旅客的合法权益。旅馆工作人员和旅客应当予以协助。

第十五条 违反本办法第四条规定开办旅馆的，公安机关可以酌情给予警告或者处以二百元以下罚款；未经登记，私自开业的，公安机关应当协助工商行政管理部门依法处理。

第十六条 旅馆工作人员违反本办法第九条规定的，公安机关可以酌情给予警告或者处以二百元以下罚款；情节严重构成犯罪的，依法追究刑事责任。

旅馆负责人参与违法犯罪活动，其所经营的旅馆已成为犯罪活动场所的，公安机关除依法追究其责任外，对该旅馆还应当会同工商行政管理部门依法处理。

第十七条 违反本办法第六、十一、十二条规定的，依照《中华人民共和国治安管理处罚法》有关条款的规定，处罚有关人员；发生重大事故、造成严重后果构成犯罪的，依法追究刑事责任。

第十八条 当事人对公安机关的行政处罚决定不服的，按照《中华人民共和国治安管理处罚法》第一百零二条的规定办理。

第十九条 省、自治区、直辖市公安厅（局）可根据本办法制定实施细则,报请当地人民政府批准后施行,并报公安部备案。

第二十条 本办法自公布之日起施行。1951年8月15日公布的《城市旅栈业暂行管理规则》同时废止。

娱乐场所治安管理办法

1. 2008年6月3日公安部令第103号公布
2. 自2008年10月1日起施行

第一章 总 则

第一条 为加强娱乐场所治安管理,维护娱乐场所经营者、消费者和从业人员的合法权益,维护社会治安秩序,保障公共安全,根据《中华人民共和国治安管理处罚法》、《娱乐场所管理条例》等法律、法规的规定,制定本办法。

第二条 娱乐场所治安管理应当遵循公安机关治安部门归口管理和辖区公安派出所属地管理相结合,属地管理为主的原则。

公安机关对娱乐场所进行治安管理,应当严格、公正、文明、规范。

第三条 娱乐场所法定代表人、主要负责人是维护本场所治安秩序的第一责任人。

第二章 娱乐场所向公安机关备案

第四条 娱乐场所领取营业执照后,应当在15日内向所在地县(市)公安局、城市公安分局治安部门备案;县(市)公安局、城市公安分局治安部门受理备案后,应当在5日内将备案资料通报娱乐场所所在辖区公安派出所。

县(市)公安局、城市公安分局治安部门对备案的娱乐场所应当统一建立管理档案。

第五条 娱乐场所备案项目包括:

(一)名称;

(二)经营地址、面积、范围;

(三)地理位置图和内部结构平面示意图;

(四)法定代表人和主要负责人姓名、身份证号码、联系方式;

(五)与保安服务企业签订的保安服务合同及保安人员配备情况;

(六)核定的消费人数;

(七)娱乐经营许可证号、营业执照号及登记日期;

(八)监控、安检设备安装部位平面图及检测验收报告。

设有电子游戏机的游艺娱乐场所备案时,除符合前款要求外,还应当提供电子游戏机机型及数量情况。

第六条 娱乐场所备案时,应当提供娱乐经营许可证、营业执照及消防、卫生、环保等部门批准文件的复印件。

第七条 娱乐场所备案项目发生变更的,应当自变更之日起15日内向原备案公安机关备案。

第三章 安 全 设 施

第八条 歌舞娱乐场所包厢、包间内不得设置阻碍展现室内整体环境的屏风、隔扇、板壁等隔断,不得以任何名义设立任何形式的房中房(卫生间除外)。

第九条 歌舞娱乐场所的包厢、包间内的吧台、餐桌等物品不得高于1.2米。

包厢、包间的门窗,距地面1.2米以上应当部分使用透明材质。透明材质的高度不小于0.4米,宽度不小于0.2米,能够展示室内消费者娱乐区域整体环境。

营业时间内,歌舞娱乐场所包厢、包间门窗透明部分不得遮挡。

第十条 歌舞娱乐场所包厢、包间内不得安装门锁、插销等阻碍他人自由进出包厢、包间的装置。

第十一条 歌舞娱乐场所营业大厅、包厢、包间内禁止设置可调试亮度的照明灯。照明灯在营业时间内不得关闭。

第十二条 歌舞娱乐场所应当在营业场所出入口、消防安全疏散出入口、营业大厅通道、收款台前安装闭路电视监控设备。

第十三条 歌舞娱乐场所安装的闭路电视监控设备应当符合视频安防监控系统相关国家或者行业标准要求。

闭路电视监控设备的压缩格式为H.264或者MPEG-4,录像图像分辨率不低于4CIF(704×576)或者D1(720×576);保障视频录像实时(每秒不少于25帧),支持视频移动侦测功能;图像回放效果要求清晰、稳定、逼真,能够通过LAN、WAN或者互联网与计算机相连,实现远程监视、放像、备份及升级,回放图像水平分辨力不少于300TVL。

第十四条 歌舞娱乐场所应当设置闭路电视监控设备监控室,由专人负责值守,保障设备在营业时间内正常运行,不得中断、删改或者挪作他用。

第十五条 营业面积1000平方米以下的迪斯科舞厅应当配备手持式金属探测器,营业面积超过1000平方米以上的应当配备通过式金属探测门和微剂量X射线安全检查设备等安全检查设备。

手持式金属探测器、通过式金属探测门、微剂量X射线安全检查设备应当符合国家或者行业标准要求。

第十六条 迪斯科舞厅应当配备专职安全检查人员,安全检查人员不得少于2名,其中女性安全检查人员不得少于1名。

第十七条 娱乐场所应当在营业场所大厅、包厢、包间内的显著位置悬挂含有禁毒、禁赌、禁止卖淫嫖娼等内容的警示标志。标志应当注明公安机关的举报电话。

警示标志式样、规格、尺寸由省、自治区、直辖市公安厅、局统一制定。

第十八条 娱乐场所不得设置具有赌博功能的电子游戏机机型、机种、电路板等游戏设施设备,不得从事带有赌博性质的游戏机经营活动。

第四章 经营活动规范

第十九条 娱乐场所对从业人员应当实行实名登记制度,建立从业人员名簿,统一建档管理。

第二十条 从业人员名簿应当记录以下内容:

(一)从业人员姓名、年龄、性别、出生日期及有效身份证件号码;

(二)从业人员户籍所在地和暂住地地址;

(三)从业人员具体工作岗位、职责。

外国人就业的,应当留存外国人就业许可证复印件。

第二十一条 营业期间,娱乐场所从业人员应当统一着装,统一佩带工作标志。

着装应当大方得体,不得有伤风化。

工作标志应当载有从业人员照片、姓名、职务、统一编号等基本信息。

第二十二条 娱乐场所应当建立营业日志,由各岗位负责人及时登记填写并签名,专人负责保管。

营业日志应当详细记载从业人员的工作职责、工作内容、工作时间、工作地点及遇到的治安问题。

第二十三条 娱乐场所营业日志应当留存60日备查,不得删改。对确因记录错误需要删改的,应当写出说明,由经手人签字,加盖娱乐场所印章。

第二十四条 娱乐场所应当安排保安人员负责安全巡查,营业时间内每2小时巡查一次,巡查区域应当涵盖整个娱乐场所,巡查情况应当写入营业日志。

第二十五条 娱乐场所对发生在场所内的违法犯罪活动,应当立即向公安机关报告。

第二十六条 娱乐场所应当按照国家有关信息化标准规定,配合公安机关建立娱乐场所治安管理信息系统,实时、如实将从业人员、营业日志、安全巡查等信息录入系统,传输报送公安机关。

本办法规定娱乐场所配合公安机关在治安管理方面所作的工作,能够通过娱乐场所治安管理信息系统录入传输完成的,应当通过系统完成。

第五章 保安员配备

第二十七条 娱乐场所应当与经公安机关批准设立的保安服务企业签订服务合同,配备已取得资格证书的专业保安人员,并通报娱乐场所所在辖区公安派出所。

娱乐场所不得自行招录人员从事保安工作。

第二十八条 娱乐场所保安人员应当履行下列职责:

(一)维护娱乐场所治安秩序;

(二)协助娱乐场所做好各项安全防范和巡查工作;

(三)及时排查、发现并报告娱乐场所治安、安全隐患;

(四)协助公安机关调查、处置娱乐场所内发生的违法犯罪活动。

第二十九条 娱乐场所应当加强对保安人员的教育管理,不得要求保安人员从事与其职责无关的工作。对保安人员工作情况逐月通报辖区公安派出所和保安服务企业。

第三十条 娱乐场所营业面积在200平方米以下的,配备的保安人员不得少于2名;营业面积每增加200平方米,应当相应增加保安人员1名。

迪斯科舞厅保安人员应当按照场所核定人数的5%配备。

第三十一条 在娱乐场所执勤的保安人员应当统一着制式服装,佩带徽章、标记。

保安人员执勤时,应当仪表整洁、行为规范、举止文明。

第三十二条 保安服务企业应当加强对派驻娱乐场所保安人员的教育培训,开展经常性督查,确保服务质量。

第六章 治安监督检查

第三十三条 公安机关及其工作人员对娱乐场所进行监督检查时应当出示人民警察证件,表明执法身份,不得从事与职务无关的活动。

公安机关及其工作人员对娱乐场所进行监督检查,应当记录在案,归档管理。

第三十四条 监督检查记录应当以书面形式为主,必要时可以辅以录音、录像等形式。

第三十五条 监督检查记录应当包括:

(一)执行监督检查任务的人员姓名、单位、职务;

(二)监督检查的时间、地点、场所名称、检查事项;

(三)发现的问题及处理结果。

第三十六条 监督检查记录一式两份,由监督检查人员签字,并经娱乐场所负责人签字确认。

娱乐场所负责人拒绝签字的,监督检查人员应当在记录中注明情况。

第三十七条 公众有权查阅娱乐场所监督检查记录,公安机关应当为公众查阅提供便利。

第三十八条 公安机关应当建立娱乐场所违法行为警示记录系统,并依据娱乐场所治安秩序状况进行分级管理。

娱乐场所分级管理标准,由各省、自治区、直辖市公安厅、局结合本地实际自行制定。

第三十九条 公安机关对娱乐场所进行分级管理,应当按照公开、公平、公正的原则,定期考核,动态升降。

第四十条 公安机关建立娱乐场所治安管理信息系统,对娱乐场所及其从业人员实行信息化监督管理。

第七章 罚 则

第四十一条 娱乐场所未按照本办法规定项目备案的,由受理备案的公安机关告知补齐;拒不补齐的,由受理备案的公安机关责令改正,给予警告。

违反本办法第七条规定的,由原备案公安机关责令改正,给予警告。

第四十二条 娱乐场所违反本办法第八条至第十八条、第三十条规定的,由县级公安机关依照《娱乐场所管理条例》第四十三条的规定予以处罚。

第四十三条 娱乐场所违反本办法第二十九条规定的,由县级公安机关责令改正,给予警告。

娱乐场所保安人员违反本办法第二十八条、三十一条规定的,依照有关规定予以处理。

第四十四条 娱乐场所违反本办法第二十六条规定的,由县级公安机关责令改正,给予警告;经警告不予改正的,处5000元以上1万元以下罚款。

第四十五条 公安机关工作人员违反本办法第三十三条规定或有其他失职、渎职行为的,对直接负责的主管人员和其他直接责任人员依法予以行政处分;构成犯罪的,依法追究刑事责任。

第四十六条 娱乐场所及其从业人员违反本办法规定的其他行为,《娱乐场所管理条例》已有处罚规定的,依照规定处罚;违反治安管理的,依照《中华人民共和国治安管理处罚法》处罚;构成犯罪的,依法追究刑事责任。

第八章 附 则

第四十七条 非娱乐场所经营单位兼营歌舞、游艺项目的,依照本办法执行。

第四十八条 本办法自2008年10月1日起施行。

典当管理办法

1. 2005年2月9日商务部、公安部令2005年第8号公布
2. 自2005年4月1日起施行

第一章 总 则

第一条 为规范典当行为,加强监督管理,促进典当业规范发展,根据有关法律规定,制定本办法。

第二条 在中华人民共和国境内设立典当行,从事典当活动,适用本办法。

第三条 本办法所称典当,是指当户将其动产、财产权利作为当物质押或者将其房地产作为当物抵押给典当行,交付一定比例费用,取得当金,并在约定期限内支付当金利息、偿还当金、赎回当物的行为。

本办法所称典当行,是指依照本办法设立的专门从事典当活动的企业法人,其组织形式与组织机构适用《中华人民共和国公司法》的有关规定。

第四条 商务主管部门对典当业实施监督管理,公安机关对典当业进行治安管理。

第五条 典当行的名称应当符合企业名称登记管理的有关规定。典当行名称中的行业表述应当标明"典当"字样。其他任何经营性组织和机构的名称不得含有"典当"字样,不得经营或者变相经营典当业务。

第六条 典当行从事经营活动,应当遵守法律、法规和规章,遵循平等、自愿、诚信、互利的原则。

第二章 设 立

第七条 申请设立典当行,应当具备下列条件:

(一)有符合法律、法规规定的章程;

(二)有符合本办法规定的最低限额的注册资本;

(三)有符合要求的营业场所和办理业务必需的设施;

(四)有熟悉典当业务的经营管理人员及鉴定评估人员;

(五)有两个以上法人股东,且法人股相对控股;

(六)符合本办法第九条和第十条规定的治安管理要求;

(七)符合国家对典当行统筹规划、合理布局的

要求。

第八条 典当行注册资本最低限额为300万元;从事房地产抵押典当业务的,注册资本最低限额为500万元;从事财产权利质押典当业务的,注册资本最低限额为1000万元。

典当行的注册资本最低限额应当为股东实缴的货币资本,不包括以实物、工业产权、非专利技术、土地使用权作价出资的资本。

第九条 典当行应当建立、健全以下安全制度:
(一)收当、续当、赎当查验证件(照)制度;
(二)当物查验、保管制度;
(三)通缉协查核对制度;
(四)可疑情况报告制度;
(五)配备保安人员制度。

第十条 典当行房屋建筑和经营设施应当符合国家有关安全标准和消防管理规定,具备下列安全防范设施:
(一)经营场所内设置录像设备(录像资料至少保存2个月);
(二)营业柜台设置防护设施;
(三)设置符合安全要求的典当物品保管库房和保险箱(柜、库);
(四)设置报警装置;
(五)门窗设置防护设施;
(六)配备必要的消防设施及器材。

第十一条 设立典当行,申请人应当向拟设典当行所在地设区的市(地)级商务主管部门提交下列材料:
(一)设立申请(应当载明拟设立典当行的名称、住所、注册资本、股东及出资额、经营范围等内容)及可行性研究报告;
(二)典当行章程、出资协议及出资承诺书;
(三)典当行业务规则、内部管理制度及安全防范措施;
(四)具有法定资格的验资机构出具的验资证明;
(五)档案所在单位人事部门出具的个人股东、拟任法定代表人和其他高级管理人员的简历;
(六)具有法定资格的会计师事务所出具的法人股东近期财务审计报告及出资能力证明、法人股东董事会(股东会)决议及营业执照副本复印件;
(七)符合要求的营业场所的所有权或者使用权的有效证明文件;
(八)工商行政管理机关核发的《企业名称预先核准通知书》。

第十二条 具备下列条件的典当行可以跨省(自治区、直辖市)设立分支机构:
(一)经营典当业务三年以上,注册资本不少于人民币1500万元;
(二)最近两年连续盈利;
(三)最近两年无违法违规经营记录。

典当行的分支机构应当执行本办法第九条规定的安全制度,具备本办法第十条规定的安全防范设施。

第十三条 典当行应当对每个分支机构拨付不少于500万元的营运资金。

典当行各分支机构营运资金总额不得超过典当行注册资本的50%。

第十四条 典当行申请设立分支机构,应当向拟设分支机构所在地设区的市(地)级商务主管部门提交下列材料:
(一)设立分支机构的申请报告(应当载明拟设立分支机构的名称、住所、负责人、营运资金数额等)、可行性研究报告、董事会(股东会)决议;
(二)具有法定资格的会计师事务所出具的该典当行最近两年的财务会计报告;
(三)档案所在地人事部门出具的拟任分支机构负责人的简历;
(四)符合要求的营业场所的所有权或者使用权的有效证明文件;
(五)省级商务主管部门及所在地县级人民政府公安机关出具的最近两年无违法违规经营记录的证明。

第十五条 收到设立典当行或者典当行申请设立分支机构的申请后,设区的市(地)级商务主管部门应当报省级商务主管部门审核,省级商务主管部门将审核意见和申请材料报送商务部,由商务部批准并颁发《典当经营许可证》。省级商务主管部门应当在收到商务部批准文件后5日(工作日,下同)内将有关情况通报同级人民政府公安机关。省级人民政府公安机关应当在5日内将通报情况通知设区的市(地)级人民政府公安机关。

第十六条 申请人领取《典当经营许可证》后,应当在10日内向所在地县级人民政府公安机关申请典当行《特种行业许可证》,并提供下列材料:
(一)申请报告;
(二)《典当经营许可证》及复印件;
(三)法定代表人、个人股东和其他高级管理人员的简历及有效身份证件复印件;
(四)法定代表人、个人股东和其他高级管理人员的户口所在地县级人民政府公安机关出具的无故意犯罪记录证明；

（五）典当行经营场所及保管库房平面图、建筑结构图；

（六）录像设备、防护设施、保险箱（柜、库）及消防设施安装、设置位置分布图；

（七）各项治安保卫、消防安全管理制度；

（八）治安保卫组织或者治安保卫人员基本情况。

第十七条 所在地县级人民政府公安机关受理后应当在10日内将申请材料及初步审核结果报设区的市（地）级人民政府公安机关审核批准，设区的市（地）级人民政府公安机关应当在10日内审核批准完毕。经批准的，颁发《特种行业许可证》。

设区的市（地）级人民政府公安机关直接受理的申请，应当在20日内审核批准完毕。经批准的，颁发《特种行业许可证》。

设区的市（地）级人民政府公安机关应当在发证后5日内将审核批准情况报省级人民政府公安机关备案；省级人民政府公安机关应当在5日内将有关情况通报同级商务主管部门。

申请人领取《特种行业许可证》后，应当在10日内到工商行政管理机关申请登记注册，领取营业执照后，方可营业。

第三章 变更、终止

第十八条 典当行变更机构名称、注册资本（变更后注册资本在5000万元以上的除外）、法定代表人、在本市（地、州、盟）范围内变更住所、转让股份（对外转让股份累计达50%以上的除外）的，应当经省级商务主管部门批准。省级商务主管部门应当在批准后20日内向商务部备案。商务部于每年6月、12月集中换发《典当经营许可证》。

典当行分立、合并、跨市（地、州、盟）迁移住所、对外转让股份累计达50%以上、以及变更后注册资本在5000万元以上的，应当经省级商务主管部门同意，报商务部批准，并换发《典当经营许可证》。

申请人领取《典当经营许可证》后，依照本办法第十七条的有关规定申请换发《特种行业许可证》和营业执照。

第十九条 典当行增加注册资本应当符合下列条件：

（一）与开业时间或者前一次增资相隔的时间在一年以上；

（二）一年内没有违法违规经营记录。

第二十条 典当行变更注册资本或者调整股本结构，新进入的个人股东和拟任高级管理人员应当接受资格审查；新进入的法人股东及增资的法人股东应当具备相应的投资能力与投资资格。

第二十一条 无正当理由未按照规定办理《特种行业许可证》及营业执照的，或者自核发营业执照之日起无正当理由超过6个月未营业，或者营业后自行停业连续达6个月以上的，省级商务主管部门、设区的市（地）级人民政府公安机关应当分别收回《典当经营许可证》、《特种行业许可证》，原批准文件自动撤销。收回的《典当经营许可证》应当交回商务部。

省级商务主管部门收回《典当经营许可证》，或者设区的市（地）级人民政府公安机关收回《特种行业许可证》的，应当在10日内通过省级人民政府公安机关相互通报情况。

许可证被收回后，典当行应当依法向工商行政管理机关申请注销登记。

第二十二条 典当行解散应当提前3个月向省级商务主管部门提出申请，经批准后，应当停止除赎当和处理绝当物品以外的其他业务，并依法成立清算组，进行清算。

第二十三条 典当行清算结束后，清算组应当将清算报告报省级商务主管部门确认，由省级商务主管部门收回《典当经营许可证》，并在5日内通报同级人民政府公安机关。

省级人民政府公安机关应当在5日内通知作出原批准决定的设区的市（地）级人民政府公安机关收回《特种行业许可证》。

典当行在清算结束后，应当依法向工商行政管理机关申请注销登记。

第二十四条 省级商务主管部门对终止经营的典当行应当予以公告，并报商务部备案。

第四章 经营范围

第二十五条 经批准，典当行可以经营下列业务：

（一）动产质押典当业务；

（二）财产权利质押典当业务；

（三）房地产（外省、自治区、直辖市的房地产或者未取得商品房预售许可证的在建工程除外）抵押典当业务；

（四）限额内绝当物品的变卖；

（五）鉴定评估及咨询服务；

（六）商务部依法批准的其他典当业务。

第二十六条 典当行不得经营下列业务：

（一）非绝当物品的销售以及旧物收购、寄售；

（二）动产抵押业务；
（三）集资、吸收存款或者变相吸收存款；
（四）发放信用贷款；
（五）未经商务部批准的其他业务。

第二十七条　典当行不得收当下列财物：
（一）依法被查封、扣押或者已经被采取其他保全措施的财产；
（二）赃物和来源不明的物品；
（三）易燃、易爆、剧毒、放射性物品及其容器；
（四）管制刀具、枪支、弹药、军、警用标志、制式服装和器械；
（五）国家机关公文、印章及其管理的财物；
（六）国家机关核发的除物权证书以外的证照及有效身份证件；
（七）当户没有所有权或者未能依法取得处分权的财产；
（八）法律、法规及国家有关规定禁止流通的自然资源或者其他财物。

第二十八条　典当行不得有下列行为：
（一）从商业银行以外的单位和个人借款；
（二）与其他典当行拆借或者变相拆借资金；
（三）超过规定限额从商业银行贷款；
（四）对外投资。

第二十九条　典当行收当国家统收、专营、专卖物品，须经有关部门批准。

第五章　当　　票

第三十条　当票是典当行与当户之间的借贷契约，是典当行向当户支付当金的付款凭证。

典当行和当户就当票以外事项进行约定的，应当补充订立书面合同，但约定的内容不得违反有关法律、法规和本办法的规定。

第三十一条　当票应当载明下列事项：
（一）典当行机构名称及住所；
（二）当户姓名（名称）、住所（址）、有效证件（照）及号码；
（三）当物名称、数量、质量、状况；
（四）估价金额、当金数额；
（五）利率、综合费率；
（六）典当日期、典当期、续当期；
（七）当户须知。

第三十二条　典当行和当户不得将当票转让、出借或者质押给第三人。

第三十三条　典当行和当户应当真实记录并妥善保管当票。

当票遗失，当户应当及时向典当行办理挂失手续。未办理挂失手续或者挂失前被他人赎当，典当行无过错的，典当行不负赔偿责任。

第六章　经营规则

第三十四条　典当行不得委托其他单位和个人代办典当业务，不得向其他组织、机构和经营场所派驻业务人员从事典当业务。

第三十五条　办理出当与赎当，当户均应当出具本人的有效身份证件。当户为单位的，经办人员应当出具单位证明和经办人的有效身份证件；委托典当中，被委托人应当出具典当委托书、本人和委托人的有效身份证件。

除前款所列证件外，出当时，当户应当如实向典当行提供当物的来源及相关证明材料。赎当时，当户应当出示当票。

典当行应当查验当户出具的本条第二款所列证明文件。

第三十六条　当物的估价金额及当金数额应当由双方协商确定。

房地产的当金数额经协商不能达成一致的，双方可以委托有资质的房地产价格评估机构进行评估，估价金额可以作为确定当金数额的参考。

典当期限由双方约定，最长不得超过 6 个月。

第三十七条　典当当金利率，按中国人民银行公布的银行机构 6 个月期法定贷款利率及典当期限折算后执行。

典当当金利息不得预扣。

第三十八条　典当综合费用包括各种服务及管理费用。

动产质押典当的月综合费率不得超过当金的 42‰。

房地产抵押典当的月综合费率不得超过当金的 27‰。

财产权利质押典当的月综合费率不得超过当金的 24‰。

当期不足 5 日的，按 5 日收取有关费用。

第三十九条　典当期内或典当期限届满后 5 日内，经双方同意可以续当，续当一次的期限最长为 6 个月。续当期自当当期限或者前一次续当期限届满日起算。续当时，当户应当结清前期利息和当期费用。

第四十条　典当期限或者续当期限届满后，当户应当在 5 日内赎当或者续当。逾期不赎当也不续当的，为绝当。

当户于典当期限或者续当期限届满至绝当前赎当的,除须偿还当金本息、综合费用外,还应当根据中国人民银行规定的银行等金融机构逾期贷款罚息水平、典当行制定的费用标准和逾期天数,补交当金利息和有关费用。

第四十一条 典当行在当期内不得出租、质押、抵押和使用当物。

质押当物在典当期内或者续当期内发生遗失或者损毁的,典当行应当按照估价金额进行赔偿。遇有不可抗力导致质押当物损毁的,典当行不承担赔偿责任。

第四十二条 典当行经营房地产抵押典当业务,应当和当户依法到有关部门先行办理抵押登记,再办理抵押典当手续。

典当行经营机动车质押典当业务,应当到车辆管理部门办理质押登记手续。

典当行经营其他典当业务,有关法律、法规要求登记的,应当依法办理登记手续。

第四十三条 典当行应当按照下列规定处理绝当物品:

(一)当物估价金额在3万元以上的,可以按照《中华人民共和国担保法》的有关规定处理,也可以双方事先约定绝当后由典当行委托拍卖行公开拍卖。拍卖收入在扣除拍卖费用及当金本息后,剩余部分应当退还当户,不足部分向当户追索。

(二)绝当物估价金额不足3万元的,典当行可以自行变卖或者折价处理,损溢自负。

(三)对国家限制流通的绝当物,应当根据有关法律、法规,报有关管理部门批准后处理或者交售指定单位。

(四)典当行在营业场所以外设立绝当物品销售点应当报省级商务主管部门备案,并自觉接受当地商务主管部门监督检查。

(五)典当行处分绝当物品中的上市公司股份应当取得当户的同意和配合,典当行不得自行变卖、折价处理或者委托拍卖行公开拍卖绝当物品中的上市公司股份。

第四十四条 典当行的资产应当按照下列比例进行管理:

(一)典当行自初始营业起至第一次向省级商务主管部门及所在地商务主管部门报送年度财务会计报告的时期内从商业银行贷款的,贷款余额不得超过其注册资本。典当行第一次向省级商务主管部门及所在地商务主管部门报送财务会计报告之后从商业银行贷款的,贷款余额不得超过上一年度向主管部门报送的财务会计报告中的所有者权益。典当行不得从本市(地、州、盟)以外的商业银行贷款。典当行分支机构不得从商业银行贷款。

(二)典当行对同一法人或者自然人的典当余额不得超过注册资本的25%。

(三)典当行对其股东的典当余额不得超过该股东入股金额,且典当条件不得优于普通当户。

(四)典当行净资产低于注册资本的90%时,各股东应当按比例补足或者申请减少注册资本,但减少后的注册资本不得违反本办法关于典当行注册资本最低限额的规定。

(五)典当行财产权利质押典当余额不得超过注册资本的50%。房地产抵押典当余额不得超过注册资本。注册资本不足1000万元的,房地产抵押典当单笔当金数额不得超过100万元。注册资本在1000万元以上的,房地产抵押典当单笔当金数额不得超过注册资本的10%。

第四十五条 典当行应当依照法律和国家统一的会计制度,建立、健全财务会计制度和内部审计制度。

典当行应当按照国家有关规定,真实记录并全面反映其业务活动和财务状况,编制月度报表和年度财务会计报告,并按要求向省级商务主管部门及所在地设区的市(地)级商务主管部门报送。

典当行年度财务会计报告须经会计师事务所或者其他法定机构审查验证。

第七章 监督管理

第四十六条 商务部对典当业实行归口管理,履行以下监督管理职责:

(一)制定有关规章、政策;

(二)负责典当行市场准入和退出管理;

(三)负责典当行日常业务监管;

(四)对典当行业自律组织进行业务指导。

第四十七条 商务部参照省级商务主管部门拟定的年度发展规划对全国范围内典当行的总量、布局及资本规模进行调控。

第四十八条 《典当经营许可证》由商务部统一印制。《典当经营许可证》实行统一编码管理,编码管理办法由商务部另行制定。

当票由商务部统一设计,省级商务主管部门监制。省级商务主管部门应当每半年向商务部报告当票的印制、使用情况。任何单位和个人不得伪造和变造当票。

第四十九条 省级商务主管部门应当按季度向商务部报

送本地典当行经营情况。具体要求和报表格式由商务部另行规定。

第五十条 典当行的从业人员应当持有有效身份证件;外国人及其他境外人员在典当行就业的,应当按照国家有关规定,取得外国人就业许可证书。

典当行不得雇佣不能提供前款所列证件的人员。

第五十一条 典当行应当如实记录、统计质押当物和当户信息,并按照所在地县级以上人民政府公安机关的要求报送备查。

第五十二条 典当行发现公安机关通报协查的人员或者赃物以及本办法第二十七条所列其他财物的,应当立即向公安机关报告有关情况。

第五十三条 对属于赃物或者有赃物嫌疑的当物,公安机关应当依法予以扣押,并依照国家有关规定处理。

第五十四条 省级商务主管部门以及设区的市(地)级商务主管部门应当根据本地实际建立定期检查及不定期抽查制度,及时发现和处理有关问题;对于辖区内典当行发生的盗抢、火灾、集资吸储及重大涉讼案件等情况,应当在24小时之内将有关情况报告上级商务主管部门和当地人民政府,并通报同级人民政府公安机关。

第五十五条 全国性典当行业协会是典当行业的全国性自律组织,经国务院民政部门核准登记后成立,接受国务院商务、公安等部门的业务指导。

地方性典当行业协会是本地典当行业的自律性组织,经当地民政部门核准登记后成立,接受所在地商务、公安等部门的业务指导。

第五十六条 商务部授权省级商务主管部门对典当行进行年审。具体办法由商务部另行制定。

省级商务主管部门应当在年审后10日内将有关情况通报同级人民政府公安机关和工商行政管理机关。

第五十七条 国家推行典当执业水平认证制度。具体办法由商务部会同国务院人事行政部门制定。

第八章 罚 则

第五十八条 非法设立典当行及分支机构或者以其他方式非法经营典当业务的,依据国务院《无照经营查处取缔办法》予以处罚。

第五十九条 典当行违反本办法第二十六条第(三)、(四)项规定,构成犯罪的,依法追究刑事责任。

第六十条 典当行违反本办法第二十八条第(一)、(二)、(三)项或者第四十四条第(一)、(二)、(五)项规定的,由省级商务主管部门责令改正,并处5000元以上3万元以下罚款;构成犯罪的,依法追究刑事责任。

第六十一条 典当行违反本办法第三十七条第一款或者第三十八条第二、三、四款规定的,由省级商务主管部门责令改正,并处5000元以上3万元以下罚款;构成犯罪的,依法追究刑事责任。

第六十二条 典当行违反本办法第四十五条规定,隐瞒真实经营情况,提供虚假财务会计报告及财务报表,或者采用其他方式逃避税收与监管的,由省级商务主管部门责令改正,并通报相关部门依法查处;构成犯罪的,依法追究刑事责任。

第六十三条 典当行违反本办法第二十七条规定的,由县级以上人民政府公安机关责令改正,并处5000元以上3万元以下罚款;构成犯罪的,依法追究刑事责任。

第六十四条 典当行违反本办法第二十六条第(一)、(二)、(五)项,第二十八条第(四)项或者第三十四条规定的,由所在地设区的市(地)级商务主管部门责令改正,单处或者并处5000元以上3万元以下罚款。

典当行违反本办法第二十九条或者第四十三条第(三)、(五)项的规定,收当限制流通物或者处理绝当物未获得相应批准或者同意的,由所在地设区的市(地)级商务主管部门责令改正,并处1000元以上5000元以下罚款。

典当行违反本办法第四十四条第(三)、(四)项规定,资本不实,扰乱经营秩序的,由所在地设区的市(地)级商务主管部门责令限期补足或者减少注册资本,并处以5000元以上3万元以下罚款。

第六十五条 典当行违反本办法第三十五条第三款或者第五十一条规定的,由县级以上人民政府公安机关责令改正,并处200元以上1000元以下罚款。

第六十六条 典当行违反本办法第五十二条规定的,由县级以上人民政府公安机关责令改正,并处2000元以上1万元以下罚款;造成严重后果或者屡教不改的,处5000元以上3万元以下罚款。

对明知是赃物而窝藏、销毁、转移的,依法给予治安管理处罚;构成犯罪的,依法追究刑事责任。

第六十七条 典当行采用暴力、威胁手段强迫他人典当,或者其他不正当手段侵犯当户合法权益,构成违反治安管理行为的,由公安机关依法给予治安管理处罚;构成犯罪的,依法追究刑事责任。

第六十八条 在调查、侦查典当行违法犯罪行为过程中,商务主管部门与公安机关应当相互配合。商务主管部门和公安机关发现典当行有违反本办法行为的,应当进行调查、核实,并相互通报查处结果;涉嫌构成犯罪的,商务主管部门应当及时移送公安机关处理。

第六十九条 商务主管部门、公安机关工作人员在典当行设立、变更及终止审批中违反法律、法规和本办法规定,或者在监督管理工作中滥用职权、徇私舞弊、玩忽职守的,对直接负责的主管人员和其他直接责任人员依法给予行政处分;构成犯罪的,依法追究刑事责任。

第九章 附 则

第七十条 各省、自治区、直辖市商务主管部门、公安机关可以依据本办法,制定具体实施办法或者就有关授权委托管理事项作出规定,并报商务部、公安部备案。

第七十一条 外商及港、澳、台商投资典当行的管理办法由商务部会同有关部门另行制定。

第七十二条 本办法由商务部、公安部负责解释。

第七十三条 本办法自2005年4月1日起施行。《典当行管理办法》(国家经贸委令第22号)、《典当业治安管理办法》(公安部第26号令)同时废止。

机动车修理业、报废机动车回收业治安管理办法

1999年3月25日公安部令第38号公布施行

第一条 为了加强对机动车修理业、报废机动车回收业的治安管理,保护合法经营,预防、打击违法犯罪活动,根据国家有关法律、法规制定本办法。

第二条 机动车修理业、报废机动车回收业的治安管理,适用本办法。

第三条 对机动车修理企业和个体工商户、报废机动车回收企业的治安管理,由所在地市、县公安局、城市公安分局负责。

公安机关应当对机动车修理企业和个体工商户、报废机动车回收企业的治安情况进行检查,对发现的治安问题及时处理。

第四条 机动车修理企业和个体工商户、报废机动车回收企业的法定代表人或经营负责人是本单位的治安责任人,负责本单位的治安防范工作,并履行下列义务:

(一)制定并落实各项治安防范制度;
(二)发现可疑情况和盗窃、抢劫、销赃等违法犯罪线索及时报告公安机关;
(三)监督做好查验、登记工作;
(四)对公安机关检查发现的治安隐患及时改正。

治安责任人的责任,不得因承包、租赁经营等原因转移给他人。承包、租赁经营负责人在承包、租赁期间应同时承担前款规定的治安责任。

第五条 严禁利用机动车修理业、报废机动车回收业进行走私、销赃等违法犯罪活动。

第六条 机动车修理企业和个体工商户、报废机动车回收企业、必须建立承修登记、检验制度,并接受公安机关的检查。

第七条 机动车修理企业和个体工商户承修机动车应如实登记下列项目:

(一)按照机动车行驶证项目登记送修车辆的号牌、车型、发动机号码、车架号码、厂牌型号、车身颜色;
(二)车主名称或姓名、送修人姓名和居民身份证号码或驾驶证号码;
(三)修理项目(事故车辆应详细登记修理部位);
(四)送修时间,收车人姓名。

第八条 报废机动车回收企业回收报废机动车应如实登记下列项目:

(一)报废机动车车主名称或姓名、送车人姓名、居民身份证号码;
(二)按照公安交通管理部门出具的机动车报废证明登记报废车车牌号码、车型、发动机号码、车架号码、车身颜色;
(三)收车人姓名。

第九条 机动车修理企业和个体工商户承修更换发动机或车身(架)、改装车型、改变车身颜色等项目的,必须查验公安交通管理部门出具的机动车变更、改装审批证明。

报废机动车回收企业回收报废机动车,必须查验公安交通管理部门出具的机动车报废证明。

第十条 机动车修理企业和个体工商户承修车辆、报废机动车回收企业回收报废机动车时,发现下列可疑情况,应立即报告当地公安机关:

(一)证明、证件变造、伪造痕迹的;
(二)送修车辆与机动车行驶证或回收车辆与报废证明不符的;
(三)车辆发动机号码、车架号码有改动痕迹或车辆有其他明显改动、破坏痕迹的;
(四)送修人要求更改发动机号码、车架号码的;
(五)公安机关查控的机动车辆;
(六)交通肇事逃逸嫌疑车辆及其他可疑情况。

第十一条 公安机关在接到报告后,应在四十八小时内作出处理决定。对有赃物嫌疑的,公安机关应当予以扣留,并开具凭证。经查明确属赃物的,依照国家有关规定处理,不是赃物的,应及时退还。

公安机关在规定的期限内没有作出处理决定的,承修单位可以按正常业务办理。

第十二条 机动车修理企业和个体工商户严禁从事下列活动:

(一)明知是盗窃、抢劫所得机动车而予以改装、拼装、倒卖;

(二)无公安交通管理部门出具的机动车变更、改装审批证明而更换发动机、车身(架)、改装车型、改变车身颜色;

(三)更改发动机号码或车架号码;

(四)回收报废机动车;

(五)非法拼(组)装汽车、摩托车;

(六)明知是交通肇事逃逸车辆未向公安机关报告而修理的。

第十三条 报废机动车回收企业严禁从事下列活动:

(一)明知是盗窃、抢劫所得机动车而予以拆解、改装、拼装、倒卖;

(二)回收无公安交通管理部门出具的机动车报废证明的机动车的;

(三)利用报废机动车拼装整车。

第十四条 承修机动车或回收报废机动车不按规定如实登记的,对机动车修理企业和个体工商户处五百元以上三千元以下罚款;对报废机动车回收企业按照《废旧金属收购业治安管理办法》第十三条第五项规定处罚。

对前款机动车修理企业和报废机动车回收企业直接负责的主管人员和其他直接责任人员处警告或五百元以下罚款。

第十五条 机动车修理企业和个体工商户、报废机动车回收企业明知是盗窃、抢劫所得机动车而予以拆解、改装、拼装、倒卖的,对其直接负责的主管人员和其他直接责任人员依照国家有关规定追究刑事责任;尚不构成犯罪的,依照《中华人民共和国治安管理处罚条例》予以处罚。

第十六条 承修无公安交通管理部门出具的车辆变更、改装审批证明更换发动机、车身(架)、改装车型、改变车身颜色的车辆或明知是交通肇事逃逸车辆未向公安机关报告而修理的,对机动车修理企业和个体工商户处五千元以上三万元以下罚款;回收无报废证明的机动车的,对报废机动车回收企业处五千元以上三万元以下罚款。

对前款机动车修理企业和报废机动车回收企业直接负责的主管人员和其他直接责任人员处警告或二千元以下罚款。

第十七条 对更改发动机号码、车架号码的机动车修理企业和个体工商户,处五千元以上三万元以下罚款;对机动车修理企业和报废机动车回收企业直接负责的主管人员和其他直接责任人员处警告或二千元以下罚款,构成犯罪的依法追究刑事责任。

第十八条 对机动车修理企业和个体工商户回收报废机动车的,按照《废旧金属收购业治安管理办法》第十三条第一项规定没收非法回收的报废机动车及非法所得,可以并处五千元以上一万元以下罚款。

第十九条 对非法拼(组)装汽车、摩托车的,按照国务院批准的《关于禁止非法拼(组)装汽车、摩托车的通告》的规定处理。

第二十条 对机动车修理企业和个体工商户、报废机动车回收企业违反本办法有关规定,情节严重或屡次违反规定不予改正的,会同有关部门吊销有关证照。

第二十一条 对执行本办法协助公安机关查获违法犯罪分子作出显著成绩的单位和个人,由公安机关给予表彰。

第二十二条 本办法所称机动车修理业是指经营各种机动车辆修理和具有汽车喷漆、划痕修补等专项修理功能的企业、个体工商户以及经销机动车配件的商店。

本办法所称报废机动车回收业是指回收、拆解报废机动车的企业。

第二十三条 本办法中所称以上、以下,都包括本数在内。

第二十四条 本办法自公布之日起施行。

公安机关警戒带使用管理办法

1998 年 3 月 11 日公安部令第 34 号公布施行

第一条 为了规范警戒带的使用和管理,保障公安机关依法有效履行职责,维护社会治安秩序,特制定本办法。

第二条 本办法所称警戒带,是指公安机关按照规定装备,用于依法履行职责在特定场所设置禁止进入范围的专用标志物。

第三条　公安机关及其人民警察在特定场所履行职责时,应当根据本办法的规定使用警戒带。其他任何单位和个人不得使用警戒带,但法律、法规另有规定的除外。

第四条　公安机关使用警戒带,应当以既有利于履行职责,又有利于公民、单位的正常活动为原则。夜间使用警戒带应当配置警示灯或照明灯。使用警戒带的情形消失时,应当立即停止使用和拆除。

第五条　公安机关及其人民警察履行职责时,可以根据现场需要经公安机关现场负责人批准,在下列场所使用警戒带:

（一）警卫工作需要；
（二）集会、游行、示威活动的场所；
（三）治安事件的现场；
（四）刑事案件的现场；
（五）交通事故或交通管制的现场；
（六）灾害事故的现场；
（七）爆破或危险品实(试)验的现场；
（八）重大的文体、商贸等活动的现场；
（九）其他需要使用警戒带的场所。

第六条　公安机关及其人民警察依法使用警戒带的行为,受法律保护。任何单位和个人不得阻碍、干扰公安机关及其人民警察依法使用警戒带。

第七条　公安机关及其人民警察在使用警戒带设置警戒区时,在场人员应当服从人民警察的指令,无关人员应当及时退出警戒区；未经允许任何人不得跨越警戒带、进入警戒区。

第八条　公安机关及其人民警察违反本规定使用警戒带造成严重后果的,依照有关法律和规定追究主管领导和直接责任人的法律、行政责任。

第九条　对破坏、冲闯警戒带或擅自进入警戒区的,经警告无效,可以强制带离现场,并可依照《中华人民共和国治安管理处罚条例》的规定予以处罚。构成犯罪的,依法追究刑事责任。

第十条　对非法制造、贩卖、使用警戒带的,依照《中华人民共和国人民警察法》第三十六条的规定处罚。

第十一条　县以上公安机关依照《中华人民共和国人民警察法》第三十六条的规定负责警戒带的使用管理工作。

警戒带的技术标准由公安部制定。

第十二条　本办法自公布之日起实施。

网络暴力信息治理规定

1. 2024年6月12日国家网信办、公安部、文化和旅游部、广电总局令第17号公布
2. 自2024年8月1日起施行

第一章　总　　则

第一条　为了治理网络暴力信息,营造良好网络生态,保障公民合法权益,维护社会公共利益,根据《中华人民共和国网络安全法》《中华人民共和国个人信息保护法》《中华人民共和国治安管理处罚法》《互联网信息服务管理办法》等法律、行政法规,制定本规定。

第二条　中华人民共和国境内的网络暴力信息治理活动,适用本规定。

第三条　网络暴力信息治理坚持源头防范、防控结合、标本兼治、协同共治的原则。

第四条　国家网信部门负责统筹协调全国网络暴力信息治理和相关监督管理工作。国务院公安、文化和旅游、广播电视等有关部门依据各自职责开展网络暴力信息的监督管理工作。

地方网信部门负责统筹协调本行政区域内网络暴力信息治理和相关监督管理工作。地方公安、文化和旅游、广播电视等有关部门依据各自职责开展本行政区域内网络暴力信息的监督管理工作。

第五条　鼓励网络相关行业组织加强行业自律,开展网络暴力信息治理普法宣传,督促指导网络信息服务提供者加强网络暴力信息治理并接受社会监督,为遭受网络暴力信息侵害的用户提供帮扶救助等支持。

第二章　一般规定

第六条　网络信息服务提供者和用户应当坚持社会主义核心价值观,遵守法律法规,尊重社会公德和伦理道德,促进形成积极健康、向上向善的网络文化,维护良好网络生态。

第七条　网络信息服务提供者应当履行网络信息内容管理主体责任,建立完善网络暴力信息治理机制,健全用户注册、账号管理、个人信息保护、信息发布审核、监测预警、识别处置等制度。

第八条　网络信息服务提供者为用户提供信息发布、即时通讯等服务的,应当依法对用户进行真实身份信息认证。用户不提供真实身份信息的,网络信息服务提供者不得为其提供相关服务。

网络信息服务提供者应当加强用户账号信息管理，为遭受网络暴力信息侵害的相关主体提供账号信息认证协助，防范和制止假冒、仿冒、恶意关联相关主体进行违规注册或者发布信息。

第九条 网络信息服务提供者应当制定和公开管理规则、平台公约，与用户签订服务协议，明确网络暴力信息治理相关权利义务，并依法依约履行治理责任。

第十条 任何组织和个人不得制作、复制、发布、传播涉网络暴力违法信息，应当防范和抵制制作、复制、发布、传播涉网络暴力不良信息。

任何组织和个人不得利用网络暴力事件实施蹭炒热度、推广引流等营销炒作行为，不得通过批量注册或者操纵用户账号等形式组织制作、复制、发布、传播网络暴力信息。

明知他人从事涉网络暴力信息违法犯罪活动的，任何组织和个人不得为其提供数据、技术、流量、资金等支持和协助。

第十一条 网络信息服务提供者应当定期发布网络暴力信息治理公告，并将相关工作情况列入网络信息内容生态治理工作年度报告。

第三章 预防预警

第十二条 网络信息服务提供者应当在国家网信部门和国务院有关部门指导下细化网络暴力信息分类标准规则，建立健全网络暴力信息特征库和典型案例样本库，采用人工智能、大数据等技术手段和人工审核相结合的方式加强对网络暴力信息的识别监测。

第十三条 网络信息服务提供者应当建立健全网络暴力信息预警模型，综合事件类别、针对主体、参与人数、信息内容、发布频次、环节场景、举报投诉等因素，及时发现预警网络暴力信息风险。

网络信息服务提供者发现存在网络暴力信息风险的，应当及时回应社会关切，引导用户文明互动、理性表达，并对异常账号及时采取真实身份信息动态核验、弹窗提示、违规警示、限制流量等措施；发现相关信息内容浏览、搜索、评论、举报量显著增长等情形的，还应当及时向有关部门报告。

第十四条 网络信息服务提供者应当建立健全用户账号信用管理体系，将涉网络暴力信息违法违规情形记入用户信用记录，依法依约降低账号信用等级或者列入黑名单，并据以限制账号功能或者停止提供相关服务。

第四章 信息和账号处置

第十五条 网络信息服务提供者发现涉网络暴力违法信息的，或者在其服务的醒目位置、易引起用户关注的重点环节发现涉网络暴力不良信息的，应当立即停止传输，采取删除、屏蔽、断开链接等处置措施，保存有关记录，向有关部门报告。发现涉嫌违法犯罪的，应当及时向公安机关报案，并提供相关线索，依法配合开展侦查、调查和处置等工作。

第十六条 互联网新闻信息服务提供者应当坚持正确政治方向、舆论导向、价值取向，加强网络暴力信息治理的公益宣传。

互联网新闻信息服务提供者不得通过夸大事实、过度渲染、片面报道等方式采编发布、转载涉网络暴力新闻信息。对互联网新闻信息提供跟帖评论服务的，应当实行先审后发。

互联网新闻信息服务提供者采编发布、转载涉网络暴力新闻信息不真实或者不公正的，应当立即公开更正，消除影响。

第十七条 网络信息服务提供者应当加强网络视听节目、网络表演等服务内容的管理，发现含有网络暴力信息的网络视听节目、网络表演等服务的，应当及时删除信息或者停止提供相关服务；应当加强对网络直播、短视频等服务的内容审核，及时阻断含有网络暴力信息的网络直播，处置含有网络暴力信息的短视频。

第十八条 网络信息服务提供者应当加强对跟帖评论信息内容的管理，对以评论、回复、留言、弹幕、点赞等方式制作、复制、发布、传播网络暴力信息的，应当及时采取删除、屏蔽、关闭评论、停止提供相关服务等处置措施。

第十九条 网络信息服务提供者应当加强对网络论坛社区和网络群组的管理，禁止用户在版块、词条、超话、群组等环节制作、复制、发布、传播网络暴力信息，禁止以匿名投稿、隔空喊话等方式创建含有网络暴力信息的论坛社区和群组账号。

网络论坛社区、网络群组的建立者和管理者应当履行管理责任，发现用户制作、复制、发布、传播网络暴力信息的，应当依法依约采取限制发言、移出群组等管理措施。

第二十条 公众账号生产运营者应当建立健全发布推广、互动评论等全过程信息内容安全审核机制，发现账号跟帖评论等环节存在网络暴力信息的，应当及时采取举报、处置等措施。

第二十一条 对违反本规定第十条的用户，网络信息服务提供者应当依法依约采取警示、删除信息、限制账号功能、关闭账号等处置措施，并保存相关记录；对组织、煽动、多次发布网络暴力信息的,网络信息服务提供者还应当依法依约采取列入黑名单、禁止重新注册等处置措施。

对借网络暴力事件实施营销炒作等行为的,除前款规定外,还应当依法依约采取清理订阅关注账号、暂停营利权限等处置措施。

第二十二条 对组织、煽动制作、复制、发布、传播网络暴力信息的网络信息内容多渠道分发服务机构,网络信息服务提供者应当依法依约对该机构及其管理的账号采取警示、暂停营利权限、限制提供服务、入驻清退等处置措施。

第五章 保护机制

第二十三条 网络信息服务提供者应当建立健全网络暴力信息防护功能,提供便利用户设置屏蔽陌生用户或者特定用户、本人发布信息可见范围、禁止转载或者评论本人发布信息等网络暴力信息防护选项。

网络信息服务提供者应当完善私信规则,提供便利用户设置仅接收好友私信或者拒绝接收所有私信等网络暴力信息防护选项,鼓励提供智能屏蔽私信或者自定义私信屏蔽词等功能。

第二十四条 网络信息服务提供者发现用户面临网络暴力信息风险的,应当及时通过显著方式提示用户,告知用户可以采取的防护措施。

网络信息服务提供者发现网络暴力信息风险涉及以下情形的,还应当为用户提供网络暴力信息防护指导和保护救助服务,协助启动防护措施,并向网信、公安等有关部门报告:

(一)网络暴力信息侵害未成年人、老年人、残疾人等用户合法权益的;

(二)网络暴力信息侵犯用户个人隐私的;

(三)若不及时采取措施,可能造成用户人身、财产损害等严重后果的其他情形。

第二十五条 网络信息服务提供者发现、处置网络暴力信息的,应当及时保存信息内容、浏览评论转发数量等数据。网络信息服务提供者应当向用户提供网络暴力信息快捷取证等功能,依法依约为用户维权提供便利。

公安、网信等有关部门依法调取证据的,网络信息服务提供者应当及时提供必要的技术支持和协助。

第二十六条 网络信息服务提供者应当自觉接受社会监督,优化投诉、举报程序,在服务显著位置设置专门的网络暴力信息快捷投诉、举报入口,公布处理流程,及时受理、处理公众投诉、举报并反馈处理结果。

网络信息服务提供者应当结合投诉、举报内容以及相关证明材料及时研判。对属于网络暴力信息的投诉、举报,应当依法处理并反馈结果;对因证明材料不充分难以准确判断的,应当及时告知用户补充证明材料;对不属于网络暴力信息的投诉、举报,应当按照其他类型投诉、举报的受理要求予以处理并反馈结果。

第二十七条 网络信息服务提供者应当优先处理涉未成年人网络暴力信息的投诉、举报。发现涉及侵害未成年人用户合法权益的网络暴力信息风险的,应当按照法律法规和本规定要求及时采取措施,提供相应保护救助服务,并向有关部门报告。

网络信息服务提供者应当设置便利未成年人及其监护人行使通知删除网络暴力信息权利的功能、渠道,接到相关通知后,应当及时采取删除、屏蔽、断开链接等必要的措施,防止信息扩散。

第六章 监督管理和法律责任

第二十八条 网信部门会同公安、文化和旅游、广播电视等有关部门依法对网络信息服务提供者的网络暴力信息治理情况进行监督检查。

网络信息服务提供者对网信部门和有关部门依法实施的监督检查应当予以配合。

第二十九条 网信部门会同公安、文化和旅游、广播电视等有关部门建立健全信息共享、会商通报、取证调证、案件督办等工作机制,协同治理网络暴力信息。

公安机关对于网信、文化和旅游、广播电视等部门移送的涉网络暴力信息违法犯罪线索,应当及时进行审查,并对符合立案条件的及时立案侦查、调查。

第三十条 违反本规定的,依照《中华人民共和国网络安全法》《中华人民共和国个人信息保护法》《中华人民共和国治安管理处罚法》《互联网信息服务管理办法》等法律、行政法规的规定予以处罚。

法律、行政法规没有规定的,由网信、公安、文化和旅游、广播电视等有关部门依据职责给予警告、通报批评,责令限期改正,可以并处一万元以上十万元以下罚款;涉及危害公民生命健康安全且有严重后果的,并处十万元以上二十万元以下罚款。

对组织、煽动制作、复制、发布、传播网络暴力信息或者利用网络暴力事件实施恶意营销炒作等行为的组织和个人,应当依法从重处罚。

第三十一条 违反本规定,给他人造成损害的,依法承担民事责任;构成违反治安管理行为的,依法给予治安管理处罚;构成犯罪的,依法追究刑事责任。

第七章 附 则

第三十二条 本规定所称网络暴力信息,是指通过网络以文本、图像、音频、视频等形式对个人集中发布的,含有侮辱谩骂、造谣诽谤、煽动仇恨、威逼胁迫、侵犯隐私,以及影响身心健康的指责嘲讽、贬低歧视等内容的违法和不良信息。

第三十三条 依法通过网络检举、揭发他人违法犯罪,或者依法实施舆论监督的,不适用本规定。

第三十四条 本规定自2024年8月1日起施行。

民办非企业单位印章管理规定

1. 2000年1月19日民政部、公安部令第20号发布
2. 根据2010年12月27日民政部令第38号《关于废止、修改部分规章的决定》修订

为了保障民办非企业单位的合法权益,加强对民办非企业单位印章的管理,根据《民办非企业单位登记管理暂行条例》和《国务院关于国家行政机关和企业事业单位社会团体印章管理的规定》(国发〔1999〕25号),制定本规定:

一、印章的规格、式样

民办非企业单位的印章分为名称印章、办事机构印章和专用印章(专用印章分为钢印、财务专用章、合同专用章等),一律为圆形。

由国务院民政部门核准登记的民办非企业单位,名称印章直径为4.5厘米,办事机构的印章直径为4.2厘米。由地方各级人民政府民政部门核准登记的民办非企业单位,名称印章直径为4.2厘米,办事机构的印章直径为4厘米。民办非企业单位的专用印章必须小于名称印章且直径最大不超过4.2厘米,最小不小于3厘米。

民办非企业单位的印章,中央刊五角星,五角星外刊单位名称,自左而右环行。其中办事机构印章中的办事机构名称及财务专用章、合同专用章中的财务专用、合同专用等字样,刊在五角星下面,自左而右横排。

二、印章的名称、文字、文体

印章所刊的单位名称,应为民办非企业单位的法定名称;民族自治地方的民办非企业单位的印章应当并列刊汉文和当地通用的民族文字;有国际交往的民办非企业单位印章,需要刻制外文名称的,将核准登记注册的中文名称译成相应的外国文字,并列刊汉文和外文。

印章印文中的汉字,应当使用国务院公布的简化字,字体为宋体。

三、印章的制发程序

民办非企业单位刻制印章须在取得登记证书后向登记管理机关提出书面申请及印章式样,持登记管理机关开具的同意刻制印章介绍信及登记证书到所在地县、市(区)以上公安机关办理备案手续后刻制。

四、印章的管理和缴销

(一)民办非企业单位的印章经登记管理机关、公安机关备案后,方可启用。

(二)民办非企业单位应当建立健全印章使用管理制度,印章应当有专人保管。对违反规定使用印章造成严重后果的,应当追究保管人或责任人的行政责任或法律责任。

(三)民办非企业单位因变更登记、印章损坏等原因需要更换印章时,应到登记管理机关交回原印章,按本规定程序申请重新刻制。

(四)民办非企业单位印章丢失,经声明作废后,可以按本规定程序申请重新刻制。重新刻制的印章应与原印章有所区别。如五角星两侧加横线。

(五)民办非企业单位办理注销登记后,应当及时将全部印章交回登记管理机关封存。

(六)民办非企业单位被撤销,应当由登记管理机关收缴其全部印章。

(七)登记管理机关对收缴的和民办非企业单位交回的印章,要登记造册,送当地公安机关销毁。

(八)民办非企业单位非法刻制印章的,由公安机关处以500元以下罚款或警告,并收缴其非法刻制的印章。

(九)对未经公安机关批准,擅自承制民办非企业单位印章的企业,由公安机关按《中华人民共和国治安管理处罚法》的规定予以处罚。

五、本规定发布之前已按国家有关规定成立的民办非企业单位,在民办非企业单位复查登记过程中,通过复查登记的,其印章规格、式样、名称、文字、文体符合本规定的,在登记管理机关备案后可继续使用;不符合的应重新申请刻制;未通过复查登记的应停止活动,向业务主管单位交回原有印章,并由业务主管单位登记造册,送当地公安机关销毁。

六、本规定自发布之日起施行。

公安派出所实行公共娱乐服务场所治安管理责任制暂行规定

1. 1998年11月3日公安部发布
2. 公通字〔1998〕73号

一、为加强公共娱乐服务场所(以下简称"场所")的治安管理工作,根据《人民警察法》,结合公安派出所工作改革,制定本规定。

二、本规定所称的场所是指各类为公众提供休闲、娱乐、健身服务的场所。

三、公安派出所负责辖区内场所的治安管理工作,县、市公安局和城市公安分局治安部门归口业务指导、监督和检查。

四、公安派出所对辖区内场所的开业提出治安审核意见,报上级公安机关治安部门审批。

五、公安派出所要把全面掌握辖区场所的基本治安情况作为工作的一项重要内容,建立治安管理工作责任制,明确派出所长、责任区民警的职责、任务和工作纪律。派出所负责人和负责区民警对辖区内场所的治安工作负直接管理责任。

六、公安派出所对发生在场所的卖淫嫖娼、赌博、吸贩毒品等违法犯罪活动要及时发现和打击,并报告上级公安机关;对治安秩序混乱和存在治安隐患的场所,要及时提出警告和整改意见,并监督整改;对拒不改正的,依照《治安管理处罚条例》和有关法律法规的规定予以查处;超出派出所法定权限或查处难度大的,应及时报告上级公安机关,由上级公安机关查处。

七、上级公安机关接到公安派出所请求查处场所治安问题的报告后,要立即组织人员查处,并将查处结果及时通知派出所。对不采取查处措施或弄虚作假、隐瞒案情,包庇、纵容违法犯罪活动的,依据《人民警察法》的有关规定,给予直接负责的主管人员和其他直接责任人员行政处分;构成犯罪的,依法追究刑事责任。

八、上级公安机关治安部门要采取对场所明查暗访等方式强化对派出所工作的监督检查,并根据派出所的工作情况,提出奖惩意见。

九、公安派出所因管理不力,致使辖区内场所存在的卖淫嫖娼、赌博、制贩传播淫秽物品、吸贩毒品等严重危害社会治安秩序的问题,不能及时得到解决的,按下列规定追究派出所负责人和责任区民警的责任。

(一)对群众举报不予核查对场所内存在的治安问题隐瞒不报或场所因治安问题被上级公安机关直接查处的,派出所负责人、责任区民警离岗培训。培训结束后,原则上不得回原岗位工作。

(二)辖区内场所一年内被上级公安机关直接查处两次以上的,撤销该辖区公安派出所负责人的职务。

(三)公安派出所无正当理由拒不执行上级公安机关查处场所治安问题决定或命令的;或弄虚作假、隐瞒案情、包庇纵容违法犯罪活动的,上级公安机关要依照《公安机关实施停止执行职务和禁闭措施的规定》,停止派出所负责人和责任区民警执行职务;造成严重后果、影响恶劣的,予以禁闭;情节严重,构成犯罪的,依法追究其刑事责任。

(四)公安派出所民警参与或变相参与场所经营、充当后台和"保护伞"或借工作之便敲诈勒索、索贿受贿或违法实施处罚、收取费用的,视情节轻重给予停止执行职务、禁闭,直至给予撤职、开除等行政处分;构成犯罪的,依法追究刑事责任。

十、本规定自发布之日起实行。各省、自治区、直辖市公安厅、局可根据本规定制定具体实施办法。

租赁房屋治安管理规定

1995年3月6日公安部令第24号发布施行

第一条 为加强租赁房屋的治安管理,做好安全防范,保护租赁双方的合法权益,特制定本规定。

第二条 本规定所称的租赁房屋,是指旅馆业以外以营利为目的,公民私有和单位所有出租用于他人居住的房屋。

第三条 公安机关对租赁房屋实行治安管理,建立登记、安全检查等管理制度。

第四条 城镇街道居民委员会、村民委员会及其治安保卫委员会,应当协助公安机关做好租赁房屋的安全防范、法制宣传教育和治安管理工作。

第五条 出租的房屋,其建筑、消防设备、出入口和通道等,必须符合消防安全和治安管理规定;危险和违章建筑的房屋,不准出租。

第六条 私有房屋出租的,出租人须持房屋所有权证或者其他合法证明、居民身份证、户口簿,向房屋所在地公安派出所申请登记;单位房屋出租的,出租人须持房屋所有权证、单位介绍信,到房屋所在地公安派出所申请登记,经审核符合本规定出租条件的,由出租人向公安派出所签订治安责任保证书。

第七条　房屋出租人的治安责任：

（一）不准将房屋出租给无合法有效证件的承租人；

（二）与承租人签订租赁合同，承租人是外来暂住人员的，应当带领其到公安派出所申报暂住户口登记，并办理暂住证；

（三）对承租人的姓名、性别、年龄、常住户口所在地、职业或者主要经济来源、服务处所等基本情况进行登记并向公安派出所备案；

（四）发现承租人有违法犯罪活动或者有违法犯罪嫌疑的，应当及时报告公安机关；

（五）对出租的房屋经常进行安全检查，及时发现和排除安全隐患，保障承租人的居住安全；

（六）房屋停止租赁的，应当到公安派出所办理注销手续；

（七）房屋出租单位或者个人委托代理人管理出租房屋的，代理人必须遵守有关规定，承担相应责任。

第八条　房屋承租人的治安责任：

（一）必须持有本人居民身份证或者其他合法身份证件；

（二）租赁房屋住宿的外来暂住人员，必须按户口管理规定，在三日内到公安派出所申报暂住户口登记；

（三）将承租房屋转租或者转借他人的，应当向当地公安派出所申报备案；

（四）安全使用出租房屋，发现承租房屋有安全隐患，应当及时告知出租人予以消除；

（五）承租的房屋不准用于生产、储存、经营易燃、易爆、有毒等危险物品；

（六）集体承租或者单位承租房屋的，应当建立安全管理制度。

第九条　违反本规定的行为，由县（市）公安局或者城市公安分局予以处罚：

（一）出租人未向公安机关办理登记手续或者未签订治安责任保证书出租房屋的，责令限期补办手续并没收非法所得，情节严重的可以并处月租金五倍以下的罚款；

（二）出租人将房屋出租给无合法有效证件承租人的，处以警告、月租金三倍以下的罚款；

（三）出租人不履行治安责任，发现承租人利用所租房屋进行违法犯罪活动或者有违法犯罪嫌疑不制止、不报告，或者发生案件、治安灾害事故的，责令停止出租，可以并处月租金十倍以下的罚款；

（四）承租人将承租房屋转租、转借他人未按规定报告公安机关的，处以警告，没收非法所得；

（五）承租人利用出租房屋非法生产、储存、经营易燃、易爆、有毒等危险物品的，没收物品，处月租金十倍以下罚款。

第十条　对出租或承租的单位违反规定的，依照本规定第九条由县（市）公安局或者城市公安分局予以处罚，同时对单位的主管负责人或者直接责任人处以月工资两倍以下的罚款。

第十一条　违反本规定构成违反治安管理行为的，依照《中华人民共和国治安管理处罚条例》有关规定处罚；构成犯罪的，依法追究刑事责任。

第十二条　被处罚人和单位对依照本规定作出的处罚决定不服的，可以依照《行政复议条例》的有关规定向上一级公安机关申请复议。复议期间，不停止处罚决定的执行。

第十三条　各省、自治区、直辖市公安厅、局可以依据本规定制定实施办法。

第十四条　本规定自发布之日起施行。

最高人民法院关于人民法院参与社会治安综合治理中心运行工作的指导意见

1. 2025年2月22日
2. 法〔2025〕20号

为深入贯彻党的二十大和二十届二中、三中全会精神，坚持和发展新时代"枫桥经验"，立足人民法院法定职能参与社会治安综合治理中心（以下简称综治中心）运行工作，现提出如下意见。

一、充分认识做好参与综治中心运行工作的重要意义

党的二十届三中全会通过的《中共中央关于进一步全面深化改革、推进中国式现代化的决定》，对健全社会治理体系作出专门部署。当前，社会矛盾纠纷呈现出数量多、类型新、领域宽的特点，化解难度不断加大。综治中心是立足政法职能，推动各部门依法履职、形成合力，开展矛盾纠纷预防化解和协助推动社会治安风险防控的重要工作平台。各级人民法院要坚持以习近平新时代中国特色社会主义思想为指导，深入贯彻习近平法治思想，在法定职能范围内参与本地区综治中心运行工作，促推纠纷资源整合，完善线上线下对接联动机制，进一步提升矛盾纠纷预防化解法治化水平，切实扛起维护社会公平正义"最后一道防线"的职

二、整合诉讼服务中心有关功能

（一）总体要求。基层人民法院应当坚持实事求是，因地制宜，根据县级综治中心统筹诉讼服务中心有关功能的要求，结合本地区实际情况、县级综治中心运行情况等因素，在综治中心建立诉讼服务功能区或者设立立案窗口，也可以根据综治中心统筹安排依托信息化平台开展对接工作。诉讼服务功能区或者窗口位置的设置应当位于综治中心后端。

人民法庭可以根据乡级综治中心运行情况，设立专门联络人，通过"点对点"指导、巡回审判、视频指导等方式开展对接工作，用好人民法院调解平台"进乡村、进社区、进网格"工作机制，增强就地预防化解矛盾纠纷合力。

（二）主要任务。人民法院在综治中心主要开展指导调解、以案释法、委托调解、诉调对接等工作，也可以提供立案等便民诉讼服务，有条件的地区可以开展简案速裁快审工作。

（三）人员要求。人民法院根据本地实际选派法官、法官助理、书记员等司法人员、退休法官或者其他诉讼服务人员组成诉讼服务团队开展工作的，至少有1名法官常驻。

派驻综治中心的法官、法官助理、书记员等人员可以进行轮换。

三、规范矛盾纠纷化解对接流程

（四）纠纷分流。人民法院结合辖区综治中心运行情况，在诉讼服务中心、人民法庭等对外服务场所做好释明引导工作。人民法院立案后，认为适宜调解的，经征得当事人同意，可由人民法院组织先行调解，也可由综治中心协调委托相关部门及工作力量共同调解。

（五）指导调解。诉讼服务团队应当做好对其他部门及工作力量调解工作的指导，定期组织业务培训，创新指导方式，促推人民调解、行政调解、行业性专业性调解进一步增强调解能力水平。

加强以案释法和联合引导工作，对到综治中心的群众，诉讼服务团队应当会同其他部门强化调解释明工作，告知先行调解的优势特点，发挥典型案例示范引领作用，提高群众对先行调解方案的认同，引导群众在综治中心反映的矛盾纠纷通过调解等非诉讼方式得到实质性化解。

（六）委托调解。对经综治中心其他部门及工作力量调解不成或者群众明确要求人民法院组织调解的，由诉讼服务团队根据当事人意愿交由退休法官等人员开展调解，或者通过人民法院调解平台委托"总对总"单位调解组织或者法院其他特邀调解组织、特邀调解员开展调解。

人民法院要严格执行法律和司法解释关于委托调解程序和期限的规定，防止久调不决，严禁以调压立。

（七）诉调对接。对在综治中心经先行调解达成调解协议的，引导当事人主动履行、当场履行；依照法律和司法解释规定可以申请司法确认的，由派驻法官或者审判团队审查后依法对调解协议进行司法确认，并督促债务人及时履行。

对经综治中心其他部门及工作力量调解未能达成调解协议，当事人向人民法院提起诉讼的，人民法院对符合起诉条件的，依法立案后根据案件是否属于事实清楚、权利义务关系明确、争议不大的情形开展繁简分流。派驻法官或者审判团队可以在综治中心开展调解、速裁快审工作。

四、强化配套保障

（八）加强组织领导。各级人民法院应当高度重视参与综治中心运行工作，认真研究本地区工作方案并选配政治素质高、群众工作能力强、业务能力突出的人员开展常驻工作。高级、中级人民法院要加大对辖区基层人民法院及派出人民法庭对接工作的统筹指导。

（九）健全工作机制。人民法院诉讼服务团队要严格执行诉服工作人员岗位责任制、规范服务制、一次性告知制、文明接待制等制度，同时加强与综治中心各部门之间的工作衔接。

（十）提升服务保障水平。人民法院结合实际情况，在综治中心接入法院系统数据专网和互联网，配备电脑、打印机等必要办公设备，为诉讼服务团队开展矛盾纠纷化解及诉讼服务等工作提供支撑。同时，在综治中心诉讼服务功能区或窗口提供"人民法院调解平台"、"人民法院在线服务"等信息化平台的网址或者二维码，张贴诉讼事项办理流程图，摆放调解指引、要素式起诉状、答辩状示范文本等，便利群众依法解决矛盾纠纷。

关于加强社会治安防控体系建设的意见

1. 2015年4月13日中共中央办公厅、国务院办公厅印发
2. 中办发〔2015〕69号

为有效应对影响社会安全稳定的突出问题，创新

立体化社会治安防控体系,依法严密防范和惩治各类违法犯罪活动,全面推进平安中国建设,现提出如下意见。

一、加强社会治安防控体系建设的指导思想和目标任务

(一)指导思想。以邓小平理论、"三个代表"重要思想、科学发展观为指导,全面贯彻落实党的十八大和十八届二中、三中、四中全会精神,深入贯彻落实习近平总书记系列重要讲话精神,紧紧围绕完善和发展中国特色社会主义制度、推进国家治理体系和治理能力现代化的总目标,牢牢把握全面推进依法治国的总要求,着力提高动态化、信息化条件下驾驭社会治安局势能力,以确保公共安全、提升人民群众安全感和满意度为目标,以突出治安问题为导向,以体制机制创新为动力,以信息化为引领,以基础建设为支撑,坚持系统治理、依法治理、综合治理、源头治理,健全点线面结合、网上网下结合、人防物防技防结合、打防管控结合的立体化社会治安防控体系,确保人民安居乐业、社会安定有序、国家长治久安。

(二)目标任务。形成党委领导、政府主导、综治协调、各部门齐抓共管、社会力量积极参与的社会治安防控体系建设工作格局,健全社会治安防控运行机制,编织社会治安防控网,提升社会治安防控体系建设法治化、社会化、信息化水平,增强社会治安整体防控能力,努力使影响公共安全的暴力恐怖犯罪、个人极端暴力犯罪等得到有效遏制,使影响群众安全感的多发性案件和公共安全事故得到有效防范,人民群众安全感和满意度明显提升,社会更加和谐有序。

二、加强社会治安防控网建设

(三)加强社会面治安防控网建设。根据人口密度、治安状况和地理位置等因素,科学划分巡逻区域,优化防控力量布局,加强公安与武警联勤武装巡逻,建立健全指挥和保障机制,完善早晚高峰等节点人员密集场所重点勤务工作机制,减少死角和盲区,提升社会面动态控制能力。加强公共交通安保工作,强化人防、物防、技防建设和日常管理,完善和落实安检制度,加强对公交车站、地铁站、机场、火车站、码头、口岸、高铁沿线等重点部位的安全保卫,严防针对公共交通工具的暴力恐怖袭击和个人极端案(事)件。完善幼儿园、学校、金融机构、商业场所、医院等重点场所安全防范机制,强化重点场所及周边治安综合治理,确保秩序良好。加强对偏远农村、城乡接合部、城中村等社会治安重点地区、重点部位以及各类社会治安突出问题的排查整治。总结推广零命案县(市、区、旗)和刑事案件零发案社区的经验,加强规律性研究,及时发现和处置引发命案和极端事件的苗头性问题,预防和减少重特大案(事)件特别是命案的发生。

(四)加强重点行业治安防控网建设。切实加强旅馆业、旧货业、公章刻制业、机动车改装业、废品收购业、娱乐服务业等重点行业的治安管理工作,落实法人责任,推动实名制登记,推进治安管理信息系统建设。加强邮件、快件寄递和物流运输安全管理工作,完善禁寄物品名录,建立健全安全管理制度,有效预防利用寄递、物流渠道实施违法犯罪。持续开展治爆缉枪、管制刀具治理等整治行动,对危爆物品采取源头控制、定点销售、流向管控、实名登记等全过程管理措施,严防危爆物品非法流散社会。加强社区服刑人员、扬言报复社会人员、易肇事肇祸等严重精神障碍患者、刑满释放人员、吸毒人员、易感染艾滋病病毒危险行为人群等特殊人群的服务管理工作,健全政府、社会、家庭三位一体的关怀帮扶体系,加大政府经费支持力度,加强相关专业社会组织、社会工作人才队伍等建设,落实教育、矫治、管理以及综合干预措施。

(五)加强乡镇(街道)和村(社区)治安防控网建设。以网格化管理、社会化服务为方向,健全基层综合服务管理平台,推动社会治安防控力量下沉。把网格化管理列入城乡规划,将人、地、物、事、组织等基本治安要素纳入网格管理范畴,做到信息掌握到位、矛盾化解到位、治安防控到位、便民服务到位。因地制宜确定网格管理职责,纳入社区服务工作或群防群治管理,通过政府购买服务等方式,加强社会治安防控网建设。到2020年,实现全国各县(市、区、旗)的中心城区网格化管理全覆盖。整合各种资源力量,加强基层综合服务管理平台建设,逐步在乡镇(街道)推进建设综治中心,村(社区)以基层综合服务管理平台为依托建立实体化运行机制,强化实战功能,做到矛盾纠纷联调、社会治安联防、重点工作联动、治安突出问题联治、服务管理联抓、基层平安联创。到2020年实现县(市、区、旗)、乡镇(街道)、村(社区)三级综合服务管理平台全覆盖,鼓励有条件的地方提前完成。深化社区警务战略,加强社区(驻村)警务室建设。将治安联防矛盾化解和纠纷调解纳入农村社区建设试点任务。

(六)加强机关、企事业单位内部安全防控网建设。按照预防为主、突出重点、单位负责、政府监管的原则,进一步加强机关、企事业单位内部治安保卫工作,严格落实单位主要负责人治安保卫责任制,完善巡逻检查、守卫帮防、要害保卫、治安隐患和问题排查处

理等各项治安保卫制度。加强单位内部技防设施建设，普及视频监控系统应用，实行重要部位、易发案部位全覆盖。加强供水、供电、供气、供热、供油、交通、信息通信网络等关系国计民生基础设施的安全防范工作，全面完善和落实各项安全保卫措施，确保安全稳定。

（七）加强信息网络防控网建设。建设法律规范、行政监管、行业自律、技术保障、公众监督、社会教育相结合的信息网络管理体系。加强网络安全保护，落实相关主体的法律责任。落实手机和网络用户实名制。健全信息安全等级保护制度，加强公民个人信息安全保护。深入开展专项整治行动，坚决整治利用互联网和手机媒体传播暴力色情等违法信息及低俗信息。

三、提高社会治安防控体系建设科技水平

（八）加强信息资源互通共享和深度应用。按照科技引领、信息支撑的思路，加快构建纵向贯通、横向集成、共享共用、安全可靠的平安建设信息化综合平台。在确保信息安全、保护公民合法权益前提下，提高系统互联、信息互通和资源共享程度。强化信息资源深度整合应用，充分运用现代信息技术，增强主动预防和打击犯罪的能力。将社会治安防控信息化纳入智慧城市建设总体规划，充分运用新一代互联网、物联网、大数据、云计算和智能传感、遥感、卫星定位、地理信息系统等技术，创新社会治安防控手段，提升公共安全管理数字化、网络化、智能化水平，打造一批有机融合的示范工程。建立健全相关的信息安全保障体系，实现对基础设施、信息和应用等资源的立体化、自动化安全监测，对终端用户和应用系统的全方位、智能化安全防护。

（九）加快公共安全视频监控系统建设。高起点规划、有重点有步骤地推进公共安全视频监控建设、联网和应用工作，提高公共区域视频监控系统覆盖密度和建设质量。加大城乡接合部、农村地区公共区域视频监控系统建设力度，逐步实现城乡视频监控一体化。完善技术标准，强化系统联网，分级有效整合各类视频图像资源，逐步拓宽应用领域。加强企事业单位安防技术系统建设，实施"技防入户"工程和物联网安防小区试点，推进技防新装备向农村地区延伸。

四、完善社会治安防控运行机制

（十）健全社会治安形势分析研判机制。政法综治机构要加强组织协调，会同政法机关和其他有关部门开展对社会治安形势的整体研判、动态监测，并提出督办建议。公安机关要坚持情报主导警务的理念，建立健全社会治安情报信息分析研判机制，定期对社会治安形势进行分析研判。加强对社会舆情、治安动态和热点、敏感问题的分析预测，加强对社会治安重点领域的研判分析，及时发现苗头性、倾向性问题，提升有效应对能力。建立健全治安形势播报预警机制，增强群众自我防范意识。

（十一）健全实战指挥机制。公安机关要按照人员权威、信息权威、职责权威的要求，加强实战型指挥中心建设，集110接处警、社会治安突发事件应急指挥处置、紧急警务活动统筹协调等功能于一体，及时有效地调整用警方向和强度。推行扁平化勤务指挥模式，减少指挥层级，畅通指挥关系，紧急状态下实行"点对点"指挥，确保就近调度、快速反应、及时妥善处置。

（十二）健全部门联动机制。建立完善社会治安形势分析研判联席会议制度、社会治安重点地区排查整治工作协调会议和月报制度等，进一步整合各部门资源力量，强化工作联动，增强打击违法犯罪、加强社会治安防控工作合力。对群众反映强烈的黑拐枪、黄赌毒以及电信诈骗、非法获取公民个人信息、非法传销、非法集资、危害食品药品安全、环境污染、涉邪教活动等突出治安问题，要加强部门执法合作，开展专项打击整治，形成整体合力。对打防管控工作中发现的薄弱环节和突出问题，政法综治机构要牵头组织、督促有关部门及时整改，堵塞防范漏洞。针对可能发生的突发案（事）件，制定完善应急预案和行动方案，明确各有关部门、单位的职责任务和措施要求，定期开展应急处突实战演练，确保一旦发生社会治安突发案（事）件能够快速有效处置。创新报警服务运行模式，提高紧急警情快速处置能力，提高非紧急求助社会联动服务效率。

（十三）健全区域协作机制。按照常态、共享、联动、共赢原则，积极搭建治安防控跨区域协作平台，共同应对跨区域治安突出问题，在预警预防、维稳处突、矛盾化解、打击犯罪等方面互援互助、协调联动，以区域平安保全国平安。总结推广区域警务协作机制建设经验，推动建立多地区多部门共同参与的治安防控区域协作机制，增强防控整体实效。

五、运用法治思维和法治方式推进社会治安防控体系建设

（十四）运用法律手段解决突出问题。充分发挥法治的引导、规范、保障、惩戒作用，做到依法化解社会矛盾、依法预防打击犯罪、依法规范社会秩序、依法维护社会稳定。紧紧围绕加强社会治安防控体系建设的

总体需要,推动相关法律法规的立、改、废、释和相关政策的制定完善工作。各地要以重大问题为导向,针对社会治安治理领域的重点难点问题,适时出台相关地方性法规、地方政府规章,促进从法治层面予以解决。完善维护公民、法人等合法权益的途径,从源头上预防侵权案件发生。坚持依法行政,加强食品药品、安全生产、环境保护、文化市场和网络安全等重点领域基层执法,强化行政执法与刑事司法的衔接,着力解决好人民群众反映强烈的突出问题。深化司法体制改革,加快建设公正高效权威的社会主义司法制度,提高办案质量。贯彻宽严相济刑事政策,在依法严厉打击极少数严重刑事犯罪分子的同时,最大限度地减少社会对抗,努力化消极因素为积极因素。加强和改进法治宣传教育工作,着力增强法治宣传教育的针对性和实效性,推动全社会树立法治意识,增强全民法治观念,促进全民尊法、守法,引导干部群众把法律作为指导和规范自身行为的基本准则,在全社会形成办事依法、遇事找法、解决问题用法、化解矛盾靠法的良好法治环境。

(十五)加强基础性制度建设。建立以公民身份号码为唯一代码、统一共享的国家人口基础信息库,建立健全相关方面的实名登记制度。建立公民统一社会信用代码制度、法人和其他组织统一社会信用代码制度,加强社会信用管理,促进信息共享,强化对守信者的鼓励和对失信者的惩戒,探索建立公民所有信息的一卡通制度。落实重大决策社会稳定风险评估制度,切实做到应评尽评,着力完善决策前风险评估、实施中风险管控和实施后效果评价、反馈纠偏、决策过错责任追究等操作性程序规范。落实矛盾纠纷排查调处工作协调会议纪要月报制度,完善人民调解、行政调解、司法调解联动工作体系,建立调处化解矛盾纠纷综合机制,着力防止因决策不当、矛盾纠纷排查化解不及时等引发重大群体性事件。推进体现社会主义核心价值观要求的行业规范、社会组织章程、村规民约、社区公约建设,充分发挥社会规范在调整成员关系、约束成员行为、保障成员利益等方面的作用,通过自律、他律、互律使公民、法人和其他组织的行为符合社会共同行为准则。

(十六)严格落实综治领导责任制。把社会治安防控体系建设纳入综治工作(平安建设)考核评价指标体系,将考核评价结果作为对领导班子和领导干部考核评价的重要内容。坚持采用评估、督导、考核、激励、惩诫等措施,形成正确的激励导向,推进社会治安防控体系建设工作落到实处。对社会治安问题突出的地区和单位通过定期通报、约谈、挂牌督办等方式,引导其分析发生重特大案(事)件的主要原因,找准症结,研究提出解决问题的措施,限期进行整改。对因重视不够、社会治安防范措施不落实而导致违法犯罪现象严重、治安秩序严重混乱或者发生重特大案(事)件的地区,依法实行一票否决权制,并追究有关领导干部的责任。

六、建立健全社会治安防控体系建设工作格局

(十七)加强党委和政府对社会治安防控体系建设的领导。各级党委和政府要进一步提高对社会治安防控体系建设重要性的认识,列入重要议事日程,认真研究解决警力配置、经费投入、警察等职业保障、基础设施和技防设施建设、考核奖惩等重要问题。要把社会治安防控体系建设列入国民经济和社会发展总体规划,重点做好基础设施、技防设备、装备建设的立项规划,做到与城乡规划、旧城改造、社区建设、基层综合服务管理平台建设等工作统筹推进。加大投入力度,将社会治安防控体系建设经费列入年度财政预算,从人力、物力、财力上保证社会治安防控体系建设顺利实施。各地党政主要负责同志是平安建设的第一责任人,也是社会治安防控体系建设的第一责任人,要亲自研究部署,一级抓一级,层层抓落实,真正担负起维护一方稳定、确保一方平安的重大政治责任。要充分发挥基层党组织作用,特别是在农村和城市社区,党组织要发挥领导核心作用,切实保障推进社会治安防控体系建设的各项任务走完"最后一公里"。

(十八)充分发挥综治组织的组织协调作用。各级综治组织要在党委和政府领导下,认真组织各有关单位参与社会治安防控工作,加强调查研究和督促检查,及时通报、分析社会治安形势,协调解决工作中遇到的突出问题,总结推广典型经验,统筹推进社会治安防控体系建设。加强各级综治组织自身建设,细化工作职责,健全组织机构,配齐配强力量。乡镇(街道)综治委主任可由乡镇(街道)党(工)委书记担任,综治办主任应由党(工)委副书记担任;村(社区)综治机构主要负责人由党组织书记担任,并明确1名负责人主管综治工作,确保这项工作有人抓、有人管。

(十九)充分发挥政法各机关和其他各有关部门的职能作用。进一步明确各有关部门在社会治安防控体系建设中的职责任务,做到各负其责、各司其职,通力协作、齐抓共管,增强整体合力。各级政法机关要发挥好主力军作用。公安机关要充分发挥骨干作用,根据社会治安防控体系建设需要调整工作重点、警力部署、警务保障和勤务制度,改进工作方法,投入更多人

力和精力加强基层治安基础工作，及时掌握影响社会治安的情况，依法查处危害社会治安行为。法院、检察院要结合批捕、起诉和审判工作，善于发现社会治安防控体系建设中的漏洞，及时提出司法建议和检察建议，督促有关单位健全规章制度，完善工作机制。司法行政机关要加强监狱和强制隔离戒毒所的管理工作，做好社区矫正、刑满释放人员安置帮教、人民调解、法治宣传、法律服务、法律援助等工作。其他各有关部门要按照"谁主管谁负责"的原则，结合自身职能，主动承担好预防违法犯罪、维护社会治安的责任，认真抓好本部门、本系统参与社会治安防控体系建设的任务，与部门工作同规划、同部署、同检查、同落实。

（二十）充分发挥社会协同作用。坚持党委和政府领导下的多方参与、共同治理，发挥市场、社会等多方主体在社会治安防控体系建设中的协同协作、互动互补、相辅相成作用。大力支持工会、共青团、妇联等人民团体和群众组织参与社会治安防控体系建设，积极为他们发挥作用创造有利环境和条件。要加大对行业协会商会类、科技类、公益慈善类、城乡社区服务类社会组织的培育扶持力度，将适合由社会组织承担的矛盾纠纷调解、特殊人群服务管理、预防青少年违法犯罪等社会治安防控体系建设任务纳入政府购买服务目录，通过竞争性选择等方式，交给相关社会组织承担，发挥好他们在社会治安防控体系建设中的重要作用。规范警务辅助人员管理，明确其聘用条件和程序、职责任务、保障待遇等，发挥好协助维护社会治安的作用。规范发展保安服务市场，积极引导保安行业参与社会治安防控工作。加强城乡基层群众自治组织建设，搭建群众参加社会治安防控体系建设的新平台，通过多种方式就社会治安防控体系建设问题进行广泛协商，广纳群言，增进共识。充分发挥行业协会商会自管自律作用，引导企业在经营活动中履行治安防控责任。转变职能、创新机制，采取政府搭台、市场运作、社会参与等方式，积极提供公益岗位，鼓励发展责任保险以及治安保险、社区综合保险等新兴业务，支持保险机构运用股权投资、战略合作等方式参与保安服务产业链整合，激发社会各方面力量参与社会治安防控体系建设的积极性、主动性、创造性。

（二十一）积极扩大公众参与。坚持人民主体地位，进一步拓宽群众参与社会治安防控的渠道，依法保障人民群众的知情权、参与权、建议权、监督权。继承和发扬专群结合的优良传统，充分发挥共产党员、共青团员模范带头作用，发挥民兵预备役人员等的重要作用，发展壮大平安志愿者、社区工作者、群防群治队伍等专业化、职业化、社会化力量，积极探索新形势下群防群治工作新机制、新模式，力争到2020年社区志愿者注册人数占居民人口的比例大幅增加。落实举报奖励制度，对于提供重大线索、帮助破获重大案件或者有效制止违法犯罪活动、协助抓获犯罪分子的，给予重奖。完善见义勇为人员认定机制、补偿救济机制，加强见义勇为人员权益保障工作，扩大见义勇为基金规模，加大对见义勇为人员的表彰力度，按照有关规定严格落实抚恤待遇。充分发挥传统媒体与新媒体的作用，采取群众喜闻乐见的宣传教育方式，提高群众安全防范意识，组织动员群众关心、支持和参与社会治安防控体系建设，努力提升新媒体时代社会沟通能力。

各地区要根据本意见要求，结合本地区社会治安状况和经济社会发展实际，分级分类研究制定加强社会治安防控体系建设的指导意见和具体实施方案，把任务和责任落实到相关部门和单位。

国务院办公厅转发中央社会治安综合治理委员会等部门关于深化学校治安综合治理工作意见的通知

1. 2000年7月13日
2. 国办发〔2000〕52号

各省、自治区、直辖市人民政府，国务院各部委、各直属机构：

中央社会治安综合治理委员会、教育部、公安部《关于深化学校治安综合治理工作的意见》已经国务院批准，现转发给你们，请认真贯彻执行。

关于深化学校治安综合治理工作的意见

中央社会治安综合治理委员会　教育部　公安部
（2000年6月29日）

近几年来，各地认真贯彻落实《中共中央、国务院关于加强社会治安综合治理的决定》（中发〔1991〕7号）和《中央社会治安综合治理委员会、国家教育委员会、公安部关于进一步加强学校治安综合治理工作的意见》（教政〔1996〕12号）精神，普遍加强了对学校及其周边地区治安的综合治理工作，持续不断地开展了对学校周边地区治安环境的集中整治，取得了一定成效。但在一些地方，集中整治过后，日常管理措施不力，治安问题又有不同程度的反弹，侵害师生人身、财产安全的案件时有发生，违法违章经营现象也有所抬头。要从根本上解决这些问题，维护学校及其周边地区治安秩序的持续稳定，仅靠短期的集中整治难以奏效，必须注重治本措施的落实，在建立健全综合治理工作机制上狠下功夫。为进一步深化学校治安综合治理工作，现提出以下意见：

一、进一步明确学校治安综合治理工作的任务，深化对学校治安综合治理工作重要性的认识

学校治安综合治理工作的主要任务是：在地方各级党委和政府的统一领导下，各有关部门充分发挥职能作用，密切配合，依靠学校广大师生员工，保持良好的教学、科研和生活秩序，维护学校稳定，为培养和造就社会主义事业的建设者和接班人创造良好的育人环境。

学校是教书育人的场所，是青少年学生集中学习和活动的地方，为社会各界和千家万户所关注。对学校发生的治安问题，如不及时妥善处理，容易激化矛盾，引发群体性事件，甚至引发政治性事端，影响学校的安定和社会的稳定。维护良好的学校治安秩序和学校周边地区治安环境，对于保证青少年学生的健康成长和维护社会稳定至关重要。地方各级党委、政府和各有关部门要着眼于国家和民族的未来，从培养跨世纪的社会主义事业建设者和接班人，从贯彻江泽民总书记"三个代表"重要思想的高度，充分认识加强学校治安综合治理工作的特殊重要性和紧迫性，全力维护好学校及其周边地区的治安秩序，为青少年的健康成长创造一个良好的社会环境。

二、加强领导，坚持"属地管理"原则，切实维护好学校及其周边地区治安秩序

学校及其周边地区的治安管理工作涉及面广，情况复杂。维护好学校及其周边地区治安秩序是一项系统工程，必须始终依靠地方党委、政府的统一领导和支持。地方各级党委和政府要高度重视学校治安综合治理工作，切实加强领导，把进一步深化学校治安综合治理工作作为维护社会稳定的重要任务长期抓下去。地方各级党委和政府的主要领导要过问学校及其周边地区的治安情况，做到心中有数，针对存在的问题，及时做出相应的工作部署，认真抓好落实。要坚持"属地管理"原则，切实把维护学校及其周边地区治安秩序纳入当地社会治安综合治理总体规划和经常性工作日程，把学校治安综合治理工作作为考核当地党政领导干部政绩的一项重要内容。各有关部门在研究部署工作时，要一并考虑学校周边地区的治安工作，政法、综合治理部门的基层单位特别是公安派出所，要把维护好学校周边地区治安秩序作为一项重要的日常工作落实到人。学校在治安综合治理工作方面，要自觉接受当地党委和政府的领导，接受当地综合治理部门的指导和监督。

三、学校要建立健全并认真落实治安综合治理责任制

维护学校内部治安秩序，配合地方搞好学校周边地区的治安是学校的重要职责。各级各类学校要把搞好学校治安综合治理作为学校工作的重要内容，在当地党委和政府的领导下，按照"管好自己的人，看好自己的门，办好自己的事"的要求，把学校治安综合治理的各项措施落到实处。要进一步健全学校治安综合治理的领导机构，充分发挥办事机构的作用。高等学校、中等专业学校要建立健全以学校党政主要领导挂帅，各有关部门负责同志参加的学校治安综合治理委员会；中学应设治安保卫人员，中小学校要有一名学校领导分工负责治安综合治理工作。要进一步加强法制教育、纪律教育和安全防范知识教育，增强学生的遵纪守法观念和自我保护意识，通过创建安全文明校园、依法治校等活动，落实综合治理的各项措施。学校要加强与有关部门的联系、协作，及时沟通情况，研究对策，与公安机关密切配合，加强对学生和校园内暂住人口的治安管理。要强化学校内部特别是重点和要害部位的安全保卫和安全防范工作，建立健全门卫值班、巡逻守护等内部治安保卫制度，完善内部治安保卫设施，高等学校要配备相应的保安人员和报警设施。要发动学生参与"青年志愿者"队伍，深入开展优秀"青少年维权岗"创建活动，逐步建立以学校为核心，反应迅速的维权岗区域联动机制，不断提高预防、发现、控制和处置治安隐患的能力。各级教育部门要采取有力措施，指导和督促学校做好治安综合治理工作；要配合有关部门大力宣传《中华人民共和国教育法》、《中华人民共和国义务教育法》、《中华人民共和国未成年人保护法》、《中华人民共和国预防未成年人犯罪法》等法律，动员社会各界关心、支持青少年的健康成长。

四、有关部门齐抓共管，进一步净化学校周边地区的治安环境

地方各级社会治安综合治理委员会及其办公室要在地方各级党委和政府的领导下，结合学校周边地区的实际情况，组织有关部门研究、制订整治学校周边地区治安环境的具体方案，协调有关部门和有关学校，密切配合、齐抓共管，下力气解决学校周边地区存在的

娱乐服务场所和商业网点混乱、占地争道等突出问题。地方各级公安机关要把维护学校及其周边地区治安秩序作为一项重要工作，加强学校周边地区的治安巡逻力量，及时发现和打击违法犯罪活动，依托学校认真做好校园内暂住人口的登记管理工作；要配合有关部门加强对娱乐服务场所的清理整顿，加强治安管理，严厉查处卖淫嫖娼、赌博、吸毒贩毒等违法犯罪活动。工商行政管理部门和文化部门要采取坚决措施，认真贯彻《娱乐场所管理条例》和有关规定，严格执行严禁或限制未成年人进入歌舞娱乐、电子游戏、录相放映等经营场所的规定，限制这类经营场所的发展。宣传、新闻出版、广播影视、司法、城建等部门要各司其职，协调一致，采取坚决有力的措施，配合有关部门对学校周边地区的娱乐服务场所、商业网点进行认真的清理整顿；要切实加强日常管理，狠抓制度和措施的落实，不断巩固整治成果。要将校园内由学校自办或与有关单位联办的生活服务设施的经营管理纳入社区管理，严格依法办事。

五、加强综合治理工作机制建设，建立定期检查制度

影响学校及其周边地区治安秩序的因素复杂，要做好学校治安综合治理工作必须坚持常抓不懈，经常抓，反复抓，抓反复。要建立地方各级党委和政府负总责，综合治理部门组织协调，公安部门指导督查，有关部门各负其责、密切配合的工作机制。同时，要建立对学校治安综合治理工作定期检查考核制度。中央社会治安综合治理委员会办公室会同有关部门每年对各地区学校治安综合治理工作情况进行一次检查，各省、自治区、直辖市社会治安综合治理委员会办公室会同有关部门每半年对所辖地区进行一次检查。通过检查考核，总结、推广典型经验，对工作成效突出的给予表彰奖励；对因工作不深入而发生问题的，要给予黄牌警告，限期整改；对造成严重后果的，学校、有关部门及所在地区要实施社会治安综合治理一票否决，并按有关规定追究直接责任人和有关领导的责任。

公安部关于对出售带有淫秽内容的文物的行为可否予以治安管理处罚问题的批复

1. 2010年5月22日
2. 公复字〔2010〕3号

北京市公安局：

你局《关于对出售带有淫秽内容的文物的行为可否予以治安处罚的请示》（京公法字〔2010〕500号）收悉。现批复如下：

公安机关查获的带有淫秽内容的物品可能是文物的，应当依照《中华人民共和国文物保护法》等有关规定进行文物认定。经文物部门认定为文物的，不得对合法出售文物的行为予以治安管理处罚。

公安部关于对同性之间以钱财为媒介的性行为定性处理问题的批复

1. 2001年2月28日
2. 公复字〔2001〕4号

广西壮族自治区公安厅：

你厅《关于对以金钱为媒介的同性之间的性行为如何定性的请示》（桂公传发〔2001〕35号）收悉。现批复如下：

根据《中华人民共和国治安管理处罚条例》和全国人大常委会《关于严禁卖淫嫖娼的决定》的规定，不特定的异性之间或者同性之间以金钱、财物为媒介发生不正当性关系的行为，包括口淫、手淫、鸡奸等行为，都属于卖淫嫖娼行为，对行为人应依法处理。

自本批复下发之日起，《公安部关于对以营利为目的的手淫、口淫等行为定性处理问题的批复》（公复字〔1995〕6号）同时废止。

公安部关于以钱财为媒介尚未发生性行为或发生性行为尚未给付钱财如何定性问题的批复

1. 2003年9月24日
2. 公复字〔2003〕5号

山东省公安厅：

你厅《关于对以钱财为媒介尚未发生性行为应如何处理的请示》（鲁公发〔2003〕114号）收悉。现批复如下：

卖淫嫖娼是指不特定的异性之间或同性之间以金钱、财物为媒介发生性关系的行为。行为主体之间主观上已经就卖淫嫖娼达成一致，已经谈好价格或者已经给付金钱、财物，并且已经着手实施，但由于其本人主观意志以外的原因,尚未发生性关系的;或者已经发生性关系,但尚未给付金钱、财物的,都可以按卖淫嫖娼行为依法处理。对前一种行为,应当从轻处罚。

最高人民法院、最高人民检察院关于办理组织、强迫、引诱、容留、介绍卖淫刑事案件适用法律若干问题的解释

1. 2017年5月8日最高人民法院审判委员会第1716次会议、2017年7月4日最高人民检察院第十二届检察委员会第66次会议通过
2. 2017年7月21日公布
3. 法释〔2017〕13号
4. 自2017年7月25日起施行

为依法惩治组织、强迫、引诱、容留、介绍卖淫犯罪活动,根据刑法有关规定,结合司法工作实际,现就办理这类刑事案件具体应用法律的若干问题解释如下:

第一条 以招募、雇佣、纠集等手段,管理或者控制他人卖淫,卖淫人员在三人以上的,应当认定为刑法第三百五十八条规定的"组织他人卖淫"。

组织卖淫者是否设置固定的卖淫场所、组织卖淫者人数多少、规模大小,不影响组织卖淫行为的认定。

第二条 组织他人卖淫,具有下列情形之一的,应当认定为刑法第三百五十八条第一款规定的"情节严重":

(一)卖淫人员累计达十人以上的;

(二)卖淫人员中未成年人、孕妇、智障人员、患有严重性病的人累计达五人以上的;

(三)组织境外人员在境内卖淫或者组织境内人员出境卖淫的;

(四)非法获利人民币一百万元以上的;

(五)造成被组织卖淫的人自残、自杀或者其他严重后果的;

(六)其他情节严重的情形。

第三条 在组织卖淫犯罪活动中,对被组织卖淫的人有引诱、容留、介绍卖淫行为的,依照处罚较重的规定定罪处罚。但是,对被组织卖淫的人以外的其他人有引诱、容留、介绍卖淫行为的,应当分别定罪,实行数罪并罚。

第四条 明知他人实施组织卖淫犯罪活动而为其招募、运送人员或者充当保镖、打手、管账人等的,依照刑法第三百五十八条第四款的规定,以协助组织卖淫罪定罪处罚,不以组织卖淫罪的从犯论处。

在具有营业执照的会所、洗浴中心等经营场所担任保洁员、收银员、保安员等,从事一般服务性、劳务性工作,仅领取正常薪酬,且无前款所列协助组织卖淫行为的,不认定为协助组织卖淫罪。

第五条 协助组织他人卖淫,具有下列情形之一的,应当认定为刑法第三百五十八条第四款规定的"情节严重":

(一)招募、运送卖淫人员累计达十人以上的;

(二)招募、运送的卖淫人员中未成年人、孕妇、智障人员、患有严重性病的人累计达五人以上的;

(三)协助组织境外人员在境内卖淫或者协助组织境内人员出境卖淫的;

(四)非法获利人民币五十万元以上的;

(五)造成被招募、运送或者被组织卖淫的人自残、自杀或者其他严重后果的;

(六)其他情节严重的情形。

第六条 强迫他人卖淫,具有下列情形之一的,应当认定为刑法第三百五十八条第一款规定的"情节严重":

(一)卖淫人员累计达五人以上的;

(二)卖淫人员中未成年人、孕妇、智障人员、患有严重性病的人累计达三人以上的;

(三)强迫不满十四周岁的幼女卖淫的;

(四)造成被强迫卖淫的人自残、自杀或者其他严重后果的;

(五)其他情节严重的情形。

行为人既有组织卖淫犯罪行为,又有强迫卖淫犯罪行为,且具有下列情形之一的,以组织、强迫卖淫"情节严重"论处:

(一)组织卖淫、强迫卖淫行为中具有本解释第二条、本条前款规定的"情节严重"情形之一的;

(二)卖淫人员累计达到本解释第二条第一、二项规定的组织卖淫"情节严重"人数标准的;

(三)非法获利数额相加达到本解释第二条第四项规定的组织卖淫"情节严重"数额标准的。

第七条 根据刑法第三百五十八条第三款的规定,犯组织、强迫卖淫罪,并有杀害、伤害、强奸、绑架等犯罪行为的,依照数罪并罚的规定处罚。协助组织卖淫行为人参与实施上述行为的,以共同犯罪论处。

根据刑法第三百五十八条第二款的规定,组织、强迫未成年人卖淫的,应当从重处罚。

第八条 引诱、容留、介绍他人卖淫,具有下列情形之一的,应当依照刑法第三百五十九条第一款的规定定罪

处罚：

（一）引诱他人卖淫的；

（二）容留、介绍二人以上卖淫的；

（三）容留、介绍未成年人、孕妇、智障人员、患有严重性病的人卖淫的；

（四）一年内曾因引诱、容留、介绍卖淫行为被行政处罚，又实施容留、介绍卖淫行为的；

（五）非法获利人民币一万元以上的。

利用信息网络发布招嫖违法信息，情节严重的，依照刑法第二百八十七条之一的规定，以非法利用信息网络罪定罪处罚。同时构成介绍卖淫罪的，依照处罚较重的规定定罪处罚。

引诱、容留、介绍他人卖淫是否以营利为目的，不影响犯罪的成立。

引诱不满十四周岁的幼女卖淫的，依照刑法第三百五十九条第二款的规定，以引诱幼女卖淫罪定罪处罚。

被引诱卖淫的人员中既有不满十四周岁的幼女，又有其他人员的，分别以引诱幼女卖淫罪和引诱卖淫罪定罪，实行并罚。

第九条 引诱、容留、介绍他人卖淫，具有下列情形之一的，应当认定为刑法第三百五十九条第一款规定的"情节严重"：

（一）引诱五人以上或者引诱、容留、介绍十人以上卖淫的；

（二）引诱三人以上的未成年人、孕妇、智障人员、患有严重性病的人卖淫，或者引诱、容留、介绍五人以上该类人员卖淫的；

（三）非法获利人民币五万元以上的；

（四）其他情节严重的情形。

第十条 组织、强迫、引诱、容留、介绍他人卖淫的次数，作为酌定情节在量刑时考虑。

第十一条 具有下列情形之一的，应当认定为刑法第三百六十条规定的"明知"：

（一）有证据证明曾到医院或者其他医疗机构就医或者检查，被诊断为患有严重性病的；

（二）根据本人的知识和经验，能够知道自己患有严重性病的；

（三）通过其他方法能够证明行为人是"明知"的。

传播性病行为是否实际造成他人患上严重性病的后果，不影响本罪的成立。

刑法第三百六十条规定所称的"严重性病"，包括梅毒、淋病等。其他性病是否认定为"严重性病"，应当根据《中华人民共和国传染病防治法》《性病防治管理办法》的规定，在国家卫生与计划生育委员会规定实行性病监测的性病范围内，依照其危害、特点与梅毒、淋病相当的原则，从严掌握。

第十二条 明知自己患有艾滋病或者感染艾滋病病毒而卖淫、嫖娼的，依照刑法第三百六十条的规定，以传播性病罪定罪，从重处罚。

具有下列情形之一，致使他人感染艾滋病病毒的，认定为刑法第九十五条第三项"其他对于人身健康有重大伤害"所指的"重伤"，依照刑法第二百三十四条第二款的规定，以故意伤害罪定罪处罚：

（一）明知自己感染艾滋病病毒而卖淫、嫖娼的；

（二）明知自己感染艾滋病病毒，故意不采取防范措施而与他人发生性关系的。

第十三条 犯组织、强迫、引诱、容留、介绍卖淫罪的，应当依法判处犯罪所得二倍以上的罚金。共同犯罪的，对各共同犯罪人合计判处的罚金应当在犯罪所得的二倍以上。

对犯组织、强迫卖淫罪被判处无期徒刑的，应当并处没收财产。

第十四条 根据刑法第三百六十二条、第三百一十条的规定，旅馆业、饮食服务业、文化娱乐业、出租汽车业等单位的人员，在公安机关查处卖淫、嫖娼活动时，为违法犯罪分子通风报信，情节严重的，以包庇罪定罪处罚。事前与犯罪分子通谋的，以共同犯罪论处。

具有下列情形之一的，应当认定为刑法第三百六十二条规定的"情节严重"：

（一）向组织、强迫卖淫犯罪集团通风报信的；

（二）二年内通风报信三次以上的；

（三）一年内因通风报信被行政处罚，又实施通风报信行为的；

（四）致使犯罪集团的首要分子或者其他共同犯罪的主犯未能及时归案的；

（五）造成卖淫嫖娼人员逃跑，致使公安机关查处犯罪行为因取证困难而撤销刑事案件的；

（六）非法获利人民币一万元以上的；

（七）其他情节严重的情形。

第十五条 本解释自2017年7月25日起施行。

公安部关于对跨行政区收购
生产性废旧金属问题的批复

1. 2002年9月6日
2. 公复字〔2002〕6号

贵州省公安厅：

你厅《关于是否执行〈公安部关于对废旧金属收购业治安管理中的有关问题的批复〉的请示》（黔公发传〔2002〕992号）收悉。现批复如下：

1994年经国务院批准、公安部发布的《废旧金属收购业治安管理办法》（以下简称《办法》），在加强废旧金属收购业治安管理，保护合法经营，预防和打击销赃等违法犯罪方面发挥了很大作用。随着我国社会主义市场经济的建立，地区之间贸易往来频繁，由于生产、加工等实际需要，生产性废旧金属跨行政区域流通已显得非常必要。1997年6月，《公安部关于对废旧金属收购业治安管理中有关问题的批复》（公复字〔1997〕4号）要求收购生产性废旧金属的企业在其办理特种行业许可证的公安机关管理的行政区域内从事收购业务的规定，已明显不适应客观形势发展的需要。鉴此，自本批复下发之日起，《公安部关于对废旧金属收购业治安管理中有关问题的批复》（公复字〔1997〕4号）第二条的规定停止执行。

公安部对《关于鉴定淫秽物品
有关问题的请示》的批复

1. 1998年11月27日
2. 公复字〔1998〕8号

江苏省公安厅：

你厅《关于鉴定淫秽物品有关问题的请示》（苏公厅〔1998〕459号）收悉。现批复如下：

鉴于近年来各地公安机关查获淫秽物品数量不断增加、查禁任务日趋繁重的情况，为及时打击处理走私、制作、贩卖、传播淫秽物品的违法犯罪分子，今后各地公安机关查获的物品，需审查认定是否为淫秽物品的，可以由县级以上公安机关治安部门负责鉴定工作，但要指定两名政治、业务素质过硬的同志共同进行，其他人员一律不得参加。当事人提出不同意见需重新鉴定的，由上一级公安机关治安部门会同同级新闻出版、音像归口管理等部门重新鉴定。对送审鉴定和收缴的淫秽物品，由县级以上公安机关治安部门统一集中，登记造册，适时组织全部销毁。对于淫秽物品鉴定工作中与新闻出版、音像归口管理等部门的配合问题，仍按现行规定执行。

六、禁毒工作

资料补充栏

中华人民共和国禁毒法

1. 2007年12月29日第十届全国人民代表大会常务委员会第三十一次会议通过
2. 2007年12月29日中华人民共和国主席令第79号公布
3. 自2008年6月1日起施行

目　　录

第一章　总　　则
第二章　禁毒宣传教育
第三章　毒品管制
第四章　戒毒措施
第五章　禁毒国际合作
第六章　法律责任
第七章　附　　则

第一章　总　　则

第一条　【立法目的】为了预防和惩治毒品违法犯罪行为，保护公民身心健康，维护社会秩序，制定本法。

第二条　【毒品定义】本法所称毒品，是指鸦片、海洛因、甲基苯丙胺（冰毒）、吗啡、大麻、可卡因，以及国家规定管制的其他能够使人形成瘾癖的麻醉药品和精神药品。

根据医疗、教学、科研的需要，依法可以生产、经营、使用、储存、运输麻醉药品和精神药品。

第三条　【禁毒是全社会的责任】禁毒是全社会的共同责任。国家机关、社会团体、企业事业单位以及其他组织和公民，应当依照本法和有关法律的规定，履行禁毒职责或者义务。

第四条　【禁毒工作方针和工作机制】禁毒工作实行预防为主，综合治理，禁种、禁制、禁贩、禁吸并举的方针。

禁毒工作实行政府统一领导，有关部门各负其责，社会广泛参与的工作机制。

第五条　【禁毒委员会】国务院设立国家禁毒委员会，负责组织、协调、指导全国的禁毒工作。

县级以上地方各级人民政府根据禁毒工作的需要，可以设立禁毒委员会，负责组织、协调、指导本行政区域内的禁毒工作。

第六条　【禁毒工作保障】县级以上各级人民政府应当将禁毒工作纳入国民经济和社会发展规划，并将禁毒经费列入本级财政预算。

第七条　【鼓励对禁毒的社会捐赠】国家鼓励对禁毒工作的社会捐赠，并依法给予税收优惠。

第八条　【鼓励禁毒科学技术研究】国家鼓励开展禁毒科学技术研究，推广先进的缉毒技术、装备和戒毒方法。

第九条　【鼓励举报毒品违法犯罪行为】国家鼓励公民举报毒品违法犯罪行为。各级人民政府和有关部门应当对举报人予以保护，对举报有功人员以及在禁毒工作中有突出贡献的单位和个人，给予表彰和奖励。

第十条　【鼓励禁毒志愿工作】国家鼓励志愿人员参与禁毒宣传教育和戒毒社会服务工作。地方各级人民政府应当对志愿人员进行指导、培训，并提供必要的工作条件。

第二章　禁毒宣传教育

第十一条　【国家禁毒宣传教育】国家采取各种形式开展全民禁毒宣传教育，普及毒品预防知识，增强公民的禁毒意识，提高公民自觉抵制毒品的能力。

国家鼓励公民、组织开展公益性的禁毒宣传活动。

第十二条　【各级政府和有关组织禁毒宣传教育】各级人民政府应当经常组织开展多种形式的禁毒宣传教育。

工会、共产主义青年团、妇女联合会应当结合各自工作对象的特点，组织开展禁毒宣传教育。

第十三条　【教育部门禁毒宣传教育】教育行政部门、学校应当将禁毒知识纳入教育、教学内容，对学生进行禁毒宣传教育。公安机关、司法行政部门和卫生行政部门应当予以协助。

第十四条　【新闻媒体禁毒宣传教育】新闻、出版、文化、广播、电影、电视等有关单位，应当有针对性地面向社会进行禁毒宣传教育。

第十五条　【公共场所禁毒宣传教育】飞机场、火车站、长途汽车站、码头以及旅店、娱乐场所等公共场所的经营者、管理者，负责本场所的禁毒宣传教育，落实禁毒防范措施，预防毒品违法犯罪行为在本场所内发生。

第十六条　【单位内部禁毒宣传教育】国家机关、社会团体、企业事业单位以及其他组织，应当加强对本单位人员的禁毒宣传教育。

第十七条　【基层组织禁毒宣传教育】居民委员会、村民委员会应当协助人民政府以及公安机关等部门，加强禁毒宣传教育，落实禁毒防范措施。

第十八条　【监护人对未成年人的毒品危害教育】未成年人的父母或者其他监护人应当对未成年人进行毒品危害的教育，防止其吸食、注射毒品或者进行其他毒品违法犯罪活动。

第三章 毒品管制

第十九条 【禁止非法种植麻醉药品药用原植物】国家对麻醉药品药用原植物种植实行管制。禁止非法种植罂粟、古柯植物、大麻植物以及国家规定管制的可以用于提炼加工毒品的其他原植物。禁止走私或者非法买卖、运输、携带、持有未经灭活的毒品原植物种子或者幼苗。

地方各级人民政府发现非法种植毒品原植物的，应当立即采取措施予以制止、铲除。村民委员会、居民委员会发现非法种植毒品原植物的，应当及时予以制止、铲除，并向当地公安机关报告。

第二十条 【麻醉药品药用原植物种植企业】国家确定的麻醉药品药用原植物种植企业，必须按照国家有关规定种植麻醉药品药用原植物。

国家确定的麻醉药品药用原植物种植企业的提取加工场所，以及国家设立的麻醉药品储存仓库，列为国家重点警戒目标。

未经许可，擅自进入国家确定的麻醉药品药用原植物种植企业的提取加工场所或者国家设立的麻醉药品储存仓库等警戒区域的，由警戒人员责令其立即离开；拒不离开的，强行带离现场。

第二十一条 【麻醉药品、精神药品、易制毒化学品管制】国家对麻醉药品和精神药品实行管制，对麻醉药品和精神药品的实验研究、生产、经营、使用、储存、运输实行许可和查验制度。

国家对易制毒化学品的生产、经营、购买、运输实行许可制度。

禁止非法生产、买卖、运输、储存、提供、持有、使用麻醉药品、精神药品和易制毒化学品。

第二十二条 【麻醉药品、精神药品、易制毒化学品进出口管理】国家对麻醉药品、精神药品和易制毒化学品的进口、出口实行许可制度。国务院有关部门应当按照规定的职责，对进口、出口麻醉药品、精神药品和易制毒化学品依法进行管理。禁止走私麻醉药品、精神药品和易制毒化学品。

第二十三条 【麻醉药品、精神药品、易制毒化学品流失的应急处置】发生麻醉药品、精神药品和易制毒化学品被盗、被抢、丢失或者其他流入非法渠道的情形，案发单位应当立即采取必要的控制措施，并立即向公安机关报告，同时依照规定向有关主管部门报告。

公安机关接到报告后，或者有证据证明麻醉药品、精神药品和易制毒化学品可能流入非法渠道的，应当及时开展调查，并可以对相关单位采取必要的控制措施。药品监督管理部门、卫生行政部门以及其他有关部门应当配合公安机关开展工作。

第二十四条 【禁止非法传授麻醉药品、精神药品、易制毒化学品的制造方法】禁止非法传授麻醉药品、精神药品和易制毒化学品的制造方法。公安机关接到举报或者发现非法传授麻醉药品、精神药品和易制毒化学品制造方法的，应当及时依法查处。

第二十五条 【授权国务院制定管理办法】麻醉药品、精神药品和易制毒化学品管理的具体办法，由国务院规定。

第二十六条 【有关场所的毒品检查】公安机关根据查缉毒品的需要，可以在边境地区、交通要道、口岸以及飞机场、火车站、长途汽车站、码头对来往人员、物品、货物以及交通工具进行毒品和易制毒化学品检查，民航、铁路、交通部门应当予以配合。

海关应当依法加强对进出口岸的人员、物品、货物和运输工具的检查，防止走私毒品和易制毒化学品。

邮政企业应当依法加强对邮件的检查，防止邮寄毒品和非法邮寄易制毒化学品。

第二十七条 【娱乐场所巡查和报告毒品违法犯罪】娱乐场所应当建立巡查制度，发现娱乐场所内有毒品违法犯罪活动的，应当立即向公安机关报告。

第二十八条 【查获毒品和涉毒财物的收缴与处理】对依法查获的毒品，吸食、注射毒品的用具，毒品违法犯罪的非法所得及其收益，以及直接用于实施毒品违法犯罪行为的本人所有的工具、设备、资金，应当收缴，依照规定处理。

第二十九条 【可疑毒品犯罪资金监测】反洗钱行政主管部门应当依法加强对可疑毒品犯罪资金的监测。反洗钱行政主管部门和其他依法负有反洗钱监督管理职责的部门、机构发现涉嫌毒品犯罪的资金流动情况，应当及时向侦查机关报告，并配合侦查机关做好侦查、调查工作。

第三十条 【毒品监测和禁毒信息系统】国家建立健全毒品监测和禁毒信息系统，开展毒品监测和禁毒信息的收集、分析、使用、交流工作。

第四章 戒毒措施

第三十一条 【对吸毒成瘾人员采取治疗、教育、挽救措施】国家采取各种措施帮助吸毒人员戒除毒瘾，教育和挽救吸毒人员。

吸毒成瘾人员应当进行戒毒治疗。

吸毒成瘾的认定办法，由国务院卫生行政部门、药品监督管理部门、公安部门规定。

第三十二条 【对吸毒人员的检测和登记】公安机关可以对涉嫌吸毒的人员进行必要的检测，被检测人员应当予以配合；对拒绝接受检测的，经县级以上人民政府公安机关或者其派出机构负责人批准，可以强制检测。

公安机关应当对吸毒人员进行登记。

第三十三条 【社区戒毒】对吸毒成瘾人员，公安机关可以责令其接受社区戒毒，同时通知吸毒人员户籍所在地或者现居住地的城市街道办事处、乡镇人民政府。社区戒毒的期限为三年。

戒毒人员应当在户籍所在地接受社区戒毒；在户籍所在地以外的现居住地有固定住所的，可以在现居住地接受社区戒毒。

第三十四条 【负责社区戒毒的机构】城市街道办事处、乡镇人民政府负责社区戒毒工作。城市街道办事处、乡镇人民政府可以指定有关基层组织，根据戒毒人员本人和家庭情况，与戒毒人员签订社区戒毒协议，落实有针对性的社区戒毒措施。公安机关和司法行政、卫生行政、民政等部门应当对社区戒毒工作提供指导和协助。

城市街道办事处、乡镇人民政府，以及县级人民政府劳动行政部门对无职业且缺乏就业能力的戒毒人员，应当提供必要的职业技能培训、就业指导和就业援助。

第三十五条 【社区戒毒人员的义务】接受社区戒毒的戒毒人员应当遵守法律、法规，自觉履行社区戒毒协议，并根据公安机关的要求，定期接受检测。

对违反社区戒毒协议的戒毒人员，参与社区戒毒的工作人员应当进行批评、教育；对严重违反社区戒毒协议或者在社区戒毒期间又吸食、注射毒品的，应当及时向公安机关报告。

第三十六条 【戒毒医疗机构】吸毒人员可以自行到具有戒毒治疗资质的医疗机构接受戒毒治疗。

设置戒毒医疗机构或者医疗机构从事戒毒治疗业务的，应当符合国务院卫生行政部门规定的条件，报所在地的省、自治区、直辖市人民政府卫生行政部门批准，并报同级公安机关备案。戒毒治疗应当遵守国务院卫生行政部门制定的戒毒治疗规范，接受卫生行政部门的监督检查。

戒毒治疗不得以营利为目的。戒毒治疗的药品、医疗器械和治疗方法不得做广告。戒毒治疗收取费用的，应当按照省、自治区、直辖市人民政府价格主管部门会同卫生行政部门制定的收费标准执行。

第三十七条 【戒毒医疗机构对戒毒人员的检查等】医疗机构根据戒毒治疗的需要，可以对接受戒毒治疗的戒毒人员进行身体和所携带物品的检查；对在治疗期间有人身危险的，可以采取必要的临时保护性约束措施。

发现接受戒毒治疗的戒毒人员在治疗期间吸食、注射毒品的，医疗机构应当及时向公安机关报告。

第三十八条 【强制隔离戒毒适用条件】吸毒成瘾人员有下列情形之一的，由县级以上人民政府公安机关作出强制隔离戒毒的决定：

（一）拒绝接受社区戒毒的；

（二）在社区戒毒期间吸食、注射毒品的；

（三）严重违反社区戒毒协议的；

（四）经社区戒毒、强制隔离戒毒后再次吸食、注射毒品的。

对于吸毒成瘾严重，通过社区戒毒难以戒除毒瘾的人员，公安机关可以直接作出强制隔离戒毒的决定。

吸毒成瘾人员自愿接受强制隔离戒毒的，经公安机关同意，可以进入强制隔离戒毒场所戒毒。

第三十九条 【不适用强制隔离戒毒的情形】怀孕或者正在哺乳自己不满一周岁婴儿的妇女吸毒成瘾的，不适用强制隔离戒毒。不满十六周岁的未成年人吸毒成瘾的，可以不适用强制隔离戒毒。

对依照前款规定不适用强制隔离戒毒的吸毒成瘾人员，依照本法规定进行社区戒毒，由负责社区戒毒工作的城市街道办事处、乡镇人民政府加强帮助、教育和监督，督促落实社区戒毒措施。

第四十条 【强制隔离戒毒的决定程序和救济措施】公安机关对吸毒成瘾人员决定予以强制隔离戒毒的，应当制作强制隔离戒毒决定书，在执行强制隔离戒毒前送达被决定人，并在送达后二十四小时以内通知被决定人的家属、所在单位和户籍所在地公安派出所；被决定人不讲真实姓名、住址，身份不明的，公安机关应当自查清其身份后通知。

被决定人对公安机关作出的强制隔离戒毒决定不服的，可以依法申请行政复议或者提起行政诉讼。

第四十一条 【强制隔离戒毒场所】对被决定予以强制隔离戒毒的人员，由作出决定的公安机关送强制隔离戒毒场所执行。

强制隔离戒毒场所的设置、管理体制和经费保障，由国务院规定。

第四十二条 【戒毒人员入所查检】戒毒人员进入强制隔离戒毒场所戒毒时，应当接受对其身体和所携带物品的检查。

第四十三条 【强制隔离戒毒场所的职能】强制隔离戒毒场所应当根据戒毒人员吸食、注射毒品的种类及成瘾程度等，对戒毒人员进行有针对性的生理、心理治疗和身体康复训练。

根据戒毒的需要，强制隔离戒毒场所可以组织戒毒人员参加必要的生产劳动，对戒毒人员进行职业技能培训。组织戒毒人员参加生产劳动的，应当支付劳动报酬。

第四十四条 【强制隔离戒毒场所的管理】强制隔离戒毒场所应当根据戒毒人员的性别、年龄、患病等情况，对戒毒人员实行分别管理。

强制隔离戒毒场所对有严重残疾或者疾病的戒毒人员，应当给予必要的看护和治疗；对患有传染病的戒毒人员，应当依法采取必要的隔离、治疗措施；对可能发生自伤、自残等情形的戒毒人员，可以采取相应的保护性约束措施。

强制隔离戒毒场所管理人员不得体罚、虐待或者侮辱戒毒人员。

第四十五条 【强制隔离戒毒场所配备执业医师】强制隔离戒毒场所应当根据戒毒治疗的需要配备执业医师。强制隔离戒毒场所的执业医师具有麻醉药品和精神药品处方权，可以按照有关技术规范对戒毒人员使用麻醉药品、精神药品。

卫生行政部门应当加强对强制隔离戒毒场所执业医师的业务指导和监督管理。

第四十六条 【强制隔离戒毒人员的探访、探视和物品检查】戒毒人员的亲属和所在单位或者就读学校的工作人员，可以按照有关规定探访戒毒人员。戒毒人员经强制隔离戒毒场所批准，可以外出探视配偶、直系亲属。

强制隔离戒毒场所管理人员应当对强制隔离戒毒场所以外的人员交给戒毒人员的物品和邮件进行检查，防止夹带毒品。在检查邮件时，应当依法保护戒毒人员的通信自由和通信秘密。

第四十七条 【强制隔离戒毒期限】强制隔离戒毒的期限为二年。

执行强制隔离戒毒一年后，经诊断评估，对于戒毒情况良好的戒毒人员，强制隔离戒毒场所可以提出提前解除强制隔离戒毒的意见，报强制隔离戒毒的决定机关批准。

强制隔离戒毒期满前，经诊断评估，对于需要延长戒毒期限的戒毒人员，由强制隔离戒毒场所提出延长戒毒期限的意见，报强制隔离戒毒的决定机关批准。强制隔离戒毒的期限最长可以延长一年。

第四十八条 【社区康复】对于被解除强制隔离戒毒的人员，强制隔离戒毒的决定机关可以责令其接受不超过三年的社区康复。

社区康复参照本法关于社区戒毒的规定实施。

第四十九条 【戒毒康复场所】县级以上地方各级人民政府根据戒毒工作的需要，可以开办戒毒康复场所；对社会力量依法开办的公益性戒毒康复场所应当给予扶持，提供必要的便利和帮助。

戒毒人员可以自愿在戒毒康复场所生活、劳动。戒毒康复场所组织戒毒人员参加生产劳动的，应当参照国家劳动用工制度的规定支付劳动报酬。

第五十条 【对被拘留、逮捕、收监的吸毒人员的戒毒治疗】公安机关、司法行政部门对被依法拘留、逮捕、收监执行刑罚以及被依法采取强制性教育措施的吸毒人员，应当给予必要的戒毒治疗。

第五十一条 【药物维持治疗】省、自治区、直辖市人民政府卫生行政部门会同公安机关、药品监督管理部门依照国家有关规定，根据巩固戒毒成果的需要和本行政区域艾滋病流行情况，可以组织开展戒毒药物维持治疗工作。

第五十二条 【戒毒人员不受歧视】戒毒人员在入学、就业、享受社会保障等方面不受歧视。有关部门、组织和人员应当在入学、就业、享受社会保障等方面对戒毒人员给予必要的指导和帮助。

第五章 禁毒国际合作

第五十三条 【禁毒国际合作的原则】中华人民共和国根据缔结或者参加的国际条约或者按照对等原则，开展禁毒国际合作。

第五十四条 【国家禁毒委员会组织开展禁毒国际合作】国家禁毒委员会根据国务院授权，负责组织开展禁毒国际合作，履行国际禁毒公约义务。

第五十五条 【毒品犯罪的司法协助】涉及追究毒品犯罪的司法协助，由司法机关依照有关法律的规定办理。

第五十六条 【执法合作】国务院有关部门应当按照各自职责，加强与有关国家或者地区执法机关以及国际组织的禁毒情报信息交流，依法开展禁毒执法合作。

经国务院公安部门批准，边境地区县级以上人民政府公安机关可以与有关国家或者地区的执法机关开展执法合作。

第五十七条 【涉案财物分享】通过禁毒国际合作破获毒品犯罪案件的，中华人民共和国政府可以与有关国家分享查获的非法所得、由非法所得获得的收益以及供毒品犯罪使用的财物或者财物变卖所得的款项。

第五十八条 【对外援助】国务院有关部门根据国务院授权,可以通过对外援助等渠道,支持有关国家实施毒品原植物替代种植、发展替代产业。

第六章 法律责任

第五十九条 【毒品违法犯罪行为的法律责任】有下列行为之一,构成犯罪的,依法追究刑事责任;尚不构成犯罪的,依法给予治安管理处罚:

（一）走私、贩卖、运输、制造毒品的;
（二）非法持有毒品的;
（三）非法种植毒品原植物的;
（四）非法买卖、运输、携带、持有未经灭活的毒品原植物种子或者幼苗的;
（五）非法传授麻醉药品、精神药品或者易制毒化学品制造方法的;
（六）强迫、引诱、教唆、欺骗他人吸食、注射毒品的;
（七）向他人提供毒品的。

第六十条 【妨害毒品查禁工作的法律责任】有下列行为之一,构成犯罪的,依法追究刑事责任;尚不构成犯罪的,依法给予治安管理处罚:

（一）包庇走私、贩卖、运输、制造毒品的犯罪分子,以及为犯罪分子窝藏、转移、隐瞒毒品或者犯罪所得财物的;
（二）在公安机关查处毒品违法犯罪活动时为违法犯罪行为人通风报信的;
（三）阻碍依法进行毒品检查的;
（四）隐藏、转移、变卖或者损毁司法机关、行政执法机关依法扣押、查封、冻结的涉及毒品违法犯罪活动的财物的。

第六十一条 【容留他人吸毒、介绍买卖毒品的法律责任】容留他人吸食、注射毒品或者介绍买卖毒品,构成犯罪的,依法追究刑事责任;尚不构成犯罪的,由公安机关处十日以上十五日以下拘留,可以并处三千元以下罚款;情节较轻的,处五日以下拘留或者五百元以下罚款。

第六十二条 【吸毒的法律责任】吸食、注射毒品的,依法给予治安管理处罚。吸毒人员主动到公安机关登记或者到有资质的医疗机构接受戒毒治疗的,不予处罚。

第六十三条 【致使麻醉药品流入非法渠道的法律责任】在麻醉药品、精神药品的实验研究、生产、经营、使用、储存、运输、进口、出口以及麻醉药品药用原植物种植活动中,违反国家规定,致使麻醉药品、精神药品或者麻醉药品药用原植物流入非法渠道,构成犯罪的,依法追究刑事责任;尚不构成犯罪的,依照有关法律、行政法规的规定给予处罚。

第六十四条 【违反易制毒化学品管制的法律责任】在易制毒化学品的生产、经营、购买、运输或者进口、出口活动中,违反国家规定,致使易制毒化学品流入非法渠道,构成犯罪的,依法追究刑事责任;尚不构成犯罪的,依照有关法律、行政法规的规定给予处罚。

第六十五条 【娱乐场所涉毒违法犯罪行为的法律责任】娱乐场所及其从业人员实施毒品违法犯罪行为,或者为进入娱乐场所的人员实施毒品违法犯罪行为提供条件,构成犯罪的,依法追究刑事责任;尚不构成犯罪的,依照有关法律、行政法规的规定给予处罚。

娱乐场所经营管理人员明知场所内发生聚众吸食、注射毒品或者贩毒活动,不向公安机关报告的,依照前款的规定给予处罚。

第六十六条 【非法从事戒毒治疗业务的法律责任】未经批准,擅自从事戒毒治疗业务的,由卫生行政部门责令停止违法业务活动,没收违法所得和使用的药品、医疗器械等物品;构成犯罪的,依法追究刑事责任。

第六十七条 【戒毒医疗机构发现吸毒不报告的法律责任】戒毒医疗机构发现接受戒毒治疗的戒毒人员在治疗期间吸食、注射毒品,不向公安机关报告的,由卫生行政部门责令改正;情节严重的,责令停业整顿。

第六十八条 【违反麻醉药品、精神药品使用规定的法律责任】强制隔离戒毒场所、医疗机构、医师违反规定使用麻醉药品、精神药品,构成犯罪的,依法追究刑事责任;尚不构成犯罪的,依照有关法律、行政法规的规定给予处罚。

第六十九条 【禁毒工作人员违法犯罪行为的法律责任】公安机关、司法行政部门或者其他有关主管部门的工作人员在禁毒工作中有下列行为之一,构成犯罪的,依法追究刑事责任;尚不构成犯罪的,依法给予处分:

（一）包庇、纵容毒品违法犯罪人员的;
（二）对戒毒人员有体罚、虐待、侮辱等行为的;
（三）挪用、截留、克扣禁毒经费的;
（四）擅自处分查获的毒品和扣押、查封、冻结的涉及毒品违法犯罪活动的财物的。

第七十条 【歧视戒毒人员的法律责任】有关单位及其工作人员在入学、就业、享受社会保障等方面歧视戒毒人员的,由教育行政部门、劳动行政部门责令改正;给当事人造成损失的,依法承担赔偿责任。

第七章 附 则

第七十一条 【施行日期】本法自 2008 年 6 月 1 日起施行。《全国人民代表大会常务委员会关于禁毒的决定》同时废止。

易制毒化学品管理条例

1. 2005 年 8 月 26 日国务院令第 445 号公布
2. 根据 2014 年 7 月 29 日国务院令第 653 号《关于修改部分行政法规的决定》第一次修订
3. 根据 2016 年 2 月 6 日国务院令第 666 号《关于修改部分行政法规的决定》第二次修订
4. 根据 2018 年 9 月 18 日国务院令第 703 号《关于修改部分行政法规的决定》第三次修订

第一章 总 则

第一条 为了加强易制毒化学品管理，规范易制毒化学品的生产、经营、购买、运输和进口、出口行为，防止易制毒化学品被用于制造毒品，维护经济和社会秩序，制定本条例。

第二条 国家对易制毒化学品的生产、经营、购买、运输和进口、出口实行分类管理和许可制度。

易制毒化学品分为三类。第一类是可以用于制毒的主要原料，第二类、第三类是可以用于制毒的化学配剂。易制毒化学品的具体分类和品种，由本条例附表列示。

易制毒化学品的分类和品种需要调整的，由国务院公安部门会同国务院药品监督管理部门、安全生产监督管理部门、商务主管部门、卫生主管部门和海关总署提出方案，报国务院批准。

省、自治区、直辖市人民政府认为有必要在本行政区域内调整分类或者增加本条例规定以外的品种的，应当向国务院公安部门提出，由国务院公安部门会同国务院有关行政主管部门提出方案，报国务院批准。

第三条 国务院公安部门、药品监督管理部门、安全生产监督管理部门、商务主管部门、卫生主管部门、海关总署、价格主管部门、铁路主管部门、交通主管部门、市场监督管理部门、生态环境主管部门在各自的职责范围内，负责全国的易制毒化学品有关管理工作；县级以上地方各级人民政府有关行政主管部门在各自的职责范围内，负责本行政区域内的易制毒化学品有关管理工作。

县级以上地方各级人民政府应当加强对易制毒化学品管理工作的领导，及时协调解决易制毒化学品管理工作中的问题。

第四条 易制毒化学品的产品包装和使用说明书，应当标明产品的名称（含学名和通用名）、化学分子式和成分。

第五条 易制毒化学品的生产、经营、购买、运输和进口、出口，除应当遵守本条例的规定外，属于药品和危险化学品的，还应当遵守法律、其他行政法规对药品和危险化学品的有关规定。

禁止走私或者非法生产、经营、购买、转让、运输易制毒化学品。

禁止使用现金或者实物进行易制毒化学品交易。但是，个人合法购买第一类中的药品类易制毒化学品药品制剂和第三类易制毒化学品的除外。

生产、经营、购买、运输和进口、出口易制毒化学品的单位，应当建立单位内部易制毒化学品管理制度。

第六条 国家鼓励向公安机关等有关行政主管部门举报涉及易制毒化学品的违法行为。接到举报的部门应当为举报者保密。对举报属实的，县级以上人民政府及有关行政主管部门应当给予奖励。

第二章 生产、经营管理

第七条 申请生产第一类易制毒化学品，应当具备下列条件，并经本条例第八条规定的行政主管部门审批，取得生产许可证后，方可进行生产：

（一）属依法登记的化工产品生产企业或者药品生产企业；

（二）有符合国家标准的生产设备、仓储设施和污染物处理设施；

（三）有严格的安全生产管理制度和环境突发事件应急预案；

（四）企业法定代表人和技术、管理人员具有安全生产和易制毒化学品的有关知识，无毒品犯罪记录；

（五）法律、法规、规章规定的其他条件。

申请生产第一类中的药品类易制毒化学品，还应当在仓储场所等重点区域设置电视监控设施以及与公安机关联网的报警装置。

第八条 申请生产第一类中的药品类易制毒化学品的，由省、自治区、直辖市人民政府药品监督管理部门审批；申请生产第一类中的非药品类易制毒化学品的，由省、自治区、直辖市人民政府安全生产监督管理部门审批。

前款规定的行政主管部门应当自收到申请之日起 60 日内，对申请人提交的申请材料进行审查。对符合规定的,发给生产许可证,或者在企业已经取得的有关生产许可证件上标注;不予许可的,应当书面说明理由。

审查第一类易制毒化学品生产许可申请材料时,根据需要,可以进行实地核查和专家评审。

第九条 申请经营第一类易制毒化学品,应当具备下列条件,并经本条例第十条规定的行政主管部门审批,取得经营许可证后,方可进行经营:

(一)属依法登记的化工产品经营企业或者药品经营企业;

(二)有符合国家规定的经营场所,需要储存、保管易制毒化学品的,还应当有符合国家技术标准的仓储设施;

(三)有易制毒化学品的经营管理制度和健全的销售网络;

(四)企业法定代表人和销售、管理人员具有易制毒化学品的有关知识,无毒品犯罪记录;

(五)法律、法规、规章规定的其他条件。

第十条 申请经营第一类中的药品类易制毒化学品的,由省、自治区、直辖市人民政府药品监督管理部门审批;申请经营第一类中的非药品类易制毒化学品的,由省、自治区、直辖市人民政府安全生产监督管理部门审批。

前款规定的行政主管部门应当自收到申请之日起30日内,对申请人提交的申请材料进行审查。对符合规定的,发给经营许可证,或者在企业已经取得的有关经营许可证件上标注;不予许可的,应当书面说明理由。

审查第一类易制毒化学品经营许可申请材料时,根据需要,可以进行实地核查。

第十一条 取得第一类易制毒化学品生产许可或者依照本条例第十三条第一款规定已经履行第二类、第三类易制毒化学品备案手续的生产企业,可以经销自产的易制毒化学品。但是,在厂外设立销售网点经销第一类易制毒化学品的,应当依照本条例的规定取得经营许可。

第一类中的药品类易制毒化学品药品单方制剂,由麻醉药品定点经营企业经销,且不得零售。

第十二条 取得第一类易制毒化学品生产、经营许可的企业,应当凭生产、经营许可证到市场监督管理部门办理经营范围变更登记。未经变更登记,不得进行第一类易制毒化学品的生产、经营。

第一类易制毒化学品生产、经营许可证被依法吊销的,行政主管部门应当自作出吊销决定之日起5日内通知市场监督管理部门;被吊许可证的企业,应当及时到市场监督管理部门办理经营范围变更或者企业注销登记。

第十三条 生产第二类、第三类易制毒化学品的,应当自生产之日起30日内,将生产的品种、数量等情况,向所在地的设区的市级人民政府安全生产监督管理部门备案。

经营第二类易制毒化学品的,应当自经营之日起30日内,将经营的品种、数量、主要流向等情况,向所在地的设区的市级人民政府安全生产监督管理部门备案;经营第三类易制毒化学品的,应当自经营之日起30日内,将经营的品种、数量、主要流向等情况,向所在地的县级人民政府安全生产监督管理部门备案。

前两款规定的行政主管部门应当于收到备案材料的当日发给备案证明。

第三章 购买管理

第十四条 申请购买第一类易制毒化学品,应当提交下列证件,经本条例第十五条规定的行政主管部门审批,取得购买许可证:

(一)经营企业提交企业营业执照和合法使用需要证明;

(二)其他组织提交登记证书(成立批准文件)和合法使用需要证明。

第十五条 申请购买第一类中的药品类易制毒化学品的,由所在地的省、自治区、直辖市人民政府药品监督管理部门审批;申请购买第一类中的非药品类易制毒化学品的,由所在地的省、自治区、直辖市人民政府公安机关审批。

前款规定的行政主管部门应当自收到申请之日起10日内,对申请人提交的申请材料和证件进行审查。对符合规定的,发给购买许可证;不予许可的,应当书面说明理由。

审查第一类易制毒化学品购买许可申请材料时,根据需要,可以进行实地核查。

第十六条 持有麻醉药品、第一类精神药品购买印鉴卡的医疗机构购买第一类中的药品类易制毒化学品的,无须申请第一类易制毒化学品购买许可证。

个人不得购买第一类、第二类易制毒化学品。

第十七条 购买第二类、第三类易制毒化学品的,应当在购买前将所需购买的品种、数量,向所在地的县级人民政府公安机关备案。个人自用购买少量高锰酸钾的,无须备案。

第十八条 经营单位销售第一类易制毒化学品时,应当查验购买许可证和经办人的身份证明。对委托代购的,还应当查验购买人持有的委托文书。

经营单位在查验无误、留存上述证明材料的复印件后,方可出售第一类易制毒化学品;发现可疑情况的,应当立即向当地公安机关报告。

第十九条 经营单位应当建立易制毒化学品销售台账,如实记录销售的品种、数量、日期、购买方等情况。销售台账和证明材料复印件应当保存2年备查。

第一类易制毒化学品的销售情况,应当自销售之日起5日内报当地公安机关备案;第一类易制毒化学品的使用单位,应当建立使用台账,并保存2年备查。

第二类、第三类易制毒化学品的销售情况,应当自销售之日30日内报当地公安机关备案。

第四章 运输管理

第二十条 跨设区的市级行政区域(直辖市为跨市界)或者在国务院公安部门确定的禁毒形势严峻的重点地区跨县级行政区域运输第一类易制毒化学品的,由运出地的设区的市级人民政府公安机关审批;运输第二类易制毒化学品的,由运出地的县级人民政府公安机关审批。经审批取得易制毒化学品运输许可证后,方可运输。

运输第三类易制毒化学品的,应当在运输前向运出地的县级人民政府公安机关备案。公安机关应当于收到备案材料的当日发给备案证明。

第二十一条 申请易制毒化学品运输许可,应当提交易制毒化学品的购销合同,货主是企业的,应当提交营业执照;货主是其他组织的,应当提交登记证书(成立批准文件);货主是个人的,应当提交其个人身份证明。经办人还应当提交本人的身份证明。

公安机关应当自收到第一类易制毒化学品运输许可申请之日起10日内,收到第二类易制毒化学品运输许可申请之日起3日内,对申请人提交的申请材料进行审查。对符合规定的,发给运输许可证;不予许可的,应当书面说明理由。

审查第一类易制毒化学品运输许可申请材料时,根据需要,可以进行实地核查。

第二十二条 对许可运输第一类易制毒化学品的,发给一次有效的运输许可证。

对许可运输第二类易制毒化学品的,发给3个月有效的运输许可证;6个月内运输安全状况良好的,发给12个月有效的运输许可证。

易制毒化学品运输许可证应当载明拟运输的易制毒化学品的品种、数量、运入地、货主及收货人、承运人情况以及运输许可证种类。

第二十三条 运输供教学、科研使用的100克以下的麻黄素样品和供医疗机构制剂配方使用的小包装麻黄素以及医疗机构或者麻醉药品经营企业购买麻黄素片剂6万片以下、注射剂1.5万支以下,货主或者承运人持有依法取得的购买许可证明或者麻醉药品调拨单的,无须申请易制毒化学品运输许可。

第二十四条 接受货主委托运输的,承运人应当查验货主提供的运输许可证或者备案证明,并查验所运货物与运输许可证或者备案证明载明的易制毒化学品品种等情况是否相符;不相符的,不得承运。

运输易制毒化学品,运输人员应当自启运起全程携带运输许可证或者备案证明。公安机关应当在易制毒化学品的运输过程中进行检查。

运输易制毒化学品,应当遵守国家有关货物运输的规定。

第二十五条 因治疗疾病需要,患者、患者近亲属或者患者委托的人凭医疗机构出具的医疗诊断书和本人的身份证明,可以随身携带第一类中的药品类易制毒化学品药品制剂,但是不得超过医用单张处方的最大剂量。

医用单张处方最大剂量,由国务院卫生主管部门规定、公布。

第五章 进口、出口管理

第二十六条 申请进口或者出口易制毒化学品,应当提交下列材料,经国务院商务主管部门或者其委托的省、自治区、直辖市人民政府商务主管部门审批,取得进口或者出口许可证后,方可从事进口、出口活动:

(一)对外贸易经营者备案登记证明复印件;

(二)营业执照副本;

(三)易制毒化学品生产、经营、购买许可证或者备案证明;

(四)进口或者出口合同(协议)副本;

(五)经办人的身份证明。

申请易制毒化学品出口许可的,还应当提交进口方政府主管部门出具的合法使用易制毒化学品的证明或者进口方合法使用的保证文件。

第二十七条 受理易制毒化学品进口、出口申请的商务主管部门应当自收到申请材料之日起20日内,对申请材料进行审查,必要时可以进行实地核查。对符合规定的,发给进口或者出口许可证;不予许可的,应当书面说明理由。

对进口第一类中的药品类易制毒化学品的,有关的商务主管部门在作出许可决定前,应当征得国务院药品监督管理部门的同意。

第二十八条 麻黄素等属于重点监控物品范围的易制毒化学品,由国务院商务主管部门会同国务院有关部门核定的企业进口、出口。

第二十九条 国家对易制毒化学品的进口、出口实行国际核查制度。易制毒化学品国际核查目录及核查的具体办法,由国务院商务主管部门会同国务院公安部门规定、公布。

国际核查所用时间不计算在许可期限之内。

对向毒品制造、贩运情形严重的国家或者地区出口易制毒化学品以及本条例规定品种以外的化学品的,可以在国际核查措施以外实施其他管制措施,具体办法由国务院商务主管部门会同国务院公安部门、海关总署等有关部门规定、公布。

第三十条 进口、出口或者过境、转运、通运易制毒化学品的,应当如实向海关申报,并提交进口或者出口许可证。海关凭许可证办理通关手续。

易制毒化学品在境外与保税区、出口加工区等海关特殊监管区域、保税场所之间进出的,适用前款规定。

易制毒化学品在境内与保税区、出口加工区等海关特殊监管区域、保税场所之间进出的,或者在上述海关特殊监管区域、保税场所之间进出的,无须申请易制毒化学品进口或者出口许可证。

进口第一类中的药品类易制毒化学品,还应当提交药品监督管理部门出具的进口药品通关单。

第三十一条 进出境人员随身携带第一类中的药品类易制毒化学品药品制剂和高锰酸钾,应当以自用且数量合理为限,并接受海关监管。

进出境人员不得随身携带前款规定以外的易制毒化学品。

第六章 监督检查

第三十二条 县级以上人民政府公安机关、负责药品监督管理的部门、安全生产监督管理部门、商务主管部门、卫生主管部门、价格主管部门、铁路主管部门、交通主管部门、市场监督管理部门、生态环境主管部门和海关,应当依照本条例和有关法律、行政法规的规定,在各自的职责范围内,加强对易制毒化学品生产、经营、购买、运输、价格以及进口、出口的监督检查;对非法生产、经营、购买、运输易制毒化学品,或者走私易制毒化学品的行为,依予以查处。

前款规定的行政主管部门在进行易制毒化学品监督检查时,可以依法查看现场、查阅和复制有关资料、记录有关情况、扣押相关的证据材料和违法物品;必要时,可以临时查封有关场所。

被检查的单位或者个人应当如实提供有关情况和材料、物品,不得拒绝或者隐匿。

第三十三条 对依法收缴、查获的易制毒化学品,应当在省、自治区、直辖市或者设区的市级人民政府公安机关、海关或者生态环境主管部门的监督下,区别易制毒化学品的不同情况进行保管、回收,或者依照环境保护法律、行政法规的有关规定,由有资质的单位在生态环境主管部门的监督下销毁。其中,对收缴、查获的第一类中的药品类易制毒化学品,一律销毁。

易制毒化学品违法单位或者个人无力提供保管、回收或者销毁费用的,保管、回收或者销毁的费用在回收所得中开支,或者在有关行政主管部门的禁毒经费中列支。

第三十四条 易制毒化学品丢失、被盗、被抢的,发案单位应当立即向当地公安机关报告,并同时报告当地的县级人民政府食品药品监督管理部门、安全生产监督管理部门、商务主管部门或者卫生主管部门。接到报案的公安机关应当及时立案查处,并向上级公安机关报告;有关行政主管部门应当逐级上报并配合公安机关的查处。

第三十五条 有关行政主管部门应当将易制毒化学品许可以及依法吊销许可的情况通报有关公安机关和市场监督管理部门;市场监督管理部门应当将生产、经营易制毒化学品企业依法变更或者注销登记的情况通报有关公安机关和行政主管部门。

第三十六条 生产、经营、购买、运输或者进口、出口易制毒化学品的单位,应当于每年3月31日前向许可或者备案的行政主管部门和公安机关报告本单位上年度易制毒化学品的生产、经营、购买、运输或者进口、出口情况;有条件的生产、经营、购买、运输或者进口、出口单位,可以与有关行政主管部门建立计算机联网,及时通报有关经营情况。

第三十七条 县级以上人民政府有关行政主管部门应当加强协调合作,建立易制毒化学品管理情况、监督检查情况以及案件处理情况的通报、交流机制。

第七章 法律责任

第三十八条 违反本条例规定,未经许可或者备案擅自生产、经营、购买、运输易制毒化学品,伪造申请材料骗取易制毒化学品生产、经营、购买或者运输许可证,使用他人的或者伪造、变造、失效的许可证生产、经营、购买、运输易制毒化学品的，由公安机关没收非法生产、经营、购买或者运输的易制毒化学品、用于非法生产易制毒化学品的原料以及非法生产、经营、购买或者运输易制毒化学品的设备、工具，处非法生产、经营、购买或者运输的易制毒化学品货值 10 倍以上 20 倍以下的罚款，货值的 20 倍不足 1 万元的，按 1 万元罚款；有违法所得的，没收违法所得；有营业执照的，由市场监督管理部门吊销营业执照；构成犯罪的，依法追究刑事责任。

对有前款规定违法行为的单位或者个人，有关行政主管部门可以自作出行政处罚决定之日起 3 年内，停止受理其易制毒化学品生产、经营、购买、运输或者进口、出口许可申请。

第三十九条　违反本条例规定，走私易制毒化学品的，由海关没收走私的易制毒化学品；有违法所得的，没收违法所得，并依照海关法律、行政法规给予行政处罚；构成犯罪的，依法追究刑事责任。

第四十条　违反本条例规定，有下列行为之一的，由负有监督管理职责的行政主管部门给予警告，责令限期改正，处 1 万元以上 5 万元以下的罚款；对违反规定生产、经营、购买的易制毒化学品可以予以没收；逾期不改正的，责令限期停产停业整顿；逾期整顿不合格的，吊销相应的许可证：

（一）易制毒化学品生产、经营、购买、运输或者进口、出口单位未按规定建立安全管理制度的；

（二）将许可证或者备案证明转借他人使用的；

（三）超出许可的品种、数量生产、经营、购买易制毒化学品的；

（四）生产、经营、购买单位不记录或者不如实记录交易情况，不按规定保存交易记录或者不如实、不及时向公安机关和有关行政主管部门备案销售情况的；

（五）易制毒化学品丢失、被盗、被抢后未及时报告，造成严重后果的；

（六）除个人合法购买第一类中的药品类易制毒化学品药品制剂以及第三类易制毒化学品外，使用现金或者实物进行易制毒化学品交易的；

（七）易制毒化学品的产品包装和使用说明书不符合本条例规定要求的；

（八）生产、经营易制毒化学品的单位不如实或者不按时向有关行政主管部门和公安机关报告年度生产、经销和库存等情况的。

企业的易制毒化学品生产经营许可被依法吊销后，未及时到市场监督管理部门办理经营范围变更或者企业注销登记的，依照前款规定，对易制毒化学品予以没收，并处罚款。

第四十一条　运输的易制毒化学品与易制毒化学品运输许可证或者备案证明载明的品种、数量、运入地、货主及收货人、承运人等情况不符，运输许可证种类不当，或者运输人员未全程携带运输许可证或者备案证明的，由公安机关责令停运整改，处 5000 元以上 5 万元以下的罚款；有危险物品运输资质的，运输主管部门可以依法吊销其运输资质。

个人携带易制毒化学品不符合品种、数量规定的，没收易制毒化学品，处 1000 元以上 5000 元以下的罚款。

第四十二条　生产、经营、购买、运输或者进口、出口易制毒化学品的单位或者个人拒不接受有关行政主管部门监督检查的，由负有监督管理职责的行政主管部门责令改正，对直接负责的主管人员以及其他直接责任人员给予警告；情节严重的，对单位处 1 万元以上 5 万元以下的罚款，对直接负责的主管人员以及其他直接责任人员处 1000 元以上 5000 元以下的罚款；有违反治安管理行为的，依法给予治安管理处罚；构成犯罪的，依法追究刑事责任。

第四十三条　易制毒化学品行政主管部门工作人员在管理工作中有应当许可而不许可、不应当许可而滥许可，不依法受理备案，以及其他滥用职权、玩忽职守、徇私舞弊行为的，依法给予行政处分；构成犯罪的，依法追究刑事责任。

第八章　附　　则

第四十四条　易制毒化学品生产、经营、购买、运输和进口、出口许可证，由国务院有关行政主管部门根据各自的职责规定式样并监制。

第四十五条　本条例自 2005 年 11 月 1 日起施行。

本条例施行前已经从事易制毒化学品生产、经营、购买、运输或者进口、出口业务的，应当自本条例施行之日起 6 个月内，依照本条例的规定重新申请许可。

附表：

易制毒化学品的分类和品种目录

第一类

1. 1－苯基－2－丙酮

2. 3,4－亚甲基二氧苯基－2－丙酮

3. 胡椒醛

4. 黄樟素
5. 黄樟油
6. 异黄樟素
7. N-乙酰邻氨基苯酸
8. 邻氨基苯甲酸
9. 麦角酸*
10. 麦角胺*
11. 麦角新碱*
12. 麻黄素、伪麻黄素、消旋麻黄素、去甲麻黄素、甲基麻黄素、麻黄浸膏、麻黄浸膏粉等麻黄素类物质*

第二类
1. 苯乙酸
2. 醋酸酐
3. 三氯甲烷
4. 乙醚
5. 哌啶

第三类
1. 甲苯
2. 丙酮
3. 甲基乙基酮
4. 高锰酸钾
5. 硫酸
6. 盐酸

说明：
一、第一类、第二类所列物质可能存在的盐类，也纳入管制。
二、带有*标记的品种为第一类中的药品类易制毒化学品，第一类中的药品类易制毒化学品包括原料药及其单方制剂。

戒毒条例

1. 2011年6月26日国务院令第597号公布
2. 根据2018年9月18日国务院令第703号《关于修改部分行政法规的决定》修订

第一章 总 则

第一条 为了规范戒毒工作，帮助吸毒成瘾人员戒除毒瘾，维护社会秩序，根据《中华人民共和国禁毒法》，制定本条例。

第二条 县级以上人民政府应当建立政府统一领导，禁毒委员会组织、协调、指导，有关部门各负其责，社会力量广泛参与的戒毒工作体制。戒毒工作坚持以人为本、科学戒毒、综合矫治、关怀救助的原则，采取自愿戒毒、社区戒毒、强制隔离戒毒、社区康复等多种措施，建立戒毒治疗、康复指导、救助服务兼备的工作体系。

第三条 县级以上人民政府应当按照国家有关规定将戒毒工作所需经费列入本级财政预算。

第四条 县级以上地方人民政府设立的禁毒委员会可以组织公安机关、卫生行政和负责药品监督管理的部门开展吸毒监测、调查，并向社会公开监测、调查结果。

县级以上地方人民政府公安机关负责对涉嫌吸毒人员进行检测，对吸毒人员进行登记并依法实行动态管控，依法责令社区戒毒、决定强制隔离戒毒、责令社区康复，管理公安机关的强制隔离戒毒场所、戒毒康复场所，对社区戒毒、社区康复工作提供指导和支持。

设区的市级以上地方人民政府司法行政部门负责管理司法行政部门的强制隔离戒毒场所、戒毒康复场所，对社区戒毒、社区康复工作提供指导和支持。

县级以上地方人民政府卫生行政部门负责戒毒医疗机构的监督管理，会同公安机关、司法行政等部门制定戒毒医疗机构设置规划，对戒毒医疗服务提供指导和支持。

县级以上地方人民政府民政、人力资源社会保障、教育等部门依据各自的职责，对社区戒毒、社区康复工作提供康复和职业技能培训等指导和支持。

第五条 乡(镇)人民政府、城市街道办事处负责社区戒毒、社区康复工作。

第六条 县级、设区的市级人民政府需要设置强制隔离戒毒场所、戒毒康复场所的，应当合理布局，报省、自治区、直辖市人民政府批准，并纳入当地国民经济和社会发展规划。

强制隔离戒毒场所、戒毒康复场所的建设标准，由国务院建设部门、发展改革部门会同国务院公安部门、司法行政部门制定。

第七条 戒毒人员在入学、就业、享受社会保障等方面不受歧视。

对戒毒人员戒毒的个人信息应当依法予以保密。对戒断3年未复吸的人员，不再实行动态管控。

第八条 国家鼓励、扶持社会组织、企业、事业单位和个人参与戒毒科研、戒毒社会服务和戒毒社会公益事业。

对在戒毒工作中有显著成绩和突出贡献的，按照国家有关规定给予表彰、奖励。

第二章 自愿戒毒

第九条 国家鼓励吸毒成瘾人员自行戒除毒瘾。吸毒人员可以自行到戒毒医疗机构接受戒毒治疗。对自愿接受戒毒治疗的吸毒人员，公安机关对其原吸毒行为不予处罚。

第十条　戒毒医疗机构应当与自愿戒毒人员或者其监护人签订自愿戒毒协议，就戒毒方法、戒毒期限、戒毒的个人信息保密、戒毒人员应当遵守的规章制度、终止戒毒治疗的情形等作出约定，并应当载明戒毒疗效、戒毒治疗风险。

第十一条　戒毒医疗机构应当履行下列义务：

（一）对自愿戒毒人员开展艾滋病等传染病的预防、咨询教育；

（二）对自愿戒毒人员采取脱毒治疗、心理康复、行为矫治等多种治疗措施，并应当符合国务院卫生行政部门制定的戒毒治疗规范；

（三）采用科学、规范的诊疗技术和方法，使用的药物、医院制剂、医疗器械应当符合国家有关规定；

（四）依法加强药品管理，防止麻醉药品、精神药品流失滥用。

第十二条　符合参加戒毒药物维持治疗条件的戒毒人员，由本人申请，并经登记，可以参加戒毒药物维持治疗。登记参加戒毒药物维持治疗的戒毒人员的信息应当及时报公安机关备案。

戒毒药物维持治疗的管理办法，由国务院卫生行政部门会同国务院公安部门、药品监督管理部门制定。

第三章　社　区　戒　毒

第十三条　对吸毒成瘾人员，县级、设区的市级人民政府公安机关可以责令其接受社区戒毒，并出具责令社区戒毒决定书，送达本人及其家属，通知本人户籍所在地或者现居住地乡（镇）人民政府、城市街道办事处。

第十四条　社区戒毒人员应当自收到责令社区戒毒决定书之日起15日内到社区戒毒执行地乡（镇）人民政府、城市街道办事处报到，无正当理由逾期不报到的，视为拒绝接受社区戒毒。

社区戒毒的期限为3年，自报到之日起计算。

第十五条　乡（镇）人民政府、城市街道办事处应当根据工作需要成立社区戒毒工作领导小组，配备社区戒毒专职工作人员，制定社区戒毒工作计划，落实社区戒毒措施。

第十六条　乡（镇）人民政府、城市街道办事处，应当在社区戒毒人员报到后及时与其签订社区戒毒协议，明确社区戒毒的具体措施、社区戒毒人员应当遵守的规定以及违反社区戒毒协议应承担的责任。

第十七条　社区戒毒专职工作人员、社区民警、社区医务人员、社区戒毒人员的家庭成员以及禁毒志愿者共同组成社区戒毒工作小组具体实施社区戒毒。

第十八条　乡（镇）人民政府、城市街道办事处和社区戒毒工作小组应当采取下列措施管理、帮助社区戒毒人员：

（一）戒毒知识辅导；

（二）教育、劝诫；

（三）职业技能培训，职业指导，就学、就业、就医援助；

（四）帮助戒毒人员戒除毒瘾的其他措施。

第十九条　社区戒毒人员应当遵守下列规定：

（一）履行社区戒毒协议；

（二）根据公安机关的要求，定期接受检测；

（三）离开社区戒毒执行地所在县（市、区）3日以上的，须书面报告。

第二十条　社区戒毒人员在社区戒毒期间，逃避或者拒绝接受检测3次以上，擅自离开社区戒毒执行地所在县（市、区）3次以上或者累计超过30日的，属于《中华人民共和国禁毒法》规定的"严重违反社区戒毒协议"。

第二十一条　社区戒毒人员拒绝接受社区戒毒，在社区戒毒期间又吸食、注射毒品，以及严重违反社区戒毒协议的，社区戒毒专职工作人员应当及时向当地公安机关报告。

第二十二条　社区戒毒人员的户籍所在地或者现居住地发生变化，需要变更社区戒毒执行地的，社区戒毒执行地乡（镇）人民政府、城市街道办事处应当将有关材料转送至变更后的乡（镇）人民政府、城市街道办事处。

社区戒毒人员应当自社区戒毒执行地变更之日起15日内前往变更后的乡（镇）人民政府、城市街道办事处报到，社区戒毒时间自报到之日起连续计算。

变更后的乡（镇）人民政府、城市街道办事处，应当按照本条例第十六条的规定，与社区戒毒人员签订新的社区戒毒协议，继续执行社区戒毒。

第二十三条　社区戒毒自期满之日起解除。社区戒毒执行地公安机关应当出具解除社区戒毒通知书送达社区戒毒人员本人及其家属，并在7日内通知社区戒毒执行地乡（镇）人民政府、城市街道办事处。

第二十四条　社区戒毒人员被依法收监执行刑罚、采取强制性教育措施的，社区戒毒终止。

社区戒毒人员被依法拘留、逮捕的，社区戒毒中止，由羁押场所给予必要的戒毒治疗，释放后继续接受社区戒毒。

第四章 强制隔离戒毒

第二十五条 吸毒成瘾人员有《中华人民共和国禁毒法》第三十八条第一款所列情形之一的,由县级、设区的市级人民政府公安机关作出强制隔离戒毒的决定。

对于吸毒成瘾严重,通过社区戒毒难以戒除毒瘾的人员,县级、设区的市级人民政府公安机关可以直接作出强制隔离戒毒的决定。

吸毒成瘾人员自愿接受强制隔离戒毒的,经强制隔离戒毒场所所在地县级、设区的市级人民政府公安机关同意,可以进入强制隔离戒毒场所戒毒。强制隔离戒毒场所应当与其就戒毒治疗期限、戒毒治疗措施等作出约定。

第二十六条 对依照《中华人民共和国禁毒法》第三十九条第一款规定不适用强制隔离戒毒的吸毒成瘾人员,县级、设区的市级人民政府公安机关应当作出社区戒毒的决定,依照本条例第三章的规定进行社区戒毒。

第二十七条 强制隔离戒毒的期限为2年,自作出强制隔离戒毒决定之日起计算。

被强制隔离戒毒的人员在公安机关的强制隔离戒毒场所执行强制隔离戒毒3个月至6个月后,转至司法行政部门的强制隔离戒毒场所继续执行强制隔离戒毒。

执行前款规定不具备条件的省、自治区、直辖市,由公安机关和司法行政部门共同提出意见报省、自治区、直辖市人民政府决定具体执行方案,但在公安机关的强制隔离戒毒场所执行强制隔离戒毒的时间不得超过12个月。

第二十八条 强制隔离戒毒场所对强制隔离戒毒人员的身体和携带物品进行检查时发现的毒品等违禁品,应当依法处理;对生活必需品以外的其他物品,由强制隔离戒毒场所代为保管。

女性强制隔离戒毒人员的身体检查,应当由女性工作人员进行。

第二十九条 强制隔离戒毒场所设立戒毒医疗机构应当经所在地省、自治区、直辖市人民政府卫生行政部门批准。强制隔离戒毒场所应当配备设施设备及必要的管理人员,依法为强制隔离戒毒人员提供科学规范的戒毒治疗、心理治疗、身体康复训练和卫生、道德、法制教育,开展职业技能培训。

第三十条 强制隔离戒毒场所应当根据强制隔离戒毒人员的性别、年龄、患病等情况对强制隔离戒毒人员实行分别管理;对吸食不同种类毒品的,应当有针对性地采取必要的治疗措施;根据戒毒治疗的不同阶段和强制隔离戒毒人员的表现,实行逐步适应社会的分级管理。

第三十一条 强制隔离戒毒人员患严重疾病,不出所治疗可能危及生命的,经强制隔离戒毒场所主管机关批准,并报强制隔离戒毒决定机关备案,强制隔离戒毒场所可以允许其所外就医。所外就医的费用由强制隔离戒毒人员本人承担。

所外就医期间,强制隔离戒毒期限连续计算。对于健康状况不再适宜回所执行强制隔离戒毒的,强制隔离戒毒场所应当向强制隔离戒毒决定机关提出变更为社区戒毒的建议,强制隔离戒毒决定机关应当自收到建议之日起7日内,作出是否批准的决定。经批准变更为社区戒毒的,已执行的强制隔离戒毒期限折抵社区戒毒期限。

第三十二条 强制隔离戒毒人员脱逃的,强制隔离戒毒场所应当立即通知所在地县级人民政府公安机关,并配合公安机关追回脱逃人员。被追回的强制隔离戒毒人员应当继续执行强制隔离戒毒,脱逃期间不计入强制隔离戒毒期限。被追回的强制隔离戒毒人员不得提前解除强制隔离戒毒。

第三十三条 对强制隔离戒毒场所依照《中华人民共和国禁毒法》第四十七条第二款、第三款规定提出的提前解除强制隔离戒毒、延长戒毒期限的意见,强制隔离戒毒决定机关应当自收到意见之日起7日内,作出是否批准的决定。对提前解除强制隔离戒毒或者延长强制隔离戒毒期限的,批准机关应当出具提前解除强制隔离戒毒决定书或者延长强制隔离戒毒期限决定书,送达被决定人,并在送达后24小时以内通知被决定人的家属、所在单位以及其户籍所在地或者现居住地公安派出所。

第三十四条 解除强制隔离戒毒的,强制隔离戒毒场所应当在解除强制隔离戒毒3日前通知强制隔离戒毒决定机关,出具解除强制隔离戒毒证明书送达戒毒人员本人,并通知其家属、所在单位、其户籍所在地或者现居住地公安派出所将其领回。

第三十五条 强制隔离戒毒诊断评估办法由国务院公安部门、司法行政部门会同国务院卫生行政部门制定。

第三十六条 强制隔离戒毒人员被依法收监执行刑罚、采取强制性教育措施或者被依法拘留、逮捕的,由监管场所、羁押场所给予必要的戒毒治疗,强制隔离戒毒的时间连续计算;刑罚执行完毕时、解除强制性教育措施时或者释放时强制隔离戒毒尚未期满的,继续执行强制隔离戒毒。

第五章 社区康复

第三十七条 对解除强制隔离戒毒的人员,强制隔离戒毒的决定机关可以责令其接受不超过3年的社区康复。

社区康复在当事人户籍所在地或者现居住地乡(镇)人民政府、城市街道办事处执行,经当事人同意,也可以在戒毒康复场所中执行。

第三十八条　被责令接受社区康复的人员,应当自收到责令社区康复决定书之日起15日内到户籍所在地或者现居住地乡(镇)人民政府、城市街道办事处报到,签订社区康复协议。

被责令接受社区康复的人员拒绝接受社区康复或者严重违反社区康复协议,并再次吸食、注射毒品被决定强制隔离戒毒的,强制隔离戒毒不得提前解除。

第三十九条　负责社区康复工作的人员应当为社区康复人员提供必要的心理治疗和辅导、职业技能培训、职业指导以及就学、就业、就医援助。

第四十条　社区康复自期满之日起解除。社区康复执行地公安机关出具解除社区康复通知书送达社区康复人员本人及其家属,并在7日内通知社区康复执行地乡(镇)人民政府、城市街道办事处。

第四十一条　自愿戒毒人员、社区戒毒、社区康复的人员可以自愿与戒毒康复场所签订协议,到戒毒康复场所戒毒康复、生活和劳动。

戒毒康复场所应当配备必要的管理人员和医务人员,为戒毒人员提供戒毒康复、职业技能培训和生产劳动条件。

第四十二条　戒毒康复场所应当加强管理,严禁毒品流入,并建立戒毒康复人员自我管理、自我教育、自我服务的机制。

戒毒康复场所组织戒毒人员参加生产劳动,应当参照国家劳动用工制度的规定支付劳动报酬。

第六章　法律责任

第四十三条　公安、司法行政、卫生行政等有关部门工作人员泄露戒毒人员个人信息的,依法给予处分;构成犯罪的,依法追究刑事责任。

第四十四条　乡(镇)人民政府、城市街道办事处负责社区戒毒、社区康复工作的人员有下列行为之一的,依法给予处分:

（一）未与社区戒毒、社区康复人员签订社区戒毒、社区康复协议,不落实社区戒毒、社区康复措施的;

（二）不履行本条例第二十一条规定的报告义务的;

（三）其他不履行社区戒毒、社区康复监督职责的行为。

第四十五条　强制隔离戒毒场所的工作人员有下列行为之一的,依法给予处分;构成犯罪的,依法追究刑事责任:

（一）侮辱、虐待、体罚强制隔离戒毒人员的;

（二）收受、索要财物的;

（三）擅自使用、损毁、处理没收或者代为保管的财物的;

（四）为强制隔离戒毒人员提供麻醉药品、精神药品或者违反规定传递其他物品的;

（五）在强制隔离戒毒诊断评估工作中弄虚作假的;

（六）私放强制隔离戒毒人员的;

（七）其他徇私舞弊、玩忽职守、不履行法定职责的行为。

第七章　附　　则

第四十六条　本条例自公布之日起施行。1995年1月12日国务院发布的《强制戒毒办法》同时废止。

易制毒化学品购销和运输管理办法

1. 2006年8月22日公安部令第87号公布
2. 自2006年10月1日起施行

第一章　总　　则

第一条　为加强易制毒化学品管理,规范购销和运输易制毒化学品行为,防止易制毒化学品被用于制造毒品,维护经济和社会秩序,根据《易制毒化学品管理条例》,制定本办法。

第二条　公安部是全国易制毒化学品购销、运输管理和监督检查的主管部门。

县级以上地方人民政府公安机关负责本辖区内易制毒化学品购销、运输管理和监督检查工作。

各省、自治区、直辖市和设区的市级人民政府公安机关禁毒部门应当设立易制毒化学品管理专门机构,县级人民政府公安机关应当设专门人员,负责易制毒化学品的购买、运输许可或者备案和监督检查工作。

第二章　购销管理

第三条　购买第一类中的非药品类易制毒化学品的,应当向所在地省级人民政府公安机关申请购买许可证;购买第二类、第三类易制毒化学品的,应当向所在地县级人民政府公安机关备案。取得购买许可证或者购买备案证明后,方可购买易制毒化学品。

第四条 个人不得购买第一类易制毒化学品和第二类易制毒化学品。

禁止使用现金或者实物进行易制毒化学品交易，但是个人合法购买第一类中的药品类易制毒化学品药品制剂和第三类易制毒化学品的除外。

第五条 申请购买第一类中的非药品类易制毒化学品和第二类、第三类易制毒化学品的，应当提交下列申请材料：

（一）经营企业的营业执照（副本和复印件），其他组织的登记证书或者成立批准文件（原件和复印件），或者个人的身份证明（原件和复印件）；

（二）合法使用需要证明（原件）。

合法使用需要证明由购买单位或者个人出具，注明拟购买易制毒化学品的品种、数量和用途，并加盖购买单位印章或者个人签名。

第六条 申请购买第一类中的非药品类易制毒化学品的，由申请人所在地的省级人民政府公安机关审批。负责审批的公安机关应当自收到申请之日起十日内，对申请人提交的申请材料进行审查。对符合规定的，发给购买许可证；不予许可的，应当书面说明理由。

负责审批的公安机关对购买许可证的申请能够当场予以办理的，应当当场办理；对材料不齐备需要补充的，应当一次告知申请人需补充的内容；对提供材料不符合规定不予受理的，应当书面说明理由。

第七条 公安机关审查第一类易制毒化学品购买许可申请材料时，根据需要，可以进行实地核查。遇有下列情形之一的，应当进行实地核查：

（一）购买单位第一次申请的；

（二）购买单位提供的申请材料不符合要求的；

（三）对购买单位提供的申请材料有疑问的。

第八条 购买第二类、第三类易制毒化学品的，应当在购买前将所需购买的品种、数量，向所在地的县级人民政府公安机关备案。公安机关受理备案后，应当于当日出具购买备案证明。

自用一次性购买五公斤以下且年用量五十公斤以下高锰酸钾的，无须备案。

第九条 易制毒化学品购买许可证一次使用有效，有效期一个月。

易制毒化学品购买备案证明一次使用有效，有效期一个月。对备案后一年内无违规行为的单位，可以发给多次使用有效的备案证明，有效期六个月。

对个人购买的，只办理一次使用有效的备案证明。

第十条 经营单位销售第一类易制毒化学品时，应当查验购买许可证和经办人的身份证明。对委托代购的，还应当查验购买人持有的委托文书。

委托文书应当载明委托人与被委托人双方情况、委托购买的品种、数量等事项。

经营单位在查验无误，留存前两款规定的证明材料的复印件后，方可出售第一类易制毒化学品；发现可疑情况的，应当立即向当地公安机关报告。

经营单位在查验购买方提供的许可证和身份证明时，对不能确定其真实性的，可以请当地公安机关协助核查。公安机关应当当场予以核查，对于不能当场核实的，应当于三日内将核查结果告知经营单位。

第十一条 经营单位应当建立易制毒化学品销售台账，如实记录销售的品种、数量、日期、购买方等情况。经营单位销售易制毒化学品时，还应当留存购买许可证或者购买备案证明以及购买经办人的身份证明的复印件。

销售台账和证明材料复印件应当保存二年备查。

第十二条 经营单位应当将第一类易制毒化学品的销售情况于销售之日起五日内报当地县级人民政府公安机关备案，将第二类、第三类易制毒化学品的销售情况于三十日内报当地县级人民政府公安机关备案。

备案的销售情况应当包括销售单位、地址，销售易制毒化学品的种类、数量等，并同时提交留存的购买方的证明材料复印件。

第十三条 第一类易制毒化学品的使用单位，应当建立使用台账，如实记录购进易制毒化学品的种类、数量、使用情况和库存等，并保存二年备查。

第十四条 购买、销售和使用易制毒化学品的单位，应当在易制毒化学品的出入库登记、易制毒化学品管理岗位责任分工以及企业从业人员的易制毒化学品知识培训等方面建立单位内部管理制度。

第三章 运输管理

第十五条 运输易制毒化学品，有下列情形之一的，应当申请运输许可证或者进行备案：

（一）跨设区的市级行政区域（直辖市为跨市界）运输的；

（二）在禁毒形势严峻的重点地区跨县级行政区域运输的。禁毒形势严峻的重点地区由公安部确定和调整，名单另行公布。

运输第一类易制毒化学品的，应当向运出地的设区的市级人民政府公安机关申请运输许可证。

运输第二类易制毒化学品的，应当向运出地县级人民政府公安机关申请运输许可证。

运输第三类易制毒化学品的,应当向运出地县级人民政府公安机关备案。

第十六条 运输供教学、科研使用的一百克以下的麻黄素样品和供医疗机构制剂配方使用的小包装麻黄素以及医疗机构或者麻醉药品经营企业购买麻黄素片剂六万片以下、注射剂一万五千支以下,货主或者承运人持有依法取得的购买许可证明或者麻醉药品调拨单的,无须申请易制毒化学品运输许可。

第十七条 因治疗疾病需要,患者、患者近亲属或者患者委托的人凭医疗机构出具的医疗诊断书和本人的身份证明,可以随身携带第一类中的药品类易制毒化学品药品制剂,但是不得超过医用单张处方的最大剂量。

第十八条 运输易制毒化学品,应当由货主向公安机关申请运输许可证或者进行备案。

申请易制毒化学品运输许可证或者进行备案,应当提交下列材料:

(一)经营企业的营业执照(副本和复印件),其他组织的登记证书或者成立批准文件(原件和复印件),个人的身份证明(原件和复印件);

(二)易制毒化学品购销合同(复印件);

(三)经办人的身份证明(原件和复印件)。

第十九条 负责审批的公安机关应当自收到第一类易制毒化学品运输许可申请之日起十日内,收到第二类易制毒化学品运输许可申请之日起三日内,对申请人提交的申请材料进行审查。对符合规定的,发给运输许可证;不予许可的,应当书面说明理由。

负责审批的公安机关对运输许可申请能够当场予以办理的,应当当场办理;对材料不齐备需要补充的,应当一次告知申请人需补充的内容;对提供材料不符合规定不予受理的,应当书面说明理由。

运输第三类易制毒化学品的,应当在运输前向运出地的县级人民政府公安机关备案。公安机关应当在收到备案材料的当日发给备案证明。

第二十条 负责审批的公安机关对申请人提交的申请材料,应当核查其真实性和有效性,其中查验购销合同时,可以要求申请人出示购买许可证或者备案证明,核对是否相符;对营业执照和登记证书(或者成立批准文件),应当核查其生产范围、经营范围、使用范围、证照有效期等内容。

公安机关审查第一类易制毒化学品运输许可申请材料时,根据需要,可以进行实地核查。遇有下列情形之一的,应当进行实地核查:

(一)申请人第一次申请的;

(二)提供的申请材料不符合要求的;

(三)对提供的申请材料有疑问的。

第二十一条 对许可运输第一类易制毒化学品的,发给一次有效的运输许可证,有效期一个月。

对许可运输第二类易制毒化学品的,发给三个月多次使用有效的运输许可证;对第三类易制毒化学品运输备案的,发给三个月多次使用有效的备案证明;对于领取运输许可证或者运输备案证明后六个月内按照规定运输并保证运输安全的,可以发给有效期十二个月的运输许可证或者运输备案证明。

第二十二条 承运人接受货主委托运输,对应当凭证运输的,应当查验货主提供的运输许可证或者备案证明,并查验所运货物与运输许可证或者备案证明载明的易制毒化学品的品种、数量等情况是否相符;不相符的,不得承运。

承运人查验货主提供的运输许可证或者备案证明时,对不能确定其真实性的,可以请当地人民政府公安机关协助核查。公安机关应当当场予以核查,对于不能当场核实的,应当于三日内将核查结果告知承运人。

第二十三条 运输易制毒化学品时,运输车辆应当在明显部位张贴易制毒化学品标识;属于危险化学品的,应当由有危险化学品运输资质的单位运输;应当凭证运输的,运输人员应当自启运起全程携带运输许可证或者备案证明。承运单位应当派人押运或者采取其他有效措施,防止易制毒化学品丢失、被盗、被抢。

运输易制毒化学品时,还应当遵守国家有关货物运输的规定。

第二十四条 公安机关在易制毒化学品运输过程中应当对运输情况与运输许可证或者备案证明所载内容是否相符等情况进行检查。交警、治安、禁毒、边防等部门应当在交通重点路段和边境地区等加强易制毒化学品运输的检查。

第二十五条 易制毒化学品运出地与运入地公安机关应当建立情况通报制度。运出地负责审批或者备案的公安机关应当每季度末将办理的易制毒化学品运输许可或者备案情况通报运入地同级公安机关,运入地同级公安机关应当核查货物的实际运达情况后通报运出地公安机关。

第四章 监督检查

第二十六条 县级以上人民政府公安机关应当加强对易制毒化学品购销和运输等情况的监督检查,有关单位和个人应当积极配合。对发现非法购销和运输行为的,公安机关应当依法查处。

公安机关在进行易制毒化学品监督检查时,可以依法查看现场、查阅和复制有关资料、记录有关情况、扣押相关的证据材料和违法物品;必要时,可以临时查封有关场所。

被检查的单位或者个人应当如实提供有关情况和材料、物品,不得拒绝或者隐匿。

第二十七条 公安机关应当对依法收缴、查获的易制毒化学品安全保管。对于可以回收的,应当予以回收;对于不能回收的,应当依照环境保护法律、行政法规的有关规定,交由有资质的单位予以销毁,防止造成环境污染和人身伤亡。对收缴、查获的第一类中的药品类易制毒化学品的,一律销毁。

保管和销毁费用由易制毒化学品违法单位或者个人承担。违法单位或者个人无力承担的,该费用在回收所得中开支,或者在公安机关的禁毒经费中列支。

第二十八条 购买、销售和运输易制毒化学品的单位应当于每年三月三十一日前向所在地县级公安机关报告上年度的购买、销售和运输情况。公安机关发现可疑情况的,应当及时予以核对和检查,必要时可以进行实地核查。

有条件的购买、销售和运输单位,可以与当地公安机关建立计算机联网,及时通报有关情况。

第二十九条 易制毒化学品丢失、被盗、被抢的,发案单位应当立即向当地公安机关报告。接到报案的公安机关应当及时立案查处,并向上级公安机关报告。

第五章　法 律 责 任

第三十条 违反规定购买易制毒化学品,有下列情形之一的,公安机关应当没收非法购买的易制毒化学品,对购买方处非法购买易制毒化学品货值十倍以上二十倍以下的罚款,货值的二十倍不足一万元的,按一万元罚款;构成犯罪的,依法追究刑事责任:

(一)未经许可或者备案擅自购买易制毒化学品的;

(二)使用他人的或者伪造、变造、失效的许可证或者备案证明购买易制毒化学品的。

第三十一条 违反规定销售易制毒化学品,有下列情形之一的,公安机关应当对销售单位处一万元以下罚款;有违法所得的,处三万元以下罚款,并对违法所得依法予以追缴;构成犯罪的,依法追究刑事责任:

(一)向无购买许可证或者备案证明的单位或者个人销售易制毒化学品的;

(二)超出购买许可证或者备案证明的品种、数量销售易制毒化学品的。

第三十二条 货主违反规定运输易制毒化学品,有下列情形之一的,公安机关应当没收非法运输的易制毒化学品或者非法运输易制毒化学品的设备、工具;处非法运输易制毒化学品货值十倍以上二十倍以下罚款,货值的二十倍不足一万元的,按一万元罚款;有违法所得的,没收违法所得;构成犯罪的,依法追究刑事责任:

(一)未经许可或者备案擅自运输易制毒化学品的;

(二)使用他人的或者伪造、变造、失效的许可证运输易制毒化学品的。

第三十三条 承运人违反规定运输易制毒化学品,有下列情形之一的,公安机关应当责令停运整改,处五千元以上五万元以下罚款:

(一)与易制毒化学品运输许可证或者备案证明载明的品种、数量、运入地、货主及收货人、承运人等情况不符的;

(二)运输许可证种类不当的;

(三)运输人员未全程携带运输许可证或者备案证明的。

个人携带易制毒化学品不符合品种、数量规定的,公安机关应当没收易制毒化学品,处一千元以上五千元以下罚款。

第三十四条 伪造申请材料骗取易制毒化学品购买、运输许可证或者备案证明的,公安机关应当处一万元罚款,并撤销许可证或者备案证明。

使用以伪造的申请材料骗取的易制毒化学品购买、运输许可证或者备案证明购买、运输易制毒化学品的,分别按照第三十条第一项和第三十二条第一项的规定处罚。

第三十五条 对具有第三十条、第三十二条和第三十四条规定违法行为的单位或个人,自作出行政处罚决定之日起三年内,公安机关可以停止受理其易制毒化学品购买或者运输许可申请。

第三十六条 违反易制毒化学品管理规定,有下列行为之一的,公安机关应当给予警告,责令限期改正,处一万元以上五万元以下罚款;对违反规定购买的易制毒化学品予以没收,逾期不改正的,责令限期停产停业整顿;逾期整顿不合格的,吊销相应的许可证:

(一)将易制毒化学品购买或运输许可证或者备案证明转借他人使用的;

(二)超出许可的品种、数量购买易制毒化学品的;

(三)销售、购买易制毒化学品的单位不记录或者不如实记录交易情况、不按规定保存交易记录或者不如实、不及时向公安机关备案销售情况的;

（四）易制毒化学品丢失、被盗、被抢后未及时报告，造成严重后果的；

（五）除个人合法购买第一类中的药品类易制毒化学品药品制剂以及第三类易制毒化学品外，使用现金或者实物进行易制毒化学品交易的；

（六）经营易制毒化学品的单位不如实或者不按时报告易制毒化学品年度经销和库存情况的。

第三十七条 经营、购买、运输易制毒化学品的单位或者个人拒不接受公安机关监督检查的，公安机关应当责令其改正，对直接负责的主管人员以及其他直接责任人员给予警告；情节严重的，对单位处一万元以上五万元以下罚款，对直接负责的主管人员以及其他直接责任人员处一千元以上五千元以下罚款；有违反治安管理行为的，依法给予治安管理处罚；构成犯罪的，依法追究刑事责任。

第三十八条 公安机关易制毒化学品管理工作人员在管理工作中有应当许可而不许可、不应当许可而滥许可，不依法受理备案，以及其他滥用职权、玩忽职守、徇私舞弊行为的，依法给予行政处分；构成犯罪的，依法追究刑事责任。

第三十九条 公安机关实施本章处罚，同时应当由其他行政主管机关实施处罚的，应当通报其他行政机关处理。

第六章 附 则

第四十条 本办法所称"经营单位"，是指经营易制毒化学品的经销单位和经销自产易制毒化学品的生产单位。

第四十一条 本办法所称"运输"，是指通过公路、铁路、水上和航空等各种运输途径，使用车、船、航空器等各种运输工具，以及人力、畜力携带、搬运等各种运输方式使易制毒化学品货物发生空间位置的移动。

第四十二条 易制毒化学品购买许可证和备案证明、运输许可证和备案证明、易制毒化学品管理专用印章由公安部统一规定式样并监制。

第四十三条 本办法自2006年10月1日起施行。《麻黄素运输许可证管理规定》（公安部令第52号）同时废止。

附表：

易制毒化学品的分类和品种目录

第一类

1. 1-苯基-2-丙酮
2. 3,4-亚甲基二氧苯基-2-丙酮
3. 胡椒醛
4. 黄樟素
5. 黄樟油
6. 异黄樟素
7. N-乙酰邻氨基苯酸
8. 邻氨基苯甲酸
9. 麦角酸*
10. 麦角胺*
11. 麦角新碱*
12. 麻黄素、伪麻黄素、消旋麻黄素、去甲麻黄素、甲基麻黄素、麻黄浸膏、麻黄浸膏粉等麻黄素类物质*

第二类

1. 苯乙酸
2. 醋酸酐
3. 三氯甲烷
4. 乙醚
5. 哌啶

第三类

1. 甲苯
2. 丙酮
3. 甲基乙基酮
4. 高锰酸钾
5. 硫酸
6. 盐酸

说明：

一、第一类、第二类所列物质可能存在的盐类，也纳入管制。

二、带有*标记的品种为第一类中的药品类易制毒化学品，第一类中的药品类易制毒化学品包括原料药及其单方制剂。

公安机关强制隔离戒毒所管理办法

2011年9月28日公安部令第117号公布施行

第一章 总 则

第一条 为加强和规范公安机关强制隔离戒毒所的管理，保障强制隔离戒毒工作顺利进行，根据《中华人民共和国禁毒法》、《国务院戒毒条例》以及相关规定，制定本办法。

第二条 强制隔离戒毒所是公安机关依法通过行政强制措施为戒毒人员提供科学规范的戒毒治疗、心理治疗、身体康复训练和卫生、道德、法制教育,开展职业技能培训的场所。

第三条 强制隔离戒毒所应当坚持戒毒治疗与教育康复相结合的方针,遵循依法、严格、科学、文明管理的原则,实现管理规范化、治疗医院化、康复多样化、帮教社会化、建设标准化。

第四条 强制隔离戒毒所应当建立警务公开制度,依法接受监督。

第二章 设 置

第五条 强制隔离戒毒所由县级以上地方人民政府设置。

强制隔离戒毒所由公安机关提出设置意见,经本级人民政府和省级人民政府公安机关分别审核同意后,报省级人民政府批准,并报公安部备案。

第六条 强制隔离戒毒所机构名称为××省(自治区、直辖市)、××市(县、区、旗)强制隔离戒毒所。

同级人民政府设置有司法行政部门管理的强制隔离戒毒所的,公安机关管理的强制隔离戒毒所名称为××省(自治区、直辖市)、××市(县、区、旗)第一强制隔离戒毒所。

第七条 强制隔离戒毒所建设,应当符合国家有关建设规范。建设方案,应当经省级人民政府公安机关批准。

第八条 强制隔离戒毒所设所长一人,副所长二至四人,必要时可设政治委员或教导员。强制隔离戒毒所根据工作需要设置相应的机构,配备相应数量的管教、监控、巡视、医护、技术、财会等民警和工勤人员,落实岗位责任。

强制隔离戒毒所根据工作需要配备一定数量女民警。

公安机关可以聘用文职人员参与强制隔离戒毒所的戒毒治疗、劳动技能培训、法制教育等非执法工作,可以聘用工勤人员从事勤杂工作。

第九条 强制隔离戒毒所管理人员、医务人员享受国家规定的工资福利待遇和职业保险。

第十条 强制隔离戒毒所的基础建设经费、日常运行公用经费、办案(业务)经费、业务装备经费、戒毒人员监管给养经费,按照县级以上人民政府的财政预算予以保障。

各省、自治区、直辖市公安机关应当会同本地财政部门每年度对戒毒人员伙食费、医疗费等戒毒人员经费标准进行核算。

第十一条 强制隔离戒毒所应当建立并严格执行财物管理制度,接受有关部门的检查和审计。

第十二条 强制隔离戒毒所按照收戒规模设置相应的医疗机构,接受卫生行政部门对医疗工作的指导和监督。

强制隔离戒毒所按照卫生行政部门批准的医疗机构要求配备医务工作人员。

强制隔离戒毒所医务工作人员应当参加卫生行政部门组织的业务培训和职称评定考核。

第三章 入 所

第十三条 强制隔离戒毒所凭《强制隔离戒毒决定书》,接收戒毒人员。

第十四条 强制隔离戒毒所接收戒毒人员时,应当对戒毒人员进行必要的健康检查,确认是否受伤、患有传染病或者其他疾病,对女性戒毒人员还应当确认是否怀孕,并填写《戒毒人员健康检查表》。

办理入所手续后,强制隔离戒毒所民警应当向强制隔离戒毒决定机关出具收戒回执。

第十五条 对怀孕或者正在哺乳自己不满一周岁婴儿的妇女,强制隔离戒毒所应当通知强制隔离戒毒决定机关依法变更为社区戒毒。

戒毒人员不满十六周岁且强制隔离戒毒可能影响其学业的,强制隔离戒毒所可以建议强制隔离戒毒决定机关依法变更为社区戒毒。

对身体有外伤的,强制隔离戒毒所应当予以记录,由送戒人员出具伤情说明并由戒毒人员本人签字确认。

第十六条 强制隔离戒毒所办理戒毒人员入所手续,应当填写《戒毒人员入所登记表》,并在全国禁毒信息管理系统中录入相应信息,及时进行信息维护。

戒毒人员基本信息与《强制隔离戒毒决定书》相应信息不一致的,强制隔离戒毒所应当要求办案部门核查并出具相应说明。

第十七条 强制隔离戒毒所应当对戒毒人员人身和随身携带的物品进行检查。除生活必需品外,其他物品由强制隔离戒毒所代为保管,并填写《戒毒人员财物保管登记表》一式二份,强制隔离戒毒所和戒毒人员各存一份。经戒毒人员签字同意,强制隔离戒毒所可以将代为保管物品移交戒毒人员近亲属保管。

对检查时发现的毒品以及其他依法应当没收的违禁品,强制隔离戒毒所应当逐件登记,并依照有关规定处理。与案件有关的物品应当移交强制隔离戒毒决定机关处理。

对女性戒毒人员的人身检查,应当由女性工作人员进行。

第十八条 强制隔离戒毒所应当配合办案部门查清戒毒

人员真实情况,对新入所戒毒人员信息应当与在逃人员、违法犯罪人员等信息系统进行比对,发现戒毒人员有其他违法犯罪行为或者为在逃人员的,按照相关规定移交有关部门处理。

第四章 管 理

第十九条 强制隔离戒毒所应当根据戒毒人员性别、年龄、患病、吸毒种类等情况设置不同病区,分别收戒管理。

强制隔离戒毒所根据戒毒治疗的不同阶段和戒毒人员表现,实行逐步适应社会的分级管理。

第二十条 强制隔离戒毒所应当建立新入所戒毒人员管理制度,对新入所戒毒人员实行不少于十五天的过渡管理和教育。

第二十一条 强制隔离戒毒所应当在戒毒人员入所二十四小时内进行谈话教育,书面告知其应当遵守的管理规定和依法享有的权利及行使权利的途径,掌握其基本情况,疏导心理,引导其适应新环境。

第二十二条 戒毒人员提出检举、揭发、控告,以及提起行政复议或者行政诉讼的,强制隔离戒毒所应当登记后及时将有关材料转送有关部门。

第二十三条 强制隔离戒毒所应当保障戒毒人员通信自由和通信秘密。对强制隔离戒毒所以外的人员交给戒毒人员的物品和邮件,强制隔离戒毒所应当进行检查。检查时,应当有两名以上工作人员同时在场。

经强制隔离戒毒所批准,戒毒人员可以用指定的固定电话与其亲友、监护人或者所在单位、就读学校通话。

第二十四条 强制隔离戒毒所建立探访制度,允许戒毒人员亲属、所在单位或者就读学校的工作人员探访。

探访人员应当接受强制隔离戒毒所身份证件检查,遵守探访规定。对违反规定的探访人员,强制隔离戒毒所可以提出警告或者责令其停止探访。

第二十五条 戒毒人员具有以下情形之一的,强制隔离戒毒所可以批准其请假出所:

(一)配偶、直系亲属病危或者有其他正当理由离所探视的;

(二)配偶、直系亲属死亡需要处理相应事务的;

(三)办理婚姻登记等必须由本人实施的民事法律行为的。

戒毒人员应当提出请假出所的书面申请并提供相关证明材料,经强制隔离戒毒所所长批准,并报主管公安机关备案后,发给戒毒人员请假出所证明。

请假出所时间最长不得超过十天,离所和回所当日均计算在内。对请假出所不归的,视作脱逃行为处理。

第二十六条 律师会见戒毒人员应当持律师执业证、律师事务所介绍信和委托书,在强制隔离戒毒所内指定地点进行。

第二十七条 强制隔离戒毒所应当制定并严格执行戒毒人员伙食标准,保证戒毒人员饮食卫生、吃熟、吃热、吃够定量。

对少数民族戒毒人员,应当尊重其饮食习俗。

第二十八条 强制隔离戒毒所应当建立戒毒人员代购物品管理制度,代购物品仅限日常生活用品和食品。

第二十九条 强制隔离戒毒所应当建立戒毒人员一日生活制度。

强制隔离戒毒所应当督促戒毒人员遵守戒毒人员行为规范,并根据其现实表现分别予以奖励或者处罚。

第三十条 强制隔离戒毒所应当建立出入所登记制度。

戒毒区实行封闭管理,非本所工作人员出入应经所领导批准。

第三十一条 强制隔离戒毒所应当统一戒毒人员的着装、被服,衣被上应当设置本所标志。

第三十二条 强制隔离戒毒所应当安装监控录像、应急报警、病室报告装置、门禁检查和违禁物品检测等技防系统。监控录像保存时间不得少于十五天。

第三十三条 强制隔离戒毒所应当定期或者不定期进行安全检查,及时发现和消除安全隐患。

第三十四条 强制隔离戒毒所应当建立突发事件处置预案,并定期进行演练。

遇有戒毒人员脱逃、暴力袭击他人的,强制隔离戒毒所可以依法使用警械予以制止。

第三十五条 强制隔离戒毒所应当建立二十四小时值班巡视制度。

值班人员必须坚守岗位,履行职责,加强巡查,不得擅离职守,不得从事有碍值班的活动。

值班人员发现问题,应当果断采取有效措施,及时处置,并按规定向上级报告。

第三十六条 对有下列情形之一的戒毒人员,应当根据不同情节分别给予警告、训诫、责令其具结悔过或者禁闭;构成犯罪的,依法追究刑事责任:

(一)违反戒毒人员行为规范、不遵守强制隔离戒毒所纪律,经教育不改正的;

(二)私藏或者吸食、注射毒品,隐匿违禁物品的;

(三)欺侮、殴打、虐待其他戒毒人员,占用他人财物等侵犯他人权利的;

（四）交流吸毒信息、传授犯罪方法或者教唆他人违法犯罪的；

（五）预谋或者实施自杀、脱逃、行凶的。

对戒毒人员处以警告、训诫和责令具结悔过，由管教民警决定并执行；处以禁闭，由管教民警提出意见，报强制隔离戒毒所所长批准。

对情节恶劣的，在诊断评估时应当作为建议延长其强制隔离戒毒期限的重要情节；构成犯罪的，交由侦查部门侦查，被决定刑事拘留或者逮捕的转看守所羁押。

第三十七条 强制隔离戒毒所发生戒毒人员脱逃的，应当立即报告主管公安机关，并配合追回脱逃人员。被追回的戒毒人员应当继续执行强制隔离戒毒，脱逃期间不计入强制隔离戒毒期限。被追回的戒毒人员不得提前解除强制隔离戒毒，诊断评估时可以作为建议延长其强制隔离戒毒期限的情节。

第三十八条 戒毒人员在强制隔离戒毒期间死亡的，强制隔离戒毒所应当立即向主管公安机关报告，同时通报强制隔离戒毒决定机关，通知其家属和同级人民检察院。主管公安机关应当组织相关部门对死亡原因进行调查。查清死亡原因后，尽快通知死者家属。

其他善后事宜依照国家有关规定处理。

第三十九条 强制隔离戒毒所应当建立询问登记制度，配合办案部门的询问工作。

第四十条 办案人员询问戒毒人员，应当持单位介绍信及有效工作证件，办理登记手续，在询问室进行。

因办案需要，经强制隔离戒毒所主管公安机关负责人批准，办案部门办理交接手续后可以将戒毒人员带离出所，出所期间的安全由办案部门负责。戒毒人员被带离出所以及送回所时，强制隔离戒毒所应对其进行体表检查，做好书面记录，由强制隔离戒毒所民警、办案人员和戒毒人员签字确认。

第五章 医 疗

第四十一条 强制隔离戒毒所戒毒治疗和护理操作规程按照国家有关规定进行。

第四十二条 强制隔离戒毒所根据戒毒人员吸食、注射毒品的种类和成瘾程度等，进行有针对性的生理治疗、心理治疗和身体康复训练，并建立个人病历。

第四十三条 强制隔离戒毒所实行医护人员二十四小时值班和定时查房制度，医护人员应当随时掌握分管戒毒人员的治疗和身体康复情况，并给予及时的治疗和看护。

第四十四条 强制隔离戒毒所对患有传染病的戒毒人员，按照国家有关规定采取必要的隔离、治疗措施。

第四十五条 强制隔离戒毒所对毒瘾发作或者出现精神障碍可能发生自伤、自残或者实施其他危险行为的戒毒人员，可以按照卫生行政部门制定的医疗规范采取保护性约束措施。

对被采取保护性约束措施的戒毒人员，民警和医护人员应当密切观察，可能发生自伤、自残或者实施其他危险行为的情形解除后及时解除保护性约束措施。

第四十六条 戒毒人员患严重疾病，不出所治疗可能危及生命的，经强制隔离戒毒所主管公安机关批准，报强制隔离戒毒决定机关备案，强制隔离戒毒所可以允许其所外就医，并发给所外就医证明。所外就医的费用由戒毒人员本人承担。

所外就医期间，强制隔离戒毒期限连续计算。对于健康状况不再适宜回所执行强制隔离戒毒的，强制隔离戒毒所应当向强制隔离戒毒决定机关提出变更为社区戒毒的建议，强制隔离戒毒决定机关应当自收到建议之日起七日内，作出是否批准的决定。经批准变更为社区戒毒的，已执行的强制隔离戒毒期限折抵社区戒毒期限。

第四十七条 强制隔离戒毒所使用麻醉药品和精神药品，应当按照规定向有关部门申请购买。需要对戒毒人员使用麻醉药品和精神药品的，由具有麻醉药品、精神药品处方权的执业医师按照有关技术规范开具处方，医护人员应当监督戒毒人员当面服药。

强制隔离戒毒所应当按照有关规定严格管理麻醉药品和精神药品，严禁违规使用，防止流入非法渠道。

第四十八条 强制隔离戒毒所应当建立卫生防疫制度，设置供戒毒人员沐浴、理发和洗晒被服的设施。对戒毒病区应当定期消毒，防止传染疫情发生。

第四十九条 强制隔离戒毒所可以与社会医疗机构开展多种形式的医疗合作，保证医疗质量。

第六章 教 育

第五十条 强制隔离戒毒所应当设立教室、心理咨询室、谈话教育室、娱乐活动室、技能培训室等教育、康复活动的功能用房。

第五十一条 强制隔离戒毒所应当建立民警与戒毒人员定期谈话制度。管教民警应当熟悉分管戒毒人员的基本情况，包括戒毒人员自然情况、社会关系、吸毒经历、思想动态和现实表现等。

第五十二条 强制隔离戒毒所应当对戒毒人员经常开展法制、禁毒宣传、艾滋病性病预防宣传等主题教育活动。

第五十三条　强制隔离戒毒所对戒毒人员的教育，可以采取集中授课、个别谈话、社会帮教、亲友规劝、现身说法等多种形式进行。强制隔离戒毒所可以邀请有关专家、学者、社会工作者以及戒毒成功人员协助开展教育工作。

第五十四条　强制隔离戒毒所应当制定奖励制度，鼓励、引导戒毒人员坦白、检举违法犯罪行为。

强制隔离戒毒所应当及时将戒毒人员提供的违法犯罪线索转递给侦查办案部门。办案部门应当及时进行查证并反馈查证情况。

强制隔离戒毒所应当对查证属实、有立功表现的戒毒人员予以奖励，并作为诊断评估的重要依据。

第五十五条　强制隔离戒毒所可以动员、劝导戒毒人员戒毒期满出所后进入戒毒康复场所康复，并提供便利条件。

第五十六条　强制隔离戒毒所应当积极联系劳动保障、教育等有关部门，向戒毒人员提供职业技术、文化教育培训。

第七章　康　　复

第五十七条　强制隔离戒毒所应当组织戒毒人员开展文体活动，进行体能训练。一般情况下，每天进行不少于二小时的室外活动。

第五十八条　强制隔离戒毒所应当采取多种形式对戒毒人员进行心理康复训练。

第五十九条　强制隔离戒毒所可以根据戒毒需要和戒毒人员的身体状况组织戒毒人员参加康复劳动，康复劳动时间每天最长不得超过六小时。

强制隔离戒毒所不得强迫戒毒人员参加劳动。

第六十条　强制隔离戒毒所康复劳动场所和康复劳动项目应当符合国家相关规定，不得开展有碍于安全管理和戒毒人员身体康复的项目。

第六十一条　强制隔离戒毒所应当对戒毒人员康复劳动收入和支出建立专门账目，严格遵守财务制度，专款专用。戒毒人员康复劳动收入使用范围如下：

（一）支付戒毒人员劳动报酬；

（二）改善戒毒人员伙食及生活条件；

（三）购置劳保用品；

（四）其他必要开支。

第八章　出　　所

第六十二条　对需要转至司法行政部门强制隔离戒毒继续执行强制隔离戒毒的人员，公安机关应当与司法行政部门办理移交手续。

第六十三条　对外地戒毒人员，如其户籍地强制隔离戒毒所同意接收，强制隔离戒毒决定机关可以变更执行场所，将戒毒人员交付其户籍地强制隔离戒毒所执行并办理移交手续。

第六十四条　强制隔离戒毒所应当建立戒毒诊断评估工作小组，按照有关规定对戒毒人员的戒毒康复、现实表现、适应社会能力等情况作出综合评估。对转至司法行政部门继续执行的，强制隔离戒毒所应当将戒毒人员戒毒康复、日常行为考核等情况一并移交司法行政部门强制隔离戒毒所，并通报强制隔离戒毒决定机关。

第六十五条　戒毒人员被依法收监执行刑罚、采取强制性教育措施或者被依法拘留、逮捕的，强制隔离戒毒所应当根据有关法律文书，与相关部门办理移交手续，并通知强制隔离戒毒决定机关。监管场所、羁押场所应当给予必要的戒毒治疗。

刑罚执行完毕时、解除强制性教育措施时或者释放时强制隔离戒毒尚未期满的，继续执行强制隔离戒毒。

第六十六条　强制隔离戒毒所应当将戒毒人员以下信息录入全国禁毒信息管理系统，进行相应的信息维护：

（一）强制隔离戒毒期满出所的；

（二）转至司法行政部门强制隔离戒毒所继续执行的；

（三）转至司法行政部门强制隔离戒毒所不被接收的；

（四）所外就医的；

（五）变更为社区戒毒的；

（六）脱逃或者请假出所不归的；

（七）脱逃被追回后在其他强制隔离戒毒所执行的。

第六十七条　强制隔离戒毒所应当建立并妥善保管戒毒人员档案。档案内容包括：强制隔离戒毒决定书副本、行政复议或者诉讼结果文书、戒毒人员登记表、健康检查表、财物保管登记表、病历、奖惩情况记录、办案机关或者律师询问记录、诊断评估结果、探访与请假出所记录、出所凭证等在强制隔离戒毒期间产生的有关文书及图片。

戒毒人员死亡的，强制隔离戒毒所应当将《戒毒人员死亡鉴定书》和《戒毒人员死亡通知书》归入其档案。

除法律明确规定外，强制隔离戒毒所不得对外提供戒毒人员档案。

第九章　附　　则

第六十八条　对被处以行政拘留的吸毒成瘾人员，本级公安机关没有设立拘留所或者拘留所不具备戒毒治疗条件的,强制隔离戒毒可以代为执行。

第六十九条 有条件的强制隔离戒毒所可以接收自愿戒毒人员。但应当建立专门的自愿戒毒区,并按照卫生行政部门关于自愿戒毒的规定管理自愿戒毒人员。

对自愿接受强制隔离戒毒的吸毒成瘾人员,强制隔离戒毒所应当与其就戒毒治疗期限、戒毒治疗措施等签订书面协议。

第七十条 强制隔离戒毒所实行等级化管理,具体办法由公安部另行制定。

第七十一条 本办法所称以上,均包括本数、本级。

第七十二条 强制隔离戒毒所的文书格式,由公安部统一制定。

第七十三条 本办法自公布之日起施行,公安部2000年4月17日发布施行的《强制戒毒所管理办法》同时废止。

吸毒成瘾认定办法

1. 2011年1月30日公安部令第115号发布
2. 根据2016年12月29日公安部、国家卫生和计划生育委员会令第142号《关于修改〈吸毒成瘾认定办法〉的决定》修正

第一条 为规范吸毒成瘾认定工作,科学认定吸毒成瘾人员,依法对吸毒成瘾人员采取戒毒措施和提供戒毒治疗,根据《中华人民共和国禁毒法》《戒毒条例》,制定本办法。

第二条 本办法所称吸毒成瘾,是指吸毒人员因反复使用毒品而导致的慢性复发性脑病,表现为不顾不良后果、强迫性寻求及使用毒品的行为,常伴有不同程度的个人健康及社会功能损害。

第三条 本办法所称吸毒成瘾认定,是指公安机关或者其委托的戒毒医疗机构通过对吸毒人员进行人体生物样本检测、收集其吸毒证据或者根据生理、心理、精神的症状、体征等情况,判断其是否成瘾以及是否成瘾严重的工作。

本办法所称戒毒医疗机构,是指符合《戒毒医疗服务管理暂行办法》规定的专科戒毒医院和设有戒毒治疗科室的其他医疗机构。

第四条 公安机关在执法活动中发现吸毒人员,应当进行吸毒成瘾认定;因技术原因认定有困难的,可以委托有资质的戒毒医疗机构进行认定。

第五条 承担吸毒成瘾认定工作的戒毒医疗机构,由省级卫生计生行政部门会同同级公安机关指定。

第六条 公安机关认定吸毒成瘾,应当由两名以上人民警察进行,并在作出人体生物样本检测结论的二十四小时内提出认定意见,由认定人员签名,经所在单位负责人审核,加盖所在单位印章。

有关证据材料,应当作为认定意见的组成部分。

第七条 吸毒人员同时具备以下情形的,公安机关认定其吸毒成瘾:

(一)经血液、尿液和唾液等人体生物样本检测证明其体内含有毒品成分;

(二)有证据证明其有使用毒品行为;

(三)有戒断症状或者有证据证明吸毒史,包括曾经因使用毒品被公安机关查处、曾经进行自愿戒毒、人体毛发样品检测出毒品成分等情形。

戒断症状的具体情形,参照卫生部制定的《阿片类药物依赖诊断治疗指导原则》和《苯丙胺类药物依赖诊断治疗指导原则》、《氯胺酮依赖诊断治疗指导原则》确定。

第八条 吸毒成瘾人员具有下列情形之一的,公安机关认定其吸毒成瘾严重:

(一)曾经被责令社区戒毒、强制隔离戒毒(含《禁毒法》实施以前被强制戒毒或者劳教戒毒)、社区康复或者参加过戒毒药物维持治疗,再次吸食、注射毒品的;

(二)有证据证明其采取注射方式使用毒品或者至少三次使用累计涉及两类以上毒品的;

(三)有证据证明其使用毒品后伴有聚众淫乱、自伤自残或者暴力侵犯他人人身、财产安全或者妨害公共安全等行为的。

第九条 公安机关在吸毒成瘾认定过程中实施人体生物样本检测,依照公安部制定的《吸毒检测程序规定》的有关规定执行。

第十条 公安机关承担吸毒成瘾认定工作的人民警察,应当同时具备以下条件:

(一)具有二级警员以上警衔及两年以上相关执法工作经历;

(二)经省级公安机关、卫生计生行政部门组织培训并考核合格。

第十一条 公安机关委托戒毒医疗机构进行吸毒成瘾认定的,应当在吸毒人员末次吸毒的七十二小时内予以委托并提交委托函。超过七十二小时委托的,戒毒医疗机构可以不予受理。

第十二条　承担吸毒成瘾认定工作的戒毒医疗机构及其医务人员,应当依照《戒毒医疗服务管理暂行办法》的有关规定进行吸毒成瘾认定工作。

第十三条　戒毒医疗机构认定吸毒成瘾,应当由两名承担吸毒成瘾认定工作的医师进行。

第十四条　承担吸毒成瘾认定工作的医师,应当同时具备以下条件:
（一）符合《戒毒医疗服务管理暂行办法》的有关规定;
（二）从事戒毒医疗工作不少于三年;
（三）具有中级以上专业技术职务任职资格。

第十五条　戒毒医疗机构对吸毒人员采集病史和体格检查时,委托认定的公安机关应当派有关人员在场协助。

第十六条　戒毒医疗机构认为需要对吸毒人员进行人体生物样本检测的,委托认定的公安机关应当协助提供现场采集的检测样本。

戒毒医疗机构认为需要重新采集其他人体生物检测样本的,委托认定的公安机关应当予以协助。

第十七条　戒毒医疗机构使用的检测试剂,应当是经国家食品药品监督管理局批准的产品,并避免与常见药物发生交叉反应。

第十八条　戒毒医疗机构及其医务人员应当依照诊疗规范、常规和有关规定,结合吸毒人员的病史、精神症状检查、体格检查和人体生物样本检测结果等,对吸毒人员进行吸毒成瘾认定。

第十九条　戒毒医疗机构应当自接受委托认定之日起三个工作日内出具吸毒成瘾认定报告,由认定人员签名并加盖戒毒医疗机构公章。认定报告一式二份,一份交委托认定的公安机关,一份留存备查。

第二十条　委托戒毒医疗机构进行吸毒成瘾认定的费用由委托单位承担。

第二十一条　各级公安机关、卫生计生行政部门应当加强对吸毒成瘾认定工作的指导和管理。

第二十二条　任何单位和个人不得违反规定泄露承担吸毒成瘾认定工作相关工作人员及被认定人员的信息。

第二十三条　公安机关、戒毒医疗机构以及承担认定工作的相关人员违反本办法规定的,依照有关法律法规追究责任。

第二十四条　本办法所称的两类及以上毒品是指阿片类（包括鸦片、吗啡、海洛因、杜冷丁等）、苯丙胺类（包括各类苯丙胺衍生物）、大麻类、可卡因类,以及氯胺酮等其他类毒品。

第二十五条　本办法自2011年4月1日起施行。

吸毒检测程序规定

1. 2009年9月27日公安部令第110号发布
2. 根据2016年12月16日公安部令第141号《关于修改〈吸毒检测程序规定〉的决定》修正

第一条　为规范公安机关吸毒检测工作,保护当事人的合法权益,根据《中华人民共和国禁毒法》、《戒毒条例》等有关法律规定,制定本规定。

第二条　吸毒检测是运用科学技术手段对涉嫌吸毒的人员进行生物医学检测,为公安机关认定吸毒行为提供科学依据的活动。

吸毒检测的对象,包括涉嫌吸毒的人员,被决定执行强制隔离戒毒的人员,被公安机关责令接受社区戒毒和社区康复的人员,以及戒毒康复场所内的戒毒康复人员。

第三条　吸毒检测分为现场检测、实验室检测、实验室复检。

第四条　现场检测由县级以上公安机关或者其派出机构进行。

实验室检测由县级以上公安机关指定的取得检验鉴定机构资格的实验室或者有资质的医疗机构进行。

实验室复检由县级以上公安机关指定的取得检验鉴定机构资格的实验室进行。

实验室检测和实验室复检不得由同一检测机构进行。

第五条　吸毒检测样本的采集应当使用专用器材。现场检测器材应当是国家主管部门批准生产或者进口的合格产品。

第六条　检测样本为采集的被检测人员的尿液、血液、唾液或者毛发等生物样本。

第七条　被检测人员拒绝接受检测的,经县级以上公安机关或者其派出机构负责人批准,可以对其进行强制检测。

第八条　公安机关采集、送检、检测样本,应当由两名以上工作人员进行;采集女性被检测人尿液检测样本,应当由女性工作人员进行。

采集的检测样本经现场检测结果为阳性的,应当分别保存在A、B两个样本专用器材中并编号,由采集人和被采集人共同签字封存,采用检材适宜的条件予以保存,保存期不得少于六个月。

第九条　现场检测应当出具检测报告,由检测人签名,并加盖检测的公安机关或者其派出机构的印章。

现场检测结果应当当场告知被检测人,并由被检测人在检测报告上签名。被检测人拒不签名的,公安民警应当在检测报告上注明。

第十条　被检测人对现场检测结果有异议的,可以在被告知检测结果之日起的三日内,向现场检测的公安机关提出实验室检测申请。

公安机关应当在接到实验室检测申请后的三日内作出是否同意进行实验室检测的决定,并将结果告知被检测人。

第十一条　公安机关决定进行实验室检测的,应当在作出实验室检测决定后的三日内,将保存的A样本送交县级以上公安机关指定的具有检验鉴定资格的实验室或者有资质的医疗机构。

第十二条　接受委托的实验室或者医疗机构应当在接到检测样本后的三日内出具实验室检测报告,由检测人签名,并加盖检测机构公章后,送委托实验室检测的公安机关。公安机关收到检测报告后,应当在二十四小时内将检测结果告知被检测人。

第十三条　被检测人对实验室检测结果有异议的,可以在被告知检测结果后的三日内,向现场检测的公安机关提出实验室复检申请。

公安机关应当在接到实验室复检申请后的三日内作出是否同意进行实验室复检的决定,并将结果告知被检测人。

第十四条　公安机关决定进行实验室复检的,应当在作出实验室复检决定后的三日内,将保存的B样本送交县级以上公安机关指定的具有检验鉴定资格的实验室。

第十五条　接受委托的实验室应当在接到检测样本后的三日内出具检测报告,由检测人签名,并加盖专用鉴定章后,送委托实验室复检的公安机关。公安机关收到检测报告后,应当在二十四小时内将检测结果告知被检测人。

第十六条　接受委托的实验室检测机构或者实验室复检机构认为送检样本不符合检测条件的,应当报县级以上公安机关或者其派出机构负责人批准后,由公安机关根据检测机构的意见,重新采集检测样本。

第十七条　被检测人是否申请实验室检测和实验室复检,不影响案件的正常办理。

第十八条　现场检测费用、实验室检测、实验室复检的费用由公安机关承担。

第十九条　公安机关、鉴定机构或者其工作人员违反本规定,有下列情形之一的,应当依照有关规定,对相关责任人给予纪律处分或者行政处分;构成犯罪的,依法追究刑事责任:

(一)因严重不负责任给当事人合法权益造成重大损害的;

(二)故意提供虚假检测报告的;

(三)法律、行政法规规定的其他情形。

第二十条　吸毒检测的技术标准由公安部另行制定。

第二十一条　本规定所称"以上"、"内"皆包含本级或者本数,"日"是指工作日。

第二十二条　本规定自2010年1月1日起施行。

毒品违法犯罪举报奖励办法

2018年8月国家禁毒委员会办公室、公安部、财政部印发

第一条　为动员全社会力量参与禁毒斗争,鼓励举报毒品违法犯罪活动,减少毒品社会危害,根据《中华人民共和国禁毒法》等有关规定,制定本办法。

第二条　本办法所称毒品违法犯罪,是指违反法律法规规定,依法应当追究刑事责任、给予治安管理处罚或者决定戒毒相关措施的涉及毒品的违法犯罪行为。

第三条　本办法所称举报人,是指通过书面材料、电话、来访等方式,主动向公安机关举报毒品违法犯罪活动或者线索的公民、法人和其他组织。

与本职工作有关的公安、检察、审判、司法行政、国家安全、武警、军队、海关等国家机关工作人员;以及共同犯罪的犯罪嫌疑人向公安机关供述同案犯毒品犯罪事实、在押犯罪嫌疑人揭发他人毒品犯罪事实或者提供毒品犯罪线索的,不适用本办法。

第四条　各级禁毒委员会办公室、公安机关应当指定、公布举报受理电话或者其他受理方式。直接向公安部举报毒品违法犯罪线索的,由公安部禁毒局作为指定受理机构。

举报可以公开或者匿名方式进行。为便于查证和奖励,国家禁毒委员会办公室鼓励实名举报毒品违法犯罪行为。匿名举报无法核实真实身份或者无法联系举报人的,不列入奖励范围。

第五条　各级禁毒委员会办公室、公安机关应当及时受理群众举报,认真记录举报的方式、时间、内容以及举报人的身份信息、联络方式等基本情况,原始记录应作为奖励的重要依据,破案后及时兑奖。

公安部、国家禁毒委员会办公室直接受理举报毒品违法犯罪线索后,应当认真填写《举报毒品违法犯罪案件登记表》,及时转交相关地区、部门核查。

各级公安机关应当按照属地管辖原则对举报线索及时调查处理。

第六条 举报毒品违法犯罪线索,同时符合下列条件,经查证属实的,对举报人予以奖励:

(一)举报发生在中华人民共和国境内的毒品违法犯罪案件或者举报涉及我国的涉外毒品违法犯罪线索;

(二)有明确具体的举报对象、违法犯罪活动时间、地点、人员、物品等基本举报事实;

(三)举报时提供的信息尚未被公安机关掌握,或虽被公安机关掌握,但举报人举报的内容更为具体详实且在案件侦破过程中发挥重要或者关键作用的;

(四)符合举报奖励的其他必要条件。

第七条 举报毒品违法犯罪,给予一次性奖励。各地可参照下列标准,根据本地区实际情况予以调整:

(一)缴获毒品、易制毒化学品数量分别以海洛因、麻黄碱为基准进行折算。

(二)举报毒品犯罪活动或者线索,缴获毒品10克以下,奖励300元;缴获10克以上50克以下,奖励500元;缴获50克以上500克以下,奖励1000元;缴获500克以上1千克以下,奖励2000元;缴获1千克以上10千克以下,奖励2万元;缴获10千克以上20千克以下,奖励5万元;缴获20千克以上50千克以下,奖励10万元;缴获50千克以上100千克以下,奖励20万元;缴获100千克以上视情奖励不少于20万元。

(三)举报毒品犯罪活动或者线索,缴获易制毒化学品1千克以下,奖励500元;缴获1千克以上5千克以下,奖励1000元;缴获5千克以上25千克以下,奖励2000元;缴获25千克以上50千克以下,奖励5000元;缴获50千克以上100千克以下,奖励2万元;缴获100千克以上300千克以下,奖励5万元;缴获300千克以上500千克以下,奖励10万元;缴获500千克以上1吨以下,奖励20万元;缴获1吨以上视情奖励不少于20万元。

(四)举报制毒工厂的,每查处一家,根据抓获犯罪嫌疑人数、缴获毒品及制毒前体、配剂数量等情况,奖励2万元至20万元。

(五)举报制毒物品、制毒设备等其他制毒线索破获制毒案件的,根据抓获犯罪嫌疑人数、缴获制毒物品、设备等情况,奖励1万元至10万元。

(六)举报重大涉毒犯罪嫌疑人的,抓获公安部悬赏通缉毒贩,按照悬赏金额奖励;抓获公安部在逃人员信息库中毒贩,按公安部追逃奖励办法奖励。

(七)举报聚众吸食毒品人员的,查获3名以上不满5名的,奖励3000元;查获5名以上不满10名的,奖励1万元;查获10名以上的,奖励2万元。

(八)举报吸食、注射毒品后驾驶机动车的,每抓获1人,奖励500元。

(九)举报正在非法种植罂粟或大麻的,1亩以下每案奖励1000元;1亩以上的,每案奖励2000元;举报发现非法买卖、运输、携带、持有未经灭活的罂粟毒品原植物种子50克以上或罂粟幼苗5千株以上、大麻种子50千克或大麻幼苗5万株以上的,奖励1000元人民币;经举报人提供线索,公安机关抓获非法种植毒品原植物犯罪嫌疑人的,每抓获1人奖励2000元。

(十)对符合多项奖励的同一举报,合计最高奖励金额不超过30万元。

(十一)举报其他涉毒违法犯罪线索的,根据查证情况在上述奖励幅度内视情予以奖励。

(十二)举报人或其所提供的举报信息在特别重大毒品案件侦办中,发挥重要作用或作出特殊贡献的,最高可奖励30万元。

第八条 安检、旅检、货检、邮检、物流、快递等从业人员在查验工作中发现并举报毒品违法犯罪线索,协助公安机关破获案件的,按照所缴获毒品、涉毒物品的数量及奖励标准,各地公安机关可以对提供毒品犯罪线索人员进行奖励。

第九条 同一毒品违法犯罪活动被多个举报人分别举报的,奖励最先举报人。举报顺序以受理举报的时间为准。如其他举报人提供线索对查清案件确有直接或者主要作用的,酌情给予奖励。

举报人同时向两个以上公安机关或禁毒委员会办公室举报的,由直接破获案件的公安机关进行奖励,不重复奖励。

第十条 奖励举报资金实行分级负责、分级保障的原则,纳入各级公安机关预算,统筹管理。

直接向公安部或国家禁毒委员会办公室举报且由公安部指挥侦办的重大案件线索,公安部承担奖励经费,负责审批并发放;公安部转批到各省(自治区、直辖市)立案侦办的案件线索以及各地自行受理的案件线索兑现奖励资金由同级公安机关负责。

第十一条 根据群众举报线索查破毒品犯罪案件后,各级公安机关应当在15个工作日内通知举报人领奖。

举报人自接到奖励通知起2个月内,应当凭本人有效身份证件领取。举报人直接领取奖金不便或有困难的,可委托他人代领,代领人凭本人和委托人有效身份证件及委托书领取。无正当理由逾期不领取的,视为自动放弃。

由公安部或国家禁毒委员会办公室直接兑现奖励举报的,按照《公安部国家禁毒委员会办公室毒品违法犯罪举报奖励办理程序规定》的有关程序办理。

奖励资金的支付按照国库集中支付制度有关规定执行,具备非现金支付条件的应选择非现金支付方式发放奖金。

第十二条 奖励举报资金发放应当自觉接受财政、纪检监察、审计等部门的监督和检查,发现违规发放、侵吞奖励经费的,依法追究有关人员的法律责任。

第十三条 各级公安机关、禁毒委员会办公室应建立举报保密制度。未经举报人同意,不得以任何形式公开或者泄露举报人姓名、身份、住所、工作单位等其他信息资料。

第十四条 举报人应当对举报行为负责。对借举报之名故意捏造事实诬告、陷害他人或者获取非法利益的,依法追究法律责任。

第十五条 有下列情形之一的,对直接责任人和有关责任人员视情节轻重给予相关处分;构成犯罪的,依法追究刑事责任:

(一)对举报线索未认真核实,导致不符合奖励条件的举报人获得奖励的;

(二)伪造举报材料,伙同或者帮助他人冒领奖励的;

(三)向被举报人通风报信,帮助其逃避查处的;

(四)因工作失职导致举报相关信息泄密的;

(五)利用在职务活动中知悉的毒品违法犯罪情况或者线索,通过他人以举报的方式获取奖励的;

(六)其他违纪违法情形。

第十六条 本办法所称"以上"包括本数。

第十七条 各省、自治区、直辖市公安机关、财政部门、禁毒委员会办公室可以参照此办法制定本地毒品违法犯罪举报奖励办法。

第十八条 本办法自公布之日起施行。

附件:奖励举报毒品违法犯罪缴获毒品易制毒化学品数量折算标准

奖励举报毒品违法犯罪缴获毒品易制毒化学品数量折算标准

1 克 毒品 =

0.01 克 二氢埃托啡;

1 克 海洛因、冰毒(包括片剂、粉末、晶体、麻古、麻果)、LSD、可卡因;

2 克 吗啡、其他苯丙胺类、摇头丸、甲卡西酮、经鉴定认定的新精神活性物质(卡西酮类、哌嗪类、苯乙胺类、人工合成大麻素类、芬太尼类);

5 克 罂粟籽(种子)、哌替啶(度冷丁片剂);

10 克 氯胺酮;

20 克 美沙酮、鸦片、度冷丁针剂;

40 克 曲马多、γ-羟丁酸;

100 克 丁丙诺啡、大麻脂、大麻油、可待因;

1000 克 三唑仑(海神乐)、安眠酮;

2000 克 阿普唑仑、恰特草、大麻叶、大麻烟;

4000 克 咖啡因、罂粟壳;

5000 克 巴比妥、苯巴比妥、安钠咖、尼美西泮;

10000 克 氯氮卓(利眠宁)、溴西泮、艾司唑仑(舒乐安定)、地西泮(安定);

1 千克 易制毒化学品 =

1 千克 麻黄碱(包括伪麻黄碱、消旋麻黄碱)、氯麻黄碱、N-苯乙基-4-哌啶酮(NPP)、4-苯胺基-N-苯乙基哌啶(4-ANPP);

2 千克 1-苯基-2-丙酮、溴代苯丙酮、3,4-亚甲基二氧苯基-2-丙酮(胡椒醛甲基酮)、羟亚胺;

4 千克 邻氯苯基环戊酮(邻酮)、去甲麻黄碱(素)、甲基麻黄碱(素)、α-氰基苯丙酮(APAAN)、麻黄碱类复方制剂、溴素、1-苯基-1-丙酮;

10 千克 醋酸酐;

20 千克 麻黄浸膏、麻黄浸膏粉、胡椒醛、黄樟素、黄樟油、异黄樟素、麦角酸、麦角胺、麦角新碱、苯乙酸;

50 千克 N-乙酰邻氨基苯酸、邻氨基苯甲酸、三氯甲烷、乙醚、哌啶;

100 千克 甲苯、丙酮、甲基乙基酮、高锰酸钾、硫酸、盐酸、麻黄草;

500 千克 甲胺(含其水溶液和醇溶液)、氯化亚砜、四氢呋喃、氢溴酸、丙酰氯、丙酸酐、邻氯苯腈、邻氯苯甲酰氯、邻氯苯甲酸、邻氯苯甲酸酯、邻氯苯甲醛、苯乙腈、苯乙醛、苯乙醛、苯乙酰胺、苯乙酸酯类、苯甲酸乙酯、氯代环戊烷、溴代环戊烷、碘代环戊烷、γ-丁内酯、氢气(钢瓶装)、氯化氢气体(钢瓶装)、1-苯基-2-硝基丙烯、1-苯基-2-硝基丙烷、硝基乙烷、硼氢化钠、硼氢化钾、二苯甲酰酒石酸、碘、氢碘酸、红磷、次磷酸、五氯化磷、氯化苄。

办理毒品犯罪案件毒品提取、扣押、称量、取样和送检程序若干问题的规定

1. 2016年5月24日最高人民法院、最高人民检察院、公安部印发
2. 公禁毒〔2016〕511号
3. 自2016年7月1日起施行

第一章 总 则

第一条 为规范毒品的提取、扣押、称量、取样和送检程序，提高办理毒品犯罪案件的质量和效率，根据《中华人民共和国刑事诉讼法》《最高人民法院关于适用〈中华人民共和国刑事诉讼法〉的解释》《人民检察院刑事诉讼规则（试行）》《公安机关办理刑事案件程序规定》等有关规定，结合办案工作实际，制定本规定。

第二条 公安机关对于毒品的提取、扣押、称量、取样和送检工作，应当遵循依法、客观、准确、公正、科学和安全的原则，确保毒品实物证据的收集、固定和保管工作严格依法进行。

第三条 人民检察院、人民法院办理毒品犯罪案件，应当审查公安机关对毒品的提取、扣押、称量、取样、送检程序以及相关证据的合法性。

毒品的提取、扣押、称量、取样、送检程序存在瑕疵，可能严重影响司法公正的，人民检察院、人民法院应当要求公安机关予以补正或者作出合理解释。经公安机关补正或者作出合理解释的，可以采用相关证据；不能补正或者作出合理解释的，对相关证据应当依法予以排除，不得作为批准逮捕、提起公诉或者判决的依据。

第二章 提取、扣押

第四条 侦查人员应当对毒品犯罪案件有关的场所、物品、人身进行勘验、检查或者搜查，及时准确地发现、固定、提取、采集毒品及内外包装物上的痕迹、生物样本等物证，依法予以扣押。必要时，可以指派或者聘请具有专门知识的人，在侦查人员的主持下进行勘验、检查。

侦查人员对制造毒品、非法生产制毒物品犯罪案件的现场进行勘验、检查或者搜查时，应当提取并当场扣押制造毒品、非法生产制毒物品的原料、配剂、成品、半成品和工具、容器、包装物以及上述物品附着的痕迹、生物样本等物证。

提取、扣押时，不得将不同包装物内的毒品混合。

现场勘验、检查或者搜查时，应当对查获毒品的原始状态拍照或者录像，采取措施防止犯罪嫌疑人及其他无关人员接触毒品及包装物。

第五条 毒品的扣押应当在有犯罪嫌疑人在场并有见证人的情况下，由两名以上侦查人员执行。

毒品的提取、扣押情况应当制作笔录，并当场开具扣押清单。

笔录和扣押清单应当由侦查人员、犯罪嫌疑人和见证人签名。犯罪嫌疑人拒绝签名的，应当在笔录和扣押清单中注明。

第六条 对同一案件在不同位置查获的两个以上包装的毒品，应当根据不同的查获位置进行分组。

对同一位置查获的两个以上包装的毒品，应当按照以下方法进行分组：

（一）毒品或者包装物的外观特征不一致的，根据毒品及包装物的外观特征进行分组；

（二）毒品及包装物的外观特征一致，但犯罪嫌疑人供述非同一批次毒品的，根据犯罪嫌疑人供述的不同批次进行分组；

（三）毒品及包装物的外观特征一致，但犯罪嫌疑人辩称其中部分不是毒品或者不知是否为毒品的，对犯罪嫌疑人辩解的部分疑似毒品单独分组。

第七条 对查获的毒品应当按其独立最小包装逐一编号或者命名，并将毒品的编号、名称、数量、查获位置以及包装、颜色、形态等外观特征记录在笔录或者扣押清单中。

在毒品的称量、取样、送检等环节，毒品的编号、名称以及对毒品外观特征的描述应当与笔录和扣押清单保持一致；不一致的，应当作出书面说明。

第八条 对体内藏毒的案件，公安机关应当监控犯罪嫌疑人排出体内的毒品，及时提取、扣押并制作笔录。笔录应当由侦查人员和犯罪嫌疑人签名；犯罪嫌疑人拒绝签名的，应当在笔录中注明。在保障犯罪嫌疑人隐私权和人格尊严的情况下，可以对排毒的主要过程进行拍照或者录像。

必要时，可以在排毒前对犯罪嫌疑人体内藏毒情况进行透视检验并以透视影像的形式固定证据。

体内藏毒的犯罪嫌疑人为女性的，应当由女性工作人员或者医师检查其身体，并由女性工作人员监控其排毒。

第九条 现场提取、扣押等工作完成后，一般应当由两名以上侦查人员对提取、扣押的毒品及包装物进行现场

封装,并记录在笔录中。

封装应当在有犯罪嫌疑人在场并有见证人的情况下进行;应当使用封装袋封装毒品并加密封口,或者使用封条贴封包装,作好标记和编号,由侦查人员、犯罪嫌疑人和见证人在封口处、贴封处或者指定位置签名并签署封装日期。犯罪嫌疑人拒绝签名的,侦查人员应当注明。

确因情况紧急、现场环境复杂等客观原因无法在现场实施封装的,经公安机关办案部门负责人批准,可以及时将毒品带至公安机关办案场所或者其他适当的场所进行封装,并对毒品移动前后的状态进行拍照固定,作出书面说明。

封装时,不得将不同包装内的毒品混合。对不同组的毒品,应当分别独立封装,封装后可以统一签名。

第十条　必要时,侦查人员应当对提取、扣押和封装的主要过程进行拍照或者录像。

照片和录像资料应当反映提取、扣押和封装活动的主要过程以及毒品的原始位置、存放状态和变动情况。照片应当附有相应的文字说明,文字说明应当与照片反映的情况相对应。

第十一条　公安机关应当设置专门的毒品保管场所或者涉案财物管理场所,指定专人保管封装后的毒品及包装物,并采取措施防止毒品发生变质、泄漏、遗失、损毁或者受到污染等。

对易燃、易爆、具有毒害性以及对保管条件、保管场所有特殊要求的毒品,在处理前应当存放在符合条件的专门场所。公安机关没有具备保管条件的场所的,可以借用其他单位符合条件的场所进行保管。

第三章　称　　量

第十二条　毒品的称量一般应当由两名以上侦查人员在查获毒品的现场完成。

不具备现场称量条件的,应当按照本规定第九条的规定对毒品及包装物封装后,带至公安机关办案场所或者其他适当的场所进行称量。

第十三条　称量应当在有犯罪嫌疑人在场并有见证人的情况下进行,并制作称量笔录。

对已经封装的毒品进行称量前,应当在有犯罪嫌疑人在场并有见证人的情况下拆封,并记录在称量笔录中。

称量笔录应当由称量人、犯罪嫌疑人和见证人签名。犯罪嫌疑人拒绝签名的,应当在称量笔录中注明。

第十四条　称量应当使用适当精度和称量范围的衡器。称量的毒品质量不足一百克的,衡器的分度值应当达到零点零一克;一百克以上且不足一千克的,分度值应当达到零点一克;一千克以上且不足十千克的,分度值应当达到一克;十千克以上且不足一百千克的,分度值应当达到十克;一百千克以上且不足一吨的,分度值应当达到一百克;一吨以上的,分度值应当达到一千克。

称量前,称量人应当将衡器示数归零,并确保其处于正常的工作状态。

称量所使用的衡器应当经过法定计量检定机构检定并在有效期内,一般不得随意搬动。

法定计量检定机构出具的计量检定证书复印件应当归入证据材料卷,并随案移送。

第十五条　对两个以上包装的毒品,应当分别称量,并统一制作称量笔录,不得混合后称量。

对同一组内的多个包装的毒品,可以采取全部毒品及包装物总质量减去包装物质量的方式确定毒品的净质量;称量时,不同包装物内的毒品不得混合。

第十六条　多个包装的毒品系包装完好、标识清晰完整的麻醉药品、精神药品制剂的,可以按照其包装、标识或者说明书上标注的麻醉药品、精神药品成分的含量计算全部毒品的质量,或者从相同批号的药品制剂中随机抽取三个包装进行称量后,根据麻醉药品、精神药品成分的含量计算全部毒品的质量。

第十七条　对体内藏毒的案件,应当将犯罪嫌疑人排出体外的毒品逐一称量,统一制作称量笔录。

犯罪嫌疑人供述所排出的毒品系同一批次或者毒品及包装物的外观特征相似的,可以按照本规定第十五条第二款规定的方法进行称量。

第十八条　对同一容器内的液态毒品或者固液混合状态毒品,应当采用拍照或者录像等方式对其原始状态进行固定,再统一称量。必要时,可以对其原始状态固定后,再进行固液分离并分别称量。

第十九条　现场称量后将毒品带回公安机关办案场所或者送至鉴定机构取样的,应当按照本规定第九条的规定对毒品及包装物进行封装。

第二十条　侦查人员应当对称量的主要过程进行拍照或者录像。

照片和录像资料应当清晰显示毒品的外观特征、衡器示数和犯罪嫌疑人对称量结果的指认情况。

第四章　取　　样

第二十一条　毒品的取样一般应当在称量工作完成后,由两名以上侦查人员在查获毒品的现场或者公安机关办案场所完成。必要时,可以指派或者聘请具有专门知识的人进行取样。

在现场或者公安机关办案场所不具备取样条件的,应当按照本规定第九条的规定对毒品及包装物进行封装后,将其送至鉴定机构并委托鉴定机构进行取样。

第二十二条　在查获毒品的现场或者公安机关办案场所取样的,应当在有犯罪嫌疑人在场并有见证人的情况下进行,并制作取样笔录。

对已经封装的毒品进行取样前,应当在有犯罪嫌疑人在场并有见证人的情况下拆封,并记录在取样笔录中。

取样笔录应当由取样人、犯罪嫌疑人和见证人签名。犯罪嫌疑人拒绝签名的,应当在取样笔录中注明。

必要时,侦查人员应当对拆封和取样的主要过程进行拍照或者录像。

第二十三条　委托鉴定机构进行取样的,对毒品的取样方法、过程、结果等情况应当制作取样笔录,但鉴定意见包含取样方法的除外。

取样笔录应当由侦查人员和取样人签名,并随案移送。

第二十四条　对单个包装的毒品,应当按照下列方法选取或者随机抽取检材:

（一）粉状。将毒品混合均匀,并随机抽取约一克作为检材;不足一克的全部取作检材。

（二）颗粒状、块状。随机选择三个以上不同的部位,各抽取一部分混合作为检材,混合后的检材质量不少于一克;不足一克的全部取作检材。

（三）膏状、胶状。随机选择三个以上不同的部位,各抽取一部分混合作为检材,混合后的检材质量不少于三克;不足三克的全部取作检材。

（四）胶囊状、片剂状。先根据形状、颜色、大小、标识等外观特征进行分组;对于外观特征相似的一组,从中随机抽取三粒作为检材,不足三粒的全部取作检材。

（五）液态。将毒品混合均匀,并随机抽取约二十毫升作为检材;不足二十毫升的全部取作检材。

（六）固液混合状态。按照本款以上各项规定的方法,分别对固态毒品和液态毒品取样;能够混合均匀成溶液的,可以将其混合均匀后按照本款第五项规定的方法取样。

对其他形态毒品的取样,参照前款规定的取样方法进行。

第二十五条　对同一组内两个以上包装的毒品,应当按照下列标准确定选取或者随机抽取独立最小包装的数量,再根据本规定第二十四条规定的取样方法从单个包装中选取或者随机抽取检材:

（一）少于十个包装的,应当选取所有的包装;

（二）十个以上包装且少于一百个包装的,应当随机抽取其中的十个包装;

（三）一百个以上包装的,应当随机抽取与包装总数的平方根数值最接近的整数个包装。

对选取或者随机抽取的多份检材,应当逐一编号或者命名,且检材的编号、名称应当与其他笔录和扣押清单保持一致。

第二十六条　多个包装的毒品系包装完好、标识清晰完整的麻醉药品、精神药品制剂的,可以从相同批号的药品制剂中随机抽取三个包装,再根据本规定第二十四条规定的取样方法从单个包装中选取或者随机抽取检材。

第二十七条　在查获毒品的现场或者公安机关办案场所取样的,应当使用封装袋封装检材并加密封口,作好标记和编号,由取样人、犯罪嫌疑人和见证人在封口处或者指定位置签名并签署封装日期。犯罪嫌疑人拒绝签名的,侦查人员应当注明。

从不同包装中选取或者随机抽取的检材应当分别独立封装,不得混合。

对取样后剩余的毒品及包装物,应当按照本规定第九条的规定进行封装。选取或者随机抽取的检材应当由专人负责保管。在检材保管和送检过程中,应当采取妥善措施防止其发生变质、泄漏、遗失、损毁或者受到污染等。

第二十八条　委托鉴定机构进行取样的,应当使用封装袋封装取样后剩余的毒品及包装物并加密封口,作好标记和编号,由侦查人员和取样人在封口处签名并签署封装日期。

第二十九条　对取样后剩余的毒品及包装物,应当及时送至公安机关毒品保管场所或者涉案财物管理场所进行妥善保管。

对需要作为证据使用的毒品,不起诉决定或者判决、裁定（含死刑复核判决、裁定）发生法律效力后方可处理。

第五章　送　检

第三十条　对查获的全部毒品或者从查获的毒品中选取或者随机抽取的检材,应当由两名以上侦查人员自毒品被查获之日起三日以内,送至鉴定机构进行鉴定。

具有案情复杂、查获毒品数量较多、异地办案、在交通不便地区办案等情形的,送检时限可以延长至七日。

公安机关应当向鉴定机构提供真实、完整、充分的鉴定材料,并对鉴定材料的真实性、合法性负责。

第三十一条 侦查人员送检时,应当持本人工作证件、鉴定聘请书等材料,并提供鉴定事项相关的鉴定资料;需要复核、补充或者重新鉴定的,还应当持原鉴定意见复印件。

第三十二条 送检的侦查人员应当配合鉴定机构核对鉴定材料的完整性、有效性,并检查鉴定材料是否满足鉴定需要。

公安机关鉴定机构应当在收到鉴定材料的当日作出是否受理的决定,决定受理的,应当与公安机关办案部门签订鉴定委托书;不予受理的,应当退还鉴定材料并说明理由。

第三十三条 具有下列情形之一的,公安机关应当委托鉴定机构对查获的毒品进行含量鉴定:

(一)犯罪嫌疑人、被告人可能被判处死刑的;

(二)查获的毒品系液态、固液混合物或者系毒品半成品的;

(三)查获的毒品可能大量掺假的;

(四)查获的毒品系成分复杂的新类型毒品,且犯罪嫌疑人、被告人可能被判处七年以上有期徒刑的;

(五)人民检察院、人民法院认为含量鉴定对定罪量刑有重大影响而书面要求进行含量鉴定的。

进行含量鉴定的检材应当与进行成分鉴定的检材来源一致,且一一对应。

第三十四条 对毒品原植物及其种子、幼苗,应当委托具备相应资质的鉴定机构进行鉴定。当地没有具备相应资质的鉴定机构的,可以委托侦办案件的公安机关所在地的县级以上农牧、林业行政主管部门,或者设立农林相关专业的普通高等学校、科研院所出具检验报告。

第六章 附 则

第三十五条 本规定所称的毒品,包括毒品的成品、半成品、疑似物以及含有毒品成分的物质。

毒品犯罪案件中查获的其他物品,如制毒物品及其半成品、含有制毒物品成分的物质、毒品原植物及其种子和幼苗的提取、扣押、称量、取样和送检程序,参照本规定执行。

第三十六条 本规定所称的"以上""以内"包括本数,"日"是指工作日。

第三十七条 扣押、封装、称量或者在公安机关办案场所取样时,无法确定犯罪嫌疑人、犯罪嫌疑人在逃或者犯罪嫌疑人在异地被抓获且无法及时到场的,应当在无见证人的情况下进行,并在相关笔录、扣押清单中注明。

犯罪嫌疑人到案后,公安机关应当以告知书的形式告知其扣押、称量、取样的过程、结果。犯罪嫌疑人拒绝在告知书上签名的,应当将告知情况形成笔录,一并附卷;犯罪嫌疑人对称量结果有异议,有条件重新称量的,可以重新称量,并制作称量笔录。

第三十八条 毒品的提取、扣押、封装、称量、取样活动有见证人的,笔录材料中应当写明见证人的姓名、身份证件种类及号码和联系方式,并附其常住人口信息登记表等材料。

下列人员不得担任见证人:

(一)生理上、精神上有缺陷或者年幼,不具有相应辨别能力或者不能正确表达的人;

(二)犯罪嫌疑人的近亲属,被引诱、教唆、欺骗、强迫吸毒的被害人及其近亲属,以及其他与案件有利害关系并可能影响案件公正处理的人;

(三)办理该毒品犯罪案件的公安机关、人民检察院、人民法院的工作人员、实习人员或者其聘用的协勤、文职、清洁、保安等人员。

由于客观原因无法由符合条件的人员担任见证人或者见证人不愿签名的,应当在笔录材料中注明情况,并对相关活动进行拍照并录像。

第三十九条 本规定自2016年7月1日起施行。

最高人民法院、最高人民检察院、公安部关于办理制毒物品犯罪案件适用法律若干问题的意见

1. 2009年6月23日
2. 公通字〔2009〕33号

各省、自治区、直辖市高级人民法院、人民检察院、公安厅、局,新疆维吾尔自治区高级人民法院生产建设兵团分院、新疆生产建设兵团人民检察院、公安局:

为依法惩治走私制毒物品、非法买卖制毒物品犯罪活动,根据刑法有关规定,结合司法实践,现就办理制毒物品犯罪案件适用法律的若干问题制定如下意见:

一、关于制毒物品犯罪的认定

(一)本意见中的"制毒物品",是指刑法第三百五十条第一款规定的醋酸酐、乙醚、三氯甲烷或者其他用于制造毒品的原料或者配剂,具体品种范围按照国家

关于易制毒化学品管理的规定确定。

（二）违反国家规定，实施下列行为之一的，认定为刑法第三百五十条规定的非法买卖制毒物品行为：

1. 未经许可或者备案，擅自购买、销售易制毒化学品的；

2. 超出许可证明或者备案证明的品种、数量范围购买、销售易制毒化学品的；

3. 使用他人的或者伪造、变造、失效的许可证明或者备案证明购买、销售易制毒化学品的；

4. 经营单位违反规定，向无购买许可证明、备案证明的单位、个人销售易制毒化学品的，或者明知购买者使用他人的或者伪造、变造、失效的购买许可证明、备案证明，向其销售易制毒化学品的；

5. 以其他方式非法买卖易制毒化学品的。

（三）易制毒化学品生产、经营、使用单位或者个人未办理许可证明或者备案证明，购买、销售易制毒化学品，如果有证据证明确实用于合法生产、生活需要，依法能够办理只是未及时办理许可证明或者备案证明，且未造成严重社会危害的，不以非法买卖制毒物品罪论处。

（四）为了制造毒品或者走私、非法买卖制毒物品犯罪而采用生产、加工、提炼等方法非法制造易制毒化学品的，根据刑法第二十二条的规定，按照其制造易制毒化学品的不同目的，分别以制造毒品、走私制毒物品、非法买卖制毒物品的预备行为论处。

（五）明知他人实施走私或者非法买卖制毒物品犯罪，而为其运输、储存、代理进出口或者以其他方式提供便利的，以走私或者非法买卖制毒物品罪的共犯论处。

（六）走私、非法买卖制毒物品行为同时构成其他犯罪的，依照处罚较重的规定定罪处罚。

二、关于制毒物品犯罪嫌疑人、被告人主观明知的认定

对于走私或者非法买卖制毒物品行为，有下列情形之一，且查获了易制毒化学品，结合犯罪嫌疑人、被告人的供述和其他证据，经综合审查判断，可以认定其"明知"是制毒物品而走私或者非法买卖，但有证据证明确属被蒙骗的除外：

1. 改变产品形状、包装或者使用虚假标签、商标等产品标志的；

2. 以藏匿、夹带或者其他隐蔽方式运输、携带易制毒化学品逃避检查的；

3. 抗拒检查或者在检查时丢弃货物逃跑的；

4. 以伪报、藏匿、伪装等蒙蔽手段逃避海关、边防等检查的；

5. 选择不设海关或者边防检查站的路段绕行出入境的；

6. 以虚假身份、地址办理托运、邮寄手续的；

7. 以其他方法隐瞒真相，逃避对易制毒化学品依法监管的。

三、关于制毒物品犯罪定罪量刑的数量标准

（一）违反国家规定，非法运输、携带制毒物品进出境或者在境内非法买卖制毒物品达到下列数量标准的，依照刑法第三百五十条第一款的规定，处三年以下有期徒刑、拘役或者管制，并处罚金：

1. 1－苯基－2－丙酮五千克以上不满五十千克；

2. 3,4－亚甲基二氧苯基－2－丙酮、去甲麻黄素（去甲麻黄碱）、甲基麻黄素（甲基麻黄碱）、羟亚胺及其盐类十千克以上不满一百千克；

3. 胡椒醛、黄樟素、黄樟油、异黄樟素、麦角酸、麦角胺、麦角新碱、苯乙酸二十千克以上不满二百千克；

4. N－乙酰邻氨基苯酸、邻氨基苯甲酸、哌啶一百五十千克以上不满一千五百千克；

5. 甲苯、丙酮、甲基乙基酮、高锰酸钾、硫酸、盐酸四百千克以上不满四千千克；

6. 其他用于制造毒品的原料或者配剂相当数量的。

（二）违反国家规定，非法买卖或者走私制毒物品，达到或者超过前款所列最高数量标准的，认定为刑法第三百五十条第一款规定的"数量大的"，处三年以上十年以下有期徒刑，并处罚金。

最高人民法院、最高人民检察院、公安部关于办理走私、非法买卖麻黄碱类复方制剂等刑事案件适用法律若干问题的意见

1. 2012年6月18日
2. 法发〔2012〕12号

为从源头上打击、遏制毒品犯罪，根据刑法等有关规定，结合司法实践，现就办理走私、非法买卖麻黄碱类复方制剂等刑事案件适用法律的若干问题，提出以下意见：

一、关于走私、非法买卖麻黄碱类复方制剂等行为的定性

以加工、提炼制毒物品制造毒品为目的，购买麻黄碱类复方制剂，或者运输、携带、寄递麻黄碱类复方制

剂进出境的,依照刑法第三百四十七条的规定,以制造毒品罪定罪处罚。

以加工、提炼制毒物品为目的,购买麻黄碱类复方制剂,或者运输、携带、寄递麻黄碱类复方制剂进出境的,依照刑法第三百五十条第一款、第三款的规定,分别以非法买卖制毒物品罪、走私制毒物品罪定罪处罚。

将麻黄碱类复方制剂拆除包装、改变形态后进行走私或者非法买卖,或者明知是已拆除包装、改变形态的麻黄碱类复方制剂而进行走私或者非法买卖的,依照刑法第三百五十条第一款、第三款的规定,分别以走私制毒物品罪、非法买卖制毒物品罪定罪处罚。

非法买卖麻黄碱类复方制剂或者运输、携带、寄递麻黄碱类复方制剂进出境,没有证据证明系用于制造毒品或者走私、非法买卖制毒物品,或者未达到走私制毒物品罪、非法买卖制毒物品罪的定罪数量标准,构成非法经营罪、走私普通货物、物品罪等其他犯罪的,依法定罪处罚。

实施第一款、第二款规定的行为,同时构成其他犯罪的,依照处罚较重的规定定罪处罚。

二、关于利用麻黄碱类复方制剂加工、提炼制毒物品行为的定性

以制造毒品为目的,利用麻黄碱类复方制剂加工、提炼制毒物品的,依照刑法第三百四十七条的规定,以制造毒品罪定罪处罚。

以走私或者非法买卖为目的,利用麻黄碱类复方制剂加工、提炼制毒物品的,依照刑法第三百五十条第一款、第三款的规定,分别以走私制毒物品罪、非法买卖制毒物品罪定罪处罚。

三、关于共同犯罪的认定

明知他人利用麻黄碱类制毒物品制造毒品,向其提供麻黄碱类复方制剂,为其利用麻黄碱类复方制剂加工、提炼制毒物品,或者为其获取、利用麻黄碱类复方制剂提供其他帮助的,以制造毒品罪的共犯论处。

明知他人走私或者非法买卖制毒物品,向其提供麻黄碱类复方制剂,为其利用麻黄碱类复方制剂加工、提炼制毒物品,或者为其获取、利用麻黄碱类复方制剂提供其他帮助的,分别以走私制毒物品罪、非法买卖制毒物品罪的共犯论处。

四、关于犯罪预备、未遂的认定

实施本意见规定的行为,符合犯罪预备或者未遂情形的,依照法律规定处罚。

五、关于犯罪嫌疑人、被告人主观目的与明知的认定

对于本意见规定的犯罪嫌疑人、被告人的主观目的与明知,应当根据物证、书证、证人证言以及犯罪嫌疑人、被告人供述和辩解等在案证据,结合犯罪嫌疑人、被告人的行为表现,重点考虑以下因素综合予以认定:

1. 购买、销售麻黄碱类复方制剂的价格是否明显高于市场交易价格;
2. 是否采用虚假信息、隐蔽手段运输、寄递、存储麻黄碱类复方制剂;
3. 是否采用伪报、伪装、藏匿或者绕行进出境等手段逃避海关、边防等检查;
4. 提供相关帮助行为获得的报酬是否合理;
5. 此前是否实施过同类违法犯罪行为;
6. 其他相关因素。

六、关于制毒物品数量的认定

实施本意见规定的行为,以走私制毒物品罪、非法买卖制毒物品罪定罪处罚的,应当以涉案麻黄碱类复方制剂中麻黄碱类物质的含量作为涉案制毒物品的数量。

实施本意见规定的行为,以制造毒品罪定罪处罚的,应当将涉案麻黄碱类复方制剂所含的麻黄碱类物质可以制成的毒品数量作为量刑情节考虑。

多次实施本意见规定的行为未经处理的,涉案制毒物品的数量累计计算。

七、关于定罪量刑的数量标准

实施本意见规定的行为,以走私制毒物品罪、非法买卖制毒物品罪定罪处罚的,涉案麻黄碱类复方制剂所含的麻黄碱类物质应当达到以下数量标准:麻黄碱、伪麻黄碱、消旋麻黄碱及其盐类五千克以上不满五十千克;去甲麻黄碱、甲基麻黄碱及其盐类十千克以上不满一百千克;麻黄浸膏、麻黄浸膏粉一百千克以上不满一千千克。达到上述数量标准上限的,认定为刑法第三百五十条第一款规定的"数量大"。

实施本意见规定的行为,以制造毒品罪定罪处罚的,无论涉案麻黄碱类复方制剂所含的麻黄碱类物质数量多少,都应当追究刑事责任。

八、关于麻黄碱类复方制剂的范围

本意见所称麻黄碱类复方制剂是指含有《易制毒化学品管理条例》(国务院令第445号)品种目录所列的麻黄碱(麻黄素)、伪麻黄碱(伪麻黄素)、消旋麻黄碱(消旋麻黄素)、去甲麻黄碱(去甲麻黄素)、甲基麻黄碱(甲基麻黄素)及其盐类,或者麻黄浸膏、麻黄浸膏粉等麻黄碱类物质的药品复方制剂。

公安部关于对查获异地吸毒人员
处理问题的批复

1. 2008 年 5 月 4 日
2. 公复字〔2008〕3 号

上海市公安局：

你局《关于提请明确异地吸毒人员处理办法的请示》(沪公〔2008〕134 号)收悉。现批复如下：

吸毒案件属于公安行政案件的范畴。根据《行政处罚法》和《公安机关办理行政案件程序规定》的相关规定，公安行政案件由违法行为发生地公安机关管辖，由违法行为人居住地公安机关管辖更为适宜的，可以由违法行为人居住地公安机关管辖。违法行为发生地包括违法行为实施地、违法行为结果发生地、销赃地等与违法活动有关的地方。违法行为有继续或者持续状态的，违法行为继续或者持续的地方都属于违法行为发生地。而吸毒行为，就其行为特性而言，是一种持续状态，发现地公安机关可以按照违法行为发生地原则予以管辖。但是，如果吸毒行为实际发生地的公安机关已对吸毒人员依法处理的，发现地公安机关则不得对同一行为作出处理决定。

公安部关于执行《中华人民共和国
禁毒法》有关问题的批复

1. 2008 年 12 月 23 日
2. 公复字〔2008〕7 号

北京市公安局：

你局《关于执行中华人民共和国禁毒法有关问题的请示》(京公法字〔2008〕1349 号)收悉。现批复如下：

一、对吸食、注射毒品人员，无论成瘾与否，应当根据《中华人民共和国治安管理处罚法》第七十二条的规定，予以治安管理处罚。但是，吸毒人员主动到公安机关登记或者到有资质的医疗机构接受戒毒治疗的，不予处罚。

二、《中华人民共和国禁毒法》规定的社区戒毒、强制隔离戒毒措施不是行政处罚，而是一种强制性的戒毒治疗措施。对吸毒成瘾人员，公安机关可以同时依法决定予以治安管理处罚和社区戒毒或者强制隔离戒毒。

三、对于同时被决定行政拘留和社区戒毒或者强制隔离戒毒的吸毒成瘾人员，且不属于《中华人民共和国治安管理处罚法》第二十一条规定情形的，应当先执行行政拘留，再执行社区戒毒或者强制隔离戒毒，行政拘留的期限不计入社区戒毒或者强制隔离戒毒的期限。拘留所不具备戒毒治疗条件的，可由公安机关管理的强制隔离戒毒所代为执行行政拘留。

公安部关于未满十六周岁人员
强制隔离戒毒问题的批复

1. 2014 年 1 月 8 日
2. 公复字〔2014〕1 号

广东省公安厅：

你厅《关于未满十六周岁的未成年强制隔离戒毒人员收治问题的请示》(粤公请字〔2013〕323 号)收悉。现批复如下：

《禁毒法》第三十九条规定，"不满十六周岁的未成年人吸毒成瘾的，可以不适用强制隔离戒毒"。为有利于未成年人健康成长，公安机关办案部门查获不满十六周岁的吸毒人员，确认其吸毒成瘾严重的，应当对其所在学校、监护人履行监护管理职责以及有无既往违法犯罪经历等情况进行调查，对学业正常或者监护人监护到位的，应当报县级以上公安机关作出社区戒毒的决定，并责令监护人将其接回严加管教；对失学超过一年且监护人拒不履行监护职责，或者有违法犯罪经历的，应当报县级以上公安机关作出强制隔离戒毒的决定。强制隔离戒毒所收戒不满十六周岁的被强制隔离戒毒人员后，发现其学业正常或者监护人监护到位的，应当向原决定机关提出变更为社区戒毒的意见，原决定机关应当在七日内作出是否批准的决定。

各省、自治区、直辖市应当指定强制隔离戒毒所集中收戒不满十六周岁的被强制隔离戒毒人员。被指定的强制隔离戒毒所应当根据未成年人的生理、心理特点，采取相应的管理和教育方式，提供必要的生活卫生保障，切实帮助未成年被强制隔离戒毒人员戒除毒瘾、回归社会。

七、边防治安管理

资料补充栏

中华人民共和国
出境入境管理法

1. 2012年6月30日第十一届全国人民代表大会常务委员会第二十七次会议通过
2. 2012年6月30日中华人民共和国主席令第57号公布
3. 自2013年7月1日起施行

目　　录

第一章　总　　则
第二章　中国公民出境入境
第三章　外国人入境出境
　第一节　签　　证
　第二节　入境出境
第四章　外国人停留居留
　第一节　停留居留
　第二节　永久居留
第五章　交通运输工具出入境边防检查
第六章　调查和遣返
第七章　法律责任
第八章　附　　则

第一章　总　　则

第一条　【立法宗旨】为了规范出境入境管理，维护中华人民共和国的主权、安全和社会秩序，促进对外交往和对外开放，制定本法。

第二条　【调整范围】中国公民出境入境、外国人入境出境、外国人在中国境内停留居留的管理，以及交通运输工具出入境的边防检查，适用本法。

第三条　【合法权益保护】国家保护中国公民出境入境合法权益。

在中国境内的外国人的合法权益受法律保护。在中国境内的外国人应当遵守中国法律，不得危害中国国家安全、损害社会公共利益、破坏社会公共秩序。

第四条　【出入境管理工作体制】公安部、外交部按照各自职责负责有关出入境入境事务的管理。

中华人民共和国驻外使馆、领馆或者外交部委托的其他驻外机构（以下称驻外签证机关）负责在境外签发外国人入境签证。出入境边防检查机关负责实施出境入境边防检查。县级以上地方人民政府公安机关及其出入境管理机构负责外国人停留居留管理。

公安部、外交部可以在各自职责范围内委托县级以上地方人民政府公安机关出入境管理机构、县级以上地方人民政府外事部门受理外国人入境、停留居留申请。

公安部、外交部在出境入境事务管理中，应当加强沟通配合，并与国务院有关部门密切合作，按照各自职责分工，依法行使职权，承担责任。

第五条　【信息平台建设】国家建立统一的出境入境管理信息平台，实现有关管理部门信息共享。

第六条　【出入境边防检查】国家在对外开放的口岸设立出入境边防检查机关。

中国公民、外国人以及交通运输工具应当从对外开放的口岸出境入境，特殊情况下，可以从国务院或者国务院授权的部门批准的地点出境入境。出境入境人员和交通运输工具应当接受出境入境边防检查。

出入境边防检查机关负责对口岸限定区域实施管理。根据维护国家安全和出境入境管理秩序的需要，出入境边防检查机关可以对出境入境人员携带的物品实施边防检查。必要时，出入境边防检查机关可以对出境入境交通运输工具载运的货物实施边防检查，但是应当通知海关。

第七条　【留存人体生物识别信息】经国务院批准，公安部、外交部根据出境入境管理的需要，可以对留存出境入境人员的指纹等人体生物识别信息作出规定。

外国政府对中国公民签发签证、出境入境管理有特别规定的，中国政府可以根据情况采取相应的对等措施。

第八条　【管理与服务并重】履行出境入境管理职责的部门和机构应当切实采取措施，不断提升服务和管理水平，公正执法，便民高效，维护安全、便捷的出境入境秩序。

第二章　中国公民出境入境

第九条　【出境入境证件】中国公民出境入境，应当依法申请办理护照或者其他旅行证件。

中国公民前往其他国家或者地区，还需要取得前往国签证或者其他入境许可证明。但是，中国政府与其他国家政府签订互免签证协议或者公安部、外交部另有规定的除外。

中国公民以海员身份出境入境和在国外船舶上从事工作的，应当依法申请办理海员证。

第十条　【中国公民往来港澳台】中国公民往来内地与香港特别行政区、澳门特别行政区，中国公民往来大陆与台湾地区，应当依法申请办理通行证件，并遵守本法有关规定。具体管理办法由国务院规定。

第十一条 【出境入境查验程序和为中国公民提供便利措施】中国公民出境入境,应当向出入境边防检查机关交验本人的护照或者其他旅行证件等出境入境证件,履行规定的手续,经查验准许,方可出境入境。

具备条件的口岸,出入境边防检查机关应当为中国公民出境入境提供专用通道等便利措施。

第十二条 【不准出境情形】中国公民有下列情形之一的,不准出境:

(一)未持有效出境入境证件或者拒绝、逃避接受边防检查的;

(二)被判处刑罚尚未执行完毕或者属于刑事案件被告人、犯罪嫌疑人的;

(三)有未了结的民事案件,人民法院决定不准出境的;

(四)因妨害国(边)境管理受到刑事处罚或者因非法出境、非法居留、非法就业被其他国家或者地区遣返,未满不准出境规定年限的;

(五)可能危害国家安全和利益,国务院有关主管部门决定不准出境的;

(六)法律、行政法规规定不准出境的其他情形。

第十三条 【华侨回国定居】定居国外的中国公民要求回国定居的,应当在入境前向中华人民共和国驻外使馆、领馆或者外交部委托的其他驻外机构提出申请,也可以由本人或者经由国内亲属向拟定居地的县级以上地方人民政府侨务部门提出申请。

第十四条 【华侨在境内办理有关事务的身份证明】定居国外的中国公民在中国境内办理金融、教育、医疗、交通、电信、社会保险、财产登记等事务需要提供身份证明的,可以凭本人的护照证明其身份。

第三章 外国人入境出境

第一节 签 证

第十五条 【入境签证】外国人入境,应当向驻外签证机关申请办理签证,但是本法另有规定的除外。

第十六条 【签证种类】签证分为外交签证、礼遇签证、公务签证、普通签证。

对因外交、公务事由入境的外国人,签发外交、公务签证;对因身份特殊需要给予礼遇的外国人,签发礼遇签证。外交签证、礼遇签证、公务签证的签发范围和签发办法由外交部规定。

对因工作、学习、探亲、旅游、商务活动、人才引进等非外交、公务事由入境的外国人,签发相应类别的普通签证。普通签证的类别和签发办法由国务院规定。

第十七条 【签证登记项目】签证的登记项目包括:签证种类,持有人姓名、性别、出生日期、入境次数、入境有效期、停留期限,签发日期、地点,护照或者其他国际旅行证件号码等。

第十八条 【签证申请的条件和程序】外国人申请办理签证,应当向驻外签证机关提交本人的护照或者其他国际旅行证件,以及申请事由的相关材料,按照驻外签证机关的要求办理相关手续、接受面谈。

第十九条 【邀请函】外国人申请办理签证需要提供中国境内的单位或者个人出具的邀请函件的,申请人应当按照驻外签证机关的要求提供。出具邀请函件的单位或者个人应当对邀请内容的真实性负责。

第二十条 【口岸签证】出于人道原因需要紧急入境,应邀入境从事紧急商务、工程抢修或者具有其他紧急入境需要并持有有关主管部门同意在口岸申办签证的证明材料的外国人,可以在国务院批准办理口岸签证业务的口岸,向公安部委托的口岸签证机关(以下简称口岸签证机关)申请办理口岸签证。

旅行社按照国家有关规定组织入境旅游的,可以向口岸签证机关申请办理团体旅游签证。

外国人向口岸签证机关申请办理签证,应当提交本人的护照或者其他国际旅行证件,以及申请事由的相关材料,按照口岸签证机关的要求办理相关手续,并从申请签证的口岸入境。

口岸签证机关签发的签证一次入境有效,签证注明的停留期限不得超过三十日。

第二十一条 【不予签发签证的情形】外国人有下列情形之一的,不予签发签证:

(一)被处驱逐出境或者被决定遣送出境,未满不准入境规定年限的;

(二)患有严重精神障碍、传染性肺结核病或者有可能对公共卫生造成重大危害的其他传染病的;

(三)可能危害中国国家安全和利益、破坏社会公共秩序或者从事其他违法犯罪活动的;

(四)在申请签证过程中弄虚作假或者不能保障在中国境内期间所需费用的;

(五)不能提交签证机关要求提交的相关材料的;

(六)签证机关认为不宜签发签证的其他情形。

对不予签发签证的,签证机关可以不说明理由。

第二十二条 【免办签证情形】外国人有下列情形之一的,可以免办签证:

(一)根据中国政府与其他国家政府签订的互免签证协议,属于免办签证人员的;

（二）持有效的外国人居留证件的；

（三）持联程客票搭乘国际航行的航空器、船舶、列车从中国过境前往第三国或者地区，在中国境内停留不超过二十四小时且不离开口岸，或者在国务院批准的特定区域内停留不超过规定时限的；

（四）国务院规定的可以免办签证的其他情形。

第二十三条　【临时入境】 有下列情形之一的外国人需要临时入境的，应当向出入境边防检查机关申请办理临时入境手续：

（一）外国船员及其随行家属登陆港口所在城市的；

（二）本法第二十二条第三项规定的人员需要离开口岸的；

（三）因不可抗力或者其他紧急原因需要临时入境的。

临时入境的期限不得超过十五日。

对申请办理临时入境手续的外国人，出入境边防检查机关可以要求外国人本人、载运其入境的交通运输工具的负责人或者交通运输工具出境入境业务代理单位提供必要的保证措施。

第二节　入　境　出　境

第二十四条　【入境查验】 外国人入境，应当向出入境边防检查机关交验本人的护照或者其他国际旅行证件、签证或者其他入境许可证明，履行规定的手续，经查验准许，方可入境。

第二十五条　【不准入境情形】 外国人有下列情形之一的，不准入境：

（一）未持有效出境入境证件或者拒绝、逃避接受边防检查的；

（二）具有本法第二十一条第一款第一项至第四项规定情形的；

（三）入境后可能从事与签证种类不符的活动的；

（四）法律、行政法规规定不准入境的其他情形。

对不准入境的，出入境边防检查机关可以不说明理由。

第二十六条　【责令不准入境外国人返回】 对未被准许入境的外国人，出入境边防检查机关应当责令其返回；对拒不返回的，强制其返回。外国人等待返回期间，不得离开限定的区域。

第二十七条　【出境查验】 外国人出境，应当向出入境边防检查机关交验本人的护照或者其他国际旅行证件等出境入境证件，履行规定的手续，经查验准许，方可出境。

第二十八条　【不准出境的情形】 外国人有下列情形之一的，不准出境：

（一）被判处刑罚尚未执行完毕或者属于刑事案件被告人、犯罪嫌疑人的，但是按照中国与外国签订的有关协议，移管被判刑人的除外；

（二）有未了结的民事案件，人民法院决定不准出境的；

（三）拖欠劳动者的劳动报酬，经国务院有关部门或者省、自治区、直辖市人民政府决定不准出境的；

（四）法律、行政法规规定不准出境的其他情形。

第四章　外国人停留居留

第一节　停留居留

第二十九条　【签证停留期限】 外国人所持签证注明的停留期限不超过一百八十日的，持证人凭签证并按照签证注明的停留期限在中国境内停留。

需要延长签证停留期限的，应当在签证注明的停留期限届满七日前向停留地县级以上地方人民政府公安机关出入境管理机构申请，按照要求提交申请事由的相关材料。经审查，延期理由合理、充分的，准予延长停留期限；不予延长停留期限的，应当按期离境。

延长签证停留期限，累计不得超过签证原注明的停留期限。

第三十条　【居留证件】 外国人所持签证注明入境后需要办理居留证件的，应当自入境之日起三十日内，向拟居留地县级以上地方人民政府公安机关出入境管理机构申请办理外国人居留证件。

申请办理外国人居留证件，应当提交本人的护照或者其他国际旅行证件，以及申请事由的相关材料，并留存指纹等人体生物识别信息。公安机关出入境管理机构应当自收到申请材料之日起十五日内进行审查并作出审查决定，根据居留事由签发相应类别和期限的外国人居留证件。

外国人工作类居留证件的有效期最短为九十日，最长为五年；非工作类居留证件的有效期最短为一百八十日，最长为五年。

第三十一条　【不予签发居留证件的情形】 外国人有下列情形之一的，不予签发外国人居留证件：

（一）所持签证类别属于不应办理外国人居留证件的；

（二）在申请过程中弄虚作假的；

（三）不能按照规定提供相关证明材料的；

（四）违反中国有关法律、行政法规，不适合在中

国境内居留的;

（五）签发机关认为不宜签发外国人居留证件的其他情形。

符合国家规定的专门人才、投资者或者出于人道等原因确需由停留变更为居留的外国人，经设区的市级以上地方人民政府公安机关出入境管理机构批准可以办理外国人居留证件。

第三十二条　【居留期限的延长】在中国境内居留的外国人申请延长居留期限的，应当在居留证件有效期限届满三十日前向居留地县级以上地方人民政府公安机关出入境管理机构提出申请，按照要求提交申请事由的相关材料。经审查，延长理由合理、充分的，准予延长居留期限；不予延长居留期限的，应当按期离境。

第三十三条　【居留证件登记项目】外国人居留证件的登记项目包括：持有人姓名、性别、出生日期、居留事由、居留期限，签发日期、地点，护照或者其他国际旅行证件号码等。

外国人居留证件登记事项发生变更的，持证件人应当自登记事项发生变更之日起十日内向居留地县级以上地方人民政府公安机关出入境管理机构申请办理变更。

第三十四条　【停留证件】免办签证入境的外国人需要超过免签期限在中国境内停留的，外国船员及其随行家属在中国境内停留需要离开港口所在城市，或者具有需要办理外国人停留证件其他情形的，应当按照规定办理外国人停留证件。

外国人停留证件的有效期最长为一百八十日。

第三十五条　【证件的换发、补发】外国人入境后，所持的普通签证、停留居留证件损毁、遗失、被盗抢或者符合国家规定的事由需要换发、补发的，应当按照规定向停留居留地县级以上地方人民政府公安机关出入境管理机构提出申请。

第三十六条　【办理有关证件的决定为最终决定】公安机关出入境管理机构作出的不予办理普通签证延期、换发、补发，不予办理外国人停留居留证件、不予延长居留期限的决定为最终决定。

第三十七条　【停留居留要求】外国人在中国境内停留居留，不得从事与停留居留事由不相符的活动，并应当在规定的停留居留期限届满前离境。

第三十八条　【证件查验】年满十六周岁的外国人在中国境内停留居留，应当随身携带本人的护照或者其他国际旅行证件，或者外国人停留居留证件，接受公安机关的查验。

在中国境内居留的外国人，应当在规定的时间内到居留地县级以上地方人民政府公安机关交验外国人居留证件。

第三十九条　【住宿登记】外国人在中国境内旅馆住宿的，旅馆应当按照旅馆业治安管理的有关规定为其办理住宿登记，并向所在地公安机关报送外国人住宿登记信息。

外国人在旅馆以外的其他住所居住或者住宿的，应当在入住后二十四小时内由本人或者留宿人，向居住地的公安机关办理登记。

第四十条　【外国人在中国境内出生、死亡报告】在中国境内出生的外国婴儿，其父母或者代理人应当在婴儿出生六十日内，持该婴儿的出生证明到父母停留居留地县级以上地方人民政府公安机关出入境管理机构为其办理停留或者居留登记。

外国人在中国境内死亡的，其家属、监护人或者代理人，应当按照规定，持该外国人的死亡证明向县级以上地方人民政府公安机关出入境管理机构申报，注销外国人停留居留证件。

第四十一条　【外国人工作】外国人在中国境内工作，应当按照规定取得工作许可和工作类居留证件。任何单位和个人不得聘用未取得工作许可和工作类居留证件的外国人。

外国人在中国境内工作管理办法由国务院规定。

第四十二条　【工作管理和指导目录】国务院人力资源社会保障主管部门、外国专家主管部门会同国务院有关部门根据经济社会发展需要和人力资源供求状况制定并定期调整外国人在中国境内工作指导目录。

国务院教育主管部门会同国务院有关部门建立外国留学生勤工助学管理制度，对外国留学生勤工助学的岗位范围和时限作出规定。

第四十三条　【非法就业】外国人有下列行为之一的，属于非法就业：

（一）未按照规定取得工作许可和工作类居留证件在中国境内工作的；

（二）超出工作许可限定范围在中国境内工作的；

（三）外国留学生违反勤工助学管理规定，超出规定的岗位范围或者时限在中国境内工作的。

第四十四条　【有关区域限制】根据维护国家安全、公共安全的需要，公安机关、国家安全机关可以限制外国人、外国机构在某些地区设立居住或办公场所；对已经设立的，可以限期迁离。

未经批准,外国人不得进入限制外国人进入的区域。

第四十五条 【信息报告】聘用外国人工作或者招收外国留学生的单位,应当按照规定向所在地公安机关报告有关信息。

公民、法人或者其他组织发现外国人有非法入境、非法居留、非法就业情形的,应当及时向所在地公安机关报告。

第四十六条 【难民的停留居留】申请难民地位的外国人,在难民地位甄别期间,可以凭公安机关签发的临时身份证明在中国境内停留;被认定为难民的外国人,可以凭公安机关签发的难民身份证件在中国境内停留居留。

第二节 永久居留

第四十七条 【永久居留条件】对中国经济社会发展作出突出贡献或者符合其他在中国境内永久居留条件的外国人,经本人申请和公安部批准,取得永久居留资格。

外国人在中国境内永久居留的审批管理办法由公安部、外交部会同国务院有关部门规定。

第四十八条 【永久居留待遇】取得永久居留资格的外国人,凭永久居留证件在中国境内居留和工作,凭本人的护照和永久居留证件出境入境。

第四十九条 【永久居留资格的取消】外国人有下列情形之一的,由公安部决定取消其在中国境内永久居留资格:

(一)对中国国家安全和利益造成危害的;
(二)被处驱逐出境的;
(三)弄虚作假骗取在中国境内永久居留资格的;
(四)在中国境内居留未达到规定时限的;
(五)不适宜在中国境内永久居留的其他情形。

第五章 交通运输工具出境入境边防检查

第五十条 【出入境边防检查】出境入境交通运输工具离开、抵达口岸时,应当接受边防检查。对交通运输工具的入境边防检查,在其最先抵达的口岸进行;对交通运输工具的出境边防检查,在其最后离开的口岸进行。特殊情况下,可以在有关主管机关指定的地点进行。

出境的交通运输工具自出境检查后至出境前,入境的交通运输工具自入境后至入境检查前,未经出入境边防检查机关按照规定程序许可,不得上下人员、装卸货物或者物品。

第五十一条 【信息报告】交通运输工具负责人或者交通运输工具出境入境业务代理单位应当按照规定提前向出入境边防检查机关报告入境、出境的交通运输工具抵达、离开口岸的时间和停留地点,如实申报员工、旅客、货物或者物品等信息。

第五十二条 【配合边防检查】交通运输工具负责人、交通运输工具出境入境业务代理单位应当配合出境入境边防检查,发现违反本法规定行为的,应当立即报告并协助调查处理。

入境交通运输工具载运不准入境人员的,交通运输工具负责人应当负责载离。

第五十三条 【监护】出入境边防检查机关按照规定对处于下列情形之一的出境入境交通运输工具进行监护:

(一)出境的交通运输工具在出境边防检查开始后至出境前、入境的交通运输工具在入境后至入境边防检查完成前;
(二)外国船舶在中国内河航行期间;
(三)有必要进行监护的其他情形。

第五十四条 【登轮证件和船舶搭靠】因装卸物品、维修作业、参观访问等事由需要上下外国船舶的人员,应当向出入境边防检查机关申请办理登轮证件。

中国船舶与外国船舶或者外国船舶之间需要搭靠作业的,应当由船长或者交通运输工具出境入境业务代理单位向出入境边防检查机关申请办理船舶搭靠手续。

第五十五条 【船舶、航空器行驶规范】外国船舶、航空器在中国境内应当按照规定的路线、航线行驶。

出境入境的船舶、航空器不得驶入对外开放口岸以外地区。因不可预见的紧急情况或者不可抗力驶入的,应当立即向就近的出入境边防检查机关或者当地公安机关报告,并接受监护和管理。

第五十六条 【不准出境入境情形】交通运输工具有下列情形之一的,不准出境入境;已经驶离口岸的,可以责令返回:

(一)离开、抵达口岸时,未经查验准许擅自出境入境的;
(二)未经批准擅自改变出境入境口岸的;
(三)涉嫌载有不准出境入境人员,需要查验核实的;
(四)涉嫌载有危害国家安全、利益和社会公共秩序的物品,需要查验核实的;

（五）拒绝接受出入境边防检查机关管理的其他情形。

前款所列情形消失后，出入境边防检查机关对有关交通运输工具应当立即放行。

第五十七条　【备案】从事交通运输工具出境入境业务代理的单位，应当向出入境边防检查机关备案。从事业务代理的人员，由所在单位向出入境边防检查机关办理备案手续。

第六章　调查和遣返

第五十八条　【实施主体】本章规定的当场盘问、继续盘问、拘留审查、限制活动范围、遣送出境措施，由县级以上地方人民政府公安机关或者出入境边防检查机关实施。

第五十九条　【当场盘问、继续盘问和传唤】对涉嫌违反出境入境管理的人员，可以当场盘问；经当场盘问，有下列情形之一的，可以依法继续盘问：

（一）有非法出境入境嫌疑的；

（二）有协助他人非法出境入境嫌疑的；

（三）外国人有非法居留、非法就业嫌疑的；

（四）有危害国家安全和利益，破坏社会公共秩序或者从事其他违法犯罪活动嫌疑的。

当场盘问和继续盘问应当依据《中华人民共和国人民警察法》规定的程序进行。

县级以上地方人民政府公安机关或者出入境边防检查机关需要传唤涉嫌违反出境入境管理的人员的，依照《中华人民共和国治安管理处罚法》的有关规定执行。

第六十条　【拘留审查】外国人有本法第五十九条第一款规定情形之一的，经当场盘问或者继续盘问后仍不能排除嫌疑，需要作进一步调查的，可以拘留审查。

实施拘留审查，应当出示拘留审查决定书，并在二十四小时内进行询问。发现不应当拘留审查的，应当立即解除拘留审查。

拘留审查的期限不得超过三十日；案情复杂的，经上一级地方人民政府公安机关或者出入境边防检查机关批准可以延长至六十日。对国籍、身份不明的外国人，拘留审查期限自查清其国籍、身份之日起计算。

第六十一条　【不适用拘留审查的情形】外国人有下列情形之一的，不适用拘留审查，可以限制其活动范围：

（一）患有严重疾病的；

（二）怀孕或者哺乳自己不满一周岁婴儿的；

（三）未满十六周岁或者已满七十周岁的；

（四）不宜适用拘留审查的其他情形。

被限制活动范围的外国人，应当按照要求接受审查，未经公安机关批准，不得离开限定的区域。限制活动范围的期限不得超过六十日。对国籍、身份不明的外国人，限制活动范围期限自查清其国籍、身份之日起计算。

第六十二条　【遣送出境】外国人有下列情形之一的，可以遣送出境：

（一）被处限期出境，未在规定期限内离境的；

（二）有不准入境情形的；

（三）非法居留、非法就业的；

（四）违反本法或者其他法律、行政法规需要遣送出境的。

其他境外人员有前款所列情形之一的，可以依法遣送出境。

被遣送出境的人员，自被遣送出境之日起一至五年内不准入境。

第六十三条　【羁押场所和遣返场所】被拘留审查或者被决定遣送出境但不能立即执行的人员，应当羁押在拘留所或者遣返场所。

第六十四条　【行政救济】外国人对依照本法规定对其实施的继续盘问、拘留审查、限制活动范围、遣送出境措施不服的，可以依法申请行政复议，该行政复议决定为最终决定。

其他境外人员对依照本法规定对其实施的遣送出境措施不服，申请行政复议的，适用前款规定。

第六十五条　【边控通知】对依法决定不准出境或者不准入境的人员，决定机关应当按照规定及时通知出入境边防检查机关；不准出境、入境情形消失的，决定机关应当及时撤销不准出境、入境决定，并通知出入境边防检查机关。

第六十六条　【人身检查】根据维护国家安全和出境入境管理秩序的需要，必要时，出入境边防检查机关可以对出境入境的人员进行人身检查。人身检查应当由两名与受检查人同性别的边防检查人员进行。

第六十七条　【出境入境证件的无效、作废、注销和收缴】签证、外国人停留居留证件等出境入境证件发生损毁、遗失、被盗抢或者签发后发现持证人不符合签发条件等情形的，由签发机关宣布该出境入境证件作废。

伪造、变造、骗取或者被证件签发机关宣布作废的出境入境证件无效。

公安机关可以对前款规定的或被他人冒用的出境入境证件予以注销或者收缴。

第六十八条　【违法物品的扣押】对用于组织、运送、协助他人非法出境入境的交通运输工具,以及需要作为办案证据的物品,公安机关可以扣押。

对查获的违禁物品、涉及国家秘密的文件、资料以及用于实施违反出境入境管理活动的工具等,公安机关应当予以扣押,并依照相关法律、行政法规规定处理。

第六十九条　【出境入境证件的鉴定】出境入境证件的真伪由签发机关、出入境边防检查机关或者公安机关出入境管理机构认定。

第七章　法律责任

第七十条　【实施主体】本章规定的行政处罚,除本章另有规定外,由县级以上地方人民政府公安机关或者出入境边防检查机关决定;其中警告或者五千元以下罚款,可以由县级以上地方人民政府公安机关出入境管理机构决定。

第七十一条　【非法出境入境的法律责任】有下列行为之一的,处一千元以上五千元以下罚款;情节严重的,处五日以上十日以下拘留,可以并处二千元以上一万元以下罚款:

（一）持用伪造、变造、骗取的出境入境证件出境入境的;

（二）冒用他人出境入境证件出境入境的;

（三）逃避出境入境边防检查的;

（四）以其他方式非法出境入境的。

第七十二条　【协助非法出境入境的法律责任】协助他人非法出境入境的,处二千元以上一万元以下罚款;情节严重的,处十日以上十五日以下拘留,并处五千元以上二万元以下罚款,有违法所得的,没收违法所得。

单位有前款行为的,处一万元以上五万元以下罚款,有违法所得的,没收违法所得,并对其直接负责的主管人员和其他直接责任人员依照前款规定予以处罚。

第七十三条　【骗取出境入境证件的法律责任】弄虚作假骗取签证、停留居留证件等出境入境证件的,处二千元以上五千元以下罚款;情节严重的,处十日以上十五日以下拘留,并处五千元以上二万元以下罚款。

单位有前款行为的,处一万元以上五万元以下罚款,并对其直接负责的主管人员和其他直接责任人员依照前款规定予以处罚。

第七十四条　【违法出具邀请函的法律责任】违反本法规定,为外国人出具邀请函件或者其他申请材料的,处五千元以上一万元以下罚款,有违法所得的,没收违法所得,并责令其承担所邀请外国人的出境费用。

单位有前款行为的,处一万元以上五万元以下罚款,有违法所得的,没收违法所得,并责令其承担所邀请外国人的出境费用,对其直接负责的主管人员和其他直接责任人员依照前款规定予以处罚。

第七十五条　【转道偷渡的法律责任】中国公民出境后非法前往其他国家或者地区被遣返的,出入境边防检查机关应当收缴其出境入境证件,出境入境证件签发机关自其被遣返之日起六个月至三年以内不予签发出境入境证件。

第七十六条　【违反出境入境管理的法律责任】有下列情形之一的,给予警告,可以并处二千元以下罚款:

（一）外国人拒不接受公安机关查验其出境入境证件的;

（二）外国人拒不交验居留证件的;

（三）未按照规定办理外国人出生登记、死亡申报的;

（四）外国人居留证件登记事项发生变更,未按照规定办理变更的;

（五）在中国境内的外国人冒用他人出境入境证件的;

（六）未按照本法第三十九条第二款规定办理登记的。

旅馆未按照规定办理外国人住宿登记的,依照《中华人民共和国治安管理处罚法》的有关规定予以处罚;未按照规定向公安机关报送外国人住宿登记信息的,给予警告;情节严重的,处一千元以上五千元以下罚款。

第七十七条　【外国人违反活动区域限制的法律责任】外国人未经批准,擅自进入限制外国人进入的区域,责令立即离开;情节严重的,处五日以上十日以下拘留。对外国人非法获取的文字记录、音像资料、电子数据和其他物品,予以收缴或者销毁,所用工具予以收缴。

外国人、外国机构违反本法规定,拒不执行公安机关、国家安全机关限期迁离决定的,给予警告并强制迁离;情节严重的,对有关责任人员处五日以上十五日以下拘留。

第七十八条　【非法居留的法律责任】外国人非法居留的,给予警告;情节严重的,处每非法居留一日五百元,总额不超过一万元的罚款或者五日以上十五日以下拘留。

因监护人或者其他负有监护责任的人未尽到监护义务,致使未满十六周岁的外国人非法居留的,对监护人或者其他负有监护责任的人给予警告,可以并处一千元以下罚款。

第七十九条　【协助非法入境、非法居留的法律责任】容留、藏匿非法入境、非法居留的外国人，协助非法入境、非法居留的外国人逃避检查，或者为非法居留的外国人违法提供出境入境证件的，处二千元以上一万元以下罚款；情节严重的，处五日以上十五日以下拘留，并处五千元以上二万元以下罚款，有违法所得的，没收违法所得。

单位有前款行为的，处一万元以上五万元以下罚款，有违法所得的，没收违法所得，并对其直接负责的主管人员和其他直接责任人员依照前款规定予以处罚。

第八十条　【非法就业的法律责任】外国人非法就业的，处五千元以上二万元以下罚款；情节严重的，处五日以上十五日以下拘留，并处五千元以上二万元以下罚款。

介绍外国人非法就业的，对个人处每非法介绍一人五千元，总额不超过五万元的罚款；对单位处每非法介绍一人五千元，总额不超过十万元的罚款；有违法所得的，没收违法所得。

非法聘用外国人的，处每非法聘用一人一万元，总额不超过十万元的罚款；有违法所得的，没收违法所得。

第八十一条　【违反停留居留规范的法律责任】外国人从事与停留居留事由不相符的活动，或者有其他违反中国法律、法规规定，不适宜在中国境内继续停留居留情形的，可以处限期出境。

外国人违反本法规定，情节严重，尚不构成犯罪的，公安部可以处驱逐出境。公安部的处罚决定为最终决定。

被驱逐出境的外国人，自被驱逐出境之日起十年内不准入境。

第八十二条　【违反口岸管理的法律责任】有下列情形之一的，给予警告，可以并处二千元以下罚款：

（一）扰乱口岸限定区域管理秩序的；

（二）外国船员及其随行家属未办理临时入境手续登陆的；

（三）未办理登轮证件上下外国船舶的。

违反前款第一项规定，情节严重的，可以并处五日以上十日以下拘留。

第八十三条　【交通运输工具违反边防检查管理的法律责任】交通运输工具有下列情形之一的，对其负责人处五千元以上五万元以下罚款：

（一）未经查验准许擅自出境入境或者未经批准擅自改变出境入境口岸的；

（二）未按照规定如实申报员工、旅客、货物或者物品等信息，或者拒绝协助出境入境边防检查的；

（三）违反出境入境边防检查规定上下人员、装卸货物或者物品的。

出境入境交通运输工具载运不准出境入境人员出境入境的，处每载运一人五千元以上一万元以下罚款。交通运输工具负责人证明其已经采取合理预防措施的，可以减轻或者免予处罚。

第八十四条　【交通运输工具违反出境入境管理的法律责任】交通运输工具有下列情形之一的，对其负责人处二千元以上二万元以下罚款：

（一）中国或者外国船舶未经批准擅自搭靠外国船舶的；

（二）外国船舶、航空器在中国境内未按照规定的路线、航线行驶的；

（三）出境入境的船舶、航空器违反规定驶入对外开放口岸以外地区的。

第八十五条　【出境入境管理工作人员的法律责任】履行出境入境管理职责的工作人员，有下列行为之一的，依法给予处分：

（一）违反法律、行政法规，为不符合规定条件的外国人签发签证、外国人停留居留证件等出境入境证件的；

（二）违反法律、行政法规，审核验放不符合规定条件的人员或者交通运输工具出境入境的；

（三）泄露在出境入境管理工作中知悉的个人信息，侵害当事人合法权益的；

（四）不按照规定将依法收取的费用、收缴的罚款及没收的违法所得、非法财物上缴国库的；

（五）私分、侵占、挪用罚没、扣押的款物或者收取的费用的；

（六）滥用职权、玩忽职守、徇私舞弊，不依法履行法定职责的其他行为。

第八十六条　【当场处罚】对违反出境入境管理行为处五百元以下罚款的，出入境边防检查机关可以当场作出处罚决定。

第八十七条　【罚款与收缴相分离】对违反出境入境管理行为处罚款的，被处罚人应当自收到处罚决定书之日起十五日内，到指定的银行缴纳罚款。被处罚人在所在地没有固定住所，不当场收缴罚款事后难以执行或者在口岸向指定银行缴纳罚款确有困难的，可以当场收缴。

第八十八条 【刑事责任】违反本法规定,构成犯罪的,依法追究刑事责任。

第八章 附 则

第八十九条 【用语含义】本法下列用语的含义:

出境,是指由中国内地前往其他国家或者地区,由中国内地前往香港特别行政区、澳门特别行政区,由中国大陆前往台湾地区。

入境,是指由其他国家或者地区进入中国内地,由香港特别行政区、澳门特别行政区进入中国内地,由台湾地区进入中国大陆。

外国人,是指不具有中国国籍的人。

第九十条 【制定边民管理规定】经国务院批准,同毗邻国家接壤的省、自治区可以根据中国与有关国家签订的边界管理协定制定地方性法规、地方政府规章,对两国边境接壤地区的居民往来作出规定。

第九十一条 【外交、领事人员的特别规定】外国驻中国的外交代表机构、领事机构成员以及享有特权和豁免的其他外国人,其入境出境及停留居留管理,其他法律另有规定的,依照其规定。

第九十二条 【出入境证件费用】外国人申请办理签证、外国人停留居留证件等出入境证件或者申请办理证件延期、变更的,应当按照规定缴纳签证费、证件费。

第九十三条 【施行日期】本法自2013年7月1日起施行。《中华人民共和国外国人入境出境管理法》和《中华人民共和国公民出境入境管理法》同时废止。

中华人民共和国
出境入境边防检查条例

1. 1995年7月20日国务院令第182号公布
2. 自1995年9月1日起施行

第一章 总 则

第一条 为维护中华人民共和国的主权、安全和社会秩序,便利出境、入境的人员和交通运输工具的通行,制定本条例。

第二条 出境、入境边防检查工作由公安部主管。

第三条 中华人民共和国在对外开放的港口、航空港、车站和边境通道等口岸设立出境入境边防检查站(以下简称边防检查站)。

第四条 边防检查站为维护国家主权、安全和社会秩序,履行下列职责:

(一)对出境、入境的人员及其行李物品、交通运输工具及其载运的货物实施边防检查;

(二)按照国家有关规定对出境、入境的交通运输工具进行监护;

(三)对口岸的限定区域进行警戒,维护出境、入境秩序;

(四)执行主管机关赋予的和其他法律、行政法规规定的任务。

第五条 出境、入境的人员和交通运输工具,必须经对外开放的口岸或者主管机关特许的地点通行,接受边防检查、监护和管理。

出境、入境的人员,必须遵守中华人民共和国的法律、行政法规。

第六条 边防检查人员必须依法执行公务。

任何组织和个人不得妨碍边防检查人员依法执行公务。

第二章 人员的检查和管理

第七条 出境、入境的人员必须按照规定填写出境、入境登记卡,向边防检查站交验本人的有效护照或者其他出境、入境证件(以下简称出境、入境证件),经查验核准后,方可出境、入境。

第八条 出境、入境的人员有下列情形之一的,边防检查站有权阻止其出境、入境:

(一)未持出境、入境证件的;

(二)持有无效出境、入境证件的;

(三)持用他人出境、入境证件的;

(四)持用伪造或者涂改的出境、入境证件的;

(五)拒绝接受边防检查的;

(六)未在限定口岸通行的;

(七)国务院公安部门、国家安全部门通知不准出境、入境的;

(八)法律、行政法规规定不准出境、入境的。

出境、入境的人员有前款第(三)项、第(四)项或者中国公民有前款第(七)项、第(八)项所列情形之一的,边防检查站可以扣留或者收缴其出境、入境证件。

第九条 对交通运输工具的随行服务员工出境、入境的边防检查、管理,适用本条例的规定。但是,中华人民共和国与有关国家或者地区订有协议的,按照协议办理。

第十条 抵达中华人民共和国口岸的船舶的外国籍船员及其随行家属和香港、澳门、台湾船员及其随行家属,要求在港口城市登陆、住宿的,应当由船长或者其代理人向边防检查站申请办理登陆、住宿手续。

经批准登陆、住宿的船员及其随行家属,必须按照规定的时间返回船舶。登陆后有违法行为,尚未构成犯罪的,责令立即返回船舶,并不得再次登陆。

从事国际航行船舶上的中国船员,凭本人的出境、入境证件登陆、住宿。

第十一条 申请登陆的人员有本条例第八条所列情形之一的,边防检查站有权拒绝其登陆。

第十二条 上下外国船舶的人员,必须向边防检查人员交验出境、入境证件或者其他规定的证件,经许可后,方可上船、下船。口岸检查、检验单位的人员需要登船执行公务的,应当着制服并出示证件。

第十三条 中华人民共和国与毗邻国家(地区)接壤地区的双方公务人员、边境居民临时出境、入境的边防检查,双方订有协议的,按照协议执行;没有协议的,适用本条例的规定。

毗邻国家的边境居民按照协议临时入境的,限于在协议规定范围内活动;需要到协议规定范围以外活动的,应当事先办理入境手续。

第十四条 边防检查站认为必要时,可以对出境、入境的人员进行人身检查。人身检查应当由两名与受检查人同性别的边防检查人员进行。

第十五条 出境、入境的人员有下列情形之一的,边防检查站有权限制其活动范围,进行调查或者移送有关机关处理:

(一)有持用他人出境、入境证件嫌疑的;

(二)有持用伪造或者涂改的出境、入境证件嫌疑的;

(三)国务院公安部门、国家安全部门和省、自治区、直辖市公安机关、国家安全机关通知有犯罪嫌疑的;

(四)有危害国家安全、利益和社会秩序嫌疑的。

第三章　交通运输工具的检查和监护

第十六条 出境、入境的交通运输工具离、抵口岸时,必须接受边防检查。对交通运输工具的入境检查,在最先抵达的口岸进行;出境检查,在最后离开的口岸进行。在特殊情况下,经主管机关批准,对交通运输工具的入境、出境检查,也可以在特许的地点进行。

第十七条 交通运输工具的负责人或者有关交通运输部门,应当事先将出境、入境的船舶、航空器、火车离、抵口岸的时间、停留地点和载运人员、货物情况,向有关的边防检查站报告。

交通运输工具抵达口岸时,船长、机长或者其代理人必须向边防检查站申报员工和旅客的名单;列车长及其他交通运输工具的负责人必须申报员工和旅客的人数。

第十八条 对交通运输工具实施边防检查时,其负责人或者代理人应当到场协助边防检查人员进行检查。

第十九条 出境、入境的交通运输工具在中国境内必须按照规定的路线、航线行驶。外国船舶未经许可不得在非对外开放的港口停靠。

出境的交通运输工具自出境检查后到出境前,入境的交通运输工具自入境后到入境检查前,未经边防检查站许可,不得上下人员、装卸物品。

第二十条 中国船舶需要搭靠外国船舶的,应当由船长或者其代理人向边防检查站申请办理搭靠手续;未办理手续的,不得擅自搭靠。

第二十一条 边防检查站对处于下列情形之一的出境、入境交通运输工具,有权进行监护:

(一)离、抵口岸的火车、外国船舶和中国客船在出境检查后到出境前、入境后到入境检查前和检查期间;

(二)火车及其他机动车辆在国(边)界线距边防检查站较远的区域内行驶期间;

(三)外国船舶在中国内河航行期间;

(四)边防检查站认为有必要进行监护的其他情形。

第二十二条 对随交通运输工具执行监护职务的边防检查人员,交通运输工具的负责人应当提供必要的办公、生活条件。

被监护的交通运输工具和上下该交通运输工具的人员应当服从监护人员的检查。

第二十三条 未实行监护措施的交通运输工具,其负责人应当自行管理,保证该交通运输工具和员工遵守本条例的规定。

第二十四条 发现出境、入境的交通运输工具载运不准出境、入境人员,偷越国(边)境人员及未持有效出境、入境证件的人员的,交通运输工具负责人应当负责将其遣返,并承担由此发生的一切费用。

第二十五条 出境、入境的交通运输工具有下列情形之一的,边防检查站有权推迟或者阻止其出境、入境:

(一)离、抵口岸时,未经边防检查站同意,擅自出境、入境的;

(二)拒绝接受边防检查、监护的;

(三)被认为载有危害国家安全、利益和社会秩序的人员或者物品的;

(四)被认为载有非法出境、入境人员的;

（五）拒不执行边防检查站依法作出的处罚或者处理决定的；

（六）未经批准擅自改变出境、入境口岸的。

边防检查站在前款所列情形消失后，对有关交通运输工具应当立即放行。

第二十六条　出境、入境的船舶、航空器，由于不可预见的紧急情况或者不可抗拒的原因，驶入对外开放口岸以外地区的，必须立即向附近的边防检查站或者当地公安机关报告并接受检查和监护；在驶入原因消失后，必须立即按照通知的时间和路线离去。

第四章　行李物品、货物的检查

第二十七条　边防检查站根据维护国家安全和社会秩序的需要，可以对出境、入境人员携带的行李物品和交通运输工具载运的货物进行重点检查。

第二十八条　出境、入境的人员和交通运输工具不得携带、载运法律、行政法规规定的危害国家安全和社会秩序的违禁物品；携带、载运违禁物品的，边防检查站应当扣留违禁物品，对携带人、载运违禁物品的交通运输工具负责人依照有关法律、行政法规的规定处理。

第二十九条　任何人不得非法携带属于国家秘密的文件、资料和其他物品出境；非法携带属于国家秘密的文件、资料和其他物品的，边防检查站应当予以收缴，对携带人依照有关法律、行政法规规定处理。

第三十条　出境、入境的人员携带或者托运枪支、弹药，必须遵守有关法律、行政法规的规定，向边防检查站办理携带或者托运手续；未经许可，不得携带、托运枪支、弹药出境、入境。

第五章　处　罚

第三十一条　对违反本条例规定的处罚，由边防检查站执行。

第三十二条　出境、入境的人员有下列情形之一的，处以500元以上2000元以下的罚款或者依照有关法律、行政法规的规定处以拘留：

（一）未持出境、入境证件的；

（二）持用无效出境、入境证件的；

（三）持用他人出境、入境证件的；

（四）持用伪造或者涂改的出境、入境证件的。

第三十三条　协助他人非法出境、入境，情节轻微尚不构成犯罪的，处以2000元以上10000元以下的罚款；有非法所得的，没收非法所得。

第三十四条　未经批准携带或者托运枪支、弹药出境、入境的，没收其枪支、弹药，并处1000元以上5000元以下的罚款。

第三十五条　有下列情形之一的，处以警告或者500元以下罚款：

（一）未经批准进入口岸的限定区域或者进入后不服从管理，扰乱口岸管理秩序的；

（二）污辱边防检查人员的；

（三）未经批准或者未按照规定登陆、住宿的。

第三十六条　出境、入境的交通运输工具载运不准出境、入境人员，偷越国（边）境人员及未持有效出境、入境证件的人员出境、入境的，对其负责人按每载运一人处以5000元以上10000元以下的罚款。

第三十七条　交通运输工具有下列情形之一的，对其负责人处以10000元以上30000元以下的罚款：

（一）离、抵口岸时，未经边防检查站同意，擅自出境、入境的；

（二）未按照规定向边防检查站申报员工、旅客和货物情况的，或者拒绝协助检查的；

（三）交通运输工具在入境后到入境检查前、出境检查后到出境前，未经边防检查站许可，上下人员、装卸物品的。

第三十八条　交通运输工具有下列情形之一的，对其负责人给予警告并处500元以上5000元以下的罚款：

（一）出境、入境的交通运输工具在中国境内不按照规定的路线行驶的；

（二）外国船舶未经许可停靠在非对外开放港口的；

（三）中国船舶未经批准擅自搭靠外国籍船舶的。

第三十九条　出境、入境的船舶、航空器，由于不可预见的紧急情况或者不可抗拒的原因，驶入对外开放口岸对外地区，没有正当理由不向附近边防检查站或者当地公安机关报告的；或者在驶入原因消失后，没有按照通知的时间和路线离去的，对其负责人处以10000元以下的罚款。

第四十条　边防检查站执行罚没款处罚，应当向被处罚人出具收据。罚没款应当按照规定上缴国库。

第四十一条　出境、入境的人员违反本条例的规定，构成犯罪的，依法追究刑事责任。

第四十二条　被处罚人对边防检查站作出的处罚决定不服的，可以自接到处罚决定书之日起15日内，向边防检查站所在地的县级公安机关申请复议；有关县级公安机关应当自接到复议申请书之日起15日内作出复议决定；被处罚人对复议决定不服的，可以自接到复议决定书之日起15日内，向人民法院提起诉讼。

第六章 附 则

第四十三条 对享有外交特权与豁免权的外国人入境、出境的边防检查,法律有特殊规定的,从其规定。

第四十四条 外国对中华人民共和国公民和交通运输工具入境、过境、出境的检查和管理有特别规定的,边防检查站可以根据主管机关的决定采取相应的措施。

第四十五条 对往返香港、澳门、台湾的中华人民共和国公民和交通运输工具的边防检查,适用本条例的规定;法律、行政法规有专门规定的,从其规定。

第四十六条 本条例下列用语的含义:

"出境、入境的人员",是指一切离开、进入或者通过中华人民共和国国(边)境的中国籍、外国籍和无国籍人;

"出境、入境的交通运输工具",是指一切离开、进入或者通过中华人民共和国国(边)境的船舶、航空器、火车和机动车辆、非机动车辆以及驮畜;

"员工",是指出境、入境的船舶、航空器、火车和机动车辆的负责人、驾驶员、服务员和其他工作人员。

第四十七条 本条例自1995年9月1日起施行。1952年7月29日中央人民政府政务院批准实施的《出入国境治安检查暂行条例》和1965年4月30日国务院发布的《边防检查条例》同时废止。

台湾渔船停泊点
边防治安管理办法

1. 2001年12月11日公安部令第63号公布
2. 根据2014年6月29日公安部令第132号《关于修改部分部门规章的决定》修正

第一章 总 则

第一条 为了加强台湾渔船停泊点的边防治安管理,促进两岸同胞交往,维护沿海、港口的治安秩序,根据国家有关法律、法规,制定本办法。

第二条 对台湾渔船及船员的边防治安管理,遵循确保安全、方便往来的原则。

第三条 台湾渔船需要在祖国大陆(以下简称大陆)沿岸停靠的,应当在国务院主管部门批准的台湾渔船停泊点(以下简称停泊点)停泊。因遇台风等不可抗力的事由或者不可预见的紧急情况,台湾渔船可以就近在国家有关部门批准的台湾渔船避风点停泊。不可抗力的事由或者不可预见的紧急情况消除后,应当立即航离。

第四条 凡在停泊点停泊的台湾渔船及随船人员,除法律、法规另有规定外,应当遵守本办法。

第五条 台湾渔船及船员在大陆沿岸停靠期间的边防治安管理工作由公安边防部门负责。

第二章 泊 港

第六条 台湾渔船进入停泊点后,船长应当及时向停泊点边防工作站申报,出示船舶证书、船员证书或其他有效证件,说明来靠原因及泊港时间,接受边防执勤人员的检查。

第七条 边防工作站对进境的台湾渔船,应查验其船舶证书、船员证书及其他有效证件,核对人数;台湾渔船泊港期间,其船舶证书由边防工作站代为保管,离港时发还。

边防工作站对台湾渔船实施检查时,应当对船体及船上货物、行李物品进行重点检查,台湾渔船的船长应当在现场协助边防执勤人员进行检查。

边防执勤人员对台湾渔船实施检查时,应当出示其执勤证件。

第八条 台湾渔船泊港期间,必须在指定的停泊区(段)锚泊,接受边防工作站的监护和管理。

第九条 台湾渔船泊港期间,除遵守国家法律、法规外,还应当遵守下列规定:

(一)不得悬挂、显示有损一个中国原则和祖国统一的标志;

(二)不得播放分裂祖国、破坏祖国统一内容的广播;

(三)不得擅自启用电台;

(四)不得传播、散发各种违禁物品及不利两岸正常往来的物品,不得携带违禁物品上岸;

(五)不得擅自引带大陆居民登船;

(六)不得擅自搭靠其他船舶;

(七)不得从事其他有损两岸关系的活动。

第三章 登陆与登轮

第十条 台湾渔船泊港期间,国家有关部门的工作人员需要登船执行公务的,应当事先通报边防工作站,边防执勤人员凭其本人有效证件放行;其他人员需要登轮的,须经边防工作站同意,并办理临时登轮手续后,方可登轮。

大陆船舶需要搭靠台湾渔船的,应当由船长向边防工作站申请办理搭靠手续。

第十一条 台湾渔船上的台湾居民需要登陆的,应当持船员证书或其他有效身份证件,向边防工作站申请办理《台湾居民登陆证》,在港口所在的县(市、区)范围内活动,不得进入军事禁区和军事管理区。

《台湾居民登陆证》的有效期不超过本航次航行期限。登陆的台湾居民应当在证件有效期内返回原船，并从原上岸停泊点乘原船离港。特殊原因，需要延期或改乘其他船舶时，应当在证件有效期内向上岸停泊点所在地县(市)公安边防部门提出申请，经地(市)公安边防部门批准后，由上岸停泊点边防工作站核发证件。

第十二条　台湾渔船上的人员有下列情形之一的，不予批准上岸：

（一）无证件证明是台湾居民的；

（二）提供假证件的；

（三）依法被限制或者禁止入境的。

第十三条　台湾渔船泊港期间需要从事小额贸易、招聘短期劳务人员处理海事或渔事纠纷等事务的，由有关部门按照规定办理。

第十四条　应聘到台湾渔船从事近海作业的大陆劳务人员必须持《对台劳务人员登轮作业证》。申办《对台劳务人员登轮作业证》必须具有《渔业船员专业培训合格证》、《外派劳务人员培训合格证》、《出海船民证》和本人身份证件。首次登台轮作业的须持常住户口所在地公安派出所出具没有本办法第十六条规定情形的证明。

第十五条　大陆劳务人员申办《对台劳务人员登轮作业证》，应当由对外贸易经济合作部核准的经营公司凭地方外经贸主管部门的批文和与台湾渔业公司或船东、船长签订的合同及第十四条所规定的相关证件，到经营公司所在地县(市)公安边防部门办理。

第十六条　大陆劳务人员有下列情形之一的，不予办理《对台劳务人员登轮作业证》：

（一）刑事案件的被告人或者犯罪嫌疑人；

（二）人民法院通知有未了结民事案件不能出海的；

（三）被判处刑罚正在服刑的；

（四）出海后有可能给国家安全造成危害或者对国家利益造成重大损失的；

（五）身体和精神状况明显不适合登船作业的。

第十七条　大陆劳务人员应当在指定的停泊点登、离台湾渔船，接受边防工作站的检查和管理。

第十八条　台湾渔船的船长、船员对受聘大陆劳务人员不得歧视、体罚；不得擅自将大陆劳务人员带至台湾地区或者其他国家和地区港口登岸；劳务合作期满，应当及时将大陆劳务人员送回原登轮港。

第十九条　台湾渔船离港前应当向边防工作站提出申请，经边防执勤人员检查，核对证件、人员，交纳监护费，缴回《台湾居民登陆证》后，方可离港。已办理离港手续的，不得无故滞留。

第二十条　台湾居民遗失《台湾居民登陆证》，大陆劳务人员遗失《对台劳务人员登轮作业证》，应当及时向原签发证件部门报失。经调查核实无误后，由原签发证件部门补发。

第四章　处　罚

第二十一条　应聘到台湾渔船从事近海作业的大陆劳务人员有下列行为之一的，对其处以人民币(或等值外币，以下同)500元以下的罚款：

（一）申请《对台劳务人员登轮作业证》时编造虚假情况，提供假证明的；

（二）涂改《对台劳务人员登轮作业证》或将证件转让他人使用的；

（三）未在指定的停泊点登、离台湾渔船的；

（四）携带违禁物品及国家机密资料，尚未构成犯罪的。

第二十二条　违反本办法规定有下列行为之一的，对台湾渔船船长和直接责任人处以警告，责令其改正，或处以人民币1000元以下的罚款。拒不改正，不予停泊或强制航离：

（一）擅自启用电台的；

（二）在港内播放分裂祖国、破坏祖国统一内容的广播的；

（三）停泊期间，悬挂、显示有损一个中国原则和祖国统一标志的；

（四）从事其他有损两岸关系的活动的。

第二十三条　违反本办法规定有下列行为之一的，对台湾居民处以人民币1000元以下的罚款，同时，对船长处以人民币2000元以下的罚款：

（一）擅自引带大陆居民登船的；

（二）未经批准擅自上岸的；

（三）涂改证件或者将证件转让他人使用的；

（四）持《台湾居民登陆证》登陆人员，不按规定时间返回或者超出指定范围活动的；

（五）在沿海、港口传播、散发违禁物品及不利两岸正常往来物品或携带违禁物品上岸的；

（六）体罚、殴打大陆劳务人员，未造成轻微伤害的；

（七）不服从管理，扰乱停泊点管理秩序的。

第二十四条　违反本办法规定有下列行为之一的，对台湾渔船船长处以人民币3000元以下的罚款：

（一）未按规定办理进出港手续的；

（二）泊港期间擅自搭靠其他船舶的；

（三）擅自雇用大陆居民登船作业的；

（四）擅自将大陆劳务人员带至台湾地区或者其他国家和地区港口登陆的；

（五）未经边防部门检查擅自离港的；

（六）办理离港手续后无故滞留的。

第二十五条 台湾渔船无不可抗力的事由或者不可预见的紧急情况，不在指定的停泊点、避风点停泊的，对其船长处以人民币10000元以下的罚款。

第二十六条 对违反本办法的处罚、警告、人民币200元以下的罚款，由边防工作站（边防派出所）决定；人民币200元以上、3000元以下的罚款由县（市）公安边防部门决定；人民币3000元以上、10000元以下的罚款由地（市）公安边防部门决定。

第二十七条 台湾渔船及随船人员在大陆沿岸停靠期间有其他违法犯罪行为的，由有关部门依照有关法律、法规处理。

第二十八条 公安边防执法人员违反本办法规定，滥用职权、徇私舞弊或者有其他违法失职行为，情节轻微的，给予行政处分；情节严重，构成犯罪的，依法追究刑事责任。

第五章 附 则

第二十九条 本办法所称"台湾渔船"，是指航靠大陆、在台湾地区注册具有台湾地区港籍与船籍的渔船、小额贸易船等船舶。

第三十条 《台湾居民登陆证》、《对台劳务人员登轮作业证》由公安部统一制作。

第三十一条 本办法中的"等值外币"，是指处罚裁决当日，按照国家外汇管理的规定，相同罚款数额的人民币可兑换的外国货币。

第三十二条 本办法中的以下，包括本数在内。

第三十三条 本办法自2002年3月1日起施行。

中华人民共和国边境管理区通行证管理办法

1. 1999年9月4日公安部令第42号发布
2. 根据2014年6月29日公安部令第132号《关于修改部分部门规章的决定》修正

第一章 总 则

第一条 为了加强边境通行证件的管理，维护边境管理区的治安秩序，根据国家有关规定，结合我国边防管理的实际情况，制定本办法。

第二条 国家在陆地边境地区划定边境管理区（含深圳、珠海经济特区），实行《中华人民共和国边境管理区通行证》（以下简称《边境通行证》）验查管理制度。

第三条 凡进出边境管理区的人员，均适用本办法。

第四条 公安部边防管理局是全国《边境通行证》的主管部门。各省、自治区、直辖市公安厅、局负责本行政区域内的《边境通行证》管理工作。

第二章 进出边境管理区证件

第五条 凡常住边境管理区年满16周岁的中国公民，凭《中华人民共和国居民身份证》（以下简称《居民身份证》）在本省、自治区的边境管理区通行；前往其他省、自治区的边境管理区，须持《边境通行证》。

第六条 凡居住在非边境管理区年满16周岁的中国公民，前往边境管理区，须持《边境通行证》。

第七条 凡经由边境管理区出入国（边）境的人员，凭其出入境有效证件通行。

外国人、无国籍人前往未对外国人开放的边境管理区，须持公安机关签发的《中华人民共和国外国人旅行证》。

海外华侨、港澳台同胞前往未对外开放的边境管理区，须持《国境通行证》。

第八条 中国人民解放军和中国人民武装警察部队官兵进出边境管理区，须分别持《中国人民解放军军人通行证》《中国人民武装警察通行证》和本人有效证件；驻在边境管理区内的中国人民解放军和中国人民武装警察部队官兵，凭本人有效证件进出边境管理区。

第三章 《边境通行证》的申领

第九条 凡年满16周岁的中国公民前往边境管理区，依照本办法第二章之规定，具有下列情形之一的，应当申领《边境通行证》：

（一）参加科技、文化、体育交流或者业务培训、会议，从事考察、采访、创作等活动的；

（二）从事勘探、承包工程、劳务、生产技术合作或者贸易洽谈等活动的；

（三）应聘、调动、分配工作或者就医、就学的；

（四）探亲、访友、经商、旅游的；

（五）有其他正当事由而必须前往的。

第十条[①] 申领《边境通行证》应当向常住户口所在地县

[①] 根据《公安部关于第二批不再要求提供有关规章设定证明事项和取消有关规范性文件设定证明事项的通知》，本条中的单位证明和暂住证明不再要求提供部门规章设定证明事项。

级以上公安机关或者指定的公安派出所提出申请。有下列情形之一的,凭单位证明,可以向非常住户口所在地的县级以上公安机关或者指定的公安派出所提出申请:

（一）常住户口所在地与工作单位所在地在同一城市,但不在同一辖区的人员；

（二）中央各部委和省级人民政府的驻外办事处人员；

（三）已在非常住户口所在地暂住一年以上的人员；

（四）因工作调动,尚未办妥常住或者暂住户口的人员；

（五）因紧急公务,确需前往边境管理区的国家工作人员。

第十一条 海外华侨、港澳台同胞凭有效证件向有关省、自治区、直辖市公安厅、局,或者县、市公安局申领《边境通行证》。

第十二条 经省级公安、旅游部门批准,旅游公司组织赴边境管理区旅游的人员,应当在出发地的公安机关办理《边境通行证》。

第十三条 申请领取《边境通行证》的人员应当填写《边境通行证申请表》；交验本人《居民身份证》或者其他有效证件,并履行下列手续:

（一）机关、团体、事业单位人员由单位保卫(人事)部门提出审核意见；

（二）企业单位设保卫部门的,由保卫部门提出审核意见；未设保卫部门的,由企业法人提出审核意见；

（三）其他人员由常住户口所在地的公安派出所或者乡镇人民政府提出审核意见；

（四）已在边境管理区务工的人员还应当出具劳动部门的聘用合同和用工单位证明。

第十四条 有下列情形之一的,公安机关不予受理:

（一）刑事案件的被告人和公安机关、国家安全机关、人民检察院或者人民法院认定有犯罪嫌疑的人员；

（二）被判处刑罚正在服刑的人员；

（三）公安机关认为不宜前往边境管理区的人员。

第四章 《边境通行证》的签发

第十五条 《边境通行证》由县级以上公安机关签发。边远地区和人员进出边境管理区较多的地区,经省、自治区、直辖市公安厅、局批准,由指定的公安派出所签发。

第十六条 《边境通行证》的签发应当专人负责,严格管理,简化手续,方便群众。

第十七条 签发《边境通行证》一律用黑色墨水填写或者使用微机填写,字迹工整,项目填写全面,不得涂改,并加盖发证机关的行政印章或者边境通行证专用章。

第十八条 《边境通行证》实行一人一证,并与《居民身份证》同时使用。对不满16周岁的未成年人不单独签发证件,可与持证人偕行,但不得超过二人。

第十九条 《边境通行证》的有效期不得超过三个月,可多次往返使用；对常住或者经常入出边境管理区的人员,其证件有效期最长可到一年。

第二十条 《边境通行证》有效期满后,持证人应当向原发证机关缴销证件。证件存根、缴销的旧证件及《边境通行证申请表》的保存期为两年,销毁时应登记造册。

第五章 《边境通行证》的查验

第二十一条 前往边境管理区的人员须持本办法第二章规定的有效证件,经边防公安检查站、铁路公安部门查验后,才能进入边境管理区。

第二十二条 有下列情形之一的,边防公安检查站、铁路公安部门有权阻止进入边境管理区:

（一）未持边境通行证件的；

（二）持过期、失效边境通行证件的；

（三）持伪造、涂改的《边境通行证》、冒用他人《边境通行证》或者其他证件的；

（四）《边境通行证》未与《居民身份证》同时使用或者与假《居民身份证》同时使用的；

（五）拒绝接受查验证件的。

第六章 处　罚

第二十三条 对违反本办法规定的处罚由边防公安检查站或者县级以上公安机关执行。

第二十四条 持用伪造、涂改、过期、失效的《边境通行证》或者冒用他人《边境通行证》的,除收缴其证件外,应当视情节给予警告或者处以100元以下罚款。

第二十五条 对伪造、涂改、盗窃、贩卖《边境通行证》的,除收缴其证件外,处1000元以下罚款；情节严重构成犯罪的,依法追究刑事责任。

第二十六条 拒绝、阻碍公安机关检查验证人员依法执行公务,未使用暴力、威胁方法的,依照《中华人民共和国治安管理处罚条例》的规定处罚。

第二十七条 公安机关工作人员在执行本办法时,如有利用职权索取贿赂或者其他违法行为,情节轻微的,由主管部门予以行政处分；情节严重构成犯罪的,依法追究刑事责任。

第七章 附 则

第二十八条 公安机关签发《边境通行证》,必须严格执行收费标准,使用财政部统一印制的证件收费收据。证件收费应当坚持专款专用、收支两条线的规定。

第二十九条 《边境通行证》式样由公安部制定,并统一印制。

第三十条 本办法自发布之日起施行。

沿海船舶边防治安管理规定

1. 2000年2月15日公安部令第47号公布
2. 自2000年5月1日起施行

第一章 总 则

第一条 为了维护我国沿海地区及海上治安秩序,加强沿海船舶的边防治安管理,促进沿海地区经济发展,保障船员和渔民的合法权益,制定本规定。

第二条 本规定适用于在我国领海海域内停泊、航行和从事生产作业的各类船舶。我国军用船舶、公务执法船舶及国家另有规定的除外。

国有航运企业船舶、外国籍船舶的管理,依照国家有关规定执行。

第三条 公安边防部门是沿海船舶边防治安管理的主管部门。

第二章 出海证件管理

第四条 出海船舶除依照规定向主管部门领取有关证件外,应当向船籍港或者船舶所在地公安边防部门申请办理船舶户籍注册,领取《出海船舶户口簿》。

渔政渔港监督管理机关、海事行政主管部门依照国家有关规定不发给有关证书的其他小型沿海船舶,应当向公安边防部门申领《出海船舶边防登记簿》。

内地经营江海运输的个体所有的船舶,按协议到沿海地区从事运输,应当由所在地县级以上公安机关出具证明,持有关船舶、船员等有效证件,到其协议从事运输的沿海县(市)级以上公安边防部门办理《出海船舶户口簿》《出海船民证》。

第五条 年满十六周岁的未持有《中华人民共和国海员证》或者《船员服务簿》的人员、渔民出海,应当向船籍港或者船舶所在地公安边防部门申领《出海船民证》。临时出海作业的人员,持常住户口所在地公安机关出具的有效证明和《中华人民共和国居民身份证》,向其服务船舶所在地公安国边防部门申领《出海船民证》,发证机关应当注明有效时限。《出海船民证》与《中华人民共和国居民身份证》同时使用。

第六条 公安边防部门对《出海船舶户口簿》《出海船舶边防登记簿》和《出海船民证》实行年度审验制度。未经年度审验的证件无效。

第七条 出海证件应当妥善保管,不得涂改、伪造、冒用、出借。

第八条 有下列情形之一的,公安边防部门不发给出海证件:

(一)刑事案件的被告人和公安机关、国家安全机关、人民检察院、人民法院认定的犯罪嫌疑人;

(二)被判处管制、有期徒刑缓刑、假释和保外就医的罪犯;

(三)人民法院通知有未了结的经济、民事案件的;

(四)出海后将对国家安全造成危害或者对国家利益造成重大损失的;

(五)利用船舶进行过走私或者运送偷渡人员的;

(六)其他不宜从事出海生产作业的。

第九条 领取《出海船舶户口簿》的船舶更新改造、买卖、转让、租借、报废、灭失及船员的变更,除依照规定在船舶主管部门办理有关手续外,还应当到当地公安边防部门办理船舶户口以及《出海船民证》的变更、注销手续。

船员、渔民终止出海的,应当立即向原发证机关缴销出海证件。

第十条 出海船舶及其渔民、船民应当随船携带有关出海证件,并接受公安边防部门的检查和管理。

第三章 船舶及其人员管理

第十一条 各类船舶应当依照船舶主管部门的规定编刷船名、船号;未编刷船名、船号或者船名、船号模糊不清的,禁止出海。

船名、船号不得擅自拆换、遮盖、涂改、伪造。禁止悬挂活动船牌号。

第十二条 出海船舶实行船长负责制。出海人员的管理工作由船长负责。

第十三条 各类船舶进出港口时,除依照规定向渔港监督或者各级海事行政主管部门办理进出港签证手续外,还应办理进出港边防签证手续。进出非本船籍港时,必须到当地公安边防部门或者其授权的船舶签证点,办理边防签证手续,接受检查。

第十四条 出海的船舶,未经当地公安边防部门许可,不得容留非出海人员在船上作业、住宿。

第十五条　沿海船舶集中停泊的地点,应当建立船舶治安保卫组织,在当地公安边防部门指导下进行船舶治安管理工作。

第十六条　船舶失踪、被盗、被劫持,应当立即向就近的公安机关和原发证的公安边防部门报告。

第十七条　出海船舶和人员不得擅自进入国家禁止或者限制进入的海域或岛屿,不得擅自搭靠外国籍或者香港、澳门特别行政区以及台湾地区的船舶。

因避险及其他不可抗力的原因发生前款情形的,应当在原因消除后立即离开,抵港后及时向公安边防部门报告。

第十八条　出海船舶和人员不准携带违禁物品。在海上拣拾的违禁物品,必须上交公安边防部门,不得隐匿、留用或者擅自处理。

第十九条　任何船舶或者人员不准非法拦截、强行靠登、冲撞或者偷开他人船舶。

第二十条　发生海事、渔事纠纷,应当依法处理,任何一方不得扣押对方人员、船舶或者船上物品。

第二十一条　任何船舶或者人员未经许可,不得将外国籍和香港、澳门特别行政区以及台湾地区的船舶引航到未对上述船舶开放的港口、锚地停靠。

第二十二条　严禁利用船舶进行走私、贩毒、贩运枪支弹药或者接驳、运送他人偷越国(边)境以及其他违法犯罪活动。

第四章　对合资、合作经营船舶和船员以及香港、澳门特别行政区船舶和船员的管理

第二十三条　经省、自治区、直辖市人民政府和有关部门批准,与外国或者香港、澳门特别行政区合资或者合作生产经营,在我国领海海域作业,并悬挂中华人民共和国国旗的船舶,应当到船籍港公安边防部门申领《出海船舶边防登记簿》,在规定的海区作业,在指定的港口停泊、上下人员以及装卸货物,接受公安边防部门的检查、管理。

随船的外国籍和香港、澳门特别行政区的船员凭公安边防部门签发的《合资船船员登陆证》上岸,随船的中国籍大陆船员持公安边防部门签发的《合资船船员登轮证》登轮作业。

第二十四条　航行于内地与香港、澳门特别行政区之间的小型船舶,应当向公安边防检查部门申办《航行港澳船舶证明书》和《航行港澳小型船舶查验簿》,在指定的港口停泊、上下人员以及装卸货物。

第二十五条　具有广东省和香港、澳门特别行政区双重户籍的粤港、粤澳流动渔船,应当按照广东省指定的港口入户和停泊,在规定的海域生产作业。

粤港、粤澳流动渔船,可以就近进入广东省以外沿海港口避风、维修或者补给,但不得装卸货物。船员需要上岸时,必须经当地公安边防部门批准并办理登陆手续。

第五章　法律责任

第二十六条　违反本规定,有下列情形之一的,对船舶负责人及其直接责任人员处二百元以下罚款或者警告：

(一)未随船携带公安边防部门签发的出海证件或者持未经年度审验的证件出海的;

(二)领取《出海船舶户口簿》的船舶更新改造、买卖、转让、租借、报废、灭失或者船员变更,未到公安边防部门办理出海证件变更或者注销手续的;

(三)未依照规定办理船舶进出港边防签证手续的;

(四)擅自容留非出海人员在船上作业、住宿的。

第二十七条　违反本规定,有下列情形之一的,对船舶负责人及其直接责任人员处五百元以下罚款：

(一)未申领《出海船舶户口簿》、《出海船舶边防登记簿》或者《出海船民证》擅自出海的;

(二)涂改、伪造、冒用、转借出海证件的;

(三)未编刷船名船号,经通知不加改正或者擅自拆换、遮盖、涂改船名船号以及悬挂活动船牌号的;

(四)未经许可,私自载运非出海人员出海的。

第二十八条　违反本规定,有下列情形之一的,对船舶负责人及其有关责任人员处一千元以下罚款：

(一)非法进入国家禁止或限制进入的海域或者岛屿的;

(二)未经许可,将外国籍或者香港、澳门特别行政区、台湾地区的船舶引航到未对上述船舶开放的港口、锚地的;

(三)擅自搭靠外国籍或者香港、澳门特别行政区以及台湾地区船舶的,或者因避险及其他不可抗力的原因被迫搭靠,事后未及时向公安边防部门报告的;

(四)航行于内地与香港、澳门特别行政区之间的小型船舶擅自在非指定的港口停泊、上下人员或者装卸货物的。

第二十九条　违反本规定,有下列情形之一的,对船舶负责人及其直接责任人员处五百元以上一千元以下罚款：

(一)携带、隐匿、留用或者擅自处理违禁物品的;

（二）非法拦截、强行靠登、冲撞或者偷开他人船舶的；

（三）非法扣押他人船舶或者船上物品的。

第三十条　船舶无船名船号、无船籍港、无船舶证书擅自出海从事生产、经营等活动的，依照国务院有关规定没收船舶，并可以对船主处船价二倍以下的罚款。

第三十一条　本规定的处罚权限如下：

（一）公安边防派出所、边防工作站或者船舶公安检查站可以裁决警告、二百元以下罚款；

（二）县级（含本级）以上公安边防部门可以裁决一千元以下罚款；

（三）对依照本规定第三十条作出的处罚，由地（市）级（含本级）以上公安边防部门裁决。

第三十二条　被处罚人对公安边防部门作出的处罚决定不服的，可以依法申请行政复议或者提起行政诉讼。

第三十三条　违反本规定构成违反治安管理行为的，依照《中华人民共和国治安管理处罚条例》的规定处罚；构成犯罪的，依法追究刑事责任。

第三十四条　有下列情形之一的，公安边防部门及其他有关部门应当依照国家有关法律、法规及时查处；构成犯罪的，依法追究刑事责任：

（一）非法买卖、运输、携带毒品、淫秽物品的；

（二）参与或者帮助他人非法出入境的；

（三）进行其他违法犯罪活动的。

第三十五条　公安边防部门在执行职务中，发现船舶或者人员有违反海事管理、渔政管理等行为的，有权予以制止，并移交或者通知有关部门处理。

第三十六条　公安边防部门及其执法人员应当严格执行本规定，秉公执法。对滥用职权、徇私舞弊、玩忽职守的，依照有关规定给予行政处分；构成犯罪的，依法追究刑事责任。

第三十七条　对违反本规定的行为，应当将违法情况记入《出海船舶户口簿》或者《出海船舶边防登记簿》内，加盖处罚单位印章。

第六章　附　　则

第三十八条　对我国海域内沿海船舶的治安管理，除法律、法规另有规定外，执行本规定。

第三十九条　对我国陆地界江、界河、界湖船舶的边防治安管理，参照本规定执行。

第四十条　本规定中的《出海船舶户口簿》、《出海船舶边防登记簿》、《出海船民证》、《合资船舶员登陆证》、《合资船船员登轮证》等，由公安部确定式样，统一印制。

第四十一条　本规定中的以下，包括本数在内。

第四十二条　本规定自2000年5月1日起施行。

八、警察队伍建设

资料补充栏

中华人民共和国海警法

1. 2021年1月22日第十三届全国人民代表大会常务委员会第二十五次会议通过
2. 2021年1月22日中华人民共和国主席令第71号公布
3. 自2021年2月1日起施行

目 录

第一章 总 则
第二章 机构和职责
第三章 海上安全保卫
第四章 海上行政执法
第五章 海上犯罪侦查
第六章 警械和武器使用
第七章 保障和协作
第八章 国际合作
第九章 监 督
第十章 法律责任
第十一章 附 则

第一章 总 则

第一条 【立法目的】为了规范和保障海警机构履行职责,维护国家主权、安全和海洋权益,保护公民、法人和其他组织的合法权益,制定本法。

第二条 【海警机构组成】人民武装警察部队海警部队即海警机构,统一履行海上维权执法职责。

海警机构包括中国海警局及其海区分局和直属局、省级海警局、市级海警局、海警工作站。

第三条 【适用范围】海警机构在中华人民共和国管辖海域(以下简称我国管辖海域)及其上空开展海上维权执法活动,适用本法。

第四条 【原则】海上维权执法工作坚持中国共产党的领导,贯彻总体国家安全观,遵循依法管理、综合治理、规范高效、公正文明的原则。

第五条 【基本任务】海上维权执法工作的基本任务是开展海上安全保卫,维护海上治安秩序,打击海上走私、偷渡,在职责范围内对海洋资源开发利用、海洋生态环境保护、海洋渔业生产作业等活动进行监督检查,预防、制止和惩治海上违法犯罪活动。

第六条 【法律保护】海警机构及其工作人员依法执行职务受法律保护,任何组织和个人不得非法干涉、拒绝和阻碍。

第七条 【义务】海警机构工作人员应当遵守宪法和法律,崇尚荣誉,忠于职守,纪律严明,严格执法,清正廉洁。

第八条 【加强协作配合】国家建立陆海统筹、分工合作、科学高效的海上维权执法协作配合机制。国务院有关部门、沿海地方人民政府、军队有关部门和海警机构应当相互加强协作配合,做好海上维权执法工作。

第九条 【表彰奖励】对在海上维权执法活动中做出突出贡献的组织和个人,依照有关法律、法规的规定给予表彰和奖励。

第二章 机构和职责

第十条 【分工负责管辖区域的海上维权执法工作】国家在沿海地区按照行政区划和任务区域编设中国海警局海区分局和直属局、省级海警局、市级海警局和海警工作站,分别负责所管辖区域的有关海上维权执法工作。中国海警局按照国家有关规定领导所属海警机构开展海上维权执法工作。

第十一条 【辖区划定和调整应及时公布通报】海警机构管辖区域应当根据海上维权执法工作的需要合理划定和调整,可以不受行政区划限制。

海警机构管辖区域的划定和调整应当及时向社会公布,并通报有关机关。

第十二条 【海警机构的职责】海警机构依法履行下列职责:

(一)在我国管辖海域开展巡航、警戒,值守重点岛礁,管护海上界线,预防、制止、排除危害国家主权、安全和海洋权益的行为;

(二)对海上重要目标和重大活动实施安全保卫,采取必要措施保护重点岛礁以及专属经济区和大陆架的人工岛屿、设施和结构安全;

(三)实施海上治安管理,查处海上违反治安管理、入境出境管理的行为,防范和处置海上恐怖活动,维护海上治安秩序;

(四)对海上有走私嫌疑的运输工具或者货物、物品、人员进行检查,查处海上走私违法行为;

(五)在职责范围内对海域使用、海岛保护以及无居民海岛开发利用、海洋矿产资源勘查开发、海底电(光)缆和管道铺设与保护、海洋调查测量、海洋基础测绘、涉外海洋科学研究等活动进行监督检查,查处违法行为;

(六)在职责范围内对海洋工程建设项目、海洋倾倒废弃物对海洋污染损害、自然保护地海岸线向海一

侧保护利用等活动进行监督检查,查处违法行为,按照规定权限参与海洋环境污染事故的应急处置和调查处理;

(七)对机动渔船底拖网禁渔区线外侧海域和特定渔业资源渔场渔业生产作业、海洋野生动物保护等活动进行监督检查,查处违法行为,依法组织或者参与调查处理海上渔业生产安全事故和渔业生产纠纷;

(八)预防、制止和侦查海上犯罪活动;

(九)按照国家有关职责分工,处置海上突发事件;

(十)依照法律、法规和我国缔结、参加的国际条约,在我国管辖海域以外的区域承担相关执法任务;

(十一)法律、法规规定的其他职责。

海警机构与公安、自然资源、生态环境、交通运输、渔业渔政、海关等主管部门的职责分工,按照国家有关规定执行。

第十三条 【应急救援】海警机构接到因海上自然灾害、事故灾难等紧急求助,应当及时通报有关主管部门,并积极开展应急救援和救助。

第十四条 【业务指导】中央国家机关按照国家有关规定对海上维权执法工作实行业务指导。

第十五条 【中国海警局及其海区分局的执法工作】中国海警局及其海区分局按照国家有关规定,协调指导沿海地方人民政府海上执法队伍开展海域使用、海岛保护开发、海洋生态环境保护、海洋渔业管理等相关执法工作。

根据海上维权执法工作需要,中国海警局及其海区分局可以统一协调组织沿海地方人民政府海上执法队伍的船舶、人员参与海上重大维权执法行动。

第三章 海上安全保卫

第十六条 【识别查证、跟踪监视】为维护海上安全和秩序,海警机构有权依法对在我国管辖海域航行、停泊、作业的外国船舶进行识别查证,判明船舶的基本信息及其航行、作业的基本情况。对有违法嫌疑的外国船舶,海警机构有权采取跟踪监视等措施。

第十七条 【强制驱离、强制拖离】对非法进入我国领海及其以内海域的外国船舶,海警机构有权责令其立即离开,或者采取扣留、强制驱离、强制拖离等措施。

第十八条 【登临、检查、拦截、紧追】海警机构执行海上安全保卫任务,可以对在我国管辖海域航行、停泊、作业的船舶依法登临、检查。

海警机构登临、检查船舶,应当通过明确的指令要求被检查船舶停船接受检查。被检查船舶应当按照指令停船接受检查,并提供必要的便利;拒不配合检查的,海警机构可以强制检查;现场逃跑的,海警机构有权采取必要的措施进行拦截、紧追。

海警机构检查船舶,有权依法查验船舶和生产作业许可有关的证书、资料以及人员身份信息,检查船舶及其所载货物、物品,对有关违法事实进行调查取证。对外国船舶登临、检查、拦截、紧追,遵守我国缔结、参加的国际条约的有关规定。

第十九条 【紧急措施】海警机构因处置海上突发事件的紧急需要,可以采取下列措施:

(一)责令船舶停止航行、作业;

(二)责令船舶改变航线或者驶向指定地点;

(三)责令船舶上的人员下船,或者限制、禁止人员上船、下船;

(四)责令船舶卸载货物,或者限制、禁止船舶卸载货物;

(五)法律、法规规定的其他措施。

第二十条 【限期、强制拆除】未经我国主管机关批准,外国组织和个人在我国管辖海域和岛礁建造建筑物、构筑物,以及布设各类固定或者浮动装置的,海警机构有权责令其停止上述违法行为或者限期拆除;对拒不停止违法行为或者逾期不拆除的,海警机构有权予以制止或者强制拆除。

第二十一条 【责令离开、强制驱离、强制拖离】对外国军用船舶和用于非商业目的的外国政府船舶在我国管辖海域违反我国法律、法规的行为,海警机构有权采取必要的警戒和管制措施予以制止,责令其立即离开相关海域;对拒不离开并造成严重危害或者威胁的,海警机构有权采取强制驱离、强制拖离等措施。

第二十二条 【制止侵害、排除危险】国家主权、主权权利和管辖权在海上正在受到外国组织和个人的不法侵害或者面临不法侵害的紧迫危险时,海警机构有权依照本法和其他相关法律、法规,采取包括使用武器在内的一切必要措施制止侵害、排除危险。

第四章 海上行政执法

第二十三条 【海上行政执法领域】海警机构对违反海上治安、海关、海洋资源开发利用、海洋生态环境保护、海洋渔业管理等法律、法规、规章的组织和个人,依法实施包括限制人身自由在内的行政处罚、行政强制或者法律、法规规定的其他措施。

海警机构依照海洋资源开发利用、海洋生态环境保护、海洋渔业管理等法律、法规的规定,对海上生产作业现场进行监督检查。

海警机构因调查海上违法行为的需要,有权向有关组织和个人收集、调取证据。有关组织和个人应当如实提供证据。

海警机构为维护海上治安秩序,对有违法犯罪嫌疑的人员进行当场盘问、检查或者继续盘问的,依照《中华人民共和国人民警察法》的规定执行。

第二十四条　【执行适用】海警机构因开展行政执法需要登临、检查、拦截、紧追相关船舶的,依照本法第十八条规定执行。

第二十五条　【海上临时警戒区的设置】有下列情形之一,省级海警局以上海警机构可以在我国管辖海域划定海上临时警戒区,限制或者禁止船舶、人员通行、停留:

（一）执行海上安全保卫任务需要的;

（二）打击海上违法犯罪活动需要的;

（三）处置海上突发事件需要的;

（四）保护海洋资源和生态环境需要的;

（五）其他需要划定海上临时警戒区的情形。

划定海上临时警戒区,应当明确海上临时警戒区的区域范围、警戒期限、管理措施等事项并予以公告。其中,可能影响海上交通安全的,应当在划定前征求海事管理机构的意见,并按照相关规定向海事管理机构申请发布航行通告、航行警告;涉及军事用海或者可能影响海上军事设施安全和使用的,应当依法征得军队有关部门的同意。

对于不需要继续限制或者禁止船舶、人员通行、停留的,海警机构应当及时解除警戒,并予公告。

第二十六条　【违法船舶调查管制】对涉嫌违法正在接受调查处理的船舶,海警机构可以责令其暂停航行、作业,在指定地点停泊或者禁止其离港。必要时,海警机构可以将嫌疑船舶押解至指定地点接受调查处理。

第二十七条　【外籍船舶作业现场监管】国际组织、外国组织和个人的船舶经我国主管机关批准在我国管辖海域从事渔业生产作业以及其他自然资源勘查开发、海洋科学研究、海底电（光）缆和管道铺设等活动的,海警机构应当依法进行监管,可以派出执法人员随船监管。

第二十八条　【毗连区管制】为预防、制止和惩治在我国陆地领土、内水或者领海内违反有关安全、海关、财政、卫生或者入境出境管理法律、法规的行为,海警机构有权在毗连区行使管制权,依法实施行政强制措施或者法律、法规规定的其他措施。

第二十九条　【现场处罚】违法事实确凿,并有下列情形之一,海警机构执法人员可以当场作出处罚决定:

（一）对个人处五百元以下罚款或者警告、对单位处五千元以下罚款或者警告的;

（二）罚款处罚决定不在海上当场作出,事后难以处罚的。

当场作出的处罚决定,应当及时报所属海警机构备案。

第三十条　【快速办理程序】对不适用当场处罚,但事实清楚,当事人自愿认错认罚,且对违法事实和法律适用没有异议的海上行政案件,海警机构征得当事人书面同意后,可以通过简化取证方式和审核审批等措施快速办理。

对符合快速办理条件的海上行政案件,当事人在自行书写材料或者询问笔录中承认违法事实、认错认罚,并有视听资料、电子数据、检查笔录等关键证据能够相互印证的,海警机构可以不再开展其他调查取证工作。

使用执法记录仪等设备对询问过程录音录像的,可以替代书面询问笔录。必要时,对视听资料的关键内容和相应时间段等作文字说明。

对快速办理的海上行政案件,海警机构应当在当事人到案后四十八小时内作出处理决定。

第三十一条　【不适用快速办理的情形】海上行政案件有下列情形之一,不适用快速办理:

（一）依法应当适用听证程序的;

（二）可能作出十日以上行政拘留处罚的;

（三）有重大社会影响的;

（四）可能涉嫌犯罪的;

（五）其他不宜快速办理的。

第三十二条　【实施行政强制措施的报告义务】海警机构实施行政强制措施前,执法人员应当向本单位负责人报告并经批准。情况紧急,需要在海上当场实施行政强制措施的,应当在二十四小时内向本单位负责人报告,抵岸后及时补办批准手续;因不可抗力无法在二十四小时内向本单位负责人报告的,应当在不可抗力影响消除后二十四小时内向本单位负责人报告。海警机构负责人认为不应当采取行政强制措施的,应当立即解除。

第三十三条　【对逾期不履行处罚决定的措施】当事人逾期不履行处罚决定的,作出处罚决定的海警机构可以依法采取下列措施:

（一）到期不缴纳罚款的，每日按罚款数额的百分之三加处罚款；

（二）将查封、扣押的财物依法拍卖、变卖或者将冻结的存款、汇款划拨抵缴罚款；

（三）根据法律规定，采取其他行政强制执行方式。

本法和其他法律没有规定海警机构可以实施行政强制执行的事项，海警机构应当申请人民法院强制执行。

第三十四条　【管辖争议的解决】各级海警机构对海上行政案件的管辖分工，由中国海警局规定。

海警机构与其他机关对海上行政案件管辖有争议的，由海警机构与其他机关按照有利于案件调查处理的原则进行协商。

第三十五条　【特殊证据规则】海警机构办理海上行政案件时，有证据证明当事人在海上实施将物品倒入海中等故意毁灭证据的行为，给海警机构举证造成困难的，可以结合其他证据，推定有关违法事实成立，但是当事人有证据足以推翻的除外。

第三十六条　【执法工作要求】海警机构开展巡航、警戒、拦截、紧追等海上执法工作，使用标示有专用标志的执法船舶、航空器的，即为表明身份。

海警机构在进行行政执法调查或者检查时，执法人员不得少于两人，并应当主动出示执法证件表明身份。当事人或者其他有关人员有权要求执法人员出示执法证件。

第三十七条　【法律适用】海警机构开展海上行政执法的程序，本法未作规定的，适用《中华人民共和国行政处罚法》、《中华人民共和国行政强制法》和《中华人民共和国治安管理处罚法》等有关法律的规定。

第五章　海上犯罪侦查

第三十八条　【对刑事案件行使侦查权】海警机构办理海上发生的刑事案件，依照《中华人民共和国刑事诉讼法》和本法的有关规定行使侦查权，采取侦查措施和刑事强制措施。

第三十九条　【采取技术侦查措施】海警机构在立案后，对于危害国家安全犯罪、恐怖活动犯罪、黑社会性质的组织犯罪、重大毒品犯罪或者其他严重危害社会的犯罪案件，依照《中华人民共和国刑事诉讼法》和有关规定，经过严格的批准手续，可以采取技术侦查措施，按照规定交由有关机关执行。

追捕被通缉或者批准、决定逮捕的在逃的犯罪嫌疑人、被告人，经过批准，可以采取追捕所必需的技术侦查措施。

第四十条　【通缉】应当逮捕的犯罪嫌疑人在逃，海警机构可以按照规定发布通缉令，采取有效措施，追捕归案。

海警机构对犯罪嫌疑人发布通缉令的，可以商请公安机关协助追捕。

第四十一条　【执法适用】海警机构因办理海上刑事案件需要登临、检查、拦截、紧追相关船舶的，依照本法第十八条规定执行。

第四十二条　【取保候审】海警机构、人民检察院、人民法院依法对海上刑事案件的犯罪嫌疑人、被告人决定取保候审的，由被取保候审人居住地的海警机构执行。被取保候审人居住地未设海警机构的，当地公安机关应当协助执行。

第四十三条　【监视居住】海警机构、人民检察院、人民法院依法对海上刑事案件的犯罪嫌疑人、被告人决定监视居住的，由海警机构在被监视居住人住处执行；被监视居住人在负责办案的海警机构所在的市、县没有固定住处的，可以在指定的居所执行。对于涉嫌危害国家安全犯罪、恐怖活动犯罪，在住处执行可能有碍侦查的，经上一级海警机构批准，也可以在指定的居所执行。但是，不得在羁押场所、专门的办案场所执行。

第四十四条　【管辖】海警工作站负责侦查发生在本辖区域内的海上刑事案件。市级海警局以上海警机构负责侦查管辖区域内的重大的危害国家安全犯罪、恐怖活动犯罪、涉外犯罪、经济犯罪、集团犯罪案件以及其他重大犯罪案件。上级海警机构认为有必要的，可以侦查下级海警机构管辖范围内的海上刑事案件；下级海警机构认为案情重大需要上级海警机构侦查的海上刑事案件，可以报请上级海警机构管辖。

第四十五条　【提请逮捕或移送起诉】海警机构办理海上刑事案件，需要提请批准逮捕或者移送起诉的，应当向所在地相应人民检察院提请或者移送。

第六章　警械和武器使用

第四十六条　【可以使用警械的情形】有下列情形之一，海警机构工作人员可以使用警械或者现场的其他装备、工具：

（一）依法登临、检查、拦截、紧追船舶时，需要迫使船舶停止航行的；

（二）依法强制驱离、强制拖离船舶的；

（三）依法执行职务过程中遭遇阻碍、妨害的；

（四）需要现场制止违法犯罪行为的其他情形。

第四十七条　【可以使用手持武器的情形】有下列情形

之一，经警告无效的，海警机构工作人员可以使用手持武器：

（一）有证据表明船舶载有犯罪嫌疑人或者非法载运武器、弹药、国家秘密资料、毒品等物品，拒不服从停船指令的；

（二）外国船舶进入我国管辖海域非法从事生产作业活动，拒不服从停船指令或者以其他方式拒绝接受登临、检查，使用其他措施不足以制止违法行为的。

第四十八条　【可以使用舰载或者机载武器的情形】有下列情形之一，海警机构工作人员除可以使用手持武器外，还可以使用舰载或者机载武器：

（一）执行海上反恐怖任务的；

（二）处置海上严重暴力事件的；

（三）执法船舶、航空器受到武器或者其他危险方式攻击的。

第四十九条　【可以直接使用武器的情形】海警机构工作人员依法使用武器，来不及警告或者警告后可能导致更为严重危害后果的，可以直接使用武器。

第五十条　【合理判断使用武器的必要限度】海警机构工作人员应当根据违法犯罪行为和违法犯罪行为人的危险性质、程度和紧迫性，合理判断使用武器的必要限度，尽量避免或者减少不必要的人员伤亡、财产损失。

第五十一条　【使用警械和武器的法律适用】海警机构工作人员使用警械和武器，本法未作规定的，依照人民警察使用警械和武器的规定以及其他有关法律、法规的规定执行。

第七章　保障和协作

第五十二条　【经费保障机制】国家建立与海警机构担负海上维权执法任务和建设发展相适应的经费保障机制。所需经费按照国家有关规定列入预算。

第五十三条　【设施保障机制】国务院有关部门、沿海县级以上地方人民政府及其有关部门在编制国土空间规划和相关专项规划时，应当统筹海上维权执法工作需求，按照国家有关规定对海警机构执法办案、执勤训练、生活等场地和设施建设等予以保障。

第五十四条　【优先使用或者征用】海警机构因海上维权执法紧急需要，可以依照法律、法规、规章的规定优先使用或者征用组织和个人的交通工具、通信工具、场地，用后应当及时归还，并支付适当费用；造成损失的，按照国家有关规定给予补偿。

第五十五条　【海警队伍专业化建设】海警机构应当优化力量体系，建强人才队伍，加强教育培训，保障海警机构工作人员具备履行法定职责的知识、技能和素质，提高海上维权执法专业能力。

海上维权执法实行持证上岗和资格管理制度。

第五十六条　【装备体系建设】国家加强海上维权执法装备体系建设，保障海警机构配备与其履行职责相适应的船舶、航空器、武器以及其他装备。

第五十七条　【信息化建设】海警机构应当加强信息化建设，运用现代信息技术，促进执法公开，强化便民服务，提高海上维权执法工作效率。

海警机构应当开通海上报警服务平台，及时受理人民群众报警、紧急求助。

第五十八条　【信息共享与配合机制】海警机构分别与相应的外交（外事）、公安、自然资源、生态环境、交通运输、渔业渔政、应急管理、海关等主管部门，以及人民法院、人民检察院和军队有关部门建立信息共享和工作协作配合机制。有关主管部门应当及时向海警机构提供与开展海上维权执法工作相关的基础数据、行政许可、行政管理政策等信息服务和技术支持。

海警机构应当将海上监督检查、查处违法犯罪等工作数据、信息，及时反馈有关主管部门，配合有关主管部门做好海上行政管理工作。海警机构依法实施行政处罚，认为需要吊销许可证件的，应当将相关材料移送发证机关处理。

第五十九条　【协助请求】海警机构因开展海上维权执法工作需要，可以向有关主管部门提出协助请求。协助请求属于有关主管部门职责范围内的，有关主管部门应当配合。

第六十条　【人员羁押】海警机构对依法决定行政拘留的违法行为人和拘留审查的外国人，以及决定刑事拘留、执行逮捕的犯罪嫌疑人，分别送海警机构所在地拘留所或者看守所执行。

第六十一条　【对涉案财物的处理】海警机构对依法扣押、扣留的涉案财物，应当妥善保管，不得损毁或者擅自处理。但是，对下列货物、物品，经市级海警局以上海警机构负责人批准，可以先行依法拍卖或者变卖并通知所有人，所有人不明确的，通知其他当事人：

（一）成品油等危险品；

（二）鲜活、易腐、易失效等不宜长期保存的；

（三）长期不使用容易导致机械性能下降、价值贬损的车辆、船舶等；

（四）体量巨大难以保管的；

（五）所有人申请先行拍卖或者变卖的。

拍卖或者变卖所得款项由海警机构暂行保存，待结案后按照国家有关规定处理。

第六十二条 【公告认领】海警机构对应当退还所有人或者其他当事人的涉案财物,通知所有人或者其他当事人在六个月内领取;所有人不明确的,应当采取公告方式告知所有人认领。在通知所有人、其他当事人或者公告后六个月内无人认领的,按无主财物处理,依法拍卖或者变卖后将所得款项上缴国库。遇有特殊情况的,可以延期处理,延长期限最长不超过三个月。

第八章 国际合作

第六十三条 【国际合作的原则】中国海警局根据中华人民共和国缔结、参加的国际条约或者按照对等、互利的原则,开展海上执法国际合作;在规定权限内组织或者参与有关海上执法国际条约实施工作,商签海上执法合作性文件。

第六十四条 【国际合作的任务】海警机构开展海上执法国际合作的主要任务是参与处置涉外海上突发事件,协调解决海上执法争端,管控海上危机,与外国海上执法机构和有关国际组织合作打击海上违法犯罪活动,保护海洋资源环境,共同维护国际和地区海洋公共安全和秩序。

第六十五条 【国际合作领域】海警机构可以与外国海上执法机构和有关国际组织开展下列海上执法国际合作:

(一)建立双边、多边海上执法合作机制,参加海上执法合作机制的活动;

(二)交流和共享海上执法情报信息;

(三)海上联合巡逻、检查、演练、训练;

(四)教育培训交流;

(五)互派海上执法国际合作联络人员;

(六)其他海上执法国际合作活动。

第九章 监督

第六十六条 【依法履行职责、行使职权】海警机构及其工作人员应当依照法律、法规规定的条件、权限和程序履行职责、行使职权,不得滥用职权、玩忽职守、徇私舞弊,不得侵犯组织和个人的合法权益。

第六十七条 【执法公开】海警机构应当尊重和依法保障公民、法人和其他组织对海警机构执法工作的知情权、参与权和监督权,增强执法工作透明度和公信力。

海警机构应当依法公开海上执法工作信息。

第六十八条 【执法过程记录】海警机构询问、讯问、继续盘问、辨认违法犯罪嫌疑人以及对违法犯罪嫌疑人进行安全检查、信息采集等执法活动,应当在办案场所进行。紧急情况下必须在现场进行询问、讯问或者其他不宜在办案场所进行询问、讯问的情形除外。

海警机构应当按照国家有关规定以文字、音像等形式,对海上维权执法活动进行全过程记录,归档保存。

第六十九条 【接受监督】海警机构及其工作人员开展海上维权执法工作,依法接受检察机关、军队监察机关的监督。

第七十条 【投诉、举报】人民政府及其有关部门、公民、法人和其他组织对海警机构及其工作人员的违法违纪行为,有权向检察机关、军队监察机关通报、检举、控告。对海警机构及其工作人员正在发生的违法违纪或者失职行为,可以通过海上报警服务平台进行投诉、举报。

对依法检举、控告或者投诉、举报的公民、法人和其他组织,任何机关和个人不得压制和打击报复。

第七十一条 【上级监督职责】上级海警机构应当对下级海警机构的海上维权执法工作进行监督,发现其作出的处理措施或者决定有错误的,有权撤销、变更或者责令下级海警机构撤销、变更;发现其不履行法定职责的,有权责令其依法履行。

第七十二条 【建立健全监督机制和责任追究制度】中国海警局应当建立健全海上维权执法工作监督机制和执法过错责任追究制度。

第十章 法律责任

第七十三条 【适用治安管理处罚法处罚的行为】有下列阻碍海警机构及其工作人员依法执行职务的行为之一,由公安机关或者海警机构依照《中华人民共和国治安管理处罚法》关于阻碍人民警察依法执行职务的规定予以处罚:

(一)侮辱、威胁、围堵、拦截、袭击海警机构工作人员的;

(二)阻碍调查取证的;

(三)强行冲闯海上临时警戒区的;

(四)阻碍执行追捕、检查、搜查、救险、警卫等任务的;

(五)阻碍执法船舶、航空器、车辆和人员通行的;

(六)采取危险驾驶、设置障碍等方法驾驶船舶逃窜,危及执法船舶、人员安全的;

(七)其他严重阻碍海警机构及其工作人员执行职务的行为。

第七十四条 【按中央军委有关规定处罚的行为】海警机构工作人员在执行职务中,有下列行为之一,按照中央军事委员会的有关规定给予处分:

（一）泄露国家秘密、商业秘密和个人隐私的；

（二）弄虚作假，隐瞒案情，包庇、纵容违法犯罪活动的；

（三）刑讯逼供或者体罚、虐待违法犯罪嫌疑人的；

（四）违反规定使用警械、武器的；

（五）非法剥夺、限制人身自由，非法检查或者搜查人身、货物、物品、交通工具、住所或者场所的；

（六）敲诈勒索，索取、收受贿赂或者接受当事人及其代理人请客送礼的；

（七）违法实施行政处罚、行政强制，采取刑事强制措施或者收取费用的；

（八）玩忽职守，不履行法定义务的；

（九）其他违法违纪行为。

第七十五条　【刑事责任】违反本法规定，构成犯罪的，依法追究刑事责任。

第七十六条　【行政复议与行政诉讼】组织和个人对海警机构作出的行政行为不服的，有权依照《中华人民共和国行政复议法》的规定向上一级海警机构申请行政复议；或者依照《中华人民共和国行政诉讼法》的规定向有管辖权的人民法院提起行政诉讼。

第七十七条　【国家赔偿】海警机构及其工作人员违法行使职权，侵犯组织和个人合法权益造成损害的，应当依照《中华人民共和国国家赔偿法》和其他有关法律、法规的规定给予赔偿。

第十一章　附　　则

第七十八条　【用语含义】本法下列用语的含义是：

（一）省级海警局，是指直接由中国海警局领导，在沿海省、自治区、直辖市设立的海警局；市级海警局，是指由省级海警局领导，在沿海省、自治区下辖市和直辖市下辖区设立的海警局；海警工作站，通常是指由市级海警局领导，在沿海县级行政区域设立的基层海警机构。

（二）船舶，是指各类排水或者非排水的船、艇、筏、水上飞行器、潜水器等移动式装置，不包括海上石油、天然气等作业平台。

第七十九条　【对等措施】外国在海上执法方面对我国公民、法人和其他组织采取歧视性的禁止、限制或者其他特别措施的，海警机构可以按照国家有关规定采取相应的对等措施。

第八十条　【对船舶维权执法措施的适用】本法规定的对船舶的维权执法措施适用于海上各种固定或者浮动建筑、装置，固定或者移动式平台。

第八十一条　【域外区域执法任务】海警机构依照法律、法规和我国缔结、参加的国际条约，在我国管辖海域以外的区域执行执法任务时，相关程序可以参照本法有关规定执行。

第八十二条　【规章制定与备案】中国海警局根据法律、行政法规和国务院、中央军事委员会的决定，就海上维权执法事项制定规章，并按照规定备案。

第八十三条　【防卫作战任务】海警机构依照《中华人民共和国国防法》、《中华人民共和国人民武装警察法》等有关法律、军事法规和中央军事委员会的命令，执行防卫作战等任务。

第八十四条　【施行日期】本法自2021年2月1日起施行。

中华人民共和国人民武装警察法

1. 2009年8月27日第十一届全国人民代表大会常务委员会第十次会议通过
2. 2020年6月20日第十三届全国人民代表大会常务委员会第十九次会议修订
3. 自2020年6月21日起施行

目　　录

第一章　总　　则
第二章　组织和指挥
第三章　任务和权限
第四章　义务和纪律
第五章　保障措施
第六章　监督检查
第七章　法律责任
第八章　附　　则

第一章　总　　则

第一条　【立法目的】为了规范和保障人民武装警察部队履行职责，建设强大的现代化人民武装警察部队，维护国家安全和社会稳定，保护公民、法人和其他组织的合法权益，制定本法。

第二条　【集中统一领导】人民武装警察部队是中华人民共和国武装力量的重要组成部分，由党中央、中央军事委员会集中统一领导。

第三条　【管理要求与强军目标】人民武装警察部队坚持中国共产党的绝对领导，贯彻习近平强军思想，贯彻新时代军事战略方针，按照多能一体、维稳维权的战略要求,加强练兵备战、坚持依法从严、加快建设发展,有效履行职责。

第四条 【职责和任务】人民武装警察部队担负执勤、处置突发社会安全事件、防范和处置恐怖活动、海上维权执法、抢险救援和防卫作战以及中央军事委员会赋予的其他任务。

第五条 【依法履行职责】人民武装警察部队应当遵守宪法和法律,忠于职守,依照本法和其他法律的有关规定履行职责。

人民武装警察部队依法履行职责的行为受法律保护。

第六条 【突出贡献的表彰和奖励】对在执行任务中做出突出贡献的人民武装警察,依照有关法律和中央军事委员会的规定给予表彰和奖励。

对协助人民武装警察执行任务有突出贡献的个人和组织,依照有关法律、法规的规定给予表彰和奖励。

第七条 【衔级制度】人民武装警察部队实行衔级制度,衔级制度的具体内容由法律另行规定。

第八条 【享有现役军人的权益】人民武装警察享有法律、法规规定的现役军人的权益。

第二章 组织和指挥

第九条 【组成和编设】人民武装警察部队由内卫部队、机动部队、海警部队和院校、研究机构等组成。

内卫部队按照行政区划编设,机动部队按照任务编设,海警部队在沿海地区按照行政区划和任务区域编设。具体编设由中央军事委员会确定。

第十条 【组织指挥体制】人民武装警察部队平时执行任务,由中央军事委员会或者中央军事委员会授权人民武装警察部队组织指挥。

人民武装警察部队平时与人民解放军共同参加抢险救援、维稳处突、联合训练演习等非战争军事行动,由中央军事委员会授权战区指挥。

人民武装警察部队战时执行任务,由中央军事委员会或者中央军事委员会授权战区组织指挥。

组织指挥具体办法由中央军事委员会规定。

第十一条 【任务需求和工作协调机制】中央国家机关、县级以上地方人民政府应当与人民武装警察部队建立任务需求和工作协调机制。

中央国家机关、县级以上地方人民政府因重大活动安全保卫、处置突发社会安全事件、防范和处置恐怖活动、抢险救援等需要人民武装警察部队协助的,应当按照国家有关规定提出需求。

执勤目标单位可以向负责执勤任务的人民武装警察部队提出需求。

第十二条 【调动、使用审批程序】调动人民武装警察部队执行任务,坚持依法用兵、严格审批的原则,按照指挥关系、职责权限和运行机制组织实施。批准权限和程序由中央军事委员会规定。

遇有重大灾情、险情或者暴力恐怖事件等严重威胁公共安全或者公民人身财产安全的紧急情况,人民武装警察部队应当依照中央军事委员会有关规定采取行动并同时报告。

第十三条 【执行任务的组织指挥】人民武装警察部队根据执行任务需要,参加中央国家机关、县级以上地方人民政府设立的指挥机构,在指挥机构领导下,依照中央军事委员会有关规定实施组织指挥。

第十四条 【执勤业务指导】中央国家机关、县级以上地方人民政府对人民武装警察部队执勤、处置突发社会安全事件、防范和处置恐怖活动、抢险救援工作进行业务指导。

人民武装警察部队执行武装警卫、武装守卫、武装守护、武装警戒、押解、押运等任务,执勤目标单位可以对在本单位担负执勤任务的人民武装警察部队进行执勤业务指导。

第三章 任务和权限

第十五条 【执勤任务】人民武装警察部队主要担负下列执勤任务:

(一)警卫对象、重要警卫目标的武装警卫;

(二)重大活动的安全保卫;

(三)重要的公共设施、核设施、企业、仓库、水源地、水利工程、电力设施、通信枢纽等目标的核心要害部位的武装守卫;

(四)重要的桥梁和隧道的武装守护;

(五)监狱、看守所等场所的外围武装警戒;

(六)直辖市、省、自治区人民政府所在地的市和其他重要城市(镇)的重点区域、特殊时期以及特定内陆边界的武装巡逻;

(七)协助公安机关、国家安全机关依法执行逮捕、追捕任务,协助监狱、看守所等执勤目标单位执行押解、追捕任务,协助中国人民银行、国防军工单位等执勤目标单位执行押运任务。

前款规定的执勤任务的具体范围,依照国家有关规定执行。

第十六条 【应对突发事件的任务】人民武装警察部队参与处置动乱、暴乱、骚乱、非法聚集事件、群体性事件等突发事件,主要担负下列任务:

（一）保卫重要目标安全；
（二）封锁、控制有关场所和道路；
（三）实施隔离、疏导、带离、驱散行动，制止违法犯罪行为；
（四）营救和救护受困人员；
（五）武装巡逻，协助开展群众工作，恢复社会秩序。

第十七条 【防范和处置恐怖活动的任务】人民武装警察部队参与防范和处置恐怖活动，主要担负下列任务：
（一）实施恐怖事件现场控制、救援、救护，以及武装巡逻、重点目标警戒；
（二）协助公安机关逮捕、追捕恐怖活动人员；
（三）营救人质、排除爆炸物；
（四）参与处置劫持航空器等交通工具事件。

第十八条 【抢险救援的任务】人民武装警察部队参与自然灾害、事故灾难、公共卫生事件等突发事件的抢险救援，主要担负下列任务：
（一）参与搜寻、营救、转移或者疏散受困人员；
（二）参与危险区域、危险场所和警戒区的外围警戒；
（三）参与排除、控制灾情和险情，防范次生和衍生灾害；
（四）参与核生化救援、医疗救护、疫情防控、交通设施抢修抢建等专业抢险；
（五）参与抢救、运送、转移重要物资。

第十九条 【执行任务可依法采取的措施】人民武装警察执行任务时，可以依法采取下列措施：
（一）对进出警戒区域、通过警戒哨卡的人员、物品、交通工具等按照规定进行检查；对不允许进出、通过的，予以阻止；对强行进出、通过的，采取必要措施予以制止；
（二）在武装巡逻中，经现场指挥员同意并出示人民武装警察证件，对有违法犯罪嫌疑的人员当场进行盘问并查验其证件，对可疑物品和交通工具进行检查；
（三）协助执行交通管制或者现场管制；
（四）对聚众扰乱社会治安秩序、危及公民人身财产安全、危害公共安全或者执勤目标安全的，采取必要措施予以制止、带离、驱散；
（五）根据执行任务的需要，向相关单位和人员了解有关情况或者在现场以及与执行任务相关的场所实施必要的侦察。

第二十条 【控制并移交处理的情形】人民武装警察执行任务时，发现有下列情形的人员，经现场指挥员同意，应当及时予以控制并移交公安机关、国家安全机关或者其他有管辖权的机关处理：
（一）正在实施犯罪的；
（二）通缉在案的；
（三）违法携带危及公共安全物品的；
（四）正在实施危害执勤目标安全行为的；
（五）以暴力、威胁等方式阻碍人民武装警察执行任务的。

第二十一条 【协助其他机关执行任务】人民武装警察部队协助公安机关、国家安全机关和监狱等执行逮捕、追捕任务，根据所协助机关的决定，协助搜查犯罪嫌疑人、被告人、罪犯的人身和住所以及涉嫌藏匿犯罪嫌疑人、被告人、罪犯或者违法物品的场所、交通工具等。

第二十二条 【依法使用警械和武器】人民武装警察执行执勤、处置突发社会安全事件、防范和处置恐怖活动任务使用警械和武器，依照人民警察使用警械和武器的规定以及其他有关法律、法规的规定执行。

第二十三条 【有限度地采取必要措施】人民武装警察执行任务，遇有妨碍、干扰的，可以采取必要措施排除阻碍、强制实施。

人民武装警察执行任务需要采取措施的，应当严格控制在必要限度内，有多种措施可供选择的，应当选择有利于最大程度地保护个人和组织权益的措施。

第二十四条 【优先通行】人民武装警察因执行任务的紧急需要，经出示人民武装警察证件，可以优先乘坐公共交通工具；遇交通阻碍时，优先通行。

第二十五条 【临时使用单位、个人物资】人民武装警察因执行任务的需要，在紧急情况下，经现场指挥员出示人民武装警察证件，可以优先使用或者依法征用个人和组织的设备、设施、场地、建筑物、交通工具以及其他物资、器材，任务完成后应当及时归还或者恢复原状，并按照国家有关规定支付费用；造成损失的，按照国家有关规定给予补偿。

第二十六条 【依法依规出境执行防范和处置恐怖活动等任务】人民武装警察部队出境执行防范和处置恐怖活动等任务，依照有关法律、法规和中央军事委员会的规定执行。

第四章　义务和纪律

第二十七条 【执行任务的纪律要求】人民武装警察应当服从命令、听从指挥，依法履职尽责，坚决完成任务。

第二十八条 【危难救助义务】人民武装警察遇有公民的人身财产安全受到侵犯或者处于其他危难情形，应当及时救助。

第二十九条　【禁止行为】人民武装警察不得有下列行为：

（一）违抗上级决定和命令、行动消极或者临阵脱逃；

（二）违反规定使用警械、武器；

（三）非法剥夺、限制他人人身自由，非法检查、搜查人身、物品、交通工具、住所、场所；

（四）体罚、虐待、殴打监管羁押、控制的对象；

（五）滥用职权、徇私舞弊，擅离职守或者玩忽职守；

（六）包庇、纵容违法犯罪活动；

（七）泄露国家秘密、军事秘密；

（八）其他违法违纪行为。

第三十条　【着装、证件要求】人民武装警察执行任务，应当按照规定着装，持有人民武装警察证件，按照规定使用摄录器材录像取证、出示证件。

第三十一条　【文明要求】人民武装警察应当举止文明，礼貌待人，遵守社会公德，尊重公民的宗教信仰和民族风俗习惯。

第五章　保障措施

第三十二条　【政府部门通报情况】为了保障人民武装警察部队执行任务，中央国家机关、县级以上地方人民政府及其有关部门应当依据职责及时向人民武装警察部队通报下列情报信息：

（一）社会安全信息；

（二）恐怖事件、突发事件的情报信息；

（三）气象、水文、海洋环境、地理空间、灾害预警等信息；

（四）其他与执行任务相关的情报信息。

中央国家机关、县级以上地方人民政府应当与人民武装警察部队建立情报信息共享机制，可以采取联通安全信息网络和情报信息系统以及数据库等方式，提供与执行任务相关的情报信息及数据资源。

人民武装警察部队对获取的相关信息，应当严格保密、依法运用。

第三十三条　【经费保障】国家建立与经济社会发展相适应、与人民武装警察部队担负任务和建设发展相协调的经费保障机制。所需经费按照国家有关规定列入预算。

第三十四条　【执勤设施、生活设施保障】执勤目标单位及其上级主管部门应当按照国家有关规定，为担负执勤任务的人民武装警察部队提供执勤设施、生活设施等必要的保障。

第三十五条　【恶劣环境福利保障】在有毒、粉尘、辐射、噪声等严重污染或者高温、低温、缺氧以及其他恶劣环境下的执勤目标单位执行任务的人民武装警察，享有与执勤目标单位工作人员同等的保护条件和福利补助，由执勤目标单位或者其上级主管部门给予保障。

第三十六条　【专用标志等的监制和配备】人民武装警察部队的专用标志、制式服装、警械装备、证件、印章，按照中央军事委员会有关规定监制和配备。

第三十七条　【教育和训练】人民武装警察部队应当根据执行任务的需要，加强对所属人民武装警察的教育和训练，提高依法执行任务的能力。

第三十八条　【抚恤优待同军人】人民武装警察因执行任务牺牲、伤残的，按照国家有关军人抚恤优待的规定给予抚恤优待。

第三十九条　【公民、法人的支持和协助】人民武装警察部队依法执行任务，公民、法人和其他组织应当给予必要的支持和协助。

公民、法人和其他组织对人民武装警察部队执行任务给予协助的行为受法律保护。

公民、法人和其他组织因协助人民武装警察部队执行任务牺牲、伤残或者遭受财产损失的，按照国家有关规定给予抚恤优待或者相应补偿。

第六章　监督检查

第四十条　【内部监督检查】人民武装警察部队应当对所属单位和人员执行法律、法规和遵守纪律的情况进行监督检查。

第四十一条　【外部监督检查】人民武装警察受中央军事委员会监察委员会、人民武装警察部队各级监察委员会的监督。

人民武装警察执行执勤、处置突发社会安全事件、防范和处置恐怖活动、海上维权执法、抢险救援任务，接受人民政府及其有关部门、公民、法人和其他组织的监督。

第四十二条　【违法违纪行为的通报和处理】中央军事委员会监察委员会、人民武装警察部队各级监察委员会接到公民、法人和其他组织的检举、控告，或者接到县级以上人民政府及其有关部门对人民武装警察违纪违纪行为的情况通报后，应当依法及时查处，按照有关规定将处理结果反馈检举人、控告人或者通报县级以上人民政府及其有关部门。

第七章　法　律　责　任

第四十三条　【不履责的处分】人民武装警察在执行任务中不履行职责,或者有本法第二十九条所列行为之一的,按照中央军事委员会的有关规定给予处分。

第四十四条　【治安管理处罚】妨碍人民武装警察依法执行任务,有下列行为之一的,由公安机关依法给予治安管理处罚:

（一）侮辱、威胁、围堵、拦截、袭击正在执行任务的人民武装警察的;

（二）强行冲闯人民武装警察部队设置的警戒带、警戒区的;

（三）拒绝或者阻碍人民武装警察执行追捕、检查、搜查、救险、警戒等任务的;

（四）阻碍执行任务的人民武装警察部队的交通工具和人员通行的;

（五）其他严重妨碍人民武装警察执行任务的行为。

第四十五条　【非法制造、买卖、持有、使用专业标志、警械、证件、印章的处罚】非法制造、买卖、持有、使用人民武装警察部队专用标志、警械装备、证件、印章的,由公安机关处十五日以下拘留或者警告,可以并处违法所得一倍以上五倍以下的罚款。

第四十六条　【刑事责任】违反本法规定,构成犯罪的,依法追究刑事责任。

第八章　附　　则

第四十七条　【海上维权执法任务的另行规定】人民武装警察部队执行海上维权执法任务,由法律另行规定。

第四十八条　【防卫作战任务的执行】人民武装警察部队执行防卫作战任务,依照中央军事委员会的命令执行。

第四十九条　【戒严任务的执行】人民武装警察部队执行戒严任务,依照《中华人民共和国戒严法》的有关规定执行。

第五十条　【执行任务的文职人员的权益】人民武装警察部队文职人员在执行本法规定的任务时,依法履行人民武装警察的有关职责和义务,享有相应权益。

第五十一条　【施行日期】本法自2020年6月21日起施行。

中华人民共和国人民警察法

1. 1995年2月28日第八届全国人民代表大会常务委员会第十二次会议通过
2. 根据2012年10月26日第十届全国人民代表大会常务委员会第二十九次会议《关于修改〈中华人民共和国人民警察法〉的决定》修正

目　　录

第一章　总　　则
第二章　职　　权
第三章　义务和纪律
第四章　组织管理
第五章　警务保障
第六章　执法监督
第七章　法律责任
第八章　附　　则

第一章　总　　则

第一条　【立法目的】为了维护国家安全和社会治安秩序,保护公民的合法权益,加强人民警察的队伍建设,从严治警,提高人民警察的素质,保障人民警察依法行使职权,保障改革开放和社会主义现代化建设的顺利进行,根据宪法,制定本法。

第二条　【人民警察的任务和范围】人民警察的任务是维护国家安全,维护社会治安秩序,保护公民的人身安全、人身自由和合法财产,保护公共财产,预防、制止和惩治违法犯罪活动。

人民警察包括公安机关、国家安全机关、监狱、劳动教养管理机关的人民警察和人民法院、人民检察院的司法警察。

第三条　【与人民的关系】人民警察必须依靠人民的支持,保持同人民的密切联系,倾听人民的意见和建议,接受人民的监督,维护人民的利益,全心全意为人民服务。

第四条　【人民警察的义务】人民警察必须以宪法和法律为活动准则,忠于职守,清正廉洁,纪律严明,服从命令,严格执法。

第五条　【受法律保护】人民警察依法执行职务,受法律保护。

第二章　职　　权

第六条　【职责】公安机关的人民警察按照职责分工,依法履行下列职责：

（一）预防、制止和侦查违法犯罪活动；

（二）维护社会治安秩序，制止危害社会治安秩序的行为；

（三）维护交通安全和交通秩序，处理交通事故；

（四）组织、实施消防工作，实行消防监督；

（五）管理枪支弹药、管制刀具和易燃易爆、剧毒、放射性等危险物品；

（六）对法律、法规规定的特种行业进行管理；

（七）警卫国家规定的特定人员，守卫重要的场所和设施；

（八）管理集会、游行、示威活动；

（九）管理户政、国籍、入境出境事务和外国人在中国境内居留、旅行的有关事务；

（十）维护国（边）境地区的治安秩序；

（十一）对被判处拘役、剥夺政治权利的罪犯执行刑罚；

（十二）监督管理计算机信息系统的安全保护工作；

（十三）指导和监督国家机关、社会团体、企业事业组织和重点建设工程的治安保卫工作，指导治安保卫委员会等群众性组织的治安防范工作；

（十四）法律、法规规定的其他职责。

第七条 【实施行政强制措施、行政处罚】公安机关的人民警察对违反治安管理或者其他公安行政管理法律、法规的个人或者组织，依法可以实施行政强制措施、行政处罚。

第八条 【拘留或采取其他法定措施】公安机关的人民警察对严重危害社会治安秩序或者威胁公共安全的人员，可以强行带离现场、依法予以拘留或者采取法律规定的其他措施。

第九条 【当场盘问、检查与继续盘问】为维护社会治安秩序，公安机关的人民警察对有违法犯罪嫌疑的人员，经出示相应证件，可以当场盘问、检查；经盘问、检查，有下列情形之一的，可以将其带至公安机关，经该公安机关批准，对其继续盘问：

（一）被指控有犯罪行为的；

（二）有现场作案嫌疑的；

（三）有作案嫌疑身份不明的；

（四）携带的物品有可能是赃物的。

对被盘问人的留置时间自带至公安机关之时起不超过二十四小时，在特殊情况下，经县级以上公安机关批准，可以延长至四十八小时，并应当留有盘问记录。对于批准继续盘问的，应当立即通知其家属或者其所在单位。对于不批准继续盘问的，应当立即释放被盘问人。

经继续盘问，公安机关认为对被盘问人需要依法采取拘留或者其他强制措施的，应当在前款规定的期间作出决定；在前款规定的期间不能作出上述决定的，应当立即释放被盘问人。

第十条 【使用武器】遇有拒捕、暴乱、越狱、抢夺枪支或者其他暴力行为的紧急情况，公安机关的人民警察依照国家有关规定可以使用武器。

第十一条 【使用警械】为制止严重违法犯罪活动的需要，公安机关的人民警察依照国家有关规定可以使用警械。

第十二条 【拘留、搜查、逮捕或其他强制措施】为侦查犯罪活动的需要，公安机关的人民警察可以依法执行拘留、搜查、逮捕或者其他强制措施。

第十三条 【优先权】公安机关的人民警察因履行职责的紧急需要，经出示相应证件，可以优先乘坐公共交通工具，遇交通阻碍时，优先通行。

公安机关因侦查犯罪的需要，必要时，按照国家有关规定，可以优先使用机关、团体、企业事业组织和个人的交通工具、通信工具、场地和建筑物，用后应当及时归还，并支付适当费用；造成损失的，应当赔偿。

第十四条 【采取保护性约束措施】公安机关的人民警察对严重危害公共安全或者他人人身安全的精神病人，可以采取保护性约束措施。需要送往指定的单位、场所加以监护的，应当报请县级以上人民政府公安机关批准，并及时通知其监护人。

第十五条 【交通管制】县级以上人民政府公安机关，为预防和制止严重危害社会治安秩序的行为，可以在一定的区域和时间，限制人员、车辆的通行或者停留，必要时可以实行交通管制。

公安机关的人民警察依照前款规定，可以采取相应的交通管制措施。

第十六条 【采取技术侦察措施】公安机关因侦查犯罪的需要，根据国家有关规定，经过严格的批准手续，可以采取技术侦察措施。

第十七条 【现场管制】县级以上人民政府公安机关，经上级公安机关和同级人民政府批准，对严重危害社会治安秩序的突发事件，可以根据情况实行现场管制。

公安机关的人民警察依照前款规定，可以采取必要手段强行驱散，并对拒不服从的人员强行带离现场或者立即予以拘留。

第十八条 【依法履行职责】国家安全机关、监狱、劳动教养管理机关的人民警察和人民法院、人民检察院的司法警察,分别依照有关法律、行政法规的规定履行职权。

第十九条 【紧急情况】人民警察在非工作时间,遇有其职责范围内的紧急情况,应当履行职责。

第三章 义务和纪律

第二十条 【作为】人民警察必须做到:
(一)秉公执法,办事公道;
(二)模范遵守社会公德;
(三)礼貌待人,文明执勤;
(四)尊重人民群众的风俗习惯。

第二十一条 【救助、帮助与查处义务】人民警察遇到公民人身、财产安全受到侵犯或者处于其他危难情形,应当立即救助;对公民提出解决纠纷的要求,应当给予帮助;对公民的报警案件,应当及时查处。

人民警察应当积极参加抢险救灾和社会公益工作。

第二十二条 【不作为】人民警察不得有下列行为:
(一)散布有损国家声誉的言论,参加非法组织,参加旨在反对国家的集会、游行、示威等活动,参加罢工;
(二)泄露国家秘密、警务工作秘密;
(三)弄虚作假,隐瞒案情,包庇、纵容违法犯罪活动;
(四)刑讯逼供或者体罚、虐待人犯;
(五)非法剥夺、限制他人人身自由,非法搜查他人的身体、物品、住所或者场所;
(六)敲诈勒索或者索取、收受贿赂;
(七)殴打他人或者唆使他人打人;
(八)违法实施处罚或者收取费用;
(九)接受当事人及其代理人的请客送礼;
(十)从事营利性的经营活动或者受雇于任何个人或者组织;
(十一)玩忽职守,不履行法定义务;
(十二)其他违法乱纪的行为。

第二十三条 【着装与举止】人民警察必须按照规定着装,佩带人民警察标志或者持有人民警察证件,保持警容严整,举止端庄。

第四章 组织管理

第二十四条 【组织机构设置和职务序列】国家根据人民警察的工作性质、任务和特点,规定组织机构设置和职务序列。

第二十五条 【警衔制度】人民警察依法实行警衔制度。

第二十六条 【警察应具备的条件】担任人民警察应当具备下列条件:
(一)年满十八岁的公民;
(二)拥护中华人民共和国宪法;
(三)有良好的政治、业务素质和良好的品行;
(四)身体健康;
(五)具有高中毕业以上文化程度;
(六)自愿从事人民警察工作。
有下列情形之一的,不得担任人民警察:
(一)曾因犯罪受过刑事处罚的;
(二)曾被开除公职的。

第二十七条 【录用人民警察】录用人民警察,必须按照国家规定,公开考试,严格考核,择优选用。

第二十八条 【担任领导职务的条件】担任人民警察领导职务的人员,应当具备下列条件:
(一)具有法律专业知识;
(二)具有政法工作经验和一定的组织管理、指挥能力;
(三)具有大学专科以上学历;
(四)经人民警察院校培训,考试合格。

第二十九条 【教育培训】国家发展人民警察教育事业,对人民警察有计划地进行政治思想、法制、警察业务等教育培训。

第三十条 【服务年限和最高任职年龄】国家根据人民警察的工作性质、任务和特点,分别规定不同岗位的服务年限和不同职务的最高任职年龄。

第三十一条 【奖励】人民警察个人或者集体在工作中表现突出,有显著成绩和特殊贡献的,给予奖励。奖励分为:嘉奖、三等功、二等功、一等功、授予荣誉称号。

对受奖励的人民警察,按国家有关规定,可以提前晋升警衔,并给予一定的物质奖励。

第五章 警务保障

第三十二条 【执行上级的决定和命令】人民警察必须执行上级的决定和命令。

人民警察认为决定和命令有错误的,可以按照规定提出意见,但不得中止或者改变决定和命令的执行;提出的意见不被采纳时,必须服从决定和命令;执行决定和命令的后果由作出决定和命令的上级负责。

第三十三条 【拒绝执行指令】人民警察对超越法律、法规规定的人民警察职责范围的指令,有权拒绝执行,并同时向上级机关报告。

第三十四条　【协助人民警察执行职务】人民警察依法执行职务,公民和组织应当给予支持和协助。公民和组织协助人民警察依法执行职务的行为受法律保护。对协助人民警察执行职务有显著成绩的,给予表彰和奖励。

公民和组织因协助人民警察执行职务,造成人身伤亡或者财产损失的,应当按照国家有关规定给予抚恤或者补偿。

第三十五条　【拒绝或阻碍人民警察执行职务的处罚】拒绝或者阻碍人民警察依法执行职务,有下列行为之一的,给予治安管理处罚:

（一）公然侮辱正在执行职务的人民警察的；

（二）阻碍人民警察调查取证的；

（三）拒绝或者阻碍人民警察执行追捕、搜查、救险等任务进入有关住所、场所的；

（四）对执行救人、救险、追捕、警卫等紧急任务的警车故意设置障碍的；

（五）有拒绝或者阻碍人民警察执行职务的其他行为的。

以暴力、威胁方法实施前款规定的行为,构成犯罪的,依法追究刑事责任。

第三十六条　【警用标志、制服、警械证件的管理】人民警察的警用标志、制式服装和警械,由国务院公安部门统一监制,会同其他有关国家机关管理,其他个人和组织不得非法制造、贩卖。

人民警察的警用标志、制式服装、警械、证件为人民警察专用,其他个人和组织不得持有和使用。

违反前两款规定的,没收非法制造、贩卖、持有、使用的人民警察警用标志、制式服装、警械、证件,由公安机关处十五日以下拘留或者警告,可以处违法所得五倍以下的罚款；构成犯罪的,依法追究刑事责任。

第三十七条　【人民警察的经费】国家保障人民警察的经费。人民警察的经费,按照事权划分的原则,分别列入中央和地方的财政预算。

第三十八条　【基础设施建设】人民警察工作所必需的通讯、训练设施和交通、消防以及派出所、监管场所等基础设施建设,各级人民政府应当列入基本建设规划和城乡建设总体规划。

第三十九条　【装备的现代化建设】国家加强人民警察装备的现代化建设,努力推广、应用先进的科技成果。

第四十条　【工资、待遇】人民警察实行国家公务员的工资制度,并享受国家规定的警衔津贴和其他津贴、补贴以及保险福利待遇。

第四十一条　【抚恤和优待】人民警察因公致残的,与因公致残的现役军人享受国家同样的抚恤和优待。

人民警察因公牺牲或者病故的,其家属与因公牺牲或者病故的现役军人家属享受国家同样的抚恤和优待。

第六章　执法监督

第四十二条　【人民检察院和行政监察机关的监督】人民警察执行职务,依法接受人民检察院和行政监察机关的监督。

第四十三条　【上级机关的监督】人民警察的上级机关对下级机关的执法活动进行监督,发现其作出的处理或者决定有错误的,应当予以撤销或者变更。

第四十四条　【社会和公民的监督】人民警察执行职务,必须自觉地接受社会和公民的监督。人民警察机关作出的与公众利益直接有关的规定,应当向公众公布。

第四十五条　【回避】人民警察在办理治安案件过程中,遇有下列情形之一的,应当回避,当事人或者其法定代理人也有权要求他们回避:

（一）是本案的当事人或者当事人的近亲属的；

（二）本人或者其近亲属与本案有利害关系的；

（三）与本案当事人有其他关系,可能影响案件公正处理的。

前款规定的回避,由有关的公安机关决定。

人民警察在办理刑事案件过程中的回避,适用刑事诉讼法的规定。

第四十六条　【检举、控告】公民或者组织对人民警察的违法、违纪行为,有权向人民警察机关或者人民检察院、行政监察机关检举、控告。受理检举、控告的机关应当及时查处,并将查处结果告知检举人、控告人。

对依法检举、控告的公民或者组织,任何人不得压制和打击报复。

第四十七条　【督察制度】公安机关建立督察制度,对公安机关的人民警察执行法律、法规、遵守纪律的情况进行监督。

第七章　法律责任

第四十八条　【行政处分与刑事责任】人民警察有本法第二十二条所列行为之一的,应当给予行政处分；构成犯罪的,依法追究刑事责任。

行政处分分为:警告、记过、记大过、降级、撤职、开除。对受行政处分的人民警察,按照国家有关规定,可以降低警衔、取消警衔。

对违反纪律的人民警察,必要时可以对其采取停止执行职务、禁闭的措施。

第四十九条 【违法使用武器、警械的责任】人民警察违反规定使用武器、警械,构成犯罪的,依法追究刑事责任;尚不构成犯罪的,应当依法给予行政处分。

第五十条 【国家赔偿】人民警察在执行职务中,侵犯公民或者组织的合法权益造成损害的,应当依照《中华人民共和国国家赔偿法》和其他有关法律、法规的规定给予赔偿。

第八章 附 则

第五十一条 【武装警察部队】中国人民武装警察部队执行国家赋予的安全保卫任务。

第五十二条 【施行日期】本法自公布之日起施行。1957年6月25日公布的《中华人民共和国人民警察条例》同时废止。

公安机关人民警察内务条令

2021年10月28日公安部令第161号发布施行

第一章 总 则

第一条 为了规范公安机关人民警察内务建设,推进新时代公安工作现代化和公安队伍革命化正规化专业化职业化建设,根据《中华人民共和国人民警察法》等法律法规,制定本条令。

第二条 本条令是公安机关内务建设的基本依据,适用于各级公安机关及所属人民警察(以下简称公安民警)。

第三条 内务建设是公安机关进行各项建设的基础,是巩固和提高公安队伍战斗力的重要保证。基本任务是,严格规范工作、学习、生活秩序,铸牢忠诚警魂、培育优良警风、严明纪律规矩、提高职业素养、树立良好形象,着力锻造具有铁一般的理想信念、铁一般的责任担当、铁一般的过硬本领、铁一般的纪律作风的高素质专业化过硬公安队伍,为忠实履行党和人民赋予的新时代使命任务奠定坚实基础。

第四条 公安机关是人民民主专政的重要工具,人民警察是武装性质的国家治安行政力量和刑事司法力量。公安机关必须坚持用习近平新时代中国特色社会主义思想武装头脑、指导实践,确保公安工作沿着正确道路前进;必须坚持党对公安工作的绝对领导,确保公安工作坚定正确政治方向;必须坚持总体国家安全观,把维护以政权安全、制度安全为核心的国家政治安全作为公安工作的根本着眼点和着力点,坚决捍卫中国共产党长期执政地位和中国特色社会主义制度;必须坚持以人民为中心,忠实践行人民公安为人民的初心和使命,不断增强人民群众获得感、幸福感、安全感;必须坚持专项治理和系统治理、依法治理、综合治理、源头治理相结合,创新完善社会治安治理的方式方法,推进社会治理现代化;必须坚持严格规范公正文明执法,提高公安工作法治化水平和执法公信力;必须坚持改革创新,坚定不移走中国特色社会主义强警之路;必须坚持全面从严管党治警,按照对党忠诚、服务人民、执法公正、纪律严明的总要求,锻造一支让党中央放心、人民群众满意的高素质过硬公安队伍。公安机关肩负的新时代使命任务是,坚决捍卫政治安全,全力维护社会安定、切实保障人民安宁,为全面建设社会主义现代化国家,实现中华民族伟大复兴的中国梦创造安全稳定的政治社会环境。

第五条 公安机关内务建设必须坚持政治建警。必须坚决听从党中央命令、服从党中央指挥,贯彻党对公安工作的全方位领导。必须增强"四个意识"、坚定"四个自信"、做到"两个维护",以党的旗帜为旗帜、以党的方向为方向、以党的意志为意志,始终在思想上政治上行动上同党中央保持高度一致,确保绝对忠诚、绝对纯洁、绝对可靠。

第六条 公安机关内务建设必须坚持改革强警。坚持向改革要动力、要活力,全面深化公安工作和公安队伍管理改革。坚持把抓改革任务落实落地作为重大政治责任,坚决维护党中央改革决策部署的权威性和严肃性。

第七条 公安机关内务建设必须坚持科技兴警。坚持向科技要警力、要战斗力,深化公安大数据智能化建设应用,建设智慧公安。

第八条 公安机关内务建设必须坚持从严治警。落实全面从严管党治警"两个责任"和领导干部"一岗双责",严明警规警令,严肃警风警纪,严格行为规范。

第九条 公安机关内务建设必须坚持从优待警。坚持严管厚爱结合、激励约束并重,建立人民警察荣誉制度,完善职业保障体系,健全依法履职保护机制。

第十条 公安机关内务建设必须坚持战斗力标准,加强专业化建设,突出实战实用实效,提升公安民警职业素质能力。

第十一条 各级公安机关党委(党组)对本条令的贯彻落实负有主体责任,党委(党组)主要负责同志负有第一责任,各部门、警种和基层所队担负直接责任,政工、纪检监察、督察部门担负监督责任,应当分级负责、各司其职,加强监督检查,认真贯彻落实。

第二章 仪 式
第一节 荣誉仪式

第十二条 县级以上公安机关按照干部管理权限,在公安民警入警、评授警衔、表彰奖励、从警特定年限、退休等职业生涯重要节点,举行相应的荣誉仪式,增强公安民警的职业荣誉感、自豪感和归属感。

第十三条 举行荣誉仪式应当在县级以上公安机关党委(党组)统一领导下,由相关部门具体组织实施。

第十四条 举行荣誉仪式,应当充分体现人民警察职业特点,根据工作需要,做到隆重、庄严、简朴。

第二节 宪法宣誓

第十五条 公安机关下列人员应当进行宪法宣誓:
(一)公安机关新任命的领导干部;
(二)新入职的公安民警。
各级人民代表大会及县级以上各级人民代表大会常务委员会,以及各级人民政府对公安机关国家工作人员宪法宣誓另有规定的,从其规定。

第十六条 宪法宣誓仪式的基本要求:
(一)宪法宣誓仪式由任命机关组织;
(二)举行宪法宣誓仪式,应当根据干部管理权限确定监誓人、主持人;
(三)宣誓场所应当庄重、严肃,悬挂中华人民共和国国旗或者国徽;
(四)监誓人、领誓人、宣誓人和参加宣誓仪式的公安民警,穿着统一制式的人民警察服装(以下简称警服),其他人员穿着正装;
(五)举行宪法宣誓仪式,应当奏唱中华人民共和国国歌;
(六)宪法宣誓一般采取集体宣誓形式,根据需要,也可以采取单独宣誓的形式。
集体宣誓时,由一人领誓,领誓人面向国旗或者国徽站立,左手抚按《中华人民共和国宪法》,右手举拳,拳心向前,领诵誓词;其他宣誓人在领誓人身后整齐站立,面向国旗或者国徽,右手举拳,拳心向前,跟诵誓词。领誓人由宣誓仪式组织单位指定。
单独宣誓时,宣誓人面向国旗或者国徽站立,左手抚按《中华人民共和国宪法》,右手举拳,拳心向前,诵读誓词。

第三节 人民警察宣誓

第十七条 人民警察宣誓是公安民警对所肩负的神圣职责和光荣使命的庄严承诺。公安机关人民警察誓词是:
我是中国人民警察,我宣誓:坚决拥护中国共产党的绝对领导,矢志献身崇高的人民公安事业,对党忠诚、服务人民、执法公正、纪律严明,为捍卫政治安全、维护社会安定、保障人民安宁而英勇奋斗!

第十八条 公安民警新入职时应当进行宣誓,举行荣誉仪式、执行重大任务、参加重大纪念、庆典等活动时,可以组织宣誓。

第十九条 人民警察宣誓仪式的基本要求:
(一)宣誓场地应当庄重、严肃,一般应悬挂中华人民共和国国旗和中国人民警察警旗;
(二)参加宣誓仪式的公安民警穿着警服,其他人员穿着正装;
(三)举行人民警察宣誓仪式,应当奏(唱)中华人民共和国国歌和中国人民警察警歌;
(四)宣誓人立正,右手举拳,拳心向前,由预先指定的一名宣誓人担任领誓人,在队列前逐句领诵誓词,其他人跟诵誓词,誓词宣读完毕,宣誓人自报姓名;
(五)宣誓仪式可以结合授衔、授装等活动进行,结合授衔、授装进行的,应当先授衔、授装;
(六)宣誓仪式可以邀请公安民警家属或者群众代表参加。
新入职的公安民警宣誓仪式由县级以上公安机关政工部门或者委托承训公安院校、训练基地组织,一般在入警训练合格后、上岗工作前进行。宣誓前,应当对宣誓人进行公安机关性质、宗旨、任务、纪律、作风等集体教育。

第三章 内部关系
第一节 相互关系

第二十条 公安民警不论职务高低,在政治上一律平等,相互间是同志关系。

第二十一条 公安民警依据领导职务和警衔,构成上级与下级或者同级关系。领导职务高的是上级,领导职务低的是下级,领导职务相当的是同级;在没有领导职务或者难以确定领导职务高低时,警衔高的是上级,警衔低的是下级,警衔相同的是同级。

第二十二条 上下级之间、同级之间应当互相尊重、互相爱护、互相支持,努力构建团结、友爱、和谐、纯洁的内部关系。

第二十三条 上级对下级应当做到:
(一)公道正派,以身作则,率先垂范;

（二）严格教育，严格管理，严格监督；
（三）关心学习、工作和生活，帮助成长进步；
（四）尊重合理意见，维护合法权益，不压制民主，不打击报复；
（五）不打骂体罚和侮辱，不收受财物；
（六）关爱身心健康，帮助解决实际困难，努力消除后顾之忧。

第二十四条　下级对上级应当做到：
（一）服从命令，听从指挥；
（二）履职尽责，主动汇报；
（三）虚心接受批评，坚决改正错误；
（四）尊重上级，维护上级权威；
（五）积极建言献策，坚决完成好交办的各项工作任务。

第二十五条　上级（机关）应当对下级（机关）的各项建设和业务工作加强指导、明确要求，及时通报情况、检查督办和抓好落实。下级（机关）应当按照上级（机关）要求进行各项建设、完成业务工作，及时向上级机关汇报情况、报告工作、提出建议。

第二十六条　公安机关之间以及各警种、部门之间，应当按照职责分工，密切配合，互相支持，协调一致开展工作。

第二节　指挥关系

第二十七条　上级（机关）有权对下级（机关）下达命令。命令通常逐级下达，情况紧急时，也可以越级下达。越级下达命令时，除特殊情况外，下达命令的上级（机关）应当将所下达命令及时通知受令者的直接上级（机关）。

命令下达后，上级（机关）应当及时检查执行情况；如果情况发生变化，应当及时下达补充命令或者新的命令。

第二十八条　下级（机关）必须坚决执行上级（机关）的命令，并将执行情况及时报告。下级（机关）认为命令有错误的，可以提出意见，上级（机关）应当及时给予答复。在没有明确答复之前，下级（机关）不得中止或者改变命令的执行；提出的意见不被采纳时，必须服从命令。执行命令的后果由作出命令的上级（机关）负责。

执行中如果情况发生重大变化，原命令确实无法继续执行而又来不及或者无法请示报告上级（机关）时，下级（机关）应当根据上级（机关）的精神要求，以高度负责的态度，果断临机处置，事后迅速报告。

下级（机关）对超越法律法规规定的职责范围的命令，有权拒绝执行，并同时向下达命令的上级（机关）报告。

第二十九条　下级（机关）接到越级下达的命令，必须坚决执行。除有明确要求外，在执行的同时，应当向直接上级（机关）报告；因故不能及时报告的，应当在不能报告的情形解除后24小时内补报。

第三十条　不同建制的公安民警在共同执行任务时，应当服从共同上级所指定负责人的领导和指挥。

公安民警处置突发事件或者遇有紧急情况，在建制不明时，依据领导职务和警衔确定领导指挥关系。

第三十一条　公安民警被临时抽调到其他单位工作时，应当接受抽调单位的领导和管理，除有特殊要求外，须定期向原单位报告。

第四章　警容风纪

第一节　着装规范

第三十二条　公安民警着装，是指公安机关人民警察按规定穿戴警服和警用标志。

公安民警应当配套穿着警服，佩戴警衔、警号等标志，做到着装整洁庄重、警容严整、规范统一。

未经审批，非人民警察身份人员不得穿着警服，不得佩戴警用标志。

第三十三条　公安民警在规定的工作时间应当按要求着装。遇有下列情形之一的，可以不着装：
（一）执行侦查（察）、警卫、外事等特殊工作任务不宜着装的；
（二）工作时间非因公外出的；
（三）女性民警怀孕期间；
（四）其他不宜或者不需要着装的情形。

第三十四条　公安民警因涉嫌违纪违法被留置、停止执行职务、禁闭期间，或者被采取刑事强制措施和其他可能影响人民警察形象声誉的情形，不得着装。

第三十五条　公安民警调离、辞职或者被辞退、开除公职的，应当收回所配发的人民警察证、警服和警衔、警号等警用标志。公安民警退（离）休的，可以保留一套常服和警衔、警号等警用标志作为纪念。

县级以上公安机关负责统一回收警服及警用标志。

第三十六条　公安民警应当根据工作时间和场合需要着装。在工作时间，一般穿着执勤类服装；参加训练时，穿着作训类服装；参加荣誉仪式、宣誓、阅警、重要会议等活动时，穿着常服或者警礼服；参加重大纪念、庆典、外事等活动时，穿着警礼服。主管（主办）单位也可根据工作需要作出规定。

公安民警参加集体活动的统一着装,由活动组织单位确定。

警服的主要品种、穿着规范图示由公安部政治部和警服主管部门另行发布。

第三十七条 公安民警着装时应当严格遵守以下规定:

(一)按照规定配套穿着,不同制式警服不得混穿,警服与便服不得混穿,警服内穿着非制式服装时,不得外露;

(二)按照规定缀钉、佩戴警衔、警号、胸徽、帽徽、领花、从警章等标志,系扎制式腰带,不同制式警用标志不得混用。除工作需要外,不得佩戴、系挂与公安民警身份或者执行公务无关的标志、物品;

(三)除执行抢险救灾等工作任务外,应当保持警服整洁得体,不得披衣、敞怀、挽袖、卷裤腿等;

(四)除工作需要或者其他特殊情形外,应当穿制式皮鞋、作训鞋或者其他黑色皮鞋,穿深色袜子,不得赤脚穿鞋或者赤脚。男性民警鞋跟一般不高于3厘米,女性民警鞋跟一般不高于4厘米;

(五)除工作需要或者其他特殊情形外,不得化浓妆,不得留长指甲或者染指甲,不得系扎非制式围巾,不得在外露的腰带上系挂手机、钥匙和饰物等,不得戴耳环、耳钉、项链、戒指、腕饰等。除工作需要外,不得文身,不得穿耳洞(女性民警除外)、鼻洞、唇洞;

(六)除工作需要或者眼疾外,不得佩戴有色眼镜;

(七)不得穿戴非统一制式的警服及标志;

(八)未经县级以上公安机关批准,不得穿着警服参加各类电视或者网络征婚、选秀和其他娱乐性节目。

第三十八条 除工作需要外,公安民警不得烫染、蓄留明显夸张的发色、发型。男性民警不得留长发、大鬓角、卷发(自然卷除外)、蓄胡须。除病理等因素外,公安民警不得剃光头。留长发的女性民警着装时应当束发,发辫不得过肩。

第三十九条 公安民警着装时,除在办公区、宿舍或者其他特殊情形外,应当戴警帽。

进入室内时,通常脱帽。立姿可以将警帽用左手托夹于左腋下(帽顶向体外侧,帽徽朝前);坐姿可以将警帽置于桌(台)前沿左侧或者用左手托放于左侧膝上(帽顶向上,帽徽朝前)。

在办公室和宿舍时,应当将警帽规范放置。

第四十条 公安民警着装时佩戴统一颁发的徽章以及特殊识别标志或者专用臂章时,执行下列规定:

(一)佩戴党员、团员徽章时,应当佩戴于警服左胸前警号正上方适当位置;

(二)参加授勋授奖、重大纪念、庆典等重要活动时,可以在警服胸前适当位置佩戴勋章、奖章、纪念章;

(三)参加重要会议、重大演习和其他重要活动时,可以按照要求佩戴专用识别标志;

(四)执行维稳处突、抢险救灾等任务时,可以按照要求佩戴专用臂章;

(五)公安院校在校学生可以佩戴院(校)徽章。

第四十一条 在雾霾、有毒、粉尘、辐射、感染、噪声、强光、高温、低温、沙尘等环境下或者根据工作需要,公安民警应当穿戴手套、口罩、面罩、防护服、护目镜等防护装备。

第四十二条 公安民警应当爱护和妥善保管警服及警衔、警号、胸徽、帽徽、领花等标志,不得赠送、转借给非人民警察身份人员。

第四十三条 公安民警季节换装的时间和要求由设区的市级以上公安机关根据需要合理确定。

第四十四条 因工作需要,退(离)休公安民警参加重大纪念、庆典等活动时,可以穿着退(离)休时的制式服装,佩戴工作期间和退(离)休后荣获的勋章、奖章等徽章。

公安院校公安专业学生着装时,参照上述规定执行。

第四十五条 因拍摄、制作影视作品或者演出等需要,使用警服及警用标志的,应当按规定履行审批程序,并严格保管。

批准机关应当按照本条令指导影视制作、文艺演出单位严格遵守公安机关着装要求,不得损害公安机关和公安民警形象。非拍摄、演出时不得使用。

第二节 行为规范

第四十六条 公安民警应当模范遵守法律法规,自觉践行社会主义核心价值观。

第四十七条 公安民警应当精神饱满,仪表端庄,举止文明。

第四十八条 两名以上公安民警着装外出时,一般两人成行、三人成列,行列整齐,威严有序。徒步巡逻执勤可视现场情况采取有效警戒队形行进。

第四十九条 公安民警着装时,不得在公共场所吸烟,不得嬉笑打闹、高声喧哗,不得有背手、袖手、插兜、搭肩挽臂、揽腰等影响警容形象的行为,不得随意席地坐卧。

第五十条 公安民警参加统一组织的集会、会议或者晚会的,按照规定时间和顺序入场,按照指定位置就座,遵守会场秩序,不得迟到早退。散会时,依次退场。

第五十一条 公安民警外出,应当遵守公共秩序和社会公德,自觉维护人民警察的形象和声誉。与他人发生纠纷时,应当依法处理。

第五十二条 公安民警遇到人民群众生命财产安全受到威胁时,应当积极救助或者寻求支援。

第五十三条 公安民警工作时间不得饮酒,不得携带枪支饮酒,未经批准,不得穿着警服饮酒。

第五十四条 公安民警严禁参与黄、赌、毒活动,严禁参加邪教组织,严禁参与封建迷信活动,除工作需要外,严禁参与宗教活动。工作期间,除工作需要外,不得进入歌舞娱乐场所娱乐;穿着警服进入歌舞娱乐场所的,应当自觉维护人民警察警容风纪。

第五十五条 公安民警不得散布有损宪法权威、中国共产党和国家声誉的言论,不得组织或者参加非法组织,不得组织或者参加旨在反对宪法、中国共产党领导和国家的集会、游行、示威等活动,不得传抄、张贴、私藏非法印刷品,不得组织或者参加罢工、串联上访。未经批准,不得接受采访。

第五十六条 公安民警不得接受对工作有影响的宴请和礼品馈赠,不得从事本职以外的其他职业和有偿中介活动,不得参与以营利为目的的文艺演出、企业形象代言等活动,不得以人民警察的名义和肖像做商业广告。

第五十七条 公安民警使用网络社交媒体不得有下列行为:

(一)制作、传播与党的理论、路线、方针、政策相违背的信息和言论;

(二)制作、传播诋毁中国共产党、国家和公安机关形象的信息和言论;

(三)制作、传播低俗信息、不实信息和不当言论;

(四)制作、传播、讨论国家秘密、工作秘密或者内部敏感信息;

(五)擅自发布涉及警务工作秘密的文字、图片、音视频;

(六)未经批准,以人民警察身份开设微博、微信等网络社交平台公众号,个人微博、微信等网络社交媒体头像使用公安机关标志与符号;

(七)利用网络社交工具的支付、红包、转账等功能变相进行权钱交易;

(八)利用网络社交媒体进行不正当交往,非工作需要加入有明显不良倾向的微信群、论坛等网络社交群体;

(九)利用网络社交媒体从事其他与法律法规、党纪条规和党的优良传统相违背的活动。

第五十八条 公安民警不得擅自处置公安信息网信息。确需删除、更改的,应当严格按规定履行审批手续。

第三节 警容风纪检查

第五十九条 公安机关应当经常开展警容风纪教育,建立健全监督检查制度。

第六十条 县级以上公安机关应当加强对警容风纪的日常监督检查,并且定期组织集中检查,及时发现并纠正问题。

对违反警容风纪的公安民警,由督察部门按规定处理。

第五章 警察礼节

第六十一条 公安民警应当注重内部礼节,充分体现公安机关内部的团结友爱和互相尊重。

第六十二条 公安民警敬礼分为举手礼和注目礼。着装时通常行举手礼,正在执行任务或者携带武器装备等不便行举手礼时,可以行注目礼。着便服时,通常行注目礼。

第六十三条 公安民警着装进见或者遇见上级机关领导时,应当主动敬礼。上级机关领导受礼后,应当主动回礼。

第六十四条 列队的公安民警遇有上级检查指导工作,带队人员应当主动向上级敬礼和报告,其他人员行注目礼。

第六十五条 公安民警进见或者遇见本单位经常接触的领导以及在不便敬礼的场合时,可不行举手礼,应当主动致意,领导应当主动回礼。

第六十六条 公安民警交接岗时,应当互相敬礼;不同单位的公安民警因公接触时,应当互相致意。

第六十七条 公安民警因工作需要与人民群众、党政机关工作人员或者外宾接触时,应当主动致意或者敬礼。

第六十八条 升国旗、警旗时,在场的公安民警应当面向国旗、警旗立正,着装的行举手礼,着便服的行注目礼。

第六十九条 奏(唱)中华人民共和国国歌、中国人民警察警歌时,在场的公安民警应当自行立正,举止庄重,肃立致敬。

第六章 日常制度

第一节 学 习

第七十条 公安机关应当加强理论武装,强化公安民警政治历练、思想淬炼、实践锻炼、专业训练,建设学习型机关。

第七十一条 学习内容应当根据形势任务和履职需要科学安排,主要包括政治理论、政策法规、公安业务、科技知识、警务技能等。

第七十二条 公安机关应当突出政治理论学习,把习近平新时代中国特色社会主义思想、党中央关于加强新时代公安工作的决策部署作为重点学习内容,确保全警坚定理想信念、筑牢政治忠诚,统一意志、统一行动、步调一致向前进。

第七十三条 公安机关应当定期制订学习计划,统筹安排时间和形式,采取集体学习与个人自学相结合的方式进行,创新学习方法,注重学习效果,检查学习情况。

公安机关应当结合工作需要,每月至少组织一次集中学习。

第二节 会 议

第七十四条 公安机关应当坚持精简高效、厉行节约、讲求实效的原则,从严控制会议数量、时间和规模、标准。

第七十五条 设区的市级以上公安机关每年应当召开一次年度工作会议,传达学习党中央和上级机关有关精神和决策部署,研究安排本级公安机关重点工作任务。

县级公安机关每年至少召开一次全体大会或者公安民警代表会议,及时总结工作、表彰先进、部署任务。

公安机关召开年度工作会议时,可以根据工作需要邀请人民群众代表和有关部门参加。

第七十六条 基层所队等一线实战单位应当建立工作例会制度,及时梳理情况、总结点评、安排布置工作。

第七十七条 公安机关应当严格按照规定组织会议,严肃会议纪律,不得组织与会议无关的活动,不得超标准用餐、住宿,严禁以任何名义发放礼品、纪念品、土特产,严禁组织高消费娱乐、健身、聚餐、参观景点等活动。

第三节 请示报告

第七十八条 公安机关必须认真落实中国共产党政法工作条例、重大事项请示报告条例等规定,建立严格的请示报告制度,明确请示报告主体、范围、程序和方式等,严明党的政治纪律、组织纪律和工作纪律,确保政令警令畅通。

请示报告工作应当坚持政治导向,严格政治纪律和政治规矩,把讲政治要求贯彻到请示报告工作全过程和各方面;坚持权责明晰,既要及时请示报告,又要负责担当,防止矛盾问题上交;坚持客观真实、实事求是请示报告工作,提出意见建议;坚持规范有序,严格按规定的主体、范围、程序和方式请示报告工作。

第七十九条 下级机关对非本单位职权范围或者本单位无法解决的问题,应当及时请示上级机关。请示报告可以根据事项类型和缓急程度采取口头、书面等方式进行。对于口头请示报告的事项,双方应当及时做好记录。

公安机关主要负责同志是第一责任人,对请示报告事项负总责。

上级机关对下级机关的请示事项,应当认真研究、及时答复。

第八十条 请示报告应当逐级进行。特殊情况下,可以按照有关规定越级请示报告。

接受双重领导的单位,应当根据事项性质和内容向负有主要领导职责的上级机关请示报告,同时抄报另一个上级机关。特殊情况下,可以不抄报。

第八十一条 下级机关一般每半年向上级机关报告公安工作和公安队伍建设的基本情况。

遇有下列情形时,应当在规定时限内及时向上级机关报告,任何单位和个人不得以任何理由瞒报、虚报、迟报或者不报:

(一)发生危害国家安全和影响社会稳定的案(事)件;

(二)发生重特大刑事案件;

(三)发生重特大群体性事件;

(四)发生重特大事故灾难;

(五)发生恐怖袭击事件;

(六)发生重特大涉外突发事件;

(七)发生重特大自然灾害、疫情;

(八)发生重大涉警舆情;

(九)发生公安民警伤亡事件(故)、重大违纪违法、公务用枪案事(件)和执法权威受到侵犯的重大案(事)件。

第四节 请假销假

第八十二条 公安机关主要负责同志离开本地区,应当提前向上级机关主要负责同志请假。因紧急事项临时请假的,应当立即按规定报告。

公安机关主要负责同志、分管日常工作的负责同志(含双正职领导)原则上不能同时离开本地区。

公安机关主要负责同志请假内容包括:请假人员、事由、时间、地点等,主持工作的负责同志及其相关信息。请假期间如行程发生变化的,应当及时补充报告。

公安机关领导干部异地执行任务需离开任务地的,应当及时向所在单位或者任务派出单位有关负责同志请假。

第八十三条 公安民警工作时间非因公外出,应当逐级请假、按时销假,未经批准,不得擅自离岗。因伤、病或者其他原因不能按时上班时,应当及时请假。

第八十四条 公安民警执行特殊或者紧急任务时,非因不可抗拒的原因,不得请假。

第八十五条 请假人员未经批准,不得逾期不归。确有特殊情况,经批准后可以续假。

第八十六条 对伤、病人员,根据伤、病情况或者医院诊疗建议,按规定审批后准予休息。

第八十七条 请假人员在请假期间应当保持通讯畅通。除特殊情况外,因工作需要召回的,应当立即返回工作岗位。

第五节 工作交接

第八十八条 公安民警在工作变动、退休、辞职或者被辞退、开除公职时,应当将所负责的工作情况和掌管的文件、材料、证件、武器、弹药、器材、数字证书等进行移交,清退涉密载体,并按规定执行脱密期管理和监督。移交工作应当在本人离开工作岗位前完成。

移交前,所在单位领导应当指定接管人。交接时,双方当面清点,必要时由单位领导主持或者请纪检监察等有关部门参加;交接后,双方在交接登记册(表)上签字。

第八十九条 公安机关或者警种、部门主要负责同志和其他负有经济责任的领导干部办理调任、转任、免职、辞职、退休以及调整分工等事项时,审计部门应当按照领导干部经济责任审计有关规定对其任职期间履行经济责任情况进行审计。

第九十条 公安民警因出差出国、学习培训或者休假等短期离开岗位时,应当将负责的工作安排妥当。

第六节 印章管理

第九十一条 公安机关印章(含电子印章)的刻制应当严格按照规定审批,并在指定机构刻制。

第九十二条 新刻制的印章,应当在制发机关留取印模、备案后方可启用。

第九十三条 使用印章(印模)应当按照规定权限,严格履行审批登记手续,严格用印监督管理。严禁利用公章谋私,严禁在空白文件或者信函上加盖印章。

第九十四条 印章(印模)应当专柜存放,专人保管。印章(印模)丢失应当立即上报,及时通报有关单位,并严肃追究责任。

第九十五条 经批准作废的印章,应当登记造册,上交制发机关即行销毁。停止使用的印章,应当上交制发机关处理。

第七节 证件管理

第九十六条 公安民警应当按照规定使用统一的人民警察证。工作期间,一般应当携带人民警察证。

第九十七条 公安机关应当严格人民警察证配发范围,严禁向非人民警察身份人员配发人民警察证。

对丧失配发资格的,应当及时收回、收缴其人民警察证。

第九十八条 人民警察证由公安部按照规定统一监制,实行分级管理。

第八节 保密管理

第九十九条 公安机关应当建立保密工作制度,加强保密宣传教育,强化监督管理,严格保密纪律要求,落实保密工作责任,确保国家秘密和警务工作秘密绝对安全。

第一百条 公安机关应当严格按照国家保密管理规定,准确划定保密要害部门、部位,以及涉密岗位、涉密人员范围。

第一百零一条 公安机关政工部门应当会同保密部门,按照"先审后用、严格把关"的原则,对拟任(聘)用到涉密岗位的人员进行保密审查,并定期对在岗涉密人员组织复审。

涉密人员因公、因私出国(境)的,按照管理权限和规定程序实行严格审批。一般情况下,核心涉密人员因私出国(境)不予批准。

第一百零二条 公安机关应当强化涉密人员日常监督,严格落实保密承诺要求、重大事项报告制度,加强涉密人员离岗离职脱密期管理。

第一百零三条 公安民警在制作、传递、复制、使用、保存和销毁涉密信息或者载体过程中,应当严格执行国家保密管理规定,确保涉密信息或者载体保密安全。

涉密载体是指以文字、数据、符号、图形、图像、声音等方式记载、存储国家秘密信息和警务工作秘密信息的纸介质载体、电磁介质载体、光盘等各类物品。

第一百零四条 需要归档的涉密载体,应当按照要求立卷归档;不需要归档的涉密载体,应当认真履行清点、登记、审批手续后,按规定予以销毁。

第一百零五条 公安民警应当执行下列保密守则:

(一)不该说的秘密不说;

(二)不该知悉的秘密不问;

(三)不该看的秘密不看;

(四)不在私人交往或者公开发表的作品中涉及

秘密；

（五）不在非保密场所阅办、谈论秘密；

（六）不在社交媒体发布、传递秘密；

（七）不擅自记录、复制、拍摄、摘抄、收藏秘密；

（八）不擅自携带涉密载体去公共场所或者探亲访友；

（九）不使用无保密措施的通信设备、普通邮政和计算机互联网络传递秘密。

第一百零六条 使用计算机信息系统和信息设备时，应当严格遵守下列规定：

（一）涉密计算机严禁连接公安信息网和互联网及其他公共信息网络，公安信息网计算机严禁连接互联网等其他公共信息网络；

（二）涉密计算机不得连接市话和公安专线传真机或者具有传真功能的多功能一体机，不得安装无线网卡、无线鼠标、无线键盘等具有无线互联功能的设备，不得安装摄像头、麦克风等音视频采集装置；

（三）公安信息网计算机不得安装无线网卡、无线鼠标、无线键盘等具有无线互联功能的设备，在保密要害部门、部位的公安信息网计算机不得安装摄像头、麦克风等音视频采集装置；

（四）涉密场所使用的互联网计算机严禁通过无线方式连接互联网，严禁安装摄像头、麦克风等音视频采集装置，严禁安装移动热点；

（五）严禁使用互联网计算机和连接互联网的移动警务终端处理、存储、传输、发布国家秘密信息和警务工作秘密信息，连接互联网的移动警务终端不得与涉密信息设备和公安信息网计算机违规连接；

（六）涉密计算机、公安信息网计算机应当使用符合保密要求的移动存储介质和导入导出设备；

（七）涉密计算机和公安信息网计算机应当采取符合保密要求的身份鉴别措施。公安民警不得擅自将涉密计算机密钥交由他人使用，不得将公安信息网计算机数字证书交由他人使用；

（八）携带涉密计算机和公安信息网计算机外出的，应当经本单位主管领导批准，并履行登记备案手续；

（九）涉及国家秘密和警务工作秘密信息设备维修，应当在本单位内部进行，并指定专人全程监督，严禁维修人员读取或者复制涉密敏感信息，确需送外维修的，须拆除存储部件。涉密计算机、公安信息网计算机变更用途或者报废时，应当先拆除存储部件，拆除的存储部件应当按照涉密载体有关规定处理；

（十）已确定密级的涉密计算机不得处理、存储、传输高于已确定密级的信息；

（十一）公安信息网计算机不得处理、存储、传输涉及国家秘密的内容；

（十二）不得擅自卸载、修改计算机信息系统的保密安全技术程序、管理程序；

（十三）不得在涉密计算机、公安信息网计算机、互联网计算机之间交叉使用存储介质和打印机、传真机、扫描仪、多功能一体机等具有存储功能的设备；

（十四）涉密计算机应当标注存储、处理信息的最高密级、编号、责任人和涉密计算机专用的标识，公安信息网计算机应当标注公安信息网专用和禁止处理涉及国家秘密信息的标识，互联网计算机应当标注互联网专用和禁止处理涉及国家秘密信息和警务工作秘密信息的标识；

（十五）不得越权访问公安信息资源，不得泄露公民个人信息等不宜对外公开的信息；

（十六）公安机关应当留存应用系统访问日志信息，任何单位和个人不得擅自删除、篡改审计日志信息。

第一百零七条 公安机关及定密责任人应当严格按照规定的定密权限和程序准确定密，并完整标注密级和保密期限。

第一百零八条 公安机关信息公开应当坚持"先审查、后公开"和"一事一审"原则，履行保密审查审批程序，严格网站信息发布登记，定期组织开展网站保密检查。

第一百零九条 公安机关使用微信群、QQ群、微博、微信公众号等网络社交媒体开展工作的，应当建立健全保密管理制度。

第一百一十条 发现泄密线索和情况的，应当立即向本单位保密部门报告，及时组织查处，并按规定上报。

第九节 档案管理

第一百一十一条 公安机关应当建立健全档案工作制度，严格规范管理，维护档案的真实、完整、可用和安全。

第一百一十二条 公安机关在工作中形成的属于归档范围的全部档案应当由档案部门集中统一管理。任何部门和个人不得据为己有或者拒绝归档。

干部人事档案按照干部管理权限，由相应机关或者单位组织人事部门负责统一管理。

第一百一十三条 按照"谁形成、谁归档"的原则，及时收集整理列入归档范围的文件材料，严格按规定移交归档。

第一百一十四条 公安机关应当加强对开展专项行动、举办重要会议和活动、处置重大案(事)件、承建重大建设项目等过程中形成文件材料的收集和归档。

第一百一十五条 公安机关应当建立符合国家标准的档案用房,配备档案安全防护设施,定期巡查档案保管情况,确保档案实体和信息的安全保密。

第一百一十六条 公安机关应当加强档案借阅管理,根据档案的特点、密级,确定相应的借阅范围和审批程序。

第一百一十七条 公安民警应当严格遵守档案借阅规定,对借阅的档案负有保管保护责任,不得涂改、拆撕、伪造档案。不得擅自将档案转借他人。

第一百一十八条 公安档案非经鉴定不得销毁。

第七章 内务设置

第一百一十九条 公安机关的内务设置应当有利于工作、学习、生活,因地制宜、整齐划一,符合卫生和安全要求。

第一百二十条 公安机关对同类窗口单位应当设置规格统一、标志明显、便于辨识的标志,并及时进行维护、更新。入驻政府集中办公场所的窗口单位,应当突出公安机关特点,按照有关单位要求合理设置。

根据窗口单位的实际条件,合理划分办公区、服务区、等候区等功能区域,确保各功能区域相对独立、秩序良好。

第一百二十一条 公安派出所等基层所队应当按照规定合理规范设置办公、办案、生活等区域,配备相应的设备设施。

按照建设标准要求,因地制宜建立阅览室、健身房、洗衣房、淋浴室和食堂等,丰富公安民警的文体生活,保障公安民警身心健康。

第一百二十二条 县级以上公安机关应当建立荣誉室,有条件的可以建立史迹陈列馆、纪念馆、警察博物馆等。

有条件的基层所队,可以结合实际建立荣誉室。

第一百二十三条 办公、生活区域环境和各类设备物品摆放,应当保持干净、整洁、有序。

第八章 办公秩序

第一百二十四条 公安机关应当加强办公秩序管理,维护正常的工作、学习、生活秩序,保证办公环境整洁,秩序井然。

第一百二十五条 公安民警应当严格遵守工作时间要求,不得无故迟到、早退。工作时间应当保持肃静,不得大声喧哗、闲聊、办私事、因私会客或者从事其他与工作无关的活动。

第一百二十六条 公安机关应当严格办公区管理,建立门卫制度,加强日常值守,强化安全检查。

本单位人员、车辆应当凭有效证件出入办公区。外来人员、车辆需进入办公区的,应当严格登记手续,查验其证件和携带物品,经接待人员允许后方可进入。

严禁将办公用房出租或者无偿提供给外部人员或者其他单位使用。

第一百二十七条 单位内部交通标志应当醒目、齐全,车辆应当按照指定地点停放,按照规定路线、速度行驶,禁止鸣喇叭、急刹车。骑自行车、电动车出入大门应当主动下车或者接受查验。

第九章 接待群众

第一百二十八条 公安民警接待群众应当文明礼貌、态度和蔼、热情周到、耐心细致。

第一百二十九条 公安机关应当简化办事程序,拓宽服务渠道,提高工作效能。在条件允许的情况下,推行一个窗口对外、一站式办结和预约服务、自助受理、网上办理等。

第一百三十条 公安机关应当按规定主动公开公示窗口单位的上下班时间以及报警、咨询、监督电话和工作人员等信息,依法公开工作职责、执法依据、办事程序、法定时限、收费标准、监督方式以及服务承诺等,可以通过报刊、电台、电视台、政府网站和微博、微信公众号及其他信息手段,以及公示栏、牌匾、触摸式查询显示屏或者印发书面材料等形式告知群众,为群众提供方便。

第一百三十一条 公安机关应当结合实际制定工作文明用语和忌语,加强教育培训,严格遵照执行。

第一百三十二条 公安机关窗口单位实行群众报警、求助、咨询和办证、办事首问(接)责任制、接报案登记制和分流移交机制。

除24小时服务窗口外,其他窗口单位可根据实际实行弹性工作制,方便群众办证、办事。

第一百三十三条 公安民警应当在职责范围内,热情为求助群众提供必要帮助,耐心解答群众提出的问题,及时妥善处理群众报警或者报案,并认真做好记录。对不属于公安机关职责范围内的群众报警、报案或者求助,应当告知当事人向其他有关主管机关反映,情况紧急时应当给予协助或者协调处置。

第一百三十四条 除执行重大紧急任务外,公安机关的警车在临时停靠时或者行驶过程中,车上的公安民警应当及时接受群众的现场报警或者紧急求助。

第十章 值班备勤

第一百三十五条 公安机关实行 24 小时值班备勤。由领导干部带班,安排适当警力值班备勤,配备相应警械武器、防护装备和交通、通讯工具,保障随时应对各类警情任务。基层一线处警单位及警用车辆应当配备防弹防刺背心、头盔及绳索、救生圈、急救包等警用装备和救援器材,并做好装备、器材使用培训和维护保养,确保正常使用。

第一百三十六条 看守所、拘留所、派出所和治安、刑警、交警、巡警、网安等警种、部门,应当根据工作需要,设置值班室,建立健全值班备勤制度。

第一百三十七条 值班人员的主要职责是:
(一)接待报警、报案、检举、控告、自动投案或者其他原因来访的人员;
(二)受理群众遇到危、难、险、困时的求助,以及群众对公安民警违纪违法行为的投诉;
(三)向上级报告发生的案件、事故或者其他紧急情况,并按照上级指示或者预案做出应急处理;
(四)及时接收处置 110 警情指令;
(五)及时妥善处理公文、电话、电子邮件等;
(六)维护本单位工作、学习、生活秩序,承担内部安全保卫工作;
(七)完成领导交办的其他任务。

第一百三十八条 值班室应当利用视频监控系统,建立值班影像档案,并保存不少于九十日。值班人员应当认真填写值班记录,详细记录值班期间发生的重要事项及处置情况。值班记录的主要内容包括:
(一)问题或者事件事情发生的时间、地点,有关人员的姓名、联系方式和主要情况;
(二)向上级报告的时间,接受报告人的姓名和答复的主要内容;
(三)对上级指示的传达、办理情况和时间;
(四)负责处理的单位和人员姓名;
(五)值班领导和值班民警姓名。
值班记录应当采用电子文档或者纸质文书存档,妥善管理。

第一百三十九条 值班人员应当坚守岗位,严格履行职责。因故确需离开值班岗位的,应当及时报告值班领导,并安排其他人员代岗。

第一百四十条 值班人员交接班时,双方应当按照规定的职责内容认真交接工作,履行交接手续。
值班人员交接班时,如果发生突发情况或者群众报警、报案,以交班人员为主进行处置,待处置完毕再交接班。

第一百四十一条 值班备勤人员自值班备勤前 12 小时至值班备勤结束不得饮酒,值班期间不得从事与工作无关的活动,备勤期间不得从事影响紧急到岗的活动。

第十一章 应急处突

第一百四十二条 公安机关应当预先制订各种应急处置预案,定期组织实战演练,不断提高快速反应能力、协调配合能力、现场处置能力、临场组织指挥能力。

第一百四十三条 遇有第八十一条第二款所列情形或者其他紧急任务,县级以上公安机关应当按照应急处置预案,组织人员立即赶赴现场,并根据实际情况,在报告上级机关的同时,迅速通报有关部门及时做好防范、化解和处置突发案(事)件工作。

第一百四十四条 公安民警接到执行紧急任务的命令后,应当迅速到达指定地点,服从统一的指挥调度。发现紧急情况时,应当及时报告并迅速进入现场履行职责。

第一百四十五条 公安机关在处置突发事件时,应当根据突发事件的性质、起因、规模、影响以及现场情势和危害程度,决定是否动用处置性警力及规模,是否采取强制性措施以及采取何种强制性措施,是否使用警械或者武器,既要防止当用不用而使事态失去控制或者致使公安民警伤亡情况发生,也要防止警力和强制性措施使用不当而激化矛盾。公安民警在采取强制性措施前,应当经现场指挥员批准,并向现场人员明示告知。在面临紧急情况下,公安民警可先期处置,并在处置过程中或者处置后及时报告。
情报指挥部门应当及时跟进掌握处置突发事件情况,视情调动警力支援。

第一百四十六条 公安机关在处置突发事件时,应当注意保护党政机关等重点部位及现场人员的安全,同时加强公安民警自身的安全防护,及时获取并固定现场违法犯罪证据。

第一百四十七条 公安民警应当保证通讯畅通,个人通讯方式变更时应当及时报告所在单位,以备发生紧急情况时迅即调集警力。

第十二章 装备财务管理

第一节 装备管理

第一百四十八条 公安机关装备管理应当严格执行有关法律法规规定,遵循整体规划、标准配备、权责相应、规范管理的原则。

第一百四十九条 公安机关应当建立健全装备使用管

理、维护保养、存储保管和督察、审计等制度。

第一百五十条 公安机关应当按规定建设装备存储保管场所、完善配套设施,实行分级分类管理。

第一百五十一条 公安机关执法办案管理中心、服务窗口等场所配备的装备品种、数量和方式,应当符合装备使用安全和环境要求。

第一百五十二条 公安机关应当定期开展执法执勤装备检查、校验、测试、标定等工作,确保性能良好。监督检查重点是指挥通信、刑事技术、侦查技术、警械武器、交通工具、防护等装备。

第一百五十三条 公安机关应当加强执法执勤装备使用培训。

第一百五十四条 公安机关应当加强应急装备管理,建立应急装备保障机制,制订应急装备保障预案,按规定开展应急装备管理工作。

第一百五十五条 公安机关发生重大装备事故的,应当迅速开展实地调查,查明事故原因,出具鉴定报告,并及时向上级公安机关报告。

第一百五十六条 任何单位或者个人不得擅自赠送、转借、出租、变卖、私存装备。

第二节 预算财务管理

第一百五十七条 公安机关应当严格执行国家预算财务管理法律法规有关规定,规范财务行为,科学合理编制预算、决算及相关预算财务报表,提高资金使用效益。

第一百五十八条 公安机关应当建立健全财务管理制度、定期财务分析报告制度和内部控制机制,加强对下级机关财务管理的指导、监督和检查。

第一百五十九条 公安机关应当按照国家统一会计制度开展会计工作,依法设置会计账簿,并保证会计账簿的真实、完整。

审计部门应当按照内部审计工作规定,对财政收支、财务收支以及其他经济活动等财经管理情况组织实施审计。

第一百六十条 公安机关主要负责同志对本单位会计工作和会计资料的真实性、完整性、合法性负责。

第十三章 安全防范
第一节 基本要求

第一百六十一条 公安机关应当牢固树立安全意识,加强安全管理工作,并贯穿于公安工作和公安队伍建设的全过程。

第一百六十二条 公安机关应当坚持预防为主的方针,定期分析安全工作形势,查找不安全因素和隐患,制定和改进安全措施,建立健全安全管理制度,加强人防、物防、技防建设,并根据职责分工,压实工作责任,保证各项制度、措施落到实处。

第一百六十三条 公安机关应当加强安全教育,增强公安民警的安全防范意识,及时发现并正确处理队伍内部问题,积极消除安全隐患。强化安全训练,确保公安民警熟练使用警械武器装备,规范使用交通工具,正确处理各类情况和问题,不断提高自我防护、预防安全事故的能力。

第一百六十四条 公安机关应当根据形势任务和环境变化需要,配备安全防护设备设施,加强经常性安全防范工作,开展内部日常安全防范检查,严防发生重大安全事故。

第一百六十五条 发生安全事故应当如实及时上报,查明原因,正确处理,做到实事求是、依法依规。对避重就轻、弄虚作假、不及时报告或者隐瞒不报的,应当依法依规严肃追责问责。

第一百六十六条 县级以上公安机关应当建立维护公安民警执法权威工作委员会,实行党委(党组)统一领导、督察部门牵头协调、职能部门各负其责的工作机制,通过法律、行政、经济、社会、舆论等途径,依法及时查处侵犯公安民警执法权威的行为,为公安民警依法履职创造良好环境。

第二节 执法执勤安全

第一百六十七条 公安机关办公区、办案区应当建设必要的安全技术防范系统,主要出入口、窗口单位服务区应当配备安检和视频监控设备,办案区应当配备同步录音录像设备,并保证设备完好、正常使用。办案区的声像监控资料应当保存不少于九十日,其他区域的声像监控资料应当保存不少于三十日。

对办案区声像监控资料保存期限另有规定的,从其规定。

第一百六十八条 公安机关应当严格在办案区开展办案活动,强化安全意识,落实安全防范措施和责任,防止发生安全事故。

第一百六十九条 公安机关处置暴力恐怖案(事)件或者执行拘留、抓捕等任务时,应当评估安全风险,制订预案方案,周密组织实施,最大限度地避免造成人员伤亡。

第一百七十条 上级对下级布置任务时,应当明确安全要求,并采取安全保障措施。执行任务的公安民警应当提高安全防范意识,严格遵守安全管理制度,保持高度警惕,确保自身和工作对象安全。

第一百七十一条 公安民警执行询问、讯问、押解、看管等任务时，应当严格遵守有关规定，防止发生违法犯罪嫌疑人袭警、脱逃、暴狱和自伤、自残、自杀等案（事）件。

第一百七十二条 公安民警执法执勤时应当按规定携带装备，并规范使用执法记录仪等设备。

第一百七十三条 公安民警开展治安检查、现场勘验等工作时，应当严格遵守法定程序及操作规程，防止发生安全事故（件）。

第一百七十四条 公安民警因工作需要在道路上拦截、检查车辆时，应当选择安全和不妨碍通行的地点进行，设置安全防护设备。必要时，设置减速区、检查区、处置区，并使用阻车装置。

第三节 警械武器管理使用安全

第一百七十五条 公安机关应当建立健全公务用枪管理制度，认真执行安全管理措施，严格落实工作责任。

公安机关应当组建公务用枪管理委员会，明确职责分工，建立定期会商研判机制，加强公务用枪管理工作检查监督。

第一百七十六条 公安机关必须严格公安民警配枪标准条件，规范申报审批程序，加强年度审验把关，实行人员动态管理。

第一百七十七条 公安机关及其所属配枪单位应当按要求设置枪弹库（室、柜），严格落实 24 小时值守、枪弹分离、双人双锁保管等制度，加强对视频监控等安全防范设施的日常检查，确保公务用枪存放安全。

第一百七十八条 公安机关及其所属配枪单位应当定期对枪支弹药进行检测，严禁使用超寿命、待报废枪支和过期弹药，并加强对枪支弹药的日常维护保养，最大限度降低枪支弹药故障率。

第一百七十九条 公安机关及其所属配枪单位应当建立健全枪弹领取、交还审批、登记等制度，认真查验持枪证、枪证等信息，确保公务用枪交接安全。

第一百八十条 公安机关及所属配枪单位应当加强对枪支管理使用人员的日常教育培训、管理监督和思想、心理状况排查，对出现不适宜配枪情形的公安民警应当及时暂停或者取消其配枪资格，收回持枪证件，确保公务用枪使用安全。

第一百八十一条 公安民警应当严格按照规定管理使用警械武器，确保依法履职尽责，有效维护群众和自身安全，坚决防止警械武器被盗、被抢、丢失、滥用或者发生其他事故。

第一百八十二条 公安民警使用警械武器时，应当以有效制止违法犯罪行为、尽量减少人员伤亡和财产损失为原则。

第一百八十三条 公安机关组织公安民警进行实弹射击训练，应当遵守下列安全规定：

（一）合理选择和设置射击场地；

（二）加强现场安全检查，配备专职安全人员，严密组织射击区域安全警戒和观察；

（三）加强枪支弹药的技术检测，防止枪支故障和弹药失效；

（四）实弹射击训练时佩戴个人安全防护器材；

（五）训练结束后统一组织验枪，彻底清查枪支和剩余弹药，防止枪支、弹药丢失，排查安全隐患。

第一百八十四条 公安民警管理使用枪支的，应当遵守下列安全规定：

（一）上班或者执行任务领用枪支后必须严格验枪，下班或者完成任务后必须及时交回并由枪管员验枪收回；

（二）工作期间因私外出的，所携带枪支必须交回并由枪管员验枪收回；

（三）在依法依规使用枪支的情形下，应当准确判定目标，规范操作动作，防止误判或者误伤他人；

（四）严禁私存、私带、私借枪支弹药；

（五）严禁持枪打闹或者枪口对人；

（六）严禁摆弄枪支或者随意动用他人枪支；

（七）严禁持枪打猎、擅自打靶或者安排他人打靶。

第四节 交通事故防范

第一百八十五条 公安机关应当加强交通安全事故防范和监督管理。除执行紧急任务外，公安民警驾驶车辆时应当遵守道路交通安全法律法规，确保行车安全。

第一百八十六条 公安机关应当对公务车辆定期进行维护和保养，确保车况良好。对达到报废标准的车辆应当及时报废，不得使用已达到强制报废标准的车辆从事警务活动。

第一百八十七条 公安民警驾驶警车时，除工作需要外，应当按照规定穿着警服，持有机动车（电子）行驶证、机动车（电子）驾驶证和人民警察证。驾驶实习期内的公安民警不得驾驶警车。公安民警驾驶或者乘坐用摩托车时，应当戴警用头盔。

第一百八十八条 公安机关警用车辆乘载，应当遵守下列安全规定：

（一）载人不得超过核定的人数；

（二）载物应当符合核定的载质量，严禁超载；

（三）载物的长、宽、高不得违反装载要求；

（四）不得人货混载；

（五）不得违反有关安全规定，载运易燃、易爆等危险物品。

第一百八十九条 公安机关应当定期对驾驶警车的公安民警开展培训，加强交通安全教育。

第五节 火灾事故防范

第一百九十条 公安机关应当加强消防安全防范工作，建立消防管理制度，完善消防设施，配齐消防器材，落实消防责任，坚决防止发生火灾事故。

第一百九十一条 公安机关应当严格消防安全检查，及时发现和消除火灾隐患。加强易燃、易爆物资和装备、器材管理，进入易燃、易爆物品存放场所必须收缴火种。计算机机房、库房、车场、档案室等重要场所严禁烟火。

第一百九十二条 在礼堂、剧院、大型会议场所等重要防火部位组织集体活动的，应当在应急疏散通道安排人员值守引导，维护现场秩序，防止发生意外。

第一百九十三条 重点防火单位和重要防火场所应当制订消防预案，落实消防责任，定期组织有针对性的消防演练。

第六节 爆炸事故防范

第一百九十四条 公安机关应当遵守弹药、炸药、油料、燃气、烟花爆竹等易燃、易爆物品的安全管理规定，防止发生爆炸事故。

第一百九十五条 爆炸物品的使用管理单位应当按照性质、类别将爆炸物品分别储存在专用仓库内，由专人管理，建立检查、登记制度。存放数量不得超过安全容量。在库区配备监控、防爆设施，严禁无关人员进入库区。

第一百九十六条 组织爆炸物品运输，应当遵守下列安全规定：

（一）正确选择运载工具和装卸载地点与方式；

（二）正确选择运输路线，避开交通繁忙路段和人口稠密地区；

（三）正确选择通过时机，避开人员、车辆流动高峰期；

（四）正确装载爆炸物品，符合安全运输要求；

（五）严密警戒，专人押运。

第一百九十七条 组织实施民用爆炸物品、烟花爆竹、废旧炮(炸)弹等爆炸物品销毁，应当科学划定作业区域，设置安全警示标志，维护作业现场秩序，并严格遵守下列安全规定：

（一）不得擅自变更计划、方案；

（二）不得由非专业机构组织实施；

（三）不得让未经培训的人员参与；

（四）不得在不符合安全要求的场所或者场地作业；

（五）不得在高温、雷雨、大风等不良天气条件下作业；

（六）不得违反操作规程冒险作业。

第十四章 健康保护

第一百九十八条 公安机关应当加强关爱民警工作，保护民警身心健康。基层公安机关应当根据工作任务和实有警力，执行轮休制度。对长期执行重大安全保卫、抢险救援、侦查监控任务以及长期从事重大专项工作的公安民警，应当合理安排调休；对连续工作超出法定工作时间的，应当安排休息。

第一百九十九条 公安机关应当严格落实带薪年休假制度，领导干部应当带头休假。根据工作情况，充分尊重公安民警本人意愿，统筹安排年休假。公安民警确因工作需要不能安排年休假的，应当在下一年度安排补休；不能补休或者未休满法定年休假的，应当按规定发放年休假工资报酬。

上级机关应当对下级机关带薪休假落实情况进行督导检查，推动年休假常态化，确保公安民警得到必要的休整。

第二百条 公安机关应当提倡全警健身，普及科学健身知识和健身方法，开展群众性体育活动；把体能训练作为公安民警教育训练的基本内容，提升体能素质；因地制宜、分类分年龄段开展公安民警年度体能测试。

第二百零一条 公安机关应当严格落实年度体检制度，建立公安民警健康档案，定期对健康状况进行分析，提出健康保护意见。对体检结果异常的，督促并协助做好复查、就医，强化健康生活方式指导及干预。

第二百零二条 公安机关应当开展职业病危害因素基本情况普查，健全针对性健康干预措施。为公安民警配备医疗急救包，确保突发疾病时能及时得到施救。

第二百零三条 公安机关应当严格落实公安民警因公负伤和患病医疗保障救治制度。对因身体健康状况不适宜在现岗位上工作的公安民警，应当调整工作岗位或者安排适当休整。

第二百零四条 公安机关应当开展预防传染病等卫生健康教育，提高公安民警对传染病的防治意识和应对能力。

第二百零五条 公安机关应当加强对办公、办案、生活等场所区域的日常环境卫生管理，建立卫生管理制度，健全卫生安全保障措施，有效防止发生卫生安全事故。发现传染病病人或者疑似传染病病人时，应当按规定及时向所在地疾病预防控制机构或者医疗机构以及上级机关报告。

第二百零六条 发生传染病疫情时，公安机关应当积极配合当地疾病预防控制机构或者医疗机构，采取有效措施，防止公安民警出现感染或者交叉感染，及时组织对办公、办案、生活等场所区域进行卫生处理。

根据工作需要，公安机关可实行弹性工作制，科学合理安排勤务，确保公安民警保持良好的身心状态。

第二百零七条 发生传染病疫情时，公安机关应当对公安民警确诊受感染或者疑似感染情况，按规定逐级报告上级机关；对密切接触者，按照当地疾病预防控制机构要求，采取必要的预防措施。

第二百零八条 公安机关应当建立平战结合、规范有序、及时高效的常态化心理健康服务工作机制，加强心理健康服务专兼职人才队伍建设，不断提升公安民警心理健康服务工作水平。

第二百零九条 县级以上公安机关和有条件的基层所队应当设立公安民警心理健康服务站，对公安民警开展心理健康咨询，适时进行心理辅导；每年定期开展心理健康讲座、团体辅导和心理咨询等活动，保障公安民警心理健康。

第二百一十条 对执行重大安全保卫任务、处置重大突发案(事)件、暴力恐怖案(事)件或者开枪击毙伤人员，以及工作、生活发生重大变故的公安民警，应当及时进行心理咨询、危机干预。对出现心理健康问题的，应当及时安排休整、治疗。

第二百一十一条 公安机关应当深入开展健康教育，引导公安民警牢固树立健康生活的理念，积极开展文体活动，陶冶情操，增强体质，丰富业余文化生活。

第十五章　警旗　警徽　警歌　警察节

第一节　警　旗

第二百一十二条 中国人民警察警旗是人民警察队伍的重要标志，是人民警察荣誉、责任和使命的象征，是人民警察忠诚履行新时代使命任务的重要指引。

第二百一十三条 公安民警应当树立警旗意识，尊重和爱护警旗，维护警旗尊严。

第二百一十四条 公安机关及所属单位按规定授予和请领警旗。

授予警旗可以组织授旗仪式。授旗仪式由受旗单位所隶属的公安机关或者上一级公安机关组织实施，通常在单位新组建成立时进行。

第二百一十五条 使用警旗应当报受旗单位主要负责同志批准，不得超出规定的使用范围。

任何组织和个人未经批准不得制造、买卖、持有、使用警旗。

第二节　警　徽

第二百一十六条 中国人民警察警徽是人民警察的象征和标志。公安民警应当爱护警徽，维护警徽尊严。

第二百一十七条 警徽是人民警察专用标志。使用警徽及其图案应当严肃、庄重，严格使用范围。

第二百一十八条 警徽由公安部按照规定统一监制。县级以上公安机关负责监督管理警徽及其图案的使用。

第三节　警　歌

第二百一十九条 中国人民警察警歌是人民警察性质、宗旨和精神的体现。公安民警和公安院校学生应当会唱警歌。

第二百二十条 奏(唱)警歌适用于公安机关重要庆典、集会、会议、检阅以及其他维护、显示人民警察威严的场合。

第二百二十一条 不得在私人婚、丧、庆、悼活动和娱乐、商业活动以及其他不适宜的场合奏(唱)警歌。

第二百二十二条 奏(唱)警歌时，公安民警应当庄重肃立。

第四节　警察节

第二百二十三条 中国人民警察节是人民警察荣誉制度体系的重要组成部分。公安机关应当在警察节举办相关庆祝活动，作为励警爱警惠警的重要举措。

第二百二十四条 公安机关庆祝警察节活动，可通过升(挂)警旗仪式、组织宣誓、走访慰问、举办书画摄影作品展览、诗歌朗诵会、音乐会等丰富多彩的文体活动形式进行。

举办警察节庆祝活动应当隆重简朴、厉行节约，防止形式主义和铺张浪费。

第二百二十五条 警察节期间，公安机关可结合实际采取警营开放、法制宣讲、便民服务等多种方式，广泛开展社会宣传，大力加强警察公共关系建设，树立公安机关和公安队伍良好形象。

第十六章　阅　　警

第二百二十六条 阅警是设区的市级以上党政机关主要

领导、公安机关主要领导在重大节日、庆典、集会等重要场合对公安队伍的检阅。

第二百二十七条 阅警应当严格审批制度。设区的市级以上公安机关举行阅警，应当报上级公安机关批准；公安院校举行阅警，应当报主管机关批准。

第二百二十八条 阅警的主要程序：
（一）阅警指挥员向阅警领导报告；
（二）阅警领导宣布阅警开始；
（三）组织进行阅警活动；
（四）阅警领导讲话；
（五）阅警指挥员向阅警领导报告；
（六）阅警领导宣布阅警结束。

第十七章 附 则

第二百二十九条 违反本条令，情节轻微的，应当给予谈话提醒、批评教育或者当场予以纠正；情节严重的，应当按照规定采取带离现场、停止执行职务、禁闭措施，给予处分或者限期调离、辞退等处理；构成违法犯罪的，依法追究相应的法律责任。

第二百三十条 公安机关直属事业单位内务建设参照本条令执行。国家移民管理机构可按照本条令制定具体管理规定或者实施办法。

公安机关警务辅助人员的内务建设，由各省级公安机关参照本条令制定具体办法。

第二百三十一条 本条令所称"以上"均含本级。

第二百三十二条 本条令自发布之日起施行。2000年6月公安部颁布实施的《公安机关人民警察内务条令》（公安部令第53号）和2007年6月公安部颁布实施的《公安机关人民警察着装管理规定》（公安部令第92号）同时废止。其他有关内务建设的规定有与本条令不一致的，以本条令为准。

公安机关人民警察奖励条令

1. 2015年10月19日公安部、人力资源和社会保障部令第135号公布
2. 自2016年1月1日起施行

第一章 总 则

第一条 为加强和规范公安机关奖励工作，促进公安工作和队伍建设，根据《中华人民共和国公务员法》《中华人民共和国人民警察法》《公安机关组织管理条例》《公务员奖励规定（试行）》等法律、法规和规章，制定本条令。

第二条 公安机关奖励工作应当服从服务公安工作全局和中心任务，及时奖励在各项公安工作中做出突出成绩的集体和个人，充分激发、调动各级公安机关和广大民警的工作积极性、主动性、创造性。

第三条 公安机关奖励工作应当坚持下列原则：
（一）实事求是，按绩及时施奖；
（二）发扬民主，贯彻群众路线；
（三）公开、公平、公正；
（四）以基层一线为重点，领导机关、领导干部从严；
（五）精神奖励与物质奖励相结合，以精神奖励为主。

第四条 公安机关奖励工作实行统一领导，分级管理，分工负责。公安机关政工部门是奖励工作的主管部门，负责组织、指导、管理奖励工作。公安机关其他部门配合政工部门做好奖励工作。

第五条 公安机关奖励经费应当列入各级公安机关年度预算予以全额保障。

第二章 奖励的类别、对象和等级

第六条 奖励分为集体奖励和个人奖励。

第七条 集体奖励的对象是各级公安机关建制单位和为完成专项工作临时成立的非建制单位。

个人奖励的对象是各级公安机关在编在职人民警察。因公牺牲或者病故的人民警察，生前有重大贡献或者突出事迹，符合奖励条件的，可以追授奖励。

第八条 集体奖励由低至高依次为：嘉奖，记三等功、二等功、一等功，授予荣誉称号。集体授予荣誉称号的名称，根据受奖集体的事迹特点确定。

个人奖励由低至高依次为：嘉奖，记三等功、二等功、一等功，授予荣誉称号。授予个人的荣誉称号分为全国公安系统二级英雄模范、一级英雄模范称号。

第三章 奖励的条件和标准

第九条 符合下列条件之一的集体和个人，应当给予奖励：
（一）依法打击危害国家安全和公共安全、颠覆国家政权、破坏社会秩序和经济秩序、侵犯公私财产和公民人身权利等违法犯罪活动，维护国家安全和社会稳定，成绩突出的；
（二）加强社会治安管理，依法查处和制止扰乱公共秩序、侵犯人身权利、妨害社会管理等违法行为，维护治安稳定和公共安全，成绩突出的；
（三）依法妥善处置重大突发事件，积极参加抢险

救灾,圆满完成重大活动安全保卫任务,成绩突出的;

(四)加强公安基层基础建设,落实各项管理防范措施,有效预防和制止违法犯罪活动,成绩突出的;

(五)依法履行行政管理职能,科学、文明、规范管理,提高工作质量和效率,成绩突出的;

(六)加强科技强警工作,有发明创造、科技创新成果或者创造典型经验,成绩突出的;

(七)密切联系群众,热情为群众服务,成绩突出的;

(八)加强思想政治工作,强化教育、管理和监督,推动队伍正规化建设,成绩突出的;

(九)加强执法监督管理,推动执法规范化建设,成绩突出的;

(十)认真完成综合管理、警务保障和国际警务合作等工作任务,成绩突出的;

(十一)秉公执法,清正廉洁,勇于与社会不良风气做斗争,成绩突出的;

(十二)在其他方面成绩突出的。

第十条　对符合奖励条件的集体和个人,根据其事迹及作用、影响,按照以下标准确定奖励等级:

(一)对成绩突出的,给予嘉奖;

(二)对成绩突出,有较大贡献的,记三等功;

(三)对成绩显著,有重要贡献的,记二等功;

(四)对成绩显著,有重大贡献和影响的,记一等功;

(五)对成绩卓著,有特殊贡献和重大影响,堪称典范的,可以授予荣誉称号。

第十一条　对集体或者个人的同一事迹只能给予一次奖励。对同一集体或者个人一年内原则上不重复给予同等级及以下等级奖励。

第十二条　集体或者个人因涉嫌违法违纪等问题正在接受组织调查的,应当暂停实施奖励。

集体发生严重违法违纪或者重大失职、失误问题的,原则上一年内不予奖励;情节特别严重、影响特别恶劣的,原则上两年内不予奖励。个人受党纪、政纪处分期间,原则上不予奖励。有重大或特殊贡献的集体或者个人,可以不受上述时限限制。

第四章　奖励的权限

第十三条　公安部的批准权限:

(一)全国公安机关集体和个人授予荣誉称号、记一等功奖励,其中授予全国公安系统一级英雄模范称号,由人力资源社会保障部会同公安部审批;

(二)省级公安机关及其领导班子成员嘉奖、记三等功、二等功奖励;

(三)公安部机关内设机构及直属单位集体和个人嘉奖、记三等功、二等功奖励。

第十四条　省级公安机关的批准权限:

(一)公安部批准权限以外的本地区公安机关集体和个人记二等功;

(二)市(地)级公安机关及其领导班子成员嘉奖、记三等功奖励;

(三)省级公安机关内设机构及直属单位集体和个人嘉奖、记三等功奖励。

第十五条　市(地)级公安机关批准上级公安机关批准权限以外的本地区公安机关集体和个人嘉奖、记三等功奖励。

第十六条　经公安部批准,省级公安机关领导班子成员以外的个人记一等功,可以由所在省级公安机关办理;经市(地)级公安机关批准,县级公安机关及其领导班子成员以外的集体和个人嘉奖,可以由所在县级公安机关办理。

第十七条　铁路公安局、交通运输部公安局、中国民用航空局公安局、国家林业局森林公安局、海关总署缉私局执行省级公安机关的批准权限,其所属下级公安机关参照执行市(地)级以下公安机关的批准权限。

第十八条　对受组织委派,离开原单位执行临时任务或者借调、挂职的人民警察,时间一年以上,符合奖励条件的,可以由临时所在单位,按照批准权限实施奖励或者申报奖励;时间不足一年,符合奖励条件的,由临时所在单位向原单位介绍情况,由原单位按照批准权限实施奖励或者申报奖励。

第五章　奖励的实施

第十九条　对集体和个人实施奖励,一般按照下列程序进行:

(一)对符合奖励条件的集体和个人,由所在单位民主推荐,集体研究提出奖励申报意见;

(二)公安机关政工部门对申报奖励对象事迹进行核实,并在征求相关部门意见后,提出奖励审核意见;

(三)公安机关研究确定奖励批准意见,组织进行公示后予以公布。超过本级公安机关批准权限的,报上级公安机关审批。

对在抢险救灾、重大突发事件处置、重大活动安全保卫、重大案件侦破等工作中成绩特别突出的集体和个人,必要时,可以简化程序,由奖励批准机关的政工部门提出奖励建议,奖励批准机关直接批准奖励。

第二十条 奖励申报意见应当在相关集体和个人做出符合奖励条件的成绩后一个月内提出;对下级公安机关的奖励申报意见,奖励审核、批准机关应当分别在收到奖励申报材料两个月内完成审核、审批工作。特殊情况下,应当及时完成奖励申报、审核、审批工作。

第二十一条 对拟实施奖励的集体和个人,奖励申报、审核、批准机关的政工部门应当征求本级公安机关纪检监察、法制和相关业务部门的意见。对拟实施奖励的个人,必要时,应当按照干部管理权限,征得主管机关同意,并征求纪检机关(监察部门)和有关部门意见。

第二十二条 对拟记三等功以上奖励的集体和个人,由奖励批准机关组织考核,或者委托下一级公安机关的政工部门组织考核,受委托的政工部门不得再行委托。

第二十三条 对拟记三等功以上奖励的集体和个人,除涉密等特殊情况外,应当逐级在一定范围内进行公示,公示时间原则上不少于七个工作日。

第二十四条 对集体和个人实施奖励的决定,以奖励批准机关行政首长签署命令的形式下达。行政首长空缺时,以奖励批准机关印发决定的形式下达。

对集体和个人实施奖励的决定应当及时宣布,并举行简约、俭朴的授奖仪式。必要时,可以召开表彰会。

第二十五条 对集体和个人的奖励实施后,奖励命令、审批表和其他有关材料存入公安机关文书档案,个人奖励审批表同时存入本人档案。

第二十六条 年度个人嘉奖和记三等功、二等功、一等功奖励的比例,分别不高于当年实有在编在职人民警察总数的百分之九、百分之三、千分之三、万分之三。根据公务员年度考核结果给予的个人嘉奖、记三等功奖励,不受年度奖励比例限制。

年度集体、个人授予荣誉称号和集体记一等功,不规定具体比例,由公安部根据实际情况审批。年度集体记二等功以下奖励的比例,由省级公安机关根据实际情况规定。

第二十七条 厅、局级以上单位、个人和市(地)级以上公安机关领导班子成员一般不予奖励;处级单位和个人奖励从严控制;基层和一线实战单位及其人民警察奖励数量应当占年度奖励总数的百分之八十五以上。

第二十八条 对执行重大抢险救灾、重大突发事件处置、重大活动安全保卫等专项任务的,经公安部批准,可以适当提高年度奖励比例。

第二十九条 对在执行重大专项工作任务中做出突出成绩的集体和个人,其上级公安机关可以行政首长签署嘉奖令的形式,及时予以鼓励。

第六章 获奖的标志和待遇

第三十条 奖励批准机关对获得奖励的集体颁发奖匾或者奖状;对获得记三等功以上奖励的个人颁发奖章和证书;对获得嘉奖奖励的个人颁发证书。

第三十一条 奖匾、奖状、奖章、证书按照公安部统一规定的式样、质地和规格制作。属于公安部批准权限的由公安部负责制作,属于省级以下公安机关批准权限的由省级公安机关负责制作。

第三十二条 奖匾、奖状、奖章、证书由获得奖励的集体和个人妥善保存。获得奖励的个人在参加重要会议或者重大活动时可以将奖章佩戴在左胸前。

第三十三条 奖匾、奖状、奖章、证书丢失或者毁损的,应当向所在公安机关政工部门报告,并由政工部门核实后按照程序报奖励批准机关予以补发或者更换。

第三十四条 奖励批准机关对获得奖励的集体和个人统一按照下列标准颁发奖金:

集体嘉奖五千元,集体三等功一万元,集体二等功两万元,集体一等功三万元,集体荣誉称号五万元。

个人嘉奖两千元,个人三等功五千元,个人二等功一万元,个人一等功两万元,全国公安系统二级英雄模范五万元,全国公安系统一级英雄模范八万元。

集体奖励的奖金一般作为工作经费由集体使用,原则上不得向个人发放。

第三十五条 获得授予或者追授全国公安系统一级英雄模范、二级英雄模范荣誉称号奖励的个人的子女,符合条件的,可以保送进入普通公安高等院校学习。

第三十六条 获得记一等功以上奖励的个人,可以按照有关规定提前晋升警衔。

第三十七条 获得记三等功以上奖励(含追记、追授的)的个人死亡后,按照国家有关规定增发一次性抚恤金。

获得全国公安系统一级英雄模范、二级英雄模范称号的个人死亡后,按照有关规定进行吊唁。

第三十八条 获得奖励的个人,根据国家有关规定享受其他待遇。

第七章 获奖对象的教育管理

第三十九条 对获得奖励的集体和个人,各级公安机关应当加强教育管理,在政治思想上、工作上和生活上给予关心和爱护,使他们保持荣誉,不断进步。

第四十条 对获得授予荣誉称号的集体和个人,由省级公安机关建立联系制度和管理档案,定期组织进行考察,及时了解掌握情况,并每年报公安部备案。对获得其他奖励的集体和个人,由市(地)级以下公安机关根据实际情况,确定重点对象,建立联系制度和管理档案,定期报上级公安机关备案。

第四十一条 获得授予荣誉称号的集体和个人发生违法违纪问题,或者获得荣誉称号的个人有调离、退休、死亡等情况,其所在公安机关应当按照程序及时报公安部备案。

第四十二条 对获得奖励的个人,应当定期组织开展培训和休养活动。省级以上公安机关应当每年组织功模民警培训和休养;市(地)级以下公安机关功模民警培训和休养结合实际组织开展。

第八章 奖励的撤销

第四十三条 获得奖励的集体或者个人,有下列情形之一的,应当撤销其奖励:

(一)伪造事迹或者申报奖励时隐瞒严重问题,骗取奖励的;

(二)严重违反规定奖励程序的;

(三)获得授予荣誉称号奖励的集体发生违法违纪问题,造成恶劣影响的;

(四)获得授予荣誉称号奖励的个人受到开除处分、刑事处罚,或者犯有其他严重错误,丧失模范作用的;

(五)法律、法规规定应当撤销奖励的其他情形。

第四十四条 撤销奖励,由原奖励申报机关按照程序报请原奖励批准机关审批。必要时,原奖励批准机关可以直接撤销奖励。

第四十五条 奖励撤销后,由原奖励批准机关收回奖匾、奖状或者奖章、证书,并停止其享受的有关待遇。属于第四十三条第(一)项、第(二)项规定情形的,同时收回奖金。撤销个人奖励的决定存入本人档案。

第九章 附 则

第四十六条 本条令适用于全国各级公安机关,铁路、交通、民航、森林公安机关和海关缉私部门及其人民警察。

公安机关所属单位及其在编在职人员,公安机关见习期人民警察、离退休人民警察、在编在职工勤人员和公安院校全日制普通学历教育学生参照执行。

公安现役部队奖励工作执行《中国人民解放军纪律条令》。

第四十七条 公安机关开展其他评比表彰活动,按照中共中央办公厅、国务院办公厅印发的《评比达标表彰活动管理办法(试行)》(中办发〔2010〕33号)执行。

第四十八条 本条令所称"以上"、"以下"含本级、本数。

第四十九条 本条令自2016年1月1日起施行。2003年7月24日颁布的《公安机关人民警察奖励条令》(公安部令第66号)同时废止。

公安机关人民警察训练条令

1. 2014年11月29日公安部令第134号修订公布
2. 自2015年1月1日起施行

第一章 总 则

第一条 为加强和规范公安机关人民警察训练工作,根据《中华人民共和国公务员法》、《中华人民共和国人民警察法》,制定本条令。

第二条 公安机关人民警察训练是提高队伍战斗力的根本途径,在队伍建设中居于先导性、基础性和战略性地位。各级公安机关应当加强人民警察训练工作科学化、规范化、信息化、实战化建设,向训练要素质、要警力、要战斗力。

第三条 公安机关人民警察训练坚持贯彻党和国家的干部教育培训方针、政策,坚持从公安工作和队伍建设实际需要出发,坚持为公安中心工作服务,坚持为公安实战服务。

第四条 公安机关人民警察训练的目的是提高队伍的整体素质和执法水平,增强履行职责的能力,努力打造一支信念坚定、执法为民、敢于担当、清正廉洁的公安队伍。

第五条 公安机关人民警察有接受训练的权利和义务。各级公安机关应当保证人民警察定期接受训练,引导和帮助人民警察自学自练。人民警察应当遵守训练规章制度,完成规定的训练任务。

第六条 公安机关人民警察训练应当发扬理论联系实际的优良学风,坚持厉行节约,反对铺张浪费。

第七条 公安机关人民警察训练包括入警训练、晋升训练、专业训练和发展训练。

第二章 职责分工

第八条 公安机关人民警察训练实行统一领导,分工负责,分级管理,分类实施。

第九条 公安机关人民警察训练实行领导责任制,各级公安机关主要领导是第一责任人。

第十条 公安机关政工部门是训练工作的主管部门,负责规划、组织、指导、管理、实施训练工作。

第十一条 公安机关警种、部门在政工部门的管理、指导下,负责规划、组织、实施本系统专业训练和发展训练。

第十二条 公安机关法制部门负责执法资格等级考试和组织、参与执法培训工作。

第十三条 公安机关装备财务部门负责训练经费、装备保障。

第十四条 公安院校和公安机关训练基地承担公安机关人民警察训练任务。

第十五条 公安部主管全国公安机关人民警察训练工作,负责制定训练规章、规划、标准,组织编发各级各类训练大纲、教材,推进训练信息化建设,指导、监督、检查、协调、评估训练工作,部署、组织全国性的训练和考试考核,并承担以下训练任务:

(一)从非公安系统调入的省级公安机关副职以上领导职务、市县两级公安机关正职领导职务人员的入警训练;

(二)晋升省级公安机关副职以上领导职务、省级公安机关内设机构正职领导职务、市县两级公安机关正职领导职务人民警察的职务晋升训练,晋升三级警监以上警衔人民警察的警衔晋升训练;

(三)省级公安机关副职以上领导职务、省级公安机关内设机构正职领导职务、市级公安机关正职领导职务人民警察和部分业务骨干的专业训练;

(四)公安部机关及直属单位人民警察的入警训练、晋升训练、专业训练;

(五)适应形势任务需要实施的发展训练。

第十六条 省级公安机关主管本地区公安机关人民警察训练工作,负责制定本地区训练制度、规划、标准,组织编发训练辅助教材,建设网络训练平台,制定本地区训练保障计划,组织、指导训练保障工作,指导、监督、检查、协调、评估本地区训练工作,组织、实施地区性的训练和考试考核,并承担以下训练任务:

(一)本地区除公安部负责训练以外人员的入警训练;

(二)晋升省级公安机关内设机构副职领导职务、市县两级公安机关副职领导职务、县级公安机关内设和派出机构正职领导职务人民警察的职务晋升训练,晋升三级警督警衔至一级警督警衔人民警察的警衔晋升训练;

(三)省级公安机关内设机构副职领导职务,市级公安机关副职领导职务和内设机构正职领导职务,县级公安机关正副职领导职务、内设和派出机构正职领导职务人民警察及部分业务骨干的专业训练;

(四)省级公安机关及直属单位除公安部负责训练以外的人民警察的晋升训练、专业训练;

(五)适应形势任务需要实施的发展训练;

(六)公安部授权、委托的训练任务。

晋升三级警督警衔至一级警督警衔人民警察的警衔晋升训练,县级公安机关内设和派出机构正职领导职务人民警察的晋升训练、专业训练,可授权或委托市级公安机关承担。

第十七条 市级公安机关主管本地区公安机关人民警察训练工作,负责制定本地区训练计划并组织实施训练工作,指导、监督、检查、考核、保障本地区训练工作,并承担以下训练任务:

(一)本地区除上级公安机关负责训练以外人民警察的职务晋升训练、晋升一级警员警衔至一级警司警衔人民警察的警衔晋升训练;

(二)根据岗位职责要求实施的专业训练;

(三)适应形势任务需要实施的发展训练;

(四)上级公安机关授权、委托的训练任务。

第十八条 县级公安机关根据上级公安机关的安排和要求,承担本级公安机关除上级公安机关负责训练以外的人民警察的专业训练和适应形势任务需要实施的发展训练。

第三章 训练任务

第十九条 入警训练是对新录用、调入的人员进行的训练。

入警训练时间不少于90天。其中,新录用的非公安院校毕业生,新录用、调入任县处级副职职务以下人员的入警训练时间为180天。实践教学时间不少于总训练时间的30%。

入警训练内容主要包括理想信念教育、警察职业养成教育、基础公安理论、基础法律法规、基础公安业务和基础警务实战技能、体能、心理行为训练等,重点培育人民警察核心价值观和基本职业素养,提高适应公安工作能力。其中,基础警务实战技能和体能训练课程不少于集中训练课程的30%。

第二十条 晋升训练是对晋升职务、晋升警衔的人民警察进行的训练。

晋升训练时间不少于15天。其中,新任市、县级公安机关正职领导职务的训练时间不少于30天。

职务晋升训练内容主要包括党性党风教育、国际国内形势、经济社会发展、公安发展战略、公安法制与执法、科学决策指挥、突发事件应对等,重点培养战略思维和管理素养,提高胜任领导工作能力。

警衔晋升训练内容根据训练对象和工作需要,参照职务晋升训练设定,重点培养专业精神,增强职业荣誉感,提高综合素质和履职能力。

凡已经参加同级或者上级公安机关组织的职务晋升训练或者警衔晋升训练并且训练合格的人民警察,1年内可不再重复参加晋升训练。

第二十一条 专业训练是警种、部门根据人民警察岗位职责要求进行的训练。

专业训练时间由政工部门和警种、部门根据实际确定,保证人民警察每年至少参加一次专业训练,三年累计不少于30天。基层和一线民警每年的实战训练时间累计不少于15天。

专业训练内容主要包括岗位政策法规、业务知识、专业技能和专项警务实战技能、体能、心理行为训练等,重点培养专业素养,强化知识更新,提高工作能力。其中,单警装备使用、枪支基本操作、枪支实弹射击、徒手攻防技能、体能达标训练等课程不少于专业训练课程的30%。

第二十二条 发展训练是公安机关应对新形势、新任务,按照国家关于干部教育培训的有关要求,着眼公安工作长远发展和人民警察健康成长组织的训练。

发展训练主要包括在职领导干部专题训练、后备干部培养训练、专家和业务骨干研修、教官业务提高训练、民警职业拓展训练等。

发展训练的时间、内容根据实际需要和有关规定确定。

第二十三条 公安机关应当紧贴实战需要,推进训练工作信息化建设,利用科技信息手段开展学习、训练、管理、考核。

推行实战案例教学,基层和一线人民警察的案例教学课程不少于总课程的30%。

市县两级公安机关实行"轮训轮值、战训合一"训练模式,提高训练工作效率和效益。

第二十四条 公安机关人民警察应当以提高岗位履职能力和实战本领为目标,通过岗位练兵、在线学习等形式开展自学自练,达到训练考核标准。

基层和一线民警应当根据体育锻炼达标标准,积极参加体育健身锻炼,增强身体素质和体能素质。

第四章 训 练 机 构

第二十五条 部、省、设区的市级公安机关应当在政工部门设立教育训练机构,县级公安机关应当在政工部门设立训练机构或配备专职训练管理人员。省级以上公安机关主要警种、部门应设立训练机构或配备专职训练管理人员。

第二十六条 省级以上公安机关应当建立或者依托公安院校设立训练基地,设区的市级公安机关和具备条件的县级公安机关应当建立训练基地。

第二十七条 训练基地应当符合《公安机关业务技术用房建设标准》,并具备下列基本条件:

(一)健全的组织机构和管理制度;

(二)与训练任务相适应的专职、兼职教官和管理人员;

(三)与训练任务相适应的训练场所、设施、装备;

(四)根据任务需要研发训练课程的能力;

(五)稳定的经费保障。

第二十八条 训练基地作为本级公安机关内设机构或直属单位,实行政工部门与训练基地"一体化"领导管理体制,由政工部门领导兼任训练基地主要领导职务。

第二十九条 公安机关应当加强公安院校建设,充分利用其教学科研优势,加强训练理论研究,开展高层次、高水平和综合性的训练工作,在训练中发挥引领和高地作用。

第五章 训 练 教 官

第三十条 公安机关应当加强教官队伍建设,按照素质优良、规模适当、结构合理、专兼结合的原则,建立政治坚定、业务精湛、门类齐全、充满活力的教官队伍。

第三十一条 教官是指从事公安机关人民警察训练教学及研究工作的人民警察。在规定期限内专职从事训练教学及研究工作的,为专职教官;兼职从事训练教学及研究工作的,为兼职教官。

第三十二条 教官应当热爱公安教育训练事业,具有良好的思想政治素质和职业道德修养,具有公安工作实践经验和教学研究能力,能够承担训练教学、课程研发等任务。

第三十三条 教官实行聘任和资格认证制度。教官聘任和资格认证应当遵循统一规划、分级管理、择优选聘、优胜劣汰的原则,采取个人申报、组织推荐、单位初审、专家评审、组织聘任等方式进行。

第三十四条 教官在聘任期内完成年度训练教学任务,享受相应课酬、学习资料费、课程研发费等待遇,并在晋职晋级、评优评先时予以优先考虑。

第三十五条 建立教官知识更新机制。公安机关应当支持并组织教官参加进修学习和教学研究活动,定期安排教官到业务部门进行实践和调研。专职教官实践和调研时间每年不少于30天。

第三十六条 实行领导干部授课和业务骨干推优任教机制

度,鼓励和选拔符合条件的优秀人员离岗任教。离岗任教经历列为基层工作经历。

第三十七条 公安机关应当充分利用社会资源,选聘专家学者参与人民警察训练工作。

第六章 经费装备

第三十八条 公安机关应当将人民警察训练经费列入年度预算,按照不低于公用经费5%的标准足额保障,单独立项,专款专用。按照"谁调训、谁负责"的原则,切实保障训练经费。

第三十九条 公安机关应当为公安院校和人民警察训练基地配备与训练任务相适应的装备和器材,并将新装备优先免费配备公安院校和训练基地。

第七章 管理考核

第四十条 公安机关人民警察训练实行警务化管理,坚持严格教育、严格训练、严格管理、严格考核。

第四十一条 公安机关应当在晋升训练前,组织人民警察参加基本知识、基本技能和基本体能考试考核。考试考核合格者,方可参加晋升训练。

第四十二条 公安机关应当根据训练大纲、教学计划实施训练,组织参加训练的人民警察进行考试考核。考试考核结果由政工部门予以认定,并通报参训人民警察所在单位。

第四十三条 公安机关人民警察训练考试考核合格后,方可按照有关规定上岗、任职、晋升职务或者授予、晋升警衔。提拔担任领导职务的,确因特殊情况在提任职务前未达到训练要求的,应当在提任后1年内完成训练。

考试考核不合格的,应当在限定时间内进行复训。入警复训不合格的不得上岗,直至取消录用资格;其他复训不合格的,公务员年度考核不得评为优秀等次,并根据有关规定不予晋升职务或者警衔。

第四十四条 公安机关人民警察训练期间违反有关规定和纪律的,视情节轻重,给予批评教育直至纪律处分。

第四十五条 公安机关应当建立训历档案,如实记载人民警察参加训练的情况和考核结果,作为年度考核、任用考察的一项重要内容,建立训练与晋升、育人与用人紧密衔接的工作机制。

第四十六条 公安机关应当定期对训练工作进行绩效考核,对训练基地进行达标评估。训练工作绩效考核不合格的,年度内不得参加评优活动;训练基地评估不达标的,不得承担训练任务。

第四十七条 公安机关对在训练工作中做出突出贡献的单位和个人,应当给予奖励。

第八章 附 则

第四十八条 各省、自治区、直辖市公安厅、局,新疆生产建设兵团公安局,各行业公安局,根据本条令制定具体办法和实施细则。

第四十九条 本条令所称"以上"、"以下"均含本级。

第五十条 本条令自2015年1月1日起施行,2001年11月26日颁布的《公安机关人民警察训练条令》同时废止。

公安机关人民警察纪律条令

1. 2010年4月21日监察部、人力资源和社会保障部、公安部令第20号公布
2. 自2010年6月1日起施行

第一章 总 则

第一条 为了严明公安机关纪律,规范公安机关人民警察的行为,保证公安机关及其人民警察依法履行职责,根据《中华人民共和国人民警察法》、《中华人民共和国行政监察法》、《中华人民共和国公务员法》、《行政机关公务员处分条例》、《公安机关组织管理条例》等有关法律、行政法规,制定本条令。

第二条 公安机关人民警察应当严格遵守《中华人民共和国人民警察法》、《中华人民共和国公务员法》等法律法规关于公安机关人民警察纪律的规定。公安机关人民警察违法违纪,应当承担纪律责任的,依照本条令给予处分。

法律、行政法规、国务院决定对公安机关人民警察处分另有规定的,从其规定。

第三条 公安机关人民警察违法违纪,应当承担纪律责任的,由任免机关或者监察机关按照管理权限依法给予处分。

公安机关有违法违纪行为的,应当追究纪律责任的,对负有责任的领导人员和直接责任人员给予处分。

第四条 对受到处分的公安机关人民警察,应当依照有关规定延期晋升、降低或者取消警衔。

第五条 公安机关人民警察违法违纪涉嫌犯罪的,应当依法追究刑事责任。

第六条 监察机关派驻同级公安机关监察机构可以调查下一级监察机关派驻同级公安机关监察机构管辖范围内的违法违纪案件,必要时也可以调查所辖各级监察机关派驻同级公安机关监察机构管辖范围内的违法违

纪案件。

监察机关派驻同级公安机关监察机构经派出它的监察机关批准,可以调查下一级公安机关领导人员的违法违纪案件。

调查结束后,按照人事管理权限,监察机关派驻同级公安机关监察机构应当向处分决定机关提出处分建议;由处分决定机关依法作出处分决定。

第二章 违法违纪行为及其适用的处分

第七条 有下列行为之一的,给予开除处分:

(一)逃往境外或者非法出境、违反规定滞留境外不归的;

(二)参与、包庇或者纵容危害国家安全违法犯罪活动的;

(三)参与、包庇或者纵容黑社会性质组织犯罪活动的;

(四)向犯罪嫌疑人通风报信的;

(五)私放他人出入境的。

第八条 散布有损国家声誉的言论的,给予记大过处分;情节较重的,给予降级或者撤职处分;情节严重的,给予开除处分。

第九条 有下列行为之一的,给予记过或者记大过处分;情节较重的,给予降级或者撤职处分;情节严重的,给予开除处分:

(一)故意违反规定立案、撤销案件、提请逮捕、移送起诉的;

(二)违反规定采取、变更、撤销刑事拘留、取保候审、监视居住等刑事强制措施或者行政拘留的;

(三)非法剥夺、限制他人人身自由的;

(四)非法搜查他人身体、物品、住所或者场所的;

(五)违反规定延长羁押期限或者变相拘禁他人的;

(六)违反规定采取通缉等措施或者擅自使用侦察手段侵犯公民合法权益的。

第十条 有下列行为之一的,给予记过或者记大过处分;情节较重的,给予降级或者撤职处分;情节严重的,给予开除处分:

(一)违反规定为在押人员办理保外就医、所外执行的;

(二)擅自安排在押人员与其亲友会见、私自为在押人员或者其亲友传递物品、信件,造成不良后果的;

(三)指派在押人员看管在押人员的;

(四)私带在押人员离开羁押场所的。

有前款规定行为并从中谋利的,从重处分。

第十一条 体罚、虐待违法犯罪嫌疑人、被监管人员或者其他工作对象的,给予记过或者记大过处分;情节较重的,给予降级或者撤职处分;情节严重的,给予开除处分。

实施或者授意、唆使、强迫他人实施刑讯逼供的,给予撤职处分;造成严重后果的,给予开除处分。

第十二条 有下列行为之一的,给予记过或者记大过处分;情节较重的,给予降级或者撤职处分;情节严重的,给予开除处分:

(一)对依法应当办理的受理案件、立案、撤销案件、提请逮捕、移送起诉等事项,无正当理由不予办理的;

(二)对管辖范围内发生的应当上报的重大治安案件、刑事案件、特大道路交通事故和群体性或者突发性事件等隐瞒不报或者谎报的;

(三)在勘验、检查、鉴定等取证工作中严重失职,造成无辜人员被处理或者违法犯罪人员逃避法律追究的;

(四)因工作失职造成被羁押、监管等人员脱逃、致残、致死或者其他不良后果的;

(五)在值班、备勤、执勤时擅离岗位,造成不良后果的;

(六)不履行办案协作职责造成不良后果的;

(七)在执行任务时临危退缩、临阵脱逃的。

第十三条 有下列行为之一的,给予记过或者记大过处分;情节较重的,给予降级或者撤职处分;情节严重的,给予开除处分:

(一)利用职权干扰执法办案或者强令违法办案的;

(二)利用职权干预经济纠纷或者为他人追债讨债的。

第十四条 有下列行为之一的,给予记过或者记大过处分;情节较重的,给予降级或者撤职处分;情节严重的,给予开除处分:

(一)隐瞒或者伪造案情的;

(二)伪造、变造、隐匿、销毁检举控告材料或者证据材料的;

(三)出具虚假审查或者证明材料、结论的。

第十五条 有下列行为之一的,给予警告或者记过处分;情节较重的,给予记大过处分或者降级处分;情节严重的,给予撤职处分:

（一）违反规定吊销、暂扣证照或者责令停业整顿的；
（二）违反规定查封、扣押、冻结、没收财物的。

第十六条 有下列行为之一的，给予警告或者记过处分；情节较重的，给予记大过或者降级处分；情节严重的，给予撤职处分：
（一）擅自设定收费项目、提高收费标准的；
（二）违反规定设定罚款项目或者实施罚款的；
（三）违反规定办理户口、身份证、驾驶证、特种行业许可证、护照、机动车行驶证和号牌等证件、牌照以及其他行政许可事项的。
以实施行政事业性收费、罚没的名义收取钱物，不出具任何票据的，给予开除处分。

第十七条 有下列行为之一的，给予记过或者记大过处分；情节较重的，给予降级或者撤职处分；情节严重的，给予开除处分：
（一）投资入股或者变相投资入股矿产、娱乐场所等企业，或者从事其他营利性经营活动的；
（二）受雇于任何组织、个人的；
（三）利用职权推销、指定消防、安保、交通、保险等产品的；
（四）公安机关人民警察的近亲属在该人民警察分管的业务范围内从事可能影响公正执行公务的经营活动，经劝阻其近亲属拒不退出或者本人不服从工作调整的；
（五）违反规定利用或者插手工程招投标、政府采购和人事安排，为本人或者特定关系人谋取不正当利益的；
（六）相互请托为对方的特定关系人在投资入股、经商办企业等方面提供便利，谋取不正当利益的；
（七）出差、开展公务活动由企事业单位、个人接待，或者接受下级公安机关、企事业单位、个人安排出入营业性娱乐场所，参加娱乐活动的；
（八）违反规定收受现金、有价证券、支付凭证、干股的。

第十八条 私分、挪用、非法占有赃款赃物、扣押财物、保证金、无主财物、罚没款物的，给予记过或者记大过处分；情节较重的，给予降级或者撤职处分；情节严重的，给予开除处分。

第十九条 有下列行为之一的，给予警告、记过或者记大过处分；情节较重的，给予降级或者撤职处分；情节严重的，给予开除处分：
（一）拒绝执行上级依法作出的决定、命令，或者在执行任务时不服从指挥的；
（二）违反规定进行人民警察录用、考核、任免、奖惩、调任、转任的。

第二十条 有下列行为之一，造成不良影响的，给予警告处分；情节较重的，给予记过处分；情节严重的，给予记大过处分：
（一）在工作中对群众态度蛮横、行为粗暴、故意刁难或者吃拿卡要的；
（二）不按规定着装，严重损害人民警察形象的；
（三）非因公务着警服进入营业性娱乐场所的。

第二十一条 违反公务用枪管理使用规定的，依照《公安民警违反公务用枪管理使用规定行政处分若干规定》给予处分。

第二十二条 有下列行为之一的，给予警告或者记过处分；情节较重的，给予记大过或者降级处分；情节严重的，给予撤职或者开除处分：
（一）违反警车管理使用规定或者违反规定使用警灯、警报器的；
（二）违反规定转借、赠送、出租、抵押、转卖警用车辆、警车号牌、警械、警服、警用标志和证件的；
（三）违反规定使用警械的。

第二十三条 工作时间饮酒或者在公共场所酗酒滋事的，给予警告、记过或者记大过处分；造成后果的，给予降级或者撤职处分；造成严重后果的，给予开除处分。
携带枪支饮酒、酒后驾驶机动车，造成严重后果的，给予开除处分。

第二十四条 参与、包庇或者纵容违法犯罪活动的，给予警告、记过或者记大过处分；情节较重的，给予降级或者撤职处分；情节严重的，给予开除处分。
吸食、注射毒品或者参与、组织、支持、容留卖淫、嫖娼、色情淫乱活动的，给予开除处分。
参与赌博的，依照《行政机关公务员处分条例》第三十二条规定从重处分。

第二十五条 违反规定使用公安信息网的，给予警告处分；情节较重的，给予记过或者记大过处分；情节严重的，给予降级或者撤职处分。

第三章 附 则

第二十六条 有本条令规定的违法违纪行为，已不符合人民警察条件，不适合继续在公安机关工作的，可以依照有关规定予以辞退或者限期调离。

第二十七条 处分的程序和不服处分的申诉，依照《中华人民共和国行政监察法》、《中华人民共和国公务员法》、《行政机关公务员处分条例》等有关法律法规的规定办理。

第二十八条 本条令所称公安机关人民警察是指属于公安机关及其直属单位的在编在职的人民警察。

公安机关包括县级以上人民政府公安机关和设在铁道、交通运输、民航、林业、海关部门的公安机构。

第二十九条 公安边防、消防、警卫部队官兵有违法违纪行为，应当给予处分的，依照《中国人民解放军纪律条令》执行；《中国人民解放军纪律条令》没有规定的，参照本条令执行。

第三十条 本条令由监察部、人力资源社会保障部、公安部负责解释。

第三十一条 本条令自 2010 年 6 月 1 日起施行。

公安机关组织管理条例

1. 2006 年 11 月 13 日国务院令第 479 号公布
2. 自 2007 年 1 月 1 日起施行

第一章 总 则

第一条 为了规范公安机关组织管理，保障公安机关及其人民警察依法履行职责，根据《中华人民共和国公务员法》、《中华人民共和国人民警察法》，制定本条例。

第二条 公安机关是人民民主专政的重要工具，人民警察是武装性质的国家治安行政力量和刑事司法力量，承担依法预防、制止和惩治违法犯罪活动，保护人民，服务经济社会发展，维护国家安全，维护社会治安秩序的职责。

第三条 公安部在国务院领导下，主管全国的公安工作，是全国公安工作的领导、指挥机关。

县级以上地方人民政府公安机关在本级人民政府领导下，负责本行政区域的公安工作，是本行政区域公安工作的领导、指挥机关。

第四条 公安机关实行行政首长负责制。

第二章 公安机关的设置

第五条 县级以上人民政府公安机关依照法律、行政法规规定的权限和程序设置。

第六条 设区的市公安局根据工作需要设置公安分局。市、县、自治县公安局根据工作需要设置公安派出所。

公安分局和公安派出所的设立、撤销，按照规定的权限和程序审批。

第七条 县级以上地方人民政府公安机关和公安分局内设机构分为综合管理机构和执法勤务机构。

执法勤务机构实行队建制，称为总队、支队、大队、中队。

第八条 县级以上地方人民政府公安机关和公安分局内设机构的设立、撤销，按照国家规定的权限和程序审批。

第九条 看守所、拘留所、戒毒所、收容教育所依照法律、行政法规的规定设置。

第三章 公安机关人民警察职务

第十条 公安机关人民警察职务分为警官职务、警员职务和警务技术职务。

第十一条 公安机关履行警务指挥职责的人民警察实行警官职务序列。

公安机关领导成员和内设综合管理机构警官职务由高至低为：省部级正职、省部级副职、厅局级正职、厅局级副职、县处级正职、县处级副职、乡科级正职、乡科级副职。

公安机关内设执法勤务机构警官职务由高至低为：总队长、副总队长、支队长、副支队长、大队长、副大队长、中队长、副中队长。

县级以上地方人民政府公安机关派出机构、内设执法勤务机构和不设区的市、县、自治县公安局根据工作需要，可以设置主管政治工作的政治委员、教导员、指导员等警官职务。

第十二条 公安机关履行警务执行职责的人民警察实行警员职务序列。

公安机关及其内设综合管理机构警员职务由高至低为：巡视员、副巡视员、调研员、副调研员、主任科员、副主任科员、科员、办事员。

公安机关内设执法勤务机构警员职务由高至低为：一级警长、二级警长、三级警长、四级警长、一级警员、二级警员、三级警员。

第十三条 公安机关从事警务技术工作的人民警察实行警务技术职务序列。

警务技术职务的设置，按照国家规定执行。

第十四条 公安机关人民警察的级别，根据所任职务及其德才表现、工作实绩和资历确定。

第十五条 公安机关人民警察职务与级别的对应关系，由国务院另行规定。

第十六条 公安机关人民警察任职，应当符合国家规定的任职资格条件。

第十七条 县级以上地方人民政府公安机关正职领导职务的提名，应当事先征得上一级公安机关的同意。

县级以上地方人民政府公安机关副职领导职务的任免,应当事先征求上一级公安机关的意见。

第十八条 公安机关内设机构警官职务、警员职务的任免,由本公安机关按照干部管理权限决定或者报批。

公安分局领导成员职务以及公安派出所警官职务、警员职务的任免,由派出公安分局、公安派出所的公安机关决定。

第四章 公安机关的编制和经费

第十九条 公安机关人民警察使用的国家行政编制,实行专项管理。

第二十条 公安部根据工作需要,向国务院机构编制管理机关提出公安机关编制的规划和调整编制的意见,由国务院机构编制管理机关审核,按照规定的权限和程序审批。

第二十一条 省、自治区、直辖市人民政府根据工作需要,可以向国务院机构编制管理机关提出调整公安机关编制的申请。

国务院机构编制管理机关对省、自治区、直辖市人民政府调整公安机关编制的申请,征求公安部意见后进行审核,按照规定的权限和程序审批。

第二十二条 公安机关根据工作需要,经中央公务员主管部门或者省、自治区、直辖市公务员主管部门批准,可以对专业性较强的职位和辅助性职位实行聘任制。但是,对公安执法职位或者涉及国家秘密的职位,不实行聘任制。

第二十三条 公安机关应当按照国家规定,将各项罚没收入和行政事业性收费收入全额上缴财政。

县级以上人民政府按照国家规定的经费项目和标准,将公安机关经费列入财政预算,实行全额保障,并对经济困难地区的公安工作给予必要的经费支持。

第五章 公安机关人民警察管理

第二十四条 公安机关录用人民警察实行考试录用制度。

公安机关录用的人民警察应当符合国家规定的条件。

第二十五条 公安部机关及其实行公务员制度的直属机构人民警察录用考试,由中央公务员主管部门负责组织。

县级以上地方人民政府公安机关人民警察录用考试,由省、自治区、直辖市公务员主管部门负责组织。县级以上地方人民政府公安机关按照国家规定,承担相应的录用工作。

第二十六条 调任、转任到公安机关担任人民警察职务的,应当符合担任公安机关人民警察的条件和拟任职位所要求的资格条件。

公安机关应当对调任、转任人选进行严格考察,并按照管理权限审批。必要时,可以对调任人选进行考试。

第二十七条 公安机关人民警察实行警衔制度。公安机关授予警衔的人员应当是使用国家专项编制的在职人员。

第二十八条 公安机关按照管理权限对人民警察进行考核。

考核结果作为调整公安机关人民警察职务、级别、工资以及辞退、奖励、培训的依据。

第二十九条 公安机关人民警察应当经过公安院校等人民警察培训机构培训并考试、考核合格,方可任职、晋升职务、授予警衔、晋升警衔。

公安机关应当组织人民警察接受国家规定的培训。

第三十条 公安机关人民警察有下列情形之一的,应当予以辞退:

(一)在年度考核中,连续两年被确定为不称职的;

(二)不胜任现职工作,又不接受其他安排的;

(三)因所在公安机关调整、撤销、合并或者缩减编制员额需要调整工作,本人拒绝合理安排的;

(四)不履行人民警察义务,不遵守人民警察纪律,经教育仍无转变,不适合继续在公安机关工作,又不宜给予开除处分的;

(五)旷工或者因公外出、请假期满无正当理由逾期不归连续超过15天,或者1年内累计超过30天的。

第三十一条 公安机关人民警察有下列情形之一的,不得辞退:

(一)因公致残,被确认丧失或者部分丧失工作能力的;

(二)患病或者负伤,在规定的医疗期内的;

(三)女性人民警察在孕期、产假、哺乳期内的;

(四)法律、行政法规规定的其他不得辞退的情形。

第三十二条 公安机关人民警察个人或者集体在工作中表现突出,有显著成绩和特殊贡献的,应当根据国家规定给予奖励。

奖励分为:嘉奖、记三等功、记二等功、记一等功、授予荣誉称号。

对受奖励的公安机关人民警察,可以根据国家规定提前晋升警衔,并给予一次性奖金或者其他待遇。

拟以国务院名义授予荣誉称号的,由人事部审核后报国务院审批;拟授予全国公安系统一级英雄模范称号的,由人事部会同公安部审批;拟授予全国公安系统二级英雄模范称号的,由公安部依据国家有关规定审批。

第三十三条 公安机关人民警察违法违纪的,应当根据国家规定给予处分;构成犯罪的,依法追究刑事责任。

处分分为:警告、记过、记大过、降级、撤职、开除。

对受处分的公安机关人民警察,根据国家规定降低警衔或者取消警衔。

对公安机关人民警察的处分由任免机关或者监察机关决定。

第三十四条 公安机关人民警察对涉及本人的人事处理决定不服,或者认为有关部门及其领导人员侵犯其合法权益的,可以依法申请复核,提出申诉或者控告。

第六章 公安机关人民警察待遇

第三十五条 公安机关人民警察享受国家规定的符合其职业特点的工资待遇。

第三十六条 公安机关人民警察实行国家规定的保险制度,保障其在退休、患病、工伤、生育、失业等情况下获得帮助和补偿。

第三十七条 公安机关人民警察因公致残的,应当享受必要的治疗、康复,其中被评定残疾的人员享受国家规定的抚恤和优待。

公安机关人民警察因公牺牲或者病故的,其家属享受国家规定的抚恤和优待。

第三十八条 公安机关人民警察实行国家规定的工时制度和休假制度。

公安机关人民警察在法定工作日之外工作的,应当补休;不能补休的,应当给予补助,具体办法由人事部会同财政部规定。

第三十九条 公安机关人民警察达到国家规定的退休年龄或者完全丧失工作能力的,应当退休。

公安机关人民警察符合国家规定的提前退休条件的,本人自愿提出申请,经任免机关批准,可以提前退休。

第四十条 公安机关人民警察退休后,享受国家规定的退休金和其他福利待遇。

第七章 附 则

第四十一条 新疆生产建设兵团的公安机关和经批准参照《中华人民共和国公务员法》管理的公安机关所属事业单位的组织管理,适用本条例。

第四十二条 本条例自2007年1月1日起施行。

警车管理规定

2006年11月29日公安部令第89号修订发布施行

第一条 为了加强对警车使用的管理,保障公安机关、国家安全机关、监狱、劳动教养管理机关的人民警察和人民法院、人民检察院的司法警察依法执行紧急职务,根据《中华人民共和国人民警察法》、《中华人民共和国道路交通安全法》及其实施条例,制定本规定。

第二条 本规定所称警车,是指公安机关、国家安全机关、监狱、劳动教养管理机关和人民法院、人民检察院用于执行紧急职务的机动车辆。警车包括:

(一)公安机关用于执行侦查、警卫、治安、交通管理的巡逻车、勘察车、护卫车、囚车以及其他执行职务的车辆;

(二)国家安全机关用于执行侦查任务和其他特殊职务的车辆;

(三)监狱、劳动教养管理机关用于押解罪犯、运送劳教人员的囚车和追缉逃犯的车辆;

(四)人民法院用于押解犯罪嫌疑人和罪犯的囚车、刑场指挥车、法医勘察车和死刑执行车;

(五)人民检察院用于侦查刑事犯罪案件的现场勘察车和押解犯罪嫌疑人的囚车。

第三条 警车车型由公安部统一确定。汽车为大、中、小、微型客车和执行紧急救援、现场处置等专门用途的车辆;摩托车为二轮摩托车和侧三轮摩托车。

第四条 警车应当采用全国统一的外观制式。

警车外观制式采用白底,由专用的图形、车徽、编号、汉字"警察"和部门的汉字简称以及英文"PO-LICE"等要素构成。各要素的形状、颜色、规格、位置、字体、字号、材质等应当符合警车外观制式涂装规范和涂装用定色漆等行业标准。

公安机关、国家安全机关、监狱、劳动教养管理机关和人民法院、人民检察院的部门汉字简称分别为"公安"、"国安"、"司法"和"法院"、"检察"。

第五条 警车应当安装固定式警用标志灯具。汽车的标志灯具安装在驾驶室顶部;摩托车的标志灯具安装在后轮右侧。警用标志灯具及安装应当符合特种车辆标志灯具的国家标准。

第六条　警车应当安装警用警报器。警车警报器应当符合车用电子警报器的国家标准。

第七条　警车号牌分为汽车、摩托车两种。均为铝质材，底色为白底反光。号牌应当符合《警车号牌式样》和机动车号牌的行业标准。

第八条　省、自治区、直辖市公安厅、局对警车实行定编管理，统一确定警车的编号，并建立管理档案。

第九条　公安机关、国家安全机关、监狱、劳动教养管理机关和人民法院、人民检察院申请办理警车注册登记，应当填写《警车号牌审批表》，提交法定证明、凭证，由本部门所在的设区的市或者相当于同级的主管机关汇总后送当地同级公安机关审查后，报省、自治区、直辖市公安厅、局审批。

第十条　省、自治区、直辖市公安厅、局交通管理部门负责办理警车登记业务，核发警车号牌、行驶证和登记证书。警车的登记信息应当进入全国公安交通管理信息系统。

领取警车牌证前，已有民用机动车牌证的，应当将民用机动车牌证交回原发证机关。

第十一条　警车号牌的安装应当符合民用机动车号牌的安装要求。其中，汽车号牌应当在车身前、后部各安装一面；摩托车号牌应当在车身后部安装一面。

第十二条　省、自治区、直辖市公安厅、局交通管理部门办理警车注册登记时，应当对申请警车号牌的机动车进行审查。审查内容除按民用机动车要求外，还应当审查警车车型、外观制式、标志灯具和警报器是否符合有关规范和标准。

第十三条　警车应当按照法律、法规规定进行机动车安全技术检验。省、自治区公安机关交通管理部门可以委托设区的市公安机关交通管理部门核发机动车检验合格标志。

第十四条　公安机关、国家安全机关、监狱、劳动教养管理机关和人民法院、人民检察院应当严格管理本部门的警车。警车除执行本规定第二条所列任务外，不得挪作他用。

警车应当由警车所属单位的人民警察驾驶，驾驶警车时应当按照规定着制式警服（驾驶汽车可不戴警帽，驾驶摩托车应当戴制式警用安全头盔），持有机动车驾驶证和人民警察证。驾驶实习期内的人民警察不得驾驶警车。

人民警察驾驶警车到异地执行职务的，应当遵守有关办案协作的规定。

第十五条　警车在道路上行驶应当遵守《中华人民共和国道路交通安全法》及其实施条例和其他有关法规的规定，服从交通警察的指挥和检查。

第十六条　警车执行下列任务时可以使用警用标志灯具、警报器：

（一）赶赴刑事案件、治安案件、交通事故及其他突发事件现场；

（二）追捕犯罪嫌疑人和在逃的罪犯、劳教人员；

（三）追缉交通肇事逃逸车辆和人员；

（四）押解犯罪嫌疑人、罪犯和劳教人员；

（五）执行警卫、警戒和治安、交通巡逻等任务。

第十七条　除护卫国宾车队、追捕现行犯罪嫌疑人、赶赴突发事件现场外，驾驶警车的人民警察在使用警用标志灯具、警报器时，应当遵守下列规定：

（一）一般情况下，只使用警用标志灯具；通过车辆、人员繁杂的路段、路口或者警告其他车辆让行时，可以断续使用警报器；

（二）两辆以上警车列队行驶时，前车如使用警报器，后车不得再使用警报器；

（三）在公安机关明令禁止鸣警报器的道路或者区域内不得使用警报器。

第十八条　警车执行紧急任务使用警用标志灯具、警报器时，享有优先通行权；警车及其护卫的车队，在确保安全的原则下，可以不受行驶路线、行驶方向、行驶速度和交通信号灯、交通标志标线的限制。

遇使用警用标志灯具、警报器的警车及其护卫的车队，其他车辆和人员应当立即避让；交通警察在保证交通安全的前提下，应当提供优先通行的便利。

第十九条　警车牌证遗失或者损坏的，应当及时按申办途径报告原发牌机关，申请补发。

警车转为民用机动车的，应当拆除警用标志灯具和警报器，清除车身警用外观制式，收回警车号牌，并办理相关变更、转移登记手续。

警车达到国家规定的强制报废标准的，应当按照法律、法规规定报废。

第二十条　严禁转借警车，严禁伪造、涂改、冒领、挪用警车牌证。

第二十一条　公安机关、国家安全机关、监狱、劳动教养管理机关和人民法院、人民检察院应当制定本部门警车的使用管理规定，并对本部门警车的管理和使用情况进行监督检查。

公安机关警务督察部门应当对公安机关警车的管理和使用情况进行监督检查。

公安机关交通管理部门在执勤执法、核发机动车检验合格标志等工作中,应当对警车外观制式的完整性进行检查,并对违反警车管理和使用规定的行为向有关部门报告。

第二十二条 对非法涂装警车外观制式,非法安装警用标志灯具、警报器,非法生产、买卖、使用以及伪造、涂改、冒领警车牌证的,依据《中华人民共和国人民警察法》、《中华人民共和国道路交通安全法》和《中华人民共和国治安管理处罚法》的有关规定处罚,强制拆除、收缴警用标志灯具、警报器和警车牌证,并予以治安处罚;构成犯罪的,依法追究当事人的刑事责任。

第二十三条 违反本规定,有下列情形之一的,依据《中华人民共和国人民警察法》和《中华人民共和国道路交通安全法》及相关规定,对有关人员给予处分:

(一)不按规定审批和核发警车牌证的;

(二)不按规定涂装全国统一的警车外观制式的;

(三)驾驶警车时不按规定着装、携带机动车驾驶证、人民警察证的;

(四)滥用警用标志灯具、警报器的;

(五)不按规定使用警车或者转借警车的;

(六)不按规定办理警车变更、转移登记手续的;

(七)挪用、转借警车牌证的;

(八)其他违反本规定的行为。

第二十四条 本规定自发布之日起施行。公安部1995年6月29日发布的《警车管理规定》(公安部令第27号)同时废止。公安部此前发布的其他规定与本规定不一致的,以本规定为准。

附件:1.警车号牌审批表(略)
　　　2.警车号牌式样(略)

公路巡逻民警队警务工作规范

1. 2011年4月9日公安部令第116号发布
2. 自2011年7月1日起施行

第一章 总　　则

第一条 为规范公路巡逻民警队警务工作,维护公路交通安全畅通和治安秩序,保障公路巡逻民警队依法履行职责,根据有关法律法规,制定本规范。

第二条 本规范适用于承担公路交通管理工作的交警大队、交警中队(含公路交警中队、乡镇交警中队)和高速公路交警大(中)队。

第三条 公路巡逻民警队警务工作应当遵循依法、科学、高效、规范、公开和便民的原则。

第四条 省级公安机关应当科学规划公路巡逻民警队的布局,按照所在地区交通安全状况、所管辖公路的通车里程等情况设置公路巡逻民警队,并根据公路通车里程、交通流量、人口、机动车和驾驶人数量、交通安全状况等综合因素配备警力。

具体配备标准由省级公安机关制定。

第五条 公路巡逻民警队实行等级评定制度,具体办法由公安部另行制定。

第六条 公路巡逻民警队可以根据需要配备交通协管员。

交通协管员的招录、培训、使用、考核等相关管理规定,由省级公安机关制定。

第二章 职责权限

第七条 公路巡逻民警队履行下列职责:

(一)指挥疏导交通,维护公路交通秩序;

(二)依法查处交通违法行为;

(三)预防和处理交通事故;

(四)依照有关规定办理或者受理机动车登记和驾驶证管理业务;

(五)开展交通安全宣传教育;

(六)排查公路交通安全隐患;

(七)先期处置公路上发生的治安、刑事案件;

(八)按照有关规定查缉违法犯罪嫌疑人员;

(九)接受群众求助;

(十)实施交通应急管理;

(十一)法律、行政法规规定应当履行的其他职责。

第八条 公路巡逻民警查处交通违法行为时,可以依法采取扣留车辆、扣留机动车驾驶证、拖移机动车、收缴物品以及检验机动车驾驶人体内酒精、国家管制的精神药品、麻醉药品含量等行政强制措施。

第九条 公路巡逻民警因抢救事故受伤人员、处置突发事件等紧急需要,可以优先使用公路上通行的车辆,用后应当及时归还,并支付适当费用;造成损失的,应当赔偿。

第十条 遇有自然灾害、恶劣天气或者交通事故等情形,严重影响交通安全的,公路巡逻民警队可以按照相关法律、法规规定和工作预案,实施交通管制。

实施交通管制,应当在现场设置警示标志、指示标志等,做好交通指挥疏导工作。

第十一条 公路巡逻民警队应当接受治安、刑侦等部门的业务指导,并与治安、刑侦等部门在案件移交、处置治安和刑事案件、打击违法犯罪等方面建立协作配合机制。

治安、刑侦等部门对公路巡逻民警队按规定移交的案件,应当及时受理。

第三章 公路勤务

第十二条 公路巡逻民警队实行巡逻执勤与定点执勤相结合的勤务方式,并可以依法使用交通技术监控设备对公路通行情况进行监控。

第十三条 公路巡逻民警应当严格执行勤务制度,不得脱岗、漏岗,不得随意改变勤务路线和执勤时间。

第十四条 相邻省、自治区、直辖市公安机关交通管理部门及公路巡逻民警队应当研究建立区域警务协作机制,实行联合勤务制度。

第十五条 公路巡逻民警执勤执法时应当执行下列任务:

(一)在驾驶警车巡逻执勤时,注意观察公路通行情况,检查交通信号灯、交通标志、交通标线、交通设施等是否完好;

(二)指挥、疏导交通,维护公路通行秩序;

(三)依法制止、纠正和处罚交通违法行为;

(四)受理公民求助和报警,先期处置公路上发生的治安、刑事案件,救助人身财产安全受到侵害的群众;

(五)控制被指控有犯罪行为或者现场作案嫌疑的人员,移交有管辖权的公安机关处理;

(六)根据上级指令处理其他情况。

在盘查可疑人员、机动车或者在先期处置公路上发生的治安、刑事案件过程中执行询问、检查、抓捕任务时,应当至少由两名民警进行,并明确警戒和检查任务分工,做好警戒,确保安全。

第十六条 公路巡逻民警驾驶警车巡逻执勤时,应当开启警灯,按规定保持车速和车距。执勤执法时应当穿着反光背心,遵守下列安全防护规定:

(一)除执行堵截严重暴力犯罪嫌疑人等特殊任务外,定点执勤以及拦截、检查车辆或者处理交通违法行为时,应当根据通行条件和交通流量,选择不妨碍其他车辆通行和不影响自身安全的地点进行,并在来车方向放置发光或者反光警告标志、警示灯、锥筒等安全防护装备;

(二)遇有机动车驾驶人拒绝停车的,应当通知前方执勤站点组织拦截,不得站在车辆前方强行拦截,或者攀扒车辆,强行责令机动车驾驶人停车;

(三)对暴力犯罪嫌疑人、交通肇事逃逸驾驶人、被公安机关通缉的人员等危险人员乘坐、驾驶机动车逃逸,可能对公共安全和他人生命安全有严重威胁的,可以驾驶机动车追缉,并应当及时请求支援。

第十七条 执行交通警卫任务时,公路巡逻民警队应当结合实际制定交通警卫工作方案,按照警卫级别采取相应警卫措施。

第十八条 公路巡逻民警队可以在省际、市际、县际交界处设置交通安全执法服务站(点),开展交通安全宣传,提供便民利民服务。

第十九条 公路巡逻民警队接到报警或者出警指令后,应当及时命令就近公路巡逻民警赶赴现场。接到事故报警后,交通事故处理岗位民警白天应当在5分钟内出警,夜间应当在10分钟内出警。

第二十条 盘查可疑人员时,应当遵守下列规定:

(一)与被盘查人保持1米以上的距离,尽量让其背对开阔面;

(二)对有一定危险性的违法犯罪嫌疑人员,先将其控制再进行检查,确认无危险后方可实施盘查;

(三)盘查时由一人主问,另一人负责警戒,防止被盘查人或者同伙的袭击;

(四)盘查过程中应保持高度警惕,注意被盘查人的身份、体貌、衣着、行为、携带物品等可疑之处,随时做好应对突发情况的准备;

(五)当盘查对象有异常举动时,民警应当及时发出警告,命令其停止动作并做好自身防范,可以依法视情使用警械予以制止。

第二十一条 对可疑机动车进行检查时,应当遵守下列规定:

(一)指挥驾驶人停车,责令机动车驾驶人熄灭发动机并打开车窗,拉紧手制动,开启危险报警闪光灯后将双手放在方向盘上,确认安全后责令其下车,必要时应当暂时收存车钥匙。如车上有其他人员,应当责令其下车等候;

(二)对人员进行检查并予以控制;

(三)查验身份证、机动车驾驶证、行驶证和号牌,并通过公安信息系统进行查询比对;

(四)查验机动车外观、锁具、发动机和车架号码等;

(五)检查车载货物和车内物品。

检查可疑机动车时,负责警戒的民警应当站在可以直接注视车内驾驶人和乘车人、保护负责检查的民警的位置,并保持高度警惕,密切注视驾驶人和乘车人,防范其突然袭击。

驾驶人逃逸的,应当立即向上级或者指挥中心报告，请求部署堵截、追缉。

第二十二条 公路巡逻民警队应当建立健全勤务监督制度，确保各项勤务有效实施。

第二十三条 高速公路交警大（中）队可以在高速公路收费站和服务区以及容易发生交通事故、交通拥堵的路段设置执勤岗位。

除依法执行紧急公务外，禁止在高速公路主线上采取摆放路障、锥筒、交通标志等方式，拦截正常行驶的车辆进行交通安全检查。

第四章 应急管理

第二十四条 公路巡逻民警队应当制定应对、处置自然灾害、恶劣天气、道路交通事故、交通拥堵、交通肇事逃逸、治安刑事案件以及盘查违法嫌疑人员、对可疑机动车进行检查等工作预案，定期组织民警开展培训和演练。

第二十五条 因自然灾害、恶劣天气或者道路交通事故等突发事件造成交通中断时，公路巡逻民警队应当根据应急预案分级启动应急机制，进入应急状态，采取相应处置措施。

第二十六条 公路巡逻民警队处置道路交通事故应当做到快速出警、快速施救、快速勘查现场、快速处理、快速恢复交通，事故现场必须按规定设置警示标志和现场防护设施。

第二十七条 除发生大范围雾霾、道路长距离结冰以及其他不具备安全通行条件的情形外，不得因天气原因实施封闭高速公路的交通管制措施。

实施封闭高速公路交通管制措施的，应当采取警车带道、限速行驶等方式，引导车辆从最近的出口驶离高速公路。

第二十八条 实施交通管制措施可能影响周边道路交通的，高速公路交警大（中）队应当及时向上级或者指挥中心报告，通报相邻公安机关交通管理部门和高速公路经营管理单位，并组织疏导、分流。

第五章 现场处置

第二十九条 公路巡逻民警执勤时应当携带警棍、催泪喷射器、手铐、警绳等驱逐、制服、约束性警用器械。按照上级指令执行查缉暴力犯罪嫌疑人及其驾乘、乘坐的车辆等任务时应当携带枪支、弹药等警用武器，并穿着防弹衣、佩戴防弹头盔。

第三十条 对公路上发生的治安、刑事案件，应当视现场情况采取下列先期处置措施：

（一）保护现场并设置警示标志，疏导交通，必要时使用警戒带划定警戒区域；

（二）查验居民身份证、机动车驾驶证等有关证照；

（三）检查有违法犯罪嫌疑的车辆、物品，配合组织追缉、堵截违法犯罪嫌疑人员；

（四）组织抢救受伤人员，疏散群众；

（五）对现行或者在逃的违法犯罪嫌疑人员，可以依法讯问或者采取强制措施；

（六）向上级公安机关报告案情；

（七）向治安、刑侦等部门或者案件发生地公安派出所移交涉嫌违法犯罪的人员和物品。

第三十一条 公路巡逻民警在先期处置治安、刑事案件过程中应当遵守下列规定：

（一）对违法犯罪嫌疑人员，应当先进行安全检查，发现管制刀具、武器、易燃易爆危险品的，应当立即予以扣押；

（二）对违法犯罪嫌疑人员携带的物品进行检查时，应当在确保违法犯罪嫌疑人员得到有效控制后实施；

（三）实施押解、讯问时，应当对违法犯罪嫌疑人员依法采取有效约束措施，防止其脱逃或者行凶。

第三十二条 对堵塞交通等群体性事件，应当视现场情况采取以下处置措施：

（一）迅速了解事件起因、规模及影响交通的程度，及时向上级或者指挥中心报告，同时劝告群众离开现场；

（二）向群众宣传有关法律规定，配合有关部门开展劝说工作；

（三）在现场外围设置警戒线，控制无关人员和车辆进入现场，必要时依法实行交通管制；

（四）在处置过程中，应当坚持慎用警力、慎用武器警械和慎用强制措施，注意防止误伤他人，保护民警自身安全。

第三十三条 对重特大道路交通事故，应当视现场情况采取以下先期处置措施：

（一）设置警戒区和警示标志，在安全距离位置放置发光或者反光锥筒和警告标志，确定专人负责现场交通指挥和疏导，维护公路通行秩序。因道路交通事故导致交通中断或者现场处置、勘查需要实施封闭道路等交通管制措施的，还应当在事故现场来车方向提前组织分流，放置绕行提示标志，避免发生交通拥堵；

（二）收集证据，寻找证人；对有人员伤亡、公路设施损坏的事故，应当立即向上级或者指挥中心报告，通知卫生行政、交通运输、安全监管以及公安消防等部门赶赴现场处置,及时实施封闭道路、疏散过往车辆、人员和控制现场等措施,并协助有关部门抢救受伤人员。因抢救伤员需要变动现场的,应当标明或者记录受伤人员的位置;受伤人员被送往医院的,应当记录医院名称、地址及受伤人员基本情况;

(三)在交通事故处理岗位民警到达现场前,指挥疏导车辆、人员绕行;

(四)控制交通肇事驾驶人,如有逃逸,及时向上级或者指挥中心报告布控查缉。

第三十四条 遇涉及易燃易爆化学物品以及毒害性、放射性、腐蚀性、传染病病原体等危险物品的事故,应当立即向上级或者指挥中心报告,通知卫生行政、交通运输、环境保护、安全监管以及公安消防等部门赶赴现场处置,实施封闭道路、疏散过往车辆、人员和控制现场等措施,禁止无关车辆、人员进入现场。在环境保护、安全监管以及公安消防等部门消除险情后,公路巡逻民警方可进入现场。

第三十五条 对自然灾害事故及其他意外事件,应当视现场情况采取以下处置措施:

(一)立即向上级或者指挥中心报告;

(二)维护现场秩序,指挥救灾车辆优先通行;

(三)抢救遇险群众,保护财产;

(四)对造成道路交通中断的,指挥疏导车辆、人员绕行。

第六章 执法监督

第三十六条 公路巡逻民警队应当建立民警执法考核制度,综合考核民警的执勤执法工作量、执法质量、执法效果以及执法纪律遵守等情况。

第三十七条 公路巡逻民警队应当配备专(兼)职法制员,审核案件、检查执法质量、评析执法效果,对发现的执法问题提出整改意见。

第三十八条 有条件的公路巡逻民警队应当为民警装备音像记录设备,对民警的执勤执法全过程进行录音或者录像记录。

第三十九条 公路巡逻民警队应当建立执法回访制度,定期回访交通事故当事人,听取意见和建议。

第四十条 公路巡逻民警队应当设置警务公开栏,公开民警姓名、照片、警号、职务、岗位职责、办事程序、处罚依据、收费标准及有关法律法规规定。

第四十一条 公路巡逻民警队应当定期开展警营开放活动,向公众介绍公安机关交通管理部门的工作,听取对公安交通管理工作的意见和建议。

第四十二条 公路巡逻民警在执勤执法时,严禁下列行为:

(一)擅离岗位;

(二)违反规定扣留车辆、机动车行驶证、驾驶证和车辆号牌;

(三)违反规定当场收缴罚款,当场收缴罚款不开具罚款收据、不开具简易程序处罚决定书或者不如实填写罚款单据;

(四)利用职务便利索取、收受他人财物,谋取不正当利益、干扰执法办案或者强令违法办案;

(五)不使用规范用语、态度蛮横、行为粗暴、故意刁难群众或者吃拿卡要;

(六)不消除交通违法状态即放行车辆。

对违反上述规定的公路巡逻民警给予相应的行政处分。

第四十三条 公路巡逻民警队及其上级公安机关,不得向民警下达或者变相下达罚款指标,不得隐瞒不报或者谎报应当上报的重特大道路交通事故、交通拥堵等情况。

违反上述规定的,对直接负责的主管人员和其他直接责任人员给予相应的行政处分。

第四十四条 公路巡逻民警队及其民警认真履行法定职责,工作表现突出,有显著成绩和贡献或者有其他突出事迹的,应当予以表彰奖励。

第四十五条 公路巡逻民警队应当建立社会监督机制,公布举报、投诉方式,聘请社会监督员,接受社会监督。

第七章 预防道路交通事故

第四十六条 县级公安机关应当提请政府成立交通安全领导机构、建立交通安全工作联席会议制度,组织领导本地区道路交通安全工作。

第四十七条 公路巡逻民警队应当定期分析研判本地区交通安全形势,根据道路交通事故时间、地点、主要原因以及交通违法行为发生的规律特点,科学制定预防道路交通事故的对策、措施和意见。

第四十八条 公路巡逻民警队应当协调本地区农村基层组织、机关、企事业单位建立健全内部交通安全宣传教育制度,开展交通安全宣传教育。

第四十九条 高速公路交警大(中)队可以聘请高速公路经营管理单位的收费、养护职工为交通安全员,协助开展交通安全宣传,劝阻和举报交通违法行为。

第五十条 公路巡逻民警队应当联合有关职能部门,定期排查本地区道路交通安全隐患,及时提出消除安全隐患、预防道路交通事故的建议。

第五十一条 公路巡逻民警队应当配合有关职能部门,督促本地区企事业单位落实交通安全责任制,加强对客运车辆、危险化学品运输车辆、校车等机动车及其驾驶人的交通安全监管。

第八章 科技信息化应用

第五十二条 省级公安机关交通管理部门应当在本地区公安信息化总体规划下,制定公路交通管理信息化建设的规划意见。

第五十三条 公路巡逻民警队应当掌握本地区道路、人口、机动车、驾驶人数据和村庄、学校、运输企业分布以及交通违法、交通事故等情况,并及时录入有关信息系统。

第五十四条 公路巡逻民警队应当建立交通信息发布制度,通过多种渠道发布道路交通管理信息,为公众提供交通出行信息服务。

第五十五条 有条件的公路巡逻民警队应当通过公安网络实行网上办公,配备可以实时查询、处理交通违法信息的无线移动执法终端设备。

第五十六条 在道路交通事故多发、交通安全隐患突出、交通违法行为多、机动车流量较大的路口、路段应当设置交通技术监控设备。

第五十七条 对具有计量功能的交通技术监控设备应当定期进行检验。

第五十八条 高速公路交警大(中)队应当与高速公路经营管理单位共享公路监控信息资源。

道路交通卡口监控信息应当与公安机关有关部门、警种共享。

第九章 警务保障与内务管理

第五十九条 公路巡逻民警队的经费应当纳入财政预算全额保障,编制应当纳入公安机关编制保障计划。

第六十条 公路巡逻民警队营房建设应当满足交通违法处理、道路交通事故处理、机动车和驾驶证管理、开展交通安全宣传等业务需要。

第六十一条 公安机关应当按照标准为公路巡逻民警队配备必要的警用车辆、武器、警械、计算机、通信器材、反光背心、防护装备、交通事故现场勘查、测速仪、酒精检测仪等装备。

执勤警用汽车应当配备反光锥筒、警示灯、停车示意牌、警戒带、照相机、摄像机、灭火器、急救箱、牵引绳等装备;根据需要可以配备防弹衣、防弹头盔、简易破拆工具、防化服、拦车破胎器、酒精检测仪、测速仪等装备。

第六十二条 公路巡逻民警队应当建立政治学习、值班备勤、装备管理、档案管理等工作制度。

公路巡逻民警队应当建立岗位练兵制度,定期组织开展交通管理业务、科技应用、警务技能的学习训练。

第六十三条 公路巡逻民警队应当保持车辆车况良好、停放有序,装备齐全有效,通讯畅通。

非执行公务不得使用警用装备和警用车辆。

枪支、警械的管理、使用,按照有关规定执行。

第六十四条 公路巡逻民警队应当按照规定制作、设置统一的外观标识。办公场所保持整洁、有序。

第十章 附 则

第六十五条 各省、自治区、直辖市公安厅、局可以根据本规范,结合本地实际制定实施办法。

第六十六条 本规范自2011年7月1日起施行,2001年5月23日发布的《公路巡逻民警中队警务规范》(公安部令第58号)同时废止。

人民警察抚恤优待办法

1. 2014年4月30日民政部、最高人民法院、最高人民检察院、教育部、公安部、国家安全部、司法部、财政部、交通运输部印发
2. 民发〔2014〕101号

第一章 总 则

第一条 为了做好人民警察的抚恤优待工作,激励人民警察的奉献精神,根据《中华人民共和国人民警察法》和国家有关优抚法规、政策,制定本办法。

第二条 本办法所称人民警察,是指公安机关(含铁路、交通、民航、森林公安机关和海关缉私部门)、国家安全机关、司法行政机关的人民警察和人民法院、人民检察院的司法警察。

伤残人民警察、人民警察烈士遗属、因公牺牲人民警察遗属、病故人民警察遗属是本办法规定的抚恤优待对象,依照本办法的规定享受抚恤优待。

第三条 人民警察抚恤优待经费列入财政预算,专款专用,接受财政部门、审计机关的监督。

国家鼓励社会组织和个人对人民警察抚恤优待事业提供捐助。

第四条 各级人民政府民政部门要充分发挥政府职能部门的作用,认真履行职责,严格执行现行优抚法规、政策,根据人民警察的工作性质,准确、及时办理人民警

察的伤亡抚恤事宜。

第五条 各级人民政府公安机关、国家安全机关、司法行政机关和各级人民法院、人民检察院(以下简称各级政法机关)要做好抚恤优待政策的执行、宣传工作,关心抚恤优待对象的工作和生活,依据国家有关规定,帮助解决困难和问题。

第六条 各级政法机关的政治工作部门负责办理人民警察抚恤优待的具体工作。

各级政法机关的政治工作部门应当严格管理伤亡人民警察的有关材料,按烈士、因公牺牲、病故、伤残分类建立档案,长期保存。

第二章 死亡抚恤

第七条 人民警察死亡被评定为烈士、被确认为因公牺牲或者病故的,其遗属依照本办法规定享受抚恤。

第八条 人民警察死亡,符合下列情形之一的,评定为烈士:

(一)在依法查处违法犯罪行为、执行国家安全工作任务、执行反恐怖任务和处置突发事件中牺牲的;

(二)抢险救灾或者其他为了抢救、保护国家财产、集体财产、公民生命财产牺牲的;

(三)在执行外交任务或者国家派遣的对外援助、维持国际和平任务中牺牲的;

(四)在执行武器装备科研试验任务中牺牲的;

(五)其他牺牲情节特别突出,堪为楷模的。

人民警察在处置突发事件、执行边海防执勤或者抢险救灾任务中失踪,经法定程序宣告死亡的,按照烈士对待。

第九条 人民警察死亡后,申报烈士的,按照《烈士褒扬条例》有关规定办理。

第十条 人民警察死亡,符合下列情形之一的,确认为因公牺牲:

(一)在执行任务或者在上下班途中,由于意外事件死亡的;

(二)被认定为因战、因公致残后因旧伤复发死亡的;

(三)因患职业病死亡的;

(四)在执行任务中或者在工作岗位上因病猝然死亡,或者因医疗事故死亡的;

(五)其他因公死亡的。

人民警察在处置突发事件、执行边海防执勤或者执行抢险救灾以外的其他任务中失踪,经法定程序宣告死亡的,按照因公牺牲对待。

第十一条 人民警察因公牺牲,所在单位的县级以上政法机关审查确认,由同级人民政府民政部门复核,实施监督。

国家安全机关人民警察因公牺牲,由省级以上国家安全机关审查确认,由同级人民政府民政部门复核,实施监督。

省(自治区、直辖市)直属监狱和司法行政戒毒场所人民警察因公牺牲,由省(自治区、直辖市)司法行政机关审查确认,由同级人民政府民政部门复核,实施监督。

第十二条 人民警察除第十条第一款第三项、第四项规定情形以外,因其他疾病死亡的,确认为病故。

人民警察非执行任务死亡,或者失踪经法定程序宣告死亡的,按照病故对待。

人民警察病故,由所在单位的县级以上政法机关确认。

第十三条 对烈士遗属,由县级人民政府民政部门发给《中华人民共和国烈士证明书》。对因公牺牲和病故人民警察的遗属,由所在单位的县级以上政法机关分别发给《中华人民共和国人民警察因公牺牲证明书》和《中华人民共和国人民警察病故证明书》。

证明书的持证人应由烈士、因公牺牲、病故人民警察的父母(抚养人)、配偶、子女协商确定,协商不通的,按照下列顺序确定一名持证人:

(一)父母(抚养人);

(二)配偶;

(三)子女。有多个子女的,发给长子女。无上述对象,发给兄弟姐妹,有多个兄弟姐妹的,发给其中的长者。没有遗属的,由证明书发放机关存档。

确定持证遗属后,原则上不再更改持证人和更换证明书。

第十四条 人民警察死亡被评定为烈士的,依照《烈士褒扬条例》的规定发给遗属烈士褒扬金,其标准为烈士牺牲时上一年度全国城镇居民人均可支配收入的30倍。

第十五条 人民警察死亡,根据其死亡性质和死亡时的月工资标准(基本工资和警衔津贴),发给其遗属一次性抚恤金,标准为:

烈士、因公牺牲的,为上一年度全国城镇居民人均可支配收入的20倍加本人40个月的工资;

病故的,为上一年度全国城镇居民人均可支配收入的2倍加本人40个月的工资。

第十六条 获得荣誉称号和立功(含死亡后追记、追认功勋)的人民警察死亡后,按以下比例增发一次性抚恤金：

（一）获得党中央、国务院授予英雄模范荣誉称号的，增发35%；

（二）获得中央政法机关及省级党委、政府授予英雄模范荣誉称号的，增发30%；

（三）立一等功的，增发25%；

（四）立二等功的，增发15%；

（五）立三等功的，增发5%。

多次获得荣誉称号或者立功的，按照其中最高等级奖励的增发比例，增发一次性抚恤金。

离退休人民警察死亡，增发一次性抚恤金按上述规定执行。

第十七条　烈士的一次性抚恤金、增发一次性抚恤金，由颁发烈士证书的县级人民政府民政部门发放；因公牺牲、病故人民警察的一次性抚恤金、增发一次性抚恤金，由所在单位的县级以上政法机关发放。

第十八条　一次性抚恤金发给烈士、因公牺牲、病故人民警察的父母（抚养人）、配偶、子女；没有父母（抚养人）、配偶、子女的，发给未满18周岁的兄弟姐妹和已满18周岁但无生活费来源且由该人民警察生前供养的兄弟姐妹。

第十九条　对符合享受定期抚恤金条件的烈士遗属，由遗属户籍所在地的县级人民政府民政部门发给定期抚恤金。

对符合享受遗属生活困难补助条件的因公牺牲和病故人民警察遗属，由人民警察所在单位的县级以上政法机关按照因公牺牲、病故军人遗属定期抚恤金标准发给生活困难补助费。

第二十条　享受定期抚恤金或遗属生活困难补助费的人员死亡，停发定期抚恤金或遗属生活困难补助费，并由原发放单位另外增发6个月的定期抚恤金或遗属生活困难补助费，作为丧葬补助费。

第二十一条　对生前作出特殊贡献的因公牺牲、病故人民警察，除按照本办法规定发给其遗属一次性抚恤金外，政法机关可以按照有关规定发给其遗属一次性特别抚恤金。

第二十二条　人民警察失踪，经法定程序宣告死亡的，在其被评定为烈士、确认为因公牺牲或者病故后，又经法定程序撤销对其死亡宣告的，由原评定或者确认机关取消其烈士、因公牺牲人民警察或者病故人民警察资格，并由发证机关收回有关证件，终止其家属原享受的抚恤优待待遇。

第二十三条　《中华人民共和国烈士证明书》、《中华人民共和国人民警察因公牺牲证明书》、《中华人民共和国人民警察病故证明书》由民政部统一印制。证明书的管理，按照民政部的规定执行。

第三章　伤残抚恤和优待

第二十四条　人民警察伤残，按致残性质分为：

（一）因战致残；

（二）因公致残。

第二十五条　因第八条第一款规定的情形之一导致伤残的，认定为因战致残；因第十条第一款规定的情形之一导致伤残的，认定为因公致残。

第二十六条　伤残的等级，根据劳动功能障碍程度和生活自理障碍程度确定，由重到轻分为一级至十级。伤残等级的具体评定标准，参照《军人残疾等级评定标准》执行。

第二十七条　人民警察因战、因公负伤，符合评定伤残等级条件的，应当在因战、因公负伤3年内提出申请。

伤残人民警察的残情医学鉴定，由设区的市级以上人民政府民政部门指定的伤残医学鉴定机构作出；职业病的残情医学鉴定由省级人民政府民政部门指定的鉴定机构作出。

第二十八条　人民警察伤残等级评定程序按照《伤残抚恤管理办法》有关规定办理。

申请评残的人民警察所在单位应把评残情况逐级报至省级政法机关政治工作部门备案。

第二十九条　人民警察符合评残条件，并经省级人民政府民政部门审批通过的，由省级人民政府民政部门办理《中华人民共和国伤残人民警察证》，并通过县级人民政府民政部门将《中华人民共和国伤残人民警察证》发给本人所在单位，由所在单位转交本人。

第三十条　人民警察被评定伤残等级后，伤残情况发生明显变化，原定伤残等级与现伤残情况明显不符的，应按规定调整伤残等级。

第三十一条　伤残人民警察，按照伤残等级享受伤残抚恤金。伤残抚恤金由发给其伤残证件的县级人民政府民政部门发给，其标准按照《军人抚恤优待条例》规定执行。

第三十二条　伤残人民警察旧伤复发住院治疗期间的伙食补助费、经批准到外地就医的交通食宿费用，已经参加工伤保险的，按照工伤保险有关规定执行；未参加工伤保险的，由所在单位负责解决。

伤残人民警察需要配制假肢、轮椅等辅助器械的，已经参加工伤保险的，按照工伤保险有关规定执行；未参加工伤保险的，按照规定的标准，由其所在单位负责解决。

第三十三条 对符合相关规定的一级至四级伤残人民警察按月发给护理费,护理费的标准为:

(一)一级、二级伤残的,为上年度当地职工月平均工资的50%;

(二)三级、四级伤残的,为上年度当地职工月平均工资的40%。

伤残人民警察的护理费,已经参加工伤保险的,按照工伤保险有关规定执行;未参加工伤保险的,由所在单位负责解决。

第三十四条 伤残抚恤优待关系转移时,当年的伤残抚恤金由迁出地民政部门发给,从第二年起,由迁入地民政部门发给。

第三十五条 伤残人民警察凭《中华人民共和国伤残人民警察证》优先购票乘坐境内运行的火车、轮船、长途公共汽车以及民航班机,享受减收正常票价50%的优待。

伤残人民警察凭《中华人民共和国伤残人民警察证》免费乘坐市内公共汽车、电车和轨道交通工具。

第三十六条 伤残人民警察本人、烈士子女、因公牺牲人民警察子女、一级至四级伤残人民警察子女按照有关规定享受教育优待。

第四章 附 则

第三十七条 未列入行政编制的人民警察的抚恤优待,参照本办法执行,其抚恤费由所在单位按规定发放。

第三十八条 公安机关边防、消防、警卫等现役编制人民警察抚恤优待待遇,按照《军人抚恤优待条例》和有关政策规定执行。

第三十九条 本办法规定的抚恤优待对象被判处有期徒刑、剥夺政治权利或者被通缉期间,中止其抚恤优待待遇;被判处死刑、无期徒刑的,取消其抚恤优待资格。

第四十条 各省、自治区、直辖市政法机关可以根据本地区实际情况,会同同级民政等部门制定对伤亡人民警察及其遗属抚恤优待的具体办法。

第四十一条 本办法由民政部会同最高人民法院、最高人民检察院、公安部、国家安全部、司法部负责解释。

第四十二条 本办法自印发之日起施行。1996年11月19日公安部、民政部颁布的《公安机关人民警察抚恤办法》、1997年8月20日国家安全部、民政部颁布的《国家安全机关人民警察抚恤办法》、1998年5月14日最高人民法院、最高人民检察院、民政部颁布的《人民法院、人民检察院司法警察抚恤办法》、1999年11月16日司法部、民政部颁布的《司法行政系统人民警察抚恤办法》同时废止。

公安机关人民警察辞退办法

1. 1996年8月15日公安部、人事部印发
2. 公发〔1996〕15号

第一条 为了提高人民警察队伍的素质和战斗力,完善公安机关人事管理制度,根据《中华人民共和国人民警察法》和《国家公务员暂行条例》,制定本办法。

第二条 本办法所称辞退,是指公安机关对已不具备人民警察条件,不适合在公安机关继续工作的人员,解除其与公安机关任用关系的一项人事行政管理措施。

第三条 人民警察有下列情形之一的,应当予以辞退:

(一)不符合录用人民警察的条件,未按规定程序招收的;

(二)连续两年考核被确定为不称职的;

(三)不能胜任现职工作,又不服从其他安排的;

(四)因单位调整、撤销、合并或者缩减编制员额需要调整工作,本人拒绝合理安排的;

(五)旷工或者无正当理由逾期不归连续超过十五天,或者一年内累计超过三十天的。

第四条 人民警察有下列情形之一,经批评教育、纪律处分后仍不改正的,或者经培训试用后仍不合格的,应当予以辞退:

(一)作风散漫,纪律松弛,经常迟到早退或者上班时间经常办私事的;

(二)遇事推诿,消极怠工,工作不负责任的;

(三)耍特权,态度恶劣,刁难辱骂群众,侵犯公民合法权益的;

(四)酗酒滋事或者经常酗酒的;

(五)私自将警械、警服、警衔标志转借、赠送非人民警察的;

(六)不按规定着装,警容不严整,举止不端庄的;

(七)对遇有危难情形的群众拒绝提供救助的;

(八)文化、业务素质低,不适应公安工作的。

第五条 人民警察有下列情形之一,错误比较严重又不宜给予行政开除处分的,应当予以辞退:

(一)殴打他人或者唆使他人打人的;

(二)违法实施处罚的;

(三)违反规定收取费用的;

(四)接受当事人及其代理人请客送礼的;

(五)从事营利性的经营活动或者受雇于个人、组织的;

（六）给违法人员通风报信或者给违法活动提供保护的；
（七）玩忽职守，不履行法定义务的；
（八）不执行上级决定和命令的；
（九）在执行公务中贪生怕死，临阵脱逃的；
（十）违反规定使用武器、警械的；
（十一）利用职权牟取私利的；
（十二）诬告他人，压制和打击报复检举人、控告人的；
（十三）道德败坏，生活腐化的；
（十四）有其他违法违纪行为的。

第六条 人民警察有下列情形之一的，不得辞退：
（一）因公负伤致残并被确认丧失工作能力的；
（二）患严重疾病或者负伤正在进行治疗的；
（三）在孕期、产期或者哺乳期内的。

第七条 辞退人民警察按下列程序办理：
（一）所在单位在核准事实的基础上，经领导集体讨论研究提出辞退建议，填写《辞退国家公务员审批表》（见附件一），按照管理权限报任免机关；
（二）任免机关人事部门审核；
（三）任免机关审批。任免机关应当在三十日内作出决定。凡批准辞退的，应当以书面形式（见附件二）通知呈报单位和被辞退人员，同时抄送同级人民政府人事部门和上一级公安机关备案。凡不予批准的，应当将辞退建议和《辞退国家公务员审批表》退回呈报单位，并说明理由。

第八条 对被辞退人员，五年内不得再录用为人民警察。

第九条 被辞退人员的人事档案，由任免机关人事部门按规定转至有关机构。

第十条 被辞退人员，自批准之月的下月起停发工资，按国家有关规定享受失业保险或者领取辞退费。

第十一条 被辞退人员对辞退决定不服，可以按照《国家公务员申诉控告暂行规定》申请复核或者提出申诉。
受理复核和申诉的机关，发现辞退决定错误的，应当及时予以纠正。

第十二条 被辞退人员应当在接到《辞退国家公务员通知书》（见附件三）或者接到维持原辞退决定的《国家公务员复核（申诉）决定通知书》的十五日内，办理公务交接手续和辞退手续，必要时，应当接受财务审计。
对拒不办理公务交接手续、辞退手续和拒绝接受财务审计的，给予开除处分。

第十三条 被辞退人员的所在单位应当及时收回使用的枪支、警械、警用标志、工作证件和其他警用物品。

第十四条 同级人民政府人事部门和上一级公安机关对公安机关执行辞退制度的情况有权进行监督。对弄虚作假、挟嫌报复、姑息迁就、说情庇护等违反规定，干扰辞退工作正常进行的主要或者直接责任人员，应当根据情节轻重，依照有关规定处理。

第十五条 被辞退人员无理取闹、扰乱机关工作秩序，殴打、侮辱、诽谤有关人员，属于违反治安管理行为的，依照《中华人民共和国治安管理处罚条例》予以处罚；构成犯罪的，依法追究刑事责任。

第十六条 本办法未作规定的其他事宜，按照《国家公务员辞职辞退暂行规定》的有关规定办理。

第十七条 本办法由公安部负责解释。

第十八条 本办法自发布之日起施行。《关于公安机关辞退公安干警的规定（试行）》同时废止。

附件：（略）

公安部关于公安机关执行《人民警察法》有关问题的解释

1. 1995年7月15日
2. 公发〔1995〕14号

根据《全国人民代表大会常务委员会关于加强法律解释工作的决议》（一九八一年六月十日五届全国人民代表大会常务委员会第十九次会议通过）关于"不属于审判和检察工作中的其他法律、法令如何具体应用的问题，由国务院及主管部门进行解释"的规定，现对公安机关执行《中华人民共和国人民警察法》（简称人民警察法，以下同）的有关问题解释如下：

一、如何理解、执行关于盘问、检查的规定

依照人民警察法第九条的规定，公安机关的人民警察在执行追捕逃犯、侦查案件、巡逻执勤、维护公共场所治安秩序、现场调查等职务活动中，经出示表明自己人民警察身份的工作证件，即可以对行迹可疑、有违法犯罪嫌疑的人员进行盘问、检查。检查包括对被盘问人的人身检查和对其携带物品的检查。

经盘问、检查，对符合第九条规定的四种情形之一的，可以将被盘问人带至当地就近的公安派出所、县（市）公安局或城市公安分局，填写《继续盘问（留置）审批表》，经该公安机关负责人批准后继续盘问。"该公安机关负责人"是指公安派出所所长一级及其以上的领导人员。对批准继续盘问的,应当根据被盘问人的证件或者本人提供的姓名、地址,立即书面或电话通知其家属或者所在单位,并作出记录。在盘问记录中应当写明被盘问人被带至公安机关的具体时间,盘问记录应当由被盘问人签名或者捺指印。

当被盘问人的违法犯罪嫌疑在二十四小时内仍不能证实或者排除的,应当填写《延长继续盘问(留置)审批表》,经县级以上公安机关批准,可以将留置时间延长至四十八小时。边远地区来不及书面报批的,可以先电话请示,事后补办书面手续。公安机关对于进行继续盘问和延长留置时间,应当留有批准记录。

对被盘问人依法予以拘留或者采取其他强制措施,应当在规定的时限内决定。批准继续盘问的时间和延长留置的请示以及批准时间均应当包括在二十四小时以内。对不批准继续盘问或者不批准延长留置的人,应当立即释放。释放应当留有记录,记明具体释放时间,并由被盘问人签名或者捺指印,不另发给释放证明。

经县级以上公安机关批准,公安派出所、城市公安分局和县(市)公安局可以设留置室。留置室应当具备安全、卫生、采光、通风等基本条件,配备必要的座椅和饮水等用具。在留置期间,公安机关应当保障被盘问人的合法权益,严禁对被盘问人刑讯逼供或者体罚、虐待。

对被盘问人依法采取刑事拘留或者治安拘留的,其留置时间不予折抵。

二、如何理解人民警察法第六条第(六)项关于特种行业管理的规定

人民警察法第六条第(六)项规定,公安机关的人民警察"对法律、法规规定的特种行业进行管理"。

依照这一规定,确定特种行业的依据是法律、法规。

目前列入特种行业的主要有:旅馆业、刻字业、印刷业、旧货业(包括废旧金属收购业、信托寄卖业、典当业、拍卖业)等。

三、如何理解和执行人民警察法关于领导人员任职条件的规定

人民警察法第二十八条规定:"担任人民警察领导职务的人员,应当具备下列条件:(一)具有法律专业知识;(二)具有政法工作经验和一定的组织管理、指挥能力;(三)具有大学专科以上学历;(四)经人民警察院校培训,考试合格。"

各级公安机关要认真执行关于人民警察领导人员任职条件的规定。在人民警察法实施以后,拟新任命担任县公安局一级及其以上各级领导职务的人民警察,应当依照该条规定的条件办理。现已担任人民警察领导职务的人员尚不具备第二十八条规定条件的,要采取措施进行培训达到规定的条件;经过培训仍达不到条件的要予以调整。

"具有政法工作经验"是指具有在公、检、法、司、安全等政法部门或者在党委、政府中担任主要领导职务以及主管过政法工作的经历。

四、上级公安机关如何撤销或者变更下级公安机关的错误决定

人民警察法第四十三条规定:"人民警察的上级机关对下级机关的执法活动进行监督,发现其作出的处理或者决定有错误的,应当予以撤销或者变更。"

依照该条规定,上级公安机关发现下级公安机关在进行侦查活动、治安管理或者其他公安行政管理等执法工作中作出的处理或者决定违反法律、法规、规章和公安部制订的规范性文件规定的,应当及时向该下级公安机关指出,该下级公安机关应当自行撤销或者变更原处理、决定;下级公安机关如果仍坚持原处理或者决定,应当向上级公安机关写出书面报告,上级公安机关审查后仍确认有错误的,应当以"决定"的书面形式予以撤销或者变更。

五、如何采取"停止执行职务、禁闭的措施"

人民警察法第四十八条第三款规定:"对受行政处分的人民警察,按照国家有关规定,可以降低警衔、取消警衔。对违反纪律的人民警察,必要时可以对其采取停止执行职务、禁闭的措施。"

为了避免有违法违纪行为的人民警察不听制止、可能利用职权继续危害公共安全、公民人身安全以及国家、公民利益,对有下列行为之一,经批评教育无效的人民警察,可以停止执行职务:

(一)泄露国家秘密、警务工作秘密的;

(二)弄虚作假,隐瞒案情,包庇、纵容违法犯罪活动的;

(三)刑讯逼供或者体罚、虐待人犯的;

(四)敲诈勒索或者索取、收受贿赂的;

(五)违反规定使用武器、警械的;

(六)其他有必要采取停止执行职务措施的。

对有违法违纪行为,不听制止的人民警察,有下列行为之一,可以对其禁闭:

(一)非法剥夺、限制他人人身自由,非法搜查他人的身体、物品、住所或者场所的;

(二)殴打他人或者唆使他人打人的;
(三)酗酒滋事,扰乱公共秩序的;
(四)其他有必要采取禁闭措施的。

对违法违纪的人民警察需要停止执行职务、禁闭的,由其所在的县级以上公安机关决定。对担任公安机关领导职务的人民警察需要停止执行职务、禁闭的,应当由上一级公安机关决定。

停止执行职务的期限为十五天至三个月。对被停止执行职务的人民警察,应当收缴其枪支、警械和有关证件等,不准穿警服和佩带警用标志,不准上岗执行职务。禁闭的期限为一至七天。对被禁闭的人民警察,应当收缴其枪支、警械,在禁闭室由专人负责看管。县级以上公安机关设禁闭室。停止执行职务和禁闭由县级以上公安机关纪检监察部门执行。

对被采取停止执行职务、禁闭措施的人民警察,应当填写停止执行职务、禁闭登记表,连同随后作出的处理意见一并报上一级纪检监察部门备案。对于采取禁闭措施的,应当通知其家属。

九、警务执法监督

资料补充栏

中华人民共和国行政复议法

- 1999年4月29日第九届全国人民代表大会常务委员会第九次会议通过
- 根据2009年8月27日第十一届全国人民代表大会常务委员会第十次会议《关于修改部分法律的决定》第一次修正
- 根据2017年9月1日第十二届全国人民代表大会常务委员会第二十九次会议《关于修改〈中华人民共和国法官法〉等八部法律的决定》第二次修正
- 2023年9月1日第十四届全国人民代表大会常务委员会第五次会议修订

目 录

第一章　总　　则
第二章　行政复议申请
　第一节　行政复议范围
　第二节　行政复议参加人
　第三节　申请的提出
　第四节　行政复议管辖
第三章　行政复议受理
第四章　行政复议审理
　第一节　一般规定
　第二节　行政复议证据
　第三节　普通程序
　第四节　简易程序
　第五节　行政复议附带审查
第五章　行政复议决定
第六章　法律责任
第七章　附　　则

第一章　总　　则

第一条　【立法目的和立法依据】为了防止和纠正违法的或者不当的行政行为，保护公民、法人和其他组织的合法权益，监督和保障行政机关依法行使职权，发挥行政复议化解行政争议的主渠道作用，推进法治政府建设，根据宪法，制定本法。

第二条　【适用范围】公民、法人或者其他组织认为行政机关的行政行为侵犯其合法权益，向行政复议机关提出行政复议申请，行政复议机关办理行政复议案件，适用本法。

前款所称行政行为，包括法律、法规、规章授权的组织的行政行为。

第三条　【行政复议工作的原则】行政复议工作坚持中国共产党的领导。

行政复议机关履行行政复议职责，应当遵循合法、公正、公开、高效、便民、为民的原则，坚持有错必纠，保障法律、法规的正确实施。

第四条　【行政复议机构及职责】县级以上各级人民政府以及其他依照本法履行行政复议职责的行政机关是行政复议机关。

行政复议机关办理行政复议事项的机构是行政复议机构。行政复议机构同时组织办理行政复议机关的行政应诉事项。

行政复议机关应当加强行政复议工作，支持和保障行政复议机构依法履行职责。上级行政复议机构对下级行政复议机构的行政复议工作进行指导、监督。

国务院行政复议机构可以发布行政复议指导性案例。

第五条　【调解】行政复议机关办理行政复议案件，可以进行调解。

调解应当遵循合法、自愿的原则，不得损害国家利益、社会公共利益和他人合法权益，不得违反法律、法规的强制性规定。

第六条　【行政复议人员队伍建设和管理】国家建立专业化、职业化行政复议人员队伍。

行政复议机构中初次从事行政复议工作的人员，应当通过国家统一法律职业资格考试取得法律职业资格，并参加统一职前培训。

国务院行政复议机构应当会同有关部门制定行政复议人员工作规范，加强对行政复议人员的业务考核和管理。

第七条　【行政复议机构和人员的保障措施】行政复议机关应当确保行政复议机构的人员配备与所承担的工作任务相适应，提高行政复议人员专业素质，根据工作需要保障办案场所、装备等设施。县级以上各级人民政府应当将行政复议工作经费列入本级预算。

第八条　【信息化建设】行政复议机关应当加强信息化建设，运用现代信息技术，方便公民、法人或者其他组织申请、参加行政复议，提高工作质量和效率。

第九条　【行政复议激励措施】对在行政复议工作中做出显著成绩的单位和个人，按照国家有关规定给予表彰和奖励。

第十条　【对复议决定不服提起诉讼】公民、法人或者其他组织对行政复议决定不服的，可以依照《中华人民共和国行政诉讼法》的规定向人民法院提起行政诉讼,但是法律规定行政复议决定为最终裁决的除外。

第二章 行政复议申请

第一节 行政复议范围

第十一条 【复议范围】有下列情形之一的,公民、法人或者其他组织可以依照本法申请行政复议:

(一)对行政机关作出的行政处罚决定不服;

(二)对行政机关作出的行政强制措施、行政强制执行决定不服;

(三)申请行政许可,行政机关拒绝或者在法定期限内不予答复,或者对行政机关作出的有关行政许可的其他决定不服;

(四)对行政机关作出的确认自然资源的所有权或者使用权的决定不服;

(五)对行政机关作出的征收征用决定及其补偿决定不服;

(六)对行政机关作出的赔偿决定或者不予赔偿决定不服;

(七)对行政机关作出的不予受理工伤认定申请的决定或者工伤认定结论不服;

(八)认为行政机关侵犯其经营自主权或者农村土地承包经营权、农村土地经营权;

(九)认为行政机关滥用行政权力排除或者限制竞争;

(十)认为行政机关违法集资、摊派费用或者违法要求履行其他义务;

(十一)申请行政机关履行保护人身权利、财产权利、受教育权利等合法权益的法定职责,行政机关拒绝履行、未依法履行或者不予答复;

(十二)申请行政机关依法给付抚恤金、社会保险待遇或者最低生活保障等社会保障,行政机关没有依法给付;

(十三)认为行政机关不依法订立、不依法履行、未按照约定履行或者违法变更、解除政府特许经营协议、土地房屋征收补偿协议等行政协议;

(十四)认为行政机关在政府信息公开工作中侵犯其合法权益;

(十五)认为行政机关的其他行政行为侵犯其合法权益。

第十二条 【复议范围的排除】下列事项不属于行政复议范围:

(一)国防、外交等国家行为;

(二)行政法规、规章或者行政机关制定、发布的具有普遍约束力的决定、命令等规范性文件;

(三)行政机关对行政机关工作人员的奖惩、任免等决定;

(四)行政机关对民事纠纷作出的调解。

第十三条 【规范性文件申请附带审查】公民、法人或者其他组织认为行政机关的行政行为所依据的下列规范性文件不合法,在对行政行为申请行政复议时,可以一并向行政复议机关提出对该规范性文件的附带审查申请:

(一)国务院部门的规范性文件;

(二)县级以上地方各级人民政府及其工作部门的规范性文件;

(三)乡、镇人民政府的规范性文件;

(四)法律、法规、规章授权的组织的规范性文件。

前款所列规范性文件不含规章。规章的审查依照法律、行政法规办理。

第二节 行政复议参加人

第十四条 【复议申请人】依照本法申请行政复议的公民、法人或者其他组织是申请人。

有权申请行政复议的公民死亡的,其近亲属可以申请行政复议。有权申请行政复议的法人或者其他组织终止的,其权利义务承受人可以申请行政复议。

有权申请行政复议的公民为无民事行为能力人或者限制民事行为能力人的,其法定代理人可以代为申请行政复议。

第十五条 【复议代表人】同一行政复议案件申请人人数众多的,可以由申请人推选代表人参加行政复议。

代表人参加行政复议的行为对其所代表的申请人发生效力,但是代表人变更行政复议请求、撤回行政复议申请、承认第三人请求的,应当经被代表的申请人同意。

第十六条 【复议第三人】申请人以外的同被申请行政复议的行政行为或者行政复议案件处理结果有利害关系的公民、法人或者其他组织,可以作为第三人申请参加行政复议,或者由行政复议机构通知其作为第三人参加行政复议。

第三人不参加行政复议,不影响行政复议案件的审理。

第十七条 【复议代理人】申请人、第三人可以委托一至二名律师、基层法律服务工作者或者其他代理人代为参加行政复议。

申请人、第三人委托代理人的,应当向行政复议机构提交授权委托书、委托人及被委托人的身份证明文件。授权委托书应当载明委托事项、权限和期限。申请人、第三人变更或者解除代理人权限的,应当书面告知行政复议机构。

第十八条 【法律援助】符合法律援助条件的行政复议申请人申请法律援助的,法律援助机构应当依法为其提供法律援助。

第十九条 【被申请人】公民、法人或者其他组织对行政行为不服申请行政复议的,作出行政行为的行政机关或者法律、法规、规章授权的组织是被申请人。

两个以上行政机关以共同的名义作出同一行政行为的,共同作出行政行为的行政机关是被申请人。

行政机关委托的组织作出行政行为的,委托的行政机关是被申请人。

作出行政行为的行政机关被撤销或者职权变更的,继续行使其职权的行政机关是被申请人。

第三节 申请的提出

第二十条 【申请复议的期限】公民、法人或者其他组织认为行政行为侵犯其合法权益的,可以自知道或者应当知道该行政行为之日起六十日内提出行政复议申请;但是法律规定的申请期限超过六十日的除外。

因不可抗力或者其他正当理由耽误法定申请期限的,申请期限自障碍消除之日起继续计算。

行政机关作出行政行为时,未告知公民、法人或者其他组织申请行政复议的权利、行政复议机关和申请期限的,申请期限自公民、法人或者其他组织知道或者应当知道申请行政复议的权利、行政复议机关和申请期限之日起计算,但是自知道或者应当知道行政行为内容之日起最长不得超过一年。

第二十一条 【最长复议期限】因不动产提出的行政复议申请自行政行为作出之日起超过二十年,其他行政复议申请自行政行为作出之日起超过五年的,行政复议机关不予受理。

第二十二条 【复议申请方式】申请人申请行政复议,可以书面申请;书面申请有困难的,也可以口头申请。

书面申请的,可以通过邮寄或者行政复议机关指定的互联网渠道等方式提交行政复议申请书,也可以当面提交行政复议申请书。行政机关通过互联网渠道送达行政行为决定书的,应当同时提供提交行政复议申请书的互联网渠道。

口头申请的,行政复议机关应当当场记录申请人的基本情况、行政复议请求、申请行政复议的主要事实、理由和时间。

申请人对两个以上行政行为不服的,应当分别申请行政复议。

第二十三条 【复议前置】有下列情形之一的,申请人应当先向行政复议机关申请行政复议,对行政复议决定不服的,可以再依法向人民法院提起行政诉讼:

(一)对当场作出的行政处罚决定不服;

(二)对行政机关作出的侵犯其已经依法取得的自然资源的所有权或者使用权的决定不服;

(三)认为行政机关存在本法第十一条规定的未履行法定职责情形;

(四)申请政府信息公开,行政机关不予公开;

(五)法律、行政法规规定应当先向行政复议机关申请行政复议的其他情形。

对前款规定的情形,行政机关在作出行政行为时应当告知公民、法人或者其他组织先向行政复议机关申请行政复议。

第四节 行政复议管辖

第二十四条 【县级以上地方各级人民政府的复议管辖范围】县级以上地方各级人民政府管辖下列行政复议案件:

(一)对本级人民政府工作部门作出的行政行为不服的;

(二)对下一级人民政府作出的行政行为不服的;

(三)对本级人民政府依法设立的派出机关作出的行政行为不服的;

(四)对本级人民政府或者其工作部门管理的法律、法规、规章授权的组织作出的行政行为不服的。

除前款规定外,省、自治区、直辖市人民政府同时管辖对本机关作出的行政行为不服的行政复议案件。

省、自治区人民政府依法设立的派出机关参照设区的市级人民政府的职责权限,管辖相关行政复议案件。

对县级以上地方各级人民政府工作部门依法设立的派出机构依照法律、法规、规章规定,以派出机构的名义作出的行政行为不服的行政复议案件,由本级人民政府管辖;其中,对直辖市、设区的市人民政府工作部门按照行政区划设立的派出机构作出的行政行为不服的,也可以由其所在地的人民政府管辖。

第二十五条 【国务院部门的复议管辖范围】国务院部门管辖下列行政复议案件:

(一)对本部门作出的行政行为不服的;

(二)对本部门依法设立的派出机构依照法律、行政法规、部门规章规定,以派出机构的名义作出的行政行为不服的；

（三）对本部门管理的法律、行政法规、部门规章授权的组织作出的行政行为不服的。

第二十六条 【对省部级机关作出行政复议决定不服的救济途径】对省、自治区、直辖市人民政府依照本法第二十四条第二款的规定、国务院部门依照本法第二十五条第一项的规定作出的行政复议决定不服的，可以向人民法院提起行政诉讼；也可以向国务院申请裁决，国务院依照本法的规定作出最终裁决。

第二十七条 【对垂直机关、税务和国家安全机关行政行为不服的管辖】对海关、金融、外汇管理等实行垂直领导的行政机关、税务和国家安全机关的行政行为不服的，向上一级主管部门申请行政复议。

第二十八条 【对地方人民政府司法行政部门行政行为不服的复议】对履行行政复议机构职责的地方人民政府司法行政部门的行政行为不服的，可以向本级人民政府申请行政复议，也可以向上一级司法行政部门申请行政复议。

第二十九条 【复议和诉讼的选择】公民、法人或者其他组织申请行政复议，行政复议机关已经依法受理的，在行政复议期间不得向人民法院提起行政诉讼。

公民、法人或者其他组织向人民法院提起行政诉讼，人民法院已经依法受理的，不得申请行政复议。

第三章　行政复议受理

第三十条 【受理条件及审查】行政复议机关收到行政复议申请后，应当在五日内进行审查。对符合下列规定的，行政复议机关应当予以受理：

（一）有明确的申请人和符合本法规定的被申请人；

（二）申请人与被申请行政复议的行政行为有利害关系；

（三）有具体的行政复议请求和理由；

（四）在法定申请期限内提出；

（五）属于本法规定的行政复议范围；

（六）属于本机关的管辖范围；

（七）行政复议机关未受理过该申请人就同一行政行为提出的行政复议申请，并且人民法院未受理过该申请人就同一行政行为提起的行政诉讼。

对不符合前款规定的行政复议申请，行政复议机关应当在审查期限内决定不予受理并说明理由；不属于本机关管辖的，还应当在不予受理决定中告知申请人有管辖权的行政复议机关。

行政复议申请的审查期限届满，行政复议机关未作出不予受理决定的，审查期限届满之日起视为受理。

第三十一条 【申请材料补正】行政复议申请材料不齐全或者表述不清楚，无法判断行政复议申请是否符合本法第三十条第一款规定的，行政复议机关应当自收到申请之日起五日内书面通知申请人补正。补正通知应当一次性载明需要补正的事项。

申请人应当自收到补正通知之日起十日内提交补正材料。有正当理由不能按期补正的，行政复议机关可以延长合理的补正期限。无正当理由逾期不补正的，视为申请人放弃行政复议申请，并记录在案。

行政复议机关收到补正材料后，依照本法第三十条的规定处理。

第三十二条 【对当场作出或者依据电子技术监控设备记录的违法事实作出的行政处罚决定不服的行政复议申请】对当场作出或者依据电子技术监控设备记录的违法事实作出的行政处罚决定不服申请行政复议的，可以通过作出行政处罚决定的行政机关提交行政复议申请。

行政机关收到行政复议申请后，应当及时处理；认为需要维持行政处罚决定的，应当自收到行政复议申请之日起五日内转送行政复议机关。

第三十三条 【驳回复议申请】行政复议机关受理行政复议申请后，发现该行政复议申请不符合本法第三十条第一款规定的，应当决定驳回申请并说明理由。

第三十四条 【对复议前置案件不服提起行政诉讼】法律、行政法规规定应当先向行政复议机关申请行政复议，对行政复议决定不服再向人民法院提起行政诉讼的，行政复议机关决定不予受理、驳回申请或者受理后超过行政复议期限不作答复的，公民、法人或者其他组织可以自收到决定书之日起或者行政复议期限届满之日起十五日内，依法向人民法院提起行政诉讼。

第三十五条 【上级行政机关直接受理和责令纠正】公民、法人或者其他组织依法提出行政复议申请，行政复议机关无正当理由不予受理、驳回申请或者受理后超过行政复议期限不作答复的，申请人有权向上级行政机关反映，上级行政机关应当责令其纠正；必要时，上级行政机关可以直接受理。

第四章　行政复议审理

第一节　一般规定

第三十六条 【行政复议审理程序及保密规定】行政复议机关受理行政复议申请后，依照本法适用普通程序或者简易程序进行审理。行政复议机构应当指定行政复议人员负责办理行政复议案件。

行政复议人员对办理行政复议案件过程中知悉的国家秘密、商业秘密和个人隐私,应当予以保密。

第三十七条 【行政复议案件审理依据】行政复议机关依照法律、法规、规章审理行政复议案件。

行政复议机关审理民族自治地方的行政复议案件,同时依照该民族自治地方的自治条例和单行条例。

第三十八条 【行政复议案件的提级管辖】上级行政复议机关根据需要,可以审理下级行政复议机关管辖的行政复议案件。

下级行政复议机关对其管辖的行政复议案件,认为需要由上级行政复议机关审理的,可以报请上级行政复议机关决定。

第三十九条 【行政复议中止】行政复议期间有下列情形之一的,行政复议中止:

(一)作为申请人的公民死亡,其近亲属尚未确定是否参加行政复议;

(二)作为申请人的公民丧失参加行政复议的行为能力,尚未确定法定代理人参加行政复议;

(三)作为申请人的公民下落不明;

(四)作为申请人的法人或者其他组织终止,尚未确定权利义务承受人;

(五)申请人、被申请人因不可抗力或者其他正当理由,不能参加行政复议;

(六)依照本法规定进行调解、和解,申请人和被申请人同意中止;

(七)行政复议案件涉及的法律适用问题需要有权机关作出解释或者确认;

(八)行政复议案件审理需要以其他案件的审理结果为依据,而其他案件尚未审结;

(九)有本法第五十六条或者第五十七条规定的情形;

(十)需要中止行政复议的其他情形。

行政复议中止的原因消除后,应当及时恢复行政复议案件的审理。

行政复议机关中止、恢复行政复议案件的审理,应当书面告知当事人。

第四十条 【行政复议机关无正当理由中止复议的处理】行政复议期间,行政复议机关无正当理由中止行政复议的,上级行政复议机关应当责令其恢复审理。

第四十一条 【行政复议终止】行政复议期间有下列情形之一的,行政复议机关决定终止行政复议:

(一)申请人撤回行政复议申请,行政复议机构准予撤回;

(二)作为申请人的公民死亡,没有近亲属或者其近亲属放弃行政复议权利;

(三)作为申请人的法人或者其他组织终止,没有权利义务承受人或者其权利义务承受人放弃行政复议权利;

(四)申请人对行政拘留或者限制人身自由的行政强制措施不服申请行政复议后,因同一违法行为涉嫌犯罪,被采取刑事强制措施;

(五)依照本法第三十九条第一款第一项、第二项、第四项的规定中止行政复议满六十日,行政复议中止的原因仍未消除。

第四十二条 【行政复议不停止执行及例外情形】行政复议期间行政行为不停止执行;但是有下列情形之一的,应当停止执行:

(一)被申请人认为需要停止执行;

(二)行政复议机关认为需要停止执行;

(三)申请人、第三人申请停止执行,行政复议机关认为其要求合理,决定停止执行;

(四)法律、法规、规章规定停止执行的其他情形。

第二节 行政复议证据

第四十三条 【行政复议证据种类】行政复议证据包括:

(一)书证;

(二)物证;

(三)视听资料;

(四)电子数据;

(五)证人证言;

(六)当事人的陈述;

(七)鉴定意见;

(八)勘验笔录、现场笔录。

以上证据经行政复议机构审查属实,才能作为认定行政复议案件事实的根据。

第四十四条 【举证责任分配】被申请人对其作出的行政行为的合法性、适当性负有举证责任。

有下列情形之一的,申请人应当提供证据:

(一)认为被申请人不履行法定职责的,提供曾经要求被申请人履行法定职责的证据,但是被申请人应当依职权主动履行法定职责或者申请人因正当理由不能提供的除外;

(二)提出行政赔偿请求的,提供受行政行为侵害而造成损害的证据,但是因被申请人原因导致申请人无法举证的,由被申请人承担举证责任;

(三)法律、法规规定需要申请人提供证据的其他情形。

第四十五条 【行政复议机关的调查取证权】行政复议机关有权向有关单位和个人调查取证，查阅、复制、调取有关文件和资料，向有关人员进行询问。

调查取证时，行政复议人员不得少于两人，并应当出示行政复议工作证件。

被调查取证的单位和个人应当积极配合行政复议人员的工作，不得拒绝或者阻挠。

第四十六条 【被申请人不得自行取证与例外】行政复议期间，被申请人不得自行向申请人和其他有关单位或者个人收集证据；自行收集的证据不作为认定行政行为合法性、适当性的依据。

行政复议期间，申请人或者第三人提出被申请行政复议的行政行为作出时没有提出的理由或者证据的，经行政复议机构同意，被申请人可以补充答复。

第四十七条 【申请人、第三人的查阅权】行政复议期间，申请人、第三人及其委托代理人可以按照规定查阅、复制被申请人提出的书面答复、作出行政行为的证据、依据和其他有关材料，除涉及国家秘密、商业秘密、个人隐私或者可能危及国家安全、公共安全、社会稳定的情形外，行政复议机构应当同意。

第三节 普通程序

第四十八条 【行政复议申请的发送与被申请人的答复和举证】行政复议机构应当自行政复议申请受理之日起七日内，将行政复议申请书副本或者行政复议申请笔录复印件发送被申请人。被申请人应当自收到行政复议申请书副本或者行政复议申请笔录复印件之日起十日内，提出书面答复，并提交作出行政行为的证据、依据和其他有关材料。

第四十九条 【当面审与书面审】适用普通程序审理的行政复议案件，行政复议机构应当当面或者通过互联网、电话等方式听取当事人的意见，并将听取的意见记录在案。因当事人原因不能听取意见的，可以书面审理。

第五十条 【行政复议听证程序】审理重大、疑难、复杂的行政复议案件，行政复议机构应当组织听证。

行政复议机构认为有必要听证，或者申请人请求听证的，行政复议机构可以组织听证。

听证由一名行政复议人员任主持人，两名以上行政复议人员任听证员，一名记录员制作听证笔录。

第五十一条 【行政复议听证规则】行政复议机构组织听证的，应当于举行听证的五日前将听证的时间、地点和拟听证事项书面通知当事人。

申请人无正当理由拒不参加听证的，视为放弃听证权利。

被申请人的负责人应当参加听证。不能参加的，应当说明理由并委托相应的工作人员参加听证。

第五十二条 【行政复议委员会】县级以上各级人民政府应当建立相关政府部门、专家、学者等参与的行政复议委员会，为办理行政复议案件提供咨询意见，并就行政复议工作中的重大事项和共性问题研究提出意见。行政复议委员会的组成和开展工作的具体办法，由国务院行政复议机构制定。

审理行政复议案件涉及下列情形之一的，行政复议机构应当提请行政复议委员会提出咨询意见：

（一）案情重大、疑难、复杂；

（二）专业性、技术性较强；

（三）本法第二十四条第二款规定的行政复议案件；

（四）行政复议机构认为有必要。

行政复议机构应当记录行政复议委员会的咨询意见。

第四节 简易程序

第五十三条 【行政复议简易程序的适用范围】行政复议机关审理下列行政复议案件，认为事实清楚、权利义务关系明确、争议不大的，可以适用简易程序：

（一）被申请行政复议的行政行为是当场作出；

（二）被申请行政复议的行政行为是警告或者通报批评；

（三）案件涉及款额三千元以下；

（四）属于政府信息公开案件。

除前款规定以外的行政复议案件，当事人各方同意适用简易程序的，可以适用简易程序。

第五十四条 【简易程序的程序性要求】适用简易程序审理的行政复议案件，行政复议机构应当自受理行政复议申请之日起三日内，将行政复议申请书副本或者行政复议申请笔录复印件发送被申请人。被申请人应当自收到行政复议申请书副本或者行政复议申请笔录复印件之日起五日内，提出书面答复，并提交作出行政行为的证据、依据和其他有关材料。

适用简易程序审理的行政复议案件，可以书面审理。

第五十五条 【简易程序与普通程序的转换】适用简易程序审理的行政复议案件，行政复议机构认为不宜适用简易程序的，经行政复议机构的负责人批准，可以转为普通程序审理。

第五节 行政复议附带审查

第五十六条 【行政复议机关对规范性文件的处理】申请人依照本法第十三条的规定提出对有关规范性文件的附带审查申请,行政复议机关有权处理的,应当在三十日内依法处理;无权处理的,应当在七日内转送有权处理的行政机关依法处理。

第五十七条 【行政复议机关依据合法性对行政行为的审查处理】行政复议机关在对被申请人作出的行政行为进行审查时,认为其依据不合法,本机关有权处理的,应当在三十日内依法处理;无权处理的,应当在七日内转送有权处理的国家机关依法处理。

第五十八条 【行政复议机关处理有关规范性文件或者行政行为依据的程序】行政复议机关依照本法第五十六条、第五十七条的规定有权处理有关规范性文件或者依据的,行政复议机构应当自行政复议中止之日起三日内,书面通知规范性文件或者依据的制定机关就相关条款的合法性提出书面答复。制定机关应当自收到书面通知之日起十日内提交书面答复及相关材料。

行政复议机构认为必要时,可以要求规范性文件或者依据的制定机关当面说明理由,制定机关应当配合。

第五十九条 【行政复议机关对规范性文件的审查处理】行政复议机关依照本法第五十六条、第五十七条的规定有权处理有关规范性文件或依据,认为相关条款合法的,在行政复议决定书中一并告知;认为相关条款超越权限或者违反上位法的,决定停止该条款的执行,并责令制定机关予以纠正。

第六十条 【接受转送机关对转送文件的审查处理】依照本法第五十六条、第五十七条的规定接受转送的行政机关、国家机关应当自收到转送之日起六十日内,将处理意见回复转送的行政复议机关。

第五章 行政复议决定

第六十一条 【行政复议决定的作出程序】行政复议机关依照本法审理行政复议案件,由行政复议机构对行政行为进行审查,提出意见,经行政复议机关的负责人同意或者集体讨论通过后,以行政复议机关的名义作出行政复议决定。

经过听证的行政复议案件,行政复议机关应当根据听证笔录、审查认定的事实和证据,依照本法作出行政复议决定。

提请行政复议委员会提出咨询意见的行政复议案件,行政复议机关应当将咨询意见作为作出行政复议决定的重要参考依据。

第六十二条 【行政复议决定的作出期限】适用普通程序审理的行政复议案件,行政复议机关应当自受理申请之日起六十日内作出行政复议决定;但是法律规定的行政复议期限少于六十日的除外。情况复杂,不能在规定期限内作出行政复议决定的,经行政复议机构的负责人批准,可以适当延长,并书面告知当事人;但是延长期限最多不得超过三十日。

适用简易程序审理的行政复议案件,行政复议机关应当自受理申请之日起三十日内作出行政复议决定。

第六十三条 【变更决定】行政行为有下列情形之一的,行政复议机关决定变更该行政行为:

（一）事实清楚,证据确凿,适用依据正确,程序合法,但是内容不适当;

（二）事实清楚,证据确凿,程序合法,但是未正确适用依据;

（三）事实不清、证据不足,经行政复议机关查清事实和证据。

行政复议机关不得作出对申请人更为不利的变更决定,但是第三人提出相反请求的除外。

第六十四条 【撤销或者部分撤销决定】行政行为有下列情形之一的,行政复议机关决定撤销或者部分撤销该行政行为,并可以责令被申请人在一定期限内重新作出行政行为:

（一）主要事实不清、证据不足;

（二）违反法定程序;

（三）适用的依据不合法;

（四）超越职权或者滥用职权。

行政复议机关责令被申请人重新作出行政行为的,被申请人不得以同一事实和理由作出与被申请行政复议的行政行为相同或者基本相同的行政行为,但是行政复议机关以违反法定程序为由决定撤销或者部分撤销的除外。

第六十五条 【确认违法决定】行政行为有下列情形之一的,行政复议机关不撤销该行政行为,但是确认该行政行为违法:

（一）依法应予撤销,但是撤销会给国家利益、社会公共利益造成重大损害;

（二）程序轻微违法,但是对申请人权利不产生实际影响。

行政行为有下列情形之一,不需要撤销或者责令履行的,行政复议机关确认该行政行为违法:

（一）行政行为违法，但是不具有可撤销内容；

（二）被申请人改变原违法行政行为，申请人仍要求撤销或者确认该行政行为违法；

（三）被申请人不履行或者拖延履行法定职责，责令履行没有意义。

第六十六条　【限期履行职责】被申请人不履行法定职责的，行政复议机关决定被申请人在一定期限内履行。

第六十七条　【确认无效决定】行政行为有实施主体不具有行政主体资格或者没有依据等重大且明显违法情形，申请人申请确认行政行为无效的，行政复议机关确认该行政行为无效。

第六十八条　【维持决定】行政行为认定事实清楚，证据确凿，适用依据正确，程序合法，内容适当的，行政复议机关决定维持该行政行为。

第六十九条　【驳回行政复议申请决定】行政复议机关受理申请人认为被申请人不履行法定职责的行政复议申请后，发现被申请人没有相应法定职责或者在受理前已经履行法定职责的，决定驳回申请人的行政复议请求。

第七十条　【举证不能的法律后果】被申请人不按照本法第四十八条、第五十四条的规定提出书面答复、提交作出行政行为的证据、依据和其他有关材料的，视为该行政行为没有证据、依据，行政复议机关决定撤销、部分撤销该行政行为，确认该行政行为违法、无效或者决定被申请人在一定期限内履行，但是行政行为涉及第三人合法权益，第三人提供证据的除外。

第七十一条　【行政协议履行及补偿决定】被申请人不依法订立、不依法履行、未按照约定履行或者违法变更、解除行政协议的，行政复议机关决定被申请人承担依法订立、继续履行、采取补救措施或者赔偿损失等责任。

被申请人变更、解除行政协议合法，但是未依法给予补偿或者补偿不合理的，行政复议机关决定被申请人依法给予合理补偿。

第七十二条　【行政赔偿决定】申请人在申请行政复议时一并提出行政赔偿请求，行政复议机关对依照《中华人民共和国国家赔偿法》的有关规定应当不予赔偿的，在作出行政复议决定时，应当同时决定驳回行政赔偿请求；对符合《中华人民共和国国家赔偿法》的有关规定应当给予赔偿的，在决定撤销或者部分撤销、变更行政行为或者确认行政行为违法、无效时，应当决定被申请人依法给予赔偿；确认行政行为违法的，还可以同时责令被申请人采取补救措施。

申请人在申请行政复议时没有提出行政赔偿请求的，行政复议机关在依法决定撤销或者部分撤销、变更罚款，撤销或者部分撤销违法集资、没收财物、征收征用、摊派费用以及对财产的查封、扣押、冻结等行政行为时，应当同时责令被申请人返还财产，解除对财产的查封、扣押、冻结措施，或者赔偿相应的价款。

第七十三条　【行政复议调解】当事人经调解达成协议的，行政复议机关应当制作行政复议调解书，经各方当事人签字或者签章，并加盖行政复议机关印章，即具有法律效力。

调解未达成协议或者调解书生效前一方反悔的，行政复议机关应当依法审查或者及时作出行政复议决定。

第七十四条　【行政复议和解与撤回申请】当事人在行政复议决定作出前可以自愿达成和解，和解内容不得损害国家利益、社会公共利益和他人合法权益，不得违反法律、法规的强制性规定。

当事人达成和解后，由申请人向行政复议机构撤回行政复议申请。行政复议机构准予撤回行政复议申请、行政复议机关决定终止行政复议的，申请人不得再以同一事实和理由提出行政复议申请。但是，申请人能够证明撤回行政复议申请违背其真实意愿的除外。

第七十五条　【行政复议决定书】行政复议机关作出行政复议决定，应当制作行政复议决定书，并加盖行政复议机关印章。

行政复议决定书一经送达，即发生法律效力。

第七十六条　【行政复议意见书】行政复议机关在办理行政复议案件过程中，发现被申请人或者其他下级行政机关的有关行政行为违法或者不当的，可以向其制发行政复议意见书。有关机关应当自收到行政复议意见书之日起六十日内，将纠正相关违法或者不当行政行为的情况报送行政复议机关。

第七十七条　【复议决定书、调解书、意见书的履行】被申请人应当履行行政复议决定书、调解书、意见书。

被申请人不履行或者无正当理由拖延履行行政复议决定书、调解书、意见书的，行政复议机关或者有关上级行政机关应当责令其限期履行，并可以约谈被申请人的有关负责人或者予以通报批评。

第七十八条　【不履行复议决定书、调解书的强制执行】申请人、第三人逾期不起诉又不履行行政复议决定书、调解书的，或者不履行最终裁决的行政复议决定的，按照下列规定分别处理：

（一）维持行政行为的行政复议决定书，由作出行

政行为的行政机关依法强制执行,或者申请人民法院强制执行;

（二）变更行政行为的行政复议决定书,由行政复议机关依法强制执行,或者申请人民法院强制执行;

（三）行政复议调解书,由行政复议机关依法强制执行,或者申请人民法院强制执行。

第七十九条　【行政复议决定书公开与复议决定、意见书抄告】行政复议机关根据被申请行政复议的行政行为的公开情况,按照国家有关规定将行政复议决定书向社会公开。

县级以上地方各级人民政府办理以本级人民政府工作部门为被申请人的行政复议案件,应当将发生法律效力的行政复议决定书、意见书同时抄告被申请人的上一级主管部门。

第六章　法律责任

第八十条　【复议机关不依法履行职责的处分】行政复议机关不依照本法规定履行行政复议职责,对负有责任的领导人员和直接责任人员依法给予警告、记过、记大过的处分;经有权监督的机关督促仍不改正或者造成严重后果的,依法给予降级、撤职、开除的处分。

第八十一条　【渎职、失职行为的法律责任】行政复议机关工作人员在行政复议活动中,徇私舞弊或者有其他渎职、失职行为的,依法给予警告、记过、记大过的处分;情节严重的,依法给予降级、撤职、开除的处分;构成犯罪的,依法追究刑事责任。

第八十二条　【被申请人不提出书面答复、不提交有关材料、干扰破坏行政复议活动的法律责任】被申请人违反本法规定,不提出书面答复或者不提交作出行政行为的证据、依据和其他有关材料,或者阻挠、变相阻挠公民、法人或者其他组织依法申请行政复议的,对负有责任的领导人员和直接责任人员依法给予警告、记过、记大过的处分;进行报复陷害的,依法给予降级、撤职、开除的处分;构成犯罪的,依法追究刑事责任。

第八十三条　【被申请人不履行、拖延履行复议决定、调解书、意见书的法律责任】被申请人不履行或者无正当理由拖延履行行政复议决定书、调解书、意见书的,对负有责任的领导人员和直接责任人员依法给予警告、记过、记大过的处分;经责令履行仍拒不履行的,依法给予降级、撤职、开除的处分。

第八十四条　【拒绝、阻挠调查取证的法律责任】拒绝、阻挠行政复议人员调查取证,故意扰乱行政复议工作秩序的,依法给予处分、治安管理处罚;构成犯罪的,依法追究刑事责任。

第八十五条　【行政复议机关移送违法事实材料】行政机关及其工作人员违反本法规定的,行政复议机关可以向监察机关或者公职人员任免机关、单位移送有关人员违法的事实材料,接受移送的监察机关或者公职人员任免机关、单位应当依法处理。

第八十六条　【职务违法犯罪问题线索的移送】行政复议机关在办理行政复议案件过程中,发现公职人员涉嫌贪污贿赂、失职渎职等职务违法或者职务犯罪的问题线索,应当依照有关规定移送监察机关,由监察机关依法调查处置。

第七章　附　　则

第八十七条　【行政复议不收费原则】行政复议机关受理行政复议申请,不得向申请人收取任何费用。

第八十八条　【期间计算和文书送达】行政复议期间的计算和行政复议文书的送达,本法没有规定的,依照《中华人民共和国民事诉讼法》关于期间、送达的规定执行。

本法关于行政复议期间有关"三日"、"五日"、"七日"、"十日"的规定是指工作日,不含法定休假日。

第八十九条　【外国人、无国籍人、外国组织的法律适用】外国人、无国籍人、外国组织在中华人民共和国境内申请行政复议,适用本法。

第九十条　【施行日期】本法自2024年1月1日起施行。

国务院办公厅关于推行
行政执法责任制的若干意见

1. 2005年7月9日
2. 国办发〔2005〕37号

各省、自治区、直辖市人民政府,国务院各部委、各直属机构:

行政执法责任制是规范和监督行政机关行政执法活动的一项重要制度。为贯彻落实《全面推进依法行政实施纲要》(国发〔2004〕10号,以下简称《纲要》)有关规定,推动建立权责明确、行为规范、监督有效、保障有力的行政执法体制,全面推进依法行政,经国务院同意,现就推行行政执法责任制有关工作提出以下意见。

一、充分认识推行行政执法责任制的重要意义

党中央、国务院高度重视推行行政执法责任制工作。党的十五大、十六大和十六届三中、四中全会对推行行政执法责任制提出了明确要求,《国务院关于全面推进依法行政的决定》(国发〔1999〕23号)和《纲要》就有关工作作出了具体规定。多年来,各地区、各有关部门认真贯彻落实党中央、国务院的要求,积极探索实行行政执法责任制,在加强行政执法管理、规范行政执法行为方面做了大量工作,取得了一定成效。但工作中也存在一些问题:有的地区和部门负责同志认识不到位,对这项工作不够重视;行政执法责任制不够健全,程序不够完善,评议考核机制不够科学,责任追究比较难落实,与相关制度不够衔接;组织实施缺乏必要的保障等。因此,迫切需要进一步健全和完善行政执法责任制。

行政执法是行政机关大量的经常性的活动,直接面向社会和公众,行政执法水平和质量的高低直接关系政府的形象。推行行政执法责任制,就是要强化执法责任,明确执法程序和执法标准,进一步规范和监督行政执法活动,提高行政执法水平,确保依法行政各项要求落到实处。地方各级人民政府和国务院各部门要以邓小平理论和"三个代表"重要思想为指导,树立和落实科学发展观,从立党为公、执政为民,建设法治政府,加强依法行政能力建设的高度,充分认识推行行政执法责任制的重要意义,采取有效措施,进一步做好这项工作。

二、依法界定执法职责

(一)梳理执法依据。

推行行政执法责任制首先要梳理清楚行政机关所执行的有关法律法规和规章以及国务院部门"三定"规定。

地方各级人民政府要组织好梳理执法依据的工作,对具有行政执法主体资格的部门(包括法律法规授予行政执法权的组织)执行的执法依据分类排序、列明目录,做到分类清晰、编排科学。要注意与《中华人民共和国行政处罚法》《中华人民共和国行政许可法》等规范政府共同行为的法律规范相衔接。下级人民政府梳理所属部门的执法依据时,要注意与上级人民政府有关主管部门的执法依据相衔接,避免遗漏。地方各级人民政府要根据执法依据制定、修改和废止情况,及时调整所属各有关部门的执法依据,协调解决梳理执法依据中的问题。梳理完毕的执法依据,除下发相关执法部门外,要以适当方式向社会公布。

(二)分解执法职权。

地方各级人民政府中具有行政执法职能的部门要按照本级人民政府的统一部署和要求,根据执法机构和执法岗位的配置,将其法定职权分解到具体执法机构和执法岗位。有关部门不得擅自增加或者扩大本部门的行政执法权限。

分解行政执法部门内部不同执法机构和执法岗位的职权要科学合理,既要避免平行执法机构和执法岗位的职权交叉、重复,又要有利于促进相互之间的协调配合。不同层级的执法机构和执法岗位之间的职权要相互衔接,做到执法流程清楚、要求具体、期限明确。对各行政执法部门的执法人员,要结合其任职岗位的具体职权进行上岗培训;经考试考核合格具备行政执法资格的,方可按照有关规定发放行政执法证件。

(三)确定执法责任。

执法依据赋予行政执法部门的每一项行政执法职权,既是法定权力,也是必须履行的法定义务。行政执法部门任何违反法定义务的不作为和乱作为的行为,都必须承担相应的法律责任。要根据有权必有责的要求,在分解执法职权的基础上,确定不同部门及机构、岗位执法人员的具体执法责任。要根据行政执法部门和行政执法人员违反法定义务的不同情形,依法确定其应当承担责任的种类和内容。

地方各级人民政府可以采取适当形式明确所属行政执法部门的具体执法责任,行政执法部门应当采取适当形式明确各执法机构和执法岗位的具体执法责任。

国务院实行垂直管理和中央与地方双重管理的部门也要根据上述规定,做好依法界定执法职责的工作。

三、建立健全行政执法评议考核机制

行政执法评议考核是评价行政执法工作情况、检验行政执法部门和行政执法人员是否正确行使执法职权和全面履行法定义务的重要机制,是推行行政执法责任制的重要环节。各地区、各有关部门要建立健全相关机制,认真做好行政执法评议考核工作。

(一)评议考核的基本要求。

行政执法评议考核应当严格遵守公开、公平、公正原则。在评议考核中,要公正对待、客观评价行政执法人员的行政执法行为。评议考核的标准、过程和结果要以适当方式在一定范围内公开。

(二)评议考核的主体。

地方各级人民政府负责对所属部门的行政执法工作进行评议考核,同时要加强对下级人民政府行政执法评议考核工作的监督和指导。国务院实行垂直管理的行政执法部门,由上级部门进行评议考核,并充分听取地方人民政府的评议意见。实行双重管理的部门按照管理职责分工分别由国务院部门和地方人民政府评议考核。各行政执法部门对所属行政执法机构和行政执法人员的行政执法工作进行评议考核。

（三）评议考核的内容。

评议考核的主要内容是行政执法部门和行政执法人员行使行政执法职权和履行法定义务的情况，包括行政执法的主体资格是否符合规定，行政执法行为是否符合执法权限，适用执法依据是否规范，行政执法程序是否合法，行政执法决定的内容是否合法、适当，行政执法决定的行政复议和行政诉讼结果，案卷质量情况等。评议考核主体要结合不同部门、不同岗位的具体情况和特点，制定评议考核方案，明确评议考核的具体标准。

（四）评议考核的方法。

行政执法评议考核可以采取组织考评、个人自我考评、互查互评相结合的方法，做到日常评议考核与年度评议考核的有机衔接。要高度重视通过案卷评查考核行政执法部门和行政执法人员的执法质量。要积极探索新的评议考核方法，利用现代信息管理手段，提高评议考核的公正性和准确性。

在行政执法评议考核中，要将行政执法部门内部评议与外部评议相结合。对行政执法部门或者行政执法人员进行评议，必须认真听取相关行政管理相对人的意见。外部评议情况要作为最终考核意见的重要根据。外部评议可以通过召开座谈会、发放执法评议卡、设立公众意见箱、开通执法评议专线电话、聘请监督评议员、举行民意测验等方式进行。行政执法评议考核原则上采取百分制的形式，考核的分值要在本级人民政府依法行政情况考核中占有适当比重。

各地区、各有关部门要把行政执法评议考核与对行政执法部门的目标考核、岗位责任制考核等结合起来，避免对行政执法活动进行重复评议考核。

四、认真落实行政执法责任

推行行政执法责任制的关键是要落实行政执法责任。对有违法或者不当行政执法行为的行政执法部门，可以根据造成后果的严重程度或者影响的恶劣程度等具体情况，给予限期整改、通报批评、取消评比先进的资格等处理；对有关行政执法人员，可以根据年度考核情况，或者根据过错形式、危害大小、情节轻重，给予批评教育、离岗培训、调离执法岗位、取消执法资格等处理。

对行政执法部门的行政执法行为在行政复议和行政诉讼中被认定违法和变更、撤销等比例较高的，对外部评议中群众满意程度较低或者对推行行政执法责任制消极应付、弄虚作假的，可以责令行政执法部门限期整改；情节严重的，可以给予通报批评或者取消评比先进的资格。

除依照本意见对有关行政执法部门和行政执法人员进行处理外，对实施违法或者不当的行政执法行为依法依纪应采取组织处理措施的，按照干部管理权限和规定程序办理；依法依纪应当追究政纪责任的，由任免机关、监察机关依法给予行政处分；涉嫌犯罪的，移送司法机关处理。

追究行政执法责任，必须做到实事求是、客观公正。在对责任人作出处理前，应当听取当事人的意见，保障其陈述和申辩的权利，确保不枉不纵。对行政执法部门的行政执法责任，由本级人民政府或者监察机关依法予以追究；对实行垂直管理的部门的行政执法责任，由上级部门或者监察机关依法予以追究；对实行双重管理的部门的行政执法责任，按有关管理职责规定予以追究。同时，要建立健全行政执法奖励机制，对行政执法绩效突出的行政执法部门和行政执法人员予以表彰，调动行政执法部门和行政执法人员提高行政执法质量和水平的积极性，形成有利于推动严格执法、公正执法、文明执法的良好环境。

五、加强推行行政执法责任制的组织领导

推行行政执法责任制，关系各级政府所属各行政执法部门和每个行政执法人员，工作环节多，涉及面广，专业性强，工作量大。各省、自治区、直辖市人民政府和国务院实行垂直管理、双重管理的部门要切实负起责任，加强对这项工作的组织领导，认真做好本地区、本部门（本系统）推行行政执法责任制的组织协调、跟踪检查、督促落实工作。要注意总结本地区、本部门（本系统）推行行政执法责任制的经验，认真研究工作中的问题。国务院其他部门要加强对本系统推行行政执法责任制工作的指导。要加强配套制度建设，实行省以下垂直管理的行政执法部门的行政执法责任制工作，由省级人民政府结合本地区的具体情况予以规定。有立法权的地方的人民政府，可以按照规定程序适时制定有关地方政府规章；没有立法权的可以根据需要制定有关规范性文件。要通过各层次的配套制度建设，建立科学合理、公平公正的激励和约束机制。

开展相对集中行政处罚权、综合行政执法试点的地区，要按照《国务院关于进一步推进相对集中行政处罚权工作的决定》（国发〔2002〕17号）和《国务院办公厅转发中央编办关于清理整顿行政执法队伍实行综合行政执法试点工作意见的通知》（国办发〔2002〕56

号)的要求,结合本意见的规定,切实做好推行行政执法责任制的工作。

在推行行政执法责任制过程中,涉及行政执法主体、职权细化、确定行政执法责任等问题,按照《纲要》和《国务院办公厅关于贯彻落实全面推进依法行政实施纲要的实施意见》(国办发〔2004〕24号)的规定,应当由机构编制部门为主进行指导和协调的,由机构编制部门牵头办理。

法制办、中央编办、监察部、人事部等部门要根据《纲要》和国办发〔2004〕24号文件规定,加强对各地区、各有关部门工作的指导和督促检查,确保顺利推行行政执法责任制。

各地区、各有关部门要结合本地区、本部门的实际情况,认真研究落实本意见的要求,在2006年4月30日前,完成推行行政执法责任制的相关工作。有关推行行政执法责任制工作的重要情况和问题,要及时报告国务院。

中华人民共和国行政诉讼法

1. 1989年4月4日第七届全国人民代表大会第二次会议通过
2. 根据2014年11月1日第十二届全国人民代表大会常务委员会第十一次会议《关于修改〈中华人民共和国行政诉讼法〉的决定》第一次修正
3. 根据2017年6月27日第十二届全国人民代表大会常务委员会第二十八次会议《关于修改〈中华人民共和国民事诉讼法〉和〈中华人民共和国行政诉讼法〉的决定》第二次修正

目　　录

第一章　总　　则
第二章　受案范围
第三章　管　　辖
第四章　诉讼参加人
第五章　证　　据
第六章　起诉和受理
第七章　审理和判决
　第一节　一般规定
　第二节　第一审普通程序
　第三节　简易程序
　第四节　第二审程序
　第五节　审判监督程序
第八章　执　　行
第九章　涉外行政诉讼
第十章　附　　则

第一章　总　　则

第一条　【立法目的】为保证人民法院公正、及时审理行政案件,解决行政争议,保护公民、法人和其他组织的合法权益,监督行政机关依法行使职权,根据宪法,制定本法。

第二条　【诉权】公民、法人或者其他组织认为行政机关和行政机关工作人员的行政行为侵犯其合法权益,有权依照本法向人民法院提起诉讼。

前款所称行政行为,包括法律、法规、规章授权的组织作出的行政行为。

第三条　【权利与义务】人民法院应当保障公民、法人和其他组织的起诉权利,对应当受理的行政案件依法受理。

行政机关及其工作人员不得干预、阻碍人民法院受理行政案件。

被诉行政机关负责人应当出庭应诉。不能出庭的,应当委托行政机关相应的工作人员出庭。

第四条　【独立行使审判权】人民法院依法对行政案件独立行使审判权,不受行政机关、社会团体和个人的干涉。

人民法院设行政审判庭,审理行政案件。

第五条　【以事实为根据,以法律为准绳原则】人民法院审理行政案件,以事实为根据,以法律为准绳。

第六条　【合法性审查原则】人民法院审理行政案件,对行政行为是否合法进行审查。

第七条　【合议、回避、公开审判和两审终审原则】人民法院审理行政案件,依法实行合议、回避、公开审判和两审终审制度。

第八条　【法律地位平等原则】当事人在行政诉讼中的法律地位平等。

第九条　【本民族语言文字原则】各民族公民都有用本民族语言、文字进行行政诉讼的权利。

在少数民族聚居或者多民族共同居住的地区,人民法院应当用当地民族通用的语言、文字进行审理和发布法律文书。

人民法院应当对不通晓当地民族通用的语言、文字的诉讼参与人提供翻译。

第十条　【辩论原则】当事人在行政诉讼中有权进行辩论。

第十一条 【法律监督原则】人民检察院有权对行政诉讼实行法律监督。

第二章 受案范围

第十二条 【行政诉讼受案范围】人民法院受理公民、法人或者其他组织提起的下列诉讼：

（一）对行政拘留、暂扣或者吊销许可证和执照、责令停产停业、没收违法所得、没收非法财物、罚款、警告等行政处罚不服的；

（二）对限制人身自由或者对财产的查封、扣押、冻结等行政强制措施和行政强制执行不服的；

（三）申请行政许可，行政机关拒绝或者在法定期限内不予答复，或者对行政机关作出的有关行政许可的其他决定不服的；

（四）对行政机关作出的关于确认土地、矿藏、水流、森林、山岭、草原、荒地、滩涂、海域等自然资源的所有权或者使用权的决定不服的；

（五）对征收、征用决定及其补偿决定不服的；

（六）申请行政机关履行保护人身权、财产权等合法权益的法定职责，行政机关拒绝履行或者不予答复的；

（七）认为行政机关侵犯其经营自主权或者农村土地承包经营权、农村土地经营权的；

（八）认为行政机关滥用行政权力排除或者限制竞争的；

（九）认为行政机关违法集资、摊派费用或者违法要求履行其他义务的；

（十）认为行政机关没有依法支付抚恤金、最低生活保障待遇或者社会保险待遇的；

（十一）认为行政机关不依法履行、未按照约定履行或者违法变更、解除政府特许经营协议、土地房屋征收补偿协议等协议的；

（十二）认为行政机关侵犯其他人身权、财产权等合法权益的。

除前款规定外，人民法院受理法律、法规规定可以提起诉讼的其他行政案件。

第十三条 【受案范围的排除】人民法院不受理公民、法人或者其他组织对下列事项提起的诉讼：

（一）国防、外交等国家行为；

（二）行政法规、规章或者行政机关制定、发布的具有普遍约束力的决定、命令；

（三）行政机关对行政机关工作人员的奖惩、任免等决定；

（四）法律规定由行政机关最终裁决的行政行为。

第三章 管 辖

第十四条 【基层人民法院管辖第一审行政案件】基层人民法院管辖第一审行政案件。

第十五条 【中级人民法院管辖的第一审行政案件】中级人民法院管辖下列第一审行政案件：

（一）对国务院部门或者县级以上地方人民政府所作的行政行为提起诉讼的案件；

（二）海关处理的案件；

（三）本辖区内重大、复杂的案件；

（四）其他法律规定由中级人民法院管辖的案件。

第十六条 【高级人民法院管辖的第一审行政案件】高级人民法院管辖本辖区内重大、复杂的第一审行政案件。

第十七条 【最高人民法院管辖的第一审行政案件】最高人民法院管辖全国范围内重大、复杂的第一审行政案件。

第十八条 【一般地域管辖和法院跨行政区域管辖】行政案件由最初作出行政行为的行政机关所在地人民法院管辖。经复议的案件，也可以由复议机关所在地人民法院管辖。

经最高人民法院批准，高级人民法院可以根据审判工作的实际情况，确定若干人民法院跨行政区域管辖行政案件。

第十九条 【限制人身自由行政案件的管辖】对限制人身自由的行政强制措施不服提起的诉讼，由被告所在地或者原告所在地人民法院管辖。

第二十条 【不动产行政案件的管辖】因不动产提起的行政诉讼，由不动产所在地人民法院管辖。

第二十一条 【选择管辖】两个以上人民法院都有管辖权的案件，原告可以选择其中一个人民法院提起诉讼。原告向两个以上有管辖权的人民法院提起诉讼的，由最先立案的人民法院管辖。

第二十二条 【移送管辖】人民法院发现受理的案件不属于本院管辖的，应当移送有管辖权的人民法院，受移送的人民法院应当受理。受移送的人民法院认为受移送的案件按照规定不属于本院管辖的，应当报请上级人民法院指定管辖，不得再自行移送。

第二十三条 【指定管辖】有管辖权的人民法院由于特殊原因不能行使管辖权的，由上级人民法院指定管辖。

人民法院对管辖权发生争议，由争议双方协商解决。协商不成的，报它们的共同上级人民法院指定管辖。

第二十四条 【管辖权转移】上级人民法院有权审理下

级人民法院管辖的第一审行政案件。

下级人民法院对其管辖的第一审行政案件,认为需要由上级人民法院审理或者指定管辖的,可以报请上级人民法院决定。

第四章 诉讼参加人

第二十五条 【原告资格】行政行为的相对人以及其他与行政行为有利害关系的公民、法人或者其他组织,有权提起诉讼。

有权提起诉讼的公民死亡,其近亲属可以提起诉讼。

有权提起诉讼的法人或者其他组织终止,承受其权利的法人或者其他组织可以提起诉讼。

人民检察院在履行职责中发现生态环境和资源保护、食品药品安全、国有财产保护、国有土地使用权出让等领域负有监督管理职责的行政机关违法行使职权或者不作为,致使国家利益或者社会公共利益受到侵害的,应当向行政机关提出检察建议,督促其依法履行职责。行政机关不依法履行职责的,人民检察院依法向人民法院提起诉讼。

第二十六条 【被告资格】公民、法人或者其他组织直接向人民法院提起诉讼的,作出行政行为的行政机关是被告。

经复议的案件,复议机关决定维持原行政行为的,作出原行政行为的行政机关和复议机关是共同被告;复议机关改变原行政行为的,复议机关是被告。

复议机关在法定期限内未作出复议决定,公民、法人或者其他组织起诉原行政行为的,作出原行政行为的行政机关是被告;起诉复议机关不作为的,复议机关是被告。

两个以上行政机关作出同一行政行为的,共同作出行政行为的行政机关是共同被告。

行政机关委托的组织所作的行政行为,委托的行政机关是被告。

行政机关被撤销或者职权变更的,继续行使其职权的行政机关是被告。

第二十七条 【共同诉讼】当事人一方或者双方为二人以上,因同一行政行为发生的行政案件,或者因同类行政行为发生的行政案件、人民法院认为可以合并审理并经当事人同意的,为共同诉讼。

第二十八条 【代表人诉讼】当事人一方人数众多的共同诉讼,可以由当事人推选代表人进行诉讼。代表人的诉讼行为对其所代表的当事人发生效力,但代表人变更、放弃诉讼请求或者承认对方当事人的诉讼请求,应当经被代表的当事人同意。

第二十九条 【诉讼第三人】公民、法人或者其他组织同被诉行政行为有利害关系但没有提起诉讼,或者同案件处理结果有利害关系的,可以作为第三人申请参加诉讼,或者由人民法院通知参加诉讼。

人民法院判决第三人承担义务或者减损第三人权益的,第三人有权依法提起上诉。

第三十条 【法定代理人】没有诉讼行为能力的公民,由其法定代理人代为诉讼。法定代理人互相推诿代理责任的,由人民法院指定其中一人代为诉讼。

第三十一条 【委托代理人】当事人、法定代理人,可以委托一至二人作为诉讼代理人。

下列人员可以被委托为诉讼代理人:

(一)律师、基层法律服务工作者;

(二)当事人的近亲属或者工作人员;

(三)当事人所在社区、单位以及有关社会团体推荐的公民。

第三十二条 【当事人及诉讼代理人权利】代理诉讼的律师,有权按照规定查阅、复制本案有关材料,有权向有关组织和公民调查,收集与本案有关的证据。对涉及国家秘密、商业秘密和个人隐私的材料,应当依照法律规定保密。

当事人和其他诉讼代理人有权按照规定查阅、复制本案庭审材料,但涉及国家秘密、商业秘密和个人隐私的内容除外。

第五章 证 据

第三十三条 【证据种类】证据包括:

(一)书证;

(二)物证;

(三)视听资料;

(四)电子数据;

(五)证人证言;

(六)当事人的陈述;

(七)鉴定意见;

(八)勘验笔录、现场笔录。

以上证据经法庭审查属实,才能作为认定案件事实的根据。

第三十四条 【被告举证责任】被告对作出的行政行为负有举证责任,应当提供作出该行政行为的证据和所依据的规范性文件。

被告不提供或者无正当理由逾期提供证据,视为没有相应证据。但是,被诉行政行为涉及第三人合法权益,第三人提供证据的除外。

第三十五条 【行政机关收集证据的限制】在诉讼过程中,被告及其诉讼代理人不得自行向原告、第三人和证人收集证据。

第三十六条 【被告延期提供证据和补充证据】被告在作出行政行为时已经收集了证据,但因不可抗力等正当事由不能提供的,经人民法院准许,可以延期提供。

原告或者第三人提出了其在行政处理程序中没有提出的理由或者证据的,经人民法院准许,被告可以补充证据。

第三十七条 【原告可以提供证据】原告可以提供证明行政行为违法的证据。原告提供的证据不成立的,不免除被告的举证责任。

第三十八条 【原告举证责任】在起诉被告不履行法定职责的案件中,原告应当提供其向被告提出申请的证据。但有下列情形之一的除外:

(一)被告应当依职权主动履行法定职责的;

(二)原告因正当理由不能提供证据的。

在行政赔偿、补偿的案件中,原告应当对行政行为造成的损害提供证据。因被告的原因导致原告无法举证的,由被告承担举证责任。

第三十九条 【法院要求当事人提供或者补充证据】人民法院有权要求当事人提供或者补充证据。

第四十条 【法院调取证据】人民法院有权向有关行政机关以及其他组织、公民调取证据。但是,不得为证明行政行为的合法性调取被告作出行政行为时未收集的证据。

第四十一条 【申请法院调取证据】与本案有关的下列证据,原告或者第三人不能自行收集的,可以申请人民法院调取:

(一)由国家机关保存而须由人民法院调取的证据;

(二)涉及国家秘密、商业秘密和个人隐私的证据;

(三)确因客观原因不能自行收集的其他证据。

第四十二条 【证据保全】在证据可能灭失或者以后难以取得的情况下,诉讼参加人可以向人民法院申请保全证据,人民法院也可以主动采取保全措施。

第四十三条 【证据适用规则】证据应当在法庭上出示,并由当事人互相质证。对涉及国家秘密、商业秘密和个人隐私的证据,不得在公开开庭时出示。

人民法院应当按照法定程序,全面、客观地审查核实证据。对未采纳的证据应当在裁判文书中说明理由。

以非法手段取得的证据,不得作为认定案件事实的根据。

第六章 起诉和受理

第四十四条 【行政复议与行政诉讼】对属于人民法院受案范围的行政案件,公民、法人或者其他组织可以先向行政机关申请复议,对复议决定不服的,再向人民法院提起诉讼;也可以直接向人民法院提起诉讼。

法律、法规规定应当先向行政机关申请复议,对复议决定不服再向人民法院提起诉讼的,依照法律、法规的规定。

第四十五条 【经行政复议的起诉期限】公民、法人或者其他组织不服复议决定的,可以在收到复议决定书之日起十五日内向人民法院提起诉讼。复议机关逾期不作决定的,申请人可以在复议期满之日起十五日内向人民法院提起诉讼。法律另有规定的除外。

第四十六条 【起诉期限】公民、法人或者其他组织直接向人民法院提起诉讼的,应当自知道或者应当知道作出行政行为之日起六个月内提出。法律另有规定的除外。

因不动产提起诉讼的案件自行政行为作出之日起超过二十年,其他案件自行政行为作出之日起超过五年提起诉讼的,人民法院不予受理。

第四十七条 【行政机关不履行法定职责的起诉期限】公民、法人或者其他组织申请行政机关履行保护其人身权、财产权等合法权益的法定职责,行政机关在接到申请之日起两个月内不履行的,公民、法人或者其他组织可以向人民法院提起诉讼。法律、法规对行政机关履行职责的期限另有规定的,从其规定。

公民、法人或者其他组织在紧急情况下请求行政机关履行保护其人身权、财产权等合法权益的法定职责,行政机关不履行的,提起诉讼不受前款规定期限的限制。

第四十八条 【起诉期限的扣除和延长】公民、法人或者其他组织因不可抗力或者其他不属于其自身的原因耽误起诉期限的,被耽误的时间不计算在起诉期限内。

公民、法人或者其他组织因前款规定以外的其他特殊情况耽误起诉期限的,在障碍消除后十日内,可以申请延长期限,是否准许由人民法院决定。

第四十九条 【起诉条件】提起诉讼应当符合下列条件:

(一)原告是符合本法第二十五条规定的公民、法人或者其他组织;

(二)有明确的被告;

(三)有具体的诉讼请求和事实根据;

（四）属于人民法院受案范围和受诉人民法院管辖。

第五十条 【起诉方式】起诉应当向人民法院递交起诉状，并按照被告人数提出副本。

书写起诉状确有困难的，可以口头起诉，由人民法院记入笔录，出具注明日期的书面凭证，并告知对方当事人。

第五十一条 【登记立案】人民法院在接到起诉状时对符合本法规定的起诉条件的，应当登记立案。

对当场不能判定是否符合本法规定的起诉条件的，应当接收起诉状，出具注明收到日期的书面凭证，并在七日内决定是否立案。不符合起诉条件的，作出不予立案的裁定。裁定书应当载明不予立案的理由。原告对裁定不服的，可以提起上诉。

起诉状内容欠缺或者有其他错误的，应当给予指导和释明，并一次性告知当事人需要补正的内容。不得未经指导和释明即以起诉不符合条件为由不接收起诉状。

对于不接收起诉状、接收起诉状后不出具书面凭证，以及不一次性告知当事人需要补正的起诉状内容的，当事人可以向上级人民法院投诉，上级人民法院应当责令改正，并对直接负责的主管人员和其他直接责任人员依法给予处分。

第五十二条 【法院不立案的救济】人民法院既不立案，又不作出不予立案裁定的，当事人可以向上一级人民法院起诉。上一级人民法院认为符合起诉条件的，应当立案、审理，也可以指定其他下级人民法院立案、审理。

第五十三条 【规范性文件的附带审查】公民、法人或者其他组织认为行政行为所依据的国务院部门和地方人民政府及其部门制定的规范性文件不合法，在对行政行为提起诉讼时，可以一并请求对该规范性文件进行审查。

前款规定的规范性文件不含规章。

第七章 审理和判决

第一节 一般规定

第五十四条 【公开审理原则】人民法院公开审理行政案件，但涉及国家秘密、个人隐私和法律另有规定的除外。

涉及商业秘密的案件，当事人申请不公开审理的，可以不公开审理。

第五十五条 【回避】当事人认为审判人员与本案有利害关系或者有其他关系可能影响公正审判，有权申请审判人员回避。

审判人员认为自己与本案有利害关系或者有其他关系，应当申请回避。

前两款规定，适用于书记员、翻译人员、鉴定人、勘验人。

院长担任审判长时的回避，由审判委员会决定；审判人员的回避，由院长决定；其他人员的回避，由审判长决定。当事人对决定不服的，可以申请复议一次。

第五十六条 【诉讼不停止执行及例外】诉讼期间，不停止行政行为的执行。但有下列情形之一的，裁定停止执行：

（一）被告认为需要停止执行的；

（二）原告或者利害关系人申请停止执行，人民法院认为该行政行为的执行会造成难以弥补的损失，并且停止执行不损害国家利益、社会公共利益的；

（三）人民法院认为该行政行为的执行会给国家利益、社会公共利益造成重大损害的；

（四）法律、法规规定停止执行的。

当事人对停止执行或者不停止执行的裁定不服的，可以申请复议一次。

第五十七条 【先予执行】人民法院对起诉行政机关没有依法支付抚恤金、最低生活保障金和工伤、医疗社会保险金的案件，权利义务关系明确、不先予执行将严重影响原告生活的，可以根据原告的申请，裁定先予执行。

当事人对先予执行裁定不服的，可以申请复议一次。复议期间不停止裁定的执行。

第五十八条 【拒不到庭或中途退庭的法律后果】经人民法院传票传唤，原告无正当理由拒不到庭，或者未经法庭许可中途退庭的，可以按照撤诉处理；被告无正当理由拒不到庭，或者未经法庭许可中途退庭的，可以缺席判决。

第五十九条 【妨害行政诉讼强制措施】诉讼参与人或者其他人有下列行为之一的，人民法院可以根据情节轻重，予以训诫、责令具结悔过或者处一万元以下的罚款、十五日以下的拘留；构成犯罪的，依法追究刑事责任：

（一）有义务协助调查、执行的人，对人民法院的协助调查决定、协助执行通知书，无故推拖、拒绝或者妨碍调查、执行的；

（二）伪造、隐藏、毁灭证据或者提供虚假证明材料，妨碍人民法院审理案件的；

（三）指使、贿买、胁迫他人作伪证或者威胁、阻止证人作证的；

（四）隐藏、转移、变卖、毁损已被查封、扣押、冻结的财产的；

（五）以欺骗、胁迫等非法手段使原告撤诉的；

（六）以暴力、威胁或者其他方法阻碍人民法院工作人员执行职务，或者以哄闹、冲击法庭等方法扰乱人民法院工作秩序的；

（七）对人民法院审判人员或者其他工作人员、诉讼参与人、协助调查和执行的人员恐吓、侮辱、诽谤、诬陷、殴打、围攻或者打击报复的。

人民法院对有前款规定的行为之一的单位，可以对其主要负责人或者直接责任人员依照前款规定予以罚款、拘留；构成犯罪的，依法追究刑事责任。

罚款、拘留须经人民法院院长批准。当事人不服的，可以向上一级人民法院申请复议一次。复议期间不停止执行。

第六十条　【调解】人民法院审理行政案件，不适用调解。但是，行政赔偿、补偿以及行政机关行使法律、法规规定的自由裁量权的案件可以调解。

调解应当遵循自愿、合法原则，不得损害国家利益、社会公共利益和他人合法权益。

第六十一条　【民事争议和行政争议交叉】在涉及行政许可、登记、征收、征用和行政机关对民事争议所作的裁决的行政诉讼中，当事人申请一并解决相关民事争议的，人民法院可以一并审理。

在行政诉讼中，人民法院认为行政案件的审理需以民事诉讼的裁判为依据的，可以裁定中止行政诉讼。

第六十二条　【撤诉】人民法院对行政案件宣告判决或者裁定前，原告申请撤诉的，或者被告改变其所作的行政行为，原告同意并申请撤诉的，是否准许，由人民法院裁定。

第六十三条　【审理依据】人民法院审理行政案件，以法律和行政法规、地方性法规为依据。地方性法规适用于本行政区域内发生的行政案件。

人民法院审理民族自治地方的行政案件，并以该民族自治地方的自治条例和单行条例为依据。

人民法院审理行政案件，参照规章。

第六十四条　【规范性文件审查和处理】人民法院在审理行政案件中，经审查认为本法第五十三条规定的规范性文件不合法的，不作为认定行政行为合法的依据，并向制定机关提出处理建议。

第六十五条　【裁判文书公开】人民法院应当公开发生法律效力的判决书、裁定书，供公众查阅，但涉及国家秘密、商业秘密和个人隐私的内容除外。

第六十六条　【有关行政机关工作人员和被告的处理】人民法院在审理行政案件中，认为行政机关的主管人员、直接责任人员违法违纪的，应当将有关材料移送监察机关、该行政机关或者其上一级行政机关；认为有犯罪行为的，应当将有关材料移送公安、检察机关。

人民法院对被告经传票传唤无正当理由拒不到庭，或者未经法庭许可中途退庭的，可以将被告拒不到庭或者中途退庭的情况予以公告，并可以向监察机关或者被告的上一级行政机关提出依法给予其主要负责人或者直接责任人员处分的司法建议。

第二节　第一审普通程序

第六十七条　【发送起诉状和提出答辩状】人民法院应当在立案之日起五日内，将起诉状副本发送被告。被告应当在收到起诉状副本之日起十五日内向人民法院提交作出行政行为的证据和所依据的规范性文件，并提出答辩状。人民法院应当在收到答辩状之日起五日内，将答辩状副本发送原告。

被告不提出答辩状的，不影响人民法院审理。

第六十八条　【审判组织形式】人民法院审理行政案件，由审判员组成合议庭，或者由审判员、陪审员组成合议庭。合议庭的成员，应当是三人以上的单数。

第六十九条　【驳回原告诉讼请求】行政行为证据确凿，适用法律、法规正确，符合法定程序的，或者原告申请被告履行法定职责或者给付义务理由不成立的，人民法院判决驳回原告的诉讼请求。

第七十条　【撤销判决和重作判决】行政行为有下列情形之一的，人民法院判决撤销或者部分撤销，并可以判决被告重新作出行政行为：

（一）主要证据不足的；

（二）适用法律、法规错误的；

（三）违反法定程序的；

（四）超越职权的；

（五）滥用职权的；

（六）明显不当的。

第七十一条　【重作判决对被告的限制】人民法院判决被告重新作出行政行为的，被告不得以同一的事实和理由作出与原行政行为基本相同的行政行为。

第七十二条　【履行判决】人民法院经过审理，查明被告不履行法定职责的，判决被告在一定期限内履行。

第七十三条　【给付判决】人民法院经过审理，查明被告依法负有给付义务的，判决被告履行给付义务。

第七十四条 【确认违法判决】行政行为有下列情形之一的,人民法院判决确认违法,但不撤销行政行为:

(一)行政行为依法应当撤销,但撤销会给国家利益、社会公共利益造成重大损害的;

(二)行政行为程序轻微违法,但对原告权利不产生实际影响的。

行政行为有下列情形之一,不需要撤销或者判决履行的,人民法院判决确认违法:

(一)行政行为违法,但不具有可撤销内容的;

(二)被告改变原违法行政行为,原告仍要求确认原行政行为违法的;

(三)被告不履行或者拖延履行法定职责,判决履行没有意义的。

第七十五条 【确认无效判决】行政行为有实施主体不具有行政主体资格或者没有依据等重大且明显违法情形,原告申请确认行政行为无效的,人民法院判决确认无效。

第七十六条 【确认违法和无效判决的补充规定】人民法院判决确认违法或者无效的,可以同时判决责令被告采取补救措施;给原告造成损失的,依法判决被告承担赔偿责任。

第七十七条 【变更判决】行政处罚明显不当,或者其他行政行为涉及对款额的确定、认定确有错误的,人民法院可以判决变更。

人民法院判决变更,不得加重原告的义务或者减损原告的权益。但利害关系人同为原告,且诉讼请求相反的除外。

第七十八条 【行政协议履行及补偿判决】被告不依法履行、未按照约定履行或者违法变更、解除本法第十二条第一款第十一项规定的协议的,人民法院判决被告承担继续履行、采取补救措施或者赔偿损失等责任。

被告变更、解除本法第十二条第一款第十一项规定的协议合法,但未依法给予补偿的,人民法院判决给予补偿。

第七十九条 【复议决定和原行政行为一并裁判】复议机关与作出原行政行为的行政机关为共同被告的案件,人民法院应当对复议决定和原行政行为一并作出裁判。

第八十条 【公开宣判】人民法院对公开审理和不公开审理的案件,一律公开宣告判决。

当庭宣判的,应当在十日内发送判决书;定期宣判的,宣判后立即发给判决书。

宣告判决时,必须告知当事人上诉权利、上诉期限和上诉的人民法院。

第八十一条 【第一审审限】人民法院应当在立案之日起六个月内作出第一审判决。有特殊情况需要延长的,由高级人民法院批准,高级人民法院审理第一审案件需要延长的,由最高人民法院批准。

第三节 简易程序

第八十二条 【简易程序适用情形】人民法院审理下列第一审行政案件,认为事实清楚、权利义务关系明确、争议不大的,可以适用简易程序:

(一)被诉行政行为是依法当场作出的;

(二)案件涉及款额二千元以下的;

(三)属于政府信息公开案件的。

除前款规定以外的第一审行政案件,当事人各方同意适用简易程序的,可以适用简易程序。

发回重审、按照审判监督程序再审的案件不适用简易程序。

第八十三条 【简易程序的审判组织形式和审限】适用简易程序审理的行政案件,由审判员一人独任审理,并应当在立案之日起四十五日内审结。

第八十四条 【简易程序与普通程序的转换】人民法院在审理过程中,发现案件不宜适用简易程序的,裁定转为普通程序。

第四节 第二审程序

第八十五条 【上诉】当事人不服人民法院第一审判决的,有权在判决书送达之日起十五日内向上一级人民法院提起上诉。当事人不服人民法院第一审裁定的,有权在裁定书送达之日起十日内向上一级人民法院提起上诉。逾期不提起上诉的,人民法院的第一审判决或者裁定发生法律效力。

第八十六条 【二审审理方式】人民法院对上诉案件,应当组成合议庭,开庭审理。经过阅卷、调查和询问当事人,对没有提出新的事实、证据或者理由,合议庭认为不需要开庭审理的,也可以不开庭审理。

第八十七条 【二审审查范围】人民法院审理上诉案件,应当对原审人民法院的判决、裁定和被诉行政行为进行全面审查。

第八十八条 【二审审限】人民法院审理上诉案件,应当在收到上诉状之日起三个月内作出终审判决。有特殊情况需要延长的,由高级人民法院批准,高级人民法院审理上诉案件需要延长的,由最高人民法院批准。

第八十九条 【二审裁判】人民法院审理上诉案件,按照下列情形,分别处理:

（一）原判决、裁定认定事实清楚，适用法律、法规正确的，判决或者裁定驳回上诉，维持原判决、裁定；

（二）原判决、裁定认定事实错误或者适用法律、法规错误的，依法改判、撤销或者变更；

（三）原判决认定基本事实不清、证据不足，发回原审人民法院重审，或者查清事实后改判；

（四）原判决遗漏当事人或者违法缺席判决等严重违反法定程序的，裁定撤销原判决，发回原审人民法院重审。

原审人民法院对发回重审的案件作出判决后，当事人提起上诉的，第二审人民法院不得再次发回重审。

人民法院审理上诉案件，需要改变原审判决的，应当同时对被诉行政行为作出判决。

第五节 审判监督程序

第九十条 【当事人申请再审】 当事人对已经发生法律效力的判决、裁定，认为确有错误的，可以向上一级人民法院申请再审，但判决、裁定不停止执行。

第九十一条 【再审事由】 当事人的申请符合下列情形之一的，人民法院应当再审：

（一）不予立案或者驳回起诉确有错误的；

（二）有新的证据，足以推翻原判决、裁定的；

（三）原判决、裁定认定事实的主要证据不足、未经质证或者系伪造的；

（四）原判决、裁定适用法律、法规确有错误的；

（五）违反法律规定的诉讼程序，可能影响公正审判的；

（六）原判决、裁定遗漏诉讼请求的；

（七）据以作出原判决、裁定的法律文书被撤销或者变更的；

（八）审判人员在审理该案件时有贪污受贿、徇私舞弊、枉法裁判行为的。

第九十二条 【人民法院依职权再审】 各级人民法院院长对本院已经发生法律效力的判决、裁定，发现有本法第九十一条规定情形之一，或者发现调解违反自愿原则或者调解书内容违法，认为需要再审的，应当提交审判委员会讨论决定。

最高人民法院对地方各级人民法院、上级人民法院对下级人民法院已经发生法律效力的判决、裁定，发现有本法第九十一条规定情形之一，或者发现调解违反自愿原则或者调解书内容违法的，有权提审或者指令下级人民法院再审。

第九十三条 【抗诉和检察建议】 最高人民检察院对各级人民法院已经发生法律效力的判决、裁定，上级人民检察院对下级人民法院已经发生法律效力的判决、裁定，发现有本法第九十一条规定情形之一，或者发现调解书损害国家利益、社会公共利益的，应当提出抗诉。

地方各级人民检察院对同级人民法院已经发生法律效力的判决、裁定，发现有本法第九十一条规定情形之一，或者发现调解书损害国家利益、社会公共利益的，可以向同级人民法院提出检察建议，并报上级人民检察院备案；也可以提请上级人民检察院向同级人民法院提出抗诉。

各级人民检察院对审判监督程序以外的其他审判程序中审判人员的违法行为，有权向同级人民法院提出检察建议。

第八章 执 行

第九十四条 【生效裁判和调解书的执行】 当事人必须履行人民法院发生法律效力的判决、裁定、调解书。

第九十五条 【申请强制执行和执行管辖】 公民、法人或者其他组织拒绝履行判决、裁定、调解书的，行政机关或者第三人可以向第一审人民法院申请强制执行，或者由行政机关依法强制执行。

第九十六条 【对行政机关拒绝履行的执行措施】 行政机关拒绝履行判决、裁定、调解书的，第一审人民法院可以采取下列措施：

（一）对应当归还的罚款或者应当给付的款额，通知银行从该行政机关的账户内划拨；

（二）在规定期限内不履行的，从期满之日起，对该行政机关负责人按日处五十元至一百元的罚款；

（三）将行政机关拒绝履行的情况予以公告；

（四）向监察机关或者该行政机关的上一级行政机关提出司法建议。接受司法建议的机关，根据有关规定进行处理，并将处理情况告知人民法院；

（五）拒不履行判决、裁定、调解书，社会影响恶劣的，可以对该行政机关直接负责的主管人员和其他直接责任人员予以拘留；情节严重，构成犯罪的，依法追究刑事责任。

第九十七条 【非诉执行】 公民、法人或者其他组织对行政行为在法定期限内不提起诉讼又不履行的，行政机关可以申请人民法院强制执行，或者依法强制执行。

第九章 涉外行政诉讼

第九十八条 【涉外行政诉讼的法律适用原则】 外国人、无国籍人、外国组织在中华人民共和国进行行政诉讼，适用本法。法律另有规定的除外。

第九十九条 【同等与对等原则】 外国人、无国籍人、外国组织在中华人民共和国进行行政诉讼,同中华人民共和国公民、组织有同等的诉讼权利和义务。

外国法院对中华人民共和国公民、组织的行政诉讼权利加以限制的,人民法院对该国公民、组织的行政诉讼权利,实行对等原则。

第一百条　【中国律师代理】外国人、无国籍人、外国组织在中华人民共和国进行行政诉讼,委托律师代理诉讼的,应当委托中华人民共和国律师机构的律师。

第十章　附　则

第一百零一条　【适用民事诉讼法规定】人民法院审理行政案件,关于期间、送达、财产保全、开庭审理、调解、中止诉讼、终结诉讼、简易程序、执行等,以及人民检察院对行政案件受理、审理、裁判、执行的监督,本法没有规定的,适用《中华人民共和国民事诉讼法》的相关规定。

第一百零二条　【诉讼费用】人民法院审理行政案件,应当收取诉讼费用。诉讼费用由败诉方承担,双方都有责任的由双方分担。收取诉讼费用的具体办法另行规定。

第一百零三条　【施行日期】本法自1990年10月1日起施行。

中华人民共和国国家赔偿法

1. 1994年5月12日第八届全国人民代表大会常务委员会第七次会议通过
2. 根据2010年4月29日第十一届全国人民代表大会常务委员会第十四次会议《关于修改〈中华人民共和国国家赔偿法〉的决定》第一次修正
3. 根据2012年10月26日第十一届全国人民代表大会常务委员会第二十九次会议《关于修改〈中华人民共和国国家赔偿法〉的决定》第二次修正

目　录

第一章　总　则
第二章　行政赔偿
　第一节　赔偿范围
　第二节　赔偿请求人和赔偿义务机关
　第三节　赔偿程序
第三章　刑事赔偿
　第一节　赔偿范围
　第二节　赔偿请求人和赔偿义务机关
　第三节　赔偿程序
第四章　赔偿方式和计算标准
第五章　其他规定
第六章　附　则

第一章　总　则

第一条　【立法宗旨和依据】为保障公民、法人和其他组织享有依法取得国家赔偿的权利,促进国家机关依法行使职权,根据宪法,制定本法。

第二条　【国家赔偿归责原则及赔偿义务机关】国家机关和国家机关工作人员行使职权,有本法规定的侵犯公民、法人和其他组织合法权益的情形,造成损害的,受害人有依照本法取得国家赔偿的权利。

本法规定的赔偿义务机关,应当依照本法及时履行赔偿义务。

第二章　行政赔偿

第一节　赔偿范围

第三条　【侵犯人身权的行政赔偿范围】行政机关及其工作人员在行使行政职权时有下列侵犯人身权情形之一的,受害人有取得赔偿的权利:

(一)违法拘留或者违法采取限制公民人身自由的行政强制措施的;

(二)非法拘禁或者以其他方法非法剥夺公民人身自由的;

(三)以殴打、虐待等行为或者唆使、放纵他人以殴打、虐待等行为造成公民身体伤害或者死亡的;

(四)违法使用武器、警械造成公民身体伤害或者死亡的;

(五)造成公民身体伤害或者死亡的其他违法行为。

第四条　【侵犯财产权的行政赔偿范围】行政机关及其工作人员在行使行政职权时有下列侵犯财产权情形之一的,受害人有取得赔偿的权利:

(一)违法实施罚款、吊销许可证和执照、责令停产停业、没收财物等行政处罚的;

(二)违法对财产采取查封、扣押、冻结等行政强制措施的;

(三)违法征收、征用财产的;

(四)造成财产损害的其他违法行为。

第五条　【行政侵权中的免责情形】属于下列情形之一的,国家不承担赔偿责任:

(一)行政机关工作人员与行使职权无关的个人行为;

（二）因公民、法人和其他组织自己的行为致使损害发生的；

（三）法律规定的其他情形。

第二节 赔偿请求人和赔偿义务机关

第六条 【行政赔偿请求人】 受害的公民、法人和其他组织有权要求赔偿。

受害的公民死亡，其继承人和其他有扶养关系的亲属有权要求赔偿。

受害的法人或者其他组织终止的，其权利承受人有权要求赔偿。

第七条 【行政赔偿义务机关】 行政机关及其工作人员行使行政职权侵犯公民、法人和其他组织的合法权益造成损害的，该行政机关为赔偿义务机关。

两个以上行政机关共同行使行政职权时侵犯公民、法人和其他组织的合法权益造成损害的，共同行使行政职权的行政机关为共同赔偿义务机关。

法律、法规授权的组织在行使授予的行政权力时侵犯公民、法人和其他组织的合法权益造成损害的，被授权的组织为赔偿义务机关。

受行政机关委托的组织或者个人在行使受委托的行政权力时侵犯公民、法人和其他组织的合法权益造成损害的，委托的行政机关为赔偿义务机关。

赔偿义务机关被撤销的，继续行使其职权的行政机关为赔偿义务机关；没有继续行使其职权的行政机关的，撤销该赔偿义务机关的行政机关为赔偿义务机关。

第八条 【经过行政复议的赔偿义务机关】 经复议机关复议的，最初造成侵权行为的行政机关为赔偿义务机关，但复议机关的复议决定加重损害的，复议机关对加重的部分履行赔偿义务。

第三节 赔偿程序

第九条 【赔偿请求人要求行政赔偿的途径】 赔偿义务机关有本法第三条、第四条规定情形之一的，应当给予赔偿。

赔偿请求人要求赔偿，应当先向赔偿义务机关提出，也可以在申请行政复议或者提起行政诉讼时一并提出。

第十条 【行政赔偿的共同赔偿义务机关】 赔偿请求人可以向共同赔偿义务机关中的任何一个赔偿义务机关要求赔偿，该赔偿义务机关应当先予赔偿。

第十一条 【根据损害提出数项赔偿要求】 赔偿请求人根据受到的不同损害，可以同时提出数项赔偿要求。

第十二条 【赔偿请求人递交赔偿申请书】 要求赔偿应当递交申请书，申请书应当载明下列事项：

（一）受害人的姓名、性别、年龄、工作单位和住所，法人或者其他组织的名称、住所和法定代表人或者主要负责人的姓名、职务；

（二）具体的要求、事实根据和理由；

（三）申请的年、月、日。

赔偿请求人书写申请书确有困难的，可以委托他人代书；也可以口头申请，由赔偿义务机关记入笔录。

赔偿请求人不是受害人本人的，应当说明与受害人的关系，并提供相应证明。

赔偿请求人当面递交申请书的，赔偿义务机关应当当场出具加盖本行政机关专用印章并注明收讫日期的书面凭证。申请材料不齐全的，赔偿义务机关应当当场或者在五日内一次性告知赔偿请求人需要补正的全部内容。

第十三条 【行政赔偿义务机关作出赔偿决定】 赔偿义务机关应当自收到申请之日起两个月内，作出是否赔偿的决定。赔偿义务机关作出赔偿决定，应当充分听取赔偿请求人的意见，并可以与赔偿请求人就赔偿方式、赔偿项目和赔偿数额依照本法第四章的规定进行协商。

赔偿义务机关决定赔偿的，应当制作赔偿决定书，并自作出决定之日起十日内送达赔偿请求人。

赔偿义务机关决定不予赔偿的，应当自作出决定之日起十日内书面通知赔偿请求人，并说明不予赔偿的理由。

第十四条 【赔偿请求人向法院提起诉讼】 赔偿义务机关在规定期限内未作出是否赔偿的决定，赔偿请求人可以自期限届满之日起三个月内，向人民法院提起诉讼。

赔偿请求人对赔偿的方式、项目、数额有异议的，或者赔偿义务机关作出不予赔偿决定的，赔偿请求人可以自赔偿义务机关作出赔偿或者不予赔偿决定之日起三个月内，向人民法院提起诉讼。

第十五条 【举证责任】 人民法院审理行政赔偿案件，赔偿请求人和赔偿义务机关对自己提出的主张，应当提供证据。

赔偿义务机关采取行政拘留或者限制人身自由的强制措施期间，被限制人身自由的人死亡或者丧失行为能力的，赔偿义务机关的行为与被限制人身自由的人的死亡或者丧失行为能力是否存在因果关系，赔偿义务机关应当提供证据。

第十六条　【行政追偿】赔偿义务机关赔偿损失后,应当责令有故意或者重大过失的工作人员或者受委托的组织或者个人承担部分或者全部赔偿费用。

对有故意或者重大过失的责任人员,有关机关应当依法给予处分;构成犯罪的,应当依法追究刑事责任。

第三章　刑事赔偿
第一节　赔偿范围

第十七条　【侵犯人身权的刑事赔偿范围】行使侦查、检察、审判职权的机关以及看守所、监狱管理机关及其工作人员在行使职权时有下列侵犯人身权情形之一的,受害人有取得赔偿的权利:

（一）违反刑事诉讼法的规定对公民采取拘留措施的,或者依照刑事诉讼法规定的条件和程序对公民采取拘留措施,但是拘留时间超过刑事诉讼法规定的时限,其后决定撤销案件、不起诉或者判决宣告无罪终止追究刑事责任的;

（二）对公民采取逮捕措施后,决定撤销案件、不起诉或者判决宣告无罪终止追究刑事责任的;

（三）依照审判监督程序再审改判无罪,原判刑罚已经执行的;

（四）刑讯逼供或者以殴打、虐待等行为或者唆使、放纵他人以殴打、虐待等行为造成公民身体伤害或者死亡的;

（五）违法使用武器、警械造成公民身体伤害或者死亡的。

第十八条　【侵犯财产权的刑事赔偿范围】行使侦查、检察、审判职权的机关以及看守所、监狱管理机关及其工作人员在行使职权时有下列侵犯财产权情形之一的,受害人有取得赔偿的权利:

（一）违法对财产采取查封、扣押、冻结、追缴等措施的;

（二）依照审判监督程序再审改判无罪,原判罚金、没收财产已经执行的。

第十九条　【刑事赔偿免责情形】属于下列情形之一的,国家不承担赔偿责任:

（一）因公民自己故意作虚伪供述,或者伪造其他有罪证据被羁押或者被判处刑罚的;

（二）依照刑法第十七条、第十八条规定不负刑事责任的人被羁押的;

（三）依照刑事诉讼法第十五条、第一百七十三条第二款、第二百七十三条第二款、第二百七十九条规定不追究刑事责任的人被羁押的;

（四）行使侦查、检察、审判职权的机关以及看守所、监狱管理机关的工作人员与行使职权无关的个人行为;

（五）因公民自伤、自残等故意行为致使损害发生的;

（六）法律规定的其他情形。

第二节　赔偿请求人和赔偿义务机关

第二十条　【刑事赔偿请求人】赔偿请求人的确定依照本法第六条的规定。

第二十一条　【刑事赔偿义务机关】行使侦查、检察、审判职权的机关以及看守所、监狱管理机关及其工作人员在行使职权时侵犯公民、法人和其他组织的合法权益造成损害的,该机关为赔偿义务机关。

对公民采取拘留措施,依照本法的规定应当给予国家赔偿的,作出拘留决定的机关为赔偿义务机关。

对公民采取逮捕措施后决定撤销案件、不起诉或者判决宣告无罪的,作出逮捕决定的机关为赔偿义务机关。

再审改判无罪的,作出原生效判决的人民法院为赔偿义务机关。二审改判无罪,以及二审发回重审后作无罪处理的,作出一审有罪判决的人民法院为赔偿义务机关。

第三节　赔偿程序

第二十二条　【刑事赔偿的提出和赔偿义务机关先行处理】赔偿义务机关有本法第十七条、第十八条规定情形之一的,应当给予赔偿。

赔偿请求人要求赔偿,应当先向赔偿义务机关提出。

赔偿请求人提出赔偿请求,适用本法第十一条、第十二条的规定。

第二十三条　【刑事赔偿义务机关赔偿决定的作出】赔偿义务机关应当自收到申请之日起两个月内,作出是否赔偿的决定。赔偿义务机关作出赔偿决定,应当充分听取赔偿请求人的意见,并可以与赔偿请求人就赔偿方式、赔偿项目和赔偿数额依照本法第四章的规定进行协商。

赔偿义务机关决定赔偿的,应当制作赔偿决定书,并自作出决定之日起十日内送达赔偿请求人。

赔偿义务机关决定不予赔偿的,应当自作出决定之日起十日内书面通知赔偿请求人,并说明不予赔偿的理由。

第二十四条 【刑事赔偿复议申请的提出】赔偿义务机关在规定期限内未作出是否赔偿的决定,赔偿请求人可以自期限届满之日起三十日内向赔偿义务机关的上一级机关申请复议。

赔偿请求人对赔偿的方式、项目、数额有异议的,或者赔偿义务机关作出不予赔偿决定的,赔偿请求人可以自赔偿义务机关作出赔偿或者不予赔偿决定之日起三十日内,向赔偿义务机关的上一级机关申请复议。

赔偿义务机关是人民法院的,赔偿请求人可以依照本条规定向其上一级人民法院赔偿委员会申请作出赔偿决定。

第二十五条 【刑事赔偿复议的处理和对复议决定的救济】复议机关应当自收到申请之日起两个月内作出决定。

赔偿请求人不服复议决定的,可以在收到复议决定之日起三十日内向复议机关所在地的同级人民法院赔偿委员会申请作出赔偿决定;复议机关逾期不作决定的,赔偿请求人可以自期限届满之日起三十日内向复议机关所在地的同级人民法院赔偿委员会申请作出赔偿决定。

第二十六条 【举证责任分配】人民法院赔偿委员会处理赔偿请求,赔偿请求人和赔偿义务机关对自己提出的主张,应当提供证据。

被羁押人在羁押期间死亡或者丧失行为能力的,赔偿义务机关的行为与被羁押人的死亡或者丧失行为能力是否存在因果关系,赔偿义务机关应当提供证据。

第二十七条 【赔偿委员会办理案件程序】人民法院赔偿委员会处理赔偿请求,采取书面审查的办法。必要时,可以向有关单位和人员调查情况、收集证据。赔偿请求人与赔偿义务机关对损害事实及因果关系有争议的,赔偿委员会可以听取赔偿请求人和赔偿义务机关的陈述和申辩,并可以进行质证。

第二十八条 【赔偿委员会办理案件期限】人民法院赔偿委员会应当自收到赔偿申请之日起三个月内作出决定;属于疑难、复杂、重大案件的,经本院院长批准,可以延长三个月。

第二十九条 【赔偿委员会的组成】中级以上的人民法院设立赔偿委员会,由人民法院三名以上审判员组成,组成人员的人数应当为单数。

赔偿委员会作赔偿决定,实行少数服从多数的原则。

赔偿委员会作出的赔偿决定,是发生法律效力的决定,必须执行。

第三十条 【赔偿委员会重新审查程序】赔偿请求人或者赔偿义务机关对赔偿委员会作出的决定,认为确有错误的,可以向上一级人民法院赔偿委员会提出申诉。

赔偿委员会作出的赔偿决定生效后,如发现赔偿决定违反本法规定的,经本院院长决定或者上级人民法院指令,赔偿委员会应当在两个月内重新审查并依法作出决定,上一级人民法院赔偿委员会也可以直接审查并作出决定。

最高人民检察院对各级人民法院赔偿委员会作出的决定,上级人民检察院对下级人民法院赔偿委员会作出的决定,发现违反本法规定的,应当向同级人民法院赔偿委员会提出意见,同级人民法院赔偿委员会应当在两个月内重新审查并依法作出决定。

第三十一条 【刑事赔偿的追偿】赔偿义务机关赔偿后,应当向有下列情形之一的工作人员追偿部分或者全部赔偿费用:

(一)有本法第十七条第四项、第五项规定情形的;

(二)在处理案件中有贪污受贿,徇私舞弊,枉法裁判行为的。

对有前款规定情形的责任人员,有关机关应当依法给予处分;构成犯罪的,应当依法追究刑事责任。

第四章 赔偿方式和计算标准

第三十二条 【赔偿方式】国家赔偿以支付赔偿金为主要方式。

能够返还财产或者恢复原状的,予以返还财产或者恢复原状。

第三十三条 【人身自由的国家赔偿标准】侵犯公民人身自由的,每日赔偿金按照国家上年度职工日平均工资计算。

第三十四条 【生命健康权的国家赔偿标准】侵犯公民生命健康权的,赔偿金按照下列规定计算:

(一)造成身体伤害的,应当支付医疗费、护理费,以及赔偿因误工减少的收入。减少的收入每日的赔偿金按照国家上年度职工日平均工资计算,最高额为国家上年度职工年平均工资的五倍;

(二)造成部分或者全部丧失劳动能力的,应当支付医疗费、护理费、残疾生活辅助具费、康复费等因残疾而增加的必要支出和继续治疗所必需的费用,以及残疾赔偿金。残疾赔偿金根据丧失劳动能力的程度,按照国家规定的伤残等级确定,最高不超过国家上年

度职工年平均工资的二十倍。造成全部丧失劳动能力的,对其扶养的无劳动能力的人,还应当支付生活费;

(三)造成死亡的,应当支付死亡赔偿金、丧葬费,总额为国家上年度职工年平均工资的二十倍。对死者生前扶养的无劳动能力的人,还应当支付生活费。

前款第二项、第三项规定的生活费的发放标准,参照当地最低生活保障标准执行。被扶养的人是未成年人的,生活费给付至十八周岁止;其他无劳动能力的人,生活费给付至死亡时止。

第三十五条 【精神损害的国家赔偿标准】有本法第三条或者第十七条规定情形之一,致人精神损害的,应当在侵权行为影响的范围内,为受害人消除影响,恢复名誉,赔礼道歉;造成严重后果的,应当支付相应的精神损害抚慰金。

第三十六条 【财产权的国家赔偿标准】侵犯公民、法人和其他组织的财产权造成损害的,按照下列规定处理:

(一)处罚款、罚金、追缴、没收财产或者违法征收、征用财产的,返还财产;

(二)查封、扣押、冻结财产的,解除对财产的查封、扣押、冻结,造成财产损坏或者灭失的,依照本条第三项、第四项的规定赔偿;

(三)应当返还的财产损坏的,能够恢复原状的恢复原状,不能恢复原状的,按照损害程度给付相应的赔偿金;

(四)应当返还的财产灭失的,给付相应的赔偿金;

(五)财产已经拍卖或者变卖的,给付拍卖或者变卖所得的价款;变卖的价款明显低于财产价值的,应当支付相应的赔偿金;

(六)吊销许可证和执照、责令停产停业的,赔偿停产停业期间必要的经常性费用开支;

(七)返还执行的罚款或者罚金、追缴或者没收的金钱,解除冻结的存款或者汇款的,应当支付银行同期存款利息;

(八)对财产权造成其他损害的,按照直接损失给予赔偿。

第三十七条 【国家赔偿费用】赔偿费用列入各级财政预算。

赔偿请求人凭生效的判决书、复议决定书、赔偿决定书或者调解书,向赔偿义务机关申请支付赔偿金。

赔偿义务机关应当自收到支付赔偿金申请之日起七日内,依照预算管理权限向有关的财政部门提出支付申请。财政部门应当自收到支付申请之日起十五日内支付赔偿金。

赔偿费用预算与支付管理的具体办法由国务院规定。

第五章 其他规定

第三十八条 【民事、行政诉讼中的司法赔偿】人民法院在民事诉讼、行政诉讼过程中,违法采取对妨害诉讼的强制措施、保全措施或者对判决、裁定及其他生效法律文书执行错误,造成损害的,赔偿请求人要求赔偿的程序,适用本法刑事赔偿程序的规定。

第三十九条 【国家赔偿请求时效】赔偿请求人请求国家赔偿的时效为两年,自其知道或者应当知道国家机关及其工作人员行使职权时的行为侵犯其人身权、财产权之日起计算,但被羁押等限制人身自由期间不计算在内。在申请行政复议或者提起行政诉讼时一并提出赔偿请求的,适用行政复议法、行政诉讼法有关时效的规定。

赔偿请求人在赔偿请求时效的最后六个月内,因不可抗力或者其他障碍不能行使请求权的,时效中止。从中止时效的原因消除之日起,赔偿请求时效期间继续计算。

第四十条 【对等原则】外国人、外国企业和组织在中华人民共和国领域内要求中华人民共和国国家赔偿的,适用本法。

外国人、外国企业和组织的所属国对中华人民共和国公民、法人和其他组织要求该国国家赔偿的权利不予保护或者限制的,中华人民共和国与该外国人、外国企业和组织的所属国实行对等原则。

第六章 附 则

第四十一条 【不得收费和征税】赔偿请求人要求国家赔偿的,赔偿义务机关、复议机关和人民法院不得向赔偿请求人收取任何费用。

对赔偿请求人取得的赔偿金不予征税。

第四十二条 【施行日期】本法自1995年1月1日起施行。

公安机关督察条例

1. 1997年6月20日国务院令第220号公布
2. 2011年8月31日国务院令第603号修订
3. 自2011年10月1日起施行

第一条 为了完善公安机关监督机制,保障公安机关及其人民警察依法履行职责、行使职权和遵守纪律,根据《中华人民共和国人民警察法》的规定,制定本条例。

第二条 公安部督察委员会领导全国公安机关的督察工作,负责对公安部所属单位和下级公安机关及其人民警察依法履行职责、行使职权和遵守纪律的情况进行监督,对公安部部长负责。公安部督察机构承担公安部督察委员会办事机构职能。

县级以上地方各级人民政府公安机关督察机构,负责对本级公安机关所属单位和下级公安机关及其人民警察依法履行职责、行使职权和遵守纪律的情况进行监督,对上一级公安机关督察机构和本级公安机关行政首长负责。

县级以上地方各级人民政府公安机关的督察机构为执法勤务机构,由专职人员组成,实行队建制。

第三条 公安部设督察长,由公安部一名副职领导成员担任。

县级以上地方各级人民政府公安机关设督察长,由公安机关行政首长兼任。

第四条 督察机构对公安机关及其人民警察依法履行职责、行使职权和遵守纪律的下列事项,进行现场督察:

(一)重要的警务部署、措施、活动的组织实施情况;

(二)重大社会活动的秩序维护和重点地区、场所治安管理的组织实施情况;

(三)治安突发事件的处置情况;

(四)刑事案件、治安案件的受理、立案、侦查、调查、处罚和强制措施的实施情况;

(五)治安、交通、户政、出入境、边防、消防、警卫等公安行政管理法律、法规的执行情况;

(六)使用武器、警械以及警用车辆、警用标志的情况;

(七)处置公民报警、请求救助和控告申诉的情况;

(八)文明执勤、文明执法和遵守警容风纪规定的情况;

(九)组织管理和警务保障的情况;

(十)公安机关及其人民警察依法履行职责、行使职权和遵守纪律的其他情况。

第五条 督察机构可以向本级公安机关所属单位和下级公安机关派出督察人员进行督察,也可以指令下级公安机关督察机构对专门事项进行督察。

第六条 县级以上地方各级人民政府公安机关督察机构查处违法违纪行为,应当向上一级公安机关督察机构报告查处情况;下级公安机关督察机构查处不力的,上级公安机关督察机构可以直接进行督察。

第七条 督察机构可以派出督察人员参加本级公安机关或者下级公安机关的警务工作会议和重大警务活动的部署。

第八条 督察机构应当开展警务评议活动,听取国家机关、社会团体、企业事业组织和人民群众对公安机关及其人民警察的意见。

第九条 督察机构对群众投诉的正在发生的公安机关及其人民警察违法违纪行为,应当及时出警,按照规定给予现场处置,并将处理结果及时反馈投诉人。

投诉人的投诉事项已经进入信访、行政复议或者行政诉讼程序的,督察机构应当将投诉材料移交有关部门。

第十条 督察机构对本级公安机关所属单位和下级公安机关拒不执行法律、法规和上级决定、命令的,可以责令执行;对本级公安机关所属单位或者下级公安机关作出的错误决定、命令,可以决定撤销或者变更,报本级公安机关行政首长批准后执行。

第十一条 督察人员在现场督察中发现公安机关人民警察违法违纪的,可以采取下列措施,当场处置:

(一)对违反警容风纪规定的,可以当场予以纠正;

(二)对违反规定使用武器、警械以及警用车辆、警用标志的,可以扣留其武器、警械、警用车辆、警用标志;

(三)对违法违纪情节严重、影响恶劣的,以及拒绝、阻碍督察人员执行现场督察工作任务的,必要时,可以带离现场。

第十二条 督察机构认为公安机关人民警察违反纪律需要采取停止执行职务、禁闭措施的,由督察机构作出决定,报本级公安机关督察长批准后执行。

停止执行职务的期限为10日以上60日以下;禁闭的期限为1日以上7日以下。

第十三条 督察机构认为公安机关人民警察需要给予处分或者降低警衔、取消警衔的,督察机构应当提出建议,移送有关部门依法处理。

督察机构在督察工作中发现公安机关人民警察涉嫌犯罪的,移送司法机关依法处理。

第十四条 公安机关人民警察对停止执行职务和禁闭决定不服的,可以在被停止执行职务或者被禁闭期间向作出决定的公安机关的上一级公安机关提出申诉。由公安部督察机构作出的停止执行职务、禁闭的决定,受理申诉的机关是公安部督察委员会。

受理申诉的公安机关对不服停止执行职务的申诉,应当自收到申诉之日起 5 日内作出是否撤销停止执行职务的决定;对不服禁闭的申诉,应当在收到申诉之时起 24 小时内作出是否撤销禁闭的决定。

申诉期间,停止执行职务、禁闭决定不停止执行。

受理申诉的公安机关认为停止执行职务、禁闭决定确有错误的,应当予以撤销,并在适当范围内为当事人消除影响,恢复名誉。

第十五条 督察人员在督察工作中,必须实事求是,严格依法办事,接受监督。

督察机构及其督察人员对于公安机关及其人民警察依法履行职责、行使职权的行为应当予以维护。

第十六条 督察人员应当具备下列条件:

(一)坚持原则,忠于职守,清正廉洁,不徇私情,严守纪律;

(二)具有大学专科以上学历和法律专业知识、公安业务知识;

(三)具有 3 年以上公安工作经历和一定的组织管理能力;

(四)经过专门培训合格。

第十七条 督察人员执行督察任务,应当佩带督察标志或者出示督察证件。

督察标志和督察证件的式样由公安部制定。

第十八条 本条例自 2011 年 10 月 1 日起施行。

公安机关信访工作规定

1. 2023 年 5 月 19 日公安部发布
2. 公通字〔2023〕9 号
3. 自 2023 年 7 月 1 日起施行

第一章 总 则

第一条 为了坚持和加强党对公安信访工作的全面领导,做好新时代公安信访工作,密切党群关系、警民关系,根据《信访工作条例》和有关法律法规,结合公安工作实际,制定本规定。

第二条 公安信访工作是公安机关群众工作的重要组成部分,是公安机关了解社情民意、听取意见建议、检验执法质效、

维护群众权益的一项重要工作,是公安机关接受群众监督、提升执法水平、改进工作作风、加强队伍建设的重要途径。

第三条 公安信访工作坚持以习近平新时代中国特色社会主义思想为指导,贯彻落实习近平法治思想、习近平总书记关于加强和改进人民信访工作的重要思想、关于新时代公安工作的重要论述,践行对党忠诚、服务人民、执法公正、纪律严明总要求,切实担负起为民解难、为党分忧的政治责任,服务党和国家大局,促进社会和谐稳定。

第四条 公安信访工作应当坚持党的全面领导、坚持以人民为中心、坚持依法按政策解决问题、坚持源头治理化解矛盾,按照"属地管理、分级负责""谁主管、谁负责"原则,落实信访工作责任。

第五条 公安机关应当坚持改革创新,不断完善信访工作制度体系,畅通信访渠道,优化业务流程,规范信访秩序,依法分类处理信访诉求,提升信访工作质量、效率和公信力。

第六条 公安机关及其工作人员处理信访事项,应当恪尽职守、秉公办事,查明事实、分清责任,加强教育疏导,及时妥善处理,不得推诿、敷衍、拖延。

公安机关应当将涉法涉诉信访事项与普通信访事项相分离,适用不同程序处理。

公安机关工作人员与信访事项或者信访人有直接利害关系的,应当回避。

第七条 公安机关应当科学、民主决策,依法履行职责,严格规范公正文明执法,从源头上预防和减少信访事项的发生。

第二章 信访工作体制和机制

第八条 公安机关应当构建党委领导、信访工作领导小组统筹协调、信访部门推动落实、相关部门各负其责、各方齐抓共管的信访工作格局。

第九条 公安信访工作应当坚持党的领导:

(一)贯彻落实党中央关于信访工作的方针政策和决策部署,执行上级党组织关于信访工作的部署要求;

(二)强化政治引领,把握信访工作的政治方向和政治原则,严明政治纪律和政治规矩;

(三)公安机关党委定期听取汇报,研究解决重要信访问题。

第十条 公安机关应当成立由主要领导任组长,有关领导任副组长,相关部门主要领导为成员的信访工作领导小组。信访工作领导小组履行下列职责:

(一)分析信访工作形势,为党委决策提供参考;

(二)督促落实信访工作的方针政策和决策部署;

(三)统筹协调、组织推进信访工作,督导落实信

访工作责任；

（四）协调处理影响较大或者办理部门存在争议的信访事项；

（五）承担本级公安机关党委交办的其他事项。

信访工作领导小组应当每年向本级公安机关党委报告工作情况，定期召开会议听取各成员单位信访工作报告。

第十一条　县级以上公安机关应当建立信访工作机构，设立专门接待场所。

信访问题突出的部门应当结合实际，确定承担信访工作的机构及人员。

第十二条　信访部门是开展信访工作的专门机构，履行下列职责：

（一）接收、登记信访事项；

（二）受理、办理、转送、交办信访事项；

（三）协调、督促、检查重要信访事项的处理、落实；

（四）综合反映信访信息，分析研判信访情况；

（五）指导相关部门和下级公安机关的信访工作；

（六）提出改进工作、完善政策和追究责任的建议；

（七）承担本级公安信访工作领导小组办公室职责；

（八）承担本级公安机关党委和上级机关交办的其他信访事项。

第十三条　公安机关相关部门应当按照分工，履行下列职责：

（一）承办属于职责范围内的信访事项；

（二）向信访部门回复转送信访事项的处理结果；

（三）分析本部门信访问题成因，针对性改进工作；

（四）承担本级公安信访工作领导小组交办的其他事项。

第十四条　公安机关应当坚持社会矛盾纠纷多元预防调处化解机制，拓宽社会力量参与信访工作的制度化渠道，综合运用法律、政策、经济、行政等手段和教育、协商、疏导等办法，多措并举化解矛盾纠纷。

公安机关应当依法按政策及时解决群众合理合法诉求，耐心细致进行教育解释，对符合条件的帮助予以司法救助。

第十五条　公安机关领导干部应当阅办群众来信和网上信访，定期接待群众来访和约访下访，调研督导信访工作，包案化解疑难、复杂和群众反映强烈的信访问题。

公安机关应当落实属地责任，认真接待处理群众来访，把问题解决在当地，引导信访人就地反映问题。建立完善联合接访工作机制，根据工作需要组织有关部门联合接待，一站式解决信访问题。

第十六条　公安机关应当建立重大信访信息报告和处理制度。对可能造成社会影响的重大、紧急信访事项和信访信息，应当及时报告本级党委政府和上一级公安机关，通报本级信访工作联席会议办公室，并在职责范围内依法及时采取措施，防止不良影响的产生、扩大。

第十七条　公安机关应当加强信访工作信息化、智能化建设，在依规依法、安全可靠的前提下，稳妥推进信访信息系统与本级党委政府信访部门、公安机关部门间互联互通、信息共享。

信访部门应当将信访事项的接收、处理等信息录入信访信息系统，使网上信访、来信、来访、来电的信息在网上流转，方便信访人查询处理情况、评价信访事项办理结果。

第十八条　公安机关应当加强信访队伍建设，选优配强领导班子，配备与形势任务相适应的工作力量，建立健全信访督察专员制度。建立完善优秀年轻干部、新提拔干部到信访岗位锻炼机制，深化信访工作人才库建设。应当关爱信访干部，落实轮岗交流，重视优秀干部使用，加强典型培养选树，打造高素质专业化信访干部队伍。

公安机关应当将信访工作列为各类教育培训公共课程和公安院校必修课程。

第十九条　公安机关应当为信访工作提供必要的支持和保障，所需经费列入本级预算。

第三章　信访事项的分类处理

第二十条　公安机关办理涉及公安机关及其工作人员履行职责、队伍管理问题的信访事项。

第二十一条　根据信访事项的性质、内容和主要诉求，信访事项分为申诉求决类、建议意见类、检举控告类等事项。

信访事项既有申诉求决诉求又有检举控告诉求，检举控告有实质内容的，分别处理；检举控告无实质内容的，按申诉求决类事项处理。

第二十二条　对申诉求决类信访事项，根据诉求内容及处理的程序，分为下列事项：

（一）通过法律程序处理的事项；

（二）通过复核、申诉等程序解决的人事争议事项；

（三）通过党员申诉、申请复审等程序解决的事项；

（四）不属于以上情形的事项。

第二十三条 符合下列诉求的信访事项属于通过法律程序处理的事项：

（一）申请查处违法犯罪行为、保护人身权或者财产权等合法权益的；

（二）可以通过行政裁决、行政确认、行政许可、行政处罚、政府信息公开等行程序解决的；

（三）对公安机关作出的行政行为不服的；

（四）对公安机关依据刑事诉讼法授权的行为不服的；

（五）认为公安机关及其工作人员行使职权侵犯合法权益，造成损害，要求取得国家赔偿的；

（六）对公安机关出具或者委托其他机构出具的认定、鉴定意见不服，要求复核或者重新认定、鉴定的；

（七）公安机关通过法律程序处理的其他事项。

第二十四条 建议意见类信访事项由所提建议意见指向公安机关涉及职责的相关部门办理。

第二十五条 检举控告类信访事项由对被检举控告人有管理权限的公安机关纪律检查、组织人事等部门办理。

第二十六条 本规定第二十二条第一项至第三项信访事项，依照党内法规和法律法规由有权处理的公安机关相关部门办理；本规定第二十二条第四项信访事项，由诉求内容指向公安机关的信访部门办理。

第二十七条 信访事项涉及两个以上公安机关的，由相关公安机关协商；协商不成，由共同的上一级公安机关指定的公安机关办理。

必要时，上级公安机关可以直接办理由下级公安机关办理的信访事项。

办理信访事项的公安机关分立、合并、撤销的，由继续行使其职权的公安机关办理；没有继续行使其职权的公安机关，由原公安机关的上一级公安机关或者其指定的公安机关办理。

第二十八条 信访事项涉及公安机关两个以上部门，或者相关部门对承办信访事项有异议的，由信访部门与相关部门协商；协商不成，由信访部门提出意见后提请本级信访工作领导小组决定。

信访事项涉及的部门分立、合并、撤销的，由继续行使其职权的部门承办；继续行使其职权的部门不明确的，由信访部门提出意见后提请本级信访工作领导小组决定。

第四章 信访事项的提出和接收

第二十九条 公安机关应当向社会公布网络信访渠道、通信地址、投诉电话、信访接待的时间和地点、查询信访事项处理进展及结果的方式等相关事项。在信访接待场所或者互联网门户网站公布与信访工作有关的党内法规和法律法规、规范性文件，信访事项的处理程序，以及为信访人提供便利的其他事项。

第三十条 信访人一般应当采用书面形式并通过本规定第二十九条规定的信访渠道提出信访事项，载明其姓名（名称）、住址、联系方式和请求、事实、理由。对采用口头形式提出的信访事项，接待部门应当如实记录。

第三十一条 信访人采用走访形式提出信访事项的，应当到有权处理的公安机关或者上一级公安机关设立或者指定的接待场所提出。

多人采用走访形式提出共同的信访事项的，应当推选代表，代表人数不得超过5人。

第三十二条 信访人在信访过程中应当遵守法律、法规，不得损害国家、社会、集体的利益和其他公民的合法权利，自觉维护社会公共秩序和信访秩序，不得有下列行为：

（一）在机关、单位办公场所周围、公共场所非法聚集、围堵、冲击机关、单位，拦截公务车辆，或者堵塞、阻断交通；

（二）携带危险物品、管制器具；

（三）侮辱、殴打、威胁机关、单位工作人员，非法限制他人人身自由，或者毁坏财物；

（四）在信访接待场所滞留、滋事，或者将生活不能自理的人弃留在信访接待场所；

（五）煽动、串联、胁迫、以财物诱使、幕后操纵他人信访，或者以信访为名借机敛财；

（六）其他扰乱公共秩序、妨害国家和公共安全的行为。

第三十三条 对信访人直接提出的信访事项，公安机关应当接收，登记录入信访信息系统，按照下列方式处理：

（一）属于本机关职权范围且属于本规定第三十五条情形的，由信访部门转送有权处理的部门，并告知信访人接收情况以及处理途径和程序；属于本机关职权范围且属于本规定第二十二条第四项情形的，予以受理并告知信访人；

（二）属于下级公安机关职权范围的，自收到信访事项之日起15日内转送有权处理机关，转送信访事项中的重要情况需要反馈处理结果的予以交办，要求在指定期限内反馈结果，并告知信访人转送、交办去向；

（三）不属于本机关及下级公安机关职权范围的，告知信访人向有权处理的机关、单位提出。

前款规定的告知信访人,能够当场告知的,应当当场书面告知;不能当场告知的,应当自收到信访事项之日起15日内书面告知信访人,但信访人的姓名(名称)、住址不清的除外。

第三十四条 对党委政府信访部门和上级公安机关转送、交办的信访事项,按照下列方式处理:

(一)属于本机关职权范围的,按照本规定第三十三条第一款第一项、第二款规定处理;

(二)属于下级公安机关职权范围的,及时转送、交办有权处理机关;

(三)不属于本机关及下级公安机关职权范围的,自收到信访事项之日起5个工作日内提出异议并说明理由,经转送、交办的党委政府部门或者上级机关同意后退回;未能退回的,自收到信访事项之日起15日内书面告知信访人向有权处理的机关、单位提出。

对交办的信访事项,有权处理的公安机关应当在指定期限内办结,并向交办机关提交报告。

第五章 专门程序类事项的办理

第三十五条 专门程序类事项包括下列信访事项:

(一)建议意见类事项;

(二)检举控告类事项;

(三)本规定第二十二条第一项至第三项事项。

第三十六条 公安机关应当建立人民建议征集制度,主动听取群众建议意见并认真研究论证。对维护国家安全和社会稳定,或者加强改进公安工作和队伍建设有现实可行性的,应当采纳或者部分采纳,并予以回复。符合有关奖励规定的给予奖励。

第三十七条 对检举控告类信访事项,公安机关应当依规依纪依法办理和反馈。重大情况向公安机关主要领导报告。

不得将信访人的检举、揭发材料以及有关情况透露或转给被检举、揭发的人员或者单位。

第三十八条 对本规定第二十二条第一项至第三项信访事项,公安机关应当导入党内法规和法律法规规定的程序办理,并依照规定将办理结果告知信访人。承办的部门在办结后5个工作日内将处理情况及结果书面反馈信访部门。

需要依申请启动的,公安机关应当告知信访人需要提供的相关材料;诉求缺乏形式要件的,可以根据情况要求信访人补充。

对本规定第二十三条第一项信访事项,法律法规没有履职期限规定的,应当自收到信访事项之日起两个月内履行或者答复。

第三十九条 对本级或者下级公安机关正在办理的信访事项,信访人以同一事实和理由提出信访诉求的,公安机关应当告知信访人办理情况。

第四十条 信访事项已经按照本规定第三十八条规定作出处理,信访人仍以同一事实和理由提出信访诉求的,公安机关不再重复处理;信访人提出新的事实和理由的,告知信访人按照相应的途径和程序提出。

第四十一条 对本规定第二十二条第一项信访事项,已经办结且符合法律规定要求,信访人仍反复提出相同信访诉求的,可以作出信访事项终结认定。信访事项终结的,认定机关应当书面告知信访人。

省级及以下公安机关办理信访事项的终结由省级公安机关认定。公安部办理信访事项的终结由公安部认定。

信访事项终结后,信访人仍以同一事实和理由提出信访诉求的,上级公安机关不再转送、交办。

第六章 信访程序类事项的办理

第一节 办理要求

第四十二条 对本规定第二十二条第四项信访事项,公安机关应当按照信访程序办理。

信访程序分为简易程序和普通程序。

第四十三条 下列初次信访事项可以适用简易程序:

(一)事实清楚、责任明确、争议不大、易于解决的;

(二)对提出的诉求可以即时反馈的;

(三)涉及群众日常生产生活、时效性强,应当即时处理的;

(四)有关机关已有明确承诺或者结论的;

(五)其他可以适用简易程序办理的。

第四十四条 下列信访事项不适用简易程序:

(一)党委政府信访部门和上级公安机关交办的;

(二)可能对信访人诉求不支持的;

(三)涉及多个责任主体或者集体联名投诉的重大、复杂、疑难等不宜适用简易程序办理的。

第四十五条 适用简易程序的,公安机关应当自收到信访事项之日起3个工作日内受理,并自受理之日起10个工作日内作出处理意见。

告知信访人受理和处理意见,除信访人要求出具纸质文书的,可以通过信息网络、手机短信等快捷方式告知;告知受理的,还可以采用当面口头方式。

第四十六条 适用简易程序办理过程中,信访部门发现不宜适用简易程序办理或者适用简易程序办理信访诉求未得到妥善解决的,应当经公安机关负责人批准后适用普通程序继续办理。

转为适用普通程序继续办理的信访事项,办理时限从适用简易程序受理之日起计算。

第四十七条　适用普通程序的,信访部门可以要求相关部门提出处理意见,或者当面听取信访人陈述事实和理由,向信访人、有关组织和人员调查,要求说明情况。对重大、复杂、疑难的信访事项,可以举行听证。

第四十八条　适用普通程序的,公安机关应当自受理之日起60日内办结;情况复杂的,经本机关负责人批准,可以延长办理期限,延长期限不得超过30日,并书面告知信访人延长理由。

第四十九条　在不违反法律法规强制性规定的情况下,公安机关可以在裁量权范围内,经争议双方当事人同意进行调解;可以引导争议双方当事人自愿和解。经调解、和解达成一致意见的,应当制作调解协议书或者和解协议书。

第五十条　公安机关应当按照下列规定作出处理,出具信访处理意见书并送达信访人:

（一）请求事实清楚,符合法律、法规、规章或者其他有关规定的,予以支持;

（二）请求事由合理但缺乏法律、法规、规章或者其他有关依据的,作出解释说明;

（三）请求缺乏事实根据,或者不符合法律、法规、规章或者其他有关规定的,不予支持。

信访处理意见书应当载明信访人投诉请求、事实和理由、处理意见及其法律法规依据。

支持信访请求的,信访部门应当督促相关部门执行;不予支持的,应当做好信访人的疏导教育工作。

第五十一条　对本级或者下级公安机关已经受理或者正在办理的信访事项,信访人在规定期限内以同一事实和理由再次提出信访诉求的,公安机关不重复受理并告知信访人。

第二节　复查和复核

第五十二条　信访人对公安机关的信访处理意见不服的,可以自收到信访处理意见书之日起30日内向处理机关的本级人民政府或者上一级公安机关提出复查请求。

第五十三条　信访人对公安机关的复查意见不服的,可以自收到信访复查意见书之日起30日内向复查机关的本级人民政府或者上一级公安机关提出复核请求。

第五十四条　信访人对省级公安机关的信访处理意见、复查意见不服的,向省级人民政府提出复查、复核请求。

第五十五条　复查、复核机关应当自收到请求之日起30日内办结。

对重大、复杂、疑难的信访事项,复核机关可以举行听证。复核机关决定听证的,应当自收到复核请求之日起30日内举行。听证所需时间不计算在复核期限内。

第五十六条　复查、复核机关应当按照下列规定作出处理,出具信访复查、复核意见书并送达信访人:

（一）信访处理意见、复查意见符合法律、法规、规章或者其他有关规定的,予以维持;

（二）信访处理意见、复查意见不符合法律、法规、规章或者其他有关规定的,予以撤销并责令30日内重新作出处理或者依职权直接变更。

对前款第二项撤销并责令重新作出处理的,原处理机关不得以同一事实和理由作出与原意见相同或者基本相同的处理意见或者复查意见。

第五十七条　复查、复核机关发现信访事项办理应当适用本规定第三十八条而未适用的,撤销信访处理意见、复查意见,责令重新处理;或者变更原处理意见、复查意见。

第五十八条　信访人对信访复核意见不服,仍然以同一事实和理由提出信访诉求的,公安机关不再受理并书面告知信访人。

第七章　监督与追责

第五十九条　公安机关应当对群众反映强烈或者重大、复杂、疑难的信访事项,以及复查、复核撤销、变更原处理意见、复查意见的信访事项组织评查。

信访事项评查工作由信访工作领导小组指定的部门组织开展,相关部门参与。上级公安机关可以通过异地指定、交叉互评、提级评查等方式开展评查。

信访事项评查应当重点从事实认定、证据收集、办理程序、法律适用、文书制作使用、办案效果等方面进行审查、评定,并出具评查报告。

第六十条　信访部门发现相关部门或者下级公安机关处理信访事项有下列情形之一的,应当进行督办:

（一）应当受理而不予受理的;

（二）未按照规定的程序、期限办理并反馈结果的;

（三）不执行信访处理意见或者复查、复核意见的;

（四）其他需要督办的情形。

信访督办可通过网上督办、发函督办、现场督办等形式实施,被督办的部门或者下级公安机关应当在30日内书面反馈办理结果。

第六十一条 公安机关应当将信访工作纳入巡视巡察、执法监督、警务督察范围,对本级及下级公安机关信访工作开展专项督察。

第六十二条 公安机关应当每年对下一级公安机关信访工作情况进行考核。考核结果在适当范围内通报,并作为对领导班子和有关领导干部综合考核评价的重要参考。

对信访工作成绩突出的单位或者个人,按照规定给予表彰奖励;信访工作履职不力、存在严重问题的,视情节轻重,由公安信访工作领导小组进行约谈、通报、挂牌督办、责令限期整改。

第六十三条 信访部门应当按照下列规定,履行三项建议职责:

（一）发现有本规定第六十条第一款情形的,及时向有关公安机关或者部门提出改进工作的建议;

（二）对工作中发现的政策性问题,及时向本级公安机关党委报告并提出完善政策的建议;

（三）违反本规定造成严重后果的,向有关公安机关或者部门提出对直接负责的主管人员和其他直接责任人员追究责任的建议。

对信访部门提出的三项建议,有关公安机关或者部门应当认真落实,并书面反馈情况。落实不力导致问题得不到解决的,责令改正;造成严重后果的,对直接负责的主管人员和其他直接责任人员依规依纪依法处理。

第六十四条 因下列情形之一导致信访事项发生,造成严重后果的,对直接负责的主管人员和其他直接责任人员依规依纪依法处理;构成犯罪的,依法追究刑事责任:

（一）超越或者滥用职权,侵害公民、法人或者其他组织合法权益;

（二）应当作为而不作为,损害公民、法人或者其他组织合法权益;

（三）适用法律法规错误或者违反法定程序,侵害公民、法人或者其他组织合法权益;

（四）拒不执行有权处理机关作出的支持信访请求意见。

第六十五条 信访事项处理有下列情形之一的,责令改正;造成严重后果的,对直接负责的主管人员和其他直接责任人员依规依纪依法处理:

（一）未按照规定登记、受理、转送、交办信访事项;

（二）未按照规定告知信访人;

（三）推诿、敷衍、拖延办理信访事项;

（四）作出不符合事实或者违反法律、法规、规章或者其他有关规定的错误结论;

（五）不履行或者不正确履行信访事项处理职责的其他情形。

第六十六条 有下列情形之一的,对直接负责的主管人员和其他直接责任人员依规依纪依法处理;构成犯罪的,依法追究刑事责任:

（一）对待信访人态度恶劣、作风粗暴,损害党群警民关系;

（二）在处理信访事项过程中吃拿卡要、谋取私利;

（三）对规模性集体访、负面舆情等处置不力,导致事态扩大;

（四）对可能造成社会影响的重大、紧急信访事项和信访信息隐瞒、谎报、缓报,或者未依法及时采取必要措施;

（五）将信访人的检举、揭发材料或者有关情况透露、转给被检举、揭发的人员或者单位;

（六）打击报复信访人;

（七）其他违规违纪违法的情形。

第六十七条 信访人违反本规定第三十一条、第三十二条规定的,信访部门应当对其进行劝阻、批评或者教育;信访人违反本规定第三十二条规定,构成违反治安管理行为的,或者违反集会游行示威相关法律法规的,公安机关依法采取必要的现场处置措施、给予治安管理处罚;构成犯罪的,依法追究刑事责任。

信访人捏造歪曲事实、诬告陷害他人,构成违反治安管理行为的,公安机关依法给予治安管理处罚;构成犯罪的,依法追究刑事责任。

第八章 附 则

第六十八条 本规定所称相关部门是指公安机关信访部门以外的内设机构和派出机构。

第六十九条 公安机关所属单位的信访工作,适用本规定。

最高人民法院关于审理
行政赔偿案件若干问题的规定

1. 2021年12月6日最高人民法院审判委员会第1855次会议通过
2. 2022年3月20日公布
3. 法释〔2022〕10号
4. 自2022年5月1日起施行

为保护公民、法人和其他组织的合法权益,监督行政机关依法履行行政赔偿义务,确保人民法院公正、及时审理行政赔偿案件,实质化解行政赔偿争议,根据《中华人民共和国行政诉讼法》(以下简称行政诉讼法)《中华人民共和国国家赔偿法》(以下简称国家赔偿法)等法律规定,结合行政审判工作实际,制定本规定。

一、受案范围

第一条 国家赔偿法第三条、第四条规定的"其他违法行为"包括以下情形:

(一)不履行法定职责行为;

(二)行政机关及其工作人员在履行行政职责过程中作出的不产生法律效果,但事实上损害公民、法人或者其他组织人身权、财产权等合法权益的行为。

第二条 依据行政诉讼法第一条、第十二条第一款第十二项和国家赔偿法第二条规定,公民、法人或者其他组织认为行政机关及其工作人员违法行使行政职权对其劳动权、相邻权等合法权益造成人身、财产损害的,可以依法提起行政赔偿诉讼。

第三条 赔偿请求人不服赔偿义务机关下列行为的,可以依法提起行政赔偿诉讼:

(一)确定赔偿方式、项目、数额的行政赔偿决定;

(二)不予赔偿决定;

(三)逾期不作出赔偿决定;

(四)其他有关行政赔偿的行为。

第四条 法律规定由行政机关最终裁决的行政行为被确认违法后,赔偿请求人可以单独提起行政赔偿诉讼。

第五条 公民、法人或者其他组织认为国防、外交等国家行为或者行政机关制定发布行政法规、规章或者具有普遍约束力的决定、命令侵犯其合法权益造成损害,向人民法院提起行政赔偿诉讼的,不属于人民法院行政赔偿诉讼的受案范围。

二、诉讼当事人

第六条 公民、法人或者其他组织一并提起行政赔偿诉讼中的当事人地位,按照其在行政诉讼中的地位确定,行政诉讼与行政赔偿诉讼当事人不一致的除外。

第七条 受害的公民死亡,其继承人和其他有扶养关系的人可以提起行政赔偿诉讼,并提供该公民死亡证明、赔偿请求人与死亡公民之间的关系证明。

受害的公民死亡,支付受害公民医疗费、丧葬费等合理费用的人可以依法提起行政赔偿诉讼。

有权提起行政赔偿诉讼的法人或者其他组织分立、合并、终止,承受其权利的法人或者其他组织可以依法提起行政赔偿诉讼。

第八条 两个以上行政机关共同实施侵权行政行为造成损害的,共同侵权行政机关为共同被告。赔偿请求人坚持对其中一个或者几个侵权机关提起行政赔偿诉讼,以被起诉的机关为被告,未被起诉的机关追加为第三人。

第九条 原行政行为造成赔偿请求人损害,复议决定加重损害的,复议机关与原行政行为机关为共同被告。赔偿请求人坚持对作出原行政行为机关或者复议机关提起行政赔偿诉讼,以被起诉的机关为被告,未被起诉的机关追加为第三人。

第十条 行政机关依据行政诉讼法第九十七条的规定申请人民法院强制执行其行政行为,因据以强制执行的行政行为违法而发生行政赔偿诉讼的,申请强制执行的行政机关为被告。

三、证 据

第十一条 行政赔偿诉讼中,原告应当对行政行为造成的损害提供证据;因被告的原因导致原告无法举证的,由被告承担举证责任。

人民法院对于原告主张的生产和生活所必需物品的合理损失,应当予以支持;对于原告提出的超出生产和生活所必需的其他贵重物品、现金损失,可以结合案件相关证据予以认定。

第十二条 原告主张其被限制人身自由期间受到身体伤害,被告否认相关损害事实或者损害与违法行政行为存在因果关系的,被告应当提供相应的证据证明。

四、起诉与受理

第十三条 行政行为未被确认为违法,公民、法人或者其他组织提起行政赔偿诉讼的,人民法院应当视为提起行政诉讼时一并提起行政赔偿诉讼。

行政行为已被确认为违法,并符合下列条件的,公民、法人或者其他组织可以单独提起行政赔偿诉讼：

（一）原告具有行政赔偿请求资格；

（二）有明确的被告；

（三）有具体的赔偿请求和受损害的事实根据；

（四）赔偿义务机关已先行处理或者超过法定期限不予处理；

（五）属于人民法院行政赔偿诉讼的受案范围和受诉人民法院管辖；

（六）在法律规定的起诉期限内提起诉讼。

第十四条　原告提起行政诉讼时未一并提起行政赔偿诉讼，人民法院审查认为可能存在行政赔偿的，应当告知原告可以一并提起行政赔偿诉讼。

原告在第一审庭审终结前提起行政赔偿诉讼，符合起诉条件的，人民法院应当依法受理；原告在第一审庭审终结后、宣判前提起行政赔偿诉讼的，是否准许由人民法院决定。

原告在第二审程序或者再审程序中提出行政赔偿请求的，人民法院可以组织各方调解；调解不成的，告知其另行起诉。

第十五条　公民、法人或者其他组织应当自知道或者应当知道行政行为侵犯其合法权益之日起两年内，向赔偿义务机关申请行政赔偿。赔偿义务机关在收到赔偿申请之日起两个月内未作出赔偿决定的，公民、法人或者其他组织可以依照行政诉讼法有关规定提起行政赔偿诉讼。

第十六条　公民、法人或者其他组织提起行政诉讼时一并请求行政赔偿的，适用行政诉讼法有关起诉期限的规定。

第十七条　公民、法人或者其他组织仅对行政复议决定中的行政赔偿部分有异议，自复议决定书送达之日起十五日内提起行政赔偿诉讼的，人民法院应当依法受理。

行政机关作出有赔偿内容的行政复议决定时，未告知公民、法人或者其他组织起诉期限的，起诉期限从公民、法人或者其他组织知道或者应当知道起诉期限之日起计算，但从知道或者应当知道行政复议决定内容之日起最长不得超过一年。

第十八条　行政行为被有权机关依照法定程序撤销、变更、确认违法或无效，或者实施行政行为的行政机关工作人员因该行为被生效法律文书或监察机关政务处分确认为渎职、滥用职权的，属于本规定所称的行政行为被确认为违法的情形。

第十九条　公民、法人或者其他组织一并提起行政赔偿诉讼，人民法院经审查认为行政诉讼不符合起诉条件的，对一并提起的行政赔偿诉讼，裁定不予立案；已经立案的，裁定驳回起诉。

第二十条　在涉及行政许可、登记、征收、征用和行政机关对民事争议所作的裁决的行政案件中，原告提起行政赔偿诉讼的同时，有关当事人申请一并解决相关民事争议的，人民法院可以一并审理。

五、审理和判决

第二十一条　两个以上行政机关共同实施违法行政行为，或者行政机关及其工作人员与第三人恶意串通作出的违法行政行为，造成公民、法人或者其他组织人身权、财产权等合法权益实际损害的，应当承担连带赔偿责任。

一方承担连带赔偿责任后，对于超出其应当承担部分，可以向其他连带责任人追偿。

第二十二条　两个以上行政机关分别实施违法行政行为造成同一损害，每个行政机关的违法行为都足以造成全部损害的，各个行政机关承担连带赔偿责任。

两个以上行政机关分别实施违法行政行为造成同一损害的，人民法院应当根据其违法行政行为在损害发生和结果中的作用大小，确定各自承担相应的行政赔偿责任；难以确定责任大小的，平均承担责任。

第二十三条　由于第三人提供虚假材料，导致行政机关作出的行政行为违法，造成公民、法人或者其他组织损害的，人民法院应当根据违法行政行为在损害发生和结果中的作用大小，确定行政机关承担相应的行政赔偿责任；行政机关已经尽到审慎审查义务的，不承担行政赔偿责任。

第二十四条　由于第三人行为造成公民、法人或者其他组织损害的，应当由第三人依法承担侵权赔偿责任；第三人赔偿不足、无力承担赔偿责任或者下落不明，行政机关又未尽保护、监管、救助等法定义务的，人民法院应当根据行政机关未尽法定义务在损害发生和结果中的作用大小，确定其承担相应的行政赔偿责任。

第二十五条　由于不可抗力等客观原因造成公民、法人或者其他组织损害，行政机关不依法履行、拖延履行法定义务导致未能及时止损或者损害扩大的，人民法院应当根据行政机关不依法履行、拖延履行法定义务行为在损害发生和结果中的作用大小，确定其承担相应的行政赔偿责任。

第二十六条　有下列情形之一的，属于国家赔偿法第三十五条规定的"造成严重后果"：

（一）受害人被非法限制人身自由超过六个月；

（二）受害人经鉴定为轻伤以上或者残疾；

（三）受害人经诊断、鉴定为精神障碍或者精神残疾，且与违法行政行为存在关联；

（四）受害人名誉、荣誉、家庭、职业、教育等方面遭受严重损害，且与违法行政行为存在关联。

有下列情形之一的，可以认定为后果特别严重：

（一）受害人被限制人身自由十年以上；

（二）受害人死亡；

（三）受害人经鉴定为重伤或者残疾一至四级，且生活不能自理；

（四）受害人经诊断、鉴定为严重精神障碍或者精神残疾一至二级，生活不能自理，且与违法行政行为存在关联。

第二十七条 违法行政行为造成公民、法人或者其他组织财产损害，不能返还财产或者恢复原状的，按照损害发生时该财产的市场价格计算损失。市场价格无法确定，或者该价格不足以弥补公民、法人或者其他组织损失的，可以采用其他合理方式计算。

违法征收征用土地、房屋，人民法院判决给予被征收人的行政赔偿，不得少于被征收人依法应当获得的安置补偿权益。

第二十八条 下列损失属于国家赔偿法第三十六条第六项规定的"停产停业期间必要的经常性费用开支"：

（一）必要留守职工的工资；

（二）必须缴纳的税款、社会保险费；

（三）应当缴纳的水电费、保管费、仓储费、承包费；

（四）合理的房屋场地租金、设备租金、设备折旧费；

（五）维系停产停业期间运营所需的其他基本开支。

第二十九条 下列损失属于国家赔偿法第三十六条第八项规定的"直接损失"：

（一）存款利息、贷款利息、现金利息；

（二）机动车停运期间的营运损失；

（三）通过行政补偿程序依法应当获得的奖励、补贴等；

（四）对财产造成的其他实际损失。

第三十条 被告有国家赔偿法第三条规定情形之一，致人精神损害的，人民法院应当判决其在违法行政行为影响的范围内，为受害人消除影响、恢复名誉、赔礼道歉；消除影响、恢复名誉和赔礼道歉的履行方式，可以双方协商，协商不成，人民法院应当责令被告采取适当

的方式履行。造成严重后果的，应当判决支付相应的精神损害抚慰金。

第三十一条 人民法院经过审理认为被告对公民、法人或者其他组织造成财产损害的，判决被告限期返还财产、恢复原状；无法返还财产、恢复原状的，判决被告限期支付赔偿金和相应的利息损失。

人民法院审理行政赔偿案件，可以对行政机关赔偿的方式、项目、标准等予以明确，赔偿内容确定的，应当作出具有赔偿金额等给付内容的判决；行政赔偿决定对赔偿数额的确定确有错误的，人民法院判决予以变更。

第三十二条 有下列情形之一的，人民法院判决驳回原告的行政赔偿请求：

（一）原告主张的损害没有事实根据的；

（二）原告主张的损害与违法行政行为没有因果关系的；

（三）原告的损失已经通过行政补偿等其他途径获得充分救济的；

（四）原告请求行政赔偿的理由不能成立的其他情形。

六、其 他

第三十三条 本规定自2022年5月1日起施行。《最高人民法院关于审理行政赔偿案件若干问题的规定》（法发〔1997〕10号）同时废止。

本规定实施前本院发布的司法解释与本规定不一致的，以本规定为准。

公安机关内部执法监督工作规定

1. 1999年6月11日公安部令第40号发布
2. 根据2014年6月29日公安部令第132号《关于修改部分部门规章的决定》第一次修正
3. 根据2020年8月6日公安部令第160号《关于废止和修改部分规章的决定》第二次修正

第一章 总 则

第一条 为保障公安机关及其人民警察依法正确履行职责，防止和纠正违法和不当的执法行为，保护公民、法人和其他组织的合法权益，根据《中华人民共和国人民警察法》和有关法规，制定本规定。

第二条 公安机关内部执法监督，是指上级公安机关对下级公安机关，上级业务部门对下级业务部门，本级公安机关对所属业务部门、派出机构及其人民警察的各

项执法活动实施的监督。

第三条 各级公安机关及其业务部门应当建立执法责任制和执法过错责任追究等执法制度,制定、完善执法程序,加强对各项公安执法活动的监督制约。

第四条 执法监督工作必须以事实为根据,以法律为准绳,遵循有错必纠、监督与指导相结合、教育与惩处相结合的原则。

第五条 各级公安机关在加强内部执法监督的同时,必须依法接受人民群众、新闻舆论的监督,接受国家权力机关、人民政府的监督,接受人民检察院的法律监督和人民法院的审判监督。

第二章 执法监督的范围和方式

第六条 执法监督的范围:

(一)有关执法工作的规范性文件及制度、措施是否合法;

(二)刑事立案、销案,实施侦查措施、刑事强制措施和执行刑罚等刑事执法活动是否合法和适当;

(三)有关治安管理、户籍管理、交通管理、消防管理、边防管理、出入境管理等法律法规的实施情况;

(四)适用和执行行政拘留、罚款、没收非法财物、吊销许可证、查封、扣押、冻结财物、强制戒毒等行政处罚和行政强制措施是否合法和适当;

(五)看守所、拘役所、治安拘留所、强制戒毒所、留置室等限制人身自由场所的执法情况;

(六)行政复议、行政诉讼、国家赔偿等法律法规的实施情况;

(七)国家赋予公安机关承担的其他执法职责的履行情况。

第七条 执法监督的方式:

(一)依照法律、法规和规章规定的执法程序和制度进行的监督;

(二)对起草、制订的有关执法工作的规范性文件及制度、措施进行法律审核;

(三)对疑难、有分歧、易出问题和各级公安机关决定需要专门监督的案件,进行案件审核;

(四)组织执法检查、评议;

(五)组织专项、专案调查;

(六)依照法律、法规进行听证、复议、复核;

(七)进行执法过错责任追究;

(八)各级公安机关决定采取的其他方式。

第八条 各级公安机关发现本级或者下级公安机关发布的规范性文件和制度、措施与国家法律、法规和规章相抵触的,应当予以纠正或者通知下级公安机关予以纠正。

第九条 对案件的审核可以采取阅卷审查方式进行,就案件的事实是否清楚,证据是否确凿、充分,定性是否准确,处理意见是否适当,适用法律是否正确,程序是否合法,法律文书是否规范、完备等内容进行审核,保障案件质量。

第十条 对公安行政管理执法行为的审核,可以采取查阅台帐、法律文书、档案等方式,就适用法律是否正确、程序是否合法等内容进行审核,保障公正执法。

第十一条 各级公安机关每年应当定期、不定期地组织对本级和下级公安机关的执法活动进行检查或者评议。

有关公安工作的法律、法规发布实施后,各级公安机关应当在一年内对该项法律、法规的执行情况,组织执法检查,检查结果报上一级公安机关并在本级公安机关予以通报。

各级公安机关对本级和下级公安机关每年的执法工作情况应当进行综合考评。考评结果报上一级公安机关并在本级公安机关予以通报。考评结果与奖惩相结合。

第十二条 对国家权力机关、人民政府或者上级公安机关交办复查的案件,人民群众反映强烈的普遍性、倾向性的公安执法问题,应当组织有关部门进行专项调查或者专案调查。在查明情况后,应当写出调查报告,提出处理意见和纠正措施,报本级公安机关领导批准后组织实施,并将查处结果报告交办机关和上级公安机关。

第十三条 在执法监督过程中,发现本级或者下级公安机关已经办结的案件或者执法活动确有错误、不适当的,主管部门报经主管领导批准后,直接作出纠正的决定,或者责成有关部门或者下级公安机关在规定的时限内依法予以纠正。

第十四条 公安机关办理听证、行政复议、国家赔偿案件工作依照国家法律、法规规定的程序进行。

第三章 执法监督的实施和处理

第十五条 对公安机关及其人民警察违法行使职权或者不依法履行职责,致使办理的案件或者执法行为不合法、不适当的,必须依照有关法律、法规和本规定予以纠正和处理。

第十六条 各级公安机关的行政首长是执法监督的责任人,负责对本级和下级公安机关及其人民警察的执法活动组织实施监督。

公安机关各业务部门的负责人是本部门执法监督

的责任人,负责对本部门及其人民警察的执法活动实施监督。

第十七条 各级公安机关法制部门是内部执法监督工作的主管部门,在本级公安机关的领导下,负责组织、实施、协调和指导执法监督工作。

第十八条 公安机关警务督察部门依照《公安机关督察条例》的规定,对公安机关及其人民警察的执法活动进行现场督察。

第十九条 对公安机关及其人民警察不合法、不适当的执法活动,分别作出如下处理:

(一)对错误的处理或者决定予以撤销或者变更;

(二)对拒不履行法定职责的,责令其在规定的时限内履行法定职责;

(三)对拒不执行上级公安机关决定和命令的有关人员,可以停止执行职务;

(四)公安机关及其人民警察违法行使职权已经给公民、法人和其他组织造成损害,需要给予国家赔偿的,应当依照《中华人民共和国国家赔偿法》的规定予以国家赔偿;

(五)公安机关人民警察在执法活动中因故意或者过失,造成执法过错的,按照《公安机关人民警察执法过错责任追究规定》追究执法过错责任。

第二十条 公安机关的领导和有关责任人员在执法工作中有违法违纪行为需要追究纪律和法律责任的,依照有关规定办理。

第二十一条 对上级公安机关及其主管部门的执法监督决定、命令,有关公安机关及其职能部门必须执行,并报告执行结果。

对执法监督决定有异议的,应当先予执行,然后按照规定提出意见,作出决定的机关应当认真审查,执行后果由作出决定的公安机关负责。

第二十二条 拒绝、阻碍上级机关或本级公安机关及执法监督主管部门的执法监督检查,拒不执行公安机关内部执法监督的有关决定、命令,或者无故拖延执行,对被监督的公安机关或者业务部门的负责人,应当依照有关规定给予纪律处分。

第二十三条 对本级和上级公安机关作出的执法监督决定不服,有关单位和人民警察可以向本级或者上级公安机关提出申诉,有关部门应当认真受理,并作出答复。

第二十四条 各级公安机关的执法监督责任人和执法监督主管部门必须严格依法履行执法监督职责,模范遵守法律,秉公执法,依法办事。对不严格履行执法监督

职责或者滥用职权,造成不良影响的,应当给予通报批评;后果严重的,应当依照有关规定给予纪律处分;构成犯罪的,依法追究刑事责任。

第四章 附 则

第二十五条 各省、自治区、直辖市公安厅局可以根据本规定,结合本地实际情况,制定实施办法。

第二十六条 本规定由公安部法制局负责解释。

第二十七条 本规定自颁布之日起实施。

公安机关维护民警执法权威工作规定

1. 2018年12月19日公安部令第153号公布
2. 自2019年2月1日起施行

第一条 为保障公安民警依法履行职责、行使职权,维护国家法律尊严和民警执法权威,依据《中华人民共和国人民警察法》《公安机关督察条例》等法律法规,制定本规定。

第二条 公安机关及其民警应当严格依法履行职责、行使职权,树立严格规范公正文明的执法形象,提升执法公信力和执法权威。

第三条 公安民警依法履行职责、行使职权受法律保护,不受妨害、阻碍,民警及其近亲属的人身财产安全不因民警依法履行职责、行使职权行为受到威胁、侵犯,民警及其近亲属的人格尊严不因民警依法履行职责、行使职权行为受到侮辱、贬损。

第四条 县级以上人民政府公安机关应当成立由督察长为主任,警务督察和法制、警令指挥、警务保障、政工人事、教育训练、新闻宣传及执法办案等部门为成员的维护民警执法权威工作委员会。

维护民警执法权威工作委员会办公室设在警务督察部门,具体负责协调督办侵犯民警执法权威案件,受理调查相关民警的申请申诉,为受到侵犯的民警提供救济、恢复名誉、挽回损失。

第五条 公安机关应当与检察机关、审判机关、宣传部门等建立维护民警执法权威工作协调联动机制,加强工作沟通与协作。

第六条 公安机关可以通过聘请法律顾问、专职律师等形式,为民警依法履行职责、行使职权提供法律服务,强化维护民警执法权威工作法律保障。

第七条 公安机关应当建立完善维护民警执法权威新闻发布机制,由警务督察部门会同新闻宣传、法制等部门及时发布相关信息,回应社会关切,加强普法教育。

第八条　民警在依法履行职责、行使职权过程中或者因依法履行职责、行使职权遇到以下情形的,公安机关应当积极维护民警执法权威:

（一）受到暴力袭击的;
（二）被车辆冲撞、碾轧、拖拽、剐蹭的;
（三）被聚众哄闹、围堵拦截、冲击、阻碍的;
（四）受到扣押、撕咬、拉扯、推搡等侵害的;
（五）本人及其近亲属受到威胁、恐吓、侮辱、诽谤、骚扰的;
（六）本人及其近亲属受到诬告陷害、打击报复的;
（七）被恶意投诉、炒作的;
（八）本人及其近亲属个人隐私被侵犯的;
（九）被错误追究责任或受到不公正处分、处理的;
（十）执法权威受到侵犯的其他情形。

第九条　行为人实施侵犯民警执法权威的行为,构成犯罪的,依法追究刑事责任;尚不构成犯罪,构成违反治安管理行为的,依法给予治安管理处罚。

民警由于行为人的行为遭受人身或者财产损失的,公安机关应当支持民警通过提起刑事附带民事诉讼或者民事诉讼等法律途径,维护自身合法权益。

公安机关办理侵犯民警执法权威的刑事案件、治安案件,适用《刑事诉讼法》《治安管理处罚法》《人民警察法》关于回避的规定。

第十条　民警因依法履行职责、行使职权,本人或者其近亲属遭遇恐吓威胁、滋事骚扰、尾随跟踪,或者人身、财产受到侵害的,民警所在公安机关和有管辖权的公安机关应当及时采取保护措施,依法追究行为人的法律责任。

第十一条　民警在执法执勤现场受到不法侵害的,民警及其所在部门应当依法采取措施制止侵害并立即向所属公安机关指挥部门报告。公安机关指挥部门应当迅速组织力量进行处置,同时通报警务督察部门。警务督察部门视情派员赴现场初步查明情况,协助控制事态,督促依法处置。

第十二条　公安机关应当协调医疗卫生机构建立民警因公负伤紧急救治畅通机制,为负伤民警提供及时、有效的医疗救治。

第十三条　公安机关办理侵犯民警执法权威的刑事案件、治安案件时,法制部门应当根据情况的复杂程度、造成后果的严重程度,视情提前介入,加强审核把关,对案件定性、取证、处理等进行指导,确保案件办理事实清楚、证据确凿、程序合法、法律适用准确。

第十四条　民警按照法定条件和程序履行职责、行使职权,对公民、法人或者其他组织合法权益造成损害的,民警个人不承担法律责任,由其所属公安机关按照国家有关规定对造成的损害给予补偿。

第十五条　公安机关应当严格依法依规开展执法过错责任追究工作。非因法定事由、非经法定程序,不得对民警采取停止执行职务、禁闭等措施,不得作出处分或者免职、降职、辞退等处理。

公安机关不应当受舆论炒作、信访投诉等人为因素影响,不当或者变相追究民警责任,加重对民警的处分、处理。

第十六条　公安机关应当根据行为事实、情节、后果,综合考虑主客观因素,客观评价民警行为性质,区分执法过错、瑕疵、意外,依法依规作出责任认定。

对于民警依法履职尽责,受主观认知、客观条件、外来因素影响造成一定损失和负面影响的行为或者出现的失误,以及民警非因故意违法违规履职,及时发现并主动纠正错误,积极采取措施避免或者减轻危害后果与影响的,公安机关应当从轻、减轻或免于追究民警的责任,或者向检察机关、审判机关提出从轻、减轻或者免于追究民警刑事责任的建议。

第十七条　对于民警行为是否属于依法履行职责、行使职权行为,以及执法是否存在过错等问题存在较大争议的,公安机关维护民警执法权威工作委员会应当组织相关专业人员成立专家组进行审查,出具书面论证意见,作为公安机关内部责任认定的重要参考依据。纪检监察机关、检察机关介入调查的,公安机关应当及时提供论证意见,加强沟通。

第十八条　民警对因履行职责、行使职权行为受到记大过以上处分、辞退有异议并提出申诉的,民警所在公安机关维护民警执法权威工作委员会应当听取当事民警的陈述、申辩,对事实、理由、依据和程序进行全面复核,认为处分、处理决定不当的,应当向作出决定部门提供复核意见。不得因民警提出申诉而对其加重处分、处理,或者变相打击报复。

第十九条　民警因履行职责、行使职权行为受到检察机关调查时或者其他必要情形下,公安法制部门和公安机关聘请的法律顾问、专职律师应当在职责范围内为事件的调查处理提供必要的法律配合。

第二十条　民警认为因依法履行职责、行使职权受到侵害的,民警及其近亲属或者民警所在单位可以向所属公安机关警务督察部门提出维护执法权威申请,一般情况下应当通过书面形式提出，紧急情况下可以口头提出。

警务督察部门在工作中发现民警执法权威受到侵犯的情形、线索，应当主动启动相关工作程序。

第二十一条　警务督察部门在办理维护民警执法权威事项过程中，认为应当由上一级公安机关警务督察部门协调处理的，可以提请上一级公安机关警务督察部门协调处理。

上一级公安机关警务督察部门可以指令下一级公安机关警务督察部门对专门事项进行调查，必要时可以直接开展调查。

第二十二条　民警因依法履行职责、行使职权行为受到公安机关内部不公正处分、处理，经核查属实的，警务督察部门应当督促相关部门限期纠正。

第二十三条　民警因履行职责、行使职权行为受到不实投诉、诬告诽谤、侮辱、恶意炒作，以及被错误审查调查、追究责任后，相关部门予以纠正的，警务督察部门应当通过公开的形式，在一定范围内澄清事实，消除影响。受到公安机关内部处分、处理的，公安机关应当及时撤销相关决定并恢复民警公职身份和原职务、职级。

第二十四条　公安机关应当建立维护民警执法权威抚慰金制度，规范审批和管理使用。民警所属公安机关及其政工人事部门、警务督察部门负责人应当出面抚慰因依法履行职责、行使职权受到侵害的民警。

第二十五条　公安机关应当聘请专业人员，在必要时对因依法履行职责、行使职权受到侵害的民警及其近亲属开展心理干预和治疗，缓解和疏导心理压力、负担。

第二十六条　公安机关应当经常开展常用法律法规培训和安全防护理念教育，加强民警基础体能、基本技能、常见警情处置、现场警务指挥等警务技战术训练，规范现场执法执勤行为，提升安全防护能力和现场处置水平。

第二十七条　公安机关应当加强对侵犯民警执法权威行为规律特点的分析研究，评估执法风险，加强安全指引和预警防范。

第二十八条　有下列行为之一的，依照有关规定追究相关领导和责任人的责任：

（一）因制度不落实、保障不到位、指挥错误导致民警执法权威受到侵犯的；

（二）不按要求向上级公安机关报告有关情况的；

（三）不及时采取善后救助措施的；

（四）阻碍、干扰侵犯民警执法权威案件办理的；

（五）因工作不力，推诿拖延对侵犯民警执法权威案件办理造成严重影响的；

（六）违法违规不处理、降格处理侵犯民警执法权威行为人的。

第二十九条　公安民警在非工作时间，遇到职责范围内的紧急情形，表明身份后，根据现场情况进行先期处置过程中，受到不法侵害的，公安机关依照本规定维护其执法权威。

第三十条　本规定所称"近亲属"是指夫、妻、父、母、子、女、同胞兄弟姊妹。

第三十一条　警务辅助人员在协助民警依法履行职责、行使职权过程中受到不法侵害的，参照本规定开展相关工作。

第三十二条　各省、自治区、直辖市公安厅、局，新疆生产建设兵团公安局，各行业公安局，根据本规定制定实施办法。

第三十三条　本规定自2019年2月1日起施行。本规定发布前公安部制定的有关规定与本规定不一致的，以本规定为准。

公安机关执法公开规定

1. 2018年8月23日公安部修订发布
2. 公通字〔2018〕26号
3. 自2018年12月1日起施行

第一章　总　　则

第一条　为了规范公安机关执法公开行为，促进公安机关严格规范公正文明执法，保障公民、法人和其他组织依法获取执法信息，实现便民利民，制定本规定。

第二条　本规定适用于公安机关主动公开执法信息，以及开展网上公开办事。

公民、法人或者其他组织申请获取执法信息的，公安机关应当依照《中华人民共和国政府信息公开条例》的规定办理。

第三条　执法公开应当遵循合法有序、及时准确、便民利民的原则。

第四条　公安机关应当采取措施使社会广为知晓执法公开的范围、期限和途径，方便公民、法人和其他组织依法获取执法信息。

第五条　对涉及公共利益、公众普遍关注、需要社会知晓的执法信息，应当主动向社会公开；对不宜向社会公开，但涉及特定对象权利义务、需要特定对象知悉的执法信息，应当主动向特定对象告知或者提供查询服务。

第六条　公安机关不得公开涉及国家秘密或者警务工作秘密，以及可能影响国家安全、公共安全、经济安全和社会稳定或者妨害执法活动的执法信息。

公安机关不得向权利人以外的公民、法人或者其他组织公开涉及商业秘密、个人隐私的执法信息。但是，权利人同意公开，或者公安机关认为不公开可能对公共利益造成重大影响的，可以公开。

第七条　公安机关公开执法信息涉及其他部门的，应当在公开前与有关部门确认；公开执法信息依照国家有关规定需要批准的，应当在批准后公开。

第八条　公安机关应当对执法公开情况进行检查评估。执法信息不应当公开而公开的，应当立即撤回；公开的执法信息错误或者发生变更的，应当立即纠正或者更新；执法信息公开后可能或者已经造成严重后果的，应当依法紧急处置。

第二章　向社会公开

第九条　公安机关应当主动向社会公开下列信息：

（一）公安机关的职责权限，人民警察的权利义务、纪律要求和职业道德规范；

（二）涉及公民、法人和其他组织权利义务的规范性文件；

（三）刑事、行政、行政复议、国家赔偿等案件的受理范围、受理部门及其联系方式、申请条件及要求、办理程序及期限和对外法律文书式样，以及当事人的权利义务和监督救济渠道；

（四）行政管理相对人的权利义务和监督救济渠道；

（五）与执法相关的便民服务措施；

（六）举报投诉的方式和途径；

（七）承担对外执法任务的内设机构和派出机构的名称及其职责权限；

（八）窗口单位的办公地址、工作时间、联系方式以及民警姓名、警号；

（九）固定式交通技术监控设备的设置信息；

（十）采取限制交通措施、交通管制和现场管制的方式、区域、起止时间等信息；

（十一）法律、法规、规章和其他规范性文件规定应当向社会公开的其他执法信息。

前款第一项至第五项所列执法信息，上级机关公开后，下级公安机关可以通过适当途径使社会广为知晓。

第十条　公安机关应当向社会公开涉及公共利益、社会高度关注的重大案事件调查进展和处理结果，以及打击违法犯罪活动的重大决策和行动。但公开后可能影响国家安全、公共安全、经济安全和社会稳定或者妨害正常执法活动的除外。

第十一条　公安机关可以向社会公开辖区治安状况、道路交通安全形势、安全防范预警等信息。

第十二条　公安机关应当逐步向社会公开行政处罚决定、行政复议结果的生效法律文书。适用简易程序作出的行政处罚决定生效法律文书可以不向社会公开。

第十三条　法律文书有下列情形之一的，不得向社会公开：

（一）案件事实涉及国家秘密或者警务工作秘密的；

（二）被行政处罚人、行政复议申请人是未成年人的；

（三）经本机关负责人批准不予公开的其他情形。

第十四条　向社会公开法律文书，应当对文书中载明的自然人姓名作隐名处理，保留姓氏，名字以"某"替代。

第十五条　向社会公开法律文书，应当删除文书中载明的下列信息：

（一）自然人的住所地详址、工作单位、家庭成员、联系方式、公民身份号码、健康状况、机动车号牌号码，以及其他能够判明其身份和具体财产的信息；

（二）法人或者其他组织的涉及具体财产的信息；

（三）涉及公民个人隐私和商业秘密的信息；

（四）案件事实中涉及有伤风化的内容，以及可能诱发违法犯罪的细节描述；

（五）公安机关印章或者工作专用章；

（六）公安机关认为不宜公开的其他信息。

删除前款所列信息影响对文书正确理解的，可以用符号"×"作部分替代。

第十六条　向社会公开法律文书，除按照本规定第十四条、第十五条隐匿、删除相关信息外，应当保持与原文书内容一致。

第十七条　向社会公开执法信息，应当自该信息形成或者变更之日起20个工作日内进行。公众需要即时知晓的限制交通措施、交通管制和现场管制的信息，应当即时公开；辖区治安状况、道路交通安全形势和安全防范预警等信息，可以定期公开。法律、法规、规章和其他规范性文件对公开期限另有规定的，从其规定。

第十八条　向社会公开执法信息，应当通过互联网政府公开平台进行，同时可以通过公报、发布会、官方微博、移动客户端、自助终端，以及报刊、广播、电视等便于公众知晓的方式公布。

第十九条 向社会公开执法信息,由制作或者获取该信息的内设机构或者派出机构负责。必要时,征求政务公开、法制、保密部门的意见,并经本机关负责人批准。

第二十条 公安机关发现可能影响社会稳定、扰乱社会管理秩序的虚假或者不完整信息,应当在职责范围内及时发布准确信息予以澄清。

第三章 向特定对象公开

第二十一条 公安机关办理刑事、行政、行政复议、国家赔偿等案件,或者开展行政管理活动,法律、法规、规章和其他规范性文件规定向特定对象告知执法信息的,应当依照有关规定执行。

第二十二条 除按照本规定第二十一条向特定对象告知执法信息外,公安机关应当通过提供查询的方式,向报案或者控告的被害人、被侵害人或者其监护人、家属公开下列执法信息:

(一)办案单位名称、地址和联系方式;

(二)刑事立案、移送审查起诉、终止侦查、撤销案件等情况,对犯罪嫌疑人采取刑事强制措施的种类;

(三)行政案件受案、办理结果。

公安机关在接受报案时,应当告知报案或者控告的被害人、被侵害人或者其监护人、家属前款所列执法信息的查询方式和途径。

第二十三条 向特定对象提供执法信息查询服务,应当自该信息形成或者变更之日起5个工作日内进行。法律、法规和规范性文件对期限另有规定的,从其规定。

第二十四条 向特定对象提供执法信息查询服务,应当通过互联网政府公开平台进行,同时可以通过移动客户端、自助终端等方式进行。

第二十五条 向特定对象公开执法信息,由制作或者获取该信息的内设机构或者派出机构负责。

第四章 网上公开办事

第二十六条 公安机关应当开展行政许可、登记、备案等行政管理事项的网上办理。

除法律、法规、规章规定申请人应当到现场办理的事项或者环节外,公安机关不得要求申请人到现场办理。

第二十七条 网上公开办事应当提供下列服务:

(一)公开网上办事事项的名称、依据、申请条件、申请途径或者方式、申请需要提交材料清单、办理程序及期限,提供申请文书式样及示范文本;

(二)公开行政事业性收费事项的名称、依据、收费标准、办事程序和期限;

(三)网上咨询,解答相关法律政策、注意事项等常见问题;

(四)网上预约办理;

(五)申请文书的在线下载、网上制作,实现网上申请;

(六)受理情况、办理进展、办理结果等执法信息的网上查询。法律、法规、规章和其他规范性文件规定向申请人告知执法信息的,还应当依照有关规定告知。

公安机关在网上或者窗口单位接受办事事项申请时,应当告知申请人执法信息的查询方式和途径。

第二十八条 向申请人提供办事事项执法信息查询服务,应当自该信息形成或者变更之日起5个工作日内进行。法律、法规、规章和其他规范性文件另有规定的,从其规定。

第二十九条 开展网上公开办事,应当通过互联网政府网站进行,同时可以通过移动客户端、自助终端等方式进行。

向申请人告知办事事项执法信息,除依照法律、法规、规章和其他规范性文件规定的方式执行外,同时可以通过移动客户端、电话、电子邮件等方式告知。

第五章 监督和保障

第三十条 公安机关应当指定专门机构,负责组织、协调、推动执法公开工作,并为开展执法公开提供必要的人员、物质保障。

第三十一条 公安机关应当建立执法公开审核审批、保密审查、信息发布协调的程序和机制,实现执法公开规范化。

第三十二条 公安机关应当建设互联网政府公开平台,统一公开本机关执法信息。上级公安机关或者本级人民政府提供统一互联网公开平台的,可以通过该平台公开。

公安机关应当完善互联网政府网站办事服务功能,统一提供本机关网上办事服务。上级公安机关或者本级人民政府提供统一互联网办事服务载体的,可以通过该载体提供。

第三十三条 公安机关应当推动发展信息安全交互技术,为高效便捷开展执法公开提供技术支持。

第三十四条 公安机关应当开展执法公开满意度测评,可以通过互联网公开平台或者政府网站、移动客户端、自助终端、电话等方式进行,也可以在窗口单位现场进行。

第三十五条 公安机关可以委托第三方机构对执法公开情况进行评估,并参考评估结果改进工作。

第三十六条 公安机关应当将执法公开情况纳入执法质量考评和绩效考核范围,建立完善奖惩机制。

第三十七条 公民、法人或者其他组织认为公安机关未按照本规定履行执法公开义务的,可以向该公安机关或者其上一级公安机关投诉。

第三十八条 有下列情形之一的,应当立即改正;情节严重的,依照有关规定对主管人员和其他责任人员予以处理:

（一）未按照本规定履行执法公开义务的;
（二）公开的信息错误、不准确且不及时更正,或者弄虚作假的;
（三）公开不应当公开的信息且不及时撤回的;
（四）违反本规定的其他行为。

第六章　附　则

第三十九条 各省、自治区、直辖市公安厅、局,新疆生产建设兵团公安局可以根据本规定,结合本地实际,制定实施细则。

第四十条 本规定未涉及的公开事项,依照有关法律、法规、规章和其他规范性文件的规定执行。

第四十一条 本规定自 2018 年 12 月 1 日起施行,2012 年 8 月 18 日印发的《公安机关执法公开规定》同时废止。

公安机关办理国家赔偿案件程序规定

1. 2018 年 9 月 1 日公安部令第 150 号修订发布
2. 自 2018 年 10 月 1 日起施行

第一章　总　则

第一条 为了规范公安机关办理国家赔偿案件程序,促进公安机关在办理国家赔偿案件中正确履行职责,保障公民、法人和其他组织享有依法取得国家赔偿的权利,根据《中华人民共和国国家赔偿法》（以下简称《国家赔偿法》）和《国家赔偿费用管理条例》等有关法律、行政法规,制定本规定。

第二条 本规定所称国家赔偿案件,是指行政赔偿案件、刑事赔偿案件和刑事赔偿复议案件。

第三条 公安机关办理国家赔偿案件应当坚持实事求是、依法公正、规范高效、有错必纠的原则。

第四条 公安机关法制部门是办理国家赔偿案件的主管部门,依法履行下列职责:

（一）接收赔偿申请,审查赔偿请求和事实理由,履行相关法律手续;
（二）接收刑事赔偿复议申请,审查复议请求和事实理由,履行相关法律手续;
（三）接收并审查支付赔偿费用申请,接收并审查对支付赔偿费用申请不予受理决定的复核申请;
（四）参加人民法院审理赔偿案件活动;
（五）提出追偿赔偿费用意见,接收并审查对追偿赔偿费用不服的申诉;
（六）其他应当履行的职责。

第五条 公安机关相关部门应当按照职责分工,配合法制部门共同做好国家赔偿案件办理工作。

执法办案部门负责提供赔偿请求所涉职权行为的情况及相关材料,与法制部门共同研究案情,共同参加人民法院审理赔偿案件活动。

装备财务（警务保障）部门负责向财政部门申请支付赔偿费用,向赔偿请求人支付赔偿费用,将追偿的赔偿费用上缴财政部门。

第二章　行政赔偿和刑事赔偿

第一节　申请和受理

第六条 赔偿请求人申请赔偿,应当向赔偿义务机关提出。

公安机关及其工作人员行使职权侵犯公民、法人或者其他组织合法权益,造成损害的,该公安机关为赔偿义务机关。

公安机关内设机构和派出机构及其工作人员有前款情形的,所属公安机关为赔偿义务机关。

看守所、拘留所、强制隔离戒毒所等羁押监管场所及其工作人员有第二款情形的,主管公安机关为赔偿义务机关。

第七条 申请赔偿应当提交赔偿申请书,载明受害人的基本情况、赔偿请求、事实根据和理由、申请日期,并由赔偿请求人签名、盖章或者捺指印。

赔偿请求人书写确有困难的,可以口头申请。赔偿义务机关法制部门应当制作笔录,经赔偿请求人确认无误后签名、盖章或者捺指印。

第八条 申请赔偿除提交赔偿申请书外,还应当提交下列材料:

（一）赔偿请求人的身份证明材料。赔偿请求人不是受害人本人的,提供与受害人关系的证明。赔偿请求人委托他人代理赔偿请求事项的,提交授权委托书,以及代理人的身份证明;代理人为律师的,同时提交律师执业证明及律师事务所证明;

（二）赔偿请求所涉职权行为的法律文书或者其他证明材料；

（三）赔偿请求所涉职权行为造成损害及其程度的证明材料。

不能提交前款第二项、第三项所列材料的，赔偿请求人应当书面说明情况和理由。

第九条　赔偿义务机关法制部门收到当面递交赔偿申请的，应当当场出具接收凭证。

赔偿义务机关其他部门遇有赔偿请求人当面递交或者口头提出赔偿申请的，应当当场联系法制部门接收；收到以邮寄或者其他方式递交的赔偿申请，应当自收到之日起二个工作日内转送法制部门。

第十条　赔偿义务机关法制部门收到赔偿申请后，应当在五个工作日内予以审查，并分别作出下列处理：

（一）申请材料不齐全或者表述不清楚的，经本部门负责人批准，一次性书面告知赔偿请求人需要补正的全部事项和合理的补正期限；

（二）不符合申请条件的，经本机关负责人批准，决定不予受理并书面告知赔偿请求人；

（三）除第一项、第二项情形外，自赔偿义务机关法制部门收到申请之日起即为受理。

第十一条　有下列情形之一的，赔偿申请不符合申请条件：

（一）本机关不是赔偿义务机关的；

（二）赔偿请求人不适格的；

（三）赔偿请求事项不属于国家赔偿范围的；

（四）超过请求时效且无正当理由的；

（五）基于同一事实的赔偿请求已经通过申请行政复议或者提起行政诉讼提出，正在审理或者已经作出予以赔偿、不予赔偿结论的；

（六）赔偿申请应当在终止追究刑事责任后提出，有证据证明尚未终止追究刑事责任的。

赔偿申请受理后，发现有前款情形之一的，赔偿义务机关应当在受理之日起两个月内，经本机关负责人批准，驳回赔偿申请。

对于第一款第六项情形，决定不予受理或者驳回申请的，同时告知赔偿请求人在终止追究刑事责任后重新申请。

第十二条　赔偿请求人在补正期限内对赔偿申请予以补正的，赔偿义务机关法制部门应当自收到之日起五个工作日内予以审查。不符合申请条件的，经本机关负责人批准，决定不予受理并书面告知赔偿请求人。未书面告知不予受理的，自赔偿义务机关法制部门收到补正材料之日起即为受理。

赔偿义务机关法制部门在补正期限届满后第十个工作日仍未收到补正材料的，应当自该日起五个工作日内，对已经提交的赔偿申请予以审查。不符合申请条件的，经本机关负责人批准，决定不予受理并书面告知赔偿请求人。未书面告知不予受理的，自补正期限届满后第十个工作日起即为受理。

第十三条　赔偿义务机关对赔偿请求已作出处理，赔偿请求人无正当理由基于同一事实再次申请赔偿的，不再处理。

第二节　审　　查

第十四条　赔偿义务机关法制部门应当自赔偿申请受理之日起五个工作日内，将申请材料副本送赔偿请求所涉执法办案部门。执法办案部门应当自收到之日起十个工作日内向法制部门作出书面答复，并提供赔偿请求所涉职权行为的证据、依据和其他材料。

第十五条　赔偿义务机关应当全面审查赔偿请求的事实、证据和理由。重点查明下列事项：

（一）赔偿请求所涉职权行为的合法性；

（二）侵害事实、损害后果及因果关系；

（三）是否具有国家不承担赔偿责任的法定情形。

除前款所列查明事项外，赔偿义务机关还应当按照本规定第十六条至第十九条的规定，分别重点审查有关事项。

第十六条　赔偿请求人主张人身自由权赔偿的，重点审查赔偿请求所涉限制人身自由的起止时间。

第十七条　赔偿请求人主张生命健康权赔偿的，重点审查下列事项：

（一）诊断证明、医疗费用凭据，以及护理、康复、后续治疗的证明；

（二）死亡证明书，伤残、部分或者全部丧失劳动能力的鉴定意见。

赔偿请求提出因误工减少收入的，还应当审查收入证明、误工证明等。受害人死亡或者全部丧失劳动能力的，还应当审查其是否扶养未成年人或者其他无劳动能力人，以及所承担的扶养义务。

第十八条　赔偿请求人主张财产权赔偿的，重点审查下列事项：

（一）查封、扣押、冻结、收缴、追缴、没收的财物不能恢复原状或者灭失的，财物损失发生时的市场价格；查封、扣押、冻结、收缴、追缴、没收的财物被拍卖或者变卖的，拍卖或者变卖及其价格的证明材料，以及变卖时的市场价格；

（二）停产停业期间必要经常性开支的证明材料。

第十九条 赔偿请求人主张精神损害赔偿的，重点审查下列事项：

（一）是否存在《国家赔偿法》第三条或者第十七条规定的侵犯人身权行为；

（二）精神损害事实及后果；

（三）侵犯人身权行为与精神损害事实及后果的因果关系。

第二十条 赔偿审查期间，赔偿请求人可以变更赔偿请求。赔偿义务机关认为赔偿请求人提出的赔偿请求事项不全或者不准确的，可以告知赔偿请求人在审查期限届满前变更赔偿请求。

第二十一条 赔偿审查期间，赔偿义务机关法制部门可以调查核实情况，收集有关证据。有关单位和人员应当予以配合。

第二十二条 对赔偿请求所涉职权行为，有权机关已经作出生效法律结论，该结论所采信的证据可以作为赔偿审查的证据。

第二十三条 赔偿审查期间，有下列情形之一的，经赔偿义务机关负责人批准，中止审查并书面告知有关当事人：

（一）作为赔偿请求人的公民丧失行为能力，尚未确定法定代理人的；

（二）作为赔偿请求人的公民下落不明或者被宣告失踪的；

（三）作为赔偿请求人的公民死亡，其继承人和其他有扶养关系的亲属尚未确定是否参加赔偿审查的；

（四）作为赔偿请求人的法人或者其他组织终止，尚未确定权利义务承受人或者权利义务承受人尚未确定是否参加赔偿审查的；

（五）赔偿请求人因不可抗力不能参加赔偿审查的；

（六）赔偿审查涉及法律适用问题，需要有权机关作出解释或者确认的；

（七）赔偿审查需要以其他尚未办结案件的结果为依据的；

（八）其他需要中止审查的情形。

中止审查的情形消除后，应当在二个工作日内恢复审查，并书面告知有关当事人。

中止审查不符合第一款规定的，应当立即恢复审查。不恢复审查的，上一级公安机关应当责令恢复审查。

第二十四条 赔偿审查期间，有下列情形之一的，经赔偿义务机关负责人批准，终结审查并书面告知有关当事人：

（一）作为赔偿请求人的公民死亡，没有继承人和其他有扶养关系的亲属，或者继承人和其他有扶养关系的亲属放弃要求赔偿权利的；

（二）作为赔偿请求人的法人或者其他组织终止，没有权利义务承受人，或者权利义务承受人放弃要求赔偿权利的；

（三）赔偿请求人自愿撤回赔偿申请的。

前款第一项中的继承人和其他有扶养关系的亲属、第二项中的权利义务承受人、第三项中的赔偿请求人为数人，非经全体同意放弃要求赔偿权利或者撤回赔偿申请的，不得终结审查。

第三节 决 定

第二十五条 对受理的赔偿申请，赔偿义务机关应当自受理之日起两个月内，经本机关负责人批准，分别作出下列决定：

（一）违法行使职权造成侵权的事实清楚，应当予以赔偿的，作出予以赔偿的决定，并载明赔偿方式、项目和数额；

（二）违法行使职权造成侵权的事实不成立，或者具有国家不承担赔偿责任法定情形的，作出不予赔偿的决定。

按照前款第一项作出决定，不限于赔偿请求人主张的赔偿方式、项目和数额。

第二十六条 在查清事实的基础上，对应当予以赔偿的，赔偿义务机关应当充分听取赔偿请求人的意见，可以就赔偿方式、项目和数额在法定范围内进行协商。

协商应当遵循自愿、合法原则。协商达成一致的，赔偿义务机关应当按照协商结果作出赔偿决定；赔偿请求人不同意协商，或者协商未达成一致，或者赔偿请求人在赔偿决定作出前反悔的，赔偿义务机关应当依法作出赔偿决定。

第二十七条 侵犯公民人身自由的每日赔偿金，按照作出决定时的国家上年度职工日平均工资计算。

作出决定时国家上年度职工日平均工资尚未公布的，以公布的最近年度职工日平均工资为准。

第二十八条 执行行政拘留或者采取刑事拘留措施被决定赔偿的，计算赔偿金的天数按照实际羁押的天数计算。羁押时间不足一日的，按照一日计算。

第二十九条 依法应当予以赔偿但赔偿请求人所受损害的程度因客观原因无法确定的，赔偿数额应当结合赔偿请求人的主张和在案证据，运用逻辑推理和生活经验、生活常识等酌情确定。

第三十条　赔偿请求人主张精神损害赔偿的,作出决定应当载明是否存在精神损害并承担赔偿责任。承担精神损害赔偿责任的,应当载明消除影响、恢复名誉、赔礼道歉等承担方式;支付精神损害抚慰金的,应当载明具体数额。

精神损害抚慰金数额的确定,可以参照人民法院审理国家赔偿案件适用精神损害赔偿的规定,综合考虑精神损害事实和严重后果、侵权手段、方式等具体情节、纠错环节及过程,赔偿请求人住所地或者经常居住地平均生活水平、赔偿义务机关所在地平均生活水平等因素。法律法规对精神损害抚慰金的数额作出规定的,从其规定。

第三十一条　赔偿义务机关对行政赔偿请求作出不予受理、驳回申请、终结审查、予以赔偿、不予赔偿决定,或者逾期未作决定,赔偿请求人不服的,可以依照《国家赔偿法》第十四条规定提起行政赔偿诉讼。

赔偿义务机关对刑事赔偿请求作出不予受理、驳回申请、终结审查、予以赔偿、不予赔偿决定,或者逾期未作决定,赔偿请求人不服的,可以依照《国家赔偿法》第二十四条规定申请刑事赔偿复议。

第三章　刑事赔偿复议
第一节　申请和受理

第三十二条　赔偿请求人申请刑事赔偿复议,应当向赔偿义务机关的上一级公安机关提出。赔偿义务机关是公安部的,向公安部提出。

第三十三条　申请刑事赔偿复议应当提交复议申请书,载明受害人的基本情况、复议请求、事实根据和理由、申请日期,并由赔偿请求人签名、盖章或者捺指印。

赔偿请求人书写确有困难的,可以口头申请。复议机关法制部门应当制作笔录,经赔偿请求人确认无误后签名、盖章或者捺指印。

第三十四条　申请刑事赔偿复议除提交复议申请书外,还应当提交下列材料:

(一)赔偿请求人的身份证明材料。赔偿请求人不是受害人本人的,提供与受害人关系的证明。赔偿请求人委托他人代理复议事项的,提交授权委托书,以及代理人的身份证明。代理人为律师的,同时提交律师执业证明及律师事务所证明;

(二)向赔偿义务机关提交的赔偿申请材料及申请赔偿的证明材料;

(三)赔偿义务机关就赔偿申请作出的决定书。赔偿义务机关逾期未作决定的除外。

第三十五条　复议机关法制部门收到当面递交复议申请的,应当当场出具接收凭证。

复议机关其他部门遇有赔偿请求人当面递交或者口头提出复议申请的,应当当场联系法制部门接收;收到以其他方式递交复议申请的,应当自收到之日起二个工作日内转送法制部门。

第三十六条　复议机关法制部门收到复议申请后,应当在五个工作日内予以审查,并分别作出下列处理:

(一)申请材料不齐全或者表述不清楚的,经本部门负责人批准,一次性书面告知赔偿请求人需要补正的全部事项和合理的补正期限;

(二)不符合申请条件的,经本机关负责人批准,决定不予受理并书面告知赔偿请求人;

(三)除第一项、第二项情形外,自复议机关法制部门收到申请之日起即为受理。

第三十七条　有下列情形之一的,复议申请不符合申请条件:

(一)本机关不是复议机关的;

(二)赔偿请求人申请复议不适格的;

(三)不属于复议范围的;

(四)超过申请复议法定期限且无正当理由的;

(五)申请复议前未向赔偿义务机关申请赔偿的;

(六)赔偿义务机关对赔偿申请未作出决定但审查期限尚未届满的。

复议申请受理后,发现有前款情形之一的,复议机关应当在受理之日起两个月内,经本机关负责人批准,驳回复议申请。

第三十八条　赔偿请求人在补正期限内对复议申请予以补正的,复议机关法制部门应自收到之日起五个工作日内予以审查。不符合申请条件的,经本机关负责人批准,决定不予受理并书面告知赔偿请求人。未书面告知不予受理的,自复议机关法制部门收到补正材料之日起即为受理。

复议机关法制部门在补正期限届满后第十个工作日仍未收到补正材料的,应当自该日起五个工作日内,对已经提交的复议申请予以审查。不符合申请条件的,经本机关负责人批准,决定不予受理并书面告知赔偿请求人。未书面告知不予受理的,自补正期限届满后第十个工作日之日起即为受理。

第三十九条　复议机关对复议申请已作出处理,赔偿请求人无正当理由基于同一事实再次申请复议的,不再处理。

第二节 审 查

第四十条 复议机关法制部门应当自复议申请受理之日起五个工作日内,将申请材料副本送赔偿义务机关。赔偿义务机关应当自收到之日起十个工作日内向复议机关作出书面答复,并提供相关证据、依据和其他材料。

第四十一条 复议机关应当全面审查赔偿义务机关是否按照本规定第二章的规定对赔偿申请作出处理。

第四十二条 赔偿请求人申请复议时变更向赔偿义务机关提出的赔偿请求,或者在复议审查期间变更复议请求的,复议机关应当予以审查。

复议机关认为赔偿请求人提出的复议请求事项不全或者不准确的,可以告知赔偿请求人在审查期限届满前变更复议请求。

第四十三条 赔偿请求人和赔偿义务机关对自己的主张负有举证责任。没有证据或者证据不足以证明事实主张的,由负有举证责任的一方承担不利后果。

赔偿义务机关对其职权行为的合法性,以及《国家赔偿法》第二十六条第二款规定的情形负有举证责任。赔偿请求人可以提供证明赔偿义务机关职权行为违法的证据,但不因此免除赔偿义务机关的举证责任。

第四十四条 复议审查期间,复议机关法制部门可以调查核实情况,收集有关证据。有关单位和人员应当予以配合。

第四十五条 复议审查期间,有下列情形之一的,经复议机关负责人批准,中止审查并书面告知有关当事人:

(一)作为赔偿请求人的公民丧失行为能力,尚未确定法定代理人的;

(二)作为赔偿请求人的公民下落不明或者被宣告失踪的;

(三)作为赔偿请求人的公民死亡,其继承人和其他有扶养关系的亲属尚未确定是否参加复议审查的;

(四)作为赔偿请求人的法人或者其他组织终止,尚未确定权利义务承受人,或者权利义务承受人尚未确定是否参加复议审查的;

(五)赔偿请求人因不可抗力不能参加复议审查的;

(六)复议审查涉及法律适用问题,需要有权机关作出解释或者确认的;

(七)复议审查需以其他尚未办结案件的结果为依据的;

(八)其他需要中止审查的情形。

中止审查的情形消除后,应当在二个工作日内恢复审查,并书面告知有关当事人。

中止审查不符合第一款规定的,应当立即恢复审查。不恢复审查的,上一级公安机关应当责令恢复审查。

第四十六条 复议审查期间,有下列情形之一的,经复议机关负责人批准,终结审查并书面告知有关当事人:

(一)作为赔偿请求人的公民死亡,没有继承人和其他有扶养关系的亲属,或者继承人和其他有扶养关系的亲属放弃复议权利的;

(二)作为赔偿请求人的法人或者其他组织终止,没有权利义务承受人,或者权利义务承受人放弃复议权利的;

(三)赔偿请求人自愿撤回复议申请的。

前款第一项中的继承人和其他有扶养关系的亲属、第二项中的权利义务承受人、第三项中的赔偿请求人为数人,非经全体同意放弃复议权利或者撤回复议申请的,不得终结审查。

第三节 决 定

第四十七条 对受理的复议申请,复议机关应当自受理之日起两个月内,经本机关负责人批准作出决定。

第四十八条 复议机关可以组织赔偿义务机关与赔偿请求人就赔偿方式、项目和数额在法定范围内进行调解。

调解应当遵循自愿、合法的原则。经调解达成一致的,复议机关应当按照调解结果作出复议决定。赔偿请求人或者赔偿义务机关不同意调解,或者调解未达成一致,或者一方在复议决定作出前反悔的,复议机关应当依法作出复议决定。

第四十九条 对赔偿义务机关作出的予以赔偿或者不予赔偿决定,分别作出下列决定:

(一)认定事实清楚,适用法律正确,符合法定程序的,予以维持;

(二)认定事实清楚,适用法律正确,但违反法定程序的,维持决定结论并确认程序违法;

(三)认定事实不清、适用法律错误或者据以作出决定的法定事由发生变化的,依法重新作出决定或者责令限期重作。

第五十条 对赔偿义务机关作出的不予受理、驳回申请、终结审查决定,分别作出下列决定:

(一)符合规定情形和程序的,予以维持;

(二)符合规定情形,但违反规定程序的,维持决定结论并确认程序违法;

(三)不符合规定情形,或者据以作出决定的法定事由发生变化的,责令继续审查或者依法重新作出决定。

第五十一条 赔偿义务机关逾期未作出决定的,责令限期作出决定或者依法作出决定。

第五十二条 复议机关作出不予受理、驳回申请、终结审查、复议决定,或者逾期未作出决定,赔偿请求人不服的,可以依照《国家赔偿法》第二十五条规定,向复议机关所在地的同级人民法院赔偿委员会申请作出赔偿决定。

第四章 执 行

第五十三条 赔偿义务机关必须执行生效赔偿决定、复议决定、判决和调解。

第五十四条 生效赔偿决定、复议决定、判决和调解按照下列方式执行:

(一)要求返还财物或者恢复原状的,赔偿请求所涉赔偿义务机关执法办案部门应当在三十日内办结。情况复杂的,经本机关负责人批准,可以延长三十日。

(二)要求支付赔偿金的,赔偿义务机关法制部门应当依照《国家赔偿费用管理条例》的规定,将生效的赔偿决定书、复议决定书、判决书和调解书等有关材料提供给装备财务(警务保障)部门,装备财务(警务保障)部门报经本机关负责人批准后,依照预算管理权限向财政部门提出书面支付申请并提供有关材料。

(三)要求为赔偿请求人消除影响、恢复名誉、赔礼道歉的,赔偿义务机关或者其负责人应当及时执行。

第五十五条 财政部门告知赔偿义务机关补正申请材料的,赔偿义务机关装备财务(警务保障)部门应当会同法制部门自收到告知之日起五个工作日内按照要求补正材料并提交财政部门。

第五十六条 财政部门向赔偿义务机关支付赔偿金的,赔偿义务机关装备财务(警务保障)部门应当及时向赔偿请求人足额支付赔偿金,不得拖延、截留。

第五十七条 赔偿义务机关支付赔偿金后,应当依照《国家赔偿法》第十六条第一款、第三十一条第一款的规定,向责任人员追偿部分或者全部赔偿费用。

第五十八条 追偿赔偿费用由赔偿义务机关法制部门会同赔偿请求所涉执法办案部门等有关部门提出追偿意见,经本机关主要负责人批准,由装备财务(警务保障)部门书面通知有预算管理权限的财政部门,并责令被追偿人缴纳追偿赔偿费用。

追偿数额的确定,应当综合考虑赔偿数额,以及追偿人过错程度、损害后果等因素确定,并为被追偿人及其扶养的家属保留必需的生活费用。

第五十九条 被追偿人对追偿赔偿费用不服的,可以向赔偿义务机关或者其上一级公安机关申诉。

第六十条 赔偿义务机关装备财务(警务保障)部门应当依照相关规定,将追偿的赔偿费用上缴有预算管理权限的财政部门。

第五章 责任追究

第六十一条 有下列情形之一的,对直接负责的主管人员或者其他直接责任人员,依照有关规定给予行政纪律处分或者作出其他处理:

(一)未按照本规定对赔偿申请、复议申请作出处理的;

(二)不配合或者阻挠国家赔偿办案人员调查取证,不提供有关情况和证明材料,或者提供虚假材料的;

(三)未按照本规定执行生效赔偿决定、复议决定、判决和调解的;

(四)未按照本规定上缴追偿赔偿费用的;

(五)办理国家赔偿案件的其他渎职、失职行为。

第六十二条 公安机关工作人员在办理国家赔偿案件中,徇私舞弊,打击报复赔偿请求人的,依照有关规定给予行政纪律处分;构成犯罪的,依法追究刑事责任。

第六章 附 则

第六十三条 下列情形所需时间,不计入国家赔偿审查期限:

(一)向赔偿请求人调取证据材料的;

(二)涉及专门事项委托鉴定、评估的。

赔偿请求人在国家赔偿审查期间变更请求的,审查期限从公安机关收到之日起重新计算。

第六十四条 公安机关按照本规定制作的法律文书,应当加盖本机关印章或者国家赔偿专用章。中止审查、终结审查、驳回申请、赔偿决定、复议决定的法律文书,应当自作出之日起十日内送达。

第六十五条 本规定自 2018 年 10 月 1 日起施行。2014年 6 月 1 日施行的《公安机关办理国家赔偿案件程序规定》同时废止。

公安机关现场执法视音频记录工作规定

1. 2016 年 6 月 14 日印发
2. 公通字〔2016〕14 号

第一章 总 则

第一条 为进一步加强现场执法视音频记录工作,规范公安机关现场执法活动，维护人民群众合法权益，根据《公安机关办理行政案件程序规定》、《公安机关办理刑事案件程序规定》等有关规定，制定本规定。

第二条　现场执法视音频记录工作，是指公安机关利用现场执法记录设备对现场执法活动进行全过程视音频同步记录，并对现场执法视音频资料进行收集、保存、管理、使用等工作。

第三条　公安机关应当按照规定配备单警执法记录仪等现场执法记录设备和现场执法视音频资料自动传输、存储、管理等设备。

第四条　对于以下现场执法活动，公安机关应当进行现场执法视音频记录：

（一）接受群众报警或者110指令后处警；

（二）当场盘问、检查；

（三）对日常工作中发现的违反治安管理、出入境管理、消防管理、道路交通安全管理等违法犯罪行为和道路交通事故等进行现场处置、当场处罚；

（四）办理行政、刑事案件进行现场勘验、检查、搜查、扣押、辨认、扣留；

（五）消防管理、道路交通安全管理等领域的排除妨害、恢复原状和强制停止施工、停止使用、停产停业等行政强制执行；

（六）处置重大突发事件、群体性事件。

地方公安机关和各警种可以根据本地区、本警种实际情况，确定其他进行现场执法视音频记录的情形。

第五条　公安机关执法办案部门负责本部门开展现场执法视音频记录，以及有关设备、现场执法视音频资料的使用管理工作；警务督察部门负责对公安机关现场执法视音频记录活动进行督察；法制部门负责对现场执法视音频记录的范围和现场执法视音频资料的管理、使用进行指导和监督；警务保障部门负责现场执法记录设备的配备、维护升级和使用培训；科信部门负责现场执法视音频资料管理系统的建设和相关技术标准的制定。

第二章　记　　录

第六条　开展现场执法视音频记录时，应当对执法过程进行全程不间断记录，自到达现场开展执法活动时开始，至执法活动结束时停止；从现场带回违法犯罪嫌疑人的，应记录至将违法犯罪嫌疑人带入公安机关执法办案场所办案区时停止。

第七条　现场执法视音频记录应当重点摄录以下内容：

（一）执法现场环境；

（二）违法犯罪嫌疑人、被害人、被侵害人和证人等现场人员的体貌特征和言行举止；

（三）重要涉案物品及其主要特征，以及其他可以证明违法犯罪行为的证据；

（四）执法人员现场开具、送达法律文书和对有关人员、财物采取措施情况；

（五）其他应当记录的重要内容。

第八条　现场执法视音频记录过程中，因设备故障、损坏，天气情况恶劣或者电量、存储空间不足等客观原因而中止记录的，重新开始记录时应当对中断原因进行语音说明。确实无法继续记录的，应当立即向所属部门负责人报告，并在事后书面说明情况。

第三章　管　　理

第九条　公安机关应当建立现场执法记录设备和现场执法视音频资料管理制度。执法办案部门应当指定专门人员作为管理员，负责管理设备、资料。

第十条　公安机关执法办案部门应当对现场执法记录设备进行统一存放、分类管理。民警应当在开展执法活动前领取现场执法记录设备，并对电量、存储空间、日期时间设定等情况进行检查；发现设备故障、损坏的，应当及时报告管理员。

对现场执法记录设备应当妥善保管、定期维护。

第十一条　民警应当在当天执法活动结束后，将现场执法视音频资料导出保存。连续工作、异地执法办案或者在偏远、交通不便地区执法办案，确实无法及时移交资料的，应当在返回单位后二十四小时内移交。

第十二条　公安机关应当依托警综平台建立现场执法视音频资料管理系统，对现场执法视音频资料进行集中统一管理和分案分类存储，并与执法办案、110接处警等系统关联共享。

第十三条　现场执法视音频资料的保存期限原则上应当不少于六个月。

对于记录以下情形的现场执法视音频资料，应当永久保存：

（一）作为行政、刑事案件证据使用的；

（二）当事人或者现场其他人员有阻碍执法、妨害公务行为的；

（三）处置重大突发事件、群体性事件的；

（四）其他重大、疑难、复杂的警情。

第十四条　对现场执法视音频资料，应当综合考虑部门职责、岗位性质、工作职权等因素，严格限定使用权限。

因工作需要，超出本人权限调阅、复制本部门采集的现场执法视音频资料的，应当经部门负责人批准；调阅、复制其他部门采集的现场执法视音频资料的,应当经采集资料的部门负责人批准。

纪委、警务督察、法制、信访等部门因案件审核、执法监督、核查信访投诉等工作需要,可以要求采集资料的部门提供有关现场执法视音频资料。

因对社会宣传、教育培训等工作需要向公安机关以外的部门提供现场执法视音频资料的,应当经县级以上公安机关负责人批准;对于内容复杂、敏感,易引发社会争议的,应当报经上级公安机关批准。

第十五条　公安机关将现场执法视音频资料作为证据使用的,应当按照视听资料审查与认定的有关要求,制作文字说明材料,注明制作人、提取人、提取时间等信息,并将其复制为光盘后附卷。

第十六条　调阅、复制现场执法视音频资料,应当由管理员统一办理。管理员应当详细登记调阅人、复制人、审批人、时间、事由等事项。

第十七条　任何单位和个人不得剪接、删改原始现场执法视音频资料,未经批准不得擅自对外提供或者通过互联网及其他传播渠道发布现场执法视音频资料。

现场执法视音频资料涉及国家秘密、商业秘密、个人隐私的,应当按照有关法律法规的要求予以保密。

第四章　监督与责任

第十八条　公安机关应当对以下工作进行经常性监督检查,按一定比例对现场执法视音频资料进行抽查,并纳入执法质量考评:

(一)对规定事项是否进行现场执法视音频记录;

(二)对执法过程是否进行全程不间断记录;

(三)现场执法视音频资料的移交、管理、使用情况。

现场执法记录设备的配备、维护、管理情况,以及对民警使用现场执法记录设备的培训、检查、考核情况,应当记入单位或者民警执法档案。

第十九条　对违反本规定,具有下列情形之一的,应当依照有关规定,追究相关单位和人员的责任:

(一)对应当进行现场记录的执法活动未予记录,影响案事件处理或者造成其他不良影响的;

(二)剪接、删改、损毁、丢失现场执法视音频资料的;

(三)擅自对外提供或者公开发布现场执法视音频资料的。

第五章　附　　则

第二十条　本规定自2016年7月1日起施行。各地公安机关和各警种可以根据本规定,结合本地、本部门实际制定实施细则,并报上一级公安机关或者上一级部门备案。

公安机关执法质量考核评议规定

1. 2016年1月14日公安部令第137号修订发布
2. 自2016年3月1日起施行

第一章　总　　则

第一条　为加强公安机关执法监督管理,落实执法责任,提高执法质量,促进公安机关及其人民警察严格规范公正文明执法,根据《中华人民共和国人民警察法》及其他有关法律、法规,制定本规定。

第二条　执法质量考核评议,是指上级公安机关对下级公安机关、各级公安机关对所属执法部门及其人民警察执法办案质量进行的考核评议。

第三条　执法质量考核评议,应当坚持实事求是、公开公正、奖优罚劣、注重实效的原则。

第二章　考核评议的内容和标准

第四条　公安机关执法质量考核评议的主要内容包括:

(一)接处警执法情况;

(二)办理案件情况;

(三)实施行政许可、登记备案等行政管理情况;

(四)执法监督救济情况;

(五)执法办案场所和监管场所建设与管理情况;

(六)涉案财物管理和涉案人员随身财物代为保管以及证物保管情况;

(七)执法安全情况;

(八)执法办案信息系统应用管理情况;

(九)其他需要考核评议的内容。

第五条　接处警执法应当达到以下标准:

(一)接警文明规范,出警及时;

(二)着装、携带使用处警装备符合规定;

(三)处置措施适度、规范;

(四)现场取证及时、全面;

(五)接处警记录完整、准确、规范;

(六)按规定出具接报案回执。

第六条　办理案件应当达到以下标准:

(一)受案立案及时、合法、规范;

(二)执法主体合法,并具备相应的执法资格;

(三)案件管辖符合规定;

（四）案件事实清楚，证据确实充分，程序合法；
（五）调查取证合法、及时、客观、全面；
（六）定性及适用法律、法规、规章准确，量处适当；
（七）适用强制措施、侦查措施、作出行政处理决定符合规定；
（八）执行刑罚、行政处理决定符合规定；
（九）依法保护当事人的合法权益，保障律师执业权利；
（十）案件信息公开符合规定；
（十一）法律文书规范、完备，送达合法、及时，案卷装订、保管、移交规范。

第七条　实施行政许可、登记备案等行政管理应当达到以下标准：
（一）受理申请及时，履行通知告知义务符合规定；
（二）依法及时履行审查、核查等职责，办理程序符合规定；
（三）对从事行政许可等事项活动的监督检查符合规定；
（四）撤销行政许可、注销相关证件符合规定；
（五）工作记录、台账、法律文书、档案完备；
（六）其他行政管理中无不作为、乱作为等情形。

第八条　执法监督救济应当达到以下标准：
（一）受理、查处涉警投诉及时、规范，办理涉法涉诉信访事项的程序合法，无拒不受理、违规受理或者推诿、拖延、敷衍办理等情形；
（二）对符合法定受理条件的行政复议、刑事复议复核案件及时受理，办案程序合法，适用法律正确；
（三）对行政诉讼案件依法出庭应诉，提出诉讼证据和答辩意见，及时执行生效判决；
（四）办理国家赔偿案件程序合法、适用法律正确，无不依法赔偿或者违反规定采取补偿、救助等形式代替国家赔偿等情形；
（五）对已发现的执法问题及时纠正，依法追究执法过错责任人的责任。

第九条　执法办案场所和监管场所建设与管理应当达到以下标准：
（一）执法办案和监管场所功能设置规范合理、设施设备运转正常，安全防护措施落实到位；
（二）工作流程、岗位职责、应急处置工作预案等制度健全完善；
（三）违法犯罪嫌疑人被带至公安机关后，直接带入办案区，无违反规定带出办案区讯问询问等情形；
（四）违法犯罪嫌疑人进入办案区后，按照规定进行人身检查和信息采集；
（五）违法犯罪嫌疑人在办案区内，有人负责看管；
（六）在办案区内开展执法活动，有视频监控并记录，同步录音录像资料保管妥当；
（七）办案区使用的记录、台账等完整、规范。

第十条　涉案财物管理和涉案人员随身财物代为保管应当达到以下标准：
（一）财物管理场所设置、保管财物的设备设施符合规定；
（二）财物管理制度健全，办案与管理分离、统一管理的有关要求得到落实；
（三）按照规定对财物登记、保管、处理，记录、台账清晰完备。
不属于涉案财物的证物的管理标准按照相关规定确定，没有具体规定的，参照上述标准执行。

第十一条　执法安全应当达到以下标准：
（一）无因违法使用警械、武器造成人员伤亡等情形；
（二）无因故意或者过失致使被监管人员、涉案人员行凶、自杀、自伤、脱逃等情形；
（三）无殴打、虐待或者唆使、放纵他人殴打、虐待被监管人员、涉案人员等情形；
（四）无其他造成恶劣影响的执法安全事故。

第十二条　执法办案信息系统应用管理应当达到以下标准：
（一）接报案、受案立案信息系统使用符合规定，110接报警、群众上门报案、有关部门移送案件以及公安机关工作中发现的违法犯罪线索等信息录入及时、规范；
（二）落实网上办案要求，除案件性质和事实涉及国家秘密的以外，实现各类案件信息、主要证据材料上传信息系统，审核审批考评网上进行，案件电子卷宗自动生成；
（三）接报警信息与网上办案、监督考评、督察、办案场所管理、音视频资料管理、涉案财物管理等各类信息系统之间互联互通、数据共享；
（四）自动生成执法办案单位及其民警的执法档案，准确记载执法办案的数量和质量；
（五）无擅自更改或者删除执法办案信息系统中已经审核、审批通过的案件信息等情形；

（六）指定专人担任系统管理员，执法办案信息系统正常运转。

第十三条 在登记、统计、上报各类执法情况过程中，实事求是，严格遵守有关规定，无弄虚作假、隐瞒不报的情形。

第十四条 各地执法质量考核评议项目和指标由省级公安机关统一确定，各级公安机关部门、警种不得以部门、警种名义下达执法质量考核评议项目和指标。

确定执法质量考核评议项目和指标，应当把执法质量与执法数量、执法效率、执法效果结合起来，激励民警又好又多地执法办案，但不得以不科学、不合理的罚没款数额、刑事拘留数、行政拘留数、发案数、退查率、破案率等作为考评指标。

第十五条 年度执法质量考核评议实行百分制，根据考核评议的内容范围，确定考核评议各项内容所占比重。

考核评议结果以年度积分为准，分为优秀、达标、不达标三档。

第十六条 各级公安机关应当把内部考评与外部评价有机结合起来，将警务评议、社会公众评价和执法相对人、案件当事人对执法工作的评价作为执法质量考核评议的重要依据。

第十七条 具有下列情形之一的，不予扣分：

（一）因法律法规、司法解释发生变化，改变案件定性、处理的；

（二）因法律规定不明确，有关司法解释不一致，致使案件定性、处理存在争议的；

（三）因不能预见或者无法抗拒的原因致使执法问题发生的；

（四）对案件基本事实的判断存在争议或者疑问，根据证据规则能够予以合理说明的；

（五）因出现新证据而改变原结论的；

（六）原结论依据的法律文书被撤销或者变更的；

（七）因执法相对人的过错致使执法过错发生的。

第十八条 因执行上级公安机关决定、命令而发生执法过错的，不予扣分。

对超越法律、法规规定的人民警察职责范围的指令，下级公安机关有权拒绝执行，并同时向上级公安机关报告。没有报告造成执法问题的，应当扣分；已经报告的，可以减少扣分。

第十九条 对执法问题自查自纠，并已依法追究执法过错责任的，可以减少扣分或者不予扣分。

第二十条 具有下列情形之一的，年度执法质量考核评议结果应当确定为不达标：

（一）发生错案，造成恶劣社会影响的；

（二）刑讯逼供或者殴打、体罚、虐待被监管人员、涉案人员致其重伤、死亡的；

（三）违法使用警械、武器致人重伤、死亡的；

（四）因疏于管理、玩忽职守、滥用职权等原因造成被监管人员、涉案人员非正常死亡、脱逃的；

（五）因黄、赌、毒或者涉黑涉恶违法犯罪现象严重，造成恶劣社会影响的；

（六）领导班子成员因执法问题被追究刑事责任的。

被考核评议单位拒绝接受考核评议或者弄虚作假的，年度执法质量考核评议结果应当确定为不达标。

第三章 考核评议的组织实施

第二十一条 上级公安机关对下一级公安机关应当定期开展执法质量考核评议，省级公安机关对下级公安机关每年度至少进行一次全面的执法质量考核评议。

对公安机关各执法部门和执法民警的执法质量考核评议，由所属公安机关组织实施。

第二十二条 执法质量考核评议工作应当成立以公安机关行政首长任组长，有关部门参加的考核评议领导小组，统一组织实施考评工作。执法质量考核评议领导小组办公室设在法制部门，考核评议日常工作由法制部门负责组织实施。

公安机关部门、警种对日常工作中发现的执法问题，应当及时移送本级公安机关执法质量考核评议领导小组办公室。年度考核评议结果通报前，应当征求纪检监察、督察、审计、人事等部门的意见。

各级公安机关应当为开展执法质量考核评议工作提供必要的保障和支持。

第二十三条 执法质量考核评议采取日常考评、阶段考评、专项考评、年终考评相结合的方法。日常考评成绩作为年度执法质量考核评议成绩的重要依据。

年度执法质量考核评议以本年1月1日至12月31日为一个考评年度。对执法问题的发现与处理在不同考评年度的，按照处理时间所在年度进行考评。

第二十四条 各级公安机关应当为所属执法部门和执法民警建立网上执法档案，完整、准确、实时记载执法数量、执法质量、执法培训、考核结果、执法过错责任追究等情况。

第二十五条 各级公安机关应当建立执法质量考核评议通报和报告制度。

上级公安机关对下级公安机关的执法质量考核评议情况应当在本辖区公安机关内部进行通报；各级公

安机关对所属执法部门、执法民警的执法质量考核评议情况应当在本级公安机关内部通报。

下级公安机关开展年度执法质量考核评议情况应当在考评结束后一个月内报告上一级公安机关。

第二十六条 考核评议结果应当及时告知被考核评议单位或者民警。对结果有异议的,可以及时向负责考核评议的公安机关提出书面申诉。负责考核评议的公安机关可以视情重新组织人员复查,并告知复查结果。

第四章 奖 惩

第二十七条 执法质量考核评议结果作为衡量公安机关及其所属执法部门、执法民警工作实绩的重要依据,并作为衡量领导班子和领导干部工作实绩的重要内容。涉及公安机关领导、执法部门的干部任用、执法民警晋职晋级以及执法工作的评优评先,应当把执法质量考核评议结果作为考核工作实绩的重要依据。

第二十八条 对年度执法质量考核评议结果为优秀的,应当对相关的单位和个人予以表彰奖励。

对不达标单位予以通报批评,责令限期整改,取消其当年评优受奖资格;连续两年不达标的,单位行政首长应当辞职,或者由上级公安机关商请有关部门对其予以免职。

第二十九条 申报全国优秀公安局、全国公安机关执法示范单位的,近两个年度执法质量考核评议结果必须达到优秀。

申报省级以下优秀公安局、执法示范单位的,上年度执法质量考核评议结果必须达到优秀。

申报优秀基层单位的,参照前两款规定执行。

第三十条 在执法质量考核评议过程中,发现已办结的案件或者执法活动确有错误、不适当的,应当及时纠正。需要追究有关领导或者直接责任人员执法过错责任的,应当依照《公安机关人民警察执法过错责任追究规定》等规定予以追究。

对违反本规定第十四条下达、设定考核评议指标以及不按照规定组织开展执法质量考核评议工作的,应当及时纠正,并依照有关规定予以追究责任。

第五章 附 则

第三十一条 各省、自治区、直辖市公安厅局和新疆生产建设兵团公安局可以根据本规定,结合本地实际情况,制定实施细则。

第三十二条 本规定自2016年3月1日起施行。2001年10月10日发布施行的《公安机关执法质量考核评议规定》(公安部令第60号)同时废止。

公安机关人民警察
执法过错责任追究规定

1. 2016年1月14日公安部令第138号修订发布
2. 自2016年3月1日起施行

第一章 总 则

第一条 为落实执法办案责任制,完善执法过错责任追究机制,保障公安机关及其人民警察依法正确履行职责,保护公民、法人和其他组织的合法权益,根据《中华人民共和国人民警察法》、《行政机关公务员处分条例》等有关法律法规,制定本规定。

第二条 本规定所称执法过错是指公安机关人民警察在执法办案中,故意或者过失造成的认定事实错误、适用法律错误、违反法定程序、作出违法处理决定等执法错误。

在事实表述、法条引用、文书制作等方面存在执法瑕疵,不影响案件处理结果的正确性及效力的,不属于本规定所称的执法过错,不予追究执法过错责任,但应当纳入执法质量考评进行监督并予以纠正。

第三条 追究执法过错责任,应当遵循实事求是、有错必纠、过错与处罚相适应、教育与惩处相结合的原则。

第四条 在执法过错责任追究工作中,公安机关纪检监察、督察、人事、法制以及执法办案等部门应当各负其责、互相配合。

第二章 执法过错责任的认定

第五条 执法办案人、鉴定人、审核人、审批人都有故意或者过失造成执法过错的,应当根据各自对执法过错所起的作用,分别承担责任。

第六条 审批人在审批时改变或者不采纳执法办案人、审核人的正确意见造成执法过错的,由审批人承担责任。

第七条 因执法办案人或者审核人弄虚作假、隐瞒真相,导致审批人错误审批造成执法过错的,由执法办案人或者审核人承担主要责任。

第八条 因鉴定人提供虚假、错误鉴定意见造成执法过错的,由鉴定人承担主要责任。

第九条 违反规定的程序,擅自行使职权造成执法过错的,由直接责任人员承担责任。

第十条 下级公安机关人民警察按照规定向上级请示的案件,因上级的决定、命令错误造成执法过错的,由上级有关责任人员承担责任。因下级故意提供虚假材料或者不如实汇报导致执法过错的,由下级有关责任人员承担责任。

下级对超越法律、法规规定的人民警察职责范围的指令,有权拒绝执行,并同时向上级机关报告。没有报告造成执法过错的,由上级和下级分别承担相应的责任;已经报告的,由上级承担责任。

第十一条 对其他执法过错情形,应当根据公安机关人民警察在执法办案中各自承担的职责,区分不同情况,分别追究有关人员的责任。

第三章 对执法过错责任人的处理

第十二条 对执法过错责任人员,应当根据其违法事实、情节、后果和责任程度分别追究刑事责任、行政纪律责任或者作出其他处理。

第十三条 追究行政纪律责任的,由人事部门或者纪检监察部门依照《行政机关公务员处分条例》和《公安机关人民警察纪律条令》等规定依法给予处分;构成犯罪的,依法移送有关司法机关处理。

第十四条 作出其他处理的,由相关部门提出处理意见,经公安机关负责人批准,可以单独或者合并作出以下处理:

（一）诫勉谈话;
（二）责令作出书面检查;
（三）取消评选先进的资格;
（四）通报批评;
（五）停止执行职务;
（六）延期晋级、晋职或者降低警衔;
（七）引咎辞职、责令辞职或者免职;
（八）限期调离公安机关;
（九）辞退或者取消录用。

第十五条 公安机关依法承担国家赔偿责任的案件,除依照本规定追究执法过错责任外,还应当依照《中华人民共和国国家赔偿法》的规定,向有关责任人员追偿部分或者全部赔偿费用。

第十六条 执法过错责任人受到开除处分、刑事处罚或者犯有其他严重错误的,应当按照有关规定撤销相关的奖励。

第十七条 发生执法过错案件,影响恶劣、后果严重的,除追究直接责任人员的责任外,还应当依照有关规定追究公安机关领导责任。

年度内发生严重的执法过错或者发生多次执法过错的公安机关和执法办案部门,本年度不得评选为先进集体。

第十八条 对执法过错责任人的处理情况分别记入人事档案、执法档案,作为考核、定级、晋职、晋升等工作的重要依据。

第十九条 具有下列情形之一的,应当从重追究执法过错责任:

（一）因贪赃枉法、徇私舞弊、刑讯逼供、伪造证据、通风报信、蓄意报复、陷害等故意造成执法过错的;
（二）阻碍追究执法过错责任的;
（三）对检举、控告、申诉人打击报复的;
（四）多次发生执法过错的;
（五）情节恶劣、后果严重的。

第二十条 具有下列情形之一的,可以从轻、减轻或者免予追究执法过错责任:

（一）由于轻微过失造成执法过错的;
（二）主动承认错误,并及时纠正的;
（三）执法过错发生后能够配合有关部门工作,减少损失、挽回影响的;
（四）情节轻微、尚未造成严重后果的。

第二十一条 具有下列情形之一的,不予追究执法过错责任:

（一）因法律法规、司法解释发生变化,改变案件定性、处理的;
（二）因法律规定不明确、有关司法解释不一致,致使案件定性、处理存在争议的;
（三）因不能预见或者无法抗拒的原因致使执法过错发生的;
（四）对案件基本事实的判断存在争议或者疑问,根据证据规则能够予以合理说明的;
（五）因出现新证据而改变原结论的;
（六）原结论依据的法律文书被撤销或者变更的;
（七）因执法相对人的过错致使执法过错发生的。

第四章 执法过错责任追究的程序

第二十二条 追究执法过错责任,由发生执法过错的公安机关负责查处。

上级公安机关发现下级公安机关应当查处而未处的,应当责成下级公安机关查处;必要时,也可以直接查处。

第二十三条 公安机关纪检监察、督察、审计、法制以及执法办案等部门,应当在各自职责范围内主动、及时检查、纠正和处理执法过错案件。

第二十四条 各有关部门调查后,认为需要法制部门认定执法过错的,可以将案件材料移送法制部门认定。

第二十五条 法制部门认定执法过错案件,可以通过阅卷、组织有关专家讨论、会同有关部门调查核实等方式进行，形成执法过错认定书面意见后，及时送达有关移送部门，由移送部门按照本规定第十三条、第十四条作出处理。

第二十六条　被追究执法过错责任的公安机关人民警察及其所属部门不服执法过错责任追究的，可以在收到执法过错责任追究决定之日起五日内向作出决定的公安机关或者上一级公安机关申诉；接受申诉的公安机关应当认真核实，并在三十日内作出最终决定。法律、法规另有规定的，按照有关规定办理。

第二十七条　因故意或者重大过失造成错案，不受执法过错责任人单位、职务、职级变动或者退休的影响，终身追究执法过错责任。

错案责任人已调至其他公安机关或者其他单位的，应当向其所在单位通报，并提出处理建议；错案责任人在被作出追责决定前，已被开除、辞退且无相关单位的，应当在追责决定中明确其应当承担的责任。

第二十八条　各级公安机关对执法过错案件应当采取有效措施予以整改、纠正，对典型案件应当进行剖析、通报。

第五章　附　　则

第二十九条　各省、自治区、直辖市公安厅局和新疆生产建设兵团公安局可以根据本规定，结合本地实际制定实施细则。

第三十条　本规定自2016年3月1日起施行。1999年6月11日发布的《公安机关人民警察执法过错责任追究规定》（公安部令第41号）同时废止。

公安机关涉案财物管理若干规定

1. 2015年7月22日公安部修订发布
2. 公通字〔2015〕21号
3. 自2015年9月1日起施行

第一章　总　　则

第一条　为进一步规范公安机关涉案财物管理工作，保护公民、法人和其他组织的合法财产权益，保障办案工作依法有序进行，根据有关法律、法规和规章，制定本规定。

第二条　本规定所称涉案财物，是指公安机关在办理刑事案件和行政案件过程中，依法采取查封、扣押、冻结、扣留、调取、先行登记保存、抽样取证、追缴、收缴等措施提取或者固定，以及从其他单位和个人接收的与案件有关的物品、文件和款项，包括：

（一）违法犯罪所得及其孳息；
（二）用于实施违法犯罪行为的工具；
（三）非法持有的淫秽物品、毒品等违禁品；
（四）其他可以证明违法犯罪行为发生、违法犯罪行为情节轻重的物品和文件。

第三条　涉案财物管理实行办案与管理相分离、来源去向明晰、依法及时处理、全面接受监督的原则。

第四条　公安机关管理涉案财物，必须严格依法进行。任何单位和个人不得贪污、挪用、私分、调换、截留、坐支、损毁、擅自处理涉案财物。

对于涉及国家秘密、商业秘密、个人隐私的涉案财物，应当保密。

第五条　对涉案财物采取措施，应当严格依照法定条件和程序进行，履行相关法律手续，开具相应法律文书。严禁在刑事案件立案之前或者行政案件受案之前对财物采取查封、扣押、冻结、扣留措施，但有关法律、行政法规另有规定的除外。

第六条　公安机关对涉案财物采取措施后，应当及时进行审查。经查明确实与案件无关的，应当在三日以内予以解除、退还，并通知有关当事人。对与本案无关，但有证据证明涉及其他部门管辖的违纪、违法、犯罪行为的财物，应当依照相关法律规定，连同有关线索移送有管辖权的部门处理。

对涉案财物采取措施，应当为违法犯罪嫌疑人及其所扶养的亲属保留必需的生活费用和物品；根据案件具体情况，在保证侦查活动正常进行的同时，可以允许有关当事人继续合理使用有关涉案财物，并采取必要的保值保管措施，以减少侦查办案对正常办公和合法生产经营的影响。

第七条　公安机关对涉案财物进行保管、鉴定、估价、公告等，不得向当事人收取费用。

第二章　涉案财物的保管

第八条　公安机关应当完善涉案财物管理制度，建立办案部门与保管部门、办案人员与保管人员相互制约制度。

公安机关应当指定一个部门作为涉案财物管理部门，负责对涉案财物实行统一管理，并设立或者指定专门保管场所，对各办案部门经手的全部涉案财物或者价值较大、管理难度较高的涉案财物进行集中保管。涉案财物集中保管的范围，由地方公安机关根据本地区实际情况确定。

对于价值较低、易于保管，或者需要作为证据继续使用，以及需要先行返还被害人、被侵害人的涉案财物，可以由办案部门设置专门的场所进行保管。

办案部门应当指定不承担办案工作的民警负责本部门涉案财物的接收、保管、移交等管理工作；严禁由办案人员自行保管涉案财物。

第九条 公安机关应当设立或者指定账户，作为本机关涉案款项管理的唯一合规账户。

办案部门扣押涉案款项后，应当立即将其移交涉案财物管理部门。涉案财物管理部门应当对涉案款项逐案设立明细账，存入唯一合规账户，并将存款回执交办案部门附卷保存。但是，对于具有特定特征、能够证明某些案件事实而需要作为证据使用的现金，应当交由涉案财物管理部门或者办案部门涉案财物管理人员，作为涉案物品进行管理，不再存入唯一合规账户。

第十条 公安机关应当建立涉案财物集中管理信息系统，对涉案财物信息进行实时、全程录入和管理，并与执法办案信息系统关联。涉案财物管理人员应当对所有涉案财物逐一编号，并将案由、来源、财物基本情况、保管状态、场所和去向等信息录入信息系统。

第十一条 对于不同案件、不同种类的涉案财物，应当分案、分类保管。

涉案财物保管场所和保管措施应当适合被保管财物的特性，符合防火、防盗、防潮、防蛀、防磁、防腐蚀等安全要求。涉案财物保管场所应当安装视频监控设备，并配备必要的储物容器、一次性储物袋、计量工具等物品。有条件的地方，可以会同人民法院、人民检察院等部门，建立多部门共用的涉案财物管理中心，对涉案财物进行统一管理。

对于易燃、易爆、毒害性、放射性等危险物品，鲜活动植物，大宗物品，车辆、船舶、航空器等大型交通工具，以及其他对保管条件、保管场所有特殊要求的涉案财物，应当存放在符合条件的专门场所。公安机关没有具备保管条件的场所的，可以委托具有相应条件、资质或者管理能力的单位代为保管。

依法对文物、金银、珠宝、名贵字画等贵重财物采取查封、扣押、扣留等措施的，应当拍照或者录像，并及时鉴定、估价；必要时，可以实行双人保管。

未经涉案财物管理部门或者管理涉案财物的办案部门负责人批准，除保管人员以外的其他人员不得进入涉案财物保管场所。

第十二条 办案人员依法提取涉案财物后，应当在二十四小时以内按照规定将其移交涉案财物管理部门或者本部门的涉案财物管理人员，并办理移交手续。

对于采取查封、冻结、先行登记保存等措施后不在公安机关保管的涉案财物，办案人员应当在采取有关措施后的二十四小时以内，将相关法律文书和清单的复印件移交涉案财物管理人员予以登记。

第十三条 因情况紧急，需要在提取后的二十四小时以内开展鉴定、辨认、检验、检查等工作的，经办案部门负责人批准，可以在上述工作完成后的二十四小时以内将涉案财物移交涉案财物管理人员，并办理移交手续。

异地办案或者在偏远、交通不便地区办案的，应当在返回办案单位后的二十四小时以内办理移交手续。行政案件在提取后的二十四小时以内已将涉案财物处理完毕的，可以不办理移交手续，但应当将处理涉案财物的相关手续附卷保存。

第十四条 涉案财物管理人员对办案人员移交的涉案财物，应当对照有关法律文书当场查验核对、登记入册，并与办案人员共同签名。

对于缺少法律文书、法律文书对必要事项记载不全或者实物与法律文书记载严重不符的，涉案财物管理人员可以拒绝接收涉案财物，并应当要求办案人员补齐相关法律文书、信息或者财物。

第十五条 因讯问、询问、鉴定、辨认、检验、检查等办案工作需要，经办案部门负责人批准，办案人员可以向涉案财物管理人员调用涉案财物。调用结束后，应当在二十四小时以内将涉案财物归还涉案财物管理人员。

因宣传教育等工作需要调用涉案财物的，应当经公安机关负责人批准。

涉案财物管理人员应当详细登记调用人、审批人、时间、事由、期限、调用的涉案财物状况等事项。

第十六条 调用人应当妥善保管和使用涉案财物。调用人归还涉案财物时，涉案财物管理人员应当进行检查核对。对于有损毁、短少、调换、灭失等情况的，涉案财物管理人员应当如实记录，并报告调用人所属部门负责人和涉案财物管理部门负责人。因鉴定取样等事由导致涉案财物出现合理损耗的，不需要报告，但调用人应当向涉案财物管理人员提供相应证明材料和书面说明。

调用人未按照登记的调用时间归还涉案财物的，涉案财物管理人员应当报告调用人所属部门负责人；有关负责人应当责令调用人立即归还涉案财物。确需继续调用涉案财物的，调用人应当按照原批准程序办理延期手续，并交由涉案财物管理人员留存。

第十七条 办案部门扣押、扣留涉案车辆时，应当认真查验车辆特征，并在清单或者行政强制措施凭证中详细载明当事人的基本情况、案由、厂牌型号、识别代码、牌照号码、行驶里程、重要装备、车身颜色、车辆状况等情况。

对车辆内的物品，办案部门应当仔细清点。对与案件有关，需要作为证据使用的，应当依法扣押；与案件无关的，通知当事人或者其家属、委托的人领取。

公安机关应当对管理的所有涉案车辆进行专门编号登记，严格管理，妥善保管，非因法定事由并经公安机关负责人批准，不得调用。

对船舶、航空器等交通工具采取措施和进行管理，参照前三款规定办理。

第三章 涉案财物的处理

第十八条 公安机关应当依照有关法律规定，及时办理涉案财物的移送、返还、变卖、拍卖、销毁、上缴国库等工作。

对刑事案件中作为证据使用的涉案财物，应当随案移送；对于危险品、大宗大型物品以及容易腐烂变质等不宜随案移送的物品，应当移送相关清单、照片或者其他证明文件。

第十九条 有关违法犯罪事实查证属实后，对于有证据证明权属明确且无争议的被害人、被侵害人合法财产及其孳息，凡返还不损害其他被害人、被侵害人或者利害关系人的利益，不影响案件正常办理的，应当在登记、拍照或者录像和估价后，报经县级以上公安机关负责人批准，开具发还清单并返还被害人、被侵害人。办案人员应当在案卷材料中注明返还的理由，并将原物照片、发还清单和被害人、被侵害人的领取手续存卷备查。

领取人应当是涉案财物的合法权利人或者其委托的人，办案人员或者公安机关其他工作人员不得代为领取。

第二十条 对于刑事案件依法撤销、行政案件因违法事实不能成立而作出不予行政处罚决定的，除依照法律、行政法规有关规定另行处理的以外，公安机关应当解除对涉案财物采取的相关措施并返还当事人。

人民检察院决定不起诉、人民法院作出无罪判决，涉案财物由公安机关管理的，公安机关应当根据人民检察院的书面通知或者人民法院的生效判决，解除对涉案财物采取的相关措施并返还当事人。

人民法院作出有罪判决，涉案财物由公安机关管理的，公安机关应当根据人民法院的生效判决，对涉案财物作出处理。人民法院的判决没有明确涉案财物如何处理的，公安机关应当征求人民法院意见。

第二十一条 对于因自身材质原因易损毁、灭失、腐烂、变质而不宜长期保存的食品、药品及其原材料等物品，长期不使用容易导致机械性能下降、价值贬损的车辆、船舶等物品，市场价格波动大的债券、股票、基金份额等财产和有效期即将届满的汇票、本票、支票等，权利人明确的，经其本人书面同意或者申请，并经县级以上公安机关主要负责人批准，可以依法变卖、拍卖，所得款项存入本单位唯一合规账户；其中，对于冻结的债券、股票、基金份额等财产，有对应的银行账户的，应当将变现后的款项继续冻结在对应账户中。

对涉案财物的变卖、拍卖应当坚持公开、公平原则，由县级以上公安机关商本级人民政府财政部门统一组织实施，严禁暗箱操作。

善意第三人等案外人与涉案财物处理存在利害关系的，公安机关应当告知其相关诉讼权利。

第二十二条 公安机关在对违法行为人、犯罪嫌疑人依法作出限制人身自由的处罚或者采取限制人身自由的强制措施时，对其随身携带的与案件无关的财物，应当按照《公安机关代为保管涉案人员随身财物若干规定》有关要求办理。

第二十三条 对于违法行为人、犯罪嫌疑人或者其家属、亲友给予被害人、被侵害人退、赔款物的，公安机关应当通知其向被害人、被侵害人或者其家属、委托的人直接交付，并将退、赔情况及时书面告知公安机关。公安机关不得将退、赔款物作为涉案财物扣押或者暂存，但需要作为证据使用的除外。

被害人、被侵害人或者其家属、委托的人不愿意当面接收的，经其书面同意或者申请，公安机关可以记录其银行账号，通知违法行为人、犯罪嫌疑人或者其家属、亲友将退、赔款项汇入该账户。

公安机关应当将双方的退赔协议或者交付手续复印附卷保存，并将退赔履行情况记录在案。

第四章 监督与救济

第二十四条 公安机关应当将涉案财物管理工作纳入执法监督和执法质量考评范围；定期或者不定期组织有关部门对本机关及办案部门负责管理的涉案财物进行核查，防止涉案财物损毁、灭失或者被挪用、不按规定及时移交、移送、返还、处理等；发现违法采取措施或者管理不当的，应当责令有关部门及时纠正。

第二十五条 公安机关纪检、监察、警务督察、审计、装备财务、警务保障、法制等部门在各自职权范围内对涉案财物管理工作进行监督。

公安机关负责人在审批案件时，应当对涉案财物情况一并进行严格审查,发现对涉案财物采取措施或者处理不合法、不适当的,应当责令有关部门立即予以纠正。

法制部门在审核案件时,发现对涉案财物采取措施或者处理不合法、不适当的,应当通知办案部门及时予以纠正。

第二十六条 办案人员有下列行为之一的,应当根据其行为的情节和后果,依照有关规定追究责任;涉嫌犯罪的,移交司法机关依法处理:

(一)对涉案财物采取措施违反法定程序的;

(二)对明知与案件无关的财物采取查封、扣押、冻结等措施的;

(三)不按照规定向当事人出具有关法律文书的;

(四)提取涉案财物后,在规定的时限内无正当理由不向涉案财物管理人员移交涉案财物的;

(五)擅自处置涉案财物的;

(六)依法应当将有关财物返还当事人而拒不返还,或者向当事人及其家属等索取费用的;

(七)因故意或者过失,致使涉案财物损毁、灭失的;

(八)其他违反法律规定的行为。

案件审批人、审核人对于前款规定情形的发生负有责任的,依照前款规定处理。

第二十七条 涉案财物管理人员不严格履行管理职责,有下列行为之一的,应当根据其行为的情节和后果,依照有关规定追究责任;涉嫌犯罪的,移交司法机关依法处理:

(一)未按照规定严格履行涉案财物登记、移交、调用等手续的;

(二)因故意或者过失,致使涉案财物损毁、灭失的;

(三)发现办案人员不按照规定移交、使用涉案财物而不及时报告的;

(四)其他不严格履行管理职责的行为。

调用人有前款第一项、第二项行为的,依照前款规定处理。

第二十八条 对于贪污、挪用、私分、调换、截留、坐支、损毁涉案财物,以及在涉案财物拍卖、变卖过程中弄虚作假、中饱私囊的有关领导和直接责任人员,应当依照有关规定追究责任;涉嫌犯罪的,移交司法机关依法处理。

第二十九条 公安机关及其工作人员违反涉案财物管理规定,给当事人造成损失的,公安机关应当依法予以赔偿,并责令有故意或者重大过失的有关领导和直接责任人员承担部分或者全部赔偿费用。

第三十条 在对涉案财物采取措施、管理和处置过程中,公安机关及其工作人员存在违法违规行为,损害当事人合法财产权益的,当事人和辩护人、诉讼代理人、利害关系人有权向公安机关提出投诉、控告、举报、复议或者国家赔偿。公安机关应当依法及时受理,并依照有关规定进行处理;对于情况属实的,应当予以纠正。

上级公安机关发现下级公安机关存在前款规定的违法违规行为,或者对投诉、控告、举报或者复议事项不按照规定处理的,应当责令下级公安机关限期纠正,下级公安机关应当立即执行。

第五章 附 则

第三十一条 各地公安机关可以根据本规定,结合本地和各警种实际情况,制定实施细则,并报上一级公安机关备案。

第三十二条 本规定自2015年9月1日起施行。2010年11月4日印发的《公安机关涉案财物管理若干规定》(公通字〔2010〕57号)同时废止。公安部此前制定的有关涉案财物管理的规范性文件与本规定不一致的,以本规定为准。

公安机关公务用枪管理规定

1. 2015年1月16日公安部印发
2. 公通字〔2015〕3号

第一章 总 则

第一条 为规范公安机关公务用枪管理工作,提高民警管枪、用枪能力,保障枪支安全,根据《中华人民共和国人民警察法》、《中华人民共和国枪支管理法》、《公务用枪配备办法》等有关法律、法规,制定本规定。

第二条 本规定所称公务用枪,是指公安机关依照《公务用枪配备办法》配备的各种枪支。

职能部门,是指公安机关承担公务用枪管理职责的内设部门。

配枪部门,是指公安机关配备公务用枪的内设部门、派出机构和其他直属单位。

配枪民警,是指获准核发《中华人民共和国公务用枪持枪证》(以下简称持枪证)的公安机关人民警察。

第三条 公安机关公务用枪管理以工作必需、规范管理保障使用、确保安全为原则。

第四条 各级公安机关应当建立公务用枪管理制度，明确所属职能部门、配枪部门管理职责，明确配枪民警管理、使用枪支责任。

各级公安机关及其所属配枪部门的主要负责人是公务用枪管理工作第一责任人，应当依法依规履行公务用枪管理责任，落实公务用枪管理制度。

第五条 各级公安机关应当采用科技信息化手段，提升公务用枪动态监督管理和服务保障实战的能力与水平。

公务用枪研制、定型、列装、订购、监造、验收、训练器材的研制、定型以及《全国枪支管理信息系统》建设应用工作，由公安部负责统一组织。

第二章 职能分工

第六条 各级公安机关应当成立主要负责人牵头，纪检监察、警务督察、勤务指挥（办公室）、政工、治安管理、刑事侦查、法制、装备财务等部门负责人参加的公务用枪管理委员会，负责组织、指导、监督公务用枪管理工作。

公务用枪管理委员会下设办公室承担公务用枪管理工作日常事务。

第七条 各级公安机关公务用枪管理职能部门应当按照下列分工行使管理职能，并对口指导下级部门相关工作：

（一）纪检监察部门负责对人民警察使用枪支过程中构成违法违纪的案事件进行调查。

（二）警务督察部门负责对人民警察佩带、使用、日常保管公务用枪行为进行督察，对违反公务用枪管理规定、枪支佩带使用规范的行为进行调查，构成违法违纪的移交有关部门处理。

（三）勤务指挥部门（办公室）负责统一管理本级公安机关配备公务用枪，保障本级公安机关负责人领用公务用枪，做好相关安全管理工作。

（四）政工部门负责会同配枪部门审查配枪民警条件、评定持枪资格等级、持枪证年度审验，组织配枪民警训练、考核。

（五）治安管理部门负责公务用枪管理委员会办公室工作，指导配枪部门公务用枪日常管理工作，审核配备公务用枪限额，组织加载电子枪证、制作持枪证、电子枪证年度审验，组织销毁报废公务用枪，维护《全国枪支管理信息系统》。

（六）刑事侦查部门负责制作枪弹痕迹，建立和管理枪弹痕迹检验档案。

（七）法制部门参与研究制定公务用枪管理、使用规范性文件，参与违反公务用枪管理规定、枪支佩带使用规范案事件的调查研究，提出法律意见和建议。

（八）装备财务部门负责编制公务用枪年度购置计划，组织购置、调拨、维修枪支等勤务保障工作，组织建设枪支弹药库（室），购置枪支弹药专用保险柜，审核报废公务用枪。

第八条 各级公安机关配枪部门应当履行下列工作职责：

（一）细化落实公务用枪管理制度、管理责任；

（二）依据《公务用枪配备办法》配备枪支；

（三）根据工作需要审核提出配枪民警名单，申办持枪证；

（四）对配枪民警进行经常性法制、安全教育，了解掌握思想动态、现实表现；

（五）组织开展日常实弹射击训练；

（六）县级以上公安机关依法依规明确规定的其他职责。

第九条 各级公安机关及其所属职能部门、配枪部门对公务用枪管理工作应当加强日常检查、评估，建立配枪民警、公务用枪管理档案、台账，维护、使用《全国枪支管理信息系统》。

第三章 配枪管理

第十条 地方各级公安机关配备公务用枪年度购置计划，由装备财务部门组织编制，经同级治安管理部门依照《公务用枪配备办法》审核配备公务用枪限额，报经所属公安机关主要负责人批准后，按程序申报审批。

铁路、交通、民航、森林公安机关、海关缉私机构和公安部直属出入境边防检查机关配备公务用枪年度购置计划的申报、审批，按照公安部有关规定执行。

第十一条 省级人民政府公安机关应当汇总审核批准所属公安机关配备公务用枪年度购置计划，按规定报公安部组织统一购置。

省级人民政府公安机关应当凭公安部下发的《警用武器调拨通知单》，按规定时限调拨公务用枪，并将调拨情况报公安部。

第十二条 各级公安机关应当依照有关规定对配备的公务用枪制作枪弹痕迹，加载电子枪证。

第十三条 各级公安机关及其所属配枪部门应当按照公安部有关规定和安全防范标准要求设置枪支弹药库（室、柜），划定验枪区域，设置验枪板或者验枪沙袋（桶）等专用设施。

第十四条 人民警察符合下列条件的，由所属配枪部门

主要负责人提出,经政工部门审核,报所属公安机关主要负责人批准后,按规定程序向省级人民政府公安机关申请核发持枪证:

(一)已授予人民警察警衔;
(二)熟知枪支管理、使用法律法规、规章规定;
(三)熟练掌握所配枪支种类的使用、保养技能;
(四)通过法律政策考试、实弹射击考核。

第十五条　配枪民警应当遵守下列规定:
(一)妥善保管持枪证;
(二)领取、交还枪支时进行登记、报告;
(三)领取、交还或者交接枪支时进行验枪;
(四)按照规定保管枪支;
(五)不得私自维修枪支或者更换枪支零部件;
(六)严禁出租、出借枪支;
(七)所属公安机关依法依规作出的其他规定。

第十六条　配枪民警具有下列情形之一的,由所属配枪部门主要负责人决定暂时停止其配枪资格,收回持枪证:
(一)因涉嫌违法违纪被调查或者被停止执行职务、禁闭的;
(二)与他人产生纠纷或者家庭存在重大变故的;
(三)因身体或者心理原因暂时丧失管理枪支行为能力的;
(四)未通过年度法律政策考试、实弹射击考核的;
(五)所属公安机关依法依规决定的其他情形。

上述情形消失后,由所属配枪部门主要负责人提出,经政工部门同意,应当及时恢复其配枪资格。

第十七条　配枪民警具有下列情形之一的,由所属配枪部门提出,经政工部门审核,报所属公安机关主要负责人批准,取消其配枪资格,收回持枪证:
(一)因违法、违纪、违规行为被调离配枪岗位的;
(二)因身体或者心理原因丧失管理枪支行为能力的;
(三)退休或者调离公安机关的;
(四)依法依规不适宜使用枪支的其他情形。

对被取消配枪资格的,由省级人民政府公安机关注销持枪证。

第四章　训练考核

第十八条　各级公安机关应当把公务用枪管理使用训练列为人民警察训练工作的重要内容,坚持严格教育、严格训练、严格管理、严格考核。

省级以上公安机关应当制定公务用枪管理使用年度训练计划和训练考核大纲。

配枪民警每人年度实弹射击训练用手枪弹数量不得少于100发。

第十九条　各级公安机关应当按照公务用枪管理使用年度训练计划和训练考核大纲,组织配枪民警培训、考核。对配枪民警进行法律政策考试,按所配枪支种类进行使用枪支训练和实弹射击考核,并结合训练、考试、考核情况,开展持枪证年度审验工作。

第二十条　各级公安机关开展公务用枪管理使用训练时,应当加强法律政策、敌情观念、心理行为、射击要领及枪支分解结合的教育训练,提高配枪民警依法、规范、安全管理使用枪支的实战技能。

第二十一条　手枪射击训练应当作为配枪民警的必训科目。防暴枪、冲锋枪、步枪射击训练,可以根据工作需要确定。狙击步枪、班用机枪应当由特定的配枪民警进行射击训练、使用。

配枪民警更换、增加配枪种类时,应当事先经过训练,并经考核合格。

第二十二条　各级公安机关应当建立健全实弹射击训练管理制度,细化程序规则,健全场地设施,落实安防措施。

各级公安机关应当至少每季度组织配枪民警开展一次实弹射击训练,加大近距离实战对抗射击训练比重。

配枪部门应当组织配枪民警加强日常训练,使其达到训练考核大纲要求。

第五章　储存保管

第二十三条　各级公安机关及其所属具备保管条件的配枪部门应当集中储存、保管枪支,落实枪支弹药库(室、柜)24小时值守、枪弹分离、双人双锁管理制度,保障枪支安全存放,保证及时领取、交还枪支。

第二十四条　各级公安机关应当督促所属具备保管条件的配枪部门按照要求设立枪支弹药室,配置枪支弹药专用保险柜,严格落实安全管理制度。

各级公安机关不得擅自将所属配枪部门自行保管的枪支上收统一集中保管,确因工作需要上收的,应当报经上一级公安机关同意。

第二十五条　各级公安机关及其所属自行保管枪支的配枪部门,应当选配专(兼)职枪管员,负责枪支储存、保管和领取、交还登记等工作,加强对枪支弹药库(室、柜)及视频监控等安全防范设施的日常检查,发现问题立即报告、整改。

第二十六条　符合下列情形之一的,可以由配枪部门

要负责人审查同意,报所属公安机关主要负责人批准,指定配枪民警个人保管枪支,并配齐枪套、枪纲、枪锁等安全装置:

(一)在重点地区执行反恐防暴任务需要的;
(二)执行特定侦查任务需要的;
(三)地处偏远农村、山区的派出所不具备自行保管枪支安全值守条件的;
(四)所属公安机关依法依规确定的其他情形。

配枪民警个人保管枪支的审批时限,一次不得超过30天。

个人保管枪支的配枪民警不需佩带枪支时,应当将枪支存放在枪支弹药室(柜),向枪管员说明情况予以登记,需要时及时领用;或者将枪支上锁后存放在其办公室、住宅保险柜,并随身携带枪锁、保险柜钥匙。

第二十七条 对配枪民警个人保管枪支存在下列情形之一的,其所属配枪部门应当立即收回枪支:

(一)审批有效期限届满或者不需继续个人保管的;
(二)脱产学习或者借调在外的;
(三)休病假、事假的;
(四)所属公安机关依法依规决定不适宜由配枪民警个人继续保管枪支的其他情形。

第六章 领取交还

第二十八条 各级公安机关及其所属配枪部门应当坚持明确责任、简化手续、动态监督、服务实战的原则,采用科技信息化手段,建立健全配枪民警领取、交还枪支审批、登记制度。

第二十九条 配枪民警执行下列任务时,应当由所属配枪部门负责人批准,经枪管员核对后领取枪支,完成任务后交还:

(一)执行应当佩带枪支任务的;
(二)参加实弹射击训练的;
(三)所属公安机关依法指令应当领取枪支的其他情形。

任务紧急时,可以凭所属配枪部门负责人给枪管员的指令领取枪支。交还枪支时,应当补办审批手续。因特殊情况不能按时交还枪支的,应当提前向负责人报告获得批准并告知枪管员,在交还枪支时作出备案说明。

第三十条 县级以上公安机关所属配枪部门的配枪民警需要每天佩带枪支执行任务的,可以由配枪部门主要负责人按月审批,实行上班领取、下班交还枪支登记制度。每月审批枪支领取、交还情况,应当向其所属公安机关公务用枪管理委员会报告备案。

第三十一条 各级公安机关配枪部门负责人领取枪支,应当经本部门主要负责人批准。配枪部门主要负责人领取枪支,应当经所属公安机关负责人批准。

各级公安机关负责人领取枪支,应当经本机关主要负责人批准;主要负责人领取枪支,应当经上一级公安机关负责人批准。

跨所属公安机关管辖区域执行任务领取枪支时,应当经所属公安机关负责人批准。

领取狙击步枪、班用机枪执行任务的,应当经所属公安机关主要负责人批准。

第三十二条 配枪民警领取、交还枪支时,应当由枪管员与值班负责人或者民警共同开启枪支弹药库(室、柜),使用《全国枪支管理信息系统》验录持枪证、电子枪证信息,并监督配枪民警按规范动作和要求进行验枪。

配枪民警夜间领取、交还枪支时,应当由枪管员或者代行枪管员职责的值班民警,与值班负责人共同开启枪支弹药库(室、柜),并使用《全国枪支管理信息系统》验录持枪证、电子枪证信息。

第七章 勤务保障

第三十三条 各级公安机关及其所属配枪部门应当从配枪民警中选配专(兼)职枪械员,负责枪支维护、保养等勤务保障工作。

枪械员应当及时检查、排除枪支故障,报告枪支损坏、弹药超过有效期等情况,提出采购维修、保养枪支设备、工具的意见。对损坏的枪支,及时提出报修、报废意见。

第三十四条 集中储存保管的枪支,应当按月维护、保养。个人保管的枪支,应当根据使用情况随时维护、保养。实弹射击后或者被水侵蚀的枪支,应当及时保养。

第三十五条 省级公安机关可以储备一定数量的枪支,用于反恐处突应急任务需要。应急调拨时,应当由主要负责人批准。

第三十六条 各级公安机关对收回超范围、超标准配备枪支和报废枪支的型号、枪号、数量及超过有效期弹药的品种、数量,应当进行严格登记备案。

省级公安机关应当每年组织对收回、报废枪支集中销毁,所需经费纳入武器装备经费预算。

第八章 监督检查

第三十七条 上级公安机关应当对下级公安机关公务用枪管理工作进行定期检查或者不定期抽查。县级以上公安机关应当每年度向上一级公安机关报告公务用枪管理工作情况。

各级公安机关公务用枪管理委员会应当每半年组织对所属配枪部门公务用枪管理工作进行检查,并对检查情况及时通报。

各级公安机关所属枪支管理职能部门、配枪部门应当每季度将公务用枪管理工作情况,向所属公安机关公务用枪管理委员会作出书面报告。

第三十八条　监督检查公务用枪管理工作的主要内容是:

（一）按照《公务用枪配备办法》配备公务用枪情况,是否存在超范围、超标准配备问题;

（二）建立配枪民警、公务用枪管理档案、台账情况,维护、使用《全国枪支管理信息系统》情况;

（三）配枪民警日常教育和训练、考核情况,实弹射击训练用弹量是否符合要求,更换、增加配枪种类时的培训考核情况;

（四）配置枪支弹药库（室、柜）情况,是否符合标准要求,是否落实值守、双人双锁管理制度,是否定期进行安全检查;

（五）执行枪支领取、交还制度情况,民警个人保管枪支的安全管理情况,是否存在逾期不交还枪支的情况;

（六）枪支维护、保养情况,是否存在使用过期弹药行为;

（七）依法依规需要检查的其他事项。

第三十九条　各级公安机关及其公务用枪管理委员会组织进行监督检查时,可以行使以下职权:

（一）调阅有关档案、台账,向相关人员了解情况;

（二）对违规问题、安全隐患,予以当场纠正或者限期改正;

（三）对涉嫌违纪违法的,组织查处或者移交有关部门处理。

第四十条　监督检查人员应当对实施检查的时间、地点、内容、发现的问题以及处置等情况,作出书面记录,由检查人员、被检查配枪部门或者公安机关负责人签字确认。

第四十一条　对公务用枪管理制度落实、管理措施有力的,应当给予表扬或者依照有关规定予以表彰奖励;对管理制度不落实、问题隐患突出的,应当给予通报批评或者依照有关规定对责任人予以问责。

第九章　纪律责任

第四十二条　各级公安机关及其所属配枪部门有下列行为之一的,在调查期间可以对有关责任人采取停止执行职务、禁闭的措施。调查结束后视情给予通报批评、调离岗位等组织处理;构成违纪的,给予相应的纪律处分;构成犯罪的,移送司法机关追究刑事责任:

（一）违反《公务用枪配备办法》规定配备枪支的;

（二）不按规定对所配枪支加载电子枪证的;

（三）未按规定储存、保管枪支的;

（四）未按规定落实枪支弹药库（室、柜）值守制度的;

（五）不执行枪支领取、交还审批登记制度的;

（六）擅自购置枪支的;

（七）不上缴报废枪支的;

（八）未有效履行公务用枪管理职责造成后果的;

（九）法律、法规和规章规定的其他情形。

第四十三条　各级公安机关所属枪支管理职能部门有下列行为之一的,在调查期间可以对有关责任人采取停止执行职务、禁闭的措施。调查结束后视情给予通报批评、调离岗位等组织处理;构成违纪的,给予相应的纪律处分;构成犯罪的,移送司法机关追究刑事责任:

（一）未按规定配备、调拨公务用枪的;

（二）未按规定对配枪民警进行条件审查或者训练、考核的;

（三）未按规定取消民警配枪资格、收回持枪证的;

（四）未按规定制作枪弹痕迹、核发持枪证或者组织加载电子枪证的;

（五）未按规定编制、审核公务用枪年度购置计划的;

（六）未有效履行公务用枪管理职责造成后果的;

（七）法律、法规和规章规定的其他情形。

第四十四条　配枪民警、枪管员、枪械员违反本规定,在调查期间可以对其采取停止执行职务、禁闭的措施。待调查结束后视情给予通报批评、调离岗位等组织处理;构成违纪的,给予相应的纪律处分;构成犯罪的,移送司法机关追究刑事责任。

第十章　附　则

第四十五条　公务用枪配用弹药的管理,适用本规定。

第四十六条　列入公安机关序列的人民武装警察部队的枪支管理,参照本规定执行。

第四十七条　省级公安机关可以根据本规定,结合本地实际,制定实施细则并报公安部备案。

第四十八条　本规定自2015年5月1日起施行。此前有关规定与本规定不一致的,以本规定为准。

公安机关窗口单位服务规定

003年2月17日印发

第一条 为进一步加强公安机关作风建设,提高公安机关窗口单位的工作质量和服务水平,根据《中华人民共和国人民警察法》《公安机关人民警察内务条令》等法律法规,制定本规定。

第二条 本规定所称"窗口单位",是指各级公安机关值班室、接待室、交警队、刑警队、巡警队、派出所、车管所、出入境管理办证室、边防检查站执勤现场、信访办、办证中心以及其他直接面向社会,接待和服务群众的单位。

第三条 窗口单位接待和服务群众,必须坚持依法、公开、公正、便民、利民和务实、高效的原则,严格执法,热情服务。

第四条 在便民服务设施上,窗口单位应当做到:
(一)昼夜服务群众的窗口单位应当设置指示灯箱或警示红灯、公开电话号码;其他窗口单位应当在醒目地点、位置设置指示标牌。
(二)在接待场所设立警民联系箱(簿)、意见簿,提供办事指南,公布上下班时间和报警、咨询、监督电话,有条件的单位应设置触摸式显示屏服务指南,便利群众办事、救助和反映情况、问题。
(三)根据需要和条件设置供群众使用的桌椅、纸张、笔墨、饮水设施以及其他相应的服务设施,并保持完好有效。
(四)接待、服务场所的提示标志醒目,环境卫生整洁,内务管理井然有序。
(五)城市和城镇派出所办公服务场所与民警休息室应当分设;其他单位也应创造条件逐步分设。

第五条 窗口单位必须建立和实行以下制度:
(一)警务公开制度。依法公开窗口单位的工作职责、执法依据、办事程序、法定时限、收费标准、监督方式以及其他相关内容,主动接受群众的监督和评议。
(二)首接责任制度。接待群众报警、求助、咨询及外来办公、办事人员的首位民警,对属于职责内的事应当及时办理;对不属于自己管辖或职责以外的事,应当先行受理,做好接待记录,及时移交有关部门和人员办理,并向群众说明情况。

第六条 昼夜服务群众的窗口单位和其他窗口单位的工作时间,应当确定民警专人负责接待工作,不得出现空岗或由非警务人员替代。窗口单位的民警在工作期间必须按照《公安机关人民警察内务条令》规定着装上岗,做到警容严整,举止端庄,精神饱满。

第七条 在服务行为上,窗口单位及其民警应当做到:
(一)接待群众态度热情,语言文明,举止得体,执法、服务规范。
(二)严格依法办事,提高工作效率,严格执行有关办事时限的规定。对符合法律规定、手续齐全的,应当当场办结;手续不全的,应当指导群众完备手续;对依法不能办理的,应当向群众说明原因。
(三)严格按照法定的收费项目和标准收费,严格执行有关罚缴分离和"收支两条线"的规定,严格执行票据的管理和使用制度。
(四)严格遵守警务工作纪律和有关廉洁自律的规定。

第八条 窗口单位的民警不得有下列行为:
(一)对待群众作风粗暴,态度冷漠,语言生硬,行为蛮横,办事推诿、拖拉,刁难群众;
(二)工作时间从事与工作无关的活动;
(三)工作时间或工作之前饮酒,或在接待场所、执勤期间吸烟、饮食、闲聊、进行娱乐活动等影响工作形象和工作环境的行为;
(四)向服务对象及其代理人托办私事;
(五)接受服务对象及其代理人请客送礼;
(六)向服务对象及其代理人敲诈勒索或者索取、收受贿赂;
(七)违法实施处罚或者收取费用;
(八)玩忽职守、滥用职权,不依法履行义务;
(九)其他违法违纪行为。

第九条 各级公安机关应当建立窗口单位工作考评制度,加强对窗口单位工作的管理指导和监督检查。年度考评应当与日常考核相结合,考评结果作为对窗口单位及其民警进行奖惩的依据。对执法服务好的单位和个人应当予以表彰奖励;对执法服务差的应当予以通报批评,责令限期整改,并取消年度内评优受奖资格。

第十条 窗口单位及其民警违反本规定,情节轻微的,应当给予批评教育并当场纠正;情节严重的,应当依据《中华人民共和国人民警察法》《公安机关督察条例》《公安机关人民警察辞退办法》《公安部五条禁令》等有关规定,给予相应处理。

公安机关警务督察队工作规定

1997年9月10日公安部令第31号公布施行

第一条 为了保障公安机关警务督察队依法履行职责、行使职权和遵守纪律，根据《公安机关督察条例》，制定本规定。

第二条 县级以上地方各级人民政府公安机关警务督察队在本级公安机关督察机构的领导下开展工作，向督察长负责。

第三条 警务督察队在本级公安机关辖区内，对公安机关及其人民警察执法执勤活动的下列情况进行现场督察：

（一）上级和本级公安机关各项警务部署、命令、规定执行的情况；

（二）文明执勤、文明执法和遵守警容风纪规定的情况；

（三）处置公民报警、求助和控告申诉的情况；

（四）违反规定进入宾馆、旅店、歌舞厅等公共场所的情况；

（五）使用武器、警械、警用车辆、警用标志等装备的情况；

（六）《公安机关督察条例》规定的其他职责；

（七）公安机关行政首长和上级督察机构交办的其他督察事项。

第四条 警务督察队执行督察任务时，不得少于二人，采取着装督察或者便衣督察的方式。

督察人员在着装执行任务时，必须佩戴督察标志；必要时，出示督察证件；在着便衣执行任务过程中，需要当场纠正人民警察违纪行为时，必须出示督察证件。

第五条 警务督察队执行督察任务时，发现人民警察违反警容风纪规定的，应当当场予以纠正。

第六条 警务督察队对有违法违纪或者阻碍督察人员行使职权行为的人民警察，可以将其带离现场。

第七条 警务督察队对人民警察违反法律规定携带、使用武器、警械以及警用车辆、警用标志等行为予以制止或者纠正；必要时可以扣留，并移交公安机关主管部门处理。

第八条 警务督察队对人民警察情节轻微的违纪行为，应当进行批评教育；必要时，应当书面通知其所在单位。

警务督察队对人民警察严重违法违纪行为，应当按照督察机构管辖权限处理或者移交公安机关主管部门处理。

公安机关主管部门对警务督察队移交处理的事项，应当及时处理并将处理情况通知警务督察队。

第九条 警务督察队对现场督察的情况，应当如实记录向督察长报告；对重要事项的督察情况，必须向同级公安机关行政首长和上级督察机构报告。

第十条 警务督察队发现公安机关或者人民警察执行超越法律、法规规定的人民警察职责范围的指令时，应予以制止，并向督察长和上级督察机构报告。

第十一条 警务督察队对现场督察的情况需要通报有关部门的，可以使用《督察通知书》。

第十二条 警务督察队在执行督察任务时，遇有公民非法携带、使用武器和警械或者非法使用警用车辆、警用标志、证件和穿着人民警察制式服装的，应当当场予以收缴，必要时移送公安机关主管部门处理。

第十三条 警务督察队在执行督察任务时，遇有公民对公安机关人民警察检举、控告的，应当予以受理；对不属于督察机构职责范围的，在受理后应当及时移送公安机关主管部门。

第十四条 警务督察队应当支持公安机关及其人民警察依法履行职责和行使职权，保护公安机关及其人民警察的合法权益。

第十五条 公安机关及其人民警察应当支持督察人员依法履行职责、行使职权。人民警察在接受督察时，应当如实回答督察人员的询问。

第十六条 警务督察队执行督察任务时，必须自觉接受社会、公民和人民警察的监督。

公民或者人民警察发现督察人员在执行任务中有违法违纪行为的，有权检举和控告。

第十七条 督察人员必须做到：

（一）模范遵守国家法律、法规和人民警察的各项纪律；

（二）服从命令，听从指挥，接受监督，不得滥用和超越职权；

（三）严格执法，文明执勤，清正廉洁，不徇私情；

（四）热情服务，语言文明，礼貌待人；

（五）警容严整，着装规范，举止端庄。

第十八条 各省、自治区、直辖市公安厅、局可以根据本规定制定具体实施办法。

第十九条 本规定自公布之日起实施。

城市人民警察巡逻规定

994 年 2 月 24 日公安部令第 17 号发布施行

第一条 为保障城市人民警察在巡逻执勤中依法履行职责,维护公共安全和治安秩序,为公民提供救助服务,特制定本规定。

第二条 人民警察巡逻执勤工作,由城市公安机关依照本规定,结合当地实际情况统一组织实施。

第三条 人民警察巡逻执勤,采取徒步为主,自行车、机动车相结合的方式。

城市公安局可以根据实际情况划定巡逻警区。

第四条 人民警察在巡逻执勤中履行以下职责:

(一)维护警区内的治安秩序;
(二)预防和制止违反治安管理的行为;
(三)预防和制止犯罪行为;
(四)警戒突发性治安事件现场,疏导群众,维持秩序;
(五)参加处理非法集会、游行、示威活动;
(六)参加处置灾害事故,维持秩序,抢救人员和财物;
(七)维护交通秩序;
(八)制止妨碍国家工作人员依法执行职务的行为;
(九)接受公民报警;
(十)劝解、制止在公共场所发生的民间纠纷;
(十一)制止精神病人、醉酒人的肇事行为;
(十二)为行人指路,救助突然受伤、患病、遇险等处于无援状态的人,帮助遇到困难的残疾人、老人和儿童;
(十三)受理拾遗物品,设法送还失主或送交拾物招领部门;
(十四)巡察警区安全防范情况,提示沿街有关单位、居民消除隐患;
(十五)纠察人民警察警容风纪;
(十六)执行法律、法规规定由人民警察执行的其他任务。

第五条 人民警察在巡逻执勤中依法行使以下权力:

(一)盘查有违法犯罪嫌疑人的人员,检查涉嫌车辆、物品;
(二)查验居民身份证;
(三)对现行犯人员、重大犯罪嫌疑人员或者在逃的案犯,可以依法先行拘留或者采取其他强制措施;
(四)纠正违反道路交通管理的行为;
(五)对违反治安管理的人,可以依照《中华人民共和国治安管理处罚条例》的规定,执行处罚;
(六)在追捕、救护、抢险等紧急情况下,经出示证件,可以优先使用机关、团体和企业、事业单位以及公民个人的交通、通讯工具。用后应当及时归还,并支付适当费用,造成损坏的应当赔偿;
(七)行使法律、法规规定的其他职权。

第六条 在巡逻执勤中遇有重要情况,应当立即报告。对需要采取紧急措施的案件、事件和事故,应当进行先期处置。

对需要查处的案件、事件和事故应当移交公安机关主管部门处理。

第七条 人民警察巡逻执勤时必须做到:

(一)穿着警服,系武装带,佩戴枪支、警械和通讯工具;
(二)恪尽职守,遵守法律和纪律;
(三)严格执法,秉公办事,不得超越或滥用职权;
(四)举止规范,文明执勤,礼貌待人。

第八条 人民警察在巡逻执勤中应当接受公民的监督。公民发现人民警察在巡逻执勤中有违法违纪行为的,有权提出控告和检举。

第九条 机关、团体和企业、事业单位以及公民应当支持巡逻警察的执勤,服从巡逻警察的管理,不得阻碍其依法执行职务。

第十条 各省、自治区、直辖市公安厅、局可以根据本规定,结合当地的实际情况制定实施细则。

第十一条 本规定自发布之日起施行。

公安机关人民警察佩带使用枪支规范

1. 2015 年 1 月 16 日公安部印发
2. 公通字〔2015〕2 号

第一章 总 则

第一条 为保障公安机关人民警察依法履行职责,规范人民警察佩带、使用枪支行为,有效制止犯罪活动,维护公共安全和社会秩序,保护公民人身安全和合法财产、公共财产,根据《中华人民共和国人民警察法》、《中华人民共和国人民警察使用警械和武器条例》等有关法律、法规,制定本规范。

第二条 本规范适用于人民警察在执法执勤时佩带枪

支、使用枪支和事后报告以及调查处置等工作。

第三条　本规范所称人民警察,是指获准核发《中华人民共和国公务用枪持枪证》(以下简称持枪证)的公安机关配枪民警。

　　配枪部门,是指公安机关配备公务用枪的内设部门、派出机构和其他直属单位。

　　枪支,是指公安机关依照《公务用枪配备办法》配备的各种公务用枪。

　　使用枪支,包括持枪戒备、出枪警示、鸣枪警告、开枪射击行为。

第四条　人民警察应当依照《中华人民共和国人民警察使用警械和武器条例》有关规定使用枪支。

第五条　人民警察使用枪支,应当以制止暴力犯罪行为,尽量减少人员伤亡、财产损失为原则。

第六条　人民警察依法使用枪支行为受法律保护。因合法使用枪支造成人员伤亡或者财产损失的,不承担法律责任。

第二章　佩带枪支

第七条　人民警察在执行下列任务时,应当佩带枪支:

　　(一)处置、侦查暴力犯罪行为;

　　(二)抓捕、搜查、押送、拘传、拘留、逮捕犯罪嫌疑人;

　　(三)执行武装巡逻任务;

　　(四)在公安检查站、卡点执行武装警戒、处突任务;

　　(五)在车站、机场、码头、口岸等重点部位、区域执行武装定点执勤任务;

　　(六)在重点地区执行入户调查、核查情况等反恐防暴任务;

　　(七)省级以上公安机关依法规定的其他情形。

第八条　人民警察遇有下列情形之一的,按照有关规定经特别批准后方可佩带枪支:

　　(一)进入北京市区的,应当经所在地省级人民政府批准;

　　(二)执行警卫任务需要乘坐民航飞机的,应当经省级以上公安机关批准;

　　(三)跨所属公安机关管辖区域佩带狙击步枪、班用机枪执行任务的,应当经上一级公安机关主要负责人批准;

　　(四)省级以上公安机关依法规定的其他情形。

第九条　人民警察应当按照下列规定佩带枪支:

　　(一)子弹未上膛时,打开枪支保险,子弹上膛时,关闭枪支保险;

　　(二)着警服佩带手枪时,应当使用制式枪套、枪纲;

　　(三)着便装佩带手枪时,应当选用便携式枪套;

　　(四)着警服佩带长枪时,应当使用制式枪背带采取肩枪、背枪或者挎枪方式。

第十条　人民警察佩带枪支时,应当遵守下列规定:

　　(一)携带人民警察证、持枪证(执行特定侦查任务的除外);

　　(二)除因执法办案需要外,不得进入娱乐场所;

　　(三)严禁饮酒或者参加非警务活动;

　　(四)发生枪支丢失、被盗抢或者其他事故,应立即向所属配枪部门、事发地县级公安机关报告;

　　(五)省级以上公安机关依法作出的其他规定。

第三章　使用枪支

第十一条　人民警察在执行任务时,遇有危及公共安全、本人或者其他公民人身安全和合法财产、公共财产等暴力犯罪行为时,应当根据现场情况和危险程度,及时选择采取持枪戒备、出枪警示、鸣枪警告、开枪射击措施,有效预防、制止严重暴力犯罪行为,最大限度地避免人员伤亡、财产损失。

第十二条　人民警察判断可能发生暴力犯罪行为的,应当及时进行持枪戒备,采取相应的戒备状态,并将枪口指向安全方向。

第十三条　人民警察发现犯罪行为人准备实施暴力犯罪行为的,应当进行出枪警示,迅速表明人民警察身份,并将枪口指向犯罪行为人。同时,命令犯罪行为人立即停止实施暴力犯罪行为,并口头警告其拒不服从命令的后果。

　　出枪警示时,应当子弹上膛,打开保险,抠压枪支扳机的手指置于扳机护圈外,与犯罪行为人保持一定距离,并采取有效措施,防止枪支走火或者被抢。

第十四条　人民警察在现场处置犯罪行为人准备实施或者正在实施暴力犯罪行为,经口头警告无效的,可以视情向天空等安全方向鸣枪警告。来不及口头警告的,可以直接鸣枪警告。

第十五条　人民警察判明有《中华人民共和国人民警察使用警械和武器条例》第九条规定的下列暴力犯罪行为的紧急情形之一,经口头警告或者鸣枪警告无效的,可以开枪射击。来不及警告或者警告后可能导致更严重危害后果的,可以直接开枪射击:

　　(一)放火、决水、爆炸等严重危害公共安全的;

　　(二)劫持航空器、船舰、火车、机动车或者驾驶车、船等机动交通工具,故意危害公共安全的;

（三）抢夺、抢劫枪支弹药、爆炸、剧毒等危险物品，严重危害公共安全的；

（四）使用枪支、爆炸、剧毒等危险物品实施犯罪或者以使用枪支、爆炸、剧毒等危险物品相威胁实施犯罪的；

（五）破坏军事、通讯、交通、能源、防险等重要设施，足以对公共安全造成严重、紧迫危险的；

（六）实施凶杀、劫持人质等暴力行为，危及公民生命安全的；

（七）国家规定的警卫、守卫、警戒的对象和目标受到暴力袭击、破坏或者有受到暴力袭击、破坏的紧迫危险的；

（八）结伙抢劫或者持械抢劫公私财物的；

（九）聚众械斗、暴乱等严重破坏社会治安秩序，用其他方法不能制止的；

（十）以暴力方法抗拒或者阻碍人民警察依法履行职责或者暴力袭击人民警察，危及人民警察生命安全的；

（十一）在押犯罪嫌疑人、被告人、罪犯聚众骚乱、暴乱、行凶或者脱逃的；

（十二）劫夺在押犯罪嫌疑人、被告人、罪犯的；

（十三）实施放火、决水、爆炸、凶杀、抢劫或者其他严重暴力犯罪行为后拒捕、逃跑的；

（十四）犯罪行为人携带枪支、爆炸、剧毒等危险物品拒捕、逃跑的；

（十五）法律、法规规定可以开枪射击的其他情形。

人民警察开枪射击时，应当命令在场无关人员躲避，避免受到伤害。犯罪行为人停止实施暴力犯罪行为，或者失去继续实施暴力犯罪能力的，应当立即停止开枪射击，并确认危险消除后，及时关闭枪支保险，恢复佩带枪支状态。

第十六条 人民警察遇有下列情形之一的，不得鸣枪警告、开枪射击：

（一）发现实施犯罪的人为怀孕妇女、儿童的，但是使用枪支、爆炸、剧毒等危险物品实施暴力犯罪的除外；

（二）犯罪分子处于群众聚集的场所或者存放大量易燃、易爆、剧毒、放射性等危险物品的场所的，但是不使用枪支予以制止，将发生更为严重危害后果的除外；

（三）正在实施盗窃、诈骗等非暴力犯罪以及实施上述犯罪后拒捕、逃跑的。

第十七条 人民警察在处置表达具体诉求的群体性事件时，一线处置民警不得佩带枪支。根据现场情况二线民警可以佩带枪支进行戒备，只有在出现严重暴力犯罪行为时才能依法使用。

人民警察在处置群体性事件需要使用防暴枪时，应当按照现场指挥员的命令，根据现场实际情况确定适宜的弹种和射击安全距离，进行开枪射击。

第十八条 人民警察使用枪支造成犯罪行为人或者其他人员伤亡的，应当及时抢救受伤人员，保护现场，防止证据灭失。

人民警察使用枪支后，应当立即向所属配枪部门主要负责人口头报告，并在完成任务后二十四小时内，向所属配枪部门提交书面报告。报告应当包括以下内容：

（一）使用枪支的地点、时间；

（二）使用枪支时的现场情况；

（三）使用枪支时采取的警告措施；

（四）使用枪支理由及造成的伤亡情况；

（五）弹药消耗情况；

（六）使用枪支后所做的处置工作。

人民警察在所属公安机关管辖区域外使用枪支的，应当同时向事发地县级公安机关110报警台口头报告。

第四章 调查处理

第十九条 人民警察所属配枪部门接到使用枪支的口头报告后，应当及时上报所属公安机关。所属公安机关应当视情指派警务督察部门进行调查；对鸣枪警告、开枪射击的，应当及时进行调查验证并形成卷宗。

各级公安机关应当建立由警务督察部门牵头，纪委监察、法制部门参加的调查处理机制，负责会同有关警种对人民警察使用枪支案事件进行调查处理。

第二十条 人民警察开枪造成人员伤亡的，事发地县级公安机关应当迅速按照下列程序处置：

（一）派出警力赶赴现场，划定警戒区域，维护秩序，保护现场；

（二）通知医疗单位对受伤人员紧急救治；查明伤亡人员的身份情况，及时通知其家属和所在单位；

（三）组织开展现场勘查和调查工作，收集、固定相关证据；

（四）通知事发地县级人民检察院；

（五）向当地党委、政府报告，组织做好善后处理、舆情引导工作。

第二十一条 人民警察所属公安机关接到民警异地使用

枪支造成人员伤亡的报告后,应当立即指派人员配合事发地县级公安机关做好调查、处置工作。

第二十二条　事发地县级公安机关调查结束后,应当及时出具书面调查报告。调查报告应当包括以下内容:
　　(一)接受人民警察报告的情况;
　　(二)调查工作情况及确认的使用枪支情况;
　　(三)对伤亡人员的救治及采取的紧急处置情况;
　　(四)组织善后处理和舆情引导工作情况;
　　(五)调查结论及处理意见。

第二十三条　事发地县级公安机关对人民警察使用枪支情况调查结束后,应当向其本人及所属配枪部门宣布调查结论;人民检察院介入调查的,应当与人民检察院协商形成调查认定意见后宣布。
　　人民警察对认定其使用枪支不当的调查结论持有异议的,可以向事发地县级公安机关的上一级公安机关提出申诉。

第二十四条　人民警察依法使用枪支造成人员伤亡的,事发地公安机关未经其所属省级公安机关批准,不得披露当事民警姓名、工作单位等信息。

第二十五条　人民警察使用枪支后,所属公安机关应当及时对其进行心理辅导,缓解心理压力。在人民警察接受调查期间,应当暂停其佩带枪支。
　　对人民警察使用枪支后,存在心理负担过重等不宜佩带枪支情形的,其所属公安机关可以停止其佩带枪支。

第五章　奖惩责任

第二十六条　人民警察依法使用枪支有效制止严重暴力犯罪行为的,应当给予表扬或者依照有关规定予以表彰奖励。

第二十七条　人民警察在执勤执法时,按照本规范应当佩带枪支而未佩带的,对其本人及所属配枪部门负责人视情给予批评教育;造成人民警察伤亡或者其他严重后果的,对负有责任的人员依照有关规定予以追责。

第二十八条　人民警察违反本规范佩带、使用枪支,所属公安机关在调查期间可以对其采取停止执行职务、禁闭的措施。调查结束后视情给予通报批评、调离岗位等组织处理;构成违纪的,给予相应的纪律处分;构成犯罪的,移送司法机关追究刑事责任。

第二十九条　人民警察行使职务时违法使用枪支造成不应有的人员伤亡、财产损失,对受到伤亡或者财产损失的人员,由该人民警察所属公安机关依照《中华人民共和国国家赔偿法》的有关规定给予赔偿。

第三十条　人民警察依法使用枪支,造成无辜人员伤亡或者财产损失的,由该人民警察所属公安机关参照《中华人民共和国国家赔偿法》的有关规定给予补偿。

第六章　附　则

第三十一条　列入公安机关序列的人民武装警察部队执行任务时佩带、使用枪支的,参照本规范执行。
　　人民警察出国参加维和执勤执法任务,根据有关国际组织协议的授权需要携带枪支的,参照本规范和相关的授权执行。

第三十二条　省级公安机关可以根据本规范,结合本地实际,制定实施细则并报公安部备案。

第三十三条　本规范自2015年5月1日起施行。此前有关规定与本规范不一致的,以本规范为准。

交通警察道路执勤执法工作规范

1. 2008年11月15日公安部发布
2. 公通字〔2008〕58号
3. 自2009年1月1日起施行

第一章　总　则

第一条　为了规范交通警察道路执勤执法行为,维护道路交通秩序,保障道路交通安全畅通,根据《中华人民共和国道路交通安全法》及其他有关规定,制定本规范。

第二条　交通警察在道路上执行维护交通秩序、实施交通管制、执行交通警卫任务、纠正和处理道路交通安全违法行为(以下简称"违法行为")等任务,适用本规范。

第三条　交通警察执勤执法应当坚持合法、公正、文明、公开、及时,查处违法行为应当坚持教育与处罚相结合。

第四条　交通警察执勤执法应当遵守道路交通安全法律法规。对违法行为实施行政处罚或者采取行政强制措施,应当按照《道路交通安全法》、《道路交通安全法实施条例》、《道路交通安全违法行为处理程序规定》等法律、法规、规章执行。

第五条　交通协管员可以在交通警察指导下承担以下工作:
　　(一)维护道路交通秩序,劝阻违法行为;
　　(二)维护交通事故现场秩序,保护事故现场,抢救受伤人员;
　　(三)进行交通安全宣传;
　　(四)及时报告道路上的交通、治安情况和其他重要情况；

（五）接受群众求助。

交通协管员不得从事其他执法行为，不得对违法行为人作出行政处罚或者行政强制措施决定。

第二章 执勤执法用语

第六条 交通警察在执勤执法、接受群众求助时应当尊重当事人，使用文明、礼貌、规范的语言，语气庄重、平和。对当事人不理解的，应当耐心解释，不得呵斥、讽刺当事人。

第七条 检查涉嫌有违法行为的机动车驾驶人的机动车驾驶证、行驶证时，交通警察应当使用的规范用语是：你好！请出示驾驶证、行驶证。

第八条 纠正违法行为人（含机动车驾驶人、非机动车驾驶人、行人、乘车人，下同）的违法行为，对其进行警告、教育时，交通警察应当使用的规范用语是：你的（列举具体违法行为）违反了道路交通安全法律法规，请遵守交通法规。谢谢合作。

第九条 对行人、非机动车驾驶人的违法行为给予当场罚款时，交通警察应当使用的规范用语是：你的（列举具体违法行为）违反了道路交通安全法律法规，依据《道路交通安全法》第××条和《道路交通安全法实施条例》第××条（或××地方法规）的规定，对你当场处以××元的罚款。

非机动车驾驶人拒绝缴纳罚款时，交通警察应使用的规范用语是：根据《道路交通安全法》第89条的规定，你拒绝接受罚款处罚，可以扣留你的非机动车。

第十条 对机动车驾驶人给予当场罚款或者采取行政强制措施时，交通警察应当使用的规范用语是：你的（列举具体违法行为）违反了道路交通安全法律法规，依据《道路交通安全法》第××条和《道路交通安全法实施条例》第××条（或××地方法规）的规定，对你处以××元的罚款，记××分（或者扣留你的驾驶证/机动车）。

第十一条 实施行政处罚或者行政强制措施前，告知违法行为人应享有的权利时，交通警察应当使用的规范用语是：你有权陈述和申辩。

第十二条 要求违法行为人在行政处罚决定书（或行政强制措施凭证）上签字时，交通警察应当使用的规范用语是：请你认真阅读法律文书的这些内容，并在签名处签名。

第十三条 对违法行为人依法处理后，交通警察应当使用的规范用语是：请收好法律文书（和证件）。

第十四条 对于按规定应当向银行缴纳罚款的，机动车驾驶人提出当场缴纳罚款时，交通警察应当使用的规范用语是：依据法律规定，我们不能当场收缴罚款。请到×××银行缴纳罚款。

第十五条 对于机动车驾驶人拒绝签收处罚决定书或者行政强制措施凭证时，交通警察应当使用的规范用语是：依据法律规定，你拒绝签字或者拒收，法律文书同样生效并即为送达。

第十六条 实施交通管制、执行交通警卫任务、维护交通事故现场交通秩序，交通警察应当使用的规范用语是：前方正在实行交通管制（有交通警卫任务或者发生了交通事故），请你绕行×××道路（或者耐心等候）。

第十七条 要求当事人将机动车停至路边接受处理时，交通警察应当使用的规范用语是：请将机动车停在（指出停车位置）接受处理。

第三章 执勤执法行为举止

第十八条 交通警察在道路上执勤执法应当规范行为举止，做到举止端庄、精神饱满。

第十九条 站立时做到抬头、挺胸、收腹，双手下垂置于大腿外侧，双腿并拢、脚跟相靠，或者两腿分开与肩同宽，身体不得倚靠其他物体，不得摇摆晃动。

第二十条 行走时双肩及背部要保持平稳，双臂自然摆动，不得背手、袖手、搭肩、插兜。

第二十一条 敬礼时右手取捷径迅速抬起，五指并拢自然伸直，中指微接帽檐右角前，手心向下，微向外张，手腕不得弯屈。礼毕后手臂迅速放回原位。

第二十二条 交还被核查当事人的相关证件后时应当方便当事人接取。

第二十三条 使用手势信号指挥疏导时应当动作标准，正确有力，节奏分明。

手持指挥棒、示意牌等器具指挥疏导时，应当右手持器具，保持器具与右小臂始终处于同一条直线。

第二十四条 驾驶机动车巡逻间隙不得倚靠车身或者趴在摩托车把上休息。

第四章 着装和装备配备

第二十五条 交通警察在道路上执勤执法应当按照规定穿着制式服装，佩戴人民警察标志。

第二十六条 交通警察在道路上执勤执法应当配备多功能反光腰带、反光背心、发光指挥棒、警用文书包、对讲机或者移动通信工具等装备，可以选配警务通、录音录像执法装备等,必要时可以配备枪支、警棍、手铐、警绳等武器和警械。

第二十七条 执勤警用汽车应当配备反光锥筒、警示灯、停车示意牌、警戒带、照相机(或者摄像机)、灭火器、急救箱、牵引绳等装备;根据需要可以配备防弹衣、防弹头盔、简易破拆工具、防化服、拦车破胎器、酒精检测仪、测速仪等装备。

第二十八条 执勤警用摩托车应当配备制式头盔、停车示意牌、警戒带等装备。

第二十九条 执勤警车应当保持车容整洁、车况良好、装备齐全。

第三十条 交通警察执勤执法装备,省、自治区、直辖市公安机关可以根据实际需要增加,但应当在全省、自治区、直辖市范围内做到统一规范。

第五章 通行秩序管理

第三十一条 交通警察在道路上执勤时,应当采取定点指挥疏导和巡逻管控相结合的方式。

第三十二条 交通警察在指挥疏导交通时,应当注意观察道路的交通流量变化,指挥机动车、非机动车、行人有序通行。

在信号灯正常工作的路口,可以根据交通流量变化,合理使用交通警察手势信号,指挥机动车快速通过路口,提高通行效率,减少通行延误。

在无信号灯或者信号灯不能正常工作的路口,交通警察应当使用手势信号指挥疏导,提高车辆、行人通过速度,减少交通冲突,避免发生交通拥堵。

第三十三条 交通警察遇到交通堵塞应当立即指挥疏导;遇严重交通堵塞的,应当采取先期处置措施,查明原因,向上级报告。

接到疏导交通堵塞指令后,应当按照工作预案,选取分流点,并视情设置临时交通标志、提示牌等交通安全设施,指挥疏导车辆。

在疏导交通堵塞时,对违法行为人以提醒、教育为主,不处罚轻微违法行为。

第三十四条 交通警察在执勤时,应当定期检查道路及周边交通设施,包括信号灯、交通标志、交通标线、交通设施等是否完好,设置是否合理。发现异常,应当立即采取处置措施,无法当场有效处理的,应当先行做好应急处置工作,并立即向上级报告。

第三十五条 交通警察发现违反规定占道挖掘或者未经许可擅自在道路上从事非交通行为危及交通安全或者妨碍通行,尚未设置警示标志的,应当及时制止,并向上级报告,积极做好交通疏导工作。

第三十六条 在高速公路上执勤时应当以巡逻为主,通过巡逻和技术监控,实现交通监控和违法信息收集,必要时可以在收费站、服务区设置执勤点。

第三十七条 交通警察发现高速公路交通堵塞,应当立即进行疏导,并查明原因,向上级报告或者通报相关部门,采取应对措施。

造成交通堵塞,必须借用对向车道分流的,应当设置隔离设施,并在分流点安排交通警察指挥疏导。

第三十八条 交通警察执勤时遇交通事故应当按照《道路交通事故处理程序规定》(公安部令第104号)和《交通事故处理工作规范》的规定执行。

第六章 违法行为处理
第一节 一般规定

第三十九条 交通警察在道路上执勤,发现违法行为时应当及时纠正。无法当场纠正的,可以通过交通技术监控设备记录,依据有关法律、法规、规章的规定予以处理。

第四十条 交通警察纠正违法行为时,应当选择不妨碍道路通行和安全的地点进行。

第四十一条 交通警察发现行人、非机动车驾驶人的违法行为,应当指挥当事人立即停靠路边或者在不影响道路通行和安全的地方接受处理,指出其违法行为,听取当事人的陈述和申辩,作出处理决定。

第四十二条 交通警察查处机动车驾驶人的违法行为应当按下列程序执行:

(一)向机动车驾驶人敬礼;

(二)指挥机动车驾驶人立即靠边停车,可以视情要求机动车驾驶人熄灭发动机或者要求其下车;

(三)告知机动车驾驶人出示相关证件;

(四)检查机动车驾驶证,询问机动车驾驶人姓名、出生年月、住址,对持证人的相貌与驾驶证上的照片进行核对;检查机动车行驶证,对类型、颜色、号牌进行核对;检查检验合格标志、保险标志;查询机动车及机动车驾驶人的违法行为信息、机动车驾驶人记分情况;

(五)指出机动车驾驶人的违法行为;

(六)听取机动车驾驶人的陈述和申辩;

(七)给予口头警告、制作简易程序处罚决定书、违法处理通知书或者采取行政强制措施。

第二节 查处轻微违法行为

第四十三条 对《道路交通安全法》规定可以给予警告、无记分的违法行为、未造成影响道路通行和安全的后果且违法行为人已经消除违法状态的,可以认定为轻微违法行为。

第四十四条　对轻微违法行为,口头告知其违法行为的基本事实、依据,纠正违法行为并予以口头警告后放行。

第四十五条　交通警察在指挥交通、巡逻管控过程中发现的违法行为,在不具备违法车辆停车接受处理的条件或者交通堵塞时,可以通过手势、喊话等方式纠正违法行为。

第四十六条　对交通技术监控设备记录的轻微违法行为,可以通过手机短信、邮寄违法行为提示、通知车辆所属单位等方式,提醒机动车驾驶人遵守交通法律法规。

第四十七条　各省、自治区、直辖市公安机关可以根据本地实际,依照本规范第四十三条的规定确定轻微违法行为的具体范围。

第三节　现场处罚和采取强制措施

第四十八条　违法行为适用简易程序处罚的,交通警察对机动车驾驶人作出简易程序处罚决定后,应当立即交还机动车驾驶证、行驶证等证件,并予以放行。

制作简易程序处罚决定书、行政强制措施凭证时应当做到内容准确、字迹清晰。

第四十九条　违法行为需要适用一般程序处罚的,交通警察应当依照规定制作违法行为处理通知书或者依法采取行政强制措施,告知机动车驾驶人接受处理的时限、地点。

第五十条　当事人拒绝在法律文书上签字的,交通警察除应当在法律文书上注明有关情况外,还应当注明送达情况。

第五十一条　交通警察依法扣留车辆时,不得扣留车辆所载货物,并应当提醒机动车驾驶人妥善处置车辆所载货物。

当事人无法自行处理或者能够自行处理但拒绝自行处理的,交通警察应当在行政强制措施凭证上注明,登记货物明细并妥善保管。

货物明细应当由交通警察、机动车驾驶人签名,有见证人的,还应当由见证人签名。机动车驾驶人拒绝签名的,交通警察应当在货物登记明细上注明。

第七章　实施交通管制

第五十二条　遇有雾、雨、雪等恶劣天气、自然灾害性事故以及治安、刑事案件时,交通警察应当及时向上级报告,由上级根据工作预案决定实施限制通行的交通管制措施。

第五十三条　执行交通警卫任务以及具有本规范第五十二条规定情形的,需要临时在城市道路、国省道实施禁止机动车通行的交通管制措施的,应当由市(地)级以上公安机关交通管理部门决定。需要在高速公路上实施交通管制的,应当由省级公安机关交通管理部门决定。

第五十四条　实施交通管制,公安机关交通管理部门应当提前向社会公告车辆、行人绕行线路,并在现场设置警示标志、绕行引导标志等,做好交通指挥疏导工作。

无法提前公告的,交通警察应当做好交通指挥疏导工作,维护交通秩序。对机动车驾驶人提出异议或者不理解的,应当做好解释工作。

第五十五条　交通警察在道路上实施交通管制,应当严格按照相关法律、法规规定和工作预案进行。

第五十六条　在高速公路执勤遇恶劣天气时,交通警察应当采取以下措施:

(一)迅速上报路况信息,包括雾、雨、雪、冰等恶劣天气的区域范围、能见度、车流量等情况;

(二)根据路况和上级要求,采取发放警示卡、间隔放行、限制车速、巡逻喊话提醒、警车限速引导等措施;

(三)加强巡逻,及时发现和处置交通事故,严防发生次生交通事故;

(四)关闭高速公路时,要通过设置绕行提示标志、电子显示屏或者可变情报板、交通广播等方式发布提示信息。车辆分流应当在高速公路关闭区段前的站口进行,交通警察要在分流处指挥疏导。

第五十七条　交通警察遇到正在发生的治安、刑事案件或者根据指令赶赴治安、刑事案件现场时,应当通知治安、刑侦部门,并根据现场情况采取以下先期处置措施:

(一)制止违法犯罪行为,控制违法犯罪嫌疑人;

(二)组织抢救伤者,排除险情;

(三)划定警戒区域,疏散围观群众,保护现场,维护好中心现场及周边道路交通秩序,确保现场处置通道畅通;

(四)进行现场询问,及时组织追缉、堵截;

(五)及时向上级报告案件(事件)性质、事态发展情况。

第五十八条　交通警察发现因群体性事件而堵塞交通的,应当立即向上级报告,并维护现场交通秩序。

第五十九条　交通警察接受堵截任务后,应当迅速赶往指定地点，并按照预案实施堵截。

紧急情况下，可以使用拦车破胎器堵截车辆。

第六十条 交通警察发现有被通缉的犯罪嫌疑车辆，应当视情采取跟踪、堵截等措施，确保有效控制车辆和嫌疑人员，并向上级报告。

第八章 执行交通警卫任务

第六十一条 交通警察执行警卫任务，应当及时掌握任务的时间、地点、性质、规模以及行车路线等要求，掌握管制措施、安全措施。

按要求准时到达岗位，及时对路口、路段交通秩序进行管理，纠正各类违法行为，依法文明执勤。

第六十二条 交通警察执行交通警卫任务时，应当遵守交通警卫工作纪律，严格按照不同级别的交通警卫任务的要求，适时采取交通分流、交通控制、交通管制等安全措施。在确保警卫车辆安全畅通的前提下，尽量减少对社会车辆的影响。

警卫车队到来时，遇有车辆、行人强行冲击警卫车队等可能影响交通警卫任务的突发事件，应及时采取有效措施控制车辆和人员，维护现场交通秩序，并迅速向上级报告。

警卫任务结束后，应当按照指令迅速解除交通管制，加强指挥疏导，尽快恢复道路交通。

第六十三条 交通警察在路口执行警卫任务时，负责指挥的交通警察应当用手势信号指挥车队通过路口，同时密切观察路口情况，防止车辆、行人突然进入路口。负责外围控制的交通警察，应分别站在路口来车方向，控制各类车辆和行人进入路口。

第六十四条 交通警察在路段执行警卫任务时，应当站在警卫路线道路中心线对向机动车道一侧，指挥控制对向车辆靠右缓行，及时发现和制止违法行为，严禁对向车辆超车、左转、调头及行人横穿警卫路线。

第九章 接受群众求助

第六十五条 交通警察遇到属于《110 接处警工作规则》受理范围的群众求助，应当做好先期处置，并报110派员处置。需要过往机动车提供帮助的，可以指挥机动车驾驶人停车，请其提供帮助。机动车驾驶人拒绝的，不得强制。

第六十六条 交通警察遇到职责范围以外但如不及时处置可能危及公共安全、国家财产安全和人民群众生命财产安全的紧急求助时，应当做好先期处置，并请上级通报相关部门或者单位派员到现场处置，在相关部门或者单位进行处置时，可以予以必要的协助。

第六十七条 交通警察遇到职责范围以外的非紧急求助，应当告知求助人向所求助事项的主管部门或者单位求助，并视情予以必要的解释。

第六十八条 交通警察指挥疏导交通时不受理群众投诉，应当告知其到相关部门或者机构投诉。

第十章 执勤执法安全防护

第六十九条 交通警察在道路上执勤时应当遵守以下安全防护规定：

（一）穿着统一的反光背心；

（二）驾驶警车巡逻执勤时，开启警灯，按规定保持车速和车距，保证安全。驾驶人、乘车人应当系安全带。驾驶摩托车巡逻时，应当戴制式头盔；

（三）保持信息畅通，服从统一指挥和调度。

第七十条 在城市快速路、主干道及公路上执勤应当由两名以上交通警察或者由一名交通警察带领两名以上交通协管员进行。需要设点执勤的，应当根据道路条件和交通状况，临时选择安全和不妨碍车辆通行的地点进行，放置要求驾驶人停车接受检查的提示标志，在距执勤点至少二百米处开始摆放发光或者反光的警告标志、警示灯，间隔设置减速提示标牌、反光锥筒等安全防护设备。

第七十一条 在执行公务时，警车需要临时停车或者停放的，应当开启警灯，并选择与处置地点同方向的安全地点，不得妨碍正常通行秩序。

警车在公路上执行公务时临时停车和停放应当开启警灯，并根据道路限速，将警车停在处置地点来车方向五十至二百米以外。在不影响周围群众生产生活的情况下，可以开启警报器。

第七十二条 交通警察在雾、雨、雪、冰冻及夜间等能见度低和道路通行条件恶劣的条件下设点执勤，应当遵守以下规定：

（一）在公路、城市快速路上执勤，应当由三（含）以上交通警察或者两名交通警察和两名（含）以上交通协管员进行；

（二）需要在公路上设点执勤，应当在距执勤点至少五百米处开始摆放发光或者反光的警告标志、警示灯，间隔设置减速提示标牌、反光锥筒等安全防护设备，并确定专人对执勤区域进行巡控；在高速公路上应当将执勤点设在收费站或者服务区、停车区，并在至少两公里处开始摆放发光或者反光的警告标志、警示灯，间隔设置减速提示标牌、反光锥筒等安全防护设备。

第七十三条 查处违法行为应当遵守以下规定：

（一）除执行堵截严重暴力犯罪嫌疑人等特殊任

务外,拦截、检查车辆或者处罚交通违法行为,应当选择不妨碍道路通行和安全的地点进行,并在来车方向设置分流或者避让标志;

(二)遇有机动车驾驶人拒绝停车的,不得站在车辆前面强行拦截,或者脚踏车辆踏板,将头、手臂等伸进车辆驾驶室或者攀扒车辆,强行责令机动车驾驶人停车;

(三)除机动车驾驶人驾车逃跑后可能对公共安全和他人生命安全有严重威胁以外,交通警察不得驾驶机动车追缉,可采取通知前方执勤交通警察堵截,或者记下车号,事后追究法律责任等方法进行处理;

(四)堵截车辆应采取设置交通设施、利用交通信号灯控制所拦截车辆前方车辆停车等非直接拦截方式,不得站立在被拦截车辆行进方向的行车道上拦截车辆。

第七十四条 在高速公路发现有不按规定车道行驶、超低速行驶、遗洒载运物、客车严重超员、车身严重倾斜等危及道路通行安全的违法行为,可以通过喊话、鸣警报器、车载显示屏提示等方式,引导车辆到就近服务区或者驶出高速公路接受处理。情况紧急的,可以立即进行纠正。

第七十五条 公安机关交通管理部门应当定期检查交通警察安全防护装备配备和使用情况,发现和纠正存在的问题。

第十一章 执法监督与考核评价

第七十六条 公安机关督察部门和交通管理部门应当建立对交通警察道路执勤执法现场督察制度。

公安机关交通管理部门应当建立交通警察道路执勤执法检查和考核制度。

对模范遵守法纪、严格执法的交通警察,应予以表彰和奖励。

对违反规定执勤执法的,应当批评教育;情节严重的,给予党纪、政纪处分;构成犯罪的,依法追究法律责任。

第七十七条 公安机关交通管理部门应当根据交通警察工作职责,结合辖区交通秩序、交通流量情况和交通事故的规律、特点,以及不同岗位管理的难易程度,安排勤务工作,确定执勤执法任务和目标,以执法形象、执法程序、执法效果、执法纪律、执勤执法工作量、执法质量、接处警等为重点,开展考核评价工作。

不得下达或者变相下达罚款指标,不得以处罚数量作为考核交通警察执法效果的唯一依据。

考核评价结果应当定期公布,记入交通警察个人执法档案,并与交通警察评先创优、记功、职级和职务晋升、公务员年度考核分配挂钩,兑现奖励措施。

第七十八条 省、市(地)、县级公安机关交通管理部门应当公开办事制度、办事程序,公布举报电话,自觉接受社会和群众的监督,认真受理群众的举报,坚决查处交通警察违法违纪问题。

第七十九条 公安机关交通管理部门应当建立和完善值日警官制度,通过接待群众及时发现交通警察在执法形象、执法纪律、执法程序、接处警中出现的偏差、失误,随时纠正,使执法监督工作动态化、日常化。

第八十条 公安机关交通管理部门应当建立本单位及其所属交通警察的执法档案,实施执法质量考评、执法责任制和执法过错追究。执法档案可以是电子档案或者纸质档案。

执法档案的具体内容,由省级公安机关交通管理部门商公安法制部门按照执法质量考评的要求统一制定。

第八十一条 公安机关交通管理部门通过执法档案应当定期分析交通警察的执法情况,发现、梳理带有共性的执法问题,制定整改措施。

第八十二条 交警大队应当设立专职法制员,交警中队应当设立兼职法制员。法制员应当重点审查交通警察执勤执法的事实依据、证据收集、程序适用、文书制作等,规范交通警察案卷、文书的填写、制作。

第八十三条 公安机关交通管理部门可以使用交通违法信息系统,实行执法办案网上流程管理、网上审批和网上监督,加强对交通警察执法情况的分析、研判。

第八十四条 交通警察在道路上执勤执法时,严禁下列行为:

(一)违法扣留车辆、机动车行驶证、驾驶证和机动车号牌;

(二)违反规定当场收缴罚款,当场收缴罚款不开具罚款收据、不开具简易程序处罚决定或者不如实填写罚款金额;

(三)利用职务便利索取、收受他人财物或者谋取其他利益;

(四)违法使用警报器、标志灯具;

(五)非执行紧急公务时拦截搭乘机动车;

(六)故意为难违法行为人;

(七)因自身的过错与违法行为人或者围观群众发生纠纷或者冲突;

(八)从事非职责范围内的活动。

第十二章 附 则

第八十五条 各省、自治区、直辖市公安机关可以根据本地实际，制定实施办法。

第八十六条 本规范自2009年1月1日起实施。2005年11月14日公安部印发的《交通警察道路执勤执法工作规范》同时废止。

　　附件：1. 查处酒后驾驶操作规程
　　　　　2. 查处违反装载规定违法行为操作规程
　　　　　3. 查处超速行驶操作规程
　　　　　4. 查处违法停车操作规程
　　　　　5. 查处涉牌涉证违法行为操作规程
　　　　　6. 查处运载危险化学品车辆操作规程

附件1

查处酒后驾驶操作规程

　　一、查处机动车驾驶人酒后驾驶违法行为应当配备并按规定使用酒精检测仪、约束带、警绳等装备。

　　用于收集违法行为证据的酒精检测仪应当符合国家标准并依法检定合格，并保持功能有效。

　　二、查处机动车驾驶人酒后驾驶违法行为应当按照以下规定进行：

　　（一）发现有酒后驾驶嫌疑的，应当及时指挥机动车驾驶人立即靠路边停车，熄灭发动机，接受检查，并要求机动车驾驶人出示驾驶证、行驶证；

　　（二）对有酒后驾驶嫌疑的机动车驾驶人，要求其下车接受酒精检验。对确认没有酒后驾驶行为的机动车驾驶人，应当立即放行；

　　（三）使用酒精检测仪对有酒后驾驶嫌疑的机动车驾驶人进行检验，检验结束后，应当告知检验结果；当事人违反检验要求的，应当当场重新检验；

　　（四）检验结果确认为酒后驾驶的，应当依照《道路交通安全违法行为处理程序规定》对违法行为人进行处理；检验结果确认为非酒后驾驶的，应当立即放行；

　　（五）当事人对检验结果有异议或者饮酒后驾驶车辆发生交通事故的，应当立即固定不少于两份的血液样本，或者由不少于两名交通警察或者一名交通警察带领两名协管员将当事人带至县级以上医院固定不少于两份的血液样本；

　　（六）固定当事人血液样本的，应当通知其家属或者当事人要求通知的人员。无法通知或者当事人拒绝的，可以不予通知，但应当在行政强制措施凭证上注明。

　　三、对醉酒的机动车驾驶人应当由不少于两名交通警察或者一名交通警察带领不少于两名协管员带至指定地点，强制约束至酒醒后依法处理。必要时可以使用约束性警械。

　　四、处理结束后，必须禁止饮酒后、醉酒的机动车驾驶人继续驾驶车辆，如现场无其他机动车驾驶人替代驾驶的，可以将其驾驶的机动车移至不妨碍交通的地点或者有关部门指定的地点，并将停车地点告知机动车驾驶人。

附件2

查处违反装载规定违法行为
操作规程

　　一、对有违反装载规定嫌疑的车辆，应当指挥机动车驾驶人立即停车，熄灭发动机，接受检查，并要求驾驶人出示机动车驾驶证、行驶证。

　　二、经检查，确认为载物超长、超宽、超高的，当场制作简易处罚程序决定书。

　　运输超限运输不可解体物品影响交通安全，未按照公安机关交通管理部门指定的时间、路线、速度行驶的，应当责令其按照公安机关交通管理部门指定的时间、路线、速度行驶。未悬挂明显标志的，责令驾驶人悬挂明显标志后立即放行。

　　三、对于有载物超载嫌疑，需要使用称重设备核定的，应当引导车辆到指定地点进行。

　　核定结果为超载，应当责令当事人消除违法行为。当事人表示可立即消除违法状态，依法处罚，待违法状态消除后放行车辆；当事人拒绝或者不能立即消除违法状态的，制作行政强制措施凭证，扣留车辆。

　　对于跨地区长途运输车辆超载的，依照公安部、交通运输部等部门的有关规定处理。

　　四、对于运送瓜果、蔬菜和鲜活产品的超载车辆，应当当场告知当事人违法行为的基本事实，依照有关规定处理，对未严重影响道路交通安全的，不采取扣留机动车等行政强制措施。对严重影响道路交通安全的，应当责令驾驶人按照规定转运，驾驶人拒绝转运的，依法扣留机动车。

　　五、对于货运机动车车厢载人、客运机动车超载或者违反规定载物的，当事人拒绝或者不能立即消除违法状态的，制作行政强制措施凭证，扣留车辆至违法状态消除。

　　对于其他违反装载规定的，在依法处罚之后，应当责令机动车驾驶人当场消除违法行为。

附件 3

查处超速行驶操作规程

一、查处机动车超速违法行为应当使用测速仪、摄录设备等装备。

用于收集违法行为证据的测速仪应当符合国家标准并依法检定合格，并保持功能有效。

二、现场查处超速违法行为，按照设点执勤的规范要求设置警示标志，测速点与查处点之间的距离不少于两公里，且不得影响其他车辆正常通行。

能够保存交通技术监控记录资料的，可以实施非现场处罚。

三、查处机动车超速违法行为应当按照以下规定进行：

（一）交通警察在测速点通过测速仪发现超速违法行为，应当及时通知查处点交通警察做好拦车准备；

（二）查处点交通警察接到超速车辆信息后，应当提前做好拦车准备，并在确保安全的前提下进行拦车；

（三）对超速低于百分之五十的，依照简易程序处罚；超过百分之五十的，采取扣留驾驶证强制措施，制作行政强制措施凭证。

四、当事人要求查看照片或者录像的，应当提供。

五、在高速公路查处超速违法行为，应当通过固定电子监控设备或者装有测速设备的制式警车进行流动测速。

附件 4

查处违法停车操作规程

一、查处机动车违法停车行为应当使用照相、摄录设备、清障车等装备。

二、发现机动车违法停车，机动车驾驶人在现场的，应当责令其驶离。

机动车驾驶人不在现场的，应当在机动车侧门玻璃或摩托车座位上张贴违法停车告知单，并采取拍照或者录像方式固定相关证据。严重妨碍其他车辆、行人通行的，应当指派清障车将机动车拖移至指定地点。

机动车驾驶人虽在现场但拒绝立即驶离的，应当使用照相、摄录设备取证，依法对机动车驾驶人的违法行为进行处理。

公安机关交通管理部门应当公开拖移机动车查询电话，并通过设置拖移机动车专用标志牌明示或者以其他方式告知当事人。当事人可以通过电话查询接受处理的地点、期限和被拖移机动车的停放地点。

三、交通警察在高速公路上发现机动车违法停车的，应当责令机动车驾驶人立即驶离；机动车发生故障或者机动车驾驶人不在现场的，应当联系清障车将机动车拖移至指定地点并告知机动车驾驶人；无法拖移的，应当责令机动车驾驶人按照规定设置警告标志。

故障机动车可以在短时间内修复，且不占用行车道或者骑压车道分隔线停车的，可以不拖移机动车，但应当责令机动车驾驶人按照规定设置警告标志。

四、拖移违法停车机动车，应当保障交通安全，保证车辆不受损坏，并通过拍照、录像等方式固定证据。

附件 5

查处涉牌涉证违法行为操作规程

一、发现无号牌机动车，交通警察应当指挥机动车驾驶人立即停车，熄灭发动机，并查验车辆合法证明和驾驶证。

二、对于未悬挂机动车号牌，机动车驾驶人有驾驶证，且能够提供车辆合法证明的，依法处罚，并告知其到有关部门办理移动证或临时号牌后放行；不能提供车辆合法证明的，应当制作行政强制措施凭证，依法扣留车辆。

三、对于有拼装或者报废嫌疑的，检查时应当按照行驶证上标注的厂牌型号、发动机号、车架号等内容与车辆进行核对，确认无违法行为的，立即放行；初步确认为拼装或者报废机动车的，应当制作行政强制措施凭证，依法扣留车辆。

四、对于有使用伪造、变造机动车号牌或者使用其他机动车号牌嫌疑的，检查时应当根据车辆情况进行核对、询问，确认无违法行为的，立即放行；初步确认有使用伪造、变造机动车牌证或者使用其他机动车牌证违法行为的，应当制作行政强制措施凭证，依法扣留车辆。

五、对于有被盗抢嫌疑的，检查时应当运用查缉战术、分工协作进行检查，并与全国被盗抢机动车信息系统进行核对。

当场能够确认无违法行为的，立即放行；当场不能确认有无违法行为的，应当将人、车分离，将车辆移至指定地点，进一步核实。

六、发现不按规定安装号牌、遮挡污损号牌的，检查时应当按照行驶证上标注的厂牌型号、发动机号、车架号等内容与车辆进行核对。确认违法行为后依法予以处罚，同时责令机动车驾驶人纠正。

七、交通警察发现机动车驾驶人未携带机动车驾驶证、有使用伪造或者变造驾驶证嫌疑或者机动车驾驶人拒绝出示驾驶证接受检查的，依法扣留车辆。

八、交通警察发现机动车驾驶人所持驾驶证记满12分或者公告停止使用的，依法扣留机动车驾驶证。

九、交通警察发现机动车驾驶人驾驶车辆与准驾车型不符、所持驾驶证有伪造或者变造嫌疑、驾驶证超过有效期或者驾驶证处于注销状态的，根据《公安机关办理行政案件程序规定》将驾驶证作为证据扣押。

十、机动车驾驶人所持驾驶证无效，同时又无其他机动车驾驶人替代驾驶的，可以将其驾驶的机动车移至不妨碍交通的地点或者有关部门指定的地点。

附件6

查处运载危险化学品车辆操作规程

一、发现运载爆炸物品、易燃易爆化学物品以及剧毒、放射性等危险物品车辆有违法行为的，应当指挥机动车驾驶人停车接受检查，除查验机动车驾驶人出示驾驶证、车辆行驶证外，还应当查验其他相关证件及信息，并依法处理。

二、对于擅自进入危险化学品运输车辆禁止通行区域，或者不按指定的行车时间和路线行驶的，应当当场予以纠正，并依据《危险化学品安全管理条例》实施处罚。

三、对于未随车携带《剧毒化学品公路运输通行证》的，应当引导至安全地点停放，并禁止其继续行驶，及时调查取证，并责令提供已依法领取通行证的证明，依据《剧毒化学品购买和公路运输许可证件管理办法》实施处罚。

四、对于未申领《剧毒化学品公路运输通行证》，擅自通过公路运输剧毒化学品的，应当扣留运输车辆，调查取证，依据《危险化学品安全管理条例》实施处罚。

五、对于未按照《剧毒化学品公路运输通行证》注明的运输车辆、驾驶人、押运人员、装载数量和运输路线、时间等事项运输的，应当引导至安全地点停放，调查取证，责令其消除违法行为，依据《危险化学品安全管理条例》和《剧毒化学品购买和公路运输许可证件管理办法》实施处罚。

公安派出所执法执勤工作规范

1. 2002年3月11日印发
2. 公通字〔2002〕13号

第一章 总 则
第一节 一般规定

第一条 为加强公安派出所的正规化、规范化建设，提高公安派出所的执法执勤工作和服务水平，根据《中华人民共和国人民警察法》等有关法律、法规，特制定本规范。

第二条 公安派出所的执法执勤工作适用本规范。

第三条 公安派出所执法执勤工作遵循依法、公正、文明、高效和确保安全的原则。

第二节 工作范围

第四条 公安派出所执法执勤工作范围包括：
（一）责任区工作；
（二）户籍室工作；
（三）值班、备勤；
（四）案（事）件处理；
（五）巡逻；
（六）治安检查；
（七）特定勤务。

第五条 责任区工作、户籍室工作分别由责任区民警、内勤民警专职担任。值班、备勤、案（事）件处理、巡逻、治安检查及特定勤务，必须由两名以上公安派出所民警执行。

第三节 工作时间

第六条 公安派出所实行24小时工作制度。

第七条 公安派出所工作时间分为日勤和全日勤。
日勤为8小时，必要时可以视具体情况延长或者缩短。
全日勤为24小时，从当日8时起至次日8时结束。

第八条 公安派出所民警每值一个全日勤，可以轮休一日；因工作需要延长执勤时间、停止轮休、取消节假日休息的，应当视情给予补假或者发给超时工作补贴。

第九条 公安派出所应当根据警力配置、治安状况合理安排工作时间，必要时可以实行弹性工作时间。

第四节 工作要求

第十条 公安派出所应当根据工作任务、工作性质、警力状况制定周密科学的执法执勤工作方案并报上级公安机关备案。

（一）公安派出所所长负责对执法执勤工作的规划、指挥、检查和督导。

（二）上级公安机关对公安派出所执法执勤工作情况进行监督指导。

第十一条　公安派出所民警在执法执勤时，除特殊情况外，应当按规定着制式警服，并遵守下列规定：

（一）执行责任区工作、案（事）件处理、巡逻、治安检查等工作时，应当按照有关规定携带枪支、警棍、警绳、手铐、警笛、对讲机等警用装备。

（二）值班时，应当按照规定携带警械和枪支。

（三）备勤时，应当将警械、枪支放置在安全且随时可以取用的地方。

执勤车辆内应当配备防弹（防刺）背心、头盔、盾牌、警戒带及救生圈、灭火器等物品。

第十二条　公安派出所民警对报案、控告、举报、群众扭送和投案自首等事项应当受理，不得拒绝、推诿，并分别情况处理：

（一）对于管辖范围内的事项，应当依法受理，及时处理；

（二）对不属于管辖范围内的事项或者管辖范围不明的，应当先行受理，然后移交有管辖权的公安机关或者有关部门处理；

（三）对不属于管辖范围的事项，但情况紧急的，应当依法采取紧急措施后，再进行移交并记录在案；

（四）跨辖区执行任务时，除紧急情况外，应当事先通知当地公安机关，请求协助。

第十三条　公安派出所民警在执法执勤时，应当服从命令，严格执法，文明执勤。

第十四条　公安派出所应当对当日的工作活动情况统一记载。

第十五条　公安派出所每日例会时，应当对民警进行勤前教育，通报有关情况，部署工作。

第十六条　公安派出所应当设立警械、武器保管室（柜），建立健全警械、武器保管、领用、保养制度，并由专人负责。

第二章　责任区工作

第一节　一般规定

第十七条　责任区工作主要包括：

（一）人口管理；

（二）情报信息收集；

（三）安全防范；

（四）治安管理；

（五）服务群众。

第十八条　城区、城镇公安派出所应当在辖区内以社区为单位设立社区警务室，并根据社区规模、人口数量和治安情况在每个社区配备一名以上责任区民警。

农村公安派出所根据辖区人口数量、地域面积、治安情况，实行民警驻村或者包片责任制。

第十九条　责任区民警在责任区工作的时间每周不得少于20小时。

第二十条　责任区民警的工作情况应当及时记录在《责任区民警工作手册》中。

第二十一条　公安派出所应当保持责任区民警的相对稳定，不得随意调动。

第二节　人口管理

第二十二条　责任区民警人口管理工作的主要任务是，对常住人口、暂（寄）住人口、境外人员进行经常性的管理，掌握基本情况，发现违法犯罪线索，预防违法犯罪活动。

第二十三条　对常住人口，应当做到底数清楚，重点掌握有违法犯罪经历和有违法犯罪嫌疑人员的身份和现实表现。

对暂住人口进行登记、办证，掌握全部暂住人口的身份、暂住理由、户籍所在地等情况。

对境外人员应当督促其在法定时间内到公安派出所申报住宿、居留登记，掌握其姓名、国籍、居留事由和居留期限。

第二十四条　对被依法判处管制、剥夺政治权利、缓刑、假释、监外执行的罪犯，被取保候审、监视居住人员以及劳动教养所外执行人员，要负责帮教、监督、管理和考察。工作情况要记录在卷。

对列管的重点人口，要了解掌握其交往人员、活动场所、经济情况、现实表现等，并记入重点人口档案。全面工作考察每三个月进行一次。

第二十五条　责任区民警进行人口调查时，应当注意调查以下事项：

（一）核对户口、公民身份证件登记项目的内容，发现有与现实情况不符的，应当予以更正；

（二）核查暂住人口登记情况，发现有未登记的暂住人口，确定其身份、来历、居住原因，督促其办理有关手续，及时通报协查；

（三）注意发现无合法证件、无固定住所、无稳定经济来源的人员、在逃人员及其他违法犯罪嫌疑人；

（四）注意发现符合列管条件的重点人口，并重点掌握其动态。

第二十六条 全面的入户调查每年至少进行一次。管辖户数过多的，应当视情况调整责任区，以利于入户调查。

对上级通报、群众反映有违法犯罪嫌疑的人员，应当及时进行核查。

第二十七条 人口调查应当与法制宣传教育、便民服务相结合。

第三节 情报信息收集

第二十八条 责任区民警应当通过人口调查、物建治安耳目、信息员和日常治安管理，获取涉及社会政治稳定、社会治安方面的情报信息。

第二十九条 情报信息的范围包括：

（一）社会各界对国内外重大事件、热点问题的反应；

（二）可能引发群体性治安事件的线索及苗头；

（三）敌对组织、邪教、会道门以及其他非法组织活动的情况；

（四）预谋实施爆炸、杀人、抢劫、盗窃等犯罪活动的情况；

（五）因各类民事纠纷可能铤而走险、制造事端的危险人员情况；

（六）其他可能影响社会政治稳定和社会治安的情报信息。

第三十条 收集情报信息的方式主要包括：

（一）在重点场所、要害部位物建治安耳目、信息员；

（二）依靠基层组织、治安积极分子等收集情报信息；

（三）通过人口调查、阵地控制等方式听取群众意见；

（四）通过接触重点人员了解掌握情报信息。

第三十一条 对获取的情报信息应当及时上报，并注意日常积累分析。

第四节 安全防范

第三十二条 责任区民警应当动员、组织责任区内单位和群众开展群防群治工作，建立群防群治组织，落实各项安全防范措施，减少可防性案件和治安灾害事故的发生。

第三十三条 安全防范的内容主要包括：

（一）开展形式多样的法制宣传教育，努力提高群众的安全防范意识和自我防范能力；

（二）建立、完善以治保会为主体的群防群治组织；

（三）推进安全社区建设；

（四）落实人防、物防、技防措施。

第三十四条 开展安全防范工作，应当做到：

（一）定期召开治保人员、户口协管员等群防群治队伍会议，通报情况，布置工作；

（二）对安全防范工作进行检查，及时发现和消除安全隐患；

（三）动员安装防护门、安全锁、报警器等防护设施；

（四）动员、组织单位和居民巡逻、看护，预防违法犯罪活动；

（五）做好对未成年违法犯罪人员的帮教工作。

第五节 治安管理

第三十五条 责任区民警应当督促责任区内的公共娱乐服务场所、特种行业、危险物品从业单位和人员建立健全安全防范制度，开展经常性的安全检查，以减少滋生违法犯罪的因素，消除安全隐患，预防和减少治安灾害事故。

第三十六条 开展责任区治安管理工作，应当做到：

（一）对管辖范围内的公共娱乐服务场所、特种行业、危险物品从业单位和从业人员建立治安管理档案；

（二）督促建立健全场所和行业内部的治安保卫组织；

（三）组织对从业人员进行安全教育；

（四）开展经常性的安全检查，对治安秩序混乱和存在安全隐患的，及时提出警告和整改意见，并记录在案，督促整改；

（五）对责任区内涉枪、涉爆等危险物品单位的安全检查，每月不得少于一次，并应当制作、保留检查记录。

第六节 服务群众

第三十七条 责任区民警应当牢固树立全心全意为人民服务的宗旨意识，建立良好的警民关系，提高为群众服务的效率和质量。

第三十八条 服务群众的主要内容包括：

（一）在社区警务室定期接待群众；

（二）设立警民联系箱、联系簿，发放警民联系卡，公布联系电话；

（三）帮助联系解决群众求助的事宜；

（四）为群众代办户口、公民身份证件等事宜，对孤寡老人、残疾人等有特殊困难的群众实行上门服务；

（五）参与社会公益活动。

第三章 户籍室工作

第一节 一般规定

第三十九条 户籍室工作主要包括办理户口和公民身份证件等事项。

第四十条 公安派出所应当公开户口、公民身份证件的办理条件、办理时限、审批程序、收费项目和收费标准。

第四十一条 办理户口和公民身份证件事项，应当及时、准确。

第二节 办理户口、公民身份证件

第四十二条 公安派出所民警办理户口时，应当做到：

（一）对符合法律、政策规定，申报材料齐全的，当场办理；

（二）对申报材料齐全，但需经调查核实、上报审批的，当场受理并填写《办理户口责任书》，在规定时限内完成调查核实工作，将有关材料上报县（市）公安局或者城市公安分局；

（三）对申报材料不全的，应当向申请人说明并当场填写《办理户口补充材料书》，写清申请人应当补充的证明材料；

（四）对不符合法律、政策规定的户口申报事项，应当告知不能办理的原因。

第四十三条 公安派出所民警办理公民身份证件时，应当做到：

（一）公民申领、换领、补领公民身份证件，符合规定的，当场受理，在规定时限内颁发；

（二）在为公民进行出生登记时编制公民身份号码，在注销户口时收回公民身份证件；

（三）公民换领公民身份证件的，在发放新证的同时收回旧证；

（四）对不符合办理规定的，说明原因，或者详细告知需要补充的材料。

第四章 值班、备勤

第一节 一般规定

第四十四条 值班工作内容主要包括：

（一）通讯联络，传达命令；

（二）接受报案、控告、举报及扭送的违法犯罪嫌疑人和投案自首人员；

（三）接待群众来访、查询、求助；

（四）保卫公安派出所内部安全；

（五）其他需要处理的事项。

第四十五条 公安派出所民警值班时，必须坚守岗位，严格遵守工作交接制度，做好值班记录，有情况及时请示报告，不得从事与值班工作无关的活动。

第四十六条 备勤是指由公安派出所民警在所内整装待命，以备发生突发性事件时机动使用或者执行临时派遣任务。

第二节 值 班

第四十七条 公安派出所值班民警在接到110指挥中心出警指令后，应当做到：

（一）立即向公安派出所所长报告并通知距离案（事）件发生地最近的民警赶赴现场。需备勤民警出警的，应当立即告知其发案地点及基本情况；

（二）接到案（事）件现场民警回报后，立即向公安派出所所长、110指挥中心报告，并做好相关记录。

第四十八条 公安派出所值班民警接受报案、控告、举报及扭送违法犯罪嫌疑人和投案自首人员时，应当做到：

（一）询问基本情况，制作询问笔录，填写《接受案件回执单》，并根据公安派出所所长意见交有关民警处理；

（二）对紧急案（事）件，应当立即依法采取紧急处理措施，并向公安派出所所长报告。

第四十九条 公安派出所值班民警接待群众来访、查询、求助时，应当做到：

（一）耐心答复或者解决群众提出的问题；

（二）接待群众寻人或者查找住址的，详细问明情况，积极帮助查找；

（三）对于群众的求助，属于职责范围的，积极帮助解决；不属于职责范围的，向群众说明理由。群众求助及民警处理的情况都应当记录在案；

（四）对群众送交拣拾物品的，详细做好记录，尽快查找失主。对于归还物品的情况或者无主物品的处理情况，应当向送交拣拾物品的群众反馈。

第五十条 公安派出所值班民警应当对公安派出所所内的安全情况进行巡查，对进入内部办公区的所外人员应当查验证件，问清情况，并进行登记。

第三节 备 勤

第五十一条 公安派出所民警备勤时，应当做到：

（一）没有临时任务的，根据需要，在公安派出所所内整理文书簿册、处理有关工作事宜及保养装备。

（二）执行临时派遣任务时，应当记录执行任务的时间、地点和工作情况。完成临时派遣任务后，立即返

回公安派出所所内待命,继续备勤。

第五十二条　公安派出所备勤民警被临时派遣看管被留置人员时,应当做到:

(一)将被留置人员置于留置室内;

(二)提高警惕,严加看管,防止发生自残、自杀、袭警、伤人、脱逃等行为;

(三)保护被留置人员的合法权益。

第五十三条　公安派出所备勤民警被临时派遣解送犯罪嫌疑人时,应当做到:

(一)提高警惕,注意观察,防止被解送人员自残、自杀、袭警、伤人、脱逃等行为;

(二)对被解送人员依法使用戒具;

(三)始终将被解送人员置于有效的控制状态下。

第五章　案(事)件处理

第一节　一般规定

第五十四条　案(事)件处理主要包括案(事)件的现场调查和处置等事项。

第五十五条　公安派出所民警在处理案(事)件时,应当做到:

(一)接到出警指令后,在城市5分钟内到达现场,在农村以最快的速度到达现场;

(二)保持联络,及时报告案(事)件处理情况;

(三)依法、稳妥、果断处置;

(四)服从命令,严格履行法定职责。

第五十六条　对群众求助的事项,应当问明情况,依法履行职责,积极予以帮助解决。

第五十七条　现场先期处置后,对应自行办理的案(事)件,依法办理;对应当移交的案(事)件,及时移交有管辖权的公安机关或者有关部门处理,并做好移交登记。

第二节　刑事、治安案件现场处置

第五十八条　公安派出所民警进行刑事案件现场处置时,应当做到:

(一)划定保护区域,布置现场警戒,保护现场;

(二)抓捕、看管和监视犯罪嫌疑人;

(三)救助伤员;

(四)进行初步现场调查;

(五)核实情况,保全证据,并迅速报告上级公安机关;

(六)向侦查人员通报案件发现经过、现场保护和初步处置的情况。

第五十九条　对于严重暴力案件现场的处置,除按本规范第六十条执行外,还应当立即请求上级公安机关采取以下措施:

(一)对可能受侵害的重点目标采取保护和警戒措施;

(二)向邻近地区发出预警通报;

(三)迅速通知治安检查站点进入警戒状态,全面部署堵截。

第六十条　对治安案件现场的处置,应当做到:

(一)维护现场秩序;

(二)进行现场调查;

(三)搜集、保全证据;

(四)收缴和扣押违法、违禁物品;

(五)除按法律规定实行当场处罚外,依法将有关人员带回公安派出所继续调查处理。

第三节　治安灾害事故、群体性治安事件的先期处置

第六十一条　对治安灾害事故的现场先期处置,应当做到:

(一)迅速报告情况,请求指令或者支援;

(二)布置警戒,保护现场,疏导围观人员;

(三)参加火灾扑救、人员救助或者排除其他险情的先期工作,但对于爆炸、放射等专业性较强的排险工作,应当在疏散现场人员的同时,请求并等候专业人员处置;

(四)进行现场调查访问,收集、保全证据;

(五)注意发现、监视和控制事故责任人或者肇事人。

第六十二条　对群体性治安事件的先期处置,应当做到:

(一)了解现场情况,迅速报告上级;

(二)掌握现场动态,控制重点人员;

(三)维持现场秩序,疏导围观人员;

(四)教育说服群众,防止事态扩大。

第六章　巡　逻

第一节　一般规定

第六十三条　巡逻工作主要包括:

(一)维护公共秩序,特别是党政机关、重点要害部位、大型公共场所、校园周边等重点地区的治安秩序;

(二)对可疑人员依法进行盘问和检查,对可疑物品依法进行检查;

(三)抓捕违法犯罪嫌疑人员;

(四)救助走失儿童、老人、伤病人员及其他急难者;

（五）排解纠纷；
（六）接受群众询问及口头报案、举报、控告。

第六十四条　巡逻应当以徒步和骑自行车巡逻为主，以驾驶摩托车、汽车巡逻为辅。

第六十五条　对巡逻情况应当进行记录，内容包括巡逻起止时间、巡逻路线和任务执行情况，并向接班组进行工作交接。

第二节　组织实施

第六十六条　公安派出所应当根据辖区面积、地域特征、治安、交通状况等，划分若干个巡逻区域，把重点单位、要害部位、治安混乱地区等作为巡逻重点，确定设立岗卡的部位和巡逻密度、快速反应所需的时间，形成巡逻路线，并根据治安形势的变化适时进行调整。

第六十七条　公安派出所民警在巡逻时，应当做到：
（一）按照指定路线巡逻，不得无故超出巡逻区域，或者减少巡逻时间和巡逻密度；
（二）到达巡逻重点地区时，应当停留作小区域巡查；
（三）对有违法犯罪嫌疑的人员、可疑物品依法进行盘问、检查；
（四）遇有突发事件或者事故，先期处置，及时报告；
（五）接受处理案（事）件任务时，将任务执行情况及时向下达指令的部门报告。

第六十八条　车巡组停留作小区域巡查时，除遵守本规范第六十七条规定以外，还应当遵守下列规定：
（一）停放车辆不得妨碍交通；
（二）必须下车徒步实施，不得仅在车内观望；
（三）下车巡逻时，车上或者车侧应当留一人，保护车辆安全及负责通讯联络和必要时请求支援等。

第六十九条　执行便衣巡逻、蹲守时，应当做到：
（一）报经公安派出所所长批准并备案；
（二）随身携带工作证件；
（三）携带警械、武器或者其他装备时，应当进行隐蔽或者伪装。

第七十条　巡逻中发现可疑人员时，应当出示工作证件，表明身份，并在告知法律依据后，依法对其进行盘问、检查。
经盘问、检查排除违法犯罪嫌疑的，应当感谢其配合，并礼貌地让其离去。

第七十一条　盘问可疑人员时，应当做到：
（一）与被盘问人保持1米以上的距离，尽量让其背对开阔街面；

（二）对有一定危险性的违法犯罪嫌疑人，先将其控制并进行检查，确认无危险后方可实施盘问；
（三）盘问时由一人主问，另一人负责警戒，防止被盘问人或者同伙的袭击；
（四）对符合继续盘问条件的，将其带至公安派出所继续盘问。
公安派出所民警解送违法犯罪嫌疑人员按照第五十三条规定执行。

第七十二条　查验身份证件时，应当做到：
（一）查证防伪暗记和标识，判定证件的真伪；
（二）查验证件内容，进行人、证对照；
（三）注意持证人的反应，视具体情况让持证人自述证件内容，边问边查。

第七十三条　对可疑人员进行人身检查时，应当做到：
（一）有效控制被检查的嫌疑对象，防止自身受到攻击和伤害。
（二）对携带或者可能携带凶器、武器的违法犯罪嫌疑人检查时，应当先检查其有无凶器和武器，然后依法扣押。必要时，可以先依法使用戒具，然后进行检查。
（三）责令被检查人伸开双臂高举过头面向墙、车等，扶墙或者车等站立，双脚分开尽量后移，民警站于其身后并将一只脚置于其双脚中间，迅速从被检查人的双手开始向下对衣领及身体各部位进行检查，特别注意腋下、腰部、裆部及双腿内侧。

第七十四条　对可疑物品进行检查时，应当做到：
（一）责令被检查人将物品放在适当位置，不得让其自行翻拿；
（二）由一名民警负责检查物品，另一人负责监控被检查人；
（三）开启箱包时应当先仔细观察，防止有爆炸、放射性等危险物品；
（四）自上而下按顺序拿取物品，不得掏底取物或者将物品直接倒出；
（五）对有声、有味的物品，应当谨慎拿取；
（六）避免损坏或者遗失财物。

第七十五条　对可疑车辆进行检查时，应当做到：
（一）检查前，责令驾驶员将车辆熄火，拉紧手制动后下车，必要时应当暂时收存车钥匙。如车上有其他人员，应当责令其下车等候；
（二）对人员进行检查并予以控制；
（三）查验车辆行驶证件和牌照；
（四）观察车辆外观和锁具；

(五)检查车载货物和车内物品;

(六)若驾驶员拒检逃逸,应当立即报告,请求部署堵截、追缉。

第七十六条　巡逻中发现未成年人有下列行为的,应当立即予以制止、劝导,并采取相应措施:

(一)在公共场所寻衅滋事的;

(二)离家出走、逃学的;

(三)深夜在公共场所逗留或者游荡街头的;

(四)进入禁止未成年人入内的公共娱乐服务场所的;

(五)有其他不良行为的。

第七章　治安检查

第一节　一般规定

第七十七条　治安检查工作主要包括对公共娱乐服务场所、特种行业及内部单位进行现场检查、清查等事项。

治安检查的基本内容包括:

(一)有无营业许可证照及其项目变更情况;

(二)房屋建筑的出入口、紧急通道畅通情况,安全指示、警示标志设置情况,防盗设施安装情况;

(三)易燃易爆物品存放情况;

(四)配备治安保卫、保安人员情况;

(五)安全防范规章制度建立落实情况;

(六)治安秩序情况;

(七)从业人员情况。

第七十八条　公安派出所民警执行治安检查时,应当注意以下事项:

(一)对行业、场所、单位的检查每月不得少于一次,对上级通报、群众反映的问题应当随时检查,认真查处;

(二)检查时应当主动出示工作证件或者其他执法检查证件,表明身份,提出检查要求;

(三)对娱乐服务场所的检查,应当在公安派出所统一安排下由两名以上民警共同进行;

(四)检查时应当尊重从业人员和顾客,从检查身份证件入手,除有违法犯罪嫌疑外,不得进行人身检查;

(五)对查获的违法犯罪嫌疑人,应当尽快带离现场;

(六)对扣押、收缴的物品应当办理法律手续,开具单据;

(七)日常检查应当注意发现房屋建筑、消防设施、公共设施的安全情况及改造、变动情况,对发现的治安隐患,应当列出隐患内容,通知有关部门并报告上级公安机关。

第二节　日常检查

第七十九条　日常检查,除依照本规范第起七十七条所列检查内容进行检查外,应当区分不同场所、行业特点,重点检查下列事项:

(一)旅馆业

1. 是否按规定登记,登记项目是否齐全;

2. 是否使用合法的公民身份证件进行登记;

3. 被检查人的言谈、举止、衣着、作息是否正常,携带物品与其身份是否相符。

(二)刻字业

1. 是否具备刻制公章的审批手续;

2. 有无非法刻制公章的情况。

(三)印刷业

1. 有无印刷非法出版物的情况;

2. 有无伪造、变造国家机关证件、货币、有价证券等情况;

3. 有无非法印制各类秘密文件、资料及党政机关信函的情况。

(四)旧货业

1. 有无非法收购生产性废旧金属的情况;

2. 有无收购禁止收购的物品的情况;

3. 有无收购公安机关通报寻查的赃物或者有赃物嫌疑物品的情况。

(五)机动车修理业、报废机动车回收业

1. 承修机动车或者回收报废机动车是否按规定如实登记;

2. 车辆发动机号码、车架号码有无改动痕迹,车辆其他部位有无明显的改动、破坏痕迹;

3. 有无公安机关查控的机动车辆;

4. 有无交通肇事逃逸嫌疑车辆及其他可疑情况。

(六)公共娱乐服务场所

1. 是否有卖淫嫖娼、赌博、吸贩毒品、组织淫秽表演等违法犯罪活动;

2. 娱乐项目是否有政治问题或者淫秽、色情内容,是否放映非法影片、影碟、录像。

(七)企事业单位

1. 夜间值守制度落实情况;

2. 财会室、危险品库房、档案室等重要部位安全防范制度、措施落实情况。

第八十条　日常检查应当制作检查记录,由检查的民警和被检查方共同签字。

第三节 集中清查

第八十一条 对治安问题突出的场所和区域应当适时进行集中清查,以发现违法犯罪嫌疑人员,震慑违法犯罪分子,预防、制止违法犯罪活动,维护社会治安秩序。

第八十二条 公安派出所民警进行集中清查时,应当做到:
(一)严格按照任务安排,积极协作配合;
(二)公秘结合,以公开查处为主;
(三)对发现的违法犯罪嫌疑人员和物品应当彻底调查。

第八十三条 集中清查中应当注意发现下列对象:
(一)被通缉、协查的犯罪嫌疑人、被告人、逃犯;
(二)无合法证件、无固定住所、无稳定经济来源的人员;
(三)随身携带或者藏匿枪支、弹药、爆炸物品、管制刀具、毒品等违禁品及其他可疑物品的人员;
(四)正在进行违法犯罪活动的人员。

第八章 特定勤务

第八十四条 特定勤务是指执行上级公安机关指派的专门任务,主要包括:
(一)警戒:在一定时间内,对特定地区实施的戒备措施。
(二)警卫:对特定人员或者特定场所实施的安全护卫措施。
(三)现场管制:在一定时间和区域内,对人员或者车辆实行强制管理。

第八十五条 执行特定勤务的民警着装及携带警械、武器等装备,应当按上级指令执行。

第八十六条 公安派出所民警执行特定勤务时,应当做到:
(一)全面了解工作特点,掌握工作要点;
(二)按时到达指定地点,严格工作交接制度,不得擅离岗位;
(三)沉着镇定,认真负责,保持高度戒备状态。

第九章 附 则

第八十七条 公安边防派出所和铁路、交通、民航、林业系统公安机关所属的公安派出所可以参照本规范执行。

第八十八条 本规范由公安部负责解释。

第八十九条 本规范自下发之日起施行。

公安机关督察条例实施办法

2001年1月2日公安部令第55号发布施行

第一章 总 则

第一条 为了保证督察工作的顺利进行,根据《公安机关督察条例》(以下简称《督察条例》),制定本办法。

第二条 督察工作的基本任务是保障和监督公安机关及其人民警察依法履行职责、行使职权和遵守纪律。

第三条 现场督察是指警务督察人员对公安机关及其人民警察在执法执勤活动中依法履行职责、行使职权和遵守纪律的情况进行的同步监督和检查。

第四条 督察人员必须坚持以事实为根据,以法律、法规为准绳,依法履行职责、行使职权。

第五条 各级公安机关及其人民警察应当自觉接受督察机构及其督察人员依法对其履行职责、行使职权和遵守纪律情况的监督。

第二章 督察机构和督察人员

第六条 公安部督察委员会领导全国公安机关的督察工作,警务督察局承担公安部督察委员会办事机构职能。

县级以上地方各级人民政府公安机关督察机构负责本级公安机关督察工作并领导下级公安机关的督察工作,对上一级公安机关督察机构和本级公安机关行政首长负责。

第七条 公安部督察委员会由督察长、副督察长和委员组成。

督察长、副督察长的人选由公安部部长提名,按照干部管理权限任免。

督察委员会委员的人选由督察长提名,报公安部部长批准。

第八条 公安部督察委员会行使下列职权:
(一)对公安部所属单位和下级公安机关及其人民警察依法履行职责、行使职权和遵守纪律的情况进行监督;
(二)审定全国公安机关警务督察工作的部署;
(三)发布有关公安机关警务督察工作的决定和命令;
(四)审议和批准警务督察工作年度计划和执行情况报告;
(五)定期听取警务督察局的工作汇报;
(六)应当由督察委员会行使的其他职权。

第九条 公安部督察委员会每季度召开一次工作会议,由督察长召集。必要时,督察长可以随时召开会议,部署警务督察工作。

第十条 公安部督察委员会每半年向公安部部长报告全国公安机关警务督察工作的情况。

对重大事项的督察情况随时向公安部部长报告。

第十一条 公安部警务督察局配备局长一名,副局长若干名,内设警务督察队与与督察工作相适应的处、室。

第十二条 公安部警务督察局的职责是:

(一)对公安部所属单位和下级公安机关及其人民警察依法履行职责、行使职权和遵守纪律的情况进行监督;

(二)指导和协调全国公安机关的督察工作;

(三)了解和掌握各级公安机关督察机构履行职责的情况;

(四)制定警务督察工作的有关制度;

(五)部署全国统一的专项督察任务,制订督察工作方案;

(六)组织、指导全国公安机关督察人员的教育和培训;

(七)协助本部人事部门做好对省、自治区、直辖市公安厅、局督察长、副督察长的管理工作;

(八)履行《督察条例》和公安部督察委员会赋予的其他职责。

第十三条 县级以上地方各级人民政府公安机关建立督察机构,其具体设置为:

省、自治区、直辖市公安厅、局配备督察长一名、副督察长二名,设警务督察处。

市(地、州、盟)公安局(处)配备督察长一名、副督察长二名,设警务督察室。

县(市、旗)公安局配备督察长一名,设警务督察队。

各级公安机关督察机构建立由专职人员组成的警务督察队。

第十四条 县级以上地方各级人民政府公安机关的督察长、副督察长在提请任免之前,必须征求上一级公安机关的意见。

第十五条 县级以上地方各级人民政府公安机关督察机构的职责是:

(一)负责本级公安机关督察工作并领导下级公安机关的督察工作;

(二)负责对本级公安机关所属单位和下级公安机关及其人民警察依法履行职责、行使职权和遵守纪律情况的监督;

(三)制定本地区督察工作的有关制度;

(四)组织、实施对本级公安机关和下级公安机关督察人员的培训和考核;

(五)协助人事部门做好对下一级公安机关督察长、副督察长的考察管理工作;

(六)办理上级公安机关督察机构和本级公安机关行政首长交办的督察事项;

(七)履行《督察条例》规定的其他职责。

第十六条 各级公安机关必须按照《督察条例》规定的条件选配专职督察人员。

各级公安机关督察机构应当按照有关规定组织督察人员进行专门培训,合格后才准于上岗。

第十七条 督察机构及其督察人员应当自觉接受公安机关及其人民警察和社会各界的监督,依法履行职责、行使职权。

督察人员违反本规定或在督察工作中违法违纪的,应当依照有关法律和纪律的规定追究责任。

第十八条 督察人员的勤务津贴参照交警、巡警等一线公安民警的标准执行。

第三章 现场督察的范围和方式

第十九条 督察机构依据《督察条例》第四条规定的事项进行现场督察。

第二十条 督察机构根据督察内容,可以采取随警督察、重点督察、专项督察等不同的督察方式。

第二十一条 督察机构在执行督察任务时,通常情况下应当按照立项、审批、实施和处理等程序进行,由督察机构领导审核批准。

对重大事项的督察,必须经本级行政首长批准,由督察长组织实施,必要时报上一级督察机构备案。

第二十二条 督察人员在执行现场督察任务时,不得少于二人。根据工作的需要,可以采取明察和暗访两种形式。

督察人员执行明察任务时,可以着警服或便装,同时必须佩带督察证件。进行暗访时,应当着便装,并严格按照批准的工作方案开展工作。

第二十三条 根据督察工作任务的需要,经警务督察队队长以上领导批准,督察人员可以模拟设置警情,实地了解被督察对象工作的真实情况。督察任务结束后,督察人员应当及时撤销所设警情。

未经批准,任何人不得擅自模拟设置警情。

第二十四条 在现场督察中,督察人员可以通过录音、摄影和摄像等手段,获取信息资料或证据。

必要时,督察机构可以邀请公安机关有关部门和专业人员配合督察工作。

第二十五条　被督察的单位应当根据督察人员的要求,提供与督察事项有关的文件、资料和情况,如实回答提出的问题。

督察人员有权对督察事项有关的资料进行查阅或者复制。

第二十六条　上级督察机构可以指令下级督察机构对专门事项进行督察,必要时,可以直接派员进行督察。

下级督察机构应当按照要求,认真、及时地完成交办事项的督察,并将督察结果报告上级督察机构。

第二十七条　两个以上督察机构都有权管辖的督察事项,由最初受理的公安机关督察机构办理。

对管辖权不明或发生争议的,由其共同的上级公安机关督察机构指定办理。

第二十八条　各级公安机关督察机构应当了解本级公安机关的重大警务活动部署,并且根据情况及时作出督察工作的安排。

第二十九条　督察机构可以根据警务督察工作的需要,组织有关业务部门共同进行现场督察。

第三十条　各级公安机关督察机构应当会同有关部门采取座谈、问卷调查等多种形式,每年定期、不定期地组织开展警务评议活动,广泛听取社会各界对公安机关及其人民警察履行职责、行使职权和遵守纪律情况的意见。

警务评议的结果应当及时向同级行政首长报告,并报上一级公安机关督察机构备案。

第三十一条　各级公安机关督察机构对群众的投诉,应当如实登记、认真核实,及时反馈。

经督察机构核查证实反映问题不实,造成一定后果的,应当予以澄清,消除不良影响。

对于不属于督察机构督察范围的,督察机构应立即转交有关部门处理,同时将情况反馈给检举人或控告人。

第四章　现场督察的权限和处理

第三十二条　督察人员在现场督察中发现公安机关的人民警察有下列违反警容风纪规定的行为,可以当场予以纠正:

(一)不按规定穿着制式警服的;

(二)警容不整的;

(三)穿着警服在公共场所举止不端,有失警察形象的;

(四)穿着警服在公共场所饮酒的;

(五)其他违反警容风纪规定的行为。

第三十三条　督察人员在现场督察中发现公安机关的人民警察有下列违反规定使用武器、警械的,可以当场予以扣留:

(一)无持枪证而携带武器的;

(二)违反规定携带武器、警械进入禁止区域、场所的;

(三)违反规定配枪或持有警械的;

(四)其他违反《枪支管理法》和《人民警察使用警械和武器条例》等法律、法规和规章规定的行为,必要时,可扣留其佩带的武器、警械。

第三十四条　督察人员在现场督察中发现公安机关及其人民警察有下列违反规定使用警用车辆和警用标志的,可以当场予以扣留:

(一)不按规定使用警车,滥用警灯、警报器,不按规定携带警车牌证或者挪用、转借警车牌证的;

(二)私自喷涂警车外观标志,安装警灯、警报器以及伪造、涂改警车牌证的;

(三)违反规定购买并使用不合格的警衔标志、警服专用标志的;

(四)佩带与授予的警衔不相符的警衔标志的;

(五)转借或者赠予非警务人员警服或者警察专用标志的;

(六)其他违反《警车管理规定》以及警察专用标志等方面的法律、法规和规章规定的行为,必要时,可以扣留其使用的警车及标志。

第三十五条　督察人员在现场督察中发现人民警察有违反《中华人民共和国人民警察法》第三十六条规定的,可以当场予以扣留,并及时移交有关部门处理。

第三十六条　督察人员在现场督察中扣留的违法使用的武器、警械、警用车辆和警用标志,应当分别填写现场处置记录和统一印制的扣留凭据。

第三十七条　督察人员在现场督察中发现人民警察有下列行为之一的,必要时,可以带离现场:

(一)正在发生的、在社会上造成恶劣影响的严重违法违纪行为;

(二)拒绝、阻碍督察人员执行现场督察工作任务的。

对严重违法违纪的公安机关的人民警察,督察人员应当按照规定填写《公安督察通知书》,及时将督察情况通知违纪民警所在单位。

对不属于管辖范围的人民警察,被带离后,应当及时通知其所在单位。

第三十八条　督察机构发现公安机关及其人民警察执行法律、法规不当或不履行法定职责时,应当予以纠正;对超越人民警察法定职责的行为,应当予以制止。

第三十九条　对本级公安机关所属单位和下级公安机关拒不执行法律、法规和上级决定、命令的,督察机构可以责令执行。

第四十条　督察机构发现本级公安机关的决定和命令与上级公安机关不相符的,应当及时向本级公安机关行政首长提出,同时报告上级公安机关督察机构。

第四十一条　上级督察机构发现下级督察机构对督察事项处理不适当的,可以提出重新处理的建议。必要时,可以责令下级督察机构停止执行,并予以撤销或者变更。

第四十二条　督察机构对违反纪律的公安机关的人民警察需要采取停止执行职务、禁闭措施的,按照《公安机关实施停止执行职务和禁闭措施的规定》办理。

第四十三条　督察机构在督察工作中发现公安机关的人民警察违反纪律,认为需要给予行政处分或者降低警衔、取消警衔的,可以向有关部门提出建议。

第四十四条　督察机构在督察工作中发现公安机关的人民警察涉嫌犯罪的,移交司法机关依法处理。

第四十五条　督察机构在现场督察中遇到公安机关及其人民警察违法违纪或失职行为的重大情况,应当立即报告。对需要采取紧急措施的案件、事件和事故,应当进行先期处置。

对需要查处的案件、事件和事故,应当及时移交公安机关主管部门处理。

第四十六条　公安机关及其人民警察对督察机构作出的督察决定或提出的督察建议,应当在规定的时间内以书面形式向督察机构反馈落实情况。

第四十七条　公安机关及其人民警察对督察机构作出的决定不服的,可在接到督察决定书之日起三日内提出申请,督察机构应当在十日内作出复核决定。

对复核决定仍不服的,可以在收到复核决定书之日起五日内向上一级公安机关督察机构提出申诉,上级督察机构应当在一个月内予以答复。

申请、申诉期间督察决定不停止执行。但是经过上级督察机构复核认为原督察决定确属不当或错误的,作出督察决定的机构应当立即变更或撤销,并在适当范围内消除影响。

第四十八条　公安机关及其人民警察违反本办法,有下列行为之一的,追究单位或者个人的纪律责任:

（一）拒绝督察机构及其督察人员依法进行督察的;

（二）隐瞒事实真相,伪造或者隐匿、毁灭证据的;

（三）包庇违法违纪人员的;

（四）拒不执行督察决定、命令或者无正当理由拒不采纳督察建议的;

（五）打击、报复检举、控告人和督察人员的;

（六）其他妨碍督察工作正常进行的。

第五章　附　则

第四十九条　各级公安机关必须保障督察工作所必需的经费,配备必要的交通、通讯工具及其他设备。

第五十条　铁道部、交通部、民航总局公安局、国家林业局森林公安局和海关总署走私犯罪侦查局建立督察机构,负责本系统的警务督察工作。

公安部直属的出入境边防检查总站建立督察机构,负责本单位及其各分站的警务督察工作。

第五十一条　公安边防、消防和警卫部队除执行《中国人民解放军警备条令》的有关规定外,其警务督察工作依照本实施办法由公安部督察委员会统一领导。

第五十二条　各省、自治区、直辖市公安厅、局督察机构负责管辖范围内的公安边防、消防、警卫部队的警务督察工作,并结合本地实际情况,制定具体实施办法。

第五十三条　本实施办法自发布之日起施行。

最高人民法院关于适用《中华人民共和国国家赔偿法》若干问题的解释(一)

1. 2011年2月14日最高人民法院审判委员会第1511次会议通过
2. 2011年2月28日公布
3. 法释〔2011〕4号
4. 自2011年3月18日起施行

为正确适用2010年4月29日第十一届全国人民代表大会常务委员会第十四次会议修正的《中华人民共和国国家赔偿法》,对人民法院处理国家赔偿案件中适用国家赔偿法的有关问题解释如下:

第一条　国家机关及其工作人员行使职权侵犯公民、法人和其他组织合法权益的行为发生在2010年12月1日以后,或者发生在2010年12月1日以前、持续至2010年12月1日以后的,适用修正的国家赔偿法。

第二条　国家机关及其工作人员行使职权侵犯公民、法人和其他组织合法权益的行为发生在2010年12月1日以前的,适用修正前的国家赔偿法,但有下列情形之一的,适用修正的国家赔偿法:

（一）2010年12月1日以前已经受理赔偿请求人的赔偿请求但尚未作出生效赔偿决定的;

（二）赔偿请求人在2010年12月1日以后提出赔偿请求的。

第三条　人民法院对2010年12月1日以前已经受理但尚未审结的国家赔偿确认案件,应当继续审理。

第四条　公民、法人和其他组织对行使侦查、检察、审判职权的机关以及看守所、监狱管理机关在2010年12月1日以前作出并已发生法律效力的不予确认职务行为违法的法律文书不服,未依据修正前的国家赔偿法规定提出申诉并经有权机关作出侵权确认结论,直接向人民法院赔偿委员会申请赔偿的,不予受理。

第五条　公民、法人和其他组织对在2010年12月1日以前发生法律效力的赔偿决定不服提出申诉的,人民法院审查处理时适用修正前的国家赔偿法;但是仅就修正的国家赔偿法增加的赔偿项目及标准提出申诉的,人民法院不予受理。

第六条　人民法院审查发现2010年12月1日以前发生法律效力的确认裁定、赔偿决定确有错误应当重新审查处理的,适用修正前的国家赔偿法。

第七条　赔偿请求人认为行使侦查、检察、审判职权的机关以及看守所、监狱管理机关及其工作人员在行使职权时有修正的国家赔偿法第十七条第（一）、（二）、（三）项、第十八条规定情形的,应当在刑事诉讼程序终结后提出赔偿请求,但下列情形除外:

（一）赔偿请求人有证据证明其与尚未终结的刑事案件无关的;

（二）刑事案件被害人依据刑事诉讼法第一百九十八条的规定,以财产未返还或者认为返还的财产受到损害而要求赔偿的。

第八条　赔偿请求人认为人民法院有修正的国家赔偿法第三十八条规定情形的,应当在民事、行政诉讼程序或者执行程序终结后提出赔偿请求,但人民法院已依法撤销对妨害诉讼采取的强制措施的情形除外。

第九条　赔偿请求人或者赔偿义务机关认为人民法院赔偿委员会作出的赔偿决定存在错误,依法向上一级人民法院赔偿委员会提出申诉的,不停止赔偿决定的执行;但人民法院赔偿委员会依据修正的国家赔偿法第三十条的规定决定重新审查的,可以决定中止原赔偿决定的执行。

第十条　人民检察院依据修正的国家赔偿法第三十条第三款的规定,对人民法院赔偿委员会在2010年12月1日以后作出的赔偿决定提出意见的,同级人民法院赔偿委员会应当决定重新审查,并可以决定中止原赔偿决定的执行。

第十一条　本解释自公布之日起施行。

最高人民法院关于行政机关工作人员执行职务致人伤亡构成犯罪的赔偿诉讼程序问题的批复

1. 2002年8月5日最高人民法院审判委员会第1236次会议通过
2. 2002年8月23日公布
3. 法释〔2002〕28号
4. 自2002年8月30日起施行

山东省高级人民法院:

你院鲁高法函〔1998〕132号《关于对行政机关工作人员执行职务时致人伤、亡,法院以刑事附带民事判决赔偿损失后,受害人或其亲属能否再提起行政赔偿诉讼的请示》收悉。经研究,答复如下:

一、行政机关工作人员在执行职务中致人伤、亡已构成犯罪,受害人或其亲属提起刑事附带民事赔偿诉讼的,人民法院对民事赔偿诉讼请求不予受理。但应当告知其可以依据《中华人民共和国国家赔偿法》的有关规定向人民法院提起行政赔偿诉讼。

二、本批复公布以前发生的此类案件,人民法院已作刑事附带民事赔偿处理,受害人或其亲属再提起行政赔偿诉讼的,人民法院不予受理。

此复

附录一

《中华人民共和国治安管理处罚法》新旧条文对照表
(条文中**黑体字**部分为修改或新增内容;"~~删除线~~"为删除内容)

2012 年《中华人民共和国治安管理处罚法》	2025 年《中华人民共和国治安管理处罚法》
目　　录 第一章　总　　则 第二章　处罚的种类和适用 第三章　违反治安管理的行为和处罚 　第一节　扰乱公共秩序的行为和处罚 　第二节　妨害公共安全的行为和处罚 　第三节　侵犯人身权利、财产权利的行为和处罚 　第四节　妨害社会管理的行为和处罚 第四章　处罚程序 　第一节　调　　查 　第二节　决　　定 　第三节　执　　行 第五章　执法监督 第六章　附　　则	目　　录 第一章　总　　则 第二章　处罚的种类和适用 第三章　违反治安管理的行为和处罚 　第一节　扰乱公共秩序的行为和处罚 　第二节　妨害公共安全的行为和处罚 　第三节　侵犯人身权利、财产权利的行为和处罚 　第四节　妨害社会管理的行为和处罚 第四章　处罚程序 　第一节　调　　查 　第二节　决　　定 　第三节　执　　行 第五章　执法监督 第六章　附　　则
第一章　总　　则	第一章　总　　则
第一条　为维护社会治安秩序,保障公共安全,保护公民、法人和其他组织的合法权益,规范和保障公安机关及其人民警察依法履行治安管理职责,制定本法。	第一条　为**了**维护社会治安秩序,保障公共安全,保护公民、法人和其他组织的合法权益,规范和保障公安机关及其人民警察依法履行治安管理职责,**根据宪法**,制定本法。
第六条　各级人民政府应当加强社会治安综合治理,采取有效措施,化解社会矛盾,增进社会和谐,维护社会稳定。	**第二条　治安管理工作坚持中国共产党的领导,坚持综合治理。** 　　各级人民政府应当加强社会治安综合治理,采取有效措施,**预防和**化解社会矛盾**纠纷**,增进社会和谐,维护社会稳定。
第二条　扰乱公共秩序,妨害公共安全,侵犯人身权利、财产权利,妨害社会管理,具有社会危害性,依照《中华人民共和国刑法》的规定构成犯罪的,依法追究刑事责任;尚不够刑事处罚的,由公安机关依照本法给予治安管理处罚。	**第三条**　扰乱公共秩序,妨害公共安全,侵犯人身权利、财产权利,妨害社会管理,具有社会危害性,依照《中华人民共和国刑法》的规定构成犯罪的,依法追究刑事责任;尚不够刑事处罚的,由公安机关依照本法给予治安管理处罚。

续表

2012 年《中华人民共和国治安管理处罚法》	2025 年《中华人民共和国治安管理处罚法》
第三条　治安管理处罚的程序,适用本法的规定;本法没有规定的,适用《中华人民共和国行政处罚法》的有关规定。	第四条　治安管理处罚的程序,适用本法的规定;本法没有规定的,适用《中华人民共和国行政处罚法》、《中华人民共和国行政强制法》的有关规定。
第四条　在中华人民共和国领域内发生的违反治安管理行为,除法律有特别规定的外,适用本法。 在中华人民共和国船舶和航空器内发生的违反治安管理行为,除法律有特别规定的外,适用本法。	第五条　在中华人民共和国领域内发生的违反治安管理行为,除法律有特别规定的外,适用本法。 在中华人民共和国船舶和航空器内发生的违反治安管理行为,除法律有特别规定的外,适用本法。 **在外国船舶和航空器内发生的违反治安管理行为,依照中华人民共和国缔结或者参加的国际条约,中华人民共和国行使管辖权的,适用本法。**
第五条　治安管理处罚必须以事实为依据,与违反治安管理行为的性质、情节以及社会危害程度相当。 实施治安管理处罚,应当公开、公正,尊重和保障人权,保护公民的人格尊严。 办理治安案件应当坚持教育与处罚相结合的原则。	第六条　治安管理处罚必须以事实为依据,与违反治安管理的**事实**、性质、情节以及社会危害程度相当。 实施治安管理处罚,应当公开、公正,尊重和保障人权,保护公民的人格尊严。 办理治安案件应当坚持教育与处罚相结合的原则,**充分释法说理,教育公民、法人或者其他组织自觉守法。**
第七条　国务院公安部门负责全国的治安管理工作。县级以上地方各级人民政府公安机关负责本行政区域内的治安管理工作。 治安案件的管辖由国务院公安部门规定。	第七条　国务院公安部门负责全国的治安管理工作。县级以上地方各级人民政府公安机关负责本行政区域内的治安管理工作。 治安案件的管辖由国务院公安部门规定。
第八条　违反治安管理的行为对他人造成损害的,行为人或者其监护人应当依法承担民事责任。	第八条　违反治安管理行为对他人造成损害的,**除依照本法给予治安管理处罚外**,行为人或者其监护人还应当依法承担民事责任。 **违反治安管理行为构成犯罪,应当依法追究刑事责任的,不得以治安管理处罚代替刑事处罚。**
第九条　对于因民间纠纷引起的打架斗殴或者损毁他人财物等违反治安管理行为,情节较轻的,公安机关可以调解处理。经公安机关调解,当事人达成协议的,不予处罚。经调解未达成协议或者达成协议后不履行的,公安机关应当依照本法的规定对违反治安管理行为人**给予处罚**,并告知当事人可以就民事争议依法向人民法院提起民事诉讼。	第九条　对于因民间纠纷引起的打架斗殴或者损毁他人财物等违反治安管理行为,情节较轻的,公安机关可以调解处理。 **调解处理治安案件,应当查明事实,并遵循合法、公正、自愿、及时的原则,注重教育和疏导,促进化解矛盾纠纷。** 经公安机关调解,当事人达成协议的,不予处罚。经调解未达成协议或者达成协议后不履行的,公安机关应当依照本法的规定对违反治安管理行为**作出处理**,并告知当事人可以就民事争议依法向人民法院提起民事诉讼。

续表

2012年《中华人民共和国治安管理处罚法》	2025年《中华人民共和国治安管理处罚法》
	对属于第一款规定的调解范围的治安案件,公安机关作出处理决定前,当事人自行和解或者经人民调解委员会调解达成协议并履行,书面申请经公安机关认可的,不予处罚。
第二章　处罚的种类和适用	第二章　处罚的种类和适用
第十条　治安管理处罚的种类分为： (一)警告； (二)罚款； (三)行政拘留； (四)吊销公安机关发放的许可证。 对违反治安管理的外国人,可以附加适用限期出境或者驱逐出境。	第十条　治安管理处罚的种类分为： (一)警告； (二)罚款； (三)行政拘留； (四)吊销公安机关发放的许可证**件**。 对违反治安管理的外国人,可以附加适用限期出境或者驱逐出境。
第十一条　办理治安案件所查获的毒品、淫秽物品等违禁品,赌具、赌资、吸食、注射毒品的用具以及直接用于实施违反治安管理行为的本人所有的工具,应当收缴,按照规定处理。 违反治安管理所得的财物,追缴退还被侵害人；没有被侵害人的,登记造册,公开拍卖或者按照国家有关规定处理,所得款项上缴国库。	第十一条　办理治安案件所查获的毒品、淫秽物品等违禁品,赌具、赌资、吸食、注射毒品的用具以及直接用于实施违反治安管理行为的本人所有的工具,应当收缴,按照规定处理。 违反治安管理所得的财物,追缴退还被侵害人；没有被侵害人的,登记造册,公开拍卖或者按照国家有关规定处理,所得款项上缴国库。
第十二条　已满十四周岁不满十八周岁的人违反治安管理的,从轻或者减轻处罚；不满十四周岁的人违反治安管理的,不予处罚,但是应当责令其监护人严加管教。	第十二条　已满十四周岁不满十八周岁的人违反治安管理的,从轻或者减轻处罚；不满十四周岁的人违反治安管理的,不予处罚,但是应当责令其监护人严加管教。
第十三条　精神病人在不能辨认或者不能控制自己行为的时候违反治安管理的,不予处罚,但是应当责令其监护人**严加看管**和治疗。间歇性的精神病人在精神正常的时候违反治安管理的,应当给予处罚。	第十三条　精神病人、**智力残疾人**在不能辨认或者不能控制自己行为的时候违反治安管理的,不予处罚,但是应当责令其监护人**加强看护管理**和治疗。间歇性的精神病人在精神正常的时候违反治安管理的,应当给予处罚。**尚未完全丧失辨认或者控制自己行为能力的精神病人、智力残疾人违反治安管理的,应当给予处罚,但是可以从轻或者减轻处罚。**
第十四条　盲人或者又聋又哑的人违反治安管理的,可以从轻、减轻或者不予处罚。	第十四条　盲人或者又聋又哑的人违反治安管理的,可以从轻、减轻或者不予处罚。

续表

2012 年《中华人民共和国治安管理处罚法》	2025 年《中华人民共和国治安管理处罚法》
第十五条 醉酒的人违反治安管理的,应当给予处罚。 醉酒的人在醉酒状态中,对本人有危险或者对他人的人身、财产或者公共安全有威胁的,应当对其采取保护性措施约束至酒醒。	第十五条 醉酒的人违反治安管理的,应当给予处罚。 醉酒的人在醉酒状态中,对本人有危险或者对他人的人身、财产或者公共安全有威胁的,应当对其采取保护性措施约束至酒醒。
第十六条 有两种以上违反治安管理行为的,分别决定,合并执行。行政拘留处罚合并执行的,最长不超过二十日。	第十六条 有两种以上违反治安管理行为的,分别决定,合并执行**处罚**。行政拘留处罚合并执行的,最长不超过二十日。
第十七条 共同违反治安管理的,根据违反治安管理行为人在违反治安管理行为中所起的作用,分别处罚。 教唆、胁迫、诱骗他人违反治安管理的,按照其教唆、胁迫、诱骗的行为处罚。	第十七条 共同违反治安管理的,根据行为人在违反治安管理行为中所起的作用,分别处罚。 教唆、胁迫、诱骗他人违反治安管理的,按照其教唆、胁迫、诱骗的行为处罚。
第十八条 单位违反治安管理的,对其直接负责的主管人员和其他直接责任人员依照本法的规定处罚。其他法律、行政法规对同一行为规定给予单位处罚的,依照其规定处罚。	第十八条 单位违反治安管理的,对其直接负责的主管人员和其他直接责任人员依照本法的规定处罚。其他法律、行政法规对同一行为规定给予单位处罚的,依照其规定处罚。
无	第十九条 为了免受正在进行的不法侵害而采取的制止行为,造成损害的,不属于违反治安管理行为,不受处罚;制止行为明显超过必要限度,造成较大损害的,依法给予处罚,但是应当减轻处罚;情节较轻的,不予处罚。
第十九条 违反治安管理有下列情形之一的,减轻处罚或者不予处罚: (一)情节特别轻微的; (二)主动消除或者减轻违法后果,并取得被侵害人谅解的; (三)出于他人胁迫或者诱骗的; (四)主动投案,向公安机关如实陈述自己的违法行为的; (五)有立功表现的。	第二十条 违反治安管理有下列情形之一的,从轻、减轻或者不予处罚: (一)情节轻微的; (二)主动消除或者减轻违法后果的; (三)取得被侵害人谅解的; (四)出于他人胁迫或者诱骗的; (五)主动投案,向公安机关如实陈述自己的违法行为的; (六)有立功表现的。
无	第二十一条 违反治安管理行为人自愿向公安机关如实陈述自己的违法行为,承认违法事实,愿意接受处罚的,可以依法从宽处理。

续表

2012 年《中华人民共和国治安管理处罚法》	2025 年《中华人民共和国治安管理处罚法》
第二十条 违反治安管理有下列情形之一的,从重处罚: (一)有较严重后果的; (二)教唆、胁迫、诱骗他人违反治安管理的; (三)对报案人、控告人、举报人、证人打击报复的; (四)六个月内曾受过治安管理处罚的。	**第二十二条** 违反治安管理有下列情形之一的,从重处罚: (一)有较严重后果的; (二)教唆、胁迫、诱骗他人违反治安管理的; (三)对报案人、控告人、举报人、证人打击报复的; (四)**一年以内**曾受过治安管理处罚的。
第二十一条 违反治安管理行为人有下列情形之一,依照本法应当给予行政拘留处罚的,不执行行政拘留处罚: (一)已满十四周岁不满十六周岁的; (二)已满十六周岁不满十八周岁,初次违反治安管理的; (三)七十周岁以上的; (四)怀孕或者哺乳自己不满一周岁婴儿的。	**第二十三条** 违反治安管理行为人有下列情形之一,依照本法应当给予行政拘留处罚的,不执行行政拘留处罚: (一)已满十四周岁不满十六周岁的; (二)已满十六周岁不满十八周岁,初次违反治安管理的; (三)七十周岁以上的; (四)怀孕或者哺乳自己不满一周岁婴儿的。 **前款第一项、第二项、第三项规定的行为人违反治安管理情节严重、影响恶劣的,或者第一项、第三项规定的行为人在一年以内二次以上违反治安管理的,不受前款规定的限制。**
无	**第二十四条** 对依照本法第十二条规定不予处罚或者依照本法第二十三条规定不执行行政拘留处罚的未成年人,公安机关依照《中华人民共和国预防未成年人犯罪法》的规定采取相应矫治教育等措施。
第二十二条 违反治安管理行为在六个月内没有被公安机关发现的,不再处罚。 前款规定的期限,从违反治安管理行为发生之日起计算;违反治安管理行为有连续或者继续状态的,从行为终了之日起计算。	**第二十五条** 违反治安管理行为在六个月**以内**没有被公安机关发现的,不再处罚。 前款规定的期限,从违反治安管理行为发生之日起计算;违反治安管理行为有连续或者继续状态的,从行为终了之日起计算。
第三章 违反治安管理的行为和处罚 第一节 扰乱公共秩序的行为和处罚	**第三章 违反治安管理的行为和处罚** 第一节 扰乱公共秩序的行为和处罚
第二十三条 有下列行为之一的,处警告或者**二百元**以下罚款;情节较重的,处五日以上十日以下拘留,可以并处**五百元**以下罚款: (一)扰乱机关、团体、企业、事业单位秩序,致使工作、生产、营业、医疗、教学、科研不能正常进行,尚未造成严重损失的; (二)扰乱车站、港口、码头、机场、商场、公园、展览	**第二十六条** 有下列行为之一的,处警告或者**五百元**以下罚款;情节较重的,处五日以上十日以下拘留,可以并处**一千元**以下罚款: (一)扰乱机关、团体、企业、事业单位秩序,致使工作、生产、营业、医疗、教学、科研不能正常进行,尚未造成严重损失的; (二)扰乱车站、港口、码头、机场、商场、公园、展览

续表

2012年《中华人民共和国治安管理处罚法》	2025年《中华人民共和国治安管理处罚法》
馆或者其他公共场所秩序的； （三）扰乱公共汽车、电车、火车、船舶、航空器或者其他公共交通工具上的秩序的； （四）非法拦截或者强登、扒乘机动车、船舶、航空器以及其他交通工具，影响交通工具正常行驶的； （五）破坏依法进行的选举秩序的。 聚众实施前款行为的，对首要分子处十日以上十五日以下拘留，可以并处**一千元**以下罚款。	馆或者其他公共场所秩序的； （三）扰乱公共汽车、电车、**城市轨道交通车辆**、火车、船舶、航空器或者其他公共交通工具上的秩序的； （四）非法拦截或者强登、扒乘机动车、船舶、航空器以及其他交通工具，影响交通工具正常行驶的； （五）破坏依法进行的选举秩序的。 聚众实施前款行为的，对首要分子处十日以上十五日以下拘留，可以并处**二千元**以下罚款。
无	**第二十七条** 在法律、行政法规规定的国家考试中，有下列行为之一，扰乱考试秩序的，处违法所得一倍以上五倍以下罚款，没有违法所得或者违法所得不足一千元的，处一千元以上三千元以下罚款；情节较重的，处五日以上十五日以下拘留： （一）组织作弊的； （二）为他人组织作弊提供作弊器材或者其他帮助的； （三）为实施考试作弊行为，向他人非法出售、提供考试试题、答案的； （四）代替他人或者让他人代替自己参加考试的。
第二十四条 有下列行为之一，扰乱**文化**、**体育**等大型群众性活动秩序的，处警告或者**二百元**以下罚款；情节严重的，处五日以上十日以下拘留，可以并处**五百元**以下罚款： （一）强行进入场内的； （二）违反规定，在场内燃放烟花爆竹或者其他物品的； （三）展示侮辱性标语、条幅等物品的； （四）围攻裁判员、运动员或者其他工作人员的； （五）向场内投掷杂物，不听制止的； （六）扰乱大型群众性活动秩序的其他行为。 因扰乱体育比赛秩序被处以拘留处罚的，可以同时责令其**十二个月内**不得进入体育场馆观看同类比赛；违反规定进入体育场馆的，强行带离现场。	**第二十八条** 有下列行为之一，扰乱**体育**、**文化**等大型群众性活动秩序的，处警告或者**五百元**以下罚款；情节严重的，处五日以上十日以下拘留，可以并处**一千元**以下罚款： （一）强行进入场内的； （二）违反规定，在场内燃放烟花爆竹或者其他物品的； （三）展示侮辱性标语、条幅等物品的； （四）围攻裁判员、运动员或者其他工作人员的； （五）向场内投掷杂物，不听制止的； （六）扰乱大型群众性活动秩序的其他行为。 因扰乱体育比赛、**文艺演出活动**秩序被处以拘留处罚的，可以同时责令其**六个月至一年以内**不得进入体育场馆、**演出场馆**观看同类比赛、**演出**；违反规定进入体育场馆、**演出场馆**的，强行带离现场，**可以处五日以下拘留或者一千元以下罚款**。

续表

2012年《中华人民共和国治安管理处罚法》	2025年《中华人民共和国治安管理处罚法》
第二十五条　有下列行为之一的,处五日以上十日以下拘留,可以并处**五百元**以下罚款;情节较轻的,处五日以下拘留或者**五百元**以下罚款: (一)散布谣言,谎报险情、疫情、警情或者以其他方法故意扰乱公共秩序的; (二)投放虚假的爆炸性、毒害性、放射性、腐蚀性物质或者传染病病原体等危险物质扰乱公共秩序的; (三)扬言实施放火、爆炸、投放危险物质扰乱公共秩序的。	第二十九条　有下列行为之一的,处五日以上十日以下拘留,可以并处**一千元**以下罚款;情节较轻的,处五日以下拘留或者**一千元**以下罚款: (一)**故意**散布谣言,谎报险情、疫情、**灾情**、警情或者以其他方法故意扰乱公共秩序的; (二)投放虚假的爆炸性、毒害性、放射性、腐蚀性物质或者传染病病原体等危险物质扰乱公共秩序的; (三)扬言实施放火、爆炸、投放危险物质**等危害公共安全犯罪行为**扰乱公共秩序的。
第二十六条　有下列行为之一的,处五日以上十日以下拘留,**可以并处五百元**以下罚款;情节较重的,处十日以上十五日以下拘留,可以并处**一千元**以下罚款: (一)结伙斗殴的; (二)追逐、拦截他人的; (三)强拿硬要或者任意损毁、占用公私财物的; (四)其他寻衅滋事行为。	第三十条　有下列行为之一的,处五日以上十日以下拘留**或者一千元**以下罚款;情节较重的,处十日以上十五日以下拘留,可以并处**二千元**以下罚款: (一)结伙斗殴**或者随意殴打他人**的; (二)追逐、拦截他人的; (三)强拿硬要或者任意损毁、占用公私财物的; (四)其他**无故侵扰他人、扰乱社会秩序**的寻衅滋事行为。
第二十七条　有下列行为之一的,处十日以上十五日以下拘留,可以并处**一千元**以下罚款;情节较轻的,处五日以上十日以下拘留,可以并处**五百元**以下罚款: (一)组织、教唆、胁迫、诱骗、煽动他人从事邪教、会道门活动或者利用邪教、会道门、迷信活动,扰乱社会秩序、损害他人身体健康的; (二)冒用宗教、气功名义进行扰乱社会秩序、损害他人身体健康活动的。	第三十一条　有下列行为之一的,处十日以上十五日以下拘留,可以并处**二千元**以下罚款;情节较轻的,处五日以上十日以下拘留,可以并处**一千元**以下罚款: (一)组织、教唆、胁迫、诱骗、煽动他人从事邪教**活动**、会道门活动、**非法的宗教活动**或者利用邪教**组织**、会道门、迷信活动,扰乱社会秩序、损害他人身体健康的; (二)冒用宗教、气功名义进行扰乱社会秩序、损害他人身体健康活动的; (三)**制作、传播宣扬邪教、会道门内容的物品、信息、资料的**。
第二十八条　违反国家规定,故意干扰无线电业务正常进行的,**或者**对正常运行的无线电台(站)产生有害干扰,经有关主管部门指出后,拒不采取有效措施消除的,处五日以上十日以下拘留;情节严重的,处十日以上十五日以下拘留。	第三十二条　违反国家规定,**有下列行为之一的**,处五日以上十日以下拘留;情节严重的,处十日以上十五日以下拘留: (一)故意干扰无线电业务正常进行的; (二)对正常运行的无线电台(站)产生有害干扰,经有关主管部门指出后,拒不采取有效措施消除的; (三)未经批准设置无线电广播电台、通信基站等无线电台(站)的,或者非法使用、占用无线电频率,从事违法活动的。

续表

2012年《中华人民共和国治安管理处罚法》	2025年《中华人民共和国治安管理处罚法》
第二十九条　有下列行为之一的,处五日以下拘留;情节较重的,处五日以上十日以下拘留: (一)违反国家规定,侵入计算机信息系统,造成危害的; (二)违反国家规定,对计算机信息系统功能进行删除、修改、增加、干扰,造成计算机信息系统不能正常运行的; (三)违反国家规定,对计算机信息系统中存储、处理、传输的数据和应用程序进行删除、修改、增加的; (四)故意制作、传播计算机病毒等破坏性程序,影响计算机信息系统正常运行的。	第三十三条　有下列行为之一,**造成危害的**,处五日以下拘留;情节较重的,处五日以上**十五**日以下拘留: (一)违反国家规定,侵入计算机信息系统**或者采用其他技术手段,获取计算机信息系统中存储、处理或者传输的数据,或者对计算机信息系统实施非法控制的**; (二)违反国家规定,对计算机信息系统功能进行删除、修改、增加、干扰的; (三)违反国家规定,对计算机信息系统中存储、处理、传输的数据和应用程序进行删除、修改、增加的; (四)故意制作、传播计算机病毒等破坏性程序的; (五)提供专门用于侵入、非法控制计算机信息系统的程序、工具,或者明知他人实施侵入、非法控制计算机信息系统的违法犯罪行为而为其提供程序、工具的。
无	第三十四条　组织、领导传销活动的,处十日以上十五日以下拘留;情节较轻的,处五日以上十日以下拘留。 胁迫、诱骗他人参加传销活动的,处五日以上十日以下拘留;情节较重的,处十日以上十五日以下拘留。
无	第三十五条　有下列行为之一的,处五日以上十日以下拘留或者一千元以上三千元以下罚款;情节较重的,处十日以上十五日以下拘留,可以并处五千元以下罚款: (一)在国家举行庆祝、纪念、缅怀、公祭等重要活动的场所及周边管控区域,故意从事与活动主题和氛围相违背的行为,不听劝阻,造成不良社会影响的; (二)在英雄烈士纪念设施保护范围内从事有损纪念英雄烈士环境和氛围的活动,不听劝阻的,或者侵占、破坏、污损英雄烈士纪念设施的; (三)以侮辱、诽谤或者其他方式侵害英雄烈士的姓名、肖像、名誉、荣誉,损害社会公共利益的; (四)亵渎、否定英雄烈士事迹和精神,或者制作、传播、散布宣扬、美化侵略战争、侵略行为的言论或者图片、音视频等物品,扰乱公共秩序的; (五)在公共场所或者强制他人在公共场所穿着、佩戴宣扬、美化侵略战争、侵略行为的服饰、标志,不听劝阻,造成不良社会影响的。

续表

2012 年《中华人民共和国治安管理处罚法》	2025 年《中华人民共和国治安管理处罚法》
第二节　妨害公共安全的行为和处罚	第二节　妨害公共安全的行为和处罚
第三十条　违反国家规定,制造、买卖、储存、运输、邮寄、携带、使用、提供、处置爆炸性、毒害性、放射性、腐蚀性物质或者传染病病原体等危险物质的,处十日以上十五日以下拘留;情节较轻的,处五日以上十日以下拘留。	第三十六条　违反国家规定,制造、买卖、储存、运输、邮寄、携带、使用、提供、处置爆炸性、毒害性、放射性、腐蚀性物质或者传染病病原体等危险物质的,处十日以上十五日以下拘留;情节较轻的,处五日以上十日以下拘留。
第三十一条　爆炸性、毒害性、放射性、腐蚀性物质或者传染病病原体等危险物质被盗、被抢或者丢失,未按规定报告的,处五日以下拘留;故意隐瞒不报的,处五日以上十日以下拘留。	第三十七条　爆炸性、毒害性、放射性、腐蚀性物质或者传染病病原体等危险物质被盗、被抢或者丢失,未按规定报告的,处五日以下拘留;故意隐瞒不报的,处五日以上十日以下拘留。
第三十二条　非法携带枪支、弹药或者弩、匕首等国家规定的管制器具的,处五日以下拘留,可以并处五百元以下罚款;情节较轻的,处警告或者二百元以下罚款。 非法携带枪支、弹药或者弩、匕首等国家规定的管制器具进入公共场所或者公共交通工具的,处五日以上十日以下拘留,可以并处五百元以下罚款。	第三十八条　非法携带枪支、弹药或者弩、匕首等国家规定的管制器具的,处五日以下拘留,可以并处**一千元**以下罚款;情节较轻的,处警告或者**五百元**以下罚款。 非法携带枪支、弹药或者弩、匕首等国家规定的管制器具进入公共场所或者公共交通工具的,处五日以上十日以下拘留,可以并处**一千元**以下罚款。
第三十三条　有下列行为之一的,处十日以上十五日以下拘留: (一)盗窃、损毁油气管道设施、电力电信设施、广播电视设施、水利防汛工程设施或者水文监测、测量、气象测报、环境监测、地质监测、地震监测等公共设施的; (二)移动、损毁国家边境的界碑、界桩以及其他边境标志、边境设施或者领土、领海标志设施的; (三)非法进行影响国(边)界线走向的活动或者修建有碍国(边)境管理的设施的。	第三十九条　有下列行为之一的,处十日以上十五日以下拘留;**情节较轻的,处五日以下拘留:** (一)盗窃、损毁油气管道设施、电力电信设施、广播电视设施、水利工程设施、**公共供水设施、公路及附属设施**或者水文监测、测量、气象测报、**生态环境监测**、地质监测、地震监测等公共设施,**危及公共安全**的; (二)移动、损毁国家边境的界碑、界桩以及其他边境标志、边境设施或者领土、领海**基点**标志设施的; (三)非法进行影响国(边)界线走向的活动或者修建有碍国(边)境管理的设施的。
第三十四条　盗窃、损坏、擅自移动使用中的航空设施,或者强行进入航空器驾驶舱的,处十日以上十五日以下拘留。 在使用中的航空器上使用可能影响导航系统正常功能的器具、工具,不听劝阻的,处五日以下拘留或者五百元以下罚款。	第四十条　盗窃、损坏、擅自移动使用中的航空设施,或者强行进入航空器驾驶舱的,处十日以上十五日以下拘留。 在使用中的航空器上使用可能影响导航系统正常功能的器具、工具,不听劝阻的,处五日以下拘留或者**一千元**以下罚款。 **盗窃、损坏、擅自移动使用中的其他公共交通工具设施、设备,或者以抢控驾驶操纵装置、拉扯、殴打驾驶人员等方式,干扰公共交通工具正常行驶的,处五日**

续表

2012 年《中华人民共和国治安管理处罚法》	2025 年《中华人民共和国治安管理处罚法》
	下拘留或者一千元以下罚款;情节较重的,处五日以上十日以下拘留。
第三十五条　有下列行为之一的,处五日以上十日以下拘留,可以并处**五百元**以下罚款;情节较轻的,处五日以下拘留或者**五百元**以下罚款: (一)盗窃、损毁或者擅自移动铁路设施、设备、机车车辆配件或者安全标志的; (二)在铁路线路上放置障碍物,或者故意向列车投掷物品的; (三)在铁路线路、桥梁、涵洞处挖掘坑穴、采石取沙的; (四)在铁路线路上私设道口或者平交过道的。	第四十一条　有下列行为之一的,处五日以上十日以下拘留,可以并处**一千元**以下罚款;情节较轻的,处五日以下拘留或者**一千元**以下罚款: (一)盗窃、损毁、擅自移动铁路、**城市轨道交通**设施、设备、机车车辆配件或者安全标志的; (二)在铁路、**城市轨道交通**线路上放置障碍物,或者故意向列车投掷物品的; (三)在铁路、**城市轨道交通**线路、桥梁、**隧道**、涵洞处挖掘坑穴、采石取沙的; (四)在铁路、**城市轨道交通**线路上私设道口或者平交过道的。
第三十六条　擅自进入铁路防护网或者火车来临时在铁路线路上行走坐卧、抢越铁路,影响行车安全的,处警告或者**二百元**以下罚款。	第四十二条　擅自进入铁路、**城市轨道交通**防护网或者火车、**城市轨道交通列车**来临时在铁路、**城市轨道交通**线路上行走坐卧、抢越铁路、**城市轨道**,影响行车安全的,处警告或者**五百元**以下罚款。
第三十七条　有下列行为之一的,处五日以下拘留或者**五百元**以下罚款;情节严重的,处五日以上十日以下拘留,可以并处**五百元**以下罚款: (一)未经批准,安装、使用电网的,或者安装、使用电网不符合安全规定的; (二)在车辆、行人通行的地方施工,对沟井坎穴不设覆盖物、防围和警示标志的,或者故意损毁、移动覆盖物、防围和警示标志的; (三)盗窃、损毁路面井盖、照明等公共设施的。	第四十三条　有下列行为之一的,处五日以下拘留或者**一千元**以下罚款;情节严重的,处**十日以上十五日以下**拘留,可以并处**一千元**以下罚款: (一)未经批准,安装、使用电网的,或者安装、使用电网不符合安全规定的; (二)在车辆、行人通行的地方施工,对沟井坎穴不设覆盖物、防围和警示标志的,或者故意损毁、移动覆盖物、防围和警示标志的; (三)盗窃、损毁路面井盖、照明等公共设施的; **(四)违反有关法律法规规定,升放携带明火的升空物体,有发生火灾事故危险,不听劝阻的;** **(五)从建筑物或者其他高空抛掷物品,有危害他人人身安全、公私财产安全或者公共安全危险的。**
第三十八条　举办**文化**、**体育**等大型群众性活动,违反有关规定,有发生安全事故危险的,责令停止活动,立即疏散;对**组织者**处五日以上十日以下拘留,并处**二百元以上五百元以下**罚款;情节较轻的,处五日以下拘留或者五百元以下罚款。	第四十四条　举办**体育**、**文化**等大型群众性活动,违反有关规定,有发生安全事故危险,**经公安机关责令改正而拒不改正或者无法改正的**,责令停止活动,立即疏散;对**其直接负责的主管人员和其他直接责任人员**处五日以上十日以下拘留,并处**一千元以上三千元以下**罚款;情节较重的,处十日以上十五日以下拘留,并处三千

续表

2012年《中华人民共和国治安管理处罚法》	2025年《中华人民共和国治安管理处罚法》
	元以上五千元以下罚款,可以同时责令六个月至一年以内不得举办大型群众性活动。
第三十九条 旅馆、饭店、影剧院、娱乐场、**运动场**、展览馆或者其他供社会公众活动的场所的经营管理人员,违反安全规定,致使该场所有发生安全事故危险,经公安机关责令改正,拒不改正的,处五日以下拘留。	**第四十五条** 旅馆、饭店、影剧院、娱乐场、**体育场馆**、展览馆或者其他供社会公众活动的场所违反安全规定,致使该场所有发生安全事故危险,经公安机关责令改正而拒不改正的,对其直接负责的主管人员和其他直接责任人员处五日以下拘留;情节较重的,处五日以上十日以下拘留。
无	**第四十六条** 违反有关法律法规关于飞行空域管理规定,飞行民用无人驾驶航空器、航空运动器材,或者升放无人驾驶自由气球、系留气球等升空物体,情节较重的,处五日以上十日以下拘留。 飞行、升放前款规定的物体非法穿越国(边)境的,处十日以上十五日以下拘留。
第三节 侵犯人身权利、财产权利的行为和处罚	第三节 侵犯人身权利、财产权利的行为和处罚
第四十条 有下列行为之一的,处十日以上十五日以下拘留,并处**五百元以上一千元以下罚款**;情节较轻的,处五日以上十日以下拘留,并处三百元以上五百元以下罚款: (一)组织、胁迫、诱骗不满十六周岁的人或者残疾人进行恐怖、残忍表演的; (二)以暴力、威胁或者其他手段强迫他人劳动的; (三)非法限制他人人身自由、非法侵入他人住宅或者非法搜查他人身体的。	**第四十七条** 有下列行为之一的,处十日以上十五日以下拘留,并处**一千元以上二千元以下罚款**;情节较轻的,处五日以上十日以下拘留,并处一千元以下罚款: (一)组织、胁迫、诱骗不满十六周岁的人或者残疾人进行恐怖、残忍表演的; (二)以暴力、威胁或者其他手段强迫他人劳动的; (三)非法限制他人人身自由、非法侵入他人住宅或者非法搜查他人身体的。
无	**第四十八条** 组织、胁迫未成年人在不适宜未成年人活动的经营场所从事陪酒、陪唱等有偿陪侍活动的,处十日以上十五日以下拘留,并处五千元以下罚款;情节较轻的,处五日以下拘留或者五千元以下罚款。
第四十一条 胁迫、诱骗或者利用他人乞讨的,处十日以上十五日以下拘留,可以并处**一千元以下罚款**。 反复纠缠、强行讨要或者以其他滋扰他人的方式乞讨的,处五日以下拘留或者警告。	**第四十九条** 胁迫、诱骗或者利用他人乞讨的,处十日以上十五日以下拘留,可以并处**二千元以下罚款**。 反复纠缠、强行讨要或者以其他滋扰他人的方式乞讨的,处五日以下拘留或者警告。

续表

2012年《中华人民共和国治安管理处罚法》	2025年《中华人民共和国治安管理处罚法》
第四十二条　有下列行为之一的,处五日以下拘留或者**五百元**以下罚款;情节较重的,处五日以上十日以下拘留,可以并处**五百元**以下罚款: (一)写恐吓信或者以其他方法威胁他人人身安全的; (二)公然侮辱他人或者捏造事实诽谤他人的; (三)捏造事实诬告陷害他人,企图使他人受到刑事追究或者受到治安管理处罚的; (四)对证人及其近亲属进行威胁、侮辱、殴打或者打击报复的; (五)多次发送淫秽、侮辱、恐吓**或者其他**信息,干扰他人正常生活的; (六)偷窥、偷拍、窃听、散布他人隐私的。	第五十条　有下列行为之一的,处五日以下拘留或者**一千元**以下罚款;情节较重的,处五日以上十日以下拘留,可以并处**一千元**以下罚款: (一)写恐吓信或者以其他方法威胁他人人身安全的; (二)公然侮辱他人或者捏造事实诽谤他人的; (三)捏造事实诬告陷害他人,企图使他人受到刑事追究或者受到治安管理处罚的; (四)对证人及其近亲属进行威胁、侮辱、殴打或者打击报复的; (五)多次发送淫秽、侮辱、恐吓等信息**或者采取滋扰、纠缠、跟踪等方法**,干扰他人正常生活的; (六)偷窥、偷拍、窃听、散布他人隐私的。 **有前款第五项规定的滋扰、纠缠、跟踪行为的,除依照前款规定给予处罚外,经公安机关负责人批准,可以责令其一定期限内禁止接触被侵害人。对违反禁止接触规定的,处五日以上十日以下拘留,可以并处一千元以下罚款。**
第四十三条　殴打他人的,或者故意伤害他人身体的,处五日以上十日以下拘留,并处**二百元以上五百元**以下罚款;情节较轻的,处五日以下拘留或者**五百元**以下罚款。 有下列情形之一的,处十日以上十五日以下拘留,并处**五百元以上一千元**以下罚款: (一)结伙殴打、伤害他人的; (二)殴打、伤害残疾人、孕妇、不满十四周岁的人或者六十周岁以上的人的; (三)多次殴打、伤害他人或者一次殴打、伤害多人的。	第五十一条　殴打他人的,或者故意伤害他人身体的,处五日以上十日以下拘留,并处**五百元以上一千元**以下罚款;情节较轻的,处五日以下拘留或者**一千元**以下罚款。 有下列情形之一的,处十日以上十五日以下拘留,并处**一千元以上二千元**以下罚款: (一)结伙殴打、伤害他人的; (二)殴打、伤害残疾人、孕妇、不满十四周岁的人或者**七十**周岁以上的人的; (三)多次殴打、伤害他人或者一次殴打、伤害多人的。
第四十四条　猥亵他人的,或者在公共场所故意裸露身体,情节恶劣的,处五日以上十日以下拘留;猥亵智力残疾人、精神病人、不满十四周岁的人或者有其他严重情节的,处十日以上十五日以下拘留。	第五十二条　猥亵他人的,处五日以上十日以下拘留;猥亵精神病人、智力残疾人、不满十四周岁的人或者有其他严重情节的,处十日以上十五日以下拘留。 在公共场所故意裸露身体隐私部位的,**处警告或者五百元以下罚款**;情节恶劣的,处五日以上十日以下拘留。

续表

2012 年《中华人民共和国治安管理处罚法》	2025 年《中华人民共和国治安管理处罚法》
第四十五条 有下列行为之一的,处五日以下拘留或者警告: (一)虐待家庭成员,被虐待人要求处理的; (二)遗弃没有独立生活能力的被扶养人的。	第五十三条 有下列行为之一的,处五日以下拘留或者警告;**情节较重的,处五日以上十日以下拘留,可以并处一千元以下罚款**: (一)虐待家庭成员,被虐待人**或者其监护人**要求处理的; (二)对未成年人、老年人、患病的人、残疾人等负有监护、看护职责的人虐待被监护、看护的人的; (三)遗弃没有独立生活能力的被扶养人的。
第四十六条 强买强卖商品,强迫他人提供服务或者强迫他人接受服务的,处五日以上十日以下拘留,并处**二百元以上五百元以下罚款**;情节较轻的,处五日以下拘留或者**五百元以下罚款**。	第五十四条 强买强卖商品,强迫他人提供服务或者强迫他人接受服务的,处五日以上十日以下拘留,并处**三千元以上五千元以下罚款**;情节较轻的,处五日以下拘留或者**一千元以下罚款**。
第四十七条 煽动民族仇恨、民族歧视,或者在出版物、**计算机**信息网络刊载民族歧视、侮辱内容的,处十日以上十五日以下拘留,可以并处**一千元以下罚款**。	第五十五条 煽动民族仇恨、民族歧视,或者在出版物、信息网络刊载民族歧视、侮辱内容的,处十日以上十五日以下拘留,可以并处**三千元以下罚款;情节较轻的,处五日以下拘留或者三千元以下罚款**。
无	第五十六条 违反国家有关规定,向他人出售或者提供个人信息的,处十日以上十五日以下拘留;情节较轻的,处五日以下拘留。 窃取或者以其他方法非法获取个人信息的,依照前款的规定处罚。
第四十八条 冒领、隐匿、毁弃、私自开拆或者非法检查他人邮件的,处五日以下拘留或者**五百元以下罚款**。	第五十七条 冒领、隐匿、毁弃、**倒卖**、私自开拆或者非法检查他人邮件、**快件**的,处**警告或者一千元以下罚款;情节较重的,处五日以上十日以下拘留**。
第四十九条 盗窃、诈骗、哄抢、抢夺、敲诈勒索或者故意损毁公私财物的,处五日以上十日以下拘留,可以并处**五百元以下罚款**;情节较重的,处十日以上十五日以下拘留,可以并处**一千元以下罚款**。	第五十八条 盗窃、诈骗、哄抢、抢夺或者敲诈勒索的,处五日以上十日以下拘留,**或者二千元以下罚款**;情节较重的,处十日以上十五日以下拘留,可以并处三千元以下罚款。 第五十九条 故意损毁公私财物的,**处五日以下拘留或者一千元以下罚款**;情节较重的,处五日以上十日以下拘留,可以并处三千元以下罚款。
无	第六十条 以殴打、侮辱、恐吓等方式实施学生欺凌,违反治安管理的,公安机关应当依照本法、《中华人民共和国预防未成年人犯罪法》的规定,给予治安管理处罚、采取相应矫治教育等措施。 学校违反有关法律法规规定,明知发生严重的学生

续表

2012年《中华人民共和国治安管理处罚法》	2025年《中华人民共和国治安管理处罚法》
	欺凌或者明知发生其他侵害未成年学生的犯罪,不按规定报告或者处置的,责令改正,对其直接负责的主管人员和其他直接责任人员,建议有关部门依法予以处分。
第四节 妨害社会管理的行为和处罚	第四节 妨害社会管理的行为和处罚
第五十条 有下列行为之一的,处警告或者二百元以下罚款;情节严重的,处五日以上十日以下拘留,可以并处**五百元**以下罚款: (一)拒不执行人民政府在紧急状态情况下依法发布的决定、命令的; (二)阻碍国家机关工作人员依法执行职务的; (三)阻碍执行紧急任务的消防车、救护车、工程抢险车、警车**等车辆**通行的; (四)强行冲闯公安机关设置的警戒带、警戒区的。 阻碍人民警察依法执行职务的,从重处罚。	第六十一条 有下列行为之一的,处警告或者**五百**元以下罚款;情节严重的,处五日以上十日以下拘留,可以并处**一千元**以下罚款: (一)拒不执行人民政府在紧急状态情况下依法发布的决定、命令的; (二)阻碍国家机关工作人员依法执行职务的; (三)阻碍执行紧急任务的消防车、救护车、工程抢险车、警车**或者执行上述紧急任务的专用船舶**通行的; (四)强行冲闯公安机关设置的警戒带、警戒区**或者检查点的**。 阻碍人民警察依法执行职务的,从重处罚。
第五十一条 冒充国家机关工作人员**或者以其他虚假身份**招摇撞骗的,处五日以上十日以下拘留,可以并处**五百元**以下罚款;情节较轻的,处五日**以下拘留或者五百元以下罚款**。 冒充军警人员招摇撞骗的,从重处罚。	第六十二条 冒充国家机关工作人员招摇撞骗的,处十日以上十五日以下拘留,可以并处**一千元**以下罚款;情节较轻的,处五日**以上十日以下拘留**。 冒充军警人员招摇撞骗的,从重处罚。 **盗用、冒用个人、组织的身份、名义或者**以其他虚假身份招摇撞骗的,处五日以下拘留或者一千元以下罚款;情节较重的,处五日以上十日以下拘留,可以并处一千元以下罚款。
第五十二条 有下列行为之一的,处十日以上十五日以下拘留,可以并处**一千元**以下罚款;情节较轻的,处五日以上十日以下拘留,可以并处**五百元**以下罚款: (一)伪造、变造或者买卖国家机关、人民团体、企业、事业单位或者其他组织的公文、证件、证明文件、印章的; (二)买卖或者使用伪造、变造的国家机关、人民团体、企业、事业单位或者其他组织的公文、证件、证明文件的; (三)伪造、变造、倒卖车票、船票、航空客票、文艺演出票、体育比赛入场券或者其他有价票证、凭证的; (四)伪造、变造船舶户牌,买卖或者使用伪造、变造的船舶户牌,或者涂改船舶发动机号码的。	第六十三条 有下列行为之一的,处十日以上十五日以下拘留,可以并处**五千元**以下罚款;情节较轻的,处五日以上十日以下拘留,可以并处**三千元**以下罚款: (一)伪造、变造或者买卖国家机关、人民团体、企业、事业单位或者其他组织的公文、证件、证明文件、印章的; (二)**出租、出借国家机关、人民团体、企业、事业单位或者其他组织的公文、证件、证明文件、印章供他人非法使用的**; (三)买卖或者使用伪造、变造的国家机关、人民团体、企业、事业单位或者其他组织的公文、证件、证明文件、**印章**的; (四)伪造、变造**或者**倒卖车票、船票、航空客票、文艺演出票、体育比赛入场券或者其他有价票证、凭证的;

续表

2012 年《中华人民共和国治安管理处罚法》	2025 年《中华人民共和国治安管理处罚法》
	(五)伪造、变造船舶户牌,买卖或者使用伪造、变造的船舶户牌,或者涂改船舶发动机号码的。
第五十三条　船舶擅自进入、停靠国家禁止、限制进入的水域或者岛屿的,对船舶负责人及有关责任人员处五百元以上一千元以下罚款;情节严重的,处五日以下拘留,并处五百元以上一千元以下罚款。	第六十四条　船舶擅自进入、停靠国家禁止、限制进入的水域或者岛屿的,对船舶负责人及有关责任人员处一千元以上二千元以下罚款;情节严重的,处五日以下拘留,可以并处二千元以下罚款。
第五十四条　有下列行为之一的,处十日以上十五日以下拘留,并处五百元以上一千元以下罚款;情节较轻的,处五日以下拘留或者五百元以下罚款: (一)违反国家规定,未经注册登记,以社会团体名义进行活动,被取缔后,仍进行活动的; (二)被依法撤销登记的社会团体,仍以社会团体名义进行活动的; (三)未经许可,擅自经营按照国家规定需要由公安机关许可的行业的。 有前款第三项行为的,予以取缔。 取得公安机关许可的经营者,违反国家有关管理规定,情节严重的,公安机关可以吊销许可证。	第六十五条　有下列行为之一的,处十日以上十五日以下拘留,可以并处五千元以下罚款;情节较轻的,处五日以上十日以下拘留或者一千元以上三千元以下罚款: (一)违反国家规定,未经注册登记,以社会团体、基金会、社会服务机构等社会组织名义进行活动,被取缔后,仍进行活动的; (二)被依法撤销登记或者吊销登记证书的社会团体、基金会、社会服务机构等社会组织,仍以原社会组织名义进行活动的; (三)未经许可,擅自经营按照国家规定需要由公安机关许可的行业的。 有前款第三项行为的,予以取缔。被取缔一年以内又实施的,处十日以上十五日以下拘留,并处三千元以上五千元以下罚款。 取得公安机关许可的经营者,违反国家有关管理规定,情节严重的,公安机关可以吊销许可证件。
第五十五条　煽动、策划非法集会、游行、示威,不听劝阻的,处十日以上十五日以下拘留。	第六十六条　煽动、策划非法集会、游行、示威,不听劝阻的,处十日以上十五日以下拘留。
第五十六条　旅馆业的工作人员对住宿的旅客不按规定登记姓名、身份证件种类和号码,或者明知住宿的旅客将危险物质带入旅馆,不予制止的,处二百元以上五百元以下罚款。 旅馆业的工作人员明知住宿的旅客是犯罪嫌疑人员或者被公安机关通缉的人员,不向公安机关报告的,处二百元以上五百元以下罚款;情节严重的,处五日以下拘留,可以并处五百元以下罚款。	第六十七条　从事旅馆业经营活动不按规定登记住宿人员姓名、有效身份证件种类和号码等信息的,或者为身份不明、拒绝登记身份信息的人提供住宿服务的,对其直接负责的主管人员和其他直接责任人员处五百元以上一千元以下罚款;情节较轻的,处警告或者五百元以下罚款。 实施前款行为,妨害反恐怖主义工作进行,违反《中华人民共和国反恐怖主义法》规定的,依照其规定处罚。 从事旅馆业经营活动有下列行为之一的,对其直接负责的主管人员和其他直接责任人员处一千元以上三千元以下罚款;情节严重的,处五日以下拘留,可以并处三千元以上五千元以下罚款:

续表

2012年《中华人民共和国治安管理处罚法》	2025年《中华人民共和国治安管理处罚法》
	（一）明知住宿**人员**违反规定将危险物质带入**住宿区域**，不予制止的； （二）明知住宿**人员**是犯罪嫌疑人员或者被公安机关通缉的人员，不向公安机关报告的； （三）明知住宿人员利用旅馆实施犯罪活动，不向公安机关报告的。
第五十七条　房屋出租人将房屋出租给**无身份证件的人**居住的，或者不按规定登记承租人姓名、身份证件种类和号码的，处**二百元以上五百元以下**罚款。 　　房屋出租人明知承租人利用出租房屋**进行**犯罪活动，不向公安机关报告的，处**二百元以上五百元以下**罚款；情节严重的，处五日以下拘留，可以并处**五百元以下**罚款。	第六十八条　房屋出租人将房屋出租给**身份不明、拒绝登记身份信息的人**的，或者不按规定登记承租人姓名、**有效身份证件**种类和号码**等信息**的，处**五百元以上一千元以下**罚款；**情节较轻的，处警告或者五百元以下**罚款。 　　房屋出租人明知承租人利用出租房屋**实施**犯罪活动，不向公安机关报告的，处**一千元以上三千元以下**罚款；情节严重的，处五日以下拘留，可以并处**三千元以上五千元以下**罚款。
无	第六十九条　娱乐场所和公章刻制、机动车修理、报废机动车回收行业经营者违反法律法规关于要求登记信息的规定，不登记信息的，处警告；拒不改正或者造成后果的，对其直接负责的主管人员和其他直接责任人员处五日以下拘留或者三千元以下罚款。
无	第七十条　非法安装、使用、提供窃听、窃照专用器材的，处五日以下拘留或者一千元以上三千元以下罚款；情节较重的，处五日以上十日以下拘留，并处三千元以上五千元以下罚款。
第五十九条　有下列行为之一的，处**五百元以上一千元以下**罚款；情节严重的，处五日以上十日以下拘留，并处**五百元以上一千元以下**罚款： 　　（一）典当业工作人员承接典当的物品，不查验有关证明、不履行登记手续，或者明知是违法犯罪嫌疑人、赃物，不向公安机关报告的； 　　（二）违反国家规定，收购铁路、油田、供电、电信、矿山、水利、测量和城市公用设施等废旧专用器材的； 　　（三）收购公安机关通报寻查的赃物或者有赃物嫌疑的物品的； 　　（四）收购国家禁止收购的其他物品的。	第七十一条　有下列行为之一的，处**一千元以上三千元以下**罚款；情节严重的，处五日以上十日以下拘留，并处**一千元以上三千元以下**罚款： 　　（一）典当业工作人员承接典当的物品，不查验有关证明、不履行登记手续**的**，或者**违反国家规定**对明知是违法犯罪嫌疑人、赃物**而**不向公安机关报告的； 　　（二）违反国家规定，收购铁路、油田、供电、电信、矿山、水利、测量和城市公用设施等废旧专用器材的； 　　（三）收购公安机关通报寻查的赃物或者有赃物嫌疑的物品的； 　　（四）收购国家禁止收购的其他物品的。

续表

2012年《中华人民共和国治安管理处罚法》	2025年《中华人民共和国治安管理处罚法》
第六十条　有下列行为之一的,处五日以上十日以下拘留,并处三百元以上五百元以下罚款: （一）隐藏、转移、变卖或者损毁行政执法机关依法扣押、查封、冻结的财物的; （二）伪造、隐匿、毁灭证据或者提供虚假证言、谎报案情,影响行政执法机关依法办案的; （三）明知是赃物而窝藏、转移或者代为销售的; （四）被依法执行管制、剥夺政治权利或者在缓刑、暂予监外执行中的罪犯或者被依法采取刑事强制措施的人,有违反法律、行政法规或者国务院有关部门的监督管理规定的行为。	第七十二条　有下列行为之一的,处五日以上十日以下拘留,**可以**并处一千元以下罚款;**情节较轻的**,处警告或者一千元以下罚款: （一）隐藏、转移、变卖、**擅自使用**或者损毁行政执法机关依法扣押、查封、冻结、**扣留、先行登记保存**的财物的; （二）伪造、隐匿、毁灭证据或者提供虚假证言、谎报案情,影响行政执法机关依法办案的; （三）明知是赃物而窝藏、转移或者代为销售的; （四）被依法执行管制、剥夺政治权利或者在缓刑、暂予监外执行中的罪犯或者被依法采取刑事强制措施的人,有违反法律、行政法规或者国务院有关部门的监督管理规定的行为**的**。
第六十一条　协助组织或者运送他人偷越国（边）境的,处十日以上十五日以下拘留,并处一千元以上五千元以下罚款。	删除
第六十二条　为偷越国（边）境人员提供条件的,处五日以上十日以下拘留,并处五百元以上三千元以下罚款。偷越国（边）境的,处五日以下拘留或者五百元以下罚款。	删除
无	第七十三条　有下列行为之一的,处警告或者一千元以下罚款;情节较重的,处五日以上十日以下拘留,可以并处一千元以下罚款: （一）违反人民法院刑事判决中的禁止令或者职业禁止决定的; （二）拒不执行公安机关依照《中华人民共和国反家庭暴力法》、《中华人民共和国妇女权益保障法》出具的禁止家庭暴力告诫书、禁止性骚扰告诫书的; （三）违反监察机关在监察工作中、司法机关在刑事诉讼中依法采取的禁止接触证人、鉴定人、被害人及其近亲属保护措施的。
无	第七十四条　依法被关押的违法行为人脱逃的,处十日以上十五日以下拘留;情节较轻的,处五日以上十日以下拘留。

续表

2012年《中华人民共和国治安管理处罚法》	2025年《中华人民共和国治安管理处罚法》
第六十三条 有下列行为之一的,处警告或者二百元以下罚款;情节较重的,处五日以上十日以下拘留,并处二百元以上五百元以下罚款: (一)刻划、涂污或者以其他方式故意损坏国家保护的文物、名胜古迹的; (二)违反国家规定,在文物保护单位附近进行爆破、挖掘等活动,危及文物安全的。	第七十五条 有下列行为之一的,处警告或者五百元以下罚款;情节较重的,处五日以上十日以下拘留,并处五百元以上一千元以下罚款: (一)刻划、涂污或者以其他方式故意损坏国家保护的文物、名胜古迹的; (二)违反国家规定,在文物保护单位附近进行爆破、**钻探**、挖掘等活动,危及文物安全的。
第六十四条 有下列行为之一的,处五百元以上一千元以下罚款;情节严重的,处十日以上十五日以下拘留,并处五百元以上一千元以下罚款: (一)偷开他人机动车的; (二)未取得驾驶证驾驶或者偷开他人航空器、机动船舶的。	第七十六条 有下列行为之一的,处一千元以上二千元以下罚款;情节严重的,处十日以上十五日以下拘留,**可以**并处二千元以下罚款: (一)偷开他人机动车的; (二)未取得驾驶证驾驶或者偷开他人航空器、机动船舶的。
第六十五条 有下列行为之一的,处五日以上十日以下拘留;情节严重的,处十日以上十五日以下拘留,可以并处**一千元**以下罚款: (一)故意破坏、污损他人坟墓或者毁坏、丢弃他人尸骨、骨灰的; (二)在公共场所停放尸体或者因停放尸体影响他人正常生活、工作秩序,不听劝阻的。	第七十七条 有下列行为之一的,处五日以上十日以下拘留;情节严重的,处十日以上十五日以下拘留,可以并处**二千元**以下罚款: (一)故意破坏、污损他人坟墓或者毁坏、丢弃他人尸骨、骨灰的; (二)在公共场所停放尸体或者因停放尸体影响他人正常生活、工作秩序,不听劝阻的。
第六十六条 卖淫、嫖娼,处十日以上十五日以下拘留,可以并处五千元以下罚款;情节较轻的,处五日以下拘留或者**五百元**以下罚款。 在公共场所拉客招嫖的,处五日以下拘留或者**五百元**以下罚款。	第七十八条 卖淫、嫖娼的,处十日以上十五日以下拘留,可以并处五千元以下罚款;情节较轻的,处五日以下拘留或者一千元以下罚款。 在公共场所拉客招嫖的,处五日以下拘留或者一千元以下罚款。
第六十七条 引诱、容留、介绍他人卖淫的,处十日以上十五日以下拘留,可以并处五千元以下罚款;情节较轻的,处五日以下拘留或者**五百元**以下罚款。	第七十九条 引诱、容留、介绍他人卖淫的,处十日以上十五日以下拘留,可以并处五千元以下罚款;情节较轻的,处五日以下拘留或者一千元以上二千元以下罚款。
第六十八条 制作、运输、复制、出售、出租淫秽的书刊、图片、影片、音像制品等淫秽物品或者利用计算机信息网络、电话以及其他通讯工具传播淫秽信息的,处十日以上十五日以下拘留,可以并处**三千元**以下罚款;情节较轻的,处五日以下拘留或者**五百元**以下罚款。	第八十条 制作、运输、复制、出售、出租淫秽的书刊、图片、影片、音像制品等淫秽物品或者利用信息网络、电话以及其他通讯工具传播淫秽信息的,处十日以上十五日以下拘留,可以并处**五千元**以下罚款;情节较轻的,处五日以下拘留或者一千元以上三千元以下罚款。 前款规定的淫秽物品或者淫秽信息中涉及未成年人的,从重处罚。

续表

2012 年《中华人民共和国治安管理处罚法》	2025 年《中华人民共和国治安管理处罚法》
第六十九条　有下列行为之一的，处十日以上十五日以下拘留，并处**五百元以上一千元以下**罚款： （一）组织播放淫秽音像的； （二）组织或者进行淫秽表演的； （三）参与聚众淫乱活动的。 明知他人从事前款活动，为其提供条件的，依照前款的规定处罚。	第八十一条　有下列行为之一的，处十日以上十五日以下拘留，并处**一千元以上二千元以下**罚款： （一）组织播放淫秽音像的； （二）组织或者进行淫秽表演的； （三）参与聚众淫乱活动的。 明知他人从事前款活动，为其提供条件的，依照前款的规定处罚。 **组织未成年人从事第一款活动的，从重处罚。**
第七十条　以营利为目的，为赌博提供条件的，或者参与赌博赌资较大的，处五日以下拘留或者**五百元**以下罚款；情节严重的，处十日以上十五日以下拘留，并处**五百元以上三千元**以下罚款。	第八十二条　以营利为目的，为赌博提供条件的，或者参与赌博赌资较大的，处五日以下拘留或者**一千元**以下罚款；情节严重的，处十日以上十五日以下拘留，并处**一千元以上五千元**以下罚款。
第七十一条　有下列行为之一的，处十日以上十五日以下拘留，可以并处**三千元**以下罚款；情节较轻的，处五日以下拘留或者**五百元**以下罚款： （一）非法种植罂粟不满五百株或者其他少量毒品原植物的； （二）非法买卖、运输、携带、持有少量未经灭活的罂粟等毒品原植物种子或者幼苗的； （三）非法运输、买卖、储存、使用少量罂粟壳的。 有前款第一项行为，在成熟前自行铲除的，不予处罚。	第八十三条　有下列行为之一的，处十日以上十五日以下拘留，可以并处**五千元**以下罚款；情节较轻的，处五日以下拘留或者**一千元**以下罚款： （一）非法种植罂粟不满五百株或者其他少量毒品原植物的； （二）非法买卖、运输、携带、持有少量未经灭活的罂粟等毒品原植物种子或者幼苗的； （三）非法运输、买卖、储存、使用少量罂粟壳的。 有前款第一项行为，在成熟前自行铲除的，不予处罚。
第七十二条　有下列行为之一的，处十日以上十五日以下拘留，可以并处**二千元**以下罚款；情节较轻的，处五日以下拘留或者**五百元**以下罚款： （一）非法持有鸦片不满二百克、海洛因或者甲基苯丙胺不满十克或者其他少量毒品的； （二）向他人提供毒品的； （三）吸食、注射毒品的； （四）胁迫、欺骗医务人员开具麻醉药品、精神药品的。	第八十四条　有下列行为之一的，处十日以上十五日以下拘留，可以并处**三千元**以下罚款；情节较轻的，处五日以下拘留或者**一千元**以下罚款： （一）非法持有鸦片不满二百克、海洛因或者甲基苯丙胺不满十克或者其他少量毒品的； （二）向他人提供毒品的； （三）吸食、注射毒品的； （四）胁迫、欺骗医务人员开具麻醉药品、精神药品的。 **聚众、组织吸食、注射毒品的，对首要分子、组织者依照前款的规定从重处罚。** **吸食、注射毒品的，可以同时责令其六个月至一年以内不得进入娱乐场所、不得擅自接触涉及毒品违法犯罪人员。违反规定的，处五日以下拘留或者一千元以下罚款。**

续表

2012年《中华人民共和国治安管理处罚法》	2025年《中华人民共和国治安管理处罚法》
第七十三条　教唆、引诱、欺骗他人吸食、注射毒品的,处十日以上十五日以下拘留,并处五百元以上二千元以下罚款。	第八十五条　引诱、教唆、欺骗或者强迫他人吸食、注射毒品的,处十日以上十五日以下拘留,并处一千元以上五千元以下罚款。 　　容留他人吸食、注射毒品或者介绍买卖毒品的,处十日以上十五日以下拘留,可以并处三千元以下罚款;情节较轻的,处五日以下拘留或者一千元以下罚款。
无	第八十六条　违反国家规定,非法生产、经营、购买、运输用于制造毒品的原料、配剂的,处十日以上十五日以下拘留;情节较轻的,处五日以上十日以下拘留。
第七十四条　旅馆业、饮食服务业、文化娱乐业、出租汽车业等单位的人员,在公安机关查处吸毒、赌博、卖淫、嫖娼活动时,为违法犯罪行为人通风报信的,处十日以上十五日以下拘留。	第八十七条　旅馆业、饮食服务业、文化娱乐业、出租汽车业等单位的人员,在公安机关查处吸毒、赌博、卖淫、嫖娼活动时,为违法犯罪行为人通风报信的,或者以其他方式为上述活动提供条件的,处十日以上十五日以下拘留;情节较轻的,处五日以下拘留或者一千元以上二千元以下罚款。
第五十八条　违反关于社会生活噪声污染防治的法律规定,制造噪声干扰他人正常生活的,处警告;警告后不改正的,处二百元以上五百元以下罚款。	第八十八条　违反关于社会生活噪声污染防治的法律法规规定,产生社会生活噪声,经基层群众性自治组织、业主委员会、物业服务人、有关部门依法劝阻、调解和处理未能制止,继续干扰他人正常生活、工作和学习的,处五日以下拘留或者一千元以下罚款;情节严重的,处五日以上十日以下拘留,可以并处一千元以下罚款。
第七十五条　饲养动物,干扰他人正常生活的,处警告;警告后不改正的,或者放任动物恐吓他人的,处二百元以上五百元以下罚款。 　　驱使动物伤害他人的,依照本法第四十三条第一款的规定处罚。 　　第七十六条　有本法第六十七条、第六十八条、第七十条的行为,屡教不改的,可以按照国家规定采取强制性教育措施。	第八十九条　饲养动物,干扰他人正常生活的,处警告;警告后不改正的,或者放任动物恐吓他人的,处一千元以下罚款。 　　违反有关法律、法规、规章规定,出售、饲养烈性犬等危险动物的,处警告;警告后不改正的,或者致使动物伤害他人的,处五日以下拘留或者一千元以下罚款;情节较重的,处五日以上十日以下拘留。 　　未对动物采取安全措施,致使动物伤害他人的,处一千元以下罚款;情节较重的,处五日以上十日以下拘留。 　　驱使动物伤害他人的,依照本法第五十一条的规定处罚。

续表

2012 年《中华人民共和国治安管理处罚法》	2025 年《中华人民共和国治安管理处罚法》
第四章　处罚程序	第四章　处罚程序
第一节　调　查	第一节　调　查
第七十七条　公安机关对报案、控告、举报或者违反治安管理行为人主动投案，以及其他**行政主管部门、司法机关**移送的违反治安管理案件，**应当及时受理，并进行登记。** **第七十八条**　公安机关受理报案、控告、举报、投案后，认为属于违反治安管理行为的，应当立即进行调查；认为不属于违反治安管理行为的，应当告知报案人、控告人、举报人、投案人，并说明理由。	**第九十条**　公安机关对报案、控告、举报或者违反治安管理行为人主动投案，以及其他**国家机关**移送的违反治安管理案件，应当**立案并**进行调查；认为不属于违反治安管理行为的，应当告知报案人、控告人、举报人、投案人，并说明理由。
第七十九条　公安机关及其人民警察对治安案件的调查，应当依法进行。严禁刑讯逼供或者采用威胁、引诱、欺骗等非法手段收集证据。 以非法手段收集的证据不得作为处罚的根据。	**第九十一条**　公安机关及其人民警察对治安案件的调查，应当依法进行。严禁刑讯逼供或者采用威胁、引诱、欺骗等非法手段收集证据。 以非法手段收集的证据不得作为处罚的根据。
无	**第九十二条**　公安机关办理治安案件，有权向有关单位和个人收集、调取证据。有关单位和个人应当如实提供证据。 公安机关向有关单位和个人收集、调取证据时，应当告知其必须如实提供证据，以及伪造、隐匿、毁灭证据或者提供虚假证言应当承担的法律责任。
无	**第九十三条**　在办理刑事案件过程中以及其他执法办案机关在移送案件前依法收集的物证、书证、视听资料、电子数据等证据材料，可以作为治安案件的证据使用。
第八十条　公安机关及其人民警察在办理治安案件时，对涉及的国家秘密、商业秘密或者个人隐私，应当予以保密。	**第九十四条**　公安机关及其人民警察在办理治安案件时，对涉及的国家秘密、商业秘密、个人隐私或者**个人信息**，应当予以保密。
第八十一条　人民警察在办理治安案件过程中，遇有下列情形之一的，应当回避；违反治安管理行为人、被侵害人或者其法定代理人也有权要求他们回避： （一）是本案当事人或者当事人的近亲属的； （二）本人或者其近亲属与本案有利害关系的； （三）与本案当事人有其他关系，可能影响案件公正处理的。 人民警察的回避，由其所属的公安机关决定；公安机关负责人的回避，由上一级公安机关决定。	**第九十五条**　人民警察在办理治安案件过程中，遇有下列情形之一的，应当回避；违反治安管理行为人、被侵害人或者其法定代理人也有权要求他们回避： （一）是本案当事人或者当事人的近亲属的； （二）本人或者其近亲属与本案有利害关系的； （三）与本案当事人有其他关系，可能影响案件公正处理的。 人民警察的回避，由其所属的公安机关决定；公安机关负责人的回避，由上一级公安机关决定。

续表

2012年《中华人民共和国治安管理处罚法》	2025年《中华人民共和国治安管理处罚法》
第八十二条　需要传唤违反治安管理行为人接受调查的,经公安机关办案部门负责人批准,使用传唤证传唤。对现场发现的违反治安管理行为人,人民警察经出示**工作证件**,可以口头传唤,但应当在询问笔录中注明。 　　公安机关应当将传唤的原因和依据告知被传唤人。对无正当理由不接受传唤或者逃避传唤的人,可以强制传唤。	第九十六条　需要传唤违反治安管理行为人接受调查的,经公安机关办案部门负责人批准,使用传唤证传唤。对现场发现的违反治安管理行为人,人民警察经出示**人民警察证**,可以口头传唤,但应当在询问笔录中注明。 　　公安机关应当将传唤的原因和依据告知被传唤人。对无正当理由不接受传唤或者逃避传唤的人,**经公安机关办案部门负责人批准**,可以强制传唤。
第八十三条　对违反治安管理行为人,公安机关传唤后应当及时询问查证,询问查证的时间不得超过八小时;情况复杂,依照本法规定可能适用行政拘留处罚的,询问查证的时间不得超过二十四小时。 　　公安机关应当及时将传唤的原因和处所通知被传唤人家属。	第九十七条　对违反治安管理行为人,公安机关传唤后应当及时询问查证,询问查证的时间不得超过八小时;**涉案人数众多、违反治安管理行为人身份不明的,询问查证的时间不得超过十二小时**;情况复杂,依照本法规定可能适用行政拘留处罚的,询问查证的时间不得超过二十四小时。**在执法办案场所询问违反治安管理行为人,应当全程同步录音录像。** 　　公安机关应当及时将传唤的原因和处所通知被传唤人家属。 　　**询问查证期间,公安机关应当保证违反治安管理行为人的饮食、必要的休息时间等正当需求。**
第八十四条　询问笔录应当交被询问人核对;对没有阅读能力的,应当向其宣读。记载有遗漏或者差错的,被询问人可以提出补充或者更正。被询问人确认笔录无误后,应当签名或者盖章,询问的人民警察也应当在笔录上签名。 　　被询问人要求就被询问事项自行提供书面材料的,应当准许;必要时,人民警察也可以要求被询问人自行书写。 　　询问不满十六周岁的违反治安管理行为人,应当通知其父母或者其他监护人到场。	第九十八条　询问笔录应当交被询问人核对;对没有阅读能力的,应当向其宣读。记载有遗漏或者差错的,被询问人可以提出补充或者更正。被询问人确认笔录无误后,**应当签名、盖章或者按指印**,询问的人民警察也应当在笔录上签名。 　　被询问人要求就被询问事项自行提供书面材料的,应当准许;必要时,人民警察也可以要求被询问人自行书写。 　　询问不满十八周岁的违反治安管理行为人,应当通知其父母或者其他监护人到场;**其父母或者其他监护人不能到场的,也可以通知其他成年亲属,所在学校、单位、居住地基层组织或者未成年人保护组织的代表等合适成年人到场,并将有关情况记录在案。确实无法通知或者通知后未到场的,应当在笔录中注明。**
第八十五条　人民警察询问被侵害人或者其他证人,可以到其所在单位或者住处进行;必要时,也可以通知其到公安机关提供证言。 　　人民警察在公安机关以外询问被侵害人或者其他	第九十九条　人民警察询问被侵害人或者其他证人,**可以在现场进行**,也可以到其所在单位、住处**或者其提出的地点**进行;必要时,也可以通知其到公安机关提供证言。

续表

2012 年《中华人民共和国治安管理处罚法》	2025 年《中华人民共和国治安管理处罚法》
证人,应当出示**工作证件**。 　　询问被侵害人或者其他证人,同时适用本法第**八十四**条的规定。	人民警察在公安机关以外询问被侵害人或者其他证人,应当出示**人民警察证**。 　　询问被侵害人或者其他证人,同时适用本法第**九十八**条的规定。
无	**第一百条**　违反治安管理行为人、被侵害人或者其他证人在异地的,公安机关可以委托异地公安机关代为询问,也可以通过公安机关的视频系统远程询问。 　　通过远程视频方式询问的,应当向被询问人宣读询问笔录,被询问人确认笔录无误后,询问的人民警察应当在笔录上注明。询问和宣读过程应当全程同步录音录像。
第八十六条　询问聋哑的违反治安管理行为人、被侵害人或者其他证人,应当有通晓手语的人提供帮助,并在笔录上注明。 　　询问不通晓当地通用的语言文字的违反治安管理行为人、被侵害人或者其他证人,应当配备翻译人员,并在笔录上注明。	**第一百零一条**　询问聋哑的违反治安管理行为人、被侵害人或者其他证人,应当有通晓手语**等交流方式**的人提供帮助,并在笔录上注明。 　　询问不通晓当地通用的语言文字的违反治安管理行为人、被侵害人或者其他证人,应当配备翻译人员,并在笔录上注明。
无	**第一百零二条**　为了查明案件事实,确定违反治安管理行为人、被侵害人的某些特征、伤害情况或者生理状态,需要对其人身进行检查,提取或者采集肖像、指纹信息和血液、尿液等生物样本的,经公安机关办案部门负责人批准后进行。对已经提取、采集的信息或者样本,不得重复提取、采集。提取或者采集被侵害人的信息或者样本,应当征得被侵害人或者其监护人同意。
第八十七条　公安机关对与违反治安管理行为有关的场所、物品、人身可以进行检查。检查时,人民警察不得少于二人,并应当出示**工作证件**和县级以上人民政府公安机关开具的检查证明文件。对确有必要立即进行检查的,人民警察经出示**工作证件**,可以当场检查,但检查公民住所应当出示县级以上人民政府公安机关开具的检查证明文件。 　　检查妇女的身体,应当由女性工作人员进行。	**第一百零三条**　公安机关对与违反治安管理行为有关的场所**或者违反治安管理行为人的人身**、物品可以进行检查。检查时,人民警察不得少于二人,并应当出示**人民警察证**。 　　对场所进行检查的,经县级以上人民政府公安机关**负责人批准,使用检查证检查**;对确有必要立即进行检查的,人民警察经出示**人民警察证**,可以当场检查,**并当全程同步录音录像**。检查公民住所应当出示县级以上人民政府公安机关开具的检查证。 　　检查妇女的身体,应当由女性工作人员**或者医师**进行。

2012 年《中华人民共和国治安管理处罚法》	2025 年《中华人民共和国治安管理处罚法》
第八十八条　检查的情况应当制作检查笔录,由检查人、被检查人和见证人签名或者盖章;被检查人拒绝签名的,人民警察应当在笔录上注明。	第一百零四条　检查的情况应当制作检查笔录,由检查人、被检查人和见证人签名、盖章或者**按指印**;被检查人**不在场或者被检查人、见证人**拒绝签名的,人民警察应当在笔录上注明。
第八十九条　公安机关办理治安案件,对与案件有关的需要作为证据的物品,可以扣押;对被侵害人或者善意第三人合法占有的财产,不得扣押,应当予以登记。对与案件无关的物品,不得扣押。 对扣押的物品,应当会同在场见证人和被扣押物品持有人查点清楚,当场开列清单一式二份,由调查人员、见证人和持有人签名或者盖章,一份交给持有人,另一份附卷备查。 对扣押的物品,应当妥善保管,不得挪作他用;对不宜长期保存的物品,按照有关规定处理。经查明与案件无关的,应当及时退还;经核实属于他人合法财产的,应当登记后立即退还;满六个月无人对该财产主张权利或者无法查清权利人的,应当公开拍卖或者按照国家有关规定处理,所得款项上缴国库。	第一百零五条　公安机关办理治安案件,对与案件有关的需要作为证据的物品,可以扣押;对被侵害人或者善意第三人合法占有的财产,不得扣押,应当予以登记,**但是对其中与案件有关的必须鉴定的物品,可以扣押,鉴定后应当立即解除**。对与案件无关的物品,不得扣押。 对扣押的物品,应当会同在场见证人和被扣押物品持有人查点清楚,当场开列清单一式二份,由调查人员、见证人和持有人签名或者盖章,一份交给持有人,另一份附卷备查。 **实施扣押前应当报经公安机关负责人批准;因情况紧急或者物品价值不大,当场实施扣押的,人民警察应当及时向其所属公安机关负责人报告,并补办批准手续。公安机关负责人认为不应当扣押的,应当立即解除。当场实施扣押的,应当全程同步录音录像。** 对扣押的物品,应当妥善保管,不得挪作他用;对不宜长期保存的物品,按照有关规定处理。经查明与案件无关**或者**经核实属于**被侵害人或者**他人合法财产的,应当登记后立即退还;满六个月无人对该财产主张权利或者无法查清权利人的,应当公开拍卖或者按照国家有关规定处理,所得款项上缴国库。
第九十条　为了查明案情,需要解决案件中有争议的专门性问题的,应当指派或者聘请具有专门知识的人员进行鉴定;鉴定人鉴定后,应当写出鉴定意见,并且签名。	第一百零六条　为了查明案情,需要解决案件中有争议的专门性问题的,应当指派或者聘请具有专门知识的人员进行鉴定;鉴定人鉴定后,应当写出鉴定意见,并且签名。
无	第一百零七条　为了查明案情,人民警察可以让违反治安管理行为人、被侵害人和其他证人对与违反治安管理行为有关的场所、物品进行辨认,也可以让被侵害人、其他证人对违反治安管理行为人进行辨认,或者让违反治安管理行为人对其他违反治安管理行为人进行辨认。 辨认应当制作辨认笔录,由人民警察和辨认人签名、盖章或者按指印。

续表

2012年《中华人民共和国治安管理处罚法》	2025年《中华人民共和国治安管理处罚法》
无	第一百零八条　公安机关进行询问、辨认、勘验,实施行政强制措施等调查取证工作时,人民警察不得少于二人。 　　公安机关在规范设置、严格管理的执法办案场所进行询问、扣押、辨认的,或者进行调解的,可以由一名人民警察进行。 　　依照前款规定由一名人民警察进行询问、扣押、辨认、调解的,应当全程同步录音录像。未按规定全程同步录音录像或者录音录像资料损毁、丢失的,相关证据不能作为处罚的根据。
第二节　决　定	第二节　决　定
第九十一条　治安管理处罚由县级以上人民政府公安机关决定;其中警告、**五百元**以下的罚款可以由公安派出所决定。	第一百零九条　治安管理处罚由县级以上**地方**人民政府公安机关决定;其中警告、**一千元**以下的罚款,可以由公安派出所决定。
第九十二条　对决定给予行政拘留处罚的人,在处罚前已经采取强制措施限制人身自由的时间,应当折抵。限制人身自由一日,折抵行政拘留一日。	第一百一十条　对决定给予行政拘留处罚的人,在处罚前已经采取强制措施限制人身自由的时间,应当折抵。限制人身自由一日,折抵行政拘留一日。
第九十三条　公安机关查处治安案件,对没有本人陈述,但其他证据能够证明案件事实的,可以作出治安管理处罚决定。但是,只有本人陈述,没有其他证据证明的,不能作出治安管理处罚决定。	第一百一十一条　公安机关查处治安案件,对没有本人陈述,但其他证据能够证明案件事实的,可以作出治安管理处罚决定。但是,只有本人陈述,没有其他证据证明的,不能作出治安管理处罚决定。
第九十四条　公安机关作出治安管理处罚决定前,应当告知违反治安管理行为人作出治安管理处罚的事实、理由及依据,并告知违反治安管理行为人依法享有的权利。 　　违反治安管理行为人有权陈述和申辩。公安机关必须充分听取违反治安管理行为人的意见,对违反治安管理行为人提出的事实、理由和证据,应当进行复核;违反治安管理行为人提出的事实、理由或者证据成立的,公安机关应当采纳。 　　公安机关不得因违反治安管理行为人的陈述、申辩而加重处罚。	第一百一十二条　公安机关作出治安管理处罚决定前,应当告知违反治安管理行为人拟作出治安管理处罚的**内容及**事实、理由、依据,并告知违反治安管理行为人依法享有的权利。 　　违反治安管理行为人有权陈述和申辩。公安机关必须充分听取违反治安管理行为人的意见,对违反治安管理行为人提出的事实、理由和证据,应当进行复核;违反治安管理行为人提出的事实、理由或者证据成立的,公安机关应当采纳。 　　**违反治安管理行为人不满十八周岁的,还应当依照前两款的规定告知未成年人的父母或者其他监护人,充分听取其意见。** 　　公安机关不得因违反治安管理行为人的陈述、申辩而加重**其**处罚。

附录一　527

续表

2012年《中华人民共和国治安管理处罚法》	2025年《中华人民共和国治安管理处罚法》
第九十五条　治安案件调查结束后,公安机关应当根据不同情况,分别作出以下处理: （一）确有依法应当给予治安管理处罚的违法行为的,根据情节轻重及具体情况,作出处罚决定; （二）依法不予处罚的,或者违法事实不能成立的,作出不予处罚决定; （三）违法行为已涉嫌犯罪的,移送主管机关依法追究刑事责任; （四）发现违反治安管理行为人有其他违法行为的,在对违反治安管理行为作出处罚决定的同时,通知有关行政主管部门处理。	第一百一十三条　治安案件调查结束后,公安机关应当根据不同情况,分别作出以下处理: （一）确有依法应当给予治安管理处罚的违法行为的,根据情节轻重及具体情况,作出处罚决定; （二）依法不予处罚的,或者违法事实不能成立的,作出不予处罚决定; （三）违法行为已涉嫌犯罪的,移送**有关**主管机关依法追究刑事责任; （四）发现违反治安管理行为人有其他违法行为的,在对违反治安管理行为作出处罚决定的同时,通知**或者移送**有关主管机关处理。 对情节复杂或者重大违法行为给予治安管理处罚,公安机关负责人应当集体讨论决定。
无	第一百一十四条　有下列情形之一的,在公安机关作出治安管理处罚决定之前,应当由从事治安管理处罚决定法制审核的人员进行法制审核;未经法制审核或者审核未通过的,不得作出决定: （一）涉及重大公共利益的; （二）直接关系当事人或者第三人重大权益,经过听证程序的; （三）案件情况疑难复杂、涉及多个法律关系的。 公安机关中初次从事治安管理处罚决定法制审核的人员,应当通过国家统一法律职业资格考试取得法律职业资格。
第九十六条　公安机关作出治安管理处罚决定的,应当制作治安管理处罚决定书。决定书应当载明下列内容: （一）被处罚人的姓名、性别、年龄、身份证件的名称和号码、住址; （二）违法事实和证据; （三）处罚的种类和依据; （四）处罚的执行方式和期限; （五）对处罚决定不服,申请行政复议、提起行政诉讼的途径和期限; （六）作出处罚决定的公安机关的名称和作出决定的日期。 决定书应当由作出处罚决定的公安机关加盖印章。	第一百一十五条　公安机关作出治安管理处罚决定的,应当制作治安管理处罚决定书。决定书应当载明下列内容: （一）被处罚人的姓名、性别、年龄、身份证件的名称和号码、住址; （二）违法事实和证据; （三）处罚的种类和依据; （四）处罚的执行方式和期限; （五）对处罚决定不服,申请行政复议、提起行政诉讼的途径和期限; （六）作出处罚决定的公安机关的名称和作出决定的日期。 决定书应当由作出处罚决定的公安机关加盖印章。

续表

2012 年《中华人民共和国治安管理处罚法》	2025 年《中华人民共和国治安管理处罚法》
第九十七条　公安机关应当向被处罚人宣告治安管理处罚决定书,并当场交付被处罚人;无法当场向被处罚人宣告的,应当在二日内送达被处罚人。决定给予行政拘留处罚的,应当及时通知被处罚人的家属。 　　有被侵害人的,公安机关应当将决定书副本抄送被侵害人。	第一百一十六条　公安机关应当向被处罚人宣告治安管理处罚决定书,并当场交付被处罚人;无法当场向被处罚人宣告的,应当在二日**以内**送达被处罚人。决定给予行政拘留处罚的,应当及时通知被处罚人的家属。 　　有被侵害人的,公安机关应当将决定书**送达**被侵害人。
第九十八条　公安机关作出吊销许可证以及处二千元以上罚款的治安管理处罚决定前,应当告知违反治安管理行为人有权要求举行听证;违反治安管理行为人要求听证的,公安机关应当及时依法举行听证。	第一百一十七条　公安机关作出吊销许可**件**、处**四千元**以上罚款的治安管理处罚决定**或者采取责令停业整顿措施**前,应当告知违反治安管理行为人有权要求举行听证;违反治安管理行为人要求听证的,公安机关应当及时依法举行听证。 　　对依照本法第二十三条第二款规定可能执行行政拘留的未成年人,公安机关应当告知未成年人和其监护人有权要求举行听证;未成年人和其监护人要求听证的,公安机关应当及时依法举行听证。对未成年人案件的听证不公开举行。 　　前两款规定以外的案情复杂或者具有重大社会影响的案件,违反治安管理行为人要求听证,公安机关认为必要的,应当及时依法举行听证。 　　公安机关不得因违反治安管理行为人要求听证而加重其处罚。
第九十九条　公安机关办理治安案件的期限,自受理之日起不得超过三十日;案情重大、复杂的,经上一级公安机关批准,可以延长三十日。 　　为了查明案情进行鉴定的期间,不计入办理治安案件的期限。	第一百一十八条　公安机关办理治安案件的期限,自**立案**之日起不得超过三十日;案情重大、复杂的,经上一级公安机关批准,可以延长三十日。**期限延长以二次为限。公安派出所办理的案件需要延长期限的,由所属公安机关批准。** 　　为了查明案情进行鉴定的期间、**听证的期间**,不计入办理治安案件的期限。
第一百条　违反治安管理行为事实清楚,证据确凿,处警告或者二百元以下罚款的,可以当场作出治安管理处罚决定。	第一百一十九条　违反治安管理行为事实清楚,证据确凿,处警告或者**五百元**以下罚款的,可以当场作出治安管理处罚决定。
第一百零一条　当场作出治安管理处罚决定的,人民警察应当向违反治安管理行为人出示**工作证件**,并填写处罚决定书。处罚决定书应当场交付被处罚人;有被侵害人的,并将决定书副本**抄**送被侵害人。 　　前款规定的处罚决定书,应当载明被处罚人的姓	第一百二十条　当场作出治安管理处罚决定的,人民警察应当向违反治安管理行为人出示**人民警察证**,并填写处罚决定书。处罚决定书应当场交付被处罚人;有被侵害人的,**应当**将决定书**送达**被侵害人。 　　前款规定的处罚决定书,应当载明被处罚人的姓

续表

2012 年《中华人民共和国治安管理处罚法》	2025 年《中华人民共和国治安管理处罚法》
名、违法行为、处罚依据、罚款数额、时间、地点以及公安机关名称,并由经办的人民警察签名或者盖章。 　　当场作出治安管理处罚决定的,经办的人民警察应当在二十四小时内报所属公安机关备案。	名、违法行为、处罚依据、罚款数额、时间、地点以及公安机关名称,并由经办的人民警察签名或者盖章。 　　**适用当场处罚,被处罚人对拟作出治安管理处罚的内容及事实、理由、依据没有异议的,可以由一名人民警察作出治安管理处罚决定,并应当全程同步录音录像。** 　　当场作出治安管理处罚决定的,经办的人民警察应当在二十四小时以内报所属公安机关备案。
第一百零二条　被处罚人对治安管理处罚决定不服的,可以依法申请行政复议或者提起行政诉讼。	第一百二十一条　被处罚人、**被侵害人**对公安机关依照本法规定作出的治安管理处罚决定,作出的**收缴、追缴决定,或者采取的有关限制性、禁止性措施等**不服的,可以依法申请行政复议或者提起行政诉讼。
第三节　执　行	第三节　执　行
第一百零三条　对被决定给予行政拘留处罚的人,由作出决定的公安机关**送达**拘留所执行。	第一百二十二条　对被决定给予行政拘留处罚的人,由作出决定的公安机关送达拘留所执行;**执行期满,拘留所应当按时解除拘留,发给解除拘留证明书。** 　　**被决定给予行政拘留处罚的人在异地被抓获或者有其他有必要在异地拘留所执行情形的,经异地拘留所主管公安机关批准,可以在异地执行。**
第一百零四条　受到罚款处罚的人应当自收到处罚决定书之日起十五日内,到指定的银行缴纳罚款。但是,有下列情形之一的,人民警察可以当场收缴罚款: 　　(一)被处**五十元**以下罚款,被处罚人对罚款无异议的; 　　(二)在边远、水上、交通不便地区,公安机关及其人民警察依照本法的规定作出罚款决定后,被处罚人**向指定的银行缴纳罚款**确有困难,经被处罚人提出的; 　　(三)被处罚人在当地没有固定住所,不当场收缴事后难以执行的。	第一百二十三条　受到罚款处罚的人应当自收到处罚决定书之日起十五日**以内**,到指定的银行**或者通过电子支付系统**缴纳罚款。但是,有下列情形之一的,人民警察可以当场收缴罚款: 　　(一)被处**二百元**以下罚款,被处罚人对罚款无异议的; 　　(二)在边远、水上、交通不便地区,**旅客列车上或者口岸**,公安机关及其人民警察依照本法的规定作出罚款决定后,被处罚人**到指定的银行或者通过电子支付系统**缴纳罚款确有困难,经被处罚人提出的; 　　(三)被处罚人在当地没有固定住所,不当场收缴事后难以执行的。
第一百零五条　人民警察当场收缴的罚款,应当自收缴罚款之日起二日内,交至所属的公安机关;在水上、旅客列车上当场收缴的罚款,应当自抵岸或者到站之日起二日内,交至所属的公安机关;公安机关应当自收到罚款之日起二日内将罚款缴付指定的银行。	第一百二十四条　人民警察当场收缴的罚款,应当自收缴罚款之日起二日**以内**,交至所属的公安机关;在水上、旅客列车上当场收缴的罚款,应当自抵岸或者到站之日起二日**以内**,交至所属的公安机关;公安机关应当自收到罚款之日起二日**以内**将罚款缴付指定的银行。

续表

2012年《中华人民共和国治安管理处罚法》	2025年《中华人民共和国治安管理处罚法》
第一百零六条 人民警察当场收缴罚款的,应当向被处罚人出具省、自治区、直辖市人民政府财政部门统一制发的**罚款收据**;不出具统一制发的**罚款收据**的,被处罚人有权拒绝缴纳罚款。	**第一百二十五条** 人民警察当场收缴罚款的,应当向被处罚人出具省**级**以上人民政府财政部门统一制发的**专用票据**;不出具统一制发的**专用票据**的,被处罚人有权拒绝缴纳罚款。
第一百零七条 被处罚人不服行政拘留处罚决定,申请行政复议、提起行政诉讼的,可以向公安机关提出暂缓执行行政拘留的申请。公安机关认为暂缓执行行政拘留不致发生社会危险的,由被处罚人或者其近亲属提出符合本法**第一百零八条**规定条件的担保人,或者按每日行政拘留二百元的标准交纳保证金,行政拘留的处罚决定暂缓执行。	**第一百二十六条** 被处罚人不服行政拘留处罚决定,申请行政复议、提起行政诉讼的,**遇有参加升学考试、子女出生或者近亲属病危、死亡等情形的,**可以向公安机关提出暂缓执行行政拘留的申请。公安机关认为暂缓执行行政拘留不致发生社会危险的,由被处罚人或者其近亲属提出符合本法**第一百二十七条**规定条件的担保人,或者按每日行政拘留二百元的标准交纳保证金,行政拘留的处罚决定暂缓执行。 　　正在被执行行政拘留处罚的人遇有参加升学考试、子女出生或者近亲属病危、死亡等情形,被拘留人或者其近亲属申请出所的,由公安机关依照前款规定执行。被拘留人出所的时间不计入拘留期限。
第一百零八条 担保人应当符合下列条件: (一)与本案无牵连; (二)享有政治权利,人身自由未受到限制; (三)在当地有常住户口和固定住所; (四)有能力履行担保义务。	**第一百二十七条** 担保人应当符合下列条件: (一)与本案无牵连; (二)享有政治权利,人身自由未受到限制; (三)在当地有常住户口和固定住所; (四)有能力履行担保义务。
第一百零九条 担保人应当保证被担保人不逃避行政拘留处罚的执行。 　　担保人不履行担保义务,致使被担保人逃避行政拘留处罚的执行的,由公安机关对其处三千元以下罚款。	**第一百二十八条** 担保人应当保证被担保人不逃避行政拘留处罚的执行。 　　担保人不履行担保义务,致使被担保人逃避行政拘留处罚的执行的,处三千元以下罚款。
第一百一十条 被决定给予行政拘留处罚的人交纳保证金,暂缓行政拘留后,逃避行政拘留处罚的执行的,保证金予以没收并上缴国库,已经作出的行政拘留决定仍应执行。	**第一百二十九条** 被决定给予行政拘留处罚的人交纳保证金,暂缓行政拘留**或者出所**后,逃避行政拘留处罚的执行的,保证金予以没收并上缴国库,已经作出的行政拘留决定仍应执行。
第一百一十一条 行政拘留的处罚决定被撤销,或者行政拘留处罚开始执行的,公安机关收取的保证金应当及时退还交纳人。	**第一百三十条** 行政拘留的处罚决定被撤销,行政拘留处罚开始执行,**或者出所后继续执行的,**公安机关收取的保证金应当及时退还交纳人。
第五章　执法监督	第五章　执法监督
第一百一十二条 公安机关及其人民警察应当依法、公正、严格、高效办理治安案件,文明执法,不得徇私舞弊。	**第一百三十一条** 公安机关及其人民警察应当依法、公正、严格、高效办理治安案件,文明执法,不得徇私舞弊、**玩忽职守、滥用职权**。

续表

2012年《中华人民共和国治安管理处罚法》	2025年《中华人民共和国治安管理处罚法》
第一百一十三条　公安机关及其人民警察办理治安案件,禁止对违反治安管理行为人打骂、虐待或者侮辱。	第一百三十二条　公安机关及其人民警察办理治安案件,禁止对违反治安管理行为人打骂、虐待或者侮辱。
第一百一十四条　公安机关及其人民警察办理治安案件,应当自觉接受社会和公民的监督。 公安机关及其人民警察办理治安案件,不严格执法或者有违法违纪行为的,任何单位和个人都有权向公安机关或者人民检察院、**行政监察机关**检举、控告;收到检举、控告的机关,应当依据职责及时处理。	第一百三十三条　公安机关及其人民警察办理治安案件,应当自觉接受社会和公民的监督。 公安机关及其人民警察办理治安案件,不严格执法或者有违法违纪行为的,任何单位和个人都有权向公安机关或者人民检察院、**监察机关**检举、控告;收到检举、控告的机关,应当依据职责及时处理。
无	第一百三十四条　公安机关作出治安管理处罚决定,发现被处罚人是公职人员,依照《中华人民共和国公职人员政务处分法》的规定需要给予政务处分的,应当依照有关规定及时通报监察机关等有关单位。
第一百一十五条　公安机关依法实施罚款处罚,应当依照有关法律、行政法规的规定,实行罚款决定与罚款收缴分离;收缴的罚款应当全部上缴国库。	第一百三十五条　公安机关依法实施罚款处罚,应当依照有关法律、行政法规的规定,实行罚款决定与罚款收缴分离;收缴的罚款应当全部上缴国库,**不得返还、变相返还,不得与经费保障挂钩**。
无	第一百三十六条　违反治安管理的记录应当予以封存,不得向任何单位和个人提供或者公开,但有关国家机关为办案需要或者有关单位根据国家规定进行查询的除外。依法进行查询的单位,应当对被封存的违法记录的情况予以保密。
无	第一百三十七条　公安机关应当履行同步录音录像运行安全管理职责,完善技术措施,定期维护设施设备,保障录音录像设备运行连续、稳定、安全。
无	第一百三十八条　公安机关及其人民警察不得将在办理治安案件过程中获得的个人信息,依法提取、采集的相关信息、样本用于与治安管理、查处犯罪无关的用途,不得出售、提供给其他单位或者个人。
第一百一十六条　人民警察办理治安案件,有下列行为之一的,依法给予**行政处分**;构成犯罪的,依法追究刑事责任: (一)刑讯逼供、体罚、虐待、侮辱他人的; (二)超过询问查证的时间限制人身自由的; (三)不执行罚款决定与罚款收缴分离制度或者不按规定将罚没的财物上缴国库或者依法处理的;	第一百三十九条　人民警察办理治安案件,有下列行为之一的,依法给予**处分**;构成犯罪的,依法追究刑事责任: (一)刑讯逼供、体罚、**打骂**、虐待、侮辱他人的; (二)超过询问查证的时间限制人身自由的; (三)不执行罚款决定与罚款收缴分离制度或者不按规定将罚没的财物上缴国库或者依法处理的;

续表

2012年《中华人民共和国治安管理处罚法》	2025年《中华人民共和国治安管理处罚法》
（四）私分、侵占、挪用、故意损毁收缴、扣押的财物的； （五）违反规定使用或者不及时返还被侵害人财物的； （六）违反规定不及时退还保证金的； （七）利用职务上的便利收受他人财物或者谋取其他利益的； （八）当场收缴罚款不出具**罚款收据**或者不如实填写罚款数额的； （九）接到要求制止违反治安管理行为的报警后，不及时出警的； （十）在查处违反治安管理活动时，为违法犯罪行为人通风报信的； （十一）有徇私舞弊、滥用职权，不依法履行法定职责的其他情形的。 办理治安案件的公安机关有前款所列行为的，对**直接负责的主管人员**和其他直接责任人员给予相应的行政处分。	（四）私分、侵占、挪用、故意损毁**所**收缴、**追缴**、扣押的财物的； （五）违反规定使用或者不及时返还被侵害人财物的； （六）违反规定不及时退还保证金的； （七）利用职务上的便利收受他人财物或者谋取其他利益的； （八）当场收缴罚款不出具**专用票据**或者不如实填写罚款数额的； （九）接到要求制止违反治安管理行为的报警后，不及时出警的； （十）在查处违反治安管理活动时，为违法犯罪行为人通风报信的； （十一）**泄露办理治安案件过程中的工作秘密或者其他依法应当保密的信息的；** （十二）**将在办理治安案件过程中获取的个人信息，依法提取、采集的相关信息、样本用于与治安管理、查处犯罪无关的用途，或者出售、提供给其他单位或者个人的；** （十三）**剪接、删改、损毁、丢失办理治安案件的同步录音录像资料的；** （十四）有徇私舞弊、**玩忽职守**、滥用职权，不依法履行法定职责的其他情形的。 办理治安案件的公安机关有前款所列行为的，对**负有责任的领导人员**和直接责任人员，**依法**给予处分。
第一百一十七条　公安机关及其人民警察违法行使职权，侵犯公民、法人和其他组织合法权益的，应当赔礼道歉；造成损害的，应当依法承担赔偿责任。	第一百四十条　公安机关及其人民警察违法行使职权，侵犯公民、法人和其他组织合法权益的，应当赔礼道歉；造成损害的，应当依法承担赔偿责任。
第六章　附　　则	第六章　附　　则
无	第一百四十一条　其他法律中规定由公安机关给予行政拘留处罚的，其处罚程序适用本法规定。 公安机关依照《中华人民共和国枪支管理法》、《民用爆炸物品安全管理条例》等直接关系公共安全和社会治安秩序的法律、行政法规实施处罚，其处罚程序适用本法规定。 本法第三十二条、第三十四条、第四十六条、第五十六条规定给予行政拘留处罚，其他法律、行政法规同时

续表

2012 年《中华人民共和国治安管理处罚法》	2025 年《中华人民共和国治安管理处罚法》
	规定给予罚款、没收违法所得、没收非法财物等其他行政处罚的行为,由相关主管部门依照相应规定处罚;需要给予行政拘留处罚的,由公安机关依照本法规定处理。
无	第一百四十二条　海警机构履行海上治安管理职责,行使本法规定的公安机关的职权,但是法律另有规定的除外。
第一百一十八条　本法所称以上、以下、以内,包括本数。	第一百四十三条　本法所称以上、以下、以内,包括本数。
第一百一十九条　本法自 2006 年 3 月 1 日起施行。1986 年 9 月 5 日公布、1994 年 5 月 12 日修订公布的《中华人民共和国治安管理处罚条例》同时废止。	第一百四十四条　本法自 2026 年 1 月 1 日起施行。

附录二

公安机关治安调解工作流程图

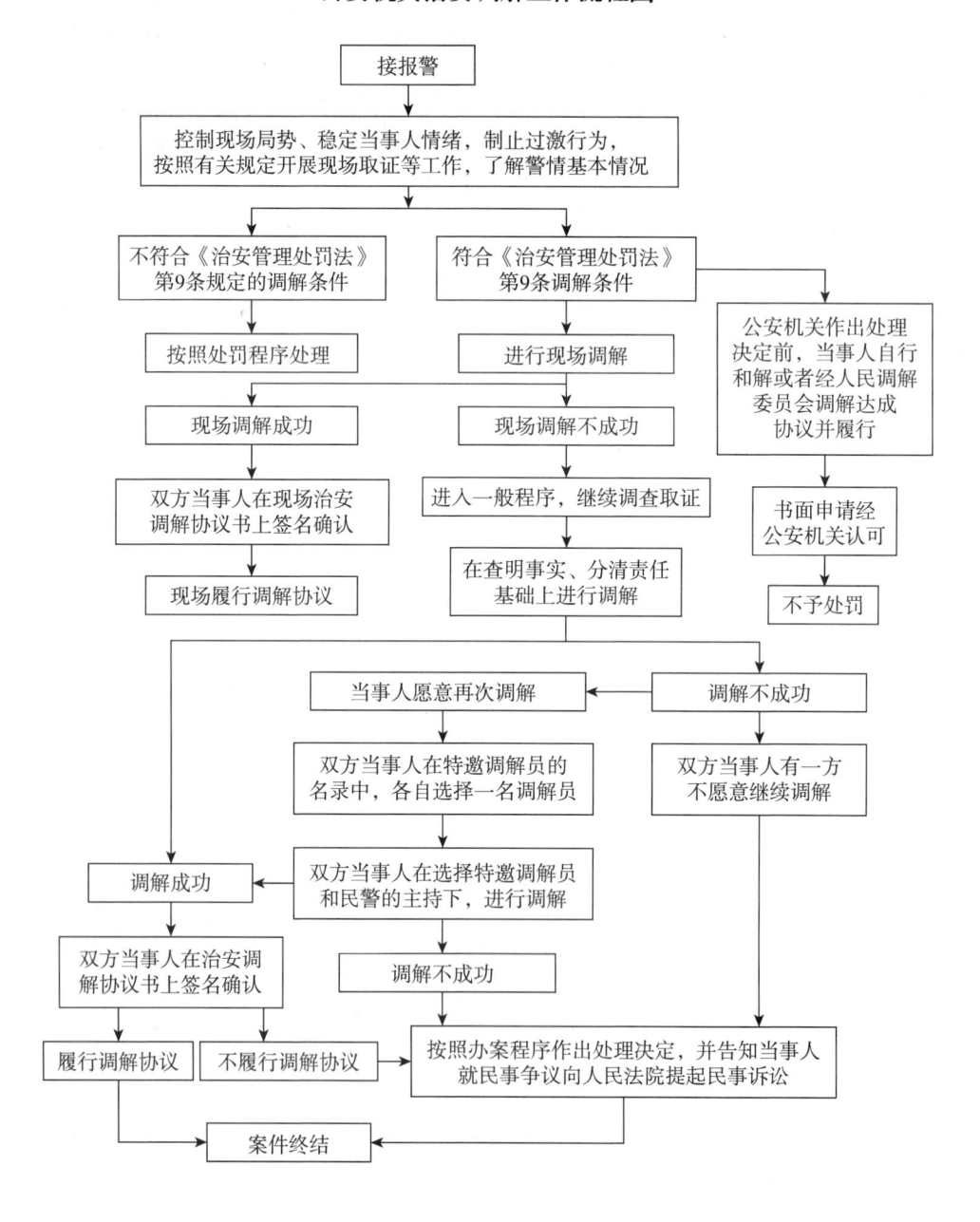

```
                              接报警
                                │
                                ▼
            控制现场局势、稳定当事人情绪，制止过激行为，
            按照有关规定开展现场取证等工作，了解警情基本情况
                                │
         ┌──────────────────────┼──────────────────────┐
         ▼                      ▼                      ▼
  不符合《治安管理处罚法》  符合《治安管理处罚法》
  第9条规定的调解条件       第9条调解条件           公安机关作出处理
         │                      │                决定前，当事人自行
         ▼                      ▼                和解或者经人民调解
  按照处罚程序处理         进行现场调解            委员会调解达成
         │                      │                    协议并履行
         ▼                      ▼                        │
   现场调解成功           现场调解不成功                 ▼
         │                      │                 书面申请经
         ▼                      ▼                 公安机关认可
  双方当事人在现场治安    进入一般程序，继续调查取证        │
  调解协议书上签名确认           │                        ▼
         │                      ▼                   不予处罚
         ▼              在查明事实、分清责任
  现场履行调解协议        基础上进行调解
         │                      │
         │         ┌────────────┼────────────┐
         │         ▼                         ▼
         │   当事人愿意再次调解  ◄──── 调解不成功
         │         │                         │
         │         ▼                         ▼
         │   双方当事人在特邀调解员的    双方当事人有一方
         │   名录中，各自选择一名调解员   不愿意继续调解
         │         │                         │
         ▼         ▼                         │
   调解成功   双方当事人在选择特邀调解员       │
         │   和民警的主持下，进行调解         │
         ▼         │                         │
  双方当事人在治安   ▼                         │
  调解协议书上签名确认  调解不成功              │
         │              │                     │
    ┌────┴────┐         ▼                     ▼
    ▼         ▼    按照办案程序作出处理决定，并告知当事人
履行调解协议 不履行调解协议  就民事争议向人民法院提起民事诉讼
    │         │              │
    └─────────┴──────┬───────┘
                     ▼
                  案件终结
```

公安机关办理治安案件流程图

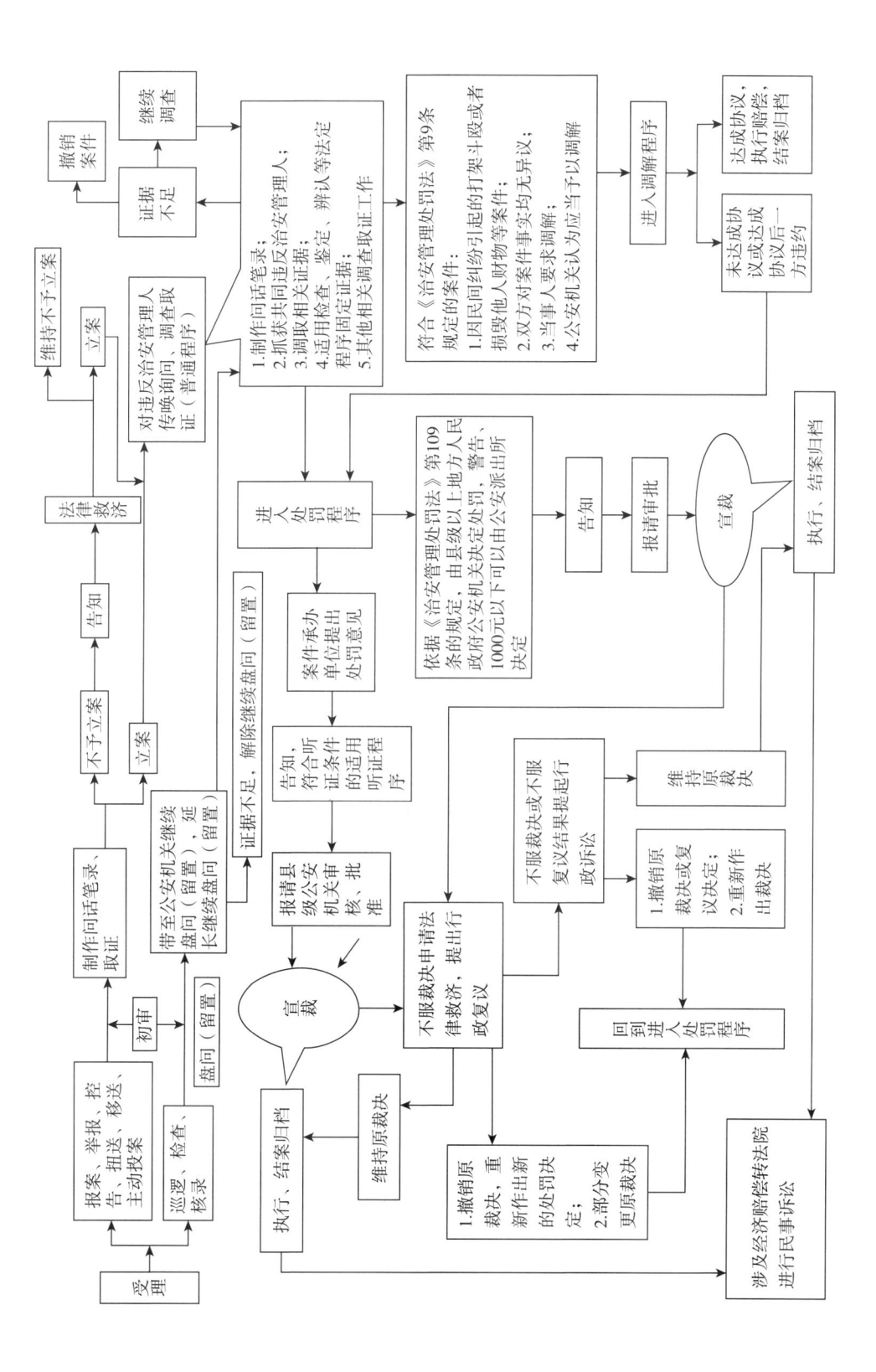

附录三

公安机关法律文书式样

公安信访工作文书
公安机关刑事法律文书式样（2012 版）
公安行政法律文书式样
公安国家赔偿法律文书式样
公安机关刑事复议复核法律文书式样
道路交通安全违法行为处理法律文书式样
犯罪嫌疑人诉讼权利义务告知书
被害人诉讼权利义务告知书
证人诉讼权利义务告知书
提请批准逮捕书
起诉意见书
扣押清单
查封/解除查封清单
准许被取保候审人离开所居市县决定书
准予补充鉴定/重新鉴定决定书
不准予补充鉴定/重新鉴定决定书

公安机关法律文书式样